# EL LIBRO DE LOS
# PROVERBIOS

## FRANZ J. DELITZSCH

Comentario al texto hebreo
del
Antiguo Testamento
por C. F. Keil y F. J. Delitzsch

Traducción y adaptación de Xabier Pikaza

**EDITORIAL CLIE**
C/ Ferrocarril, 8
08232 VILADECAVALLS
(Barcelona) ESPAÑA
E-mail: clie@clie.es
http://www.clie.es

Publicado originalmente en alemán por Franz Delitzsch: *Bíblischer Commentar über Die poetischen Bücher del Alten Testaments* III. Das Salomonische Spruchbuch, Dörffling und Franke, Leipzig 1873

Traducido y adaptado por: Xabier Pikaza Ibarrondo.

*"Cualquier forma de reproducción, distribución, comunicación pública o transformación de esta obra solo puede ser realizada con la autorización de sus titulares, salvo excepción prevista por la ley. Diríjase a CEDRO (Centro Español de Derechos Reprográficos) si necesita fotocopiar o escanear algún fragmento de esta obra (www.conlicencia.com; 917 021 970 / 932 720 447)".*

© 2023 Editorial CLIE, para esta edición en español.

**COMENTARIO AL TEXTO HEBREO DEL ANTIGUO TESTAMENTO**
**El Libro de los Proverbios**
ISBN: 978-84-17620-68-4
Depósito Legal: B 12742-2023
Comentarios bíblicos
A. T. / Poesía y literatura sapiencial
REL006770

Impreso en Estados Unidos de América / *Printed in the United States of America*
23 24 25 26 27 LBC 5 4 3 2 1

Querido lector,

Nos sentimos honrados de proporcionar este destacado comentario en español. Durante más de 150 años, la obra monumental de Keil y Delitzsch ha sido la referencia estándar de oro en el Antiguo Testamento.

El Antiguo Testamento es fundamental para nuestra comprensión de los propósitos de Dios en la tierra. Hay profecías y promesas, muchas de las cuales ya se han cumplido, como el nacimiento y la vida de Jesucristo, tal y como se registra en el Nuevo Testamento. Algunas se están cumpliendo ahora, mientras que otras se realizarán en el futuro.

Los autores, Keil y Delitzsch, escribiendo cuando lo hicieron, solo podían imaginar por la fe lo que sucedería cien años después: el renacimiento de Israel como nación y el reagrupamiento del pueblo judío en la Tierra. Este milagro moderno continúa desarrollándose en nuestros días. Desde nuestra perspectiva actual podemos entender más plenamente la naturaleza eterna del pacto de Dios con su pueblo.

Según nuestro análisis, los escritos de Keil y Delitzsch parecen haber anticipado lo que vemos hoy en Tierra Santa. Donde su interpretación es menos clara, es comprensible dada la improbabilidad, desde el punto de vista natural, de que la nación hebrea renaciera y su pueblo se reuniera.

En resumen, le encomendamos este libro de referencia, solo añadiendo que lo involucramos desde la perspectiva de la realidad de lo que ahora sabemos acerca del Israel moderno. De hecho, el Señor está comenzando a levantar el velo de los ojos del pueblo judío.

Sé bendecido con el magnífico comentario de Keil y Delitzsch, ya que estamos ayudando a que esté disponible.

John y Wendy Beckett
Elyria, Ohio, Estados Unidos

# CONTENIDO

**PRÓLOGO DEL TRADUCTOR (X. Pikaza)**................................................ vii

   1. El Libro de los Proverbios: mensaje, teología, actualidad........ viii
   2. F. Delitzsch, el comentario más actual del siglo XIX.............. xvi
   3. Actualización bibliográfica ..................................................... xxi

**INTRODUCCIÓN** .......................................................................... 1

   1. Plan externo del libro y testimonio respecto a su origen ........ 2
   2. Partes del libro y múltiples formas de los proverbios.............. 7
   3. Repeticiones en el Libro de los Proverbios............................ 25
   4. Multiplicidad de estilos y formas de enseñanza...................... 32
   5. Traducción alejandrina del Libro de los Proverbios................ 48

## COMENTARIO

   1. *Título general del libro* (Pr 1, 1-7) ........................................ 55

   2. *Discursos exhortatorios* (Pr 1, 8 – 9, 18).............................. 65

   3. *Primera colección. Proverbios salomónicos* (Pr 10, 1 – 22, 16)   227
       Apéndice 1. Palabras de los sabios (Pr 22, 17 – 24, 22)..... 501
       Apéndice 2. Suplemento a las palabras de los sabios
       (Pr 24, 23-34) ...................................................................... 545

   4. *Segunda colección. Proverbios recopilados por*
     *"varones de Ezequías"* (Pr 25–29) ...................................... 553
       Apéndice 1. Palabras de Agur, hijo de Maqueh (Pr 30) ..... 662
       Apéndice 2. Palabras del rey Lemuel (Pr 31, 1-9).............. 709
       Apéndice 3. La mujer hacendosa, oda acróstica (Pr 31, 10-31)  716

# PRÓLOGO DEL TRADUCTOR

El Libro de los Proverbios se encuentra actualmente en el centro del interés teológico y pastoral de las iglesias. En otro tiempo se valoraban más otros libros de la Biblia, empezando por el Pentateuco y los profetas. Pero la atención vuelve a fijarse ahora en los llamados "escritos (ketubim), sapienciales o poéticos" (Salmos, Cantar, Proverbios y Eclesiastés) que parecen hallarse más cerca de los grandes problemas del mundo a principios del siglo XXI.

Este es un fenómeno de "vuelta", es decir, de retorno a las preocupaciones e intereses de las iglesias entre el siglo III y VI d.C., ante la caída de la sociedad imperial de Oriente y Occidente. Tanto en Roma como en el entorno de Egipto, Siria y Bizancio, que estaban cayendo en manos de los así llamados "bárbaros" (extraños), con otras lenguas y culturas, los "padres" de las nuevas iglesias, desde Orígenes de Alejandría (siglo III d.C.) hasta Gregorio Magno de Roma (siglo VI d.C.), fueron lectores y comentadores de estos libros, en especial, de los Proverbios.

Esos "padres" tuvieron la dificultad de organizar y exponer su mensaje partiendo directamente de los evangelios. No podían comenzar por el Pentateuco o los profetas. Por eso, se sintieron más cercanos a las grandes intuiciones y propuestas de los libros sapienciales y poéticos que, conforme al canon de su Biblia griega (la LXX) o latina (vulgata) eran estos: Job y Eclesiastés/Qohelet (que plantearían las preguntas centrales de los hombres), con Proverbios y Sirácida/Eclesiástico (libros de búsqueda) y Cantar/Sabiduría (más centrados en la contemplación). Conforme al canon hebreo de la tradición protestante (evangélica) siguen siendo fundamentales las propuestas Proverbios y Job, Qohelet y Cantar, con Salmos.

En ese contexto ocupan un lugar central los Proverbios porque recogen y sistematizan las aportaciones básicas de los libros sapienciales y/o poéticos de la tradición de la Biblia Hebrea, llevándonos al lugar de encuentro entre el Antiguo y Nuevo Testamento, precisamente allí donde actualmente podemos conectar, de un modo más intenso, con la propuesta cultural, social y religiosa de una postmodernidad (siglo XXI) que está perdiendo sus raíces cristianas (religiosas) en un

Prólogo del traductor

mundo en el que, desde el cristianismo, resulta necesaria una nueva evangelización, en diálogo con la "cultura" postcristiana (pagana) que parece estar minando las bases del cristianismo tradicional de nuestras iglesias.

En esa línea se sitúa este libro de F. Delitzsch (1813-1890), el último de los comentaristas clásicos de Proverbios (en una línea judía, patrístico-cristiana, medieval y reformada) y el primero de aquellos nuevos estudiosos que ha querido responder a las preguntas de los pensadores antireligiosos, abriendo camino de comprensión histórica, filológica y teológica de la Biblia, ante los retos de las iglesias, en una sociedad europea (occidental) que estaba ya perdiendo sus raíces cristianas.

Quien quiera entrar sin más en el tema, desde la perspectiva exegética de la segunda mitad del siglo XIX, pase directamente a la introducción de F. Delitzsch, que empieza exponiendo los elementos fundamentales del estudio y tema de Proverbios en la Biblia y cultura de su tiempo. Quien quiera situar, quizá, mejor su comentario en el contexto de la exégesis común del momento actual (siglo XXI), puede seguir leyendo este prólogo que consta de tres partes: (1) teología de fondo de Proverbios; (2) aportación de F. Delitzsch; (3) bibliografía actualizada.

# 1. El Libro de los Proverbios: mensaje, teología, actualidad

## 1. Presentación y división

Conforme a la opinión general de los investigadores actuales (evangélicos y católicos o simplemente estudiosos de la Biblia), el Libro de los Proverbios (Pr) incluye dos partes. Un cuerpo central, con antologías de refranes o dichos sapienciales, de orígenes distintos (Pr 10–31) y una introducción teológica (Pr 1–9) que ofrece una enseñanza unitaria sobre el don, los riesgos de la sabiduría y el sentido de la vida humana, desde una perspectiva confesional israelita, en un momento relativamente tardío de la historia de Israel (entre el siglo IV y III a.C.). El cuerpo (Pr 10–31) ofrece varias colecciones de refranes y sentencias, agrupadas por autores y temas:

(a) Pr 10, 1–22, 16 es la parte más larga, atribuida a *Salomón*. Incluye dichos sobre la conducta personal y familiar, y sobre el orden social y las riquezas, desde un fondo creyente (israelita), pero con valor universal.

(b) Pr 22, 17–24, 34 incluye varias colecciones de sentencias de sabios, que pueden compararse en parte con las de Ajicar el Asirio y con las de *Amenenope* de Egipto (1000-600 a.C.), pero que han sido recreadas desde la perspectiva del Dios teológico-social de la tradición israelita.

(c) Pr 25–29. Nuevas sentencias escritas también a nombre de *Salomón,* aunque referidas a los tiempos del rey Ezequías (716-688 a.C.), en un

viii

momento de recreación de Judá, tras la caída de Israel, el reino del norte (722 a.C.).

(d) Pr 30–31, 9. Proverbios atribuidos en parte a *Agur y Lemuel*, que parecen de origen extraisraelita, aunque su contenido es muy cercano al de las grandes tradiciones de la Biblia. Incluye el famoso poema acróstico sobre la *Mujer fuerte* (laboriosa), que aparece completando y matizando lo que en las partes anteriores se dice de la Mujer-Sabiduría y de la Dama-Necedad (signo de adulterio, mentira y engaño).

La introducción (Pr 1–9), escrita probablemente en el siglo IV-III a.C., trasmite la doctrina que un padre o maestro israelita dirige a su hijo/discípulo para ayudarle a superar el riesgo de una riqueza (Pr 1) que destruye el orden social querido por Dios y, sobre todo, la amenaza de una perversión sexual (cf. Pr 2–7) que se interpreta como idolatría y ruptura de la alianza israelita. Pues bien, en el momento más significativo de la introducción del libro, el autor concede la palabra a la dama Sabiduría, signo y presencia de Dios, para que guíe al joven (a la nueva generación de judíos) por los caminos de la maduración afectiva y de la honestidad humana (Pr 8).

En esa línea, de manera sorprendente, el mismo Dios viene a mostrarse en su Sabiduría como amiga/esposa de los hombres fieles, en especial de los sabios. Conforme a la visión normal de su tiempo, la instrucción va dirigida a los varones que han de ser educados en la *instrucción* del verdadero judaísmo. Pero esa instrucción aparece, desde el principio, como palabra y afecto (cultura) de la mujer divina. Frente a la mala mujer o ramera que destruye el corazón incauto, dejando a los hombres en manos de su propia pequeñez y su violencia, frente a los varones posesivos y violentos viene a revelarse la mujer sagrada, como revelación de Dios, que educa a los varones, para que superen los nuevos retos de una humanidad que busca bienes materiales, placer y dinero.

Mirado desde una perspectiva externa, este mensaje se sitúa cerca del que ofrece el discurso de Diótima, sacerdotisa griega que dice su palabra clave en el *Banquete de Platón*, sobre el conocimiento y el amor divino de la vida humana. Pero en Proverbios, la que habla no es una sacerdotisa, sino la Sabiduría de Dios, como mujer amiga que despliega su belleza y su palabra de nuevo nacimiento en la colina, a la vera del camino, en las entradas de la ciudad (Pr 8, 1-2), oponiéndose así a la prostituta, esto es, al ideal del falso placer y del dinero que todo compra y vende.

El autor de este mensaje (Pr 8, 4-36) es un israelita, que acepta la presencia y acción de Dios en la historia de su pueblo pero que, al mismo tiempo, quiere poner de relieve la enseñanza de la Sabiduría universal, que se abre a la humanidad entera, de un modo ya globalizado. Este libro nos sitúa así ante una teología abierta al mundo, ante una religión universal centrada en dos afirmaciones de fondo:

*Prólogo del traductor*

(a) *Existe un Dios, que es el principio, sentido y fin de todo lo que existe,* un solo Dios que ha sido revelado a través de la experiencia israelita, como realidad más honda de la vida humana, de tal forma que en él nos encontramos, nos movemos, existimos y somos, como dirá más tarde Pablo en Hch 17, 28.

(b) *Dios se expresa como Sabiduría amorosa,* fuente de todo conocimiento, identidad divina de todo lo que existe y especialmente de los seres hombres, no como simple remunerador en un mundo futuro, tras la muerte, sino en este mismo mundo, en el orden afectivo, económico y social del pueblo de Israel y del conjunto de la humanidad, que se manifiesta en la vida de cada uno de los hombres.

El autor del libro asume y desarrolla de manera radicalmente monoteísta (desde la tradición israelita), una visión de la Sabiduría de Dios que se ha expresado tanto en la zona Oriental (Asiria-Babilonia) como en la occidental de Israel (Egipto y Grecia) de un modo politeísta. Esta Sabiduría no es un Dios distinto, separado del Señor israelita, pero tampoco es una simple personificación retórica, un modo de hablar, un motivo estético/literario sin consistencia antropológica o teológica.

Esta mujer/sabiduría tiene una entidad propia como expresión de la hondura amorosa y femenina de Dios, signo y garantía central de su presencia. Cierta tradición teológica cristiana ha reelaborado ese motivo, aplicándolo a Jesús, Hijo de Dios, en su condición de ser divino y principio de lo humano, pero también al Espíritu Santo e incluso a la Madre de Jesús, Virgen María, entendida como expresión materna y amorosa de Dios. Para los judíos de Proverbios esta dama/Sabiduría se mantiene en un plano de fondo divino, pero sin encarnación propiamente dicha, como la de Jesús, como presencia de Dios entre los pobres y excluidos de la vida humana. Esta mujer-sabiduría es signo y presencia real, siempre trascendente del cuidado amoroso del Dios que invita a los hombres y les ama (acoge) como mujer amante.

Leídos desde ese fondo, los más de ochocientos "proverbios" (refranes) que integran el cuerpo del libro, tienen un sentido teológico (son un canto a la revelación y presencia de Dios), ofreciendo, al mismo tiempo, una doctrina (garantía) de pacificación comunitaria y maduración personal de la vida humana. El Dios que habla y ofrece su mensaje en este libro es un "maestro", un testigo de la tradición antigua que viene desde el fondo de los tiempos, ofreciendo el testimonio de una tradición personificada en el gran rey judío (Salomón), como signo y portavoz del Dios que es padre-madre-amiga para que instruya a los jóvenes, es decir, a la nueva generación de israelitas que han nacido en un tiempo de grandes transformaciones personales y sociales, que amenazan con destruir para siempre la tradición israelita.

*Prólogo del traductor*

El autor de este libro se sitúa en un tiempo de gran cambio, de corte total en la historia, en un momento de transformación (destrucción) socio-religiosa, que puede situarse entre el final del imperio persa (539-333 a.c.) y los principios del dominio helenista (del 333 al 200 a.C.), cuando Israel parecía condenado a desaparecer como pueblo, en la marea de los grandes cambios económicos, culturales y religiosos del entorno, en el centro de eso que K. Jaspers (*Origen y meta de la historia,* 1949) llamaba "tiempo-eje".

Significativamente, K. Jaspers buscaba en ese libro el origen y meta de la historia tras el inmenso desastre de la segunda guerra mundial (1939-1945), con la aniquilación violenta (holocausto, shoah) de gran parte del judaísmo del centro de Europa. El Libro de los Proverbios se situaba ante un momento semejante, ante el origen y riesgo de muerte no solo del judaísmo antiguo, sino de la humanidad tradicional ante el nuevo riesgo de un imperialismo militar, ideológico y económico, que culminará en el Imperio romano.

Por una parte, el autor de los Proverbios es un "sabio" al estilo antiguo, un autor que recoge tradiciones venerables de sabiduría y religión, encarnadas en la figura de Salomón, tradiciones que pueden compararse con las del entorno semita (especialmente representada por babilonios y arameos/sirios, fenicios y árabes…). Por otra parte, este es un autor distinto, llamado a responder a los retos socio-culturales y religiosos de la nueva cultura helenista que, en el entorno de la caída del imperio persa (333 a.C.), está amenazando la identidad social y religiosa no solo de los israelitas, sino del mundo tal como anteriormente había existido.

Así lo pone de relieve el discurso de la Sabiduría (Dios-Sabiduría) en Pr 8, 4-36, texto del que ahora debo ocuparme. Frente a los proverbios o refranes de la experiencia popular viene a revelarse aquí (proclamando su palabra) el mismo Dios Excelso, en forma de *mujer amiga* que despliega su encanto y su llamada en la colina superior de la ciudad, que es el lugar del templo. Es como si hablara el mismo dios del santuario, retomando las tradiciones fundacionales de Israel: creación y éxodo, conquista de la tierra y proclamación de los profetas. La estructura del texto, que dividimos en cuatro partes, resulta clara y puede compararse con Gn 1 (creación) y con Jn 1, 1-18 (revelación personal de Dios).

## 2. Introducción (8, 4-11). Dios nos invita

A vosotros, hombres os llamo; a los hijos de Adam (=ser humano) me dirijo: aprended sagacidad los inexpertos, aprended cordura los necios... Mi paladar repasa la verdad, y mis labios aborrecen el mal; todas mis palabras son justas, no hay en ellas ninguna torcida o tortuosa; son leales para el que entiende y rectas para el que comprende. Recibid mi instrucción y no plata, una ciencia mejor que el oro puro, pues la Sabiduría (=hokmah) vale más que las perlas.

*Prólogo del traductor*

Ante el gran desastre del entorno social y religioso que amenaza con destruir la vida hebrea, entre el siglo IV y II a.C., este pasaje ofrece una más alta revelación de Dios, indicando así que los hombres (varones/mujeres) quieren y pueden recibir una sabiduría-vida más alta que les sobrepasa y fundamenta sobre el mundo. Más que la búsqueda humana, este pasaje expone y despliega de un modo solemne la llamada más alta de la Sabiduría que invita a los habitantes de la ciudad (Jerusalén) y al mundo para que vengan, escuchen y acojan el don del Dios-sabiduría que les invita a vivir y amar en comunión sobre la tierra.

La búsqueda de Dios, la tensión fuerte del amor, no es algo que nosotros hayamos inventado, como supone un pensamiento cerrado en las fronteras de la nueva humanidad del trabajo y de la técnica. Esa búsqueda y tensión amorosa viene del alto, pues el hombre (varón o mujer) ha sido creado como "oyente" de la palabra, capaz de escuchar y acoger la llamada que Dios le dirige para así vivir de un modo más alto, en concordia amorosa.

Como varón joven que espera y acoge la voz de la amada, para así madurar en amor y responderle, creando espacios de concordia con los demás seres humanos, así todos los hombres (varones y/o mujeres) pueden y deben escuchar la voz del Dios-Sabiduría, creador y maestro de los hombres, el Dios del conjunto del Libro de los Proverbios, que habla y llama a los hombres en relación personal de amor.

## 3. Sabiduría femenina, nueva humanidad (8, 12-21)

> Yo, Sabiduría (hokma), habito con la comprensión profunda (='ormah) y busco la compañía del conocimiento (=da'at)... Yo detesto el orgullo y la soberbia, el mal camino y la boca falsa. Yo poseo el buen consejo y el acierto, son mías la prudencia y el valor. Por mí reinan los reyes y los príncipes dan leyes justas... Yo amo a los que me aman, y los que madrugan por mí me encuentran. Yo traigo riqueza y gloria, fortuna copiosa y bien ganada; mi fruto es mejor que el oro puro y mi renta vale más que la plata. Camino por sendero justo, por vías del derecho (=mispat), para legar riqueza a mis amigos y colmar sus tesoros.

Esta Sabiduría se expresa, ante todo, como buen gobierno (por mí los reyes reinan), como administración justa, al servicio de la vida de los seres humanos, varones y mujeres, pobres y ricos, todos los pueblos. Un ideal de este tipo puede hallarse en el fondo de las grandes culturas antiguas de oriente, tanto en la diosa egipcia del saber (Maat) como en las diosas de la fertilidad y de la vida de Siria y de Mesopotamia.

El Dios de Israel asume de esa forma el mejor fondo y mensaje divino de los reyes del oriente, como rostro femenino de la *verdadera humanidad,* que no se expresa en forma de victoria militar, ni de imposición económica y conquista de unos pueblos sobre otros, sino como unión amorosa de todos los hombres. Es como si el ideal y proyecto patriarcal (de lucha y dominio) de los estados dominadores

*Prólogo del traductor*

(asirios, babilonios, persas, helenistas militarizados) hubiera fracasado (y debiera fracasar para siempre). El Dios verdadero no aparece ya como guerrero triunfador, sino como mujer amorosa, inteligente.

La verdadera Sabiduría de la vida (inteligencia, conocimiento, consejo) no es de los varones guerreros, sino la de las mujeres amantes (más que simplemente madres). Solo en esta línea se expresa y crece la auténtica riqueza de la vida y la justicia entre los hombres (varones y mujeres), no para un mundo futuro, tras la muerte, sino en esta misma vida en la tierra. Entendida así, la revelación de la identidad sapiencial/femenina ha de entenderse en clave histórica y escatológica (de culminación vital). Sobre un mundo destrozado por la lucha y falta de amor viene a expresarse una promesa y camino de vida más alta, a través de la figura y proyecto del Dios femenino del conocimiento, la riqueza y la justicia.

## 4. Revelación teológica (8, 22-31)

Yahvé me estableció al principio de sus tareas, al comienzo de sus obras antiquísimas. En un tiempo remotísimo fui formada, antes de comenzar la tierra. Antes de los océanos fuí engendrada, antes de los manantiales de las aguas. Todavía no estaban encajados los montes, antes de las montañas fui engendrada. No había hecho aún la tierra y la hierba, ni los primeros terrones del orbe. Cuando colocaba el cielo, allí estaba yo; cuando trazaba la bóveda sobre la faz del océano; cuando sujetaba las nubes en la altura y fijaba las fuentes abismales. Cuando ponía un límite al mar, y las aguas no traspasaban sus mandatos, cuando asentaba los cimientos de la tierra, yo estaba junto a él, como aprendiz, yo era su encanto cotidiano, todo el tiempo jugaba en su presencia; jugaba con la bola de la tierra, disfrutaba con los hijos de Adam.

La Sabiduría divina, femenina del mundo y de la historia de los hombres, es el centro del discurso. Ella se expresa aquí y revela su profunda identidad, desplegando ante todos su misterio. No quiere ni puede ocultarse; no engaña ni miente como las rameras de la calle (cf. Pr 7, 6-23). Así va diciendo su misterio:

— *Yahvé me estableció* (=qanani). Esa palabra es enigmática. Puede aludir a la *generación* (como si Yahvé fuera su padre/madre); o también a un tipo de *adquisición* (como si Dios en el principio hubiera llamado hacia sí a la Sabiduría). Hemos preferido el sentido más neutral: *me estableció* (me instituyó, me sentó en el trono...). Revelación y presencia original de Dios con rostro de mujer: eso es la Sabiduría. Un mundo nuevo, una humanidad pacífica, amorosa, fraterna, en clave de mujer, esa es la presencia y obra de Dios entre los hombres.

xiii

*Prólogo del traductor*

– *Fui engendrada (*=holaltti*)*, en pasivo divino: Dios mismo ha "engendrado", en claro simbolismo femenino, a la *mujer-sabiduría,* en el principio de los tiempos. Todo lo que existe sobre el mundo es derivado: solo más tarde han surgido océanos y montes, abismos de tierra y los poderes de la bóveda celeste... En el origen, como expresión fundante de Dios, ha emergido su Sabiduría, la imagen y sentido femenino de la vida, principio creador de todo lo que existe.

– *Jugaba en su presencia* (mesaheqet). La misma Sabiduría *establecida y engendrada* en el principio (como expresión fundante del conocimiento/ amor de Dios), viene a presentarse aquí como hijo querido de Dios, como *aprendiz (ʾamon:* 8, 30) que realiza a su lado su obra, siendo así su *encanto (saʿsuʿim)* constante. Por encima de la pura *razón demostrativa* que impone un orden violento sobre todo, y acaba derrotada, angustiada, sin amor ni gozo, viene a desvelarse aquí la sabiduría más alta, de tipo *lúdico y estético,* el conocimiento que se expresa en forma de juego y recreo (recreación gozosa de la vida). Dios no ha suscitado el mundo por deber, por cálculo económico, con fines lucrativos, sino a fin de comunicar su placer de vida y compartirlo con los hombres. Dios siente placer, Dios goza y juega (*Deus ludens*), como maestro que enseña a su aprendiz, como amante emocionado ante su amada en cuyo nombre y bajo cuya inspiración hace todas las cosas.

Estos son algunos motivos fundamentales del gran canto de la mujer/sabiduría, que así aparece con rasgos de *diosa,* en la línea de las grandes figuras femeninas de Egipto, Siria y Babilonia. Ella es divina, pero no *tiene personalidad independiente:* no se puede separar de Yahvé ni presentarse como otro Dios distinto, en línea politeísta. No es una diosa más, pero tampoco es una simple personificación, un modo de hablar, un motivo estético/literario sin ningún apoyo en la realidad.

Es la revelación originaria de Dios, como ha mostrado Miguel Ángel Buonarroti en el fresco de la creación de la Capilla Sixtina (Vaticano): del hueco abierto por el brazo izquierdo del Dios/Varón emerge la mujer/Sabiduría, como elemento del misterio divino: Dios la mira y, al mirarla, mirándose a sí mismo, puede expandir el otro brazo para suscitar el mundo humano, representado por Adán, en quien se encuentran condensados-culminados los cielos y la tierra, las montañas y las aguas, todo el cosmos. La tradición teológica cristiana ha reelaborado nuestro texto, aplicándolo a Jesús, Hijo de Dios, en su condición de *ser divino* y *principio de lo humano.*

Entendido así, este pasaje nos sitúa ante el Dios que es *origen sin origen,* presencia creadora que se expresa en forma de Sabiduría-Mujer, formando parte de Dios y siendo, al mismo tiempo, principio y consistencia del cosmos, ideal,

## Prólogo del traductor

modelo y riqueza de la vida de los hombres, en línea de mujer. Se suele afirmar que lo femenino es receptivo: es pasividad, simple escucha, sin palabra propia, en línea de juego de amor pasivo. Pues bien, en contra de eso, allí donde la Sabiduría resulta más intensa, allí donde tiende a triunfar la razón instrumental, emerge ahora, por encima de esa razón posesiva y violenta el gozo de Dios promoviendo la vida de los hombres, el juego de belleza y amor de todo lo que existe.

## 5. Invitación y promesa (8, 32-36)

> Por tanto, hijos míos, escuchadme; dichosos los que siguen mis caminos: escuchad mi aviso y seréis sabios, no lo rechacéis; dichoso el hombre que me escucha, velando ante mi casa cada día, guardando las jambas de mi puerta. Quien me alcanza alcanzará mi vida, y gozará el favor de Yahvé; quien me pierde se arruina a sí mismo; los que me odian aman la muerte.

Tras el intermedio social (8, 12-31) y la fuerte manifestación teológica (8, 22-31), en forma de quiasmo sintético (retomando todo lo anterior), el texto presenta de nuevo la voz de la mujer/sabiduría que llama a los hombres porque les ama, porque es feliz con ellos y pretende así hacerles felices, retomando algunos motivos de la creación, del paraíso (Gn 2–3), pero con una diferencia muy significativa: aquí no existe conciencia de un pecado original, de una caída cuyo efecto dura para siempre.

Ciertamente, como vengo diciendo, este pasaje supone una "caída", que se expresa de un modo social en el dominio de unos hombres sobre otros (en forma de imperios destructores), una caída concretada en el riesgo de destrucción final en que se encuentra la humanidad en su conjunto, y más en concreto los judíos de aquella generación amenazados por la lucha sin fin, por la pérdida del dios Amor, por la batalla de todos contra todos.

Los hombres y mujeres a los que dirige esta llamada del Dios-Sabiduría, entre el siglo IV-III a.C., se encuentran situados ante la gran alternativa: (a) *negar al Dios de la gracia y la vida,* esto es, negarse a sí mismos y morir destruyéndose del todo; (b) *o escuchar la voz creadora, amorosa de la Sabiduría,* y vivir, no solamente aquí (en los breves años de una vida en el mundo), sino más allá de este mundo, pues la vida de los que aman a Dios (en Dios) supera de un modo profundo la existencia en el mundo.

Quizá pudiéramos decir que esta *mujer/sabiduría* es la verdad del paraíso de Dios, del hombre ya planificado. Aquí no hacen falta más símbolos de ríos/perlas/ árboles frutales (Gn 2). Los tesoros del paraíso se encuentran concentrados en esta mujer-Sabiduría, que es el Dios hecho Edén o paraíso para el hombre, conforme a la palabra del principio, que identifica la muerte con el pecado (el día en que comáis…, es decir, rompáis, destruyáis el amor de la vida moriréis, cf. Gn 3, 2-5).

XV

*Prólogo del traductor*

Esta es la promesa que se va expresando a lo largo de todo el libro de Proverbios: los hombres y mujeres que viven en la sabiduría de Dios no mueren; los hombres y mujeres que escuchan la voz del Dios amor y le responden amando no acaban, sino que siguen viviendo en el amor, por encima de la muerte. Difícilmente podría haberse hallado imagen más bella: *Dios* se define como *mujer/sabiduría/esposa* que llama a los humanos, invitándoles a compartir gozo y belleza para siempre, por encima de la muerte. Sin duda, en un sentido, los hombres mueren. Pero viviendo en Dios se mantienen y encuentran en la vida por encima de la muerte, como el mismo F. Delitzsch irá indicando con admirable precisión a lo largo de su comentario.

Gn 2–3 cerraba al hombre en su silencio de muerte. Adán y Eva se apoderan del fruto prohibido, niegan a Dios y, buscando otros amores, se pierden a sí mismos en la muerte. Por el contrario, conforme a nuestro texto, aquel hombre que responde a Dios y acoge su amor, halla la vida, se vuelve al paraíso (8, 35-36), vive para siempre.

No hay razón para entender estas palabras (vida y muerte) en un sentido desgastado, como simbolismo sin hondura. Ellas nos conducen más bien al centro de eso que pudiéramos llamar la opción definitiva de vida o muerte de lo humano: (a) *la Dama/Sabiduría* invita a los hombres al banquete de sus bodas: ha construido su casa, ha preparado el festín, ha enviado a sus criados para invitar a todos a su vida, a fin de que participen de ella por encima de la muerte (9, 1-12); (b) por el contrario, la *Dama/Locura* o necedad, presentada en forma de gran prostituta, de lucha sin fin de unos contra otros, entrega a todos en la antifiesta del amor vacío y de la muerte (9, 13-18).

## 2. F. Delitzsch, el comentario más actual del siglo XIX

Desde el contexto que acabo de esbozar, puedo y debo presentar el comentario de F. Delitzsch, publicado en el año 1873, hace siglo y medio, hacia el final de la época dorada de la exégesis y teología protestante de Alemania. Es un comentario filológico, histórico y teológico del texto hebreo de Proverbios, escrito en un momento clave de la teología de fondo idealista, vinculada a la experiencia y deseo de progreso de la sociedad alemana y europea (occidental) que se creía portadora de unos valores religiosos, racionales y afectivos de comunión que debían extenderse al mundo entero.

En ese contexto, este Libro de los Proverbios aparece como prototipo de una cultura de progreso cultural y sacral que debería extenderse al mundo entero. Como he dicho, F. Delitzsch era consciente de la revolución antireligiosa que parece avanzar en la sociedad europea, una revolución que él compara, en el fondo, con

xvi

la que se había expresado en algunos "librepensadores" y "necios" (negadores de la religión) que estaban al fondo de ciertos pasajes de Proverbios. Pero al fondo de eso, F. Delitzsch siguió manteniendo un tipo de optimismo idealista propio de sus tiempos, que se mantendría vivo hasta la crisis de los años 1914-1918 (en el contexto de la Gran Guerra), con la caída y ruptura de los ideales de seguridad y progreso de la etapa anterior, tal como se expresa en la teología de K. Barth.

En esa línea, Delitzsch interpreta el conjunto Proverbios como expresión de una cultura y religión del orden permanente de la sociedad. A su juicio, la sabiduría bíblica y, en especial, el libro de Proverbios, sigue teniendo un gran valor al descubrir y destacar el orden que se oculta en el fondo de la vida humana, es decir, en la estructura del mundo material y la "jerarquía social" que se manifiesta en la vida de los hombres. De esa forma, destaca la importancia de la autoridad establecida como signo de Dios, con su patriarcalismo de fondo, con la supremacía del varón sobre la mujer, etc. y de los nobles sobre los plebeyos.

La realidad entera aparece, a su juicio, como un orden jerárquico, fundado en Dios y expresado en las autoridades establecidas, tanto en el plano social como religioso. Tomado en conjunto, el Libro de los Proverbios sería, según eso, un canto al orden social, una afirmación del valor de la nobleza y riqueza de los miembros más favorecidos de la sociedad. Por eso, tenemos la necesidad de conservar las estructuras establecidas, en contra de toda veleidad revolucionaria, como muestran *los temas básicos del libro:*

1. *Dios.* Es ante todo el Creador; está por encima y, al mismo tiempo, dentro del mundo. Es Sabio y bueno, defensor del bien, retribuye a los hombres según su conducta, ha escogido a Israel, pero se apiada de los pobres, siempre desde arriba, sin encarnarse en el dolor de la existencia humana, al servicio de los pobres y excluidos de la sociedad.

2. *La Sabiduría.* Es la manifestación fundamental de Dios que, siendo poderoso es, ante todo, principio del orden cósmico, en la línea de un tipo de racionalismo teológico, bien conocido en el pensamiento de Oriente y, de un modo especial en Grecia. En esa línea, debemos añadir que, siendo radicalmente judío, el libro de Proverbios se encuentra cerca del helenismo que defiende igualmente el orden de los privilegiados de la sociedad. Así lo han sentido los primeros Padres de la Iglesia que han reinterpretado el cristianismo desde una perspectiva de sabiduría amorosa y racional, siguiendo la tradición de los antiguos.

3. *Orden social.* Sin duda, el Dios de los Proverbios es creador y principio del mundo, pero se manifiesta especialmente en el orden de la vida del hombre, en una perspectiva que es, al mismo tiempo, jerárquica y familiar. El Dios de los Proverbios es un Dios del orden, y así expresa

su dominio por medio de la autoridad del rey y de los gobernantes. Ciertamente, preside la vida familiar y es protector de los pobres pero, sobre todo, por encima de los pobres parece revelarse a través del orden y autoridad de los gobernantes, distinguiéndose así del Dios del evangelio.

4. *Muerte y supervivencia.* Conforme a la teología tradicional de Israel, en un sentido, la vida de los hombres acaba con la muerte. Pero, en otra línea, completando lo anterior, el Libro de los Proverbios ha desarrollado una visión muy especial de la supervivencia humana, no por inmortalidad del alma (como tiende a destacar el helenismo de ese tiempo), sino por comunicación de los hombres con Dios, en relación de amor. En ciertos lugares muy significativos, F. Delitzsch irá poniendo de relieve la apertura del hombre a Dios por encima de la muerte, por relación personal de amor (de comunicación de vida) y no por inmortalidad del alma por sí misma, como seguiré indicando.

Desde ese fondo, a modo de conclusión, quiero poner de relieve los rasgos principales de este trabajo de F. Delitzsch que, a mi juicio, sigue siendo fundamental en la línea de los grandes comentarios de Proverbios, algunos de los cuales citaré en la bibliografía que seguirá después. Estos son, en mi opinión, los elementos más significativos de este comentario:

1. *Este es un comentario hecho sobre el texto hebreo,* estudiado de un modo directo, con gran precisión filológica. Ciertamente, se puede leer y entender de alguna forma sin tener un gran conocimiento del hebreo, solo conociendo y siguiendo de algún modo la lengua del A.T. puede seguirse y entenderse plenamente. Está pensado básicamente para estudiantes de hebreo, al menos en un plano inicial, pues de lo contrario no podrán entenderse muchos de sus matices.

2. *Este comentario sitúa el texto hebreo de Proverbios y su mensaje en el contexto de la historia de Israel.* A diferencia de la mayoría de los intérpretes actuales, F. Delitzsch es partidario de una datación antigua del libro y de sus partes principales, partiendo de la época del rey Salomón (siglo X a.C.). Pero eso no impide que esa datación pueda actualmente retrasarse, poniendo de relieve la relación de Israel con los pueblos del entorno en un período posterior, sin perder nada de la aportación teológica del libro, sino todo lo contrario, profundizando en ella.

3. *F. Delitzsch ha optado por interpretar el libro y tema de Proverbios en un contexto semita,* muy cercano al árabe y también, aunque en menor medida, al arameo. Esa es una gran ventaja, pues permite que

entendamos el mensaje principal y los detalles socio-culturales de muchos proverbios. Pero, al mismo tiempo, puede limitar el influjo de otros contextos culturales y sociales, con detrimento de la visión de conjunto de la obra. Habrá advertido el lector que, con gran parte de los intérpretes actuales, yo he colocado el libro en un contexto posterior, más cercano al helenismo.

4. *F. Delitzsch ha interpretado no solo en el original hebreo, sino que ha tenido en cuenta las grandes traducciones antiguas,* empezando por la LXX, siguiendo por la versión siríaca (Syr.), con los tárgumes arameos y la traducción de la LXX latina de Jerónimo. En ese sentido, este libro no es solo un comentario del texto hebreo primitivo, sino que ofrece una visión de conjunto del surgimiento y primer despliegue del libro, ofreciendo una visión general del origen y tradición sapiencial del nuevo Israel que está surgiendo en ese tiempo. Especialmente importante es el tema de la "traducción" o versión de la LXX y, en este campo, gran parte de los investigadores posteriores disienten del punto de partida de Delitzsch, para quien el único texto base es el hebreo de la traducción masorética, sin tener en cuenta la aportación textual de las lecturas que ofrece la LXX.

5. *F. Delitzsch apuesta a favor de una lectura masorética del texto,* suponiendo que los estudiosos judíos conservaron el texto establecido que tiene primacía sobre otras posibles tradiciones textuales. En contra de eso, muchos exégetas actuales se atreven a defender el valor de otras posibles lecturas (vocalizaciones, conservando la del texto consonántico, aunque interpretado de un modo distinto al de los masoretas). También aquí, las opiniones de una parte considerable de los especialistas actuales son algo distintas de las de F. Delitzsch. Ciertamente, la tradición judía ha canonizado el texto masorético, tal como ha sido fijado por la escuela de Ben Asher entre el siglo IX y X d.C. Pero no todos los exégetas no judíos de la actualidad están de acuerdo con la opción masorética que F. Delitzsch ha mantenido siempre con gran fidelidad.

6. *F. Delitzsch acepta con gran fidelidad la interpretación que ofrece el sistema de acentos de los masoretas.* Este es uno de los rasgos más característicos y ricos (significativos) del comentario, un rasgo que puede resultar extraño para los menos expertos, pero que es fundamental para todos los estudiosos de la Biblia Hebrea, sobre todo de los textos poéticos. Como verá muy pronto quien siga este comentario, la interpretación de muchos textos de Proverbios depende de la forma de entender y valorar los acentos de las palabras, conforme a un sistema extraordinariamente preciso y significativo.

Prólogo del traductor

7. *Este es un comentario "histórico" de Proverbios, partiendo no solo del texto hebreo, sino de los grandes testimonios posteriores, tal como han sido recogidos por la LXX y el Targum,* con las traducciones siríacas y latinas (Jerónimo). De esa forma, recoge no solo la aportación de los eruditos judíos de los primeros siglos (del I al VI d.C.), sino también de los comentaristas judíos posteriores, con los Padres de la Iglesia y los teólogos medievales, con Lutero y los reformadores del siglo XVI-XVII. Más que un simple comentario, este libro ofrece una gran enciclopedia de los Proverbios, necesaria para conocer los orígenes del cristianismo y su relación con el judaísmo antiguo, partiendo del texto de la Biblia.

8. *Este es, finalmente, el comentario de un exégeta y teólogo evangélico de la segunda mitad del siglo XIX,* como saben bien todos los que han venido siguiendo nuestra traducción de los diversos volúmenes de este Comentario del Texto Hebreo del A.T., realizado por F. Delitzsch y Carl F. Keil. Es obra personal de Delitzsch, pero ha sido escrita en diálogo con los mejores exégetas y teólogos de su tiempo, especialmente con los de tradición evangélica alemana. Entre ellos, como seguirá viendo el lector, desatacan autores tan significativos como Gesenius, Bertheau, Fleischer, Hitzig, Ewald, Löwenstein, Michaelis y otros que el lector podrá ver en la bibliografía (con referencia a los años en que vivieron).

9. *Por lo que toca a mi traducción,* sigo tomando como base el texto hebreo masorético, con comentario filológico y teológico: *Interlinear Bible* (https://biblehub.com/interlinear/o). Para la versión en castellano utilizo la de Reina-Valera 1995 (https://www.biblia.es/reina-valera-1995.php). Pero en el comentario tengo que emplear por fuerza la versión alemana de F. Delitzsch retraducida al castellano. Eso significa que puede haber variantes entre el encabezado y el comentario de los textos. Esa misma variedad, que algunos pueden tomar como extraña sirve para poner de relieve la riqueza de matices del texto original, dejando que el mismo lector opte por aquella que le parezca mejor, en el castellano actual, en uso en España y América Latina.

10. *Sobre el nombre de Dios he optado por ser al fin ecléctico.* En las traducciones de Reina-Valera mantengo el nombre tradicional de Jehová. En los comentarios opto en general por la transcripción Yahvé, actualmente más utilizada, conforme al espíritu del libro. Cada lector puede mantener la que le parezca más cercana al original y al espíritu de la propia confesión cristiana, sabiendo que la mejor solución hubiera sido quizá utilizar un nombre más "simbólico" (como D**s, G**t, G*d…), para así poner de relieve el hecho de que en la tradición hebrea no se escribe y no se pronuncia entero el nombre Dios.

11. *Sobre la complejidad y opciones de la traducción.* Como en libros anteriores, he optado por una traducción "académica" del libro, sin aspirar a que sea una traducción "crítica", pues ello exigiría haber analizado en detalle cada cita de Delitzsch, con los trabajos de fondo y las traducciones que él emplea, tanto en sirio/arameo, como en griego y latín. Para ello, el lector tendría que acudir al texto base alemán. Mi traducción no es para especialistas estrictamente dichos (pues ello requeriría una edición crítica del texto, que actualmente no existe, ni siquiera en alemán), sino para estudiosos eruditos, con una buena base bíblica y con cierto conocimiento de lenguas antiguas (griego y latín, además de hebreo). Por eso, no me he detenido a fijar en cada caso el sentido de cada una de las abreviaturas y de las citas bibliográficas que son, por otra parte, las normales en este tipo de textos.

12. *Solo me queda felicitar y agradecer a la editorial Clie por la traducción y edición castellana de este libro.* Felicitarle por haber asumido un empeño bíblico, teológico y eclesial tan importante en tiempos de dificultad editorial como son estos. Agradecimiento también por haberme confiado la traducción y preparación de esta obra, con la que va culminando la edición completa de los *comentarios del Antiguo Testamento hebreo* de Delitzsch-Keil. En este contexto me atrevo a pensar que quizá, finalizada la serie de comentarios, podría asumirse la traducción castellana de una obra tan significativa como la de F. Delitzsch, *System der biblischen Psychologie* (Sistema de psicología bíblica).

# 3. Actualización bibliográfica

A modo de referencia, para situar mejor ese comentario esencial (en gran parte insuperado) de F. Delitzsch, he querido recoger aquí algunos comentarios y estudios especializados sobre el tema, a poder ser en lengua castellana:

## Comentarios

Alonso Schökel, L. y J. Vílchez, *Proverbios*, Cristiandad, Madrid 1984.
Gemser, B., *Sprüche Salomos*, HAT, 16, Mohr, Tübingen 1963.
Lelièvre, A y- Maillot, A., *Commentaire des Proverbes* LD Cerf, París 1996.
Löwenstein, L.H., *Die Proverbien Salomos*, Frankfurt, 1837.
Mckane, W., *Proverbs. A New Approach*, OTL, SCM, Londres, 1977.
Meinhold, A., *Die Sprüche,* Theologischer Verlag, Zürich 1991.
Morla, Víctor, *Proverbios,* Desclée de B., Bilbao 2011.

Pérez, G., *Biblia Comentada IV, Proverbios*, BAC 218, Madrid 1963, 676-851.

Plöger, O., *Sprüche*, BK XVII, Neukirchen 1984.

Scott, R. B. Y. *Proverbs. Eclesiastes*, AB, Doubleday, Nueva York, 1965.

Serrano, J. J., *Proverbios. Traducción y comentario,* en Sagrada Escritura, AT, vol. IV, BAC, Madrid 1969.

Vawter, B., *Proverbs 8,22: Wisdom and Creation*, JBL 99,2 (1980) 205-216

Whybray, R. N., *Proverbs*, Cambridge 1972.

## Estudios

Bland, D., *Formation of Character in the Book of Proverbs,* Rest. Quarterly 40, 4 (1998), 221-37.

Bonnard P. E., *La Sagesse en Personne annoncé et venue, Jesús-Christ*, París, 1966.

Bricker, D., *The Doctrine of the 'Two Ways' in Proverbs,* JETS 38, 4 (1995) 501-18.

Busto, J. J., *El descubrimiento de la Sabiduría de Israel*, EstEcl 56 (1981) 625-649.

Camp, C. *Wisdom and the feminine in the Book of Proverbs* (Bible and Literature Series 11), Almond Press, Sheffield 1985.

Cazelles, H., *La Sagesse de Proverbes 8,22*, en A. M. Triacca (ed), *Trinité et Liturgie*, Edizioni liturgiche, Rome 1984, 51-57.

Chutter, G., *Riches and Poverty in the Book of Proverbs* , Crux 18, 2 (1982), 23-28.

Clements, R., E., The Good Neighbor in the Book of Proverbs, en Essays in Honor of R. N. Whybray, Sheffield Academic Press, Sheffield, 1993, 209-28.

Conzelmann, H., *The Mother of Wisdom*, en J. M. Robinson, Essays in Honor of Rudolf Bultmann, Harper & Row, Nueva York 1971, 230-243.

Cook, J., *Hellenistic Influence in the Book of Proverbs (Septuagint)?, The Dating of Septuagint Proverbs,* EThL, LXIX (1993), 383-399; *Proverbs 1-9 Septuagint: A Metaphor for Foreign Wisdom?*, ZAW, 106 (1994) 458-476.

Crenshaw, J. L., *Poverty and Punishment in the Book of Proverbs*, A Scholarly Journal for Reflection on Ministry 9, 3 (1989), 30-43.

de Pury, A., *Sagesse et revelation dans l'AT*, RThPh 27 (1977) 1-50.

Delitzsch, F., *Zur Geschichte der jüdischen Poesie,* Leipzig 1936.

Diez Merino, Luis, *Targum de Proverbios*, CSIC, Madrid 1984.

Dubarle, A.M., *Los Sabios de Israel*, Escerlicer, Madrid 1958, 54-68.

Dussel, E. D., *El humanismo semita*, Editorial Universitaria, Buenos Aires, 1969.

Estes, D. J., *Hear, my Son: Teaching and Learning in Proverbs 1-9,* Inter Varsity Press, Londres, 1997.

Ewald, Heinrich (1803 –1875); D*ie poetischen Bücher des alten Bundes* (1835-1837): *Die Propheten des alten Bundes* (1840-1841).

Fensham, F. C., *Widow, Orphan and the Poor in the Ancient near Eastern Legal and Wisdom Literature*, JNES 2, 129-39.

Florilegio (Florilegium). F. Delitzsch cita con frecuencia diversos florilegios, con textos y comentarios sobre los proverbios. Entre ellos: Jo. de Plantevit: *Florilegium biblicum, complectens omnes utriusque Testamenti sententias hebraice et graece*, Lodoue,1645.

García Cordero, M., *La Biblia y el legado del Antiguo Oriente*, BAC, Madrid 1977.

Gerleman, G., *Studies in the Septuagint, III: Proverbs*, Lund, 1956.

Gese, H., *Lehre und Wirklichkeit in der alten Weisheit.* Studien zu den Sprüchen *Salomos und zu dem Buche Hiob,* Mohr, Tübingen 1958.

Gesenius, H. F. (1786-1842),*Thesaurus philologico-criticus linguae Hebraicae et Chaldaicae V. T.* (edición pósthuma 1858).

Gilbert, M., *La donna forte di Proverbi 31, 10-31: ritratto o simbolo?*, en Giuseppe Bellia, *Libro dei Proverbi. Tradizioni, Redazione, Teologia*, Piemme, Milano, 1999, 147-167; *Le discours de la Sagesse en Prov 8. Structure et cohérence*, en Id. (ed), *La Sagesse de l'AT* 202-218.

Hawkins, T. R., *The Wife of Noble Character in Proverbs 31:10-31,* BSac 153 (1996), 12-23.

Heinisch, P. *Die Persönliche Weisheit des AT in religionsgesch. Beleuchtung*, Münster 1933.

Hengel, M., *Judaism and Hellenism* I-II, SCM, Londres, 1974.

Hitzig, F. (1807-1875), *Die Sprüche Salomo's*, Orell Füssli Verlag, Leipzig 1858.

Houston, W. J. The Role of the Poor in Proverbs, in Honour of J.A. Clines, Sheffield AP, Sheffield, 2003, 229-40.

Kassis, R. A., *The Book of Proverbs and Arabic Proverbial Works*, Brill, Leiden/New York/Köln 1999.

Küchler,M. , *Frühjüdische Weisheitstraditionen*, OBO 26, Freiburg Shw. 1979.

Lang, B., *Frau Weisheit. Deutung einer biblischen Gestalt*, Düsseldort 1975; *Wisdom and the Book of Proverbs. A Hebrew Goddess redefined*, Pilgrim Press, Nueva York 1986.

Mack, B.L. *Logos und Sophia,* Vandenhoeck, Göttingen 1973, 34-62; *Wisdom Myth and Mythology*, Interpret 24 (1970) 333-349.

Michaelis, J. H. (1668-1738), *Adnotationes uberiores in hagiographos* (1720).

Michaud, R. *La literatura sapiencial Proverbios y Job*, Verbo Divino, Estella 1985.

Morla, V., *Libros sapienciales y otros escritos*, Verbo Divino, Estella 1994.

Moss, A., *Wisdom as Parental Teaching in Proverbs 1-9,* HeyJ 38, 4 (1997), 426-439.

Pedersen, J., *Wisdom and immortality, en Israel and the Ancient Near East*, Suppl. VT, III, 1955, 238-246.

Pié y Ninot, S., *La palabra de Dios en los libros sapienciales*, Herder, Barcelona 1972.

Pikaza, X., *Antropología bíblica. Del árbol del juicio al sepulcro de pascua*, Sígueme, Salamanca 2005; *Dios judío, Dios cristiano,* Verbo Divino, Estella 1996, 167-186.

*Prólogo del traductor*

Puech, É., *Qumrân e il libro dei Proverbi*, en Giuseppe Bellia - Angelo Passaro, *Libro dei Proverbi. Tradizione, Redazione, Teologia*, Pienne 1999, 170-189

Raurell, F., *La Literatura sapiencial bíblica*, Est Fran 80 (1979) 101-147.

Rodríguez Torné, I., *El trasfondo sociocultural de los escritores, traductores, lectores y comunidades receptoras de TM, LXX y Vulg. Proverbios* (Universidad Complutense, Madrid 2010, disponible on line: https://eprints.ucm.es/id/eprint/12664/1/T32585.pdf).

Ruffle, John., *The Teaching of Amenemope and Its Connection with the Book of Proverbs*, Tyndale Bulletin 28 (1977), 29-68.

Schimanowski, G. *Weisheit*, WUNT 17, Tübingen, 1985.

van Imshoot, P., *Sagesse et Espirit dans l'AT*, RB 47 (1938) 23-49.

Van Leeuwen, R. C., *Wealth and Poverty: System and Contradiction in Proverbs*, Hebrew Studies 33 (1992), 25-36.

Varios, *La Sagesse de l'AT*, BETL 51, Leuven, 1979.

Von Rad, G., *Sabiduría en Israel: Proverbios-Job-Eclesiastés-Eclesiástico-Sabiduría*, Cristiandad, Madrid 1985.

Waltke, B. K., *Friends and Friendship in the Book of Proverbs: An Exposition of Proverbs 27:1-22*, Crux 38, 3 (2002), 27-42 *The Book of Proverbs: Chapters 1-15,*. Eerdmans Publishing, Grand Rapids / Cambridge, 2004.

Washington, H. C., *The Strange Woman of Proverbs 1-9 and Post-Exilic Judaean Society*, en A. Brenner (ed.), A Feminist Companion to Wisdom Literature, Sheffield Academic Press, Sheffield 1995, 157-184.

Whybray, R. N., *Wisdom in Proverbs: The Concept of Wisdom in Proverbs 1-9*, SBT vol. 45, SCM Press, London, 1965; *Wealth and Poverty in the Book of Proverbs*, JSOT Supplement Series 99, JSOT Press, Sheffield 1990: *The Composition of the Book of Proverbs*, JSOT 168, Sheffield Academic Press; *The Book of Proverbs. A Survey of Modern Study*, Brill, Leiden 1995.

Wilbanks, P. F., *The Persuasion of Form: A Rhetorical Analysis of Pr. 31:10-31*, Evangelical Theological Society Southeast Regional Meeting, Toccoa Falls, GA, Marzo 2001.

# INTRODUCCIÓN

## F. Delitzsch

El Libro de Proverbios tiene un título general, ספר משלי, tomado de las palabras con las que comienza el texto. Es uno de los tres libros bíblicos que se distinguen de los otros veintiuno del Antiguo Testamento porque tiene un sistema especial de acentos cuyo mejor estudio ha sido realizado por S. Baer,[1] tal como he puesto de relieve en mi *Comentario de los Salmos*. La palabra nemotécnica para estos tres libros (Job, Proverbios y Salmos) es אמת, palabra construida a partir de la primera letra de sus nombres, palabra que, según la ordenación talmúdica y masorética en el A.T., es תאם (Salmos, Job, Proverbios: Tehilim, Ayyub y Misle).

Conforme a la *"superinscriptio"* (superinscripción, título o palabras iniciales con las que empieza el libro, מִשְׁלֵי שְׁלֹמֹה), los comentaristas antiguos pensaron que todos los proverbios habían sido compuestos por Salomón. Pero este libro solo contiene 800 versículos, mientras que 1Re 5, 12 (cf. 4, 32) afirma que Salomón pronunció 3000. R. Samuel bar-Nachmani resuelve esa discrepancia afirmando que cada versículo del libro puede dividirse en dos o tres apotegmas o proverbios (cf. Pr 25, 12). Pero esta y otras formas de resolver la discrepancia entre 800 y 3000 resulta arbitraria y sin fundamento.[2]

Por su parte, la opinión de R. Jonathan,[3] según la cual Salomón compuso al principio el libro del Cantar de los Cantares, luego los Proverbios y, por último, el Eclesiastés, suponiendo que el primero corresponde a la juventud, el segundo a la sabiduría de su edad madura y el tercero al desengaño de la vejez, se funda en

---

1. Cf. A. B. Davidson, profesor de Edimburgo, *Outline of Hebrew Accentuation, Prose and Poetical*, 1861, que está fundado en Baer, *Torath Emeth*, 1952.

2. Cf. *Pesikta*, ed. Buber (1868), 34b, 35a. En lugar de 800, la Masora afirma que el libro contiene 915 proverbios.

3. Cf. *Schir-ha-Schirim Rabba*, c. i.f. 4a.

*Introducción*

el falso supuesto de la unidad de los tres libros, y al hecho de que los tres habrían sido compuestos por el mismo Salomón.

También en la actualidad hay algunos, como Stier, que piensan que el libro de Proverbios es de principio a fin obra de Salomón, lo mismo que han pensado Klaus (1832) y Randegger (1841), que siguen diciendo, en la misma línea, que todos los salmos, sin excepción alguna, fueron compuestos por David. Pero desde el momento en que se aplica a los temas bíblicos la crítica histórica no puede ya tenerse en cuenta ese sometimiento ciego a un tipo de tradición carente de fundamento.

El libro de Proverbios consta de varias partes que difieren entre sí por el carácter de sus temas y por el período al que pertenecen. Aplicando al libro un tipo de análisis crítico, descubrimos que la composición de los proverbios refleja formas distintas de producción literaria que responden, al menos, a tres épocas distintas.

## 1. Plan externo del libro y testimonio respecto a su origen

La *superscriptio* o título interno del libro, que sirve para recomendar la importancia de su contenido, insistiendo en el valor y utilidad de su enseñanza, como en otros libros posteriores de oriente, abarca desde Pr 1, 1 hasta 1, 6. Así lo han reconocido, entre los modernos, autores como Löwenstein y Maurer, en contra de Ewald, Bertheau y Keil. Por otra parte, Pr 1, 7 ya no pertenece a la *superinscriptio*, sino que constituye un nuevo comienzo para el conjunto del libro.

El libro comienza presentándose como "Proverbios de Salomón", y luego añade la declaración de su objeto o finalidad que, como aparece en forma condensada en Pr 2, es de tipo práctico y tiene un sentido doble: uno de tipo moral y otro de tipo intelectual. Esa finalidad aparece detallada en Pr 1, 3-5, donde se dice que este libro quiere ayudar a los inexpertos para que alcancen sabiduría, y también a los sabios para que la perfeccionen.

Ese último objetivo se ratifica en Pr 1, 6: a través de su contenido, este libro quiere fortalecer y disciplinar la mente de los lectores, para que puedan seguir, entender y aplicar los discursos reflexivos de los sabios. En otras palabras, este libro quiere conseguir que los lectores compartan y asuman el mensaje de la poesía de los proverbios, de manera que puedan familiarizarse con ella, convirtiéndose de esa forma en sabios.

Bien interpretado, el título no dice expresamente que este libro contenga también proverbios distintos de los de Salomón, pues si lo dijera se contradeciría a sí mismo. Es posible que contenga proverbios que no son de Salomón; es posible que su mismo autor los haya agregado; pero el título insiste solo en los de Salomón, como si el título estuviera formado solo por ellos.

Si el verdadero título del libro es el de Pr 1, 7, que aparece después que ha terminado el "título externo" o encuadre general de Pr 1, 1-6 anterior, debemos

Plan externo del libro y testimonio respecto a su origen

pensar que los proverbios de Salomón comienzan aquí. Si continuamos leyendo, por la forma y contenido de los proverbios que siguen (de Pr 1, 7 a 9, 18), debemos afirmar que ellos no van en contra de este origen salomónico, pues forma y contenido son dignos de Salomón. Por eso, nos llena de asombro el hecho de que el libro ofrezca en Pr 10, 1 una nueva *superinscriptio* diciendo משלי שלמה, para añadir después, a partir de Pr 22, 16 una larga serie de proverbios con forma y tono bastante distintos, con máximas cortas y refranes propiamente dichos, mientras que en la parte anterior encontrábamos más discursos sapienciales que proverbios propiamente dichos.

¿Qué opinión debemos tener ahora si miramos hacia atrás, desde esta segunda *superinscriptio* de 10, 1, a la parte anterior (1, 7–9, 18) que sigue inmediatamente al primer título del libro? ¿No deberíamos decir que el primer título del libro (Proverbios de Salomón) se refiere solo a Pr 1, 7–9, 18?

Conforme al tono de esa primera parte y, al texto concreto de la primera *superinscriptio*, parece que los proverbios de 1, 7–9, 18 son de Salomón. Pero en ese caso el siguiente título de 10, 1 (Proverbios de Salomón) resultaría totalmente incomprensible. En sentido estricto, solo se podría aceptar una de estas dos soluciones: el Libro de los Proverbios empieza en 1, 7 (y el título de 10, 1 es un añadido posterior) o el libro empieza solo en 10, 1. El mismo texto nos situaría, según eso, ante una contradicción, al menos aparente, que solo puede superarse con una investigación más rigurosa del tema. Pero ¿en qué sentido debemos realizarla?

(a) *En un sentido* se puede suponer que el tenor del título de Pr 1, 1-6 no concuerda con el tenor y contenido de la sección 10, 1–22, 6, sino solo con la sección precedente (la de 1, 7–9, 18). En esa línea se puede insistir en el hecho de que, en 1, 7–9, 18, aparecen una serie de palabras favoritas que no se encuentran en el resto del libro, como son, entre otras: ערמה, sutileza y, מזמה, discreción (Pr 1, 4). En esa línea podemos tomar como probable el punto de vista de Ewald, quien supone que Pr 1–9 es un todo original, distinto, escrito de una vez, en forma de unidad, y que su autor solo tenía la intención de ponerlo como introducción al libro salomónico más grande (escrito por el mismo Salomón), que comienza precisamente en Pr 10, 1.

(b) *Pero, en otro sentido,* es también posible que el autor de Pr 1, 1-6 haya adoptado el estilo de la parte que sigue inmediatamente (1, 7–9, 18), al principio del libro propiamente dicho. Esta es la opinión de Bertheau que, en un sentido, acepta el punto de vista de Ewald, pero que en otro lo rechaza, afirmando que Pr 1, 7–9, 18 constituye una colección de avisos y advertencias de diversos autores, expertos en literatura proverbial. En esa línea, los avisos de 1, 1-6 pueden tomarse

*Introducción*

como una introducción a varias colecciones de proverbios, contenidos en las dos grandes secciones del libro, una primera que sería posterior a Salomón (Pr 1, 7–9, 18) y otra segunda más grande y completa, de tipo salomónico, contenida en 10, 1–22, 16.

En esa línea, resulta probable que el autor cuyo objetivo es, según el título, el de recoger los proverbios de Salomón, haya querido introducirlos mediante un largo prólogo propio que, en vez de comenzar con los proverbios propiamente dichos de Salomón (que empezarían a partir de 10, 1), haya querido presentar primero largos extractos de un tipo diferente de colecciones de proverbios, extractos con los que ha formado esta primera parte del libro (de 1, 7 a 9, 18).

Como piensa Bertheau, el autor final del libro habría querido indicar con las palabras del primer título (1, 1-6) la intención de presentar no solo los "Proverbios de Salomón" en sentido estricto, sino también las "palabras de otros sabios". En ese caso, el título de "proverbios de Salomón" ofrecería una clave para entender a Salomón como Sabio por Excelencia, en cuyo nombre y sabiduría pueden incluirse palabras y textos de sabiduría de otros sabios y autores de proverbios posteriores (que aparecerían vinculados con el nombre genérico de Salomón).

De todas formas, junto a esta opinión de Bertheau y la de Ewald, que en sí misma, incluso por razones internas, es más natural y probable, existe todavía la posibilidad de otra opinión, que es la de Keil quien, siguiendo a H. A. Hahn opina que, según el sentido del autor del título primero (1, 1-6), la sección de Pr 1, 7–9, 18 es salomónica, lo mismo que la de Pr 10, 1–22, 16. A pesar de ello, el autor ha debido repetir la *superinscriptio* "Proverbios de Salomón" en 10, 1 (antes de la nueva sección), porque desde ese momento siguen unos dichos que son proverbios en sentido estricto, con los rasgos del *mashal* hebreo (cf. Havernick, *Einleitung*. iii. 428), a diferencia de las reflexiones más teóricas de la parte anterior de 1, 7–9, 18).

Un caso semejante aparece en el libro de Isaías donde, después del título general de Is 1, 1, sigue un discurso introductorio, y luego se repite nuevamente el título, en 2, 1, de manera algo más breve. De todas formas, la discusión posterior del comentario mostrará que esta analogía no es aplicable aquí.

La sección introductoria (Pr 1, 7–9, 18) y la más larga de Pr 10, 1–22, 16, que contiene unos breves apotegmas salomónicos de tipo uniforme, vienen seguidas por una tercera sección 22, 17–24, 22. Ciertamente, Hitzig reconoce que, de 10, 1 a 22, 16, tenemos una segunda sección, pero añade que, a partir de 22, 17, comienza un estilo totalmente distinto y una manera mucho más libre de componer los proverbios.

Por otra parte, la introducción a esta nueva colección de proverbios (a partir de 22, 17), nos recuerda el título general (Pr 1, 1-6) y muestra, sin lugar a dudas, que el coleccionista de todos los proverbios no tiene en modo alguno la intención de exponer estos proverbios como salomónicos. Ciertamente, es posible que, como ha sostenido Keil (iii. 410), el coleccionista de los proverbios, que ha comenzado con las palabras: "Inclina tu oído y escucha las palabras de los sabios", esté evocando sus propios proverbios y presentándolos de un modo general como "palabras de los sabios", como puede suponerse por las palabras que siguen: "y aplica tu corazón a mi conocimiento". Pero esta suposición va en contra de la inscripción o título de la cuarta sección que comienza en 24, 23.

*Esta cuarta sección* que es la más breve (24, 23-34) es un apéndice de la tercera y lleva como título: "Estas cosas también son לחכמים" (de los sabios). La lamed (ל) que aquí se emplea es "lamed auctoris", es decir, de autor. Eso significa que los autores que siguen son distintos de Salomón, mostrando así que Salomón no es el único autor de todos los proverbios recogidos en la colección del Libro de los Proverbios. Hay, según eso, diversos חכמים o sabios, distintos del gran חכם, "hombre sabio", que es Salomón, de manera que pueden distinguirse "las palabras de los sabios" y los Proverbios de Salomón.

Los Proverbios de Salomón reaparecen en Pr 25, 1, donde empieza una segunda gran sección (que corresponde a la primera (10, 1–22, 16) y que se extiende hasta el cap. 29. *Esta quinta sección* comienza con un título o superscripción, como la del apéndice anterior, diciendo así: "También (גם) estos son proverbios de Salomón que los hombres de Ezequías rey de Judá recogieron (sacaron de su lugar anterior y reunieron)".

El significado de la palabra העתיקו es claro, pues tiene el mismo sentido de נסח en arameo y en árabe: sacar de su lugar. Esta expresión está indicando que los hombres del rey Ezequías sacaron estos proverbios del lugar donde los encontraron, y los colocaron juntos en una colección separada. Así han entendido ese término los traductores griegos de la LXX.

Por las palabras que añade el traductor de la LXX (αἱ ἀ διάκριτοι, como excluyendo toda διάκρισις o separación) se ve claro que él conoce la importancia de ese nuevo título o superscripción, lo que nos recuerda el cuidado que pusieron los gramáticos griegos, nombrados por Pisístrato para editar obras poéticas antiguas, como las de Hesíodo. En esa línea, los intérpretes judíos, siguiendo el ejemplo del Talmud, suponen que la partícula "también" (גם) pertenece a toda la superinscripción, incluida la oración de relativo; de esa forma reconocen y aceptan la obra de los editores anteriores de proverbios, uniéndola a la obra realizada bajo la dirección de Ezequías y de sus colaboradores.[4]

---

4. Cf. B. *Bathra*, 15a. Del hecho de que Isaías vivió más tiempo que el rey Ezequías se ha concluido que el "grupo" de estudiosos de Ezequías continuó realizando su actividad después de la muerte del rey. Cf. Fürst en su libro sobre el Canon del A.T., 1868, p. 78s.

*Introducción*

Pero esta interpretación resulta muy improbable pues, si el significado de las palabras fuera ese, la referencia "a los hombres de Ezequías", etc., deberían haber estado después de Proverbios 1, 1. El título de Proverbios que aparece en 25, 1 distingue bien la siguiente colección de la anterior, como si esta se hubiera hecho bajo Ezequías. Así como a los Proverbios de Salomón (10, 1–22, 16) siguieron dos apéndices, así también siguieron dos apéndices a la obra de los escribas de Ezequías que anduvieron buscando proverbios salomónicos para reunirlos en su obra.

Los dos primeros apéndices (los que vienen tras la colección que empieza en 10, 1) son obra de "sabios" en general, sin citar sus nombres. Por el contrario, los dos últimos apéndices (que vienen tras 24, 23) nombran de un modo preciso a sus autores: el primer apéndice, Pr 30, 30ss., fue recogido por "Agur el hijo de Jakqueh"; el segundo, Pr 31, 1-9, fue por recogido por un "Rey Lemuel".

Hasta ahora, las superinscripciones eran claras. Pero ahora, el nombre de los autores, que no aparece en otros textos bíblicos, apunta a un país extranjero; y a eso corresponde la naturaleza peculiar de estas dos series de proverbios. Como tercer apéndice de la colección de Ezequías sigue, en Pr 31, 10, un poema proverbial alfabético completo que describe las cualidades loables de una mujer virtuosa. Llegamos así a la conclusión de que el libro de Proverbios se divide en estas partes:

(1) *Título general del libro*, Pr 1, 1-6, con la pregunta de fondo de hasta dónde se extiende el libro al que pertenece originalmente ese título.

(2) *Discursos exhortatorios*, 1, 7-9, 18, en torno a los cuales se cuestiona la pregunta de si empieza ya aquí la colección de los proverbios salomónicos o si esta parte es solo la introducción a esos proverbios que empiezan en Pr 22, 27.

(3) Primera colección de proverbios salomónicos: 10, 1–22, 16.

(4) Primer apéndice de esta colección: "Palabras de los sabios", 22, 17–24, 22.

(5) Segundo apéndice, suplemento de las palabras de unos sabios: Pr 24, 23-34.

(6) Segunda gran colección de proverbios salomónicos, que recopilaron los "varones de Ezequías": Pr 25–29.

(7) Primer apéndice de esta colección: palabras de Agur hijo de Maqueh, Pr 30.

(8) Segundo apéndice: palabras del rey Lemuel, Pr 31, 1-9.

(9) Tercer apéndice, oda acróstica: Pr 31.

Estas nueve partes están comprendidas en tres grupos: los discursos exhortativos introductorios con el título general a la cabeza (1, 1-9, 18) y las dos colecciones de proverbios salomónicos con sus dos apéndices. Al proseguir con nuestras investigaciones posteriores, estudiaremos las diversas partes del libro, primero desde el punto de vista de las múltiples formas de sus proverbios, luego desde la perspectiva de su estilo y, en tercer lugar, desde su doctrina. De cada uno de estos tres temas de investigación podemos esperar aclaraciones sobre el origen de estos proverbios y de sus colecciones.

## 2. Partes del libro y múltiples formas de los proverbios

Si el Libro de los Proverbios fuera una colección de dichos populares, encontraríamos en él una multitud de proverbios, cada uno de ellos compuesto solo por una línea como, por ejemplo: "La maldad procede del impío" (1Sa 24, 13). Pero ese tipo de proverbios aislado los buscamos en vano. A primera vista, Pr 24, 23 parece ser un proverbio de ese tipo; pero la línea "hacer acepción de personas en el juicio no es bueno", es solo el estico introductorio de un proverbio que consta de varios versos (Pr 24, 23-24).

Ewald tiene razón al considerar inadmisible una comparación de las colecciones de proverbios árabes de Abu-Obeida, Meidani y otros, que reunieron y expusieron los proverbios populares de la actualidad, con el libro bíblico de los Proverbios. En esa línea, los *Cien Proverbios de Ali* pueden compararse mejor con los del Libro de los Proverbios. Igual que los proverbios de Salomón, los de Ali son, en conjunto, una producción de su propia creatividad y solo de un modo mediato proceden del espíritu popular.

No puede tomarse en serio la afirmación de que es imposible que un hombre componga una cantidad de proverbios tan grande como la que se atribuye a Salomón. Eichhorn sostenía que ni un "genio divino" podía producir un número tan grande de proverbios agudos, con tantos pensamientos ingeniosos. Pero si dividimos los proverbios de Salomón por los cuarenta años de su reinado, descubrimos que no quedan más que unos veinte para cada año. Mirada así las cosas, podemos llegar a la conclusión de que la composición de tantos proverbios, incluidos los más ingeniosos, no es un problema imposible para un "genio divino".

En consecuencia, en esa línea, en referencia al hecho de que Salomón hubiera escrito 3000 proverbios, Ewald (Geschichte Israels) afirma que el número no es demasiado grande y, por su parte, Bertheau afirma que no es imposible que la colección de los "Proverbios de Salomón" sea obra de un solo hombre, es decir, de Salomón. El gran número de los proverbios no puede tomarse, por tanto, como causa de que ellos deban considerarse como producidos, en su mayor parte, por el pueblo en general (no por un hombre particular como Salomón). Al contrario, la forma en que ellos aparecen nos lleva a una conclusión opuesta: es más probable que ellos, en su mayoría, sean de un solo hombre como Salomón que del pueblo en general. En esa línea, es más probable que los proverbios hayan sido producidos

*Introducción*

por un hombre como Salomón, haciéndose después populares.[5] Ciertamente, muchas formas de expresión de los proverbios están moldeadas según los refranes populares pero, tal como yacen ante nosotros, en su conjunto, los refranes y dichos del Libro de los Proverbios son producto de una poesía o literatura técnica del estilo de los *Mashal,* siendo así más obra de sabios particulares que del pueblo.

Conforme a la peculiaridad fundamental del verso hebreo, la forma más simple de los proverbios es el *dístico* (un verso compuesto por dos esticos). La relación entre los dos esticos o líneas del dístico puede ser de muchas formas. La segunda línea puede repetir el pensamiento de la primera, aunque de un modo algo distinto, para expresar el pensamiento de base de manera más clara y completa. Llamamos *sinónimos* a tales proverbios dísticos como, por ejemplo, Pr 11, 25:

> [25] El alma generosa será prosperada,
> y el que sacia a otros también será saciado.

O la segunda línea acentúa el contraste con la declaración de la primera; la verdad que se presenta en el primer estico se explica o explicita en el segundo por medio de la presentación de su contrario. Decimos que tales proverbios son *antitéticos*; como por ejemplo en Pr 10, 1 (cf. formas similares en Pr 10, 16; 12, 5):

> [1] Un hijo sabio alegra a su padre,
> Y un hijo necio es el dolor de su madre.

Por otra parte, tanto en Pr 18, 14 como en 20, 24, la antítesis toma forma de pregunta. En otros casos, a veces, los dos esticos presentan verdades diferentes, pero que tienen cierta semejanza por su contenido, de manera que pueden completarse; así decimos que son dísticos *sintéticos*, como por ejemplo Pr 10, 18:

> [18] El que aplaca el odio es de labios justos,
> pero el que suscita la calumnia es necio.

El sentido es que los labios mentirosos son fuente de odio, y el que difunde calumnias es un tonto. No es raro en modo alguno que una sola línea sea insuficiente para traer y expresar el pensamiento pretendido, cuya expresión inicial solo se completa en la segunda. A estos los llamamos dísticos *integrales*, o de un solo pensamiento de fondo (*eingedankige*), expresado en dos o más versos como, por ejemplo, en Pr 11, 31 (cf. 1Pe 4, 18):

---

5. Así lo indica, por ejemplo, Isaac Euchel en su *Comentario sobre los Proverbios* (1804), afirmando que proverbios como 14, 4 y 17, 19 son obra de un autor especial, y que después se han hecho populares.

*Partes del libro y múltiples formas de los proverbios*

[18] Ciertamente el justo será recompensado en la tierra;
¡cuánto más el impío y el pecador!

Pertenecen también a este tipo de dísticos todos aquellos en los que el pensamiento expresado por la primera parte recibe en la segunda una definición que lo completa o perfecciona, por medio de una sentencia que presenta una razón o prueba de lo ya dicho, o también un propósito o consecuencia de lo ya expresado, por ejemplo, cf. Pr 13, 14; Pr 16, 10; Pr 19, 20; Pr 22, 28.[6]

En estos casos, dos líneas forman una conclusión *a minori ad majus*, o al revés como en Pr 11, 31; Pr 15, 11; Pr 17, 7; Pr 19, 7, Pr 19, 10, Pr 20, 27. En algunos casos, la primera y segunda cláusula están en relación gramatical progresiva, como en Pr 23, 1-2; Pr 23, 15; Pr 27, 22; Pr 29, 21 (cf. Pr 22, 29; Pr 24, 10; Pr 26, 12; Pr 29, 20) con prótasis de perfecto; en Pr 26, 26 con prótasis de futuro. Puede darse también una relación lógica de razón y consecuencia: Pr 17, 14; Pr 20, 2; Pr 20, 4; o también una relación comparativa: Pr 12, 9, etc.

Estos ejemplos muestran que no solo en el *mashal* salomónico más reciente, sino también en el antiguo, las dos líneas del proverbio pueden tener diversos tipos de relación, no simplemente de paralelismo.

Hay también una *quinta forma de mashal*, que responde mejor a su sentido original. Es aquella en la que el proverbio explica su sentido ético a través de una semejanza tomada de la región de la vida natural y cotidiana. En este caso nos hallamos ante una παραβολή o *parábola* propiamente dicha. Las formas de estos proverbios parabólicos pueden ser muy diversas: en unos casos, el mismo poeta compara expresamente los dos temas; en otros casos se limita a ponerlos uno al lado del otro, a fin de que el oyente o el lector complete la comparación. El proverbio es menos poético cuando la semejanza entre los dos sujetos se expresa mediante un verbo; como Pr 27, 15 (cf. 27, 16):

[15] Gotera continua en un día de lluvia
y mujer rencillosa son semejantes;

La forma habitual de expresión no es antipoética ni propiamente poética, sino de tipo comparativo, en general, con la introducción de la comparación a

---

6. Entre esos dísticos integrales, cf. Pr 15, 3; Pr 16, 7; Pr 16, 10; Pr 17, 13; Pr 17, 15; Pr 18, 9, Pr 18, 13; Pr 19, 26-27; Pr 20, 7-8, Pr 20, 10-11; Pr 20, 20-21; Pr 21, 4; Pr 21, 13; Pr 21, 16; Pr 21, 21; Pr 21, 23-24; Pr 21, 30; Pr 22, 4; Pr 22, 11; Pr 24, 8; Pr 24, 26; Pr 26, 16; Pr 27, 14; Pr 28, 8-9; Pr 28, 17; Pr 28, 24; Pr 29, 1; Pr 29, 5; Pr 29, 12; Pr 29, 14. En Pr 14, 27; Pr 15, 24; Pr 17, 23; Pr 19, 27, la segunda línea consta de una oración con ל en infinitivo; en Pr 16, 12; Pr 16, 26; Pr 21, 25; Pr 22, 9; Pr 27, 1; Pr 29, 19 hay una oración con כי; con כי אם; Pr 18, 2 ; Pr 23, 17.

*Introducción*

través de כ (como), y de su culminación en la segunda cláusula por כן (así). Cf. Pr 10, 26:

> [26] Como es el vinagre a los dientes y el humo a los ojos,
> así es el perezoso a los que lo envían.

Esta formulación verbal completa de la relación de semejanza entre las dos partes del *mashal* puede ser abreviada por la omisión de כן; cf. Pr 25, 13 y 26, 11:

> [11] Como perro que vuelve a su vómito,
> así es el necio que repite su insensatez.

Los proverbios parabólicos de estas tres formas anteriores reciben el nombre de *comparaciones*. En la forma abreviada del proverbio comparativo, que puede recibir el nombre de *emblemático* (el más común), el primer tema y el contraste posterior o emblema (es decir, su signo de comparación) se colocan juntos de un modo genérico, sin una definición más cercana de la similitud como, por ejemplo, en Pr 26, 20; Pr 27, 17-18 y Pr 27, 20. Esto puede hacerse a través de una *waw*, ו, de tipo copulativo, como en Pr 25, 25:

> [25] Como el agua fría al alma sedienta,
> así son las buenas nuevas de lejanas tierras.[7]

La comparación puede hacerse también sin la *waw*. Pero, en ese caso, la segunda línea viene a ser como una reafirmación de la imagen que aparece en la primera. Así, por ejemplo, Pr 25, 11 y Pr 11, 22:

> [22] Zarcillo de oro en el hocico de un cerdo
> es la mujer hermosa que carece de discreción.

Estas formas básicas de dos líneas pueden, sin embargo, expandirse en varias líneas. Dado que el dístico es la forma básica y más apropiada del proverbio, en sentido técnico, cuando dos líneas no son suficientes para expresar el pensamiento

---

7. Esta *waw adaequationis* (de adecuación o copulativa) aparece aquí por primera vez en Proverbios como una forma de conexión entre la figura y la cosa con la que se compara, sin predicado verbal (cf. por otra parte, Job 5, 7; Job 12, 11; Job 14, 11). Es como la *waw*, ו, de comparación, pero con un sentido básico de asociación que se llama en árabe *Waw alajam'a*, o *Waw alam'ayat*, o *Waw al'asatsahab* (cf. Comentario a Is 42, 5). Dado que el uso le atribuye el poder verbal de *secum habere* (tener consigo) se interpreta con acusativo. Cf. ejemplos en Freytag, *Arabum Proverbia*, entre los proverbios recientes que comienzan con la letra árabe k.

*Partes del libro y múltiples formas de los proverbios*

que se pretende, es normal que se acuda a comparaciones ampliadas de cuatro, seis u ocho líneas. En el tetrástico, la relación de los dos últimos con los dos primeros esticos puede ser tan diversa como la relación de la segunda línea con la primera en el dístico.

No encontramos, sin embargo, ningún ejemplo adecuado de estrofas de cuatro versos en relación antitética, aunque encontramos *tetrásticos sinónimos*, por ejemplo: Pr 23, 15s.; Pr 24, 3s., Pr 28s. Hay *tetrásticos sintéticos*: Pr 30, 5, e integrales o de integración, como Pr 30, 17, especialmente en casos en que las dos últimas líneas constituyen una prueba de lo anterior, que comienza con כי: Pr 22, 22, o con פֶּן; Pr 22, 24. Hay también tetrásticos en los que no se expone la comparación, como en Pr 22, 26, cf. también Pr 25, 16 (véase también Pr 26, 18, donde el número de versos es cuestionable), y también el proverbio casi emblemático de Pr 25, 4-5:

> ⁴ Quita las escorias de la plata,
> y saldrá un objeto para el fundidor.
> ⁵ Quita al impío de la presencia del rey,
> y su trono se afirmará con justicia.

Proporcionalmente, los tetrásticos que se dan con mayor frecuencia son aquellos cuya segunda mitad forma una cláusula de prueba (para confirmar lo anterior), empezando con כי o פֶּן. Entre los menos frecuentes están los de seis líneas, que presentan un mismo pensamiento desde varias perspectivas con pruebas intercaladas (cf. Pr 23, 1-3; Pr 24, 11). Entre todos, destacan los que se encuentran en la última parte del libro, cf. Pr 23, 12-14; Pr 23, 19-21; Pr 23, 26-28; Pr 30, 15; Pr 30, 29-31. En estos casos, las dos primeras líneas forman un prólogo introductorio a la esencia del proverbio, como en Pr 23, 12-14:

> ¹² Aplica tu corazón a la enseñanza
> y tus oídos a las palabras del conocimiento.
> ¹³ No rehúses corregir al muchacho;
> si le castigas con vara, no morirá.
> ¹⁴ Tú lo castigarás con vara
> y librarás su alma del Sheol.

De forma similar, pero más ampliada es la estrofa de ocho versos de Pr 23, 22-25:

> ²² Escucha a tu padre, que te engendró;
> y cuando tu madre envejezca, no la menosprecies.

*Introducción*

²³ Adquiere la verdad y no la vendas;
adquiere sabiduría, disciplina e inteligencia.
²⁴ Mucho se alegrará el padre del justo;
el que engendró un hijo sabio se gozará con él.
²⁵ Alégrense tu padre y tu madre,
y gócese la que te dio a luz.

El proverbio entendido aquí como *mashal* toma aquí casi una forma de oda, de manera que este octástico puede considerarse como un canto breve de *mashal*, como el Salmo 37 que es casi un *mashal* alfabético, que se compone prácticamente solo de tetrásticos puros.

Vemos así que la forma dística se multiplica en proverbios formados por cuatro, seis y ocho líneas; pero también se despliega, como en una multiplicación unilateral, en formas de tres, cinco y siete líneas. Los trísticos surgen cuando el pensamiento de la primera línea se repite en la segunda según un esquema sinonímico (cf. Pr 27, 22), o cuando el pensamiento de la segunda línea se expresa por contraste en la tercera (cf. Pr 22, 29; Pr 28, 10) según el esquema antitético, o cuando al pensamiento expresado en una o dos líneas se prueba en una tercera línea (Pr 25, 8; Pr 27, 10). El esquema parabólico se despliega también cuando el objeto descrito aparece en dos líneas, como en la comparación de Pr 25, 13, o cuando se reproducen dos figuras en dos líneas, como en el proverbio emblemático de 25, 20:

²⁰ El que canta canciones al corazón afligido
es como el que quita la ropa en tiempo de frío
o el que echa vinagre sobre el jabón.

En los pocos casos que hallamos de *pentásticos*, las últimas tres líneas despliegan generalmente la razón del pensamiento de las primeras, cf. Pr 23, 4; Pr 25, 6; Pr 30, 32. Por su parte, Pr 24, 13 forma una excepción, donde el כִּ que antecede a las últimas tres líneas introduce la expansión de la figura en las dos primeras. Como ejemplo citamos Pr 25, 6-7:

⁶ No te vanaglories delante del rey,
ni te entremetas en el lugar de los grandes;
No busques exhibirte en presencia del rey,
⁷ porque mejor es que se te diga: "Sube acá",
antes que seas humillado delante del noble.

Entre los heptásticos conozco solo un ejemplo dentro del conjunto del libro, a saber, en Pr 23, 6-8:

> [6] No comas pan con el de malas intenciones,
> ni codicies sus manjares delicados;
> [7] porque como es su pensamiento en su mente,
> tal es él: "Come y bebe", te dirá;
> pero su corazón no está contigo.
> [8] Vomitarás tu parte que comiste
> y echarás a perder tus suaves palabras.

En este heptástico, que no podrá tomarse como una breve oda de tipo *mashal* según el esquema de una estrofa compuesta de varias más pequeñas, vemos que el Proverbio de dos líneas puede expandirse hasta llegar a siete y ocho líneas. Más allá de estos límites, todo el proverbio deja de ser מׁשל en el sentido propio y, conforme al estilo de Sal 25, 34 y, especialmente, al de Sal 37, se convierte en *oda* propiamente dicha (aunque sea de estilo mashal). De esta clase de odas tipo *mashal*, además del prólogo (Pr 1, 7-9, 18) y de Pr 22, 17-21, encontramos las siguientes: la del borracho, Pr 23, 29-35; la del perezoso, Pr 24, 30-34; la exhortación al trabajo industrioso, Pr 27, 23-27; la oración por un equilibrio moderado entre pobreza y riqueza, Pr 30, 7-9; el espejo de los príncipes, Pr 31, 2-9; y la alabanza de la mujer hacendosa, Pr 31, 10.

Es significativo el hecho de que esta última oda proporcione el único ejemplo de acróstico alfabético en todo el Libro de los Proverbios. Ni siquiera pueden hallarse en otros proverbios rastros de secuencia alfabética original que luego se rompió. Tampoco se puede descubrir en los cantos de *mashal,* a los que haremos referencia, nada parecido a un esquema completo de estrofa alfabética; incluso en Pr 31, 10, los dísticos se rompen en trísticos entremezclados con ellos.

En toda la primera parte del libro, Pr 1, 7-9, 18, la forma predominante es la del flujo prolongado del canto en forma de *mashal,* pero sin estrofas propiamente dichas. No hay aquí una agrupación firme de líneas, en forma de versos. Esto es, por otra parte, lo que puede llevarnos a pensar que esta primera parte pertenece a la era salomónica. En este caso, la forma retórica supera a la puramente poética. Esta primera parte de Proverbios incluye las siguientes quince unidades de mashal: (1) Pr 1, 7-19; (2) Pr 1, 20; (3) cap. 2; (4) Pr 3, 1-18; (5) Pr 3, 19-26; (6) Pr 3, 27; (7) 4, 1-5, 6; (8) Pr 4, 7; (9) Pr 6, 1-5; (10) Pr 6, 6-11; (11) Pr 6, 12-19; (12) Pr 6, 20; (13) cap. 7; (14) cap. 8; (15) cap. 9.

En los capítulos 3 y 9 se encuentran algunas odas de tipo *mashal,* de dos y de cuatro líneas que pueden considerarse como *mashales* independientes, y pueden adaptarse a los diversos esquemas empleados. Otras partes breves, de tipo completo, son solo fluctuaciones menores en el flujo de los discursos más amplios, o carecen por completo de forma, o son más bien octá-esticos. El *octástico* Pr 6, 16-19 da la impresión de ser un *mashal* que ha crecido de forma independiente. Este es el único caso en el que se introducen números dentro del Libro de los Proverbios:

*Introducción*

> [16] Seis cosas aborrece Jehovah,
> y aun siete abomina su alma:
> [17] Los ojos altivos, la lengua mentirosa,
> las manos que derraman sangre inocente,
> [18] el corazón que maquina pensamientos inicuos,
> los pies que se apresuran a correr al mal,
> [19] el testigo falso que habla mentiras
> y el que provoca discordia entre los hermanos.

Esos proverbios numéricos, a los que los escritores judíos posteriores dieron el nombre de מדה (cf. mi *Geschichte der Jüdischen Poesie*, pp. 199, 202), pueden aparecer en el fondo de Pr, cf. Pr 30, 7-9; Pr 30, 24-28 (cf. Sir 25, 1, 2). El proverbio numérico aparece, sin embargo, en varios casos de proverbios del Eclesiástico (Sir 23, 16; 25, 7; 26, 5, 28), con la particularidad de que el número mencionado en la primera línea aparece en la segunda aumentado en uno (cf. Job 5, 9). Por otro lado, la forma de *priamel* [8] no se utiliza ni en el Libro de los Proverbios ni en el Eclesiástico.

En ese contexto, proverbios como Pr 20, 10 ("diversos pesos, diversas medidas —abominación para Yahveh son ambos") y Pr 20, 12 ("El oído que oye, el ojo que ve —Yahvé los ha creado a ambos") han de ser distinguidos de Pr 17, 3; Pr 27, 21 y similares, donde falta la unidad necesaria, y de Pr 27, 3, donde falta la semejanza necesaria entre el primer y el segundo estico, de manera que ofrece solo un acercamiento débil a la forma *priamel*. Un acercamiento mayor se da en Pr 25, 3, donde los tres temas iniciales forman el preámbulo de la conclusión:

> [3] La altura de los cielos,
> la profundidad de la tierra
> y el corazón de los reyes –
> son inescrutables.

Quizás Pr 30, 11-14 es un *priamel* mayor que ha sido mutilado. Aquí encontramos cuatro sujetos que forman el preámbulo, pero falta la conclusión donde aparezca un predicado común. Estas son, a mi juicio, todas las formas de *mashal* que aparecen en el Libro de los Proverbios. Pero en esa línea, nos queda por mencionar la forma de *mashal* en cadena, es decir, la concatenación de una serie de proverbios de carácter similar, como la cadena de proverbios sobre el necio (Pr 26, 1-12), el perezoso (Pr 26, 13-16), el chismoso (Pr 26, 20-22) y el malicioso

---

8. *Priamel* viene de *praeambulum*, nombre con el que se designa un tipo peculiar de epigramas utilizados en la poesía alemana de los siglos XV y XVI, donde aparece un amplio preámbulo que conduce a una conclusión básica.

(Pr 26, 23-28). De todas maneras, esta forma de concatenación pertenece más a la técnica propia del Libro de los Proverbios que a la de la poesía *mashal*.

*Pasamos ahora a las partes separadas del libro*, para examinar con más detalle las formas de sus proverbios y para así recoger materiales para extraer un juicio crítico sobre el origen de los proverbios que contienen. Para no adelantarnos, retomamos en orden las partes separadas del conjunto del libro.

1. *En la parte pedagógica de tipo introductorio* (Pr 1, 7–9, 18) vemos que, a pesar de su rico y profundo contenido, hay muy pocos elementos que respondan a la forma técnica del *mashal*, ni en sentido particular ni en sentido general. Como ya he dicho, esta parte no consta de *mashales* propiamente dichos, sino de quince odas, o mejor dicho de quince discursos o poemas didácticos de tipo *mashal*.

En el despliegue de esos discursos se entremezclan *mashales* separados, que pueden considerarse independientes, como Pr 1, 32; Pr 4, 18, o que pueden entenderse fácilmente así. En las cadenas *mashal* del cap. 4 y cap. 9 encontramos proverbios que son sinónimos (Pr 9, 7; Pr 9, 10), antitéticos (Pr 3, 35; Pr 9, 8), integrales, es decir, de un solo pensamiento (Pr 3, 29-30) y sintéticos (Pr 1, 7; Pr 3, 5; Pr 3, 7), de dos líneas y de cuatro líneas diversamente dispuestas (Pr 3, 9s.; 11s.; 31s. y 33s.), pero sin que se utilice en modo alguno un esquema parabólico, también hallamos proverbios separados como Pr 3, 27, que no tienen forma alguna. Por otra parte, exceptuando el proverbio numérico octástico de Pr 6, 16-19, los pensamientos organizados a modo de unidades más amplias se expanden de extensamente, excediendo con creces la medida propiamente dicha del *mashal*.

En esta primera parte, la forma de expresar el pensamiento no es la de concentrarlo, sino la de desplegarlo como en olas que se van ampliando. Incluso, los proverbios que se entremezclan formando dos o más líneas tienen el mismo carácter. En su mayor parte se parecen más a gotas disueltas en el agua, donde no se distinguen a monedas de oro con un contorno nítido y unos rasgos firmes como, por ejemplo, Pr 9, 7-8:

> [7] El que corrige al burlador se acarrea vergüenza,
> y el que reprende al impío se acarrea afrenta.
> [8] No reprendas al burlador, porque te aborrecerá;
> corrige al sabio, y te amará.

Los pocos proverbios que constan de cuatro líneas son más cercanos, más compactos, más acabados, porque permiten mayor espacio para la expresión, por ejemplo, Pr 3, 9-10:

*Introducción*

<sup>9</sup> Honra a Jehovah con tus riquezas
y con las primicias de todos tus frutos.
<sup>10</sup> Así tus graneros estarán llenos con abundancia,
y tus lagares rebosarán de vino nuevo.

Pero cuando el proverbio tiene más de cuatro líneas el autor ya no utiliza técnicas de armonía artística, de manera que el discurso fluye sin unidades formales, hasta agotar total o provisionalmente el tema; no se detiene hasta que llega al final de ese motivo, y luego, tomando aliento, comienza uno nuevo. Ciertamente, no podemos negar la existencia de cierta belleza en la forma en que fluye la corriente del discurso con sus ondas frescas y transparentes. Pero esta no es ya la belleza peculiar del *mashal,* sino más bien un tipo de retórica descompuesta y disuelta, saliendo, por así decirlo, de su confinamiento, de manera que puede expresarse y se expresa de múltiples formas.

Los quince discursos de esta parte introductoria, en los que el *maestro* aparece citado doce veces y la sabiduría tres veces, no están construidos de una forma simétricamente cincelada ni poseen una coherencia modelada de manera artística, sino que son como una guirnalda de cantos con un tipo de unidad interna, pero con una multiplicidad de contenidos bien ordenados, pero no en forma rítmica de *mashales.*

Ciertamente, Bertheau piensa que en Pr 1, 7–9, 18 no se puede hablar de unidad de contenidos ni de unidad formal de su presentación o estilo. Pero, en contra de eso, debemos afirmar que en todo el A.T. no existe ninguna parte que, teniendo una extensión semejante, posea un tipo de unidad interna más sistemática, ni que ofrezca una impresión de complementariedad formal tan grande como esta.

Bertheau cree haber descubierto en otros pasajes del A.T. un arte mayor en la forma; y ciertamente hay varias secciones construidas con gran arte, pero son secciones que no tienen más que diez versos. En contra de eso, la primera oda de tipo *mashal* de esta unidad (Pr 1, 7–9, 18) consta de grupos de 1, 2 y 10 versos; la segunda tiene unidades de 8 y 6 versos; la tercera de 10 y 12; la cuarta de 10 y 8, la quinta de 2 y 6, etc. —y cada una con un sentido completo.

En Pr 1, 7–9, 18 encontramos seis unidades de diez versículos y si se incluyen Pr 4, 1-9 (de la Peshita) y Pr 4, 20-27 (de la LXX) encontramos ocho unidades de ese tipo, sin que consideremos esas unidades como estrofas, y sin que seamos capaces de sacar ninguna conclusión sobre el sentido particular de cada una de ellas (de unidades de 10 versículos cada una). Por su parte, en Pr 1, 20-33, Bertheau encuentra, junto a la estructura regular de los versos, una formación artística exacta de las estrofas (3 + 4 versos con un eco en dos más). Pero en lugar de los esticos él está computando los versos masoréticos, y estos no constituyen las verdaderas partes formales de la estrofa.

*Partes del libro y múltiples formas de los proverbios*

2. *Llegamos ahora a la segunda parte de la colección* (formada por Pr 10, 1–22, 16), cuyo título משלי שלמה no puede en modo alguno extrañarnos, ya que la colección de proverbios que comienza aquí, comparada con Pr 1, 7–9, 18, puede llevar con especial derecho ese título de *Mishle* (mashales). Los 375 proverbios de los que consta esta parte parece que no siguen ningún plan integral, pero todos tienen unas características comunes más o menos claras (cf. Bertheau, p. xii), que se van repitiendo en cada uno de los versos.

Cada verso masorético se divide en dos esticos, de forma que (ni siquiera en Pr 19, 19) ninguno de los versos se encuentra en conexión necesaria con el estico anterior o con el que le sigue. Cada verso forma en sí mismo un pequeño todo, completo y acabado. Ni siquiera el trístico de Pr 19, 7 constituye excepción, pues se trata en realidad de un solo dístico con los restos desfigurados de un dístico perdido. La LXX añade aquí dos dísticos que faltan en nuestro texto hebreo, el segundo de los cuales se encuentra en nuestro TM, aunque solo de forma mutilada:

- ὁ πολλὰ κακοποιῶν τελεσιουργεῖ κακίαν: el que hace mucho daño lleva a su plenitud el mal.
- ὅς δέ ἐρεθίζει λόγους οὐ σωθήσεται: el que provoca (crea enemigos) con palabras no será salvado.

Esta es quizá una interpretación falsa de מרדף אמרים לא ישלם: מרע רבים ישלם־רע: el que es amigo de todos (no distinguiendo entre amigo y enemigo) es recompensado con el mal, el que persigue los rumores no escapa (no se salva).

Todos estos proverbios se asemejan no solo porque son dísticos, sino también (aunque con algunas excepciones) por el hecho casi siempre repetido de que sus dísticos son antitéticos, pues este es su estilo predominante. Al lado de eso, en estos proverbios aparecen representados todos los demás esquemas formales: hay *proverbios sinonímicos en general*: Pr 11, 7; Pr 11, 25; Pr 11, 30; Pr 12, 14; Pr 12, 28; Pr 14, 19, etc. Hay *proverbios sinonímicos de un solo pensamiento*: Pr 14, 7; Pr 15, 3, etc. Hay particularmente *proverbios con el comparativo* מן: Pr 12, 9; Pr 15, 16-17; Pr 16, 8; Pr 16, 19; Pr 17, 10; Pr 21, 19; Pr 22, 1. Hay *proverbios con la indicación ascendente* אף כי, mucho más: Pr 11, 31; Pr 15, 11; Pr 17, 7; Pr 19, 7; Pr 19, 10; Pr 21, 27. Hay *proverbios de tipo sintético*: Pr 10, 18; Pr 11, 29; Pr 14, 17; Pr 19, 13. Hay, finalmente, *proverbios parabólicos*, aunque son los menos frecuentes, pues los únicos ejemplos son Pr 10, 26; Pr 11, 22. Fuera de esos no conozco ningún otro, aunque Bertheau podría citar quizá más.

En esa línea, podemos añadir que en ninguna otra parte del libro los proverbios parabólicos están tan cerca de los antitéticos. En casi todos los casos, los dos miembros de los proverbios están unidos entre sí en un *paralelismo técnico*, como tesis y antítesis.

*Introducción*

Por su parte, en los *proverbios sinonímicos* los esticos aparecen como expresiones paralelas de un mismo pensamiento. En los *proverbios sintéticos*, dos esticos aparecen sin conexión externa fuerte, a fin de que el mismo paralelismo sea suficiente como una ley fundamental de unidad del proverbio técnico. Pero incluso en aquellos proverbios en los que no parece haber un paralelismo adecuado, siendo necesarios ambos miembros para formar una oración completa, el verso y sus dos miembros están construidos de esa forma, tanto por su extensión como por el número de palabras que, según la opinión confirmatoria de Bertheau, sus versos están unificados por sus dos miembros paralelos.

A este largo conjunto de dísticos que aparecen como *mishle* (*mashales*) de Salomón, sigue en Pr 22, 17–24, 22, un conjunto de *"palabras de sabio"*, precedidas por la nueva introducción (Pr 22, 17-21) que es, sin duda, de la misma naturaleza que la introducción mayor (Pr 1, 7–9, 18), como muestra la misma forma de presentación que se utiliza a lo largo de estas "palabras del sabio".

Estas *palabras de los sabios* incluyen todas las formas del *mashal*: el de dos líneas (Pr 22, 28; Pr 23, 9; Pr 24, 7-10); el cántico de tipo *mashal* (Pr 23, 29-35. Aquí aparecen también *tetrásticos*, que son los más populares (Pr 22, 22; Pr 22, 24; Pr 22, 26ss.; Pr 23, 10; Pr 23, 15; Pr 23, 17: Pr 24, 1; Pr 24, 3; Pr 24, 5; Pr 24, 15; Pr 24, 17; Pr 24, 19; Pr 24, 21). Hay también *pentásticos* (Pr 23, 4; Pr 24, 13) y *hexásticos* (Pr 23, 1-3; Pr 23, 12-14; Pr 23, 19-21: Pr 23, 26-28; Pr 24, 11). Hay también *trísticos, heptásticos y octásticos*, al menos un caso de cada tipo (cf. Pr 22, 29; Pr 23, 6-8; Pr 23, 22-25).

Bertheau afirma que hay una diferencia entre la estructura de estos proverbios y la de los casos anteriores y defiende su tesis contando el número de palabras que contienen los versos, en el caso anterior y en este. Pero esa forma de distinguir los versos resulta injustificable, porque un verso masorético notablemente largo como el de Pr 24, 12 contiene dieciocho palabras y, a juicio del autor, todas ellas forman un único hexástico que es, por lo demás, muy elegante.

En este caso, lo que hay que contar no son las palabras del verso masorético, sino sus esticos. Contando las letras empleadas en cada caso, no puedo descubrir ninguna diferencia entre estos proverbios y los anteriores. Tanto aquí como en los casos anteriores, el número de palabras de los esticos varía de dos a cinco, aunque el número proporcionalmente más frecuente es el de dos (por ejemplo, Pr 24, 4: Pr 24, 8; Pr 24, 10). Esto se debe también al hecho de que la simetría entre los esticos ha sido con frecuencia muy perturbada a lo largo de la tradición textual, de manera que a veces se ha perdido incluso el rastro del paralelismo.

Al primer apéndice de "Proverbios de Salomón" (22, 17–24, 22) le sigue otro, que empieza en Pr 24, 23, con el título *"estas cosas son también de los sabios"*, que contiene un hexástico, Pr 24, 23-25, un dístico, Pr 24, 26, un trístico, Pr 24, 27, un tetrástico, Pr 24, 28, y una oda de *mashal*, Pr 24, 30-34, sobre el perezoso.

## Partes del libro y múltiples formas de los proverbios

Esta última oda se construye como si fuera una experiencia del poeta, lo mismo que en el Salmo 37, 35. La conclusión de esta oda es semejante a la que aparece en Pr 6, 10. Estos dos apéndices (24, 17-22 y 24, 23-34) están, de principio a fin, en una relación muy estrecha con la introducción de Pr 1, 7–9, 18.

Sigue ahora en Pr 25–29, *la segunda colección de "Proverbios de Salomón"* (25, 1–29, 27) que, como menciona el título, fue copiada, por orden del rey Ezequías. Se divide, aparentemente, en dos partes, divididas por Pr 27, 23-27. En el caso previo, Pr 24, 30-34 *era un himno mashal* que marcaba el final de los dos apéndices anteriores. Pues bien, en nuestro caso, la división de las dos partes de esta colección viene dada por 27, 23-27.

Esta nueva colección de proverbios de Salomón se distingue claramente de la que comenzaba en Pr 10. La extensión de los versos y la mayor o menor fidelidad al paralelismo no es ninguna marca distintiva de esta sección, pero hay otras que son dignas de tenerse en cuenta. En la colección anterior, los proverbios aparecen casi exclusivamente en forma de dísticos. Aquí tenemos también algunos *trísticos*: Pr 25, 8 Pr 25, 13; Pr 25, 20; Pr 27, 10; Pr 27, 22; Pr 28, 10. *Tetrásticos* son Pr 25, 4; Pr 25, 9; Pr 25, 21; Pr 26, 18; Pr 26, 24; Pr 27, 15. *Pentásticos* son Pr 25, 6 y el himno *mashal* ya mencionado. El tipo de disposición no es esencialmente diferente del de la primera colección. Tampoco tiene un orden estricto, prefijado, pero hay algunas cadenas de proverbios relacionados entre sí: Pr 26, 1-13 y 16, 20-22.

Una segunda distinción esencial entre las dos colecciones es esta: en la colección anterior el elemento predominante es el proverbio *antitético*; aquí, en cambio, es el *parabólico*, y especialmente el *sintético*; casi todos los proverbios de Pr 25-27 son de este tipo. Decimos *casi*, porque la intención del redactor final no ha sido reunir aquí exclusivamente este tipo de proverbios, como lo haría un coleccionista.

También hay proverbios de otros tipos, aunque haya menos sinonímicos que antitéticos. Por otra parte, la colección comienza con un conjunto variado de formas: Pr 25, 2, un *proverbio antitético*; Pr 25, 3, un *priamel* con tres temas; Pr 25, 4 un tetrástico sintético; Pr 25, 6, un *pentástico*; Pr 25, 8, un *trístico*; Pr 25, 9, un *tetrástico* con el negativo פֶּן; Pr 25, 11, un *dístico sintético*. Los proverbios *antitéticos* se encuentran especialmente en el cap. 28 y 29. El primero y el último proverbio de toda la colección (Pr 25, 2 y Pr 29, 27) son antitéticos; pero entre ellos son muy frecuentes los *proverbios comparativos y figurativos*, de manera que esta colección parece un libro de ilustraciones diversas, con notas explicativas a pie de página. En extensión es mucho más pequeño que el anterior, unos 126 proverbios en 137 versos masoréticos.

Esta segunda colección de proverbios de Salomón tiene también varios apéndices, el primero de los cuales (cap. 30) proviene, según la inscripción inicial, de un autor desconocido, Agur hijo de Jakeh. El primer poema de este apéndice presenta de manera reflexiva el carácter insondable de Dios.

*Introducción*

A eso le siguen ciertas unidades peculiares, como un tetrástico sobre la pureza de la palabra de Dios (Pr 30, 5), con una oración sobre el don de una vida moderada, entre la riqueza y la pobreza (Pr 30, 7-9), un dístico contra la calumnia (Pr 30, 10), un *priamel* sin conclusión (Pr 30, 11-14); una presentación sobre las cuatro cosas insaciables (Pr 30, 15); un tetrástico sobre el hijo desobediente (Pr 30, 17), con las cuatro cosas incomprensibles (Pr 30, 18-20); las cuatro intolerables (Pr 30, 21-23); con los cuatro seres diminutos pero prudentes (Pr 30, 24-28) y los cuatro seres excelentes (Pr 30, 29-31); a eso sigue un pentástico que recomienda un silencio prudente (Pr 30, 32). Otros dos complementos forman la conclusión de todo el libro, el consejo de la madre de Lemuel a su hijo rey (Pr 31, 2-9) y la alabanza de la mujer virtuosa en forma de acróstico alfabético (Pr 31, 10).

Después de habernos familiarizado con las múltiples formas y técnicas de los proverbios y con su distribución en las diversas partes de la colección, surge la pregunta: *¿qué conclusiones se pueden sacar, partiendo de estas formas, sobre el origen de las diversas partes del Libro de los Proverbios?* En este contexto debemos plantear la *visión de Ewald,* quien ha pensado que las diversas partes del libro responden a los aspectos y momentos principales de la historia de la poesía proverbial.

**Visión de Heinrich Ewald (1803 -1875).** A su juicio, la colección más antigua está formada por los "Proverbios de Salomón" (Pr 10, 1–22, 16), que representan el tipo más simple y antiguo de poesía proverbial. Sus características distintivas son el verso simétrico de dos miembros, completo en sí mismo, que contiene un significado plenamente inteligible, y el rápido contraste de tesis y antítesis. La forma más antigua del proverbio sería, según Ewald, el dístico antitético, tal como predomina en 10, 1–22, 16. Pero junto a estos dísticos antitéticos encontramos aquí también otros de distinto tipo.

Ewald considera que el contraste de los dos miembros es la ley fundamental del proverbio originario, pues otros tipos de dísticos reflejan una disminución de la fuerza interna del verso de dos miembros, el comienzo de la decadencia de esta forma literaria, que pierde su identidad antigua y tiende a utilizar nuevas formas y métodos de expresión. Los "Proverbios de Salomón" de los cap. 25–29 forman ya una colección posterior, donde la formación rigurosa del verso tiende a relajarse y disolverse. Solo de un modo excepcional aparece ya aquí el contraste de sentido de los miembros de cada verso.

Conforme a la visión de Ewald, en este proceso se pierde el arte originario con su plenitud de fuerza, de manera que se pasa del proverbio originario a un tipo de pensamiento artificial, que se expresa por medio de figuras y formas de dicción llamativas, como ofreciendo una pintura elegante de ciertas condiciones morales y formas de vida. En esa línea, cuanto más privado quede el proverbio técnico del aliento de un vigoroso espíritu poético, tanto más se acerca a un tipo de lenguaje recargado de expresión vulgar. De esa manera desaparece la simetría

*Partes del libro y múltiples formas de los proverbios*

plena y completa de los dos miembros del verso, no por abreviación de uno de los esticos, sino por el aumento de consideraciones más largas sobre la moralidad de la vida, con descripciones relacionadas con ella.

Según Ewald, en esa línea, la poesía de los proverbios viene a convertirse esencialmente en algo muy distinto. Los proverbios pierden su vigorosa brevedad y su fuerza interna y tienden a enriquecerse por medio de una exposición instructiva, didáctica, escolar, a través de una descripción abundante y una representación detallada de los temas. De esa forma, abandonan su fuerza y audacia directa y se convierten en un tipo de recurso oratorio, acudiendo a los medios rebuscados de una elocuencia atractiva; así desaparece el efecto propiamente poético y artístico, pero aumentan los elementos retóricos y el despliegue artificial de ideas morales.

En Pr 1-9 (que es la introducción de la primera colección) y en Pr 22, 17-24, que es la introducción de la primera mitad del suplemento de la colección siguiente (Pr 23–24), se completa el gran cambio, ratificado por la colección del final de Proverbios (Pr 25–29). A través de ese cambio se destruye por completo la simetría de los dos miembros o esticos de cada verso, de manera que el proverbio como tal se ha transformado, ha desaparecido, convirtiéndose en amonestación y discurso. De alguna manera el discurso se ha vuelto más ligero, flexible, fluido y comprensible; pero ya no está formado por proverbios estrictamente dichos.

Ciertamente, sigue diciendo Ewald, en este cambio no hay una mera pérdida, sino que hay también ganancias. Los versos pierden la brevedad excelente y puntiaguda, la plenitud interna y la fuerza de los viejos refranes. Pero el discurso gana en calidez, en cercanía y en inteligibilidad. La sabiduría que antes solo se esforzaba por dar a conocer su existencia y su contenido en una infinita multiplicidad de matices formales, en línea de paralelismo, llega finalmente a un punto en el que, habiéndose vuelto clara y cierta, puede dirigirse ya con seriedad y urgencia a los oyentes o lectores.

En las secciones finales (Pr 30–31), añadidas de una manera totalmente externa, la poesía de los proverbios ha desaparecido y en su lugar se ofrecen elegantes descripciones de verdades morales autónomas, separadas de la vida inmediata. Todos los aspectos creativos de los proverbios anteriores pasan a un segundo plano, de manera que el nuevo objetivo del libro se centra en la expansión de un pensamiento moral, con una nueva forma de representación artística.

Según Ewald, esta visión del desarrollo progresivo del curso de la poesía del Libro de los Proverbios, constituye una de las bases principales para determinar la historia del contenido del libro, distinguiendo y separando las partes que son salomónicas y las que no lo son. A su juicio, Pr 10, 1–22, 16 no proviene totalmente de Salomón, no ha sido compuesto inmediatamente por él, en su forma presente. Pero el soplo del espíritu salomónico anima e impregna todo lo que han añadido otros poetas posteriores. Por otra parte, la mayoría de los proverbios de la

*Introducción*

colección posterior (Pr 25–29) son poco anteriores a la época de Ezequías aunque, en esa colección, siga habiendo también algunos proverbios que son salomónicos y del período próximo a Salomón.

La colección de proverbios (el conjunto del libro) se extiende con sus brazos hacia atrás, como muestra el título, "Proverbios de Salomón", llegando hasta la época del mismo Salomón. Por otro lado, en la introducción, Pr 1-9, y en la primera mitad del apéndice (Pr 22, 17-24) no hay ningún proverbio que sea de la época de Salomón. Ambas secciones pertenecen a dos poetas del siglo VII a.C., que viven en una era nueva, en la que los poetas didácticos agregaron a la antigua colección salomónica piezas más largas de su propia composición. Los cuatro trozos más pequeños, Pr 30, 1-14, 15-33 y Pr 31, 1-10, son de una fecha aún posterior; no pueden ser anteriores al siglo VII o principios del VI a.C.

**Juicio de la visión de Heinrich Ewald**. Reconocemos la penetración, la sensibilidad, la profundidad de pensamiento que indica esta opinión de Ewald sobre el origen del libro; sin embargo, en su mayor parte no está respaldada por pruebas satisfactorias. Concedemos que en general Ewald ha interpretado correctamente la historia de la poesía de los Proverbios. Sin embargo, la conclusión de que los proverbios que llevan en sí las marcas de la poesía proverbial más antigua pertenecen a la era salomónica, y que los otros pertenecen a un período posterior, más cercano o remoto, es muy poco sólida.

En este caso, mucho de lo que se encuentra en el libro de Proverbios de Ben Sirach (Eclesiástico) debería ser salomónico, igual que el משלי אסף de Isaac Satanow,[9] contemporáneo de Moisés Mendelssohn, lo mismo que muchos otros proverbios de la colección מלין דרבנן. En esa misma línea, las obras poéticas de otros poetas judíos pertenecientes a la Edad Media o a tiempos posteriores, podrían datarse quizás mil años atrás. A diferencia de lo que hace Ewald, junto al curso general del despliegue del pensamiento, también se debe tener en cuenta la individualidad de cada poeta.

Un poeta antiguo (al lado de cosas muy perfectas) puede producir poemas y proverbios imperfectos, que parecen formar parte de un período de arte que ha degenerado. Y por su parte un poeta moderno puede emular con gran precisión obras propias de la antigüedad.

Por otra parte, la visión de Ewald sobre el progreso del desarrollo de la poesía proverbial es también, en parte, muy arbitraria. Ciertamente, el verso de dos miembros es la forma más antigua del proverbio técnico, pero no se puede

---

9. Isaac Ha-Levi nació en Satanow (de donde proviene su nombre), en la Polonia rusa, el año 1732, y murió en Berlín en 1802. Además de otras obras, fue autor de varias colecciones de textos gnómicos y apotegmas, a imitación de los Proverbios. Cf. Delitzsch *Zur Gesch. der jüdischen Poesie*, p. 115.

probar que el verso más antiguo esté siempre formado por una antítesis de dos miembros. Además, la afirmación de que Salomón escribió solo dísticos antitéticos constituye una afirmación que no puede probarse. En esa línea, el mismo Keil responde justamente que el insistir en una sola forma y estructura poética es un signo de pobreza, pues hay también otros tipos de paralelismo, que no son menos hermosos y vigorosos que el antitético.

Además de los proverbios dísticos hay otras formas de pensamiento que no pueden restringirse en modo alguno a dos líneas, de manera que por el mismo flujo del pensamiento los proverbios deben dividirse en un mayor número de líneas. En ese sentido, de acuerdo con Keil, debo afirmar que la opinión de Ewald (conforme a la cual en la colección de Ezequías la forma fuerte del proverbio originario está en completa disolución) constituye una exageración falsa.

Si la primera colección de Pr 10, 1–22, 16 contiene solo dos proverbios figurativos (Pr 10, 26 y 11, 22), resulta absolutamente falso decir que ellos no pueden ser salomónicos por el hecho de ser figurativos; del mismo modo, resultaría igualmente falso decir que solo ellos son salomónicos. Resulta evidente que la colección de Ezequías, que es principalmente una colección de proverbios figurativos, debe contener muchos en los que prevalece un tipo diferente de paralelismo, que se expresa de una manera más libre, y no solo por antítesis de dos únicos miembros con la apariencia de una conexión más suelta. ¿No es posible ni probable, que Salomón, que tenía una visión abierta y penetrante para los objetos más grandes y más pequeños de la naturaleza, pudiera componer muchos de estos proverbios? Así podemos pensar, por ejemplo, en Pr 26, 23:

[23] Como escorias de plata arrojadas sobre una vasija
son los labios enardecidos y el corazón vil.

¿Es este proverbio menos hermoso, vigoroso y digno de Salomón que cualquier dístico antitético? En contra de Ewald, quien imagina que los 3000 proverbios que escribió Salomón fueron todos construidos de acuerdo con este único modelo, estamos convencidos de que la poesía proverbial de Salomón, que encontró el dístico y el tetrástico como formas ya en uso, no solo se desarrolló dentro de los límites del dístico, sino también dentro de los esquemas del *mashal* en general, recorriendo toda la escala desde el dístico hasta los octásticos y otras formas más extensas.

Pero, aunque no podemos aceptar los criterios de Ewald a las dos colecciones, Pr 10, 1–22, 16 y Pr 25-29, su descripción de la forma y el tipo de poesía proverbial que aparece en el Pr 1, 1–9, 18 y Pr 22, 17-30, 33 es excelente, como lo es también su conclusión, en la que afirma que estas secciones pertenecen a un período nuevo y más reciente de la poesía proverbial.

*Introducción*

Dado que en Proverbios 22, 17-21 se introduce manifiestamente una nueva colección de "Palabras de los Sabios" de un poeta posterior a Salomón, es posible o, al menos, no es improbable, que el mismo Salomón o, como piensa Ewald, otro poeta un poco más antiguo, introdujera después de 1, 7–9, 18 los "Proverbios de Salomón" a partir de Pr 10, 1.

Pero si Salomón compuso no solo dísticos, sino también trísticos, etc., es extraño que en la primera colección (Pr 10, 1–22, 16), solo haya presentado exclusivamente dísticos. Si, además de eso, Salomón construyó no solo proverbios antitéticos, sino igualmente proverbios figurativos, es también extraño que en la primera colección los proverbios figurativos falten casi por completo, mientras que por el contrario prevalecen en la segunda colección (Pr 25–29).

Este notable fenómeno puede explicarse en parte si pudiéramos suponer que no solo la segunda colección, sino también la primera (Pr 10–24), fueron ordenadas por los "hombres de Ezequías", y que toda la serie de los proverbios salomónicos fue dividida por ellos en dos colecciones según su forma. En esa línea, prescindiendo de otras objeciones, uno habría esperado que en la primera colección no se diera el número desproporcionadamente grande de dísticos antitéticos, en contraste con el pequeño número de ellos que encontramos en la segunda.

Si consideramos ambas colecciones originalmente como un todo, entonces no puede haber base racional para distinguirla de la manea en que lo hace Ewald (por la forma de utilizar o no utilizar los proverbios antitéticos), ya sea por obra del coleccionista original, ya sea por obra de un redactor y ampliador posterior de la colección.

Por eso, debemos suponer que las dos colecciones son obra de autores diferentes. El segundo autor ha de identificarse con los "varones de Ezequías"; el primero no puede ser Salomón, a pesar de que se diga que el número de proverbios compuestos, y probablemente escritos también por él, ascendió a 3000. Si Salomón fuera el autor de esa primera colección, tendría que descubrirse en ella el sello de su sabiduría, tanto en el plan general como en el orden de los proverbios.

Según eso, la primera colección tiene que ser obra de otro autor, que es ciertamente diferente del autor de los poemas introductorios, de estilo *mashal*, del comienzo de la obra (Pr 1, 7–9, 18). Si el autor del título del libro (Pr 1, 1-6) no fuera al mismo tiempo el autor de la introducción, debe haber tomado ese título de algún otro lugar, y en ese contexto resulta inconcebible que él pudiera dar el título de "Proverbios de Salomón", etc. (cf. Pr 1, 1-6) a poemas que no fueron compuestos por Salomón.

Si Pr 1, 7–9, 18 no es de Salomón, esos poemas de tipo *mashal* solo pueden explicarse como trabajo del autor del título del libro, y como una introducción a los "Proverbios de Salomón", que comienzan en Pr 10, 1. Según eso, el autor de 1, 7–9, 18 debe ser el mismo editor de los "Proverbios de Salomón" (10, 1–22,

16). Ese redactor fue el que los puso como introducción al libro (centrado en 10, 1–22, 16) y les agregó las "Palabras del Sabio": 22, 17–24, 22. Más tarde, un segundo recopilador (redactor) añadió un suplemento ("Palabras del Sabio": Pr 24, 23-34), con la colección final de proverbios salomónicos de Ezequías (Pr 25–29).[10]

En esa línea, quizá con el fin de que el libro pudiera terminar de la misma forma con que había comenzado, ese segundo redactor añade los poemas proverbiales no salomónicos de Pr 30–31. De todas formas, lo que nosotros sostenemos es esto: No que el Libro de los Proverbios no pueda tener un origen distinto, sino, que bajo, la suposición del origen no salomónico de 1, 7–9, 18, no puede haber tenido otro esquema de surgimiento que este.

De todas formas, suponiendo que las cosas fueran así, surge de nuevo (y con más fuerza) la pregunta siguiente: ¿cómo fue posible que el primer recolector dejara sin recoger, fuera de su colección, tantas buenas espigas (=proverbios), es decir, tanto número de dísticos, casi todos parabólicos, que aparecen en las otras partes del libro? Difícilmente puede haber para este fenómeno otra razón que el propio juicio del autor de la primera colección, que ha elegido para esa primera colección estos proverbios y no otros. En esa línea, si pensamos en las fuentes y el origen de las dos colecciones, queda claro que la segunda presupone siempre la primera. No hay ninguna razón externa que justifique la elección de unos proverbios en vez de otros; la única es la propia voluntad del autor que ha querido escoger primero unos proverbios y luego otros.

Una vez que hemos llegado aquí, antes de examinar más de cerca el estilo y la enseñanza del libro, con las conclusiones que de ello derivan, debemos fijarnos en otro tema que reclama nuestra atención y que tal vez arroje cierta luz sobre la forma en que se originaron las diversas colecciones. Según eso, el tema que ahora sigue ya no puede quedar fuera de nuestro trabajo, si queremos formarnos un juicio más preciso sobre la división y orden de conjunto de los proverbios.

## 3. Repeticiones en el Libro de los Proverbios

No solo en las diferentes partes de la colección, sino también dentro de los límites de una misma parte, encontramos proverbios que en todo o en parte se repiten con las mismas o similares palabras. Antes de que podamos llegar a una respuesta, debemos ofrecer un conocimiento tan profundo como sea posible de los datos literarios, para ofrecer después una visión de conjunto de los hechos.

Comenzamos con *"Los Proverbios de Salomón"* (10, 1–22, 16); porque esta colección está en relación con la de los cap. 25–29. Ciertamente esta parte es

---

10. Zöckler toma Proverbios 24, 23-34 como un segundo apéndice de la primera colección principal. Esto es justificable, pero el segundo título sugiere más bien dos recopiladores.

*Introducción*

anterior y a partir de ella debemos encontrar una explicación para el conjunto de los proverbios salomónicos. En esta *primera colección* encontramos los siguientes datos:

(1) Proverbios completos repetidos exactamente con las mismas palabras: Pr 14, 12 es igual a Pr 16, 25.

(2) Proverbios ligeramente cambiados en su forma de expresión: Pr 10, 1 es igual a Pr 15, 20; Pr 14, 20 es igual a Pr 19, 4; Pr 16, 2 es igual a Pr 21, 2; Pr 19, 5 es igual a Pr 19, 9; Pr 20, 10 es igual a Pr 20, 23; Pr 21, 9 es igual a Pr 21, 19.

(3) Proverbios casi idénticos en forma, pero algo diferentes en sentido: Pr 10, 2 se parece a Pr 11, 4; Pr 13, 14 se parece a Pr 14, 27.

(4) Proverbios cuyas primeras líneas son iguales: Pr 10, 15 es igual a Pr 18, 11.

(5) Proverbios cuyas segundas líneas son iguales: Pr 10, 6 es igual a Pr 10, 11; Pr 10, 8 es igual a Pr 10, 10; Pr 15, 33 es igual a Pr 18, 12.

(6) Proverbios con una línea casi igual: Pr 11, 13 es igual a Pr 20, 19; Pr 11, 21 es igual a Pr 16, 5; Pr 12, 14 es igual a Pr 13, 2; Pr 14, 31 es igual a Pr 17, 5; Pr 16, 18 es igual a Pr 18, 12; Pr 19, 12 es igual a Pr 20, 2; comparar también Pr 16, 28 con Pr 17, 9; Pr 19, 25 con Pr 21, 11.

Al comparar estos proverbios uno percibirá que en su mayor parte la semejanza externa o interna del entorno ha hecho que el colector coloque un proverbio en este lugar y otro en otro lugar. Pero no siempre ha actuado con la misma lógica: ¿cuál ha sido la razón que le ha llevado, por ejemplo, a fijar en su lugar correspondiente la posición de Pr 16, 25; Pr 19, 5; Pr 19, 9? Yo no sé encontrarla.

Partimos del hecho de que el proverbio que aparece primero ha sido generalmente el primero en producirse y que el segundo (el que viene después), siendo sinónimo al anterior es posterior, recibiendo a veces un sentido antitético. Cf. Pr 18, 11 con Pr 10, 15; Pr 20, 10 y Pr 20, 23 con Pr 11, 1; Pr 20, 19 con Pr 11, 13; Pr 16, 5 con Pr 11, 21; Pr 20, 2 con Pr 19, 12; cf. también Pr 17, 5 con Pr 14, 31, donde aparece primero un proverbio antitético, para formarse después uno sintético. Pero también en este caso hay excepciones, como Pr 13, 2 comparado con Pr 12, 14, y Pr 15, 33 con Pr 18, 12, donde en el primer caso tenemos un proverbio sinonímico y en el segundo un proverbio antitético; pero también en este caso el contraste es muy pequeño, de tal forma que el proverbio anterior tiene la apariencia de prioridad.

Ahora dirigimos nuestra atención a la *segunda colección, Pr 25–29*. Cuando comparamos entre sí los proverbios de esta colección, vemos entre ellos un número desproporcionadamente menor de repeticiones que en la otra; solo se repite un proverbio completo en términos casi similares, pero con un sentido alterado; nos referimos a Pr 29, 20 que es una repetición de Pr 26, 12. Pero los siguientes

*Repeticiones en el Libro de los Proverbios*

proverbios (Pr 28, 12; Pr 28, 28; Pr 29, 2), aunque tengan ciertas semejanzas parciales, son distintos y tienen orígenes distintos. De todas maneras, en esta segunda colección encontramos numerosas repeticiones de proverbios enteros y de partes de proverbios de la colección anterior:

(1) Proverbios completos perfectamente idénticos (dejando al margen variaciones insignificantes): Pr 25, 24 es igual a Pr 21, 9; Pr 26, 22 es igual a Pr 18, 8; Pr 27, 12 es igual a Pr 22, 3; Pr 27, 13 es igual a Pr 20, 16.

(2) Proverbios idénticos en significado con expresión algo cambiada: Pr 26, 13 es igual a Pr 22, 13; Pr 26, 15 es igual a Pr 19, 24; Pr 28, 6 es igual a Pr 19, 1; Pr 28, 19 es igual a Pr 12, 11; Pr 29, 13 es igual a Pr 22, 2.

(3) Proverbios con una línea igual y otra línea diferente: Pr 27, 21 es igual a Pr 17, 3; Pr 29, 22 es igual a Pr 15, 18. Cf. también Pr 27, 15 con Pr 19, 13.

Cuando comparamos estos proverbios entre sí, no estamos seguros de cuál tiene prioridad, como por ejemplo: Pr 27, 21, que es igual a Pr 17, 3 ; Pr 29, 22, que es igual a Pr 15, 18. Pero en el caso de otros no hay duda de que el proverbio de la colección de los enviados de Ezequías contiene la forma original respecto al proverbio que se encuentra en la otra colección, como sucede con Pr 26, 13; Pr 28, 6, Pr 28, 19; Pr 29, 13 y Pr 27, 15, en relación con sus paralelos en la colección de Pr 10, 1–22, 16.

En las otras porciones encontramos también repeticiones como las que aparecen en estas dos colecciones de proverbios salomónicos. En Pr 1, 7–9, 18 y Pr 2, 16 aparece, repetido, con un texto un poco cambiado en Pr 7, 5 y Pr 3, 15 en Pr 8, 11. Por su parte, Pr 9, 10 es igual a Pr 1, 7, pero este es un caso que no merece ser mencionado, lo mismo que el caso de la repetición de Pr 9, 4 y Pr 9, 16.

En el primer apéndice de las "Palabras de los Sabios" (22, 17–24, 22) algunos esticos se repiten en otro contexto: cf. Pr 23, 3 y Pr 23, 6; Pr 23, 10 y Pr 22, 28; Pr 23, 17 y Pr 24, 13; Pr 22, 23 y Pr 23, 11; Pr 23, 17 y Pr 24, 1. Es evidente que a menudo un proverbio sirve de modelo para otro (incluso de un libro distinto de la Biblia). Así sucede, por ejemplo, en el caso de Pr 24, 19 respecto a Sal 37, 1; cf. también Pr 24, 20 con Sal 37, 38.

En el caso de que encontremos en el mismo libro de Proverbios (o en otros libros) proverbios semejantes a los de Salomón, la presunción es que la prioridad corresponde a los proverbios de Salomón, como en Pr 23, 27 (cf. Pr 22, 14); Pr 24, 5 (cf. Pr 11, 14); Pr 24, 19 (cf. Pr 13, 9); en este último caso resulta muy clara la prioridad del proverbio salomónico.

Dentro del segundo apéndice de las "Palabras de los Sabios" (Pr 24, 23ss.) no se esperan repeticiones debido a la brevedad del texto. A pesar de eso, en Pr 24,

# Introducción

23 se repite que es un *mashal* de Salomón en 28, 21. Por su parte, dado que Pr 24, 33 se identifica literalmente con Pr 6, 10, la prioridad está presumiblemente del lado del autor de 1, 7–9, 18, al menos en la forma en que aparece allí el *mashal*. Los complementos cap. 30 y 31 no aportan nada que valga la pena mencionar en relación con nuestra presente investigación.[11]

Teniendo eso en cuenta, ahora podemos volver a la pregunta: *¿qué información ofrecen las observaciones anteriores sobre el origen de estos proverbios y de su colección?* De las numerosas repeticiones de proverbios y porciones de proverbios de la primera colección de los "Proverbios de Salomón" en la colección de Ezequías, así como de la razón expuesta al final de la sección anterior de nuestra investigación, concluimos que *las dos colecciones eran de diferentes autores*, de manera que "los hombres de Ezequías" no podían ser autores de las dos colecciones.

Es cierto que las repeticiones en sí mismas no prueban nada en contra de la identidad del autor, porque dentro de las diversas colecciones, e incluso dentro de Pr 1–9 (cf. Pr 6, 20 con Pr 1, 8; Pr 8, 10 con Pr 3, 14) existen repeticiones, a pesar de la unidad del autor. Pero si dos colecciones de proverbios difieren en tantos aspectos, como en el caso de Pr 10, 1–22, 16 y Pr 25–29, entonces la probabilidad de que tengan autores distintos se eleva casi hasta la certeza.

De la forma tan anómala en que la colección de Ezequías presenta los proverbios y porciones de proverbios que se encuentran también en la primera colección (que son por lo demás independientes), se desprende además que "los hombres de Ezequías" no tomaron sus temas prestados de la primera colección del libro (10, 1–22, 16), sino que los tomaron de otras fuentes. En ese contexto, por la forma en que "los hombres de Ezequías" han omitido tantos proverbios salomónicos genuinos, después de dejar a un lado los proporcionalmente pocos que se han repetido, podemos concluir con seguridad que la otra colección les era conocida, pues de otra forma no se explica la aceptación de unos dichos y la omisión de otros.

---

11. Como ha puesto de relieve Fleischer, el mismo fenómeno se repite en las diferentes colecciones de proverbios atribuidos al califa Ali, donde con frecuencia el mismo pensamiento de una colección se repite de múltiples formas en una segunda (en unos casos de manera más corta, en otros más larga). Como regla general, se puede afirmar que los pueblos de Oriente solo han transmitido con exactitud escrupulosa, sin cambio alguno, los escritos religiosos considerados santos y divinos. Eso significa que estos proverbios del libro de su nombre solo se han transmitido sin cambios desde el momento en que se convirtieron en parte de una Escritura canónica. Antes de eso, les sucedió como a todos los textos de Oriente, estuvieron expuestos a la arbitrariedad del espíritu cambiante y al intercambio de la vida, de manera que el mismo texto original ha sido modificado de formas diversas por hablantes y escritores distintos. Eso sucede en las famosas obras poéticas de Oriente, como en Firdusi (*Schah-Nahem*, libro de los Reyes) con Sadi (Jardín de rosas), donde ninguna copia de los manuscritos concuerda totalmente con otra.

Según eso, el objetivo de "los hombres de Ezequías" no era el de completar la colección anterior de Salomón, sino que ellos querían ofrecer un complemento, para colocarlo al lado de la colección anterior, sin que esta resultara superflua. La diferencia en los dichos de una colección y de la otra se explica a partir de la intención de los que realizaron la primera selección y de los que realizaron la segunda. La primera colección (Pr 10, 1) comienza con este proverbio: "El hijo sabio alegra a su padre, pero el hijo necio es tristeza de su madre" (10, 1). La segunda con este otro: "Es gloria de Dios ocultar una cosa, y es gloria del rey escudriñarla" (25, 2).

La primera colección es un libro para jóvenes, a quienes está dedicada la introducción ampliada (Pr 1, 7–9, 18); la segunda es un escrito dirigido al pueblo, en la época de Ezequías (Stier la llama "sabiduría de Salomón en los días de Ezequías"). Por eso no empieza con los deberes del niño o del joven (como la primera colección), sino con los del Rey. No todos los proverbios concretos, en uno y en otro caso, responden a estas intenciones; pero ellas están presentes en el conjunto de las colecciones, desde el comienzo hasta el final (cf. Pr 22, 15 con Pr 29, 26).

Estas consideraciones nos ofrecen también algunos materiales para formarnos un juicio sobre el momento en que se hizo la primera colección, pues tenemos varios pares de proverbios que presentan esencialmente los mismos dichos, pero en formas más antiguas y más recientes. Keil piensa también que los proverbios que parecen menos originales son los salomónicos antiguos, y añade que un mismo poeta (como es Salomón) no siempre expresa los mismos pensamientos con la misma brevedad y precisión, añadiendo que pueden darse cambios y reproducciones algo distintas de proverbios aislados, incluso si proceden del propio Salomón.

Esto es posible, pero si tenemos en cuenta que incluso los salmos de David han sido imitados, y que las "Palabras de los Sabios" imitan proverbios salomónicos y que, además, los proverbios están especialmente sujetos a cambios, porque ellos mismos invitan a la imitación y a las transformaciones, tendremos que decir que es sumamente improbable que los proverbios repetidos provengan de Salomón, siendo muy posible, en cambio, que ellos provengan de tiempos posteriores. En esa línea, tendremos que suponer que entre la publicación de los 3000 proverbios de Salomón y la preparación de la colección de Pr 10, 1–22, 16 transcurrió un tiempo considerable, de manera que el *mashal* salomónico fue adquiriendo en boca del pueblo y de los poetas una gran variedad de formulación. Teniendo eso en cuenta, podemos afirmar que el coleccionista y formulador de proverbios fue reuniendo los proverbios directamente salomónicos con sus imitaciones posteriores, sin distinguir de un modo más preciso unos de otros.

Pero, en este caso, ¿no habrían sido suficientes los 3000 proverbios salomónicos para completar con ellos la nueva colección? Debemos responder a esta pregunta en forma negativa, diciendo que, si los 3000 proverbios salomónicos tenían el mismo valor que los que se conservan en estas dos colecciones, no se

*Introducción*

explica que no hayan sido recogidos todos, ni se explican las muchas repeticiones de la primera colección, ni la pobreza proporcional de la segunda.

Los "hombres de Ezequías" recogieron su colección de proverbios salomónicos casi 300 años después de la época de Salomón y no hay razón para suponer que el antiguo Libro de los Proverbios de Salomón hubiera desaparecido en ese tiempo, y que no se conservara en el palacio real. En ese contexto, podemos concluir, partiendo de los temas de varios proverbios de estas colecciones (agricultura, guerra, vida en la corte, etc.) y por el amor que Salomón tenía por las múltiples formas de la vida natural y social, que sus 3000 proverbios no habrían mejorado mucho el valor y la riqueza de los que tenemos ante nosotros en este libro.

Según eso, si la primera colección se hizo en una época en que los antiguos proverbios salomónicos ya se habían multiplicado considerablemente con nuevas producciones y combinaciones, con añadidos e imitaciones, no podría encontrarse una época más adecuada para su origen que la época del rey Josafat, que se relaciona más con la de Salomón que con la de David.

La personalidad de Josafat estaba inclinada al enriquecimiento del culto público a Dios, a la elevación del pueblo y a la administración de justicia, de manera que el señorío de la casa de David fuera reconocido y venerado por todas partes entre los pueblos vecinos. También debemos recordar la tendencia que en ese tiempo existía hacia el intercambio con regiones lejanas, con la paz profunda que siguió a la derrota de las naciones confederadas. Esas características marcaron la época de Josafat, de manera que su tiempo fue como una copia del tiempo de Salomón. Por eso debemos esperar que él se interesara por el conocimiento y cuidado de la *hokma*, es decir, de la sabiduría. Según eso, si el autor de la introducción y el editor del libro más antiguo de Proverbios fue posterior a Salomón y anterior a Ezequías, las circunstancias que estamos evocando, nos inclinan a situarle al comienzo del reinado de Josafat, unos setenta años después de la muerte de Salomón.

Si en los cap. 1–9 se dice con frecuencia que la sabiduría se mostraba abiertamente en las calles y caminos, esto concuerda con 2Cr 17, 7-9, donde se dice que los príncipes, sacerdotes y levitas, enviados por Josafat (que pueden compararse con los *missi* del tiempo de los carolingios), fueron por las ciudades de Judá con el libro de la ley en sus manos como maestros del pueblo; esto concuerda también con 2Cr 19, 4, donde se afirma que el mismo Josafat "salió por los pueblos, desde Beerseba hasta el monte de Efraín, a fin de que volvieran a ser fieles, convirtiéndose al Señor, el Dios de sus padres". Por otra parte, 2Re 14, 8-11 (2Cr 25, 17-21) muestra la evidencia del cuidado con que se tomaban en ese tiempo las formas de estudio y religión, de manera que podemos pensar que el autor alegórico del Pr 1–9 pertenecía a esa época de la historia.

También nos sitúa en el tiempo de Josafat el hecho de que, en la primera colección de proverbios, los temas del reino aparezcan tratados en su lado brillante,

30

elegante, adornado de justicia. Cf. en esa línea: Pr 14, 35; Pr 16, 10; Pr 16, 12-13; Pr 20, 8. Además de esos temas del reino, aparecen otros temas importantes: sabiduría (Pr 20, 26), gracia y verdad (Pr 20, 28), amor a los buenos (Pr 22, 11), guía divina de la vida (Pr 21, 1), poder grande (Pr 16, 14-15; Pr 19, 12).

En contra de eso, en la segunda colección ( ) que comienza inmediatamente con una serie de dichos sobre el rey, con excepción de Pr 29, 14, el reino aparece casi solamente en su lado oscuro, siendo representado bajo el dominio destructivo de la tiranía (Pr 28, 15-16; Pr 29, 2), con impuestos opresivos (Pr 29, 4), dominado por una corte de gentes indignas (Pr 25, 5; Pr 29, 12), con autoridades que se multiplican sin necesidad (Pr 28, 2).

Elster tiene razón cuando comenta que en la primera serie (10, 1–22, 16), el reino en su estado actual responde a su ideal, de manera que las advertencias en contra de sus abusos parecen remotas. A diferencia de los de la segunda parte (Pr 25–29), los proverbios de la primera parte (Pr 10, 1–24, 22) llevan rasgos y caracteres de la época de David y Salomón; esta es la época de Josafat, hijo y sucesor de Asa, que aparece en la colección de un modo favorable. Por el contrario, en el tiempo de Ezequías, hijo y sucesor de Acaz, y padre y predecesor de Manasés, empezaron a expandirse los pecados de Acaz, las malas costumbres de los países del entorno. Este es el ambiente que se expresa en la segunda colección de los proverbios recogidos en la colección de los "hombres de Ezequías" (Pr 25–29). Este es un tema que de algún modo aparece ya anunciado en el suplemento de 24, 23-25.

Según eso, el texto más antiguo de ese primer libro de proverbios, contenido en Pr 10, 1–24, 22, apareció por primera vez entre Salomón y Ezequías, y probablemente bajo Josafat. La parte principal de esos "Proverbios de Salomón" (Pr 10, 1–22, 16) estaba vinculada, por un lado, en su comienzo, con la introducción alargada de 1, 7–9, 18, en la que el recolector se anuncia como un maestro muy dotado y como el instrumento del Espíritu de revelación y, por otro lado, estaba vinculada a "las Palabras finales del Sabio" (22, 17–24, 34).

De hecho, en Pr 1, 6 el autor no anuncia un suplemento de las "Palabras del Sabio", pero después el mismo desarrollo del título del libro, nos induce a esperarlo. La introducción al suplemento formado por Pr 22, 17-21 suena como un eco de la introducción más grande, como si fuera un suplemento menor de ella. De esa manera, la obra lleva en su conjunto el sello de una unidad; porque incluso en el último proverbio con el que cierra el conjunto (Pr 24, 21: "Hijo mío, teme a Yahvé y al rey", etc.), resuena todavía la misma nota clave que el autor había indicado al principio.

Un coleccionista o redactor más tardío, perteneciente a la época posterior a Ezequías, amplió la obra añadiendo proverbios de los hombres de Ezequías y un breve suplemento con las "Palabras del Sabio" que, de acuerdo con la ley de analogía, se introduce después de 22, 17–24, 22. La armonía de las dos inscripciones

*Introducción*

o títulos (Pr 24, 23; Pr 25, 1) favorece la suposición de que estos suplementos son obra de una misma mano.

La circunstancia de que las "Palabras de los Sabios" se refieran en 22, 17–24, 22 en dos de sus máximas a la colección más antigua de los proverbios salomónicos, mientras que las "Palabras de los Sabios" se refieran en Pr 24, 23 a la colección de Ezequías, y en Pr 24, 33 a la introducción general (1, 7-9, 18), refuerza la suposición de que con Pr 24, 23 comienza una segunda mitad del libro (Pr 25–29), añadida por una mano diferente a la que produjo el primer gran discurso del libro (Pr 20–24). No hay razón para no atribuir el apéndice (Pr 30–31) a este segundo redactor o coleccionista. Como he señalado anteriormente, ese segundo redactor quiere que la conclusión del Libro de los Proverbios responda al tema del libro más antiguo, de manera que toda la obra tenga una forma similar.

Al igual que la colección anterior de "Proverbios de Salomón", también ahora la colección de Ezequías tiene "Proverbios de los sabios" por delante y por detrás, a la derecha y a la izquierda, de manera que Salomón, el rey de la poesía de los proverbios, se encuentra en medio de un séquito digno. El segundo coleccionista se distingue del primero por el hecho de que él no quiera aparecer como poeta de proverbios. Es posible que el poema de proverbios de la "mujer virtuosa" (Pr 31, 10ss.) sea obra suya, pero no hay razones que sustenten esa atribución.

Después de esta digresión, a la que nos han llevado las repeticiones que hemos hallado en los Proverbios, volvemos ahora, conforme a nuestro plan, a examinar el libro desde el punto de vista de las formas de su lenguaje y de sus contenidos doctrinales, y a indagar si los resultados obtenidos hasta ahora son confirmados, y tal vez precisados de un modo más profundo por esta investigación adicional.

## 4. Multiplicidad de estilos y formas de enseñanza

Comenzamos nuestra investigación precisando la relación que existe entre Pr 10, 1–22, 16 y Pr 25–29 por lo que se refiere a sus formas de lenguaje. Si el material más importante de ambas secciones pertenece en verdad a la época antigua de Salomón, ellas deben tener los mismos rasgos verbales. Para investigar mejor el tema tenemos que dejar a un lado los proverbios que son idénticos, sea de un modo total o parcial.

Si la expresión חדרי־בטן (las cámaras del cuerpo) constituye una figura favorita de la primera colección (Pr 18, 8; Pr 20, 27, Pr 20, 30), acuñada quizás por el mismo Salomón, el hecho de que esta figura se encuentre también en Pr 26, 22 no debe tomarse en cuenta, ya que en Pr 26, 22 se limita a repetir el proverbio 18, 8. Ciertamente, no se puede negar en absoluto que en la primera colección se encuentran ciertas expresiones con las que uno podría encontrarse de nuevo en la colección de Ezequías y que, sin embargo, no se encuentran en ella.

Ewald recoge una lista de esas expresiones con la intención de mostrar que el antiguo lenguaje salomónico aparece, con pocas excepciones, solo en la primera colección. Pero, examinado de cerca, su catálogo resulta insuficiente. El hecho de que muchas expresiones del primer catálogo (10, 1–22, 16) aparezcan también en la introducción de Pr 1–9 no prueba nada de eso.

- La palabra מרפא, salud, de Pr 12, 18; Pr 13, 17; Pr 14, 30; Pr 15, 4; Pr 16, 24, aparece también en Pr 29, 1.
- La palabra רדף (él persigue), propia de Pr 11, 19; Pr 12, 11; Pr 15, 9; Pr 19, 7 aparece también en Pr 28, 19. Así también נרגן (un chismoso), palabra propia de Pr 16, 28; Pr 18, 8, aparece en Pr 26, 20, Pr 26, 22.
- Por su parte, לא ינקה (no quedar sin castigo), Pr 11, 21; Pr 16, 5; Pr 17, 5, aparece también en Pr 28, 20. Estas expresiones proporcionan de esa manera un argumento a favor, no en contra, de la unidad lingüística de las dos colecciones.

La lista de expresiones comunes a las dos colecciones puede aumentar considerablemente. Así, por ejemplo, נפרע (son rebeldes), Pr 29, 18; la misma palabra en *kal*, aparece en Pr 13, 18; Pr 15, 32; אץ (el que se apresura) aparece en Pr 19, 2; Pr 21, 5; Pr 28, 20; Pr 29, 19; מדונים (hombre de contiendas) aparece en Pr 21, 9; Pr 25, 24; Pr 21, 19; Pr 23, 29; Pr 26, 21; Pr 27, 15.

Sin duda, puede considerarse sorprendente el hecho de que algunas figuras de lenguaje, como מקור חיים (fuente de vida) de Pr 10, 11; Pr 13, 14; Pr 14, 27; Pr 17, 22; lo mismo que עץ חיים (árbol de vida) de Pr 11, 30; Pr 13, 12; Pr 15, 4, igual que las expresiones מחתה (destrucción) de Pr 10, 14-15; Pr 13, 3; Pr 14, 28; Pr 18, 7; Pr 10, 29; Pr 21, 15, con יפיח (él pronuncia), Pr 12, 17; Pr 14, 5; Pr 14, 25; Pr 19, 5; Pr 19, 9; סלף (pervierte), Pr 13, 6; Pr 19, 3; Pr 21, 12; Pr 22, 12, y סלף (perversidad), Pr 11, 3; Pr 15, 4, se encuentran solo en la primera colección, y no en la colección de los "varones de Ezequías". Pero esto no constituye una evidencia decisiva contra la unidad del origen de los Proverbios en ambas colecciones.

Tampoco el hecho, justamente aducido por Ewald, de que los proverbios que comienzan con יש *(hay)* —por ejemplo: Pr 11, 24, "Hay algo que se dispersa, y sin embargo crece todavía"— se encuentren exclusivamente en la primera colección, pueden llevarnos a la confusión. El autor de esa primera colección ha reunido con preferencia esos proverbios con יש; de un modo semejante ha omitido también todos los proverbios parabólicos, a excepción de dos (Pr 10, 26; Pr 11, 22).

Los proverbios que comienzan con יש se encuentran solo en la primera colección, por otro lado, la *waw* parabólica y el perfecto proverbial se utilizan de un modo informativo para evocar una experiencia que aparece solo en la segunda colección (cf. Pr 26, 13; Pr 27, 12; Pr 29, 13 y también Pr 28, 1; Pr 29, 9). Para

## Introducción

esos dos últimos casos, Doderlein (cf. *Reden und Aufsätze*, ii. 316) ha inventado la expresión *aoristus gnomicus*,[12] que se emplea sobre todo en proverbios que utilizan la misma palabra en los dos esticos, pero con un sentido distinto.

Otra observación de Ewald (*Jahrbuch* xi. 28), según la cual los proverbios que aparecen con אִישׁ se encuentran exclusivamente en la colección de Ezequías (Pr 29, 9; Pr 29, 3; Pr 25, 18; Pr 25, 28), no ha sido completamente probada. En Pr 16, 27-29 se encuentran juntos tres proverbios con אִישׁ, y tanto en Pr 20, 6 como en Pr 29, 9 אִישׁ aparecen dos veces en un proverbio. Lo que nos llama además la atención es que el artículo, no solo el que está sincopado y latente, sino el que viene expresado por ה, aparece solo dos veces en la primera colección (Pr 20, 1; Pr 21, 31). Por el contrario, ese artículo aparece más a menudo en la segunda colección (Pr 26, 14; Pr 26, 18; Pr 27, 19-20; Pr 27, 22).

De todas maneras, dado que el artículo no se omite por completo en la primera colección, ese dato no puede obligarnos tampoco a rechazar la unidad lingüística entre la segunda colección y la primera, al menos teniendo en cuenta el número de datos con el que contamos. Por otra parte, ¿qué podemos decir sobre la unidad lingüística de fondo de Pr 1–9 con las dos unidades siguientes tal como la mantiene, por ejemplo, Keil?

Ciertamente, debemos tener en cuenta la unidad de lenguaje e ideas entre Pr 1–9 y Pr 10, 1–22, 16. Esa unidad de lenguaje es sin duda mucho mayor que la que existe entre Pr 10, 1–22, 16 y Pr 25–29, y eso es algo que puede probarse.

La introducción está unida a la primera colección de un modo muy intenso por el mismo uso de expresiones como las siguientes: אגר (reunir), Pr 6, 8; Pr 10, 5; אישׁון (en medio de, es decir, de la noche, en oscuridad profunda), Pr 7, 9; Pr 20, 20; אחרית (el fin), Pr 5, 4; Pr 23, 18; Pr 24, 14; אכזרי (feroz), Pr 5, 9; Pr 17, 11; בינה (conocimiento), Pr 1, 2; Pr 16, 16; תבונה (inteligencia), Pr 2, 6; Pr 3, 19; Pr 21, 30; זרה (adúltera), Pr 5, 3; Pr 22, 14; Pr 23, 33; חסר לב (sin entendimiento), Pr 6, 32; Pr 7, 7; Pr 12, 11; יוסף לקח (aumentará el aprendizaje), Pr 1, 5; Pr 9, 9; Pr 16, 21, Pr 16, 23; יפיח (pronuncia), Pr 6, 19; Pr 14, 5; Pr 19, 5, Pr 19, 9; נלוז (pervertido), Pr 3, 32; Pr 14, 2; מדנים (contienda), Pr 6, 14; Pr 6, 19; Pr 10, 12; מרפא (en el sentido de salud), Pr 4, 22; Pr 12, 18; Pr 13, 17; Pr 16, 24 (y en el sentido de liberación, Pr 29, 1).

En esa misma línea, véase también נסח (son arrancados), Pr 2, 22; Pr 15, 25; ינקה לא (no quedará sin castigo), Pr 6, 29; Pr 11, 21; Pr 16, 5; העז (fortalecido, es decir, el rostro), Pr 7, 13; Pr 21, 29; עץ חיים (árbol de la vida), Pr 3, 18; Pr 11, 30; Pr 13, 12; Pr 15, 4; ערב (se convierte en garantía) y תקע (golpea las manos), Pr 6, 1; Pr 17, 18; Pr 22, 26; פתים y פתאים (simplicidad, locura), Pr 1, 22, Pr 1,

---

12. Una forma de dicción semejante se encuentra entre proverbios alemanes, por ejemplo: *wer nicht mitsass, auch nicht mitass*: quien no se ha sentado no ha comido.

32; Pr 8, 5; Pr 9, 6; Pr 23, 3; קרץ (guiñar con los ojos), Pr 6, 13; Pr 10, 10; קרת (una ciudad), Pr 8, 3; Pr 9, 3, Pr 9, 14; Pr 11, 11; ראשית (el principio), Pr 1, 7; Pr 17, 14; שׂכל טוב (buen entendimiento), Pr 3, 4; Pr 13, 15; ישׁכנו־ארץ (morará en la tierra), Pr 2, 21; Pr 10, 30; שׁלח מדון (envía contienda), Pr 6, 14; Pr 16, 28; תהפכות (malas palabras), Pr 2, 12; Pr 6, 14; Pr 10, 31; Pr 16, 28; תורה (instrucción), Pr 1, 8; Pr 3, 1; Pr 4, 2; Pr 7, 2; Pr 13, 14; תושׁיה (consejo), Pr 3, 21; Pr 8, 14; Pr 18, 1; תחבולות (medidas prudentes), Pr 1, 5; Pr 20, 18; Pr 24, 6.

Estos no son los únicos puntos de contacto entre las dos partes, como podrá ver el lector atento. Esta relación de Pr 1–9 con Pr 10, 1–22, 16 es una fuerte prueba de la unidad interna de esa porción que Bertheau ha puesto en duda. Pero ¿podemos concluir según eso, con Keil, que la introducción es del tiempo antiguo, es decir, del mismo Salomón, como Pr 10, 1–22, 16? Esa conclusión podría de algún modo suponerse, pero no se puede probar.

Pues bien, al lado de estos puntos de contacto, hay muchas expresiones que son exclusivamente peculiares de la *introducción*. Son estas: מזמה (canto, consejo), Pr 1, 4; Pr 3, 21; ערמה (prudencia), Pr 1, 4; Pr 8, 5, Pr 8, 12; מליצה (un enigma, máxima oscura), Pr 1, 6; מעגל (un camino de vida), Pr 2, 9, Pr 4, 11, Pr 4, 26; מעגלה, Pr 2, 15, Pr 2, 18, Pr 5, 6, Pr 5, 21; אישׁון (la niña de los ojos), Pr 7, 2, Pr 7, 9; גרגות (la garganta), Pr 1, 9; Pr 3, 3, Pr 3, 22; los verbos אתה (venir), Pr 1, 27; פלס (nivelar o llano), Pr 4, 26; Pr 5, 6, Pr 5, 21 y שׂטה (desviarse), Pr 4, 15; Pr 7, 25.

Lo peculiar de esta sección es el amontonamiento de sinónimos para expresar cosas que se encuentran en estrecha relación, como "congregación" y "asamblea", Pr 5, 14; "hermosa cierva" y "hermosa corza", Pr 5, 19; cf. Pr 5, 11; Pr 6, 7; Pr 7, 9; Pr 8, 13, Pr 8, 31. Este uso es solo un rasgo propio del estilo de esta sección, y es completamente diferente del que encontramos en Pr 10, 1–22, 16 y en Pr 25–29. Propio de esta primera sección es el estilo difuso del texto, que se deleita en las repeticiones, utilizando paralelismos de tipo sinonímico, con repetición de las mismas palabras (cf. p. ej.; Pr 6, 2), que están vinculadas con las formas lingüística y poética, de las que ya hemos hablado en la segunda parte de nuestra introducción. Esta diversidad fundamental indica que el autor de Pr 1–9 es completamente diferente de Salomón, y además de un tiempo muy tardío. Si mantenemos esta opinión, estos puntos de semejanza entre las secciones encuentran la explicación más satisfactoria.

*El autor de esta introducción* (Pr 1–9) es un hombre intelectualmente bien dotado, con un estilo propio, no un imitador servil de los proverbios salomónicos. A partir de aquí, se plantea una pregunta clave: ¿por qué sus paralelos se limitan casi exclusivamente a la sección 10, 1–22, 16, y no se extienden a Pr 25–29? Por una razón clara: porque el primer editor del libro editó solo la primera sección y no la segunda; porque él se fijó exclusivamente en los proverbios que él mismo juntó y editó en Pr 10, 1–22, 16.

*Introducción*

El mismo autor de Pr 1–9 fue el que recogió y ordenó los proverbios de la primera colección (10, 1–22, 16); por eso las expresiones de esta primera colección influyeron mucho en su propio texto, es decir, en la introducción de Pr 1–9, que él mismo fue construyendo a partir de los rasgos estilísticos y de los pensamientos que le ofrecía esta colección de 10, 1–22, 16.[13]

Generalmente, el autor de Pr 1–9 elabora su poesía a partir de raíces ocultas de textos más antiguos. Así, por mencionar un caso, podemos decir con plena confianza que Pr 1, 7–9, 18 es un eco de la antigua amonestación de שׁמע (oye) de Dt 6, 4-9 (cf. Pr 11, 18-21). Toda la poesía de este escritor (del autor de Pr 1–9) lleva el sello del libro de Deuteronomio. Así como el Deuteronomio deriva de otras secciones del Pentateuco, así también este comienzo del Libro de los Proverbios (Pr 1, 7–9, 18) deriva del libro del Deuteronomio. Así como Deuteronomio quiere recoger la cosecha del conjunto del Pentateuco (es decir, de la תורה de la ley mosaica), así también el autor de Pr 1–9 quiere recoger תורה, la ley de vida más honda de los proverbios salomónicos (editados en Pr 10, 1–22, 16).

A partir de aquí debemos precisar dos cosas: (a) tenemos que ver si el primer suplemento de Pr 22, 17–24, 22 constituye la conclusión del grupo de proverbios (10, 1–22, 16) que van unidos a la obra del autor de la introducción general (Pr 1–9); (b)tenemos que ver si el nuevo suplemento de Pr 24, 23-34 fue añadido por un autor diferente, vinculado de algún modo con el autor de la colección de los servidores de Ezequías. Bertheau supone que ambos suplementos van unidos, añadiendo que la introducción de Pr 22, 17-21 es del mismo autor de la introducción general (es decir, de Pr 1, 7-9).

Por el hecho de que en la introducción menor de Pr 22, 19 ("Te he enseñado אתה אף־, incluso a ti") el pronombre se repita de manera tan enfática como en Pr 23, 15 (לבי גם־אני, cf. Pr 23, 14; Pr 23, 19), y por el hecho de que נעים (dulce), Pr 22, 18, aparezca también en Pr 23, 8; Pr 24, 4, no hay motivo alguno para negar que esas palabras puedan ser utilizadas en la introducción general más amplia del libro (Pr 1–9). Así lo afirma el mismo Bertheau, indicando que la forma lingüística de la colección de los proverbios incluidos en el libro influye en la introducción del recopilador general. Con más razón aún podemos afirmar que la expresión (לישׁים, Pr 22, 20, en Keré), como título de honor dado a esta colección de proverbios (a diferencia de la expresión נגידים, que aparece en Pr 8, 6) es un argumento a favor de la identidad del autor de ambas introducciones.

De todas maneras, la identidad del autor de los dos complementos (Pr 22, 17–24, 22 y Pr 24, 23-34) no se puede probar a partir del uso del pronombre "yo"

---

13. En esa línea, Pr 19, 27 (cf. Pr 27, 11) se puede tomar, como germen de la amonestación que el padre dirige a su hijo en Pr 1—9. Por su parte, Pr 14, 1 puede tomarse como punto de partida de la alegoría de la mujer sabia y de la necia que encontramos en cap. 9.

(que se emplea en 24, 32), ni a partir de otras expresiones como שִׁית לֵב (*animum advertere*, Pr 24, 32), y ינעם (será delicia) de Pr 24, 25, porque estos puntos de contacto verbales, si probaran algo, probarían demasiado, no solo sobre la contemporaneidad de los dos suplementos, sino también sobre la identidad de sus autores, cosa que resulta imposible, pues va en contra del sobrescrito de 25, 1 גַּם־אֵלֶּה לַחֲכָמִים (donde se dice que también estos proverbios son de sabios, separándolos de los anteriores). Además, Pr 24, 33 remite a Pr 6, 10, y más cerca que la comparación del primer suplemento se encuentra la comparación de ינעם con Pr 2, 10; Pr 9, 17; y la comparación de אדם חסר לב (un hombre falto de entendimiento) con Pr 17, 18 y יזעמוהו con Pr 22, 14. Si se necesita una razón explicativa para estos puntos de contacto basta la circunstancia de que el autor o autores de Pr 24, 23-34 estaba familiarizado con Pr 1, 1–24, 22 al que quiere imitar.

También se pueden explicar fácilmente, por imitación, los puntos de contacto de Pr 22, 17–24, 22 con Pr 1–9, porque no solo la introducción menor (Pr 22, 17-19), sino los 30 proverbios que siguen concuerdan sorprendentemente con el lenguaje que prevalece de 1–9. Cf. אשר בדרך (sigue recto por el camino) y Pr 23, 19, con Pr 4, 14; חכמות (sabiduría), Pr 24, 7, con Pr 1, 20; Pr 9, 1, con otros varios casos. Pero si, de acuerdo con Pr 1, 1-7, concebimos el antiguo libro de Proverbios como acompañado por la expresión de דברי חכמים (palabras de sabios), entonces, por la similitud de los dos encabezamientos (Pr 24, 23 y Pr 25, 1), resulta muy probable que la mitad más reciente del libro canónico de los Proverbios comience con Pr 24, 23 y, por lo tanto, no podemos tomar Pr 24, 23 como parte integrante de la sección anterior, sino como principio de la segunda.

Los suplementos a la colección de Ezequías (Pr 30–31) son de una forma tan peculiar que a nadie se le ocurrirá (dejando de lado expresiones tales como דעת קדשים, conocimiento del Santo, Pr 30, 3, cf. Pr 9, 10) atribuirlos a uno de los autores de los proverbios precedentes. Para explicar este tema, remítase a la obra de Mühlau, *De Proverbiorum quae dicuntur Aguri et Lemuelis origine atque indol*e, 1869, donde investiga el matiz arameo-árabe de esta sección extranjera.

He probado así que los dos grupos de proverbios que llevan la inscripción משלי שלמה son, en su origen principal, verdaderamente salomónicos y antiguos, aunque no sin una mezcla de imitaciones. He mostrado además que, por el contrario, la introducción, Pr 1, 7–9, 18, así como los דברי חכמים, dichos de los sabios de Pr 22, 17–24, 34 y Pr 30–31, no son en absoluto salomónicos antiguos, sino que pertenecen al editor del texto de los proverbios más antiguos, que llega hasta Pr 24, 22. Según eso, el presente libro de Proverbios de Salomón contiene unido a él los poemas del editor más antiguo, y otros proverbios que, en parte, son de israelitas desconocidos y en parte de dos extranjeros nombrados: Agur y Lemuel.

Teniendo en cuenta lo anterior, dirigiremos nuestra atención a los contenidos doctrinales de la obra, preguntando por la posible multiplicidad de sus

*Introducción*

instrucciones y también sobre la posibilidad de que entre esos contenidos exista un desarrollo progresivo. Es posible que esas tres partes (Proverbios de Salomón, Palabras del Sabio y Poesía de tipo proverbial del editor) reflejen tres épocas, es decir, tres etapas diferentes en el desarrollo de la poesía proverbial.

Sin embargo, las Palabras del Sabio (sabios) de Pr 22, 17–24, 22 están tan internamente relacionadas con los proverbios de Salomón, que incluso la mirada más crítica no descubrirá en ellas más que el crepúsculo vespertino o culminación de la obra salomónica, es decir, de la recolección de "mashales" iniciada y realizada por Salomón (pues en sí mismas las palabras de los sabios son salomónicas). Según eso, en el libro actual de Proverbios solo existen o solo quedan, dos unidades:

(a) Por un lado están los *Proverbios propios de Salomón*, con el eco que ellas dejan en las Palabras de los Sabios.

(b) Por el otro los *Poemas proverbiales del editor*. Estas dos unidades se presentan como monumentos de dos épocas claramente definidas en el desarrollo progresivo de los *mashales*.

El carácter fundamental común del libro en todas sus partes se define correctamente cuando decimos que se trata de un texto de Sabiduría. En efecto, como han visto los Padres de la Iglesia, no solo el libro del *Eclesiástés* y los apócrifos salomónicos (Eclesiástico y Sabiduría), sino también este Libro de los Proverbios lleva este título, que parece haber estado también en uso entre los judíos, ya que Melitón de Sardes añade al título "Proverbios de Salomón", la expresión ἡ καὶ Σοφία (que es también de la Sabiduría). Por otra parte, Eusebio (*Historia Eclesiástica*. iv. 22) afirma, que no solo Hegesipo e Ireneo, sino todos los antiguos, presentaron los Proverbios de Salomón como Πανάρετος Σοφία.[14]

Debemos observar también que Dionisio de Alejandría llama a este libro ἡ σοφὴ βίβλος (libro de Sabiduría) y Gregorio de Nazianzo le titula ἡ παιδαγωγικὴ σοφία (sabiduría pedagógica). Estos nombres no solo son un elogio del libro, sino que denotan también, al mismo tiempo, el círculo de actividad intelectual del que emana. Así como los libros de profecía son un producto de la נבואה o profecía, así el Libro de los Proverbios es un producto de la חכמה, σοφία, esto es, del esfuerzo humano para comprender la σοφία objetiva y, por lo tanto, la φιλοσοφία, que es

---

14. Esa expresión que significa "sabiduría que incluye toda virtud", en sentido general, era un nombre común en Palestina. El Talmud de Jerusalén, en un pasaje citado por Krochmal, *Kerem Chemed*, v. 79, divide el canon en תורה נבואה y חכמה (ley, profecía y sabiduría). Por su parte, Rashi, *Baba bathra*, 14b, dice que *Mishle* (Proverbios) y *Koheleth* (Eclesiástés) son ספרי חכמה (libros de Sabiduría). Conforme a su contenido, b. *Megilla*, 7a, el libro de *Koheleth* se llama también חכמתו (Sabiduría). Por su parte, el Cantar de los cantares lleva en la versión siríaca (de la Peschita) la inscripción *Chekmetho, Hokma* (Sabiduría).

38

el *studium sapientiae*, es decir, el estudio de la sabiduría, para incitar al amor a la sabiduría, a fin de que los hombres puedan alcanzar y poseer de aquello que es el objeto del amor, es decir, la sabiduría. Y con ese fin fueron escritos.

Teniendo en cuenta la observación de la carta a los Colosenses (2, 8), no podemos tener miedo a decir que el Libro de los Proverbios es un texto "filosófico", ya que el origen del nombre φιλοσοφία es muy noble: expresa *el carácter relativo del conocimiento humano frente al carácter absoluto del conocimiento divino,* indicando así la posibilidad de un avance progresivo infinito del hombre hacia lo divino. A pesar de eso, los antiguos judíos no poseían aún las capacidades dialécticas necesarias para elaborar un sistema filosófico estrictamente dicho.

El pueblo israelita no tenía por entonces los medios para elaborar un sistema de ese tipo. Para ello era necesaria la aportación de un espíritu jafético (propio de los descendientes de Jafet) para que pudieran surgir pensadores estrictos como Filón, Maimónides y Spinoza. Pero la filosofía como tal está ya presente en todas partes (en todos los pueblos) cuando el pensamiento natural, moral, positivo, se convierte en objeto de una meditación, con la finalidad de aprehender su fundamento último, su legítima coherencia, su verdadera esencia y finalidad.

C. B. Michaelis, en sus *Adnotationes uberiores in Hagiographa*, pasa de la exposición de los *Salmos* a la de los *Proverbios* con las palabras: "Desde el aposento de David, consagrado a la oración, pasamos ahora a la escuela de sabiduría de Salomón, para admirar que el más grande de los filósofos (Salomón) era el hijo del más grande de los teólogos (David)".[15]

Cuando damos el nombre de φιλοσοφία al tipo de pensamiento que está en el fondo del Libro de los Proverbios, no usamos simplemente una palabra científica corriente, sino que mostramos que existe una relación interna real entre el Libro de los Proverbios y la esencia de la filosofía, tal como lo muestra la misma Escritura (Hch 17, 27, cf. Ro 1, 19). Así lo reconoce también el mismo paganismo, presentando a la Sabiduría como un producto natural del espíritu humano, que nunca puede faltar allí donde un hombre particular o un pueblo se

---

15. Así dice Bacon de Verulam, en su obra *De Augmentis Scientiarum*, viii. 2: "No hay nada que pueda compararse con aquellos proverbios que publicó el rey Salomón, de los que dice la Escritura que eran tan numerosos como las arenas del mar. Pues, así como las olas del mar circundan todas las tierras del orbe, así también su sabiduría se extendía tanto a las realidades humanas como a las divinas, abarcando todos sus diversos campos". De un modo consecuente, el mismo Bacon dice que los Proverbios de Salomón son "insignes parábolas o aforismos que tratan de la filosofía divina y moral". Cf. texto latino: "nihil invenitur, quod ullo modo comparandum sit cum aphorismis illis, quos editit rex Salomon, de quo testatur Scriptura, cor illi fuisse instar arenae maris. Sicut enim arenae maris universas orbis oras circumdant, ita et sapientia ejus omnia humana non minus quam divina complexa est. varietatis campum excurrentia". En consecuencia, en la misma obra, Bacon llama a los Proverbios de Salomón "insignes parábolas seuaphorismos de divina atque morali philosophia".

*Introducción*

eleva a una autoconciencia superior y a su despliegue organizado, por encima de los fenómenos cambiantes del mundo externo.

Los misterios del mundo que están fuera del hombre y los que están en su interior no dan descanso al hombre, de manera que él debe buscar su solución. Y cada vez que hace eso está haciendo filosofía, es decir, está esforzándose por obtener un conocimiento de la naturaleza de las cosas y de las leyes que las gobiernan en el mundo de los fenómenos, esto es, de las cosas que acontecen.

Esto es lo que dice también Flavio Josefo, sobre el conocimiento que Salomón tiene de la naturaleza: "No ignoró la naturaleza de ninguna de estas cosas, ni las dejó a un lado sin investigarlas, sino que filosofó sobre todas esas cosas", οὐδεμίαν τούτων φύσιν ἠγνόησεν οὐδὲ παρῆλθεν ἀνεξέταστον ἀλλ᾽ ἐν πάσαις ἐφιλοσόφησεν (Ant. VIII. 2. 5). Cf. Ireneo, *Contra herejes*. IV. 27. 1: Salomón "exponía de un modo "filosófico" la sabiduría divina tal como se manifiesta en las creaturas", cf. *eam quae est in conditione* (κτίσει) *sapientiam Dei exponenbat fisiologice*.

Los libros históricos nos muestran lo que favoreció el tiempo de Salomón a las investigaciones filosóficas por su prosperidad y su paz, por su activa y múltiple relación comercial con las naciones extranjeras, dentro de un círculo de visión que se extendía hasta Tarsis y Ofir. De esa manera, los libros históricos muestran también la profundidad del conocimiento de Salomón, que alcanzó una elevación sin igual, no solo en el conocimiento de las cosas divinas, sino también en el conocimiento de las cosas humanas, propias de este mundo. Sabemos también que en el reino de Salomón había grandes sabios (1Re 5, 11, cf. Sal 88–89); ellos enriquecieron la corte del más sabio de los reyes. De esa manera, el משל, es decir, el estilo y modo de los *mashales* se convirtió, a través de su influencia, en una rama especial de la literatura judía, como forma poética peculiar de la sabiduría, es decir, de la חכמה.

Por lo tanto, en el libro de Proverbios encontramos la expresión דברי חכמים (palabras de los sabios), utilizada para referirse a los משלים (proverbios). Realizando una cuidadosa investigación de todos los proverbios en los que se mencionan los חכמים, podremos convencernos de que este nombre no tiene un sentido común o general de tipo ético ordinario, sino que empieza a ser *el nombre propio de los creadores y cultivadores de la sabiduría*, es decir, del conocimiento de las cosas según las profundidades de su esencia.

Estos חכמים son aquellos sabios que, por su trabajo especial, dirigido al conocimiento de la vida, se conectaron entre sí, creando de esa forma, por su unidad de sentimientos y comunicación de conocimientos, un círculo particular de pensadores dentro de la comunidad. A esta conclusión nos llevan proverbios tales como este: *el que anda con los sabios se hará sabio, pero el que se junta con los necios sufrirá daño* (Pr 13, 20).

En la misma línea sigue Pr 15, 12: *el necio no ama a quien le reprende, no anda con los sabios*. Por el contraste que Proverbios destaca entre los לץ (los que se burlan) y los חכם (sabios), descubrimos que en este tiempo crece, por un lado, la búsqueda de la sabiduría, que va tomando un gran ascendiente en Israel; pero al mismo tiempo, crece y se extiende un tipo de rechazo: una burla de la religión, un rechazo de Dios, tanto en un plano teórico como práctico, una negación del temor de Yahvé y, en general, de una δεισιδαιμονία o respeto de lo divino.

Estos fenómenos habían aparecido ya en Israel en tiempos del rey David. Por muchos salmos podemos descubrir que la comunidad israelita del tiempo de David no estaba definida por un tipo de búsqueda religiosa plena, pues había ya entre los israelitas un contacto grande con los גוים (es decir, con las naciones, que no eran inferiores a los israelitas por su forma de vida y cultura; tampoco en Israel faltaban personas que rechazaban a Dios). Por otra parte, como es normal, puede esperarse que el rechazo de Dios creciera en el tiempo de Salomón, un tiempo en el que crecieron los riesgos de la sensualidad y de la vida mundana, que llevaban a la indiferencia religiosa y a un tipo de librepensamiento. De esa forma creció en ese tiempo el número de los לצים, y se extendió entre el pueblo el escepticismo y la burla contra la religión.

Parece que fue en este tiempo de Salomón cuando se acuñó por vez primera el nombre de לץ aplicado a aquellos que despreciaban todo lo que era santo, todo lo que estaba vinculado con la verdadera sabiduría (Pr 14, 6). Las palabras de la sabiduría causaban rechazo y amargura entre estos לצים, de manera que ellos evitaban cuidadosamente el contacto con los חכמים, pensando que se hallaban por encima de sus advertencias y admoniciones (Pr 15, 12). En esa línea, ya en los salmos del tiempo de David encontramos condenas contra estos librepensadores a los que se les presenta con la palabra más común de נבל que significa "necios", hombres sin entendimiento. En Proverbios esta palabra solo aparece en 17, 21 con el sentido de hombre basto, de poca categoría, en alemán *Bube*. Por su parte, en los salmos, la palabra לץ solo aparece al principio de todos ellos, en 1, 1, que pertenece ya a un tiempo postdavídico. Pero hay un proverbio salomónico (21, 24) que define con claridad el sentido de esta palabra recién formada:

[24] A un hombre inflado y arrogante le llaman "burlador" (לץ); este es un hombre que actúa de un modo superficial y con altivez

Por su autosuficiencia y por sus pensamientos impíos, el burlador se distingue de un hombre que es פתי (que es simple), un hombre que se equivoca, pero que puede cambiar y puede ser llevado al buen camino (Pr 19, 25; 21, 11). Por su oposición a un conocimiento mejor, por su rechazo de unos medios y de unas oportunidades de mejor comportamiento, el burlador se distingue también del כסיל (de uno que simplemente es necio, estúpido, Pr 17, 16) y de uno que es חסר לב (vano, vacío de conocimiento, 6, 32), que desprecia la verdad y la instrucción,

# Introducción

por carencia de inteligencia, por estrechez de mente, por olvido de Dios, pero no por principios en sí mismos perversos.

El sentido más preciso de este nombre ליץ viene dado en el libro de los Proverbios por oposición a los diversos tipos de la sabiduría, que aparece con sus propios nombres como בינה en Pr 16, 16, תחבולות en Pr 9, 5, מוסר en Pr 30, 21, תבונות en Pr 8, 1, מוסר en Pr 5, 1 y 5, 12; con otras palabras como תישׁוּת, acuñada por la misma tradición de la hokma, etc. La palabra ליץ se opone no solo a la sabiduría, sino a la instrucción que ofrece la sabiduría, cf. רעה en Pr 22, 6, תורה en Pr 2, 4, לקח en Pr 5, 1 (en el sentido de guardar, instruir, Pr 10, 21), לקח נפשות en Pr 15, 12, הוכח en Pr 6, 22, חנך (instruir a personas, ganarlas para el bien: Pr 6, 25; 11, 30), מוכיח en Pr 13, 10, נבון en Pr 5, 12, o חכם (reprobar, proclamar penitencia: Pr 25, 12). En este contexto, el libro de los Proverbios nos sitúa ante diversas actitudes de conocimiento y de vida, que deben potenciarse o rechazarse (cf. 25, 12), y ante diversos tipos de personas (entre las cuales aparecen también los אדם אחרי, es decir, los hombres que caminan hacia atrás, esto es, que retroceden (28, 23).

Todo esto nos indica que, en aquel tiempo, la חכמה no era simplemente la designación de una cualidad ética, sino también la designación de una ciencia o forma de conocimiento y vida que estaba enraizada en el temor de Dios, un temor al que se vinculaban y con el que dirigían su vida muchos hombres nobles de Israel.

Jeremías (18, 18) vincula al sabio חכם con el כהן (sacerdote) y con el נביא (profeta); y por su parte Ezequiel (7, 26) utiliza la palabra זקן (anciano) en vez de חכם insistiendo así en la sabiduría de los ancianos, un tema que puede entenderse también desde la perspectiva de Job 12, 12. En su tesis (disertación) sobre la libertad popular e intelectual de Israel desde el tiempo de los grandes profetas hasta la primera destrucción de Jerusalén (*Jahrbücher*, i. 96s.), Ewald afirma:

> Resulta difícil exagerar la altura alcanzada en ese tiempo en la búsqueda de la sabiduría (filosofía), en las primeras centurias después de David. Tenemos que insistir en la poderosa influencia que ejerció en Israel la búsqueda de sabiduría, en el conjunto de la vida nacional del pueblo. Cuanto más de cerca estudiamos esos siglos, más nos asombramos del gran poder que la sabiduría ejerció en todos los aspectos de la vida de muchos hombres del conjunto del pueblo. Esta sabiduría se mostró ante todo en algunos círculos especiales de todo el pueblo, mientras que en tiempos de Salomón se había centrado en algunos maestros individuales, hasta que llegaron a formarse escuelas influyentes de pensamiento. Su influencia penetró gradualmente en el conjunto de la vida del pueblo, influyendo de un modo poderoso en los grupos de poder.

Estamos de acuerdo con esta visión histórica, formulada por vez primera por Ewald, aunque debamos ir en contra de algunos de sus detalles. La literatura y la historia nacional de Israel no se entienden a menos que uno tome en consideración, junto al influjo de la נבואה (profecía), el poderoso influjo de la חכמה entendida como expresión y tema de actividad intelectual en Israel.

En esa línea, podemos plantear el siguiente problema: ¿cómo estaba condicionada esa *hokma,* hacia qué fin estaba dirigida? Para centrarnos en una palabra, tendremos que decir que esa sabiduría tenía un sentido universal, es decir, humanista. La sabiduría brota del temor de Dios, entendido como esencia de la religión de Yahvé, es decir, del דרך o camino del Señor (10, 29), pero intentando comprender el espíritu en la letra, la esencia en las formas de la vida nacional, de manera que la sabiduría de Israel venga a manifestarse como verdad general, abierta a la totalidad de la humanidad.

Por una parte, está la profecía, entendida como poder indispensable para el sano desarrollo del pueblo, como dice Job 29, 18 (בְּאֵין חָזוֹן יִפָּרַע עָם). La profecía es, en ese sentido, necesaria en sentido histórico, pues, a través del mensaje profético, vinculado a la historia, se ha revelado Dios en Israel. Pero esa revelación histórico-profética de Israel tiene que expresarse y se expresa como verdad y camino universal a través de la hokma o sabiduría. De esa manera, la *hokma* extiende y aplica a la humanidad en su conjunto la verdad y vocación histórica de Israel.

Por medio de la *hokma,* la experiencia y camino profético de Israel se extiende a todos los pueblos, de manera que la religión de Israel puede convertirse y se convierte en religión universal. A través de este camino, propio de la hokma, la religión de Israel, es decir, la religión del judaísmo, la religión de Yahvé puede convertirse en religión universal, es decir, en un yahvismo (*Jahventum*) abierto a todos los pueblos, como religión universal de la moralidad de la Ley, entendida, al mismo tiempo, como experiencia de letra y de espíritu (no de una letra contra el espíritu, sino del espíritu en la letra).

Desde ese fondo, se entiende la moralidad universal del Libro de los Proverbios, pero no solo de este, sino de la extensa corriente de la literatura de la *hokma,* empezando por Salomón, terminó asumiendo un tipo de religión nacional, exclusiva del fariseísmo, para abrirse después al judaísmo universal de tipo alejandrino.

Bertheau siente gran asombro ante el hecho de que el Libro de los Proverbios no contenga advertencias en contra de la adoración de los ídolos, que desde el tiempo de los reyes fueron alcanzando cada vez más importancia en la religión del pueblo israelita. ¿Cómo puede explicarse, pregunta Bertheau (*Sprüche.* p. xlii), el hecho de que el Libro de los Proverbios no proteste con toda fuerza contra la idolatría que alcanzó su mayor fuerza durante el tiempo de la composición de este libro, un conflicto dirigido en contra de la inmoralidad de la religión, de la naturaleza propia de los babilonios y fenicios?

Esto se debe a que la *hokma* tomó su forma y se expresó en un plano de altura y profundidad que no pudo ser combatida ni amenazada por las olas inferiores del paganismo. Ciertamente, la *hokma* iba naturalmente en contra del

*Introducción*

paganismo, pero se situaba en un plano más alto, el plano del temor de Yahvé como principio de todo conocimiento y de la búsqueda de Yahvé como posesión de todo conocimiento (28, 5; cf. 1Jn 2, 20), centrándose en su propia función, que era la de formular y elevar sus propios tesoros de la verdad religioso-moral del yahvismo, ennobleciendo de esa forma a los israelitas como seres humanos.

Por eso, resulta normal que, en esta literatura de la *hokma*, en los Proverbios, no se utilice el nombre de ישראל. La misma תורה tiene en Proverbios un carácter mucho más flexible y extenso, sin limitarse a la ley particular del Sinaí, escrita de un modo nacional, exclusivo de Israel (cf. Pr 28, 4; 29, 18; 28, 7; 13, 14, etc.). Lógicamente, las oraciones y las buenas obras tienen aquí más importancia que los sacrificios (15, 8; 21, 3. 27s.) Por eso, lo que más importa ahora es la obediencia práctica a la enseñanza de la sabiduría (28, 9).

Los proverbios se vinculan de un modo especial con Gn 1 y Gn 2, ocupándose de los comienzos del mundo y del valor de la raza humana como tal, antes del surgimiento de las naciones particulares. Sobre este recuerdo primitivo del libro del Génesis, tal como aparece en las משלי שלמה o Proverbios de Salomón recibe su importancia la figura del árbol de la vida (y quizá también la Fuente de la vida), de un modo que no aparece tan destacado en ningún otro libro del A.T. Sobre esta base se funda también el contraste entre vida (inmortalidad, 12, 29) y muerte, y también entre aquello que está arriba y aquello que esta abajo (15, 24). Desde ese fondo, se entienden también otras expresiones como la de Pr 20, 27 sobre el espíritu del hombre (sobre el sentido de la humanidad). En este contexto, se entiende también el hecho, destacado por Stier (*Der Weise ein König*, 1849, p. 240), de que el ser humano, אדם, aparece aquí, en Job y en los libros salomónicos de la Sabiduría más que en el resto de la Biblia. Todos estos fenómenos se explican desde la apertura universal, humana de los libros de la *hokma*. En esa línea, Stg 3, 17 puede afirmar que "la sabiduría de arriba es especialmente pura y, además, es pacífica, gentil, fácil de ser invocada, llena de misericordia y de buenos frutos, sin parcialismo ni hipocresía"; esas palabras expresan de un modo excelente la naturaleza y los contenidos básicos de la sabiduría, tal como se expresa en los proverbios salomónicos. Al leer estas palabras de Santiago, estamos inclinados a pensar que el apóstol hermano del Señor, cuando proclama estas palabras, tiene ante sus ojos el Libro de los Proverbios que alcanza su mayor pureza cuando proclama estas amonestaciones tan impresionantes.

Junto a estas amonestaciones dirigidas a la pureza de corazón, encontramos otras que van dirigidas a la búsqueda de paz, a una resignación elevada (14, 30), quietud de mente (14, 33) y humildad (11, 2; 15, 33; 16, 5; 16, 1), con misericordia (incluso con los animales, 12, 10), con firmeza y sinceridad de pensamiento.

Por otra parte, lo que dice el libro del Deuteronomio con referencia a la ley lo sigue diciendo aquí el Libro de los Proverbios.

44

*Multiplicidad de estilos y formas de enseñanza*

Lo mismo que en el Deuteronomio, también aquí, el amor está en la base de todas las amonestaciones y consejos: el amor de Dios a los hombres, el amor de unos hombres hacia otros, en los más diversos contextos (12, 2; 15, 9). En este contexto, la צדקה se abre en forma de caridad, de limosnas (con δικαιοσύνη = ἐλεημοσύνη). Los Proverbios insisten en el perdón, en el amor que soporta las adversidades (10, 12), en el amor que se dirige, incluso, hacia los enemigos (25, 21), en el amor que no se regocija ante el mal de los enemigos (24, 17), amor que no se venga (24, 28), sino que todo lo deja en manos de Dios (20, 22). Proverbios habla del amor en todas sus formas: de marido y mujer, de niños, de amigos... Un amor que aquí aparece con la misma fuerza y hondura de sentimientos que en el N.T.

Los Proverbios destacan la importancia del temor de Dios (2, 14) que es Omnisciente (15, 3. 11; 16, 2; 21, 2; 24, 11) siendo causa final y meta de todo lo que existe (20, 12. 24; 14, 31; 22, 2), un Dios a cuyo plan universal han de ponerse todos los seres. Frederick Schlegel, en su *Historia de la Literatura* (lección 14) distingue, con toda razón, entre los libros histórico-proféticos del A.T. (que son *libros de historia de la redención de Dios*), el libro de Job, con los salmos y los libros salomónicos, que son libros de ideal y búsqueda humana, que responden a las tres virtudes centrales que son la fe, la esperanza y la caridad, que forman los tres estadios de la vida espiritual interior de los hombres. El libro de Job es apropiado para sostener la fe en medio de las pruebas; el libro de los salmos ensancha la respiración del hombre y le ofrece esperanza en medio de los conflictos de la tierra; finalmente, el Cantar de los Cantares de Salomón nos revela el misterio del amor divino y los Proverbios nos permiten comprender aquella sabiduría que brota de la sabiduría divina y que la expresa en la misma vida.

Schlegel sigue diciendo, en esa misma lección, que los libros del Antiguo Testamento se sitúan, en su mayor parte, bajo el signo del león que expresa el poder del deseo y del conflicto interno que arde como fuego divino en nuestro interior. Pero añade que en el fondo de ese conflicto viene a revelarse el signo cristiano del cordero. Esta imagen resulta especialmente adecuada para entender el Libro de los Proverbios, en el que predica y habla la misma Sabiduría de Dios, manifestada en el perdón, el mismo Dios encarnado que revela su misterio en el Sermón de la Montaña. De esa manera, el mismo Dios de amor del nuevo Testamento se expresa ya en el Antiguo Testamento.

Se dice que, en los tiempos anteriores a Jesús, los judíos tendieron a concebir no solo el Cantar de Salomón y el Eclesiastés como libros apócrifos, sino que hicieron lo mismo con el Libro de los Proverbios, de manera que solo los hombres de la Gran Sinagoga establecieron su catolicidad fundándose en la importancia espiritual que ellos tenían. En esa línea, según *b. Sabbath*, 30b, los maestros de la Gran Sinagoga se sintieron perplejos a causa de algunos proverbios que parecían contradictorios, como Pr 26, 4. Por otra parte, *Aboth de-Rabbi Nathan*, c. 1, se

*Introducción*

sintió también perplejo ante secciones tan "mundanas" como las de Pr 8 (mujer prostituta). Pero no hay necesidad de alegorizar a esa mujer, porque la posible contradicción es fácil de explicar. El hecho de que este libro está inspirado por Dios, y que tiene el derecho de considerarse canónico, se explica desde la perspectiva de su relación integral con el Antiguo Testamento como preparación para el Nuevo Testamento, esto es, como preparación para la redención. No podemos olvidar la diferencia entre libros y textos del A.T., como la que hay, por ejemplo, entre un proverbio práctico, como Pr 14, 4 y una profecía, como la de Is 7, 14. Esos textos nos sitúan ante fenómenos muy distintos de la vida espiritual, de manera que la obra del Espíritu Santo es muy distinta en un texto sapiencial y en una profecía.

Hasta aquí hemos puesto de relieve el sentido de la instrucción que aparece en los Proverbios teniendo en cuenta los rasgos que son comunes en todas sus partes, pero al hacerlo nos hemos fijado casi exclusivamente en los "Proverbios de Salomón" y en las palabras de los sabios, dejando a un lado los poemas introductorios de tipo proverbial del editor antiguo. Si comparamos ambas partes, descubrimos que la *hokma* (de la que emana y a la que tiende todo el libro (1, 2: חכמה לדעת), viene a presentarse ante nosotros de una manera más precisa, igual que sucede en la instrucción a la sabiduría en el libro Avesta y en los libros parsis posteriores de la literatura iraní (cf. Spiegel, *Parsi-Grammatik*, p. 182ss.).

En esa línea, la *hokma* aparece también en los Proverbios de Salomón como un "ser", una realidad que existe en sí misma y por sí misma, en contra del pensamiento subjetivo que aparece en otros textos, como el de Pr 28, 26. En los proverbios de Salomón, la Sabiduría aparece actuando, predicando, situando ante todos los hombres la vida y la muerte, de tal forma que ellos pueden elegir una cosa o la otra (la vida o la muerte) a través de una opción decisiva. La *hokma* ofrece así su espíritu a aquellos que no se resisten (1, 23); ella recibe las plegarias de los hombres, y responde a ellas (1, 28). La especulación en torno a la sabiduría resulta aquí más avanzada que en el libro de Job (cf. 2, 4; 3, 14; 8, 11. 19). En esa línea, se puede afirmar que la Sabiduría realiza una función demiúrgica, cuya fuente proviene de la eternidad de Dios. Ella se muestra así como medio (médium) por medio del cual Dios crea el mundo. Ella existía, por tanto, antes de la creación del mundo, existía con Dios, desde siempre, como su Hijo, con su misma dignidad real (8, 22-26). La Sabiduría existía con él, con Dios, en la obra de su creación (8, 27-30); tras la creación, ella aparece en Dios, como su delicia, regocijándose ante él, y también en la tierra, con los hijos de los hombres… (8, 30).

Staudenmaier (*Lehre von der Idee*, p. 37) no va por mal camino cuando entiende el gozo/regocijo de la sabiduría ante Dios como expresión de su alegría por la creación. Este despliegue de la idea del mundo constituye el deleite de Dios. Ese es el gozo de Dios, vinculado a su idea del mundo, el gozo de Dios por sus actividades, por todas las armonías que se expresan en su acción creadora. Este es

*Multiplicidad de estilos y formas de enseñanza*

el deleite de Dios, lleno de calma, un deleite que se expresa en el impulso siempre joven por la vida, un despliegue de pureza, de bondad, de inocencia y de santidad de vida. Este deleite de Dios está vinculado al hecho de que su espíritu es luz, claridad profunda, como la de un niño, que se mantiene en paz, en armonía, en felicidad. Ese es el deleite de Dios, que se expresa especialmente en la tierra, los hijos de los hombres, entre los que la Sabiduría de Dios encuentra su placer. La idea, el gozo de Dios, se expresa, según eso, en el alma de cada ser, pero especialmente en los hombres de la tierra, en los que se expresa su sabiduría, hombres, de manera que cada uno de ellos puede descubrirse a sí mismo, volviéndose consciente a la luz del claro día de Dios.

Staudenmaier ha realizado el gran servicio de haber valorado con toda dignidad la intensa y profunda plenitud de este *theologúmenon* bíblico de la Sabiduría y de haberlo convertido en piedra fundamental de una metafísica sagrada y en un muro en contra de todas las formas de panteísmo. Así podemos ver que en el tiempo del editor del primer Libro de los Proverbios la sabiduría de las escuelas, movidas por su devoción hacia el objeto sagrado de su estudio (que era la sabiduría divina viviendo y moviéndose en la naturaleza entera y formando el trasfondo de todas las cosas), se había elevado hasta una altura de especulación sobre la cual podía situar un signo o bandera, mostrando el recto camino hacia los últimos tiempos.

Ewald insiste en estos principios en su introducción a los Proverbios insistiendo en la Sabiduría como marca distintiva del gran tema y poder de la sabiduría en Israel. Esos principios nos muestran la fuerza con que este poder de la Sabiduría aprendió a comprenderse a sí misma como expresión de un ser autoconsciente. Hay también otros rasgos que nos ayudan a interpretar el avanzado tipo de instrucción que se contiene en esta introducción. La visión de Hitzig (*Sprüche*, p. xvii.s), según la cual Pr 1, 6–9, 18 forma parte de una colección más amplia, que había sido escrita en un momento anterior se refuta a sí misma, en todos los sentidos. Por el contrario, la visión de Bleek en su *Introducción al Antiguo Testamento,* expuesta en forma esquemática, como si fuera obra de un adivino, concuerda con nuestros propios resultados, que hemos elaborado y establecido a través de un costoso estudio. El avanzado tipo de instrucción de la introducción del libro (Pr 1–9) se muestra, entre otras cosas, por esto: en esta introducción (Pr 1–9, especialmente el cap. 9) hallamos la formulación alegórica unitaria de un tema que hemos venido encontrando disperso, en pequeñas unidades poéticas aisladas, independientes.

El lenguaje técnico de la *hokma* ha venido explicitándose desde diversas perspectivas y, de esa forma, ha sido purificado y profundizado. Estos son algunos de los sinónimos empleados para describirla: חכמה, דעת, בינה, ערמה, מזמה מוסר תושיה. Por otra parte, los siete pilares de la casa de la Sabiduría (aunque no pueden aplicarse en modo alguno a las siete artes liberales) están evocando siete partes o elementos de los que el poeta es consciente. La referencia común a בני

*Introducción*

(mi hijo), que no es la palabra de un padre a su hijo, sino la de un maestro a su alumno, permite formular la suposición de que en aquel tiempo había ya חכמים בני, es decir, *estudiantes de los sabios,* igual que había hijos de "prophets", נבאים, y probablemente también escuelas de sabiduría. En esa línea, cuando se dice que la Sabiduría hablaba en alto al pueblo en todas las calles de Jerusalén, en los lugares altos de la ciudad y en cualquier lugar favorable, tenemos la impresión de que esas descripciones sublimes no habrían sido posibles a no ser que en aquel tiempo la Sabiduría fuera concebida como uno de los primeros poderes de la realidad y de que los sabios desplegaban una gran actividad pública.

Por su parte, Bruch, en su *Weisheitslehre der Hebraer,* 1851, fue el primero en poner de relieve el sentido de la *hokma,* destacando su sentido humanista como tendencia intelectual muy fuerte que existía en Israel y que se abría a la visión universal del ser humano. Pero él se equivoca cuando piensa que esta tendencia intelectual iba en contra de la ley y del culto nacional de Israel, que él compara con la relación que puede haber entre la filosofía cristiana y la teología ortodoxa. Oehler, en su *Grundzüge der alttestamentliche. Weisheit,* donde estudia en especial las enseñanzas doctrinales del libro de Job, cf. *Pädagogik des AT,* publicado en Schmid, *Pädagogischer Encyclopädie,* pp. 653-695 (particularmente en pp. 677-683).

## 5. Traducción alejandrina del Libro de los Proverbios

Del máximo interés para la historia del Libro de los Proverbios es la relación de la LXX con el texto hebreo. Una mitad de los Proverbios de Agur (que en el texto hebreo son 30) están colocados en la LXX tras Pr 24, 22, y la otra tras Pr 24, 34. Por otra parte, los proverbios del rey Lemuel (31, 1-9) del texto hebreo están colocados después de los proverbios de Agur, mientras que el poema acróstico proverbial está colocado al final del libro.

Esta transposición nos recuerda las transposiciones del texto de Jeremías, en el texto hebreo y en la LXX, y responde, tanto en un caso como en el otro, a una mala comprensión del contenido del texto. El traductor ha dejado a un lado la nueva *superinscriptio* (10, 1) como inadecuada, y no ha marcado el nuevo comienzo (22, 17); y él ha hecho lo mismo en la *superinscriptio* "palabras de Agur" (30 1), en dos extrañas explicaciones (λόγον φυλασσόμενος y τοὺς ἐμοὺς λόγους φοβήθητι) y en la *superinscriptio* "palabras de Lemuel" (31, 1), de un modo semejante (οἱ ἐμοὶ λόγοι εἰρηνονται ὑπὸ Θεοῦ), de tal forma que los proverbios de Agur y de Lemuel quedan unidos sin más con los de Salomón. De todas formas, sigue siendo con eso un misterio que los proverbios que comienzan con "palabras de Agur" hayan sido divididos en dos partes. Hitzig explica el caso diciendo que se trata de una confusión de columnas del texto hebreo que se colocaron de un modo distinto en la traducción griega. Pero, además de esa, hay otras muchas cosas especiales vinculadas con esta traducción griega, que son interesantes por sí mismas y que tienen un gran valor crítico.

El hecho de que la LXX omite Pr 1, 16 puede deberse al hecho de que ese verso no aparecía en el manuscrito original hebreo, siendo introducido desde Is 59, 6. Pero faltan también otros proverbios, sin que haya razones para explicarlo. Por otra parte, las adiciones del texto de la LXX son muy numerosas. Frecuentemente, se añade una nueva línea a un dístico (como en 1, 16), o un dístico entero como en 3, 15, o dos líneas de un verso hebreo, formando un dístico separado (1, 7; 11, 16). También encontramos interpolaciones más extensas, como la de 4, 27. Muchos de esos proverbios son fácilmente retraducibles al hebreo, como en el caso de 4, 27, con sus cuatro líneas:

הוהי עדי סינימימ יכרד יכ
סיליאמשׁמ יכרד סישׁקעו
דיתולגעמ סלפי אוה
תילצי סולשׁב דיתוחרא

Pero hay algunos que parecen haber sido escritos originalmente en griego, como en las líneas añadidas a 9, 10 y 13, 15. Cf. también el dístico 6, 11, el trístico imperfecto 22, 14, y el conjunto uniforme de 25, 10. El valor de esos añadidos es muy diverso. Algunos de ellos tienen pleno sentido, como la adición de Pr 12, 13:

El de rostro apacible encuentra compasión;
el que es litigioso rompe las almas

Hay algunos que son singularmente atrevidos por sus imágenes, como la adición a 9, 12:

El que se sustenta sobre mentiras, persigue al viento.
Es como el que atrapa a pájaros que revolotean,
porque se olvida de los caminos de su propia viña
y camina fuera de los límites de su propio campo,
y vaga por áridas estepas y campos sedientos,
y atrapa con su mano abrojos marchitos.

Ciertamente, el texto hebreo que está ante los traductores alejandrinos no contenía todas esas adiciones, pero en muchos pasajes, como en Pr 11, 16, puede formularse la pregunta de si el texto de la LXX ha mejorado el original hebreo. Hay otros pasajes en los que, leyendo el texto griego, uno puede interpretar mejor el hebreo, manteniéndose siempre la pregunta de si son notas marginales hebreas o interpolaciones que mantiene la traducción.

# Introducción

Por otra parte, la versión de la LXX ha tenido un desarrollo histórico gradual. El texto κοινή (*communis*), procede del texto de la Hexapla, editada por Orígenes, un texto que fue revisado de diversas formas por el mismo Origen. Por otra parte, en el tiempo antes de Cristo (como supone Hitzig), desde el siglo II a.C., esa traducción de la LXX no se miró como una obra ya terminada, de manera que, con cierta frecuencia podía haber dos y más traducciones de un mismo proverbio, como en el caso de 14, 22; 29, 25 (donde la misma Peshita sigue al texto de la LXX, de manera que se influyen mutuamente los dos textos. Estas traducciones dobles son de gran importancia tanto en relación con el texto como en relación con su interpretación. No hay ningún otro libro bíblico (a no ser los de Samuel y el de Jeremías) en el que la relación con la LXX sea más importante para discernir su contenido.[16] Así lo han puesto de relieve Bertheau (1847) y Hitzig (1858) en sus comentarios. Cf. también Ewald en su *Jahrb*. xi. (1861) y en su comentario (2ª ed. 1867) viene afirmando que el antiguo traductor de los escritos salomónicos tenía ante sí no solo el texto original hebreo, sino el de la LXX. La opinión más normal de que la Peshita, en cuanto distinta de la versión siro-hexaplar, provino del texto original hebreo con la ayuda del Targum, está siendo tomada como errónea por un número cada vez mayor de especialistas. En lo que se refiere al Libro de los Proverbios, la relación entre la Peshita y el Targum es más bien la inversa: el Targum de los Proverbios, haciendo uso de la Peshita, quiere restaurar el texto masorético, de manera que los contactos con el texto de la LXX tienden a ser suprimidos.[17]

Por otra parte, el hecho de que Jerónimo, en su traducción de la Vulgata, *Hebraea veritas*, siga a veces el texto de la LXX y no el texto original hebreo, ha de explicarse, siguiendo a Hitzig, por el hecho de que él fundó su obra sobre una traducción latina ya existente, realizada a partir de la LXX. De aquí proviene el hecho de que los dos dísticos añadidos por la LXX a 4, 7 permanezcan en su obra

---

16. Cf. J. Gottlob Jäger's *Observationes in Proverbiorum Salomonis Versionem Alexandrinam*, 1788; de Lagarde's *Anmerkungen zur griech. Uebersetzung der Proverbien*, 1863; M. Heidenheim's *Zur Textkritik der Proverbien*, en *Quarterly Journal for German and English Theological Criticism and Investigation*, No. VIII (1865), IX, XI (1866). El texto de la LXX (cf. Angelo Mari, *Classici Auctores*, t. ix.) usado por Procopius en su Ἑρμηνεία εἰς τὰς παροιμίας, es peculiar y, en varios casos, se acerca al original hebreo. El *scholion* de Evagrio, en Orígenes, Σχόλια εἰς τὰς παροιμίας, editado por Tischendorf en su *Notitia*, 1860, de un MS de Patmos, muestra con claridad que bastante pronto incluso el texto se convirtió en ambiguo.

17. Cf. Dathe, *De ratione consensus Versionis Syriacae et Chaldaicae Proverbiorum Salomonis* (1764), texto editado por Rosenmüller en su *Opuscula*. Por su parte, Maybaum, en su tratado sobre el lenguaje del Targum a Proverbios y de su relación con el texto siríaco (en Merx, *Archiv*, ii. 66-93) quiere dar prioridad al Targum, pero no consigue demostrarlo: el Targum está escrito a partir de la Peshita y en algunos casos se aproxima al texto hebreo; su lenguaje es, con pocas diferencias, el siríaco del original.

y que, en vez de un dístico en 15, 6 tengamos dos, pues Jerónimo ha adoptado las dos traducciones de la LXX, corrigiendo la segunda a partir del texto original:

*In abundanti* (tras la palabra ברב en vez de תיב como en el texto masorético) *justitia virtus maxima est, cogitationes autem impiroum eradicabuntur. Domus* (תיב) *justi plurima fortitudo, et in fructibus impii conturbatio* (En abundante justicia hay máxima virtud; pero las cogitaciones de los impíos serán destruidas. La casa del justo es la mayor fortaleza, y en los frutos del impío hay perturbación).[18]

Los fragmentos de las traducciones de Aquila, Symmachus, Teodocion, etc., tal como han sido conservados en fuentes griegas y siríacas, han sido recientemente recogidos y publicados (de un modo más perfecto que el que podía haber, Montfaucon), por F. Field, en su obra work *Origenis Hexaplorum quae supersunt*, etc. (Oxonii, 1867, 4). De especial interés es la traducción reciente de un texto original, que solo existe en un MS conservado por la Biblioteca de San Marcos de Venecia; es un texto escrito en un lenguaje extraño, pero rico en raras y recientemente inventadas palabras, por un autor desconocido, perteneciente a un tiempo que aún no ha sido determinado (*Graecus Venetus*); cf. d'Ansse de Villoison, *Nova versio Graeca Proverbiorum, Ecclesiastis, Cantici Canticorum*, etc., Argentorati, 1784. Cf. también las *Animadversiones* a esa traducción, por Jo. Ge. Dahler, 1786.

## Bibliografía:[19]

Bridges, Charles, *Expositio of the Book of Proverbs,* London, 1959. Ocupa también un lugar importante entre los comentarios ingleses al libro.
Cartwright, Thomas. Entre los escritos en inglés, destaca su comentario, publicado en Ámsterdam, 1663.
Dukes, Leopold, *ha escrito una antología rabínica* de Proverbios y un comentario, titulado *Schrft zur Rabbinischen Spruchkunde* (1841). Ofrece una lista de intérpretes judíos hasta la aparición del comentario de L. H. Loewenstein (1838).
Durell, D., *Critical remarcs on the Books of Job, Proverbs, etc.* (Oxford, 1974).

---

18. También la traducción etíope, tanto en algunos puntos particulares como en su conjunto, depende de la LXX. De esa manera, divide el libro entero en *Proverbios* (παροιμίας, caps. 1–24) y en *Instrucciones* (παιδεῖαι, caps. 25–31) de Salomón. *Véase* Dillmann en Ewald's *Jahrb*. v. 147, 150).

19. (Nota del traductor). Al final del prólogo he ofrecido una bibliografía básica, recogiendo básicamente los trabajos fundamentales posteriores a la edición de esta obra de Delitzsch. Aquí recojo las obras que cita el autor, en pp. 41-42 de su obra.

*Introducción*

Elster (1858) y Zöckler (1867). Posteriores a la bibliografía ofrecida por Keil. Tienen un sentido teológico-homilético y forman parte de la obra de J. P. Lange, *Bibelwerk*, cap. XXV y XXIX.

Keil. Para la interpretación de este libro, cf. C. F. Keil, *Einleitung in da AT*, 1859. 34s.

Loewenstein, ha publicado un comentario a Proverbios (1838), donde ofrece muchas aportaciones valiosas a la conformación y confirmación del texto masorético.

Malbim (Meir Leibush), tras su comentario a Isaías, su obra más importante es su comentario a los *Mishle* (Varsovia, 1867).

Schultens, Albert. Escribió el comentario lingüístico más importante a Proverbios, Lugduni Batavorum 1748. El compendio de Vogel, Halae, 1769, con prefacio de Semler, no sustituye la lectura de la obra original. Arnoldi, Alb. Jac, nieto materno de Schultens publicó una edición latina de su obra (Lugduni, 1783).

Stier, Rud, Ha interpretado el Libro de los Proverbios en dos obras, tituladas *Der Weise ein König* y *Salomon Weisheit in Hiskiastagen*, con dos *Aehrenlese* (obra de conjunto de F. Böttcher).

# COMENTARIO

# 1. TÍTULO GENERAL DEL LIBRO
## (Pr 1, 1-7)

## Proverbios 1

### 1, 1-7. El principio del conocimiento

מִשְׁלֵי שְׁלֹמֹה בֶן־דָּוִד מֶלֶךְ יִשְׂרָאֵל׃ <sup>1</sup>
לָדַעַת חָכְמָה וּמוּסָר לְהָבִין אִמְרֵי בִינָה׃ <sup>2</sup>
לָקַחַת מוּסַר הַשְׂכֵּל צֶדֶק וּמִשְׁפָּט וּמֵישָׁרִים׃ <sup>3</sup>
לָתֵת לִפְתָאיִם עָרְמָה לְנַעַר דַּעַת וּמְזִמָּה׃ <sup>4</sup>
יִשְׁמַע חָכָם וְיוֹסֶף לֶקַח וְנָבוֹן תַּחְבֻּלוֹת יִקְנֶה׃ <sup>5</sup>
לְהָבִין מָשָׁל וּמְלִיצָה דִּבְרֵי חֲכָמִים וְחִידֹתָם׃ <sup>6</sup>
יִרְאַת יְהוָה רֵאשִׁית דָּעַת חָכְמָה וּמוּסָר אֱוִילִים בָּזוּ׃ פ <sup>7</sup>

1 Proverbios de Salomón hijo de David,
rey de Israel

<sup>2</sup> para conocer sabiduría y disciplina;
para comprender los dichos de inteligencia;

<sup>3</sup> para adquirir disciplina y enseñanza,
justicia, derecho y equidad;

<sup>4</sup> para dar sagacidad a los ingenuos
y a los jóvenes conocimiento y prudencia.

<sup>5</sup> El sabio oirá y aumentará su saber,
y el entendido adquirirá habilidades.

<sup>6</sup> Comprenderá los proverbios y los dichos profundos,
las palabras de los sabios y sus enigmas.

<sup>7</sup> El temor de Jehovah es el principio del conocimiento;
los insensatos desprecian la sabiduría y la disciplina.

**1, 1.** *Los proverbios de Salomón hijo de David, rey de Israel.* Este es el título externo del libro, el nombre que la Sinagoga ha dado a toda la colección de Proverbios: מִשְׁלֵי (Mishle). Así se titula el libro entero. Orígenes (según Eusebio, *Historia*

*Título general del libro (Pr 1, 1-7)*

*eclesiástica* vi. 25) utiliza el nombre Μισλώθ, es decir, מִשְׁלוֹת, que aparece en el Talmud y en el Midrash como la designación del libro, a partir de su contenido. De manera similar, se intercambian los nombres dados al Salterio, según los dos plurales de la palabra: תְּהִלּוֹת y תְּהִלִּים.

A este título externo sigue el del propio Libro de Proverbios, mirado desde su formación gradual, teniendo primero en cuenta la porción más antigua del mismo libro, que abarca desde Pr 1, 1 hasta Pr 1, 6, detallando no solo el contenido y el autor del libro, sino también el servicio que es capaz de prestar. El libro contiene "Proverbios de Salomón, hijo de David, rey de Israel". En esa línea, los libros de נבואה y חכמה (de la Sabiduría y la Profecía, incluidos los Cánticos) contienen sus propios títulos. Entre los libros históricos, el único que lo hace es el de las memorias de Nehemías.

La palabra מִשְׁלֵי lleva un acento *dech*,[1] para separarse así del siguiente genitivo complejo al que gobierna. Por su parte, מֶלֶךְ יִשְׂרָאֵל es el comienzo del segundo hemistiquio, porque pertenece a שלמה, no a דוד. Si hubiera pertenecido a David, toda la oración tendría que haberse acentuado de otra forma.

Para indicar la idea fundamental de la palabra מֹשֵׁל, nos referimos a la derivación que he propuesto en *Geschichte der jüdischen Poesie*, p. 196. La palabra viene del arameo מתל, raíz תל, sánscrito *tul* (que significa originalmente equilibrio, semejanza), latín *tollere* (quitar, separar). La comparación con el árabe *mathal* lleva a la misma conclusión.

מֹשֵׁל no significa, como han dicho Schultens y, después de él, otros muchos, *effigies ad similitudinem alius rei expressa* (una imagen, a semejanza de otra cosa), a partir de su significado primario de *premere, premente, manu tractare* (tomar, apretar; apretando la mano, intentar…), porque el verbo árabe correspondiente *mathal* no tiene en modo alguno ese significado, sino que significa pararse, presentarse, por lo tanto, *ser como, ponerlo como algo*, representarlo, y en hebreo también *gobernar*, y más en concreto, con על *pararse ante o sobre algo*, con ב: *mantenerlo erguido*, como en árabe *kam* con b, *rem administravit,* administró, gestionó la cosa [véase *Comentario a Isaías*, p. 691].

Así, por ejemplo, en Gn 24, 2, se dice que Eliezer הַמֹּשֵׁל בְּכָל־אֲשֶׁר־לוֹ, se enseñoreaba de todo lo que él (Abraham) tenía (Lutero: era príncipe sobre todos sus bienes). En esa línea, מֹשֵׁל es un discurso figurativo que representa la realidad, una semejanza y, por tanto, una parábola o apotegma más corto, un proverbio. En ese sentido, un proverbio está expresando en primer lugar algo que es especial, y que solo puede expresarse en lenguaje figurado; pero después, una vez iniciado,

---

1. Norzi ha acentuado erróneamente la palabra con un acento *munach*. La letra מ va además en la forma de *majusculum masorético* como la שׁ ב y א al comienzo de la Ley, Cánticos y Crónicas.

el símbolo se aplica a todas las restantes realidades que son de la misma clase, manteniendo así el lenguaje figurado. Un ejemplo se encuentra en 1Sa 10, 11.

De aquí no se puede concluir que los proverbios de tipo más reciente eran los que contenían más comparaciones, o los que estaban revestidos de lenguaje figurado. Eso solo acontece en algunos pocos casos. Sucede más bien lo contrario: los proverbios más antiguos son los que contienen más comparaciones que son, al mismo tiempo, las más simples y especiales (Fleischer). En ese sentido, el *mashal*, conforme a su idea básica, es aquella figura literaria por la que se logra que algo quede destacado y, en esa línea, equivale a algo que está bien representado.

Aquello que se representa y destaca puede ser una cosa o una persona. Así puede decirse, por ejemplo, que Job es un *mashal*, es decir, un representante, una similitud, un *tipo* de Israel (cf. Ahron, b. Elia, עץ החיים, *libro/fruto de la vida*, c. 90, p. 143); y, como el árabe, *mathal* (más comúnmente *mithl* equivalente a מִשֹׁל, cf. מֹשֹׁל, Job 41, 25), se usa generalmente, en su sentido etimológico como instar (*in-stare*, estar en lugar de).

En hebreo, *mashal* está evocando siempre un discurso representativo con las marcas adicionales de algo que es figurativo y conciso, por ejemplo, en la sección de Hab 2, 6, donde él se refiere a un hombre que es ejemplo o advertencia para otros. En esa línea, el *mashal* se parece a un tipo de visión, a un apotegma o máxima, en la medida en que representa verdades generales, con un lenguaje imaginativo, muy preciso, de pequeñas frases bien recortadas.

**1, 2.** *Para conocer sabiduría y disciplina; para comprender los dichos de inteligencia.* Con este versículo se describe el objeto para el que sirven estos proverbios, primero en general: para familiarizarse con la sabiduría y la instrucción, para comprender el sentido de los discursos inteligentes.

Por un lado, estos proverbios quieren iniciar al lector en la sabiduría y la instrucción; por el otro lado, quieren guiarle para que comprenda los discursos, porque los mismos proverbios seleccionados en este libro contienen dichos inteligentes, discursos en los que se propone un juicio profundo y penetrante, que sirve para agudizar la comprensión de aquel que se ocupa atentamente de precisar el sentido de las cosas.[2]

Schultens ha determinado correctamente el significado fundamental de ידע, palabra que se ha comparado frecuentemente con el equivalente sánscrito *vda*, conocimiento. También puede compararse con el árabe *wad'a*, por su sentido de conocimiento profundo. Es lo contrario de *deponere, penes se condere* (desistir, no fundarse), y así se traduce correctamente חכמה por *soliditas,* firmeza. Esa palabra

---

2. Löwenstein pone de relieve correctamente la palabra לָדַעַת con *dech,* conforme al Cod. 1294; sobre la regla utilizada para dividir el verso, cf. *Torath Emeth*, p. 51, 12.

*Título general del libro (Pr 1, 1-7)*

significa propiamente ser *compacto* (חכם, árabe *hakm*, raíz *hk*, cf. Sal 10, 8, ser firme, completo) y también πυκνότης, habilidad, sabiduría mundana, prudencia. En un sentido general, significa también el conocimiento de las cosas, la esencia de su ser y de la realidad de su existencia.

Junto con la sabiduría está el término מוסר en sentido moral, como disciplina apropiada, es decir, como instrucción moral, y en conformidad con esto, como autogobierno, autoguía. En esa línea, יסר significa lo mismo que a וסר, cognitivo de אסר, propiamente *adstrictio* o *constrictio* (algo que está sujeto, constreñido). En este caso, la מ del sustantivo significa *id quod* o *aliquid quod* (ὅ, τι), lo mismo que *quod* en sentido conjuntivo (ὅτι), y puede aplicarse a una idea o realidad concreta (como מוסר en el sentido de מאסר, grillete, cadena) como una idea abstracta.

Según eso: (a) el primer objeto general de los Proverbios es conseguir la דעת, es decir, recibir o adquirir en uno mismo la sabiduría y la firmeza moral por medio de la educación y el entrenamiento; (b) en el segundo sentido, el objeto de los Proverbios es comprender expresiones de inteligencia, es decir, aquellas que no solo proceden de un conocimiento inteligente, sino que lo expresan (cf. אמרי אמת, Pr 22, 21: palabras de verdad, palabras firmes).

בין, en *kal*, significa ser distinguido (de donde proviene el constructo de בין, con el sentido de "espacio entre", es decir, de intervalo); en hifil significa distinguir, comprender. Por su parte, בינה, como "nomen actionis" que proviene del hifil significa el entendimiento como capacidad efectiva para poseer criterios correctos, de manera que se pueda distinguir entre lo verdadero y lo falso, lo bueno y lo malo (1Re 3,9), lo saludable y lo pernicioso.

**1, 3.** *Para adquirir disciplina y enseñanza, justicia, derecho y equidad.* En los versos que siguen, el tema de 1, 2 se amplía en 1, 3-6, empezando por 1, 3-5: *para adquirir disciplina y enseñanza, justicia, derecho y equidad, para dar sagacidad a los ingenuos y conocimiento y prudencia a los jóvenes, etc.*

Con דעת, que denota la recepción en uno mismo, adquiriendo sabiduría, se intercambia (cf. Pr 2, 1) קחת, su sinónimo, en el sentido de recepción y apropiación intelectual, mirada desde el punto de vista de la relación entre maestro y alumno (Pr 9, 9). Por su parte, מער השכל es lo que procede de *chokma* y *musar* cuando se combinan, y tiene el sentido de disciplina de sabiduría, ejercicio de entrenamiento para alcanzar sabiduría; es decir, la moralidad y la buena conducta que no se limitan a la recepción de una herencia externa, al puro entrenamiento, imitación y costumbre, sino que van ligadas al conocimiento inteligente de la causa y de la finalidad (del *por qué* y el *para qué* de las cosas).

השכל, como en Pr 21, 16, es infinitivo absoluto usado como sustantivo (cf. השקט, guardar silencio, Is 32, 17). Proviene de שכל (de donde recibe el sentido de intelecto/entendimiento); tiene el significado de entrelazar, involucrar, y como sustantivo el de *sabio, instruido, entendido*. Significa también el entendimiento, que se interpreta como un entrelazamiento, una implicación mutua, una configuración de los pensamientos (esa forma de interpretar el pensamiento viene reflejada en la palabra אשכל, arameo סגול, que es un racimo de uvas). Con este sentido se vinculan también סכל, un tonto, y הסכיל, alguien que actúa tontamente. Según eso, אשכל es el que conecta bien los pensamientos, mientras que הסכיל es el que los conecta de forma equivocada (cf. árabe *'akl*, comprender con מעקל, el que comprende).

La serie de sinónimos que siguen en 3b (cf. Pr 23, 23), que no parecen encajar bien para ser objeto inmediato de לקחת, se presentan a sí mismos como el despliegue de los contenidos de מוסר השכל, en el sentido de aquello que responde a la ley, aquello que es correcto y honesto. Como dos conceptos que van con frecuencia vinculados, דק ומשפט (Pr 2, 9, aunque a veces con el orden invertido como en el Sal 119, 121), son dos palabras que se intercambian con משפט וצדקה (o con el orden también invertido en Pr 21, 3).

Heidenheim observa que en דק prevalece el matiz de lo que es justo y en דקה el de equidad. Esa observación está sugerida porque la palabra que significa δικαιοσύνη (cf. Pr 10, 2) en el sentido de liberalidad y luego de limosna (ελεημοσύνη) no es צדק, sino צדקה. Pero, en contra de eso, debemos afirmar que דק significa también, con frecuencia, una manera de pensar y actuar que no está regulada por la letra de la ley y por el *talion*, sino por el amor (cf. Is 41, 2; Is 42, 6).

*Tsedek* y *tse'dakah* tienen entre sí una relación que es parecida a la que hay entre *integridad*, en sentido general, y *justicia* como puesta en práctica de la integridad. En esa línea, משפט (de שפט, enderezar, ajustar, cf. שבט, en árabe *sabita*, ser suave) es el derecho y la rectitud por el que se realiza y despliega externamente la mente que es recta, entendida de un modo subjetivo.[3]

El término משרים (forma defectiva de מישרים, de ישר, ser recto, estar ajustado) aparece solo en plural. Por su parte, מישר (además de aparecer así, como מיטב) se utiliza también en la forma מישור (en el mismo sentido ético que tiene, por ejemplo, en Mal 2, 6), significando, en esa línea, una forma de pensamiento y de conducta que es recta, es decir, conforme a lo que es correcto, verdadero, sin ocultamiento, algo que es honesto, es decir, fiel al deber y fiel a la propia palabra.

**1, 4.** *Para dar sagacidad a los ingenuos y a los jóvenes conocimiento y prudencia.* Este versículo presenta otra finalidad para la que debe servir este libro de Proverbios: quiere impartir prudencia a los simples. La forma תאם[4] (en la que, como en גוים,

---

3. Según Malbim, משפט es el derecho objetivo fijo, mientras que דק es la justicia que no se decide y cumple según la letra de la ley, sino siempre según las circunstancias del asunto y persona.

4. Es como עפאם, Sal 104, 12, y como וכצבאים en 2Cr 12, 8, cf. *Michlol*, 196a. En Pr 1, 22, Pr 1, 32, falta la א muda.

59

*Título general del libro (Pr 1, 1-7)*

no se escribe la yod, י, del plural) ha de entenderse, conforme al modo mestizo, mezclado en el que está escrita (cf. Pr 7, 7; Pr 8, 5; Pr 9, 6; Pr 14, 18), como un compuesto del término תים (cf. Pr 1, 22; Pr 1, 32, que aparece escrita, como תיים, en Pr 22, 3) y como תאים' (en Pr 7, 7).

Estas dos formas con י, con la transición de י a א, se intercambian en el plural de sustantivos como פתי, forma segolada de תה (forma cognitiva פתה), estar abierto, término que suele referirse a un hombre de corazón abierto, alguien cuyo corazón es receptivo a toda influencia de los otros, el hombre inofensivo, bondadoso.

Comúnmente, estas palabras suelen emplearse en un sentido negativo (aunque no siempre, cf., por ejemplo, Sal 116, 6), y de esa forma se aplican al necio, al tonto, al que se deja persuadir fácilmente o desviar, como sucede con palabras semejante en otros idiomas; cf. en latín *simplex*, en griego εὐήθης, en francés *naiv*, en árabe *fatyn*, simple, aunque conserve en el fondo un buen sentido, pues puede aplicarse a un hombre elevado, de mente noble, no desconfiado ni deprimido aún por experiencias tristes. Esa palabra puede aplicarse, por lo tanto, a un joven caballero, un hombre de mente noble (Florilegio).

Pues bien, esos תאים, que no son de mente firme y constante, tienen necesidad de ערמה', es decir, de prudencia, como supone el dicho de Pr 14, 15, cf. Pr 8, 5; Pr 19, 25. El sustantivo ערמה (forma femenina segolada, igual que חכמה) significa aquí *calliditas,* viveza, en un buen sentido, mientras que el árabe correspondiente, *'aram',* se usa solo en un mal sentido, de conducta malévola y engañosa.

En el miembro paralelo se utiliza la palabra נער, entendida generalmente en el sentido de inmadurcz, y se aplica a personas que deben adquirir claridad y firmeza intelectual y moral. Una persona así necesita adquirir habilidad y destreza, como bien lo expresa Fleischer. En esa línea, דעת es un conocimiento experimental y experimentado, firme, lo mismo que מזמה (de זמם, según su significado primario, tiene el sentido de apretar, comprimir, un sentido que se aplica después a la concentración mental, al pensamiento seguro). En ese sentido, מזמה significa, en singular, *sensu bono* (en el buen sentido), la capacidad de comprender el derecho, con el propósito de tomar las medidas correctas, de proyectar los planes pertinentes.

**1, 5.** *El sabio oirá y aumentará su saber, y el entendido adquirirá habilidades.* En este verso los infinitivos de objeto anteriores pasan a ser oraciones independientes, de manera que el estilo adquiere mayor variedad. Pr 9, 9 muestra que ישמע no puede significar *que oiga*, sino *que oirá*. Por su parte, ויסף es yusivo (con el tono retrocedido antes de לקח; cf. Pr 10, 8 y Pr 16, 21; cf. También Pr 16, 23, donde el tono no retrocede, como tampoco en 2Sa 24, 3) con el consecutivo waw ו (equivalente al árabe "F": para que oiga, así lo hará...).

Todo el que es sabio está invitado a escuchar estos proverbios para añadir conocimiento (doctrina) a la que ya posee, conforme a un principio derivado de la experiencia: Pr 9, 9; Mt 13, 12. El segolado לקח, que en pausa conserva su *segol* (como también קדם, צדק, מלך, צמח, ישׁע, בטח, y otros), significa *recepción* y, concretamente, lo que uno recibe en sí mismo con el oído y con la mente; por lo tanto, esa palabra significa aprendizaje (διδαχὴ con ἀποδοχή), como en Dt 32, 2 (paralelo de אמרה, como en Dt 4, 2: תורה), y luego aprendizaje, como algo que ha pasado a ser objeto de posesión del receptor, es decir, conocimiento, ciencia (cf. Is 29, 24, בינה).

Schultens compara este sentido con el árabe *laḳah*, término que se utiliza para indicar la fecundación de la palma femenina por medio del polen de la masculina. El participio נבון (cuyo infinitivo se encuentra solo una vez, en Is 10, 13) es el pasivo o reflexivo del hitpael הבין, explicar, hacer entender, y también alguien a quien se le hace entender o que se deja informar y, por lo tanto, una persona inteligente —es decir, alguien que puede ganar תחבות o conocimiento por medio de estos proverbios.

Esta palabra, הבין, que se encuentra solo en el plural, se relaciona probablemente con חבל, patrón de barco, es decir, con alguien que tiene una relación con los חבלים, cabos de barco y, particularmente, alguien que maneja las velas; en la LXX, alguien que tiene la función de la κυβέρνησιν, de gobierno del barco.

La palabra, תחבות, significa guía, gestión, habilidad para dirigir cualquier cosa (cf. Job 32, 7, donde se aplica a la habilidad de Dios que dirige las nubes); en plural significa el hecho de "concebir", de cultivar una idea. De esa forma se aplica a la toma de medidas o designios en el buen sentido de la palabra, pero también (como en Pr 12, 5) en mal sentido. Aquí significa pensamientos rectores, principios reguladores, reglas juiciosas y máximas, como en Dt 11, 14, reglas prudentes de gobierno (cf. Dt 20, 18; Dt 24, 6) o también estratagemas. Algunos arabistas comparan esa palabra con el árabe *tedbîr* (guía, de דבר, conducir ganado), con su plural *tedâbîr*, y el sirio *dubôro*, dirección, gestión, etc.

**1, 6.** *Comprenderá los proverbios y los dichos profundos, las palabras de los sabios y sus enigmas.* La finalidad propia de estos proverbios, tal como se afirmaba en Pr 1, 2, se amplía ahora, porque nuevamente se introduce la construcción de infinitivo. En estos proverbios, o por medio de ellos, el lector irá aprendiendo una clave para entender su significado, como apotegmas en general, como se dirá en Pr 22, 17: *para entender proverbios y símbolos, las palabras de los sabios y sus enigmas.*

*En Geschichte der jüdischen Poesie*, p. 200s., mostré que el sustantivo מליצה deriva de לוּץ, que significa principalmente brillar, como en sánscrito, con los significados frecuentes de *ludere* y *lucere*. Pero el árabe evoca otro significado primario: מליצה, de la raíz árabe *las*, en el sentido de *flexit, torsit* (se inclinó, se torció), lo que indica que se trata de una *oratio detorta, obliqua, non aperta* (oración retorcida, oblicua, no recta). De aquí deriva לץ, hombre burlón, es decir, alguien que utiliza

# Título general del libro (Pr 1, 1-7)

palabras oblicuas (qui verbis obliquis utitur), como el *hitpael* הלִיץ, burlarse. Pero esa palabra puede significar también *verba detorta retorquere*, es decir, interpretar, explicar (enderezar las palabras retorcidas) (*Bustorf, Florilegio*).

De las ideas fundamentales que se encuentran en חידה, ser agudo, puntiagudo (חד, palabra quizás relacionada con el sánscrito *katu*, de buen gusto, pero no *acutus*) y torcido (cf. עקד, אחד, אגד en la línea de esa misteriosa cadena a la que se alude en Sal 78, 2). "El árabe *hâd* significa girar y girar, por lo que puede aplicarse a esconderse, doblarse, desviarse; de ahí deriva la palabra חידה, στροφή, astucia, intriga, como también enigma, dicho oscuro, como indica el lexema de fondo" (*Bustorf, Florilegio*).

La comparación que establece Schultens entre esa palabra (חידה) y el árabe *hidt*, como nombre que se aplica al nudo en el cuerno de la cabra salvaje, puede evocar una comparación aplicable a nuestro caso. En la literatura postbíblica חידה es el enigma propiamente dicho, y מליצה es la poesía (y הלצה es la prosa poética). En la traducción griega de la Biblia (edición de Venecia, siglo XV) esa palabra se traduce ῥητορείαν (retórica).

**1, 7.** *El temor de Jehovah es el principio del conocimiento; los insensatos desprecian la sabiduría y la disciplina.* Al título del libro (expuesto en los versos anteriores), le sigue su lema, su símbolo, su argumento central: "El temor de Yahvé es el principio del conocimiento; pero los necios desprecian la sabiduría y la conducta que ese temor de Dios exige".

El primer hemistiquio de este verso expresa el principio supremo de la *hokma* o sabiduría israelita, tal como se encuentra también en Pr 9, 10 (cf. Pr 15, 33), en Job 28, 28 y en el Sal 111, 10 (de donde la LXX ha interpolado aquí dos líneas). La palabra ראשית, principio, combina en sí misma, como ἀρχή, la idea de *initium* (según J. H. Michaelis, el comienzo del conocimiento, del que debe tomar su punto de partida e intención todo aquel que desee filosofar: *initium cognitionis, a quo quisquis recte philosophari cupit auspicium facere debet*) y la idea de *principium*, es decir, la base, por lo tanto, la raíz de la que brota toda lo que sigue (cf. Mi 1, 13 con Job 19, 28).[5]

La Sabiduría viene de Dios, y aquel que tiene temor de Dios la recibe (cf. Stg 1, 5). Ese temor de Yahvé (יראת יהוה) es una subordinación reverente ante el Dios que guía la historia de los hombres. Aquí se presenta a Dios de un modo intencionado como יהוה y no como אלהים, es decir, como el Único Dios verdadero, Creador y Gobernador del mundo, quien dio Su ley a Israel, el que ofrece más allá de Israel el testimonio de su santa voluntad. El complemento, es decir, lo que

---

5. En Sir 1, 14, 16, la traducción siríaca pone en los dos casos ריש חכמתא, principio de la sabiduría; pero en la segunda instancia, donde la traducción griega tiene πλησμονὴ σοφίας, el original siríaco podría haber puesto también שבע חכמה (*plenitud de la sabiduría*, palabra tomada de Sal 16, 11).

completa el sentido de ese temor de Yahvé como Dios Santísimo, se expresa como "odiar el mal", שְׂנֹאת רָע, Pr 8, 13 (en hebreo postbíblico יראת חטא).

La colocación invertida de las palabras en 7b da a entender que la sabiduría y disciplina que se obtienen en el camino del temor de Dios solo es despreciada por los אוילים, es decir, los duros, llenos de sí mismos, los necios. Sobre la raíz de la palabra אול, en el sentido de *coalescere, cohaerere, incrassari* (cerrarse en sí mismo, inflarse, engordar), cf. mi libro *Prophet Jesaia*, p. 424, y mi comentario a Sal 73, 4. Schultens compara correctamente παχεῖς con los *crassi*, los que se inflan y engordan en sí mismos, por estupidez.[6]

Por su parte, la palabra בָּזוּ tiene el tono en la penúltima, de manera que viene de בוז. La tercera persona de una raíz בזה habría sido בזוּ o בזיוּ. El perfecto del verbo (cf. Pr 1, 29) debe interpretarse como en el latín *oderunt,* odiaron (Ges. 126).

---

6. La interpretación de Malbim resulta extraña y singular. A su juicio, אולי son los escépticos. Quizá se pueda defender esa interpretación, pero habría que probarla. Esa es también la opinión de Heidenheim.

# 2. DISCURSOS EXHORTATORIOS
## (Pr 1, 8 – 9, 18)

### 1, 8-19. Escucha, hijo mío. La enseñanza del Padre

שְׁמַ֣ע בְּ֭נִי מוּסַ֣ר אָבִ֑יךָ וְאַל־תִּ֝טֹּ֗שׁ תּוֹרַ֥ת אִמֶּֽךָ׃ [8]

כִּ֤י ׀ לִוְיַ֤ת חֵ֓ן הֵ֬ם לְרֹאשֶׁ֑ךָ וַ֝עֲנָקִ֗ים לְגַרְגְּרֹתֶֽיךָ׃ [9]

בְּנִ֡י אִם־יְפַתּ֥וּךָ חַ֝טָּאִ֗ים אַל־תֹּבֵֽא׃ [10]

אִם־יֹאמְרוּ֮ לְכָ֪ה אִ֫תָּ֥נוּ נֶאֶרְבָ֥ה לְדָ֑ם נִצְפְּנָ֖ה לְנָקִ֣י חִנָּֽם׃ [11]

נִ֭בְלָעֵם כִּשְׁא֣וֹל חַיִּ֑ים וּ֝תְמִימִ֗ים כְּי֣וֹרְדֵי בֽוֹר׃ [12]

כָּל־ה֣וֹן יָקָ֣ר נִמְצָ֑א נְמַלֵּ֖א בָתֵּ֣ינוּ שָׁלָֽל׃ [13]

גּ֭וֹרָלְךָ תַּפִּ֣יל בְּתוֹכֵ֑נוּ כִּ֥יס אֶ֝חָ֗ד יִהְיֶ֥ה לְכֻלָּֽנוּ׃ [14]

בְּנִ֗י אַל־תֵּלֵ֣ךְ בְּדֶ֣רֶךְ אִתָּ֑ם מְנַ֥ע רַ֝גְלְךָ֗ מִנְּתִיבָתָֽם׃ [15]

כִּ֣י רַ֭גְלֵיהֶם לָרַ֣ע יָר֑וּצוּ וִֽ֝ימַהֲר֗וּ לִשְׁפָּךְ־דָּֽם׃ [16]

כִּֽי־חִ֭נָּם מְזֹרָ֣ה הָרָ֑שֶׁת בְּ֝עֵינֵ֗י כָל־בַּ֥עַל כָּנָֽף׃ [17]

וְ֭הֵם לְדָמָ֣ם יֶאֱרֹ֑בוּ יִ֝צְפְּנ֗וּ לְנַפְשֹׁתָֽם׃ [18]

כֵּ֗ן אָ֭רְחוֹת כָּל־בֹּ֣צֵֽעַ בָּ֑צַע אֶת־נֶ֖פֶשׁ בְּעָלָ֣יו יִקָּֽח׃ פ [19]

[8] Escucha, hijo mío, la disciplina de tu padre,
y no abandones la instrucción de tu madre;
[9] porque diadema de gracia serán a tu cabeza
y collares a tu cuello.
[10] Hijo mío, si los pecadores te quisieran persuadir,
no lo consientas.
[11] Si te dicen: "Ven con nosotros;
estemos al acecho para derramar sangre
y embosquemos sin motivo a los inocentes;
[12] los tragaremos vivos, como el Seol, enteros,
como los que descienden a la fosa;
[13] hallaremos riquezas de toda clase;
llenaremos nuestras casas de ganancias;
[14] echa tu suerte con nosotros;
tengamos todos una sola bolsa...".
[15] Hijo mío, no andes en el camino de ellos;

*Discursos exhortatorios (Pr 1, 8 – 9, 18)*

aparta tu pie de sus senderos,
[16] porque sus pies corren al mal
y se apresuran a derramar sangre.
[17] Ciertamente en vano se tiende la red
ante los ojos de toda ave.
[18] Pero ellos ponen acechanzas a su propia sangre;
a sus propias vidas ponen trampa.
[19] Tales son las sendas de todo el que es dado a la codicia,
la cual quita la vida a los que la poseen.

**1, 8.** *Escucha, hijo mío, la disciplina de tu padre, y no abandones la instrucción de tu madre.* Después que ha indicado la finalidad de su libro (el servicio que puede rendir), con el principio fundamental en el que se basa (el temor de Dios), el autor quiere poner de relieve sus destinatarios, indicando que ellos son los miembros jóvenes de su generación, es decir, los "hijos".

El maestro de sabiduría llama "hijo mío" al estudiante que tiene o que imagina tener delante, dirigiéndose a él como a un amigo filial. Esta no es la visión del N.T. donde Pablo viene a presentarse como padre porque ha hecho posible que sus discípulos nazcan por medio de él a una nueva vida espiritual (1Co 4, 15; Flm 1, 10; Gá 4, 19). Esta representación cristiana se encuentra fuera del espacio del A.T. Aquí, en Proverbios, el maestro se siente padre en virtud de su amor benévolo, protector, tierno hacia las personas a las que se dirige. El padre y la madre con los que se compara y a los que se alude, son los amados padres de familia de aquellos a quienes se dirige el sabio.

Cuando el Talmud entiende a Dios como אביך del pueblo, y a su pueblo le entiende como אמך (אמה), ese no es el significado gramatical-histórico del término, sino una interpretación y exposición práctica, en la línea del Midrash. La misma amonestación (con נצר, guardar, en lugar de שמע, oír, y con מצות, mandar, en lugar de מוסר, instruir) se repite en Pr 6, 20, y lo que se dice de los padres de una sola vez. El pasaje se repite en Pr 10, 1, dividiendo la instrucción en las dos partes de un paralelismo sinonímico.

En este contexto, *musar* o la enseñanza más estricta que viene expresada a través de una instrucción (disciplina) sensata y firme (cf. Pr 13, 24; Pr 22, 15; Pr 23, 13), se atribuye adecuadamente al padre; por el contrario, la *toráh* que solo se administra por la palabra, sin disciplina impositiva, viene atribuida a la madre. La Sabiduría dice también siempre תורתי (mi *torâ*), y solo una vez (Pr 8, 10) dice מוסרי (mi *musar* o instrucción).

**1, 9.** *Porque diadema de gracia serán a tu cabeza y collares a tu cuello.* La palabra הם, que también se usa en neutro, como *illa, ellas*, por ejemplo, en Job 22, 21, se refiere aquí a la disciplina paterna y a la enseñanza materna. Esta disciplina y enseñanza, obedientemente recibidas y cumplidas, son el adorno más hermoso del joven, al que se dirige el libro. La palabra לויה, de לוה, enrollar, rodar, árabe *lawy* (de לו, de donde también viene לול) es igual a לולו. Por su parte, דוד, hervir, igual a דודו, significa *ornamento enrollado*, torcido, refiriéndose especialmente a la corona. En esa línea, una corona de gracia equivale a una corona hermosa, una *corola gratiosa*, como la traduce Schultens; cf. Pr 4, 9, donde se supone que la misma Sabiduría es la que otorga esa corona a los hombres.[1]

Los ענקים (o ענקות, Jue 8, 26) son collares, joyas para el cuello. La palabra tiene un sentido denominativo. Como el árabe *'unek* y el arameo עונק, significa el cuello (quizás proviene de ענק y equivale a עוק, oprimir, evocando una carga pesada; cf. αὐχήν, el cuello).

Por su parte, גרגות tiene el sentido de fauces, es decir, la garganta por la que se traga todo (cf. árabe *gárgara, tagárgara*), un plural extenso (Böttcher, 695) y tiene un sentido más preciso que גרון para indicar la garganta externa. Ezequiel, sin embargo (cf. Ez 16, 11), utiliza la palabra *garon*. Por su parte, el autor de Pr 3, 3; 3, 22 y 6, 21 usa *garg'roth*, cf. עַל־גַּרְגְרוֹתֶיךָ, para representar la parte delantera del cuello.[2]

**1, 10.** *Hijo mío, si los pecadores te quisieran persuadir, no lo consientas.* Al consejo general de Pr 1, 9 sigue aquí una advertencia más especial, con el sentido de *hijo mío, si los pecadores te seducen...* La palabra בְּנִי (mi hijo), con acento *pazer* que tiene la fuerza de *atnach*, se repite enfáticamente. El intensivo חטאים se está refiriendo a hombres para quienes el pecado se ha convertido en un hábito, es decir, a viciosos, malvados.

La palabra פתה (piel de פתה, abrir) no es un denominativo de hacer o desear, hacer un פתי, sino que tiene el significado de atraer, persuadir (en el sentido de πείθειν). El significado de esa palabra פתה se obtiene a partir de la raíz *kal*, porque está relacionada con ella como *pandere* (cf. *januam*, puerta) o con *patere*, abrir, hacer accesible, susceptible, es decir, dejarse persuadir.

La advertencia de 10b (no lo consientas) es lo más breve posible, como si fuera una llamada de alarma desde el abismo. En la forma תבא (de אבה, estar de acuerdo, estar dispuesto) (cf. Wetstein en *Job*, p. 349) falta el performativo א, como en 2Sa 19, 14, תמרו, cf. Sal 139, 20; Gn 68, 2. Esa forma aparece en lugar de תבה

---

1. En לְוְיַת חֵן, la partícula חֵן tiene el acento conjuntivo *shalshelet*, por lo que se omite el acento *pesiq*. Este pequeño *shalshelet* aparece solo ocho veces. Véase *Torath Emeth*, p. 36.

2. La forma de escritura de la palabra varía mucho. Aquí y en Pr 6, 21 tenemos לגרגרתך; en Pr 3, 3, עַל־גרגותך, Pr 3, 22, לגרגרתיך. Así aparece en la masora y en los textos correctos.

*Discursos exhortatorios (Pr 1, 8 – 9, 18)*

(igual a 1Re 20, 8, תּאבה). La forma תּבֵא (cf. Pr 11, 25), se vocaliza lo mismo que el arameo תּבֵא (cf. יגלי, Gn 26, 29 y Comentario sobre *Isaías*, p. 648; Ges. 75, 17).

**1, 11.** *Si te dicen: Ven con nosotros; estemos al acecho para derramar sangre y embosquemos sin motivo a los inocentes.* Del número de hombres malvados que ganan socios para actuar con ellos y fortalecerse juntos, se aducen como ejemplo aquellos a quienes la codicia lleva al asesinato. Así se entienden las siguientes palabras: *los tragaremos vivos, como el sheol, enteros, como los que descienden a la fosa; hallaremos riquezas de toda clase; llenaremos nuestras casas de ganancias...* (1, 11-12). Así se vinculan dos grandes violencias: una de tipo económico, otra social y militar.

El verbo ארב significa *nectere*, es decir, atar firmemente (de רב, cerrar, compactar) (ver Coment. Isaías 25, 11), y particularmente (pero de manera que lleve en sí mismo su objeto, sin elipse) *poner insidias,* en el sentido de *insidiari.* Con respecto a לדם, derramar sangre, Fleischer comenta: "Ya sea elípticamente, en el sentido de לשׁפך־דם (para derramar sangre, interpretación judía) o, como recomiendan el paralelismo y el uso del lenguaje de Proverbios, refiriéndose por sinécdoque al hombre, con particular referencia a su sangre derramada (cf. dicho alemán *'ein junges Blut'*, *una sangre joven,* con el sentido de hombre joven o juventud). Está en el fondo la visión de la sangre como aquello que determina la existencia del hombre, a quien mantiene en vida, que se expresa a través de todo el cuerpo, es decir, del hombre entero, dándole vida y fuerza, como indica Sal 94, 21".

Sucede lo mismo que en el hebreo postbíblico: la expresión בשׂר ודם (carne y sangre, en el orden invertido, αἷμα καὶ σάρξ) se refiere al ser humano (aunque esa expresión no se utiliza mucho en el A.T.). De todas formas, tanto דם (sangre) como נפשׁ (alma, garganta) se utiliza a veces por sinécdoque para toda la persona, aunque nunca con referencia a la sangre como parte esencialmente constitutiva de la corporeidad, sino a la sangre como referencia a la muerte violenta, que separa la sangre del cuerpo (derramar su sangre es "matar", cf. mi *System der bibl. Psychologie*, p. 242). Aquí לדם, se expresa también en forma de לדמים, expresión con la cual se intercambia; cf. Mi 7, 2, acechemos en busca de sangre (para ser derramada).

El verbo צפן, lo mismo que טמן (ocultar), no está conectado nunca con חבלים, מוקשׁים, ח, פח, רשׁת, por lo que ninguna de esas palabras ha de ser sustituida o introducida aquí. De la idea de ganarse, expresada en la raíz orgánica צף (de donde proviene צפה, *diducendo obducere*, en el sentido de impugnar, refutar) se ha pasado aquí a la de contenerse, vigilar, acechar. De aquí proviene צפן (cognitivo arameo de כמן) en el sentido de *speculari, insidiari* (espiar, acechar), que puede intercambiarse con צפה (espiar) (cf. Sal 10, 8; Sal 56, 7 con Sal 37, 32).

El adverbio חנם (un acusativo antiguo de חן, gracia) significa propiamente *de una manera gratuita,* como un regalo gratuito (δωρεάν, gratis es igual a *gratis*), es decir, sin necesidad de ser recompensado, o también *sin causa,* por lo que equivale frecuentemente a *sin culpa*. Eso no implica que signifique *sine effectu qui noceat*, es decir, con impunidad (Löwenstamm).

Según eso, debemos conectar o poner juntos נקי חנם "gratuitamente inocente, inocente sin causa" (como איבי חנם, *mis enemigos sin causa*, Lm 3, 52). Eso significa que su inocencia no ayuda nada a quien Dios no protege, a pesar de su inocencia (cf. Schultens, Bertheau, Elster y otros). También se puede conectar חנם con el verbo (estar al acecho), como ha puesto de relieve Hitzig, siguiendo la traducción de la LXX, el siríaco, Rashi y Ralbag.[3] Así ha pensado también rectamente Immanuel, por comparación con 1Sa 19, 5; 1Sa 25, 31. Cf. igualmente Job 9, 17, donde la sucesión de los acentos es la misma (con *tarcha* convertida en *mugrash*). Frecuentemente lo que piensa el autor, y lo que piensan aquellos a quienes el autor presenta hablando comparten el sentido de חנם (con el significado de "sin causa" o gratuitamente, cf. Is 28, 14).

**1, 12.** *Los tragaremos vivos, como el Sheol, enteros, como los que descienden a la fosa.* Hitzig traduce la primera cláusula de este verso "como el pozo (traga) lo que vive". Esta traducción es insostenible, porque כ con la fuerza de un sustantivo (en lugar de, a semejanza de) se toma como preposición, pero no como conjunción (ver Sal 38, 14). חיים (los vivos) está conectado con נבלעם, y es un acusativo de estado, que significa "con impunidad" (de tipo *hâl*, según la terminología de los gramáticos árabes) en sentido de los tragarán como el pozo (los insaciables, Pr 27, 20; Pr 30, 16); los tragarán cuando están aún enteros, con pleno vigor de vida, es decir, como a los animales sacrificados, cuando se encuentran todavía en estado de frescura de vida, llenos de vitalidad (solo en este sentido se justifica la acentuación de este versículo, como se muestra por comparación con el Targum). En ese mismo sentido se entienden Sal 55, 16; Sal 63, 10; Sal 124, 3; esta expresión alude probablemente al destino de los compañeros de Coré, Nm 16, 30; Nm 16, 33.

Siendo este el significado de חיים (vivos, enteros), entonces, la palabra paralela תמימים tiene que significar íntegros, pero no en un sentido ético, en el que sería sinónimo de נקי de Pr 1, 11 (cf. Pr 29, 10 con Sal 19, 14), sino en sentido físico (cf. traducción griega de la edición de Venecia. Sobre τελείους; cf. también Parchon y Rashi, בריאים ושלמים, cf. Böttcher, *De Inferis*, 293). Ese sentido físico se aplica también a תם en Job 21, 23 y probablemente en Sal 73, 4. En una línea semejante, תמים se aplica igualmente a los sacrificios (p. ej., Éx 12, 5: sacrificios "sin mancha") aplicado a las víctimas, que han de ser perfectas. Ese mismo sentido se puede aplicar también a las personas, como en Is 1, 6: אשר אין־בו מתם.

---

3. Rashi, es decir, el rabino Salomo Isaaki, de Troyes, murió en 1105. Por su parte, Ralbag es el rabino Levi ben Gershon, al que los escritores cristianos suelen presentar como Maestro Leo de Bannolis, o *Gersonides*, natural de Bañolas, cerca de Gerona, España, que murió en torno al 1342.

# Discursos exhortatorios (Pr 1, 8 – 9, 18)

*En plena salud exterior los devorarán* como los que descienden al sheol (cf. Sal 28, 1; Sal 88, 5, con Is 14, 19), es decir, como aquellos bajo cuyos pies se desmorona de repente la tierra y se abre para hundirse sin dejar huella, en la tumba y en el Hades. El fundamento de la conexión del genitivo de כְּיוֹרְדֵי בוֹר (los que bajan a la fosa, con el tono hacia atrás), los que descienden a la tumba, puede compararse con la conexión de un verbo finito con acusativo de lugar, cf. Sal 55, 16.

**1, 13-14.** *Hallaremos riquezas de toda clase; llenaremos nuestras casas de ganancias.*[4] *Echa tu suerte con nosotros; tengamos toda una sola bolsa.* A la invitación que lleva en sí misma su propia condena, los necios añaden como reclamo los espléndidos tesoros enriquecedores que todos podrán compartir, en forma de comunicación justa e igualitaria. הון (de הון, *levem*, es decir, fácil, fácilmente, con comodidad) significa algo que es provechoso, opulento; concretamente, aquello por lo que la vida se vuelve agradable, es decir, la riqueza, dinero y posesiones (cf. Fleischer, en Levy, *Chaldaisch Wörterbuch*, i. 423s.). Con esta palabra, הון, se vincula con frecuencia en los Proverbios la palabra יקר (cf. árabe *wakar*, ser importante, valioso) en contraste directo, según su significado primario; cf. Pr 12, 27; Pr 24, 4, donde se alude a tesoros importante, que alivianan la vida.

Sin embargo, no debemos pensar que, como ha señalado Schultens, el autor quiera presentar aquí un oxímoron, contraponiendo dos sentidos opuestos. La palabra מצא tiene aquí su *significado* primitivo, el más apropiado, que es el de alcanzar, como en Is 10, 14. Por su parte, שָׁלָל (de שלל, extraer de של, cf. שלף, שלה, Arab. *salab*, cf. Coment. sobre Isaías, p. 447) es lo que se extrae del enemigo, las *exuviae*, es decir, el botín que se toma en general en la guerra.

נמלא, en *nifal*, llenar con cualquier cosa, colmar, rige un acusativo doble, mientras que en *kal* gobierna solo uno. En Pr 1, 14, la invitación muestra cómo se debe realizar la perspectiva, es decir, el logro y distribución de la ganancia. Los intérpretes tienen dificultad para precisar lo que este texto quiere indicar. Por un lado, parece que el botín se va a repartir por suerte entre cada uno. Por otra parte, parece que todos van a tener una bolsa común. ¿No se excluyen ambas cosas: el sorteo entre todos y la bolsa común?

Por otra parte, en la distribución del botín por sorteo ¿tendrán todos porciones iguales, igual cantidad de dinero en sus bolsas? ¿O se quiere decir que, además de la parte del botín que corresponde a cada uno por sorteo, tendrán también una bolsa común que, debe suplir las necesidades del grupo, de manera que se va gastando lo así obtenido, o se emplea para cubrir las necesidades particulares de algunos compañeros, para que puedan mantenerse? ¿O se quiere decir solo

---

4. En Pr 1, 14, la palabra גּוֹרָלְךָ debe escribirse con *munach* (no con *metheg*) en la segunda sílaba; Véase Torath Emeth, p. 20. *Accentuationssystem*, vii. 2.

que se ayudarán mutuamente, según el principio τὰ τῶν φίλων κοινά (*amicorum omnia communia*, lo de los amigos es todo común), como si de hecho tuvieran todos una sola bolsa?

El significado de fondo parece muy simple. La unidad de la bolsa consiste en que el botín que recibe cada uno de ellos no le pertenece a él como propio, ni en su totalidad ni en su mayor parte, sino a todos juntos, de manera que se dispone y reparte por sorteo; de esa manera, dentro del grupo, aún aquel que no ha contribuido en la adquisición de los bienes puede participar y sacar provecho de ellos. Desde esta perspectiva se entiende la relación entre 14b y 14a.

En los idiomas semíticos hay una palabra común כים que se utiliza incluso en la actualidad, en Siria y en otros lugares, para indicar el "intercambio", en el sentido actual de "bolsa" (el plural de esa palabra común כים es *akjâs*). Aquí tenemos, por tanto, una "bolsa", un tipo de "caja común de las ganancias" (χρημάτων δοχεῖον, según traduce Procopio), una bolsa donde se guardan los ingresos del negocio. Este beneficio no consiste meramente en oro, aunque el texto está pensando posiblemente en el valor de las ganancias en referencia al oro. Según eso, la aparente contradicción entre distribuir por sorteo y tener una bolsa común desaparece en el caso de que la distribución por sorteo de los bienes comunes se haga de tal manera que no se excluya la retención de un tipo de capital social o fondo de reserva para las necesidades ulteriores del grupo.

**1, 15.** *Hijo mío, no andes en el camino de ellos; aparta tu pie de sus senderos.* Después de haber descrito la conducta de los hombres que son una tentación para los que quieren ser justos, el autor repite enfáticamente la advertencia anterior y la va confirmando con tres razones que se seguirán exponiendo en los versos que siguen. Antes, como advertencia general, el autor de los Proverbios dice a su "alumno" que no vaya por los caminos del mal. Si בְּדֶרֶךְ (en el camino) se toma como palabra aislada no puede ser בדרך אחד (por un camino), ni אתם (con ellos) puede tomarse como una determinación.[5] Tu pie, en singular, רַגְלְךָ (lo mismo que tu ojo, tu mano), se utiliza cuando los miembros dobles del cuerpo se toman en sentido particular, no como dualidad (cf. Pr 4, 26). Por su parte, נתיבה, de נתב, significa propiamente aquello que se eleva, especialmente el paso de los pies, aunque puede tomar el sentido más general de "sendero" por el que se pasa.

---

5. Los gramáticos árabes toman esta forma de hablar como una determinación media y la llaman *takhsys*. En ese sentido, אתם (con ellos) recibe el significado de un atributivo virtualmente coordinado. Pero, en otro sentido, según la gramática árabe, también es posible que בדרך (en/por un camino) sea equivalente a "por el camino común" (no vayas por el camino común, es decir, por el de todos); la misma indeterminación hace que pueda tratarse de "por un camino" o "por el camino común", es decir, por el de todos.

*Discursos exhortatorios (Pr 1, 8 – 9, 18)*

**1, 16.** *Porque sus pies corren al mal y se apresuran a derramar sangre.* Este es la primera razón para hacer que sus oyentes/alumnos se aparten del camino de los malvados, que corren hacia el mal. Este es su objetivo, no lo ocultan (Pr 1, 11). A partir de aquí se formula la advertencia contra ellos, el principio del rechazo de aquellos cuya conducta es moralmente censurable, es decir, está dirigida hacia el mal, לרע.

Aquí se funda un tipo de pensamiento circular que es muy propio de nuestro poeta: no se puede seguir a los malvados, porque su pensamiento va dirigido hacia el mal. Este es el estilo propio de Pr 1, 16 tal como aparece también en Pr 6, 18. El pensamiento de este dístico (de Pr 1, 16, citado por Ro 3, 15) aparece en la LXX (con Procopio y la Hexapla siria), pero falta en Pr B א. Eso nos hace pensar que no debía hallarse en Pr 1, 16, TM, porque no se trata de un texto independiente, sino de una copia de Is 59, 7. Por eso debemos pensar que este versículo no aparecía en el texto hebreo primitivo, sino que ha sido añadido más tarde a partir de Is 59, 7 (como piensan Hitzig y Lagarde); cf. Com. a Is, 40–66.

La palabra לִשְׁפָּךְ aparece vocalizada siempre. Como regla regular, después de ל así como de מ la aspiración desaparece; pero en Ez 17, 17 encontramos también בִּשְׁפֹּךְ, de manera que en nuestro caso (lo mismo que en Sal 40, 15) la forma de expresión de la palabra podría ser inconsecuente.

**1, 17.** *Ciertamente en vano se tiende la red ante los ojos de toda ave.* Este es el segundo argumento en apoyo de la advertencia anterior. La interpretación *conspersum est rete*, es decir, la red ha sido preparada, esparcida, con un tipo de grano como cebo, que fue puesta en circulación por Rashi, es inadmisible, pues ni הזה (hitpael de נזה) puede significar esparcir ni זרה puede aludir a un tipo de simiente colocada sobre la red. Aquí se alude a lo que se extiende, es decir, a la red, no a lo que se esparce (que sería el grano). Este es el sentido de מְזֹרָה הָרֶשֶׁת, *expansum est rete*, pues lo que se extiende ante los pájaros es la red no la semilla.[6]

La red se expande, se extiende, palabra que no viene de semilla (en este caso no tendría que decir מזורה, sino de זרה, en el sentido de extender y esparcir). En ese sentido, se puede afirmar que la palabra se extiende significa "se ensancha y se desarrolla", produciendo un tipo de movimiento de aire como el de un ventilador. Pero eso no se puede hacer de un modo ostentoso, delante de los pájaros que van a ser cazados, pues en ese caso ellos lo ven y vuelan lejos. El acento de la frase se pone en la expresión "ante los ojos", בְּעֵינֵי, pues si la red quedara muy visible, en todo caso el trabajo seria חנם (in vain), conforme a la sentencia de Ovidio: *Quae nimis apparent retia, vitat avis* (si las redes son muy visibles las evitan las aves).

---

6. La Masora comenta לית וחסר, de manera que la palabra מזרה aparece escrita de forma defectuosa en las ediciones de Erfurt, 1, 2, 3, de Frankfurt 1294, en la edición de Norzi y otros lugares.

Conforme a lo que dice J. H. Michaelis, la aplicación de esta comparación, resulta fácil, pero él mismo y otros muchos no han sido capaces de advertirla. Si el poeta quisiera decir que ellos (los asesinos) realizaban su obra de sangre con gran audacia, a la vista de todos, entonces, hasta los más simples hubieran logrado evitar que les cazaran, de manera que no habrían sido necesarias unas advertencias como estas. Una advertencia como la que formula aquí el poeta, en contra de los que buscan la compañía de aquellos que pueden engañarles, resulta necesaria allí donde los perversos actúan de manera más astuta, para lograr de esa manera más éxito.

Por eso, autores como Hitzig, Ewald, Zöckler y otros interpretan la palabra חנם, en vano, pero no en el sentido de que los hombres en peligro no se han dejado cazar, sino en el sentido de que ellos no han visto la red extendida para cazarles, sino solo el grano extendido sobre ella. Por otra parte, conforme a lo que venimos diciendo, la הרשת (es decir, la red) puede referirse a dos cosas: a la red extendida con la intención maliciosa de cazar a los incautos o a la red de intenciones maliciosas de esos cazadores.

En esa línea, como Ziegler ha puesto de relieve, aquellos a quienes el poeta está amenazando, tienen que aplicarse a sí mismos esta imagen de la red. Así les está diciendo el poeta: no vayáis con ellos, con los perversos, porque su intención es mala; no vayáis con ellos, porque, si el mismo pájaro huye cuando ve la red que está tendida para cazarle, vosotros no podéis ser tan ciegos como para dejaros atrapar por las perversas tentaciones de los malvados. La expresión בעל כנף (señor de las alas) se refiere a las aves provistas de alas (cf. Ec 10, 20). בעל incluye la idea de propiedad (de señorío).

**1, 18.** *Pero ellos ponen acechanzas a su propia sangre, a sus propias vidas ponen trampa.* La conjunción causal כי (porque) en Pr 1, 16 y Pr 1, 17 está coordinada, y ahora sigue estando introducida por la conjunción ו ("y"), una tercera razón para que sea necesaria la advertencia (y acechan su propia sangre…). Esta advertencia se basa en la inmoralidad de la conducta del incitador. La inmoralidad de Pr 1, 17 se fundaba en la audacia de la seducción como tal, y ahora, esta audacia insiste sobre la autodestrucción que el ladrón y el homicida se provocan a sí mismos, quieren matar a otros pero, como muestra el resultado, ellos se matan a sí mismos.

Esta expresión está vinculada con la de Pr 1, 11, como si dijera: *Ponen lazos a los otros* (es decir, a la sangre ajena)*; pero en realidad sus asechanzas se dirigen en contra de ellos mismos*, en contra de sus propias vidas, más que en contra de las vidas de los inocentes (Florilegio). En lugar de לדמם (contra las sangres), podría usarse לדמיהם (en contra de las sangres de ellos), en la línea de Mi 7, 2. También se podría haber puesto לנפשם en el sentido de *en contra de ellos mismos* (*ipsis*, en

*Discursos exhortatorios (Pr 1, 8 – 9, 18)*

hebreo postbíblico לעצמם) o incluso לנפשתם, pero esa expresión deja intacta la idea de la vida, *animis ipsorum* (de las almas propias de ellos).[7]

**1, 19.** *Tales son las sendas de todo el que es dado a la codicia, la cual quita la vida a los que la poseen.* Este es un epifonema, una exclamación que recoge y culmina el discurso anterior. Este lenguaje está en la línea del que aparece en 8, 13. Aquí, como allí, en la palabra אָרְחוֹת o "sendas" se combinan las ideas de la acción y del resultado de la acción, la idea de la vida y de lo que surge de ella. בצע significa propiamente lo que se corta, un pedazo, un fragmento roto, según eso lo que uno rompe y toma para sí mismo, un botín, una ganancia, particularmente una ganancia injusta (Pr 28, 16).

Según eso, בֹּצֵעַ בָּצַע es la codicia, o un codicioso, alguien que solo se busca a sí mismo. El sujeto de יקח es בצע, codicia, πλεονεξία (cf. Is 57, 17). Como dice Job 4, 11, hay tres cosas que quitan al hombre su לב, es decir, el entendimiento (νοῦς). Eso mismo se aplica aquí a la ganancia injusta, es decir, a la avaricia, que quita נפש, la vida (ψυχή) (שׁ נפש לקח) significa quitar la vida: 1Re 19, 10; Sal 31, 14).

## 1, 20-33. La llamada de la Sabiduría. Dios se hace invitación de vida para el hombre

²⁰ חָכְמוֹת בַּחוּץ תָּרֹנָּה בָּרְחֹבוֹת תִּתֵּן קוֹלָהּ׃

²¹ בְּרֹאשׁ הֹמִיּוֹת תִּקְרָא בְּפִתְחֵי שְׁעָרִים בָּעִיר אֲמָרֶיהָ תֹאמֵר׃

²² עַד־מָתַי ׀ פְּתָיִם תְּאֵהֲבוּ פֶתִי וְלֵצִים לָצוֹן חָמְדוּ לָהֶם וּכְסִילִים יִשְׂנְאוּ־דָעַת׃

²³ תָּשׁוּבוּ לְתוֹכַחְתִּי הִנֵּה אַבִּיעָה לָכֶם רוּחִי אוֹדִיעָה דְבָרַי אֶתְכֶם׃

²⁴ יַעַן קָרָאתִי וַתְּמָאֵנוּ נָטִיתִי יָדִי וְאֵין מַקְשִׁיב׃

²⁵ וַתִּפְרְעוּ כָל־עֲצָתִי וְתוֹכַחְתִּי לֹא אֲבִיתֶם׃

²⁶ גַּם־אֲנִי בְּאֵידְכֶם אֶשְׂחָק אֶלְעַג בְּבֹא פַחְדְּכֶם׃

²⁷ בְּבֹא [כשאוה] (כְשׁוֹאָה ׀) פַּחְדְּכֶם וְאֵידְכֶם כְּסוּפָה יֶאֱתֶה בְּבֹא עֲלֵיכֶם צָרָה וְצוּקָה׃

²⁸ אָז יִקְרָאֻנְנִי וְלֹא אֶעֱנֶה יְשַׁחֲרֻנְנִי וְלֹא יִמְצָאֻנְנִי׃

²⁹ תַּחַת כִּי־שָׂנְאוּ דָעַת וְיִרְאַת יְהֹוָה לֹא בָחָרוּ׃

³⁰ לֹא־אָבוּ לַעֲצָתִי נָאֲצוּ כָּל־תּוֹכַחְתִּי׃

³¹ וְיֹאכְלוּ מִפְּרִי דַרְכָּם וּמִמֹּעֲצֹתֵיהֶם יִשְׂבָּעוּ׃

³² כִּי מְשׁוּבַת פְּתָיִם תַּהַרְגֵם וְשַׁלְוַת כְּסִילִים תְּאַבְּדֵם׃

³³ וְשֹׁמֵעַ לִי יִשְׁכָּן־בֶּטַח וְשַׁאֲנַן מִפַּחַד רָעָה׃ פ

---

7. Cuando el lenguaje del A.T. quiere expresar el sentido de *ipse*, de uno mismo, pero de manera que no sea por el pronombre personal pronunciado enfáticamente, ha de hacerlo mediante la adición de נפש (Is 53, 11). En este contexto era necesario el uso de הֶם (y ellos) porque Pr 1, 17 tenía otro tema, otro sujeto (cf. Sal 63, 10).

Proverbios 1

²⁰ La sabiduría llama en las calles;
eleva su voz en las plazas.
²¹ Proclama sobre las murallas,
en las entradas de las puertas de la ciudad
pronuncia sus dichos:
²² *"¿Hasta cuándo, oh ingenuos, amaréis la ingenuidad?*
*¿Hasta cuándo los burladores desearán el burlarse,*
y los necios aborrecerán el conocimiento?
²³ ¡Volveos ante mi reprensión!
*¡He aquí, yo os manifestaré mi espíritu*
y os haré saber mis palabras!
²⁴ Pero, por cuanto llamé, y os resististeis;
extendí mis manos, y no hubo quien escuchara
²⁵ (más bien, desechasteis todo consejo mío
y no quisisteis mi reprensión),
²⁶ yo también me reiré en vuestra calamidad.
Me burlaré cuando os llegue lo que teméis,
²⁷ cuando llegue como destrucción lo que teméis,
cuando vuestra calamidad llegue como un torbellino
y vengan sobre vosotros tribulación y angustia.
²⁸ Entonces me llamarán, y no responderé;
me buscarán con diligencia y no me hallarán,
²⁹ por cuanto aborrecieron el conocimiento
y no escogieron el temor de Jehovah.
³⁰ No quisieron mi consejo
y menospreciaron toda reprensión mía.
³¹ Entonces comerán del fruto de su camino
y se saciarán de sus propios consejos.
³² Porque su descarrío matará a los ingenuos,
y su dejadez echará a perder a los necios.
³³ Pero el que me escuche habitará confiadamente
y estará tranquilo, sin temor del mal".

**1, 20.** *La sabiduría llama en las calles; eleva su voz en las plazas.* Mirando a su forma
y vocalización, חָכְמוֹת puede ser una formación abstracta arameizante (Gesenius;
Ew. 165c; Olshausen 219b); porque aunque las formas אחות y גלות tienen un
origen diferente, en רבות y הוללות aparecen formaciones abstractas de este tipo.
La terminación ûth resulta aquí (por el paso de la "u" a la "o") menos oscura, apareciendo así de manera más intensa (cf. יהו al principio y en medio de la palabra,
y יהו יהו al final de la palabra). De esa forma se pasa de ûth a ôth y, por lo tanto,

# Discursos exhortatorios (Pr 1, 8 – 9, 18)

se acerca a la forma femenina plural (cf. חכמות, Pr 14, 1, *sapientia*, como nuestro plural neutro *sapiens*, חכמה), acercándose al sentido abstracto.

Por otro lado, ese חָכְמוֹת es un singular de significación abstracta, pero no queda determinado decisivamente por su unión al plural del predicado (porque תרנה aquí, como en Pr 8, 3, apenas es plural; y aunque ראמות, Pr 24, 7, es plural, חכמות como plural numérico puede referirse a las diferentes ciencias o tipos del conocimiento). Quizás por esto puede intercambiarse con תבונות, Sal 49, 4, cf. Pr 11, 12; Pr 28, 16. En esa línea, además, es innecesaria una formación abstracta de חכמה (femenino de חכם), que por otra parte no es una formación concreta.

Por otra parte, חָכְמוֹת no se identifica con חכמת que es un término singular y tiene por objeto hacer que la חכמה abstracta se convierta en un nombre propio, y para probarlo Hitzig se refiere a תהומות, Sal 78, 15. La terminación singular ôth sin un significado abstracto no existe. Partiendo de eso, Dietrich, *Abhandlungen* 1846, ha demostrado que el origen del plural no procede de motivos de cálculo separado, sino de un intento de comprensión del tema,[8] demostrando también que los nombres que denotan fuerza intelectual son frecuentemente plurales, que multiplican el concepto no externamente, sino internamente.

Por eso, ya no hay ninguna duda justificada: חכמות significa aquello que todo lo abarca, aquello que *es absoluto* o, como lo expresa Böttcher, 689, *la plena sabiduría personal.* Dado que tales plurales intensivos a veces se unen con el plural del predicado (como, por ejemplo, Elohim interpretado monoteísticamente, Gn 35, 7, ver l.c.), la palabra תָּרֹנָּה puede ser también plural.

A esto puede oponerse la idea de que esa palabra es una forma mixta de תרן (de רנן) y de תרנה (Job 39, 23) o de תרנה, con el sonido final en *ah*. Sin embargo, puede ser también la expresión enfática de la 3ª forma femenina singular de רנן. Según eso, el hebreo tiene una forma enfática tan destacada como la correspondiente al árabe *taktubanna*, como lo muestran estos tres ejemplos especiales: Jc 5, 26; Job 17, 16; Is 28, 3 (dejando a un lado la sospecha de que los textos pueden estar corrompidos, cf. Olshausen p. 452). Cf. תּשׁלחנה, Abd 1, 13 (ver Caspari, l.c.), que es un ejemplo de la segunda persona masculina singular de esta formación.

רנן (con רנה) es una palabra que imita el sonido (*Schallwort*, palabra onomatopéyica) que se usa para evocar "una voz clara y ruidosa (de ahí el árabe *rannan*, que se aplica a un hablante que tiene una voz clara y penetrante). También se aplica al sonido claro y estridente de una cuerda musical o a la cuerda de un arco, o al claro tintineo de la flecha en la aljaba, y del metal que ha sido golpeado" (Florilegio). El nombre de רחבות se aplica también a mesetas (Lc 14, 21), lugares

---

8. En las lenguas indogermánicas, la "s" del plural procede también probablemente de la preposición *sa* (*sam*) igual a συν. Véase Schleicher, *Compendium der vergleichenden Grammatik der indogermanischen Sprachen* 247.

anchos. Por otra parte, חוץ, que en otros lugares puede significar lo que está afuera, ante las puertas de la ciudad y de los tribunales, significa aquí lo que está al "aire libre", en contraposición al interior de las casas.

**1, 21.** *Proclama sobre las murallas, en las entradas de las puertas de la ciudad pronuncia sus dichos.* הֹמִיּוֹת (plural de הומי, forma fundamental de הומה, de המי es igual a המה) tiene el sentido de "los que hacen ruido", porque el epíteto se usa poéticamente (cf. Is 22, 2), como un sustantivo, en el sentido de calles o lugares llenos de gente y ruidosos.

ראש es el lugar del que salen calles de varios lados, cf. *ras el-ain*, el lugar donde brota el pozo; *ras en-nahr*, el lugar desde donde se divide la corriente. El singular se entiende distributivamente como en Pr 8, 2. פתח, en el caso de que se distinga de שער (que también significa hendidura, brecha), es la apertura de la puerta, la entrada para la puerta. Cuatro veces dice el poeta que la Sabiduría sale instruyendo, y cuatro veces que instruye públicamente. La expresión בעיר (en la ciudad) usada cinco veces significa que la Sabiduría no predica en el campo, ante los pocos que allí se encuentran, sino en la ciudad, que está llena de gente.

**1, 22.** ¿Hasta cuándo, oh ingenuos, amaréis la ingenuidad? ¿Hasta cuándo los burladores desearán burlarse, y los necios aborrecerán el conocimiento? El poeta ha llegado ahora a la parte de la introducción donde utiliza las mismas palabras pronunciadas por la Sabiduría.

Aquí aparecen tres clases de hombres, los פתים, los simples, aquellos que, siendo accesibles a la seducción, son muy susceptibles al mal; los לצים, los burladores, es decir, los que piensan de un modo libre, sin ajustarse a normas (de לוץ, árabe *luṣ*, flectere, *torquere*, propiamente *qui verbis obliquis utitur*, los que retuercen el sentido de las palabras, los que emplean palabras ambiguas); y los כסילים, los tontos, es decir, los mentalmente imbéciles y faltos de conocimiento (como en árabe כסל, *kasal*, ser inflado, tosco, indolente).

De la presentación de estos tres tipos de personas se pasa inmediatamente a una declaración sobre ellas; cf. la misma enálage en Pr 1, 27. La expresión עד־מתי tiene el acento *mahpach*, debido al *pasek* siguiente; Véase *Torath Emeth*, p. 26. De un modo intencionado, la Sabiduría se dirige solo a los פתים, simples, con quienes espera encontrar más pronto un tipo de entendimiento. Entre los futuros que expresan el amor y el odio continuos, se encuentra el perfecto חמדו, que expresa aquello en lo que los burladores encontraban placer, aquello que era el objeto de su amor.

להם es el llamado *dat. ethicus* (dativo ético), que reflexivamente se refiere a lo que constituye la voluntad y el placer del sujeto, como cuando decimos, "Me gusta esto y aquello". Abulwald, Parchon y Kimchi piensan que la forma תְּאַהֲבוּ

*Discursos exhortatorios (Pr 1, 8 – 9, 18)*

es piel, aunque contiene una duplicación virtual que desfigura el carácter del *piel*. Schultens piensa que se trata de un tipo de *pail* mal escrito (como en siríaco). Pero no está probado que esta conjugación *pail* exista en hebreo. Esa palabra תאהבו es más bien la única forma *kal* posible con תאהבון sin la pausa que se forma regularmente a partir de תאהבו (véase Ewald, 193a).

La división por el acento *mercha-mahpach* de las dos palabras תֵּאֲהָבוּ פֶּתִי tiene el mismo sentido que la unión de ellas por *makkeph*; véase Baer, *Salterio*, p. X. En algunos códices y también en textos correctos, תאהבו se escribe con el acento *galgal* en la primera sílaba, como si estuviera al servicio de *mercha-mahpach*. En ciertos códices se introduce un *gaya* incorrectamente debajo de ת.

**1, 23.** ¡Volveos ante mi represión! ¡He aquí, yo os manifestaré mi espíritu y os haré saber mis palabras! Así debe traducirse Pr 1, 23a pues en otro caso tendría que poner תּשׁובּ־נא, o quizá mejor שׁוב תּשׁובּ, como en Pr 23, 1 y Pr 27, 23. La partícula הנה, al introducir la cláusula principal, hace que 23a sea una cláusula condicional. La relación entre las expresiones es como Is 26, 10; Job 20, 24. La palabra תָּשׁוּבוּ [9] no es equivalente a *si convertamini* (si os convirtierais), que requeriría después תּפנו, sino a *si revertamini* (si os volvierais), en el sentido de "si a consecuencia de mi represión volvierais…".

La palabra תוכחת está suponiendo que ha de haber un ἔλεγχος (LXX, Symmaco), es decir, una contestación, una discusión, es decir, que han de aportarse pruebas, demostraciones, castigos. Si los oyentes, abandonando su camino acostumbrado hasta ahora, escucharán las advertencias de su maestro en contra de su maldad, entonces, la Sabiduría haría que sus palabras fluyeran hacia ellos, es decir, les revelaría y comunicaría sin reservas su espíritu, les haría saber (es decir, les comunicaría por experiencia) sus palabras.

El termino אַבִּיעָה (de נבע, raíz נב, véase *Coment. Génesis*, p. 635) es una palabra figurativa común, que expresa el libre derramamiento de pensamientos y palabras, porque la boca se concibe como una fuente de la que brota la sabiduría (cf. Pr 18, 4 con Mt 12, 34), y también ῥῆσις (las palabras proclamada, cf. LXX) como ῥεῦσις, solo que aquí tiene por objeto al Espíritu, pero en paralelo con דברי, de manera que el Espíritu aparece como potencia activa de las palabras, las cuales, si el Espíritu se expresa en ellas, son πνεῦμα καὶ ζωή, espíritu y vida (Jn 6, 63).

Según eso, las alocuciones de la Sabiduría en el libro de los Proverbios se relacionan estrechamente con los discursos del Señor en el Evangelio del Logos de Juan. La Sabiduría aparece aquí como la fuente de las palabras de salvación para los hombres, y estas palabras de salvación están relacionadas con la Sabiduría, de

---

9. En los *Hagiographa* (Sapienciales) se escribe en todas partes de un modo completo, *plene*, con la excepción de Job 17, 10.

la misma forma que ellas (las palabras, λόγοι) se relacionan con el Λόγος divino que se revela a sí mismo por ellas.

**1, 24.** *Pero, por cuanto llamé, y os resististeis; extendí mis manos, y no hubo quien escuchara.* El discurso de la Sabiduría toma ahora otro rumbo. Entre Pr 1, 23 y Pr 1, 24 hay una pausa, como entre Is 1, 20 e Is 1, 21. En vano ha esperado la Sabiduría que sus quejas e invitaciones fueran escuchadas. Por eso convierte su llamada al arrepentimiento en un discurso que anuncia el juicio: *Pero, por cuanto llamé, y os resististeis… yo también me reiré de vuestra calamidad…*

Este versículo que empieza con יַעַן (una partícula que, como מַעַן, de עָנָה, oponerse, indica la intención y, más aún, la razón fundamental o la causa, lo mismo que לְמַעַן, el motivo u objeto de algo), mostrando que la cláusula que sigue en primera persona (con el sentido de 1, 26, גַּם־אֲנִי, *ego vicissim*, por lo tanto "yo también…") está anunciando así la conclusión. La expresión יַעַן קָרָאתִי (porque yo llamé, como *palabra de Yahvé*) está conectada a través de גַּם־אֲנִי al despliegue del talión divino, como en Is 66, 4. De un modo semejante, en Is 1, 19, מָאַם se vincula con su contraste אָבָה.

La construcción latina *quoniam vocavi et renuistis* (porque te llamé y no aceptasteis) en vez de *quoniam quum vocarem renuistis* (porque, a pesar de que te llamara rechazaste, cf. Is 12, 1) responde el estilo semítico común, de tipo difuso (zerstreute), utilizando el "te" paratáctico en lugar de un estilo temporal progresivo. La expresión "extendí mis manos" (נָטִיתִי יָדִי), semejante a la que aparece Is 65, 2, está indicando el esfuerzo de Dios por llamar a los errantes para así atraerlos. Sobre la palabra הַקְשִׁיב referida a אֹזֶן (para aquietar el oído), cf. קָשַׁב, en el sentido de *arigere*, aquietar. Esta expresión ha sido incorrectamente explicada por Schultens, partiendo del árabe *kashab*, polire, pulir, en la línea de *aurem purgare*, purificar el oído, Véase *Coment.* Isaías, p. 257.

**1, 25.** *Más* bien, desechasteis todo consejo mío y no quisisteis mi represión. La palabra פרע es sinónimo de נטש, Pr 1, 8; cf. Pr 4, 15. En ese sentido, וַתִּפְרָעוּ significa *os apartasteis*, desechasteis. Gesenius ha interpretado incorrectamente la frase a partir de פרע ראש en el sentido de afeitarse el cabello, en lugar de dejarlo suelto. La palabra פרע significa más bien aflojar (en el sentido de levantar, sinónimo de החל), soltar, liberar. De esa forma, combina los significados de aflojar y vaciar, o dejar en libertad (desechar), sentido que se expresa en árabe con *fr'* y *frg*. Esa última palabra significa, en intransitivo, *ser puesto en libertad*, por lo tanto, *ser o quedar libre de ocupación* o negocio; con indicación de objeto, en el sentido de *estar libre de él*, es decir, de haberlo conseguido, de haber terminado con él (Florilegio).

Este es el sentido de la frase: *así que habéis desechado* (missum fecistis) *todos mis consejos* (con עצה como לדה, de יעץ, árabe *w'd*), es decir, todo lo que

## Discursos exhortatorios (Pr 1, 8 – 9, 18)

yo os había aconsejado siempre para corregiros... אבה combina en sí mismo los significados de *consentimiento* (Pr 1, 10) y *conformidad* (Pr 1, 30, con ל) y como aquí de *aceptación* (no aceptasteis mi reprensión). La oración principal comienza como un eco del Sal 2, 4 (cf. Jer 20, 7).

**1, 26-27.** *Yo también me reiré en vuestra calamidad. Me burlaré cuando os llegue lo que teméis, cuando llegue como destrucción lo que teméis,*[27] *cuando vuestra calamidad se desate como un torbellino y vengan sobre vosotros tribulación y angustia.* Como muestra Pr 31, 25, la palabra אֶשְׂחָק (שׂחק) no debe unirse con la ב de בְּאֵידְכֶם como si fuera una ב de objeto, pues se trata de una *bet de estado* o tiempo, no de objeto. Sobre el sentido de איד, *calamitas opprimens, obruens,* calamidad que oprime o destruye (de אוד que equivale al árabe âda, cargar, oprimir), cf. Sal 31, 12.

Por su parte, בא (cf. בְּבֹא פַחְדְּכֶם) está relacionada con יאתה en el sentido de llegar a acercarse. פחדכם no es aquello por lo que están aterrorizados, porque aquellos a quienes se dirige esta amenaza se encuentran en un estado de seguridad carnal, sino a las cosas que en ese estado les asustarán y alarmarán.

El *qetib* כְּשׁוֹאָה, de שׁאו, es igual a שׁאה, como en otros casos, ראוה, זעוה, según la forma דאבה, אהבה. El *Keré* כשׁאוה sustituye ese nombre en infinitivo por el participio habitual. שׁאה (donde la *waw* es יתיר, "superflua"), significa estrellarse, en el sentido de chocar, destruirse con un choque. Con respecto a su significado de raíz (ser desolado, y luego a *sonar como a vacío*), cf. Sal 35, 8 con סופה (de סוף igual a ספה), que tiene el sentido de ir avanzando como un torbellino (cf. Pr 10, 25).

La construcción de infinitivo de 27a continúa en 27b en forma finita. "Estamos ante una atracción sintáctica y lógica, en virtud de la cual un *modus o tempus* pasa por la ו o por el mero paralelo de una palabra a otra (como en Pr 2, 2), atraída por el significado y la naturaleza de este último. Esa forma de atracción sintáctica es propia del hebreo. Si sigue una nueva cláusula o sección de una cláusula donde el discurso toma, por así decirlo, un nuevo punto de partida, esa atracción cesa y se reanuda la forma original de expresión, como en Pr 1, 22, donde después del acento *atnach* se vuelve al futuro, como aquí en 27, donde se restaura la construcción infinitiva" (Bustorf, Florilegio). Las palabras aliteradas צרה וצוקה (cf. Is 30, 6; Sof 1, 15) se relacionan entre sí como *estrechez y angustia* (Hitzig); los *mashales* buscan con frecuencia un tipo de rima.[10]

---

10. Jul. Ley, en su trabajo sobre las *Formas métricas de la poesía hebrea* (Hebräische Metrik, 1866), ha prestado muy poca atención a estos *pentagramas de aliteración* que ocurren con frecuencia; Lagarde me comunicó (8 de septiembre de 1846) su visión de la rima en el libro de Proverbios, con la observación: "en los textos del Antiguo Testamento solo se nos conserva la poesía técnica hebrea; pero hay textos en los que encontramos de un tipo de rima popular, propia del uso ordinario del lenguaje, con técnicas de composición algo distintas".

*Proverbios 1*

**1, 28-31.** *Entonces me llamarán, y no responderé; me buscarán con diligencia y no me hallarán.* Así continúa este sublime predicador proclamando su palabra en las calles. Conforme a las formas enfáticas completas, יקראנני, me llamarán, ישחרנני, me buscarán, y ימצאנני, me encontrarán. El sufijo ני puede unirse a la terminación antigua plural, en ûn (Gesenius, Olshausen, Böttcher). Pero las formas abiertas como יברכנהו, le bendecirá, יכבדני, me honrará (de יכבדני) y otras semejantes nos hacen pensar que en este caso la נ final es epentética, como sonido que se añade por eufonía (Ewiger 250, b).[11]

El reproche anterior toma ahora la forma de una declaración, *stultos nunc indignos censet ulteriori alloquio* ("toma a los necios como indignos de seguir recibiendo una represión ulterior", Michigan). A partir de Pr 1, 26, se expresa aquí la risa y el desprecio del juez sobre aquellos que se han vuelto incorregibles. יְשַׁחֲרֻנְנִי es un verbo denominativo de שׁחר, y tiene el sentido de salir y buscar con el crepúsculo de la mañana, a semejanza de בקר, Sal 27, 5, en el sentido probable de aparecer temprano. Cf. también de un modo general el árabe *bakar* (en sus formas I, II, IV), con el sentido de levantarse temprano, ser celoso (Lane: "Se apresuró a hacer, lograr, o alcanzar la cosa necesaria"). Zöckler, con Hitzig, considera erróneamente que Pr 1, 29 y Pr 1, 30 son antecedentes de Pr 1, 31. Por su parte, ויאכלו, "y comerán", está en futuro, anunciando lo que sigue en Pr 1, 28; cf. Dt 28, 46-48.

La conclusión comienza en 1, 31 con תהת כי, "por lo tanto porque", o como suele expresarse (excepto aquí y Dt 4, 37, cf. Gn 4, 25) con תהת אשר (ἀνθ᾽ ὧν, a causa de). Cf. en esa línea, Dt 22, 29; 2Cr 21, 12. Por otra parte, la fórmula תהת אשר suele venir después (p. ej., 1Sa 26, 21; 2Re 22, 17; Jer 29, 19) más a menudo que antes de la cláusula principal.

La palabra (וְיִרְאַת יְהֹוָה לֹא בָחָרוּ) בחר combina los significados de *eligere* y *diligere* (elegir y amar, Florilegio). La construcción אבה ל (inclinarse hacia) es la misma que la del caso análogo שמע ל (oír): cada uno come del fruto de su camino, el fruto bueno de los buenos caminos (Is 3, 10), y el fruto malo de los malos caminos. "Pr 31 vincula dos temas: el objeto del cual uno come, como algo que satisface; y el objeto del cual, como de una fuente, brota su satisfacción" (Florilegio).

En los códices correctos, וְיֹאכְלוּ lleva el acento *dech* y, al mismo tiempo, el *munach* como su complemento. Por lo que se refiere a las leyes de la puntuación, según las cuales debe escribirse וּמִמֹּעֲצֹתֵיהֶם (con *munach* en la sílaba tonal, *tarcha* en la antepenúltima y *metheg* antes de *chateph-pathach*), véase Baer, *Torath Emeth*, p. 11, *Sistema de acentos*, iv. 4. En contra de eso, Norzi acentúa la palabra

---

11. En algunos códices se escribe יִקְרָאֻנְנִי y, en este caso, el *metheg* se utiliza para indicar la sílaba tonal, Véase *Torath Emeth*, p. 7 nota y p. 21 nota. Cf. también *Accentssystem*, ii. 1, nota. En יְשַׁחֲרֻנְנִי, el *rebia* debe colocarse sobre la ר. En la palabra יְמְצָאֻנְנִי parece indudable que *silluk* debe tomarse como *milel*, es decir, con tono en la penúltima.

81

*Discursos exhortatorios (Pr 1, 8 – 9, 18)*

incorrectamente con *rebia mugrash*. Con la excepción de Pr 22, 22, el plural מוֹעֵצוֹת tiene siempre el significado de consejos impíos.[12]

**1, 32-33.** *Porque su descarrío matará a los ingenuos, y su dejadez echará a perder a los necios. Pero el que me escuche habitará confiadamente y estará tranquilo, sin temor del mal.* De las dos interpretaciones de שׁוּב (cf. מְשׁוּבַת פְּתָיִם) *volverse hacia* (con אֶל y similares, conversión) o *alejarse de* (con מֵאַחֲרֵי o מֵעַל, deserción), en nuestro caso, con מְשׁוּבַת hay que elegir la segunda, en el sentido de descarrío, de rechazo o apostasía (en contra de eso, el hebreo postbíblico תְּשׁוּבָה pone más de relieve la primera acepción, es decir, el arrepentimiento y la vuelta a Yahvé).

La apostasía de la sabiduría y la de Dios están unidas. Por su parte, la palabra שַׁלְוָה (וְשַׁלְוַת כְּסִילִים) se está refiriendo aquí a la *carnalis securitas* (seguridad de la carne); pero la palabra puede denotar también la paz externa e interna de los justos, como שַׁאֲנָן, de donde proviene שַׁלְאֲנָן, Job 21, 23, como superlativo formado por la inserción de la ל de שָׁלוּ, que puede tomarse en sentido bueno o malo.

Según la Masora (cf. también Jer 30, 10; Jer 46, 27; Jer 48, 11), שַׁאֲנָן es perfecto *pilel* (cf. Ewald, 120a) de un verbo no usado, שָׁאַן, estar quieto: algo o alguien que ha alcanzado la quietud total y que la disfruta. La construcción con מִן sigue la analogía de הֵנִיחַ מִן (dar descanso), שָׁקַט מִן (descansar), y similares. La interpretación negativa de מִן, *sine ullo pavore mali* (sin miedo a mal alguno: Schultens, Ewald), es innecesaria. También Job 21, 9 puede explicarse como "paz sin terror", especialmente porque שָׁלוֹם se deriva de la raíz שׁל. La expresión פַּחַד רָעָה, "miedo al mal", quizás se pueda distinguir de פַּחַד רַע como genitivo de combinación.

## Proverbios 2

### 2, 1-8.

¹ בְּנִי אִם־תִּקַּח אֲמָרָי וּמִצְוֹתַי תִּצְפֹּן אִתָּךְ׃
² לְהַקְשִׁיב לַחָכְמָה אָזְנֶךָ תַּטֶּה לִבְּךָ לַתְּבוּנָה׃
³ כִּי אִם לַבִּינָה תִקְרָא לַתְּבוּנָה תִּתֵּן קוֹלֶךָ׃
⁴ אִם־תְּבַקְשֶׁנָּה כַכָּסֶף וְכַמַּטְמוֹנִים תַּחְפְּשֶׂנָּה׃
⁵ אָז תָּבִין יִרְאַת יְהוָה וְדַעַת אֱלֹהִים תִּמְצָא׃
⁶ כִּי־יְהוָה יִתֵּן חָכְמָה מִפִּיו דַּעַת וּתְבוּנָה׃
⁷ [וְצָפַן] (יִצְפֹּן) לַיְשָׁרִים תּוּשִׁיָּה מָגֵן לְהֹלְכֵי תֹם׃
⁸ לִנְצֹר אָרְחוֹת מִשְׁפָּט וְדֶרֶךְ [חֲסִידָיו] (חֲסִידוֹ) יִשְׁמֹר׃

12. Es un plural que se aplica a todas las circunstancias, indicando una semejanza en las relaciones de tiempo y espacio.

Proverbios 2

¹ Hijo mío, si aceptas mis palabras
y atesoras mis mandamientos dentro de ti,
² si prestas oído a la sabiduría e inclinas tu corazón
al entendimiento;
³ igualmente (más aún) si invocas a la inteligencia
y al entendimiento llamas a gritos,
⁴ si como a la plata la buscas
y la rebuscas como a tesoros escondidos,
⁵ entonces entenderás el temor de Jehovah
y hallarás el conocimiento de Dios.
⁶ Porque Jehovah da la sabiduría,
y de su boca provienen el conocimiento
y el entendimiento.
⁷ Él atesora eficiente sabiduría para los rectos;
es el escudo de los que caminan en integridad.
⁸ Preserva las sendas del juicio
y guarda el camino de sus piadosos.

**2, 1-2.** *Hijo mío, si aceptas mis palabras…* El primer אם, con el que se introduce (Pr 2, 1-2), debe interpretarse como una exclamación, "¡Oh eso!" (O si…), y además como optativo, cf. Sal 81, 9; Sal 139, 19. La expresión אז … כי, Pr 2, 3-5, con las cláusulas de conexión insertadas, tendría en ese caso un sentido confirmatorio, "porque entonces". De todas maneras, este poeta se complace en desarrollar un mismo pensamiento en formas siempre nuevas. Por eso es posible que debamos reconsiderar el sentido de las premisas condicionales de Pr 2, 1, de manera que כִּי אָם pueda interpretarse como un nuevo comienzo.

Hitzig toma este כי אם de 2, 3 en el sentido de *imo* (aún más), de manera que el buscador de la Sabiduría no se limitaría a escucharla cuando llega, sino que saldría a su encuentro, buscándola de diversas formas, sin limitarse a esperar tranquilamente hasta que venga. En ese caso, la partícula אם conservaría su significado condicional, de manera que, como en Job 31, 18; Sal 130, 4, כי recibiría el sentido de *imo* con un sentido de fondo negativo. Pero las oraciones vinculadas con אם están demasiado relacionadas por su significado, de manera que no parece posible que entre ellas exista una que tenga sentido negativo.

Según eso, כי ha de tener un sentido confirmatorio, no mediatamente, sino inmediatamente. Por eso, podría traducirse "de igual forma", confirmando y retomando el sentido de las condiciones anteriores (Ewald, 356b, cf. 330b), tras abandonar de alguna manera el estilo condicional anterior.

Por su parte, la palabra צפן (תִּצְפֹּן אִתָּךְ), que en Pr 1, 11 y Pr 1, 18 es sinónimo de צפה, *speculari*, se presenta aquí, en 1b, 7a, como sinónimo de טמן, de

# Discursos exhortatorios (Pr 1, 8 – 9, 18)

donde proviene la palabra מטמנים, sinónimo de צפונים, *recóndita* (cosas recónditas). El grupo de sonidos טם, צם צף (cf. también דף, en árabe *dafan*, de donde proviene *dafynat*, tesoro), evoca diversos matices de la representación básica de atesorar o de mantener juntos.

Al infinitivo de la conclusión le sigue, ya en Pr 2, 2, לְהַקְשִׁיב (edición griega de Venecia: ὡς ἀκροῷτο) con acusativo de objeto אזנך, *tu oído*, porque הקשיב significa propiamente fortalecer (no purgar, como piensa Schultens, ni afilar, como piensa Gesenius); cf. *Coment.* a Sal 10, 17. Con חכמה se intercambian בינה, que propiamente significa lo que se distingue o separa, y תבונה, que significa precisar el sentido de algo, apelativos que evocan la capacidad propia del entendimiento en casos determinados y en general. Pero esta capacidad múltiple de conocimiento no aparece aquí como una facultad del alma, sino como un poder divino que se comunica al hombre fiel, como un don de Dios (carisma).

**2, 3-5.** *Si invocas a la inteligencia y al entendimiento llamas a gritos, si como a la plata la buscas y la rebuscas como a tesoros escondidos, entonces entenderás el temor de Jehovah y hallarás el conocimiento de Dios.* Tal como aparece la primera frase, כִּי אִם לַבִּינָה תִקְרָא significa "si llamas (si invocas) al entendimiento" (entendido como Sabiduría), pidiéndole que venga a ti. Pero algunos han pensado que el texto primitivo podría interpretar la palabra אם como *madre*, traduciendo "si llamas madre al entendimiento"… (sobre este tema, cf. Strack, *Prolegómena*, pp. 66-70).

En esa línea podría interpretarse la traducción de la LXX y así, tomando la palabra אֵם en el sentido de "madre", podríamos apelar a textos como Pr 7, 4, cf. Job 17, 14. Pero aquí אם no tiene sentido de madre, sino que es una partícula condicional, por lo que la frase significa que el hombre fiel debe llamar al "entendimiento", que es la Sabiduría divina, para que le llene e ilumine; tiene que llamarla para que venga (Pr 18, 6), tiene que invitarla para que le asista (Pr 9, 15).

La ק de בקש (cf. אִם־תְּבַקְשֶׁנָּה) va siempre sin el *dagesh*, con la excepción del imperativo (por ejemplo en בַּקְשׁוּ). Pr 2, 4 forma parte del conjunto de ideas del libro de Job que hallamos en estos discursos introductorios de Proverbios, cf. Job 3, 21, como en Pr 2, 14; Job 3, 22 (Ewald, *Sprüche*, p. 49). La palabra תַּחְפְּשֶׂנָּה, de חפש, *scrutari*, procede, como muestra חפס, del significado primario de una zanja y, por lo tanto, está relacionado en su idea raíz con חפר (cavar, buscar, explorar).

En la cláusula principal de Pr 2, 5, la expresión יִרְאַת יְהֹוָה, temor de Yahvé, tiene el mismo sentido que en Sal 19, 10: es el auténtico temor de Yahvé, es decir, la reverencia que se le debe, la adoración a Él tal como se manifiesta. ה' y אלהים (Elohim y Yahvé) se intercambian como קדשים y ה' (Yahvé y Qedoshim) en Pr 9, 10.

דעת es conocimiento que procede de la práctica y la experiencia y, por lo tanto, no es meramente un tipo de cognición (Kenntnis), sino reconocimiento (Erkenntnis). Los pensamientos giran en círculo de manera que solo tienen un sentido de "apariencias". Pero el que se esfuerza por alcanzar la sabiduría con fervor, de un modo auténtico, encuentra el verdadero reconocimiento, la comunión con Dios porque, siendo Dios quien la concede, la Sabiduría no está en ninguna otra parte que en él, de manera que solo puede proceder de su fuente.

**2, 6-8.** *Porque Jehovah da la sabiduría…* La Sabiduría (Pr 2, 6) viene de מִפִּיו, es decir, de su boca (LXX lee erróneamente מִפָּנָיו, de su rostro), es decir, se comunica a través de su palabra, cf. Job 22, 22. En ese sentido, λόγος y πνεῦμα, palabra y espíritu (voz y aliento) aparecen unidas, sin distinguirse entre sí, de manera que la Sabiduría es la "respiración" de Dios, como dice Sab 7, 25: ἀτμὶς τῆς τοῦ θεοῦ Δυνάμεως καὶ ἀπόρροια τῆς τοῦ παντοκράτορος Δόξης εἰλικρινής (el aliento del poder de Dios, la emanación purísima de su gloria omnipotente). En esa línea (según Job 32, 8), la inspiración o aliento (נשמת) del Todopoderoso es la que concede entendimiento a los hombres. En Pr 2, 7, ya se lea como *keré* o *qetib* (יִצְפֹּן) [וצפן], el significado de צפן es el mismo, pero con matices distintos. El keré está indicando un hecho consumado, como ἡτοίμασεν, cf. 1Co 2, 9; por eso, la LXX y el texto siríaco prefieren con razón esta lectura, con la cópula *waw*, que parece que debe mantenerse, porque el texto de 2, 7 nos sitúa ante un nuevo pensamiento, en comparación con Pr 2, 6, indicando así un hecho nuevo.

La palabra לַיְשָׁרִים (para los rectos) debe escribirse con el acento *dech*. Fuera de Proverbios y Job, la palabra חָכְמָה (2, 6: *hokma*, sabiduría) se encuentra solo en Mi 6, 9 e Is 28, 29. La palabra תּוּשִׁיָּה es una formación *hifil* de הושה (de donde provienen los nombres propios יושה y יושיה) como en árabe *wasy* y *âsy*, restablecer. Tiene el sentido de mantenerse y avanzar, estando en pie. En esa línea, significa *promoción*, es decir, el poder o el don para promover y, concretamente, aquello que promueve y beneficia, particularmente la verdadera sabiduría y la verdadera fortuna, que es la salvación.[13]

La derivación de תּוּשִׁיָּה a partir de יש (Pr 8, 21) debe rechazarse, porque "la formación sería totalmente sin analogía, tanto más cuanto que la י de esta palabra

---

13. Anteriormente, yo estaba equivocado al pensar que esa palabra era una formación *hophal*, atribuyéndole un significado principal de hallarse en un estado de existencia plenamente realizada, de realidad, en contraposición a lo que es solamente *apariencia*. La objeción de J-D. Michaelis, *Supplem.* p. 1167 (en lenguas como el hebreo no se dan raíces de tipo metafísico, como esa: *Non placent in linguis ejusmodi etyma metaphysica,* etc.) no se aplica aquí, ya que la palabra תּוּשִׁיָּה es nueva y ha sido acuñada por la *hokma*, aunque todos los matices de su significado se derivan naturalmente del significado fundamental de "*fomento*", algo que fomenta vida (cf. Séneca, *Deus stator stabilitorque est,* Dios es aquel que es fundamental y fortalece). Esa palabra תּוּשִׁיָּה, del árabe *âsy* y *wasy,* significa promover con la palabra y la acción, ayudar con el consejo y la obra, brindar ayuda, de donde derivan los significados *auxilium, salus* y *prudens consilium, sapientia* (auxilio, salud, prudencia, consejo, sabiduría), que son fáciles de seguir. Cf. proverbio árabe de Ali: "Te favorece y alienta aquel que se preocupa por ti".

# Discursos exhortatorios (Pr 1, 8 – 9, 18)

no está en lugar de la ו, como se ve en el árabe *l-ys* y en Syr. *lyt* (Florilegio).[14] Por otra parte, la derivación de תּוּשִׁיָּה a partir de ושה, igual a שוה, ser suave (Hitzig), nos sitúa ante otro sistema de raíces.[15]

En el pasaje que estamos considerando (Pr 2, 7), תּוּשִׁיָּה significa avance en el sentido de prosperar. En 7b, que es paralelo a 7a, el tema aparece en forma de aposición: Él (Yahvé) es un escudo (מָגֵן es un nombre instrumental de גנן, cubrir) para הלכי תם, los que caminan en la inocencia (Florilegio), es decir, para los que avanzan por el camino de la inocencia (como en Pr 6, 12, cf. Pr 10, 9, ב).

תם es integridad, sumisión total, integridad moral, la virtud de alguien que elige a Dios con todo el corazón, de alguien que busca el bien sin excepción. Un pensamiento semejante se encuentra en el Sal 84, 12. Por su parte, en 2, 8, לנצר es un infinitivo de consecuencia (para preservar, para guardar) como להקשיב (Pr 2, 2), de manera que tanto en un caso como en el otro esos infinitivos van seguidos con verbos en finito. Los caminos de la justicia (אָרְחוֹת מִשְׁפָּט) se refieren a las personas que entran y se mantienen (avanzan) por (en) ellos, en paralelo al camino de sus santos וְדֶרֶךְ חסידו, de los que aman con חסיד, esto es, con la ferviente entrega interior a Dios, porque solo ese es un ארח־צדקה o camino de justicia (Pr 12, 28); *los que van por ese camino* son los הלכי צדקות (Is 33, 15). En lugar de un *mugrash*, la palabra וְדֶרֶךְ debe llevar un *tarcha*.

## 2, 9-22

9 אָז תָּבִין צֶדֶק וּמִשְׁפָּט וּמֵישָׁרִים כָּל־ מַעְגַּל־ טוֹב׃
10 כִּי־ תָבוֹא חָכְמָה בְלִבֶּךָ וְדַעַת לְנַפְשְׁךָ יִנְעָם׃
11 מְזִמָּה תִּשְׁמֹר עָלֶיךָ תְּבוּנָה תִנְצְרֶכָּה׃
12 לְהַצִּילְךָ מִדֶּרֶךְ רָע מֵאִישׁ מְדַבֵּר תַּהְפֻּכוֹת׃
13 הַעֹזְבִים אָרְחוֹת יֹשֶׁר לָלֶכֶת בְּדַרְכֵי־ חֹשֶׁךְ׃
14 הַשְּׂמֵחִים לַעֲשׂוֹת רָע יָגִילוּ בְּתַהְפֻּכוֹת רָע׃
15 אֲשֶׁר אָרְחֹתֵיהֶם עִקְּשִׁים וּנְלוֹזִים בְּמַעְגְּלוֹתָם׃
16 לְהַצִּילְךָ מֵאִשָּׁה זָרָה מִנָּכְרִיָּה אֲמָרֶיהָ הֶחֱלִיקָה׃
17 הַעֹזֶבֶת אַלּוּף נְעוּרֶיהָ וְאֶת־ בְּרִית אֱלֹהֶיהָ שָׁכֵחָה׃
18 כִּי שָׁחָה אֶל־ מָוֶת בֵּיתָהּ וְאֶל־ רְפָאִים מַעְגְּלֹתֶיהָ׃
19 כָּל־ בָּאֶיהָ לֹא יְשׁוּבוּן וְלֹא־ יַשִּׂיגוּ אָרְחוֹת חַיִּים׃

---

14. La palabra árabe *'aysa* (que se utiliza casi solo en negativo, con *la-ysa* equivalente a לא יש), del mismo significado que יש, con el cual se asocia el arameo ית, presupone una raíz *'âsa* (igual a *'âssa*), ser fundado, fundar, que los gramáticos árabes consideran con razón como un antiguo sustantivo segolado (de dos sílabas, con acento en la primera) en el que se comprendía la fuerza verbal.

15. Las palabras árabes *wsy* y *swy* se confunden en el uso común (cf. Wetstein, *Deutsche Morgenländeische. Zeitschr*ift XXII 19), pero las raíces וש y שו son diferentes; por el contrario, וש y אש son modificaciones de una misma raíz.

*Proverbios 2*

לְמַעַן תֵּלֵךְ בְּדֶרֶךְ טוֹבִים וְאָרְחוֹת צַדִּיקִים תִּשְׁמֹר: ²⁰
כִּי־יְשָׁרִים יִשְׁכְּנוּ אָרֶץ וּתְמִימִים יִוָּתְרוּ בָהּ: ²¹
וּרְשָׁעִים מֵאֶרֶץ יִכָּרֵתוּ וּבוֹגְדִים יִסְּחוּ מִמֶּנָּה: פ ²²

⁹ Entonces entenderás la justicia,
el derecho y la equidad: todo buen camino.
¹⁰ Cuando la sabiduría entre en tu corazón
y el conocimiento sea agradable a tu alma,
¹¹ te guardará la sana iniciativa,
y te preservará el entendimiento.
¹² Te librará del mal camino,
de los hombres que hablan perversidades,
¹³ que abandonan las sendas derechas
para andar en caminos tenebrosos,
¹⁴ que se alegran haciendo el mal
y que se gozan en las perversidades del mal,
¹⁵ cuyos senderos son torcidos
y perversos sus caminos.
¹⁶ Te librará de la mujer ajena,
de la extraña que halaga con sus palabras,
¹⁷ que abandona al compañero de su juventud
y se olvida del pacto de su Dios.
¹⁸ Ciertamente su casa se hunde hacia la muerte,
y sus sendas hacia los muertos.
¹⁹ Todos los que con ella tengan relaciones no volverán,
ni lograrán alcanzar los senderos de la vida.
²⁰ Hará que andes por el camino de los buenos
y guardes las sendas de los justos.
²¹ Porque los rectos habitarán la tierra,
y los íntegros permanecerán en ella.
²² Pero los impíos serán exterminados de la tierra,
y los traicioneros serán desarraigados de ella.

**2, 9-11.** *Entonces entenderás la justicia, el derecho y la equidad: todo buen camino.*
*Cuando la sabiduría entre en tu corazón y el conocimiento sea agradable a tu alma,*
*te guardará la sana iniciativa, y te preservará el entendimiento.* Con la partícula אָז
nuevamente repetida se ratifican las promesas que se atribuyen al conocimiento
de la sabiduría. Por lo que se refiere a la tríada ética formada por מישרים (justicia,
rectitud), משפט (juicio) y צדק (rectitud), cf. también Pr 1, 3, la traducción de Seb.
Schmid resulta equivocada: "Y para ti será llano todo camino que se dirige hacia

# Discursos exhortatorios (Pr 1, 8 – 9, 18)

el bien" (*et omnis via qua bonum aditur erit tibi plana*); esa traducción no recoge con claridad el pensamiento expresado en Is 26, 7 de manera que el sentido del texto quedaría débilmente expresado.

En contra de eso, J. H. Michaelis interpreta correctamente los cuatro términos, en forma de acusativos de objeto; el cuarto término es (como en Sal 8, 7) el asíndeton recapitulativo que interrumpe y completa la enumeración anterior: *omnem denique orbitam boni* (todo aquello que pertenece a la órbita o camino del bien). Jerónimo traduce *bonam viam* (vía buena); pero, en este caso טוב tendría que estar en genitivo (camino de bien, Véase Pr 17, 2). La palabra מעגל (cf. מַעְגַּל־ טוֹב) está indicando la forma en que rueda el carro por el camino. La raíz עגל vincula los conceptos básicos de cosa-objeto y de camino, evocando así algo que se encuentra rodando, como rueda (גל).

Tenemos que preguntarnos si כי (cf. כִּי־ תָבוֹא, Pr 2, 10) tiene el sentido argumentativo de "porque" (según las versiones y la mayoría de los intérpretes) o de finalidad "para" (*denn*, entonces, como piensan J. H. Michaelis, Ewald y otros). En el caso de que כי fuera igual a "porque" el sujeto debería preceder al verbo, como en Pr 2, 6; Pr 2, 21 y Pr 1, 32 (Hitzig); y en ese caso no serviría para determinar nada, como muestra Pr 2, 18.

En el caso de que este כי tuviera el sentido de "porque" iría en contra de la analogía de כ en Pr 2, 6, donde sigue al אז de Pr 2, 5. Tenemos por tanto una diferencia entre Pr 2, 5-8 y Pr 2, 9; Pr 2, 9 marca un nuevo comienzo en la argumentación, y así puede aparecer como fundamento de lo que sigue en Pr 2, 10, de manera que Pr 2, 11 no puede tomarse adecuadamente como conclusión de lo anterior (de Pr 2, 9-10), sino que debe tomarse en forma de finalidad (la justicia, el derecho, servirá para "preservar", fundamentar, su pensamiento).

En esta segunda línea (en el sentido de finalidad) se expresa muy bien la promesa que viene implícita en la comprensión intelectual y práctica de aquello que es justo y bueno, según su alcance, en su sentido concreto, desde la multiplicidad de sus matices. De esa forma se establece y explica muy bien el paso de Pr 2, 10 a Pr 2, 11: porque la Sabiduría entrará en tu corazón (es decir, para hacer de él una morada) (cf. Pr 14, 33; Jn 14, 23), y su conocimiento hará bien a tu alma (a través del disfrute que surge de la posesión del conocimiento, y de todas las restantes cosas que produce la Sabiduría). La palabra דעת, γνῶσις (cf. וְדַעַת לְנַפְשְׁךָ יִנְעָם), que puede traducirse como "gnosis", aparece en otros lugares en femenino (Sal 139, 6), pero aquí, como en Pr 8, 10; Pr 14, 6, en el sentido de τὸ γνῶναι, aparece en masculino. Pr 2, 11 explica más detalladamente el contenido de אז תבין (Pr 2, 9: entonces entenderás).

La expresión שמר על (תִּשְׁמֹר עָלֶיךָ en el sentido de velará por ti, te guardará), que en Job 14, 16 debe interpretarse de manera diferente, se utiliza en Proverbios solo aquí y en Pr 6, 22: *La discreción, es decir, la capacidad de acción bien meditada, os velará,* os tomará bajo su protección. Se te otorgará la comprensión, es decir, la capacidad de hacer la elección correcta, en el caso de que existan reglas que parecen opuestas, de manera que podáis elegir el medio correcto entre los extremos. En תִנְצְרֶכָּה como en Sal 61, 8; Sal 140, 2; Sal 140, 5; Dt 33, 9, etc., la primera letra de la raíz no se asimila, para que la palabra tenga un sonido más completo; la terminación con כה en vez de con ך tiene la finalidad de hacernos reflexionar sobre el tema.[16]

**2, 12-13.** *Te librará del mal camino, de los hombres que hablan perversidades, que abandonan las sendas derechas para tomar caminos tenebrosos.* Como en Pr 2, 10 y 2, 11, se expanden las palabras אָז תָּבִין (entonces entenderás, cf. 2, 5), también aquí se expande el sentido de mirar y preservar. Es evidente que דרך רע no es genitivo (*vía mali,* camino del mal), sino adjetivo (*vía mala,* camino malo), como en דרך לֹא־טוֹב, *camino no bueno* (Pr 16, 29). El mal camino, es decir, la mala conducta, se vincula con las palabras falsas (malas) representadas y proclamadas por la persona del engañador. De ambos tipos de contagio (del mal camino y de las malas obras) libera al hombre la Sabiduría.

Las תַהְפֻּכוֹת que dice el hombre malo (véase la forma semejante תחבות, que aparece solo como plural) son las tergiversaciones (las malformaciones) de lo bueno y lo verdadero, con el propósito de engañar (Pr 17, 20); son las *falaciae,* es decir, las intrigas en la conducta, las mentiras y engaños en las palabras. El *Florilegio* compara en árabe *ifk,* mentira, con *affak,* un mentiroso.

La palabra לְהַצִּילְךָ (para liberarte) lleva un *munach,* que está siempre al servicio del *dech,* en lugar del *metheg,* según regla constante (cf. *Accentssystem,* vii. 2). La palabra הָעֹזְבִים (Pr 2, 13) está vinculada con el colectivo איש (cf. Jc 9, 55); en la traducción la presentamos con una cláusula de relativo. La vocalización del artículo fluctúa, pero la más común es הָעֹזְבִים como la palabra correspondiente de Pr 2, 17 (הָעֹזֶבֶת אַלּוּף, cf. Michlol 53b). Este es una de las tres palabras que retienen su *metheg* y que, sin embargo, le agregan un *munach* en la sílaba tonal (las otras dos son Job 22, 4; Job 39, 26).

A los "caminos de la honestidad" (Geradheit, cf. la expresión adjetiva en Jer 31, 9), es decir, a los caminos del que no rehúye ir a la luz, se oponen los "caminos de las tinieblas", los ἔργα τοῦ σκότους (Ro 13, 12), es decir, de aquellos que de manera intencionada se ocultan de Dios (Is 29, 15) y de los hombres (Job 24, 15; Job 38, 13, Job 38, 15) y caminan en oscuridad.

---

16. Para la sucesión correcta de los acentos aquí, véase *Torath Emeth,* p. 49, 5; cf. también *Accentuationssystem,* xviii. 3.

**2, 14-15.** Que se alegran haciendo el mal y que se gozan en las perversidades del mal, cuyos senderos son torcidos y perversos sus caminos. En este versículo termina la derivación anterior, que venía desde 2, 12 (con מִן), de manera que la descripción continúa ahora de forma independiente. El texto habla de aquellos que no retroceden ante el mal, sino que se entregan al engaño, de aquellos que se sienten cómodos viviendo en el mal, como en su propio elemento, regocijándose y deleitándose en aquello que deberían evitar, pues se trata de algo destructivo que debe ser rechazado.

El neutro רַע de רַע לַעֲשׂוֹת es frecuentemente un genitivo atributivo: Pr 6, 24; Pr 15, 26; Pr 28, 5 (cf. טוב, Pr 24, 25). Estos que hacen aquí el mal, que van por el camino de los males, מְדַבֵּר תַּהְפֻּכוֹת, son los que en sí mismos son malos, los que cometen unas perversidades que no son solo *simplices aut vulgares* (simples y vulgares), sino *pessimae et ex omni parte vitiosae,* es decir, pésimas (cf. J. H. Michaelis).

Con אֲשֶׁר (οἵτινες, aquellos cuyos caminos…, Pr 2, 15) concluye esta sección. Fleischer, Bertheau y otros interpretan אָרְחֹתֵיהֶם en sentido negativo, como en el griego σκολιὸς τὸν νοῦν, τὰς πράξεις (obras que son perversas para la mente); pero en ese caso tendría que invertirse la posición de las palabras אָרְחֹתֵיהֶם עִקְּשִׁים (cf. קְשׁוּ en Is 59, 8; Pr 10, 8, cf. Pr 9, 15). עִקְּשִׁים es el predicado, porque tanto אֹרַח, como דֶּרֶךְ, admiten ambos géneros. וּנְלוֹזִים lleva en sí su sujeto הֵם (ellos). לוֹז (cf. וְנָלוֹזִים), como en árabe *l'd, l'dh*, es una forma más débil de לוּץ, en el sentido de *flectere, inclinare* (ladearse, inclinarse), intransitivo *retroceder, están desviados, inclinados* fuera del camino a la derecha y a la izquierda en su caminar (בְּ como en Pr 17, 20).

**2, 16-19.** *Te librará de la mujer ajena, de la extraña.* Con la reanudación de לְהַצִּילְךָ (para librarte de) se especifica aún más en estos versos la protección vigilante que la sabiduría brinda a sus poseedores. El tema que aquí se retoma es el de la sabiduría cuádruple citada en Pr 2, 10; Pr 2, 11.

זר (cf. מֵאִשָּׁה זָרָה, de una mujer extranjera) significa *alienus*, que puede ser equivalente a *alius populi*, de otro pueblo, pero que tiene un espectro mucho más amplio de sentido: el que no pertenece a una determinada clase social o religiosa (por ejemplo, el laico, que no es sacerdote), la persona o cosa que no me pertenece, etc. En eso se distingue del נכרי, *peregrinus*, un término que siempre alude a una persona de origen extraño, de origen extranjero. En esa línea, אשה זרה es la mujer no casada, mientras que נָכְרִיָּה es una mujer no israelita.

La prostitución estaba parcialmente sancionada en el culto de los madianitas, los sirios y otras naciones vecinas de Israel y, por lo tanto, se consideraba una profesión o forma de vida habitual. En Israel, por el contrario, la ley (Dt 23, 18) la prohibía bajo castigo, y por eso era practicada principalmente por mujeres extranjeras (Pr 23, 27, cf. la excepción de Rut 2, 10).[17] Ese vicio de casarse con extranjeras se propagó particularmente desde los últimos días de Salomón, junto con la impiedad general y, uniéndose a la poligamia aprobada por la ley, trajo la ruina al estado.

La *hokma* o Sabiduría se opone a este vicio (a la poligamia), y en todo momento presenta la monogamia como la única forma de vida que responde a la institución divina y al ideal de la relación humana. Al presentar el matrimonio como "pacto de Dios" (בְּרִית אֱלֹהֶיהָ), condena no solo las relaciones sexuales adúlteras, sino generalmente promiscuas, porque no responden a la institución sagrada y, por lo tanto, son injustificables, así como el divorcio arbitrario.

Por lo que toca a las antiguas ceremonias relacionadas con la celebración del matrimonio, no estamos especialmente informados; pero a partir de Pr 2, 17; Mal 2, 14 (como piensan Ewald, Bertheau, Hitzig, aunque no Köhler) podemos deducir que la celebración del matrimonio era un acto religioso, y que los que se unían en matrimonio llamaban a Dios para testificar y ratificar los votos que tomaron sobre sí mismos. La cláusula atributiva (אֲמָרֶיהָ הֶחֱלִיקָה, la mujer que hablara con su palabra) evoca la forma corriente de engatusar y disimular, con palabras suaves, refiriéndose a la mujer que ha aprendido a seducir con sus formas de expresión halagadoras (Florilegio).

El nombre אַלּוּף (2, 17) que se usa aquí, no tiene nada que ver con el nombre de *filarco* (dirigente de tribu), de sonido similar, que es un denominativo de אלף, sino que viene inmediatamente de אלף, acostumbrarse a una persona o causa, estar familiarizado con ella (cf. arameo ילף, אלף, aprender, enseñar) y, por lo tanto, significa como sinónimo de רע, el compañero o asociado familiar (véase Schultens). Paralelos como Jer 3, 4 hicieron que los antiguos intérpretes ofrecieran una explicación alegórica de la adúltera como personificación de la apostasía o de la herejía.

La LXX traduce Pr 2, 18: ἔθετο γὰρ παρὰ τῷ θανάτῳ τὸν οἶκον αὐτῆς, ella (la esposa disoluta) ha puesto su casa bajo el abismo de la muerte (la ha colocado bajo la muerte). Este שחה [ἔθετο] es quizás el original, porque el texto tal como está ante nosotros es dudoso, aunque correctamente entendido, es admisible. La acentuación supone que ביתה, su casa, es el sujeto, pero בית en otros lugares siempre es masculino y no, como el más raro ארח, Pr 2, 15, que puede ser también masculino (de doble género).De todas formas, aunque (como suponen Bertheau, Hitzig) el predicado ביתה se considerara como femenino, podría ser masculino, por concordar con שח como, por ejemplo, en Is 2, 17. La palabra שחה que aquí se utiliza es, como en el Sal 44, 26, la 3ª persona de שׁוּח, árabe *sâkh*, bajar, hundirse.

---

17. En el hebreo talmúdico ארמית (arameo) tiene el mismo significado que נכריה bíblico.

## Discursos exhortatorios (Pr 1, 8 – 9, 18)

La enmienda שׁחה (Joseph Kimchi) no es aceptable en ese sentido, pues שׁחה y שׁחח significan, según el uso, agacharse o inclinarse (no hundirse hasta la muerte). Por otra parte, interpretar como Gersónides (=Ralbag) la palabra שׁחה transitivamente es inadmisible. Por eso Aben Ezra interpreta ביתה como aposición, a la muerte entendida como su casa; pero en ese caso el poeta debería haber dicho אל־שׁאול, porque la muerte no es una casa.

Por otro lado, la palabra ביתה no se puede tomar como un acusativo de definición más cercana (J. H. Michaelis, Floriletium); una expresión como esa no tendría aquí sentido, ni tampoco en 15a; sería una expresión refinada, pero sin sentido. Böttcher ha reconocido a ביתה como expresión permutativa, tomando el sentido del sujeto personal (es decir, de la mujer, porque ella se hunde hasta la muerte). Se hunde su casa, es decir, ella misma, junto con todo lo que le pertenece. Sobre el sentido permutativo del sujeto, cf. Job 29, 3; Is 29, 23 (véase *Coment. ad locum*); para una declaración más particular del objeto, cf. Éx 2, 6, etc. Con respecto a los רפאים (cf. וְאֶל־רְפָאִים), es decir, a las sombras del inframundo (de רפה, sinónimo de חלה, estar debilitado o volverse impotente), palabra común a los escritos salomónicos, véase *Comment*. Isaías, p. 206.

Lo que Pr 2, 18 dice de la persona de la adúltera, lo dice Pr 2, 19 de los que viven con ella, es decir, ביתה, de sus compañeros de casa. La expresión באיה, "los que entran en ella", es equivalente a באים אליה. El participio de los verbos *eundi et veniendi*, de ir y volver, toma el acusativo de finito como genitivo en estado constructo como, por ejemplo, en Pr 1, 12; Pr 2, 7; Gn 23, 18; Gn 9, 10 (cf. Jer 10, 20). La palabra יְשׁוּבוּן con el tono en la última, es una expresión de condena: no hay retorno para aquellos que practican la fornicación, de forma que ellos no podrán volver a los caminos de la vida, de los que ellos tanto se han desviado.[18]

**2, 20-22.** *A fin de que andes por el camino de los buenos...* Con למען comienza una nueva sección que, a través de להצּיל (para librarte), está vinculada con Pr 2, 12 y Pr 2, 16, indicando aquello que la sabiduría logra como preservadora y guía de los hombres. Eso significa que la sabiduría te guardará, para que no caigas bajo las seducciones perversas de hombres y/o mujeres. La finalidad (para que guardes..., con למען, de מען, tiene el mismo sentido que מענה, en el sentido de tendencia o propósito), refiriéndose a la intención y objeto de la sabiduría protectora.

A las dos designaciones anteriores (para que andes, para que guardes, en sentido de designio) sigue, como tercera y última, la que está relacionada con los

---

18. Aquí puede recordarse la expresión de la Eneida, VI. 127-129, *Revocare gradum superas- que evadere ad auras. Hoc opes, hoc labor est* (es fácil descender al Averno, pero es muy difícil invertir el descenso y ascender a las auras superiores: Este es el trabajo, esta la fatiga). Véase también una terrible historia talmúdica, sobre un rabino disoluto, *b. Aboda zara*, 17a. Por otra parte, en los textos correctos, la expresión וְלֹא־יַשִּׂיגוּ tiene *makkeph* (véase Torath Emeth, p. 41 y *Accentuationssystem*, xx. 2).

buenos, los טובים (en contraste con los malvados o רעים, Pr 14, 19). Esta designación final se plantea aquí en un sentido ético general, referido a lo que es bueno (*Guten*, no *Gütigen*, simplemente amable).

La palabra שׁמר, vinculada a camino, puede significar en otra conexión también evitar, *cavere ab* (Sal 17, 4); aquí quiere decir simplemente guardar con cuidado las sendas de los justos. La promesa de Pr 2, 21 (los rectos habitarán la tierra) es la misma que aparece en el *mashal* de Sal 37, 9; Sal 37, 11; Sal 37, 22; cf. Pr 10, 30.

ארץ (la tierra) es Canaán, es decir, la tierra que Dios prometió a los patriarcas, aquella en la que plantó a Israel, a quien había sacado de Egipto; no la tierra que aparece en la bienaventuranza de Mt 5, 5, donde el término tiene el sentido extenso e ilimitado de la visión del N.T.

Schultens explica erróneamente יותרו (cf. יִנָּתְרוּ בָהּ, en *milel*), *funiculis bene firmis irroborabunt in terra,* con varas bien firmes se fortalecerán en la tierra. El verbo יתר, árabe *watar*, significa yugo (de donde toma también el sentido de cuerda, soga); desde ese fondo, en sentido intransitivo, significa estar estirado a lo largo, estar colgando (véase Fleischer, *Coment.* sobre Job 30, 11); finalmente, יתר viene a significar residuo, Sof 2, 9, conforme a lo cual, la LXX traduce aquí ὑπολειφθήσονται, quedarán, y Jerónimo *permanebunt*.

En 22b, los comentaristas antiguos traducen יִסָּחוּ como futuro pasivo de נסח, cf. Dt 28, 63; pero en este caso tendría que haberse puesto ינסחו. La forma יסחו podría ser *nifal* de סחח, pero סחח no puede identificarse con נסח, ni tiene el mismo significado, ni puede vocalizarse como hace Hitzig, como *hofal* de נסח; ni puede considerarse como hace Böttcher (núm. 1100, p. 453), como un verdadero futuro *nifal*.

Como en Pr 15, 25; Sal 52, 7, la palabra יסחו, puede tomarse en sentido activo, como *evelant*, desarraigarán… En este caso, con el sujeto indefinido (como ha puesto de relieve J. H. Michaelis, refiriéndose a Oseas 12, 9) esta palabra es equivalente a *evellentur* (serán desarraigados).

Como dice Fleischer, este indefinido, "ellos" o "uno" (un hombre) como sujeto pasivo, puede utilizarse para referirse a Dios (Dios les desarraigará), como aquí y en Job 7, 3, en un sentido que es también común en persa donde, por ejemplo, la expresión traducida *hominem ex pulvere fecerunt* (hicieron al hombre del polvo) se usa en lugar de la forma más completa, que se traduciría como *homo a Deo ex pulvere factus est* (el hombre ha sido creado por Dios del polvo). El término בוגדים tiene (como prueba la raíz בגד) el significado principal de *oculto*, es decir, *malicioso* (*traicionero* y perverso, cf. Is 33, 1) y, por lo tanto, un hombre sin fe.[19]

---

19. En árabe hay una la relación semejante entre *labbasa* con *libâs* (לבושׁ), en el sentido de hacer que una cosa sea desconocida cubriéndola de un modo engañoso. De ahí viene *telbî*s, engaño, y *mulebbis*, falsificador.

*Discursos exhortatorios (Pr 1, 8 – 9, 18)*

# Proverbios 3

## 3, 1-7.

מִשְׁלֵי שְׁלֹמֹה בֶן־ דָּוִד מֶלֶךְ יִשְׂרָאֵל: <sup>1</sup>
לָדַעַת חָכְמָה וּמוּסָר לְהָבִין אִמְרֵי בִינָה: <sup>2</sup>
לָקַחַת מוּסַר הַשְׂכֵּל צֶדֶק וּמִשְׁפָּט וּמֵישָׁרִים: <sup>3</sup>
לָתֵת לִפְתָאיִם עָרְמָה לְנַעַר דַּעַת וּמְזִמָּה: <sup>4</sup>
יִשְׁמַע חָכָם וְיוֹסֶף לֶקַח וְנָבוֹן תַּחְבֻּלוֹת יִקְנֶה: <sup>5</sup>
לְהָבִין מָשָׁל וּמְלִיצָה דִּבְרֵי חֲכָמִים וְחִידֹתָם: <sup>6</sup>
יִרְאַת יְהוָה רֵאשִׁית דָּעַת חָכְמָה וּמוּסָר אֱוִילִים בָּזוּ: פ <sup>7</sup>

<sup>1</sup> Hijo mío, no olvides mi instrucción,

y guarde tu corazón mis mandamientos;

<sup>2</sup> porque abundancia de días y años de vida

y bienestar te aumentarán.

<sup>3</sup> No se aparten de ti la misericordia y la verdad;

*átalas a tu cuello. Escríbelas en las tablas de tu corazón,*

<sup>4</sup> y hallarás gracia y buena opinión ante los ojos de Dios

y de los hombres.

<sup>5</sup> Confía en Jehovah con todo tu corazón,

y no te apoyes en tu propia inteligencia.

<sup>6</sup> Reconócelo en todos tus caminos,

y él enderezará tus sendas.

<sup>7</sup> No seas sabio en tu propia opinión:

teme a Jehovah y apártate del mal.

**3, 1-3.** *Hijo mío, no olvides mi instrucción, y guarde tu corazón mis mandamientos…*
(3, 1). Con este versículo comienza la doctrina. La partícula אל (no לֹא) muestra que
(según Pr 3, 1) siguen abiertas las promesas anteriores, siempre que se cumplan los
mandatos ya propuestos. Los rasgos fundamentales de la vida del buen discípulo
han de ser חֶסֶד וֶאֱמֶת, es decir, la misericordia y la verdad. Según el uso normal del
lenguaje, חסד (raíz חס, atar, unir) es la bondad de Dios hacia los hombres y de los
hombres hacia Dios, o la de los hombres entre sí, una disposición amorosa, del
mismo significado que ἀγάπη en el N.T. (véase, por ejemplo, Os 6, 6). אמת (de
אמנת) es la fidelidad, la continuidad, estar de acuerdo con las promesas dadas, y
no ir en contra de las expectativas que se han creado; este es el significado de la
fidelidad, πίστις, en el sentido interrelacionado de *fides* y *fidelitas*, de fe y fidelidad.

Estos dos estados de ánimo y conducta se contemplan aquí como poderes
morales (Sal 61, 8; Sal 43, 3), que realizan un excelente servicio y ofrecen preciosas

ganancias. 3, 4b muestra que en este campo no puede darse separación entre Dios y los hombres, entre lo religioso y lo moral. El sufijo ם de קָשְׁרֵם no se refiere a la doctrina y a los preceptos, sino a estas dos virtudes básicas que han de ir unidas. Si se exhorta al discípulo a atárselos al cuello (véase Pr 1, 9; cf. Pr 3, 22), lo que así se destaca no es el hecho de ponerlas como adorno, ni que sean una protección contra las malas influencias, tomándolas como un amuleto[20] (para lo cual faltan pruebas), sino al sello que los hombres importantes solían llevar siempre consigo (Gn 38, 18, cf. Cnt 8, 6) en un cordón alrededor del cuello.

Así lo confirma el paralelo 3c. Estas dos partes del verso (3b y 3c) aluden a las *tephillim* (filacterias), de las que se habla en Éx 13, 16; Dt 6, 8; Dt 11, 18. Ciertamente, en esos casos se trata de una representación que aparece en forma externa, pero que expresa la realidad de aquellas virtudes internas que debe cumplir el buen discípulo de la Sabiduría.

לוח (cf. עַל־לוּחַ לִבֶּךָ) del árabe *l'ah*, que indica el brillo que proviene p. ej., de una estrella fugaz, de una espada reluciente (véase Wetzstein, *Deutsche morgenländische Zeitschr.* xxii. 151s.), significa la tablilla preparada para escribir, que está brillante, por medio de pulimento. Escribir el amor y la fidelidad en la tabla del corazón, es grabar profundamente allí el deber de ambas virtudes, para que uno tenga el impulso de cumplirlas, un impulso que le viene de adentro hacia afuera (Jer 31, 33).

**3, 4.** Y *hallarás gracia y buena opinión ante los ojos de Dios y de los hombres*. Al imperativo admonitorio anterior sigue aquí un segundo imperativo, como Pr 4, 4; Pr 20, 13; Am 5, 4; 2Cr 20, 20, en lugar del cual podría haberse puesto un perfecto consecutivo. El maestro desea presentar aquí no solo el bien que aconseja a sus discípulos, sino los buenos resultados que provienen del cumplimiento de ese bien.

שכל (cf. וְשֵׂכֶל־טוֹב) es (cf. 1Sa 25, 3) la apariencia, la buena opinión. Para los árabes, *shakl* significa la forma, es decir la unión de los rasgos o contornos en una sola figura, el σχῆμα. Según eso, שכל טוב puede interpretarse como la impresión agradable y ventajosa que produce la apariencia externa bien construida de un hombre, como expresión o imagen de lo que su excelencia interna manifiesta. Es la opinión favorable, el juicio amistoso, buena reputación (Ewald, Hitzig, Zöckler).

Pero, además, en otros lugares (Pr 13, 15; Sal 111, 10; 2Cr 30, 22) esta expresión significa un interior bueno y noble, perspicacia o prudencia elegante y conveniente. Por su parte, en el lenguaje de los Proverbios, שכל tiene el significado de *intellectus*, es decir, el buen entendimiento que procede de la actividad interior de

---

20. Fleischer recuerda en este contexto a una jirafa del *Jardin des Plantes*, cuya cabeza estaba adornada por su guardián árabe con hilos y joyas, cuyo objeto era apartar de aquel precioso animal el *'ain* (la mirada mala de posibles enemigos).

## Discursos exhortatorios (Pr 1, 8 – 9, 18)

la mente. Quien obra así obtiene favor a ojos de Dios y de los hombres, mostrándose como hombre prudente. No es necesario asignar unos objetos a Dios y otros a los hombres. A ojos de ambos, el que lleva amor y fidelidad en su corazón aparece como alguien a quien se le debe adjudicar חֵן y שֵׂכֶל טוֹב, gracia y buena opinión.

**3, 5-7.** *Confía en Jehovah con todo tu corazón…* Si "bondad y verdad" (Pr 3, 3) se entendieran únicamente en relación con los hombres, no sería necesaria esta amonestación, ya que procede de la anterior. Esta amonestación solo tiene sentido si la bondad y verdad se relacionan no solo con los hombres, sino también con Dios.

Solo de Dios viene la verdadera prosperidad, la verdadera ayuda, pues él conoce el buen camino que lleva al cumplimiento de los fines correctos. Él sabe lo que nos beneficia. Es capaz de librarnos de lo dañino; por tanto, tenemos el deber de poner toda nuestra confianza en Él, de no confiar en nuestro propio juicio.

El verbo בטח, árabe *baṭḥ*, tiene el significado básico de *expandere*, de manera que, a partir de ese significado, quizá de una manera más directa que la expresada en Sal 4, 6, recibe el significado de *confidere*, es decir, de poder apoyarse con todo el peso sobre algo que nos da confianza, para descansar encima, על, estando seguros en el caso de que nos inclinemos. En francés: *se reposer sur quelqu'un*; italiano: *riposarsi sopra alcuno*. Este es el mismo sentido que tiene הִשָּׁעֵן con אֶל, apoyarse en alguna cosa, para ser sostenido por ella; con על, apoyarse en cualquier cosa (Florilegium).

דָּעֵהוּ (cf. בְּכָל־דְּרָכֶיךָ דָעֵהוּ) tiene la misma forma que שָׂאֵהוּ, Nm 11, 12), pero no se trata de un simple "reconocer" exterior, como en 1Cr 28, 9, ni de un mero conocimiento teórico, sino de una aceptación y conocimiento total, de una acogida plena y penetrante, que implica a todo el ser humano. Ese דָּעֵהוּ o reconocimiento práctico-místico, lleno de significado, según el A.T. y el N.T., queda ratificado y fortalecido por las palabras anteriores, בְּכָל־לִבֶּךָ, *toto corde tuo*, con todo tu corazón.

El corazón es la sede central de la fuerza espiritual del alma. Amar a Dios con todo el corazón es concentrar toda la vida interior en la contemplación activa de Dios y en la pronta observancia de su voluntad. Dios recompensa a los que muestran respeto por Él, aclarándoles su camino, es decir, guiándolos directamente a la meta correcta, quitando todos los obstáculos de su camino. La palabra אֹרְחֹתֶיךָ (tus caminos), tiene *cholem* en la primera sílaba (véase Kimchi, *Lex*).[21]

La expresión *no seas sabio en tu propia opinión* equivale a *ne tibi sapiens videare*, no te tomes a ti mismo como sabio, pues, como comenta J. H. Michaelis, *confidere Deo est sapere, sibi vero ac suae sapientiae, desipere* (confiar en Dios es conocerse a sí mismo de verdad, y desconfiar de la propia sabiduría). Por otra parte, *teme a Dios y apártate del mal* constituye la doble representación de la εὐσέβεια, de

---

21. Esa palabra, אֹרְחֹתֶיךָ, puede tomarse en estado constructo (cf. Pr 2, 19), pero no transformarse en ארחתי como hace Ben-Asher en Job 13, 27, cf. Job 33, 11.

la piedad práctica, en los escritos de *hokma*: Pr 16, 6; Sal 34, 10; 34, 15 y Job 28, 28. La expresión postbíblica סר מרע (apártate del mal) es ירא חטא (teme el pecado).

## 3, 8-12. Honra a Yahvé con tus riquezas…

8 רִפְאוּת תְּהִי לְשָׁרֶּךָ וְשִׁקּוּי לְעַצְמוֹתֶיךָ׃

9 כַּבֵּד אֶת־יְהוָה מֵהוֹנֶךָ וּמֵרֵאשִׁית כָּל־תְּבוּאָתֶךָ׃

10 וְיִמָּלְאוּ אֲסָמֶיךָ שָׂבָע וְתִירוֹשׁ יְקָבֶיךָ יִפְרֹצוּ׃ פ

11 מוּסַר יְהוָה בְּנִי אַל־תִּמְאָס וְאַל־תָּקֹץ בְּתוֹכַחְתּוֹ׃

12 כִּי אֶת אֲשֶׁר יֶאֱהַב יְהוָה יוֹכִיחַ וּכְאָב אֶת־בֵּן יִרְצֶה׃

8 Porque será medicina para tu ombligo
y refrigerio para tus huesos.
9 Honra a Jehovah con tus riquezas
y con las primicias de todos tus frutos.
10 Así tus graneros estarán llenos con abundancia,
y tus lagares rebosarán de vino nuevo.
11 No deseches, hijo mío, la disciplina de Jehovah,
ni te resientas por su represión;
12 porque Jehovah disciplina al que ama,
como el padre al hijo a quien quiere.

**3, 8.** *Porque será medicina para tu ombligo…* El sujeto תהי (será) es la conducta religioso-moral que ha sido desarrollada en los versos anteriores. La lectura conjetural לבשרך (que propone Clericus), en lugar de לְשָׁרֶּךָ (lo mismo que la de לשארך que proponen Ewald, Hitzig), en el sentido de *a tu carne o cuerpo,* es innecesaria. Traduciendo de esa forma, la LXX y Syr. generalizan una expresión, que no es de su gusto, pero que está en el texto original.

La palabra original del texto es שׁר, de שרר, árabe *sarr,* ser rápido, atar bien, que significa el cordón umbilical (lo que los árabes llaman *surr,* de ahí la denominación *sarra,* cortar el cordón umbilical del recién nacido). Se refiere, según eso, a cortar el *ombligo,* cuyo origen coincide con la existencia individual independiente del recién nacido, y aparece así como el centro firme (cf. árabe *saryr,* fundamento, base del hombre, cf. Coment. Job, p. 487) de la existencia del cuerpo.[22]

22. Por regla general, el sistema de puntuación no permite la duplicación de ר, probablemente debido a la gutural predominante, es decir, conforme a la pronunciación de este sonido por parte de los masoretas de Tiberíades. Cf. mi trabajo, *Physiologie und Musik in ihrer Bedeutung für Grammatik besonders die hebraische,* pp. 11-13. Tanto לשׁרך aquí como שׁרך en Ez 16, 4 son excepciones; cf. la duplicación expandida en שׁררך, Cnt 7, 3, para la cual no se puede partir de un texto base שׁרר como tampoco de הרר para explicar הררי.

97

*Discursos exhortatorios (Pr 1, 8 – 9, 18)*

El ἅπ. Γεγρ, רפאות, curación, que aparece aquí, tiene como origen מרפא, Pr 4, 22; Pr 16, 24. Por su parte, la palabra תרופה, de Ez 47, 12, no tiene el significado de restauración de la enfermedad, sino el de recuperación (levantamiento) de la fuerza debilitada, o el de confirmación de la salud previa. Conforme a lo anterior, en nuestro texto, el ombligo aparece como el punto central de la *vis vitalis*, de la fuerza vital.

Por su parte שׁקּוּי (וְשִׁקּוּי) es una formación *piel*, que corresponde a la formación abstracta *kal* de רפאות. En esa línea, ha de entenderse el árabe *saqâ*, que se utiliza como transitivo (dar de beber), y también *saqqâ* (cf. Comment. Job 21, 24) y *asqâ*, lo mismo que el hebreo השׁקה (hifil de שׁקה, beber). El infinito (árabe) *saqy* significa, por transformación del significado original, *distribución, beneficio*, en línea de amistad. Pero en nuestro texto, la palabra שׁקּוּי debe explicarse a partir de Job 21, 24 y de Pr 15, 30: la médula de sus huesos está bien regada (Arnheim: *llena de savia*).

De manera errónea, Bertheau y Hitzig piensan que Pr 3, 8 es la conclusión de Pr 3, 7, porque interpretan רפאות como el sujeto; pero, en el caso de que el poeta hubiera querido que el texto se entendiera así, debería haber escrito ותהי. Más bien, el tema de fondo es el rechazo del maligno y el retorno a Dios, que externamente se demuestra por el hecho de que los hombres pongan al servicio de Dios sus posesiones económicas.

**3, 9.** *Honra a Jehovah con tus riquezas y con las primicias de todos tus frutos.* Parece extraño que la *hokma*, sabiduría, al no ocuparse de la ley ceremonial, recomiende aquí la entrega de diezmos. Pero debemos recordar, en primer lugar, que la exigencia de dar el diezmo es más antigua que la ley mosaica, cf. Gn 28, 22. En este caso, la entrega de diezmos responde a un tipo de ética general. Las palabras directamente relacionadas con diezmos (עשׂר y מעשׂר) no aparecen en Proverbios. En la literatura postbíblica, los diezmos se llaman חלק הגבה, *porción del Altísimo*.

La palabra כבד, como el árabe *wakkra*, significa hacer que algo sea importante, de peso, luego considerarlo y tratarlo como de peso y solemne (en oposición a קלל, considerar y tratar como ligero, de poca importancia, de קלל que equivale al árabe *hân*, ser ligero). הון significa propiamente ligereza, pero en el sentido de asistencia, ayuda opulencia, de manera que forma con כבד un *oxímoron* (*fac Jovam gravem de levitate tua*, honra a Júpiter con tu opulencia), pero en nuestro texto esa palabra tiene un sentido especial.

La partícula מן (cf. מֵהוֹנֶךָ como 'מר) es partitiva, como en la ley de los diezmos sacerdotales de Lv 27, 30 y en los casos de la ofrenda de la masa (Nm 15, 21, donde aparece también en un sentido semejante, con ראשׁית, cf. Heb 7, 4, ἀκροθίνια). En esa misma línea, cf. Nm 18, 12 *theruma* u ofrenda brindada de los sacerdotes) y también la palabra תבואה en la ley de los segundos décimos, Dt 14, 22 (cf. Nm 18, 30 sobre la ley de los diezmos de los sacerdotes).

**3, 10.** *Así tus graneros estarán llenos de abundancia, y tus lagares rebosarán de vino nuevo.* Con ו (*waw*) de la apódosis *imperativi* (de imperativo) comienza la conclusión. שׂבע, que significa satisfacción, equivalente a plenitud, estar satisfecho, lleno de plenitud. Por su parte, תירושׁ (vino nuevo) es un acusativo gobernado por יִפְרֹצוּ que es un verbo con el sentido de "llenar". Así se dice que "tus lagares" o יְקָבֶיךָ estarán llenos hasta rebosar. פרץ tiene el sentido de abrirse paso, de llenarse hasta desbordar, significa estar o llegar a estar rebosantemente lleno (Job 1, 10).

Por su parte, אסם (de אסן, sirio âsan, poner en graneros) es el granero, con el mismo significado que el árabe âkhzan (de *khazan* que equivale a חסן, Is 23, 18, *recondere*). De esa palabra *khazan* provienen las palabras como *almacen* (español), con *magazzino* y sus variantes en italiano, francés y alemán. Finalmente, יקב (del árabe יקב, *wakab*, ser hueco) es la cuba o tinaja a la que fluye (en la que desemboca) el mosto del lagar (גת o פורה, en hebreo, λάκκος o ὑπολήνιον en griego). Cf. la misma amonestación y promesa en la declaración profética de Mal 3, 10-12.

**3, 11-12.** *No deseches, hijo mío, la disciplina de Jehovah, ni te resientas por su represión; porque Yahvé corrige al que ama, como el padre al hijo a quien quiere.* Aquí sigue el contraste anterior. Un hombre no puede olvidar a Dios en los días de prosperidad; pero tampoco debe alejarse de él en los días de adversidad. Estos dos versos están muy relacionados con Job 5, 17. No hay para el libro de Job ningún lema que sea más adecuado que este tetraestico, en el que se contiene su pensamiento fundamental; todo el libro presenta a Job como un hombre probado y purificado por un sufrimiento que proviene del amor de Dios y que no excluye en modo alguno que Dios le trata como a un hijo.[23]

En este contexto se puede afirmar que Pr 3, 11 condensa el problema de fondo del libro de Job y que Pr 3, 12 ofrece su solución. La palabra מוּסר, en griego παιδεία, puede traducirse por educación o disciplina, porque יסר, παιδεύειν, significa en realidad llevar a uno a la escuela, para que aprenda un tipo de disciplina. Por su parte, la palabra hebrea תוכחה, cf. בְּתוֹכַחְתּוֹ, puede traducirse por represión (en alemán *Ahndung* en el sentido de castigo o reprobación).

Desde ese fondo se entiende el mandato וְאַל־תָּקֹץ en sentido prohibitivo. תקץ con אל significa mostrar aversión (disgusto) por cualquier cosa o cualquier tipo de conducta. La LXX (texto citado en Heb 12, 5) traduce וְאַל־תָּקֹץ por μηδὲ ἐκλύου, no seas pusilánime, lo que se une al pensamiento general de que no

---

23. En este contexto, Procopio de Cesarea (siglo VI d.C.) distingue correctamente entre παιδεία y τιμωρία.

debemos tener miedo de Dios, ni dejarnos alejar de Él por el gesto de ira con el que aparece cuando expresa su determinación de infligir sufrimiento.

En 12a la acentuación deja sin precisar si יהוה, Dios, como sujeto, forma parte de la cláusula relativa o de la principal; la sucesión tradicional de acentos, certificada también por Ben Bileam, כִּי אֶת אֲשֶׁר יֶאֱהַב יְהוָה, supone que este pasaje forma parte de aquellos pocos en los que los tres acentos "servidores" (a saber, *mahpach*, *mercha* y los tres *munachs*) van ante el *athnach*, de manera que no es posible precisar si el sujeto Yahvé forma parte de la frase principal o de la relativa.[24]

En este contexto se puede indicar una peculiaridad adicional: que את (en כִּי אֶת אֲשֶׁר) aunque no lleve *makkeph*, retiene su *segol*. Este caso se da solo aquí y en Sal 47, 5; Sal 60, 2, 12b. Segun eso, el texto debe interpretarse así (cf. Pr 9, 5): "porque como un padre al hijo, a quien ama". La ו es explicativa, como en 1Sa 28, 3 (Gesenius, 155, 1a), y ירצה (que se puede complementar con אתו o בּו) introduce una cláusula definitoria que tiene el mismo sentido que una cláusula con אשׁר.

La traducción *et ut pater qui filio bene cupit* (como padre que bien quiere a su hijo) es también admisible, tanto por la sintaxis (cf. Is 40, 11) como por los acentos (véase 13b), pero también se puede traducir "y como padre ama a su hijo", o también como hace Hitzig (en la línea de Jer 31, 10, un pasaje que no es sintácticamente igual), "y le tiene en gran estima, como un padre a su hijo" (una traducción que Zöckler prefiere, apoyándose para ello en la sintaxis, sin tener en cuenta textos como Sal 51, 18).

Sea como fuere, para entender bien este pasaje debemos tener en cuenta que su mensaje principal es la corrección de Dios, y que el amor del padre se aduce como una consideración o ejemplo que lo acompaña (Pr 13, 24). De acuerdo con nuestra interpretación, יוכיח debe traducirse desde le perspectiva de 12a. La LXX encuentra la palabra paralela en יכאב, porque traducen μαστιγοῖ δὲ πάντα υἱὸν, ὃν παραδέχεται (castiga en todo el hijo al que quiere), de forma que para ello han debido leer en hebreo יכאב o ויכאב.

## 3, 13-20. La bienaventuranza de la Sabiduría

אַשְׁרֵי אָדָם מָצָא חָכְמָה וְאָדָם יָפִיק תְּבוּנָה: [13]

כִּי טוֹב סַחְרָהּ מִסְּחַר־כָּסֶף וּמֵחָרוּץ תְּבוּאָתָהּ: [14]

יְקָרָה הִיא [מִפְּניים] (מִפְּנִינִים) וְכָל־חֲפָצֶיךָ לֹא יִשְׁווּ־בָהּ: [15]

אֹרֶךְ יָמִים בִּימִינָהּ בִּשְׂמֹאולָהּ עֹשֶׁר וְכָבוֹד: [16]

דְּרָכֶיהָ דַרְכֵי־נֹעַם וְכָל־נְתִיבוֹתֶיהָ שָׁלוֹם: [17]

---

24. Véase *Torath Emeth*, p. 19; *Accentuationssystem*, vi. 6. Sobre las diferencias entre Ben-Asher y Ben-Nephtali, véanse los Apéndices de Dachselt, *Biblia Rabbinica*; *Biblia Accentuata* y de Pinner, *Prospectus*, p. 91 (Odessa, 1845).

עֵץ־חַיִּים הִיא לַמַּחֲזִיקִים בָּהּ וְתֹמְכֶיהָ מְאֻשָּׁר: פ ¹⁸

יְהוָה בְּחָכְמָה יָסַד־אָרֶץ כּוֹנֵן שָׁמַיִם בִּתְבוּנָה: ¹⁹

בְּדַעְתּוֹ תְּהוֹמוֹת נִבְקָעוּ וּשְׁחָקִים יִרְעֲפוּ־טָל: ²⁰

[13] Bienaventurado el hombre que encuentra sabiduría
y el que obtiene entendimiento;

[14] porque su provecho es mayor que el de la plata,
y su resultado es mejor que el oro fino.

[15] Es más valiosa que las perlas;
nada de lo que desees podrá compararse con ella.

[16] Abundancia de días hay en su mano derecha;
y en su izquierda, riquezas y honra.

[17] Sus caminos son caminos agradables,
y en todas sus sendas hay paz.

[18] Es árbol de vida a los que de ella echan mano;
bienaventurados los que la retienen.

[19] Jehovah fundó la tierra con sabiduría;
afirmó los cielos con entendimiento.

[20] Con su conocimiento fueron divididos los océanos,
y los cielos destilan rocío.

**3, 13-14.** *Bienaventurado el hombre que encuentra sabiduría…*, es decir *hokma*, es decir, en someterse a Dios, que es el totalmente sabio, el que dirige todas las cosas, el que nos ama con afecto paterno. Esa sabiduría vale más que todos los tesoros. El imperfecto יפיק es *hifil* de פוק, *exire*, y tiene el significado general *educere*, hacer que surja, palabra que se vincula con el perfecto מצא. Este *dar a luz* (producir) tiene el sentido de entregar, es decir, de dar o presentar u ofrecer, cf. Is 58, 10; Sal 140, 9; Sal 144, 13 (cf. נפק, árabe, *nafaḳ*, dar, pagar), o sacar, salir, recibir (cf. Pr 8, 35; Pr 12, 2; Pr 18, 22).

En esa línea, 13a recuerda la parábola evangélica del tesoro en el campo, y 13b la de la margarita preciosa por la que el ἔμπορος o comerciante que buscaba la perla se despojó de todo lo que tenía para adquirirla. Aquí se despliega o evoca la imagen del mercader que se afana por adquirir la sabiduría, que es la perla preciosa. Para el sentido de סחרה y סחר (palabras que como las de Is 23, 3; Is 23, 18; Is 45, 15, dependen de סחר, en la línea de otras formas como זרע נטע,, sin necesidad de asumir otra raíz distinta) tenemos que volver a la raíz de la palabra סחר, comerciar, andar como comerciante, con el significado fundamental ἐμπορεύεσθαι (LXX, negociar).

En este contexto no es necesario hablar de (comerciante de) perlas, como en el evangelio, porque el sentido de la palabra "perla" se ha vinculado ya con

פְּנִינִים, que es una palabra favorita de la poesía *mashal*, de los proverbios, aunque ese no sea el significado original del término, ni se utilice en nuestro caso. De todas formas, en el fondo de esta bienaventuranza de 3, 13 está la comparación con un tesoro o perla.

En 14b el valor de כסף o plata queda superado por el de חָרוּץ (palabra que, además de aquí, en los Proverbios, con este significado, se encuentra solo en el Sal 68, 14). Propiamente hablando, esta palabra significa mineral encontrado en una mina, de חָרַץ, cortar, desenterrar, y a partir de aquí recibe el nombre poético de oro, tal vez de *oro excavado en pepitas,* a diferencia del oro fundido. Hitzig piensa que χρυσός tiene el mismo sentido y origen que חָרוּץ; pero χρυσός (de origen sánscrito, aunque sin la terminación *hir,* en idioma zendo *zar*) deriva de *ghar,* brillar (véase Curtius). La palabra תְּבוּאָתָה se puede traducir como "ganancia", y no se identifica con la riqueza que produce la sabiduría, sino que presenta a la Sabiduría como ganancia, que se identifica con la posesión de la misma sabiduría.

**3, 15.** *Es más valiosa que las perlas; nada de lo que desees podrá compararse con ella.* Por lo que se refiere a פְּנִינִים, cuyo *qetib* tiene la forma de פְּנִיִים (cf. מִפְּנִיִּים מִפְּנִינִים), todo nos lleva a suponer que su sentido principal es el de "corales": (a) así lo indica el mismo nombre que corresponde al árabe *fann,* que es algo que brota. Esa palabra procede de la idea básica de surgir, de germinar, como hacen las plantas; en ese sentido, significa *rama* y todo lo que se eleva o se multiplica como una rama o como una ramita respecto del tronco del árbol (Fleischer); (b) así lo indica también la rojez atribuida al פְּנִינִים, Lm 4, 7, a diferencia de la simple blancura que se atribuye a la nieve y a la leche (véase Job 28, 18).

De todas formas, el significado de la palabra puede haberse generalizado en la práctica (así la LXX pone: λίθων πολιτελῶν, piedra de muchos ángulos; la traducción griega de Venecia pone λιθδίων, piedrecita). El significado de "perlas", que hallamos en Rashi (*Targum de Job*) y, particularmente en Bochart, era el que podía venir más fácilmente a la mente de los lectores, pues tanto los corales como otras piedras preciosas, como el carbunclo, el sardio y el zafiro, podían identificarse con perlas; por eso, dado que el texto no pone "perlas" (que era lo más fácil), podemos suponer que se está refiriendo a corales.

A consecuencia de la regresión del tono, la palabra יְקָרָה que va con *mim* (=tiene más valor *que…*), lleva *munach* en la penúltima, y eso ha de entenderse como una excepción, pues, como ha sido señalado, en los sustantivos y nombres propios que terminan en ה, según la *Masora,* el נסוג אחור o retroceso del tono, no aparece en ninguna otra parte; cf. por ejemplo, יפה היא, Gn 12, 14; ברה היא, Cnt 6, 9; צרה היא, Jer 30, 7.

חפץ (cf. חֲפָצֶיךָ) se utiliza primero como nombre abstacto (estar inclinado a algo, como lujuria, voluntad, placer en cualquier cosa). Despúes se utiliza también como nombre concreto, refiriéndose a cualquier cosa por la que uno siente placer, lo que es bello, precioso; cf. árabe *nfîs*, *_hyy*, y de ahí *hjârt nfîst*, piedras preciosas (Fleischer).

El término שׁוה con ב significa ser equivalente a cualquier cosa (precio de compra, intercambio). La construcción más natural tanto en árabe, como en hebreo, se hace con ל, en el sentido de *ser equivalente* a alguna cosa (véase Job 33, 27). Esta ב es una *Beth pretii*, como si uno dijera en árabe, *biabi anta*, en el sentido de *tu eres estimada para mi padre*, yo te lo doy. En esa línea, uno percibe claramente en Pr 3, 14; Pr 3, 15, el eco de Job 28. Este tetrástico aparece de nuevo, con una ligera variate, en Pr 8, 10-11. El *Talmud* y el *Midrash* insisten de tal manera en esto que en el primer caso ponen כל־חפצים, y en el segundo וכל־חפציך, insistiendo en que se trata de piedras preciosas y perlas (אבנים טובות ומרגליות).

**3, 16.** *Abundancia de días hay en su mano derecha; y en su izquierda, riquezas y honra.* Aquí se confirma al valor tan grande que tiene la sabiduría. Conforme a Sal 16, 11 en la derecha de Yahvé hay placeres que son para siempre. De un modo semejante, la Sabiduría tiene en su diestra "largura de días", es decir, una vida larga, pues ella es la bendición de las bendiciones y tiene, al mismo tiempo, en la izquierda, riquezas y honor. Estos dos bienes de la izquierda (honra y riqueza) no condicionan y destruyen la vida, sino que, recibidos de la Sabiduría y sabiamente administrados, elevan la felicidad del hombre; ellos son los dones que se dan por añadidura a los que buscan la sabiduría, que en ese sentido se identifica con el Reino de Dios, según Mt 6, 33, pues con el Reino todas las restantes cosas se dan como regalo (προσθήκη).

En esta línea dice Dídimo: "Por la derecha de la sabiduría se recibe el conocimiento de las cosas divinas, aquellas que provienen de la vida inmortal; por la izquierda se recibe el don y noticia de las cosas humanas, que brotan de la gloria y de las riquezas" (per sinistram autem rerum humanarum notitia, ex qua gloria opumque abundantia nascitur). Lo mismo que entre 15a y 15b, también aquí, después de Pr 3, 16, la LXX, interpolan dos líneas, "De su boca procede la justicia; la justicia y la misericordia lleva en su lengua". Estas dos líneas proceden quizá de un original hebreo, pero han sido ciertamente añadidas por la LXX.

**3, 17-18.** *Sus caminos son caminos agradables, y en todas sus sendas hay paz. Es árbol de vida para los que de ella echan mano; bienaventurados los que la retienen.* Los caminos agradables (דַּרְכֵי־נֹעַם) son aquellos por los que uno recibe lo que es atractivo para el hombre interior y exterior, aquello que le hace bueno al disfrutarlo. El paralelo שׁלום (en נְתִיבוֹתֶיהָ שָׁלוֹם), no es un genitivo indicando aquello que se concede a los que van por esos caminos, sino que los mismos caminos son שׁלום, porque traen bienestar por todas partes, con una profunda satisfacción interior

*Discursos exhortatorios (Pr 1, 8 – 9, 18)*

(paz). Por lo que se refiere a la palabra נתיבה [25], *via eminens, elata* (vía eminente, elevada), Schultens tiene razón (véase Pr 1, 15) cuando afirma que נְתִיבוֹתֶיהָ tiene *munach* con *tarcha* en lugar de *metheg* (véase Pr 1, 31).

En este contexto se sitúa la figura del árbol de la vida cuyo fruto trae inmortalidad, como en Pr 11, 30; Pr 15, 4 (cf. Pr 13, 12); Ap 2, 7. Esa figura está tomada de la historia del paraíso en el libro del Génesis. El antiguo dicho eclesiástico, *Lignum vitae, crux Christi* (la Cruz de Cristo es el árbol de la vida) responde en cierto modo a esta figura, y lo hace quizá a través de Mt 11, 19; Lc 11, 49, textos que pueden entenderse a partir de este pasaje de Proverbios.

החזיק ב (cf. לַמַּחֲזִיקִים בָּהּ) significa sujetar algo, tema que ha sido expresado más completamente en Gn 21, 18: atar la mano firmemente con cualquier cosa, agarrarla con firmeza. Los que se entregan a la Sabiduría, llegan a experimentar que ella misma es el árbol de la vida, cuyo fruto se identifica con la fuerza y substancia que ella comunica. Según eso, el que se aferra a la Sabiduría es bienaventurado, de manera que podemos declararle feliz (Sal 41, 3, cf. *Coment.* a Sal 137, 8).

El predicado מְאֻשָּׁר, bienaventurado, se refiere a cada uno de los תמכיה, es decir, a los que se aferran a la sabiduría y la retienen con fuerza, cf. Pr 27, 16; Nm 24, 9. Esta palabra está en singular, como predicado distributivo que se utiliza particularmente en aquellos casos en que el sujeto aparece en forma de participio plural (véase Pr 3, 35).

**3, 19.** *Jehovah fundó la tierra con sabiduría; afirmó los cielos con entendimiento.* Esta función de mediadora —continúa diciendo ahora el orador— la tuvo la Sabiduría desde el principio de la obra creadora del mundo, que Dios realizó por medio de ella. Eso significa que Dios planeó la idea de la creación y también la forjó por medio de la Sabiduría. A través de ella concibió el mundo antes de que fuera estructurado, y por medio de ella realizó también sus pensamientos.

La sabiduría aparece así, ciertamente, como un atributo de Dios, como una característica de sus acciones, pues ella es una propiedad de su naturaleza. De esa forma, la misma naturaleza de Dios queda atestiguada por la Sabiduría. Esto no es algo que se dice solamente aquí, en estos tetrásticos, sino que se deriva de todo lo que ha venido diciendo este libro de los Proverbios; y así culminará en el testimonio personal de la misma Sabiduría, tal como aparecerá en Pr 8, 22, pues todo lo que aquí se dice es como un *praeludium* de lo que allí se dirá.

La Sabiduría brota como un Poder divino al que Dios le ha dado la capacidad para tener vida en sí mismo. Sea como fuere, tomados de manera aislada, sin conexión con otros textos, este grupo de versículos (Pr 3, 9-20) con otros

---

25. Su raíz no es תב, andar a tientas, sino נת; de ahí el árabe *natt*, burbujear, *natâ*, levantarse, hincharse, etc.

pasajes como Jer 10, 2; Sal 104, 24, no pueden definir ni fijar nada respecto a la interpretación atributiva de la Sabiduría (a la visión de realidad divina en sí misma). De todas formas, en esa línea avanza el Targum I de Jerusalén, cuando traduce Gn 1, 1, poniendo en lugar de בראשית (en el principio) בחוכמא (es decir, בחוכמתא), diciendo así que Dios creó todo por la Sabiduría (de forma que ella es el principio y sentido de todo lo que existe).

De esa forma ha traducido el texto de Gn 1 el Targum (cf. Pr 8, 22) con pasajes como este que tenemos ante nosotros. La palabra יסד (lo mismo que en la cábala la Sefirot *Yesod*-יְסַד, con el tono hacia atrás) significa propiamente, lo mismo que el árabe *wasad*, afianzar, fundar, dando así *una base firme* a la existencia del mundo. El paralelo *piel* כּוֹנֵן, de כּוּן (árabe. *kân*, emparentado con כהן, cf. *Coment. Isaías*, p. 691) significa establecer, restaurar; aquí como equivalente a dar existencia.

**3, 20.** *Con su conocimiento fueron divididos los océanos, y los cielos destilan rocío.* No es correcto entender 20a, en la línea del Targum, refiriéndose a la división de las aguas, en forma de separación de las que están debajo del firmamento y de las que están por encima. La palabra נִבְקָעוּ evoca más bien la división de las aguas, es decir, de su ruptura, como en Gn 7, 11 (diluvio) y en Éx 14, 21 (separación de las aguas del Mar Rojo), cf. Sal 74, 15. Aquí se alude propiamente a la división de las aguas que brotan de las entrañas de la tierra, sin distinguir entre las primordiales y las posteriores, que quedan confinadas en los mares, dentro de sus costas (cf. Job 38, 8; Sal 104, 6-8), de manera que surja la tierra firme, para que puedan cultivarse en ella las plantas, aprovechando el riego de las aguas que surgen de la misma tierra.

De esa manera fueron divididos los תְּהוֹמוֹת (de הום igual a המה, gemir, rugir), que son principalmente las reservas internas de agua de la tierra, cf. Gn 49, 25; Sal 33, 7. Pero el texto precisa y evoca dos tipos de aguas: 20a debe aplicarse a las aguas que existen debajo del firmamento; por el contrario, 20b ha de aplicarse a las aguas de arriba. Por su parte שְׁחָקִים (de שחק, árabe *shak, comminuere, attenuare*, disminuir, atenuar) designa de un modo aproximado el estrato superior de aire que se extiende de manera fina a lo largo y ancho, con las nubes del cielo de las que proviene el agua de la lluvia y el rocío (véase *Comment*. Sal 77, 18).

En ese contexto, se entienden las palabras siguientes, יִרְעֲפוּ-טָל que hemos traducido como "destilan rocío/aguas". El nombre que está al fondo, עריפים, proviene de ערף, que se transpone en רעף (cf. 20b), en árabe *r'af*, que significa *dejar caer, dejar correr, destilar*. La טל que se añade como objeto, en acusativo, representa por sinécdoque todas las aguas que bajan del cielo y fructifican en la tierra. Este riego procede de arriba (ורעפו); por el contrario, el hecho de que la superficie de la tierra esté dotada de ríos grandes y pequeños constituye un hecho fundamental de la misma creación (נבקעו), tal como ha sido establecida en el principio.

## Discursos exhortatorios (Pr 1, 8 – 9, 18)

### 3, 21-26. Enseñanza de la creación: no se aparten estas cosas de tus ojos

21 בְּנִי אַל־ יָלֻזוּ מֵעֵינֶיךָ נְצֹר תֻּשִׁיָּה וּמְזִמָּה׃

22 וְיִהְיוּ חַיִּים לְנַפְשֶׁךָ וְחֵן לְגַרְגְּרֹתֶיךָ׃

23 אָז תֵּלֵךְ לָבֶטַח דַּרְכֶּךָ וְרַגְלְךָ לֹא תִגּוֹף׃

24 אִם־ תִּשְׁכַּב לֹא־ תִפְחָד וְשָׁכַבְתָּ וְעָרְבָה שְׁנָתֶךָ׃

25 אַל־ תִּירָא מִפַּחַד פִּתְאֹם וּמִשֹּׁאַת רְשָׁעִים כִּי תָבֹא׃

26 כִּי־ יְהוָה יִהְיֶה בְכִסְלֶךָ וְשָׁמַר רַגְלְךָ מִלָּכֶד׃

21 Hijo mío, no se aparten estas cosas de tus ojos;
guarda la iniciativa y la prudencia,
22 y serán vida para tu alma
y gracia para tu cuello.
23 Entonces andarás confiadamente por tu camino,
y tu pie no tropezará.
24 Cuando te acuestes, no tendrás temor
*más bien, te acostarás, y tu sueño será dulce.*
25 No tendrás temor del espanto repentino,
ni de la ruina de los impíos, cuando llegue,
26 porque Jehovah será tu confianza
y él guardará tu pie de caer en la trampa.

**3, 21-22.** *Hijo mío, no se aparten estas cosas de tus ojos…* De la altura y grandeza de la obra de la creación que Dios ha realizado por su sabiduría se desprenden ahora unas exhortaciones, pues el conocimiento del mundo (de la naturaleza) tiene un sentido ético, de manera que, partiendo de la forma en que se expone la obra de la creación por la sabiduría, se deducen ahora exhortaciones prácticas y, en esa línea, nuestro autor tiene siempre una fuerte intención ética.

Si tomamos los sinónimos de la sabiduría que están en 21b como sujeto proléptico de אַל־יָלֻזוּ (a diferencia de lo que hacen Hitzig y Zöckler), entonces Pr 3, 19-20 y Pr 3, 21-22 se enfrentan entre sí. Los temas de fondo son la sabiduría, el entendimiento, el conocimiento, que pertenecen a Dios, y que Dios mismo quiere que se conviertan en posesión de aquellos que se dejan transformar por ellas. Con respecto a לוז, *obliquari, deflectere* (dejar a un lado, apartarse, cf. Pr 2, 15; Pr 4, 21). Sobre el sentido de תֻּשִׁיָּה (la iniciativa), que aquí se escribe de forma defectuosa, según la Masora, a diferencia de la edición de Venecia 1515, 1521, y de la de Nissel, 1662, cf. Pr 2, 7. Sobre ילוז en lugar de תלונה, cf. Pr 3, 2.

La LXX (cf. Heb 2, 1) traduce, sin precisar la referencia, υἱὲ μὴ παραρρυῇς (παραρυῇς), *hijo, no apartes de ti estas cosas*, deja que fluyan ahora, es decir, no las dejes pasar inadvertidas, mantenlas siempre delante de ti. El Targum con Syr.

traduce לֹא נִזָּל, *ne vilescat*, no dejes que se pierdan, como si las palabras originales fueran אַל־יִזּוֹלוּ. En 22a continúa el *synallage generis* (sinálague de género), con וְיִהְיוּ en vez de וְתִהְיֶינָה. Con respecto a גַּרְגְּרֹת, véase Pr 1, 9: por medio de la sabiduría, el alma gana la vida que es divinamente verdadera y bendita, una vida que se expresa en la apariencia exterior del hombre que le hace agradable y le gana afecto.

**3, 23-26.** *Entonces andarás confiadamente por tu camino, y tu pie no tropezará...* (3, 23). Así empieza la nueva sección. Además de todo lo anterior, la Sabiduría hará que el hombre pueda confiar en Dios en todas las circunstancias de su vida. La expresión לָבֶטַח significa "confiadamente" (en alemán "*bei guter Laune*", con buen ánimo), con ל de condición, teniendo el mismo significado que el acusativo adverbial de tipo condicional, בֶּטַח, cf. Pr 10, 9; Pr 1, 33.

Pr 3, 23, LXX traduce ὁ δὲ πούς σου οὐ μὴ προσκόψῃ, tu pie no tropezará; esta expresión se parece a la de Sal 91, 12; pero en ese salmo el sujeto es la persona misma, no el pie (μήποτε προσκόψῃς). También en el texto hebreo de Pr 3, 23 podemos insistir en la importancia del sujeto, e igualmente aquí retenemos con más seguridad el sujeto de 23a, especialmente por el uso intransitivo de נגף (herir, empujar) en *hitpael*. En vez de תִגּוֹף, Jer 13, 16 utiliza הִתְנַגֵּף.

Pr 3, 24 mantiene el eco de Job 11, 18, y Pr 3, 25 el de Job 5, 21. Pr 3, 24 tiene el mismo texto que Job 5, 24, con *decumbes et suavis erit somnus tuus* (te acostarás y tu sueño será suave) con el mismo sentido que *si decubueris, suavis erit* (cuando te acuestes será suave). El perfecto hipotético (si te acostares) aparece aquí y en Job 11, 18 (cf. Jer 20, 9), con tono agudo, como perfecto consecutivo. Encontramos ejemplos semejantes en Pr 6, 22; Gn 33, 13; 1Sa 25, 31, cf. Ewald, 357a. La palabra עָרְבָה (referida al sueño como en Jer 31, 26) viene de ערב, que en hebreo se aplica a impresiones agradables, como el árabe *'ariba,* que se aplica a una disposición de ánimo viva y libre. שֵׁנָ, *somnus,* es el sueño (*nomen actionis,* sustantivo de acción que viene de ישׁן, con la forma fundamental *sina* preservada en el árabe, cf. *Comment.* a Job, p. 284, nota). Esa palabra שֵׁנָה concuerda por su forma con שָׁנָה, *annus,* año. אַל, en Pr 3, 25, es negación, como en Sal 121, 3, con énfasis: *no tengas miedo que no tienes nada que temer.*

Schultens dice con razón: "hay un tipo de prohibición y una abominación, para que tal cosa no venga a la mente o sea admitida en los pensamientos de la mente" (Subest species prohibitionis et tanquam abominationis, ne tale quicquam vel in suspitionam veniat in mentemve cogitando admittatur). פַּחַד significa aquí terror, como en Pr 1, 26, donde se refiere a un objeto terrible; פִּתְאֹם (con el signo de acusativo, en *om*) es genitivo virtual, como en Pr 26, 2 חִנָּם (con acusativo). Con respecto a שֹׁאָה, ver Pr 1, 27.

El genitivo רְשָׁעִים puede ser, como en Sal 37, 18, un *genitivum subjecti* (genitivo de sujeto), pero en sentido más profundo, el texto está mostrando que

*Discursos exhortatorios (Pr 1, 8 – 9, 18)*

quien elige la sabiduría de Dios como estrella que le guía no tiene motivos para temer el castigo, a diferencia de los transgresores, que tienen razón para temerlo. שאה se refiere a la sabiduría que amenaza contra los transgresores, Pr 1, 27. Quien tiene la sabiduría de Dios no puede temer, porque ella es un don de Dios, y vincula al que la recibe con el que la concede, de manera que Yahvé se convierte y es desde entonces su confianza.

En cuanto al ב *essentiae*, de esencia de בְכִסְלֶךָ, que expresa la conexión más estrecha del sujeto con el predicado al que introduce, ver Sal 35, 2. Como aquí, así también en Éx 18, 4; Sal 118, 7; Sal 146, 5, el predicado es un sustantivo con un sufijo pronominal. Como en Sal 78, 7; Job 31, 24, כסל se relaciona con מבטה y מקוה,[26] es decir, con el objeto y fundamento de la confianza.

En otras conexiones, esa palabra כסל (בְכִסְלֶךָ) puede significar temeridad, Sal 49, 14, y necedad, Ec 7, 25 (cf. con respecto a כסיל, que en árabe, igual que *belîd,* tiene el sentido de tonto, en hebreo necio, cf. Pr 1, 22). Su doble sentido procede del concepto fundamental de plenitud, de carne y grasa, de donde surgen los conceptos de torpeza y pereza, pero también los de confianza, ya sea confianza en uno mismo o en Dios (ver Schultens, lugar citado, y Wünsche, *Oseas*, p. 207ss).

לכד (cf. מִלָכָד) significa tomar, atrapar, como en una red, trampa o pozo, de לכד, atrapar (cf. árabe. *lakida,* sujetar, III y IV). Otra raíz y significado vinculado con esta palabra se encuentra en el árabe *lak,* que conecta con *nak, nk,* golpear, asaltar (de donde *al-lakdat,* el asalto contra el enemigo, *Deutsche Morgenl. Zeitsch.* XXII 140), pero no aparece en hebreo. Con respecto a la מן de מלכד, Fleischer comenta: "La מן tras los verbos de proteger, preservar, como שמר y נצר, expresa correctamente que por esos medios se quiere retener a una persona o cosa (para que no le suceda algo negativo, como en latín *defendere, tueri aliquem ab hostibus, a periculo,* defender, proteger a alguien de los enemigos o de un peligro)".

## 3, 27-35. Del amor a Dios al amor al prójimo

[27] אַל־ תִּמְנַע־ טוֹב מִבְּעָלָיו בִּהְיוֹת לְאֵל [יָדֶיךָ] (יָדְךָ) לַעֲשׂוֹת׃

[28] אַל־ תֹּאמַר [לְרֵעֲיךָ] (לְרֵעֲךָ ו) לֵךְ וָשׁוּב וּמָחָר אֶתֵּן וְיֵשׁ אִתָּךְ׃

[29] אַל־ תַּחֲרֹשׁ עַל־ רֵעֲךָ רָעָה וְהוּא־ יוֹשֵׁב לָבֶטַח אִתָּךְ׃

[30] אַל־ [תָּרֹב] (תָּרִיב) עִם־ אָדָם חִנָּם אִם־ לֹא גְמָלְךָ רָעָה׃

[31] אַל־ תְּקַנֵּא בְּאִישׁ חָמָס וְאַל־ תִּבְחַר בְּכָל־ דְּרָכָיו׃

[32] כִּי תוֹעֲבַת יְהוָה נָלוֹז וְאֶת־ יְשָׁרִים סוֹדוֹ׃

[33] מְאֵרַת יְהוָה בְּבֵית רָשָׁע וּנְוֵה צַדִּיקִים יְבָרֵךְ׃

[34] אִם־ לַלֵּצִים הוּא־ יָלִיץ [וְלָעֲנִיִּים] (וְלַעֲנָוִים) יִתֶּן־ חֵן׃

[35] כָּבוֹד חֲכָמִים יִנְחָלוּ וּכְסִילִים מֵרִים קָלוֹן׃ פ

---

26. Según Malbim, תקוה es la expectativa del bien y כסל, la confianza en medio del mal, que es así superado.

*Proverbios 3*

²⁷ No niegues un bien a quien es debido,
teniendo poder para hacerlo.
²⁸ No digas a tu prójimo: "Anda y vuelve; mañana te lo daré",
cuando tienes contigo qué darle.
²⁹ No trames mal contra tu prójimo,
estando él confiado en ti.
³⁰ No pleitees con alguno sin razón,
si es que no te ha hecho agravio.
³¹ No envidies al hombre violento,
ni escojas ninguno de sus caminos;
³² porque Jehovah abomina al perverso,
pero su íntima comunión es con los rectos.
³³ La maldición de Jehovah está en la casa del impío,
pero él bendice la morada de los justos.
³⁴ Ciertamente él se burlará de los que se burlan,
pero a los humildes concederá gracia.
³⁵ Los sabios poseerán honra,
pero los necios cargarán con la afrenta.

**3, 27-28.** *No niegues un bien a quien es debido…* De la posesión de la sabiduría se pasa al amor al prójimo, que se expresa en la prontitud para servirle. Por lo que se refiere al plural de בעליו con significado singular, cf. *Comment.* a Pr 1, 19. La forma de expresión sin sufijo no es בעלי, sino בעל טוב; y esas palabras no se refieren aquí a aquel que hace el bien (בעל como en árabe *dhw* o *ṣaḥab*), sino a aquel a quien se dirige la obra buena (cf. Pr 17, 8), es decir, como aquí, a aquel que es digno de ella (con בעל/מִבְּעָלָיו como en árabe *âhl*), aquel a quien se le debe (cf. interpretación judía: מִי שֶׁהוּא רָאוּי לוֹ). Es decir: no debemos rehusar nada bueno (nada que sea legal o moralmente bueno) a quien tiene el derecho de recibirlo (מנע מן como en Job 22, 7; Job 31, 16),²⁷ si nosotros tenemos la posibilidad de ofrecérselo.

La frase לְאֵל [ידיד] (יָדְךָ) לַעֲשׂוֹת significa en Gn 31, 19 y en otros casos: *Si eso es posible, si lo puede hacer mi (tu) mano*, si tienes la capacidad y medios para hacerlo. Así como זֵד significa el que es orgulloso, insolente (aunque puede entenderse también en sentido neutral, como en Sal 19, 14), אל significa no solo el que es fuerte, sino también (como en esta frase) la fuerza.

El *keré* rechaza el plural de ידיך, porque en todos los demás casos la mano sigue siempre a la expresión לאל en singular. Pero el *keré* rechaza en 3, 28 el plural de לרעיך porque la frase siguiente se dirige solo a una persona. De todas formas,

---

27. Acentúese אַל־ תִּמְנַע־ טוֹב. No tiene sentido doblar el *makkeph*. Por el contrario, la separación de טוֹב respecto a מבעליו con un *dechi* (acento de separación subordinado al *athnach*) es apropiada, y así aparece en los mejores MSS.

109

*Discursos exhortatorios (Pr 1, 8 – 9, 18)*

ninguna de estas correcciones del *keré* eran necesarias. El uso del lenguaje permite excepciones, a pesar del *usus tyrannus*, es decir, de la tiranía del uso. La expresión לרעיך puede interpretarse de un modo distributivo: no digas a un compañero es este y a otro…

Por su parte, Hitzig también toma לרעיך como singular; pero el masculino de רעיה (cuya forma base es ciertamente *ra'j*) es רעה, o de manera más breve, רע. La expresión לך ושוב no significa "vete a casa de nuevo", sino "vete y ven de nuevo". שוב es "venid de nuevo", volver a algo, buscarlo una vez más.[28]

**3, 29.** *No trames mal contra tu prójimo, estando él confiado en ti.* El verbo חרש, χαράσσειν, significa cortar (separar) y se utiliza refiriéndose al herrero (faber ferrarius) lo mismo que al leñador (τιγναριυς, cf. *Coment. Isaías*, p. 463), que corta el metal o la madera con un instrumento afilado (חרש, Gn 4, 22); por eso su misma profesión se llama חרש. Pero esa palabra se emplea también de un modo común para arar, cortar la tierra con el arado, y si no se precisa su sentido ella se emplea para el sembrador (el que ara y siembra).

Por eso, hay que preguntarse en cada caso el sentido que tiene esta frase metafórica: (a) puede referirse a "fabricar el mal", en sentido de *dolorum faber* (fabricante de engaños) o de *mendacia procudere* (esparcir mentiras), ψευδῶν καὶ ἀπατῶν τέκτων (ser obrero de mentiras y de engaños). En esa línea se sitúa la palabra de Homero, referida a cultivar maldades (cf. κακὰ φρεὶ βυσσοδομεύειν), como han pensado Fleischer y muchos otros; (b) ella puede referirse también a sembrar el mal (Rashi, Ewald, etc.).

El Targúm, el siríaco y Jerónimo traducen חשב por *moliri* (moler) sin decir de un modo más preciso su sentido. Pero la LXX y la traducción griega de Venecia ponen τεκταίνειν (fabricar). Esta traducción no ha sido confirmada por Ez 21, 36, donde los חרשי משחית no son los que fabrican destrucción, sino los herreros que originan destrucción. Tampoco la palabra, מחריש (1Sa 23, 9), prueba nada y, probablemente, no proviene de la חרש que es "cortar" (Keil), sino de otro sentido

---

28. De esa manera, se utiliza también *raj'* en árabe, según Thaalebi, *Confidential Companion*, p. 24, línea 3n: a cierta persona se le negó la entrada; entonces, ella, enfurecida, quiso entrar de nuevo, en árabe *flm yraj'*, diciendo, etc. Flügel no ha interpretado bien el pasaje de Pr 3, 28. Fleischer explica *raj'*, refiriéndose a este pasaje de Proverbios, en el sentido de "volver a la carga", volver a intentarlo. La ו de אתך יֵשׁ es lo mismo que en 29b, un condicional: cuando puedes dárselo, si está en tu mano dárselo (quum sit penes te, sc. quod ei des). Las palabras "mañana te lo daré" no son una promesa, sino una excusa para no dárselo (una excusa para alejar al que le está pidiendo algo), porque resulta difícil deshacerse de él. Esta actitud responde a un egoísmo poco amistoso, esta forma de no cumplir la obligación de ayudar a los demás es un pecado de omisión; en esa línea, como añade la LXX: οὐ γὰρ οἶδας τι τέξεται ἡ ἐπιοῦσα (pues no sabes lo que sucederá mañana).

de la misma palabra que significa *silere*, actuar silenciosamente, en el sentido de *dolose moliri* (moler, tramar con engaño).

Por otra parte, partiendo de Job 4, 8; Os 10, 13, cf. Sal 129, 3, debemos observar que el significado de *arare malum* (cultivar el mal) puede conectarse con חרש רעה; así lo confirma el proverbio de Sir 7, 12, μὴ ἀροτρία ψεῦδος ἐπ᾽ ἀδελφῷ σου (no siembres mentira contra tu prójimo). Sea como fuere, partiendo de esta frase, con una percepción clara de la figura de fondo, pueden tomarse en cuenta, al mismo tiempo, los significados de fabricar y de sembrar males contra el prójimo. De todas formas, en este caso, el uso del lenguaje está más a favor de la idea de sembrar que de crear.

La frase את ישׁב puede significar habitar con (como piensa Böttcher) o sentarse con (cf. Sal 1, 1; 26, 4). Pero este no es un tema para ser discutido. La frase significa en general el hecho de encontrarse cerca, juntos, ya sea sentándose al lado (Job 2, 13), habitando al lado (Jc 17, 11).[29] Resulta inadmisible tomar ventaja (aprovecharse) de aquel que confía en nosotros. Se debe ofrecer un doble amor al que nos ofrece amor, confiando en el amor (es decir, en nosotros).

**3, 30.** *No pleitees con alguno sin razón, si es que no te ha hecho agravios.* Esta es la tercera ilustración del mismo principio de paz. En lugar de תרוב, el *keré* ha puesto תריב אל־ [תרוב] (תְּרִיב), pero sería más correcta la forma abreviada תרב que deriva de אל; רוב ריב (de רב, ser compacto, ser firme) y que significa caer unos sobre otros, llegar a golpes de mano, contender. Enfrentarse y pelear con un hombre, quienquiera que sea, sin razón suficiente, es algo que no debe hacerse. No hay razón alguna para reprochar a otros y acusarles si no nos han hecho daño ninguno. גמל רעה con acusativo o dativo de persona significa traer el mal sobre alguien, *malum inferre* (hacerle algún mal) o también *referre* (atribuirle algún mal, Schultens), porque גמר (cognitivo de גמר) significa ejecutar, completar, realizar algo (aquí algo malo), tanto en un plano activo (tomando la iniciativa) como en un plano retributivo, tanto de la anticipación como de la acción retributiva, tanto anticipándose como respondiendo (aquí en el primero de esos sentidos).

**3, 31-32.** *No envidies al hombre violento, ni escojas ninguno de sus caminos; porque Jehovah abomina al perverso, pero su íntima comunión es con los rectos.* Las exhortaciones anteriores iban dirigidas a favorecer el amor al prójimo, oponiéndose a todo aquello que lo impidiera. Ahora siguen unas advertencias en contra de todo tipo de comunicación con los opuestos al amor.

---

29. La acentuación יוֹשֵׁב לָבֶטַח אִתָּךְ aparece en los textos correctos; de esa forma se transforma el *rebia mugrash*, según Accentuationssystem, xviii. 2.

*Discursos exhortatorios (Pr 1, 8 – 9, 18)*

Los conceptos de celos y envidia se encuentran vinculados en קִנֵּא (que según Schultens se deriva de קָנָא, árabe *ḳanâ, intensius rubere*), excitarse de un modo intenso, como sentimientos que son inseparables entre sí. La LXX, que en vez de תִּקְנָא leen תִּקְנֶה (κτήσῃ), introducen la envidia en 31b, como si las palabras de fondo fueran וְאַל־תִּתְחַר, como en Sal 37, 1 y Sal 37, 7 (allí la LXX pone μὴ παραζζλου, aquí ponen μηδὲ ζηλώσῃς).

No hay razón para corregir el texto hebreo a partir de la LXX (sustituyendo תְּבַחַר por תִּתְחַר como hace Hitzig), porque בְּכָל־דְּרָכָיו sería una expresión demasiado vaga para poner de relieve la envidia, mientras que אַל־תִּבְחַר responde perfectamente al sentido de la envidia. Por otra parte, la observación contraria, según la cual בְּחַר בְּכֹל iría fundamentalmente en contra de בחר, no es acertada, por dos razones: (1) בחר expresa frecuentemente sentir placer en cualquier cosa sin vincularse a la idea de elección; (2) "no tener placer en todos sus caminos" es equivalente a no tenerlo "en cualquiera de sus caminos" (Ewald, 323b).

El que "viola la ley" (Sof 3, 4) viene a presentarse así, de acuerdo con la estimación común de todos, como una persona temida. Ciertamente, ese violador puede aumentar su autoridad, su poder y sus recursos, pero no es un hombre que pueda ser envidiado, un hombre cuya conducta sea buena para los demás, sino al contrario, es un hombre que debe ser reprobado. En esa línea, el hombre נָלוֹז, *inflexus, tortuosus* (que se inclina hacia un lado malo, el tortuoso, Véase Pr 2, 15), el que se desvía del camino recto y va por un camino falso y torcido, es objeto del aborrecimiento de Yahvé. Por el contrario, el hombre justo, aquel que, con una mente recta, camina por el camino correcto, es סוֹד para Yahvé, es decir, está en comunión con Yahvé.

Esta expresión (יְשָׁרִים סוֹדוֹ, los rectos están en comunión con Yahvé) es un eco de Sal 25, 14. סוֹד (raíz סד, ser firme, ceñido) significa propiamente estar apretado, o sentarse juntos (cf. el árabe *wisâd, wisâdt*, un cojín, un diván, que corresponde al hebreo יָסוּד), con el propósito de comunicarse, de tener una conversación privada (הוֹסֵד), una relación confidencial, como aquí (cf. Job 29, 4), una comunicación particular, en secreto (Am 3, 7). La LXX traduce: ἐν δὲ δικαίοις [οὐ] συνεδριάζει. Por el contrario, los que se desvían, los que, en vez de la sencillez de hacer el bien, buscan todo tipo de caminos torcidos, son contrarios a Dios, de manera que él no quiere tener nada que ver con ellos. Pero a los rectos Dios los hace partícipes de sus relaciones más íntimas, los trata como a sus amigos.

**3, 33.** *La maldición de Jehovah está en la casa del impío, pero él bendice la morada de los justos.* Según lo anterior, lejos de ser digna de envidia, la prosperidad de los impíos es causa de maldición. La palabra מְאֵרָה (maldición), lo mismo que מְסִלָּה (camino, de סָלַל), se forma a partir de אָרַר (cf. árabe *harr*, ser detestado, aborrecido, *detestari, abhorrere*, imitando una interjección que se utiliza ante experiencias desagradables).

112

La maldición no es meramente una privación de los bienes externos que hacen feliz la vida. Por otra parte, la bendición no es meramente una plenitud de las posesiones externas, sino que implica una transformación interior de la persona. La expresión central de la maldición es la continua inquietud de la conciencia; por el contrario, la bendición se expresa en la feliz conciencia de que Dios está con nosotros, en el descanso y en la paz del alma, que se encuentra segura de la gracia y bondad de Dios.

La palabra poética נָוֶה (de נוה equivale al árabe *nwy, tetendit aliquo*, que tiende hacia algo) significa el lugar de asentamiento, y puede ser una palabra prestada de una vida nómada, ya que denota especialmente la abundancia de pasto para los reaños; cf. Pr 24, 15 (Fleischer). Mientras que la maldición de Dios reposa sobre la casa de los impíos (véase Köhler sobre Zac 5, 4), el mismo Dios bendice la morada de los justos. La LXX y Jerónimo dicen יברך, indicando que la bendición de Dios es más agradable, porque es Dios quien sigue estando en el centro del tema.

**3, 34.** *Ciertamente él se burlará de los que se burlan, pero a los humildes concederá gracia.* La mayoría de los intérpretes traducen el versículo así, "si, por un lado (Dios), escarnece al escarnecedor; por otro lado, da gracia a los humildes". En esta secuencia de palabras la precedencia del verbo sobre el sujeto es habitual; así aparece, por ejemplo, en Lv 12, 5, cf. también Pr 23, 18; Pr 24, 14. Pero ¿por qué coloca el poeta los dos hechos (escarnecer y dar gracia) a modo de condición y consecuencia?

En sentido estricto, no estamos ante una relación de consecuencia (de un hecho deriva el otro), sino que los dos hechos (el escarnio de unos, la gracia de otros) están en relación de oposición, oponiéndose entre sí en pasajes coordinados, Sal 18, 26. En este tipo de antítesis, la *waw* tiene generalmente el significado de "y por otro lado", por ejemplo, en Job 8, 20, donde la LXX, Targum, Siríaco y Jerónimo pasan por alto la partícula inicial אם como si no existiera.

Ziegler traduce, "¡Verdaderamente! del escarnecedor Él se burla". Pero un juramento no puede expresarse con un אם en sentido afirmativo, pues los juramentos se expresan en hebreo en forma negativa. Sería más aceptable la solución de Bertheau, que convierte todo el verso de Pr 3, 34 en prótasis de Pr 3, 35; pero si esta fuera la intención, en Pr 3, 35 no podría haberse introducido un אם (como se hace de hecho).

Debemos recordar que 34a y 34b son dos pasajes paralelos independientes, añadiendo que אם־לַלֵּצִים es la prótasis, pero solo de este estico. En cuanto a los escarnecedores (en el caso de que la conducta se dirija a ellos), hay que decir que Dios se burla de ellos. En esa línea, la ל que va con los escarnecedores (לַלֵּצִים) está indicando una relación, y tiene un sentido elíptico como en el caso de la ל como título o superinscripción, p. ej., Jer 23, 9. Por su parte, הוּא tiene un sentido

*Discursos exhortatorios (Pr 1, 8 – 9, 18)*

enfático, como αὐτός: *"Él (Dios), en sentido contrario y de manera decisiva*, se burla de ellos (de los burladores)" (cf. Ewald, 314ab).

En lugar de יליץ (se burla) podría haberse usado יליצם (porque הליץ, donde actúa como palabra rectora, suele llevar acusativo: se burla "de ellos", como en Pr 19, 28; Sal 119, 51). Pero el objeto continúa estando aquí implícito, aunque no se cite, pues el texto sigue hablando de los escarnecedores (cf. traducción de Löwenstein), aunque el texto hebreo no quiere insistir en ellos, sino en Dios, que se burla de ellos. La LXX traduce, κύριος ὑπερηφάνοις ἀντιτάσσεται, ταπεινοῖς δὲ δίδωσι χάριν (Dios se opone a los soberbios, a los humildes les da su gracia); cf. Stg 4, 6; 1Pe 5, 5.

En esa línea, הוא se utiliza como nombre de Dios (Deutsche Morgenl. Zeitschr. XVI 400), por lo que se traduce como si fuera יהוה por κύριος. Un ὑπερήφανος (uno que aparece por encima de los demás, es decir, que es autoritario) es לץ, según la definición de Pr 21, 24. La expresión del talión se generaliza en ἀντιτάσσεται (los resiste). Para עניים, el keré pone (וְלַעֲנָוִּים) [ולעניים] עניים [ולניים]. El ענו (de ענה, forma básica ענו, árabe 'anaw) es el humilde (ταπεινός), el que se doblega, es decir, el sumiso y humilde, el paciente y el pasivo. Por su parte עני es el que está encorvado, el que sufre; pero los límites entre los dos significados (es decir, entre esas dos palabras) son móviles, ya que en עני se presupone la posesión de frutos-virtudes ganados en la escuela de la aflicción.

**3, 35.** *Los sabios poseerán honra, pero los necios cargarán con la afrenta.* Si tomamos וכסילים como objeto, como han hecho algunos (Umbreit, Zöckler, Bertheau), traduciendo "la vergüenza barre a los tontos" la frase apenas tiene sentido y, por otra parte, הרים [*hifil* de רום] significa "levantar algo alto y lejano" (cf. Is 57, 14; Ez 21, 31), no "barrer". Es preferible la traducción, τοὺς δ᾽ ἄφρονας ὑψοῖ ἀτιμία (traducción griega de Venecia, y de manera similar Jerónimo): "a los necios les eleva la deshonra, como si la celebridad de esos necios no fuera más que deshonor, un tipo de advertencia negativa" (Ewald), texto que Oetinger ha comparado con Flp 3, 19: *cuya gloria está en su vergüenza.*[30]

La palabra final קלון significa lo contrario de כבוד (gloria, Hab 2, 16), y ha de tomarse también como objeto, lo mismo que כבוד en 35a. Según eso, si קלון es el objeto y si tomamos מרים de מר, según la forma de לן, Neh 13, 21, con el mismo significado que ממירים (Os 4, 7), el texto podría traducirse: *Los sabios poseerán honra, pero los necios intercambian vergüenza* (Löwenstein). Pero, la palabra מור, como el árabe *mrr*, *transire* (pasar, intercambiar), significa propiamente *pasar*

---

30. Jona Gerundi traduce la frase de otra manera, "Pero la vergüenza enaltece a los necios", es decir, solo el infame, el que no tiene sentido del honor, saca partido de la deshonra.

*por encima o deambular.* Tiene, según eso, un sentido intransitivo, y solo en *hifil* significa activamente "intercambiar".

מרים es el participio de הרים, un plural tomado distributivamente (tontos es igual a quien siempre es tonto). Esa palabra está conectada en singular con el predicado. Pero este participio de número es más impropio que el que aparece en Pr 3, 18 y en otros lugares, donde el plural puede interpretarse como *quicunque* (cualquiera que) y más difícil de aceptar que el de Pr 28, 1, donde el singular del predicado se introduce por atracción.

Para resolver el tema se ha supuesto que מרים puede ser un error de transcripción, en lugar de מרימים o מרימי (Böttcher). En esa línea, J. H. Michaelis (siguiendo al Targum y al texto siríaco) ha traducido correctamente la cláusula, "stulti tollunt ignominiam tanquam portionem suam" (los necios "toman" la ignominia como su porción o herencia), añadiendo "quae derivato nomine תרומה dicitur" (lo que, con un nombre derivado, se dice תרומה). Por su parte, הרים significa, en el lenguaje del culto sacrificial y del culto en general, *sacar la mejor porción de cualquier cosa*, la porción legítima debida a Dios y al sacerdocio (véase Pr 3, 9); por lo que Rashi glosa מרים con מפריש לו, y Ralbag con מגביה לו (en el fondo lo que le pertenece…). Véase Pr 14, 29.

El honor que heredan los sabios, cae sobre ellos sin buscarlo como una posesión, pero los necios reciben la vergüenza como un despojo (es decir, como una consecuencia o botín negativo que proviene de su conducta necia). La vida de los sabios termina en gloria, pero los necios heredan vergüenza; el fruto de su conducta es vergüenza y vergüenza para siempre.

# Proverbios 4

## 4, 1-4. La enseñanza del padre

שִׁמְעוּ בָנִים מוּסַר אָב וְהַקְשִׁיבוּ לָדַעַת בִּינָה: ¹

כִּי לֶקַח טוֹב נָתַתִּי לָכֶם תּוֹרָתִי אַל־תַּעֲזֹבוּ: ²

כִּי־בֵן הָיִיתִי לְאָבִי רַךְ וְיָחִיד לִפְנֵי אִמִּי: ³

וַיֹּרֵנִי וַיֹּאמֶר לִי יִתְמָךְ־דְּבָרַי לִבֶּךָ שְׁמֹר מִצְוֹתַי וֶחְיֵה: ⁴

¹ Oíd, hijos, la enseñanza de un padre;
estad atentos para adquirir entendimiento.
² No abandonéis mi instrucción,
porque yo os doy buena enseñanza.
³ Pues yo también fui hijo de mi padre,
fui tierno y singular delante de mi madre.

*Discursos exhortatorios (Pr 1, 8 – 9, 18)*

⁴ Y él me enseñaba y me decía:
"Retenga tu corazón mis palabras;
guarda mis mandamientos y vivirás".

El maestro confirma y explica el mandamiento que él ha colocado al comienzo del conjunto del libro (Pr 1, 8). Y así lo hace mostrando su propio ejemplo, narrando la historia de su juventud, explicándola ante el círculo de los discípulos, de quienes se encuentra rodeado, presentándoles la buena doctrina que los padres le enseñaron en relación con el camino de la vida.

**4, 1.** La enseñanza comienza con "escuchad hijos" (שִׁמְעוּ בָנִים), poniendo "hijos" en el lugar en el que antes había puesto "hijo". El salmista dirige a sus oyentes la palabra que había escuchado de parte de su padre, que le llamaba "hijo". De un modo intencionado, él no se presenta a sí mismo como אביכם (cf. Pr 1, 8); no se presenta como padre de cada uno de ellos, pero mantiene con todos ellos una relación paterna, que se manifiesta en forma de amor cercano, de manera que él puede atribuirse una autoridad paterna en relación con ellos. La palabra לָדַעַת está rectamente vocalizada.

Estos versículos no presentan directamente el objeto de la enseñanza del Maestro de los Proverbios, sino el sentido del despliegue y fin de esa enseñanza. La combinación de ideas en דעת בינה (para adquirir el conocimiento, cf. Pr 1, 2), que nos parece singular, pierde su extrañeza cuando recordamos que, según su etimología, דעת significa adquisición, recepción en la conciencia y en la vida.

**4, 2.** Por su parte 4, 2) לקח) aprehensión, recepción, lección se vincula también con doctrina, véase Pr 1, 5. נתתי en perfecto indica que lo que ahora se está haciendo estaba ya fijado y terminado (definido), cf. Ges., 126, 4. Por su parte, עזב (abandonar) es aquí sinónimo de נטש, Pr 1, 8, y lo contrario de שׁמר (guardar, Pr 28, 4). El *factum relativo* en perfecto, que designa las circunstancias bajo las cuales sucedió el evento, precede regularmente al *factum principal* ויּרני (y me enseñaba; ver bajo Gn 1, 2).

**4, 3.** Entendida de un modo superficial, la expresión de 3a (כִּי־בֵן הָיִיתִי לְאָבִי, porque yo también era hijo de mi padre) es una simple obviedad. Pero el autor quiere destacar que la relación que él tenía con su padre era no solo de tipo natural y jurídico, sino también de enseñanza y de moral. Era una relación de amor multifacético. Según 3a, el autor era también estimado por su madre (לִפְנֵי אִמִּי רַךְ וְיָחִיד), como hijo que nace de su cuidado amoroso. Cf. Gn 17, 18: como un niño tierno y, por lo tanto, tiernamente protegido (רך como en Gn 33, 13), y como hijo único, ya sea que lo fuera en realidad, o de un modo más aparente.

La palabra יָחִיד (Aquila, Symmaco, Teodocion: μονογενής) puede significar *unice dilectus*, único, querido o "el único querido" (LXX, ἀγαπώμενος); cf. Gn 22, 2, יְחִידְךָ (donde la LXX traduce τὸν ἀγαπητόν, aunque no lean יְדִידְךָ en el texto que tienen delante de ellos). לִפְנֵי se mantiene en todas las versiones; לִבְנֵי no es una variante.[31]

La instrucción del padre comienza con el yusivo יִתְמָךְ־ (**4, 4**)[32] indicando que el hijo "recoge mis palabras" en su corazón (יִתְמָךְ־ דְּבָרַי לִבָּךְ). La LXX tiene incorrectamente ἐρειδέτω, como si la palabra fuera יִסְמֹךְ; Symmaco pone correctamente κατεχέτω. El imperativo es וִחְיֵה, como en Pr 7, 2; Gn 20, 7, y no וְתִחְיֶה. El maestro pone de relieve no solo los medios, sino también el objeto de su enseñanza: ¡Observad mis mandamientos, y así os volveréis partícipes de la vida (y vivirás: וֶחְיֵה)! El siríaco, sin embargo, agrega תּוֹרָתִי כְּאִישׁוֹן עֵינֶיךָ y mi instrucción será como la niña de tus ojos, una cláusula tomada de Pr 7, 2.

## 4, 5-7. Adquiere sabiduría

> 5 קְנֵה חָכְמָה קְנֵה בִינָה אַל־ תִּשְׁכַּח וְאַל־ תֵּט מֵאִמְרֵי־ פִי:
>
> 6 אַל־ תַּעַזְבֶהָ וְתִשְׁמְרֶךָ אֱהָבֶהָ וְתִצְּרֶךָּ:
>
> 7 רֵאשִׁית חָכְמָה קְנֵה חָכְמָה וּבְכָל־ קִנְיָנְךָ קְנֵה בִינָה:

> 5 ¡Adquiere sabiduría! ¡Adquiere entendimiento!
> No te olvides ni te apartes de los dichos de mi boca.
> 6 No la abandones, y ella te guardará;
> *ámala, y te preservará.*
> 7 *¡Sabiduría ante todo! ¡Adquiere sabiduría!*
> Y antes que toda posesión, adquiere entendimiento.

**4, 5-7.** A partir de aquí se concretiza la enseñanza del padre. La sabiduría y el entendimiento se toman como objeto de un tipo de "comercio" superior (cf. Pr 23, 23; 3, 14), como una perla de gran precio (Mt 13, 46), y así las palabras del padre vienen a presentarse como ofrenda de esta preciosa posesión, de manera que ayudan a adquirirla.

---

31. En algunas ediciones aparece לִבְנֵי (para mi hijo) como *keré* a לִפְנֵי, pero de manera errónea y contraria a la evidencia constante de la Masora, que afirma que hay dos pasajes en los que debemos leer no לִפְנֵי, sino לִבְנֵי, a saber, el Sal 80, 3 y Pr 4, 3.

32. La escritura de יתמך־ con el acento *metheg* (gaja) y *kametz-chatuph* es la de Ben Asher. A diferencia de esa, יתמך־ con *cholem* (ō) y *metheg* permanente es la de Ben Nephtali; véase *Miclol* 21a (bajo la forma verbal 25, 30).

# Discursos exhortatorios (Pr 1, 8 – 9, 18)

No se puede decir correctamente אַל־תִּשְׁכַּח מַאֲמְרֵי־פִי, sino "no te olvides ni te apartes de los dichos de mi boca" אַל־ תִּשְׁכַּח וְאַל־ תֵּט מֵאמְרֵי־ פִי, cf. Sal 102, 5). Y en este sentido se pone al principio אַל־תִּשְׁכַּח con el acusativo de objeto que el autor tiene en su mente (las enseñanzas del padre) y, solo teniéndolas así, en su mente, el autor puede decir al discípulo que no se aparte de las palabras de su boca. Esas enseñanzas que provienen de la boca del padre son el medio para adquirir sabiduría, como sigue diciendo Pr 4, donde esta idea viene a presentarse en primer lugar.

El primer estico consta solo de cuatro palabras (¡Adquiere sabiduría! ¡Adquiere entendimiento!), que deberían estar divididas por *mugrash*;[33] la waw (וֹ), que aparece en el siguiente estico del verso, introduce la *apódosis de imperativo* (cf. Pr 4, 9) y la *apódosis* de prohibición (Pr 3, 21). A partir de aquí, la presentación de la Sabiduría, Pr 4, 5, empieza a tener en Pr 4, 6 unos rasgos personales.

Refiriéndose a Pr 4, 5, el padre sigue explicando que la Sabiduría comienza con el esfuerzo por lograrla, indicando que este esfuerzo es ya el comienzo fundamental de la sabiduría. En el título del libro, Pr 1, 7, el autor había dicho que el temor de Yahvé era el principio del que toma su origen toda sabiduría. יהוה יראת (Pr 1, 7), el temor de Yahvé, es el sujeto o punto de partida, de forma que está en el principio de todo. Esto es lo que quiere decir el autor de los Proverbios al afirmar en qué consiste el principio de la Sabiduría.

ראשית חכמה es el sujeto y así se mantiene como tal. El predicado puede también leerse קנה־חכמה (con קנה igual a קנות), en la línea de Pr 16, 16. El principio de la sabiduría es (consiste en) la adquisición de la sabiduría; pero el imperativo קנה, que aparece en Aquila, Symmaco, Teodocio (κτῆσαι), Jerónimo, Syr., Targum (la LXX deja Pr 4, 7 sin traducir), está apoyado también por 7b.

Hitzig, siguiendo a Mercier, de Dieu y Döderlein, traduce el verso así, "lo más elevado es la sabiduría. Obtén sabiduría". Esta es una traducción aprobada por Zöckler; pero las razones que se aducen para apoyar esa interpretación son sutilezas que no prueban nada. Si el autor hubiera querido que el texto se entendiera así, debería haber escrito por lo menos las palabras ראשית החכמה (el principio es la hockma), que es un genitivo de relación, como cabe esperar partiendo del carácter relativo de la idea de fondo de ראשית. Lo que el autor quiere decir es que el principio de la sabiduría consiste, conforme a la proposición קנה חכמה, en adquirir sabiduría (cf. la fórmula análoga, Ec 12, 13). Esta proposición constituye verdaderamente el *lapis philosophorum*, es la piedra filosofal, ella contiene todo lo que el hombre necesita para llegar a ser sabio.

---

33. Conforme a la lectura correcta de los códices y de las ediciones antiguas, la palabra וְתֵ־ שְׁמָרֶךָ debe escribirse como *rebia mugrash*, y אֱהָבֶהָ *mercha* (con *zinnorith*); véase *Torath Emeth*, p. 47, 6; *Accentuationssystem*, xviii. 1, 2; y sobre el *zinnorith*, cf. S. Baer, *Liber Psalmorum Hebraicus* p. xii.

Proverbios 4

El comienzo de la sabiduría consiste en buscar sabiduría. Por eso en griego a la sabiduría se le llamó modestamente φιλοσοφία, amor a la Sabiduría. En esa línea, según Pr 6, 18, el comienzo de la Sabiduría, la ἀρχὴ αὐτῆς se define como ἡ ἀληθεστάτη παιδείας ἐπιθυμία (como el deseo más hondo de educación para alcanzar sabiduría). La proposición de 7b muestra el carácter específico de aquel conocimiento que ayuda a adquirir la Sabiduría: antes de toda posesión, adquiere entendimiento para alcanzar así sabiduría. La ב de precio indica que hay que darlo todo para adquirir sabiduría (Mt 13, 46; Mt 13, 44); ningún precio es demasiado alto, ningún sacrificio es demasiado grande para alcanzar la sabiduría.

## 4, 8-14. Se multiplicarán los años de tu vida

סַלְסְלֶהָ וּתְרוֹמְמֶךָּ תְּכַבֵּדְךָ כִּי תְחַבְּקֶנָּה׃ ⁸

תִּתֵּן לְרֹאשְׁךָ לִוְיַת־חֵן עֲטֶרֶת תִּפְאֶרֶת תְּמַגְּנֶךָּ׃ ⁹

שְׁמַע בְּנִי וְקַח אֲמָרָי וְיִרְבּוּ לְךָ שְׁנוֹת חַיִּים׃ ¹⁰

בְּדֶרֶךְ חָכְמָה הֹרֵתִיךָ הִדְרַכְתִּיךָ בְּמַעְגְּלֵי־יֹשֶׁר׃ ¹¹

בְּלֶכְתְּךָ לֹא־יֵצַר צַעֲדֶךָ וְאִם־תָּרוּץ לֹא תִכָּשֵׁל׃ ¹²

הַחֲזֵק בַּמּוּסָר אַל־תֶּרֶף נִצְּרֶהָ כִּי־הִיא חַיֶּיךָ׃ ¹³

בְּאֹרַח רְשָׁעִים אַל־תָּבֹא וְאַל־תְּאַשֵּׁר בְּדֶרֶךְ רָעִים׃ ¹⁴

⁸ Apréciala, y ella te levantará;
y cuando la hayas abrazado, te honrará.

⁹ Diadema de gracia dará a tu cabeza;
corona de hermosura te otorgará.

¹⁰ Escucha, hijo mío, y recibe mis dichos,
y se te multiplicarán años de vida.

¹¹ En el camino de la sabiduría te he instruido,
y por sendas de rectitud te he hecho andar.

¹² Cuando camines, tus pasos no hallarán impedimento;
y si corres, no tropezarás.

¹³ Aférrate a la disciplina y no la sueltes;
consérvala, porque ella es tu vida.

¹⁴ No entres en el sendero de los impíos,
ni pongas tu pie en el camino de los malos.

**4, 8-9.** *Apréciala, y ella te levantará…* El significado del ἀπ, γεγρ, סלסל, está determinado por רומם en la misma cláusula; סלל significa levantar, exaltar, como camino o dique amontonando. El *pilpel*, que aquí se utiliza significa valorar o estimar mucho. Böttcher interpreta bien el texto: *aprecia mucho la sabiduría, mantén bien alto su precio*, súbelo (como comprador, estate dispuesto a pagar

119

# Discursos exhortatorios (Pr 1, 8 – 9, 18)

siempre más, oferta tras oferta). La LXX (en una lectura aprobada por Bertheau) ponen: περιχαράκωσον αὐτήν, rodéala, circunválala, es decir, rodéala con un muro (סֹלְלָה); pero esta es una figura extraña y aquí resulta inadecuada. Mantenlo en alto, dice el autor, y así te recompensará[34] a ti, poniéndote en un lugar más alto (con transposición quiástica de la actuación y de la consecuencia de la acción del hombre que la busca), y la misma sabiduría te honrará a ti,[35] (en el caso de que, ἐάν) si la abrazas amorosamente.

La palabra חבק (cf. כִּי תְחַבְּקֶנָּה) se usa para abrazar bajo la presión de un tierno amor, como en Cnt 2, 6 y 8, 3. El Piel está relacionado con el *kal* como *amplexari* con *amplecti*, ser abrazado con abrazos. La sabiduría exalta a sus admiradores, honra a sus amantes y hace agradable la apariencia del hombre, haciendo que sea reverenciado cuando se acerca. Con respecto a לִוְיַת־חֵן, véase Pr 1, 9, מָגֵן, entregar (Gn 14, 20), abandonar (Os 11, 8); ese término está conectado en la forma poética libre con dos acusativos, en lugar de con un acusativo y un dativo. La LXX tiene ὑπερασπίσῃ, pero uno no se defiende con una guirnalda o con una corona (como si fuera un escudo).

**4, 10-12.** *Escucha, hijo mío, y recibe mis dichos, y se te multiplicarán años de vida.* No hay razón para suponer que de la advertencia que el padre daba al poeta venga a pasarse ahora a las advertencias que viene a dar el mismo poeta (Hitzig); la amonestación que el padre daba hasta ahora se refería solo de un modo general al esfuerzo por alcanzar sabiduría, y en este momento podemos esperar que las buenas doctrinas que el padre comunicaba al hijo a modo de "viático" (ayuda para el camino) vengan a expandirse, volviéndose más específicas, cada vez que ellas toman un nuevo punto de partida.

Con respecto a קַח (de לקח), apropiarse de la recepción y recibir fuerza en el jugo y en la sangre de la vida, *in succum et sanguinem*, cf. Pr 1, 3. Las palabras שְׁנוֹת חַיִּים no evocan solo años de duración, sino el mismo disfrute de la vida, Pr 3, 2. Con respecto a מַעְגְּלֵי־יֹשֶׁר (camino, pistas de rectitud), cf. Pr 2, 9. Por lo que se refiere a la ב del camino y de la materia de la instrucción (בְּדֶרֶךְ), cf. Sal 25, 8.

Los perfectos, Pr 4, 11, son diferentes de los de 4, 2, נתתי, y se refieren a reglas de vida dadas en un período anterior, que se repiten sumariamente en este discurso. El camino de la sabiduría es aquel que conduce a su adquisición (Job 28, 23); los caminos de la rectitud son aquellos que están de acuerdo con la regla del bien y del derecho. Si el joven continúa moviéndose en esa dirección, no seguirá en la oscuridad o incertidumbre, ni avanzará con pasos ansiosos; al contrario, con fervor juvenil avanzará como volando a lo largo de su curso, no tropezará con

---

34. Löwenstein pone correctamente וּתְרוֹמִמְךָ, te elevará; cf. mi prefacio a Baer, *Génesis* p. vii.

35. Leemos תְּכַבְּדֶךָ no תכבּרך (Hahn) o תכבּדך (Löwenstein); el tono se encuentra en la penúltima, y la sílaba tonal tiene el punto del *tsere*, como en וַיִּגַּד, Dt 32, 7; Véase *Miclol* 66b.

ningún obstáculo imprevisto, ni caerá. יצר de צרר o צור, ser angosto, estrecho, como יצר, en el sentido de estrecharse, hallar impedimento. Según el Targum de Aruj,[36] el texto ha de entenderse como לא תשנק ארחך, no tendrás necesidad de atar, apretar (constringere), ni de cercar tu camino.

**4, 13-14.** *Aférrate a la disciplina y no la sueltes...* Las *exhortaciones anteriores, que se apoyaban en promesas, aparecen ahora como advertencias,* pensadas para alarmar, inquietar a los discípulos. En otros lugares, מוסר significa también autodisciplina, o educación moral, de tipo religioso, cf. Pr 1, 3. Aquí significa disciplina, es decir, educación o consejo educativo de los padres. תרף es el futuro segolado apocopado *hifil* de הרף (indicativo תרפה), cf. también el imperativo *hifil* de הרף de la misma raíz que cítara. נצרה (cf. נְצֻרֶהָ) es el imperativo *kal* (no piel, como piensa Aben Ezra) con *dagesh dirimens*; cf. el sustantivo verbal נצרה, en Sal 141, 3, con *dagesh* similar, según la forma יקהה, Gn 49, 10.

La palabra מוסר (en otros lugares siempre masculino) se usa aquí en femenino, como sinónimo de sabiduría: guárdala (mantén la instrucción), porque ella es tu vida,[37] es decir, la vida de tu vida.

En 4, 14, los impíos (sobre la idea base de רשע, cf. *Coment.* Sal 1, 1) y los habitualmente malvados, es decir, los viciosos, aparecen aquí en paralelismo. Las palabras בוא y אשר están relacionadas como entrar y seguir, *ingressus y progressus*. El verbo אשר significa, como ישר, ser recto, ser afortunado. En esa línea, אשר equivale al árabe הרף *yusâr*, felicidad, y también avanzar, dar un paso adelante, como en Pr 9, 6. En estos casos, el significado de אשר aparece en parte como intensivo y en parte como causativo, como en Pr 23, 19 (con el significado de ser, hacer feliz, Gn 30, 13).[38]

El significado de *progredi* (progresar) no aparece aquí precisado a través de צעדיו. Al contrario, el uso del verbo derivativo תְּאַשֵּׁר que viene de אשור (un paso, dar un paso en adelante), muestra que toda la frase está evocando un tipo de movimiento en línea recta. La traducción de Schultens, "no imprimas tus huellas en los caminos de los malos" (ne vestigia imprimas in via malorum) no responde al texto, estrictamente hablando. En árabe, *âththr* (equivalente de אשור) es un

---

36. Se refiere al Targum de R. Nathan ben Jechiel, muerto hacia el año 1106 d.C., a quien los escritores judíos suelen llamar בעל ערוך, Señor de Aruch, autor de un léxico talmúdico.

37. כי היא, se puntúa como כִּי־הָיא; el *zinnorith* aparece en lugar de *makkeph*, Véase *Torath Emeth*, p. 9.

38. El significado de *progredi*, avanzar, no está determinado por un צעדיו suplementario; la palabra derivada אשור (וְאַל־תְּאַשֵּׁר בְּדֶרֶךְ רָעִים) significa dar un paso y proviene de la idea básica de movimiento en línea recta. No puede justificarse la traducción de Schultens, *ne vestigia imprimas in via malorum* (no dejes tus huellas en el camino de los malvados). El árabe âththr es denominativo de ithr, אתר, cuya raíz verbal primitiva es *athr*, אתר es igual a אשר.

121

*Discursos exhortatorios (Pr 1, 8 – 9, 18)*

verbo denominativo, que proviene de *ithr*, אתר, cuya raíz primitiva *athr*, אתר, que equivale a una raíz אשר, se ha perdido, es decir, no se ha seguido utilizando.

## 4, 15-22.

15 פְּרָעֵהוּ אַל־ תַּעֲבָר־ בֵּוֹ שְׂטֵה מֵעָלָיו וַעֲבֹור׃

16 כִּי לֹא יִֽשְׁנוּ אִם־ לֹא יָרֵעוּ וְֽנִגְזְלָה שְׁנָתָם אִם־ לֹא [יַכְשִׁילוּ] (יַכְשׁוֹלוּ)׃

17 כִּי לָחֲמוּ לֶחֶם רֶשַׁע וְיֵין חֲמָסִים יִשְׁתּֽוּ׃

18 וְאֹרַח צַדִּיקִים כְּאֹור נֹגַהּ הֹולֵךְ וָאֹור עַד־ נְכֹון הַיֹּֽום׃

19 דֶּרֶךְ רְשָׁעִים כָּאֲפֵלָה לֹא יָדְעוּ בַּמֶּה יִכָּשֵֽׁלוּ׃ פ

20 בְּנִי לִדְבָרַי הַקְשִׁיבָה לַאֲמָרַי הַט־ אָזְנֶֽךָ׃

21 אַל־ יַלִּיזוּ מֵעֵינֶיךָ שָׁמְרֵם בְּתֹוךְ לְבָבֶֽךָ׃

22 כִּי־ חַיִּים הֵם לְמֹצְאֵיהֶם וּֽלְכָל־ בְּשָׂרֹו מַרְפֵּֽא׃

15 Evítalo; no pases ante él.

Apártate de él; pasa de largo.

16 Porque ellos no duermen si no han hecho mal;

pierden el sueño si no han hecho caer a alguno.

17 Pues comen pan de impiedad,

y beben vino de violencia.

18 Pero la senda de los justos es como la luz de la aurora

que va en aumento hasta que es pleno día.

19 El camino de los impíos es como la oscuridad;

no saben en qué tropiezan.

20 Hijo mío, pon atención a mis palabras;

inclina tu oído a mis dichos.

21 No se aparten de tus ojos;

guárdalos en medio de tu corazón.

22 Porque ellos son vida a los que los hallan,

y medicina para todo su cuerpo.

**4, 15.** *Evítalo, no pases ante él...* Sobre פרעהו, evítalo (evita el camino, opuesto a אחז, Job 17, 9; תמך, Sal 17, 5), cf. Pr 1, 25. La palabra שטה, apártate, que en los demás casos tiene un sentido negativo (como en árabe *shatt*, ir más allá de la medida, ser insolente), tiene aquí un sentido previo y más general, de fondo positivo: pasar de largo, apartarse de él, מעליו (como en francés *dessus*, y en italiano *ire al di sopra*): actúa de tal manera que no entres en contacto con él, que no colabores con él. עבר significa en ambos casos *pasar de largo* (transire), pero en el segundo caso se añade, "ir más allá" (cf. 2Sa 15, 22 y comentario a Hab 1, 11). Sea como fuere, se trata de escaparse, "evadirse de".

122

*Proverbios 4*

**4, 16.** Respecto al motivo aquí aducido, el perfecto puede estar en las cláusulas condicionales, como en la frase de Virgilio: "si no hicieras daño en nada, estarías muerto". Pero el hecho de que la frase esté en futuro, como en Ec 5, 11, indica que ellos, los malvados (רעים y רשעים), no pueden dormir, y están privados de su sueño, a menos que estén continuamente haciendo el mal y llevando a otros a la miseria.

La conducta mala se ha vuelto para ellos una segunda naturaleza, de forma que interrumpirla sería para ellos como una interrupción de su vida saludable, una fuente de enfermedad. Según eso, los hombres malos no pueden vivir sin hacer maldades. En el caso del *kal* יכשולו, que aquí debe referirse a la persona que peca (cf. Pr 4, 19), y que se volvería débil (enfermaría) en caso de no seguir haciendo daño a otros, el *keré* sustituye de un modo adecuado al *hifil*. Cf. también 2Cr 25, 8, en el sentido de hacer caer, en contraste con ayudar.

**4, 17.** El segundo כי introduce la razón de por qué el bienestar corporal está condicionado por las malas acciones. Si el poeta hubiera querido decir, *viven del pan que consiste en la maldad*, es decir, viven de la maldad como su pan, entonces en la oración paralela debería haber usado la palabra חמס en vez de חֲמָסִים; los genitivos se refiere a los medios de adquisición, indicando que los impíos viven de ganancias injustas, del pan y del vino que obtienen con la maldad y con toda forma de violencia o injusticia.

Sobre la etimología de חמס (árabe *ḥamas: durum, asperum, vehementem ese,* ser duro, áspero, vehemente), véase Schultens. El plural חמסים pertenece a una época más reciente (véase Comment. a 2Sa 22, 49 y a Sal 18, 49). El cambio en el tiempo verbal representa la idea de que, habiendo comido tal pan, sirvieron también mucho vino y que con eso lo lavaron (pensaron lavar su maldad).

**4, 18-19.** Los dos caminos que se ofrecen a los jóvenes, a fin de que escojan, se distinguen entre sí como se distingue la luz de la oscuridad. El estilo del lenguaje hebreo se manifiesta en la forma de utilizar la waw (ו), con sus diversos tipos de relaciones lógicas; la waw de 18a puede colocarse rectamente antes de 19a, donde la discontinuidad y la confrontación del texto de los dos versículos parece la adecuada.

El hecho de que una waw se desplace de su posición correcta no carece ciertamente de ejemplo (ver Sal 16, 3); pero dado que Pr 4, 19 se une más fácilmente con Pr 4, 18 que con Pr 4, 17 (conservando la waw en su lugar actual), nos permite pensar que los dos versículos se encuentren transpuestos, de manera que la ו de וארח (Pr 4, 17) debe tener como prefijo el דרך de Pr 4, 18, de manera que los dos versos se traduzcan así: *El camino de los impíos es como la oscuridad… pero la senda de los justos es como la luz…*

Como decía Pr 4, 16, el pecado se ha convertido para los impíos en una segunda naturaleza, de modo que no pueden dormir si no lo cometen. Deben

# Discursos exhortatorios (Pr 1, 8 – 9, 18)

estar pecando continuamente, agrega Pr 4, 17, porque así, y no de otra manera, obtienen para sí mismos el pan de cada día. A partir de aquí se entiende 4, 19: "El camino de los impíos es oscuridad".

En ese contexto, refiriéndose a esta temible autoperversión en la que la maldad se ha convertido en una necesidad, como si fuera una condición vital, el poeta sigue diciendo en 4, 19 que el camino de los impíos es כָּאֲפֵלָה, oscuridad profunda, como la ausencia total de luz; por eso, los injustos no tienen más remedio que caer, pero de tal manera caen que no saben ni siquiera dónde ni cómo lo hacen, porque no conocen en absoluto la maldad como tal, ni la necesidad interna de castigo que proviene de ella.

Por el contrario, el camino de los justos se expresa como luz cada vez mayor, luz del conocimiento y de la verdadera felicidad que proviene del buen conocimiento. Sobre בָּמָה, cf. *Comment.* Is 2, 22. Por su parte, מִכְשׁוֹל se traduce como σκάνδαλον, un tipo de piedra contra la que chocan o tropiezan (cf. Lv 26, 37), perdiendo el equilibrio hasta caerse.[39]

Por su parte, la palabra נֹגַהּ, que se utiliza en otros lugares, fuera de la Biblia, significa la estrella de la mañana (Venus; cf. Ec 50, 4, Syr.). Cuando se usa en la Biblia, significa la madrugada, la luz del sol naciente, la luz del amanecer (2Sa 23, 4; Is 62, 1), que se anuncia en el crepúsculo de la mañana (Da 6, 20). La luz del sol de esta mañana de los justos הוֹלֵךְ וָאוֹר, va y brilla, es decir, se vuelve cada vez más brillante.

En relación con הוֹלֵךְ וָאוֹר, podría surgir la duda de si אוֹר ha de tomarse como un gerundio (Gn 8, 3; Gn 8, 5), o un participio (2Sa 16, 5; Jer 41, 6), o un adjetivo derivado de un participio (Gn 26, 13; Jc 4, 24). Pero en esta conexión, en הֹלֵךְ וָאוֹר, es indiscutiblemente un participio de gerundio, que está indicando un progreso que se vincula con un participio sin más, cf. Jon 1, 11, o con un participio adjetivado (2Sa 3, 1; 2Cr 17, 12) o con otra formación adjetivada, 2Sa 15, 12; Est 9, 4 (lugares donde וְגָדוֹל o וְגָדֵל actúa como adjetivo, aunque en otros casos, como en 2Sa 5, 10, lo hace como gerundio).

De esa forma וָאוֹר, en la línea de וְטוֹב, después de 1Sa 2, 26, ha de ser participio, lo mismo que בּוֹשׁ, estar avergonzado (Gesenius, 72, 1); cf. בּוֹס, Zac 10, 5 con קוּם 2, Rey 16, 7. Por su parte, נְכוֹן הַיּוֹם corresponde al griego τὸ σταθηρὸν τῆς ἡμέρας (en pleno día), cf. también, ἡ σταθηρὰ μεσημβρία; en esa línea, uno puede decir τὸ σταθηρὸν τῆς νυκτός y en árabe *qârt 'l-nhâr y qâ'mt' l-dhyrt*.

---

39. Böttcher, en comentario a 2Sa 23, 4, interpreta נֹגַהּ como brillo que golpea contra las nubes de tal forma que las atraviesa e ilumina (cf. נֹגַהּ נָגַף). En ese sentido, se puede traducir como *ferire o percutere, herir* (cf. נגע, Ez 17, 10; נכה, Sal 121, 6, con el árabe *darb*, que se utiliza para evocar fuertes impresiones sensibles), como dice el poeta Silio Itálico, iv. 329, cuando afirma que la luz *percuttit,* es decir, golpea los campos con su claridad.

Esta figura se deriva probablemente del punto de máxima altura de la luz del sol (cf. Lucano, *Farsalia*, lib. 9, *quam cardine summo stat librata dies*, cuando el día alcanza su suma altura…). Antes y después del mediodía la "lengua" u oscuridad de la sombra del día se dobla a la izquierda o a la derecha, pero en el punto del mediodía permanece directamente en el centro (Fleischer). El texto se refiere por tanto al tiempo del mediodía, cuando la claridad del día ha logrado su máxima intensidad, cuando no hay aumento ni disminución de luz cuando, como solemos decir, el sol se encuentra en el cenit (equivalente al árabe *samt*, que es el punto de referencia, es decir, el vértice del día).

A no ser en Mr 4, 28, no hay en la Biblia ningún pasaje que presente una figura de desarrollo gradual del tiempo que pueda compararse con esta. El progreso de la bienaventuranza del conocimiento se compara con el de la claridad del día hasta que alcanza su altura al mediodía, habiendo llegado a lo cual se eleva y transfigura, apareciendo como conocimiento de todo en Dios, Pr 28, 5; 1Jn 2, 20.

**4, 20-22.** *Hijo mío, pon atención a mis palabras; inclina tu oído a mis dichos. No se aparten de tus ojos; guárdalos en medio de tu corazón. Porque ellos son vida a los que los hallan, y medicina para todo su cuerpo.* En cuanto al *hifil* הלין (en vez de הלין), que aparece en Pr 4, 21, formado a la manera caldea como הסיג, הניח, הלין, cf. Gesenius, 72, 9. Según Ewald 114 c, esa palabra tiene el significado de "burlarse", porque se intercambia con הלין, en lugar del significado de quitar, apartarse, *efficere ut recedat* (cf. bajo Pr 2, 15). Este supuesto significado causativo lo tiene también aquí: que sean como uno (véase Pr 2, 22) no los quites de tus ojos. El objeto (aquello que el oyente no debe separar de sus ojos, Pr 4, 20) son las palabras de la amonestación paterna.

Hitzig observa que aquí no tenemos, de hecho, un acusativo, pero debemos insistir en que יליזו (futuro *hifil* de לוז) y ילוזו (fut. *kal*) no son la misma cosa, y menos cuando están en relación con הלין, pero el texto masorético y la opinión de los gramáticos (p. ej., Kimchi) exigen que se ponga יליזו, especialmente cuando después viene למצאיהם en plural, en 22b. Lo que se dice aquí se refiere a cada uno de los que escuchan las palabras del maestro (Pr 3, 18; Pr 3, 28; Pr 3, 35).

La palabra מצא tiene fundamentalmente un sentido activo, y significa encontrar, alcanzar, producir, procurar, etc. El significado de la palabra מרפא depende de la forma en que se entienda la מ inicial, ya sea que se refiera (como en latín *ut*) a la acción como tal, o de que se refiera más bien a su finalidad (que es la salud en sentido general). Aquí no se refiere exclusivamente a la salud, en sentido estricto (negación de enfermedad), sino también a la estabilidad total de la vida, a su fortalecimiento continuo y también a su restauración una y otra vez.

Según eso, el maestro dice que nada conserva el alma y el cuerpo en un estado más saludable que el hecho de que tengamos siempre ante los ojos y llevemos

*Discursos exhortatorios (Pr 1, 8 – 9, 18)*

en el corazón las buenas doctrinas. Ellas nos conceden una guía verdadera sobre el camino de la vida, como dice 1 Ti 4, 8, "La piedad tiene la promesa de esta vida y de la venidera".

## 4, 23-27.

²³ מִכָּל־מִשְׁמָר נְצֹר לִבֶּךָ כִּי־מִמֶּנּוּ תּוֹצְאוֹת חַיִּים׃

²⁴ הָסֵר מִמְּךָ עִקְּשׁוּת פֶּה וּלְזוּת שְׂפָתַיִם הַרְחֵק מִמֶּךָּ׃

²⁵ עֵינֶיךָ לְנֹכַח יַבִּיטוּ וְעַפְעַפֶּיךָ יַיְשִׁרוּ נֶגְדֶּךָ׃

²⁶ פַּלֵּס מַעְגַּל רַגְלֶךָ וְכָל־דְּרָכֶיךָ יִכֹּנוּ׃

²⁷ אַל־תֵּט־יָמִין וּשְׂמֹאול הָסֵר רַגְלְךָ מֵרָע׃

²³ Sobre toda cosa que has de guardar, guarda tu corazón;
porque de él emana la vida.
²⁴ Aparta de ti la perversidad de la boca,
y aleja de ti la falsedad de los labios.
²⁵ Miren tus ojos lo que es recto,
y diríjase tu vista a lo que está frente a ti.
²⁶ Considera la senda de tus pies,
y todos tus caminos sean correctos.
²⁷ No te apartes ni a la izquierda ni a la derecha;
aparta tu pie del mal.

**4, 23-24.** Las palabras *sobre toda cosa que has de guardar...* מִכָּל־מִשְׁמָר pueden referirse al objeto que debe mantenerse siempre bajo vigilancia (cavendi, véase Pr 2, 20). En esa línea, 4, 23 insiste en el sentido de la vigilancia y en el objeto que ha de ser vigilado. Raschi y otros recuerdan que deben guardarse (custodiarse) muchas otras cosas; pero, ante todas ellas (*ab omni re cavenda*), el maestro insiste en que debe guardarse el corazón.

Por eso dice: antes que todo el resto de las cosas que tienes que cuidar o custodiar (*prae omni re custodienda*), guarda el corazón, como la más preciosa de las posesiones que te han sido confiadas. Conforme a su etimología, el corazón está indicando aquello que es lo sustancial, el núcleo básico de la vida del hombre (Kernhafte) (cf. árabe *lubb*, la semilla de la nuez o de la almendra).

Así entendido, el corazón no aparece como realidad física, sino como centro intelectual y, especialmente, como centro ético del hombre. Los תּוֹצָאוֹת son elementos centrales de una realidad, como el núcleo del que sale y se extiende todo al desplegarse, es decir, su corazón. El autor indica con eso תוצאות חיים, que las línea centrales de la vida salen del corazón (así se dice aquí de un modo correcto כִּי־מִמֶּנּוּ con *makkeph* en la כי).

El texto indica de esa forma que la vida no solo tiene su fuente en el corazón, sino también que la dirección que ella toma está determinada por el corazón. Físicamente considerado, el corazón es el receptáculo de la sangre, en la cual vive y de la cual se "gobierna", se sustenta, la vida. Entendido así, el corazón es un tipo de "cántaro" viviente, es decir, una fuente o manantial continuo del que surge y proviene todo, centro que atrae, funda y despliega la existencia humana, recipiente principal de la vida sanguínea, con su existencia física propia, motor y recipiente de la vida, del que proviene y al que desemboca todo lo que somos (cf. Delitzsch, *System der biblischen Psychologie.* p. 232).

Pues bien, lo que se dice del corazón en el sentido físico del despliegue de la vida corporal se dice en sentido más profundo del despliegue de la vida intelectual del alma, centrada en el corazón, en su sentido más alto de conocimiento e identidad personal. La Escritura presenta al corazón como centro intelectual del alma del hombre, como foco central concreto de su actividad o despliegue dinámico y de su determinación ética en todos los aspectos. Todas las radiaciones de la vida corporal y del alma se concentran allí, y desde allí se despliegan de nuevo. Todo lo que está implícito en las palabras griega y helenísticas νοῦς, λόγος, συνείδησις, θυμός (entendimiento, palabra, conocimiento, pasión vital…) se contiene en la palabra bíblica *leb*, καρδία. Y, por su parte, todo lo que afecta a בָּשָׂר (cuerpo) y a נֶפֶשׁ (el espíritu, ánima) se expresa y viene a desplegarse en forma de conciencia en el לֵב o corazón (*Ibid.* p. 251).

El corazón es el instrumento (el centro concentrado) de la vida del espíritu que piensa, quiere y percibe; es el asiento del conocimiento de sí mismo, del conocimiento de Dios, del conocimiento de nuestra relación con Dios, y también de la ley de Dios impresa en nuestra naturaleza moral. Es como el motor de nuestra forma de vida espiritual y ética, tal como se expresa y desarrolla de forma individual. Entendido así el corazón es el centro de la actividad humana, pues toda la vida del hombre, en su sentido superior e inferior brota del corazón y recibe del corazón el impulso y la dirección en que se despliega.

Lógicamente, este dicho nos amonesta con toda seriedad y nos impulsa del modo más sagrado para que preservemos con toda pureza el corazón (cf. Sal 73, 1), a fin de que, a partir de esa fuente de vida, pueda brotar la auténtica Vida, no una existencia aparente, una pura caricatura, sino la vida verdadera, agradable a Dios. En esa línea, Pr 4, 24 y las reglas de oro que brotan de ese centro de vida, muestran cómo debemos llevar a cabo esta cuidadosa vigilancia del corazón.

La boca y los labios vienen a presentarse así (Pr 4, 24) como instrumentos del habla, no solo de su expresión externa, sino de la palabra/pensamiento que brota de ellos (de la boca y de los labios). En esa línea, las más hondas distorsiones de la vida humana (los עִקְּשׁוּת), tienen su origen en la boca (Pr 6, 12), cuando lo que ella dice desfigura y deforma la vida. Esa distorsión se define como falsedad,

*Discursos exhortatorios (Pr 1, 8 – 9, 18)*

como mentira fundamental, como oposición entre lo que dicen esos labios y la verdad y el amor que ha de surgir del corazón (Pr 2, 12). Esa es la mentira de los labios, לֵזוּת, cuando lo que ellos dicen se desvía de la verdad auténtica y se pierde (se destruye) por caminos falsos, laterales.

**4, 25.** Esa regla anterior recomienda concentrarse y orientar bien la mirada, sin andar fijándose en cosas ajenas, con curiosidad malsana. Así lo pone de relieve el mismo texto griego de Ben-Sira cuando, en la línea de 9, 5, dice: μὴ περιβλέπου ἐν ῥύμαις πόλεως (no andes mirando alrededor por las calles de la ciudad); la mirada curiosa, sin buen propósito, hace daño al alma, la descentra y la profana.

Pero el tema de este verso no se limita solo a la disciplina externa de la mirada, sino que insiste en la mirada interior, que ha de ser franca, dirigida siempre hacia lo bueno, sin desviarse nunca hacia lo inútil o lo que está prohibido. En ese sentido, nos sitúa ante la exigencia de tener un ojo bueno, que no insiste en fijarse en lo que es inútil o está prohibido. En esa línea avanza 6, 22 cuando habla del "ojo simple" o puro, es decir ἁπλοῦς, del que Bengel afirma que es *"simplex et bonus, intentus in caelum, in Deum, unice"*, ojo simple y bueno, dirigido al cielo, es decir, únicamente a Dios (עֵינֶיךָ לְנֹכַח יַבִּיטוּ). La raíz נכח (de נֹכַח) significa fijar adecuadamente la mirada, dirigirla firmemente hacia lo bueno, es decir, a lo que está claramente delante, נגד (como muestra el árabe *najad*, ser claro, estar a la vista), de manera que el mismo objeto se eleve y se exprese ante los ojos.

Las dos palabras (נכח y נגד) destacan la rectitud de la mirada limpia, sin malas intenciones, centrada en aquello que se pone ante los ojos, de manera que podamos mirarlo de frente, sin desviaciones. En ese contexto introduce este verso la palabra עַפְעַפִּים (de עַפְעַף, aletear, moverse temblorosamente), que no se refiere a los ojos como tales, sino a los párpados que protegen la mirada, dirigiéndola hacia su verdadero objeto. En una mirada buena, los párpados siguen la dirección de los ojos, en línea recta, como indica la palabra יַיְשִׁרוּ (fut. *hifil* de יָשַׁר, ser recto), que según la Masora se escribe con una segunda *yod* audible, cf. Os 7, 12; 1Cr 12, 2; Gn 8, 17. En la Biblia no se encuentra la forma suavizada הֵישִׁיר (con una sola yod); solo encontramos הוֹשִׁיר o הֵישִׁיר.

**4, 26.** La forma de entender esta regla depende de la interpretación correcta de פֶּלֶס, que no significa "pesar" (Ewald) ni "medir" (Hitzig, Zöckler). Se ha dicho que, en un caso, en Sal 58, 3, פֶּלֶס tiene el significado de pesar, como verbo denominativo de פֶּלֶס, que puede referirse a un nivel, a una balanza.[40] Pero estrictamente hablando,

---

40. Se solía decir que la palabra árabe *teflîs* tiene ese mismo significado (como un tipo de peso o balanza), y así aparece todavía en las ediciones más recientes de Gesenius, *Diccionario*; pero, como he mostrado en *Coment.* Job 37, 16, no hay ninguna evidencia de que esa palabra tenga ese sentido.

en todos los casos, esa palabra no tiene el sentido de pesar, sino de nivelar, es decir, de preparar un camino llano, como puede verse en Is 26, 7; 40, 12.

La amonestación del poeta no se refiere, según eso, a la cuidadosa consideración de los rasgos del camino que conduce a la meta que se desea alcanzar, sino más bien a la preparación del camino mediante la eliminación de aquello que impide que se pueda transitar por allí sin trabas. No se trata, pues, de "ver", de considerar, de "pesar" el camino en sentido simbólico, sino de preparar (disponer) el camino, en el sentido de lograr que sea seguro.

Ese sentido es el mismo que tiene la palabra תִּכֵּן, que empieza significando "nivel", pero después, en sentido estricto, significa nivelar, enderezar el camino, alisarlo, de manera que se pueda avanzar con seguridad (Fleischer). Eso significa que debemos quitar de nuestro camino todo aquello que pueda convertirse en un estorbo moral o en un obstáculo peligroso, en nuestro curso de vida, a fin de que podamos avanzar con pasos rectos, como traduce la LXX (cf. Hebreos 12, 13).

La segunda parte del verso (4, 26b) indica de otra forma el mismo pensamiento. De esa forma, 2Cr 27, 6 (וְכָל־דְּרָכֶיךָ יִכֹּנוּ) está indicando que debemos trazar nuestro camino en una dirección recta, adecuada. En ese sentido, cuando se dice que "sean rectos tus caminos" (cf. Sal 119, 5; LXX κατευθυνθείησαν) se está diciendo "procura que todos los caminos por los que andes lleguen derechos al fin".

**4, 27.** En continuidad con el tema del verso anterior, 27a pide que los discípulos sigan el camino recto, sin apartarse a la derecha ni a la izquierda, mientras que 27b retoma la advertencia moral breve de סור מרע (apártate del mal) con una forma algo más extensa: הסר רגלך מרע, aparta tus pies del mal.

La LXX añade aquí cuatro líneas nuevas, que nos hemos esforzado por retraducir al hebreo en la introducción de este comentario, sabiendo que no son auténticas. En 27b la derecha y la izquierda están indicando caminos secundarios, desviaciones respecto del camino recto. Por el contrario, en la LXX el camino de la derecha es el camino de la verdad y el izquierdo el de la falsedad. En el texto hebreo se le pide al hombre que avance (que ande) por sendas rectas, ὀρθὰς τροχιὰς ποιεῖν; en la LXX el caminar por sendas rectas aparece como resultado de una operación (actividad de Dios), lo cual no está en continuidad con lo anterior, pero indica un estilo, un modo de hablar, que es diferente.

Hitzig no se contenta con rechazar el añadido de la LXX, sino que pone también en cuestión la autenticidad del texto hebreo de Pr 4, 27. Pues bien, en contra de eso, debemos afirmar que Pr 4, 27 es una continuación de 4, 26, pero no como una simple glosa secundaria, sino que tiene la finalidad de imprimir un tipo de sello o ratificación moral a los pensamientos anteriores.

En ese contexto, podemos añadir que 4, 27 no es, sin más, la conclusión de la amonestación que el poeta había recibido de su padre en el período de su

*Discursos exhortatorios (Pr 1, 8 – 9, 18)*

juventud. Así lo muestra el hecho de que el discurso se reanuda en 5, 1 con la misma expresión de בְּנִי, hijo mío. Por otra parte, 5, 7 muestra que en este punto se avanza desde los recuerdos que el poeta tenía de la casa de su padre hasta las palabras que él dirige a los jóvenes a quienes se dirige ahora como educador.

En 5, 7 se cierra, por un lado, el séptimo discurso de advertencia que el poeta está dirigiendo a sus estudiantes jóvenes. Pero, al mismo tiempo, con 5, 7 comienza un nuevo discurso. Los textos en parte semejantes de 1Cr 22, 5 y 2Cr 13, 7 muestran que la opinión de aquellos que piensan que la advertencia contra el adulterio (que está en el centro de los discursos siguientes) no puede relacionarse con el mal o pecado de Pr 4, 3 está equivocada (Zöckler).

# Proverbios 5

## 5, 1-5.

1 בְּנִי לְחָכְמָתִי הַקְשִׁיבָה לִתְבוּנָתִי הַט־ אָזְנֶךָ׃

2 לִשְׁמֹר מְזִמּוֹת וְדַעַת שְׂפָתֶיךָ יִנְצֹרוּ׃

3 כִּי נֹפֶת תִּטֹּפְנָה שִׂפְתֵי זָרָה וְחָלָק מִשֶּׁמֶן חִכָּהּ׃

4 וְאַחֲרִיתָהּ מָרָה כַלַּעֲנָה חַדָּה כְּחֶרֶב פִּיּוֹת׃

5 רַגְלֶיהָ יֹרְדוֹת מָוֶת שְׁאוֹל צְעָדֶיהָ יִתְמֹכוּ׃

¹ Hijo mío, pon atención a mi sabiduría,
y a mi entendimiento inclina tu oído;
² para que guardes la sana iniciativa,
y tus labios conserven el conocimiento.
³ Los labios de la mujer extraña gotean miel,
y su paladar es más suave que el aceite;
⁴ pero su fin es amargo como el ajenjo,
agudo como una espada de dos filos.
⁵ Sus pies descienden a la muerte;
sus pasos se precipitan al Sheol.

**5, 1-2.** La sabiduría y el entendimiento aumentan con la edad de aquellos que buscan sinceramente. En esa línea, el padre pide al joven que escuche con oído atento su sabiduría de vida, adquirida en el camino de muchos años de experiencia y observación. En Pr 5, 2 el infinitivo de objeto se convierte en verbo finito, como en Pr 2, 2 y 2, 8.

Los מְזִמּוֹת (su etimología aparece expuesta en *Coment.* a Pr 1, 4) son planes, proyectos, designios que, en la mayor parte de los casos, se entiende en sentido negativo, como intrigas y artificios vanos (véase Pr 24, 8); pero esa palabra puede utilizarse también para determinaciones positivas, relacionadas con aquello que es bueno y, de un modo especial, con los propósitos de Dios, cf. Jer 23, 20. Este sentido bueno de la palabra מזמה, en plural, es el dominante en la parte introductoria (cap. 1–9) del libro de los Proverbios.

La forma plural, tanto aquí como en Pr 8, 12 (vinculada a חכמות y תבונות) está indicando la reflexión y deliberación que es propia de una acción bien fundamentada. Por su parte, la palabra שמר (tanto aquí como en Pr 19, 8 y en los demás casos semejantes) está indicando aquello que el joven tiene que cumplir de manera obligatoria. Según eso, el joven está llamado a cumplir una buena conducta de un modo prudente y perseverante: *quidquid agas, prudenter agas et respice finem* (todo lo que hagas hazlo con prudencia, teniendo en cuenta el fin o meta de tu conducta y de tu vida).

En 2b, el *rebia mugrash* impide que las dos palabras וְדַעַת שְׂפָתֶיךָ se entiendan en relación de genitivo (así traducimos, *et ut scientiam labia tua tueantur*: y tus labios conserven el conocimiento). Los labios que conservan el conocimiento son aquellos que no permiten que salga de ellos nada que no proceda del conocimiento de Dios (cf. Sal 17, 3), de manera que esos labios digan solo lo que es bueno y justo, expresando y realizando de esa forma el verdadero sentido del conocimiento (cf. Köhler sobre *Malaquías* 2, 7).

שְׂפָתֶיךָ (de שׂפה, árabe *shafat*, borde, labio, propiamente aquello contra lo que una cosa se frota: lo que se frota a sí mismo) es una palabra originalmente femenina, pero de hecho, en el uso del lenguaje, se utiliza en los dos géneros (cf. 3a en Pr 26, 23). Con respecto a la ampliación יִנְצְרוּ, en pausa, con *nun*, en vez de יִצְרוּ, véase *Coment. Malaquías* 3, 1; 2, 11. Los labios que destilan la miel de la seducción se oponen a los labios que destilan el conocimiento. El objeto de la amonestación es proporcionar una protección contra los labios mentirosos que halagan, como con la miel.

**5, 3.** La palabra זָרָה significa una esposa que pertenece a otro, o que no pertenece a aquel a quien ella se entrega o a aquel que va tras ella (véase Pr 2, 16). Ella aparece aquí como traidora a su amor de juventud. El poeta pinta el amor y la amabilidad que ella finge con colores del Cantar de los Cantares 4, 11, cf. Sal 5, 16. Por su parte, נפת denota la miel que fluye por sí misma de los panales (צופים), por lo tanto, la más pura y dulce; su palabra raíz no es נוף, que significa sacudir, vibrar y solo mediatamente (cuando el objeto es un fluido) esparcir, rociar, sino, como ha observado Schultens, en su forma de verbo, נָפַת equivale al árabe *nafat*, burbujear, brotar, *nafath*, soplar, escupir, derramar.

Parchon coloca la palabra con razón bajo la raíz נפת (mientras que Kimchi la coloca bajo נוף conforme al formulario בשת) y explica su sentido diciendo חלות

_Discursos exhortatorios (Pr 1, 8 – 9, 18)_

דבש היצאים מי היצורת קודם ריסוק. En este caso, debería haber utilizado las palabras דבש היוצא, con el sentido de la miel que fluye de las celdas del panal que previamente se parten (la llamada miel virgen).

La boca, חך es árabe _ḥink_ (de חנך, árabe _hanak_, _imbuere_, rociar, rodea, por ejemplo, a la manera de los beduinos, que rocían la boca del recién nacido con miel de dátiles). Esa palabra (la boca), aparece aquí y en otros lugares, cf. Pr 8, 7, etc., como el instrumento del habla. Se dice que el paladar de la boca es más suave que el aceite (cf. Sal 55, 22) cuando pronuncia palabras amables, suaves, impresionantes (Pr 2, 16; Pr 6, 24). En ese sentido, la palabra alemana "schmeicheln" (halagar, acariciar) equivale a hacer algo que es suave y justo; en el lenguaje de los tejedores significa alisar la urdimbre.

**5, 4-5.** _Pero su fin es amargo como el ajenjo…_ En Pr 5, 4 el reverso de la dulce y suave atracción externa, propia de la mujer seductora, es la destrucción y muerte del hombre seducido. La seducción se muestra al fin como amargura y veneno, como una espada de dos filos que lleva a la muerte. La consecuencia de la relación con la mujer seductora (cf. Pr 23, 32) es, al fin, la amargura más fuerte, propia del ajenjo, la herida más honda, como la que proviene de una espada de dos filos.

El lenguaje del Antiguo Testamento considera la amargura y el veneno como relacionados tanto por su significado como por su realidad. En esa línea, la palabra לַעֲנָה (Aquila, ἀψίνθιον tiene el sentido de ajenjo) significa en árabe amargura, maldición. Jerónimo traduce חרב פיות lo mismo que la LXX como, _gladius bíceps_ (de dos cabezas); pero פיפיות significa originalmente de doble filo, como חרב שני פיות (Jue 3, 16) que es también la espada de doble filo.

En nuestro caso, la fórmula en plural pone de relieve poéticamente el significado destructor de ese tipo de espada, como un tipo de arma de muchas bocas (ξίφος πολύστομον), un sable-espada que devora, como si tuviera tres o cuatro filos (Florilegio). El final en el que termina la seducción disfrazada es amargo como el más amargo, y cortante, como signo de autocondena, consecuencia de una ira divina que destruye, como angustia del corazón y juicio demoledor. En ese sentido, los pies de la adúltera conducen al hombre hacia la muerte.

En hebreo esta suerte fatídica de los que descienden _ad mortem_ se expresa con el genitivo de conexión. מות (muerte) está en genitivo, como en יורדי בור, los que bajan a la fosa, Pr 1, 12. En otro lugar, el autor utiliza la expresión יורדות אל, los que descienden a…, Pr 7, 27; Pr 2, 18.

La muerte, מות (llamada así por el estiramiento que sufre el cadáver después de la rigidez de la muerte), indica la condición de aquellos que han sido privados de la vida como castigo, con lo cual se asocia la idea de la ira divina. En la palabra שאול (hundimiento, abismo, de של, χαλᾶν, véase Coment. Is 5, 14), se expresa la idea y realidad de la tumba como lugar de corrupción, inframundo, lugar de la

*Proverbios 5*

sombra incorpórea, de la negación de la vida, convertida en pura podredumbre. Los pasos que se aferran al Hades son los de aquellos que son arrebatados por el Hades y van directamente a él. Tiene un sentido semejante la palabra árabe, *hdhâ âldrb yâkhdh âly âlbld,* este camino conduce directo a la ciudad, a un lugar determinado (Florilegio).

## 5, 6-14. Germinarás al final de tu vida

אֹרַח חַיִּים פֶּן־ תְּפַלֵּס נָעוּ מַעְגְּלֹתֶיהָ לֹא תֵדָע: ⁶

וְעַתָּה בָנִים שִׁמְעוּ־ לִי וְאַל־ תָּסוּרוּ מֵאִמְרֵי־ פִי: ⁷

הַרְחֵק מֵעָלֶיהָ דַרְכֶּךָ וְאַל־ תִּקְרַב אֶל־ פֶּתַח בֵּיתָהּ: ⁸

פֶּן־ תִּתֵּן לַאֲחֵרִים הוֹדֶךָ וּשְׁנֹתֶיךָ לְאַכְזָרִי: ⁹

פֶּן־ יִשְׂבְּעוּ זָרִים כֹּחֶךָ וַעֲצָבֶיךָ בְּבֵית נָכְרִי: ¹⁰

וְנָהַמְתָּ בְאַחֲרִיתֶךָ בִּכְלוֹת בְּשָׂרְךָ וּשְׁאֵרֶךָ: ¹¹

וְאָמַרְתָּ אֵיךְ שָׂנֵאתִי מוּסָר וְתוֹכַחַת נָאַץ לִבִּי: ¹²

וְלֹא־ שָׁמַעְתִּי בְּקוֹל מוֹרָי וְלִמְלַמְּדַי לֹא־ הִטִּיתִי ¹³

כִּמְעַט הָיִיתִי בְכָל־ רָע בְּתוֹךְ קָהָל וְעֵדָה: ¹⁴

⁶ No considera el camino de la vida;

sus sendas son inestables, y ella no se da cuenta.

⁷ Ahora pues, hijos, oídme

y no os apartéis de los dichos de mi boca.

⁸ Aleja de ella tu camino

y no te acerques a la puerta de su casa,

⁹ no sea que des a otros tu honor

y tus años a alguien que es cruel;

¹⁰ no sea que los extraños se sacien con tus fuerzas,

y los frutos de tu trabajo vayan a dar a la casa de un desconocido.

¹¹ Entonces gemirás al final de tu vida,

cuando tu cuerpo y tu carne se hayan consumido.

¹² Y dirás: "¡Cómo aborrecí la disciplina,

y mi corazón menospreció la reprensión!

¹³ No escuché la voz de mis maestros,

y a los que me enseñaban no incliné mi oído.

¹⁴ Casi en todo mal he estado,

en medio de la sociedad y de la congregación".

**5, 6.** *No considera el camino de la vida…* Podemos unir este verso con el anterior (5, 5), entendido como cláusula principal, de forma que la traducción sería: ella va directamente al abismo, de modo que nunca pisa el camino de la vida (así ha

# Discursos exhortatorios (Pr 1, 8 – 9, 18)

traducido, por ejemplo, Schultens). Pero es mejor unir 5, 6b con 5, 6a, de manera que la traducción sería: *ella no toma nunca la senda de la vida, sus caminos fluctúan siempre de aquí para allí.* Esta es la traducción de la Biblia Griega de Venecia y también la de Kamphausen en Bunsen, *Bibelwerk,* siguiendo a Bertheau y Ewald. A la primera traducción se opone la diferencia de sujeto entre 5, 5 y 5, 6a. La segunda traducción se enfrenta con el problema del sentido de las palabras finales de 6b: לֹא תֵדָע (ella no conoce, no se da cuenta).

Conforme a la disposición de las palabras, 6a aparece como un pensamiento independiente, distinto del pensamiento de la frase anterior. Conforme a la visión de los comentaristas judíos (Rashi, Aben-Ezra, Ralbag, Malbim, etc.) תְּפַלֵּס no puede interpretarse en la línea del Talmud (b. Mod katan 9a) y *Midrash,* como si se refiriera a la dirección o sentido del camino. Esa frase entera (אֹרַח חַיִּים פֶּן־תְּפַלֵּס) no se puede traducir como si dijera "no sopesar el camino de la vida", como hace Reina-Valera. En este contexto, ella carece de sentido.

Conforme a la lectura de Cartwright y J. H. Michaelis, deberíamos tomar 6a como antecedente de 6b, en el sentido de: "A fin de que no elijas el camino de la vida que has de seguir, él (ella) te va apartando por varios meandros de engaños para que no sepas dónde estás" (cf. ne forte semitam vitae ad sequendum eligas, te per varios deceptionum meandros abripit ut non noveris, ubi locorum sis); pero en ese caso a continuación debería ir el discurso en 6b.

En contra de eso, el sujeto de תפלס ha de ser la adúltera, y פֶּן ha de tomarse como un לֹא intensificado. Así lo han visto la LXX, Jerónimo, el texto siríaco, el Targum, Lutero, Geier, Nolde y, entre los intérpretes judíos, el primero en hacerlo fue Heidenheim, que se atrevió a superar la tradición sancionada por el Talmud y el Midrash, pues interpretó 6a como una cláusula negativa dicha en un tono de pregunta. De todas formas, פֶּן no es una partícula adecuada para una pregunta, sino para una llamada. En consecuencia, Böttcher explica: para que ella no intente nivelar el camino de la vida (cf. viam vitae ne illa complanare studeat), con פלס en el sentido de *complanando operam dare* (actuar nivelando).

De todas formas, la adúltera como tal, y el esfuerzo por alcanzar el camino de la vida, están en contradicción. El texto estaría suponiendo que la adúltera realiza un esfuerzo por volver al buen camino, lo cual es imposible, pues, el poder del pecado es demasiado grande para ella. Pero, bien entendidas, las palabras del texto no indican eso, sino algo totalmente contrario, es decir, que la adúltera no puede realizar nunca eso, porque nunca asume (hace suyo) el camino de la vida.

En una frase independiente, la advertencia פֶּן puede ser equivalente a *cave ne* (ten cuidado de que no: Job 32, 13). Pero en una declaración como la nuestra פֶּן puede ser equivalente a *absit ut* (lejos de, no suceda que...) pues פֶּן de פנה, en la línea de las formas en בֶּן equivale al árabe *banj.* Por su parte, עי equivale al árabe. *'asj.* En esa línea, פ significa apartarse, alejarse.

134

La frase se traduce, según eso: *lejos de tomar el curso del camino de la vida* (el buen camino, cuya meta y recompensa es la vida)… En ese sentido, פלס, abrir un camino (Sal 78, 50), significa aquí el mismo camino abierto. *Sus pasos se tambalean voluntariamente* (Jer 14, 10) de aquí para allá, van sin orden y sin objetivo, una vez aquí, otra vez allá, sin que ella lo note, es decir, sin que ella se preocupe por corregirlo, de forma que corre el peligro de caer de cabeza en el abismo que se abre. La inconsciencia que se expresa por la cláusula לא תדע (no sabe, no conoce) no tiene por objeto la caída (Sal 35, 8), de la cual aquí no se dice nada directamente, sino solo el tambaleo, vacilación, cuyo peligro ella no vigila ni supera.

La palabra נָעוּ tiene un *mercha* debajo de la ע con el *zinnorith* anterior, en forma de *milra* (lo que da un *oxítono*, cf. Michlol 111b). La puntuación varía según los acentos, de una forma que parece sin razón evidente (cf. Olshausen 233, p. 285). Los antiguos intérpretes judíos (y recientemente también Malbim) aquí, como en Pr 2, 16, identifican la זרה (mujer extraña, adúltera) como expresión de herejía, propia de los *minim* (מינות), o de la filosofía en cuanto hostil a la revelación.

Los antiguos intérpretes cristianos interpretaban esa palabra (זרה) como locura (Orígenes), como sensualidad (Procopius), herejía (Olympiodorus), o falsa doctrina (Polychronios). La LXX, que traduce la palabra רגליה de Pr 5, 5 por τῆς ἀφροσύνης οἱ πόδες (los pies de la locura), se sitúan ya en la línea de esta interpretación alegórica. Pero esta interpretación es innecesaria y falsa, como lo muestra el hecho de que en Pr 5, 15-20, la mujer זרה se opone a la esposa casada.

**5, 7.** Este discurso que es el octavo (conclusión del séptimo) conecta de un modo muy estrecho con el מעליה anterior, de manera que parece una continuación suya. Pero el nuevo contexto y los contenidos que se incluyen en él, dentro de un ámbito de vida social, nos indican que se trata de una cláusula con su propia independencia relativa. El poeta funda su advertencia contra el trato con la adúltera en el discurso anterior, deduciendo a partir de él sus consecuencias destructivas.

Ni aquí ni en las siguientes etapas de este discurso se hace referencia al castigo que, conforme al derecho criminal, se aplicaba al adúltero que, según Lv 20, 10, consistía en la muerte por lapidación (cf. Ez 16, 40 y Jn 8, 5) y según una ley tradicional posterior, por estrangulamiento (חנק).

Ewald piensa que en Proverbios 5, 14 hay un juego de palabras sobre este castigo del adulterio prescrito por la ley, y supone que según Pr 5, 9, el adúltero que ha sido sorprendido por el marido ofendido ha de ser reducido a esclavitud, siendo privado, en general, de su miembro masculino. Pero el hecho de que alguien se complazca en esclavizar al hombre que ha adulterado con su esposa parece una idea descabellada, de forma que ni la ley ni la historia de Israel contienen ninguna evidencia de este castigo por la esclavitud o mutilación del adúltero, como muestra Ewald, refiriéndose al estudio jurídico de Grimm, *Deutsche Rechtsaltertümer.*

*Discursos exhortatorios (Pr 1, 8 – 9, 18)*

Lo que aquí dice el poeta es algo muy diferente. El que cae en la red de la mujer lasciva pierde su salud y sus bienes. La adúltera no peca ella sola, no se destruye solo a sí misma, sino que destruye por completo al incauto que cae en su trampa. En ninguna parte se hace referencia al marido de la adúltera. El poeta no piensa en absoluto en una mujer casada, por lo que el adulterio como tal es solo del hombre casado que se acuesta con ella.

Por otra parte, la palabra escogida por el texto centra nuestra atención en una extranjera más que en una mujer israelita, de tal forma que el autor parece considerar la prostitución (¡más que el adulterio, al que estrictamente hablando no se alude, pues solo se da adulterio con una mujer casada, no con una soltera!) como expresión de una conducta pagana más que israelita, exponiendo desde ese fondo el tema. Se trata, pues, de tomar el partido o entorno social de la prostituta, es decir, del grupo-familia de la mujer prostituta, que son sus parientes o "protectores" quienes, estando en alianza con ella, agotan (exprimen) la fuerza vital y los recursos de la juventud engañada, es decir, de los que se acuestan con prostitutas (Florilegio). Esta advertencia de 5, 7 comenzaba con ועתה, porque está conectada por esta aplicación final (cf. Pr 7, 24) con el verso anterior.

**5, 8-9.** *Aleja de ella tu camino…*, Pr 5, 8, se está aludiendo a la impureza de aquel que va con prostitutas. Schultens interpreta el sentido de מעל en referencia a Ez 23, 18 (*crebrum in rescisso omni commercio*, destruyendo a menudo toda verdadera relación…) donde מן indica el punto de partida y על la cercanía de la mujer atrayente de la que el joven debe alejarse. La palabra הוד (cf. הוֹדֶךָ, Pr 5, 9) está vinculada principalmente con pompa y magnificencia (como el alemán *Pracht, Bracht,* que vienen de *brechen* = romper); y así parece significar en primer lugar plenitud de sonido y después plenitud de esplendor, cf. Coment. Job 39, 20.

En nuestro caso se vincula con la frescura o la flor de la juventud, así como con los años, contra cuyo "desperdicio" se dirige la advertencia, años que, en un sentido pleno, son los más hermosos, los años de la plenitud juvenil de la fuerza. Junto con אחרים (otros, extraños) se utiliza aquí la palabra אַכְזָרִי que es *singulare-tantum* (que solo se emplea en singular, cf. Jer 50, 42) y que tiene un sentido colectivo.

Sobre el significado de אַכְזָרִי, cf. *Coment*. Isaías 13, 9. En su forma actual, אכזר no se forma de אך זר, sino de un verbo desconocido כזר. Los antiguos lo referían a la muerte y al diablo; pero el sentido de אכזרי se sitúa en la línea de alguien que es codiciosa y cruel, que empuja siempre de nuevo al pecado, para beneficio egoísta, manteniendo así sometido a quien ha caído en pecado. Los pecadores como esta mujer que sacan provecho de su forma de mantener sometidos a los hombres aparecen, así como bárbaros monstruosos, groseros e inexorablemente crueles (en alemán *Unmenschen*). En el texto griego de la traducción de la Biblia veneciana, ellos son inhumanos (cf. τῷ ἀπανθρώπῳ), de manera que no descansan hasta que su víctima es postrada en el suelo y arruinados ambos, corporal y económicamente.

**5, 10.** *No sea que los extraños se sacien con tus fuerzas, y que los frutos de tu trabajo vayan a dar a la casa de un desconocido.* Pr 5, 10 presenta desde otra perspectiva la ruina del hombre que anda con mujeres extrañas como una imagen de terror. En el verso anterior, הוד se refería a la apariencia majestuosa de una persona, pero en este verso כח (cf. כֹּחֶךָ, tus bienes) se refiere a las pertenencias materiales de esa persona (dinero y posesiones). Esa palabra, fuerza (כח), tanto aquí como en el pasaje muy semejante de Os 7, 9, se usa como sinónimo de חיל (Gn 34, 29, etc.), en el sentido de habilidad, estado social, poder económico. Esa palabra tiene un sentido metonímico, lo mismo que en Gn 4, 12; Job 31, 39, donde la idea básica de la capacidad de producir se aplica al producto (al capital producido); del trabajo productor se pasa a la ganancia así adquirida.

Por su parte, וַעֲצָבֶיךָ (y tus fatigas, tus sudores), no es como כְּחַ un acusativo gobernado por ישבעו. Esta segunda parte del verso ha de entenderse como un nuevo enunciado, es decir, como una cláusula prohibitiva independiente, en el sentido de *neve sint labores tui in domo peregrini peregrina* (y tus trabajos no vayan a caer en manos de gente extraña, es decir de "peregrinos"). Según el uso del lenguaje, la palabra נכרי se utiliza siempre en sentido personal, se aplica a los extranjeros, tanto en בית נכרי (casa del extranjero, cf. Lm 5, 2), como מלבוש נכרי (costumbre de extranjero, Sof 1, 8). En esa línea, ha de tomarse עיר נכרי (ciudad extranjera, Jc 19, 12). La palabra עצב (árabe *'aṣab*, atar, acumular, esforzarse, ποιεῖν, laborare) se refiere a un trabajo o, mejor, al producto de un trabajo difícil (Pr 10, 22), y lo que se obtiene de él; Fleischer compara esa palabra con el italiano *i miei sudori*, y con el francés *mes sueurs* (mis trabajos, mis sudores).

**5, 11.** *Entonces gemirás al final de tu vida, cuando tu cuerpo y tu carne se hayan consumido.* El sentido de los verbos futuros del verso anterior (ישבעו y יהיו) tenía que ser completado, y así se hace aquí, en Pr 5, 11: וְנָהַמְתָ בְאַחֲרִיתֶךָ (y gemirás al final de tu vida). El verbo "gemir" (נהם) tiene un sentido consecutivo y comparativo de carácter temeroso, y así se aplica tanto al rugido del mar (Is 5, 30), como al gruñido del león (Pr 28, 15). Aquí, lo mismo que en Ez 24, 23, se aplica al gemido de los hombres, en un sentido casi onomatopéyico, como הום המה.

La LXX, con las versiones derivadas de su texto griego, ponen καὶ μεταμεληθήσῃ, y te arrepentirás, como si el hebreo dijera ונחמת (nifal de נחם, para experimentar el dolor del arrepentimiento), con un sentido también onomatopéyico, imitando el gemido de una respiración profunda, en una especie de *quid pro quo*, como si se tratara de una inversión de sonidos, como en árabe *naham*, *fremere, anhelare* (temblar, anhelar) y *nadam, poenitere* (hacer penitencia).

*Discursos exhortatorios (Pr 1, 8 – 9, 18)*

De esa forma se expresa el desengaño del joven que ha sido engañado por mujeres, desembocando en el sonido doloroso de la desesperación. La carne y la vida de ese joven engañado se consume, porque la sensualidad antigua y la aflicción posterior se vinculan para socavar y destruir su salud. El autor vincula aquí dos sinónimos como para fortalecer su idea, como si dijera: *todas tus lágrimas y tu llanto no te ayudan en nada* (Florilegium). Al autor le encanta este amontonamiento de sinónimos, como venimos mostrando en este comentario.

De esa forma se vinculan *carne y cuerpo*, lo mismo que en שאר בשרו, igual que en Lv 18, 6; Lv 25, 49. Estas dos palabras casi sinónimas se muestran en subordinación o, mejor dicho, en una relación estrecha. שאר (cuerpo, carne) parece estar estrechamente relacionado con שרירים, músculos y tendones, y con שר, el cordón umbilical, y así denota la carne con respecto a su naturaleza muscular adherida a los huesos (Mi 3, 2). Por su parte, בשר está indicando el cuerpo-carne desde la perspectiva de su forma exterior tangible revestida de piel (véase Coment. *Isaías*, p. 418).

**5, 12-13.** *Dirás: "¡Cómo aborrecí la disciplina, y mi corazón menospreció la represión!...* El poeta muestra ahora a sus discípulos la forma en que el hombre voluptuoso, mirando hacia su vida pasada, describe el mal que le han causado sus pecados (5, 12-14). La frase de 12a (¡cómo aborrecí la disciplina!) es más una exclamación que una pregunta o, mejor dicho, son dos exclamaciones unidas entre sí: ¡cómo ha sido eso posible para mí...! ¡Cómo ha podido sucederme una cosa como esa!

Así se dice en árabe: *Kyf f'alat hadhâ* (Florilegio). En el fondo queda, muy atenuado, el sentido interrogativo de אֵיךְ en el v. 12, de manera que casi ha desaparecido en 13b. El *kal* de נָאַץ (como en Pr 1, 30; 15, 5), significa despreciar. Por su parte, el *piel*, en sentido intensivo, significa despreciar y rechazar (raíz נץ, dolerse).

**5, 14.** *Casi en riesgo de todo mal he estado, en medio de la sociedad y de la congregación.* La palabra כמעט con el perfecto siguiente equivale a "yo quería casi que esto o aquello sucediera", por ejemplo, en Gn 26, 10. Así entendido, el texto quiere decir que el hombre que ahora se lamenta de sus "pecados de juventud" ha estado casi en riesgo de ser separado (arrancado) de su comunidad israelita, desgajado de ella para siempre por esa malvada compañía (Florilegio).

Ewald interpreta el mal o רע de un modo directo, en forma de castigo extremo, de lapidación (como si el pecador fuera digno de ser ajusticiado). Por su parte, Hitzig aplica כל־רע (todo mal) a la "totalidad del mal", en el sentido en que la muerte vergonzosa del criminal comprende e incluye en ella todos los demás males que son menores. En esa línea, בכל־רע significa todo mal, toda desgracia, toda maldad. Según eso, la palabra רע tiene un sentido genérico, universal, que puede relacionarse con לב (corazón, en el sentido de todo conocimiento y vida, como indica Hitzig, comparando este pasaje con Ez 36, 5). Eso significa que el pecador se ha encontrado inmerso *in omni genere mali,* en todo tipo de mal (de males).

Aquí no se incluye, por tanto, la pena de muerte de la adúltera (el tema no es ella, sino la suerte del hombre israelita pecador). La mujer queda, por tanto, excluida de la visión de este proverbio, aunque no puede negarse que podría pensarse al mismo tiempo en ella. De todas formas, si el pecado del israelita con la mujer pecadora se viere como adulterio, no se podría excluir en modo alguno esa referencia a la lapidación por adulterio.

De todas formas, en un sentido general, la referencia a בכל־רע se está aplicando al hecho de que el mal (todo mal) sigue al pecado como una consecuencia. Así lo supone o, al menos, lo permite el uso del lenguaje (cf. 2Sa 16, 8; Éx 5, 19; 1Cr 7, 23; Sal 10, 6). En ese sentido, todo lo que es moralmente malo lleva en sí un tipo de castigo (cf. Éx 32, 22, texto que Keil ha comparado correctamente con 1Jn 5, 19). Desde ese fondo se entiende la palabra הייתי (palabra en vez de la cual se podría haber esperado נפלתי, *había caído,* cf. Pr 13, 17; Pr 17, 20; Pr 28, 14). El mismo pecado se identifica con la caída en manos de todos los males.

En ese contexto se interpreta בְּתוֹךְ קָהָל וְעֵדָה, en medio de la asamblea/sociedad y de la congregación (sobre el amontonamiento de sinónimos, cf. comentario a 11b). Estas palabras son como una paráfrasis de *palam ac publice* (de modo abierto y público), palabras que unidas a בתוך (en medio de, cf. Sal 111, 1; 2Cr 20, 14), aparecen aquí como expresión de una autoacusación moral.

El transgresor (culpable de relacionarse con mujeres extrañas) sigue viviendo, con toda su maldad, en medio de la congregación, y de esa forma ofende a sus miembros, a toda la congregación, viniendo a presentarse en medio de ella como un hipócrita. Esas dos palabras (קָהָל וְעֵדָה) no pueden entenderse en un sentido excluyente, como si la primera evocara la congregación política del pueblo de la ley revelada y la segunda la congregación religiosa (como si el aspecto civil y religioso se pudieran separar de esa manera).

La congregación de Israel se llama de las dos formas, sin distinción externa; así aparece como קהל y עדה (de יעד). En un sentido podríamos decir que קהל es toda la *ecclesia* en cuanto congregación, mientras que עדה serían sus representantes. Pero las dos palabras pueden intercambiarse, referidas al conjunto del pueblo y al concilio general de sus representantes (cf. Éx 12, 3, 21; Dt 31, 30, 28). Al vincular así las dos palabras se está indicando su sentido de conjunto.

## 5, 15-23. Bebe de tu propio pozo

שְׁתֵה־ מַיִם מִבּוֹרֶךָ וְנֹזְלִים מִתּוֹךְ בְּאֵרֶךָ׃ <sup>15</sup>

יָפוּצוּ מַעְיְנֹתֶיךָ חוּצָה בָּרְחֹבוֹת פַּלְגֵי־ מָיִם׃ <sup>16</sup>

יִהְיוּ־ לְךָ לְבַדֶּךָ וְאֵין לְזָרִים אִתָּךְ׃ <sup>17</sup>

## Discursos exhortatorios (Pr 1, 8 – 9, 18)

יְהִי־ מְקוֹרְךָ בָרוּךְ וּשְׂמַח מֵאֵשֶׁת נְעוּרֶךָ׃ [18]
אַיֶּלֶת אֲהָבִים וְיַעֲלַת־ חֵן דַּדֶּיהָ יְרַוֻּךָ בְכָל־ עֵת בְּאַהֲבָתָהּ תִּשְׁגֶּה תָמִיד׃ [19]
וְלָמָּה תִשְׁגֶּה בְנִי בְזָרָה וּתְחַבֵּק חֵק נָכְרִיָּה׃ [20]
כִּי נֹכַח ׀ עֵינֵי יְהוָה דַּרְכֵי־ אִישׁ וְכָל־ מַעְגְּלֹתָיו מְפַלֵּס׃ [21]
עֲווֹנוֹתָיו יִלְכְּדֻנוֹ אֶת־ הָרָשָׁע וּבְחַבְלֵי חַטָּאתוֹ יִתָּמֵךְ׃ [22]
הוּא יָמוּת בְּאֵין מוּסָר וּבְרֹב אִוַּלְתּוֹ יִשְׁגֶּה׃ [23]

[15] Bebe el agua de tu propia cisterna
y de los raudales de tu propio pozo.
[16] ¿Se han de derramar afuera tus manantiales,
tus corrientes de aguas por las calles?
[17] ¡Que sean para ti solo
y no para los extraños contigo!
[18] Sea bendito tu manantial,
y alégrate con la mujer de tu juventud,
[19] como una preciosa cierva o una graciosa gacela.
Sus pechos te satisfagan en todo tiempo,
y en su amor recréate siempre.
[20] ¿Por qué, hijo mío, andarás apasionado por una mujer ajena
y abrazarás el seno de una extraña?
[21] Los caminos del hombre están ante los ojos de Jehovah,
y él considera todas sus sendas.
[22] Sus propias maldades apresarán al impío,
y será atrapado en las cuerdas de su propio pecado.
[23] Él morirá por falta de disciplina,
y a causa de su gran insensatez se echará a perder.

**5, 15.** *Bebe el agua de tu propia cisterna y de los raudales de tu propio pozo.* Esta recomendación al verdadero amor conyugal, como invitación a participar en él, se vincula aquí con la advertencia en contra de la relación no conyugal, intensificada con una referencia a sus consecuencias negativas (cf. 5, 15-17).

Se bebe el agua para saciar la sed; la bebida es aquí una imagen de la satisfacción del amor conyugal, del que Pablo dice (1Co 7, 9): κρεῖσσόν ἐστι γαμῆσαι ἢ πυροῦσθαι (es mejor casarse que abrasarse). Esa expresión aparece aquí en la línea del carácter predominante del A.T., como expresión del impulso natural innato, sin referencia a ningún tipo de perversión pecaminosa. También dentro de la esfera de la vida conyugal ha de darse un orden, una relación que se exprese con moderación y mesura. Como advertencia en contra de la degeneración del impulso natural, entendido como πάθος ἐπιθυμίας, expresado dentro de los límites divinamente prescritos, el apóstol presenta a la esposa de un hombre como τὸ ἑαυτοῦ

140

σκεῦος (es decir, su propio vaso: 1Ts 4, 4; 1Co 7, 2; cf. 1Pe 3, 7). En nuestro caso, la esposa de un hombre por pacto (Pr 2, 17) se llama su "cisterna" o pozo (בור, la LXX traduce: ἀπὸ σῶν ἀγγείων, en el sentido de vaso, cf. מכוריך, como ha indicado Lagarde); según eso, la mujer es «fuente» (בּאר) del esposo con quien está casada.

La imagen correspondiente indica la naturaleza sexual de la esposa נקבה (Gn 1, 27). Por su parte, Is 51, 1 mantiene el lado más natural de la figura, porque según él la mujer es un pozo, y los hijos son sacados de ese pozo a la luz del día. Aben-Ezra en Lv 11, 36 distingue correctamente entre בור y בּאר. La primera palabra se refiere al pozo que recoge el agua de la lluvia. La segunda evoca el pozo en el que brota el agua por dentro. Como dice Rashi, *Erubin* ii. 4, en el primer caso hay aguas recogidas, מים מכונסים, en el segundo hay חיים מים, aguas vivas.

El hebreo postbíblico mantiene con menos rigor esta distinción (véase Kimchi, *Libro de las raíces*). El hebreo bíblico la mantiene siempre. En ese sentido, el *keré* de Jer 6, 7, cambia correctamente la forma בור en ביר, correspondiente al árabe *byar*. Por lo tanto, בור es la cisterna (que recibe agua de fuera) que según eso se "fabrica" con חצב, Jer 2, 13. Por el contrario, בּאר es el pozo, que no se fabrica, sino que se excava, con חפר, Gn 21, 30, y con כרה, Gn 26, 25, que son las palabras ordinariamente empleadas en estos casos (véase Malbim, *Sifra* 117b).

El poeta muestra que es bien consciente de esta distinción, pues al agua que se bebe de la בור le llama מים; pero al agua que sale del בּאר o manantial se le llama נוזלים, aguas corrientes, *fluenta,* es decir, que fluyen del mismo pozo. Esta distinción nos hace recordar el lenguaje de Cnt 4, 15, cf. 12.

El בור ofrece solo agua estancada, recogida de fuera. Según el Zohar, el בור no tiene agua propia, sino que la recibe, aunque descienda desde arriba, por la lluvia. Pero el בּאר tiene agua viva, que brota de su interior, como de una fuente. Cf. Pr 5, 15b, מִבּוֹרֶךָ, insistiendo intencionadamente en el מן; esa es el agua fresca como la de los arroyos del Líbano (con נזל, que significa *labi, correr*, cf. אזל, *placide ire* y, generalmente, *ire*). Esa es el agua que nace y corre, llena de vida, en lugar del agua estancada (de la que se puede decir *cedere, desinere*; árabe. *zll*, IV: agua vencida, estancada, como en agua que se vomita).

El pozo de agua es una posesión muy valiosa para los nómadas. Así lo demuestra la historia de los patriarcas. Por otra parte, una cisterna es una de las posesiones más valiosas que pertenecen a toda casa bien amueblada. Pero aquí, la figura de la cisterna (que recoge el agua de la lluvia en un depósito) queda superada por la figura del agua de la fuente. Pero en ambos casos se alude al agua que ofrece satisfacción (cf. el pasaje opuesto, Pr 23, 27), relacionada con la esposa, como indican los sufijos expresivos posesivos, con su legítima esposa.

**5, 16.** ¿Se han de derramar afuera tus manantiales, tus corrientes de aguas por las calles? Aquí encontramos otros dos sinónimos (como cisterna y pozo) que se

*Discursos exhortatorios (Pr 1, 8 – 9, 18)*

encuentran en una relación similar de progresión. Así como עין significa *fuente* en cuanto a su punto de salida, así מעין (*nomen loci*, nombre de lugar) significa agua que fluye por encima de la superficie, que aumenta en su curso y se divide en varios cursos; el arroyo se llama así, con referencia al agua de la que fluye y de la que se separa desde el punto de salida, por la forma en que se divide, פלג (cf. פַּלְגֵי־מֶיִם de פלג, Job 38, 25), cf. árabe. *falaj* (como también en etíope) o *falj*, en el sentido de aquello que se divide a partir de su principio, como *nahar ṣaghayr* (Florilegio).[41]

La imagen de fondo es, según eso, la de la fuente y el arroyo de agua; no hay aquí referencia al esperma de la fuente masculina, de manera que no podemos pensar en ninguna referencia al poder generativo en el esperma. Figuras similares son las aguas de Judá (Is 48, 1), y las aguas de Israel fluyendo como un recipiente, Nm 24, 7, donde זרעו aparece como palabra paralela a מים. Cf. también el nombre propio מואב o *moab* (de מו igual a מוי de מוה, *diffluere, fluir*), fluir del "agua", es decir, del *semen patris*, semen del padre, e igualmente שגל, Dt 28, 30, en el sentido de *situla* (recipiente de agua), palabra que ha sido sustituida por un *keré*.

Muchos intérpretes, influidos por una visión falsa de salir y andar por las calles (חוצה y ברחבות) han caído en el error de pensar que el autor del proverbio está pidiendo a los jóvenes que no desperdicien el poder creador de la generación por obra de una lujuria pecaminosa. La LXX traduce יפצו (¿se derramarán?) por ὑπερεκχείσθω; pero Orígenes, y también Clemente Alejandrino, usaron la frase μὴ ὑπερεκχείσθω, que se encuentra en la edición Complutense y en varios códices, y es considerada por Lagarde y Cappellus como original. Lo mismo piensan tres teólogos de Göttingen (Ewald, Bertheau y Elster), de manera que enmiendan el texto, poniendo אל־יפצו (en vez de יָפֻצוּ). Pero el μή ya citado de la LXX no se agregó hasta un período posterior. La expresión original, avalada por la Syro-Hexapla, ratifica que el texto original era ὑπερεκχείσθω sin la partícula negativa (con μή). Esa misma forma original aparece en la versión de Aquila, διασκορπιζέσθωσαν sin μή (véase Field). El texto hebreo tampoco necesita (ni tenía) la partícula אל.

Clericus y, recientemente, Hitzig, Zöckler, Kamphausen, superan ese problema porque entienden este verso de un modo interrogativo. Pero en la mayor parte de los casos, y especialmente aquí, este recurso resulta inútil, porque ¿no hubiera sido preferible que el autor hubiera escrito אם יפצו para indicar así la interrogación? Schultens comenta correctamente el tema, diciendo: aquí no hay necesidad de negación ni de interrogación, *nec negationi nec interrogationi ullus hic locus*; en esa línea (con Fleischer y von Hofmann, *Schriftbeweis*, ii. 2, 402), él considera Pr 5, 16 como una conclusión, *tunc exundabunt* (entonces serán

---

41. Sobre ese último tema (véase *Coment. Salmo* 1, 3) en la línea de Job 38, 25, evocando los canales que se dividen a partir de su origen. Por su parte, *falj* (*falaj*), en la línea de Is 58, 8, lo mismo que *fajr*, está refiriéndose a la luz de la mañana (como saliendo de una hendidura).

*Proverbios 5*

abundantes). De esa forma, él supone que Pr 5, 15 está prometiendo numerosos hijos para los matrimonios según justicia, sin prostitución.

Pero, si quisiera entender de esa manera el texto, el autor debería haber escrito ויפצו (en forma consecutiva) y no simplemente יָפֻוצוּ. Según todo eso, tomando el verbo יָפֻוצוּ como yusivo, tenemos que admitir que esa palabra es una continuación del imperativo שתה (de 5, 15a). En ese contexto, el significado completo de la frase tiene que ser este: dentro de la relación matrimonial el poder generativo del matrimonio ha de actuar libremente y sin restricciones.

De esa manera, palabras como חוץ y רחבות (חֻוצָה בָּרְחֹבֹות, cf. Pr 1, 20) están indicando el espacio libre de las casas, con los caminos y lugares que conducen hacia ellas y se extienden entre ellas. La palabra חוץ (como el árabe *khass*, partir, *seorsim ponere*, poner en un lugar apartado) es una concepción muy relativa, que se puede aplicar de varias formas, según se piense en lo exterior, como espacio separado de la casa, en la ciudad o en el campo. En nuestro caso, חוץ se contrapone a la persona (es decir, al ser humano) y, por lo tanto, es lo que está en cualquier lugar fuera del ámbito personal del matrimonio, en cualquier lugar o persona donde el varón ejerza su poder varonil. Las dos expresiones figurativas (fuera, en las calles) son la descripción del *libero flumine* (del río que fluye libremente) fuera de la relación matrimonial, es decir, en un contexto como el condenado por 1Co 7, 3-5.

**5, 17-18.** *Que sean para ti solo… Sea bendito tu manantial, y alégrate con la mujer de tu juventud.* Los temas anteriores siguen expresándose en 5, 17. La palabra זרע (semen, semilla) incluye la causa (esperma), el efecto (posteridad) de la vida. En esa línea, 5, 17 se vincula con el tema de Pr 5, 16, es decir, con *effusio roboris virilis* (la efusión o despliegue del principio masculino de la vida); de esa forma siguen desplegándose en Pr 5, 17 los temas vinculados a *effusiones seminis*, esto es, a la efusión del semen de la vida, nombrado en Pr 5, 16.

Según eso, los efectos de la "fusión del semen" (Pr 5, 17) han de pertenecerte solo a ti (לבדך, separándote de las mujeres ajenas, prostitutas); ellos han de mantenerse dentro de tu relación matrimonial, y para ello debes abandonar toda relación con mujeres ajenas, fuera de tu circulo de familiares. Aben-Ezra entiende correctamente este motivo, porque glosa así, הפלגים שהם הבנים הבשרים, y así lo explica Immanuel diciendo: יתיחסו לך por יהיו-לך (y así tus hijos serán solo para ti, no para extraños). El hijo nacido fuera del matrimonio no pertenece solo al padre, él no sabe a quién pertenece, de manera que el padre, por causa de su honor, debe afirmar ante todo el mundo que el hijo nacido fuera del matrimonio no es suyo. Así lo indica bien Grocio: *ibi sere ubi prolem metas* (siembra allí donde puedas recolectar como propia tu prole).

De esa forma, el ואין de 5, 17 es una continuación de יהיו (sean solo para ti, y no para extraños tus hijos: יִהְיוּ־לְךָ לְבַדֶּךָ וְאֵין לְזָרִים אִתָּךְ). Según eso, la partícula

143

# Discursos exhortatorios (Pr 1, 8 – 9, 18)

ואין no se usa adverbialmente en el sentido de לא, como en el antiguo árabe clásico *lyas* (Florilelgio), pero tiene la fuerza de un verbo, de manera que, según la regla, יהיו, sean en el sentido de ולא היו es igual a ולא יהיו, y no sean, de forma que ואין se traduce como "no sean".

Con Pr 5, 18 se introduce de nuevo la alabanza del amor conyugal, de forma que los tres versículos siguientes (Pr 5, 18-21), tienen un curso de pensamiento semejante al de Pr 5, 15-17. De esa manera, lo mismo que בור y באר, también מקור (cf. מְקוֹרֶךָ) tiene el significado de "esposa". La raíz de la palabra es קוּר, de קר כר,, cuyos significados, *cavar y hacer círculos*, se unen con el significado primario de excavar o perforar, no con el de קוּר con el sentido de קרר, en *hifil*, es decir, en el sentido de brotar frío o agua (Jer 6, 7).

מקור (de la ערוה femenina, que aparece, por ejemplo, en Lv 20, 18) es la esposa como tal, la fuente del nacimiento entendido en el sentido de bendición de los niños que nacen (no como en la LXX), con ἡ σὴ φλέψ γονίμη, aludiendo a la fertilidad de la mujer como tal. La bendición deseada por el varón es la de los hijos, como indica claramente la palabra ברוך (bendición) que se vincula claramente con el árabe ברך, *barak*, que significa extenderse, provocar una expansión.

La sentencia וּשְׂמַח מֵאֵשֶׁת (y alégrate con la mujer de tu juventud) ha de entenderse desde la figura de la mujer como fuente de vida; la palabra באשת (con *beth* en vez de *mem*) que se encuentra en ciertos códices resulta en sí prosaica (Florilegio). La expresión שמח מן se encuentra en otros lugares (Ec 2, 20; 2Cr 20, 27) con un significado que puede compararse con el de שמח ב. Pero en un caso, con שמח ב, se alude al gozo que se experimenta o alcanza en algún lugar. Pero en otro caso, con שמח מן se alude al gozo con/por alguna cosa o persona. La expresión de genitivo (gozar con la mujer de tu juventud, cf. Pr 2, 17) puede significar dos cosas: gozar con tu joven mujer, o con la mujer que tú escogiste en tu juventud.

**5, 19.** *Tu mujer… como una preciosa cierva o una graciosa gacela…* Este proverbio presenta el tema del matrimonio desde la perspectiva del esposo que ha de vincularse con su amada, como si ella fuera una cierva o gacela hermosa, llena de gracia. אילת es la hembra del ciervo, que puede derivar su nombre איל del poder del arma de sus cuernos. Por su parte, יעלה (cf. יעל, árabe *w'al*, trepar) es la cabra salvaje (יעל); no es propiamente la gacela, que se llama צבי por su elegancia, sino un tipo de gamuza. Estos animales se usan comúnmente en la poesía semítica como figuras de belleza femenina debido a la delicada armonía de sus miembros y sus vivaces ojos negros. אהבים significa siempre preciosa, amorosa (en línea de amor sensual), y se intercambia, en este significado erótico (Pr 7, 18) con דודים.

En 19b el predicado sigue al sujeto. La traducción griega de Venecia supone que la palabra de fondo es דודיה y el texto siríaco supone que ella es דרכיה, pero Aquila correctamente traduce τίτθοι αὐτῆς, *sus pechos*. Τίτθος se deriva (véase

Curtius, *Griech. Etymologie*, n. 307) de *dhâ*, chupar (causativo, poner a chupar), así תד, שד, דד, árabe *thady* (comúnmente en dual *thadjein*), de שׁדה, árabe *thdy*, *rigare*, y en esa línea se elige el verbo ירווּך: ella puede darte de beber en abundancia. Figurativamente equivalente a refrescar (lo que significa el arameo רוי precisamente) o *fascinarte*,[42] *saciarte de amor*. También דדים es una palabra erótica, que además de aquí se encuentra solo en Ezequiel (23, 3; 23, 8; 23, 21).

La LXX borra el fuerte colorido sensual de estas líneas; en 19c cambian תשגה por תשגה, πολλοστὸς ἔσῃ, quizás también porque el primer término parecía demasiado sensual. Moisés ha-Darshan (en Rashi) propone explicar esa palabra a partir del árabe *sjy*, que es cubrir, arrojar, pasar por encima de cualquier cosa (en la acepción III es igual a עסק, emplearse uno mismo en algo) y *comprometerse con su amor*, es decir, ser siempre devoto de la mujer en amor. Por su parte, el mismo Immanuel, autor de un *Diván* hebreo que se explaya con una libertad sin igual en representaciones eróticas, interpreta correctamente la palabra תשגה, diciendo que se refiere a la fascinación del amor; pero él añade después קורא התמדת חשקו אפילו באשתו שגגה, precisando el tema y diciendo que es un error interpretar el texto como si el marido debiera estar siempre acariciando a su mujer.

No podemos interpretar esas expresiones en sentido moralista, de reserva ante el placer sexual, sino todo lo contrario. El poeta habla aquí de un éxtasis de amor que es moralmente deseable, permisible. Más aún, dado que la palabra תמיד (siempre) excluye lo extraordinario, el poeta está refiriéndose a una intensidad grande y duradera de amor, que se conecta con un sentimiento de felicidad sobreabundante.

La palabra שגה (cf. תִּשְׁגֶּה) significa, propiamente hablando, desviarse del camino normal, entrar en un estado de sobreabundancia de amor (tema que se vincula a la *beth* de עֵת בְּאַהֲבָתָהּ), como si se tratara de un delirio de amor, de hallarse completamente cautivado por el amor de la esposa, de tal forma que el marido no aparezca ya como dueño de sí mismo, de modo que no pueda contenerse ante la atracción de su amada. Esta es la palabra habitual, que se emplea para la embriaguez del amor y del vino, cf. Pr 20, 1 (Florilegio).

**5, 20.** No hay respuesta a la pregunta ¿por qué? Todo en el amor del matrimonio es permisible y bueno. Pero no hay para el poeta ninguna causa razonable que pueda explicar el hecho de que un hombre se entregue en manos de una mujer ajena, sino solo un tipo de sensualidad casi animal, una especie de ceguera flagrante que engaña y cautiva a algunos hombres. En esa línea, la ב de בזרה (cf. תִּשְׁגֶּה בְזָרֶה) es como en 19b y en Is 28, 7, una *beth* referida al objeto a través del cual uno es

---

42. Muchas ediciones tienen aquí בְּכָל־con *dagesh*, pero este *dagesh*, que es contrario a la regla, debe suprimirse.

# Discursos exhortatorios (Pr 1, 8 – 9, 18)

dominado como por la embriaguez, referida a la mujer extraña que enajena y saca de sí a quien se entrega en sus brazos, esto es, a quien queda prendido (herido) en su seno.

En ese contexto se utiliza la palabra חֵק (palabra que, según la Masora, aparece cuatro veces en el A.T., en vez de חִיק), en el sentido de profundización, de incisión, como en árabe *hujr* (de *hjr*). Según eso, וּתְחַבֵּק חֵק נָכְרִיָה significa abrazar el seno de la mujer extraña, reposando sobre ella. Algunos autores antiguos, como más recientemente J. H. Michaelis, interpretan Pr 5, 15-20 alegóricamente, pero sin quitar por ello las huellas sensuales, a diferencia de una visión más elevada del N.T., que parece oponerse a todo lo que es carnal. Según eso, desde el A.T., el *castum cum Sapientia conjugium,* es decir, la cohabitación casta con la sabiduría, seguirá vinculándose con la figura del hombre y la mujer viviendo (cohabitando) juntos.

Ciertamente, la mujer זרה (extraña) podría representar (a diferencia de la mujer como חכמה) la lujuria personificada del mundo y de la carne. Sin embargo, la mujer de 19a no es un tipo de חכמה no carnal, sino una mujer compuesta de carne y sangre. Según eso, en este pasaje, el poeta se refiere a la vida conyugal, pero no en un sentido figurado, sino en su realidad concreta; de esa forma, él describe el "contacto" con la Sabiduría de una forma deliberadamente atractiva y pura, porque lleva en sí misma la protección contra la lujuria carnal promiscua.

**5, 21-23.** *Están ante los ojos de Jehovah los caminos del hombre...* No es necesario interpretar la palabra נכח (5, 21) como un acusativo adverbial, con el sentido de "directamente ante los ojos de Jahve", pues esa palabra puede ser el predicado en nominativo: están ante Yahvé los caminos del ser humano (pues אִישׁ es aquí un individuo, varón o mujer). Esos caminos son objeto de la visión de Yahvé (una realidad ante la que se fijan los ojos de Yahvé). En esta línea, podría entenderse la traducción *et omnes orbitas ejus ad amussim examinat* (y él examina con detención todas sus órbitas o movimientos). Pero פלס (cf. Sal 58, 3) no tiene siempre el significado de observar, sino el de romper, abrir un camino (proviene de פל, *partir,* cf. talmúdico מפלש, abierto, accesible, de פלש, siríaco *pelaa, perfodere, fodiendo viam, aditum sibi aperire,* con el sentido de perforar, abrir un camino perforando).

La apertura del camino no se concibe aquí, como en Is 26, 7, en el sentido de eliminar los obstáculos (allanar los impedimentos del lugar por el que se anda), sino que significa más bien *hacer posible caminar* (andar por el camino). El hombre no puede dar un paso de cualquier manera, andar en una dirección sin Dios (sin la ayuda de Dios). Pero eso no solo excluye la responsabilidad moral, sino todo lo contrario. En este contexto, por vez primera, surge y se aviva en el hombre la conciencia moral de hallarse rodeado por todas partes por el conocimiento y el poder de Dios, una conciencia justamente avivada por la certeza de estar rodeado por todos lados por el conocimiento y el poder de Dios.

*Proverbios 5*

En ese sentido, la advertencia anterior de Pr 5, 20 (no andar por el camino de la mujer extraña) se fundamenta aquí, en Pr 5, 21, en el hecho de que el hombre, en cada etapa y paso de su vida, está siendo observado y abarcado por Dios, de manera que es imposible para él escapar de ese conocimiento (ocultarse de su dependencia de Él, dejando así de relacionarse con él). De esa forma, abriéndose para el hombre, desde Dios, todos los caminos, se abre y se descubre también el camino del pecado, con el castigo que brota del mismo pecado para corregirlo: "Sus pecados se apoderan de él", es decir, se adueñan del pecador.

El sufijo יו (22, 5 ,עֲוֹנוֹתָ֗יו) no se vincula con el אִישׁ de Pr 5, 21, donde se refiere a todos sin excepción y sin distinción, sino que se relaciona con el objeto siguiente (הָרָשָׁ֑ע), es decir, con el malhechor, en un sentido *permutativo*, que sirve para indicar su identidad. Entendido así, como en Ex 2, 6, el *permutativo* se distingue de la simple aposición, entendida como explicación premeditada que aumenta la comprensión del sujeto. A diferencia de eso, el *permutativo* se utiliza para introducir una explicación que sirve para evitar un malentendido en la comprensión del texto, mientras que la aposición se limita a ofrecer una explicación más precisa del texto.

Esa misma construcción aparece en Pr 14, 13, y se sitúa en la línea de eso que suele llamarse una "sintaxis ornata" (adornada, precisada), que aparece en el hebreo antiguo, y que se ha vuelto común en el arameo y en el hebreo moderno. En lugar de ילכדוהו (Pr 5, 22), el poeta usa poéticamente ילכדנו; la נ interpuesta puede pertenecer a la forma básica enfática (como la de ילכדון); pero tiene un sentido de epéntesis (añadir una letra por eufonía, como en el caso de קבנו (raíz קב), cf. *Coment. Nm* 23, 13, p. 73).

La palabra חמאתו (cf. וּבְחַבְלֵ֣י חַטָּאת֣וֹ יִתָּמֵ֑ךְ, será atrapado por las cuerdas de su pecado) está gobernada por חבלי, lazos (חבלי, *tormina, cuerdas*) y ha de tomarse como un genitivo epexegético: lazos que se identifican con su propio pecado (o también como un genitivo posesivo: bandas o lazos propios del pecado, lazos que trae consigo el mismo pecado). Por estas "ligaduras" será retenido el pecador, de forma que morirá por ellas (con הוא refiriéndose a la persona descrita); morirá por mantenerse insumiso, *por no haber aprendido* (Symmaco: δι᾿ ἀπαιδευσίαν), o quizá mejor, ya que אין y רב se ponen en contraste, *por no haber recibido la corrección*.

Con la palabra ישגה (Pr 5, 23, cf. וּבְרֹ֥ב אִוַּלְתּ֣וֹ יִשְׁגֶּֽה), que había aparecido ya en Pr 5, 20, se conecta la idea de que el hombre que se afirma en su pecado (sin corrección) será derribado con toda seguridad, sin remedio. En Pr 5, 20 el alcance del error moral empezaba ya a relacionarse con este verbo.

La palabra אולת (cf. וּבְרֹ֥ב אִוַּלְתּ֣וֹ) tiene el sentido de lujuria desenfrenada de la carne. אולת está conectado con אול, el vientre, palabra emparentada con el árabe âl, juntar, condensar, espesar (Is, p. 424). Las palabras *dummheit* (estupidez, en alemán) y *dumba,* en lenguaje nórdico antiguo, se vinculan entre sí por una raíz

147

*Discursos exhortatorios (Pr 1, 8 – 9, 18)*

que significa oscuridad. En esa misma línea, en las lenguas semíticas se vinculan las palabras negrura y oscuridad, derivadas de una raíz que significa pérdida de "masa", de realidad. En ese sentido, אויל es la mente oscurecida y convertida en materia cruda (sin forma ni figura).

## Proverbios 6

### 6, 1-5.

בְּנִי אִם־ עָרַבְתָּ לְרֵעֶךָ תָּקַעְתָּ לַזָּר כַּפֶּיךָ: [1]

נוֹקַשְׁתָּ בְאִמְרֵי־ פִיךָ נִלְכַּדְתָּ בְּאִמְרֵי־ פִיךָ: [2]

עֲשֵׂה זֹאת אֵפוֹא ׀ בְּנִי וְהִנָּצֵל כִּי בָאתָ בְכַף־ רֵעֶךָ לֵךְ הִתְרַפֵּס וּרְהַב רֵעֶיךָ: [3]

אַל־ תִּתֵּן שֵׁנָה לְעֵינֶיךָ וּתְנוּמָה לְעַפְעַפֶּיךָ: [4]

הִנָּצֵל כִּצְבִי מִיָּד וּכְצִפּוֹר מִיַּד יָקוּשׁ: פ [5]

[1] Hijo mío, si diste fianza por tu prójimo
y estrechaste la mano con un extraño,
[2] te has enredado con tus palabras,
y has quedado atrapado con los dichos de tu boca.
[3] Ahora pues, haz esto, hijo mío, para quedar libre,
ya que has caído en las manos de tu prójimo:
Anda, humíllate, importuna a tu prójimo;
[4] no des sueño a tus ojos ni dejes dormitar tus párpados.
[5] Escapa como el venado de mano del cazador,
como ave de mano del que tiende la red.

**6, 1-2.** El autor ofrece aquí su aviso en contra de salir como fiador en temas de economía ajena; mejor dicho, aconseja que aquellos que han salido como fiadores en temas económicos ajenos se liberen cuando antes del peligro que ello supone.

El tema principal consiste en fijar el sentido de la lamed, ל, después de ערב, determinando si se refiere a aquel por quién o con quién uno se vuelve fiador. En otros lugares, ערב (raíz רב, de donde viene ארב, *nectere*, trenzar, tejer de un modo compacto), con acusativo de persona significa convertirse en fiador de cualquier otra persona, representarle como fiador, cf. Pr 11, 15; Pr 20, 16; Pr 27, 13; Gn 43, 9; Gn 44, 33 (en un sentido semejante a *empeñar algo*, depositarlo como prenda, cf. Jer 30, 21; Neh 5, 3, en el sentido de שׂים, árabe *waḍ'a*, como en Job 17, 3).

El hecho de salir como fiador para otra persona cualquiera aparece ya en Gn 17, 18, por ערב לפני. Pero una frase como la nuestra (אִם־ עָרַבְתָּ לְרֵעֶךָ) no se encuentra en ningún otro lugar y, por lo tanto, en principio, resulta cuestionable.

_Proverbios 6_

Si miramos a Pr 6, 3, el רע (רעה de לְרֵעֶךָ, es decir, una persona extraña) a quien el texto alude no puede ser el acreedor de quien uno se ha convertido en fiador, porque una llamada tan urgente e impetuosa como la de nuestro autor, pidiéndole al fiador que se libre del acreedor parece tan inútil como impropia. El fiador tiene que liberarse del deudor, pidiéndole que pague la deuda que debe al acreedor.

Resulta más probable suponer que el prójimo por quien este hombre ha salido fiador y el extraño a quien ha dado su mano es la misma persona, de manera que la lamed se utiliza como _dat. commodi_, "dativo de favor", en una línea semejante a la que aparece en la literatura targúmica, en ערבותא על, refiriéndose a una fianza a favor de una persona cualquiera, cf. Pr 17, 18; Pr 22, 26. El fiador ha de pedir al deudor que pague la deuda, pues de lo contrario él queda también sometido bajo el poder del acreedor.

Aquí se trata, por tanto, de una _fianza a favor de extraños_ (de personas que no forman parte del propio grupo). En los versículos anteriores, el "pecado" consistía en ponerse en manos de mujeres ajenas. En este caso, el riesgo estará en fiarse económicamente de personas también ajenas. En esa línea, los paralelos de Pr 11, 15 y Pr 20, 16, muestran que el זר es la misma persona a quien uno representa, de la que uno sale como fiador, de manera que el prójimo de quien uno sale como fiador (לְרֵעֶךָ) y el extraño a quien da la mano, לַזָּר, son el mismo.

El זר aparece en Proverbios como equivalente a אחר, como una persona cualquiera, Pr 5, 17; Pr 27, 2. De un modo semejante, רעך no es un amigo, sino, de un modo general, aquel con quien uno tiene cualquier tipo de relación, incluso una persona que puede ser muy externa. En una palabra, en este caso, tanto el prójimo (לְרֵעֶךָ) como el extraño (לַזָּר) a quien se refiere el texto a las mismas personas, tomadas en sentido general, como en Pr 24, 28 (como en árabe _sahbk_ y _ḳarynk_, como palabras que se usan de manera general).

Desde ese fondo, tenemos que explicar el sentido de "dar la mano al extraño" (תָּקַעְתָּ לַזָּר כַּפֶּיךָ). No sabemos exactamente lo que significa la frase תקע כף, ni la palabra תקע, aunque parece usarse para golpear o apretar la mano como garantía de solidaridad, de salir fiador de una persona, cf. Pr 17, 18; Pr 22, 26; Pr 11, 15. En esa línea, en Job 17, 3, parece que נתקע ליד significa lo mismo, es decir, chocar la mano de cualquiera, es decir, darle la mano. El fiador ha dado la palabra (ha chocado su mano ante el acreedor).

Hitzig muestra dudas sobre la persona a quien el fiador da o aprieta la mano (si al acreedor o al deudor). Pero, por todo el contexto y, por el tema de fondo, es evidente que el fiador da la mano al deudor, en presencia de testigos y, especialmente, del acreedor, como señal de que defiende y sale como garante de su causa, es decir, del préstamo que ha recibido. Aquel a quien se da la mano en señal de solidaridad (de defensa) es siempre la persona a quien se da la fianza,

*Discursos exhortatorios (Pr 1, 8 – 9, 18)*

confirmándola con el gesto de darle la mano, saliendo como fiador de ella. Así aparece en el lugar citado de Job 17, 3: *¿quién sino Tú, oh Señor, podría darme una prenda, es decir, una señal y garantía, de mi inocencia?*[43]

En esa línea si, como he mostrado, el זר de 6, 1b no es el acreedor, sino el mismo deudor de 6, 1a, y la *lamed* se emplea como expresión da "dativo de favor", las dos líneas del verso se corresponden perfectamente. En ambos casos, nos hallamos ante un hombre que ha salido (se ha puesto) como fiador de una persona que tiene una deuda. En este contexto se entiende el signo de "apretar la mano", chocándola con ruido, ante testigos, como signo de solidaridad con ese deudor, como indica la palabra árabe *wak'a* (Florilegio).

De todas formas, surge aquí de nuevo la pregunta sobre el sentido que tienen en Pr 6, 2, estas dos palabras, נוקש (*illaqueari*, ser atrapado) y נלכד (*comprehendi,* ser agarrado); ellas se suceden de un modo semejante al de Is 8, 15, cf. Jer 50, 24 y no queda claro si una es antecedente hipotético de la otra, o si ambas son paralelas. Estamos de acuerdo con Schultens, Ziegler y Fleischer en contra de una aplicación puramente hipotética (en el caso de… se sigue).

La repetición de las palabras באמרי פיך (cf. Pr 2, 14) sirve justamente para fortalecer la visión de que estamos ante un pensamiento que se repite, para fortalecer así su sentido: tú, tú mismo y no otro has sido atrapado en la red. El texto nos sitúa de esa forma ante un paralelismo de intensificación, tanto en 6, 1 (salir fiador de un prójimo, de un extraño…) como en 6, 2 (quedar enredado, quedar atrapado por las palabras de tu boca). El tema de fondo es, por tanto, el de *no quedar esclavizado por problemas económicos ajenos,* de otras personas (como en el caso anterior de no quedar esclavizado por mujeres ajenas).

**6, 3-5.** *Ahora pues, haz esto, hijo mío, para quedar libre…* El nuevo comienzo no necesita ninguna partícula que denote una relación con lo anterior, y la partícula אפוא hace que la expresión sea más enfática (cf. 2Re 10, 10, ella aparece frecuentemente en cláusulas interrogativas). La partícula זאת, esto, en neutro, se refiere a lo que sigue. La ו antes de הנצל (cf. וְהִנָּצֵל) es explicativa, como decimos en un lenguaje coloquial (en alemán): ten la amabilidad de decírmelo, o hazme el favor de venir conmigo. Esta no sería una expresión adecuada en francés, donde no se

---

43. Una traducción de R. Joseph Joel de Fulda, del año 1787, cuyo autógrafo se encuentra entre los manuscritos de Baer, traduce así el pasaje: "Hijo mío, si te has convertido en fiador de tu amigo, y le has dado la mano a otro (a su acreedor), entonces estás obligado por tu palabra, retenido por tu promesa. Sin embargo, haz lo que te digo, hijo mío: esfuérzate tan pronto como puedas para liberarte de esa obligación, pues de lo contrario estás en poder de tu amigo; no evites problemas, sé urgente con tu amigo".

dice: *faites-moi le (ce) plaisir et venez avec moi* (dadme este gusto, y venid conmigo, cf. Florilegio).[44]

La expresión כִּי בָאתָ [45] no debe traducirse *en caso de que hayas caído en la mano de tu prójimo*, porque de esa manera se estaría indicando (cf. Pr 6, 1; Pr 6, 2) que el hecho temido de caer en manos de otro (es decir, del acreedor) ya habría sucedido. Por un lado, la fianza no está todavía ejecutada; el acreedor no la tiene en su mano, y en caso de que el deudor no pague, el acreedor se quedaría con la fianza que ha puesto el fiador (y de esa manera muchos hombres honrados han perdido casa y bienes, cf. Ec 29, 18; 8, 13). El deudor sigue en posesión de los bienes que el acreedor le ha prestado, de manera que el acreedor no ha devuelto su fianza al fiador.

Lo que el autor de Proverbios le dice al fiador está bien claro: has hecho depender tu libertad y tus posesiones de la voluntad de tu prójimo, a quien has dado la garantía de que, en caso necesario, pagarás en su lugar (por él). La cláusula introducida con כי (כִּי בָאתָ בְכַף־ רֵעֶךָ) porque has caído en manos de tu prójimo, estás en manos de lo que él haga, de que pague o no pague la deuda), de manera que puede perder todo lo que has ofrecido como fianza.

Por eso dice el poeta: לֵךְ הִתְרַפֵּס וּרְהַב רֵעֶיךָ, vete, humíllate, importuna a tu prójimo (al deudor, para que pague…). El significado de התרפס es seguro. El verbo רפס (de רפשׁ רפ) significa pisotear, *calcare, conculcare*, aplastar. El gramático Kamus (cf. Kamus, *El-Feyroozbdee*, un léxico árabe nativo; véase Lane, *Arabische Lexikon*, I,1, p. xvii) explica el sentido de *rafas* a partir de *rakad balarjal*. Ciertamente, el *hiptael* podría significar comportarse uno mismo con brusquedad, aplastando a los demás, pisar bruscamente, como התנבא y el *nifal* medio נבא, hablar de manera opresora, humillar a los demás. Pero el Salmo 68, 31 y la analogía de התבוסס favorecen el significado de *arrojarse al suelo con gesto de humillación,* es decir, dejarse pisotear, ponerse como se ponen muchos débiles, en gesto de oración humilde, de súplica sincera y penitente.

De esa forma traduce la Biblia Griega de Venecia: πατήθητι, con Rashi ("humíllate como el umbral que es pisoteado y aplastado por todos"), Aben-Ezra y Immanuel ("humíllate bajo las plantas de sus pies"). De esa manera traducen también Cocceius, J. H. Michaelis y otros, *conculcandum te praebe* (estate dispuesto a que te humillen; humíllate ante el deudor, para que pague lo establecido).

La palabra וּרְהַב רֵעֶיךָ) ורהב) resulta más controvertida. La explicación talmúdica y del Midrash (b. *Joma*, 87a; *Bathra*, 173b, y en otros lugares), que ponen

---

44. Para la sucesión correcta de los acentos, cf. aquí אֵפוֹא בְּנִי וְהִנָּצֵל, con tres de tipo auxiliar, antes del *pazer*, Véase *Torath Emeth*, p. 30; *Accentuationssystem*, xii. 4. Según Ben-Nephtali, el acento *mercha* debería ir con זֹאת.

45. En estas palabras, el *zinnorith* antes del *mahpach* va en lugar de *makkeph* y en contra del *zinnorith*; Véase *Torath Emeth*, p. 16, y mi *Coment*. Salmos, 1860, p. 460, nota 2.

# Discursos exhortatorios (Pr 1, 8 – 9, 18)

*lleva contigo en gran número a tus amigos* (como si רהב fuera igual a הרבה), no puede aceptarse, está desacreditada por las frases que están a su lado: בָּאתָ בְכַף־רֵעֶךָ לֵךְ הָ תְרַפֵּס, has caído en manos de tu prójimo (paga lo que puedas…). El significado correcto de וּרְהַב רֵעֶיךָ es precipitarse sobre uno ruidosamente, como en Is 3, 5.

En general, רהב significa estar violentamente excitado (árabe *rahiba*, tener miedo), y así querer influir impetuosamente en tu prójimo, haciéndole cambiar. En consecuencia, con una elección de palabras más o menos adecuada, la LXX traduce por παρόξυνε, Symmaco y Teodocion por παρόρμησον. El texto griego veneciano pone ἐνίσχυσον, el Syríaco (con el targum que le copia) pone גרג (le solicita, le pide) y Kimchi *hazle cambiar con palabras pacificadoras*.

El Talmud explica רעיך (וּרְהַב רֵעֶיךָ) como plural;[46] pero el plural, que estaba permitido en Pr 3, 28, resulta aquí totalmente inadmisible, de manera que la *yod* no es aquí más que expresión de la *scriptio plena* de רעך con la retención del tercer radical de la forma básica de la raíz de la palabra (רעי es igual a רעה), o con י como *mater lectionis*, para distinguir la forma pausal de la forma sin pausa; cf. Pr 24, 34, en la LXX, Syr., Jerónimo, etc. que traducen correctamente en singular.

De esa manera, la exigencia de inmediatez que está en el fondo de לֵךְ (cf. el vete, ὕπαγε, Mt 5, 24) se expresa ahora en forma de deber, tal como sigue en Pr 6, 4. Uno no debe dormir ni adormecerse (una expresión muy parecida a Sal 132, 4), no debe darse quietud o descanso a sí mismo, hasta que el otro (el deudor) le haya liberado de su fianza mediante el cumplimiento de aquello por lo cual es fiador. Uno debe liberarse como una gacela o como un pájaro, para que no le atrapen, tiene que desenredarse invocando toda su fuerza y arte (no se trata, pues, de que el acreedor perdone le deuda, sino que el deudor la pague, para que el fiador quede así libre de su compromiso).

Así se dice en Pr 6, 5: líbrate como un corzo de la mano del cazador… El מיד no debe traducirse por "inmediatamente"; porque en este sentido esa palabra sería rabínica, no bíblica. Las versiones (con la excepción de *Jerónimo* y la *griega veneciana*) traducen como si la palabra fuera מפח (fuera de la trampa). Bertheau prefiere esta lectura, y Böttcher identifica de algún modo חיד (la mano del cazador) con מיד (de la mano del que pone trampas de pájaros).

Pero ese paralelismo entre la mano del cazador y la mano del que pone trampas no se impone sin más, porque la mano de uno que pone trampas de pájaros no es al mismo tiempo la mano de un cazador de gacelas. De todas formas, ambas manos se relacionan (la del cazador y la del que pone trampas). En esa línea, el que ha salido como "fiador" de un duro acreedor se parece a un tipo de

---

46. Aquí no se puede distinguir entre *qetub* y *ker*é. La Masora comenta, "Este es el único pasaje en el Libro de los Proverbios donde la palabra está escrita con *yod* (י); por eso debe aceptarse la lectura contraria, que es רעיך".

gacela amenazada por un cazador de venados, a un pájaro que cae en la trampa o en la red de un cazador de pájaros. Sea como fuere, este pasaje ha concebido a מִיָד, igual que 1Re 20, 42, como absoluto, y lo ha relacionado con הִנָּצֵל, líbrate, como la gacela de la mano en la que has caído (Hitzig). Según eso, la sección debe acentuarse así: כִּצְבִי הִנָּצֵל מִיָּד con צְבִי como en arameo טבי, árabe *zaby*, que es la gacela (árabe *ghazâl*), llamada así por su elegancia.

Por su parte, צִפּוֹר es el pájaro, que se distingue por su silbido (צפר, árabe *ṣafar*, raíz צף, cf. árabe *ṣaffârat*, el silbido de un pájaro). También en árabe *ṣafar*, silbador (con prótesis, *'aṣafwar*, curruca, urraca, cf. *Coment.* Salmos, p. 794). El cazador de pájaros se llama יָקוֹשׁ (de יָקֹשׁ, cf. מִיַּד יָקוּשׁ, según la forma יכל, cognitivo de קוּשׁ, Is 29, 21, נקשׁ, raíz קשׁ), o según la forma בָּגוֹד (fem. בְּגוּדה), con *kametz* según la forma *kâṭwl* (véase en Is 1, 17); pero en Jer 5, 26 la palabra se vocaliza יְקוּשִׁים.

## 6, 6-15.

לֵֽךְ־אֶל־נְמָלָ֥ה עָצֵ֑ל רְאֵ֖ה דְרָכֶ֣יהָ וַחֲכָֽם׃ 6

אֲשֶׁ֖ר אֵֽין־לָ֥הּ קָצִ֑ין שֹׁטֵ֥ר וּמֹשֵֽׁל׃ 7

תָּכִ֣ין בַּקַּ֣יִץ לַחְמָ֑הּ אָגְרָ֥ה בַ֝קָּצִ֗יר מַֽאֲכָלָֽהּ׃ 8

עַד־מָתַ֖י עָצֵ֥ל ׀ תִּשְׁכָּ֑ב מָ֝תַ֗י תָּק֥וּם מִשְּׁנָתֶֽךָ׃ 9

מְעַ֣ט שֵׁ֭נוֹת מְעַ֣ט תְּנוּמ֑וֹת מְעַ֓ט ׀ חִבֻּ֖ק יָדַ֣יִם לִשְׁכָּֽב׃ 10

וּבָֽא־כִמְהַלֵּ֥ךְ רֵאשֶׁ֑ךָ וּ֝מַחְסֹֽרְךָ֗ כְּאִ֣ישׁ מָגֵֽן׃ פ 11

אָדָ֣ם בְּ֭לִיַּעַל אִ֣ישׁ אָ֑וֶן הֹ֝ולֵ֗ךְ עִקְּשׁ֥וּת פֶּֽה׃ 12

קֹרֵ֣ץ בְּ֭עֵינָיו מֹלֵ֣ל בְּרַגְלָ֑ו מֹ֝רֶ֗ה בְּאֶצְבְּעֹתָֽיו׃ 13

תַּֽהְפֻּכ֨וֹת ׀ בְּלִבּ֗וֹ חֹרֵ֣שׁ רָ֣ע בְּכָל־עֵ֑ת [מדנים] (מִדְיָנִ֣ים) יְשַׁלֵּֽחַ׃ 14

עַל־כֵּ֗ן פִּ֭תְאֹם יָב֣וֹא אֵיד֑וֹ פֶּ֥תַע יִ֝שָּׁבֵ֗ר וְאֵ֣ין מַרְפֵּֽא׃ פ 15

[6] Ve a la hormiga, oh perezoso;
observa sus caminos y sé sabio.

[7] Ella no tiene jefe, ni comisario, ni gobernador;

[8] pero prepara su comida en el verano,
y guarda su sustento en el tiempo de la siega.

[9] Perezoso: ¿Hasta cuándo has de estar acostado?
¿Cuándo te levantarás de tu sueño?

[10] Un poco de dormir, un poco de dormitar
y un poco de cruzar las manos para reposar.

[11] Así vendrá tu pobreza como un vagabundo,
y tu escasez como un hombre armado.

[12] El hombre depravado, el hombre inicuo,
anda en la perversidad de boca,

[13] guiña los ojos, hace señas con sus pies

# Discursos exhortatorios (Pr 1, 8 – 9, 18)

e indica con sus dedos.

[14] Perversidades hay en su corazón;
en todo tiempo anda pensando el mal,
provocando discordia.

[15] Por eso, su calamidad vendrá de repente;
súbitamente será quebrantado, y no habrá remedio.

**6, 6.** Cuando Elihu (en Job 35, 11) ha puesto a los animales como maestros de los hombres, él podría haber mandado a los perezosos a la escuela de las hormigas, que en alemán se llaman *Ameise* por su laboriosidad (Emsigkeit), como indican los versos que siguen. En 6, 6, el *dech* escrito principalmente bajo לֵךְ־ separa palabras que no pueden separarse. El pensamiento ¡Ve a la hormiga, perezoso! no permite otra distinción que en el vocativo, pero el *dech* de la palabra que sigue (לֵךְ־ אֶל־ נְמָלָה) se transforma en *munach* (el Cod. 1294 acentúa de un modo distinto, según la regla de Ben-Asher, utilizando el *atnach*).

La hormiga se dice en hebreo-árabe נמלה, de la raíz נם (*Coment.* Is, p. 687), que se aplica por primera vez al sonido, pero con un sentido de "sonido bajo", sordo, con un movimiento que no se percibe. Su nombre arameo, en la Peshita, es ûmenaa›, y en el Targum es שׁוּמשׁמָנָא (en árabe también *sumsum, simsim,* en el sentido de pequeñas hormigas rojas), evocando aquello que se distingue por su rápida actividad, su ajetreado correr de un lado a otro (véase Fleischer en Levy, *Chaldaische Wörterbuch.* ii. 578). La hormiga aparece así, como modelo de trabajo infatigable y bien planificado.

Por el plural דְּרָכֶיהָ podemos concluir que el autor ha observado el arte de caminar de las hormigas, de reunir y almacenar, de llevar cargas, de construir sus casas y otros tipos de "almacenes" semejantes (los pasajes del Talmud y el Midrash han sido reunidos en la *Hamburg Real-Encyclopdie für Bibel und Talmud*, 1868, p. 83s.). El poeta envía al perezoso (en arameo עצל, en árabe עטל, con la idea básica de peso y torpeza) a las hormigas, para que aprenda de ellas, a avergonzarse, para que le enseñen sabiduría.

**6, 7.** Este verso es continuación de 6, 6 y antecedente de 6, 8. Es una cláusula de relativo, como una cláusula con גם כי, *quamquam.* Este verso 6, 7 suele dividirse por la mitad con un Rebia (אֲשֶׁר אֵין־ לָהּ קָצִין שֹׁטֵר וּמֹשֵׁל); sobre la acentuación correcta (véase *Torath Emeth*, p. 48, 3). La comunidad de hormigas incluye también una clase peculiar de obreras; pero no está compuesta, como la comunidad de las abejas, por un tipo de grados o jerarquías que culminan y se fundan en la abeja reina como cabeza.

Las tres autoridades aquí nombradas representan los poderes más altos: judicial, policial y ejecutivo. En ese sentido, קָצִין (de קצה, distinguir, con la

Proverbios 6

terminación en in/un, cf. *Jesurun*, p. 215s.) es el *juez*; שֹׁטֵר (de שׁטר, árabe *saṭr*, trazar líneas, escribir) es el *supervisor* (en guerra al director, controlador) o, como indica Saalsüchtz, es el *policía*, los *schotrim* tanto en las ciudades como en el campamento; מֹשֵׁל (véase *Coment.* a Isaías, p. 691) son los *gobernadores* de todo el organismo estatal subordinados a los schoftim y los schotrim. El texto siríaco y el Targum, que le sigue servilmente, traducen קָצִין por חצדא (cosecha), porque intercambian esta palabra con קָצִיר.

**6, 8.** Los cambios de tiempo de este versículo no pueden estar ocasionados por el hecho de que קַיִץ y קָצִיר se distinguen como el período anterior y posterior del año; porque קַיִץ (equivalente al árabe *ḳayt*, de *ḳât*, estar resplandeciente, cf. árabe *kghyyṭ* resplandor del calor del mediodía) es el final del verano, cuando el calor sube al grado más alto; en esa línea. Recordemos que el hijo de la sunamita murió de insolación en el tiempo de la cosecha (2Re 4, 18).

Löwenstein comenta juiciosamente que la palabra תכין se refiere a la necesidad inmediata; por el contrario, אגרה se refiere a la necesidad respecto al futuro. La primera palabra presenta a las hormigas ocupadas en un tipo de trabajo industrioso y perseverante durante el resplandor del verano. La segunda las presenta trabajando al final de la cosecha, ocupadas en llevar a casa las provisiones para el invierno.[47]

**6, 9-11.** Tras haber amonestado al perezoso, sirviéndose de la hormiga como ejemplo, el poeta intenta hacer que se despierte de su sueño y de su indolencia. La forma de pedir al perezoso que despierte en Pr 6, 9, no es la que Pablo podría tener en mente en Ef 5, 14, que se sitúa en un plano más alto de urgencia de salvación.

עצל, como vocativo, tiene después de un *pasek* (cf. עָצֵל ׀ וְתִשְׁכָּב) que, en las ediciones correctas, está acentuado con *mercha* no con *munach*. Las palabras de Pr 6, 10 no son una llamada irónica (duerme solo un rato, aunque en verdad duerme mucho tiempo), sino una afirmación permisiva, con la que el perezoso responde y aleja de su lado al perturbador indeseado. Los plurales con מעט suenan a autoengaño: ¡todavía un poco, pero será suficiente! Juntar las manos significa cruzarlas sobre el pecho o ponerlas en el seno, para que así descansen ociosamente (cf. Ec 4, 5).

---

47. Las palabras que evocan el trabajo de procurarse alimentos en verano serán utilizadas nuevamente por Agur, Pr 30, 25, lo mismo que por la fábula aramea de la hormiga y el saltamontes, como han puesto de relieve Goldberg, *Chofes Matmonim*, Berlín 1845; y Landsberger, *Fabulae aliquot Aramaeae*, Berlin Graduation Thesis 1846, p. 28. Estas fábulas se encuentran también entre las de Esopo y las de Sendebar o Syntipas, que pueden servir como ilustración de todo este verso. La LXX introduce, después de "mira a la hormiga", un proverbio de cinco líneas, ἢ πορεύθητι πρὸς τὴν μέλισσαν (vete a ver a la abeja…); Hitzig piensa que se trata de un proverbio de origen griego y, como ha demostrado Lagarde, contiene expresiones idiomáticas griegas, impropias de un traductor del hebreo. Sea como fuere, se trata de una interpolación que desfigura el texto hebreo al sobrecargarlo.

*Discursos exhortatorios (Pr 1, 8 – 9, 18)*

El tema de fondo es "cruzar las manos para descansar" (cf. Tito Livio, *compressis quod aiunt manibus* sedere, sentarse, como dicen, con las manos cruzadas; y Lucano, 2, 292, *compressas tenuisse manus*, tener las manos cruzadas), con שִׁקּוּי, Pr 3, 8, y con el inf. שְׁכַב como חֹסֶר, cf. Pr 10, 21, y שֵׁפֶל, Pr 16, 19. Lógicamente, la afirmación consecutiva de 6, 11, se conecta con las palabras anteriores, que han salido de la boca del perezoso, que son como un antecedente hipotético de esto: si así lo dices, y siempre lo vuelves a decir, entonces esta será la consecuencia, que repentina e inevitablemente te sobreviene: la pobreza y la miseria.

Así se termina diciendo: וּבָא־כִמְהַלֵּךְ רֵאשֶׁךָ, y vendrá tu pobreza como un vagabundo (árabe *dawwar*, alguien que deambula mucho), como ladrón o enemigo (como el árabe *'aduww*, propiamente *transgressor finium*, el que atraviesa los límites…). Pero ese no es el sentido más propio de las palabras, ni está justificado por el uso del lenguaje. הֹלֵךְ significa el viajero (2Sa 12, 4) y מְהַלֵּךְ es alguien que cabalga rápidamente hacia adelante, como un caminante malo κακὸς ὁδοιπόρος (LXX).

El punto de comparación de 11a, es lo imprevisto, como alguien que va en marcha rápida o al asalto (Böttcher), de manera que en 11b se descubre la sorpresa hostil e irrecuperable de algo que ha sucedido ya, porque lo que viene es como un hombre con armadura, como observa Hitzig; un hombre que no trae ningún bien en su armadura, que ataca al oponente, de forma que el que está sin defensa cede ante él sin posibilidad de resistirlo.

La LXX traduce כְּאִישׁ מָגֵן por ὥσπερ ἀγαθὸς δρομεύς (como un hombre bueno corriendo, cf. δρομεύς, igual a מְנִי־אָרֶג, Job 7, 6, LXX, Áquila). Pero no sabemos por qué lo hacen. Por otra parte, después de Pr 6, 11, la LXX interpola otras dos líneas: "pero si eres asiduo (trabajador), tu cosecha te llegará como una fuente, pero, de lo contrario, ella acabará pronto, ὥσπερ κακὸς δρομεύς, como le sucede a un mal corredor".

Pero a este "mal corredor" debemos dejarlo ir, no forma parte del texto. Nadie puede entender la razón por la que Lagarde ha retraducido así el texto griego de la LXX: וּמַחְסֹרְךָ כְחָשׁ בְּאִישׁ נָמֵג. Las cuatro líneas añadidas aquí, entre Pr 6, 10 y Pr 6, 11 se repiten en el apéndice de las *Palabras del Sabio*, Pr 24, 33. En el caso de que este apéndice surgiera en la época del rey Ezequías, es posible que el poeta, el editor del antiguo libro de los Proverbios lo haya tomado de allí. En lugar de כִּמְהַלֵּךְ, se usa מִתְהַלֵּךְ (así avanza tu pobreza, es decir, una y otra vez, pero siempre avanzando); y en lugar de מַחְסֹרְךָ, se escribe מַחְסִירְךָ, como en Pr 6, 6; y en lugar de מְשֻׁנָתֶךָ encontramos la variante מְשֻׁנָתֶיךָ con *yod* como *mater lectionis* de la pausa marcada por el *segol*.

**6, 12-15.** Aquí sigue (en estos cuatro versos) una tercera serie de breves instrucciones que conducen a un futuro temeroso, semejante al antes anunciado. La primera pregunta que aquí se plantea es la de distinguir entre el sujeto y predicado en Pr

6, 12. Solo si se sabe quién es el sujeto podrá saberse quién será aquel sobre el que recaerá la sentencia de condenación.

El hombre que camina con lengua perversa es sujeto y אדם בליעל (hombre perverso, hombre de Belial) es sin duda el predicado. Pero el verdadero tema empieza cuando preguntamos quién es ese איש און, hombre malvado. En ese contexto dice Hitzig: "Un hombre sin valor es el malvado que...". Pero la identidad entre עדם y איש está indicando que hay entre ellos un paralelismo, un signo de relación paralela. Por eso, si el estico de 12b perteneciera atributivamente a איש און, dado que la frase no se personaliza poniendo איש האון, ella debería haber estado seguida por ההולך (aquel que camina...).

Eso significa que el sentido moral genérico de 12a (אָדָם בְּלִיַּעַל אִישׁ אָוֶן) ha de entenderse en forma de predicado, como era además previsible. La copiosa extensión del sujeto (el que anda con perversión de boca...) exige por su estilo un predicado más extenso. Este verso, en parte paralelo de Pr 16, 27, tiene un plan más simple, con una expresión más habitual, איש בליעל. Pero en nuestro caso, como no es posible poner אדם און (porque און se utiliza en la siguiente expresión) el autor usa en su lugar בְּלִיַּעַל.

Esta palabra, בְּלִיַּעַל, compuesta de בלי y יעל (de ועל, יעל, ser útil, ser bueno para), significa "no se útil para nada", y se utiliza como si fuera una sola palabra (hombre sin provecho), tomando incluso el artículo, 1Sa 25, 25. Ella está indicando un hombre sin valor, generalmente dentro de una cadena de palabras en genitivo y así debe tomarse aquí, porque אדם no forma un *constructivus* (no es parte de un estado constructo), y nunca gobierna un genitivo.

Según eso, בליעל es un adjetivo virtual (como *nequam* en *homo nequam*, hombre perverso); la conexión es como la de אדם רשע, en Pr 11, 7, y en otros lugares, aunque tenga un sentido más cercano al de una aposición. Sinónimo de בליעל es און (con *an*, de respirar, un hombre que respira maldad), es decir, un hombre que carece de todo carácter moral.

Según eso, despreciable y malvado es el que practica el engaño con su boca (cf. Pr 4, 24), es decir, el que convierte su lenguaje en medio de falsedad y de falta de amor. En esa línea, la expresión עִקְּשׁוּת פָּה (perversidad de boca) se entiende en un sentido moral, pero sin excluir el hecho de que pueda aludir a un tipo de torcedura de boca que pertenece a la mímica de los maliciosos. De esa forma, se condena no solo lo que el hombre es, sino también lo que hace, lo que practica, algo que se expresa especialmente en las palabras de la boca, como en Pr 2, 7; Pr 28, 18, Is 33, 15.

En 6, 13, las palabras קֹרֵץ בְּעֵינָו pueden traducirse, según el sentido, como "aquel que guiña (nictat) con los ojos". Pero este no es el significado correcto de la palabra, porque קרץ no solo se usa para el guiño de ojos (cf. Pr 10, 10; Pr 16, 30, *qui oculos morsicat* o *connivet*, el que parpadea y acusa con los ojos, Sal 35, 19),

# Discursos exhortatorios (Pr 1, 8 – 9, 18)

sino también para la mueca de los labios, Pr 16, 30. Según eso, la traducción de Löwenstein, *quien abre los ojos*, es incorrecta.

El verbo קרץ vincula en sí los significados que tienen en árabe *qrts*, pellizcar con un instrumento afilado y *qrd*, apretar con un instrumento sin filo (árabe miḵraḍ, tenazas). Quiere decir pinchar, mordisquear, como en árabe ḵarṣ, tenaza —p. ej., ḵarṣ balskyn alarsasat, cortar con el cuchillo el sello de plomo.

En ese sentido, significa con frecuencia abrir y cerrar los ojos, con el significado más ordinario de guiñar (en alemán *zwickeln*, pellizcar, de *zwicken*, morder) con el ojo. Esta es la acción de alguien que está engañando y que, de ese modo, da a los demás la señal de que le ayuden o al menos de que no le impiden bromear y burlarse, mentir y engañar a otras personas (Florilegio). Cf. en esa línea el proverbio de Ali, "Oh Dios, perdónanos si es que guiñamos de un modo culpable los ojos (*ramzat*)", con las anotaciones de Fleischer, en *Proverbios de Ali*, p. 100s.

Es muy improbable que las palabras que siguen, מֹלֵל בְּרַגְלָו, deban entenderse como si, moviendo los pies, se quisiera transmitir un tipo de mensaje, como si se tratara de un discurso expresado a través de un movimiento de pies, a modo de *oratio pedestris* (LXX, Aben-Ezra, Bertheau, Hitzig y otros) ya que, según el uso del lenguaje, el piel מלל se utiliza de un modo expreso con el significado de *loqui*, hablar y, por su parte, מולל tiene su sentido propio, porque significa en talmúdico *fricare*, *confricare* (rozar, chocar las piernas) (cf. p. Beza 12b; *Maʿseroth*, iv. 5).

En esa línea, el Syr. y el Targum utilizan תכס (un tipo de estampido o ruido de pies), Aquila τρίβων, Symmaco, προστρίβων, Jerónimo (qui*) terit pede*, y Rashi משפשף (moler, rascar). En todos estos casos, esa palabra se entiende en el sentido de hacer ruido con los pies, rasparlos con el suelo, arrastrarlos hacia atrás y hacia adelante indicando así un tipo de sobresalto o advertencia. Cf. también el árabe *mll*, *levem et agilem ese* (ser leve y ágil), relacionado con el árabe *sr* y con *fî*, que significa apropiadamente mover los pies rápidamente de un lado a otro (Florilegio).[48]

---

48. La idea raíz del árabe *mall* significa mostrar un tipo de inquietud a través del movimiento. El sustantivo árabe *mallt* sirve para indicar el resplandor de una luz que parpadea y arde; el fulgor de las cenizas que refulgen, la agitación interna, la prisa externa. El árabe *malil* (מלל) indica la excitación febril de un paciente, pero también de alguien que se aleja rápidamente. Esa palabra se utiliza, generalmente, para referirse a una persona impaciente o apresurada (véase Wetstein, en Baudissin, *Tischendorfiana* vii. 6).

De esa forma se está evocando un tipo de movimiento que se realiza por medio de un cambio rápido, de aquí para allá. En esa línea, se puede hablar de un tipo de *nikubi*, en el sentido de molino, "molienda" del lenguaje, que va de un lado para el otro, a través de la lengua, siempre en movimiento. La palabra מרה se utiliza aquí, de acuerdo con su significado primario de *projicere*, sc. *brachium* o *digitum*, en el sentido de mostrar los brazos o los dedos. Por eso, esta palabra está conectada con בעצבעתיו, es decir, con mover los dedos. Otra expresión para indicar este gesto es la de δακτυλοδεικνεῖν, es decir, la de mostrar los dedos, haciéndolo de un modo desdeñoso y malicioso, como en שלח אצבע, Is 58, 9.

*Proverbios 6*

Pr 6, 14 añade que la perversidad está en tu corazón, que siempre trama el mal, que siempre siembra discordia. Este verso sigue ofreciendo la descripción del sujeto, utilizando solo una vez el participio. Las cláusulas se ordenan de manera independiente, pero de una forma lógica, conforme a la complejidad del tema, תהפכות. Las תַהְפֻּכוֹת son solo las malicias, es decir, la maldad perversa que sale a la luz en la palabra y en el comportamiento de los malvados, como las עקשות פה o perversiones de la boca.

En cuanto a la doble imagen de la elaboración del hierro y de la agricultura que subyace en la palabra חֹרֵשׁ (*machinari,* maquinar), véase Pr 3, 29 y también Sal 7, 10 (en referencia a la omisión de הוא en Sal 7, 10). La frase שׁלח מדנים (como en Pr 6, 19; Pr 16, 28), *para desatar disputas* (para que estallen los enfrentamientos), en la mitología griega, se parece más al gesto de desatar de los vientos por Eolo que al del lanzamiento de la manzana de la discordia.[49]

También se utilizan las formas מדן y מדין, la primera aparece solamente aquí sin ningún ejemplo análogo; la segunda puede compararse al menos con מצד, en árabe *masad* (cf. *Coment.* Salmos p. 163, 3). Probablemente estas dos formas están garantizadas por Gn 25, 2; cf. Gn 37, 28; Gn 37, 36, donde מדין y מדן aparecen como los nombres de dos hijos de Abraham y Quetura. Pero el hecho de que el nombre propiamente hebreo sea מדינים no es razón para que en todos los casos evocados se corrija (se deje a un lado como errónea) la forma regular מדונים, que es el plural de מדון, de acuerdo con las formas מאורים מעורים, aunque también puedan encontrarse otras formas como מדונים, según el equivalente de las formas מצוקים y מבושׁים.

El verso siguiente, Pr 6, 15, afirma que su calamidad vendrá de repente: De pronto será quebrantado sin remedio. Con el verso anterior (6, 14) la descripción termina: *indigno y malvado es el que hace tales cosas.* A partir de aquí se formula la conclusión: por lo tanto, su ruina vendrá sobre él de repente, etc.

Respecto a איד, cuya raíz aparece desarrollada en Am 2, 13, cf. *Coment.* a Pr 1, 26. La palabra פתאם es un antiguo acusativo absoluto, que viene de פתא, del mismo significado que פתע, utilizado como acusativo adverbial, ambos originados a partir de la la idea-raíz de dividir, abrir, romper y brotar.

La expresión "será quebrado" (como un vaso frágil de alfarero, cf. Sal 2, 9; Is 30, 14; Jer 19, 11) es una figura que se utiliza con frecuencia para indicar un tipo de destrucción (שׁבר), sea de un ejército (cf. árabe *ânksar âljysh*), de una ciudad o estado, de un hombre, etc. La partícula ואין retoma el motivo de ישׁבר como Pr 29, 1: no habrá forma de recuperar sus miembros destrozados (Florilegio). Esta

---

49. En lugar de מדנים, el *keré* tiene מדינים, aunque la palabra מדנים permanezca sin corrección (cf. Pr 6, 19; Pr 10, 12). La forma מדינים aparece una vez, en Pr 18, 18, y su constructo מדיני otra vez, en Pr 19, 13. En todas partes donde el texto pone מדונים, el *keré* corrige poniendo מדינים, cf. Pr 18, 19; Pr 21, 9; Pr 21, 19; Pr 23, 29; Pr 25, 24; Pr 26, 21; Pr 27, 15.

## Discursos exhortatorios (Pr 1, 8 – 9, 18)

expresión אֵין מַרְפֵּא (sin curación alguna) es una cláusula concebida acusativamente y, por lo tanto, adverbialmente, en el sentido de que no existe curación.

### 6, 16-19. Seis cosas aborrece Yahvé

שֵׁשׁ־הֵנָּה שָׂנֵא יְהוָה וְשֶׁבַע [תועבות] (תּוֹעֲבַת) נַפְשׁוֹ: ¹⁶
עֵינַיִם רָמוֹת לְשׁוֹן שָׁקֶר וְיָדַיִם שֹׁפְכוֹת דָּם־נָקִי: ¹⁷
לֵב חֹרֵשׁ מַחְשְׁבוֹת אָוֶן רַגְלַיִם מְמַהֲרוֹת לָרוּץ לָרָעָה: ¹⁸
יָפִיחַ כְּזָבִים עֵד שָׁקֶר וּמְשַׁלֵּחַ מְדָנִים בֵּין אַחִים: פ ¹⁹

¹⁶ Seis cosas aborrece Jehovah,
y aun siete abomina su alma:
¹⁷ Los ojos altivos, la lengua mentirosa,
las manos que derraman sangre inocente,
¹⁸ el corazón que maquina pensamientos inicuos,
los pies que se apresuran a correr al mal,
¹⁹ el testigo falso que habla mentiras
y el que provoca discordia entre los hermanos.

**6, 16-19.** *Seis cosas aborrece Yahvé…* Esta sección (6, 16-19) no puede tomarse como separada (Hitzig), sino que es una continuación que ratifica lo anterior. La última palabra (מדנים, *conflicto*) antes de la amenaza de castigo, 14b, aparece aquí también al final de esta sección. El pensamiento de que ningún vicio o abominación es más grande para Dios que el de poner en desacuerdo a los hombres que se aman, aparece en forma del proverbio numérico que ya hemos estudiado en la introducción de este comentario.

No es que haya seis cosas odiosas para Dios y que la séptima sea además una abominación para Él (Löwenstein). La forma de *Midda*, propia de Am 1, 3–2, 6 y Job 5, 19, muestra que estos siete males pueden numerarse por separado, y que el séptimo es el mayor de todos, el que Dios más odia. No debemos traducir, *sex haecce odit*, estas seis cosas odia Dios, porque הֵנָּה, הֵם, הֵמָּה apuntan hacia atrás y hacia adelante en general, pero no, como indicaría אֵלֶּה, hacia lo que inmediatamente sigue, pues en ese caso las palabras serían שֵׁשׁ אֵלֶּה, o mejor הָאֵלֶּה שֵׁשׁ.

Por otra parte, la explicación de Hitzig (estas seis cosas, cf. Pr 6, 12-15, que Yahvé odia) es también imposible, porque el pronombre sustantivo הֵמָּה הֵנָּה no se emplea nunca de esta forma, como en el caldeo הִמּוֹ הֲמוֹן, donde se utiliza en acusativo, en el sentido de אֶתְהֶם אַתְּהֶן, excepto en los casos en los que el genitivo virtual está conectado con una preposición.

En consecuencia, שֵׁשׁ־הֵנָּה es una cláusula relativa y de esa forma queda destacada, tanto en Pr 30, 15 y en otros lugares: *sex (sunt) ea quae Deus odit, et septem (sunt) abominatio animae ejus* (seis son las cosas que Dios odia y siete las cosas que su alma abomina). En cuanto a la declaración de que el alma de Dios "odia", cf. *Coment.* a Is. 1, 14. La grafía תועבות del *qetub* es un error de escritura ocasionado por el numeral (véase Pr 26, 25), y ha sido debidamente corregido por el keré (תועבות) (תּוֹעֲבַת). El poeta ciertamente tenía en mente el singular, como en Pr 3, 32; Pr 11, 1, cuando escribió תועבת.

*Las primeras tres maldades* (de ojos, lengua y manos) se relacionan entre sí como mentales, verbales y objetivas, representadas por los miembros del cuerpo por medio de los cuales estas características salen a la luz. A diferencia de eso, las virtudes se toman aquí todas juntas como un cuerpo (organismo), y la mansedumbre es su cabeza.

En esa línea aparece primero, por encima de los demás, el pecado de todos los pecados, el *tumor mentis elatae* (el tumor de la mente soberbia), que se expresa en los ojos soberbios, עינים רמות, que son la característica del hombre רם, altivo (cf. Sal 18, 28, comparado con 2Sa 22, 28). Esta es la característica que se opone a los ojos humildes, שח עינים, Job 22, 29. La palabra עין está en el A.T. casi siempre en femenino (véase Cnt 4, 9), y sus adjetivos no se expresan a través de formas duales.

La segunda de las maldades se expresa por *la lengua* mentirosa, y la tercera por las *manos asesinas*. דם־נקי es sangre inocente a diferencia de דם הנקי, la sangre de los inocentes, Dt 19, 13.[50] La cuarta característica es un *corazón engañoso*. Sobre חרש, véase Pr 6, 14; como לרע en Is 59, 7, haciéndose eco del dístico Pr 1, 16, como aquí, en 17b y 18b. La conexión מהר לרוץ, *propere cucurrit* (corrió apresuradamente, contrasta con אחר ל), es equivalente a רץ מהר.

Vienen después *el testigo falso* que habla mentiras, y *el que siembra discordia* entre hermanos. La sexta maldad es la de un "hablante de mentiras, *una lengua de mentira*", que es odiosa para Dios. Este es un tema que está así doblemente caracterizado. כזבים son las mentiras y שקר es la desfiguración (deformatio) de los hechos reales. La derivación de estos sinónimos no resulta clara. El primer sinónimo proviene de la idea-raíz de hilar (en sentido estricto anudar puntos) y el segundo de pintar. La palabra כזבים se introduce para apoyar a שקר (Isaac Albo distingue estos sinónimos en su dogmática, con el título ספר עקרים, ii. 27). En sentido estricto se podría interpretar verbalmente עד שקר en el sentido de עדות שקר, como en Pr 25, 18, en oposición a כזבים, pero trazando un paralelo más cercano, como en Pr 14, 15.

---

50. La escritura דם sigue la regla masorética, véase Kimchi, *Miclol* 205b, y Heidenheim, *Coment.* Dt 19, 10, donde en las ediciones impresas del texto (también en la de Norzi) se encuentra la forma irregular דם נקי. Además, hay que poner un *metheg* a דָּם־נְקִי para que no se pueda leer *dom* como, por ejemplo, en מֵאְוֹת שֵׁשׁ־, Gn 7, 11, para que no se pueda leer שׁ־שׁ.

# Discursos exhortatorios (Pr 1, 8 – 9, 18)

La idea de fondo es personal, pues se aplica al עֵד שֶׁקֶר o testigo que dice mentiras. En ese contexto, no puede haber duda de que la cláusula es verbal, y que יפיח es un verbo finito, a saber, un *hifil* de פּוח. Este *hifil* significa en otros casos también *sufflare*, soplar, Pr 20, 8; *afflare*, Sal 10, 5; Ez 21, 26, *perflare*, Cnt 4, 16, *anhelare* (desiderare), Sal 12, 6; Hab 2, 3, pero con כזבים, *efflare*. Todos esos verbos tienen sentidos semejantes, relacionados con דבר, como הביע y הטיף (cf. Pr 12, 17), que pueden conectarse mayormente con כזבים, pero siempre teniendo en cuenta que lo que es falso no tiene realidad y no es más que הבל ורוח (una especie de soplo sin entidad propia).

Pero ¿qué tipo de entidad tiene יפיח? (cf. יָפֵיחַ כְּזָבִים עֵד) (el testigo falso que dice mentiras) donde no es, como en Pr 14, 5, el predicado de una cláusula verbal, sino que está en conexión con כזבים, mentiras, como aquí y en Pr 14, 25. Cf. Pr 19, 5; Pr 19, 9 (una vez con אמונה, Pr 12, 17). ¿Puede ser sujeto de una cláusula sustantiva?[51]

Algunos han pensado que יפיח es un sustantivo formado con el performativo del *modus* segundo como ילקוט en 1Sa 17, 40, o una forma intensiva de participio de significación activa como נביא. Pero la fuerza verbal que está en su fondo se opone al uso del idioma. Parece que no hay más solución que tomar יפיח como un atributivo, puesto en lugar de un sustantivo, con el sentido de *aquel que exhala* (=aquel que dice) mentiras. Hay además un ejemplo que nos permite explicar en esa línea el tema, pues de otra manera resulta inexplicable: es el de יוסיף, Ec 1, 18.

En 6, 19b concluye y llega a su meta este proverbio numeral. El representante máximo de todo lo que Dios odia es aquel que se deleita diabólicamente en poner en desacuerdo a hombres que están casi emparentados. Así se cierra este breve discurso proverbial, volviendo de nuevo al 14b como estribillo.

## 6, 20-23. Guarda el mandamiento del padre…

Después de las tres secciones anteriores más pequeñas, vuelve al tema de la sección octava, a su advertencia en contra de los pecados de la carne, cuyo poder e influjo entre los hombres es tan inmensamente grande, de manera que no se pueden

---

51. Lo más probable es considerar esa palabra יפיח, como un sustantivo formado a partir del futuro *hitpael*. De hecho, encontramos tales formaciones solo entre nombres propios, como יאיר יקים, יכין,; sin embargo, al menos en el caso de que se construya con יריב (encontrar un adversario) puede formarse tanto a partir del *hitpael* como del *kal*. Pero, en este caso, si יפיח se construyera de la misma forma que יריב, su forma parece que debería ser distinta. Se han hecho muchos intentos por derivar el verbo יָפֵחַ a partir de diversos nombres y de diversas formas gramaticales, pero no se ha encontrado hasta ahora una solución satisfactoria, ni siquiera a partir de una forma como יפח (cf. שמהי, אבל, de שמח, אבל). ¿Se debe suponer según eso que su *kametz* es un *kametz* fijo? Esto sería contrario a la regla, ya que la sílaba no es naturalmente larga. Así, la conexión no es de genitivo.

_Proverbios 6_

destacar de un modo suficiente sus terribles consecuencias, particularmente en relación con la juventud.

נְצֹר בְּנִי מִצְוַת אָבֶיךָ וְאַל־ תִּטֹּשׁ תּוֹרַת אִמֶּךָ׃ ²⁰
קָשְׁרֵם עַל־ לִבְּךָ תָמֶיד עָנְדֵם עַל־ גַּרְגְּרֹתֶךָ׃ ²¹
בְּהִתְהַלֶּכְךָ ׀ תַּנְחֶה אֹתָךְ בְּשָׁכְבְּךָ תִּשְׁמֹר עָלֶיךָ וַהֲקִיצֹוֹתָ הִיא תְשִׂיחֶךָ׃ ²²
כִּי גֵר מִצְוָה וְתֹורָה אֹור וְדֶרֶךְ חַיִּים תּוֹכְחֹות מוּסָר׃ ²³

²⁰ Guarda, hijo mío, el mandamiento de tu padre,
y no abandones la instrucción de tu madre.
²¹ Átalos siempre a tu corazón,
y enlázalos en tu cuello.
²² Te guiarán cuando camines;
te guardarán cuando te acuestes,
y hablarán contigo cuando te despiertes.
²³ Porque el mandamiento es antorcha,
y la instrucción es luz.
Y las reprensiones de la disciplina son camino de vida.

**6, 20-21.** Los sufijos en -ēm se refieren a la buena doctrina (cf. Pr 7, 3), se definen como מצוה y תורה (mandamientos y ley/torá) y se presentan en masculino y no en femenino, que es el género usual (cf. Pr 1, 16; 5, 2). En relación con la representación externa, este pasaje nos recuerda el tema de los _tefilim_ y el de los amuletos, que se emplean como representación perpetua de tipo religioso (cf. Pr 3, 3) y también en referencia a las personas (cf. Cnt 8, 6). El verbo ענד (que se utiliza solo aquí y en Job 31, 36), significa atar, especialmente atar en torno, vendar… (cf. árabe _'ind_, rodear, poner en torno, en acusativo adverbial, al lado, _apud_), envolver, atar en torno, _circumplicare_.

**6, 22.** La representación de la buena doctrina queda ahora personificada, de manera que ella es como una persona. "Cuando camines, te guiará; cuando te acuestes, velará por ti; y cuando despiertes, hablará contigo". El tema es la doctrina de la sabiduría, con la que se identifica la representación de la sabiduría misma, en forma de persona que acompaña y habla.

Los futuros no expresan un deseo o una advertencia, sino una promesa, como lo muestra la forma de la tercera cláusula. De esa manera, en el mismo orden que en el esquema de Dt 6, 7 (cf. Pr 11, 19), se distinguen tres circunstancias de la vida exterior del hombre: andar, acostarse y levantarse.

La puntuación בהתהלכ, que suele encontrarse en ciertos manuscritos, es la variante de Ben-Neftalí. Pero Ben-Asher y el _Textus receptus_ rechazan en este caso

163

el *metheg* (בְּהִתְהַלֶּכְךָ), cf. Baer, *Metheg-Setzung* 28. El verbo נחה, en *hifil*, pero con una significación *kal* reforzada, se encuentra más frecuentemente en los Salmos que en los Proverbios. El árabe *nh'* muestra que ese verbo significa dirigir (dirigere), dar dirección, moverse en una línea definida.

שׁמר con על significa proteger (recibir protección). Ya había aparecido en Pr 2, 11. Este autor de Proverbios tiene formas de expresión predilectas, en cuya repetición se detiene una y otra vez. Con acostarse, se asocia dormir. והקיצות es, como en Sal 139, 18, un perfecto de tipo hipotético, según Ewald, 357a, *et ut expergefactus es, illa te compellabit* (de manera que cuando te despiertes te acompañará). Bertheau pone incorrectamente *ella te hará reflexionar*. Pero, sin contar con el hecho de que no hay evidencia de la existencia de un *hifil* de este tipo, en el lenguaje de la Biblia, la personificación exige una figura más clara.

El verbo תְשִׂיחֶךָ indica que los mismos mandamientos "dialogarán" contigo. Esa palabra se refiere a un tipo de habla mental, pero aludiendo también a un habla audible (cf. Gn 24, 63, en sentido poético; también el lenguaje del Talmud);[52] ese verbo es una palabra muy común. Con בְ, significa hablar de algo (fabulari), cf. Sal 69, 13; con acusativo indica lo que se dice de una cosa, Sal 145, 5, o también la dirección, como en שׂיח ל, Job 12, 8 (con מגן con acusativo, Pr 4, 9, equivalente a מגן ל). En esa línea, el texto indica que cuando estés despierto la sabiduría entrará inmediatamente en conversación contigo, y llenará tus pensamientos con la materia correcta, y dará a tus manos la dirección y la consagración correctas.

**6, 23.** Dado que en היא la idea de la sabiduría y de la sana doctrina se encuentran incluidas una en la otra, el autor puede proceder con la prueba: *porque una lámpara es el mandamiento, y la ley o instrucción una luz* (Jerónimo: *et lex lux*)… La תּוֹרָה,no tiene aquí un sentido específicamente israelita, sino más bien un *sentido general de instrucción* conforme a la verdad sobre la voluntad de Dios y el deber del hombre.

Esta instrucción mediada por el hombre, pero de origen divino, es אור, luz, que ilumina al hombre que a ella se somete, y es también mandamiento, מצוה, que manda a los hombres, para que hagan en todo momento lo correcto, y prohíbe lo que es malo (incluyendo la prohibición de Lv 4, 2). נר es una lámpara que, encendida con la luz de la sabiduría, ilumina todas las tinieblas de ignorancia, en lo que se refiere a la conducta humana y sus consecuencias.

נר אור y (lámpara y luz) están relacionadas entre sí como elementos generales y particulares, primarios y derivados. Löwenstein acentúa incorrectamente תּוֹרָה אֹור(como el Cód. 1294 y el Cod. 3 de Erfurt). Sobre la retrogresión del

---

52. La conjetura de Wetstein, según la cual el árabe *shykh* es equivalente a מְשִׂיח, el hablante, es insostenible, ya que el verbo *shakh*, ser viejo, es un verbo *munsarif*, es decir, conjugado en todas las formas posibles y es el que está sin duda en la raíz de la palabra *shykh*.

*Proverbios 6*

tono, que no se da aquí, cf. *Coment.* a Pr 3, 15. El genitivo מוּסר denota el objeto o carácter de la amonestación, no disciplinaria en el sentido externo de la palabra, sino más bien moral, teniendo de fondo la conducta en el sentido de educación, es decir, de edificación y elevación moral. Tales correcciones que ofrece la luz de la ley son דרך חיים, el camino a la vida verdadera, la dirección que lleva a obtenerla.

## 6, 24-26. Te guardarán de mala mujer

לְשָׁמָרְךָ מֵאֵשֶׁת רָע מֵחֶלְקַת לָשׁוֹן נָכְרִיָּה: ²⁴

אַל־ תַּחְמֹד יָפְיָהּ בִּלְבָבֶךָ וְאַל־ תִּקָּחֲךָ בְּעַפְעַפֶּיהָ: ²⁵

כִּי בְעַד־ אִשָּׁה זוֹנָה עַד־ כִּכַּר לָחֶם וְאֵשֶׁת אִישׁ נֶפֶשׁ יְקָרָה תָצוּד: פ ²⁶

²⁴ Te guardarán de la mala mujer,
de la suavidad de lengua de la extraña.
²⁵ En tu corazón no codicies su hermosura,
ni te prenda ella con sus ojos;
²⁶ porque por una prostituta
el hombre es reducido a un bocado de pan,
y la mujer ajena se apodera una vida valiosa.

**6, 24-26.** Así se cierra esta sección. Sobre la expresión de genitivo אֵשֶׁת רָע (una mujer mala), cf. Pr 2, 14; y sobre la conexión de adjetivo לָשׁוֹן נָכְרִיָּה, cf. Pr 6, 17. La lengua extraña es la lengua (לָשׁוֹן) de la mujer extraña (extranjera), seductora con palabras suaves (Pr 2, 16). Ewald, Bertheau entienden la expresión "lengua suave" como "lengua de la extranjera", como habían hecho Symmaco y Theodoro, ἀπὸ λειογλώσσου ξένης; pero חלקת es sustantivo (Gn 27, 16), y no hay ningún caso que la presente como adjetivo femenino, forma de la que no tenemos ningún ejemplo.

En contra de eso, מֵחֶלְקַת לָשׁוֹן debe tomarse como primer miembro y נָכְרִיָּה como segundo miembro del estado constructo, porque el primer miembro ofrece la idea de fondo de לָשׁוֹן, de manera que parece así en forma plena, sin abreviarse; cf. Sal 68, 22; Is 28, 1. De todas formas, este fenómeno sintáctico resulta todavía problemático, como ha indicado Friedrich Philippi, *Wesen und Ursprung des St. Constr.*, de manera que esa interpretación puede resultar innecesaria.

Con Pr 6, 25-26 llega a su fin este proemio de *los doce discursos proverbiales* (Pr 2, 1-6, 269L. La Sabiduría misma comienza a tocar la música de fondo de este decálogo sapiencial. La advertencia 25a (no codicies su hermosura) va en la línea del mandamiento "no codiciarás" de Éx 20, 17 y el añadido ἐν τῇ καρδίᾳ αὐτοῦ responde a la expresión de Mt 5, 28 en el sermón de la montaña. Por su parte, el proverbio talmúdico הרהודי עבירה קשו מעבירה (Joma 29a) pone de relieve

165

*Discursos exhortatorios (Pr 1, 8 – 9, 18)*

el hecho de que la imaginación del acto pecaminoso resulta más peligrosa que el mismo acto corporal.

La advertencia, "que no te atrape con sus párpados" (con sus ojos) se está refiriendo a la mirada lasciva y al guiño amoroso de los ojos de la adúltera. En la justificación posterior de 6, 26, que comienza por כִּי־בְעַד (con esta puntuación), se habla en aposición de la אִשָּׁה זוֹנָה, de la mujer prostituta, cf. Gesenius 113. La idea de fondo, que es la de la זוֹנָה a la que se paga con un pan, pasa a 26b. Aquí se habla del bocado de pan, כִּכַּר לֶחֶם (igual a כרכר, raíz *kr*, redondear, véase Gn 49, 5).

Estrictamente hablando, se alude aquí a un pan circular, un pequeño trozo de pan redondo, como el que todavía se hace en Italia (pagnotta) y en Oriente (árabe *kurṣ*). El texto se está refiriendo a una pieza pequeña de pan (Florilegio). La expresión בעד (en constructo), como en Job 2, 4; Is 32, 14, se utiliza en el sentido de ὑπέρ, *pro* (por, en lugar de), de manera que con la partícula עד se está evocando la idea de descender a este punto más bajo del deseo sexual que se compra por comida.

Ewald y Bertheau explican después el tema a partir de la LXX, τιμὴ γὰρ πόρνης ὅση καὶ ἑνὸς ἄρτου, γυνὴ δὲ ἀνδρῶν τιμίας ψυχὰς ἀγρεύει (el honor de una prostituta se compra por un pan; la mujer compra y destruye el honor del alma de los varones). Pero nada se dice aquí sobre el precio (recompensa). El paralelismo es sinónimo, no antitético; de esa forma está doblemente amenazado y se pierde el honor de quien entra en este tipo de compra-venta.

El adúltero despilfarra sus medios de vida (Pr 29, 3) para así empobrecerse (véase la mención de una hogaza de pan en la descripción de la pobreza en 1Sa 2, 36). Por su parte, la esposa infiel (que quiere tener relaciones lascivas con otro hombre) se apodera de un alma preciosa y la destruye. En esa línea, el hombre que consiente y tiene relaciones adúlteras con la mujer de otro no se limita a perder de esa manera sus medios económicos, sino que pierde ciertamente su libertad, la pureza, la dignidad del alma, hasta su propia persona. La palabra תָּצוּד evoca — como צִידוֹן, pueblo de pescadores (Sidon), árabe *ṣyâd*, cazador y pescador —todo tipo de caza; pero en hebreo esa palabra se usa solo de la caza de bestias salvajes. El significado de la raíz (cf. צדיה) es espiar, apoderarse de.

## 6, 27-31. Así sucede a quien se enreda con mujer de su prójimo

27 הֲיַחְתֶּה אִישׁ אֵשׁ בְּחֵיקוֹ וּבְגָדָיו לֹא תִשָּׂרַפְנָה׃

28 אִם־יְהַלֵּךְ אִישׁ עַל־הַגֶּחָלִים וְרַגְלָיו לֹא תִכָּוֶינָה׃

29 כֵּן הַבָּא אֶל־אֵשֶׁת רֵעֵהוּ לֹא יִנָּקֶה כָּל־הַנֹּגֵעַ בָּהּ׃

30 לֹא־יָבוּזוּ לַגַּנָּב כִּי יִגְנוֹב לְמַלֵּא נַפְשׁוֹ כִּי יִרְעָב׃

31 וְנִמְצָא יְשַׁלֵּם שִׁבְעָתָיִם אֶת־כָּל־הוֹן בֵּיתוֹ יִתֵּן׃

*Proverbios 6*

²⁷ ¿Tomará el hombre fuego en su seno
sin que se quemen sus vestidos?
²⁸ *¿Andará el hombre sobre brasas*
sin que se le quemen los pies?
²⁹ Así sucede con el que se enreda con la mujer de su prójimo;
no quedará impune ninguno que la toque.
³⁰ ¿Acaso no desprecian al ladrón,
aunque robe para saciar su apetito cuando tiene hambre,
³¹ y si es sorprendido, pagará siete veces
y entregará todo lo que posee en su casa?

**6, 27.** Un primer ejemplo. La depravación moral y las consecuencias ruinosas que el adulterio lleva consigo aparecen ilustradas aquí con ejemplos, tomados de la naturaleza, por lo que se concreta en este campo la vinculación esencial entre causa y efecto. El tema empieza (en 6, 27) con la pregunta: ¿puede un hombre meter fuego en su seno sin que se quemen los vestidos? Esta es en hebreo una conexión paratáctica, del tipo del παρατακτικὸς χρόνος y está indicando un tiempo imperfecto, que no ha culminado todavía, sino que se extiende hacia el futuro).

El primer איש (cf. הֲיַחְתֶּה אִישׁ אֵשׁ בְּחֵיקוֹ) va marcado por un acento conjuntivo de tipo *shalsheleth*. חתה significa agarrar y extraer un trozo de hierro o carbón con las tenazas o la pala (מחתה, con el sentido de instrumento); cf. árabe *khât*, que según Lane está indicando el hecho de agarrar o arrebatar una cosa. La forma יחתה es *kal*, como יחנה (véase Köhler, *De Tetragammate*, 1867, p. 10). La palabra חיק (בְּחֵיקוֹ) no indica aquí el regazo externo (por fuera de la ropa), sino, como en Is 40, 11, el seno.

**6, 28-29.** Aquí se añade un segundo ejemplo de las consecuencias destructoras que derivan naturalmente del adulterio. ¿Podrá andar un hombre sobre las brasas, sin que se quemen sus pies? הַגֶּחָלִים (pies, de גחל, según la forma empleada en פחם, pero no con la terminación en ôt, גחלת, en vez de *gaḥḥalîm*, Gesenius. 27, 2). A la forma femenina ורגליו (y sus pies) le sigue aquí (cf. Pr 1, 16) la forma rítmica intensa תכוינה (manteniendo la distinción de género), de כוה, árabe *kwy*, quemar fuerte, de manera que quede una marca en los pies (cf. כי, Is 3, 24, en referencia a cauterio, lo que quema).

Así le pasa (6, 28) al que tiene relación con la mujer de su prójimo, de forma que ninguno que se acerque a ella es inocente. Hay una expresión griega semejante a esta: τὸ εἰς πῦρ καὶ εἰς γυναῖκα ἐμπεσεῖν Ἴσον ὑπάρχει (una misma cosa les sucede a los que se acercan al fuego y a una mujer, Pitágoras, *Maximi Eclog*. c. 39). La expresión בוא אל (entrar en) es aquí un eufemismo, como en Sal 51, 1. Por su parte נגע ב, acercarse a, entrar en contacto con, significa "tocar", lo mismo que

# Discursos exhortatorios (Pr 1, 8 – 9, 18)

en נגע אל, Gn 20, 6: el que se acerca a la mujer de su prójimo no quedará impune (לֹא יִנָּקֶה, es evidente que no es inocente).

**6, 30-31.** Aquí se comparan el ladrón y el adúltero, pero de tal manera que el adúltero viene a presentarse como más culpable que el ladrón. En ese sentido se explica 30a, pero sin que ello exija tomar el robo como un asunto de menor importancia. Ewald comenta en este contexto que la expresión יָבוּזוּ לַגַּנָּב empieza significando "pasar por alto", aunque su sentido más preciso es el de despreciar.

En esa línea, se puede añadir la referencia a varios pasajes del Cantar de los Cantares (cf. Cnt 8, 1; 8, 7) que pueden compararse con este de Proverbios, indicando la relación que existe entre ambos textos. A partir de esa comparación resulta claro que el sentido más preciso de nuestro pasaje es el de "menospreciar" (despreciar) al ladrón, aunque su delito se considere menos dañoso que el del adulterio. Así lo ha mostrado Hitzig, indicando que בוז con ל (יָבוּזוּ לַגַּנָּב) está indicando siempre un menosprecio positivo: "¿No se desprecia al ladrón si...?".

Michael tiene razón al traducir, *furtum licet merito pro infami in republica habetur, tamen si cum adulterio comparatur, minus provrosum est* (con toda razón, el robo se considera en la república como algo que es grave, aunque es menos despreciable que el adulterio). Sobre el sentido נפש como apetito, e incluso garganta y estómago, véase *Psychologie*, p. 204.

Una razón para ratificar el carácter menos pecaminoso del robo que del adulterio está en el hecho de que, en el caso de ser apresado, el ladrón puede devolver lo robado o compensar por el crimen (aunque ונמצא no se tome como perfecto hipotético, sino como participio, en sentido de *deprehensus,* siendo apresado).

El futuro ישלם (compensar, pagar por...) puede entenderse como potencial (podría pagar incluso siete veces más por lo robado). Esta reparación (siete veces más) no aparece en la legislación israelita, que solo habla de una restauración doble, cuádruple y quíntuple, cf. Éx 21, 37; Éx 22, 1-3; Éx 22, 8 (cf. Saalschtz, *Mos. Recht*, p. 554ss.). Este "pago séptuple" de lo robado, que va más allá de lo que exige la ley, se puede y debe entender en un sentido hipotético, desde la perspectiva del ladrón.

Este exceso sobre el que la Ley dice lo necesario conduce a la región de la imaginación: puede imaginarse a un hombre que se ha visto inclinado a robar por necesidad, pero que es capaz de compensar con abundancia la cantidad de lo robado, incluso siete veces, incluso entregando todas las posesiones de su casa (véase sobre הון en Pr 1, 13), no solo para satisfacer la ley, sino para apaciguar a aquel contra quien ha hecho mal, y también para poder presentarse nuevamente como hombre honrado ante la comunidad.

En conclusión. Según Pr 6, 30 y Pr 6, 31 al ladrón que ha robado no se le desprecia por ser pobre, sino que se le compadece, mientras que el adúltero

*Proverbios 6*

se arruina y destruye siempre a sí mismo, siendo objeto de desprecio y rechazo total. Por otra parte, el robo puede compensarse, incluso con abundancia; pero el adulterio y sus consecuencias son irreparables.

## 6, 32-35. Adulterio, la venganza de los celos

נֹאֵף אִשָּׁה חֲסַר־ לֵב מַשְׁחִית נַפְשׁוֹ הוּא יַעֲשֶׂנָּה׃ 32

נֶגַע־ וְקָלוֹן יִמְצָא וְחֶרְפָּתוֹ לֹא תִמָּחֶה׃ 33

כִּי־ קִנְאָה חֲמַת־ גָּבֶר וְלֹא־ יַחְמוֹל בְּיוֹם נָקָם׃ 34

לֹא־ יִשָּׂא פְּנֵי כָל־ כֹּפֶר וְלֹא־ יֹאבֶה כִּי תַרְבֶּה־ שֹׁחַד׃ 35

> [32] Así también el que comete adulterio con una mujer
> es falto de entendimiento;
> el que hace tal cosa se destruye a sí mismo.
> [33] Heridas e ignominia encontrará,
> y su afrenta no será borrada;
> [34] porque los celos del hombre son su furor,
> y él no perdonará en el día de la venganza.
> [35] No aceptará ninguna restitución;
> ni consentirá, aunque sea grande tu soborno.

**6, 32-33.** Así se ratifica el contraste formulado en 6, 30-31. La palabra נאף (32, 6), que se refiere al que comete adulterio (con el significado *excedere*, excederse, complacerse en exceso, en griego ὁ μοιχεύων γυναῖκα), es un verbo transitivo, lo mismo que en el Decálogo (cf. también Lv 20, 10, transitivo). El texto sigue diciendo que el hombre que hace eso es un חֲסַר־ לֵב, un hombre sin corazón, en alemán *herzlos*, en el sentido de crueles, un *amens* (sin mente, demente, *excors, vecors*), cf. *Psychologie*, p. 254. Este hombre es un מַשְׁחִית נַפְשׁוֹ (un hombre que se arruina a sí mismo con perversidad deliberada).

Un hombre así es un suicida, es decir, alguien que quiere arruinar su posición personal y social, su prosperidad, por juntarse con la esposa de otro. Esta es la peor de todas las deshonras que uno puede cometer en contra de sí mismo. Según Behaji, este es un hombre que aniquila su alma, una expresión que puede compararse con Dt 21, 12. Cf. también Ec 4, 17, donde עשׂה, el que hace una cosa así, es equivalente a בטל, καταργεῖν, matar a otro.[53]

---

53. Behaji podría haberse referido más bien a Sof 3, 19; Ez 7, 27; Ez 22, 14; pero allí עשׂה את significa *agere cum aliquo*, con el sentido alemán de *mit jemandem abrechnen* (ajustar cuentas con alguien).

# Discursos exhortatorios (Pr 1, 8 – 9, 18)

La palabra נגע (6,33) se refiere al castigo corporal que se ejecuta contra el adúltero por parte del esposo (Dt 17, 8; Dt 21, 5). Hitzig va en contra de esta interpretación, afirmando que los azotes se daban al ladrón según la ley y que recibían el nombre de מכה מכות. La puntuación נֶגַע־ וְקָלוֹן debe cambiarse poniendo קלונו נגע (Löwenstein y otros buenos editores). מצא tiene un significado más activo que el alemán "finden" (encontrar), en latín *consequitur*, τυγχάνει (conseguir, lograr).

**6, 34-35.** En esa línea, como se sigue diciendo en 6, 34-35, a un hombre al que le han robado se le puede apaciguar, pero no a un marido que ha sido ofendido, porque los celos encienden la ira del marido, que no se contenta con ningún rescate. El sujeto de Pr 6, 34 son los celos (קִנְאָה) de un marido, suscitados por la relación de su mujer con otros. Los celos no suelen ser simplemente חמה, el ardor de la ira (palabra que viene de יחם, lo mismo que שנה viene de יֹשֵׁן), sino que son חֲמַת־ גֶּבֶר (expresión construida como שֹׁנַת), son la expresión del ardor de la ira del hombre/varón (fuerte), que con todas sus fuerzas varoniles buscará la satisfacción a su honor herido.

גבר se vincula aquí con אִישׁ, con la idea fundamental de fuerza, firmeza; cf. árabe *jabr*, hacer rápido, volver a poner en orden algo roto en pedazos, particularmente una vasija rota. De aquí viene la palabra álgebra, que es propiamente la operación por la cual se completa una magnitud incompleta (Florilegio).

La expresión siguiente, וְלֹא־ יַחְמוֹל (con el *dagesh* ortofónico, como en Pr 6, 25 יחמד, y con *makkeph*) está conectada con גבר, con referencia muy precisa al hombre a quien ha deshonrado aquel que ha cohabitado con su mujer. Cuando llegue el día en que el adulterio sacado a la luz exige y ratifica la venganza, entonces, el hombre herido en su derecho y en su honor, no conocerá misericordia; no prestará atención a ninguna expiación o recompensa por medio de la cual el adúltero buscará apaciguarlo, moviéndole a no ejecutar el castigo que le corresponde. El ofendido no consentirá en aceptar ninguna reparación, por grande que sea la que quiere ofrecerle el adúltero.

La frase נשא פנים, πρόσωπον λαμβάνειν, significa en otros casos recibir el semblante, aceptar la expresión del rostro de un hombre, aceptar de un modo favorable su petición, dejarse impresionar, no ejecutar el castigo. En este caso, esa expresión recibe el sentido de "redención, expiación", en la línea del כפר (no tendrá sentido ninguna remisión, כָּל־ כֹּפֶר), no habrá redención, ni expiación, ni perdón, de forma que el crimen del adulterio no quedará perdonado, sin castigo.

En este caso, para el adúltero, no tendrá sentido ni podrá darse ningún tipo de perdón o expiación. Con respecto a אבה, consentir en, véase en Pr 1, 10. שֹׁחד, arameo שׁוּחד, es un regalo, particularmente un soborno. De este modo se completa, de un modo muy preciso, el lenguaje anterior sobre la culpa y castigo del adulterio.

# Proverbios 7

## 7, 1-5. Di a la sabiduría: tú eres mi hermana

1 בְּנִי שְׁמֹר אֲמָרָי וּמִצְוֹתַי תִּצְפֹּן אִתָּךְ:

2 שְׁמֹר מִצְוֹתַי וֶחְיֵה וְתוֹרָתִי כְּאִישׁוֹן עֵינֶיךָ:

3 קָשְׁרֵם עַל־אֶצְבְּעֹתֶיךָ כָּתְבֵם עַל־לוּחַ לִבֶּךָ:

4 אֱמֹר לַחָכְמָה אֲחֹתִי אָתְּ וּמֹדָע לַבִּינָה תִקְרָא:

5 לִשְׁמָרְךָ מֵאִשָּׁה זָרָה מִנָּכְרִיָּה אֲמָרֶיהָ הֶחֱלִיקָה:

¹ Hijo mío, guarda mis palabras
y atesora mis mandamientos dentro de ti.
² Guarda mis mandamientos y vivirás;
guarda mi enseñanza como a la niña de tus ojos.
³ Átalos a tus dedos;
escríbelos en la tabla de tu corazón.
⁴ Di a la sabiduría: "Tú eres mi hermana",
y a la inteligencia llama: "Mi pariente".
⁵ Te guardará de la mujer ajena,
de la extraña que halaga con sus palabras.

**7, 1-5.** La introducción comienza ofreciendo unos consejos generales para que se puedan apreciar bien estas normas de vida de la sabiduría. Después de Pr 7, 1, la LXX introduce un nuevo dístico, pero ese añadido perturba la conexión de conjunto del texto original hebreo. Con respecto a צפן, cf. Pr 2, 1. La palabra אִתָּךְ se refiere, lo mismo que en 2, 1 a la esfera interior del carácter de cada uno, marcando así el carácter subjetivo del texto. El imperativo de 7, 2, וֶחְיֵה debe traducirse aquí según su sentido, como conclusión, porque se encuentra entre los objetos gobernados por שמר, cf. Pr 4, 4.

En este caso, וחיה está puntuado con *silluk*; aquí, según Kimchi (*Michlol* 125a), con *segol-athnach*, וֶחְיֵה, como en Cod. Erfurt. 2 y 3, y en las ediciones de Athias y Clodius, pues la palabra pertenece a la clase פתחין באתנח (con vocal corta en lugar de larga por el acento pausal), aunque no parece haber razón para ello, pues, como en otros casos (cf. Pr 4, 4), el *tsere* (ê) que es característico del imperativo permanece sin cambios.

Con respecto a אישׁון העין, árabe *insân el-'ain*, el hombrecito de los ojos, es decir, *la niña de los ojos*, llamada así porque ofrece el retrato en miniatura de aquel que mira en los ojos de otro (cf. *Coment*. A Salmo 17, 8). La terminación ôn es aquí diminutivo, como Syr. *achuno*, hermanito, *beruno*, hijito, y semejantes. Sobre Pr 7, 3, véase en Pr 6, 21; Pr 3, 3. Las יד של תפילין (cf. תפילין, bandas, escritas con

*Discursos exhortatorios (Pr 1, 8 – 9, 18)*

oraciones, filacterias) estaban enrolladas siete veces alrededor del brazo izquierdo y siete veces alrededor del dedo central. Se puede pensar que la escritura escrita en las tablas del corazón se refiere a Dt 6, 9 (mezuzot).[54]

El tema de esta advertencia que empieza aquí tan seriamente son las admoniciones del maestro de la sabiduría, y a través de ellas de la misma Sabiduría, quien, en contra del mundo y de su lujuria es el objeto más digno de amor, de forma que merece ser amada con el amor más puro y sincero.

Estas relaciones de amor, fraternas y amistosas, sirven para representar y designar la relación íntima y confidencial del hombre con las realidades y las cosas que no son de carne y hueso, sino que pertenecen al ámbito de lo divino. En árabe, al pobre se le llama *hermano de la pobreza*; el hombre fiel recibe el nombre de *hermano de la honradez*; en esa línea, las palabras *abu, um* (אם), *achu, ucht,* se usan de múltiples maneras para indicar la relación que existe entre dos ideas y palabras. Esa es una forma de expresión (de conexión) que se expresa en muchos nombres propios de los hebreos (que aparecen como hijos, hermanos, siervos de una determinada persona, como puede verse en Job 17, 14; Job 30, 29). Estas formas de expresión tienen un sentido poético, pero indican también una conexión de pensamiento.

Las palabras figurativas de Pr 7, 4 (hermana, pariente) no solo nos llevan a pensar en la sabiduría como una especie de persona de orden superior, sino que se puede afirmar que esas "relaciones" tienen una existencia real. En esa línea, la אם o madre de Pr 2, 3 se sustituye a sí misma apareciendo como hermana (אֲחֹתִי). En esa línea, se puede entender también el intercambio de palabras que hallamos en Cnt 8, 2.

El final en ôth de אֲחֹתִי no proviene de la terminación abstracta en ûth, sino que *achôth* deriva de *ajajath.* La palabra מוֹדָע (como Rut 2, 1, cf. מוֹדַעַת, Pr 3, 2) significa propiamente conocido, y luego la *persona conocida*, pero no en el sentido superficial en el que esta palabra puede tener, como el árabe *ma'arfat* (por ejemplo, en la frase citada por Fleischer: *kanna aṣḥaab ṣarna m'aaraf,* en el sentido de *nous etions amis, nous en sommes plus que de simples connaissances,* somos amigos, más que simples conocidos). Esta relación se entiende aquí en sentido de alianza familiar, de confianza personal.

Para entender el sentido del infinitivo לִשְׁמָרְךָ en 7, 5 no hace falta que se introduzca ningún pensamiento intermedio, *quod eo conducet tibi ut* (que te sirva para orientarte en el tema, como piensa Michigan), sino que la palabra empleada se conecta inmediatamente con lo que quiere decir. Las mismas palabras sirven para vincularte con la sabiduría, y para vincular la sabiduría contigo mismo, de forma

---

54. Se identifica con los textos escritos en los postes de las puertas, que se utilizan entre los judíos para indicar los pasajes de las Escrituras escritos en ellas.

172

## Proverbios 7

que te sientas protegido por ella. Para seguir conociendo otros aspectos del tema, véase Pr 2, 16, pues aquel versículo se repite aquí con la variación de una palabra.

## 7, 6-9. Un joven falto de entendimiento

6 כִּי בְּחַלּוֹן בֵּיתִי בְּעַד אֶשְׁנַבִּי נִשְׁקָפְתִּי:

7 וָאֵרֶא בַפְּתָאִים אָבִינָה בַבָּנִים נַעַר חֲסַר־לֵב:

8 עֹבֵר בַּשּׁוּק אֵצֶל פִּנָּהּ וְדֶרֶךְ בֵּיתָהּ יִצְעָד:

9 בְּנֶשֶׁף־בְּעֶרֶב יוֹם בְּאִישׁוֹן לַיְלָה וַאֲפֵלָה:

> [6] Mirando yo por la ventana de mi casa,
> por entre mi celosía,
> [7] vi entre los ingenuos
> y observé entre los jóvenes a uno falto de entendimiento.
> [8] Él pasaba por la plaza, cerca de la esquina,
> y caminaba en dirección a la casa de ella.
> [9] Era al anochecer; ya oscurecía.
> Sucedió en medio de la noche y en la oscuridad.

**7, 6-9.** El autor muestra aquí la necesidad que el joven tiene de protegerse a sí mismo con la ayuda de la sabiduría contra las tentaciones de la mujer lasciva, y así lo muestra apelando a su propia observación (7, 6-7).

La partícula inicial כִּי se refiere a la cláusula anterior, pero sirve, al mismo tiempo, para anunciar todo lo que sigue. La conexión con Pr 7, 5 sería más íntima si en lugar de la construcción semítica de tipo paratáctico, dijera: *nam quum ...prospicerem vidi* (pero mientras estaba mirando vi, etc.) חַלּוֹן (de חָלַל, perforar) es en sentido estricto un lugar en el que se perfora la pared, es decir, una ventana.

אֶשְׁנַבִּי (de שָׁנַב equivale al árabe *shaniba*, agradable, *fresco*) se refiere a la celosía de la ventana o a la misma ventana, que se sube y baja, dejando espacios huecos, para protegerse de los rayos del sol y para que entre algo de aire. נשׁקף significa propiamente alargarse para ver, estirar hacia arriba o hacia fuera el cuello y la cabeza, en griego καραδοκεῖν, en árabe *atall, atal'a,* y *tatall'a* en referencia a cosas, en el sentido de *imminere,* sobrepasar, sobresalir; cf. árabe *askaf* que se aplica al cuello del avestruz, largo y encorvado, estirándolo hacia arriba; en ese sentido, *sakaf,* en abstracto, significa algo largo y torcido.

Finalmente, la partícula בעד, como en árabe *duna,* significa "por entre"; es decir, miré por la abertura de la celosía, como impidiendo que otro pudiera también mirar: "Miré hacia adelante desde detrás de la ventana enrejada, estando de pie frente a la ventana con celosías, mirando de esa manera hacia el aire libre de fuera" (Fleischer).

173

# Discursos exhortatorios (Pr 1, 8 – 9, 18)

El hecho de que fuera de noche, como seguirá diciendo Pr 7, 9, no va en contra de esta mirada, pues aparte de la luna, podía haber un alumbrado en las calles, y además podía ser una noche de estrellas; no se trataba, por tanto, de una oscuridad total, como la de las plagas de Egipto. Así miró, y a pesar de que era de noche, entre los jóvenes que se divertían fuera, vio a un joven cuya falta de madurez (de sabiduría) se irá descubriendo por lo que sucederá después.

El significado de וארא (וָאֵרֶא בַפְּתָאיִם, y ví entre los ingenuos) no está determinado por la palabra siguiente אבינה (observé), sino que es a la inversa. Esa palabra, אבינה (observé) está determinada por la ו anterior de וָאֵרֶא (lo mismo que el אבינה de Neh 3, 7), que lleva los rasgos de un aoristo histórico. Respecto a פתי, cf. Pr 1, 4. בנים es el masculino de בנות, árabe *benât* que significa doncellas. La palabra בַבָּנִים tiene, en los textos correctos, según las reglas de los acentos, la ב *raphata* (con respecto al Targum de Pr 7, 6-7, cf. Perles, *Etymologische Studien*, 1871, p. 9).

Ahora se añade (en 6, 7) que vio en la calle a un joven נַעַר (en francés *petimetre,* cf. Laffen) caminando hacia la oscuridad (cf. 7, 7-8). Podemos interpretar la palabra עבר como aposición (*juvenem amentem, ambulantem,* un joven sin entendimiento, andando), o como predicado en acusativo (*juvenem... ambulantem,* vi a un joven andando), pues en hebreo se puede decir también de esa manera (cf. p. ej., Is 6, 1; Da 8, 7), aunque Hitzig lo niega, sin razones para ello. El paso del participio al verbo finito, 8b, es como en Pr 2, 14; Pr 2, 17; lo mismo que en los infinitivos de Pr 1, 27; Pr 2, 8.

La palabra שׁוּק, zoco, árabe *suk* (diminutivo de *suweiḳa,* separar, de *sikkat,* calle, callejón), significa, todavía actualmente, como en tiempos pasados, una calle ancha, una calle principal, o un lugar abierto, un mercado, donde se realizan transacciones comerciales, o según su etimología, *un lugar donde se arrea y reúne el ganado para la venta.* Pues bien, el joven a quien el poeta estaba viendo desde su ventana, iba y venía por la calle, pero de modo que se mantenía cerca de la esquina de ella (es decir, de la mujer a la que esperaba), es decir, nunca se retiraba lejos de su casa, y siempre volvía a ella.

El texto nombra la esquina, porque desde ella se podía mirar siempre al frente de la casa para ver si aparecía aquella a quien él esperaba. Con respecto a פנה para פנתה, véase en el Salmo 27, 5, una forma derivada de פן, que nunca ha estado en uso. פנים, Zac 14, 10, es el plural. Por su parte, אֵצֶל פִּנָּה es al lado o cerca de la esquina. אצל, árabe *wasl,* unir, significa al lado, cerca (como el lugar donde una cosa se conecta con otra), y así como preposición significa (como *yuxta* de *jungere*) lo que está al lado, italiano al-lato, caminando hacia la casa, con דרכו como acusativo de objeto, como en otros verbos que indican el camino (*verba eundi*), por ejemplo, Hab 3, 12, Nm 30, 17 (cf. Pr 21, 22).

El versículo siguiente (Pr 7, 9) indica que era de noche. Las designaciones de tiempo dan la impresión de que se está progresando hacia un clímax, aunque

Hitzig niega injustificadamente que נשף signifique el crepúsculo. El Talmud, *Berajot 3b*, distingue correctamente תרי נשפי dos crepúsculos, el vespertino y el matutino. Pero la idea no tiene un sentido estrecho, ni lo necesita, ya que la raíz de la palabra נשף (véase Is 40, 24) permite extender la idea a toda la mitad fresca del día (atardecer y noche).

Se puede comparar este pasaje con el paralelo del adúltero que se vela por la oscuridad de la noche y que lleva una máscara en su rostro, cf. Job 24, 15 con Jer 13, 16. Sin embargo, el primer grupo de sinónimos, בְּנֶשֶׁף־בְּעֶרֶב יוֹם (al anochecer, a la caída del día, con la puntuación del *Código de Frankfurt* 1294), situado frente al segundo grupo de sinónimos (בְּאִישׁוֹן לַיְלָה וַאֲפֵלָה), parece indicar un período anterior a la segunda mitad del día. Aunque uno lea el texto como Hitzig, בערב יום (a la caída del día, cf. Jc 19, 9), el significado sigue siendo el mismo, como traduce Jerónimo: *advesperascente die,* atardeciendo ya el día, porque ערב equivale al árabe *gharab,* en el sentido de alejarse y convertirse en tarde.

El poeta estuvo viendo al joven en el crepúsculo, cuando el día había declinado (κέκλικεν, Lc 24, 29), yendo hacia adelante y hacia atrás; y cuando la oscuridad de la noche había alcanzado su punto medio, con la mayor oscuridad, todavía estaba en su lugar de acecho. אישון לילה, niña del ojo de la noche, es la designación poética de la mitad de la noche.

Gusset traduce de modo incorrecto: *crepusculum in quo sicut in oculi pupilla est nigredo sublustris et quasi mistura lucis ac tenebrarum* (era el crepúsculo en el que, como en la pupila del ojo, hay casi una mezcla de luz y tinieblas). אישון (la niña de la pupila del ojo) es, como en otros lugares, el לב o corazón del ojo, lo que está particularmente en el medio de la noche. Esa expresión es muy adecuada porque la pupila es la parte central del ojo, la parte negra, en el centro del blanco de los ojos (Hitzig). Debe traducirse en acusativo: en medio de la noche y de la oscuridad (*in pupilla noctis et caligine no caliginis*). Este fue probablemente el significado que quiso dar el poeta a la frase, con una ב vinculada a la noche (בְּאִישׁוֹן לַיְלָה).

## 7, 10-18. Una mujer salió a su encuentro. El joven sacrificado

וְהִנֵּה אִשָּׁה לִקְרָאתוֹ שִׁית זוֹנָה וּנְצֻרַת לֵב: 10

הֹמִיָּה הִיא וְסֹרָרֶת בְּבֵיתָהּ לֹא־יִשְׁכְּנוּ רַגְלֶיהָ: 11

פַּעַם ׀ בַּחוּץ פַּעַם בָּרְחֹבוֹת וְאֵצֶל כָּל־פִּנָּה תֶאֱרֹב: 12

וְהֶחֱזִיקָה בּוֹ וְנָשְׁקָה־לּוֹ הֵעֵזָה פָנֶיהָ וַתֹּאמַר לוֹ: 13

זִבְחֵי שְׁלָמִים עָלָי הַיּוֹם שִׁלַּמְתִּי נְדָרָי: 14

עַל־כֵּן יָצָאתִי לִקְרָאתֶךָ לְשַׁחֵר פָּנֶיךָ וָאֶמְצָאֶךָּ: 15

מַרְבַדִּים רָבַדְתִּי עַרְשִׂי חֲטֻבוֹת אֵטוּן מִצְרָיִם: 16

נַפְתִּי מִשְׁכָּבִי מֹר אֲהָלִים וְקִנָּמוֹן: 17

לְכָה נִרְוֶה דֹדִים עַד־הַבֹּקֶר נִתְעַלְּסָה בָּאֳהָבִים: 18

*Discursos exhortatorios (Pr 1, 8 – 9, 18)*

> [10] *Y he aquí que una mujer le salió al encuentro*
> con vestido de prostituta y astuta de corazón.
> [11] Ella es alborotadora y obstinada;
> sus pies no pueden estar en casa.
> [12] Unas veces está afuera; otras veces por las plazas,
> acechando por todas las esquinas.
> [13] Se prendió de él, lo besó y descaradamente le dijo:
> [14] Sacrificios de paz había prometido,
> y hoy he pagado mis votos.
> [15] Por eso he salido a tu encuentro, a buscarte,
> y te he encontrado
> [16] He preparado mi cama con colchas;
> la he tendido con lino de Egipto.
> [17] He perfumado mi cama con mirra, áloe y canela.
> [18] Ven, saciémonos de caricias hasta la mañana;
> deleitémonos en amores.

**7, 10.** Finalmente, el joven carente de entendimiento ve recompensada su espera, porque viene la mujer. El verso 7, 12 expresa (según Hitzig) "aquello que suele suceder, no un acontecimiento aislado, describiendo así (cf. Pr 7, 11) la costumbre de una ramera de la calle. Pero (conforme sigue diciendo Hitzig) la que se describe así no es de ese tipo (cf. Job 31, 9), de forma que, según Pr 7, 11, no se quiere decir que ella tenga esa inclinación".

**7, 11-12.** Pero esa interpretación que hace Hitzig de Pr 7, 11 (ella era bulliciosa... en su casa sus pies no tenían descanso), es inexacta, ya que aquí no se utilizan las palabras היא ni שכנו. Según eso, en Pr 7, 11 y Pr 7, 12, el poeta ofrece unos rasgos de la mujer, que ha sido introducida por וְהִנֵּה (7, 10) en el marco de su cuadro, que va más allá de lo que entonces en la noche él ha podido captar ante sus ojos.

Según Pr 7, 12 deberíamos reinterpretar el sentido de Pr 7, 11; pero incluso con eso no alcanzaríamos una comprensión mejor del texto, pues esos rasgos van más allá de lo que el poeta ha podido ver. La frase central y más clara del texto comienza con וּנְצֻרַת לֵב (y era astuta, sutil en el corazón). Eso nos lleva a suponer que la mujer de la que aquí se está tratando no era desconocida para el observador que la está describiendo, tras decir que abre la puerta al joven inexperto en la noche. El poeta la empieza presentando tal como irá apareciendo más tarde. Hitzig piensa que שִׁית es equivalente a שׂוִית, que significa similitud o semejanza (de שׁוה). Así dice que es una mujer semejante a una prostituta ¿por qué lo dice?

A juicio de Hitzig, la palabra שִׁית no significa "poner" (vestirse), sino "colocar" (colocarse). Pero Éx 33, 4 muestra lo contrario, y justifica el significado de vestido (vestida de), lo mismo que en Sal 73, 6. Por su parte, Meri compara toda la escena, de un modo menos adecuado, con 2Re 9, 30, pero interpreta correctamente la palabra con תקון (vestido, adorno), añadiendo שׁית que equivale de un modo elíptico a בְּשִׁית. No es nominativo (Bertheau), sino acusativo, como תבנית, Sal 144, 12; Ewald, 279d.

Solo leyendo su comentario puede entenderse la forma en que Hitzig llega a traducir las palabras וּנְצֻרַת לֵב (y astuta de corazón) como si significaran "y una flecha en su corazón" (et saucia corde, como en Virgilio, *Eneida* IV 1). De esa manera, en el fondo, como indicaría Pr 4, 23, esta mujer sería una persona virtuosa, como podría interpretarse en el caso de que נצר לב pudiera utilizarse tanto en un sentido bueno como malo (sensu bono y sensu malo). Eso significaría que uno puede cuidar su corazón tanto cuando lo protege cuidadosamente contra el peligro moral como también cuando deliberadamente oculta lo que hay en él (para así engañar a los otros).

El participio נצור significa en Is 1, 8 sitiado (bloqueado), en Ez 16, 12 protegido, custodiado; y en Is 48, 6; Is 65, 4 oculto, escondido. Ewald, 187b, aplica esos tres significados de la palabra en los dos pasajes de Isaías y en el de Pr 7, 10 como *nifal* de צרר. Pero, en contra de eso: (1) sería más seguro tomar צוּר (cf. נמול נבכים) como raíz verbal; (2) se llegaría así a la idea de que lo oculto (lo escondido) ha de entenderse como algo que está preservado más que confinado (eso significaría que esta mujer preserva su corazón, para lo que ella quiere).

Como se dice en latín, hablando de un *homo occultus, tectus, abstrusus,* un hombre oculto, guardado, profundo, en el sentido griego de κρυψίνους. Así se diría de esta mujer que es וּנְצֻרַת לֵב (de corazón oculto, no astuto); sería una mujer que retiene su sentimiento, de manera que no muestra (no proclama) lo que lleva en el corazón. Estaríamos ante un participio con el sentido de *retenue* (Cocceius). Esta sería una mujer que tiene *custodita cor,* un corazón custodiado, *quae intentem cordis mentemque suam callide novit premere* (una mujer que de un modo muy preciso sabe guardar/ocultar los sentimientos de su corazón y de su mente: Michelin). Ella es una mente oculta: tiene una naturaleza escondida; porque finge fidelidad a su marido y halaga a sus amantes como si fueran su único amado, mientras que en verdad no ama a ninguno, y cada uno de ellos es para ella solo un medio para un fin, es decir, para satisfacer su deseo sensual mundano.

Porque, como el autor describe más adelante, también aquí, ella es המיה (fem. de המה, igual a המי, como Pr 1, 21; Is 22, 2), tumultuosa, externa e internamente impetuosa, porque está llena de lujuria y engaño entremezclados (en oposición a ἡσύχιος, 1Pe 3, 4; 1Ti 2, 11), y סררת, obstinada; no le importa la ley del deber, ni de la discreción ni de la modestia (de סרר, árabe *sharr*).

Ella es todo lo contrario de una mujer de actividad silenciosa y de modestia suave, como una verdadera ama de casa. Es ruda, obstinada y también vagabunda

*Discursos exhortatorios (Pr 1, 8 – 9, 18)*

como una bestia en su tiempo (Os 4, 14), *in domo ipsius residere nequeunt pedes ejus* (sus pies no quieren habitar en su casa). Por eso, ella no es οἰκουρός ο οἰκουργός (Tit 2, 5). Está muy lejos de ser mujer genuina —como εἴσω ἤσυχον μένειν δόμων (cf. Euripides, Heracides). Ella es *radt*, como se dice en árabe (cf. Wünsche, *Coment.* Oseas 12, 1) o נפ como se dice en arameo.

Este versículo muestra cómo se comporta ella misma cuando vaga fuera de casa. No es una callejera común, como en alemán *husterin* (en árabe *ḳaḥbt*, en la línea de un tipo de demonio femenino llamado en árabe *se'alâ*), sino una esposa, casada, licenciosa, que no es mejor que una prostituta cuando vaga por la calle, a la caza de amantes. La repetición de פעם (פַּעַם בַּחוּץ פַּעַם בָּרְחֹבוֹת), un poco fuera, un poco por las plazas) se compara, según Fleischer con el árabe: *marrt*, una ida, *karrt*, una vuelta, en italiano *una volta, una fiata, une fois* (cf. Orelli, *Synonimen der Zeit und Ewigkeit*, p. 51).

Por su parte, חוּץ, véase Pr 5, 16, es el espacio libre afuera, delante de la puerta de la casa, o también delante de la puerta de la ciudad. Por el paralelismo con el resto del texto podemos hablar aquí, como en Pr 1, 20, más en el sentido de fuera de la casa que de fuera de las puertas de la ciudad.

**7, 13-15.** Tras la digresión anterior, el poeta vuelve a su tema y describe de manera más precisa aquello que ha observado por sí mismo. En 7, 23, el verbo וְנָשְׁקָה־ לוֹ se utiliza conforme a su significado primario, conectado con el dativo, *osculum fixit ei* (le dio un beso). Así también se interpreta en Gn 27, 26, con el *Dagesh* en לוֹ que es, como allí, un *dagesch forte conj.*, conforme a una ley que los gramáticos judíos han llamado técnicamente אתי מרחיק (*dagesch* que viene de lejos, que influye a distancia, indicando la atracción de una palabra seguida de otra acentuada en la penúltima).

El hecho de que וְנָשְׁקָה־ לוֹ se acentúe en la penúltima sílaba se debe a la retrocesión del acento (נסוג אחור). Este acento en la penúltima, solo con *metheg*, es decir, con medio tono, lleva consigo el hecho de que el *dagesch fuerte* se coloque sobre el לוֹ siguiente, como en el caso anterior, וְהֶחֱזִיקָה בּוֹ, en contra de la lectura del בּוֹ que propone Löwenstein que se opone a las leyes de puntuación del *textus receptus* que estamos tomando aquí como texto base.

Sobre esto, cf. Baer, *Torath Emeth*, p. 29s. y mi *Coment.* a Sal 52, 5. En ese sentido, dado que בו לו tienen aquí (7, 13) un *dagesh* duplicado, y dado que, por otro lado, según Ewald, 193b, el *dagesh* de הֵעֵזָה (escrito con *rafe* según Kimchi, *Miclol* 145a) ha desaparecido; y dado que נשקה tiene el tono retrocedido, la expresión וַתֹּאמַר לוֹ se acentúa en la última sílaba, pero sin atracción de la לוֹ seguida de *dagesh*, que solo se da cuando la primera de las dos palabras termina con un sonido de ā (āh). La expresión הֵעֵזָה פָנֶיהָ (de manera visible, descaradamente) se utiliza cuando alguien muestra firmeza o dureza de semblante (árabe *slabt alwajh*), es decir, cuando muestra desvergüenza o, como a veces se dice, cuando tiene "una cara de hierro" (una cara dura, Florilegio).

Según el texto, ella lo abrazó y lo besó, acciones que son desvergonzadas, y luego, en contra de la pasividad y modestia propias de la mujer, y despreciando la moral y la ley, dijo al joven: "sacrificios de paz había ofrecido…". Hemos traducido זִבְחֵי שְׁלָמִים como ofrendas o sacrificios de paz, fundándonos en el hecho de que שׁלם (en singular en Am 5, 22, y en el altar fenicio en Marsella) significa contraer amistad con uno (mantener una relación amistosa); por otra parte, los dones ofrecidos (שְׁלָמִים) están indicando que la ofrenda realizada es el testimonio y la confirmación de estar en comunión con Dios.

De todas formas, en vista de los derivados שלמנים y שׁלּום, quizá sea más apropiado traducir la frase "como pago de agradecimiento" o, como dice v. Hofmann, como ofrenda eucarística adecuada, como expresión de gratitud (cf. עַל־תּוֹדה en Lv 7, 12-25). La característica de los *Sacrificios Shelamim* es la división de la carne del sacrificio entre Yahvé y los sacerdotes, por un lado, y la persona (o personas) que ha llevado la ofrenda, por otro lado.

Solo una parte de la carne del sacrificio era de Yahvé, siendo consumido por el fuego (Lv 3, 16); los sacerdotes recibían otra parte, para consumirla ellos. Finalmente, los que habían llevado la ofrenda recibían otra parte, como si viniera del altar de Dios, para que así pudieran comerla juntos, con santo gozo, en su propia casa (se supone que los oferentes viven en Jerusalén).

El texto supone que la adúltera había cumplido su deber de presentar ofrendas de paz, es decir, ofrendas debidas a Dios, de manera que ese mismo día que es "hoy" (ella computa el día en el sentido del *dies civilis* de noche a noche), ella ha cumplido con sus deberes religiosos, de manera que le ha quedado mucho de la carne del sacrificio ofrecido (שׁלמי נדר) para que así pueda comerlo con él, su verdadero amante. Ella sigue diciendo así que, por eso, עַל־כֵּן, la misma perspectiva del alegre festival (del sacrificio de paz ya cumplido) le ha permitido preparar para él (con él) este banquete y encuentro (como más alto sacrificio de amor).

Este discurso de la mujer nos permite vislumbrar la historia de las costumbres de aquellos tiempos. Las comidas de los *shelamim* pudieron degenerar de la misma manera que nuestros *Kirmsen* (kermese, fiesta de tipo semireligioso, celebrada con ocasión de la dedicación de una iglesia). De esa manera, tras la máscara de alegría de una fiesta religiosa puede esconderse un tipo de celebración contraria a la piedad. Sobre la expresión לְשַׁחֵר פָּנֶיךָ, con שׁחר, una palabra más exacta que בקשׁ, véase Pr 1, 28. Buscar el rostro de uno equivale a buscar su persona, una búsqueda con deseo de encontrarla. 7, 16-18 indica en esa línea que ella le ha encontrado, mostrándole el gozo que le espera, comiendo y bebiendo, para pasar después a los placeres del amor.

# Discursos exhortatorios (Pr 1, 8 – 9, 18)

**7, 16.** El nombre עֶרֶשׂ, de עָרַשׂ, equivale al árabe *'arash, aedificare, fabricari*, y significa generalmente el *marco de madera*; por lo tanto, no solo la cama interior donde se duerme, sino todo (cf. árabe *'arsh*, trono, y *'arysh*, cenador), la cama o lecho donde se come, se duerme y se "celebra" el amor (רָבַדְתִּי עַרְשִׂי). Ella ha preparado bien el lecho, rica y hermosamente acolchado, para que pudiera ser suave y agradable.

El verbo רָבַד, de רַב, significa colocar o disponer (en latín *vincire*, ensamblar, unir como las cuentas de un collar, Gn 41, 42) o *sternere* que significa levantar desde abajo hacia arriba, *sublevare*, de donde se deriva la palabra anterior, מַרְבַדִּים, cojines, almohadas. Böttcher puntúa מְרַבְדִּים incorrectamente; la ב inicial es aspirada y la conexión de las sílabas es más suelta que en מרבה, Ewald, 88d.

Por su parte, la palabra חֲטֻבוֹת con la que comienza la segunda mitad del verso no es en ningún caso un adjetivo vinculado en aposición con מרבדים, sino que introduce un tema independiente; no deriva de חטב (cognitivo de חצב), cortar madera (de ahí el árabe *ḥaṭab*, leña), por lo que Kimchi y la traducción griega de Venecia (περιξύστοις) piensan que se refiere a los postes o tablas de la cama cuidadosamente pulidos. Al contrario, חטב, equivale al árabe *khaṭeba*, estar rayado o pintado, de diversos colores (véase Sal 144, 12), de donde proviene el siríaco *machṭabto*, una prenda estampada (rayada, a cuadros), que puede traducirse por colcha.

En este contexto, Hitzig piensa que la idea de color (una colcha o manta de colores) resulta inadecuado, pero no tiene razón, porque la delicia de una cama aumenta no solo por su suavidad, sino también por la impresión que causa a la vista su lujo y la belleza de sus colores. Las siguientes palabras, אֵטוּן מִצְרָיִם, lino de Egipto, están en aposición con חטבות, como cuando se dice en árabe *taub-un dîbâg'-un*, una prenda de brocado (con el sentido general de brocado, la misma prenda es el brocado).

אטון (como en el siríaco אמון, אטון) significa en el Targum la cuerda (p. ej., Jer 38, 6), como en árabe *tunub* y en siríaco *tûnob* (p. ej. Is 54, 2). Esa raíz טן no significa básicamerne atar, enrollar, sino más bien estirar, como se estira el hilo (o la cuerda) para hacer un tejido. Así se refiere, por tanto, a una tela, tejida o hilada, a un tipo de colcha de colores para la cama.[55]

---

55. De aquí proviene quizá el griego ὀθόνη, que Fick, *Vergl. Wörterbuch* conecta con la raíz verbal árabe *vadh*, atar, enrollar, vestir, aunque con ciertas reservas. La fama de las manufacturas egipcias aún se mantiene en una palabra española antigua (*aclabtea*), referida a una tela de lino fino, que equivale al árabe moderno *el-ḳobṭîje* (ḳibṭije). Los egipcios tenían también un conocimiento íntimo de los colorantes que se encuentran en las plantas y los fósiles del país (Klemm, *Culturgeschichte*, pp. 308-310).

**7, 17-18.** El tema sigue en Pr 7, 17: *he perfumado mi lecho con mirra, áloes y canela.* Estos perfumes (y todos estos versos) nos recuerdan expresiones del Cantar de los Cantares. Allí, en Cnt 4, 14, se encuentran los tres nombres de perfumes que se utilizan, nombres que no deben conectarse genitivamente, sino en aposición (מֹר אֲהָלִים וְקִנָּמוֹן: mirra, aloe y canela o cinamomo), como en Pr 1, 3.

La mirra, מר (*balsamo myrrha*), pertenece, como el incienso, a una planta de la especie de Amyris, que es exótica en Palestina lo mismo que entre nosotros; su cualidad aromática no proviene de las flores ni de las hojas, aunque Cnt 1, 13 nos lleva a pensar en un manojo de mirra, sino de la resina que rezuma a través de la corteza (*Gummi myrrhae* o simplemente mirra), que se solidifica en granos de color brillante, rojos o amarillos o dorados, más o menos transparentes.

El aloe, אהלים (nombre utilizado por Balaam, Nm 24, 6), es de origen semítico, pero procede de la India antigua, de *alo, agaru o aguru*. Su cualidad aromática proviene de la madera de la *Aquilaria agallocha* y especialmente de su raíz (agallochum o lignum aloes), que se seca en la tierra. En el uso y comercio más moderno, el perfume se prepara del jugo espeso de sus hojas.

Por su parte, la canela o קנמון es el κιννάμωμον (que es como מר, una palabra semítica), que había llegado a los griegos a través de los fenicios. La canela se identifica con la corteza interior del *Laurus cinnamomum* (del *laurus* o laurel del cinamomo).[56]

La *mirra* es originaria de Arabia; como su nombre lo indica el *aloe* es de la India; por su parte, la canela llegó también a través de viajeros indios de la costa este de África y Ceilán (Taprovane). Todas estas especias son un tipo de "drogas", es decir, son productos secos de boticario. Pero no por este origen de los perfumes debemos concluir (como hace Hitzig) que la misma amante perfumó su cama con especias que ella iba quemando en un incensario, operación que, según Cnt 3, 6, debería haberse designado con קטרתי.

El verbo נוף (cf. נָפְתִּי, solo aquí como *kal*) significa levantarse (véase Sal 48, 13), y de un modo transitivo levantarse y balancearse de un lado a otro (igual a חניף); aquí con un acusativo doble, para rociar cualquier cosa de un recipiente movido de aquí para allá. Según este sentido, debemos pensar que los perfumes se utilizan como esencias en estado de disolución; cf. Éx 30, 22-33; Est 2, 12. La pregunta de Hitzig (¿quién rociaría las sábanas con agua perfumada y, por lo tanto, impura?) tiene poco conocimiento de los medios por los cuales, no solo antiguamente, sino también en la actualidad, se perfuma la ropa limpia.

---

56. La Mirra recibe ese nombre מר por la amargura de su sabor. Por su parte, y קנם o canela parece ser una formación secundaria de קנה, de donde קנה, caña. Los nombres de *canela, cannella,* francés *cannelle,* vienen de Cinnamum (κίνναμον) que es una forma abreviada para *cinnamomum.* Plinio, *Hist. Nat.* xii. 19 (42), utiliza ambas formas indiscriminadamente.

*Discursos exhortatorios (Pr 1, 8 – 9, 18)*

La expresión רוח דודים: נִרְוֶה דֹדִים (7, 18) suena como שְׁכר דודים, Cnt 5, 1, aunque allí la palabra דודים (amores) es allí probablemente un vocativo y no, como aquí, un acusativo. רוה es el *kal* de רוה, Pr 5, 19, y significa beber algo copiosamente, a grandes tragos (saciarse). Por su parte, la forma verbal עלס para עלץ (cf. נִתְעַלְּסָה בָּאֲהָבִים) se encuentra fuera de aquí solo en Job 20, 18; 39, 13; el *hitpael* significa divertirse mucho (quizá el *hitpael*, que se utiliza a veces recíprocamente, gocémonos; cf. Gn 2, 25; y Targ. חר לצד). Según Ben-Asher leemos *boohabim* con *chateph-kametz* (véase Kimchi, *Lex.*); la puntuación בָּאֲהָבִים es la de Ben-Neftalí.

## 7, 19-23. El día de la luna llena volverá a su casa

[19] כִּי אֵין הָאִישׁ בְּבֵיתוֹ הָלַךְ בְּדֶרֶךְ מֵרָחוֹק:
[20] צְרוֹר־הַכֶּסֶף לָקַח בְּיָדוֹ לְיוֹם הַכֵּסֶא יָבֹא בֵיתוֹ:
[21] הִטַּתּוּ בְּרֹב לִקְחָהּ בְּחֵלֶק שְׂפָתֶיהָ תַּדִּיחֶנּוּ:
[22] הוֹלֵךְ אַחֲרֶיהָ פִּתְאֹם כְּשׁוֹר אֶל־טָבַח יָבוֹא וּכְעֶכֶס אֶל־מוּסַר אֱוִיל:
[23] עַד יְפַלַּח חֵץ כְּבֵדוֹ כְּמַהֵר צִפּוֹר אֶל־פָּח וְלֹא־יָדַע כִּי־בְנַפְשׁוֹ הוּא: פ

[19] Porque el marido no está en casa;
partió para un largo viaje.
[20] Llevó consigo una bolsa de dinero;
el día de la luna llena volverá a su casa.
[21] Lo rindió con su mucha persuasión;
lo sedujo con la suavidad de sus labios.
[22] Enseguida se va tras ella, como va el buey al matadero,
como un cordero al que lo ata; va como un venado,
[23] hasta que una flecha le atraviesa el hígado;
como el ave que se apresura a la red,
y no sabe que le costará la vida.

**7, 19-20.** La adúltera vence así todos los miedos del joven. Las circunstancias bajo las cuales ella hace el ofrecimiento son las más favorables. La mujer presenta a su marido con artículo, הָאִישׁ, como en árabe *alm'ar-fat*. De esa manera define al hombre, a quien presenta κατ᾽ ἐξοχήν como el único al que puede hacer referencia, a saber, a su esposo (Florilegio). Pero, por otra parte, es característico que ella no le llame אִישִׁי (como, por ejemplo, en Gn 29, 32), sino que ignore la relación de amor y deber en la que se encuentra con él, y le presente simplemente como alguien que se encuentra a distancia de ella (Aben-Ezra).

Erróneamente, Vogel lee בבית, en la línea del Targum, en vez de decir בְּבֵיתוֹ (en su casa). En hebreo se dice ביתו אינו, *il n'est pas chez soi*, no está en su casa, como decimos también לקח בידו, *il a pris avec soi*, se está dedicando a sus cosas (cf.

Jer 38, 10). En el caso de מרחוק (בְּדֶרֶךְ מֵרָחוֹק, para un viaje largo), Hitzig quiere traducir esas palabras desde la perspectiva del verbo, como si מֵרָחוֹק fuera verbo, en la línea de Is 17, 13; Is 22, 3.

Eso es posible, pero no es necesario. En hebreo מרחוק ממרחק, lejos, tiene frecuentemente el significado de lejanía sin más, porque la medida de la longitud no se determina desde el punto de partida, sino desde el final como, por ejemplo, en Homero, *Ilíada* ii. 456; ἔκαθεν δέ τε φαίνεται αὐγή, desde lejos se ve el resplandor, es decir, brilla desde la distancia. Del mismo modo decimos en francés, *il vient du cot du nor*d, viene del norte, así *como il va du cot du nord,* va hacia el norte.

Pues bien, en nuestro caso, la palabra מרחוק es virtualmente un adjetivo (véase Is 5, 26), que equivale a רחוקה (Nm 9, 10), como indicando que ha ido a un lugar lejano, como si tuviera un largo camino de regreso. Michaelis indica bien el tema, diciendo *ut timorem ei penitus adimat, veluti per gradus incedit,* como si quisiera quitarle a su amante gradualmente todo miedo.

Así empieza diciendo que ha emprendido un viaje a un lugar remoto; pero continúa diciendo que ha llevado consigo dinero (para indicar que tiene que detenerse para algunos negocios), y termina marcando el tiempo de su regreso que no será hasta la próxima "luna llena"; y aún más, incluso ha determinado el tiempo lejano de su regreso. En ese contexto, añade que llevó consigo la bolsa de dinero צְרוֹר־הַכֶּסֶף, no una bolsa entre otras, sino "la bolsa" de dinero, la suya propia.

La mujer fija finalmente la fecha en que vendrá, refiriéndose a la luna llena. Cf. כסא en Sal 81, 4. La traducción griega de Venecia concretiza esa fecha diciendo que es τῇ ἡμέρᾳ τοῦ καιροῦ, en el día preciso de un tiempo determinado, siguiendo a Kimchi y a otros, que derivan כסא כסה de la raíz כס, calcular, y considerar que denota un tiempo definido. Pero los dos pasajes requieren una atención especial. Según el sirio *ḳêso* (cf. 1Re 12, 32 y 2Cr 7, 10), ese día está indicando el 15 del mes (según el mes judío de 28 días); no se trata, por tanto, de la luna nueva, cuando el disco de la luna comienza a descubrirse, saliendo de la oscuridad, sino de la luna llena, cuando está del todo descubierta, es decir, llena.

Por eso, esta escena nocturna aquí descrita no acontece en el último cuarto de la luna, en el cuarto menguante (Ewald), sino en el primer cuarto, el cuarto creciente, antes de que llegue la luna llena. Dado que la derivación de la palabra כסא כסה, cubrir, da la idea satisfactoria de cubrir o llenar el disco de la luna, no buscamos ningún otro sentido a esa expresión. Desde la luna nueva, cuando ella empieza a crecer, tienen que sucederse 14 días hasta que llena la luna. Ese es el tiempo que la mujer calcula hasta la llegada de su esposo, es el tiempo en el cual, sobre el cual, puede hacerse lo que ha de hacerse hasta que llegue el esposo, que no volverá hasta dentro de catorce días (pues estamos en la línea nueva, tiempo en que ella, la mujer, ha realizado el sacrificio pacífico, obteniendo así la carne correspondiente para la comida/cena con su amante).

# Discursos exhortatorios (Pr 1, 8 – 9, 18)

**7, 21-22.** Este verso marca el clímax de la escena. Primero hace que el joven inexperto ceda, hasta vencer de un modo total la resistencia de su mente (cf. 1Re 11, 3). Pero después da la impresión de alejarse, para que sea él quien tenga que venir (cf. Dt 13, 6; Dt 13, 11). La palabra הַטַּתּוּ (igual a הטתהו) marca el *factum* o hecho principal, la culminación de todo lo anterior. De esa manera se describe la retórica del pecado (Zöckler), vinculando el לקח de 20a con este לקח antifrástico de 7, 21. Por otra parte, como ha señalado Hitzig, quizá pueden relacionarse las palabras חלק y לקח con inversión de consonantes, cf. לִקְחָה בְּחֵלֶק, que parecen mutuamente condicionados, poniendo de relieve el carácter resbaladizo de la escena.

El participio הוֹלֵךְ (acentuado así de acuerdo con la regla de Baer, *Torath Emeth*, p. 25, con *mercha* en la sílaba tonal y *mahpach* en la sílaba abierta anterior) pone de relieve la idea de que el necio va tras ella. Antes se decía פתאם (de repente) fijando el momento en el que de pronto, el necio se decide a ir a la cita en la casa de la adúltera. Ahora se añade que va también פִּתְאֹם (κεπφωθείς, como traduce la LXX), como un hombre simple detrás de una ramita o señal que le embauca.

De esa forma, el hombre simple va tras ella, como un buey al que van llevando con soga al matadero, sin saber que va para ser sacrificado. La LXX destruye gramaticalmente la cláusula atributiva, diciendo directamente ὥσπερ δὲ βοῦς ἐπὶ σφαγὴν ἄγεται (como el buey para ser sacrificado). Hay muchas dificultades para mantener la puntuación de וּכְעֶכֶס (en la línea que Kimchi, con un doble Segol). En este caso, no es fácil seguir la puntuación tradicional. El buey parece necesitar otra bestia que le sirve de comparación (como animal llevado al matadero).

El texto hebreo dice וּכְעֶכֶס אֶל־ מוּסַר אֱוִיל. De un modo consecuente, la LXX, el texto siríaco y el Targum traducen el עכס como *perro*, e interpretan אויל también como un *ciervo, un venado*. Jerónimo piensa que se trata de un cordero (y así pone *et quasi agnus*, identificando כְעֶכֶס con כבש), Rashi piensa que es una serpiente venenosa (¿quizás como si fuera ἔχις?); Löwenstein y Malbim piensan que es un serpiente de cascabel (נחש מצלצל en vez de עכס). Pero todo esto son meras conjeturas. También carece de apoyo la lectura de Symmaco, que pone σκιρτῶν (ἐπὶ δεσμῶν ἄφρων); lo mismo pasa con la interpretación favorita de Schelling, *et sicut saliens in vinculum cervus* (y como el ciervo, איל, que rompe la atadura), pues esa traducción va en contra del orden de las palabras.

Por otra parte, el sustantivo עכס, plural עכסים, significa en Is 3, 18 una ajorca como adorno femenino (de donde viene Is 3, 16, *hacer tintinear las ajorcas*). En sí misma la palabra solo significa el grillete, de עכס, árabe 'akas, 'akash, contrahere, constringere (véase Fleischer en Is 59, 5), palabra que también puede utilizarse para cualquier medio de control, como muestra el árabe 'ikâs, que es el nombre de una cuerda con la que se sujeta al camello por la cabeza y por las patas delanteras.

Con este significado, la interpretación sería *et velut pedicâ* (igual a וכבעכס) *implicatus ad castigationem stulti*, le lleva como con un grillete que se utiliza para

*Proverbios 7*

castigo de los tontos (como traducen Michaelis, Fleischer y otros). En esa línea se sitúa Lutero, quien primero tradujo "con grilletes", pero luego (con ל, no con ב) "como si fueran grilletes, con los que uno corrige a los tontos". Pero la elipsis es dura, y el paralelismo con el buey y la cabra nos hace esperar que también עכס aluda a un ser vivo, y no a unos grilletes de hierro.

Por otra parte, dado que, según Gesenius, עכס, grillete, no puede ser equivalente a un hombre encadenado ni en Is 17, 5; Is 21, 17, ni Pr 23, 28 (según los cuales עכס debe tener al menos un significado personal activo), debemos transponer los sustantivos de la cláusula escribiendo וכאויל אל־מוסר עכס (y él la sigue, a la mujer tentadora, como un necio, cf. *Psicologíe*, p. 292), que cumple la corrección como si fuera arrastrado con grilletes, en un sentido moral más que físico. Sea como fuere, todo este pasaje de 7, 22, pone de relieve el destino al que se precipita el necio, como una bestia sin razón, conducido por esa mujer, como un criminal que es arrastrado por el oficial de la policía, como si hubiera perdido la libertad y el honor.

**7, 23.** El carácter confuso del texto anterior continúa en este versículo. La figura de la flecha mortal que atraviesa el hígado del necio no se relaciona ni con la figura del buey llevado al matadero, ni con la del loco que es encadenado, pues al buey no se le mata de un flechazo, ni al loco se le condena a muerte. Sea como fuere, la LXX convierte a אויל en איל, un ciervo, e interpretan el disparo con un flechazo. Pero no necesitamos interpretar con minuciosidad todo el texto, sino solo colocar correctamente sus elementos.

Los diversos pensamientos llegan a una conclusión y obtienen un resultado correcto, con כְּמַהֵר צִפּוֹר אֶל־פָּח (aquí *mercha-mahpach*) comienza una nueva comparación: el necio sigue a la mujer con deseos ansiosos, como un pájaro que se apresura a la trampa (véase con respecto a פח, una trampa, y מוקש, una soga, en Is 8, 15). Lo que sigue es una continuación de 22a.

El centro del tema es nuevamente el joven, cuyo camino se compara con el de un buey que va al matadero, con un culpable en cadenas y con un necio que no sabe (*non novit*, como en Pr 4, 19; Pr 9, 18, que no se preocupa, Pr 3, 6; Pr 5, 6), que no comprende que al seguir a esa mujer está poniendo en riesgo su vida (בנפשו, como en 1Re 2, 23; Nm 17, 3). Este necio no sabe que su vida es el precio con el que se compra este tipo de amor (הוא, neutro, no solo como en Ec 2, 1 y similares, sino también, por ejemplo, en Lv 10, 3; Est 9, 1). Este necio no comprende, no sabe lo que le pasa, hasta que (con עד como con עד אשר o עד כי) la flecha rompe o atraviesa (פלח, como Job 16, 13) su hígado, es decir, hasta que recibe la herida de muerte, de la cual, si no inmediatamente, al final ciertamente morirá.

En otros lugares, la parte del cuerpo golpeada con una herida mortal suelen ser los riñones o los lomos (Job, etc.), o la vesícula biliar (Job 20, 25). En

# Discursos exhortatorios (Pr 1, 8 – 9, 18)

este pasaje, la parte herida es el hígado, que se llama כבד, árabe *kebid*, tal vez por ser el órgano en el que se hacen sentir los afectos dolorosos (cf. Esquilo, *Agam.* 801, δῆγμα λύπης ἐφ᾽ ἧπαρ προσικνεῖται) porque, según la idea de los antiguos, la pasión del amor sensual se refleja especialmente en el hígado.

El que está enfermo de amor tiene el hígado enfermo, *jecur ulcerosum* (Horacio, *Od.* i. 25. 15); tiene una enfermedad de hígado (*Psychologie*, p. 268). Pero, en nuestro caso, la flecha no es la flecha del amor, sino la de la muerte, que mata al que está atrapado en un amor pecaminoso. El joven engañado continúa manteniendo la relación de mala reputación en la que ha entrado, hasta que culmina en el adulterio y en la enfermedad persistente en su cuerpo, con remordimientos en su alma y deshonra en su nombre, terminando rápidamente en una ruina inevitable tanto espiritual como temporal.

## 7, 24-27. Los que ella ha matado son innumerables

²⁴ וְעַתָּה בָנִים שִׁמְעוּ־לִי וְהַקְשִׁיבוּ לְאִמְרֵי־פִי׃

²⁵ אַל־יֵשְׂטְ אֶל־דְּרָכֶיהָ לִבֶּךָ אַל־תֵּתַע בִּנְתִיבוֹתֶיהָ׃

²⁶ כִּי־רַבִּים חֲלָלִים הִפִּילָה וַעֲצֻמִים כָּל־הֲרֻגֶיהָ׃

²⁷ דַּרְכֵי שְׁאוֹל בֵּיתָהּ יֹרְדוֹת אֶל־חַדְרֵי־מָוֶת׃ פ

²⁴ Ahora pues, hijos, oídme;
prestad atención a los dichos de mi boca.
²⁵ No se aparte tu corazón tras sus caminos,
ni te descarríes por sus sendas.
²⁶ Porque a muchos ha hecho caer muertos;
los que ella ha matado son innumerables.
²⁷ Su casa está en los caminos del Sheol
que descienden a las cámaras de la muerte.

**7, 24-27.** Con ועתה, lo mismo que en Pr 5, 7, el autor concluye su discurso con una exhortación que deriva de lo anterior. En 7, 25, el autor utiliza el verbo שטה (con אַל־יֵשְׂטְ de donde viene *jēst*, como *jēt*, Pr 4, 15, con ē larga de i). Esta palabra suele utilizarse para decir que uno ha de apartarse del mal camino (Pr 4, 15); pero aquí donde se cuenta el mal que causa una esposa infiel (una סוטה), resulta especialmente apropiada esta palabra que se usa en la ley de los celos, Nm 5, evocando la transgresión de una אשת איש. Esa palabra שטה se intercambia con תעה (cf. Gn 21, 14): no te desvíes de sus caminos (de los caminos del maestro).

Teodocion traduce καὶ μὴ πλανηθῇς ἐν ἀτραποῖς αὐτῆς (y no te dejes arrastrar por sus malos caminos), con la partícula καί, como hacen también el texto siríaco, el Targum y Jerónimo. La Masora advierte que este verso es de los 25 que tienen אל

al principio y ואל en el medio de cada cláusula (véase Baer, *Luth. Zeitschrift*, 1865, p. 587). En esa línea, el texto de Norzi pone correctamente ואל, que también se encuentra en buenos manuscritos (por ejemplo, en los de Erfurt, 2 y 3).

La traducción "a muchos ha hecho caer" (7, 26: Syr., Targum, Jerónimo, Luter) es sintácticamente posible; porque רבים puede colocarse antes del sustantivo, como en el caso de los demostrativos y números (p. ej., Neh 9, 28, cf. אחד, Cnt 4, 9), y la acentuación con los dos *munach* secundarios habituales para el *atnach* parece interpretarlo así. De lo contrario, רבים significaría aquí grandes, *magni* (por ejemplo, Ralbag y, recientemente, Bertheau), y no *multi,* muchos; pero, por otra parte, רבים עצמים están relacionados entre sí, por el significado de muchos y numerosos, Sal 35, 18; Jl 2, 2; Mi 4, 3.

"Sus muertos" son los *muertos por ella*; la parte, muertos que se expresa con un genitivo de autor, como en Pr 9, 18. Cf. también la expresión árabe *ḳatyl âlmḥabbt*, de alguien a quien el amor mata (Florilegio). Con Pr 7, 27 cf. Pr 2, 18; Pr 9, 18. En 27a, ביתה no es equivalente a בביתה según Pr 8, 2; tampoco tiene un sentido elíptico, equivalente a דרכי ביתה; lo primero es innecesario, lo segundo no se puede demostrar en ningún caso por Sal 45, 7; Esd 10, 13, ni por Dt 8, 15; 2Re 23, 17 (ver, por otro lado, Philippi, *Status Constructus,* 87-93).

Hitzig ha mostrado, con razón, que su casa (la de la adúltera) se abre por muchos caminos al Sheol, en la medida en que el adulterio conduce por una diversidad de caminos al infierno (al Hades). De manera similar, el sujeto y el predicado varían en número también en otros casos como en Pr 16, 25; Sal 110, 3; Job 26, 13; Da 9, 23, etc. Si uno está una vez en su casa, podrá ir después por este o por aquel otro camino, pero seguramente el final de ese camino será la destrucción.

Esos caminos conducen por muchos pasos hacia el infierno, y así van descendiendo hacia abajo (דרך, femenino en Is 37, 34, masculino en Is 30, 21) hasta las profundidades extremas de la muerte (cf. Job 9, 9, "cámaras del sur", equivale a sus regiones más remotas llegando hasta lo invisible). En esa línea, חדר (cf. חַדְרֵי־מָוֶת, en árabe *khiddr*) es la parte de la tienda o de la casa que se retira más hacia atrás y la más privada (Florilegio). Sobre estos חדרי־מות, cf. עמקי שאול, Pr 9, 18, donde hallamos una aproximación a la concepción de גיהנם, que luego se distingue de שאול.

# Proverbios 8

## La voz de la Sabiduría que llama

El autor ha desarrollado hasta aquí un material de tipo básicamente ético, presentándolo como un memorial para la juventud. Pues bien, ahora ha llegado el

# Discursos exhortatorios (Pr 1, 8 – 9, 18)

momento de que finalice ese motivo, volviendo al tema del principio y culminando de esa forma el contenido de la introducción.

En el caso anterior, la Sabiduría presentaba su testimonio en contra de la voz seductora de los engañadores y, en especial, de la mujer tentadora. En este momento, como hija del Cielo, la Sabiduría aparece en los caminos invitando a los hombres a que se acerquen a ella, en contraste con la adúltera que acecha en las calles. Ciertamente, la adúltera no es una personificación, sino una mujer de carne y hueso pero, al mismo tiempo, ella aparece como encarnación de la ἀπάτη, de la lujuria mundana. El autor del libro coloca ahora frente a ella a la Sabiduría, cuya persona no es tan sensiblemente perceptible pero que, sin embargo, es tan real, de forma que viene acercándose a los hombres de modo generoso, tratando de ganarlos con sus dones.

## 8, 1-4. A vosotros, hombres, llamo

הֲלֹא־ חָכְמָה תִקְרָא וּתְבוּנָה תִּתֵּן קוֹלָהּ׃ ¹

בְּרֹאשׁ־ מְרוֹמִים עֲלֵי־ דָרֶךְ בֵּית נְתִיבוֹת נִצָּבָה׃ ²

לְיַד־ שְׁעָרִים לְפִי־ קָרֶת מְבוֹא פְתָחִים תָּרֹנָּה׃ ³

אֲלֵיכֶם אִישִׁים אֶקְרָא וְקוֹלִי אֶל־ בְּנֵי אָדָם׃ ⁴

¹ *¿Acaso no llama la sabiduría,*
y alza su voz el entendimiento?
² Sobre los lugares prominentes junto al camino,
en las encrucijadas de las rutas se pone de pie.
³ Junto a las puertas, ante la ciudad,
en el acceso a las entradas clama a voces:
⁴ ¡Oh hombres, a vosotros llamo!
Mi voz se dirige a los hijos del hombre.

**8, 1.** Así como הנה señala lo que sucede, הלא (cf. 1 ,8, הֲלֹא־ חָכְמָה) insiste más bien en su sentido (cf. Pr 14, 22). La pregunta que aquí se eleva ante el lector está doblemente justificada con referencia a Pr 1, 20, intercambiando las palabras חכמה y תבונה, como en Pr 2, 1-6. Esos dos calificativos de la sabiduría están relacionados con su nombre principal como אלהים y עליון y otros nombres semejantes están relacionados con יהוה. Al describir la escena, como de costumbre, el autor amontona sinónimos que se vinculan entre sí, sin llegar a excluirse.

**8, 2-3.** Por מרמים (2, 8), Hitzig entiende la cima de una montaña y, por lo tanto, considera este verso como una interpolación; pero esos "lugares altos" deben entenderse en el sentido de las partes altas de la ciudad. Allí, en el camino que sube y baja, toma su posición la Sabiduría. La palabra עֲלֵי (en árabe *'ly*) es una variante antigua y poética de עַל, y significa aquí "muy cerca, cerca de", de manera que se utiliza cuando algo está cerca de, en el mismo límite de las alturas (Florilegio).

Hitzig, con Bertheau, la LXX, el Targum y Jerónimo, interpretan la partícula בֵּית (cf. עֲלֵי־דֶרֶךְ בֵּית נְתִיבוֹת) como un intensivo de בֵּין (en medio); pero en Ez 1, 27, donde tiene ese sentido, se escribe expresamente בֵּית לְ. Aquí aparece como acusativo de lugar (loci), vinculado al sustantivo, con el sentido de "casa de la subida" (siríaco *bêth urchotho*): este es el lugar donde se encuentran varios caminos, el punto de unión, como אֵם הדרך (Ez 21, 26), como madre del camino, punto de entrada y salida; en un caso tiene el sentido de encrucijada, en otro aparece como lugar de separación.

Así dice Emmanuel: es el lugar de encuentro de las calles frecuentadas; Meri dice que es el lugar de la ramificación (más correctamente de concentración) de los caminos. נצבה significa más que קמה (ella se levanta) y עמדה (ella va allí). El sentido más preciso de la frase es *ella se planta* (=se coloca*) allí*.

En este verso, Bertheau encuentra, no sin razón, designaciones de lugar, de este lado, es decir, dentro de la puerta de la ciudad. Por su parte, ליד, a la mano, es equivalente a "al lado", como en Sal 140, 6. לפי, al lado del pueblo, como לפתח, Pr 9, 14, al lado de la casa, en la boca, es decir, a la entrada de la ciudad, así por donde salen y por donde entran. Hay varios modos de salir y entrar en una ciudad y, en ese contexto, están conectadas las palabras מבוא פתחים, indicando el lugar por donde uno sale y entra por una de las puertas de la ciudad. מבוא es la entrada, el espacio o camino que conduce a todas partes, allí donde todos pueden venir (Florilegio). Allí levanta su voz la Sabiduría, y ella resuena por todas partes. Con respecto a תרנה (traducción griega veneciana, siguiendo a Rashi, ἀλαλάξουσι), véase Pr 1, 20.

**8, 4.** *a vosotros, oh hombres, os llamo…* aquí comienza el discurso, insistiendo con gran énfasis, como exordio, en su temática, como si estuviera proponiendo una verdad absoluta. Hitzig rechaza toda esta sección (Pr 8, 4-12), como hace con otras de los caps. 8–9, suponiendo que no son originales. Pero, aunque este preámbulo, que nos recuerda a los de Elihú en el libro de Job no sea del gusto de todos, responde a la manera de pensar y decir del poeta, tanto por sus visiones y por sus formas de expresión fundamental como por la variedad de sus pensamientos.

Su terminología parece extraña para nosotros y, por eso, su traducción resulta a veces difícil. Pero su idea básica es al menos digna y no se puede afirmar que ella sirva para desprestigiar al poeta. Aquí no se puede hablar de tautología y monotonía si es que interpretamos las dos palabras fundamentales de Pr 8, 4 (בני אדם y אישים) en la línea de las palabras áticas ἄνδρες y ἄνθρωποι (varones y humanos). Véase el tema en comentario a Is 2, 9; Is 53, 3, donde אישים, lo mismo que aquí y en Sal 141, 4, es equivalente a בני איש (cf. también Sal 49, 3; Sal 4, 3).

*Discursos exhortatorios (Pr 1, 8 – 9, 18)*

La sabiduría se dirige así, con sus discursos, a los seres humanos de clase alta y baja, a los hombres de posición elevada y a los del pueblo común. La cláusula verbal 4a (אֲלֵיכֶם אִישִׁים אֶקְרָא) se intercambia con la cláusula nominal 4b (וְקוֹלִי אֶל־ בְּנֵי אָדָם); la segunda proposición con su sustantivo (p. ej. Pr 8, 8) se entiende así como predicado, abarcando todo el hemistiquio de este verso (Florilegio).

## 8, 5-11. Recibid mi corrección, más que la plata

הָבִינוּ פְתָאיִם עָרְמָה וּכְסִילִים הָבִינוּ לֵב׃ 5

שִׁמְעוּ כִּי־ נְגִידִים אֲדַבֵּר וּמִפְתַּח שְׂפָתַי מֵישָׁרִים׃ 6

כִּי־ אֱמֶת יֶהְגֶּה חִכִּי וְתוֹעֲבַת שְׂפָתַי רֶשַׁע׃ 7

בְּצֶדֶק כָּל־ אִמְרֵי־ פִי אֵין בָּהֶם נִפְתָּל וְעִקֵּשׁ׃ 8

כֻּלָּם נְכֹחִים לַמֵּבִין וִישָׁרִים לְמֹצְאֵי דָעַת׃ 9

קְחוּ־ מוּסָרִי וְאַל־ כָּסֶף וְדַעַת מֵחָרוּץ נִבְחָר׃ 10

כִּי־ טוֹבָה חָכְמָה מִפְּנִינִים וְכָל־ חֲפָצִים לֹא יִשְׁווּ־ בָהּ׃ 11

[5] Entended, ingenuos, la sagacidad;
y vosotros, necios, disponed el corazón.

[6] Escuchad, porque hablaré cosas excelentes,
y abriré mis labios para decir cosas rectas.

[7] Porque mi boca hablará la verdad,
y mis labios abominan la impiedad.

[8] Justas son todas las palabras de mi boca;
no hay en ellas cosa torcida ni perversa.

[9] Todas mis palabras son correctas para el que entiende,
y rectas para los que han hallado el conocimiento.

[10] Recibid mi corrección antes que la plata,
y el conocimiento antes que el oro escogido.

[11] Porque la sabiduría es mejor que las perlas;
nada de lo que desees podrá compararse con ella.

**8, 5.** Respecto a עָרְמָה (*calliditas*, sagacidad), en el buen sentido de la palabra, véase Pr 1, 4. Por su parte, פתאים son los simples (necios), aquellos que son fácilmente susceptibles de hacer lo bueno o lo malo, según la influencia que otros ejercen sobre ellos, véase también Pr 1, 4. Finalmente, כסילים son las personas intelectualmente brutas y tediosas, aquellas cuya "carne" (preocupaciones materiales) son una carga para la mente; cf. Pr 1, 22.

En este contexto, לב es paralelo a ערמה, porque el corazón (que, según su etimología semítica, significa aquello que está firme, como el núcleo o semilla, el punto central) se usa para comprender. En esa línea, el corazón aparece como asiento de la sabiduría (*Psychologie,* p. 249), de manera que puede identificarse con la inteligencia (cf. חסר־לב, en Pr 6, 32, donde los carentes de corazón se identifican con los ἄνους o ἄλογος, sin mente, sin palabra). De esa manera, ערמה y לב son el tema central de este discurso, centrado en la verdad del corazón, que es la sabiduría.

En ese sentido, הָבִינוּ ,הָבִין (entended), que es una palabra favorita de este autor, tiene en los dos casos en que se utiliza en 8, 5 el significado transitivo simple de adquirir la verdadera comprensión, de captar la naturaleza y el valor de la inteligencia y del corazón. No es necesario cambiar el sentido del הבינו ni darle un significado más activo de "llevar a la comprensión" (de hacer que se comprenda), ni hace falta interpretar esa palabra como hace Hitzig, cambiándola con הכינו (en el sentido de establecer).[57]

En **8, 6**, la Sabiduría afirma que su discurso se centra en cosas practicables, cosas que pueden realizarse, porque son excelentes, נגידים. Hitzig interpreta esta palabra diciendo que la sabiduría trata de cosas que son *conspicua,* verdades manifiestas y claras. La traducción griega de Venecia dice ἐναντία, según la interpretación de Kimchi, verdades que son valiosas, que constituyen el objetivo y finalidad (נגד) de la vida, por el valor intrínseco que ellas poseen.

En esa línea, comienza diciendo que נגיד, de נגד, árabe *najad,* significa ser elevado, exaltado y, por lo tanto, visible (de ahí también הגיד, sacar a la luz, sacar adelante); y por eso, las cosas que son נְגִידָים (plural de נגיד) deben entenderse *princeps* (en primer lugar) en el sentido de *principalia,* o πραεσταντια (LXX σεμνά; Theodoreto ἡγεμονικά; Jerónimo, *de rebus magnis*). Estas son las cosas que están por encima de todas las restantes, que son "hegemónicas", como νόμος βασιλικός o ley regia, el principio y fundamento que sustenta todo lo restante; cf. en ese sentido Pr 22, 20.

Pero no necesitamos interpretar esta palabra נגידים en forma abstracta, en el sentido de מישרים, las cosas rectas, ni como acusativo adverbial, de manera noble, porque en ese caso el plural debería ser נגידות (Bertheau), como en Pr 22, 20 y también en Pr 16, 13. Sobre ese uso neutro del masculino, cf. Ewald, 172a.

"La apertura de mis labios (es decir, lo que ellos muestran al abrirse, lo que se descubre por ellos) es recto". Lo que se abre por los labios es un antecedente de lo que ellos van a decir; es una forma poética de aludir al discurso que sigue. Los labios abiertos están mostrando lo que va a ser el sentido y tema del discurso posterior, lo producido por los labios, que son los transmisores del discurso del sabio (como en Pr 3, 17). El poeta indica así, por anticipado, el valor y tema de su discurso, que va a tratar de las cosas importantes, expresándolas bien, sacándolas a la luz (Florilegio).

---

57. Véase *Hebr. Zeitschrift,* 1856, p. 112, con un estudio sobre החלוץ.

*Discursos exhortatorios (Pr 1, 8 – 9, 18)*

Estas palabras son un paralelo de Pr 23, 16 (cf. 26, 31), tanto por el tema de fondo como por los términos utilizados. Finalmente, מֵישָׁרִים es lo que está de acuerdo con los hechos, es decir, con lo que es recto, lo que lleva a la verdad, como en Pr 1, 3. Esta es una palabra común de toda la introducción a Proverbios (cap. 1–9) y aparece también en el primer apéndice de la primera serie de proverbios salomónicos (Pr 22, 17–24, 22), lo mismo que en el Cantar. Así aparece en Cnt 5, 16, y también en Pr 5, 3 y en Job 6, 30, donde la palabra *paladar* (alemán *Gaumen*) se usa como el órgano del habla, en lugar de los labios, como en este caso.

**8, 7.** La partícula כי retoma el motivo (comenzado en Pr 8, 6: כִּי־נְגִידִים) para el discurso que sigue ¡Escuchen! (cf. Pr 1, 15-17; Pr 4, 16), de modo que esta segunda razón o motivo se coordina con la primera (Florilegio). Sobre אמת, véase en Pr 3, 3. La palabra הגה, en el sentido de *saborear* (cf. Sal 37, 30), como en Pr 15, 28, aplicada al corazón, no había ocurrido hasta ahora. Significa meditación interior tranquila, así como también (pero solo poéticamente) los discursos que brotan de esa meditación (véase Sal 1, 2). Lo contrario de la verdad, de decir la verdad en sentido moral, es רֶשַׁע, la maldad, en palabras y obras —palabra segolada, que retiene su *segol* también en pausa, con la única excepción de Ec 3, 16.

**8, 8-9.** La sabiduría sigue diciendo que todas las palabras de su boca son *en justicia*; no hay nada torcido o perverso en ellas. La ב de בְּצֶדֶק marca la estrecha conexión que existe entre una cualidad y una acción o materia; ella se une con un adverbio sustantivo o con un adjetivo virtual, como aquí en el sentido *de cum rectitudine (conjuncta ie vera) sunt omnia dicta oris mei* (con rectitud/justicia están vinculadas, son verdaderas, todas las palabras de mi boca: *Florilegio*). Esta *beth* de בְּצֶדֶק es, sin duda, una ב de atributo distintivo (Hitzig), relacionada con la ב *essentiae* o de esencia (cf. Pr 3, 26), según explican Schultens y Bertheau, conectada con una idea abstracta (p. ej., Sal 33, 4), pero pudiendo llevar también un artículo que designa el género (véase Sal 29, 4).

Lo contrario de צדק (aquí en el sentido de *veracitas* o veracidad, como en árabe) es נִפְתָּל וְעִקֵּשׁ (todo lo engañoso y perverso, *dolosum ac perversum*). עקשׁ (cf. Gesenius 84, 9) es lo que se desvía y se tuerce violentamente, es decir, se aleja de la verdad, lo que es, por así decirlo, parodiado o caricaturizado, fingido. En relación con estas palabras por su significado, pero procedente de una idea algo diferente, se encuentra נִפְתָּל de פתל, que se usa principalmente de hilos, cuerdas, etc., en el sentido de retorcerlas, entrelazarlas entre sí. De ahí proviene פתיל, una línea o cuerda hecha de varios hilos entrelazados (cf. árabe *ftîlt*, la mecha de una vela o lámpara); en *nifal* significa ser torcido, específicamente *luctari*, que se aplica a la "torsión" (torcedura) de las extremidades; en sentido figurado significa doblarse y torcerse uno mismo, como los astutos (*versutus*), mentirosos y engañadores, con palabras y pensamientos que no salen directamente de su interior, sino por medio de astucias. Se aplica a las tergiversaciones de la verdad y de la rectitud, en oposición a lo que es recto y está bien asentado, cf. ישר, נכון (Florilegio).

En las declaraciones de sabiduría no hay, por tanto, nada de engaño o error; al contrario, todas las palabras que brotan directamente de ella son נכצים, están bien asentadas (cf. Is 57, 2); brotan directamente y sin tergiversaciones y se dirigen al fin que es correcto, para que así lo entiendan los inteligentes, los conocedores (cf. Neh 10, 29). Por su parte, ישרים es lo recto, lo que responde a la realidad, de manera que no da ocasión para tropezar, eliminando así el peligro de error para aquellos que han obtenido conocimiento del bien y del mal y que tienen, por tanto, la capacidad de distinguirlos (*Gesenius* 134, 1), es decir, para aquellos que saben estimar el bien y el mal.

**8, 10-11.** Aquí continúa el autoelogio de la sabiduría, en un discurso resumido. En lugar de decir ולא־כסף (y no plata), por influencia de la palabra inicial, קחו, el autor ha puesto ואל־כסף. Por otra parte, con la mayoría de los códices y ediciones posteriores, debemos acentuar קחוּ־מוּסָרִי, sin *makkeph*. Como ha comentado Fleischer, estas negaciones y prohibiciones deben entenderse comparativamente: "En lugar de adquirir plata, debéis adquirir más bien sabiduría".

Es semejante el antiguo dicho árabe *'l-nâr w-l'-'l-'âr*, antes fuego que desgracia. También entre los proverbios árabes modernos recopilados por Burckhardt, muchos tienen esta forma, por ejemplo, el Nm. 34, *alḥajamat balafas wala alḥajat alanas* (mejor es dejarse cortar con el hacha que pedir favor a otro.

8, 10b debe traducirse, con Jerónimo, Kimchi y otros: "Y el conocimiento es más precioso que el oro fino" (con נבחר, en neutro: *auro pretiosius*, más precioso que el oro). Esta parece ser, en comparación con Pr 16, 16, la construcción más adecuada. Por otra parte, Fleischer ha afirmado muy correctamente que esta cláusula asertiva (10b) no se puede colocar adecuadamente en paralelo frente a la cláusula imperativa precedente (de 10a), pues en ese caso los dos esticos de 8, 10 serían no solo paralelos, sino tautológicos. En esa línea, siguiendo el ejemplo de los traductores arameos y griegos, unimos מֵחָרוּץ נִבְחָר en paralelo a וְאַל־ כָּסֶף, tanto aquí como en Pr 8, 19, partiendo de la idea/mandato central de קְחוּ־ (traduciendo et *scientiam prae auro lectissimo*, que también está de acuerdo con la acentuación). Tiene un sentido igualmente pregnante el מן de מחרוץ en Pr 3, 14-15, texto que es una variante del nuestro.

## 8, 12-17. Por mí reinan los reyes

<sup>12</sup> אֲנִי־ חָכְמָה שָׁכַנְתִּי עָרְמָה וְדַעַת מְזִמּוֹת אֶמְצָא׃

<sup>13</sup> יִרְאַת יְהוָה שְׂנֹאת רָע גֵּאָה וְגָאוֹן וְדֶרֶךְ רָע וּפִי תַהְפֻּכוֹת שָׂנֵאתִי׃

193

*Discursos exhortatorios (Pr 1, 8 – 9, 18)*

לִי־ עֵצָה וְתוּשִׁיָּה אֲנִי בִינָה לִי גְבוּרָה: <sup>14</sup>

בִּי מְלָכִים יִמְלֹכוּ וְרוֹזְנִים יְחֹקְקוּ צֶדֶק: <sup>15</sup>

בִּי שָׂרִים יָשֹׂרוּ וּנְדִיבִים כָּל־ שֹׁפְטֵי צֶדֶק: <sup>16</sup>

אֲנִי [אהביה] (אֹהֲבַי) אֵהָב וּמְשַׁחֲרַי יִמְצָאֻנְנִי: <sup>17</sup>

<sup>12</sup> "Yo, la sabiduría, habito con la sagacidad,
y me hallo con el conocimiento de la discreción.
<sup>13</sup> El temor de Jehovah es aborrecer el mal.
Aborrezco la soberbia, la arrogancia, el mal camino y la boca perversa.
<sup>14</sup> *Míos son el consejo y la eficiente sabiduría;*
mía es la inteligencia, y mía la valentía.
<sup>15</sup> Por mí reinan los reyes,
y los magistrados administran justicia.
<sup>16</sup> Por mí gobiernan los gobernantes,
y los nobles juzgan la tierra.
<sup>17</sup> Yo amo a los que me aman,
y me hallan los que con diligencia me buscan.

**8, 12.** El v. 12 que sigue a Pr 8, 11 es igual a Pr 3, 15 y sirve para ratificar y justificar el valor de la sabiduría por encima de todos los demás valores. Por lo que se refiere a אֲנִי con *gaja*, véase la regla que sigue a la acentuación de esta palabra en los tres libros métricos (Salmos, Proverbios y Cantar), cf. *Merx' Archiv*, 1868, p. 203, en Baer, *Torath Emeth*, p. 40. Traducimos: "yo, Sabiduría, habito con la sagacidad/prudencia", pues el verbo שכן se construye con acusativo de objeto, Pr 2, 21; Pr 10, 30; Pr 37, 3 (cf. גור, Sal 5, 5) y también con ב, Gn 26, 2; Sal 69, 37.

La sabiduría habita en la prudencia, se ha asentado, por así decirlo, y ha establecido su residencia en ella, está en su casa y la gobierna totalmente. Bertheau compara con razón οἰκῶν (habitando) con μόνος ἔχων, 1Ti 6, 16 (el único que tiene inmortalidad). Con respecto a מְזִמּוֹת, véase Pr 1, 4, con Pr 5, 2, indicando la existencia de diseños, planes, conclusiones bien consideradas y cuidadosamente pensadas. Por su parte, דעת es aquí el conocimiento con todo su poder.

Este poder intelectual se identifica con la sabiduría, con la que siempre habita. La sabiduría se esfuerza por alcanzar ese poder del conocimiento, que se define (se mide) con el deseo de alcanzarlo. De esa manera, la sabiduría se describe de un modo personal, en relación con lo que ella otorga a los hombres que la reciben.

**8, 13.** No se puede decir que 8, 13a dependa del final del verso anterior, de אמצא, como piensan Löwenstein y Bertheau. Con este versículo comienza una serie nueva de pensamientos que se fundan y desarrollan a partir de la frase básica de 13a: *el temor de Yahvé es odiar el mal.*

*Proverbios 8*

Según eso, en sentido estricto, a partir de Pr 8, 13, la afirmación de la sabiduría se identifica con el "temor de Yahvé" (que es el temor a todo lo que es malo), y si ese temor implica un "odio" al mal, el texto tendrá que seguir diciendo que ella (la sabiduría) odia (שָׂנֵאתִי) todos los caminos malos. Se trata, pues, de temer a Dios y de odiar el mal, en todas sus formas, como indica שׂנאת (odio). Ese nombre está formado de la misma manera que יראת, como una palabra que, admitiendo el artículo, se convierte en sustantivo. Así lo utiliza el autor, para designar el predicado como tal (Hitzig), como un *nomen actionis* שׂנאת, igual que מלאת, Jeremías 29, 10. Por su parte, קראת, Jue 8, 1, equivale a שׂנאת y se construye como יבשׁ, volverse seco, יכלת, poder; cf. en árabe *shanat*, odio, *malât*, bienestar, *karât*, lectura (Florilegio).

El mal que la Sabiduría odia se define después (cf. Pr 6, 16-19) como el mal que odia Yahvé. La virtud de todas las virtudes es la humildad; por lo tanto, la Sabiduría odia, sobre todo, la exaltación de sí misma en todas sus formas. La paronomasia גאה וגאון (orgullo y altivez) expresa la idea en todo su contenido y alcance (cf. Is 15, 6; Is 3, 1, y también Pr 1, 27). La palabra גאה (en forma nominal) significa lo elevado y equivale a orgullo, y se vincula con גאון, como en Job 4, 10, גבה, donde lo elevado equivale a arrogancia.

En esta *via mali* (vía del mal) siguen los pecados de andadura, es decir, de conducta mala (véase Pr 2, 12), y los pecados de la boca. Hitzig prefiere correctamente la puntuación רָע con *Dech* (con *tiphcha* inicial). Por su parte, las palabras וּפִי תַהְפֻּכֹת llevan en los buenos códices y ediciones los acentos auxiliares *asla* e *illuj* (véase Baer, *Torath Emeth* p. 11). Por su parte, Aben-Ezra y Moses Kimchi consideran erróneamente que *asla* es una disyuntiva, y explican וּפִי por *et os* (y la boca) con el sentido *axioma meum* (un axioma o dicho mío), pero *asla* es conjuntivo, y tiene después un ת *raphatum*, תַהְפֻּכֹת.

**8, 14-15.** Después que la Sabiduría ha dicho lo que odia y, por lo tanto, lo que no es, dice ahora lo que es, lo que tiene y promete. Quien quiere dar algo debe poseerlo primero. Por eso, la Sabiduría sigue diciendo lo que es, lo que tiene y lo que ofrece a los hombres, algo que es esencial y verdaderamente bueno: consejo, sabiduría, inteligencia (sobre תּוּשִׁיה, cf. Pr 2, 7) y energía (cf. Ec 7, 19). Pero ella no solo posee la inteligencia, בִּינה, sino que ella misma se identifica con la inteligencia, formando unidad con ella.

Es posible que Pr 8, 14 se haya formado a partir de Job 12, 13. 16 (como afirma Hitzig). Pero de ahí no se sigue nada en contra de su autenticidad. Más aún, en el caso de que Pr 8, 15 e Is 32, 1; 10, 1, tengan un mismo origen e intención, la prioridad está del lado del autor de Proverbios. La expresión lacónica de estos proverbios es un signo de su antigüedad. Cuando dice "por mí reinan los reyes" no se quiere decir que ella ocupa los tronos y los reparte a los que quiere, sino

*Discursos exhortatorios (Pr 1, 8 – 9, 18)*

que ella hace a los hombres capaces de ocupar tronos y de cumplir los deberes que ellos implican.

**8, 16.** *Por mi gobiernan los gobernantes y los príncipes dictan justicia.* Estas palabras evocan los diversos elementos de la legislación y del gobierno, pero en este caso, la palabra חקק (cf. יְחֹקְקוּ צֶדֶק) solo incluye significados de ordenar, decretar o juzgar. Por su parte, צדק es un acusativo de objeto, con el sentido opuesto a חקקי־און (decretos de injusticia), cf. Is 10, 1. רזן (cf. וְרוֹזְנִים), es un término poético que equivale al árabe *razuna*, ser pesado, sólido, luego *ser firme*, incapaz de ser derribado; implicando una figura majestuosa, llena de dignidad (cf. árabe *wqâr* y כבוד), en todo el porte y el *habitus* externo, con el habla y la acción como corresponde a uno investido de poder; por eso tiene el sentido general de nobleza (Florilegio).

No podemos explicar más detenidamente la segunda cláusula de este verso ni traducirla como sigue: וּנְדִיבִים כָּל־ שֹׁפְטֵי צֶדֶק, *et ad ingenua impelluntur quicunque terrae imperant*, y todos los que gobiernan en la tierra son impulsados hacia cosas altas, porque נדיב es un adjetivo que no tiene ese sentido verbal. Pero, además, נדיבים no es predicado, y no se puede utilizar en ese sentido, de forma que al oscurecerse su sentido ético (de נדב, impulsar interiormente, tender hacia una conducta noble, particularmente a la liberalidad) puede incluir también a aquellos que solo son nobles por nacimiento y no solo por su disposición personal (Is 32, 8).

Sea como fuere, נדיבים es un cuarto sinónimo referente a algo que es muy exaltado. La expresión siguiente, צֶדֶק כָּל־ שֹׁפְטֵי, reúne, como en un sumario, todos los diversos tipos de dignidad; porque שפט une en sí mismo las referencias al poder, a la administración de justicia y al gobierno. Aquí se escribe כל y no וכל, conforme al así llamado *asíndeton summativum* (incorporativo). En lugar de צדק (LXX) también se encuentra la palabra ארץ (Syr., Targ., Jerónimo, traducción griega de Venecia, adoptada por Norzi según el *Códice de Napoles* 1487). Pero esa palabra, si no se deriva de la conclusión del versículo anterior, no es necesaria para el texto, y da un resumen que no concuerda con el tema de los cuatro poderes anteriores (מלכים, רזנים, שרים, נדיבים). Por otra parte, la misma Escritura en otro lugar llama a Dios שופט צדק (juez justo: Sal 9, 5; Jer 11, 20).

De todas formas, no es clara la forma original y no podemos decidir si ella pone שופט צדק o si pone más bien ארץ שופט. De todas formas, si los masoretas hubieran leído שפטי צדק, habrían agregado la observación לית ("ya no vuelve a ocurrir") e insertado la expresión en su registro de expresiones, que aparecen solo una vez (Masora finalis, p. 62). Por otra parte, la lectura שופט ארץ se encuentra también en el *Códice de Hillel,* ספר הללי, uno de más antiguos y célebres de las Escrituras hebrea, llamado de Hillel por el nombre de aquel que lo escribió, alrededor del año 600 d.C. véase Streack, *Prolegomena*, p. 112.

196

**8, 17.** *Amo a los que me aman; y los que temprano me buscan, me hallarán…* El discurso se inicia aquí de nuevo, como en Pr 8, 13, diciendo cómo retribuye la Sabiduría con su amor a los que le aman. Gesenius, *Lehrgeb.* 196, 5, considera que el *qetub* אהביה (*ego hos qui eam amant redamo*), amo a los que me (a ella) aman, es una posible *sinálage* (con *eam* igual a mí), pero uno pensaría más bien que en vez de "*eam*" (אהביה) a mí, debería leerse יה, en el sentido יהוה, que es igual a "uno", en el sentido de *ehad* (el texto original pondría יה אהבי). Pero todos los códices antiguos tienen la lectura אהבי אהב (igual a אהבי, con el cambio de éĕ en ê, y la compresión del radical א; cf. תבא, אמר, Pr 1, 10). Esta sería la forma del futuro *kal*, que se declina תאהבו, Pr 1, 22. Con respecto a שחר (la traducción griega veneciana pone bien: οἱ ὀρθρίζοντές μοι, todos los que me hacen bien), cf. Pr 1, 28, donde se aplica la misma epéntesis de futuro.

## 8, 18-21. Conmigo están las riquezas y la honra

עֹשֶׁר־ וְכָבוֹד אִתִּי הוֹן עָתֵק וּצְדָקָה׃ ¹⁸

טוֹב פִּרְיִי מֵחָרוּץ וּמִפָּז וּתְבוּאָתִי מִכֶּסֶף נִבְחָר׃ ¹⁹

בְּאֹרַח־ צְדָקָה אֲהַלֵּךְ בְּתוֹךְ נְתִיבוֹת מִשְׁפָּט׃ ²⁰

לְהַנְחִיל אֹהֲבַי ׀ יֵשׁ וְאֹצְרֹתֵיהֶם אֲמַלֵּא׃ פ ²¹

¹⁸ Conmigo están las riquezas y la honra,
los bienes duraderos y la justicia.
¹⁹ Mejor es mi fruto que el oro, que el oro fino;
mis resultados son mejores que la plata escogida.
²⁰ Camino por la senda de la justicia,
por los senderos del derecho;
²¹ para hacer que los que me aman hereden un patrimonio,
y para que yo colme sus tesoros.

**8, 18.** Aquí se desarrolla el tema de las riquezas: "Riqueza y honor están conmigo; riquezas duraderas y justicia". Este versículo repite parte de Pr 3, 16, conforme al cual אתי significa posesión (*mecum* y *penes me*, conmigo, a mi lado). Con respecto a הון, véase Pr 1, 13; en lugar del adjetivo יקר, tenemos aquí עתק. El verbo עתק significa *promoveri*, avanzar, de donde se derivan los significados de *viejo* (cf. *aetas provecta*, edad avanzada), venerable por la edad y nobleza, libre (cf. עתיק, Is 28, 9, y en árabe *'atyḫ*).

עָתֵק (cf. Is 23, 18) expresa la idea de *ser venerable por edad*. Se utiliza en relación a las posesiones y bienes, como el árabe *'âtak*, refiriéndose a los bienes que aumentan durante una posesión prolongada como una herencia de padre a hijo y permanecen firmes, y no se obtienen con esfuerzo, sino que solo necesitan ser heredados, *opes perennes et firmae* (Schultens, Gesenius, *Thesaurus*; Fleischer).

# Discursos exhortatorios (Pr 1, 8 – 9, 18)

De todas formas, esta palabra puede explicarse también (aunque ese sea un uso menos común) a las obras soberbias (Jerónimo), a la espléndida opulencia.

צדקה es aquí también un bien (una cosa) que se reparte, pero propiamente hablando se aplica al fin al mismo hecho de compartir como bien, como en árabe *ṣadaḳat*. Pero esta acepción está, quizá, influida por el uso posterior del hebreo צדקה (en el sentido de δικαιοσύνη, igual a ἐλεημοσύνη) que se refiere a todo aquello que Dios, por Su bondad, hace que fluya hacia los hombres, o a todo aquello que unos hombres otorgan bondadosamente a otros hombres (Florilegio).

La rectitud es una bondad dadivosa, que recompensa, según la ley de la retribución, igual por igual, a todos. Es una bondad comunicativa que, según la ley del amor sin mérito, e incluso en oposición a los méritos, concede todo lo bueno y, sobre todo, se concede a sí misma, si es que los hombres aprenden a compartir. De esa manera, al dar lo que tiene y lo que es, el hombre lo asimila a sí mismo (véase Sal 24, 7), de modo que llega a ser צדיק, y es considerado como tal ante Dios y los hombres.

**8, 19.** Los frutos y productos de la sabiduría se expresan de dos formas: la primera como un símbolo tomado de los árboles, Pr 3, 18; la segunda como *un símbolo tomado de la siembra de la semilla*, Pr 3, 9. De esa forma, la sabiduría va unida a la ganancia y al beneficio que produce. La palabra חרוץ significa oro (cf. Pr 8, 10; Pr 3, 14).

Por su parte, פז (oro fino), se utiliza de forma abreviada para זהב מופז, el oro sólido, oro separado del mineral que lo contiene o, generalmente, oro separado, palabra que proviene de פזז, que significa extraer con violencia los metales de las mezclas básicas de las que se extraen. Así dice el Targum: דהבא אוברידין, oro que ha resistido la prueba del fuego. También se puede decir *obrussa*, palabra que deriva del crisol, en griego ὄβρυζον, en persa *ebrîz*, en árabe *ibrîz*.

En la última cláusula de este versículo, como también en 10b, la palabra נבחר debe interpretarse como predicado de תבואתי. En 8, 20-21 el amor recíproco aparece como respuesta del amor bajo el punto de vista de la justicia retributiva. Pero aquí se combinan la justicia retributiva (ojo por ojo) con la comunicativa, por la que se concede algo de un modo gratuito. De todas formas, el amor del que aquí se está hablando es un amor de comunicación (amo a los que me aman), no de pura gratuidad. Tal amor requiere una respuesta amorosa recíproca, no solo de un modo interior, en forma de amor cordial, sino también de un modo social, un amor que se expresa exteriormente.

**8, 20-21.** *Yo conduzco por el camino de la justicia...* En ese sentido, dice la Sabiduría que ella obra estrictamente según la justicia y la rectitud, para añadir después (8, 21) en qué se manifiesta su conducta. El *piel* אֲהַלֵּךְ expresa una acción firme y constante; y בְּתוֹך añade que ella no se aparta de esta línea de conducta de ningún lado. La palabra לְהַנְחִיל puede significar *ut possidendam tribuam y possidendam tribuo* (doy para que la posea y poseyéndola doy); en el primer caso, indica la dirección de la actividad; en el segundo, su naturaleza y forma. Ambos sentidos se combinan si traducimos *ita ut*, doy de tal manera que...[58]

Respecto a su origen (cf. לְהַנְחִיל אֹהֲבַי יֵשׁ), véase Pr 2, 7, יֵשׁ denota el ser como fundado, es decir, como *substantia*. De esa forma, aparece como la palabra sustancia en latín medieval y en las lenguas románicas (italiano *sostanza*, español substancia), como la οὐσία y la ὕπαρξις (τὰ ὑπάρχοντα) en griego clásico, para denotar posesiones y bienes. Este uso de la palabra no aparece en ninguna otra parte de la Biblia. Por su parte, Hitzig piensa que יֵשׁ es igual a לִי יֵשׁ, es para mí, igual a *presto est,* está a mi disposición.

En esa línea, aquí donde habla la Sabiduría, יֵשׁ podrá vincularse, al menos mentalmente, con תּוּשִׁיָּה, como un tipo de posesión real (en el sentido de posesión o propiedad de la tierra), es decir, la posesión que tiene un valor real, que no depende del intercambio comercial y del precio, sino que se estima, de acuerdo con el sano juicio, a las cosas que tienen valor en sí mismas, no por su uso y compraventa.[59]

## 8, 22-26. Antes que nacieran los océanos

יְהֹוָה קָנָנִי רֵאשִׁית דַּרְכּוֹ קֶדֶם מִפְעָלָיו מֵאָז: [22]

מֵעוֹלָם נִסַּכְתִּי מֵרֹאשׁ מִקַּדְמֵי־אָרֶץ: [23]

בְּאֵין־תְּהֹמוֹת חוֹלָלְתִּי בְּאֵין מַעְיָנוֹת נִכְבַּדֵּי־מָיִם: [24]

בְּטֶרֶם הָרִים הָטְבָּעוּ לִפְנֵי גְבָעוֹת חוֹלָלְתִּי: [25]

עַד־לֹא עָשָׂה אֶרֶץ וְחוּצוֹת וְרֹאשׁ עָפְרוֹת תֵּבֵל: [26]

[22] "Jehovah me creó como su obra maestra,
antes que sus hechos más antiguos.

[23] Desde la eternidad tuve el principado,
desde el principio, antes que la tierra.

[24] Nací antes que existieran los océanos,
antes que existiesen los manantiales cargados de agua.

[25] Nací antes que los montes fuesen asentados,

---

58. Biesenthal combina el término הנחיל etimológicamente oscuro con נחל, hacer que fluya hacia adentro, de modo que נחל denote herencia en contraposición a adquisición; por el contrario, נחלה, en contraposición a ירשׁה, denota la herencia de muchos más bien que de un individuo.

59. El *yasek* entre אהבי y יֵשׁ está diseñado para separar las dos *yods* entre sí, y lleva como consecuencia, para להנחיל אהבי la acentuación con *tarja* y *mercha* (véase *Accentssystem,* vi. 4; cf. *Torath Emeth*, p. 17, 3).

*Discursos exhortatorios (Pr 1, 8 – 9, 18)*

antes que las colinas.
[26] No había hecho aún la tierra ni los campos,
ni la totalidad del polvo del mundo.

**8, 22.** La sabiduría toma ahora un nuevo rumbo al establecer su derecho a ser escuchada, obedecida y amada por los hombres. Como el rey divino de Sal 2, 1-12 eleva su autotestimonio frente a sus adversarios: "¡Hablaré de un decreto! Yahvé me dijo, tú eres mi Hijo, yo te he engendrado hoy". De un modo semejante, la Sabiduría despliega aquí la raíz divina de su nobleza: se origina en Dios antes que todas las creaturas, y es objeto del amor y gozo de Dios; ella tiene también el objeto de su amor y gozo en la tierra de Dios y, especialmente, entre los hijos de los hombres.

Los traductores antiguos traducen קָנָנִי (con *kametz* en vez de con *dech*; véase Sal 118, 5) en parte por *verbos de creación* (LXX, ἔκτισε; Syr. y Targum, בראני), en parte por *verbos de adquisición* (Aquila, Símaco, Teodocion. La trad. Veneciana pone ἐκτήσατο; Jerónimo, *possedit*). La sabiduría también aparece como creada en otros lugares, no sin referencia a este pasaje. Así en Pr 1, 4, προτέρα πάντων ἔκτισται σοφία; 1, 9, αὐτὸς ἔκτισεν αὐτήν; 24, 8, ὁ κτίσας με. En la controversia cristológica, esta palabra ganó un significado dogmático, pues identificaron la σοφία ὑποστατική (*sapientia sustancialis*) con la hipóstasis del Hijo de Dios.

Los arrianos usaron el ἔκτισέ με como prueba de su doctrina del *filius non genitus, sed factus* (Hijo no engendrado, sino hecho)*,* es decir: el Hijo recibió su ser antes de que el mundo comenzara de hecho, pero no desde la eternidad, sino originado en el tiempo. Por el contrario, los ortodoxos preferían la traducción ἐκτήσατο, y la entendían de la existencia coeterna del Hijo con el Padre, y compartían esa visión con la ἔκτισε de la LXX al referirla no a la existencia real, sino a su condición o realidad como Hijo. Así Atanasio, *Deus me creavit regem et caput operum suorum* (Dios me creó como rey y cabeza de todas sus obras). Y Cirilo: *Non condidit secundum substantiam, sed constituit me totius universi principium et fundamentum* (no me fundó o creó según la substancia, sino que me constituyó como principio y fundamento de todo el universo).

1. *La sabiduría no es Dios, sino de Dios*; ella tiene existencia personal en el Logos del N.T., pero no es en (por) sí misma el Logos. Ella es la idea del mundo que, una vez proyectada, se hace objetiva desde (para) Dios, no como una forma muerta, sino como una imagen espiritual viva. Ella es el arquetipo del mundo que, originándose en Dios, está ante Dios; ella es el ámbito de la idea que forma el medio entre la Divinidad y el mundo de la existencia externa, el poder espiritual comunicado en el origen y la terminación del mundo como Dios lo diseñó para que fuera.

*Proverbios 8*

Esta sabiduría la personifica aquí el poeta; él no habla de su persona como Logos, pero el progreso posterior de la revelación avanza en esa línea, llevando a su personificación real en el Logos.

2. *El poeta le atribuye una existencia anterior a la creación del mundo, por eso la declara eterna, porque es anterior al mundo, anterior al tiempo.* En esa línea, si la pone a la cabeza de las creaturas, como la primera de ellas, no pretende con ello hacer de ella una criatura de este mundo que tiene su comienzo en el tiempo. Al contrario, él conecta su origen con el origen de las creaturas solo de esta manera, porque se refiere a priori al origen de las creaturas, tendiendo de esa forma a su surgimiento. De esa manera, el poder que existió antes de que existieran el cielo y la tierra, el ser que operó en la creación de la tierra y de los cielos, no puede ciertamente caer bajo la categoría de las creaturas que nos rodean, de manera que la sabiduría de Dios está por encima de nosotros.

3. *No tenemos nada en contra de la traducción del origen de la Sabiduría con* ἔκτισεν, *pero su origen es diferente de la* κτίσις *o creación de los cielos y la tierra, de manera que el poeta no ha escrito* בראני *(me creó), sino que ha puesto con toda intención* (קנני)*, me constituyó. Una cosa es la creación de cielo y tierra, otra cosa es el origen de la Sabiduría, que brota de Dios.* Ciertamente קנה, árabe *knâ*, como todas las palabras usadas para crear, se refiere a una idea-raíz, la idea de forjar (véase bajo Gn 4, 22), como ברא se refiere a la idea de cortar (véase bajo Gn 1, 1); pero el signo de un comienzo en el tiempo no se expresa con קנה de la misma manera que con ברא, palabra que siempre expresa la producción divina de lo que hasta ahora no ha existido.

קנה es una palabra que incluye y comprende dos significados: (a) crear algo para uno mismo; (b) y otro, *preparare* (p. ej., Sal 139, 13), preparar algo para uno mismo, *comparare*, como κτίζειν y κτᾶσθαι, ambos de *kshi*, construir, el primero expresado por *struere*, y el segundo por *sibi struere*.

En la palabra קנני se incluyen, según eso, estas ideas: tanto la idea de que Dios produjo la sabiduría, como la idea de que Él mismo la (se) hizo para poseerla, pero no como un hombre se hace a sí mismo para poseer la sabiduría de afuera, Pr 4, 7, sino como Señor que posee la Sabiduría que brota de su interior.

Según eso, la idea de dar a luz es lo más próximo a ese surgimiento de la Sabiduría. Porque רֵאשִׁית דַּרְכּוֹ (principio de su camino) no es equivalente a בראשית דרכו (en el principio de su camino, cf. Syr., Targum, Lutero), como dice también Jerónimo, *Ita enim scriptum est, adonai canani bresith dercho* (Coment. a Efesios 140). Dios no hizo la sabiduría *en el principio (como si hubiera un principio temporal antes que ella), sino que la hizo como principio de su camino.* La Sabiduría no forma

# Discursos exhortatorios (Pr 1, 8 – 9, 18)

parte de un camino anterior de Dios, sino que ella misma es el principio de su camino, esto es, de su eficacia creadora (cf. Ap 3, 14 y Col 1, 15). Ese "hacer" de Dios no debe entenderse como adquirir, sino como producir, manifestando así la eficiencia creadora de Dios, teniéndola en vista. Esto queda también confirmado por el siguiente חוֹלָלְתִּי (*genita sum*; cf. Gn 4, 1, קָנִיתִי, *genui*).

En consecuencia, קֶדֶם מִפְעָלָיו (la más importante de sus obras) debe considerarse como un segundo objeto paralelo en acusativo. Todos los traductores antiguos interpretan קדם como una preposición (antes), pero el uso del idioma que tenemos nosotros no lo reconoce así, pues eso sería entender el texto como si estuviera en arameo, porque קֶם, Da 7, 7, frecuentemente מִן־קֳדָם (Syríaco, Targum), se usa así. Conforme a este pasaje, entendido en hebreo, la Sabiduría no nace en el "tiempo" (como si el tiempo fuera anterior a ella), sino que la misma sabiduría de Dios está en el principio (antes de) de todo tiempo (véase Orelli, *Zeit und Ewigkeit,* p. 76), como dice también Sir 1, 4: προτέραν τῶν ἔργων αὐτοῦ (Hitzig).

**8, 23.** Se desarrolla aún más el tema formulado por מֵאָז al final del verbo anterior. Esta referencia al *cuándo* se ha expresado primero por מֵאָז (Is 48, 8, cf. Is 40, 21) y después aquí, de un modo más preciso: "Desde la eternidad fui establecida…": מֵעוֹלָם נִסַּכְתִּי.

Ese נסכתי no se puede traducir, *fui ungida* en el sentido de consagrada, véase Sal 2, 6. Pero tampoco es recomendable la traducción *fui tejida* en el sentido de forjada (Hitzig, Ewald, y anteriormente algún autor griego: ἐδιάσθην), porque רקם (Sal 139, 15), usado del embrión, está lejos del sentido metafórico del árabe *nasaj, texere,* y no puede aplicarse al origen de una persona y menos de un ser tan espiritual como la Sabiduría. La palabra נסדתי, como se lee en la LXX (ἐθεμελίωσέ με), no se usa ni una vez en ese sentido. Con razón Aquila pone κατεστάθην; Símaco, προκεχείρισμαι; Jerónimo, *ordinata sum* (fui ordenada).

Literalmente, pero de un modo ininteligible, la traducción griega de Venecia pone κέχυμαι, según lo cual (cf. Sir 1, 10) Böttcher, propone "yo fue rociada" (ungida), pero él mismo indica que esta figura no es adecuada para la personificación de la Sabiduría. Tampoco es probable que el autor aplicara esa palabra, usada en ese sentido para los ídolos, refiriéndola al origen de la Sabiduría.

El hecho es que נסך se utiliza raramente de la unción o consagración de los reyes, como סוּךְ, aunque recibe pronto el sentido de יצק y de מצוּק, de צוּק en la línea de ungir una columna o estatua, con el significado de consagrar, de instaurar. La idea de fondo parece ser la del derramamiento del metal, ya que tanto נְסִיךְ, Da 11, 8, como נֶסֶךְ, están refiriéndose a una imagen fundida. Los intérpretes judíos vinculan este sentido con el nombre del príncipe al que se llama נָסִיךְ (ungido, cf. Sal 83, 12, aunque no pueden ofrecer una solución etimológica), en el sentido de instituir a un hombre como príncipe, conduciéndole dignidad principesca.

De los tres sinónimos de *aeternitas a parte ante* (eternidad desde el origen), מעולם apunta hacia atrás a la distancia infinita, מראש se refiere al principio del mundo, mientras מקדמי־ארץ no se refiere a los tiempos que preceden al origen de la tierra, sino a los tiempos más antiguos de su surgimiento gradual desde el principio. En nuestro caso, la palabra מִקַּדְמֵי es imposible de traducir, de un modo más preciso, de conformidad con el uso del hebreo. Simplemente sabemos que se refiere en plural a una extensión grande, indeterminada, del tiempo, Böttcher, 697. El מן repetido no significa que el origen y la grandeza de la Sabiduría sean contemporáneos con la fundación del mundo, sino que, cuando el mundo fue fundado, ella tenía ya una existencia actual, real.

**8, 24.** La existencia de la sabiduría antes del comienzo del mundo se establece ahora en declaraciones aún más explícitas. Comienza así aquí una descripción poética que deja espacio para la imaginación. Por תהומות no se entienden las aguas primigenias caóticas de Gn 1-2, sino también, como en Pr 3, 20, las aguas interiores, las profundidades marinas de la tierra. En consecuencia, los מעינות, no son las fuentes o abismos del mar (Ewald, en la línea de Job 38, 16), sino los manantiales o lugares de manantiales de la tierra (porque מעין es un *nomen loci,* nombre de lugar, como עין, un pozo, un *ojo* de la tierra (véase Gn 16, 7), por medio del cual las aguas internas de la tierra se comunican con las de arriba (cf. Gn 7, 11 con Gn 49, 25). La expresión נִכְבַּדֵּי־מָיִם (abundante en agua) es un epíteto descriptivo de מעינות o manantiales que, a pesar de su femenino plural se interpreta como masculino (cf. Pr 5, 16).

La Masora no precisa más la forma נִכְבַּדֵּי que aparece tres veces según su forma escrita (Is 23, 8-9). Debe escribirse con *pathach*, seguida de *dagesh*; (véase Kimchi, *Miclol* 61b). Kimchi agrega la precisión de רבים en מעיני מים רבים, que la traducción griega de Venecia, de acuerdo con el significado que נכבד tiene en otro lugar se traduce por πηγαῖς δεδοξασμένων ὑδάτων (fuentes de aguas gloriosas, abundantes, como hace Böttcher, indicando que se trata de fuentes "señoriales"). Pero tanto Meri como Emmanuel y otros juzgan correctamente que el adjetivo נִכְבַּדֵּי (llenas de *kabod* o gloria) debe entenderse aquí en la línea de Gn 13, 2; Job 14, 21 (aunque en este último pasaje כבד no significa "ser numerosas"), es decir, ser fuentes llenas, dotadas en rica medida de agua.

**8, 25.** En lugar de באין (antes de, cuando aún no existían…, cf. 8, 24), tenemos aquí טרם (בְּטֶרֶם) palabra que tiene el sentido de cortar, separarse de lo que ya había (véase en Gn 2, 5). Por otra parte, esa palabra, entendida como partícula, significa *nondum* o *antequam* (aún no, antes de); con ב significa siempre *antequam*, y en Pr 8, 26, עד־לא, *hasta ahora* (con עד que originalmente es un sustantivo, de עדה, en el sentido de *progreso*).

*Discursos exhortatorios (Pr 1, 8 – 9, 18)*

Con la palabra הָטְבָּעוּ (fueron asentados, como en Job 38, 6, de טבע, imprimirse en, sobre cualquier cosa, *imprimere, infigere,* asentarse sobre) se puede hacer la pregunta: ¿sobre qué, en qué se asientan los montes? Ciertamente, los montes no se asientan en las profundidades de la tierra, sino como responde el caraíta Ahron b. José, אל קרקע הים, en el fondo del mar, porque ellas, las montañas, surgen de las aguas del mar (cf. Sal 104, 8; Gn 1, 9).

**8, 26.** אֶרֶץ וְחוּצֹות (conectando una parte, campos, con el todo: tierra) significa *terra cum campis.* En este sentido, ארץ puede tomar el significado de tierra cubierta con edificios, mientras que חוצות es la extensión de tierra desocupada, o el campo libre, sin pueblos ni aldeas (cf. בר, árabe *barrytt,* Florilegio), véase Job 5, 10; Job 18, 17 (donde puede traducirse "en la estepa a lo largo y ancho"). Sobre la idea de fondo de esta expresión, cf. Coment. a Pr 5, 16.

Sinónimo de ארץ, en contraste con חוצות, es תבל, que suele traducirse por "orbe". Al igual que יבוּל (producto, riqueza), esta palabra proviene de יבל, indicando así que la tierra da frutos (y así puede unirse con אדמה que denota correctamente el humus como cubierta fértil de la tierra). En consecuencia, con Ewald, podemos traducir los וְרֹאשׁ עָפְרֹות como montones o *abundancia de terrones de la fértil tierra* cultivable que yacen como esparcidos en las llanuras.

Por su parte, Hitzig traduce, "los primeros terrones de la tierra". No podemos negar que תורפע puede significar terrones de tierra, es decir, abundancia de tierra juntada, como en Job 28, 6, בהז תרפע, mineral de oro, es decir, pedazos de tierra o mineral que contiene oro. Pero para indicar terrones de tierra, el lenguaje hebreo tiene otros sustantivos como בגר y הפרגמ. Por eso, si leemos juntas las dos palabras רֹאשׁ עָפְרֹות, podemos dar a la expresión un sentido distinto: la palabra תורפע, plural del nombre colectivo רפע (polvo como masa), proviene como *nomen unitatis* (nombre de unidad) de הרפע; por su parte, tanto en poesía como en prosa, שאר tiene también el significado de suma, es decir, de cantidad principal o total de una cosa (cf. árabe *râs âlmâl,* la capital, τὸ κεφάλαιον).

Teniendo eso en cuenta, las dos palabras unidas en su relación mutua tienen el sentido de "suma de las diversas partes del polvo", como conjunto o totalidad de los átomos del polvo de la tierra (Cocceius; Schultens, *summam pluverum orbis habitabilis,* suma de polvo o tierra del orbe habitable). Fleischer señala acertadamente que hay otras interpretaciones, como *ab initio pulveris orbis, praecipus quaeque orbis terrarum, caput orbis terrarum* (desde el principio del polvo del orbe, elemento principal del origen de la tierra, cabeza del orbe de la tierra que, según Rashi, puede aplicarse al primer hombre y, según Umbreit, al hombre en general). Pero esas interpretaciones no permiten entender la razón y sentido del plural עפרות.

Antes de que se originaran estas creaturas, la Sabiduría, como ella misma dice, y lo repite enfáticamente, ya estaba nacida, es decir, ya había nacido. La palabra חוֹלָלְתִּי es la pasiva del *piel* חוֹלל, que significa girar, retorcerse, dar a luz con dolor (Aquila, Teodocion, ὠδινήθην; trad. griega de Venecia en 24a, πέπλασμαι, 25b, ὠδίνημαι). En esa línea, חוֹלָלְתִּי significa generalmente engendrar, dar a luz, ser engendrado (Pr 25, 23; Pr 26, 10).

## 8, 27-31.

בַּהֲכִינוֹ שָׁמַיִם שָׁם אָנִי בְּחוּקוֹ חוֹג עַל־ פְּנֵי תְהוֹם: <sup>27</sup>

בְּאַמְּצוֹ שְׁחָקִים מִמָּעַל בַּעֲזוֹז עִינוֹת תְּהוֹם: <sup>28</sup>

בְּשׁוּמוֹ לַיָּם ׀ חֻקּוֹ וּמַיִם לֹא יַעַבְרוּ־ פִּיו בְּחוּקוֹ מוֹסְדֵי אָרֶץ: <sup>29</sup>

וָאֶהְיֶה אֶצְלוֹ אָמוֹן וָאֶהְיֶה שַׁעֲשֻׁעִים יוֹם ׀ יוֹם מְשַׂחֶקֶת לְפָנָיו בְּכָל־ עֵת: <sup>30</sup>

מְשַׂחֶקֶת בְּתֵבֵל אַרְצוֹ וְשַׁעֲשֻׁעַי אֶת־ בְּנֵי אָדָם <sup>31</sup>

<sup>27</sup> Cuando formó los cielos, allí estaba yo;
cuando trazó el horizonte sobre la faz del océano,
<sup>28</sup> cuando afirmó las nubes arriba,
cuando reforzó las fuentes del océano,
<sup>29</sup> cuando dio al mar sus límites
y a las aguas ordenó que no traspasasen su mandato.
Cuando establecía los cimientos de la tierra,
<sup>30</sup> con él estaba yo, como un artífice maestro.
Yo era su delicia todos los días
y me regocijaba en su presencia en todo tiempo.
<sup>31</sup> Yo me recreo en su tierra habitada,
y tengo mi delicia con los hijos del hombre.

**8, 27.** Según Pr 8, 27, la Sabiduría no se limita a existir antes de la creación del mundo, sino que participa activamente en el trabajo creativo. Este versículo nos sitúa ante una oración donde encontramos dos designaciones de tiempo. El anuncio de lugar שם (allí, yo estaba allí: שָׁם אָנִי) se usa, principalmente, de un modo poético en unión con אז, *eo tempore* (árabe *thumm*, en contraposición a *thamm*, *eo loco*, en aquel lugar). Pero aquí tiene no solo el sentido de lugar, sino que incluye el de tiempo. La sabiduría estaba allí cuando Dios creó el mundo, y ya mucho antes de eso había llegado a existir, como el *siervo/sierva de Yahvé*, Is 48, 16, pues también en ese texto se dice שם אני, que estaba allí desde el momento en que la historia de las naciones recibió un nuevo rumbo, comenzando con Ciro.

הכין (בַּהֲכִינוֹ) significa conceder a una cosa una posición firme o darle una dirección definida, en el sentido de "formar". Así se presenta en Job 28, 27 a la Sabiduría, a la que el Creador pone ante sí mismo como modelo (ideal). En nuestro texto, como en Jer 10, 12; Sal 65, 7, esta palabra הכין indica el establecimiento, la restauración de todo el mundo. En el miembro paralelo (en el segundo estico), חוג, que corresponde a שׁמים, parece designar necesariamente el círculo o la bóveda de los cielos (Job 22, 14) que, según la idea de los judíos, lo mismo que en Homero, descansan y se apoyan como una semiesfera firme (firmamento) sobre los extremos exteriores del disco de la tierra rodeada de agua, de manera que puede decirse que yace sobre las aguas (véase Hupfeld, *Coment.* a Sal 24, 2).

Esta idea del océano que rodea la tierra se introduce en el A.T., pero sin ser expresamente sancionada o ratificada. La LXX (καὶ ὅτε ἀφώριζε τὸν ἑαυτοῦ θρόνον ἐπ᾽ ἀνέμων, y cuando establece su trono sobre los vientos) parece estar evocando al תהום o abismo de las aguas de arriba (עַל־ פְּנֵי תְהוֹם); pero תהום no tiene nunca ese significado. En ese contexto, la idea de mar o ים (Job 9, 8; Job 36, 30) podría interpretarse más bien como el océano de los cielos.

Nuestro pasaje debe interpretarse más bien desde Job 26, 10: Dios ha puesto un límite a la superficie de las aguas, es decir, ha trazado sobre ellas un círculo que pone límites a su extensión. En este contexto, cuando el autor dice que Dios trazó un círculo sobre la faz de la multitud de aguas, quiere decir que trazó una región fija (מקוה, Gn 1, 10) para las aguar, es decir, para los mares, fuentes, ríos, vinculando así las aguas de abajo con las de arriba, pero estableciendo un lugar firme para la tierra, debajo de la bóveda de los cielos.

La palabra חקק (cf. בְּחֻקוֹ חוּג, cuando trazó el horizonte...), significa *incidere, figere,* prescribir, medir, consignar y, directamente, marcar, como se hace mediante impresiones firmes de las herramientas (del buril). Pero aquí este verbo está sin *dagesh*, para distinguir entre el infinitivo y el sustantivo de חקו (su estatuto o límite). Para la puntuación correcta de בחקו, cf. *Michlol* 147a. En este caso, aunque siga un monosílabo, no hay retroceso del tono, siguiendo la regla de que las palabras que terminan en ו mantienen su última acentuación (p. ej., משׂמו אל, Nm 24, 23). Por su parte, Fleischer acepta también esta explicación, *quum delinearet circulum super abysso,* cuando Él marcó la región del mar como con el círculo.

**8, 28-31.** Aquí, se vuelve a poner de relieve estos rasgos de la figura de la creación del mundo (el principio del firmamento con sus aguas y las aguas submarinas del abismo). Así comienza aquí el nuevo tema. Con Símaco, podemos traducir שׁחקים (de שׁחק, árabe *shak,* moler, adelgazar) por αἰθέρα, el éter, o por un tipo de nubes finas, marcando los estratos transparentes del aire sobre las nubes colgantes, como nombre poético del firmamento o *raqia,* רקיע. El hacer firme עמץ (cf. בְּאַמְצוֹ) no debe entenderse de un modo local, sino que se aplica a la expansión del firmamento sobre la tierra, atestiguando (dando firmeza) al firmamento en continuación a la tierra (una expresión como la de Sal 78, 23). En 28b, la Masora pone de relieve el plural עֵינוֹת diciendo con un לית que es un caso *unicum,* único en la Biblia (cf. *Michlol* 191a); la transición del sonido es la misma que se da, por ejemplo, en גלית de *galajta*.

El infinitivo בַּעֲזוֹז parece indicar, a primera vista, que aquí se requiere un significado transitivo, como suponen la LXX con el Targum, con el texto griego veneciano y Lutero (*da er festiget die Brunnen der tieffen,* como cuando él afirmó y fijo las fuentes del abismo). En esa línea, Elster cree que este significado debe mantenerse, porque la ב indica aquí que se trata de una actividad creativa. Estaríamos, según eso, ante un uso transitivo de עזז, como el árabe *'azz*, refiriéndose así al hecho de que Dios puso su fuerza o עז para mantener firmes a las aguas poderosas, מים עזים (Is 43, 16).

Pero el hecho de que no haya sujeto favorece la opinión de que aquí, como en los restantes casos, la expresión בַּעֲזוֹז ha de entenderse en sentido intransitivo. En esa línea, el texto de 28b está evocando la obra creadora de Dios, ya sea como hace Ewald, con referencia a מעוז, fortalecer (cuando se hicieron firmes…), o mejor, como hace Fleischer, con referencia a מים עזים (cuando estallaron con poder, con fuerte plenitud las aguas poderosas).

Por su parte, el sufijo de חקו, 29a, se refiere a Yahvé, por su paralelismo con פיו (en referencia al mandato de Dios). Si esta palabra (פיו) fuera equivalente a la *costa* del mar (cf. Sal 104, 9), ambos sufijos (פִּיו בְּחֻקּוֹ) se referirían al mar. Pero la costa del mar o la ribera de un río, se llama שׂפה, no פה, que solo significa *ostium* (boca), en el sentido de apertura, no de cavidad bucal.

En esa línea, habrá que traducir el פיו de Is 19, 7, por *la boca del Nilo,* recordando que el פ de Sal 133, 2, puede denotar el borde inferior de la túnica, pues ella tiene dos aberturas, una por arriba y otra por abajo. Por eso, los dos sufijos, su boca, su mandato (פִּיו בְּחֻקּוֹ) deben referirse a Dios, de forma que el sentido de פיו ha de interpretarse en la línea de Job 23, 12. En la cláusula que comienza con וּמַיִם la *waw* nos indica que el discurso ha de entenderse en sentido de finalidad, como en latín con *ut*, Ewald, 338. La fórmula בחוקו está *escrita plene*, lo mismo que en Pr 8, 27, y בחקו es igual que בחקו y que בחקקו.

En esta oración, dejando a un lado las designaciones de tiempo, evocadas en el versículo anterior, la pregunta principal recae sobre el significado de אָמוֹן. La interpretación de Hofmann (*Schriftbeweis* i. 97) "continuamente" (infinitivo absoluto en sentido adverbial) es una idea juiciosa, y אמן, soportar, es sin duda una forma semejante a la de אמת (estabilidad); pero en este sentido, en la línea de נאמן, esa palabra no se utiliza en ningún otro caso.

Pero tampoco se puede aceptar la forma מהימנתא (creer, confiar) utilizada por el Targum (el texto griego de Venecia traduce πίστις, como si la palabra hebrea utilizada fuera אמון), pues el hebreo האמין corresponde al arameo *haimen*. Solo hay dos posibilidades, según las cuales la palabra אָמוֹן, *opifex,* puede tener el sentido de artesano (alumno) o el sentido de hijo adoptivo:

# Discursos exhortatorios (Pr 1, 8 – 9, 18)

(a) *Puede significar alumno* (Aquila, τιθηνουμένη; Meri y Malbim, אמון בחיק האל, ἐν τῷ κόλπῳ τοῦ Θεοῦ, artesano en el seno de Dios) y su sentido derivaría de la palabra אמן, cuidar, hacer firme, ratificar.

(b) *Puede tener el sentido de lactante, hijo adoptivo*, favorito (Schultens, Euchel, Elster y otros, también Rashi y Kimchi, quienes encuentran en el fondo de אמון el significado de educación, como גידול), en la línea de un hijo o de un siervo adoptado, como en Lm 4, 5, אמן, adoptivo, cf. también אמנת, madre adoptiva.

Este segundo parece ser el significado de la palabra conforme a su conexión con el contexto, pues la Sabiduría aparece más adelante como hija de Dios. Además, por lo como sabemos, ella ha tenido su gozo en estar ante Dios, como Hijo/Hija ante su padre.

Conforme a lo que se ha dicho ya, partiendo de קנני (Pr 8, 22), y חוללתי, que se usa dos veces (Pr 8, 24-25), con el sentido de fondo de hija/hijo de Dios, la Sabiduría debe interpretarse como expresión y "medio" (mediación) de la obra creadora de Dios. En esa línea, tendríamos parte de razón si tradujéramos toda la idea al alemán llamando a la Sabiduría "*Werkmeisterin*", maestra artesana, directora (Hitzig) de la obra de Dios, porque el texto quiere decir que ella ocupó el lugar de un maestro de obra, estando así al lado de Dios, como si Dios pudiera y debiera realizar a través de ella las actividades artísticas de un artífice, de un חרש.

Esta autodenominación de Sabiduría resulta en este caso adecuada; porque después de haber dicho que Dios la engendró antes de que existiera el mundo, y que ella estaba presente cuando el mundo fue creado, esta denominación (אמון), responde a la pregunta de qué era lo que Dios tenía en mente cuando le dio a la Sabiduría su existencia separada y a la pregunta de qué función tuvo ella (la sabiduría), en la creación del mundo. Conforme a esta palabra, fue ella (esta Sabiduría/אמן) la que transfirió los pensamientos creadores originalmente existentes en la voluntad creadora de Dios, haciendo que pasaran de su plano "ideal" a su efectividad real (en el surgimiento y despliegue del mundo), mostrando así cómo fueron artísticamente realizadas (ejecutadas) en el mundo externo las implicaciones (los rasgos y elementos) de las varias creaturas.

La Sabiduría aparece como la causa mediadora, el poder o demiurgo del que se servía la divina actividad creadora, como dice Pr 3, 19, "Yahvé fundó la tierra con Sabiduría", y como dice también el Targum de Jerusalén de Gn 1, 1, en conexión con Pr 8, 22, traduciendo el texto Gn 1, 1 (Dios en el principio creó Dios los cielos y la tierra de esta forma: וית ארעא בחוכמא ברא יי ית שמיא (Dios creó por la hokma los cielos y la tierra).

La Hokma o Sabiduría es, según eso, la mediadora o principio de la obra creadora de Dios. Para que no entendamos mal esta expresión (con lo que sigue), primero debemos pensar que, si אמון significa Hijo adoptivo ya mayor, no podemos tomar la sabiduría como un niño pequeño (Nm 11, 12), porque eso sería una idea sin sentido alguno. Ciertamente, la palabra regocijarse (*spielen,* jugar, que se atribuye a la sabiduría de Dios) está, sin duda, en armonía con la juventud, pero no se aplica exclusivamente a niños pequeños como muestra 2Sa 2, 14 (donde שׁחק לפני se aplica al combate deportivo de jóvenes guerreros ante el capitán). Así la Sabiduría aparece como "persona joven" que expresa, despliega y realiza la obra de Dios.

Según eso, no debemos interpretar שׁעשׁועים, con la LXX y el texto siríaco en el sentido de שׁעשׁעיו, como si fuera Dios mismo el que jugaba. Al contrario, la que juega es la Sabiduría como tal. De esa forma, insistiendo en el juego gozoso de la Sabiduría, el texto quiere poner de relieve el deleite de la Sabiduría como tal, cuando ella participa en la obra creadora de Dios, alegrándose en esa obra de Dios en la que está comprometida. El plural שׁעשׁועים debe entenderse aquí, no en la línea de Jer 31, 20, sino en la de Is 11, 8; Sal 119, 70, donde la palabra-raíz, en *pilpel,* es שׁעשׁע (que proviene del significado primario de acariciar, *de tener su deleite en alguna situación*, en alguna acción o cosa). En esa línea, lógicamente, al participar en la obra creadora de Dios, la Sabiduría se alegra y goza. En esa línea, el juego está en contraste con el trabajo, pues tiene como finalidad el disfrute, el gozo.

Ciertamente, el trabajo, es decir, la ocupación cuya finalidad es hacer algo útil, también puede convertirse en un juego si no se realiza con un esfuerzo extenuante, o si el esfuerzo que cuesta pasa enteramente a un segundo plano a causa del placer que produce. Así, la Sabiduría diariamente, es decir, durante todo el curso de la creación, fue actuando en gesto de puro deleite; y la actividad con que traducía en hechos los pensamientos creadores era un canto alegre ante el rostro de Dios, cuyos mandatos obedecía con devoción infantil; cf. 2Sa 6, 21, donde David dice que su baile y salto delante del arca de la alianza era un שׁחק לפני ה, alegrarse ante Yahvé.

Pero, de un modo preferente, la delicia de la Sabiduría estaba en el mundo. En esa línea, el persa *Minokhired*, que da un aspecto personal a la Sabiduría, dice de ella entre otras cosas: "La creación de la tierra, y su mezcla con el agua, el brotar y el crecimiento de los árboles, todos los diferentes colores, el olor, el sabor y lo que es agradable… viene a presentarse como expresión y resultado de la obra de Dios a través de la Sabiduría" (véase *Grammatik der persischen Sprache*, p. 162, cf. 182).

La Sabiduría dice también allí (en el texto persa), que ella fue antes de todos los seres celestiales y terrenales, la primera con Ormuzd, y que todo lo que es celestial y terrenal surgió y también permanece en existencia por ella. Pero, según nuestro pasaje de Proverbios, la tierra era el objeto más querido de su deleite en todo el universo. La finalidad de la Sabiduría era ayudar a establecer la tierra (Pr 3, 19). Esta era su ocupación más gozosa; modelar la tierra y dotarla de la multiplicidad de existencias diseñadas para el hombre. Porque la tierra es la morada del hombre, y el deleite del corazón de la Sabiduría estaba con (אֵת־) los hijos de los hombres; con ellos encontraba su gran placer. Ellos eran su peculiar y más querida esfera de actividad.

Las afirmaciones de la Sabiduría en referencia a su participación en la creación del mundo culminan aquí. En este versículo se establece la relación íntima de la Sabiduría con la tierra y con la humanidad, una relación que ha seguido sosteniendo hasta el día de hoy. Ella dirigió su amor a la tierra por el hombre, y al hombre no solo como ser corpóreo, sino sobre todo como ser espiritual, a quien ella puede abrirle su corazón, y a quien, si él la recibe, puede hacer que vuelva al amor de Dios (Sab 7, 27).

No hay aquí referencia expresa a Gn 1 o Gn 2. Aquí no tenemos que pensar en el יום יום (día a día, del verso anterior como en Gn 39, 10, cf. Est 2, 4, ויום ויום) ni tenemos que pensar en los seis días de la creación. Pero dado que toda la descripción se condensa en los בני אדם (en los hijos de Adam) como en su punto central, descubrimos aquí que la creación ha llegado a su fin y su meta en el hombre. La conexión entre ארץ (בְּתֵבֵל אַרְצוֹ) y תבל es como en Job 37, 12, donde ארצה en lugar de ארץ es como en לילה, חרסה y similares, un acusativo original.

## 8, 32-36. Quien me encuentra encontrará la vida

³² וְעַתָּה בָנִים שִׁמְעוּ־לִי וְאַשְׁרֵי דְּרָכַי יִשְׁמֹרוּ׃

³³ שִׁמְעוּ מוּסָר וַחֲכָמוּ וְאַל־תִּפְרָעוּ׃

³⁴ אַשְׁרֵי אָדָם שֹׁמֵעַ לִי לִשְׁקֹד עַל־דַּלְתֹתַי יוֹם ׀ יוֹם לִשְׁמֹר מְזוּזֹת פְּתָחָי׃

³⁵ כִּי מֹצְאִי [מצאי] (מָצָא) חַיִּים וַיָּפֶק רָצוֹן מֵיְהוָה׃

³⁶ וְחֹטְאִי חֹמֵס נַפְשׁוֹ כָּל־מְשַׂנְאַי אָהֲבוּ מָוֶת׃ פ

³² "Ahora pues, hijos, oídme:
Bienaventurados los que guardan mis caminos.
³³ Escuchad la corrección y sed sabios;
no la menospreciéis.
³⁴ Bienaventurado el hombre que me escucha
velando ante mis entradas cada día,
guardando los postes de mis puertas.
³⁵ Porque el que me halla,
halla la vida y obtiene el favor de Jehovah.
³⁶ Pero el que me pierde se hace daño a sí mismo;
todos los que me aborrecen aman la muerte".

*Proverbios 8*

**8, 32-34.** Después que la Sabiduría ha mostrado en Pr 8, 22-31 cuan digna es su compañía como objeto de deseo para los hombres, por su función de mediadora entre Dios y el mundo, ella comienza a desarrollar aquí (como en Pr 7, 24 y en 5, 7) la parte exhortatoria o parenética final de su discurso. En ese contexto, la LXX omite la bienaventuranza del segundo estico que comienza con *w'asre*, y de esa manera evitan el elemento perturbador que proviene de una trasposición de esticos, motivada por la presencia de la *waw*.

Pero este ואשרי tiene el mismo sentido que el καὶ μακάριος de Mt 11, 6. La conexión interna se encuentra escondida, como dice bien Schleiermacher (*Hermeneutik*, p. 73) en la misma secuencia: la cláusula que contiene la prueba está conectada con aquella a la que se ofrece la prueba a través de una *waw paratáctica*, en vez de utilizar una partícula de subordinación como sería כי. Una cláusula exclamatoria como esta la hemos encontrado ya en Pr 3, 13, donde אדם sigue como genitivo; aquí en cambio sigue una sentencia entera, en lugar de la construcción ordinaria con participio, como en שׁמֵרי (cf. Gesenius 123, 3, n 1).

La invitación de 32a y el razonamiento de 32b se repiten en los versos que siguen, empezando por 8, 33. El imperfecto וחכמו, en v. 33a (*et sapite, y sabed*, sed sabios) ha de entenderse según Pr 4, 4, וחיה, cf. el *qetub* de Pr 13, 20. El sentido se entiende a partir de las palabras siguientes ואל־תפרעו que, según Pr 15, 32 y Pr 4, 13 (cf. אל־תרף, מוסר) deben interpretarse como objeto, y *no olvidéis* la *instrucción* (disciplinam ne missam faciatis). Con respecto a פרע, cf. Pr 1, 25.

El אַשְׁרֵי de Pr 8, 34 al que sigue aquí שׁמעו como motivo para la bienaventuranza (bienaventurados los que escuchan, cf. Pr 8, 32) debe escribirse con *mercha*, y en la primera sílaba con *aja* (véase Baer, *Torath Emeth*, pp. 26, 29; ver también el Sal 1, 1). La palabra לשׁקד significa velar, no en el sentido de *ad vigilandum*, sino *vigilando*, como en Is 5, 22; Is 30, 1; Ewald, 380d.

En oposición a העיר y הקיץ, que denotan la observación vinculada con la vigilia o con una interrupción del sueño, שׁקד (לִשְׁקֹד) significa la observación como una condición o forma de vida, como algo que una persona mantiene voluntariamente (*Psychologie*. p. 275). Se puede decir que esta es una "observación intencional" (cf. el árabe *shakidha*, fijar ojos penetrantes en cualquier cosa), con על, que se refiere al lugar, objeto y fin de esa observancia (cf. Jer 5, 6; cf. también העיר על, Job 8, 6).

Los plurales דְּלתות (entradas/puertas, como חמות, Jer 1, 18, *maenia* o murallas) y פתחים son plurales amplificadores de extensión, sugiriendo la idea de un palacio o templo. Por su parte, la palabra מְזוּזֹת (*postes portae, in quibus cardines ejus moventur*, los postes de las puertas, en cuyos umbrales o "cárdines", זוז, se mueven esas puertas de aquí para allá) quieren indicar que aquel a quien se refiere el discurso se mantiene lo más cerca posible de la entrada, para que no se pierda el momento en que al abrirse aparece a la vista la persona que mora en la casa.

*Discursos exhortatorios (Pr 1, 8 – 9, 18)*

"Esta imagen de estar esperando a la puerta se deriva del servicio de una corte. La sabiduría es honrada por sus discípulos, como una reina o una gran patrona de la casa. Cf. los collares de oro de *Samachschari,* en relación a Pr 35, *Bienaventurado el que llama solo a la puerta de Dios, y que no se aparta el ancho de un clavo del umbral de Dios"* (Florilegio).

**8, 35-36.** Aquí se da la razón por la que se pueden llamar dichosos a los que honran a la Sabiduría. El *qetub* érek le ose rop ,orud ecerap elimina el segundo מֹצְאִי (el que la encentra) y lo sustituye por כִּי מֹצְאִי מָצָא חַיִּים, con lo que concuerda el וְחֹטְאִי (Pr 8, 36) de la antítesis. Con respecto a מֹצְאִי, que se escribe generalmente solo con *dech* sin *metheg*, véase *Accentuationssystem,* vii. 2. Con respecto a הֵפִיק, intercambiado con מָצָא, cf. Pr 3, 13 (ver comentario). Según su etimología, מֹצְאִי se relaciona con מִן, referido a aquel que… o por quien… se ha llegado a realizar algo. Aquí como en Pr 12, 2; Pr 18, 22, se refiere a aquel que ha pedido el favor de Dios, *favorem a Jova impetravit.*

חֹטְאִי puede, es cierto, significar "mi pecador", en el sentido de "el que peca contra mí" (חֹטֵא לִי), ya que קְמִי equivale con frecuencia a קָמִים עָלַי; pero el contraste de מֹצְאִי deja fuera de toda duda que חֹטֵא tiene aquí su significado más antiguo, que es perder algo tras lo cual se corre (Pr 19, 2), algo que se busca (Job 5, 24), algo a lo que se tiende (*hifil* de Jue 20, 16), etc. Así puede traducirse: *id non attingere quod petitur* (no alcanzar lo que se busca), árabe *âkhṭa,* fallar, opuesto a *âṣab,* golpear, dar en el blanco, acertar (Florilegio).

En el fondo está por tanto la idea de "fallar" que, éticamente aplicada, se entiende como pecado y culpa (falta, error, paso en falso, fallo, en alemán *fehls, fehlers, fehltritts*). Por eso, חֹטֵא puede ir no solo con *acusativo de objeto,* indicando aquello respecto a lo cual uno se equivoca, Lv 5, 16, sino también con *acusativo de sujeto,* indicando aquel que se equivoca y falla, Pr 20, 2, cf. Hab 2, 10. En esa línea, מֹאֵס נַפְשׁוֹ, Pr 15, 32 (*animam suam nihili facit,* dejar su alma sin valor), es no solo sinónimo de חוֹטֵא נַפְשׁוֹ, Pr 20, 2 (*animam suam pessumdat,* arruinar su alma), sino también de חֹמֵס נַפְשׁוֹ (*animae suae h. e. sibi ipsi injuriam facit,* hace daño a su alma, es decir, a sí mismo).

Quien pierde la Sabiduría por tomar otro camino que no es el que conduce a ella, se arruina, se destruye a sí mismo, de manera que todos los que voluntariamente odian (con *piel*) la sabiduría, aman la muerte, porque la sabiduría es el árbol de la vida, Pr 3, 18; sabiduría y vida son una misma cosa, cf. Pr 8, 35a, como dice la *Sabiduría Encarnada,* Jn 8, 51: el que guarda mis palabras, no verá muerte jamás. La Sabiduría tiene su autoexistencia en el Logos encarnado que es Cristo; en Él tiene su personificación, su justificación y su verdad.

Proverbios 9

# Proverbios 9

## 9, 1-3.

חָכְמוֹת בָּנְתָה בֵיתָהּ חָצְבָה עַמּוּדֶיהָ שִׁבְעָה: ¹
טָבְחָה טִבְחָהּ מָסְכָה יֵינָהּ אַף עָרְכָה שֻׁלְחָנָהּ: ²
שָׁלְחָה נַעֲרֹתֶיהָ תִקְרָא עַל־גַּפֵּי מְרֹמֵי קָרֶת: ³

¹ La sabiduría edifica su casa,
labra sus siete columnas,
² mata sus animales,
mezcla su vino y pone su mesa.
³ Envía a sus criadas,
y llama desde lo más alto de la ciudad:

**9, 1-3.** El discurso anterior proclamaba la bienaventuranza de aquellos que, habiéndose colocado a la puerta de la sabiduría, esperaban la llegada de su invitación. Hay, por tanto, una casa de la sabiduría que es la casa de Dios, Sal 84, 11. Lógicamente, el discurso proviene ahora de la casa de la Sabiduría como invitación para compartir su banquete, como en la invitación al banquete de la fiesta de las bodas del hijo del rey en Mt 22. Esta es la invitación para ese banquete.

חכמות (cf. Pr 1, 20), es un *plural excellentiae*, que es una variedad bastante extendida del plural. Dado que es la expresión de una unidad plural, esta palabra está conectada con otros casos parecidos, como también אלהים, *Deus,* con el predicado en singular. Los perfectos enumeran todo lo que la Sabiduría ha hecho para preparar su invitación.

Si este pasaje fuera una parábola, el verbo en perfecto habría ido en contra del ותשלח histórico pero, como muestra la expresión תקרא, este pasaje es una imagen alegórica de la preparación y realización de una realidad actual, presente. En lugar de בנתה לה בית tenemos בָּנְתָה בֵיתָהּ, porque la casa ya está en su origen representada como suya (de la Sabiduría), y 1b debe traducirse, *ella ha tallado sus siete pilares* (Hitzig); más correctamente, sus columnas, a saber, siete (según el esquema דבתם רעה, Gn 37, 2 y de los días de la semana). La construcción con שבעה es, en conjunto, como la de Éx 25, 37, con el acusativo del segundo objeto, o del predicado después de la expresión verbal con la idea básica: hacer algo, convertirse en algo, que se construyen con un acusativo doble, Gesenius 139, 2: *excidit columnas suas ita ut septem essent*, talló sus columnas de forma que fueran siete.

Dado que la figura es alegórica, no podemos prescindir de la interpretación del número siete, partiendo de la observación de un autor que dice: "Ningún énfasis recae en el número" (Bertheau). Primero, debemos contemplar

213

*Discursos exhortatorios (Pr 1, 8 – 9, 18)*

arquitectónicamente la casa con siete pilares. Son, como comenta acertadamente Hitzig los pilares del מסדרון (es decir, del pórtico) (véase Bachmann, Coment. a Jueces 3, 23, y Wetstein, Coment. a Salmo 144, 12, donde חטב se usa para cortar y tallar madera, como חצב para cortar y tallar piedra). Son los pilares del patio interior, que soportaba la galería del primer (y segundo) piso, cuatro de estos en las esquinas y tres en medio, por el camino que conducía al patio del piso de la casa interior, en el recinto del templo".

No podemos aceptar la hipótesis de Hitzig cuando afirma que, en los siete pilares del cap. 8 y 9, el autor está representando los primeros siete capítulos (árabe âbwab, puertas) de este libro. En contra de eso, pensamos que los siete miembros o componentes de la introducción al libro de los Proverbios tienen otro sentido. Por otra parte, llamar a las secciones de un libro *puertas*, שערים, es una costumbre árabe-judía tardía, de la cual no se encuentra rastro alguno en el A.T.

Pensar como hace Heidenheim (cf. *Escritos en prosa de Dante*, traducción alemana de Streckfuss, p. 77) que las siete columnas son representaciones de las siete artes liberales (שבע חכמות, siete sabidurías) es inviable; pues esta división de las artes liberales en siete, que forman el Trivium (Gramática, Retórica y Dialéctica) y el Quadrivium (Música, Aritmética, Geometría y Astronomía), no aparece en el Antiguo Testamento israelita. Por otra parte, las siete artes eran ciencias de este mundo, diversas entre sí y separadas. Por el contrario, la sabiduría, a la que se refiere aquí el discurso, se encuentra enteramente centrada en temas religioso-morales.

El Midrash piensa en los siete cielos (*raquía*, שבעה רקיעים), o en los siete climas o partes de la tierra (שבעה ארצות), representadas por esos climas; pero ambas referencias se fundan y sostienen en combinaciones artificiales, y tienen también la referencia a las siete eras de la iglesia (Vitringa y Chr. Ben. Michaelis), esto en su contra: no es probable que esa referencia a la iglesia se haya podido hacer a partir de estos discursos proverbiales introductorios, ni a partir de los escritos del A.T.

La referencia patrística y medieval a los siete sacramentos de la iglesia no tiene tampoco ningún fundamento. Pero hay una interpretación antigua que puede ir por el camino correcto: es la que vincula estas siete columnas o pilares con los siete dones del Espíritu Santo. Las siete manifestaciones del Espíritu están ya evocadas por las siete lámparas del candelabro sagrado (la מנורה) y establecidas por Is 11, 2 (véase l.c.). En ese contexto, la misma Sabiduría testifica que ella es la poseedora y dispensadora del Espíritu, cf. Pr 1, 23.

Su Espíritu es el Espíritu de sabiduría. En ese sentido, al mismo tiempo, siendo nacida de Dios, mediadora entre Dios y el mundo, la sabiduría se identifica también con el Espíritu de Yahvé. Ella es es el "espíritu de entendimiento", el "espíritu de consejo" y el "espíritu de poder" (Is 11, 2); porque ella dice, cf. Pr 8, 14: "Mío es el consejo, y la reflexión; yo soy el entendimiento, tengo la fuerza". Ese mismo espíritu es "espíritu de conocimiento" y "espíritu del temor del Señor"

(Is 11, 2); porque el temor y el conocimiento de Yahvé son, según Pr 9, 14, el principio de la sabiduría y, esencialmente, la sabiduría misma.

Si la casa de la Sabiduría es el lugar de su comunión con aquellos que la honran, ella ha de realizar una serie de preparativos para revelar y comunicar a sus discípulos la plenitud de su fuerza y de sus dones (cf. 9, 2). Desde ese fondo, hay que tener en cuenta que los siete pilares se identifican en el fondo con las siete virtudes de su naturaleza (tal como expresa el Apocalipsis cuando habla de los siete espíritus, ἑπτὰ πνεύματα), que sostienen y adornan la morada que ella establece entre los hombres.

La carne y el vino del banquete de la Sabiduría son figuras del alimento que ella ofrece para la mente y el corazón de quienes la aceptan. Y si preguntamos qué significan especialmente la carne y el vino hay que responder que son figuras del goce múltiple que hace a los hombres fuertes y felices. El nombre verbal *segolado* טבח (טָבְחָה) que en Pr 7, 22 indica el sacrificio o ser sacrificado, significa aquí, en sentido concreto, *el buey sacrificado*. Michaelis comenta correctamente que טבח, en contraposición a זבח, es la palabra usual para *mactatio extrasacrificialis* (matanza no sacrificial de un animal).

La expresión מסך יין (referida al vino mezclado), véase Is 5, 22, no se refiere a la mezcla de vino con aromas dulces y especias, sino con agua (caliente o fría), y significa simplemente hacer que el vino sea apetecible (como κεραννύναι, temperare, templar el vino). En la expresión de la LXX: ἐκέρασεν εἰς κρατῆρα (vertió en la cratera), κρατήρ es el nombre del recipiente en el que tiene lugar la mezcla; no bebieron ἄκρατον, sino κεκερασμένον ἄκρατον, Ap 14, 10 (el vino mezclado en la copa de la ira de Dios). La frase que aparece con frecuencia ערך שֻׁלְחָן significa *preparar la mesa* (de שׁלח, que es propiamente la cubierta de cuero desenrollada y extendida sobre la que se colocan los platos; respecto a ערך, cf. en Gn 22, 9).

En el contexto de una fiesta (9, 3), el verbo קרא significa invitar. Por eso, los קראים de Pr 9, 18 (cf. 1Sa 9, 13, etc.), son los invitados. Por su parte, la LXX supone que los נַעֲרֹתֶיהָ son los discípulos que ya están al servicio de la Sabiduría, y el hecho de que los enviados aparezcan en género femenino, como "servidoras" de la Sabiduría (נַעֲרֹתֶיהָ) responde al buen gusto de la imagen. La invitación se cursa y proclama para que sea conocida por todos a lo largo y ancho de la tierra, a fin de que a través del mensaje de sus siervas o mensajeras la Sabiduría tome su lugar y pueda colocarse en los lugares altos de la ciudad.

En lugar de בראש (Pr 8, 2; Pr 1, 21), este pasaje utiliza la expresión עַל־גַּפֵּי. Debemos distinguir los dos significados de la palabra. En un sentido גַּף (igual a *ganf*) son las alas, de גנף igual a כנף, cubrir. En otro sentido, גַּף (igual a garfio) es la corteza, que se deriva de גפף o גנף, árabe *jnf, convexus, incurvus et extrinsecus*, por lo tanto, originalmente, cualquier *superficie doblada hacia afuera o torcida,* en curva (en esta línea, cf. las raíces *cap, caf,* גב גף כף קב, etc.).

*Discursos exhortatorios (Pr 1, 8 – 9, 18)*

En esa línea, גַּף significa la cima de una altura (Florilegio). Según eso, no se puede decir *super alis* (sobre las alas, según la analogía de πτερύγιον, que según Suidas se identifica con ἀκρωτήριον, la parte más alta), sino *super dorsis* (como en latín decimos *dorsum montis*, y también *dorsum viae*, por el dorso, por la parte alta de los caminos). La Sabiduría llama desde las partes más altas de la ciudad.

## 9, 4-6.

⁴ מִי־פֶ֭תִי יָסֻ֣ר הֵ֑נָּה חֲסַר־לֵ֝֗ב אָמְרָה לּֽוֹ׃

⁵ לְ֭כוּ לַחֲמ֣וּ בְֽלַחֲמִ֑י וּ֝שְׁת֗וּ בְּיַ֣יִן מָסָֽכְתִּי׃

⁶ עִזְב֣וּ פְתָאיִ֣ם וִֽחְי֑וּ וְ֝אִשְׁר֗וּ בְּדֶ֣רֶךְ בִּינָֽה׃

⁴*¡Si alguno es ingenuo, que venga acá!*
Y a los faltos de entendimiento dice:
⁵ "Venid, comed mi pan
y bebed mi vino que yo he mezclado.
⁶ Dejad la ingenuidad y vivid;
poned vuestros pies en el camino de la inteligencia".

**9, 4-6.** La advertencia מִי־פֶ֭תִי (9, 4), debe escribirse *con munach*, no con *makkeph*, aquí y en Pr 9, 16; véase Baer, *Torath Emeth* 40), *quis est imperitus* (quien es simple, no experto en) es, como en Sal 25, 12, una expresión más viva de *quisquis est* (quien sea). El hecho de que las נַעֲרֹתֶיהָ (las sirvientas, en femenino) se hayan retirado del centro de la escena, y de que aparezca la Sabiduría misma, y el hecho de que se han interrumpido, como era de esperar, los discursos conectados por אמרה לו, son signos de que la simple representación alegórica ha llegado a su fin.

Hitzig piensa que deben excluirse algunos versos como Pr 9, 4; Pr 9, 5; Pr 9, 7-10, para dar al conjunto del pasaje un orden más lógico. Pero el rechazo de esos versos resulta inconcebible, pues nos obliga a dejar a un lado los rasgos más importantes del banquete que están en el centro de este discurso de la sabiduría.

El hecho de que en Pr 9, 16, sea la locura o necedad la que invite y lo haga con las mismas palabras que usa aquí la Sabiduría en Pr 9, 4, no es extraño. Ambas se dirigen a los simples (véase sobre פתי en Pr 1, 4) y a los faltos de entendimiento (como son los jóvenes, Pr 7, 7), y buscan traer a su lado a los que son accesibles tanto al mal como al bien. Tanto la sabiduría como la necedad invitan a los simples, diciéndoles que vengan הֵנָּה (*huc*, aquí).

Este cuarto verso se dirige, por una parte, hacia atrás y, por otra parte, hacia adelante. Por un lado, 9, 4a aparece introducido por el תקרא de Pr 9, 3; por otro lado, 4b actúa como introducción de lo que sigue. La utilización del *nom. absolutus* (nombre absoluto) חֲסַר־לֵב (faltos de entendimiento-corazón) está

Proverbios 9

condicionada por la forma de 4a. El sentido del מִי (cf. 9, 4a) sigue influyendo en 4b sin que sea necesario suplirlo.

Esa palabra חֲסַר־לֵב se traduce como *excors*, a las personas sin corazón ni entendimiento. Aquí se dice si *quis est excors*, en presente, *dicit ei, no dixit*, en pasado, porque se subordina sintácticamente al תקרא. Es una cláusula nominal, cuyo predicado virtual es *al desprovisto de entendimiento/corazón*, como en Pr 9, 16.

Que el discurso siguiente (9, 5) se dirija en plural, muestra que los simples (inexpertos) y los desprovistos de entendimiento son considerados esencialmente como una y la misma clase de hombres. La ב después de לחם y שתה (בְּיַיִן y בְּלַחֲמֵי) referida al pan y al vino, no procede ni de la idea de comer (cortar) nada, ni de comer con nada, ni de alimentarse con nada (como ראה ב). En este campo, Michaelis toma una decisión correcta (cf. Lv 22, 11; Jc 13, 16; Job 21, 25, especialmente en relación con el pan) al decir que לחם ב, de Sal 141, 4, está indicando una comunicación y participación en la comida, *communicationem et participationem in re fruenda denotat*. La LXX pone φάγετε τῶν ἐμῶν ἄρτων (comed de mis panes).

El atributivo מָסָכְתִּי retoma brevemente el motivo anterior del vino mezclado, מסכתיו. En Pr 9, 2, la Sabiduría ofrece carne y vino, pero aquí presenta pan y vino. Pero esto no es una contradicción, lo que nos llevaría, como piensa Hitzig, a rechazar críticamente Pr 9, 4 y Pr 9, 5 como espurios; לחם es el nombre más común y genérico para hablar de los alimentos. En esta línea, Bertheau compara este pasaje con la invitación de Yahvé en Is 55, 1 y la de Jesús en Jn 6, 35.

En 9, 6, פתאים es un plural con significado abstracto (dejar la necedad), según lo traducen las cuatro versiones griegas y las dos arameas; pero el griego veneciano, sin embargo, traduce τοὺς νηπίους, a los pequeños; pero esta versión es improbable. El autor utiliza aquí una forma abstracta, como en Pr 9, 13, pues de lo contrario la expresión seria confusa.

Según eso, פתאים debe traducirse aquí como el objeto que se quiere negar, superar: hay que dejar lo simple, es decir, abandonar esta clase de hombres necios (así traducen Ahron b. Joseph; Umbreit y Zöckler). Lo que aquí se está pidiendo a los simples es que dejen la necedad, que abandonen su tipo de conocimiento y vida. Se trata, pues, de que abandonen su simpleza, que renuncien a lo que es propio de los פתאים. En ese sentido, Rashi, Meri y otros, como Ewald, Bertheau interpretan la palabra פתאים como *nombre resumen*, como indicación de todo aquello que constituye la necedad.

En este contexto se añade la finalidad: וחיו, *ut vivetis*, para que viváis, Pr 4, 4. La LXX ofrece una paráfrasis del tema y dicen ἵνα εἰς τὸν αἰῶνα βασιλεύσητε (a fin de que reinéis para siempre). La palabra בְּדֶרֶךְ וְאִשְׁרוּ significa "para que camines rectamente", para que alcancéis la felicidad caminando rectamente. El verbo está en *piel,* pero no en sentido intransitivo (véase Pr 4, 14), sino en sentido transitivo (cf. Is 1, 17; Is 3, 12, etc.). Esta expresión pone de relieve el hecho de

*Discursos exhortatorios (Pr 1, 8 – 9, 18)*

ir caminando directamente hacia adelante. En ese sentido, la peculiaridad de los פתי es simplemente la ausencia de carácter, la de no caminar con inteligencia.

**9, 7-9.**

יֹסֵר ׀ לֵץ לֹקֵחַ לוֹ קָלוֹן וּמוֹכִיחַ לְרָשָׁע מוּמוֹ: ⁷

אַל־ תּוֹכַח לֵץ פֶּן־ יִשְׂנָאֶךָּ הוֹכַח לְחָכָם וְיֶאֱהָבֶךָּ: ⁸

תֵּן לְחָכָם וְיֶחְכַּם־ עוֹד הוֹדַע לְצַדִּיק וְיוֹסֶף לֶקַח: ⁹

> ⁷ El que corrige al burlador se acarrea vergüenza,
> y el que reprende al impío se acarrea afrenta.
> ⁸ No reprendas al burlador, porque te aborrecerá;
> corrige al sabio, y te amará.
> ⁹ Da al sabio, y será más sabio; enseña al justo,
> y aumentará su saber.

**9, 7-9.** En estos versos continúa y se concreta el discurso de la Sabiduría. Por eso, ella dirige su invitación a los simples, es decir, a los que aún no han tomado una decisión, de forma que quizá sean susceptibles de cambiar para mejor. Zöckler piensa que aquí (9, 7) se asigna el motivo de la convocatoria a los "simples", diciéndoles que abandonen la compañía de los hombres de su propia clase (así explica 6a como ha hecho Ahron b. Joseph: הפרדו מן הפתאים). Pero él hecho de que incluya bajo el término "simples" a los burladores y a los malvados (como pertenecientes a una misma categoría) confunde a dos clases de hombres claramente distinguidos.

לֵץ *(burlador) es un tipo de librepensador* que se burla de la religión y la virtud (véase Pr 1, 22). Por su parte, רשע es un impío que se opone a la corrección de Dios y se entrega al impulso desenfrenado del mal. El curso del pensamiento desde Pr 9, 7 en adelante muestra por qué la Sabiduría, apartándose de los sabios, que ya son suyos, se dirige solo a los simples, y a los faltos de entendimiento, debiendo dejar a un lado a los לֵץ y רשע, porque no puede esperar que ellos sean receptivos a su invitación. De esa forma, se sitúa en la línea de Mt 7, 6, cuando dice: "no deis lo santo a los perros ni pongáis las perlas delante de los cerdos".

Las dos ideas básicas, יסר, παιδεύειν (con la idea predominante de corregir y castigar), y הוכיח, ἐλέγχειν, argüir, son conceptos intercambiables, como en Sal 94, 10. La ל (לְרָשָׁע) está indicando aquí el objeto (presentar una acusación contra alguien), como en Pr 9, 8, Pr 15, 12 (en sentido opuesto al de Is 2, 4; Is 11, 4, donde actúa como *dat. commodi*, como dativo de favor, en el sentido de sacar a la luz la injusticia, a favor de los agraviados).

יֹסֵר לֵץ se acentúa con *mahpach* en la penúltima y, por lo tanto, con el tono retrocedido. El *pasek* colocado en algunas ediciones entre las dos palabras (יֹסֵר ׀ לֵץ)

es masoréticamente inexacto. El que corrige al escarnecedor se acarrea deshonra, pues el incorregible responde a la buena voluntad con insultos.

Semejante a לֹו לֹקֵחַ, es aquí מרים *tollit,* igual a reportar, Pr 3, 25; Pr 4, 27 (consigue para sí deshonra). En 7b, מומו no es el objeto gobernado por וּמוֹכִיחַ, el que muestra al impío su falta (Meri, Arama, Lwenstein). Ese מוּמוֹ tiene más bien el sentido de עַל־מומו, como en la traducción griega de Venecia: μῶμον ἑαυτῷ, y según eso es paralelo a קלון. Pero מומו tampoco está subordinado a לקח, sino que es paralelo a קלון, por eso no se traduce *maculam sibimet adquirit* porque, para entenderse así, el autor debería haber escrito al menos לו מום.

Al contrario, מומו está aquí más bien como en Dt 32, 5, en aposición (como dice Hitzig), siendo así equivalente a מומא הוא ליה (Targum): *opprovrio ipsi est* (es un oprovio o mancha para sí mismo). Zöckler compara este pasaje con Sal 115, 7 y Ec 5, 16, pero la expresión (*macula ejus* igual a *ipsi,* para sí mismo) resulta más cercana a nuestra forma de hablar. En otras palabras: *quien corrige a los escarnecedores solo tiene que esperar odio* (en la línea de 9, 8, con אַל־ תּוֹכַח, con el tono hacia atrás, según la regla; cf. por el contrario, Jue 18, 25), pero el que corrige a los sabios recibirá su amor (agradecimiento), como seguiremos viendo.

La *waw* de וְיֶאֱהָבֶךָ es de consecuencia, *apodosis imperativi, así* él te amará (como Ewald traduce ahora), no para que él pueda amarte (Siríaco, Targum), porque el autor habla aquí solo de la consecuencia, no de otra cosa, como un objeto que quiere resaltar. La exhortación que da fruto con los sabios es contraproducente para los escarnecedores. Así se confirma el proverbio *habenti dabitur* (al que tiene se le dará, Mt 13, 12; Mt 25, 29).

Según eso, hay que *dar al sabio,* תֵּן לֶחָכָם; pero la palabra תן, *tradere,* dar, παραδιδόναι, es en sí misma correlativa de לקח, *accipere,* recibir (hebreo postbíblico קבל), παραλαμβάνειν, p. ej. Gá 1, 9. La expresión הודיע ל equivale a comunicar conocimiento, con דעת, en analogía de הוכיח ל, impartir instrucción, תוכחת.

Con respecto a la forma yusiva ויוסף con *apod. Imper.* (apódosis de imperativo), véase Gesenius 128, 2. Es significativo en este versículo el intercambio entre צדיק (לֶחָכָם לְצַדִּיק) y חכם. La sabiduría no es simplemente un poder intelectual, sino que es una cualidad moral; en esto se basa el hecho de que es receptiva a la instrucción, aceptando toda oportunidad de superación personal. Ella es humilde, porque no se deja llevar por la obstinación ni autosuficiencia, sino que cumple la voluntad de Dios, porque es su regla más alta, siempre obligatoria (Pr 3, 7).

## 9, 10-12.

[10] תְּחִלַּת חָכְמָה יִרְאַת יְהוָה וְדַעַת קְדֹשִׁים בִּינָה:
[11] כִּי־ בִי יִרְבּוּ יָמֶיךָ וְיוֹסִיפוּ לְךָ שְׁנוֹת חַיִּים:
[12] אִם־ חָכַמְתָּ חָכַמְתָּ לָּךְ וְלַצְתָּ לְבַדְּךָ תִשָּׂא:

*Discursos exhortatorios (Pr 1, 8 – 9, 18)*

<sup>10</sup> El comienzo de la sabiduría es el temor de Jehovah,
y el conocimiento del Santísimo es la inteligencia.
<sup>11</sup> Porque por mí se aumentarán tus días,
y años de vida te serán añadidos.
<sup>12</sup> Si eres sabio, para ti lo serás;
pero si eres burlador, sufrirás tú solo.

**9, 10-12.** Estas palabras siguen a los versos anteriores. Esta sentencia (9, 10) es el lema supremo de *chokma*, que ha aparecido (cf. Pr 1, 7) al principio del libro de los Proverbios. La LXX traduce tanto la palabra ראשית (Pr 1, 7) como תחלת aquí por ἀρχή. Gusset distingue los dos sinónimos, uno como *pars optima* (parte principal) y otro como *primus actus* (primer acto o acción). Pero el primer término, ראשית, indica el temor de Dios como lo que está en el lugar más alto, al cual se subordina todo lo que la Sabiduría realiza; el segundo, תחלת, presenta a la sabiduría como aquella que se propone y presenta a sí misma en su discurso o enseñanza.

Con יהוה se intercambia en Pr 2, 5 אלהים, y aquí קדושים, como plural internamente multiplicativo, en el sentido de Santísimo (Dietrich, *Abhandlungen*, pp. 12, 45), como en Pr 30, 3; Jos 24, 9; Os 12, 1. Por eso se le llama a Dios el "Santo, santo, santo" (Is 6, 3), es decir, Aquel que es absolutamente Santo. Michael no traduce bien el término, siguiendo a los antiguos, que no entendían este plural no numérico, sino de exaltación, poniendo: *cognitio quae sanctos facit et sanctis propria est* (conocimiento que hace santos y es propio de los santos). La palabra דעת, en paralelo con יראת, significa un conocimiento operativo práctico vivo, que se subordina a este Dios Santísimo como norma suprema inabordable.

Pr 9, 11 ofrece la razón y consecuencia de ese proverbio: "Por mí se alargarán tus días"… Hitzig traduce de un modo incorrecto: "y los años de vida te aumentarán", pues el verbo הוסיף es siempre y en todas partes (p. ej. Job 38, 11) transitivo (ella, la Sabiduría es la que alarga los días de los hombres). En el pasaje similar, Pr 3, 2, יוסיפו tenía como tema la doctrina de la Sabiduría. En 9, 10, la חכמה y בינה de los hombres no se pueden interpretar como sujetos, ya que el sujeto de todo el discurso es la Sabiduría divina.

En esa línea, debemos tener en cuenta la causa operativa, que sigue siendo la de 9, 10. Por eso no se puede traducir *dicunt* ni tampoco *dicuntur* (dicen, se dice, como en Job 7, 3; Gesenius 137). Ese sería un ocultamiento de la causa operativa, que es el mismo Dios, que está cerca de esta frase, que yace cerca, como en Pr 2, 22. El discurso de este verso (con Pr 9, 12) es de promesa y de juicio severo. Según eso, Dios, en plural, como *Qedoshim* (el Santísimo) te concederá(n) años de vida (חיים en un sentido fecundo, como en Pr 3, 2) en rica medida, un tiempo tras otro.

Como vengo señalando, Hitzig rechaza estos versículos que serían una interpolación, pero la conexión de Pr 9, 11 está vinculado con Pr 9, 5ss., y su sentido no se puede separar del sentido de conjunto de toda esta sección, llevando la idea central hasta su culminación: "avanza en el camino del conocimiento, porque por mí se multiplicarán tus días".

En esa línea, en contra de Hitzig, tenemos que vincular el sentido de Pr 9, 12 con el de Pr 9, 11 y con todo el discurso anterior (Pr 9, 7-10), de manera que no encontramos ninguna prueba decisiva de falta de autenticidad de este curso de pensamiento. Hemos visto cómo se matiza el progreso de Pr 9, 6 a Pr 9, 7, mostrando que la invitación de la Sabiduría se dirige a los receptivos, con exclusión de los irrecuperables (a los que nada puede ofrecer la Sabiduría). De un modo consecuente, Pr 9, 11 se relaciona con Pr 9, 10, como una prueba que ve la causa del efecto.

*El temor de Dios es el comienzo de la Sabiduría*. Ese temor se identifica con el conocimiento de Dios, porque por ese conocimiento se cumple la promesa de vida vinculada al temor de Dios (cf. Pr 10, 27; Pr 14, 27; Pr 19, 23, cf. Dt 4, 40), y a la humildad, vinculada a ese temor, Pr 10, 17. Así lo ratifica 10, 12, mostrando que la sabiduría que descansa (se funda) en el temor de Dios se identifica con la bendición para los sabios.

Si eres sabio, eres sabio para ti mismo; si te burlas, solo tú lo soportarás (así dice 10, 12). La LXX con el siríaco desfiguran el pensamiento de 12a, porque traducen, *si eres sabio para ti mismo, también serás sabio para tu prójimo;* el tema no es ese, sino "si eres sabio esa sabiduría será tu bien y tu vida para ti mismo". El *dativo commodi* לְךָ significa que el beneficio personal del sabio consiste en ser sabio. De alguna forma, se expresa aquí el pensamiento de Job 22, 2, indicando en el fondo que tu sabiduría no es provechosa para Dios, sino para ti mismo (Hitzig).

De esa manera, con Job 34, 2 (cf. Nm 9, 13; Ez 23, 35) tenemos que afirmar que sabiduría es su propio beneficio para el hombre; por el contrario, el libertinaje es su propia desgracia para el libertino. El hombre decide siempre por sí mismo aquello que prefiere: si ser sabio y vivir o burlarse de la religión y de la virtud, rechazando su propio bienestar, cayendo en manos de la aflicción. Con esta *nota bene,* con esta condensación final, se cierra el discurso de la Sabiduría.

## 9, 13-18.

אֵשֶׁת כְּסִילוּת הֹמִיָּה פְּתַיּוּת וּבַל־יָדְעָה מָּה: <sup>13</sup>

וְיָשְׁבָה לְפֶתַח בֵּיתָהּ עַל־כִּסֵּא מְרֹמֵי קָרֶת: <sup>14</sup>

לִקְרֹא לְעֹבְרֵי־דָרֶךְ הַמְיַשְּׁרִים אֹרְחוֹתָם: <sup>15</sup>

מִי־פֶתִי יָסֻר הֵנָּה וַחֲסַר־לֵב וְאָמְרָה לּוֹ: <sup>16</sup>

מַיִם־גְּנוּבִים יִמְתָּקוּ וְלֶחֶם סְתָרִים יִנְעָם: <sup>17</sup>

וְלֹא־יָדַע כִּי־רְפָאִים שָׁם בְּעִמְקֵי שְׁאוֹל קְרֻאֶיהָ: פ <sup>18</sup>

# Discursos exhortatorios (Pr 1, 8 – 9, 18)

[13] La mujer necia (doña Locura) es alborotadora;
es libertina y no conoce absolutamente nada.
[14] Ella se sienta en una silla a la puerta de su casa,
en lo alto de la ciudad,
[15] para llamar a los que pasan por el camino,
a los que van directo por sus sendas:
[16] *";Si alguno es ingenuo, que venga acá!"*
Y a los faltos de entendimiento dice:
[17] "Las aguas hurtadas son dulces,
y el pan comido en oculto es delicioso".
[18] No saben ellos que allí están los muertos,
que sus invitados están en lo profundo del Sheol.

El poeta trae ahora ante nosotros otra figura, que personifica a la Locura actuando en oposición a la Sabiduría, y le da un nombre femenino, como lo requería el contraste con la Sabiduría, indicando así que la seducción viene a presentarse de un modo muy especial en forma de feminidad degradada.

**9, 13.** En el comienzo (9, 13) la expresión אֵשֶׁת כְּסִילוּת es de genitivo, pero no en sentido calificativo, como en אשת רע, sino de aposición, como en בת־ציון (véase *Coment. Is 1, 8*). La palabra הֹמִיָּה (bullicioso) es predicado, como en Pr 7, 11, indicando que el objetivo de esta mujer se sitúa en un plano sensual y, por lo tanto, su apariencia excita apasionadamente, venciendo la resistencia de la mente a través de un tipo de bullicio externo.

En 13b se dice, además, quién y cómo es: ella es פְתַיּוּת o libertina, como si fuera el desenfreno personificado. Esta palabra, derivada de פתי, debe vocalizarse según el ejemplo de אכזריּוּת, como פְּתַיּוּת. Hitzig cree que se escribe con *a* por el sonido *u* que le sigue, pero esta formación siempre termina en *ijjûth*, no en *ajjûth*. De todas formas, así como a partir de זזה se forma זזון, de פתה se forma פתות, en lugar de פתיות. Kimchi (*Michlol* 181a) presenta correctamente la palabra bajo la forma פעלוּת.

Con la negación וּבל (cf. Pr 14, 7) que es poética y más fuerte que לא, se sigue presentando la designación del sujeto. Por su parte, en la expresión וּבל־ יָדְעָה מָה (y no conocer nada), la palabra יָדְעָה tiene sentido de adjetivo, con el sentido de no saber nada en absoluto (מה es igual a τì, como en Nm 23, 3; Job 13, 13; y no significa "vergüenza", como en la traducción de Reina-Valera, sino "nada", en absoluto, como en prosa מאומה), indicando así que ella está desprovista de todo conocimiento.

El Targum traduce esa palabra de un modo explicativo: no conocer טבתא, el bien, de *tov*. La LXX sustituye esa palabra y pone "ella no conoce la vergüenza",

*Proverbios 9*

lo que, según Hitzig, supondría que la palabra original debía ser כלמה (sabiduría aprobada). Pero כלמה significa siempre *pudefactio*, una cosa vergonzosa, no pudor como tal. No conocer ningún כלמה sería equivalente a decir: no dejar que ninguna vergüenza influya en uno. Para indicar que "ella no tiene vergüenza", el poeta tendría que haber utilizado la expresión ובל־ידעה בשת.

**9, 14.** Con יָשְׁבָה continúa la declaración sobre el tema que comienza con הומיה, en 9, 13. La necedad también tiene una casa en la cual se realizan obras de necedad, y se ha sentado junto a la puerta (לפתח como לפי, Pr 8, 3) de esta casa; ella se sienta allí על־כסא. La mayoría de los intérpretes piensan que se sienta en un trono (LXX, ἐπὶ δίφρου, palabra que se emplea especialmente para una *sella curulis,* un tipo de sillón curial).

En ese momento, Zöckler, como Umbreit, Hitzig y otros introducen en forma de genitivo, la expresión siguiente (cf. כִּסֵּא מְרֹמֵי קָרֶת), cambiando así el lugar de la escena, suponiendo que esta mujer quita el "alto trono de la ciudad" de la puerta de la casa y lo lleva a algún otro lugar. Pero el texto afirma que ella está sentada, no de pie, y no que anda como la Sabiduría, predicando por las calles. En ese sentido, traduce bien Evagrio, diciendo que ella (la mujer loca) está sentada en una silla "de molicie y cobardía".

Recordemos que el texto vincula (pone juntas) כסא (silla, trono) y la puerta de la casa, de manera que la primera palabra (silla) indica el asiento que se pone delante de la casa, como muestra con toda precisión el orden de los acentos con *mugrash* para כסא antes de מְרֹמֵי קָרֶת: "Según los acentos y el significado מְרֹמֵי קָרֶת ha de entenderse como *accusativum loci* (acusativo de lugar), en los lugares altos de la ciudad, como en Pr 8, 2" (Florilegio).

**9, 15.** Igual que la Sabiduría (Pr 9, 3, Pr 8, 2), la insensatez invita a sus seguidores a los puntos altos de la ciudad. La necedad se sienta ante su puerta (9, 15) para llamar לעברי דרך (con *munach*, como en Cod. 1294 y ediciones antiguas, sin *makkeph*), a los que van por el camino (לְעֹבְרֵי־דָרֶךְ, en conexión genitiva en forma de construcción acusativa, *transire viam*, como en Pr 2, 7). Ella llama (invita) הַמְיַשְּׁרִים (a los que enderezan su camino, con מ *raphatum* y *gaja*, según la regla de Ben-Asher; véase *Methegsetz* 20). Ella se dirige, según eso, a los que enderezan su camino, es decir, a los que van rectos, directamente por su camino (cf. Is 57, 2). Aquí se intercambian las construcciones de participio (según los esquemas *amans Dei* y *amans Deum,* como amante de Dios (=amado por Dios) y a Dios (=el que ama a Dios), primero con dativo y luego con acusativo).

**9, 16.** Aquí empieza el discurso de la mujer necia, contrario al de la Sabiduría. La mujer, que con su misma persona sirve como signo de identidad de su casa, se

*Discursos exhortatorios (Pr 1, 8 – 9, 18)*

dirige a los que pasan ante ella de un modo, al parecer, inocente (לתמם, 2Sa 15, 11). Ella es la Locura y puede conectarse con los hombres. La Sabiduría está conectada con ellos por un lado y la Locura con el otro. Pues bien, aquellos que son de mal corazón חסר־לב no ofrecen atención a la Sabiduría, de forma que ella no puede llenarles con contenidos buenos. Por el contrario, la Locura puede introducirse en ellos, llenándolos con su mensaje, que no opone resistencia.

En este sentido, el mensaje de Pr 9, 16 es como el de Pr 9, 4 (excepto en la forma de dirigirse a ellos, a los de וַחֲסַר־לֵב, es decir, de corazón malvado); por eso, *si quis excors, tum dicit ei*, si alguien no tiene corazón la Locura le habla. La palabra es la misma en ambos casos, pero el significado, según los dos hablantes (la Sabiduría o la Locura) es diferente.

Ambas ofrecen un mismo tipo de invitación, que se identifica con el placer de la compañía, simbolizada por el comer y el beber. La Sabiduría ofrece una comida de gozo intelectual y espiritual. La locura ofrece un gozo sensual. La Sabiduría ofrece (Pr 9, 5) pan y vino. Por el contrario, la Locura ofrece agua y pan; el placer particular al que ella invita es de tipo sensual, porque da de beber el agua de su propia fuente o de otra fuente mundana (Pr 3, 15-20), simbolizada por el signo de unas relaciones sexuales en la vida matrimonial, o de unas relaciones sexuales entre solteros, particularmente las relaciones sexuales de adulterio.

**9, 17.** Dice que las "aguas hurtadas son dulces", מַיִם־גְּנוּבִים יִמְתָּק, sin *makkeph* en גְּנוּבִים, refiriéndose a unas relaciones sexuales "robadas" a quien tiene derecho a ellas, aludiendo por tanto a una relación carnal con אושת איש, con una mujer casada. El texto se refiere también a un לֶחֶם סְתָרִים, es decir, a un pan lujurioso que es contrario a la ley, siendo así como un robo, una intriga amorosa secreta, con ocultación (סתרים, plural extenso, como מעמקים; Bottcher, 694).

Ese es un placer después del cual uno se limpia la boca como si no hubiera hecho nada (Pr 30, 20), un placer que es dulce para los hombres sin sabiduría (מתק, Job 20, 12). La misma prohibición hace que ese placer sea atractivo, y el mismo secreto le añade un gusto especial. Esos son los placeres que ofrece la mujer necia, la כסילות, que es la carnalidad personificada. Pero ¡ay de aquel a quien ella engaña, haciendo que entre en su casa!

**9, 18.** Este verso muestra cómo los invitados por la Dama Necedad entran en las profundidades del Hades. La casa de la adúltera y la casa del Hades están muy cerca, de manera que se pasa de una a la otra, como se decía ya en Pr 2, 18; Pr 7, 27. Aquí, en las palabras finales de la introducción al Libro de los Proverbios, dirigida a los jóvenes, donde aparecen la mayor parte de las advertencias contra el placer pecaminoso, se adelantan estas dos declaraciones adicionales: (1) la compañía reunida en la casa de lascivia está formada por רפאים, es decir, por viejos, ajados, que solo en apariencia viven, que han descendido ya en este mundo a la existencia aparente y sombría del reino de los muertos; (2) los כסילות o invitados (cf. Pr 7, 26: sus sacrificados) se encuentran ya en las profundidades del Hades (no en los valles, como traducen Umbreit, Löwenstein y Ewald). Por su parte, Aquila, Símaco, Teodocion dicen que están ἐπὶ τοῖς βαθέσι, en los abismos profundos, בְּעָמְקֵי שָׁאוֹל, porque עמקי no es solo plural de עמק, sino que se identifica por metaplasmo al mismo עמק, Pr 25, 3, como en el sheol más profundo שָׁאוֹל תַּחְתִּית (Dt 32, 22). Han abandonado la comunión de la vida y del amor de Dios, y se han hundido en la más profunda destrucción.

La casa de la infamia a la que atrae la Locura no solo conduce al infierno, sino que ella misma es el infierno; y los que se dejan engañar por ella son como cadáveres errantes, y aunque sigan viviendo en un sentido, en este lado de la muerte, están inmersos, en otro sentido, en el reino de la ira y de la maldición.[60]

## Proverbios 10

En la introducción a cap. 1–9, he mostrado que hay secciones más extensas de pensamientos interconectados que tienen una temática común. Incluso en Pr 6, 1-19 hemos encontrado tres discursos proverbiales que se distinguen entre sí y que son más breves, pero que contienen un pensamiento fundamental, y que están diseñados principalmente para formar un pequeño todo completo en sí mismo. A partir de aquí, no encontraremos discursos de ese tipo. Por el contrario, la colección salomónica que ahora empieza consta de dísticos que son independientes y, en su mayor parte, antitéticos. Se trata, como seguiremos viendo, de todo tipo de proverbios, como hemos indicado ya en la introducción de este libro.

Por eso, a partir de aquí, la exposición renuncia a la búsqueda de unidades especiales de pensamientos. De todas formas, la sucesión de proverbios que empezaremos a comentar desde aquí, no es puramente accidental o arbitraria. Por eso, no es casualidad que encontremos juntos varios proverbios del mismo carácter. El redactor ha conectado los proverbios de acuerdo con ciertas características comunes (Bertheau).

Más aún, la masa o conjunto de proverbios se organiza formando grupos, no solo por sucederse unos a otros, sino porque hay entre ellos cierta conexión de ideas, de tal forma que en un momento dado se rompe un tipo de sucesión y comienza una nueva (Hitzig). No puede hablarse de un plan integral, como supone Oetinger cuando ofrece una visión resumida del contenido del libro, pues

---

60. La LXX tiene adiciones considerables introducidas después de Pr 9, 18, como las que aparecen después de Pr 9, 12, de las que hay que hablar en otro contexto.

*Discursos exhortatorios (Pr 1, 8 – 9, 18)*

el desarrollo progresivo no sigue un esquema sistemático, sino que se rompe y comienza de nuevo de un modo constante. Pero el editor, a quien tomamos como organizador del contenido del libro, no fue juntando los proverbios por casualidad sino que, al colocarlos como están, se fue guiando por ciertas razones, y así empieza a mostrarlo el primer proverbio, que ha sido elegido de conformidad con el diseño del conjunto del libro, especialmente dedicado a la juventud.

# 3. PRIMERA COLECCIÓN.
# PROVERBIOS SALOMÓNICOS
## (Pr 10, 1 – 22, 16)

## 10, 1-3.

¹ מִשְׁלֵי שְׁלֹמֹה פ בֵּן חָכָם יְשַׂמַּח־ אָב וּבֵן כְּסִיל תּוּגַת אִמּוֹ:

² לֹא־ יוֹעִילוּ אוֹצְרוֹת רֶשַׁע וּצְדָקָה תַּצִּיל מִמָּוֶת:

³ לֹא־ יַרְעִיב יְהוָה נֶפֶשׁ צַדִּיק וְהַוַּת רְשָׁעִים יֶהְדֹּף:

¹ Proverbios de Salomón:
El hijo sabio alegra a su padre,
pero el hijo necio es tristeza de su madre.
² Los tesoros de impiedad no son de provecho,
pero la justicia libra de la muerte.
³ Jehovah no deja padecer hambre al justo,
pero impide que se sacie el apetito de los impíos.

**10, 1.** Uno ve aquí muy claramente (cf. Os 13, 13) que חָכָם (de חכם, propiamente ser grueso, fuerte, sólido, en el sentido de πυκνός, en la línea de σοφός) es principalmente una concepción práctica y ética. El hijo sabio alegra por igual al padre y a la madre, que aparecen al mismo tiempo separados y unidos, vinculándose ambos al hijo (en este caso al hijo sabio). Hay casos en que padre y madre van unidos, como en Pr 17, 21; 23, 24, pero hay otros en que están separados, siendo cada uno nombrado en diferentes miembros, como en Pr 17, 25; 23, 25 y, particularmente, 15, 20, donde 20a es una repetición del estico del proverbio anterior.

No puede decirse con Hitzig, que este contraste entre padre y madre sea causa de confusiones, pues la división o contraste aparece también en los dísticos sinónimos, y es menos susceptible de ser malinterpretada que en los dísticos antitéticos. Así, de este proverbio que tenemos ante nosotros, podría concluirse que el dolor por causa de un hijo necio que se extravía y no va por el camino correcto, recae principalmente sobre la madre (cf. Sir 3, 9), como sucede a menudo en el caso de matrimonios desafortunados. Los padres aparecen separados, pero no en

# Primera colección: Proverbios salomónicos (Pr 10, 1 – 22, 16)

oposición entre sí, de manera que los dos miembros (padre y madre) se mantienen en una relación intercambiable, apareciendo el uno como suplemento del otro.

La palabra יִשְׂמַּח־ se encuentra en el centro de la cláusula, y así aparece como forma usual en conexión, actuando como pausa. תּוּגַת tiene *pasek*, como תּוֹרה, en forma activa, como medio normal de conexión. "La expresión del predicado en 1b es como la de Pr 3, 17; 8, 6; 10, 14; cf. p. ej., en árabe *âlastakṣa furkat*, con la función de dividir, es decir, de mostrar las razones o motivos que conducen a la separación (cf. nuestro proverbio alemán: *Allzuscharf macht scharig*, afilar en exceso crea muescas o roturas); Burckhardt, *Sprchweisen*. Nr. 337" (Florilegio).

**10, 2-3.** Sigue una serie de proverbios que valoran las posesiones y los bienes desde un punto de vista moral-religioso, comenzando con "no son de provecho los tesoros que provienen de impiedad...". La LXX y Aquila traducen רֶשַׁע por ἀνόμους (ἀσεβεῖς). הוֹעִיל (ganar) puede construirse con acusativo, Is 57, 12, pero אוצרות no puede ir de un modo aislado sino que, requiere un genitivo que precise mejor su sentido.

No es exacta la precisión del Targum que pone דרשׁיעא, παρανόμων de Símaco; porque la pregunta sigue siendo ¿para quién no son de provecho? Correctamente han traducido el texto siríaco, Jerónimo, Teodocion y la Quinta, poniendo: ἀσεβείας, cf. Pr 4, 17; Mi 4, 10; Lc 16, 9, μαμωνᾶς τῆς ἀδικίας.

Los tesoros a los que se adhiere la maldad no aprovechan, es decir, los tesoros de aquel que los ha recogido a través de la maldad. Por el contrario, la justicia salva de la muerte (2b equivale a Pr 11, 4, donde el paralelismo aclara que se trata de la muerte como juicio).

Dt 24,13 ya había dicho que el amor compasivo es "justicia ante el Señor", la virtud cardinal que consiste en la justicia de la vida. La fe (Hab 2, 4) es el alma de su justicia, y el amor su vida. Por lo tanto, δικαιοσύνη y ἐλεημοσύνη son ideas intercambiables. Esta identificación no puede entenderse como objeción contra los apócrifos que repite el proverbio anterior, ἐλεημοσύνη ἐκ θανάτου ῥύεται (la limosna salva de la muerte), Tob 4, 10; 12, 9; Sir 3, 30; 29, 12. Da 4, 24 dice también lo mismo, y el pensamiento es bíblico, en cuanto que el dar limosna se entiende no como una obra muerta, sino (cf. Sal 112, 9) como la actividad vital de quien teme a Dios, la obra que surge de una mente que cree en Él y descansa en Su palabra.

Los miembros de 10, 3 están en relación quiástica con los del proverbio anterior. Su pensamiento es el mismo de Pr 13, 25. Allí, como en Pr 6, 30, se presenta al alma como facultad del deseo, y eso después de la referencia al alimento, pues la forma fundante de la vida del alma es el impulso a la autopreservación.

La LXX y la tradición aramea han identificado erróneamente הוּה (deseo) con חיה, vida. Conforme al Targum הוֹן, posesión, significa también deseo, sin embargo no parece relacionarse con nuestro אוה, cf. וְהַוַּת רְשָׁעִים (Bertheau). En una línea semejante, el árabe *hawan*, lo mismo que el hebreo הוה, árabe *haway*, tiene un significado fundamental de χαίνειν, respirar y vivir, pero también de bostezar, de portarse desenfrenadamente y derribar (cf. Pr 11, 6; Pr 19, 13), de donde proviene el sentido de הוה, árabe *hawan*, que significa deseo violento.

En hebreo, esta palabra (aquí y en Sal 52, 9, con Pr 7, 3 y en otros lugares) significa deseo sin límites y sin freno (cf. el plural *âhawâ*, acciones arbitrarias, caprichos). Los significados deducidos de esta importante raíz verbal (de la cual proviene también הוה היה, *accidere*, acontecer, y además *esse*, al menos conforme a la concepción) han sido recogidos por Fleischer, en su comentario a Job 37, 6, y después por K. H. Ethé (1844-1917), *Schlafgemach der Phantasie*, ii. p. 6s.

El verbo הדף significa empujar en sus múltiples matices, aquí rechazar, *repellere*, como en 2Re 4, 27 (cf. árabe *hadhaf*, empujar igual a descargar); el futuro es invariablemente יהדף, como יהגה. Dios da satisfacción al alma de los justos, a saber, concediéndoles bendiciones.

Dios no permite que se cumpla el deseo de los impíos. Puede parecer, por un tiempo, que ese deseo de los impíos vendrá a cumplirse, pero al final Dios muestra que ese deseo no puede cumplirse, que queda siempre lejos, pues es contrario a Él. En lugar de והות רשעים, algunas ediciones (Plantin 1566, Bragadin, 1615) ponen והות בגדים (el deseo de los malvados), pero esta lectura (influida por Pr 11, 6) va en contra del testimonio de todos los buenos manuscritos.

## 10, 4-5.

4 רָאשׁ עֹשֶׂה כַף־ רְמִיָּה וְיַד חָרוּצִים תַּעֲשִׁיר:

5 אֹגֵר בַּקַּיִץ בֵּן מַשְׂכִּיל נִרְדָּם בַּקָּצִיר בֵּן מֵבִישׁ:

> 4 La mano negligente empobrece,
> pero la mano de los diligentes enriquece.
> 5 El que recoge en el verano es un hijo sensato;
> pero el que duerme en el tiempo de la siega
> es un hijo que avergüenza.

**10, 4-5.** Siguen ahora dos proverbios que dicen cómo fracasa la mano de algunos, mientras tiene éxito la de otros. Hay otros proverbios semejantes: Pr 19, 15; Pr 12, 24 y Pr 12, 27. De los dos últimos, se deduce que רמיה es una sustancia, como se deduce también de Sal 120, 2 que לשון רמיה es una lengua astuta (aquí aparece como adjetivo) y de Lv 14, 15 (donde כף es femenino) que puede ser al mismo tiempo un adjetivo.

El masculino es רמי, como טרי de טריה. "La idea fundamental es la de tumbarse perezosamente, sin hacer nada, el hecho de que alguien, sano y lleno de

# Primera colección: Proverbios salomónicos (Pr 10, 1 – 22, 16)

fuerza, se mantenga inclinado y descansando, en vez de estar erguido y trabajar" (Florilegio). La traducción de כף como balanzas engañosas (Löwenstein siguiendo a Rashi) es contraria al uso bíblico, que no sabe nada de כף con ese significado, ni tampoco la Mishná.

Si כף se considera aquí como femenino, entonces no puede ser el sujeto (Jerónimo, *egestatem operata est manus remissa*, una mano perezosa es causa de pobreza), ya que leemos עשה. Pero ראש tampoco es adecuado como sujeto (LXX, Syr., Targum), porque la pobreza se llama como sustantivo ריש ראש; por el contrario, רש, plural ראשים o רשים, se usa como adjetivo. Por su parte, el adjetivo רש en 1Sa 12, 14 también está escrito ראש, y puede traducirse como *pobre el que...* (Bertheau). Pero en ese caso deberíamos esperar que se dijera lo que le sucede a tal persona, en la línea de *pobre será...* Por su parte ראש en pretérito es igual a רש, Sal 34, 11, con la misma escritura completa (gramaticalmente incorrecta) que קאם, Os 10, 14.

Por su parte, las palabras וְיַד חָרוּצִים, la mano de los diligentes o trabajadores, según Jer 48, 10, debería interpretarse como acusativo, como hace Bertheau: el que trabaja con mano perezosa... En ese sentido, el paralelo antitético עֹשֶׂה רְמִיָּה (practicar la astucia) es una frase común, utilizada en Sal 52, 4; Sal 101, 7, de manera que también כַּף־רְמִיָּה ha de considerarse como objeto, *qui agit manum remissam*, quien actúa con mano negligente... (Hitzig).

*Lo que se opone a la mano remisa o negligente en 4b es el trabajo.* Por eso se dice que la mano diligente enriquece, *ditat* o *divitias parit,* enriquece o engendra riquezas (Gesenius y otros: hace que uno se vuelva rico). Los hombres diligentes se llaman חָרוּצִים, de חרץ, afilar, porque, como en el griego ὀξύς, hacer/afilado, la agudeza se transfiere a la energía. La forma es la misma que הלוק, suave, una forma afín a קטול como חמוץ, y árabe *fâ'ûl* como *fashawsh*, fanfarrón, bolsa de viento, ya sea de significado activo (como חנון) o de significado pasivo (como חרוץ, חלוק, שכול, y עמוד).

En 10, 5 se añade un proverbio que, estando al principio de la colección, y conectándose con Pr 10, 1, imprime a este libro el carácter de libro para jóvenes. La frase central tiene este sentido: "el que se hunde en el sueño en el tiempo de la siega, es un hijo que avergüenza".

Von Hofmann (*Schriftbeweis.* ii. 2. 403) interpreta correctamente las expresiones בֵּן מבִישׁ y בֵּן מַשְׂכִּיל, hijo sabio e hijo perezoso, con Cocceius y otros, como sujeto, y no con Hitzig como predicado, porque en las cláusulas nominales suele colocarse el predicado antes del sujeto, pues en caso contrario habría que introducir הוא refiriéndose al sujeto en ambas ocasiones. Conforme a la sintaxis habitual ponemos: el que reúne en verano es...

Así lo muestra la relación entre los miembros de la oración que hallamos en Pr 19, 26; en esa línea, es evidente que al hijo descarriado se le llama מבִישׁ en

230

el sentido de alguien de quien uno se avergüenza. De todas formas, en הֵבִישׁ se vinculan las dos ideas: la de avergonzar a otros como al padre (referida al padre) y la de actuar vergonzosamente (referida al hijo holgazán), lo mismo que en הַשְׂכִּיל donde se vinculan también dos ideas: de tener perspicacia (ser perspicaz) y la de actuar con perspicacia (hacer cosas con inteligencia, cf. Pr 14, 35).

El significado de la raíz de הַשְׂכִּיל se define a partir de שׂכל, en el sentido de *complicare* (implicar mutuamente, vincular), presentando al entendimiento como la facultad de configuración y vinculación intelectual. בּושׁ, propiamente *perturbari*, procede de una concepción semejante a la del latín *confundi* (dar pudor, avergonzar).

Por su parte, קִיץ y קָצִיר se vinculan, porque קִיץ (de קוּץ que equivale a *qât*, estar resplandeciente) es justamente el tiempo de la קָצִיר, es decir, de la cosecha, como en Gn 8, 22. A la actividad de una consideración reflexiva, אגר, centrada en la ganancia para el futuro (véase Pr 6, 7), se opone el sueño profundo, es decir, el estado en el que uno se hunde en la ociosidad.

נרדם (cf. נִרְדָּם בַּקָּצִיר) significa, como ha demostrado Schultens, *somno penitus obrui, omni sensu obstructo et quasi oppilato* (dejarse arrastrar o poseer por el sueño, con los sentidos obstruidos y casi negados). Viene de רדם, llenar, callar, concluir. Se deriva (como se sabe ya desde Gesenius) del árabe, de una palabra que tiene el mismo sonido, *rdm*, ser estridente, chillar, traquetear…, en sentido figurado. Es un tipo de estado de conciencia o de vida en el que se ata, se acalla, toda forma de libre actividad y se interrumpe toda referencia al mundo exterior; cf. תַּרְדֵּמָה, Pr 19, 15, en el sentido de torpeza, apatía, somnolencia, en una línea de pereza. La LXX tiene aquí un dístico más que el texto hebreo.

## 10, 6-9.

Siguen ahora dos Proverbios (10, 6-7) que tratan de las bendiciones y maldiciones que desembocan en los hombres y que fluyen de ellos. Aquí, sin embargo, como en todo este comentario, tomamos cada proverbio por sí mismo, para que no parezca que tenemos un tetrástico ante nosotros. El primero (10, 6) va en contra de los dos dísticos antitéticos.

6 בְּרָכוֹת לְרֹאשׁ צַדִּיק וּפִי רְשָׁעִים יְכַסֶּה חָמָס׃

7 זֵכֶר צַדִּיק לִבְרָכָה וְשֵׁם רְשָׁעִים יִרְקָב׃

8 חֲכַם־לֵב יִקַּח מִצְוֹת וֶאֱוִיל שְׂפָתַיִם יִלָּבֵט׃

9 הוֹלֵךְ בַּתֹּם יֵלֶךְ בֶּטַח וּמְעַקֵּשׁ דְּרָכָיו יִוָּדֵעַ׃

6 Bendiciones vendrán sobre la cabeza del justo,
pero la boca de los impíos encubre la violencia.

# Primera colección: Proverbios salomónicos (Pr 10, 1 – 22, 16)

⁷ La memoria del justo será bendita,
pero el nombre de los impíos se pudrirá.
⁸ El sabio de corazón aceptará los mandamientos,
pero el de labios insensatos será arruinado.
⁹ El que camina en integridad anda confiado,
pero el que pervierte sus caminos será descubierto.

**10, 6.** Todas las bendiciones, sin distinción entre ellas, son otorgadas desde arriba sobre los justos (לְרֹאשׁ צַדִּיק). Con respecto a los usos comunes de לראשׁ (de recompensa en recompensa), בראשׁ (de recompensa penal) y עַל־רֹאשׁ (especialmente, de castigo), véase *Coment.* a Gn 49, 26. Si entendemos el conjunto de este proverbio como hacen Ewald, Bertheau, Elster, Zöckler y otros en la línea de Pr 10, 11; Pr 19, 28, cf. Pr 10, 18: la boca del impío se cubre (se esconde bajo una máscara) de violencia, por cuanto habla palabras de bendición mientras lleva en el fondo pensamientos de maldición (Sal 62, 5).

Pasamos por alto la agudeza del contraste, pero conservamos su sentido del contraste si interpretamos la palabra וּפִי como objeto: la violencia que ha salido del impío cubre su boca, es decir, vuelve a caer sobre su boca sucia. Así ha interpretado Fleischer (y Oetinger, casi de igual forma), parafraseando el proverbio y diciendo: los hechos de violencia que han salido de los impíos se vuelven contra ellos en forma de maldiciones y más maldiciones, de modo que al volver en contra de ellos les cierran, por así decirlo, les tapan la boca y los condenan al silencio. No es necesario tomar פי como sinécdoque en vez de פני (cf. p. ej. Sal 69, 8), ya que, en 10, 6, ברכות, significa quizá principalmente bendiciones de reconocimiento agradecido por parte de los hombres; según eso, los justos son bendecidos, mientras los impíos reciben la "recompensa" de su violencia.

Los paralelos no nos impiden explicar así este proverbio (de un modo distinto a otros proverbios), pues, a menudo, en este mismo libro, los proverbios concretos cambian de significado (cf. por ejemplo, algunos proverbios citados en la introducción a este comentario). La conjetura de Hitzig, que quiere cambiar la acentuación de יְכַסֶּה es innecesaria; porque en otro lugar leemos, como aquí, que חמס (la violencia), *jure talionis* (por ley de talión), cubre (destruye), יכסה, al malvado, Hab 2, 17, o que el malvado, usando "violencia", cubre con ella toda su apariencia externa, es decir, queda totalmente marcado de la injusticia que ha hecho (véase Köhler en *Coment.* a Mal 2, 16).

**10, 7-8.** El tema anterior sigue en Pr 10, 7: la memoria de los justos es bendita, pero el nombre de los impíos se pudrirá (en el sepulcro). Así como Pr 10, 6 decía cómo les va a los justos y a los malvados en esta vida, este versículo dice cómo les va después de la muerte.

# Proverbios 10

La tradición respecto a la escritura de זֵכֶר con cinco (זכר) o seis puntas variantes tiene poca fiabilidad (véase Heidenheim en su edición del Pentateuco, *Mer Enajim*, cf. Éx 17, 14). El códice 1294 y muchas copias impresas antiguas tienen aquí simplemente זֵכֶר. En lugar de לברכה, podría usarse יברך. La frase היה לברכה (en oposición a היה לקללה, que aparece a menudo en Jeremías), subordinada a la cláusula sustantiva, constituye una paráfrasis, porque expresa un crecimiento hacia algo e implica, por tanto, un tipo de resistencia.

*El recuerdo del justo perdura después de su muerte, porque se piensa en él con gratitud.* En esa línea, se sitúa la expresión זכר צדיק לברכה, *el recuerdo del justo es bendición;* esta expresión constituye la añadidura habitual del nombre de un hombre amado y honrado que ha muerto, porque sus obras, ricas en bendición, continúan vivas. Por el contrario, el nombre del impío, en vez de continuar viviente y activo (Sal 62, 1-12, 17) después de su partida, se corrompe (רקב, de רק, se consume, disolviéndose en partes menores, *tabescere*), como un árbol podrido carcomido por los gusanos (Is 40, 20). El Talmud lo explica así, Jon 38b: la inmundicia viene sobre su nombre, a fin de que no le podemos llamar por su nombre. También se sugiere la idea de que su nombre se corrompe, por así decirlo, con sus huesos; la Mishná, al menos *Ohaloth* ii. 1, interpreta רקב como polvo de corrupción.

Con 10, 8 sigue una serie de proverbios en los que prevalece la referencia a los pecados de la boca y a sus contrarios. Así empieza: *el sabio de corazón recibe preceptos; pero el de boca necia, se arruina.*

Un חכם־לב, sabio de corazón es aquel cuyo corazón es חכם, Pr 23, 15; es un נבון, una persona de entendimiento o juicio, Pr 16, 21. Una persona así no hace de su propio conocimiento el *non plus ultra* (él no va más), ni hace de su propia voluntad el *noli me tangere* (no me toques), sino que recibe órdenes, es decir, instrucciones de prohibición o de mandato, a las que se subordina voluntariamente, porque son el resultado de un conocimiento y de una voluntad superiores, por las cuales se pone límites y fronteras al deseo ilimitado del hombre. En contra de eso, וֶאֱוִיל שְׂפָתַיִם, el necio de labios, es decir, el jactancioso que se complace en hablar vanamente (Pr 14, 23), cae postrado, porque piensa que sabe todas las cosas mejor, y no sigue ningún modelo de justicia, ni ninguna ley de Dios.

El que se jacta de sí mismo desde lo alto, cae de repente, porque va en contra del principio fundamental de la vida y de la moralidad, cayendo de esa forma de su altura hasta el suelo. El texto sirio y el Targum traducen יִלָּבֵט, se arruina por *estar atrapado* (así también Bertheau). Aquila, Vulgata, Lutero traducen esa palabra por δαρήσεται, él es muerto; Símaco, βασανισθήσεται, torturado; pero todo ello sin ningún apoyo en el uso del lenguaje que conocemos. Teodocion traduce φυρήσεται, está confundido, pero esa traducción no es defendible. Por su parte, Joseph Kimchi, siguiendo a David Kimchi, en *Coment.* a Os 4, 14, defiende la interpretación de esta palabra como "será confundido", cf. ישׁתבשׁ. De un modo

# Primera colección: Proverbios salomónicos (Pr 10, 1 – 22, 16)

semejante traduce Parchon, a partir de יתבלבל apelando al árabe, en relación con *iltibâs*, confusión. Los significados demostrables del verbo לבט son los siguientes:

1. *Ocasionar problemas*. Así *Mechilta* a Éx 17, 14, לבטוהו: uno le ha impuesto problemas; *Sifri* a Nm 11, 1, נתלבטנו, estamos cansados. En esa línea, Rashi traduce *se fatiga*, pero esa traducción no se ajusta al sujeto, ni al contraste de conjunto del proverbio. Lo mismo puede decirse del significado de la traducción siríaca: *lbt*, conducir, presionar, lo que sin duda concuerda con el significado anterior de la palabra en el lenguaje del Midrash.

2. En árabe, *labaṭ* (raíz *lab*, véase Wünsche, *Coment. Oseas*, p. 172), arrojar a alguien a la tierra, de modo que caiga a lo largo, con todo su cuerpo. En pasivo נלבט, significa ser derribado por otro, o arrojarse uno mismo. En sentido figurado se alude a alguien que cae irremediablemente en el mal y en la destrucción (Florilegio). El verbo árabe se usa también para evocar la carrera de salto de un animal (caballo) montado (galopar) o de un cojo (saltar). En esa línea, ofrece sus explicaciones Kimchi (Lex), en el sentido de *se apresura, o vacila* de un lado a otro (cf. también Graec. Venetianus, πλανηθήσεται).

La primera de esas explicaciones, con *corruit* (se corrompe, se arruina, igual a *en calamitatem ruit*), es la preferible. Ella nos sitúa más cerca del significado árabe de la palabra, como lo confirma la LXX, con ὑποσκελισθήσεται y el *Bereshith rabba*, c. 52, donde לבט se usa en el sentido de ser arruinado (igual a נכשל). Hitzig cambia el pasivo por activo, "arroja al suelo con desdén" לקח (lo que ha ofrecido), pero el contraste no lo requiere. La jactancia desenfrenada y arrogante reside ya en la designación del sujeto, como וֶאֱוִיל שְׂפָתַיִם, necio de boca. La ruina del necio viene del hecho de que rechaza toda amonestación y enseñanza por parte de un superior. Necio es el que se cierra en sí mismo y absolutiza su propia necedad.

**10, 9.** Con esto pasamos a 10, 9, verso que sigue palabra por palabra el esquema de 10, 8- 9: *el que camina en inocencia anda confiado; pero el que va por caminos secretos es conocido*. En contra de lo que supone Hitzig, la forma extendida de בתום (cf. בְּתֹם) no tiene una conexión causal con *dech*, ya que el texto consonante que tenemos es al menos 500 años más antiguo que la acentuación. En relación con הלך תם de Pr 2, 7, este הלך בתום es igual a הלך בדרך תום. En contra de eso, וּמְעַקֵּשׁ דְּרָכָיו, el que va por caminos "secretos" es aquel que, según Pr 2, 15, va por דרכיו אשר עקשים, por sendas de maldad. Expresado en el lenguaje del N.T., el תום o perfecto es ἁπλοῦς o ἀκέραιος, es transparente, sin mancha, pues la idea fundamental de plenitud se refiere aquí a la sumisión total bajo la ley, a la integridad total.

234

Una persona así camina בֶּטַח, es decir, confiada (Aquila, ἀμερίμνως), porque no hay nada que ella deliberadamente oculte, por lo cual no tiene motivos para temer que saldrá a la luz. Por el contrario, el que tuerce sus caminos, es decir, el que se vuelve torcido no puede caminar con confianza, pues tiene miedo de ser descubierto (véase Gn 4, 15). Por eso si uno (*quis*, en el sentido de *si quis*) va por caminos torcidos, secretos, tiene miedo de ser descubierto. En ese sentido se entiende la palabra יִוָּדֵעַ que se refiere a la persona que finalmente es conocida, es decir, desenmascarada (LXX, Jerónimo, γνωσθήσεται, *manifestus fiet*).

Usualmente, esa palabra, יִוָּדֵעַ, suele explicarse en el sentido de él es sabio, como si aquí tuviéramos נודע. Aquí tenemos יִוָּדֵעַ, pasivo de הודיע (Gesenius, Ewald, Hitzig), en *hifil*, con el sentido de "darse a conocer"; *hifil* dar a sentir; *nifal* llegar a sentir, propiamente *hacerse saber* (Lutero, hecho sabio). Pero este pasivo *hifil* ha de interpretarse en el sentido de Jer 31, 19, de ser conocido. El sentido de fondo es bien claro: el que quiere ir por caminos secretos (pensando que nadie le conoce) será conocido, será descubierto, atraído a la luz. Este proverbio va de esa manera en la línea del dicho evangélico, según el cual no hay *nada escondido que no sea conocido*, revelado (Mt 10, 26).

## 10, 10-12.

קֹרֵץ עַיִן יִתֵּן עַצָּבֶת וֶאֱוִיל שְׂפָתַיִם יִלָּבֵט׃ ¹⁰

מְקוֹר חַיִּים פִּי צַדִּיק וּפִי רְשָׁעִים יְכַסֶּה חָמָס׃ ¹¹

שִׂנְאָה תְּעוֹרֵר מְדָנִים וְעַל כָּל־פְּשָׁעִים תְּכַסֶּה אַהֲבָה׃ ¹²

¹⁰ El que guiña el ojo causa tristeza,
pero el que abiertamente reprende hace la paz.
¹¹ Fuente de vida es la boca del justo,
pero la boca de los impíos encubre la violencia.
¹² El odio despierta contiendas,
pero el amor cubre todas las faltas.

**10, 10.** Es semejante a Pr 10, 8 y dice: "El que guiña el ojo causa problemas; y la boca necia se arruina". En cuanto al guiño o mordisqueo repetido de los ojos (cf. *nictare*, de *nicere*) es una forma de conducta malicioso (propia del maligno), que tiene por objeto el escarnio o la injuria de aquel a quien se refiere, cf. Pr 6, 13. En aquel caso, קרץ se conectaba con בְּ, entendida como medio de la acción; aquí, como en Sal 35, 19, cf. Pr 16, 30, se conecta a través de un acusativo de objeto.

Quien así actúa produce problemas (dolor de corazón, Pr 15, 13) en la persona a la que se toma como blanco de las burlas directas y abiertas de otros o de un tipo de burlas secretamente concertadas por personas que quieren denigrarle.

## Primera colección: Proverbios salomónicos (Pr 10, 1 – 22, 16)

El verbo יִתֵּן (cf. יִתֵּן עַצֶּבֶת) no se utiliza aquí de un modo impersonal, como en Pr 13, 10, sino como en Pr 29, 15, cf. Lv 19, 28; Lv 24, 20, en el sentido de la causa de la burla. Según el texto de la LXX, 12, 10b forma un marcado contraste con 12, 10a: ὁ δὲ ἐλέγχων μετὰ παρρησίας εἰρηνοποιεῖ (el que corrige abiertamente promueve la paz, traducción aceptada por Reina-Valera).

Esa interpretación de la LXX va en contra del texto siríaco y también en contra del texto hebreo, que ciertamente es más antiguo que esa corrección (que Ewald y Lagarde se han esforzado por traducir del hebreo). La boca necia, aquí entendida conforme a 10a, es la que habla al azar, sin examen ni deliberación y, de esa forma, el necio de repente tropieza y se cae, de modo que viene a quedar en tierra, para su propia desgracia y perjuicio.

**10, 11.** Es otro proverbio semejante a una mitad de Pr 10, 6: "Fuente de vida es la boca del justo; boca de impíos esconde violencia". Si entendemos todo 10, 11 como 10, 6b (la boca de los impíos esconde violencia) el significado de 10a sería que la boca del justo busca su propio bienestar (Florilegio). Pero como las palabras habladas son los medios de comunicación y de intercambio, uno tiene que pensar en el agua de la fuente que brota de uno y fluye hacia otro, de manera que el significado de 11b tiene que acomodarse al medio proverbio anterior, por lo que no se puede olvidar que חמס (la violencia), que tenía en 6b un carácter subjetivo tiene aquí un sentido claramente objetivo, pues una de las características de los proverbios o *mashal* consiste en que ellos puedan tener varios giros y formas de expresión.

En Salmos y Profetas a Dios se le llama מְקוֹר חַיִּים o fuente de vida, Sal 36, 10; Jer 2, 13; Jer 17, 13. La poesía de los proverbios sitúa este tema en un terreno ético, y así entiende a la boca del justo como un poder viviente, del cual provienen efectos saludables para su poseedor, cf. Pr 14, 27 y Pr 13, 14. En esa línea, aquí se dice que la boca del justo es fuente de vida, porque lo que él habla, y en el tiempo en que lo habla, fortalece moralmente, eleva intelectualmente y vivifica interiormente con su efecto a los oyentes.

Por el contrario, la boca del impío cubre el mal, oculta la violencia (*violentiam*), es decir, oculta con palabras engañosas la intención del hablante y, de esa forma, esa boca impía no va dirigida a lo que es mejor, sino a la desventaja y ruina de sus prójimos. En esa línea, las palabras que en un caso sacan a la luz un fondo de vida y de amor, haciendo que el amor actúe, en otro caso sirven para encubrir un fondo inmoral y malévolo.

**10, 12.** Expone los diferentes efectos del odio y del amor: "El odio suscita contiendas; el amor cubre todas las transgresiones". Sobre el sentido de מדנים, en cuyo lugar el *keré* pone מדינים, cf. Pr 6, 14. El odio al prójimo, que es en sí mismo un mal, tiene además un mal efecto: suscita más odio y, por lo tanto, suscita contiendas, enemistades, facciones, porque incita al hombre contra el hombre (cf. ערר, Job 3, 8). Por el contrario, el amor cubre no solo los errores pequeños, sino también los pecados mayores de toda clase (כל־פְּשָׁעִים), es decir, perdonándolos, ocultándolos, excusándolos, si es posible, con circunstancias atenuantes, o refrenándolos antes de que sean cometidos, ejecutados.

Esta es la interpretación normal. Pero la Santiago 5, 20 ofrece una versión algo distinta del sentido de este pasaje: el amor cubre y perdona todos los pecados ante los ojos del mismo Dios santo, porque perdona al hermano descarriado, y lo vuelve (lo convierte) del error de su camino, de manera que ya no se pierda. La LXX traduce de un modo incorrecto: πάντας δὲ τοὺς μὴ φιλονεικοῦντας κελόπτει φιλία (la amistad protege a todos los que no son amigos de disputas). Tanto 1Pe 4, 8 como la carta de Santiago (pero ninguna de las versiones griegas de Pr 10, 12) ponen: ἡ ἀγάπη καλύψει πλῆθος ἁμαρτιῶν (el amor cubre la multitud de los pecados).

La Iglesia Romana utiliza este pasaje como prueba para la introducción de la *fides formata* (informada por la caridad) en la justificación, cosa que ha sido condenada en la Apología de la Confesión de Augsburgo y, en efecto, lo hace bien, porque la *multitudo peccatorum* (multitud de los pecados) no se refiere a los pecados del que ama, sino a los pecados del prójimo. El pecado suscita el odio en los hombres en su relación de unos con otros; pero el amor cubre los pecados ya existentes y suaviza las perturbaciones ocasionadas por ellos.

## 10, 13-14.

בִּשְׂפָתֵי נָבוֹן תִּמָּצֵא חָכְמָה וְשֵׁבֶט לְגֵו חֲסַר־לֵב: ¹³

חֲכָמִים יִצְפְּנוּ־דָעַת וּפִי־אֱוִיל מְחִתָּה קְרֹבָה: ¹⁴

¹³ En los labios del entendido se halla sabiduría,
pero la vara es para las espaldas del falto de entendimiento.
¹⁴ Los sabios atesoran el conocimiento,
pero la boca del insensato es calamidad cercana.

**10, 13.** Siguen ahora otros dos proverbios sobre el uso y abuso de la palabra. 10, 13: "En los labios del entendido hay sabiduría; la vara es para la espalda del necio". Contra Löwenstein, Hitzig y otros, no puede tomarse ושבט como segundo sujeto de תמצא. La boca misma o la palabra de la boca puede llamarse vara, es decir, vara de corrección (Is 11, 4). Pero el hecho de que la sabiduría y la vara correctora se encontraran en los mismos labios de los sabios sería una combinación y una figura de mal gusto. Por eso debemos tomar 13b como una cláusula en sí misma, como la traduce Lutero, "pero la vara pertenece a la espalda del necio".

*Primera colección: Proverbios salomónicos (Pr 10, 1 – 22, 16)*

Eso significa que hay un contraste entre 13b y13a. La sabiduría debe buscarse en los labios del hombre de entendimiento (cf. Mal 2, 7); por el contrario, un hombre falto de entendimiento se entrega a cosas huecas y vanas; habla y actúa de forma corrupta, de manera que, para educarle y hacerle mejor, hay que aplicarle, si es preciso, la vara en la espalda, pues, como dice un proverbio talmúdico, lo que un sabio gana con una insinuación un necio solo puede aprenderlo con un garrote. La vara se llama שֵׁבֶט, ser suave, ir derecho hacia abajo (como los cabellos de la cabeza); por su parte la espalda es גו, de גוה, ser redondeado, es decir, cóncavo o convexo.

**10, 14.** Sigue con la misma idea: "Los sabios atesoran el conocimiento, pero la boca de los necios está cerca de la destrucción". Ewald, Bertheau, Hitzig, Oetinger traducen: "La boca del tonto se destruye y es como la caída repentina de una casa de la que uno no puede escapar". Pero dado que מחתה (cf. וּפִי־ אֱוִיל מְחִתָּה, la boca del necio es calamidad) es una palabra favorita de los proverbios para denotar el efecto y el resultado de lo que es peligroso y destructivo, entonces el sentido puede ampliarse aún más: la boca del necio es para sí mismo (Pr 13, 3) y para otros una amenaza, es decir, una calamidad siempre amenazante y que ocurre de manera inesperada, porque de repente se equivoca con su discurso desconsiderado y vergonzoso, de modo que la boca de un tonto es para todos un *praesens periculum* (un peligro siempre amenazante).

En cuanto a יצפנו (cf. יִצְפְּנוּ־ דָעַת), vale la pena señalar que en el árabe de los beduinos la palabra *dfn*, en futuro intransitivo, significa estar quieto, estar pensativo, estar absorto en uno mismo (véase Wetstein, *Coment.* a Job, p. 281). Según Códices y ediciones correctas debe escribirse וּפִי־ (y su boca) en lugar de אויל (insensato); véase Baer *Torath Emeth*, p. 40.

## 10, 15-17.

Siguen ahora dos proverbios semejantes, uno sobre la posesión y otro sobre la ganancia.

הֹון עָשִׁיר קִרְיַת עֻזֹּו מְחִתַּת דַּלִּים רֵישָׁם: <sup>15</sup>

פְּעֻלַּת צַדִּיק לְחַיִּים תְּבוּאַת רָשָׁע לְחַטָּאת: <sup>16</sup>

אֹרַח לְחַיִּים שֹׁומֵר מוּסָר וְעֹוזֵב תֹּוכַחַת מַתְעֶה: <sup>17</sup>

<sup>15</sup> Las riquezas del rico son su ciudad fortificada,
y la calamidad de los necesitados es su pobreza.
<sup>16</sup> La obra del justo es para vida,
pero el logro del impío es para pecado.

> [17] El que guarda la disciplina está en el camino de la vida,
> pero el que descuida la reprensión hace errar.

**10, 15.** Trata de la posesión: "La riqueza del rico es su ciudad fuerte; la destrucción de los pobres es su pobreza". La primera línea equivale a Pr 18, 11, y su mensaje se puede aplicar a lo que es interno y a lo que es externo, de forma que el proverbio sigue siendo cierto en ambos casos.

La palabra עז (cf. עֵז) puede significar por sí sola "poder externo" como medio de protección o baluarte (Sal 8, 3) o también conciencia de poder, sentimiento elevado, orgullo (Jue 5, 21). En esa línea, עזו puede traducirse como "confianza en sí mismo" y, por el contrario, מחתה objeto de terror (Jer 48, 39). El hombre rico, a quien su hacienda proporciona una reserva segura y una fuente abundante de ayuda, puede mostrarse confiado y avanzar enérgicamente. Por el contrario, el hombre pobre es tímido y vergonzoso, y se abate y desalienta fácilmente.

Así traducen, por ejemplo, Oetinger y Hitzig, en sentido subjetivo. Pero la interpretación objetiva es admisible y se encuentra más cerca del sentido original del texto: el hombre rico puede desarrollar una vida independiente, los cambios y las adversidades no pueden derrocarlo tan fácilmente y puede también elevarse por encima de muchos peligros y tentaciones. Por el contrario, el hombre pobre es abatido por pequeñas desgracias, y sus desesperados esfuerzos por salvarse, cuando fracasan, lo arruinan por completo, y tal vez lo convierten al mismo tiempo en un proscrito moral.

Este proverbio expresa un hecho experimentado con frecuencia, y del que puede derivarse fácilmente una doble doctrina: (1) por una parte, al hombre se le ordena (no solamente se le pide) que busque una posición económica firme, que ese sea el objetivo de su empeño más fuerte; (2) por otra parte, el hombre rico debe tratar con paciencia al hombre humilde; y en el caso de que el pobre se hunda siempre más y más, el rico no debe juzgarlo con dureza despiadada y con orgullosa exaltación propia.

**10, 16.** Se ocupa de la ganancia. "La ganancia del justo para la vida; el ingreso de los impíos para el pecado". De un modo preciso, la ganancia del justo se llama פעלה (cf. Lv 19, 13), como *recompensa* por su trabajo; lo que recibe el impío se llama תבואה, como *ingreso* que no necesita ser la recompensa del trabajo, y menos aún de su propio esfuerzo inmediato. Esas ganancias se dividen y distinguen de formas antitéticas: unas son לחיים, es decir, para la vida; otras son לחטאת, es decir, para el pecado, con el convencimiento de que el pecado lleva en sí mismo el germen de la muerte.

La recompensa de su trabajo sirve al justo para establecer su vida, es decir, para asegurar su posición en la vida y para elevar su felicidad en la vida. Por el

# Primera colección: Proverbios salomónicos (Pr 10, 1 – 22, 16)

contrario, los ingresos del impío solo sirven para arruinar su vida porque, lleno de confianza, añade pecado al pecado, cuya paga es siempre la muerte. Hitzig traduce, *para expiación*, es decir, para perder esa riqueza mal adquirida como expiación por pecados pasados. Sea como fuere, si חיים y חטאת forman entre sí un contraste, entonces, ese pecado lleva en sí la muerte (Pr 8, 35).

**10, 17.** El grupo de proverbios que siguen a continuación traen de nuevo a la vista los efectos buenos y malos del habla humana. El versículo 10, 17 introduce la transición a los nuevos temas: "Hay camino de vida para quien acepta la corrección; el que no acepta la instrucción yerra". En lugar de ארח חיים (Pr 5, 6), aquí tenemos ארח לחיים; de esa manera este proverbio concuerda con Pr 10, 16, que contiene la misma palabra לחיים.

La acentuación muestra que אֹרַח es substantivo. Si ארח significara caminante en participio debería acentuarse como שֹׁסַע, Lv 11, 7, y como נֹטַע, Sal 94, 9, con el tono en la última. No es necesario cambiar el tono, ni hacer como Ewald, interpretando ארח como *abstracto pro concreto* (abstracto con significado de concreto), ni como הלך, porque la expresión "vagabundo a la vida" no tiene paralelo en los proverbios.

Michaelis ha dado la interpretación correcta, *via ad vitam est si quis custodiat disciplinam,* el camino para la vida es guardar la disciplina. Pero los contenidos sintácticos son diferentes como, por ejemplo, en 1Sa 2, 13, donde el participio actúa como cláusula hipotética. En ese sentido, "camino de vida es observar la corrección". En esa línea, el texto podría traducirse: *va de camino a la vida el que...* esta sería una variante de la expresión, "el pórtico tenía veinte codos", 2Cr 3, 4, una expresión particularmente adaptada al lenguaje figurativo de la poesía de los proverbios, como si el poeta dijera: aceptar y guardar (cumplir) la corrección es el camino a la vida.

Las palabras מוּסָר y תּוֹכַחַת están relacionadas entre sí como παιδεία y ἔλεγχος, educación y corrección; עזב (עזֹב, dejar, abandonar) es equivalente a מתעה. No sería adecuado decir שׁמר בלתי (sin guardar la corrección) pues no destacaría el sentido causativo que tiene todo este pasaje dado que, como entiende Bertheau, solo quien observa la corrección puede guiar a otros a la vida.

Desde esta perspectiva se entienden las injurias que se hace a sí mismo quien piensa que está por encima de todo reproche, de forma que no necesita corrección alguna. El que no acepta la corrección yerra y hace errar.

Hitzig, en su *Coment.* a Jer 42, 20 (1866) advierte correctamente: "No se trata aquí de errar de un modo involuntario, sino como un procedimiento voluntario, y así se expresa adecuadamente por el hifil". Se trata, pues, de la conducta equivocada de un ser dotado de razón, que comete un pecado de desobediencia a los mandatos, con términos como הגיע הוסיף (tocar), הרחיק (distanciarse), que

*Proverbios 10*

denotan la conducta activa de un ser dotado de razón, cf. Ewald, 122c. Rechazar la disciplina es, según eso, un gesto de desobediencia a la ley de Dios.

### 10, 18-21.

מְכַסֶּה שִׂנְאָה שִׂפְתֵי־שָׁקֶר וּמוֹצִא דִבָּה הוּא כְסִיל: [18]
בְּרֹב דְּבָרִים לֹא יֶחְדַּל־פָּשַׁע וְחֹשֵׂךְ שְׂפָתָיו מַשְׂכִּיל: [19]
כֶּסֶף נִבְחָר לְשׁוֹן צַדִּיק לֵב רְשָׁעִים כִּמְעָט: [20]
שִׂפְתֵי צַדִּיק יִרְעוּ רַבִּים וֶאֱוִילִים בַּחֲסַר־לֵב יָמוּתוּ: [21]

[18] El que aplaca el odio es de labios justos,
pero el que suscita la calumnia es necio.
[19] En las muchas palabras no falta pecado,
pero el que refrena sus labios es prudente.
[20] Plata escogida es la lengua del justo,
pero el corazón de los impíos no vale nada.
[21] Los labios del justo apacientan a muchos,
pero los insensatos mueren por falta de entendimiento.

**10, 18.** "Quien encubre el odio es boca mentirosa; el que difunde calumnias es un necio". La LXX dice: καλύπτουσιν ἔχθραν χείλα δίκαια (los que ocultan la enemistad son labios justos). Esta es la versión que prefiere Ewald (y Reina-Valera, Nota del Traductor), y que ha dado ocasión a Hitzig para hacer una conjetura notable, "El que oculta el odio, cierra los labios", que solo él entiende. En contra de esa conjetura, este primer estico de verso se entiende en la línea de las consideraciones siguientes:

(1) *Ocultar el odio* (cf. Pr 10, 11; Pr 26, 24) es algo completamente diferente de encubrir el pecado (Pr 10, 12; Pr 17, 9) y ha de entenderse desde la perspectiva de mantener algo en secreto con discreción (Pr 10, 13).

(2) Δίκαια es una lectura corrupta de ἄδικα (como supone Grabe, y traduce Symmachus) o de δόλια (como supone Lagarde, y de hecho se encuentra en algunos códices).

(3) Michaelis comenta bien: *odium tectum est dolosi, manifesta sycophantia stultorum* (odio escondido es cosa de mentirosos, un engaño propio de necios). Quien oculta sentimientos de odio detrás de sus palabras es שִׂפְתֵי־שָׁקֶר, boca de mentira (cf. boca de necio, Pr 10, 14). Uno no necesita añadir אִישׁ, sino que más bien debe concluir que este verso está tratando de un hombre que es simplemente falso, encubriendo de manera mentirosa su odio, como demuestra Sal 120, 3.

# Primera colección: Proverbios salomónicos (Pr 10, 1 – 22, 16)

Hay un segundo juicio moral, 18b, *el que difunde calumnias* (וּמוֹצִא, según la escritura masorética, el que las divulga, como correlato de הבִיא, el que introduce o propaga calumnias, cf. Gn 37, 2) es un *Thor* (en alemán, un loco), un tonto, estúpido. Pero כְּסִיל no es simplemente un "tonto" sin culpa (un *Narr*, en alemán), sino una persona impía o mala (אֱוִיל).

El que difunde calumnias es simplemente malo, no puede originar nada bueno, no puede traer ninguna ventaja a la sociedad, sino que daña la reputación de aquel a quien se refiere el דִבָּה, es decir, el informe secreto, la calumnia que él propaga. Su acción siembra discordia, tiene consecuencias incalculables y, finalmente, destruye al propio calumniador.

**10, 19.** En ese contexto se entiende el siguiente verso, 10, 19. "En las muchas palabras no falta la transgresión; quien refrena sus labios muestra sabiduría". No entendemos 19a como si dijera: "Por muchas palabras una transgresión no deja de ser lo que es"; el contraste con 19b requiere una condena más intensa de la multitud de palabras.

Por su parte יֶחְדָּל (de חדל) no significa solo dejar de hacer y dejar de ser (quitar), sino también dejar de obrar bien (faltar, cf. Ez 3, 11; Zac 11, 12), en el sentido de no ser (fallar, destruir, estar ausente), pues *ubi verborum est abundantia non deest peccatum* (donde hay abundancia de palabras no falta pecado) (Florilegio).

Michaelis compara adecuadamente este proverbio con el dicho de Estobus: πολυλογία πολλὰ σφάλματα ἔχει (las muchas palabras incluyen muchos errores). Por su parte, en la Mishná, *Abot* 1, 17, se dice: כל המרבה דברים מביא חטא (quien habla demasiado acarrea pecado); con esta sentencia de la Mishná explica Rashi nuestro proverbio. La palabra פֶּשַׁע no significa aquí solamente, como en Sal 19, 14, el pecado de oponerse a Dios, es decir, la apostasía, sino que tiene el sentido de la palabra postbíblica עברה, utilizada generalmente con referencia a todo tipo de *violación* en sentido moral (פשע equivale al árabe *fsq dirumpere*, hacer algo violento).

Como observa Jansen, se refiere a *peccatum sive mendacii, sive detractionis, sive alterius indiscretae laesionis, sive vanitatis, sive denique verbi otiosi* (pecado de mentira, de robo, de lesión general contra otro, de vanidad o, finalmente, de palabras ociosas). En 19b, la palabra מַשְׂכִּיל ha de tomarse como verbo transitivo de acción interna (*intelligenter agit*, actuar de un modo inteligente, de modo que es un participio atributivo (*intelligens*, entendiendo).

**10, 20.** "Plata escogida es la lengua del justo; el corazón de los impíos es de poco valor". Plata escogida es, como en Pr 8, 19, cf. 10, la que está pura, libre de toda mezcla y escoria. Como plata pura y noble es la palabra del justo; el corazón, es decir, la manera de pensar y sentir, de los impíos es, por el contrario, algo pequeño, *instar nihili*, es decir, de poco o ningún valor, como en árabe *kalyla* (Florilegio).

242

La LXX precisa: el corazón de los impíos ἐκλείψει, es decir, ימעט, pierde todo valor; al principio parece arrogante y lleno de planes elevados, pero se vuelve cada vez más abatido, desalentado, vacío. El Targum (según el cual se debe corregir la Peschita, véase Levy, *Wörterbuch*, ii., 26) dice: el corazón del impío es מחתא (de נחת), basura, escoria. Las otras versiones griegas concuerdan con el texto que tenemos ante nosotros.

**10, 21.** "Los labios del justo edifican a muchos; los necios mueren por falta de comprensión". La LXX traduce 21a, los labios del justo ἐπίσταται ὑψηλά (conocen cosas excelsas); pero esa traducción requeriría que el texto pusiera, al menos, רעה. Pero las palabras del texto son muy distintas (יִרְעוּ רַבִּים, cf. traducción Hebrea de Carta a los romanos, *Römerbrief*, p. 97). Una palabra adecuada desde el N.T. sería οἰκοδομεῖν, "*proporcionar alimento y fortalecimiento espiritual*", palabra que Fleischer compara con algunas expresiones eclesiásticas como, pastor, redil de la iglesia, rebaño, etc.

La palabra רעה (cf. יִרְעוּ רַבִּים) significa dirigente (pastor), Jer 10, 21, y también maestro, Ec 12, 11, pues contiene en parte la idea de liderar y en parte la de alimentar. ירעו significa תרעינה (guardar, conservar) como en Pr 10, 32; Pr 5, 2. En 21b, Berteau explica incorrectamente, como Euchel y Michael, "Muchos tontos mueren por un demente"; pero los dementes tienen suficiente con su propia locura, y no necesitan ser arrastrados a la destrucción de otros. חסר no es aquí una forma de conexión (como traducen muchos interpretes judíos: *por eso, por ser él así*), ni ha de entenderse en forma de "querer", sino como רחב, Pr 21, 4, שכב, Pr 6, 10, y שפל, Pr 16, 19. El texto dice con toda claridad que los insensatos *mueren por falta de entendimiento* (cf. Pr 5, 23). Esa locura, esa falta de entendimiento es la causa de su muerte, porque lleva a los necios a la meta de su destrucción sin que ellos se den cuenta del camino que están recorriendo (Os 4, 6).

## 10, 22-26.

²² בִּרְכַּת יְהֹוָה הִיא תַעֲשִׁיר וְלֹא־יוֹסִף עֶצֶב עִמָּהּ׃
²³ כִּשְׂחוֹק לַכְּסִיל עֲשׂוֹת זִמָּה וְחָכְמָה לְאִישׁ תְּבוּנָה׃
²⁴ מְגוֹרַת רָשָׁע הִיא תְבוֹאֶנּוּ וְתַאֲוַת צַדִּיקִים יִתֵּן׃
²⁵ כַּעֲבוֹר סוּפָה וְאֵין רָשָׁע וְצַדִּיק יְסוֹד עוֹלָם׃
²⁶ כַּחֹמֶץ ׀ לַשִּׁנַּיִם וְכֶעָשָׁן לָעֵינָיִם כֵּן הֶעָצֵל לְשֹׁלְחָיו׃

²² La bendición de Jehovah es la que enriquece
y no añade tristeza con ella.
²³ El hacer perversidades es una diversión para el necio,
pero para el hombre de entendimiento

*Primera colección: Proverbios salomónicos (Pr 10, 1 – 22, 16)*

el descanso es la sabiduría.

²⁴ Lo que el impío teme, eso le vendrá;

pero a los justos les será dado lo que desean.

²⁵ Como cuando pasa la tempestad,

así el impío no permanece;

pero el justo tiene fundamentos eternos.

²⁶ Como es el vinagre a los dientes

y el humo a los ojos,

así es el perezoso a los que lo envían.

Tres proverbios dicen que el bien viene de lo alto, y es como una segunda naturaleza para el hombre de entendimiento.

**10, 22.** "La bendición de Yahvé enriquece; el trabajo no le añadirá nada". Como en 24a, la partícula היא limita el predicado a este. Sin que haya ningún otro sujeto, "todo depende de la bendición de Dios" (solo de la bendición de Dios). Este proverbio es un compendio del Sal 127, 1-2. 22b y debe entenderse según el Salmo salomónico 127. No quiere decir que Dios no añadirá nada a su bendición (lo que requeriría la palabra עליה, ningún dolor), sino que con su bendición otorga al mismo tiempo una mente gozosa y pacífica (LXX, Targum, Siriaco, Jerónimo, Aben-Ezra, Michaelis y otros).

De esa forma, se quiere decir que la dificultad, el trabajo, es decir, los esfuerzos propios extenuantes, no añadan (nada) a ella. No añaden nada a la naturaleza de la bendición que viene plena y totalmente de Dios. En contra de eso, como correctamente señalan los intérpretes judíos, según su naturaleza, la maldición es חסרון, pues depende de la obra de los hombres.

La bendición de Dios es la única causa eficiente de la vida de los hombres, de manera que ellos no pueden añadir nada que la complete, con עמה o junto con ella. Los hombres no pueden añadir nada a los dones, a fin de completarlos, como si la bendición divina fuera en sí misma incompleta. Así opinan Rashi, Lutero, Ziegler, Ewald, Hitzig, Zöckler, etc. La acentuación normal de las ediciones del siglo XIX con וְלֹא־יוֹסִף עֶצֶב עִמָּהּ es incorrecta. Ediciones más antiguas, como las de Venecia 1525, 1615 y Basilea 1618, tienen una puntuación mejor. Además, עצב tiene doble *Segol* (véase Kimchi, *Lex.*), y יוסף se escribe, según la Masora, con la primera sílaba completa y con la última defectuosa (como en el texto actual).

**10, 23.** "Como juego es para el necio cometer un delito; y la sabiduría lo es (como un juego) para el hombre de entendimiento". Löwenstein traduce de un modo distinto: para un tonto, la realización de un plan (malvado) es como un juego; al contrario, para un hombre de entendimiento la realización es como sabiduría.

*Proverbios 10*

זִמָּה significa presionar mentalmente para pensar, como en Job 17, 11, y según Gesenius, también en Pr 21, 27; Pr 24, 9. Por su parte, זִמָּה tiene el significado dominante de ultraje contra la moralidad, de pecado o falta contra la castidad. En esa línea, la frase עשׂה זמה que aparece en Jue 20, 6 y en Ezequiel se utiliza también de esa manera.

Según eso, al necio le parece que la conducta pecaminosa se coloca por encima de la solemnidad de la ley moral, de manera que para él el pecado es como una diversión. Por el contrario, para un hombre de entendimiento lo que constituye la auténtica diversión u obra gozosa es la misma sabiduría. No nos aventuraríamos a interpretar de esa manera la palabra כשׂחוק (en una línea de juego), si es que el tema de שׂחק como juego no se atribuyera en Pr 8, 30, a la Sabiduría misma.

Esta relación alternativa del necio y del sabio con el juego se apoya en la indeterminación de la palabra חכמהו. Queda así claro que para el necio la misma maldad es como un juego. Por el contrario, el más hondo juego es para los sabios el buen entendimiento. En ese sentido, como dice Jerónimo, la sabiduría constituye la auténtica prudencia (la obra gozosa) para el hombre.

Los temas de la antítesis se combinan quiásticamente dentro del versículo, de manera que la חכמה que aparece en contraste con la conducta perversa, actúa de acuerdo con los principios morales. Para el hombre de entendimiento, el actuar con sabiduría es tan fácil y gozoso como divertirse, es su mayor alegría, su juego. Al contrario, para el necio lo más fácil y gozoso es pecar desvergonzadamente, porque siguiendo un impulso interior, esto es lo que le produce alegría, es aquello que le hace estar satisfecho.

**10, 24.** "Tal como el impío teme, así le sucede, pero al justo se le da lo que él desea". La formulación de 24a es semejante a la de otro proverbio (11, 27), donde la idea básica se expresa en forma de genitivo, como en Gn 9, 6. En nuestro pasaje, el tema aparece al principio y, como en Pr 10, 22, se formula enfáticamente con מגורה, palabra que propiamente significa apartarse de, retroceder aterrorizado (temer). Pues bien, precisamente aquello que el malvado teme (con היא) eso es lo que le sucede. Tanto aquí, como en Is 66, 4, el objeto del temor viene en paralelo a תאוה, el objeto del deseo (lo que desea el justo, eso se le da).

En 24b Ewald interpreta יִתֵּן como adjetivo, de יתן (de donde viene איתן), según la forma קֵּה, y traduce, sin embargo, *para el justo el deseo siempre florece*. En Pr 12, 12 tenemos la duda de si יתן se formó a partir de ית y no de נת. Pero en nuestro caso no hay duda, porque desear y dar (cumplir) están naturalmente correlacionados, de forma que יִתֵּן tiene que venir de נת, que es dar.

Hitzig corrige יתן, introduciendo la partícula 'ה en el sentido de "existe" (no de נת, se le da); pero este cambio es aquí tan poco apropiado como en Pr 13, 21. Por otra parte, no se puede decir "uno da" (en la línea del Targum, texto

*Primera colección: Proverbios salomónicos (Pr 10, 1 – 22, 16)*

siríaco y Jerónimo, que traducen de un modo pasivo); en esa línea los intérpretes judíos suelen explicar יתן a partir de הנותן. El tema de fondo está en el hecho de que el poeta no quiso dar a יתן un carácter personal, y prefirió formular la idea de un modo impersonal (al hombre se la da…). Por eso, es preferible interpretar la palabra יִתֵּן de un modo impersonal, como hace Böttcher, lo mismo que en Pr 13, 10 y en Job 37, 10, y quizás también en Gn 38, 28 (Ewald, 295a). Según eso, el texto se traduce así: *lo que el justo (=los justos en sentido general) desea que exista, es decir, que se vuelva real, eso se les da, eso es lo que se les cumple.*

Según eso, no tenemos que pensar directa y exclusivamente en el destino final que temen los impíos (Heb 10, 27), y hacia el cual se dirige el deseo de los justos (después de este mundo), pues el proverbio tiene también una verdad que se realiza en este mundo. Precisamente aquello que más temen (la enfermedad, la bancarrota, la pérdida de reputación) es lo que les sobreviene a los impíos. Por el contrario, aquello que los justos desean se les realiza, porque su deseo (en su intención, en su forma y contenido) está en armonía con el orden del mundo moral.

**10, 25.** Aquí sigue una serie de proverbios que, con una sola excepción, se centran en la permanencia inamovible de los justos. Así dice 10, 25: "Cuando sobreviene la tempestad, ya no hay impíos; pero el justo tiene fundamento eterno". La relación entre 10, 25 y 10, 24 se muestra en el libro de Sabiduría 5, 15 (la esperanza de los impíos es como la paja que persigue el viento). El texto arameo, Jerónimo y la traducción griega de Venecia interpretan la כ de כַּעֲבוֹר en forma de comparación, de modo que la destrucción de los impíos se compara por lo repentino y rápido con el paso precipitado de una tormenta; pero en ese caso no se podría haber utilizado וְאֵין רָשָׁע con la ו como apódosis, pues ese sería un elemento perturbador en la comparación, sino que tendría que haberse usado יחלף רשע, o al menos רשע אין.

El pensamiento de fondo de este proverbio es el mismo de Job 21, 18: la tormenta, que se llama סופה, de סו, precipitarse, se entiende como arrasadora, y כ tiene un sentido temporal (cuando), no de comparación, como en Éx 11, 4 (LXX, παραπορευομένης καταιγίδος, sobreviniendo de repente) de forma que la *waw* de וְאֵין ha de entenderse a modo de apódosis, como oración temporal, según Is 10, 25.

Entendida en ese contexto, סוּפָה es una imagen de las calamidades decretadas por Dios, como la guerra y la peste, bajo las cuales se hunden los impíos, mientras que los justos las soportan. Compárese Pr 25a con Pr 1, 27; Is 28, 18 y Pr 25b con Is 3, 25 (Hab 2, 4; Sal 91, 1). En ese sentido, יְסוֹד es "un fundamento eterno", ya que עולם se entiende mirando hacia adelante, no como en Is 58, 12, hacia atrás, un fundamento que no puede ser sacudido por nada; un fundamento que así puede aplicarse a un edificio.

Este proverbio nos recuerda, según eso, con el final del Sermón de la Montaña (Mt 7, 24-27), con la imagen de la casa edificada sobre roca. Todo eso encuentra su confirmación final en este hecho: la muerte de los impíos es un castigo penal para ellos, pero la muerte de los justos es una elevación, pues les introduce en su auténtica morada. Ciertamente, hay justos que perecen también con bastante frecuencia en tiempos de guerra y de pestilencia; pero el proverbio, tal como se interpreta desde su contexto, se verifica y cumple por sí mismo y se muestra como verdadero, aunque no tanto como el poeta del A.T. supone, desde su estrecho punto de vista; pues solo desde el N.T. sabemos que el justo, muere de la forma que sea, es preservado, mientras que el impío perece.

**10, 26.** Este proverbio rompe el orden de la serie anterior y de la que sigue, y se formula así: "Como vinagre a los dientes, y como humo a los ojos, así el perezoso para aquellos que le envían" (que le dan una comisión). Este es un proverbio parabólico (como he dicho en la introducción) y se formula en forma de *priamel* (modelo retórico alemán). En algunos códices, la palabra לַשִּׁנָּיִם se puntúa con *mugrash*, pero en los textos correctos tiene *reba-magnum*; el verso está dividido en dos por un *atnach*, cuyo distributivo subordinado es el *rebia-magnum* (cf. *Accentssystem* xi. 1). El humo resulta desagradable para el sentido del olfato y, particularmente, para los ojos, a los que hace escocer hasta que se desbordan de lágrimas. Por eso, Virgilio dice que el humo es amargo, y Horacio que es lloroso.

La palabra חֹמֶץ (cf. כַּחֹמֶץ, de חמץ, ser agrio, áspero) significa propiamente aquello que es ácido, como vinagre, ὄξος. Aquí, conforme a la LXX, que traduce ὄμφαξ, la palabra חמץ puede referirse a las uvas agraces inmaduras, pero ellas se llaman más bien בסר (véase Job 15, 33): el texto siríaco, siguiendo a la LXX, traduce de esa forma esa palabra, lo mismo que el Talmud, *Dema* i. 1, que pone חמץ, con un significado dudoso (cf. Aruch y también Rashi).

Este proverbio vincula así el humo (dañino para los ojos) y el vinagre, que es dañino para los dientes, como puede verse si uno piensa en el fuerte vinagre (de vino) del sur, que tiene un efecto fuerte sobre los dientes, como indica el verbo hebreo הה, como el efecto del humo que se indica por כהה (Florilegio).

El plural לִשְׁלְחָיו (para los que le envían) indica un tipo de personas, como en Pr 22, 21; Pr 25, 13; el paralelo אדניו del último pasaje (25, 13) no exige que tomemos ese plural como plural de excelencia (Bertheau, Hitzig, Ewald). Los que envían a un perezoso, es decir, los que lo hacen su agente, lo hacen para su propio dolor. Su pereza es para ellos, y para los que observan su lentitud una causa de dolor, como el humo para los ojos y el vinagre para los dientes.

# 10, 27-32.

²⁷ יְרְאַת יְהוָה תּוֹסִיף יָמִים וּשְׁנוֹת רְשָׁעִים תִּקְצֹרְנָה:
²⁸ תּוֹחֶלֶת צַדִּיקִים שִׂמְחָה וְתִקְוַת רְשָׁעִים תֹּאבֵד:

# Primera colección: Proverbios salomónicos (Pr 10, 1 – 22, 16)

מָעוֹז לַתֹּם דֶּרֶךְ יְהוָה וּמְחִתָּה לְפֹעֲלֵי אָוֶן: [28]

צַדִּיק לְעוֹלָם בַּל־ יִמּוֹט וּרְשָׁעִים לֹא יִשְׁכְּנוּ־ אָרֶץ: [30]

פִּי־ צַדִּיק יָנוּב חָכְמָה וּלְשׁוֹן תַּהְפֻּכוֹת תִּכָּרֵת: [31]

שִׂפְתֵי צַדִּיק יֵדְעוּן רָצוֹן וּפִי רְשָׁעִים תַּהְפֻּכוֹת: [32]

[27] El temor de Jehovah aumentará los días,
pero los años de los impíos serán acortados.
[28] La expectativa de los justos es alegría,
pero la esperanza de los impíos perecerá.
[29] Jehovah es la fortaleza del íntegro de camino,
pero es espanto para los que obran maldad.
[30] El justo no será removido jamás,
pero los impíos no habitarán la tierra.
[31] La boca del justo producirá sabiduría,
pero la lengua perversa será cortada.
[32] Los labios del justo saben hablar lo que agrada,
pero la boca de los impíos habla perversidades.

**10, 27.** Desde ese momento, los proverbios vuelven a conectar con 10, 25, dejando a un lado el tema de 10, 26. Así dice 10, 27: "El temor de Yahvé multiplica los días de la vida; los años de los impíos se acortan". Esta imagen, lo mismo que Pr 10, 25 retoma un motivo clave del A.T., desde la perspectiva de la vida presente.

Así lo confirma la historia de un modo permanente, porque el vicio destruye el cuerpo y el alma, mientras que el temor de Dios, que hace que los hombres estén contentos y satisfechos en Dios, es un auténtico principio de longevidad. Pero también los piadosos mueren a menudo siendo jóvenes, porque Dios les lleva מפני הרעה, los arranca del influjo del mal, Is 57, 1. Por otra parte, si son mártires por la verdad (Sal 44, 23; cf. Sal 60, 6), la misma dinámica del proverbio anterior les asegura un tipo de vida eterna (Sab 4, 7ss.), de forma que en ella la vida del piadoso continúa para siempre, mientras que la del impío se destruye con su muerte en un estado de muerte eterna. En ese sentido, Pr 27a se parece a Pr 9, 11, cf. Pr 3, 2. En lugar de תִּקְצֹרְנָה podíamos haber esperado תקצרנה; pero la flexión no distingue el transitivo (árabe *ḳaṣara*) y el intransitivo de קצר (árabe *ḳaṣura*).

**10, 28.** "La expectativa de los justos es alegría; la esperanza de los impíos se desvanece". Tanto וְתִקְוַת como תּוֹחֶלֶת parten de la idea fundamental de un fervor intenso. Esa misma idea fundamental que, en otra perspectiva tiene el significado de fuerza (חַיִל, árabe *ḥayl*; *ḳuwwat, kawiyy*, cf. גדל, árabe *jdl*), *plectere*, ser vigoroso, con גדול, fuerte, grande, se centra y culmina en la alegría (cf. Pr 3, 17, todos sus pasos son alegría), en el sentido de *gaudium*, gozo.

La observación de Hitzig de que תוחלת vincula los sentidos de esperanza y miedo no está confirmada por el uso del lenguaje, sino que significa siempre expectativa gozosa, no ansiosa. Véase el intercambio de sinónimos en Pr 13, 7, con תאות, Sal 112, 10, en lugar de תקות (aquí y Job 8, 13). Mientras que la expectativa de uno (el justo) culmina y se verifica en la alegría del cumplimiento, la esperanza del otro (אבד, raíz בד, separar) perece, es decir, se convierte en nada.

**10, 29.** "El camino de Yahvé es baluarte para los justos y ruina para los que hacen el mal". La palabra מָעוֹז tiene dos significados: es *fortaleza* (castillo) si viene de עזז, y es asilo (como en árabe *m'adz*) si viene de עוז; el contraste exige aquí el primer sentido. Entendidas en sentido objetivo, דרך ה' y יראת ה', son las dos expresiones del A.T. que indican y definen la verdadera religión. En ese sentido, דֶּרֶךְ יְהוָה significa el camino por el que el Dios de la revelación dirige a los hombres para que puedan avanzar (cf. Sal 143, 8), conforme al sentido de sus preceptos, cf. Sal 119, 27, su camino de salvación (Sal 67, 3-4). En el N.T. aparece la expresión equivalente ἡ ὁδὸς τοῦ Θεοῦ, el camino de Dios, cf. Mt 22, 16; Hch 18, 25; cf. también simplemente ἡ ὁδός, Hch 9, 2; Hch 24, 14.

Este camino de Yahvé es fortaleza, baluarte, defensa de la inocencia o, de un modo más preciso, una disposición total, es decir, sin reservas y sin ocultamiento, dirigida hacia Dios y hacia aquello que es bueno. Todos los antiguos intérpretes, incluso Lutero, traducen como si la expresión fuera לַתֹּם (para el justo), tomando la palabra תֹּם como *abstracto pro concreto* (abstracto en vez de concreto), quizás porque la palabra תֹּם no aparece en ningún otro pasaje en sentido personal con ese prefijo; por el contrario, תֹּם se conecta frecuentemente con כ, ב, en el sentido de *integritas viae* (vitae), íntegro de vía, de camino.

Pero este pasaje no se puede entender de esa manera, porque el "camino perfecto" al que aquí se alude no es el de Yahvé, sino el de los hombres justos, pues para ellos (para los hombres de camino perfecto) viene a presentarse Yahvé como refugio o fortaleza. Por el contrario, para los que obran el mal Yahvé aparece como מחתה, es decir, como ruina (en contra de fortaleza), y subjetivamente como *consternatio*, fuente o signo de destrucción (cf. Pr 10, 16).

Así se formula el pensamiento de fondo de este versículo, conforme al cual, la religión (es decir, Yahvé) es para los justos una fuente de protección y un refugio seguro; por el contrario, para los que hacen el mal (para los que se deleitan en el mal) Yahvé será un principio de destrucción. Este pensamiento queda confirmado por otro dístico de forma similar, Pr 21, 15. Casi todos los intérpretes judíos, desde Rashi hasta Malbim, piensa que aquí se ha expresado la forma de actuar de la revelación divina opuesta a la conducta de los hombres. Esa es esencialmente la doctrina que encontramos en aquellos textos en los que la *Torá* o la *Hokma* sitúan a los hombres ante la elección suprema de la vida o de la muerte.

*Primera colección: Proverbios salomónicos (Pr 10, 1 – 22, 16)*

Esto mismo es lo que dice Pablo en 2Co 2, 15, cuando afirma que el evangelio de la salvación es para unos olor de (para) la vida, mientras que para otros es olor de muerte para la muerte.

**10, 30.** "El justo nunca se conmueve; pero los impíos no habitarán en la tierra". El amor al hogar es un impulso y una emoción natural del hombre; pero ningún pueblo se deleitó tanto en la patria; para ninguno fue el destierro de la patria un pensamiento tan terrible, como para el pueblo de Israel. La expatriación o destierro fue el peor de todos los males con que los profetas amenazaron a los israelitas como personas y como pueblo, como dicen Am 7, 17 e Is 22, 17. La historia de Israel en su exilio, entendido como castigo por su apostasía nacional, confirma este proverbio y explica su forma (cf. Pr 2, 21; Sal 37, 29).

בַּל (cf. בַּל־יִמּוֹט) es, como en Pr 9, 13, un *no* enfático de carácter radical. נמוט es lo contrario de נכון, Pr 12, 3. Por su parte, שׁכן significa morar, ambos verbos en sentido incoativo, venir a morar, y consecutivo, continuar morando (cf. p. ej. Is 57, 15, aplicado a Dios que habita en la eternidad). En general, este proverbio significa que el justo mantiene sin miedo la seguridad que tiene en el mundo, en contra de todos aquellos que no se aferran a Dios, sino que pierden también su posición exterior. De todas maneras, muchas veces estas palabras se cumplen de un modo paradójico, pues, para escapar de la desgracia, algunos que siguen siendo fieles a Dios han tenido que convertirse en vagabundos y fugitivos, viéndose obligados a esconderse entre extraños.

**10, 31.** Por tercera vez retoma este proverbio un tema favorito ya tratado en tres apéndices: "De la boca del justo brota sabiduría, y la lengua mentirosa será desarraigada". Sobre la comparación bíblica de los pensamientos con las ramas y de las palabras con las flores y los frutos, cf. mi *Psychologie*, p. 181. Con respecto a la raíz נב (con su correspondiente אב que tiene un sentido más débil), con el significado de *hincharse* y *germinar* (brotar, crecer, etc.), véase *Coment. a Génesis* sobre נביא, y *Coment. a Isaías* sobre עוב. La palabra נוב se aplica a lo que brota o crece, y נבב a lo que hace que brote algo; pero también נוב, a la manera de los verbos de estar lleno (Pr 3, 10) o de fluir (Gesenius 138, 1, nota 2), puede tomar un acusativo de objeto referido a aquello de lo que todo brota (Pr 24, 31), o a aquello que brotando germina y da a luz (cf. Is 57, 19).

De la boca de los justos brota (cf. Sal 37, 30, en sentido literal, no figurado) la sabiduría. En ese sentido, se dice que la boca יהגה, es decir, pronuncia sabiduría, una sabiduría que en todas las relaciones sabe descubrir lo que es verdaderamente bueno, y conveniente al fin pretendido, pudiendo así desentrañar y resolver situaciones y complicaciones difíciles de solucionar. De esa forma se expresa el sentido de la sabiduría que, en sí misma, es una forma de actividad práctica (de חכם, ser

*Proverbios 10*

grueso en el sentido de sólido, firme). En contra de la sabiduría así entendida se sitúa la lengua, cuya identidad y fruto se define como falsedad.

La lengua falsa (contraria a la sabiduría) se deleita en pervertir voluntariamente los hechos, creando de esa forma complicaciones que desembocan en su misma destrucción (cf. en esa línea, תַּהְפֻּכוֹת, Pr 2, 12). La lengua falsa se desarraiga, destruye todo lo que hace, en contra de la boca de los justos, que continúa creando vida y se mantiene para siempre produciendo frutos saludables.

**10, 32.** "Los labios del justo conocen lo agradable; pero la boca de los impíos es mera falsedad". En lugar de יֵדְעוּן, Hitzig pone יַבִּעוּן. La traducción de la LXX (ἀποστάζει, destilan o producen), no va a favor de la lectura de Hitzig, porque probablemente esa traducción es solo una corrupción de la palabra ἐπίσταται, que se encuentra en varios manuscritos del texto griego de Venecia, que traduce ποιμανοῦσι (los labios del justo pastorean lo agradable), utilizando un manuscrito que probablemente ha leído mal.

El texto no necesita enmiendas, sino solo relacionar bien los esticos. En esa línea, se ha puesto de relieve la relación de 31a con 32b, y de 32a con 31b, tomándose como parte de la interpretación de conjunto del texto (Hitzig). Desde ese fondo, se puede decir: *los labios del justo hallan lo que es agradable*, a saber, a Dios.

Pero, según el lenguaje de los proverbios, este pensamiento debería decirse de otra manera (cf. Pr 12, 2). Según eso, los dos esticos de este verso (32a y 32b) encajan bien entre sí como contrastes, siempre que tomemos רָצוֹן, como en Pr 11, 27 y en Pr 14, 9, en el sentido de aquello que es aceptable en un sentido general, tanto en relación a Dios como al hombre.

En esa línea, debemos precisar el sentido de יֵדְעוּן que puede significar dos cosas: (a) los labios del justo conocen, tienen conocimiento de ello (como cuando uno dice ידע ספר, entender la escritura, en el sentido de "saber leer") o; (b) esos labios piensan sobre ello (cf. Pr 27, 23). Fundamentalmente, según la concepción hebrea de las palabras, las dos ideas se implican entre sí, porque la idea general de percibir (conocer) se identifica básicamente con deleitarse: el que conoce se deleita en aquello que conoce.

En ese sentido, los labios del justo piensan en lo que es agradable, tienen placer y se deleitan en ello (con רָצוֹן, que tiene el sentido de חֵן, gracia; χάρις, cf. Col 4, 6). Por el contrario, la boca de los impíos es mera falsedad, algo que Dios (la sabiduría de Dios) odia; algo de lo que surge por todas partes la discordia. Podríamos transferir el sentido de ידעון de 32a a 32b, diciendo que los sabios del justo conocen/gozan lo agradable, mientras los malvados conocen/gozan la falsedad, pero este verso tiene un sentido más punzante si se toman los dos esticos como hemos hecho, diciendo: "los labios del justo conocen lo agradable; pero la boca de los impíos es mera falsedad" (Florilegio).

*Primera colección: Proverbios salomónicos (Pr 10, 1 – 22, 16)*

# Proverbios 11

## 11, 1- 3.

Los siguientes tres proverbios tratan de la honestidad, la discreción y la inocencia o sencillez de la paloma:

מֹאזְנֵי מִרְמָה תּוֹעֲבַת יְהוָה וְאֶבֶן שְׁלֵמָה רְצוֹנוֹ׃ ¹

בָּא־זָדוֹן וַיָּבֹא קָלוֹן וְאֶת־צְנוּעִים חָכְמָה׃ ²

תֻּמַּת יְשָׁרִים תַּנְחֵם וְסֶלֶף בּוֹגְדִים [ושדם] (יְשָׁדֵּם׃) ³

¹ La balanza falsa es una abominación a Jehovah,
pero la pesa exacta le agrada.
² Cuando viene la soberbia,
viene también la deshonra;
pero con los humildes está la sabiduría.
³ Su integridad guiará a los rectos,
pero la perversidad arruinará a los traicioneros.

**11, 1.** Las balanzas engañosas son abominación a Yahvé; pero un peso completo es su deleite. El mismo proverbio, con una expresión ligeramente variada, se encuentra en Pr 20, 23; hay también otros semejantes, condenando los pesos falsos y decretando los verdaderos, Pr 20, 10; Pr 16, 11. Proverbios similares, pero conectados con otros motivos, se encuentran en Pr 12, 22; 15, 8.

"Abominación a Yahvé" (תּוֹעֲבַת יְהוָה) es una expresión que hemos encontrado en proverbios anteriores: Pr 3, 32; Pr 6, 16, cf. Pr 8, 7. תועבה es, como תועה, un participio sustantivado, que aplica la acción activa de aborrecer la acción realizada. La palabra רצון es usual en hebreo postbíblico, con el sentido de *arbitrium* y de *voluntas* (decisión y deseo); pero aquí no significa lo que Dios desea, sino lo que Él se deleita en tener.

La palabra מרמה (que aparece aquí por primera vez en Proverbios), viene de רמה, cuyo *piel* significa (cf. Pr 26, 19) *aliquem dolo et fraude petere* (engañar a alguien con mentira y fraude). La palabra אבן, como el persa *sanak, sanakh* y el árabe *ṣajat*, una piedra como "pesa" (para medir el peso). Finalmente, sin ninguna referencia a su significado originario, esa palabra aparece en Zac 5, 8, אבן העופרת, en el sentido de pesa de plomo, como cuando decimos, una herradura de oro, un ajedrez de marfil.

**11, 2.** Sigue un *proverbio salomónico*, como indicando que el orgullo precede a la caída: "Viene la arrogancia y viene también la vergüenza; pero con los humildes

252

está la sabiduría". Interpretando en sentido hebreo quiere decir: *si ha venido la arrogancia, vendrá inmediatamente la vergüenza.* Esta verdad general, indicando la conexión causal de los dos rasgos, se concibe aquí de un modo histórico, de manera que muchos acontecimientos aparecen representados como si fuera un solo acontecimiento, un hecho confirmado como ejemplo y advertencia.

Los pretéritos son como en griego los *aoristi gnomici* (aoristos gnómicos), de manera que el perfecto con el futuro consecuente es la expresión de una consecuencia inmediata y casi simultánea al hecho realizado (véase Hab 3, 10): ha aparecido la altivez (זדון según la forma לצון, de זיד, hervir, rebosar), luego inmediatamente aparecerá la desgracia, que destruye a los que han actuado de un modo altivo.

La armonía de sonidos hebreos זדון y קלון no se pueden reproducir en alemán (ni en castellano). Hitzig y Ewald han querido hacerlo, pero dan como resultado un *quid pro quo,* un contrasentido, como en "*kommt Unglimpf kommt an ihn Schimpf*" (viene la arrogancia, llega tras ella la desgracia); esa no es una traducción, sino una distorsión del texto. Ahora bien, si la antítesis dice que la sabiduría está en los humildes, está queriendo decir que ella (la sabiduría) evita tanta desgracia como la que arrastra consigo la soberbia (con צנוע, de la raíz צן, *subsidere, demitti*; envanecerse, defraudar; cf. *Deutsch. Morgenländische Zeitschrift* xxv. 185). En contra de eso, el sabio humilde no se atribuye nada que sea superior a sí mismo.

**11, 3.** "La integridad de los rectos les guiará; pero la perversidad de los impíos les destruye". A los rectos, ישרים, que respetan la línea de la rectitud, sin apartarse de ella por caminos torcidos (Sal 125, 4), se oponen (como en Pr 2, 21) los impíos (no creyentes), בגדים, que ocultan (de בגד, cubrir, de donde בגד es igual a כסות) sus pensamientos y planes maliciosos. En esa línea, lo contrario de תמה, integridad, es la sumisión amorosa a Dios, sin reservas, como indica el término סֶלֶף, una palabra peculiar del *mashal* salomónico, el סלף (véase p. 32).

Hitzig explica esa palabra (וְסֶלֶף) por el árabe *saraf*, salir, pisar; y Ewald por *lafat*, volverse, rodear (andar con rodeos, en falso), pero esas derivaciones son improbables. Schultens compara *salaf* con el significado de manchar (raíz לף לב, y ἀλείφειν, ungir). Sobre esas formaciones secundarias con una ש anterior, cf. Hupfeld en *Coment.* a Sal 5, 7), traduciendo esa palabra por lubricitas (lujuria).

Pero esta traducción resulta inadmisible. Tiene en su contra la tradición léxica (Menahem pone מוטה, *vacilante*; Perchon pone זיוף, *falsificador*; Kimchi, עוות, *tergiversación*). En esa línea, la traducción griega de Venecia pone σκολιότης, como un escolio falso. El siríaco no conoce esa raíz verbal, pero el Targum utiliza la palabra סלף en el sentido de distorsionar, torcer el camino, equivocarse (σκολιοῦν, στρεβλοῦν); cf. Pr 10, 10 y el Targum II de Ester 6, 10 que pone, פומה אסתלף (que significa "su boca estaba torcida").

Por eso, con justicia, Gesenius, *Thesaurus,* piensan que la palabra סלף contiene la idea fundamental de *pervertere,* como hacen la Peshita y Saadia; pues en Éx 23, 8 el texto siríaco traduce *mhapêk* (el que soborna, el que pervierte). Cf. árabe *tazyf* (igual a תזיף, en el sentido de falsificar). Por su parte, el *Florilegio* comenta en Pr 15, 4: "סלף, remover, dar la vuelta, para que lo más bajo se convierta en lo más alto". En esa línea, se da la preferencia a la idea primaria, conforme al sentido árabe de *salaf, invertere terram conserendi causa* (remover la tierra con el fin de sembrar). Queda también confirmado que *salaf* es *praecedere* (preceder) en el sentido de *pervertere* (pervertir), como *prae-vertere* (preverter). Pero ¿cómo puede interpretarse סלף en el sentido de *perversio* (Teodocion, ὑποσκελισμός), como *derrocamiento* preparado para tu prójimo?

Los paralelos exigen que esa palabra pueda interpretarse como principio determinante de conducta de los impíos (entendidos como traicioneros, cf. Pr 22, 12; Éx 23, 8; Pr 19, 3). Eso significa que ella debe entenderse como *perversitas, perfidia*, en el sentido de aquello que es contrario a la verdad y a la rectitud (lo opuesto a תמה). Según eso, סֶלֶף es "perversidad", como hemos traducido, en la línea de falta de rectitud (deshonestidad) y falsedad.

Mientras que la sinceridad de los rectos les hace avanzar en la línea buena y, por así decirlo, forma su *salvus conductus* (salvoconducto) contra el peligro de errar (de ser destruidos), la perversidad de los traicioneros los destruye; porque la desfiguración de la verdad se venga de ellos, de forma que experimentan lo contrario de lo que dice el proverbio alemán: "*das Ehrlich währt am längsten*" (la honestidad dura más tiempo). El *qetub* es un error de transcripción; el *keré* ofrece la corrección adecuada. ישדם es igual a יֶשָׁדֵּם, Jer 5, 6. Con respecto a שדד (de donde proviene שַׁדַּי), en el sentido de cerrar y ayunar, denota violencia y destrucción, véase *Coment.* a Gn 17.

## 11, 4-6.

Siguen tres proverbios en alabanza de la צדקה, o justicia.

4 לֹא־ יוֹעִיל הוֹן בְּיוֹם עֶבְרָה וּצְדָקָה תַּצִּיל מִמָּוֶת:

5 צִדְקַת תָּמִים תְּיַשֵּׁר דַּרְכּוֹ וּבְרִשְׁעָתוֹ יִפֹּל רָשָׁע:

6 צִדְקַת יְשָׁרִים תַּצִּילֵם וּבְהַוַּת בֹּגְדִים יִלָּכֵדוּ:

[4] Las riquezas no aprovecharán en el día de la ira,
pero la justicia librará de la muerte.
[5] La justicia del íntegro enderezará su camino,
pero el impío caerá por su impiedad.
[6] Su justicia librará a los rectos,
pero los traicioneros quedarán atrapados por su codicia.

**11, 4.** "Las posesiones no aprovechan en el día de la ira; pero la justicia libra de la muerte". Lo que este proverbio añade de nuevo es solo que las posesiones y los bienes están desprovistos de todo valor en el día de la ira venidera, μέλλουσα ὀργή. La expresión יום עברה, el día de la ira, día que rompe todos los límites de la paciencia y longanimidad divina, tiene aquí el mismo significado que en los profetas. Las palabras proféticas de Is 10, 3; Sof 1, 18 y de un modo muy parecido de Ez 7, 19, son totalmente similares a este proverbio. La LXX, que traduce ἐν ἡμέρᾳ ἐπαγωγῆς, están en armonía con Sir 5, 8, cf. 2, 2. Teodocion traduce la palabra איד de Pr 27, 10, por ἐπαγωγή (providencia, destino).

**11, 5.** "*La justicia del íntegro allana su camino, y por su propia maldad cae el impío*". Con תמים (cf. Pr 1, 12), palabra formada del pasivo, se conecta תם, con la idea de la perfección, pero más en el sentido negativo de moralidad legal, inmaculada, que de perfección personal. La rectitud de un hombre que busca mantener su conciencia y su carácter puros, allana el camino de la vida (con ישׁר, como en Pr 3, 6, no porque la línea del camino sea recta, sino porque su superficie es llana, uniforme), para que pueda proseguir su objetivo sin tropiezos ni obstáculos, sin desviarse de la buena dirección. Por el contrario, el impío se arruina por su impiedad. Precisamente aquello que él busca para promover sus intereses y abrirse camino a sí mismo, se convierte en su destrucción.

**11, 6.** "*La rectitud de los rectos los salva, y en su propia avaricia quedan presos los incrédulos*". La integridad de los que caminan de frente, sin desviarse por caminos torcidos, los libra de las trampas que puedan tenderles y de los peligros que encuentran. Por el contrario, los incrédulos, aunque encubran astutamente sus intenciones, quedan atrapados por la pasión de la codicia, de manera que pierden la máscara, quedando en manos de la destrucción. Con respecto a הוה, en el sentido de abismo, derribar, también tropezar contra algo, lo mismo que la codicia, cf. Pr 10, 3 y Sal 5, 10.

La forma de expresión 6b sigue literariamente el esquema, "a su imagen creó Dios al hombre" (cf. Gn 9, 6). El sujeto tiene aquí la forma de genitivo, como marca la acentuación con *mugrash* en וּבְהַוַּת que es la palabra principal de la frase.

## 11, 7-9.

Siguen tres proverbios que tratan de la destrucción y salvación.

7 בְּמוֹת אָדָם רָשָׁע תֹּאבַד תִּקְוָה וְתוֹחֶלֶת אוֹנִים אָבָדָה:

8 צַדִּיק מִצָּרָה נֶחֱלָץ וַיָּבֹא רָשָׁע תַּחְתָּיו:

9 בְּפֶה חָנֵף יַשְׁחִת רֵעֵהוּ וּבְדַעַת צַדִּיקִים יֵחָלֵצוּ:

*Primera colección: Proverbios salomónicos (Pr 10, 1 – 22, 16)*

> [7] Cuando muere el hombre impío,
> perece su esperanza,
> y su expectativa de riquezas perecerá.
> [8] El justo es librado de la desgracia,
> pero el impío llega al lugar que le corresponde.
> [9] El hipócrita con su boca daña a su prójimo,
> pero los justos son librados por el conocimiento.

**11, 7.** Dice así: "*Cuando muere el impío, su esperanza se desvanece, y se destruye la esperanza de los más fuertes*". En la introducción he comentado que אדם es una palabra favorita de la *hokma*, que distingue entre diferentes clases y tipos de hombres; cf. Pr 6, 12, אדם בליעל. Esa palabra aparece también en Job 20, 29; Job 27, 13. Para אדם רשע, hombre malo, cf. Pr 21, 29; איש רשע, aunque generalmente se emplea solo רשע, que es un hombre impío, para quien las posesiones, el placer y el honor constituyen su bien supremo, de manera que utiliza todos los medios posibles para apaciguar de esa manera su pasión: vive en medio de esperanzas ilimitadas e inconmensurables; pero con la muerte, se desvanece su esperanza y desaparece todo aquello que esperaba.

La LXX traduce τελευτήσαντος ἀνδρὸς δικαίου οὐκ ὄλλυται ἐλπίς (cuando muere el justo no se destruye la esperanza), en la línea de lo que dice 7a (texto hebreo); la LXX supone que la esperanza de los justos se cumplirá más allá de la tumba y traduce τὸ δὲ καύχημα (ותהלת) τῶν ἀσεβῶν ὄλλυται (la vanagloria de los impíos se destruye). Pero el texto hebreo de este verso (de su dístico) no es antitético.

Por otra parte, es muy cuestionable que el término 7) אונים) signifique, sin más, los malvados (como suponen el texto siríaco, el Targum, la traducción veneciana y Lutero), de manera que sería una braquiología (expresión condensada) para referirse a los אנשי אונים (plural de un adjetivo און, según la forma טוב, cf. Elazar b. Jacob en Kimchi). Es también cuestionable que אונים signifique maldad (Zöckler, con Hitzig: "la malvada expectativa"). Todavía es más improbable la interpretación de Malbim (con Rashi), que entiende אונים en la línea de Gn 49, 3; Sal 78, 51, y la del Targum de Job 18, 12 que identifica esa palabra con los hijos de un difunto. Ciertamente, los niños *gignuntur ex robore virili* (son engendrados por la fuerza viril del padre), pero no se identifican con el *robur virile* (la fuerza viril).

Ciertamente, אונים no aparece en ningún lugar como plural de און en su sentido ético, pero en Sal 78, 51 se utiliza el plural con el significado de fuerza varonil (por lo tanto, en un sentido no ético); y en esa línea aparece en Is 40, 26 e Is 40, 29 con el sentido de "plenitud de fuerza", de un modo general; así aparece en Os 9, 4, también como plural de און en un sentido físico, derivado de su raíz *anhelitus* (aliento, cf. Gn 35, 18 y Hab 3, 7), con el significado de tristeza profunda (aumentativo de און, Dt de 26, 14).

En esa última línea ha interpretado esa palabra Jerónimo (como, *expectatio solicitorum*), que Bertheau traduce como "espera de los afligidos" y Ewald como "continuación del dolor". Pero el significado de esas expresiones resulta tan oscuro que sería necesario preguntar a los traductores cómo las entienden ellos. Por eso, aceptamos la otra traducción, "plenitud de fuerza", e interpretamos אונים como "los fuertes", en oposición a אין אונים, de Is 40, 29. Según eso, esa palabra significa, *per metonymiam abstracti pro concreto* (por metonimia de lo abstracto a lo concreto), aquellos que están llenos de fuerza. Así traducimos estas palabras, וְתוֹחֶלֶת אוֹנִים אָבָדָה, diciendo que la esperanza de los fuertes del mundo se destruye. Esta segunda parte del verso quiere decir que hay un final repentino de destrucción para la expectativa de aquellos que están en plena fuerza, y construyen sus perspectivas de futuro sobre esa fuerza y no sobre la bondad de Dios.

De esa manera se completan las dos líneas sinonímicas del verso: cuando el אָדָם רָשָׁע (hombre impío) muere acaba su esperanza; de igual manera, la esperanza de los fuertes termina en la muerte. Estos אונים o fuertes son los אדם רשע, los hombres malvados que confían en sí mismos. Los dos términos (hombres malvados y fuertes) evocan el mismo tipo de personas, que solo confían en sí mismas, de manera que no tienen más final que la muerte. La palabra וְתוֹחֶלֶת lleva en la mayor parte de las ediciones recientes un *mugrash* (cf. Baer, *Torath Emeth*, p. 10, 4).

**11, 8.** "*El justo es librado de la angustia, pero ella, la angustia, vuelve sobre el impío*". La sucesión de los tiempos es la misma que cuando decimos: mientras uno sale victorioso del peligro, el otro cae ante el mismo peligro. La palabra נחלץ (véase en Is 58, 11), va seguida del tiempo histórico y expresa el hecho principal, estando así en perfecto. El argumento se expresa aquí a modo de parábola de tipo histórico.

Es cierto que no faltan experiencias de género contrario (justos que perecen e impíos que triunfan), porque la justicia divina se manifiesta en este mundo solo como un preludio, no de un modo perfecto y definitivo. De todas maneras, el poeta afirma que, por regla general, la destrucción cae sobre los impíos, mientras que de ella escapan los justos con la ayuda de Dios, y expone este dato como un motivo moral. En sí misma, la palabra תַּחְתָּיו puede tener solo un significado de intercambio de lugares (de su lugar de triunfo, el impío pasa al lugar que le corresponde, que es propio de él, es decir, a la condena). Pero la LXX traduce αντ᾽ αὐτοῦ, y así, en el sentido de ejemplaridad, el proverbio parece entenderse en relación con Pr 21, 18 (cf. aplicación profético-histórica en Is 43, 4).

Sea como fuere, la idea de expiación no puede aplicarse aquí, porque la esencia de la expiación consiste en que un inocente se ofrece en lugar del culpable, de manera que su fuerza reside en el hecho de ofrecerse a sí mismo a favor de otros. El significado es este: la unión divinamente ordenada de causa y efecto en los reinos de la naturaleza y de la historia lleva consigo al bien y al mal. Según eso,

# Primera colección: Proverbios salomónicos (Pr 10, 1 – 22, 16)

la conducta de los impíos lleva la destrucción, mientras que de los justos conduce a la salvación, de manera que los impíos se convierten para los justos en un כֹּפֶר, es decir, en un tipo de pararrayos, en una indicación de lo que ellos no deben hacer. El destino de muerte de los impíos sirve de ejemplo de vida para los justos.

**11, 9.** "Con su boca prepara el impío destrucción para su prójimo; por el conocimiento son librados de ella los justos". La LXX traduce ἐν στόματι ἀσεβῶν παγὶς (?רשׁת) πολίταις, αἴσθησις δὲ δικαίοις εὔοδος, יצלחו (por la boca de los impíos llega la destrucción a los ciudadanos; por el conocimiento de los justos llega la liberación). No hay razón para cambiar (con Hitzig y Ewald) el texto griego que, en la forma que aquí aparece, es anterior a todas las restantes traducciones (de Aquila, Símaco, Teodocion, Targum, Jerónimo). La acentuación, que separa los dos enunciados como disyuntivos es correcta.

Las "tres" versiones griegas a saber (Aquila, Teodocion y Símaco) traducen חָנֵף por ὑποκριτής, que puede tener el sentido de "hipócrita" en las lenguas modernas; pero en el hebreo antiguo חָנֵף significa, el que está decidido a hacer el mal, como en árabe *ḥanyf*, el que se decide por lo que no es correcto, el que se desvía hacia el mal, entrando por un camino muy alejado de lo bueno. Con ישׁחית puede evocarse (sin ninguna razón etimológica) el símbolo de שַׁחַת (hoyo) y, en esa línea, יחלצו puede relacionarse con משׁחיתותם (Sal 107, 20) o con una palabra similar; pero la expresión בדעת es clara y pone de relieve el hecho de que los propósitos hostiles de los impíos (enmascarados por las palabras de la boca) son bien percibidos y quedan desenmascarados por el conocimiento de los justos. El conocimiento y la mirada penetrante de los justos constituyen su medio de liberación.

## 11, 10-14.

Siguen tres proverbios relacionados con la naturaleza de la ciudad y la vida nacional, y otros dos contra la burla y la murmuración.

10 בְּטוּב צַדִּיקִים תַּעֲלֹץ קִרְיָה וּבַאֲבֹד רְשָׁעִים רִנָּה׃

11 בְּבִרְכַּת יְשָׁרִים תָּרוּם קָרֶת וּבְפִי רְשָׁעִים תֵּהָרֵס׃

12 בָּז לְרֵעֵהוּ חֲסַר־לֵב וְאִישׁ תְּבוּנוֹת יַחֲרִישׁ׃

13 הוֹלֵךְ רָכִיל מְגַלֶּה־סּוֹד וְנֶאֱמַן־רוּחַ מְכַסֶּה דָבָר׃

14 בְּאֵין תַּחְבֻּלוֹת יִפָּל־עָם וּתְשׁוּעָה בְּרֹב יוֹעֵץ׃

[10] La ciudad se regocija por el bien de los justos,
y cuando perecen los impíos, hay grito de alegría.

[11] Por la bendición de los rectos será enaltecida la ciudad,
pero por la boca de los impíos será destruida.

<sup>12</sup> El que carece de entendimiento desprecia a su prójimo,
pero el hombre prudente calla.
<sup>13</sup> El que anda con chismes revela el secreto,
pero el de espíritu fiel cubre el asunto.
<sup>14</sup> Cuando falta dirección, el pueblo caerá;
pero en los muchos consejeros está la victoria.

**11, 10.** "En la prosperidad de los justos se regocija la ciudad: y si los impíos se arruinan, hay júbilo". La ב de בטוב no indica el objeto, como en otros lugares, sino la causa del regocijo, como en 10b y en algunos proverbios similares: Pr 29, 2, cf. Pr 28, 12. Si le va bien a los justos, la ciudad tiene motivo de alegría, porque ese bien es un beneficio para la comunidad; y si los impíos son destruidos entonces hay júbilo (cláusula de substancia, con רִנָּה en vez de תרן), porque sus habitantes se sienten más libres cuando la ciudad es liberada de la tiranía y de la opresión que ejercieron los perversos y del mal ejemplo que dieron.

Estos proverbios, en los que la ciudad (*civitas*) representa a todo el Estado, como πόλις y πολιτεία, pueden ser anteriores a los días de unos reyes como Asa o Josafat, como piensa Ewald porque, en los siglos anteriores, "desde los días de Moisés y Josué hasta los días de David y Salomón, Israel fue una gran nación, ciertamente dividida en muchas ramas y tribus, pero unida por un pacto, cuya vida no giraba en absoluto en torno a una sola gran ciudad".

Valoramos ese juicio de Ewald desde un punto de vista histórico, pero confesamos no entender por qué קריה debe ser simplemente la ciudad principal (Jerusalén, del reino de Judá) y no cualquier ciudad, pues el idioma hebreo no había identificado el Estado (en hebreo postbíblico: מדינה) con una ciudad determinada, de manera que podía hablar de un modo concreto de una "ciudad" como signo de todas las ciudades y gentes de Israel.

**11, 11.** "Por bendición de los rectos se ensalza la ciudad, por la boca de los impíos es desbaratada". Este versículo está relacionado, a modo de confirmación, con Pr 11, 10. La LXX (que han omitido Pr 11, 4), omite también 10b y 11a, y combinan el resto de esos versículos (10a y 11b) en un solo proverbio (véase Lagarde). El significado es claro, "por las bendiciones y oraciones piadosas de los rectos, una ciudad es elevada siempre a una mayor eminencia y prosperidad; mientras que, por el contrario, la charla engañosa, arrogante y blasfema de los impíos la arruina" (Florilegio).

El contraste más cercano a "por la bendición de los rectos" sería "por maldición de los impíos", pero el poeta pone más bien de relieve que la ciudad se levanta por la bendición de los rectos y que, por el contrario, cuando los hombres impíos

# Primera colección: Proverbios salomónicos (Pr 10, 1 – 22, 16)

son exaltados, entonces por sus palabras (que actúan como maldición) viene la ruina. קרת (igual a קריה) aparece solo cuatro veces en Proverbios y una en Job 29, 7.

**11, 12.** Siguen ahora dos proverbios que se refieren al trato de la vida privada: "Quien se burla del prójimo es falto de entendimiento; pero el inteligente calla". Semejante a este es Pr 14, 21 que comienza con בז לרעהו, y también Pr 13, 13 que comienza con בז לדבר. De ahí se deduce que בָּז־לְרֵעֵהוּ חֲסַר־לֵב(cf. ל בזה, Is 37, 22) no significa hablar simplemente con desprecio ante otro (cf. Pr 6, 30), sino hablar burlándose y con insultos, y no es fácil encontrar una expresión alemana (o española) que exprese totalmente el significado de este proverbio.

Cualquiera que, de manera burlona con insultos, ya sea en público o en privado, denigra a su prójimo, es hombre malo, falto de corazón/entendimiento (חסר־לב es el predicado, como en Pr 6, 32). Por el contrario, un hombre inteligente guarda silencio, mantiene su juicio dentro de sí, se abstiene de críticas arrogantes, porque sabe que él no es infalible, pues no conoce lo que hay en el corazón del otro, y posee demasiado conocimiento de sí mismo para levantarse por encima de su prójimo, para actuar como un juez, pues sabe que el rechazo despectivo, la condenación despiadada y temeraria de los otros, no hace ningún bien sino que, por el contrario, hace mal por todos lados (como Jesús que dice: no juzguéis, Mt 7, 1. Nota del traductor).

**11, 13.** "El que anda con chismes revela secretos; pero el de espíritu fiel encubre un asunto". El chismoso se llama רכיל (forma intensiva de רכל), por su forma de ir de un lado para otro. Los אנשי רכיל, Ez 22, 9, son hombres dados a chismes, calumniadores; los הולך רכיל (cf. Lv 19, 16) son los chismosos o calumniadores, divulgadores de asuntos, delatores.

De esos habla este proverbio, de los que revelan secretos (סוד, significa estar juntos, manteniendo una relación privada y manifestándola después abiertamente, cf. Sal 25, 14). Por eso, uno tiene que andar en guardia, para no confiar en aquellos que revelan relaciones privadas. Por el contrario, un נאמן־רוח, *firmus (fidus) spiritu*, es decir, *un hombre firme o fiable de espíritu* es aquel que se mantiene en su verdad, el que se muestra firme y verdadero (véase Gn 15, 6), el que oculta un asunto privado, de manera que lo mantiene alejado del conocimiento y poder de otro.

Zöckler afirma de un modo correcto, en oposición a Hitzig que, en virtud del paralelismo, el primer sujeto de 11, 13 es הוֹלֵךְ רָכִיל, el que anda con chismes. Esta es la palabra básica o principio del proverbio (Ewald); en Pr 20, 19 la relación se invierte y el revelador de secretos aparece nombrado de forma expresa como el que "descubre" cosas ocultas o misterios (cf. Sir 27, 16, ὁ ἀποκαλύπτων μυστήρια, κ.τ.λ.).

**11, 14.** "Donde no hay rumbo (dirección) cae un pueblo, pero se da seguridad donde hay mucho consejo (consejeros)". Sobre תַחְבֻּלוֹת, véase Pr 1, 5; allí significa reglas de autogobierno; aquí, reglas para el gobierno del pueblo o, en plural, comunicación con buenas normas, con circunspección, κυβέρνησις. La idea de 14b (cf. בְּרֹב יוֹעֵץ:) va en la línea de Pr 24, 6 (donde se habla de la actuación en la guerra, como aquí en la paz, con un significado especializado); cf. también Pr 15, 22. En una línea opuesta, Hitzig critica el contenido del proverbio y señala que "los que más tiempo hemos recurrido a muchos consejeros, como resultado de la abundancia de opiniones, hemos aprendido a decir: *demasiados cocineros estropean el caldo* y también *el que anda pidiendo opinión a muchos, se equivoca.*

La verdad de 14b se ilustra en los tiempos modernos y, de un modo especial, en el plano de los asuntos eclesiásticos y políticos. De un modo general, hemos descubierto que para un pueblo es mejor ser gobernado de acuerdo con leyes y conclusiones que han surgido como resultado de la cuidadosa deliberación de muchos hombres competentes y autorizados, que un pueblo que se guía solo por la opinión de unos pocos. Pero debemos reconocer que este proverbio no se refiere a consejeros como los de Is 3, 3, sino como los de Is 1, 26 (pues también puede haber malos consejeros).

## 11, 15-19.

Siguen ahora dos proverbios sobre la forma de relacionarse con el prójimo.

15 רַע־יֵרוֹעַ כִּי־עָרַב זָר וְשֹׂנֵא תֹקְעִים בּוֹטֵחַ:

16 אֵשֶׁת־חֵן תִּתְמֹךְ כָּבוֹד וְעָרִיצִים יִתְמְכוּ־עֹשֶׁר:

17 גֹּמֵל נַפְשׁוֹ אִישׁ חָסֶד וְעֹכֵר שְׁאֵרוֹ אַכְזָרִי:

18 רָשָׁע עֹשֶׂה פְעֻלַּת־שָׁקֶר וְזֹרֵעַ צְדָקָה שֶׂכֶר אֱמֶת:

19 כֵּן־צְדָקָה לְחַיִּים וּמְרַדֵּף רָעָה לְמוֹתוֹ:

[15] Ciertamente será afligido el que sale fiador por el extraño,
pero el que odia las fianzas vivirá confiado.
[16] La mujer agraciada obtendrá honra,
y los audaces obtendrán riquezas.
[17] El hombre misericordioso hace bien a su propia alma,
pero el alma cruel se perjudica a sí misma.
[18] El impío logra salario falso,
pero el que siembra justicia tendrá verdadera recompensa.
[19] Como la justicia es para vida,
así el que sigue el mal lo hace para su muerte.

**11, 15.** "*Le va mal sobre mal, al que es fiador de otro; pero el que aborrece la fianza, permanece en quietud*". Da la impresión de que el autor del proverbio tiene ante sí a una persona a la que importunan y atacan porque aquel de quien salió como fiador no cumple su promesa. עָרַב con acusativo de persona es aquel que actúa como garante para otro; por su parte, זר es el "extraño", el deudor de quien el עָרֵב actúa como fiador; cf. desarrollo del tema en Pr 6, 1. Sobre el significado de רַע־יֵרוֹעַ (le va mal sobre mal, le va muy mal), cf. Pr 20, 16.

רוע es, como en Pr 13, 20, el futuro *nifal* de רעע, o de רוע que es igual a רעע, según las formas ימול יעור (Olshausen 265e). El רע añadido (en רַע־יֵרוֹעַ) tiene, como en עריה (Hab 3, 9), la función de infinitivo absoluto (intensivo), y así debería haberse escrito en forma de רוע. En su forma actual, רע aparece como acusativo o, lo que es lo mismo, como adjetivo adverbial: es maltratado (le va mal, de mala manera) al que sale como fiador de otro que no cumple su palabra, de forma que puede ser arrestado, si no paga la fianza.

Por el contrario, el que odia la fianza (תוקעים), el que no sale como fiador por otros puede descansar tranquilo. Con esa palabra, תֹקְעִים, se está evocando el tipo de contrato que se establece ante testigos "dándose la mano" (chocando o apretándose las manos) con uno que sale como fiador de alguien que debe una deuda. Los que así golpean las manos y salen fiadores de un deudor se convierten en rehenes del acreedor o prestamista y no pueden vivir tranquilos si es que el deudor no paga el equivalente a la fianza.

**11, 16.** "*La mujer agraciada retiene el honor, los hombres fuertes retienen las riquezas*". La LXX tenía como base de su traducción אשת חן (como en el texto hebreo actual), y no אשת חיל (mujer fuerte/rica) y así traduce: γυνὴ εὐχάριστος ἐγείρει ἀνδρὶ Δόξαν. Esta es la buena traducción del texto hebreo, pero aquí se añade ἀνδρί como interpolación insertada para que se entienda la línea agregada, θρόνος δὲ ἀτιμίας γυνὴ μισοῦσα Δίκαια. El proverbio se expandió así por ambos lados: una mujer amable (gratiosa) honra a su esposo, le da alivio, mientras que una mujer que odia lo que justo (lo que es bueno, gentil) es un vaso vergonzoso (en oposición a כסא כבוד, Is 22, 23), es decir, una persona que destruye el hogar, pues hace que la familia no sea amada, de forma que la rebaja.

La traducción griega de 16b es οἱ δὲ ἀνδρεῖοι ἐρείδονται πλούτῳ (*los hombres fuertes retienen la riqueza*, pero con la particularidad del texto siríaco que pone "conocimiento" en vez de riquezas). Esa traducción presupone una palabra hebrea como וחרוצים en vez de וְעָרִיצִים (cf. Pr 10, 4, LXX). Por otra parte, las palabras יתמכו עשר se traducen como si fueran יסמכו בעשר, cosa que no responde al texto de fondo.

Debemos tomar el proverbio tal como se encuentra en hebreo, y así lo muestra el hecho de que en ambos esticos se repita la misma palabra, תמך, lo que es signo de autenticidad. Es cierto que Pr 31, 30 dice que "la gracia (חֵן) no es nada", y que todo depende del temor de Dios; pero aquí el poeta piensa en la "gracia" que va unida al temor de Dios y así vincula los dos predicados (gracia y temor) uno con el otro.

Este es un proverbio audazmente cierto, porque una esposa de graciosa apariencia exterior y de buen comportamiento obtiene honor, de manera que se busca su compañía y ella abre su camino en la mejor sociedad; por eso se alaba su apariencia agradable y su buen trato y, según eso, el esposo de tal esposa también participa, hasta cierto punto, del honor que ella recibe.

Por otra parte, la experiencia confirma también que los עָרִיצִים, hombres fuertes, obtienen riquezas (cf. Is 49, 25); y de esa manera, con esta declaración sobre el עָרִיצִים, encaja mejor 16b como contraste con 16a. Esta alabanza viene a presentarse como la más directamente dirigida a una esposa, entendida por otra parte como σκεῦος ἀσθενέστερον (vaso más débil), que por medio de su atracción logra conquistas aún mejores que la mujer fuerte de Pr 31, 30, que gana riquezas con su nombre y su trabajo. Esta mujer frágil obtiene riquezas mayores por su nombre y su gracia, que es mejor que muchas riquezas.

**11, 17-18.** "El hombre misericordioso hace bien a su propia alma, pero el hombre violento trae problemas en su propia carne". Muchos intérpretes invierten la relación de sujeto y predicado (el Targum lo hace solo en 17b, después de la palabra וּדְמוֹבִיד, para la cual el siríaco pone solo וּמוֹבֵד). Michaelis interpreta así el texto: *qui sibi ipsi benefacit, is quidem erga alios quoque benignus praesumitur, quum caritas ordinata a se ipsa incipit; qui vero carnem suam male habet, est crudelis erga alios* (quien se hace bien a sí mismo se supone que es también benigno para otros; quien quiere mal a su carne suele ser también cruel para con los otros).

Pero eso no se puede establecer como ley universal. Ciertamente, quien se hace bien a sí mismo, también hace bien a los demás, y quien es duro consigo mismo también juzga y trata con dureza a los demás. Pero, por otra parte, en muchos casos, el que no se niega nada a sí mismo suele ser un egoísta en relación con los demás, de manera que no actúa con benevolencia y, por el contrario, quien se niega a sí mismo los goces lícitos suele ser capaz de abnegación y sacrificio a favor de los demás, oponiéndose así a los "hombres violentos".

La palabra del Ec 14, 5, ὁ πονηρὸς ἑαυτῷ τίνα ἀγαθὸς ἔσται (¿para quién será bueno el que es malo consigo mismo?) a la que apela Bertheau, se refiere al avaro, y es verdad que quien es avaro consigo mismo suele ser עֹכֵר שְׁאֵרוֹ, pero eso no acontece en todos los casos, con todos los אַכְזָרִי. En esa línea, se oponen el hombre benévolo y el violento. De esa manera, como se dice de los misericordiosos, los hombres de חֶסֶד (como por ejemplo, en Os 6, 6, y en Is 57, 1) son aquellos que *hacen el bien* (גמל, a saber, טוֹב, Pr 31, 12). En esa línea, así se dice de los violentos

*Primera colección: Proverbios salomónicos (Pr 10, 1 – 22, 16)*

(despiadados, אכזרי como en Pr 12, 20; Jer 6, 23; Jer 50, 42) que *ellos traen el mal sobre su propia* carne (LXX, αὐτοῦ σῶμα).

La palabra שארו como paralela a נפשו no significa parentesco consanguíneo (Simaco, Jerónimo, Lutero y Grocio), pero tiene aquí, como en Mi 3, 2, un sentido muy cercano, por el cual viene a referirse a los que son de nuestra carne y sangre. De todas formas, no se puede traducir este verso como hace Elster: "Aquel que ejerce la benevolencia hacia los demás crea dentro de sí una determinación que penetra todo su ser con calor generoso y fecundo. En contra de eso, el sentimiento de odio priva al corazón de quien odia de la verdadera fuente de la vida". Pero si el texto quisiera decir esto, estarían en paralelismo el alma y el espíritu, no el alma y la carne como en hebreo. El bien y el mal se refieren así a la retribución divina que corresponde a la conducta de un hombre hacia sus prójimos, según su carácter, con recompensa o castigo (Hitzig, Zöckler).

El hombre consta de cuerpo y alma. Con respecto a ambos, la benevolencia trae su recompensa y el odio su castigo. Así lo ratifica 11, 18: "El impío adquiere ganancia engañosa; pero el que siembra justicia adquiere galardón verdadero". Jerónimo convierte a 18b en cláusula independiente, porque la traduce como si la palabra וְזֹרֵעַ estuviera escrita וּלזרע. El texto siríaco y el Targum, en vez de שָׂכַר אֱמֶת ponen אמתו שכרו (su fidelidad es su recompensa).

El trabajo del impío tiene como motivo el egoísmo, y lo que adquiere por su trabajo es, por lo tanto, "ganancia engañosa", no es bendición, no le aprovecha (Pr 10, 2), y no le trae ninguna ventaja (Pr 10, 16). Por el contrario, el que siembra justicia (וְזֹרֵעַ צְדָקָה) adquiere la verdad, es decir, una recompensa verdaderamente provechosa y duradera. Este es quien siembra el bien, la צְדָקָה, por la cual también nosotros, como la moral bíblica, pensamos principalmente en hacer el bien, con actividad desinteresada y amor abnegado.

Os 10, 12 habla de la siembra que tiene solo a la צדקה como norma, y la forma por la cual él entiende la צדקה se ve en el uso paralelo de חסד (piedad). La "verdadera recompensa" es simplemente la cosecha por la cual se recompensa la siembra de la buena semilla de acciones nobles y benévolas.

**11, 19.** "La verdadera justicia llega a la vida, y el que persigue el mal, lo hace hasta la muerte". La LXX traduce υἱὸς δίκαιος, y el texto sirio sigue este injustificable equívoco o *quid pro quo* (confundiendo כֵּן con בן). La versión bíblica empleada en el presente libro usa la frase בֶּן־עוֹלה y similares, pero no בֶּן־צדקה (hijo justo o hijo de la sabiduría). La Biblia griega de Venecia (traduciendo οὕτω) priva al dístico de su supuesta independencia (identificando su sentido con el del verso anterior). El Targum traduce כֵּן con el siguiente ו como correlato: *sic ... ut*; pero כן en proverbios comparativos está naturalmente en el segundo lugar, y no en el primero (véase p. 10).

Sin duda, כֵן *es aquí un sustantivo*. Parece tener un sentido personal, según el paralelo וּמְרַדֵּף, por lo que Elster traduce, *el que es firme*, firme en la justicia, y Zöckler traduce *el que se aferra a la justicia*. Pero כֵן no puede significar "mantenerse firme", ni tampoco מְכוּנָן, "rápido", pues eso no concuerda en absoluto con el sentido de la palabra, que significa recto, en el plano ético. Ewald traduce mejor: "el que es de justicia genuina", pero "genuino en (de) justicia" es una conexión tautológica de ideas.

Por lo tanto, debemos considerar a כֵן como un sustantivo neutro. ¿No habrá que entender esa palabra en el sentido de 2Re 7, 31? Esa palabra, כֵּן, significa *el pedestal, la columna*, el lugar donde algo se asienta. Pero ¿a qué puede referirse aquí ese pedestal o base (Euchel)? Ciertamente, כֵּן puede significar "objetivo" (Oetinger) o "dirección" (Löwenstein); pero no toma su significado del *hifil* הֵכִין. Quizá se podría suponer que el lenguaje de la *chokma* toma a כֵן, *taliter*, tal como está, a modo de *sustantivo*, y ha comenzado a utilizar esa palabra en el sentido de *qualitas* (como el hebreo postbíblico אֵיכוּת).

En esa línea, se podría traducir: *la cualidad de la rectitud (de la justicia) tiende a la vida*. Pero, ¿debemos perdernos en conjeturas o en modificaciones del texto (Hitzig pone כְּנֵס, como un estandarte), para obtener un buen significado de la palabra? Decimos דִּבֶּר כֵן, *hablar bien* (Nm 27, 7), y עָשׂוֹת כֵן, *hacer bien* (Ec 8, 10); en ambos casos כֵן significa *estar de pie*, ser consistente, firme, correcto, recto.

Ese sentido puede venir marcado con לֹא־כֵן en 2Re 7, 9 donde esa palabra se usa también como sustantivo (cf. Is 16, 6). En esa línea, también aquí, כֵן *se usa como un sustantivo conectado en genitivo, pero no para que denote la posesión correcta, la retención de la rectitud, sino su cualidad correcta*, en la línea de שֶׁל־צְדָקָה אֲמִתָּה, como lo explica Rashi, en el sentido de autenticidad o *demostración genuina de justicia*, es decir, la verdadera justicia, la que no es mera apariencia, sin realidad.

En esa línea, כֵּנִים está indicando aquellas personas que no buscan aparentar, ser diferentes de lo que realmente son. Según eso, כֵּן־צְדָקָה es *la justicia genuina* (la justicia recta, bien asentada) que sigue el impulso del corazón, y de la plenitud del corazón hacia el bien, teniendo como resultado la vida (Pr 19, 23), una vida internamente feliz y externamente próspera. Por el contrario, el que voluntariamente persigue el mal, y encuentra en él satisfacción, acarrea la muerte sobre sí mismo, tendiendo de esa forma a su muerte. Según eso, el amor es vida; el odio destruye la vida.

## 11, 20-23.

Los siguientes proverbios están especialmente centrados en esta contraposición entre כֵן (rectitud, firmeza) y apariencia externa (por la que unos hombres y mujeres enmascaran su identidad).

*Primera colección: Proverbios salomónicos (Pr 10, 1 – 22, 16)*

$$^{20}\ \text{תּוֹעֲבַת יְהוָה עִקְּשֵׁי־ לֵב וּרְצוֹנוֹ תְּמִימֵי דָרֶךְ:}$$
$$^{21}\ \text{יָד לְיָד לֹא־ יִנָּקֶה רָע וְזֶרַע צַדִּיקִים נִמְלָט:}$$
$$^{22}\ \text{נֶזֶם זָהָב בְּאַף חֲזִיר אִשָּׁה יָפָה וְסָרַת טָעַם:}$$
$$^{23}\ \text{תַּאֲוַת צַדִּיקִים אַךְ־ טוֹב תִּקְוַת רְשָׁעִים עֶבְרָה:}$$

²⁰ Abominación son a Jehovah los perversos de corazón,
pero los íntegros de camino le son agradables.

²¹ De ninguna manera quedará impune el malo,
pero la descendencia de los justos escapará (de la muerte).

²² Zarcillo de oro en hocico de cerdo es la mujer hermosa
que carece de discreción.

²³ El deseo de los justos es solamente para el bien,
pero la esperanza de los impíos es para la ira (para la muerte).

**11, 20.** "Abominación a Yahveh son los torcidos de corazón, y los que son de andar honesto son su deleite". En Pr 2, 15; Pr 8, 8, se utiliza עקשׁ (en el sentido de transgresión); pero aquí, donde ese carácter de estar torcido se transfiere al corazón, necesitamos otra palabra, que indique que la *falsedad,* siendo lo contrario de la franqueza, se inscribe totalmente en el corazón, como indican en latín las palabras *flexuosus o tortuosus.*

En contra de eso, los תמימי דרך no son solo aquellos cuyo andar es exteriormente intachable (sin ofensa), sino *aquellos cuya conducta procede de un carácter puro,* libre de engaños y ocultamientos. Así dice Jerónimo: *et voluntas ejus in iis qui simpliciter ambulant,* evocando a aquellos que caminan voluntariamente en simplicidad. No se trata de una cualidad puramente intimista, sino de una forma de relacionarse con Dios: los que caminan con simplicidad son deleite o רצון para Dios (Pr 11, 1), que les mira (solamente a ellos) con satisfacción.

**11, 21.** "Ciertamente la mano del impío no queda sin castigo, pero la simiente de los justos es liberada". La LXX traduce aquí, como Pr 16, 5, donde se repite la misma expresión יד ליד: χειρὶ χεῖρας ἐμβαλὼν ἀδίκως, juntando injustamente una mano con otra. Esta expresión no se refiere, como supone Evagrio, a uno que puede ser sobornado (de mano a mano), sino solo a una persona violenta. El siríaco y el Targum traducen de la misma manera; pero el sujeto es ciertamente רע, y falta una palabra rectora, como נשׂא en 2Sa 20, 21.

Por otra parte, la frase "una mano contra la otra" requeriría que las palabras fueran יד ביד, como suponen Jerónimo y la traducción griega de Venecia, sin que podamos, sin embargo, ver su significado. No hay nada nuevo en otras versiones griegas. Los intérpretes judíos no ofrecen tampoco nada digno de mención; así, por ejemplo, Immanuel y Meri explican la expresión diciendo "inmediatamente", una palabra que en el hebreo moderno requeriría מִיד, expresión que además no es adecuada aquí.

El *midrash* vincula con Pr 11, 21a una serie advertencias indicando que *quien peca con una mano y con la otra hace el bien, no está, sin embargo, libre de castigo*. Schultens ofrece en este contexto una explicación que es digna de examen, *mano a mano*, es decir, a la manera de una herencia *per posteros* (Éx 20, 5), apoyando su opinión en el hecho de que en árabe *yad, mano* (cf. יד, Is 56, 5) se usa entre otras cosas para autorizar una herencia. Gesenius acepta esa interpretación, pero solo insistiendo en la secuencia del tiempo (cf. en persa, *dest bedest*, mano a mano, es igual a continuar uno tras otro), e interpreta יד ביד como lo hace Fleischer, *ab aetate in aetatem, nullo unquam tempore futuro erit impunis scelestus, sed posteri justorum salvi erunt* (de edad en edad, en ningún tiempo quedará impune el delito, pero los justos del tiempo final serán salvados).

Según Böttcher, "mano a mano" equivale a *de una mano a otra,* y esto corresponde al pensamiento expresado en *sera numinis vindicta* (la venganza del numen es tardía), refiriéndose según Plutarco, a una venganza que no se hará inmediatamente, sino al final. Podemos apoyar esta interpretación con el hecho de que, según los lexicógrafos árabes, la palabra *yad*, referida al curso del tiempo, significa la extensión (*madd*) del tiempo, y además un determinado período de tiempo. Pero el lenguaje proporcionaba al poeta muchas otras formas de expresar una idea como esta (con *nunquam*, o *neutiquam*, o *tandem aliquando*), y no vemos la razón por la que el poeta haya acudido a ese lenguaje menos conocido para expresar el sentido de יד ליד.

Por lo tanto, con Ewald, preferimos considerar יד ליד como *una fórmula de confirmación* derivada de la costumbre común de la gente, mano a mano, dándose la mano (con ל en לידי, Job 17, 3), como diciendo: *con la mano y por ella lo prometo y garantizo* (Bertheau, Hitzig, Elster, Zöckler). Pero si 21a confirma, con el signo de la mano, y como si fuera una apuesta, que los impíos no quedarán sin castigo, entonces el genitivo en זרע צדיקים no es un genitivo de dependencia por origen sino, como en Is 65, 23 y en Is 1, 4, *un genitivo de aposición*.

En esa línea, la palabra זרע tiene aquí el sentido de דור, Sal 24, 6; Sal 112, 2, indicando una generación y, de un modo especial, la generación final. Ciertamente, el merecido castigo viene sobre los impíos, pero la generación de los justos escapa al juicio. La palabra רָע tiene aquí la ר con *daggesh* (Michlol 63d) según la regla de דחיק, conforme a la cual la consonante que venía después de la palabra que termina en "a" acentuada se duplicaba, cosa que aquí, como en Pr 15, 1, se hace con la ר.

**11, 22.** *Anillo de oro en hocico de cerdo, mujer hermosa (justa), pero sin delicadeza.* Este es un proverbio emblemático donde la primera y la segunda línea se relacionan entre sí como signo y significado. La LXX lo traduce rítmicamente, pero su

*Primera colección: Proverbios salomónicos (Pr 10, 1 – 22, 16)*

ὥσπερ ... οὕτως destruyen la identidad de esta forma proverbial. El aro de la nariz, נזם, generalmente adherido a la fosa nasal derecha y colgando sobre la boca (véase Lane, *Manners*) es un adorno femenino que ha estado en uso desde la época de los patriarcas (Gn 24, 47). Si uno imagina ese anillo en el hocico de un cerdo está evocando el carácter emblemático de una mujer en quien se juntan la belleza y la falta de cultura, en contraste directo.

טַעַם es un tipo de hondura intelectual, la capacidad de formar un juicio recto (cf. Job 12, 20) y, particularmente, la capacidad de descubrir lo que es correcto y se adapta a su fin (cf. 1Sa 25, 33, de Abigail). Una mujer bien adornada, pero sin finura, se parece a una bestia con la que se asocian las ideas de inmundicia, desvergüenza y rudeza. En contra de eso, este proverbio pone de relieve el valor de una mente para lo noble, lo fino, lo adecuado, en la que se unen los dos aspectos (el ético y el estético, el tacto y la finura). Por el contrario, una persona que es סרת (sin finura ni tacto) se muestra incapaz de relacionarse de un modo adecuado con los otros.

**11, 23.** "*El deseo de los justos es solamente el bien, la expectativa de los impíos es presunción*". Así explica Fleischer la parábola: si los justos desean algo, su deseo tiende siempre hacia un fin afortunado (bueno); pero si los impíos esperan algo, lo que al final les corresponde como porción, no es el bien que esperaban, sino la ira (cf. Pr 10, 28; Pr 11, 4). Sin embargo, resulta dudoso que עברה deba entenderse así, como en יום עברה, y que la frase deba traducirse: *la esperanza de los impíos es la ira de Dios*.

La palabra עברה significa también falta de moderación y, particularmente, presunción, cf. Pr 21, 24; Is 16, 6. En esa línea, podemos afirmar que el deseo de los justos se dirige solo a lo que es bueno y, por lo tanto, a un objeto que es alcanzable porque agrada a Dios, mientras que, por el contrario, la esperanza de los impíos tiende solo a los deseos que brotan de su presunción, y que desembocan por lo tanto en el engaño. La puntuación de תַּאֲוַת צַדִּיקִים lleva el *dech* delante de *athnach* solo si la palabra con *athnach* (צַדִּיקִים) tiene dos sílabas (*Torath Emeth*, p. 43; *Accentssystem*, xviii. 4).

## 11, 24-26.

Siguen tres proverbios sobre *el dar que no es pérdida, sino ganancia*.

²⁴ יֵשׁ מְפַזֵּר וְנוֹסָף עוֹד וְחוֹשֵׂךְ מִיֹּשֶׁר אַךְ־ לְמַחְסוֹר:
²⁵ נֶפֶשׁ־ בְּרָכָה תְדֻשָּׁן וּמַרְוֶה גַּם־ הוּא יוֹרֶא:
²⁶ מֹנֵעַ בָּר יִקְּבֻהוּ לְאוֹם וּבְרָכָה לְרֹאשׁ מַשְׁבִּיר:

*Proverbios 11*

²⁴ Hay quienes reparten, y les es añadido más;
y hay quienes retienen indebidamente,
solo para acabar en escasez.
²⁵ El alma generosa será prosperada,
y el que sacia a otros también será saciado.
²⁶ Al que acapara el grano, el pueblo lo maldecirá;
pero la bendición caerá sobre la cabeza del que distribuye.

**11, 24.** "Hay quien da abundantemente, y crece aún más; y quien retiene lo que se debe (dar), solo para su pérdida". Este es el primero de los proverbios con יֵשׁ (hay), propios de la primera colección del libro. El significado es que las posesiones de aquel que da con liberalidad no disminuyen, sino que aumentan y que, por el contrario, las posesiones del mezquino no aumentan, sino que disminuyen.

מפזר no debe entenderse en la línea de Sal 112, 9. En lugar de ונוסף עוד, los tres códices de Erfurt ponen ונוסף (¿con retroceso del tono?), cosa que Hitzig aprueba; pero la frase tradicional (*et qui augetur insuper*, y que encima crece más siendo generoso) se aplica a ונוסף (y crece) no a los bienes dados, sino a la persona que da esos bienes y que crece más (se enriquece) al darlos.

En el segundo estico, מישׁר se interpreta comúnmente de un modo comparativo: *los que retienen más de lo debido* (Cocceius) o de lo justo (Schelling), es decir, de las cosas tenidas o poseídas. Pero מן después de חשׁך no se refiere a las cosas debidas, sino al hombre que las reparte o las retiene, quedándose con más de lo que debe, como en árabe *yusr* (Bertheau, Zöckler).

La rectitud a la que aquí se alude no es, por tanto, la de las cosas dadas o retenidas, en una línea de beneficencia (*midrash*, מן הצדקה), sino la rectitud de las personas, conforme al deber, como en Job 33, 23, donde se habla de lo que es ventajoso para el hombre (para el que da o retiene), lo que a él le conviene, lo que se debe a sí mismo. Por eso, el que retiene מישׁר no va solo en contra del prójimo, sino en contra de sí mismo, de manera que lo que retiene de más no le aprovecha de ninguna manera (cf. ἀφειδία, Col 2, 23), sino que se convierte para él en pérdida, en disminución de lo que posee, en destrucción (el que posee y tiene muchas cosas con injusticia se destruye a sí mismo).

Nos encontraremos con frecuencia con esta misma expresión, לְמַחְסוֹר (para su pérdida: *el hecho de robar es para perdida del que roba*); esta es una idea común de la literatura de los *mashals*, de los proverbios (cf. καὶ τόσῳ μᾶλλον ὑστερεῖται, Sir 11, 11). Queda aquí apuntada la causa del significativo fenómeno de que *el liberal gana y el mezquino pierde*, como podrá verse en el proverbio siguiente, que da la explicación.

# Primera colección: Proverbios salomónicos (Pr 10, 1 – 22, 16)

**11, 25.** "El alma generosa (alma de bendición) crece (engorda), y el que riega a otros, también es regado". Este es un dístico sinonímico. Alma bendita (נֶפֶשׁ־בְּרָכָה, de bendición) es aquella de la que provienen bendiciones para los demás, aquella que es fuente de bendición para todos los que entran en comunión con ella. La palabra semejante, ברצה evoca particularmente los dones del amor, 1Sa 25, 27.

Por su parte, ברך, en la línea del fondo árabe que está en la raíz de la palabra, significa aquello que se extiende, que se abre y crece por medio de la palabra y la obra. La bendición que proviene de un alma de ese tipo, vuelve a sí misma, תדשן (cf. Pr 13, 4; Pr 28, 25), de forma que ella (el alma que da más) recibe más fuerza y plenitud al hacerlo, al dar. El *pual* de תְדֻשָּׁן se refiere a la disposición de Dios; Pr 22, 9 tiene un significado similar a esta *anima benefica pinguefiet,* alma benefactora que crece y se expande dando.

En 25b aparece יוֹרֶא גַּם־הוּא וּמַרְוֶה יוֹרֶא con el sentido de: "el que riega es regado". En esa línea, se dice también *et qui inebriat ipse quoque inebriabitur* (y el que embriaga a otros se embriaga también a sí mismo). Esa palabra puede tener diversos matices, pero ha de entenderse siempre en la línea del primer estico, poniendo de relieve la bendición que va unida a la generosidad, a la bendición del que regala con generosidad, siendo bendecido así por Dios, como expresión y signo de toda auténtica riqueza.

**11, 26.** "Al que retiene el grano, el pueblo lo maldice; pero la bendición recae sobre la cabeza del que lo vende". Este proverbio está dirigido contra el usurero del grano, cuya codicia y conducta engañosa se describe en Am 8, 4-8. Pero Amós se refiere, en su contexto, a los que retienen el grano para no venderlo a menos precio en los días sagrados. Nuestro proverbio (Pr 11, 26) se refiere a los que retienen el grano en tiempos de escasez, porque esperan conseguir después precios más altos.

בָּר (de ברר, purificar, ser puro) es grano escogido, cf. árabe *rebaba*, trigo, y *nakky,* limpieza del grano por la separación de la cizaña, etc. (Florilegio). La palabra tiene *kametz,* según la Masora, en pausa, como siempre, y así aparece en la historia de José (Gn 41), cuando almacena trigo en los graneros de Egipto.

מְנֵעַ tiene *munach* en la sílaba que precede a la última, en la que el tono retrocede, y *metheg* con el *tsere* como señal de pausa, como en Pr 1, 10, בצע. Por su parte, מַשְׁבִּיר es el que vende el trigo (qui annonam vendit); es un verbo denominativo, de שבר, que significa propiamente lo que se tritura, por lo tanto, el grano (Florilegio). Por su parte, לְאֹם es el pueblo. Esta es una palabra que se utiliza más en plural לאמים, pueblos, palabra que aparece con más frecuencia en las profecías dirigidas a las naciones; aquí tiene el mismo sentido que en Pr 24, 24, los individuos del pueblo. De un modo consecuente, la bendición o בְּרָכָה recae sobre la cabeza de los caritativos, como agradecimiento de sus conciudadanos, junto con todos sus buenos deseos.

*Proverbios 11*

## 11, 27-31.

Ese esfuerzo abnegado por el bien de los demás encuentra su justificación en el pensamiento que se expresa en los siguientes proverbios.

27 שֹׁחֵר טוֹב יְבַקֵּשׁ רָצוֹן וְדֹרֵשׁ רָעָה תְבוֹאֶנּוּ׃

28 בּוֹטֵחַ בְּעָשְׁרוֹ הוּא יִפֹּל וְכֶעָלֶה צַדִּיקִים יִפְרָחוּ׃

29 עוֹכֵר בֵּיתוֹ יִנְחַל־רוּחַ וְעֶבֶד אֱוִיל לַחֲכַם־לֵב׃

30 פְּרִי־צַדִּיק עֵץ חַיִּים וְלֹקֵחַ נְפָשׁוֹת חָכָם׃

31 הֵן צַדִּיק בָּאָרֶץ יְשֻׁלָּם אַף כִּי־רָשָׁע וְחוֹטֵא׃

27 El que se esmera por el bien conseguirá favor;
pero al que busca el mal, el mal le vendrá.

28 El que confía en sus riquezas caerá,
pero los justos reverdecerán frondosos.

29 El que perturba su casa heredará viento,
y el insensato será esclavo del sabio de corazón.

30 El fruto del justo es árbol de vida,
y el que gana almas es sabio.

31 Ciertamente el justo será recompensado en la tierra;
*¡cuánto más el impío y el pecador!*

**11, 27.** "El que se esfuerza por el bien, busca lo que es agradable; y el que busca el mal, lo hallará". Este versículo contiene tres palabras significativas: בקשׁ (raíz בק, *findere*), que tiene el significado general de *quaerere*, penetrar y empujar hacia adelante; דרשׁ (raíz דר, *terere*), en el sentido de intentar (demostrar), corresponde al latín *studere* (afanarse por) y שׁחר (en lugar de משׁחר, como דבר en lugar de מדבר), que significa con frecuencia *quaere* (véase Pr 1, 28).

En 27b, רעה se refiere al mal que uno prepara para otro, frente al טוב de 27a que se refiere a los buenos pensamientos y acciones con referencia a los demás. El que se esfuerza por buscar lo bueno, busca con ello lo que es agradable, es decir, lo que agrada o hace bien a los demás. Esta idea es semejante a la de Pr 10, 32, y ella se expresa con la palabra יבקשׁ, y no con ימצא, porque no se hace referencia a hechos externos en el gobierno moral del mundo, sino que se da una descripción de un hombre que está celosamente empeñado en el bien, de un hombre noble, que siempre se pregunta (cf. Mt 7, 12) ¿qué será, en el caso dado, del agrado del prójimo, qué será aquello que le produzca una verdadera satisfacción?[1]

---

1. Con respecto a la puntuación que aquí tiene שֹׁחֵר, véase Pr 11, 26. Por su parte, el sujeto de תבואנו (lo encontrará), que en Pr 10, 24 era la idea fundamental, sigue aquí vinculado con רעה, que puede estar en genitivo (cf. Sal 38, 13).

# Primera colección: Proverbios salomónicos (Pr 10, 1 – 22, 16)

**11, 28.** "El que confía en sus riquezas caerá, los justos florecerán como árbol verde". La palabra יפול (con escritura *plene* según parte de la masora: יִפֹּל) así como la figura וכעלה (para la puntuación וכעשׁן, cf. Pr 10, 26) están en singular, pero se entienden bien si uno observa que 28a se refiere a un árbol seco, mientras que 28b alude a un árbol con hojas siempre verdes, apareciendo así ante la imaginación del poeta (cf. Sal 1, 4; Jer 17, 8).

El rico orgulloso, que a causa de sus riquezas piensa que está libre de peligro, va a su ruina (יפול como en Pr 11, 5 y, frecuentemente, en el libro de los Proverbios), mientras que por el contrario el justo continúa floreciendo sin cesar como la hoja verde, asemejándose a los árboles que perennemente siguen floreciendo sin cesar.

Con respecto a עלה (cf. כֶעָלֶה) en sentido originalmente colectivo (Symmaco: θάλλος), véase Is 1, 30, y con respecto a פרח (cf. יִפְרָחוּ, raíz פר, romper), que aquí se refiere al continuo despliegue de nuevos brotes de hojas, véase Is 11, 1. El apóstol Pablo llama a este crecimiento continuo la *metamorfosis de los creyentes*, 2Co 2, 18. En vez de כֶעָלֶה, como hojas, la LXX ha leído וּמַעֲלֶה (texto aceptado por Hitzig), en el sentido de levantar o elevar al justo.

**11, 29.** "El que alborota su casa heredará viento, y el necio se convierte en siervo del sabio de corazón". Jerónimo traduce bien, *qui conturbat domum suam* (el que inquieta su casa), porque עכר corresponde estrechamente al latín *turbare*; pero ¿en qué sentido se entiende aquí la referencia a perturbar? El siríaco traduce 29a doblemente, y lo refiere una vez al *engaño* y otra vez a la *avaricia*. La LXX piensa que μὴ συμπεριφερόμενος τῷ ἑαυτοῦ οἴκῳ alude a aquel que actúa con los suyos (con su casa) de un modo que no es insociable, sino lleno de afabilidad, es decir, de un modo que no es tiránico. Pero en nuestro caso, עוֹכֵר בֵּיתוֹ, que es semejante a עכר שׁארו en Pr 11, 17 está refiriéndose a quien no cuida su cuerpo (su casa) como es necesario. La expresión עכר ישׂראל, perturbador de Israel, se aplica a Elías, 1Re 18, 17, porque a consecuencia de su oración hubo falta de lluvia en la tierra. Por su parte, en Pr 15, 27, el עכר ביתו es perturbador de la casa del avaro.

En esa línea, conforme a este proverbio (11, 29), el hombre que "alborota su propia casa" (Lutero) es una persona mezquina y sórdida (Hitzig), de manera que puede suponerse que no da a los suyos y, en especial, a sus propios sirvientes, una cantidad suficiente de alimento con el descanso necesario. Lejos de conseguir muchos frutos con el cuidado de su hogar, este hombre solo heredará viento (con ינחל, y no con ינחיל como traduce el siríaco). Ciertamente, heredará (Pr 3, 35; Pr 28, 10, etc.), pero en sentido negativo, pues irá siempre hacia atrás (porque ha privado a sus siervos de todo placer y amor por su trabajo a favor de la prosperidad de su casa), hasta que al final la realidad de su posesión se disuelve en nada.

Una conducta de ese tipo no es solo carente de amor, sino también tonta, necia; y una persona necia (véase con respecto a אויל Pr 1, 7) no tiene capacidad

272

de dirigir una casa y, generalmente, no puede mantener su independencia, y en ese sentido se puede afirmar "el necio se convierte en siervo para el sabio de corazón". Así interpreta la frase la LXX (cf. también Pr 10, 5, LXX), con el texto siríaco, el Targum, Jerónimo, traducción de Venecia, Lutero, etc. La explicación, *et servus stulti cordato (sc. addicitur),* es decir, incluso los siervos del necio codicioso finalmente son partícipes de la sabia beneficencia (Florilegio), destruye la conexión entre 29a y 29b, ofreciendo una traducción que es superflua que no está exigida por la acentuación (cf. p. ej. Pr 19, 22).

**11, 30.** "El fruto del justo es árbol de vida, y el sabio gana almas". La LXX traduce, ἐκ καρποῦ δικαιοσύνης φύεται δένδρον ζωῆς (del fruto de la justicia brota el árbol de la vida). Pero esta traducción se desacredita por la inversión antinatural de la relación entre el fruto y el árbol. El fruto del justo no es aquí el bien que proviene de su conducta, como en Is 3, 10; Jer 32, 19, sino su misma actividad, que procede de un impulso interno. Este fruto es un árbol de vida. El significado de este proverbio es que el fruto del justo, es decir, su influencia externa, es en sí mismo un árbol de vida, es decir, un fruto para la vida de los demás, ya que sus palabras y acciones ejercen una influencia vivificante, refrescante y feliz sobre ellos.

De esta manera, el sabio (el que actúa con rectitud y sabiduría, según la *hokma* (Pr 1, 7) se convierte en alguien que "gana" almas (לקח como en Pr 6, 25, pero tomado *in bonam partem*) o, como se expresa en el Nuevo Testamento (Mt 4, 19), el sabio es *un pescador de hombres,* porque gana a los hombres no solo para sí mismos, sino también para el servicio de la sabiduría y la justicia.

**11, 31.** "Si el justo halla en la tierra su sanción (=su recompensan) ¡Cuánto más la hallarán el impío y el pecador!". Las partículas אף כי tienen un sentido afirmativo, de tipo ascendente, en forma de interrogación: dado que… entonces… Como en alemán *geschweige denn* (suponiendo que… entonces) (Florilegio).

La partícula הן (dado que, he aquí que…) aparece ya aquí (en la Biblia hebrea) en camino de convertirse en una expresión condicional, como antecedente de una *gradatio a minori ad majus* (una gradación, de menor a mayor) introducida por אף כי, cf. Job 15, 15; Pr 25, 5. De esa manera, pasamos del supuesto הן (dado que…) a la consecuencia formulada por ואיך como en Gn 44, 8; 2Sa 12, 18; 2Sa 13, 13. Desde aquí se concibe la conclusión entendida como un tipo de שלם, que significa sanción o recompensa, y que puede entenderse en sentido positivo (premio) o negativo (castigo).

La palabra שלם es aquí un *vocabulum anceps,* y denota retribución total, es decir, según los casos: premio justo o castigo justo. Si 30a se entiende como recompensa y 30b como castigo, entonces la fuerza del argumento nos llevaría a afirmar esto: *el justo no puede reclamar una recompensa,* porque su buen hacer

*Primera colección: Proverbios salomónicos (Pr 10, 1 – 22, 16)*

nunca es tan perfecto como para reclamarla, pues está mezclado con el pecado (Ec 7, 20; Sal 143, 2); *por el contrario, la represión del malvado está exigida por la santidad divina, porque, tanto por su intención como por su conducta es* רשׁע, *un malvado pecador,* un חוטא merecedor de castigo.

Pero la conclusión no es estricta, ya que la relación de los justos con Dios también pone de manifiesto su dispensación de la gracia y la fidelidad a las promesas y, así en ambos casos, ישׁלם parece requerir la misma interpretación, si incluso el justo puede recibir un tipo de castigo o venganza, tanto más quedarán en manos del castigo de Dios los impíos y los pecadores...

Así traduce la Biblia Griega de Venecia, Θεῷ ὁ δίκαιος ἐν τῇ γῇ ἀποτιθήσεται; así también Lutero, y entre los modernos Löwenstein y Elster. De este proverbio, así entendido por la versión griega de los LXX, toma su mensaje 1Pe 4, 18: εἰ ὁ μὲν Δίκαιος μόλις (μόγις) σώζεται, ὁ ἀσεβὴς καὶ ἁμαρτωλὸς ποῦ φανεῖται (si el justo apenas se salva ¿cómo podrán permanecer el impío y el pecador?). Esta traducción puede ser algo arbitraria, pero indica que el misterio de la salvación pertenece al plano de la gracia de Dios, pues la salvación no es mérito del hombre, pues כמעט יושׁע. El mundo de las obras de los hombres no puede nunca confundirse (identificarse) con la acción salvadora de Dios, pues esa salvación solo puede ser expresión y resultado de su gracia.

# Proverbios 12

## 12, 1-3.

Siguen tres proverbios sobre el conocimiento, el favor de Dios, la firmeza y los medios para lograrlo.

¹ אֹהֵב מוּסָר אֹהֵב דָּעַת וְשֹׂנֵא תוֹכַחַת בָּעַר׃

² טוֹב יָפִיק רָצוֹן מֵיְהוָה וְאִישׁ מְזִמּוֹת יַרְשִׁיעַ׃

³ לֹא־יִכּוֹן אָדָם בְּרֶשַׁע וְשֹׁרֶשׁ צַדִּיקִים בַּל־יִמּוֹט׃

¹ El que ama la corrección ama el conocimiento,
pero el que aborrece la represión se embrutece.
² El bueno alcanzará el favor de Jehovah,
pero Dios condenará al hombre que urde males.
³ El hombre no se establecerá por medio de la impiedad,
pero la raíz de los justos es inconmovible.

**12, 1.** "*Quien ama la corrección, ama el conocimiento, quien odia la instrucción perece (carece de razón)*". En casos como este resulta difícil establecer la relación de ideas que propone el proverbio. La secuencia de palabras más probable en una cláusula semítica de sustantivo como esta es aquella en la que aparece primero el predicado. Pero si se quiere destacar su importancia, el sujeto puede colocarse a la cabeza de la sentencia.

En nuestro caso, lo más probable es que se deba colocar el sujeto al principio: *quien odia la instrucción perece*. Pero, dado que no tenemos motivos para invertir el orden de las palabras, pensamos que en ambos casos se colocan primero los predicados, dando este sentido a la frase: quien ama el conocimiento lo muestra y lo prueba (poniéndose en el lugar de aquel que aprende); por el contrario, aquel que rechaza indignado la corrección carece de entendimiento, de manera que viene a presentarse como incapaz de evitar las equivocaciones posteriores y los pasos en falso.

Por lo que respecta a la puntuación, אֹהֵב דַּעַת (con *mercha* en la antepenúltima y אֹהֵב מוּסָר en la penúltima), cf. Pr 11, 26; Pr 1, 19. En 1b la *munach* de תּוֹכַחַת queda transformado por el *mugrash* (*Accentssystem*, xviii. 2), como en Pr 15, 10. Por su parte, בַּעַר (cf. Pr 30, 2) es un ser bruto, como un animal de forraje (בְּעִיר, de בַּעַר, que se alimenta de yerba), todo tipo de animales jóvenes. Cf. el árabe *b'ayr*, bestia por excelencia, κατ᾽ ἐξ., es decir, el camello. Un hombre bruto suele compararse con בהמה (Sal 49, 21; 73, 22) y recibe en árabe el nombre de *behymt*, de *bahym*, alguien que no puede expresarse (como *dabb*, un oso; *thwr*, un buey; *ḥamâr*, un asno) (Florilegio).

**12, 2-3.** "El hombre bueno alcanza el favor de Yahvé, pero al hombre perverso lo condena". Por el contrario, el אִישׁ מְזִמּוֹת (Pr 14, 17, cf. Sal 37, 7) se define en Pr 24, 8, como hombre de maquinaciones, a saber, hombre malvado que trama el mal contra su prójimo. El hombre bueno o טוֹב ha de serlo en relación con Dios (cf. Sal 73, 1; Sal 86, 5) y con los hombres (Pr 13, 22; Pr 14, 14), e indica que es bueno (bonus) en el sentido de benévolo, *benignus*), sabiendo que Dios es amor, que el amor es la esencia de la bondad y que la bondad se expresa en el cumplimiento de la ley.

Un טוֹב es según eso un hombre que actúa de acuerdo con el motivo dominante del amor abnegado. Un hombre así obtiene (véase יָפִיק, *educit* igual a *adipiscitur*, recibe o adquiere, cf. Pr 3, 13) el favor de Dios, que es y se muestra bondadoso con él, mientras que, por el contrario, condena al malvado intrigante, es decir al malvado que, como dice Jerónimo, *impie agit* (actúa impíamente). En esa línea, el malvado es un אִישׁ מְזִמּוֹת (hombre de maquinaciones), un hombre sin estabilidad interior (véase Sal 1, 1), pues su forma de pensamiento y conducta no se apoyan en Dios y en su ley, y así carece de toda estabilidad y solidez, siendo

*Primera colección: Proverbios salomónicos (Pr 10, 1 – 22, 16)*

traído y llevado por sus propias maquinaciones. Por el contrario, los hombres buenos están arraigados en Dios, son como árboles que ninguna tempestad puede arrancar de raíz.

## 12, 4-12.

A continuación, tomamos en conjunto los nueve proverbios siguientes (12, 4-12). El primero se refiere a la mujer de casa; los cuatro últimos se refieren a la administración de la casa y a los negocios.

אֵשֶׁת־חַיִל עֲטֶרֶת בַּעְלָהּ וּכְרָקָב בְּעַצְמוֹתָיו מְבִישָׁה: 4

מַחְשְׁבוֹת צַדִּיקִים מִשְׁפָּט תַּחְבֻּלוֹת רְשָׁעִים מִרְמָה: 5

דִּבְרֵי רְשָׁעִים אֱרָב־דָּם וּפִי יְשָׁרִים יַצִּילֵם: 6

הָפוֹךְ רְשָׁעִים וְאֵינָם וּבֵית צַדִּיקִים יַעֲמֹד: 7

לְפִי־שִׂכְלוֹ יְהֻלַּל־אִישׁ וְנַעֲוֵה־לֵב יִהְיֶה לָבוּז: 8

טוֹב נִקְלֶה וְעֶבֶד לוֹ מִמְּתַכַּבֵּד וַחֲסַר־לָחֶם: 9

יוֹדֵעַ צַדִּיק נֶפֶשׁ בְּהֶמְתּוֹ וְרַחֲמֵי רְשָׁעִים אַכְזָרִי: 10

עֹבֵד אַדְמָתוֹ יִשְׂבַּע־לָחֶם וּמְרַדֵּף רֵיקִים חֲסַר־לֵב: 11

חָמַד רָשָׁע מְצוֹד רָעִים וְשֹׁרֶשׁ צַדִּיקִים יִתֵּן: 12

[4] La mujer virtuosa es corona de su marido,
pero la mala es como carcoma en sus huesos.
[5] Los pensamientos de los justos son rectitud,
pero las artimañas de los impíos son engaño.
[6] Las palabras de los impíos son para acechar la sangre,
pero la boca de los rectos les librará.
[7] Al ser trastornados, los impíos dejarán de ser;
pero la casa de los justos permanecerá.
[8] El hombre es alabado según su discernimiento,
pero el perverso de corazón será menospreciado.
[9] Mejor es el menospreciado que tiene quien le sirva
que el que se vanagloria y carece de pan.
[10] El justo se preocupa por la vida de sus animales,
pero los sentimientos de los impíos son crueles.
[11] El que cultiva su tierra se saciará de pan,
pero el que persigue cosas vanas es falto de entendimiento.
[12] El impío codicia la fortaleza de los malos,
pero la raíz de los justos es estable.

*Proverbios 12*

**12, 4.** "*La buena mujer valerosa es corona de su marido…*". Pr 11, 16 decía que אושת חן, la esposa agraciada (חן es igual a χάρις) brinda honor; en este proverbio se dice que אושת חיל, la buena esposa (חיל, "valerosa", que tiene ἀρετή, que tiene *virtus*, virtud o fuerza), eleva a su esposo a un honor más alto. Ella es pues su στέφανος καυχήσεως (1Ts 2, 19), su corona o causa de honor ante el mundo (cf. Pr 31, 23). Por el contrario, una mujer מבישה, que se comporta vergonzosamente (sobre el doble sentido de esta palabra que solo aquí aparece en proverbios en femenino, cf. Pr 10, 5), es para su marido *instar carie in ossibus*, como caries o carcoma en sus huesos.

La palabra וּכְרָקָב) רקב, cf. Pr 10, 7) indica tanto la caries como un agujero de gusano (cf. Job 41, 19, עץ רקבון, madera carcomida). Así como la caries se extiende lenta pero continuamente, hasta que finalmente destruye todo el cuerpo, así una mujer mala corroe la médula, destruye la felicidad, perturba la búsqueda, socava la vida del marido.

**12, 5.** "*Los pensamientos de los justos son rectos, pero los consejos de los impíos son engaño*". Son inciertos en su contenido y en su finalidad. A los justos se les atribuye מחשבות, es decir, pensamientos simples y claros. A los impíos se les atribuyen, תַּחְבֻּלוֹת) תחבות), un tipo de consejos o pensamientos que pueden estar cuidadosamente pensados, prudentemente maquinados, pero en línea de mal, no de bien. Los justos tienen una regla objetiva de vida, y así buscan lo que es recto a la vista de Dios y de los hombres. En contra de eso, los impíos tienen solo un propósito egoísta, que ellos quieren conseguir, engañando a los demás, esto es, a costa de la verdad y bienestar del prójimo.

**12, 6.** "*La palabra del impío es para acechar la sangre (para matar), pero la boca de los rectos los librará*". Nuestras ediciones ponen דִּבְרֵי רְשָׁעִים, con una acentuación de tipo rítmico. La vocalización de אֱרָב־ דָּם oscila entre un presente imperfecto y un infinitivo, como la de אמר־, Pr 25, 7; ־ענש, Pr 21, 11; אכל־, Gn 3, 11. Sea cual fuere la forma de vocalizarla, la expresión queda siempre bastante vaga, aunque el sentido resulta en el fondo claro: *las palabras de los impíos están al acecho de sangre*, es decir, están calculadas para triunfar sobre los otros, incluso con riesgo de poner en peligro las vidas ajenas, por ejemplo, ante un tribunal, por acusaciones falsas y falso testimonio. דם (cf. אֱרָב־ דָּם) es un acusativo de objeto, aunque, en lugar de ארב לדם (Pr 1, 11), acechar en busca de sangre, se utiliza la expresión más corta, ארב דם (Ewald, 282a). Las palabras de los impíos buscan y traman en el fondo la muerte de los hombres.

*Primera colección: Proverbios salomónicos (Pr 10, 1 – 22, 16)*

Por el contrario, la boca (la palabra) de los rectos salva de la muerte. El sufijo de יצילם (cf. וּפִי יְשָׁרִים יַצִּילֵם, la boca de los rectos los librará)[2] podría referirse a los ישרים, es decir, a los mismos justos, que de esa manera se salvan a sí mismos. Pero resulta mucho más lógico pensar que la boca y palabra de los rectos libera de la muerte a aquellos que están en peligro de caer bajo el riesgo de sangre, es decir, bajo la amenaza de los impíos. La palabra de los rectos salva (es decir, el buen consejo) o libera a los hombres que están en peligro de perecer bajo la maldad de otros, como explican Ewald, Bertheau, Elster y otros. La palabra de los justos crea paz e impide que unos hombres maten a otros.

**12, 7.** *"Los impíos son trastornados y no existen, pero la casa de los justos permanece"*. El pensamiento de fondo es claro, y no necesita mucha explicación, en la línea de los otros proverbios. Pero el análisis gramatical resulta más complicado. Bertheau y Zöckler traducen el proverbio así: *los malvados dan la vuelta y ya no existen*, como si dijéramos: han desaparecido en un solo momento, "en un parpadear de ojos", mientras que los justos siguen existiendo. Ellos mismos, los malvados, son la causa de su propia destrucción.

Pero, en contra de eso, la frase puede entenderse en un sentido impersonal, de manera que la causa de la "catástrofe" (es decir, del cambio de los impíos) quede en el fondo, de manera deliberadamente vaga, como si se dijera: de algún lugar proviene una destrucción sin paralelo que abruma a los impíos, de manera que para ellos no existe la posibilidad de comenzar de nuevo, han terminado del todo. Por el contrario, la casa de los justos se mantiene firme, por encima de la muerte que barre (que destruye) a los impíos. En un sentido, parece que los impíos se destruyen a sí mismos. En otro sentido se puede afirmar que es Dios quien los destruye. Pero el tema de la causa de la destrucción queda indeterminado; lo único claro es que el impío no permanece, no tiene consistencia.

**12, 8.** *Según la medida de su inteligencia* es *alabado el hombre, y el que es de mente perversa es despreciado*. En el contexto de los proverbios, שׂכל no tiene otro significado que *intellectus*. El elogio que se ofrece a un hombre se mide לפי שׂכלו (según la medida de su inteligencia, cf. *Torath Emeth*, p. 41; para la acentuación, cf. *Accentssystem*, XX, 1), es decir, según la medida (con לפי conforme al uso más antiguo de la lengua hebrea) de su comprensión intelectual, o como también podemos decir, de su cultura. Pero, en estos proverbios, que hacen del temor de Dios el principio supremo de la vida, שׂכל alude también a la excelencia moral de su persona, no meramente a la grandeza de sus dones o conocimientos naturales.

---

2. Elías Levita, en su nota a la raíz פה en Kimchi, *Wörterbuch* mantiene la palabra תצילם, lo mismo que otros 6 códices, como indica Kennicot. Pero פה es masculino.

הָלַל (cf. ־יְהַלֶּל) es una palabra que tiene muchos matices, vinculados especialmente a la alabanza. Pero no significa simplemente renombre en general, sino un buen renombre. En paralelo a לֵב, en sentido moral e intelectual, הָלַל se refiere al entendimiento (νοῦς) en el sentido extenso de la palabra.[3] Por su parte, la palabra נעוה (וְנַעֲוֵה־לֵב, el de mente perversa), siendo un sinónimo de נפתל y עקש, aunque con matices distintos, se refiere aquí a aquel que está *a vero et recto detortus et aversus,* a aquel que se separa y opone a lo que es recto (Florilegio). Un hombre así, que no tiene un buen entendimiento, ni ninguna regla cierta de juicio, cae bajo desprecio (cf. trad. Griega de Venecia), es decir, se difama a sí mismo por su juicio falso sobre los hombres, las cosas y sus relaciones, y por ello no está en condiciones de hacer uso de ellas.

**12, 9.** *Mejor es un menospreciado a quien otros sirven que aquel que se hace importante y no tiene pan.* Este proverbio, como el de 15, 17, constituye un canto a la vida humilde y tranquila; es un elogio a la sencillez, a la mediocridad aurea. La palabra נִקְלֶה (como en 1Sa 18, 23) viene de קלה, relacionada con קלל, Syr., *ʼkly,* despreciar, propiamente *leve pendere, levem habere* (tomar como peor, tomar por poca cosa, de donde viene קלון, desprecio, deshonra). Esa palabra se aplica aquí a un hombre que vive en una posición humilde y no busca elevarse a sí mismo.

Muchos intérpretes antiguos (LXX, Símaco, Jerónimo, Syr., Rashi, Lutero, Schultens) interpretan ועבד לו como alguien que se sirve a sí mismo (que trabaja para sí mismo), pero en ese caso las palabras habrían sido עבד לנפשׁו (Siríaco: דמשׁמשׁ נפשׁה), o más bien ועבדו הוא o ועבד לו, como señalaron Ziegler, Ewald y Hitzig. Pero es mejor mantener la lectura del texto, pensando que el proverbio se refiere a un hombre a quien otros desprecian, pero que tiene un siervo (*et cui servus,* Targum, griego de Venecia), a diferencia de otros hombres, que se consideran importantes, pero no tienen ni pan para comer.

La primera necesidad de un oriental en circunstancias de cierta riqueza era tener un esclavo, como sucedía en el caso de los griegos y romanos (Florilegio). Este proverbio alude, según eso, a un hombre de condición humilde que, sin embargo, no era tan pobre pues podía mantener a un esclavo. Ese hombre humilde estaba en mejor condición que uno que se jacta de sí mismo (mostrándose poderoso) y que, sin embargo, padecía hambre (2Sa 3, 29). El *hitpael*, como en el caso de מְתַכַּבֵּד aserpxe,a menudo, un esfuerzo por ser, o desear parecer ser. Y así lo expresa el adjetivo correspondiente a los estados del verbo, por ejemplo, התגדל, התעשׁר; como los verbos griegos en forma media: εζεσθαι, αζεσθαι, cf. התחכם y σοφίζεσθαι.

En ese sentido, en la línea de Fleischer, hemos traducido: *quien se hace poderoso,* porque כבד, *gravem esse,* es una palabra que etimológicamente está en

---

3. La interpretación de Löwenstein, el que "tiene un corazón falso", resulta defectuosa.

# Primera colección: Proverbios salomónicos (Pr 10, 1 – 22, 16)

contraste con קלה. Por su parte, Sir 10, 26, κρείσσων ἐργαζζμενος καὶ περισσεύων ἐν πᾶσιν, ἢ δοξαζμμενος καὶ ἀπορῶν ἄρτων (es mejor trabajar y tener cosas en abundancia que creerse importante y pasar hambre, según el texto de Fritzsche), ofrece una reconstrucción parcial de este proverbio.

**12, 10.** *El justo sabe lo que siente su ganado, y la compasión (las entrañas) de los impíos son crueles.* La explicación, *el justo se preocupa por la vida de su bestia* (Florilegio), no es adecuada, porque 10a ha de entenderse a la luz de Éx 23, 9, donde נפש significa también el estado de ánimo, el estado de sentimiento. Por su parte, ידע tiene, como en su paralelo de Pr 27, 23, el significado de conocimiento o investigación cuidadosa, en conformidad con la cual uno actúa. La Torá incluye en la ley del descanso del sábado (Éx 20, 10; Éx 23, 12) a los animales como el buey o el asno (que son los aquí evocados). Ella se preocupa de que esos animales sean recompensados por su trabajo (Dt 25, 4); así prohíbe la mutilación y, en general, se ocupa de que no sufran demasiado. En esa línea, ordena a los que toman un nido de pájaro que dejen escapar a las crías, etc. (Dt 22, 6). Esas normas se sitúan en la línea de este proverbio, que insiste en la exigencia de preocuparse por las bestias (por el ganado de la casa).

Esas leyes a favor de los animales son prefiguraciones de esta sentencia que dice: בְּהֶמְתֶּו יוֹדֵעַ צַדִּיק נֶפֶשׁ (el justo se ocupa de lo que siente su ganado). En esa misma línea, siguiendo las indicaciones del Dios de la Torá, en el final del libro de Jonás hallamos una maravillosa apología (defensio) de la compasión de Dios que se extiende a todas las realidades del mundo, especialmente a las bestias de la tierra. En ese sentido ha de entenderse la actitud de estos justos que "sienten" lo que siente su ganado.

En 10b, la mayoría de los intérpretes encuentran un oxímoron (con dos expresiones opuestas): la compasión de los impíos es despiadada, no es verdadera compasión, sino lo opuesto de ella (Florilegio). Bertheau cree que, por lo que se refiere al predicado אַכְזָרִי se puede traducir: la compasión de los impíos es una tiranía. Y así como se puede hablar de *un amor sin amor*, es decir, de un amor que en su principio es solo egoísmo, así también se puede hablar de *una compasión sin compasión,* que consiste solo en gestos y palabras sin verdad, sin sentimientos y resultados activos. En esa línea, resulta valiosa la traducción de la LXX que dice: τὰ δὲ σπλάγχνα τῶν ἀσεβῶν ἀνελεήμονα (las entrañas de los impíos carecen de misericordia).

Según eso, el sustantivo רחמים aquí no significa compasión sino, como en Gn 43, 30; LXX, las ἔντερα o ἔγκατα, es decir, *las entrañas*. En una línea semejante, 1Re 3, 26, la LXX pone μήτρα, la matriz, con el significado de entrañas (las partes tiernas del interior del cuerpo humano, cf. árabe *rakhuma*, ser suave, tierno, con *rḥm*). *Rejem* es, según eso, el interior del cuerpo, en el que suelen reflejarse las emociones profundas y, sobre todo, las fuertes simpatías (cf. Os 10, 8). El hecho de que אכזרי esté aquí en singular está indicando la unidad interior del sujeto humano, como en Jer 50, 12.

**12, 11.** *El que labra su propia tierra se sacia de pan, y el que sigue tras cosas vanas es falto de entendimiento.* El paralelismo antitético de este versículo aparece aún más claro en su doble de Pr 28, 19 (cf. también Sir 20, 27a). Este proverbio recomienda el cultivo del campo como el medio más seguro para mantenerse honesta y abundantemente, en contraste con el aferramiento a medios de subsistencia vanos, es decir, injustos, a especulaciones imaginarias y cosas semejante (Florilegio).

רֵיקִים no son aquí personas (Bertheau), sino cosas sin solidez ni valor (LXX: μάταια; Aquila, Teodotion, κενά), cosas que, de conformidad con el contraste, no ofrecen verdadera ganancia. También en otros lugares, el masculino plural cumple la función de un neutro sustantivo con sentido general: véase נגידים, *principalia,* Pr 8, 6, y זדים, Sal 19, 14 —uno de los muchos ejemplos del uso imperfecto del género en hebreo. El autor tiene en su mente ריקים, *vana et inania,* cosas vanas y vacía, no אנשים (Jc 9, 4), sino דברים en el sentido de cosas (Dt 32, 47).

**12, 12.** *El impío codicia el botín de los malhechores, pero la raíz de los justos brota.* Esta traducción es al mismo tiempo una explicación, y va en la línea de la de Fleischer "el impío se esfuerza por ganancias injustas como los malvados" (Pr 4, 14); de esa manera quiere enriquecerse, pero lo hace en vano, sin por ello progresar y conseguir algo seguro; por el contrario, la raíz de los justos produce su fruto (=germina). El pretérito, como en Pr 11, 2; Pr 11, 8, etc. ofrece una proposición general como un principio histórico derivado de la experiencia. En 12b se emplea la palabra יתן de forma elíptica o pregnante, en el sentido de *edet* (produce), *scil. quod radix edere solet, sobolem stirpis, ramorum* (es decir, aquello que la raíz suele producir, que es el tallo, las ramas, etc. Como en árabe *natan* y *ânatan,* esta palabra se utiliza generalmente sin un objeto concreto: produce, sin más (la raíz de los justos produce, como las raíces de un árbol producen, germinan).

מצוד (de צוד, espiar, cazar, cf. מְצוֹד רָעִים o botín de los malhechores) puede ser el instrumento con el que se caza (una red), pero aquí es el objeto y fin del acto de cazar (lograr una presa). Si las palabras hubieran sido מצודי רעים, tendríamos que traducir el texto en la línea de מלאכי רעים (mensajeros siniestros), cf. Sal 78, 49 y en la línea de אושת רע, Pr 6, 24. En ese sentido, Ewald entiende los ריקים de 11b como compañeros que no sirven para nada. Por el contrario, él interpreta aquí רעים como neutro (172b): el deseo del malvado es una red maligna, es decir, una red con la que atrapa todo tipo de maldad para sí mismo.

La LXX introduce aquí dos nuevos proverbios, en los que מצוד aparece en plural y en el sentido de ὀχυρώματα (proyectiles). Así se traduce el texto hebreo

*Primera colección: Proverbios salomónicos (Pr 10, 1 – 22, 16)*

de 12b como: αἱ δὲ ῥίζαι τῶν εὐσεβῶν ἐν ὀχυρώμασι (pero las raíces de los buenos son como proyectiles), que Schleusner explica *immotae erunt* (serán convertidas en). Pero el hebreo del texto básico no necesita ese añadido. No es probable que el texto base que ha leído la LXX sea ושרש צדיקים איתן, ya que en ninguna parte se traduce así la palabra איתן.

En otra línea, Reiske y Ziegler, como Ewald y Hitzig, han combinado el יתן de este proverbio con יתן de איתן (árabe *wâtin*), *firmum, perennem ese* (ser firme, durable). Hitzig traduce el dístico, tras corregir el texto de 12a con la ayuda de la LXX y el árabe: *el refugio de los impíos es barro que se desmorona, pero la raíz de los justos permanece.* Böttcher también lee חמר en lugar de חמד, y traduce (véase p. 192, l. 11): *el refugio de los impíos es lodo cenagoso, pero la raíz de los justos se mantiene firme* (יתן equivale al árabe *wâtin*). Pero esta derivación de un verbo יתן no es necesaria.

El texto griego de Venecia traduce de un modo correcto, ῥίζα δὲ δικαίων δώσει: la raíz de los justos germinará, producirá. El objeto de la producción es evidente. Rashi dice מה שהוא ראוי ליתן והוא הפרי. Así también Schultens. *La raíz da* (=germina) tiene el sentido de *es productiva: produce lo que yace en su naturaleza.* Que la raíz de los justos perdura (Targum, נתקים) se expresa de otra manera en Pr 12, 3.

## 12, 13-16.

Sigue una serie de Proverbios sobre palabras perjudiciales y beneficiosas, sobre el oído sabio y el silencio prudente.

13 בְּפֶשַׁע שְׂפָתַיִם מוֹקֵשׁ רָע וַיֵּצֵא מִצָּרָה צַדִּיק:

14 מִפְּרִי פִי־אִישׁ יִשְׂבַּע־טוֹב וּגְמוּל יְדֵי־אָדָם [ישוב] (יָשִׁיב) לוֹ:

15 דֶּרֶךְ אֱוִיל יָשָׁר בְּעֵינָיו וְשֹׁמֵעַ לְעֵצָה חָכָם:

16 אֱוִיל בַּיּוֹם יִוָּדַע כַּעְסוֹ וְכֹסֶה קָלוֹן עָרוּם:

13 En la transgresión de los labios hay una trampa fatal,
pero el justo saldrá bien de la tribulación.
14 El hombre será saciado con el bien del fruto de su boca,
y también recibirá la recompensa de sus manos.
15 En la opinión del insensato su camino es derecho,
pero el que obedece el consejo es sabio.
16 El insensato al instante da a conocer su ira,
pero el que disimula la afrenta es prudente.

**12, 13.** *En la transgresión de los labios…* En su forma consecutiva (ויצא) este motivo tiene aquí mayor peso que, por ejemplo, en Pr 11, 8, donde la conexión (ויבא)

Proverbios 12

resulta menos clara. La traducción, *pero el justo... retoma el motivo de* וַיֵּצֵא e ignora la relación silogística (lógica) de los miembros del proverbio, que (al contrario de Pr 11, 9) aquí aparecen conectados a través de וַיֵּצֵא.

Ewald parafrasea este proverbio diciendo: "cualquiera puede correr fácilmente un gran peligro por medio de palabras desconsideradas; sin embargo, es de esperar que el justo escape, porque se protegerá contra el mal desde el principio". Tiene razón al interpretar צרה y רע מוקש como designación del peligro en el que uno puede caer por las transgresiones de sus labios, pero la traducción "palabras desconsideradas" resulta menos expresiva que la del texto hebreo: פֶּשַׁע שְׂפָתַיִם, al transgresión de los labios. Las dos palabras (פֶּשַׁע שְׂפָתַיִם) tienen en común la raíz פש con la idea fundamental de poner aparte o separar, pero פשע no tiene nada que ver con פשׂע (paso, dar un paso, separar las piernas), sino que significa (como en árabe *fusuwk fisk, diruptio, diremtio*), pecar, romper, separar la relación con Dios (cf. p. ej. Pr 28, 24) o incluso romper las imposiciones de la moralidad (Pr 10, 19). Un pecado, que se adhiere y se despliega incluso entre los justos, no se llamaría פשע, sino חטאת (Pr 20, 9).

Según esto, el proverbio quiere decir que las palabras pecaminosas ponen en peligro extremo a todos los que se entregan a ellas, un peligro del que difícilmente pueden escapar. Por eso se dice lógicamente que el justo, que se guarda de las palabras pecaminosas, escapa de la angustia (cf. expresión de Ec 7, 18) a la que es entregado por el pecado. רע es un epíteto descriptivo y expresivo de מוקש (cf. Ec 9, 12), *una trampa falsa*, una trampa maliciosa, porque מוקש es la trampa que se cierra y atrapa al pájaro. Este proverbio se repite en Pr 29, 6, con una peculiar remodelación.[4]

**12, 14.** *Del fruto de su boca se sacia el hombre de bien, y lo que las manos del hombre realizan vuelve a él.* Este proverbio encuentra su última verificación en el juicio final (cf. Mt 12, 37), pero también se ilustra en la vida presente. La boca de un hombre da fruto (un fruto de sana doctrina, de recta dirección, de exhortación consoladora…). Este fruto es también para su propio beneficio, pues el que bien habla disfruta abundantemente del bien que fluye de su propia boca, de manera que la bendición que él otorga para otros es también una bendición para sí mismo.

Lo mismo ocurre con las acciones de un hombre. Lo que hace, o el servicio que realiza con sus manos, vuelve a él como recompensa o como castigo. גמול significa principalmente logro, ejecución, y puede entenderse en dos sentidos:

---

4. La LXX tiene después de Pr 12, 13 otro dístico: "El de rostro apacible hallará misericordia; el que es litigioso oprime las almas". Por su parte, el hombre que es נפשות, más de acuerdo con el original hebreo, se oprime a sí mismo, oprime su נפשׁ.

283

# Primera colección: Proverbios salomónicos (Pr 10, 1 – 22, 16)

como premio por el bien o como castigo por el mal, como recompensa merecida o castigo también merecido, recompensa y retribución gratuita de parte de Dios.

La primera línea del proverbio repite, algo alterado, el tema de Pr 13, 2; Pr 18, 20. Todo el proverbio se repite proféticamente en Is 3, 10. El keré יָשִׁיב tiene como sujeto a Yahvé (a no ser que dejemos el sujeto indefinido); en un caso es el mismo Dios el que actúa; en el otro caso sería la fuerza de Dios latente en el despliegue de la vida de los hombres. El *qetub* parece más expresivo, pues este uso de la voz activa con el sujeto indefinido, en lugar de la pasiva, se sitúa ciertamente en la línea del estilo de los proverbios (cf. Pr 13, 21); pero los proverbios conocen también casos en los que el sujeto es un genitivo de la frase anterior.

**12, 15.** *Recto es a sus propios ojos (pero torcido en sí mismo) el camino del necio, pero el sabio escucha el consejo.* Otros proverbios, como Pr 16, 2, afirman que, generalmente, los juicios de un hombre sobre su carácter no van más allá de los límites de una estrecha subjetividad, aunque hay criterios objetivos según los cuales un hombre puede probar si la forma en que camina es correcta. Pero el necio no conoce más norma que su propia opinión, y por muy clara y verdaderamente que se le advierta que el camino que ha elegido es equivocado y conduce a un fin falso, sin embargo, él lo sigue manteniendo obstinadamente.[5]

En contra de eso, un hombre sabio no es tan sabio en su propia opinión (Pr 3, 7) como para no estar dispuesto a escuchar el consejo bien intencionado de otros, porque, por muy cuidadoso que sea con respecto a su conducta, sin embargo, no puede encerrarse en su propio juicio, pensando que es infalible, sino que ha de sentirse inclinado a escuchar la opinión y consejo de los demás. De todas maneras, Ewald ha interpretado falsamente el proverbio, diciendo: quien escucha el consejo es sabio. No es "quien escucha es sabio", sino "el que es sabio escucha". De esa forma se establece el contraste entre el necio y el sabio, אֱוִיל y חָכָם. Por otra parte, שֹׁמֵעַ y לְעֵצָה presenta el contraste entre la autocomplacencia del necio y la conducta del sabio.

**12, 16.** *El necio da a conocer su aflicción en el mismo día (inmediatamente). Por el contrario, el prudente oculta la ofensa.* Las relaciones del sujeto y el predicado son las mismas que en el versículo anterior. Con mucha frecuencia en estos proverbios el sentido de un primer verso solo se precisa al añadirse el segundo, y/o el segundo se desvela a la luz del primero. Un proverbio postbíblico dice que a un hombre se le conoce por tres cosas: por su כּוֹס (su comportamiento al beber), por su כִּיס

---

5. Hay proverbios afines a este en Carl Schulze, *Die biblische Sprichwörter der deutschen Sprache* (1860), p. 50, y también M. C. Wahl, *Das Sprichwort in der hebreish-arameischcn Literatur* (1871), p. 31.

(su conducta en las transacciones monetarias) y por su כעס (su conducta bajo una profunda excitación interior).

En esa línea, se dice aquí que es necio aquel que, habiendo recibido una humillación, responde inmediatamente de manera apasionada; por el contrario, el hombre prudente guarda silencio sobre la deshonra que se le hace, y reprime su disgusto, para no aumentar su humillación. Una respuesta desapasionada puede ser, en ciertos casos, un deber de autopreservación y puede parecer necesaria para la protección de la verdad, pero la autodefensa apasionada es siempre mala, tanto si el daño que produce es justificable como si es injustificable.

Sobre ערום, *callidus* (astuto), he comentado ya anteriormente. La comparación de Schultens con el griego γεγυμνασμένος es una simple hipótesis, a falta de un mejor conocimiento. Respecto a כסה (solo aquí y en Pr 12, 23) con מכסה, en el sentido de שחר (solo en Pr 11, 27) y משחר, véase Ewald, 170a. Por su parte, ביום significa en el mismo día, de pronto, sin demora, inmediatamente y, por eso, es buena la traducción de la LXX: αὐθήμερον. Con otro objeto, 16b se repite en 23a.

## 12, 17-23.

¹⁷ יָפִ֥יחַ אֱ֭מוּנָה יַגִּ֣יד צֶ֑דֶק וְעֵ֖ד שְׁקָרִ֣ים מִרְמָֽה׃

¹⁸ יֵ֣שׁ בֹּ֖וטֶה כְּמַדְקְרֹ֣ות חָ֑רֶב וּלְשֹׁ֖ון חֲכָמִ֣ים מַרְפֵּֽא׃

¹⁹ שְֽׂפַת־אֱ֭מֶת תִּכֹּ֣ון לָעַ֑ד וְעַד־אַ֝רְגִּ֗יעָה לְשֹׁ֣ון שָֽׁקֶר׃

²⁰ מִ֭רְמָה בְּלֶב־חֹ֣רְשֵׁי רָ֑ע וּֽלְיֹעֲצֵ֖י שָׁלֹ֣ום שִׂמְחָֽה׃

²¹ לֹא־יְאֻנֶּ֣ה לַצַּדִּ֣יק כָּל־אָ֑וֶן וּ֝רְשָׁעִ֗ים מָ֣לְאוּ רָֽע׃

²² תֹּועֲבַ֣ת יְ֭הוָה שִׂפְתֵי־שָׁ֑קֶר וְעֹשֵׂ֖י אֱמוּנָ֣ה רְצֹונֹֽו׃

²³ אָדָ֣ם עָ֭רוּם כֹּ֣סֶה דָּ֑עַת וְלֵ֥ב כְּ֝סִילִ֗ים יִקְרָ֥א אִוֶּֽלֶת׃

¹⁷ El que habla verdad declara justicia,
pero el testigo mentiroso hace engaño.

¹⁸ Hay quienes hablan como dando estocadas de espada,
pero la lengua de los sabios es medicina.

¹⁹ El labio veraz permanecerá para siempre;
pero la lengua mentirosa, solo por un momento.

²⁰ Engaño hay en el corazón de los que traman el mal,
pero en el corazón de los que aconsejan paz hay alegría.

²¹ Ninguna adversidad le acontecerá al justo,
pero los impíos estarán llenos de males.

²² Los labios mentirosos son abominación a Jehovah,
pero le agradan los que actúan con verdad.

²³ El hombre sagaz encubre su conocimiento,
pero el corazón de los necios proclama la insensatez.

*Primera colección: Proverbios salomónicos (Pr 10, 1 – 22, 16)*

La mayor parte de las parábolas restantes de esta sección se refieren al uso correcto y al abuso de la lengua.

**12, 17.** *El que respira verdad, pronuncia la justicia; pero una lengua mentirosa engaña.* Este versículo tiene un significado similar a Pr 14, 5 (donde 5b equivale a Pr 6, 19); la segunda línea del dístico equivale a Pr 14, 25. En todos los otros casos, יפיח כזבים están juntos, solo aquí יפיח va unido a אמונה. Sobre el sentido de יפיח formando una cláusula atributiva, y luego como adjetivo, pero con fuerza verbal propia, cf. Pr 6, 19.

Visto superficialmente, el proverbio parece tautológico; sin embargo, no es así, sino que pone en conexión causal el carácter interno de los hombres y sus expresiones. *Quien respira* אמונה, verdad o conciencia (sobre אמון, véase Sal 12, 2), dejando que esa verdad interior se escuche en sus declaraciones, habla צדק, es decir*, habla con rectitud e integridad, diciendo lo que es correcto, justo* (Is 45, 19; cf. Is 41, 26), en relación a la verdad en general, y en este caso en particular. Pero el que habla עד שקרים, es decir, el que, en contra de un mejor conocimiento y con conciencia de lo que hace confirma con su testimonio (de עוד, *revertere*: decir una y otra vez) la falsedad, expresa así su carácter impuro, su mala intención, deleitándose en hacer el mal en interés propio, desviándose para perjuicio de su prójimo.[6]

**12, 18.** *Hay quien habla como estocadas de espada. Pero la lengua de los sabios es medicina.* Este es el segundo de los proverbios (cf. Pr 11, 24) que comienzan con יש. El verbo בטה בטא, peculiar del hebreo, que la LXX, Siríaco y Targum traducen por אמר, y que en hebreo moderno se utiliza generalmente para "hablar" (מבטא en gramática es la pronunciación), significa en hebreo bíblico, *pronunciar palabras imprudentes*, hablar sin pensar y al azar, especialmente con referencia al compromiso de uno mismo por juramento (cf. Lv 5, 4; Nm 30, 7; Nm 30, 9…).

Gesenius lo refiere erróneamente a la raíz בט, estar hueco, probablemente una palabra relativa al sonido, como el griego βατταρίζειν, tartamudear, y βαττολογεῖν, balbucear. Los lexicógrafos aplican esa palabra a una persona habladora, a la que simbólicamente llaman Βάττος. En esa línea, Teodocion y la Biblia Griega de Venecia ofrecen la lectura falsa בוטח (πεποιθώς). Por su parte, כמדקרות חרב en acusativo, se toma como sustantivo y se interpreta como *confossionum gladii,* en el sentido de "heridas de espada", aludiendo a los que hablan hiriendo (matando) a los demás (Florilegio).

---

6. Así como אמונה y מרמה son expresión del contenido de las declaraciones, צדק y שקרים indican las motivaciones y objetivos de cada uno. מרמה es acusativo de objeto del יגיד (de הגיד, sacar a la luz, cf. נגד, visibilizar), indicando el contenido del engaño.

En esa línea, se dice en alemán *schwertmaul* (boca de espada) o *schaded-maul* (boca de vergüenza, calumniador), refiriéndose a un hombre así, que no frena su locuacidad con la reflexión ni la modera con referencias indulgentes a sus semejantes, y decimos que tiene una lengua como una espada. En contra de esa lengua como espada, está la lengua de los sabios, que es en sí misma pura dulzura y consuelo para los demás ya que, lejos de herir, más bien, por medio de la exhortación consoladora, sostenedora, orientadora, ejerce una influencia calmante y pacificadora.

Con respecto a רפא, de donde viene מרפא, lo que dice Dietrich en Gesenius, *Lex*, es correcto. El significado de la raíz del verbo רפא (cognado de רפה, estar suelto, *hifil* soltar, *hitpael* en Pr 18, 9, mostrarse perezoso) es el mismo que el del árabe *rafâ, rafa, raf, rawf* (*râf*), aquietar, suavizar, calmar, de donde surge el significado de curar (para lo cual el árabe tiene *ṭabb* y *'alkh*). Ese significado de reparar, propio de la palabra árabe *rafâ* y *rafa*, no se vincula directamente con sanar, como podría deducirse de Job 13, 4, sino que proviene de *reficere* con el sentido de *mitigare*. En esa línea, un "remiendo" se llama ἀκέστρια igual a ἠπήτρια, de ἀκέομαι, que significa igualmente aquietar y sanar (no entramos aquí en el tema lo propuesto por Curtius y Flick sobre la relación entre ῥάπτειν y רפא).

Según todo eso, en רפא están implicados los significados de mitigar y curar (de remendar, de restaurar). Por eso resulta claro que מרפא significa curar (poner un remedio, una medicina) y al mismo tiempo (cf. θεραπεία, Ap 22, 2) la preservación de la salud, Pr 4, 22; Pr 6, 15; Pr 16, 24; Pr 29, 1. En esa línea puede significar también *apacibilidad* (aquí y en Pr 15, 4), *tranquilidad* (Pr 14, 30; Ec 10, 4, paciencia tranquila en contraste con pasión violenta) y refrigerio (Pr 13, 17). Oetinger y Hitzig traducen aquí "medicina". La traducción que he propuesto, "curación (los medios de curación)" va en esa misma línea.

**12, 19.** *El labio de la verdad permanece para siempre, pero la lengua mentirosa solo dura un abrir y cerrar de ojos (por un momento).* Ninguno de los antiguos traductores entendió la frase ועד־ארגיעה. La traducción del griego Veneciano, que sigue la primera explicación de Kimchi, es incorrecta: ἕως ῥήξεως, hasta que le partí (rompí) la lengua. Abulwald está más cerca de la interpretación correcta cuando toma ארגיעה como sustantivo, en el sentido de igual a רגע, con una *he* paragógica. Ahron B. Joseph traduce mejor la frase por, *hasta que haga un* רגע. Esa traducción resulta bastante correcta si רגע (de רגע es igual al árabe *raj'*, que se usa para el balanceo de la balanza) puede entenderse en el sentido de un abrir y cerrar de ojos.

Schultens traduce "un parpadeo", cf. Orelli, *Die hebr. Synonyme der Zeit und Ewigkeit,* p. 27s., donde se juntan los sinónimos de un abrir y cerrar de ojos, un momento (un instante). עד (en sentido progresivo) tiene en esta frase el significado de *mientras*, en contraposición a ארגיע, que también puede denotar

*Primera colección: Proverbios salomónicos (Pr 10, 1 – 22, 16)*

un movimiento involuntario de los párpados, un movimiento procedente de una libre determinación, sirviendo para la medición de un espacio de tiempo corto. Ewald, 228a, evoca en este contexto la palabra ארגיעה, Jer 49, 19; Jer 50, 44, y entiende la palabra כי ארגיעה (cuando yo...) en el mismo sentido que אד־ארגיעה.

El labio de la verdad, es decir, el labio que dice la verdad, perdura para siempre (porque la verdad, אמת igual a אמנת, evoca solo aquello que es lo perdurable). Por el contrario, la lengua de la falsedad solo dura por un momento, lo que dura el parpadeo de un ojo, porque pronto es refutada y tiene que quedarse con deshonra en silencio. Hay un proverbio arameo postbíblico que dice: קושטא קאי שקרא לא קאי, *la verdad perdura, la mentira no perdura* (Schabbath 104a). Y hay otro proverbio hebreo que añade: השקר אין לו רגלים, la mentira no tiene pies (es decir, no puede sostenerse y permanecer, cf. Duke, *Rabbinische Blumenlese* (1844), p. 231.)

**12, 20.** *Engaño hay en el corazón del que trama el mal, pero los que buscan la paz causan alegría.* Con respecto a la figura de *forjar, fabricar* (LXX, Aquila, Símaco y Teodocion ponen τεκταίνειν), o de *arar*, que subyace en la frase חרש רע, *moliri malum* (tramar el mal), cf. Pr 3, 29. Que el engaño esté en el corazón del que trama el mal (בְּלֶב־ חֹרְשֵׁי רָע, texto que ha sido correctamente vocalizado y acentuado por Norzi) parece ser un lugar común, porque חרש רע (tramar el mal) significa tramar algo malo contra un prójimo. Pero nuestro texto (20a) añade, en primer lugar, que el mal que un hombre trama contra otro resulta siempre de un engaño fraudulento y malicioso del mismo engañador. Y, en segundo lugar, indica que, tomando en conexión 20a con 20b, donde שמחה es palabra paralela a מרמה, el engaño siempre produce dolor para aquel que lo comete.

En contraste con חרשי רע (urdir el mal) encontramos יועצי שלום (buscar la paz). En esa línea, los que buscan la paz no son los que aconsejan a los contendientes, indicándoles que hagan las paces, sino los que idean, programan y realizan ellos mismos la paz, porque יעץ no significa simplemente impartir consejo, sino también idear, resolver, decretar la paz, cf. 2Cr 25, 16; Is 32, 7; cf. יעץ על, Jer 49, 30.

Hitzig y Zöckler dan a שלום la idea general de bienestar (aquello que es saludable), e interpretan שמחה como el gozo interior de la buena conciencia. Ciertamente, שלום (raíz של, tiene aquí el sentido de liberación del problema), no solo significa paz en cuanto a la relación externa de los hombres entre sí, sino también bienestar tanto interno como externo. Por lo tanto, el tema se refiere aquí al bienestar externo; Hitzig compara correctamente Jer 29, 11 con Nah 1, 11, destacando el contraste entre שלום y רע. Pero, así como מרמה no se refiere al engaño de uno mismo, sino al engaño de otro, así también שמחה no es el gozo de aquellos que se disponen en sus corazones para engañar a los demás, sino el gozo que ellos procuran para otros. Los pensamientos de paz para el prójimo son siempre pensamientos que crean alegría, como los pensamientos de mal son pensamientos de engaño y, por lo tanto, crean tristeza. Así וליועצי es una expresión abreviada de ובלב יועצי.

**12, 21.** *Ningún mal sobreviene al justo, pero los impíos están llenos de maldad.* Hitzig traduce אָוֶן como "dolor" y Zöckler como "lesión"; pero la palabra significa mal como maldad ética, aunque puede usarse para cualquier desgracia en general (como en בֶּן־אֹונִי, en oposición a בִּנְיָמִין). En nuestro caso denota especialmente el dolor que es la cosecha y el producto del pecado, como en Pr 22, 8; Job 4, 8; Is 59, 4, o como el dolor vinculado al castigo, Hab 3, 7; Jer 4, 15.

En este proverbio, es evidente que esa palabra se utiliza en forma de contraste. Los impíos están llenos de mal, porque el mal moral que es su elemento de vida produce desde sí mismo todo tipo de males; por el contrario, sobre los justos no recae ningún tipo de males, como el que produce y contiene el pecado. Ciertamente, Dios, como fundamento de toda la "fortuna" (existencia) humana (cf. Éx 21, 13), sigue estando siempre en el fondo (cf. Sal 91, 10 con Sal 5, 1). Sobre el sentido de אנה, que significa de manera más velada lo mismo que ענה, ir contra, encontrarse, marchar contra, cf. Fleischer y Levy, *Chald. Wörterbuch* 572.

**12, 22.** *Los labios mentirosos son abominación a Jehová, pero los que obran con verdad son su deleite.* El encuadre de este dístico es el mismo que el de Pr 11, 1; Pr 11, 20. אמונה es la providad (la integridad), como armonía entre las palabras y los pensamientos internos. La LXX, que traduce ὁ δὲ ποιῶν πίστεις, está pensando en la expresión de עשה אמונים, hacedores de verdades, cf. Is 26, 2). El texto de todas las demás traducciones concuerda con el comúnmente recibido.

**12, 23.** *El prudente oculta el conocimiento, el tonto de corazón proclama (su) estupidez.* Este proverbio repite el de Pr 12, 16, con solo un pequeño cambio. 16a corresponde a 23b, porque, como allí se dice, el necio no sabe guardar (contener) su ira; es lo mismo que en 22a: un necio de corazón va proclamando lo primero que siente (toca las trompetas): eso es lo mismo que dice Pr 13, 16, cuando habla del necio que proclama su locura, de manera que hay que amonestare *si tacuisses (¡sería mejor que te callaras!).*

Este proverbio va en contra de la fanfarronería del charlatán, que pretende predicar sabiduría y que, sin embargo, proclama en el mundo mera locura, es decir, tontería e imbecilidad, creando así nuevos problemas, volviéndose objeto de burla y desprecio. En contra de ese "tonto de corazón" (cf. וְלֵב כְּסִילִים) sitúa el proverbio al אדם רום, *homo callidus,* hombre prudente (incluso astuto) que posee conocimiento, pero se lo guarda para sí mismo sin manifestarlo sin más, hasta que se presenta la ocasión de hacerlo (de hablar rectamente) en el lugar correcto, en el momento correcto y al hombre correcto. El motivo de fondo de este proverbio es

*Primera colección: Proverbios salomónicos (Pr 10, 1 – 22, 16)*

no solo la prudencia silenciosa, sino también la modestia, aunque el autor insiste más en la perspectiva de la prudencia.

## 12, 24-28.

Tomamos Pr 12, 24-28 como un grupo especial. El tema de fondo de estos versos es la forma de prosperar en el mundo, distinguiendo dos caminos, uno que lleva al error, y otro que conduce a la vida.

> ²⁴ יַד־ חָרוּצִים תִּמְשׁוֹל וּרְמִיָּה תִּהְיֶה לָמַס׃
> ²⁵ דְּאָגָה בְלֶב־ אִישׁ יַשְׁחֶנָּה וְדָבָר טוֹב יְשַׂמְּחֶנָּה׃
> ²⁶ יָתֵר מֵרֵעֵהוּ צַדִּיק וְדֶרֶךְ רְשָׁעִים תַּתְעֵם׃
> ²⁷ לֹא־ יַחֲרֹךְ רְמִיָּה צֵידוֹ וְהוֹן־ אָדָם יָקָר חָרוּץ׃
> ²⁸ בְּאֹרַח־ צְדָקָה חַיִּים וְדֶרֶךְ נְתִיבָה אַל־ מָוֶת׃

²⁴ La mano de los diligentes gobernará,
pero la de los negligentes será tributaria.
²⁵ La congoja abate el corazón del hombre,
pero la buena palabra lo alegra.
²⁶ El justo sirve de guía a su prójimo,
pero la conducta de los impíos los hace errar.
²⁷ El negligente no alcanza presa,
pero el hombre diligente obtendrá preciosa riqueza.
²⁸ En el camino de la justicia está la vida,
y en su senda no hay muerte.

**12, 24.** *La mano de los diligentes gobernará.* En Pr 10, 4, la palabra רמיה era adjetivo de כַּף; aquí debe considerarse como adjetivo de יד (cf. 24a, pereza igual a mano perezosa), pero puede considerarse igualmente como un substantivo (pereza) (véase en Pr 12, 27). Con respecto a חרוץ, véase p. 211. מס (cf. לָמַס׃) significa tributo y servicio, es decir, servicio tributario rendido a un amo, como aparece en Pr 11, 29. Todavía hoy, como en tiempos de Salomón, la pereza (indolencia) lleva a un estado de servidumbre, pero la actividad vigorosa eleva al dominio, hace que un hombre sea maestro, le concede independencia, riqueza, respeto y poder.

**12, 25.** *La pereza en el corazón del hombre lo entristece, pero la buena palabra lo alegra.* El hecho de que דאגה se interprete como masculino y לב como femenino hacen que el texto resulte dudoso, pero el hecho de que la LXX, Syr., Targum, introduzcan otro tema, φοβερὸς λόγος (palabra temerosa, דבר מדאיג?), no lo mejoran; es preferible la traducción de Teodocion, que pone: μέριμνα ἐν καρδίᾳ ἀνδρὸς κατίσχει αὐτόν (la preocupación oprime el corazón del hombre), y así lee ישׁחנו. Pero con eso se pierde la rima.

Como כבוד, Gn 49, 6, también לב puede usarse como femenino, porque uno está pensando en נפשׁ; el plural לבבות לבות de Ez 16, 30 concordando con el singular לבה, también puede ir en esta misma línea. Por otra parte, יַשְׁחֶנָּה como predicado de דאגה sigue el mismo esquema de Pr 2, 10, quizás a través de una atracción entre las palabras, según el esquema, קשׁת גברים חתים (1Sa 2, 4). Por otra parte, la palabra יַשְׁחֶנָּה, de שׁחה, aparece solo aquí, mientras השׁח, de שׁחח, aparece solo en dos casos. דבר טוב está indicando en Josué y Reyes (1Re 8, 56) la promesa divina; aquí tiene el mismo significado que en 1Re 12, 7, y se entiende como palabra apaciguadora. Todos hemos tenido una experiencia como esa: una palabra amistosa de aliento que proviene de un corazón compasivo alegra el alma afligida. Aunque solo sea por un tiempo, esta palabra transforma al hombre y hace que su tristeza se convierta en gozo, en principio de confianza y esperanza.

**12, 26.** *El justo cuida sus pasos, pero el camino de los impíos los lleva al error.* En 26a no se obtiene ningún significado aceptable siguiendo el modo tradicional de vocalización del texto. La mayoría de los antiguos traducen יתר como *parte,* en la línea del hebreo postbíblico, por ejemplo, en חבה יתרה, amor que prevalece, amor completamente peculiar. Así traduce el Targum, טב מן הבריה; el griego de Venecia, πεπερίττευται (siguiendo a Kimchi); por otro lado, Aquila, traduce de modo activo, περισσεύων τὸν πλησίον (haciendo rico al prójimo), a lo que se oponen el significado de la palabra en *kal* así como la forma יתר.

Lutero traduce: "El hombre justo es mejor que su prójimo", y en esa línea sigue Fleischer: "Probablemente יתר, πλεονάζειν, tiene el significado de πλέον ἔχων, πλεονεκτῶν, es decir, gana más honor, respeto, que riquezas, etc. en contra de los otros, es decir, de los injustos". Aún más satisfactoria es la visión de Ahron b. José: *no la nobleza de estirpe y el nombre, sino lo que es justo, eleva a un hombre por encima de los demás.* En este sentido, aprobaríamos el *praestantior altertero justus* (más elevado que los demás es el justo), pero solamente si las dos partes del proverbio estuvieran completamente aisladas una de la otra. Según todo eso, יתר debe de tomarse como futuro de התיר.

El texto siríaco aplica el tema al recto consejo; y de la misma manera lo explica Schultens con Cocceius: el justo es el que puede guiar a los demás de una forma inteligente y hábil, y en esa línea avanzan los modernos (por ejemplo, Gesenius) refiriéndose en su mayor parte a los que "guían" a los demás. Por su parte, Ewald (dado que el estilo del proverbio evita colocar un verbo futuro al comienzo, aunque tenemos el caso de Pr 17, 10) quiere interpretar יתר como un sustantivo en el sentido de director, pero su justificación del sentido de יֶתֶר no tiene fundamento. Por otra parte, ese sentido de la palabra está expuesto a muchas objeciones.

El verbo תּוּר significa, según su raíz, andar, "hacer andar", pero no es equivalente a conducir (por lo que Böttcher identifica demasiado ingeniosamente יתר igual a יאתר de אתר igual a אֲשֶׁר). El tema está en cómo entender esta extraña palabra, en un libro como Proverbios tan rico en sinónimos de conducir y guiar. El *hifil* התיר significa enviar a espiar, Jue 1, 23, y en este sentido el poeta debió decir יתר לרעהו, el justo espía (vigila el camino) para su prójimo, para así guiarle, como dirían el Targum y el Talmud, con תּיר. Conectada así la explicación con el verbo, la traducción sería ciertamente: el justo busca a su prójimo (Löwenstein), tiene relaciones con los hombres, según la máxima, "*Trau schau wem*" (mira en quién confías).

Pero ¿por qué no poner רעהו, sino מרעהו, que aparece una sola vez, Pr 19, 7, en un contexto que lo exige? En esa línea, con Döderlein, Dathe, J. D. Michaelis, Ziegler y Hitzig, preferimos leer מרעהו, y en ese sentido podemos mantener con Hitzig la palabra יָתֵר en *hifil,* con sentido intensivo, acentuando la fuerza del *kal.* Así entendida, esta palabra, de תור, puede referirse al sentido que tienen los pasos de los justos y de los impíos, como muestra יתור, Job 39, 18.

Entendido así, el primer estico, 26a, ofrece un contraste perfecto con 26b. *El camino de los impíos* los lleva al error; el curso de vida al que se han entregado tiene tal poder sobre ellos que no pueden librarse del error, que les conduce a ser esclavos de la destrucción. Por el contrario, *el justo mantiene su libertad con respecto a la forma en que actúa y al lugar donde permanece.*

La vista (mirada) del justo está dirigida a su verdadero progreso, a lo que es justo y bueno. Por eso, él mira, protege, cuida su camino, es decir, examina y descubre dónde se encuentra para él el pasto (el alimento) correcto, es decir, el avance de su vida exterior e interior. Con מרעהו, hay una combinación del pensamiento de este verso con el siguiente, centrado en צידו, su presa.

**12, 27.** *El perezoso no persigue a su presa; pero una posesión preciosa del hombre es la diligencia.* La LXX, Syr., Targum y Jerónimo interpretan יחרך en el sentido de obtener o atrapar, pero la raíz verbal חרך no tiene en ningún lugar ese significado. Fleischer interpreta חרך, que es un ἅπ. λεγ., probablemente lo mismo que לכד, en el sentido de *enredarse*, de *perderse* (como entre las celosías de una ventana múltiplemente dividida, en forma de enrejado).

Los lexicógrafos judíos (Menahem, Abulwald, Parchon y también Juda b. Koreish) ponen de relieve su semejanza de esta palabra con el Aram. חרך, *chamuscar, asar* (equivalente al árabe *hark*) y así traducen: el perezoso no asa a su presa, ya sea (como lo explica Fürst) porque es demasiado perezoso para cazarla (Bertheau), o porque cuando la tiene no la prepara o condimenta para disfrutarla (Ewald). Pero asar es צלה, no דרך, que se usa solo para chamuscar, por ejemplo, el cabello; puede utilizarse, por ejemplo, para asar, pero solo granos de cereal; no sirve para asar la carne, por lo que Joseph Kimchi (véase Kimchi, *Lex*) identifica צידו con las aves salvajes y יחרך con el chamuscado de las puntas de sus alas, para que no puedan volar, según lo cual la Biblia griega de Venecia traduce οὐ μενεῖ ... ἡ θήρα αὐτοῦ (no permanecen sus plumas).

En esa línea, muchas veces la lengua árabe puede ayudarnos a una correcta interpretación de un ἅπ. λεγ. de la Biblia. Schultens tiene razón, *verbum ḥarak*, חרך, *apud Arabes est movere, ciere, excitare*, κινεῖν *generatim, et speciatim excitare praedam e cubili*, κινεῖν τήν θήραν. Entre los árabes el verbo *ḥarak*, חרך, tiene el sentido de incitar, de hacer salir a la presa del cubil. Con esa idea se vincula el latín *agitare*, usado para asustar y expulsar a las bestias salvajes, tal como lo utiliza, por ejemplo, Ovidio, *Metamorfosis* X. 538, hablando de Diana: *aut pronos lepores aue celsum en cornua cervum aut agitat damas* (así excita/incita a las liebres enfadadas, o el altivo ciervo con cuernos…).

En esa línea, יחרך junto con צידו recibe el significado de cazar y, en general, de atrapar la presa. El término רמיה alude aquí a la pereza personificada, en sentido directo, como equivalente del hombre perezoso. En ese sentido, la palabra que sirve de contraste, חָרוּץ, no significa ἀποτόμως, decretado (Löwenstein), ni oro (Targum, Jerónimo, veneciano), ni lo que es excelente (Syr.), sino aquello que manifiesta a partir de este contraste, como en Pr 10, 4; Pr 12, 24: la diligencia, el hombre diligente.

La cláusula tiene algo sorprendente por su secuencia de palabras. La LXX coloca las palabras en un orden diferente, κτῆμα δὲ τίμιον ἀνὴρ καθαρὸς (חלוץ, en el sentido del árabe *khâlaṣ*). Pero además de esta transposición, se han ensayado otras dos, הון אדם חרוץ יקר, la posesión de un hombre trabajador es preciosa, y הון יקר אדם חרוץ, una posesión preciosa es aquella (cf. הון) de un hombre trabajador. Pero la disposición tradicional de las palabras da un mejor significado que estas modificaciones: *una posesión preciosa del hombre es la diligencia*.

Sin embargo, no se puede explicar —como dicen Ewald y Bertheau— *un tesoro precioso de un hombre es el hecho de ser industrioso*, pues ¿por qué el hombre industrioso debería ser considerado como tesoro para otro y no para sí mismo? Otra explicación propuesta por Kimchi, *una posesión valiosa para los hombres es la industriosidad*, tiene la doble ventaja de que está de acuerdo con la secuencia actual de las palabras y presenta además un pensamiento más inteligible. Pero ¿puede חרוץ tener el significado de חריצות (*el ser industrioso*) y no la diligencia como tal? Hitzig dice חרוץ, *darse prisa* (el hombre que se apresura para ser industrioso). Esto es innecesario, porque tenemos aquí un caso similar al de Pr 10, 17, donde se dice שמר en el sentido de שׁוֹמֵר, como una posesión preciosa de un hombre, con חרוץ por היותו חרוץ. La acentuación fluctúa entre והון־אדם יקר (como aparece en el Cód. 1294), siguiendo la cual traduce el Targum: אָדָם יְקַר חָרוּץ que, según nuestra explicación, es preferible.

**12, 28.** *En la senda de la justicia está la vida, y el camino (la dirección) de su camino (vía) es la inmortalidad.* Todas las versiones antiguas hasta la trad. Veneciana ponen אֶל־ (en el sentido de hacia) en lugar de אַל־ en el sentido de "no" y, por lo tanto, se ven obligadas a derivar ודרך נתיבה de un significado que corresponda a ello: εἰς θάνατον, hacia la muerte, sentido que todavía sigue poniendo Hitzig: "un camino tortuoso conduce a la muerte".

Pero נתיב נתיבה significa *paso* y, generalmente, camino y calle (véase en Pr 1, 15), no "camino tortuoso", que se dice según Jc 5, 6 ארחות עקלקלות. Y el hecho de que אַל esté puntuado así en cualquier lugar en el sentido de "no" debe mantenerse, porque el sistema de puntuación babilónico distingue el אַל negativo con un *pathach* corto del אֶל (el) y el preposicional (árabe. *ilâ*) con un *chirek* corto (véase Pinsker, *Einleitung*, p. xxii.f.). La puntuación de 2Sa 18, 16; Jer 51, 3 no da apoyo a la opinión de que aquí אַל se vocalice en el sentido de preposición y no de negación, de manera que no debe corregirse nada.

Es totalmente natural que la *hokma* con su permanente contraste entre la vida y la muerte comienza a expresar la idea del ἀθανασία, que *Aquila leyó erróneamente en* אַל־מות, Sal 48, 15. Se ha objetado que para la formación de tales sustantivos negativos y sustantivos adjetivos se usa לא (p. ej., לֹא־אֵל, לֹא־עָם) y no אַל; pero que אַל también puede estar en estrecha relación con un sustantivo, lo muestra 2Sa 1, 13. Allí אַל־טַל es equivalente a אַל יְהִי טַל, según lo cual también se aplica ese sentido negativo al pasaje que tenemos ante nosotros, con Lutero y todos los intérpretes más antiguos, que aceptaron אַל en su significado negativo, de manera que *en ese camino de justicia... no hay muerte.* El אַל negativo frecuentemente se erige como una intensificación del לֹא objetivo. Así podemos decir: *¿por qué la hokma, que ya se ha mostrado audaz en la acuñación de nuevas palabras, no debería aplicarse a la formación de la idea de la inmortalidad?*

El nombre del ídolo אֱלִיל es el resultado de una audacia lingüística mucho mayor. Desde aquí se entiende el sentido de וְדֶרֶךְ נְתִיבָה, es decir, del paso o dirección de su camino. *El paso de su camino es la inmortalidad,* o más bien, ya que דרך no es una idea fija, sino que también denota el ir hacia una distancia (es decir, el viaje), el comportamiento, el proceder, el andar, etc… Según eso, *el andar (el pasar por encima y el pasar) por el camino de la justicia es la inmortalidad.*

El idioma hebreo es rico en sinónimos de camino, de manera que el estilo hebreo se deleita en conectarlos con expresiones pintorescas. Ciertamente, דרך siempre significa el camino en general, un camino que se divide en ארחות o נתיבות (Job 6, 18; Jer 18, 5), identificándose con ellos (Is 3, 16). Desde aquí se entienden los dos esticos del dístico sinonímico: *en el camino de la justicia (fijarse bien en el tema:* בְּאֹרַח־צְדָקָה) *está la vida, de manera que la vida se encuentra con aquel que camina por la justicia, entregándose a ella como posesión, de forma que el andar por su camino es la inmortalidad,* la no-muerte (cf. Pr 3, 17; Pr 10, 28). De esa manera se identifican el *entrar por el camino de la justicia y el ser inmortal*, es decir, el ser librado de la muerte, ser exaltado por encima de ella. Si comparamos con esto, 1Sa 14, 32, es obvio que la *hokma* comienza (véase *Psychol.* p. 410) a romper los límites de esta vida presente, y anuncia una vida más alta, por encima del alcance de la muerte.

# Proverbios 13

## 13, 1-4.

בֵּן חָכָם מוּסַר אָב וְלֵץ לֹא־שָׁמַע גְּעָרָה: <sup>1</sup>

מִפְּרִי פִי־אִישׁ יֹאכַל טוֹב וְנֶפֶשׁ בֹּגְדִים חָמָס: <sup>2</sup>

נֹצֵר פִּיו שֹׁמֵר נַפְשׁוֹ פֹּשֵׂק שְׂפָתָיו מְחִתָּה־לוֹ: <sup>3</sup>

מִתְאַוָּה וָאַיִן נַפְשׁוֹ עָצֵל וְנֶפֶשׁ חָרֻצִים תְּדֻשָּׁן: <sup>4</sup>

> <sup>1</sup> El hijo sabio acepta la disciplina de su padre,
> pero el burlador no escucha la corrección.
> <sup>2</sup> El hombre comerá el bien del fruto de su boca,
> pero el alma de los traicioneros hallará el mal.
> <sup>3</sup> El que guarda su boca guarda su vida,
> pero al que mucho abre sus labios le vendrá ruina.
> <sup>4</sup> El alma del perezoso desea y nada alcanza,
> pero el alma de los diligentes será prosperada.

Pr 12, 28 era tan sublime y estaba tan bien medido que constituía un tipo de conclusión. Así lo confirma los nuevos proverbios que comienza como Pr 10, 1, mostrando así que esta colección de proverbios está pensada para la juventud. A los tres primeros proverbios, que se refieren a la escucha y al habla seguirá un cuarto que, como 13, 2 y 13, 3 habla del alma, es decir, de la נפשׁ.

**13, 1.** *El hijo sabio (escucha) la enseñanza de su padre…* La LXX, seguida por el texto Syr. traduce Ψίὸς πανουργὸς ὑπήκοος πατρί (hijo malvado no es obediente al padre), de donde no se debe concluir con Lagarde que leyeron נוסר (en lugar de מוּסַר) como *nifal tolerativo* (simplemente tolera…); en esa línea, la LXX entendió correctamente el texto de acuerdo con la regla judía de interpretación, según la cual "lo que falta debe ser suplido por el contexto". El texto actual dice "el hijo sabio corrección/enseñanza del padre", supliendo la falta del verbo. El Targum ya había "introducido" en el verso la palabra שָׁמַע (escucha) de 1b, y en eso le sigue Hitzig, como también Glassius, *Philologia sacra*. Por eso debe traducirse: el hijo

*Primera colección: Proverbios salomónicos (Pr 10, 1 – 22, 16)*

sabio (escucha) la enseñanza o corrección del padre. De un modo lógico se sigue que el hijo malvado no escucha (no acepta) la corrección…

Pero esa interpretación exige una lectura elíptica del hebreo bíblico, introduciendo a partir del contexto lo que falta en el texto. Según eso, no se debe traducir "el hijo *es* la corrección del padre", sino "el hijo escucha (acoge) la corrección del padre". Mirado el texto de un modo externo, superficial, parece que incluye una contradicción: (a) por un lado tenemos a un hijo sabio…; (b) por otro lado, parece decirse que ese hijo no recibe la corrección del padre… Esa oposición va en contra de la doctrina tradicional de los proverbios donde se supone y afirma que "el hijo sabio escucha/cumple la corrección del padre", *filius sapiens disciplinam patris audit*. Un proverbio como este tiene que trazar un camino firme de vida, no una confusión donde, por una parte, se afirma y, por otra, se niega (hijo sabio, opuesto al padre), sin que haya ni siquiera una partícula adversativa como la ו, marcando la oposición entre los dos sentidos de la frase.

Para resolver la cuestión, Böttcher afirma que tenía que haber un verbo, que se ha perdido (como podría ser יבין antes de בן…). Pero es mejor dejar la cláusula tal como está, con sentido completo en sí misma, suponiendo que el verbo שָׁמַע, *escucha*, que aparece explícitamente en 1b debe suplirse también en 1a: el hijo sabio que escucha (acepta) la enseñanza del padre. A ese hijo sabio que "escucha" se opone el hijo לֵץ, el que rechaza la corrección. Este es el hijo malo, burlador de la religión y la virtud, que no tiene oído para ערה, para escuchar las palabras fuertes y severas del padre que tenían que despertar en él un sano temor (cf. Pr 17,10; como en 1, 23, ἐν φόβῳ).

**13, 2.** *Del fruto de su boca el hombre disfruta el bien; pero el deleite de los impíos es la violencia.* La segunda parte de este versículo es igual a Pr 12, 14, donde ישבע por יאכל. El hombre que tiene una boca fecunda (que da frutos) disfruta también él de la bendición de su habla fructífera. Su alimento (cf. βρῶμα, Jn 4, 34) es la buena acción que él realiza (produce) en forma de palabras, que en sí mismas son buenas obras, constituyendo así su verdadero "alimento". Esta buena acción de las obras del hombre proporciona disfrute (es alimento) no solo para los demás, sino también para uno mismo.

Ewald y Berteau introducen el argumento de fondo de יאכל también en 2b, e igualmente lo hace Fleischer. Según eso, "la violencia que los בגדים o impíos desean hacer a los demás se vuelve contra ellos mismos, de manera que tienen que comerla, es decir, soportar sus malas consecuencias". Según eso, el hombre bueno "se alimenta" (come) de sus buenas obras. Por el contrario, el hombre impío tiene que alimentarse de su propia maldad y violencia. Estamos, en ese sentido, ante el mismo pensamiento de Pr 10, 6: la violencia cubrirá la boca de los impíos. Por su parte, "comer violencia" es un paralelo de "beber violencia" (injuria, Pr 26, 6).

De manera muy significativa, el "hombre" aparece en 2b como alma o נֶפֶשׁ, en el sentido de "deseo". El hombre es alma (deseo, apetito), un apetito malo difícil de saciar, un ansia de violencia. En ese sentido, נפשׁ (hombre, alma) significa apetito, Pr 23, 2, deseo particularmente malo, Sal 27, 12. Aquí, como en Sal 35, 25, el objeto de ese deseo es la violencia (*Psychologie* p. 202). Hay quienes con astucia y engaño injurian a su prójimo en provecho propio.

El hombre justo distribuye, da lo que tiene, enriquece a los demás con su propia vida, sin buscar por ello un resultado egoísta. Sin embargo, de acuerdo con la voluntad de Dios, los justos obtienen una recompensa (disfrute) por lo que dan. Por el contrario, el deseo de los impíos se dirige a la violencia, חמס, ἀδικία y, por lo tanto, al disfrute del bien injusto y violentamente arrebatado a los otros.

**13, 3.** *El que guarda su boca guarda su alma; el que abre sus labios, para él es destrucción.* La boca y el alma se encuentran en una relación estrecha e intercambiable, porque el habla es la expresión más inmediata y continua del alma. Por eso, el que guarda su boca guarda su alma (la Biblia veneciana ofrece una excelente traducción: ὁ τηρῶν τὸ στόμα αυτοῦ φυλάσσει τὴν ψυχὴν ἑαυτοῦ), porque se esfuerza de manera que ningún pecado destruya su alma y que ningún pensamiento vanidoso se exprese en forma de palabras, de forma que así mantiene su alma. El texto ha de traducirse así: el que guarda su lengua se mantiene él mismo a salvo de las consecuencias destructivas de los pecados que brotan de ella.

Por el contrario, el que abre sus labios, es decir, el que no puede contener la boca (LXX: ὁ δὲ προπετὴς χείλεσιν), sino que expresa de inmediato aquello que le viene a la mente y le da placer, sin examinar ni tener en cuenta su sentido es destrucción para sí mismo. פָּשַׂק significa esparcir (Schultens romper, ruptura). Aquí se trata de abrir los labios (פֹּשֵׂק שְׂפָתָיו), con todo tipo de juicios sobre los demás (cf. Ez 16, 25). También puede referirse a abrir las piernas, árabe *fashkh, farshkh*. Sobre la raíz de la palabra פשׂ, para extender, esparcir el mal. Cf. Fleischer, *Suplementos* de *Allgemeine Literatur Zeitung* 1843, Col 116. Con respecto a la palabra מחתה (מְחִתָּה־לֹו), véase *Coment.* a Pr 10, 14).

**13, 4.** *El alma del perezoso desea, y no consigue nada; pero el alma de los laboriosos está ricamente satisfecha.* A los tres proverbios anteriores, que se referían a oír y hablar, sigue este cuarto que, como Pr 13, 2 y Pr 13, 3, habla del נפשׁ, del alma. Algunos han pensado que la "o" final de נַפְשׁוֹ עָצֵל es un *cholem compaginis* (una forma de unir dos palabras). Pero Böttcher, 835, responde de un modo correcto que este sería el único ejemplo de ese tipo en toda la poesía gnómica. Por otra parte, cuando en *Neue Aehrenlese* 1305, considera que נַפְשׁוֹ es un "acusativo de definición más cercana" (igual a בנפשׁו), pasa inadvertidamente por alto el hecho de que la primera palabra del proverbio es מתאוה, mientras que נפשׁו es el nombre del sujeto.

נַפְשׁוֹ עָצֵל significa "su" (el alma del perezoso), porque עצל aparece aquí como permutativo explicativo, en lugar de נפש עצל, ya que סעיפיה פריה significa "sus ramas (es decir, las del árbol fructífero)", Is 17, 6. El alma del perezoso desea tener, pero no tiene, pues no se esfuerza por tener, no trabaja; desea tener sin hacer lo necesario para tenerlo.

Con referencia a la partícula ואין, introducida aquí de un modo violento (cf. Pr 28, 1), Böttcher comenta correctamente que se trata de un adverbio complementario, como *necquidquam*, ni siquiera, Pr 14, 6; Pr 20, 4; Sal 68, 21, etc.: *appetit necquidquam anima ejus, scilicet pigri* (su alma, es decir, la del perezoso, puede desear cualquier cosa, pero no puede obtener nada). El perezoso no tiene, porque no hace nada por tener, a diferencia de los laboriosos que tienen, pues חָרֻצִים תְּדֻשָּׁן ha de entenderse como juego de palabras: los laboriosos quedan satisfechos por aquello que consiguen conforme a su deseo activo (en la LXX con ἐπιμελείᾳ; por el contrario, los perezosos tienen deseos y sueños de prosperidad y abundancia, cf. Pr 21, 25, un paralelo que el texto siríaco ha destacado), pero su deseo permanece insatisfecho ya que, al no hacer nada, no consiguen su objetivo, sino que lo pierden. Según eso, el hombre laborioso gana y posee ricamente aquello que el perezoso desea, pero en vano.

## 13, 5-8.

Siguen cuatro proverbios que tratan de la justicia y la riqueza, en un mundo en el que ambos elementos de la vida se vinculan.

5 דְּבַר־שֶׁקֶר יִשְׂנָא צַדִּיק וְרָשָׁע יַבְאִישׁ וְיַחְפִּיר׃

6 צְדָקָה תִּצֹּר תָּם־דָּרֶךְ וְרִשְׁעָה תְּסַלֵּף חַטָּאת׃

7 יֵשׁ מִתְעַשֵּׁר וְאֵין כֹּל מִתְרוֹשֵׁשׁ וְהוֹן רָב׃

8 כֹּפֶר נֶפֶשׁ־אִישׁ עָשְׁרוֹ וְרָשׁ לֹא־שָׁמַע גְּעָרָה׃

5 El justo aborrece la palabra de mentira,
pero el impío se hace odioso y trae deshonra.
6 La justicia guarda al íntegro de camino,
pero la impiedad arruina al pecador.
7 Hay quienes pretenden ser ricos,
pero no tienen nada;
y hay quienes pretenden ser pobres,
pero tienen muchas riquezas.
8 Las riquezas del hombre pueden ser
el rescate de su vida,
pero el pobre ni oye las amenazas.

**13, 5.** *El justo aborrece aquello que es engañoso…* דָּבָר es una palabra o una cosa, algo que pertenece, en general, a lo inteligible, lo que se puede decir y entender (como aquí la falsedad, cf. Sal 41, 9), un evento concreto y, en ese sentido, significa no solo la palabra en la que el alma se revela, sino también cualquier hecho o acontecimiento general que sucede. Pues bien, conforme a este proverbio, el justo odia todo lo que tiene el carácter de falsedad (puntuar דְּבַר־שֶׁקֶר con *gaja*, cf. Pr 12, 19). Frente al justo se sitúa el impío… ¿Deberíamos decir ahora, con Bertheau, Hitzig y otros, que el impío es aquel que actúa vil y vergonzosamente, de manera que no alcanza nunca lo que de verdad desea?

Ciertamente, los dos *hifiles* que definen al impío (יַבְאִישׁ וְיַחְפִּיר) pueden considerarse transitivos, pero una expresión como la antes citadas (impíos son los que actúan de un modo vil y vergonzoso) no responde bien a la idea de 5a y carece de sentido. He destacado en Pr 10, 5 que הֵבִישׁ, como הַשְׂכִּיל, tiene un significado causativo implícito, *avergonzar* a otros, mientras que en Pr 19, 26, las palabras מֵבִישׁ וּמַחְפִּיר tienen un significado causativo con un sentido prácticamente transitivo.

En ese sentido, podrá decirse que mientras el justo odia todo lo que es falso o está contaminado por la falsedad, el impío, por el contrario, ama la desgracia y la vergüenza. De todas formas, debemos preguntarnos si יבאישׁ debe derivarse de באשׁ, que es igual a בושׁ y, por lo tanto, tiene el mismo significado que יבישׁ. En esa línea, encontramos la palabra הבאישׁ, en Is 30, 5, con el significado de *pudefactum esse* (estar podrido), derivada de יבשׁ igual a בושׁ, véase 2Sa 19, 6.

Pero הבאישׁ aparece también como *hifil* de באשׁ, y significa *transitivamente dar mal olor*, Gn 34, 30, cf. Éx 5, 21 e intransitivamente ser maloliente, 1Sa 27, 12. En este sentido de *putidum faciens*, traer mal olor, la palabra יבאישׁ aparece aquí, lo mismo que en Pr 19, 26, convenientemente unida con יחפיר, Pr 19, 26. Este es el sentido que tiene en este caso la palabra, *putidum facere,* dar mal olor (fama), deshonrar, hacer que por el "mal olor" (podredumbre) del hijo se pueda calumniar al padre. Los autores antiguos suelen equivocarse en la forma de entender los términos; Lutero traduce los dos *hifiles* (יַבְאִישׁ וְיַחְפִּיר) reflexivamente; solo el texto de Venecia (siguiendo a Kimchi) traduce de un modo recto: ὀζώσει (de ὀζοῦν, en transitivo ὀζεῖν) καὶ ἀτιμώσει: el impío produce *mal olor y deshonra*.

**13, 6.** *La justicia protege el andar recto, y la impiedad lleva a los pecadores a la destrucción.* El doble pensamiento de este proverbio es muy parecido al de Pr 11, 5, pero se expresa de manera peculiar y casi enigmática. Como allí, צדקה y רשעה se refieren a una doble forma de relacionarse personalmente con Dios, que aparece como aquel que gobierna la conducta del hombre y determina su manera de caminar. Pero en vez de nombrar a las personas definidas como tales, תמימי דרך y חטאים, este proverbio utiliza la expresión abstracta, aunque con referencia personal: está por un lado תָּם־דָּרֶךְ (andar recto) y por otro חַטָּאת (la destrucción).

299

*Primera colección: Proverbios salomónicos (Pr 10, 1 – 22, 16)*

Los hombres quedan así definidos por el principio y despliegue de su conducta, es decir, por lo que hacen.

Lo que significan los dos verbos תִּצֹּר y תְּסַלֵּף (proteger, llevar a…) se entiende por el contraste entre los dos tipos de personas (cf. Pr 22, 12). נצר significa *observare*, un significado que no es adecuado aquí, pero también *tueri* (τηρεῖν, proteger). En contra de eso, סלף (véase Pr 11, 3; cf. Gesenius, *Thesaurus*) significa no tanto "dar la vuelta", *pervertere*, pervertir (como en Pr 11, 3; Pr 23, 8), como derribar, *evertere* (como, por ejemplo, Pr 21, 12), en contraste con lo anterior.

El que camina con mente pura, no fingida y sin turbaciones, está bajo el amparo y protección de la justicia (cf. Sal 25, 21), de la que procede ese tipo de comportamiento y, al mismo tiempo, bajo la protección de Dios, a quien pertenece la justicia. Pero quien se deja determinar en su conducta por el pecado, es decir, por la impiedad (cf. Zac 5, 8) de la que brota el amor al pecado, camina hacia la destrucción. En otras palabras, el mismo Dios, a quien se oponen los רשע, los de carácter perverso, hace que el pecado se convierta en su lazo, sea la causa de su caída, en virtud de la conexión interior que él (Dios) ha establecido entre el רשעה o pecador y la destrucción (Is 9, 17).[7]

**13, 7.** *Hay quien se hace (pasar por) rico y no tiene nada; otro se presenta (como) pobre y tiene grandes riquezas.* Este proverbio recoge el tema de Pr 12, 9. A los dos *hitpaeles* de aquel texto (התכבד, tomarse uno a sí mismo como importante) se asocian aquí otros dos tipos de personas que se presentan como ricas o pobres (מִתְעַשֵּׁר מִתְרוֹשֵׁשׁ), sin añadir mayores precisiones, pero seguidas con una ו de tipo adversativo, que lleva implícita un לֹו que se entiende sin dificultad.

**13, 8.** *El rescate por la vida del hombre son sus riquezas; pero el pobre no oye amenazas.* Bertheau cae en un error cuando entiende la palabra גערה como advertencia. El texto nos sitúa más bien ante la amenaza de perder la vida. No se debe pensar aquí en el riesgo que podría significar la riqueza de los ricos ante el juicio; al contrario, la Torá o ley del Pentateuco permite o, más bien ordena (Éx 21, 29), que se utilicen riquezas para rescatar a un acusado, en caso de pena de muerte, aunque declara inadmisible ese rescate en todos los demás casos, cf. Nm 35, 31. Lógicamente, en el caso de admitirse un rescate para los ricos se podría pensar en una administración de la justicia que no está del todo de acuerdo con el espíritu de la ley mosaica, y que incluso está en riesgo de legalizar un tipo de soborno. Sea

---

7. Este versículo 6 faltaba originalmente en la LXX; la versión de Aquila, con la Complutense, que en otros lugares sigue a la Syr., convierte a חטאת en sujeto: τοὺς δὲ ἀσεβεῖς φαύλους ποιεῖ ἁμαρτία (en el sentido de: el pecado destruye a los impíos).

como fuere, 8b no va en la línea de ese riesgo, ni se puede entender en forma de amenaza (¡ay de los pobres que no pueden pagar un rescate!).

Podemos pensar que este proverbio nos sitúa más bien en un contexto de ladrones o malhechores de los que habla Pr 1, 11-14. Si solo los ricos pueden pagar un rescate, los pobres no tienen miedo de que los bandoleros les amenacen con sus espadas, porque nada pueden sacar de ellos, no tienen nada, como puede verse con facilidad. El pobre no teme ser raptado, pues no le raptan (los malhechores saben que no pueden obtener por un ellos un rescate). Pero la riqueza es un premio valioso para los bandoleros, y el rico puede felicitarse a sí mismo si le permiten escapar con vida, pagando un rescate. En esa línea en tiempos de guerras y rebeliones se puede ver que las riquezas, que ponen en peligro la vida de sus poseedores, pueden utilizarse a veces para salvarles, entregándolas como rescate por su vida, mientras que los pobres, al no tener nada, están más seguros (no suelen ser raptados, pues los bandoleros saben que sus familias no pueden pagar un rescate).

Hitzig compara apropiadamente la expresión וְרָשׁ לֹא שָׁמַע גְּעָרָה (לֹא שׁמע) con Job 3, 18; Job 39, 7: no oye, no tiene necesidad de oír. Michaelis, Umbreit, Löwenstein (quien recuerda el estado de cosas bajo gobiernos despóticos, especialmente en zonas de oriente) explican también 8b de un modo correcto. Fleischer comenta, *pauper minas hostiles non audit* (el pobre no escucha amenazas hostiles), es decir, *non minatur ei hostis* (el enemigo no le amenaza). El intento de reconstrucción sintáctica de Ewald, "sin embargo, se hizo pobre el que nunca escuchó una acusación", implica un pensamiento que no está en armonía con el texto de 8a.

## 13, 9-11.

Los tres proverbios que siguen (13, 9-11) tienen al menos esto en común: las dos palabras finales de cada uno se corresponden entre sí de un modo rítmico.

אוֹר־ צַדִּיקִים יִשְׂמָח וְנֵר רְשָׁעִים יִדְעָךְ: [9]

רַק־ בְּזָדוֹן יִתֵּן מַצָּה וְאֶת־ נוֹעָצִים חָכְמָה: [10]

הוֹן מֵהֶבֶל יִמְעָט וְקֹבֵץ עַל־ יָד יַרְבֶּה: [11]

[9] La luz de los justos brilla con alegría,
pero la lámpara de los impíos se apagará.
[10] Ciertamente la soberbia producirá contienda,
pero con los que admiten consejo está la sabiduría.
[11] Las riquezas apresuradas disminuirán,
pero el que junta poco a poco irá en aumento.

**13, 9.** *La luz de los justos arde con alegría, y la lámpara de los impíos se apaga.* El segundo estico equivale a Pr 24, 20, cf. Pr 20, 20. En el libro de Job 18, 5, אור ידעך y נרו עליו ידעך y רשעים ידעך (cf. Pr 21, 17) están juntos. En este contexto se habla (Pr 29, 3) de una lámpara o נר divina, así como de una אור o luz también divina que ilumina a los justos. Sin embargo, hay que decir que el poeta de Pr 6, 3, llama deliberadamente אור a la Torá y al mandamiento, como derivado de él y que a la llama separada le llama נר. En esa línea, también aquí se define intencionalmente al justo como אור, es decir, אור היום (luz de vida, Pr 4, 18, cf. 2Pe 1, 19), y al impío se le llama נר דלוק. El primero imparte la luz del día soleado, el segundo la luz de cirios casi inútiles, puestos en la oscuridad.

La puntuación auténtica es אור־ צַדִּיקִים, la de Ben-Nephtali es 'צ אור' sin *makkeph*. Hitzig compara ישׂמח con la lengua del cirio que se ríe (*Meidni*, iii. 475); Kimchi alude también a la טפה שׂוהק, del Talmud; porque la luz ríe cuando brilla intensamente, y cuando aumenta en vez de disminuir. En árabe *samuḥa* contiene la idea de alegría directamente relacionada con la de liberalidad. La LXX traduce ישׂמח incorrectamente por διαπαντός, y añaden un dístico a Pr 13, 9, cuya primera línea es ψυχαὶ δόλιαι (נפשׁ רמיה) Πλανῶνται ἐν ἁμαρτίαις (las almas fraudulentas se pierden en sus pecados) y cuya segunda línea es la del Sal 37, 21.

**13, 10.** *Ciertamente el orgullo produce contienda, pero la sabiduría está con los que admiten consejo.* El restrictivo רק (solamente) no pertenece, según el sentido, a בזדון (por orgullo), sino a מצה, véase Sal 32, 6 y Job 2, 10. Sobre יתן, véase Pr 10, 24. No es exacto traducir como hace Bertheau, *uno producirá contienda…*, porque "uno" (hombre) es el sujeto personal más genérico, pero יתן debe considerarse en tales casos como impersonal, porque el orgullo es siempre algo que no causa nada más que peleas y conflictos, porque la raíz del orgullo es el egoísmo.

La segunda línea es una variante de Pr 11, 2. Frente al orgullo está la *Bescheidenheit* (modestia) que en el alemán antiguo equivale exactamente a *klugheit* (prudencia). La palabra נוֹעָצִים (utilizada aquí) se refiere más bien a los que admiten consejo (los que se dejan aconsejar); la palabra raíz, utilizada en otros lugares, נועץ, tiene básicamente el sentido de tolerancia, aunque también puede referirse, como aquí, a los que se aconsejan recíprocamente y, de esa manera, completa cada uno su propio conocimiento por medio del conocimiento del otro.

La mayoría de los intérpretes consideran 10b como una cláusula sustantiva, pero ¿por qué no suponer que aquí sigue actuando implícitamente el verbo יתן, de 10a? Hay *sabiduría* en aquellos que se dejan aconsejar, o no son demasiado orgullosos y egoístas, de manera que mantienen con otros una relación de dar y recibir (con יתן: se da sabiduría), de manera que en lugar del odio viene el conocimiento verdadero, el fruto pacífico que resulta de un intercambio de opiniones.

**13, 11.** *La riqueza por fraude disminuye; pero la conseguida con trabajo aumenta.*
Puntuamos הוֹן מֵהֶבֶל (con *makkeph*, como en edición de Venecia 1521; de Amberes 1582; de Frankfurt/Oder 1595; de Ginebra 1618; Leyden 1662), porque el significado no es que la riqueza se vuelve menor por הבל (fraude, cf. Targum, pero no el texto Syr.), o que es menor que הבל (Umbreit), sino que הון־מהבל significa riqueza procedente de הבל. Esa palabra הבל de הב, significa propiamente un *soplo* (Teodocion, ἀπὸ ἀτμοῦ o ἀτμίδος), es decir, apariencia sin realidad (Aquila, ἀπὸ ματαιότητος). Ese tipo de riqueza por fraude es lo que hoy llamamos *por estafa*, es decir, riqueza moralmente desenfrenada, especulación fraudulenta y engañosa, a diferencia de una ganancia sólida y real.

Las traducciones, ἐπισπουδαζομένη μετὰ ἀνομίας (conseguida por injusticia, LXX), ὑπερσπουδαζομένη (Símaco, Quinta, llamada así por ser un fragmento de traducción anónima, que ocupa el quinto lugar de la Hexapla de Orígenes), *festinata* (Jerónimo), no suponen necesariamente que la frase מהבל es igual a מבהל, Pr 20, 21, keré, porque la riqueza que viene מהבל se obtiene de una manera voluble (insustancial) y como si fuera un tipo de tormenta, a la que se puede aplicar un proverbio alemán que dice "*so gewonnen so zerronnen*" (lo que se gana rápidamente, rápidamente se pierde).

El contra de quien por fraude y engaño llega rápidamente a la riqueza, se eleva aquí la persona que reúne riqueza por el trabajo de sus manos, ἐπὶ χειρός (edición de Venecia), es decir, por su propio esfuerzo (Ewald, Bertheau, Elster y Lagarde), o según la medida de la mano, κατὰ χεῖρα (que significa "según la habilidad externa"), de modo que על, que se aplica a la formación adverbial, por ejemplo, en Sal 31, 24 (Hitzig) tiene el significado de "gradualmente". Esa expresión, que se utiliza como en el hebreo postbíblico, על יד es igual a מעט מעט, por ejemplo, en *Schabbath* 156a (véase Aruch bajo על) a diferencia de un simple ביד que es igual a *según el pensamiento*, intencionalmente (Berachoth, 52b).

Difícilmente hay en hebreo una palabra que tenga más significados que יד. Conectado con על, significa en un tiempo, en un lado o lugar, en una dirección. Lo característico en nuestro caso es la omisión del pronombre a diferencia de על־ידו על־ידיו. La LXX traduce על יד con su libertad usual por μετ' εὐσεβείας, por piedad, a lo que se añade, en otra línea, πληθυνθήσεται, Δίκαιος ἰκτείρει καὶ κιχρᾷ (tema de Sal 37, 26, que dice: el justo alcanza plenitud, se compadece y presta).

## 13, 12-14.

Los versos 12 y 14 tratan del paraíso. En medio queda el verso 13, que ha de verse en ese contexto.

*Primera colección: Proverbios salomónicos (Pr 10, 1 – 22, 16)*

תּוֹחֶלֶת מְמֻשָּׁכָה מַחֲלָה־לֵב וְעֵץ חַיִּים תַּאֲוָה בָאָה: [12]
בָּז לְדָבָר יֵחָבֶל לוֹ וִירֵא מִצְוָה הוּא יְשֻׁלָּם: [13]
תּוֹרַת חָכָם מְקוֹר חַיִּים לָסוּר מִמֹּקְשֵׁי מָוֶת: [14]

[12] La esperanza que se demora es tormento del corazón,
pero el deseo cumplido es árbol de vida.
[13] El que menosprecia la palabra se arruinará,
pero el que teme el mandamiento será recompensado.
[14] La instrucción del sabio es fuente de vida,
para apartarse de las trampas de la muerte.

**13, 12.** *La espera diferida enferma el corazón, y un árbol de vida es un deseo cumplido.* Tanto la LXX (κρείσσων ἐναρχόμενος βοηθῶν, "mejor es el que comienza ayudando") como el texto Sirio que le sigue, lo mismo que el Targum (como mostró Nöldeke en Merx, *Archiv*, Vol ii. pp. 246-49), que es una elaboración judía del texto de la Peschita, traducen así: mejor es el que comienza a ayudar que el que permanece en vacilante expectación, por lo cual תחלת se duplica, y se deriva una vez de הוחיל, esperar, y la segunda vez de החל, comenzar.

Si la LXX, con las traducciones que le siguen, deteriora de esta manera unos proverbios tan claros, hermosos e inviolables ¡qué se puede esperar en el caso de proverbios que son difíciles de entender! La palabra משׁך significa, lo mismo que en Is 18, 2, extenderse ampliamente (cf. el árabe *meshak*), aquí en un sentido temporal, como נמשׁך, prolongar, Is 13, 22, y como en el hebreo postbiblico משׁך הזמן, el transcurso del tiempo.

Con respecto a תוחלת, cf. Pr 10, 28; Pr 11, 27 תקות, aquí תאוה y Sal 78, 29 que tratan del objeto del deseo, y de בוא en el sentido de cumplirse (cf. Jos 21, 43), es decir, de ejecutarse. La espera prolongada enferma el corazón, causa angustia (מחלה, participio fem. *hifil* de חלה, ser flojo, débil, enfermo; raiz חל, soltar); por el contrario, un deseo cumplido es un árbol de vida, es decir, tiene una influencia vivificadora y fortalecedora, como aquel árbol del paraíso que estaba destinado a renovar y prolongar la vida del hombre, cuya imagen está en el fondo de este verso.

**13, 13.** *El que menosprecia la palabra está sujeto a ella (se arruina), y el que teme (cumple) el mandamiento es recompensado.* La palabra aparece aquí como ordenamiento, ley de vida y así ha de entenderse el mandamiento, como en 1Sa 17, 19; Da 9, 23-25. Lo que aquí se dice se cumple siempre, que la voluntad de un hombre se ha subordinado a la voluntad autoritaria de un superior. Pero el proverbio habla principalmente de la palabra de Dios, del מצוה o mandamiento κατ᾽ ἐξ (por excelencia), como expresión de la voluntad divina, que en Pr 6, 3 aparece básicamente vinculada a la תורה, entendida como norma general de la voluntad divina.

La expresión בּוּז לְדָבָר (בָּז לְדָבָר) evoca un tipo de oposición despectiva e injuriosa, véase Pr 6, 30, cf. Pr 11, 12. A. J. Jol (cf. ʿĀbidīn, Abd al-Majid, *Proverbs* in Old Arabic Prose Compared to *Proverbs* of Other Semitic Langu*ages*) registra la tradición dominante, pues traduce, "Quien desprecia el consejo se precipita a la destrucción; quien guarda el mandamiento tiene honor perfecto". Pero en nuestro caso ישלם no debe entenderse ni de perfección ni de paz (LXX y Jerónimo), sino que significa *compensabitur,* en el sentido de sanción (aquí no es de castigo, sino de recompensa), como lo muestra Pr 11, 31.

También es equivocada la traducción de יחבל לו en el sentido de "él se precipita hacia la destrucción" (LXX, καταφθαρήσεται, que repiten el texto sirio de la Hexapla y Lutero, «él se destruye a sí mismo»; lo mismo que el texto Véneto οἰχήσεταί σοι, *periet sibi*), porque uno no ve la razón que pudo llevar al poeta a escoger precisamente esta palabra con un ambiguo dativo ético, en vez de decir יחבל נפשו.

Según Gesenius, la palabra יֵחָבֶל לוֹ no debe relacionarse con la palabra árabe *khabl, corrumpere,* sino con el árabe *habl, ligare, obligare.* Cualquiera que se opone con desdén a una palabra que le obliga a la obediencia, no quedará libre de castigo, sino que estará bajo juicio hasta que redima la culpa, por no haber obedecido a la ley superior; según eso, tendrá la obligación de cumplir el pago de la deuda (es decir, de la falta cometida). Jerónimo se acercó a la interpretación correcta traduciendo: *ipse se in futurum obligat* (él mismo se obliga para el futuro).

Por su parte, Abulwald se refiere a Éx 22, 25; y Parchon, Rashi y otros parafrasean las palabras משכן יתמשכן עליו: es confiscado como si tuviera que cumplir una hipoteca. Schultens, que no relaciona la partícula לוֹ (יֵחָבֶל לוֹ) con el que menosprecia, sino con la "palabra" (el que menosprecia la palabra está comprometido con ella), de manera que tiene que pagar el castigo correspondiente, por no haberla cumplido, conforme a la expresión árabe *marhwan* (*rahyn*), de forma que es, de alguna manera, reo de la palabra no cumplida, *pigneratus paenae* (Livius, xxix. 36).

Ewald traduce correctamente: *está comprometido a la palabra que no ha cumplido.* La LXX introduce aquí otro proverbio que sigue a Pr 13, 13 con respecto a υἱὸς δόλιος y οἰκέτης σοφός, al hijo mentiroso y el criado sabio, que ha sido también adoptado por la traducción siríaca. Jerónimo introduce aquí el proverbio de *las animae dolosae* o de las almas mentirosas (véase Pr 13, 9).

**13, 14.** *La doctrina (instrucción) del sabio es manantial de vida, para escapar de las trampas de la muerte.* Este es un "dístico integral", cuyo sentido se completa a través de los dos esticos del proverbio, como he destacado en la introducción. En sentido literal dice lo mismo que Pr 10, 11: "Una fuente de vida es la boca del justo". La figura de la fuente de vida con la expresión teleológica o de finalidad (לָסוּר מִמֹּקְשֵׁי:

Primera colección: Proverbios salomónicos (Pr 10, 1 – 22, 16)

para escapar de las trampas...), con la *lamed* que indica el fin y consecuencia de la acción, se repite en Pr 14, 27.

La figura común, aunque no bíblica, del lazo de la muerte, *laqueus mortis*, incluye también la idea de la muerte como יָקוּשׁ un cazador, Sal 91, 3. Si no se trata aquí de una mera fórmula general sobre los peligros de la muerte (Hitzig), este proverbio ha sido formulado para afirmar que la vida que brota de la doctrina del sabio es como una fuente de salud para el discípulo que la recibe, dándole conocimiento y fuerza para saber dónde están las trampas de la destrucción y para escapar de ellas con pasos vigorosos cuando esas trampas le amenazan con enredarlo.

## 13, 15-18.

Siguen ahora cuatro proverbios cuya conexión parece estar ocasionada por la semejanza de sonido de sus palabras (שֵׂכֶל ... כָּל, בְּדַעַת ... בְּרַע, רָשָׁע ... רֵישׁ).

15 שֵׂכֶל־טוֹב יִתֶּן־חֵן וְדֶרֶךְ בֹּגְדִים אֵיתָן׃

16 כָּל־עָרוּם יַעֲשֶׂה בְּדָעַת וּכְסִיל יִפְרֹשׂ אִוֶּלֶת׃

17 מַלְאָךְ רָשָׁע יִפֹּל בְּרָע וְצִיר אֱמוּנִים מַרְפֵּא׃

18 רֵישׁ וְקָלוֹן פּוֹרֵעַ מוּסָר וְשׁוֹמֵר תּוֹכַחַת יְכֻבָּד׃

<sup></sup>15 El buen entendimiento da gracia,
pero el camino de los traicioneros es duro.
16 Todo hombre sagaz actúa con conocimiento,
pero el necio despliega insensatez.
17 El mensajero impío caerá en el mal,
pero el enviado fiel es como medicina.
18 Pobreza y vergüenza tendrá el que
desprecia la disciplina,
pero el que acepta la represión logrará honra.

**13, 15.** *La fina prudencia produce favor...* La expresión שֵׂכֶל־טוֹב (acentuado sin *makkeph* con *munach*, según los códices y ediciones antiguas) responde básicamente a lo que con un profundo sentido ético llamamos *buena cultura*. Con respecto a יִתֵּן, véase Pr 10, 10, aunque no se usa aquí, como allá, impersonalmente, sino que tiene un sujeto personal y produce una realidad concreta, definida como gracia o favor, חֵן. La buena cultura, que muestra a los hombres cómo tomar camino correcto y cómo responder de un modo adecuado en todas las circunstancias, ejerce una influencia bondadosa que gana el corazón, no solo como expresaría יִמְצָא חֵן, en beneficio de su poseedor, sino también, como lo expresa יִתֵּן חֵן, rompiendo barreras y acercando a los hombres entre sí.

La palabra איתן (*perennis*, perenne, duro, inculto), tanto para el que ve como para el que oye, para el ojo como para el oído, forma el contraste con יתן חן, "produce gracia". Esta palabra איתן es una formación relativa de יתן, equivale al árabe *wtn*, denota lo que se extiende lejos, y eso con referencia al tiempo, lo que permanece igual durante el transcurso del tiempo, lo que no avanza, lo que no produce nada, aquello que no cambia con el tiempo, continuando lo mismo, según su naturaleza, fuerte, firme.

En ese sentido, איתן podría ser una designación de lo perdurable y lo sólido, cuya cualidad permanece siempre igual. Así lo interpreta Orelli, *Die hebr. Sinonime der Zeit undEwigkeit*, 1871. Pero que en el pasaje que comentamos esa palabra indica el camino de los בגדים, es decir, de los maliciosos que van "avanzando sin fin", sin encontrar nunca la meta, ni la paz, en el sentido de una lucha constante, sin fin ni sentido.

La expresión נחל איתן (Dt 21, 4) no significa "un arroyo, cuya existencia no depende del clima ni de la estación del año", al menos no en el sentido tradicional que recibe en la Mishná, *Sota* ix. 5 (cf. Guemará), sino un valle pedregoso; porque la Mishná dice, איתן כמשמעו קשה, de manera que איתן es aquí, según su significado verbal, equivalente a קשה (duro). Ese es el sentido que tiene en este pasaje del Deuteronomio, en el contexto de una discusión legal relativa a la עגלה ערופה (ritual de la novilla para la expiación de un asesinato perpetrado por una mano desconocida). Este sentido de איתן en Dt 21, 4 es el mismo que tiene en nuestro pasaje: un arroyo salvaje que parece avanzar sin fin, sin dirección reconocida.

Maimuni (es decir, R. Moisés b. Maimum, llamado también Rambam, por las letras iniciales de su nombre, es decir, Maimónides, muerto el año 1204), en su comentario a la Mishná, *Sota* y en su obra *Hilchoth Rozeach* ix. 2, con la Mishná y la Guemará, piensa que el significado de איתן es compatible con un "*wadi* de agua corriente; pero la palabra קשה con la que le define la Mishná se refiere más naturalmente a la propiedad de la tierra que a la de un río. Por otra parte, la descripción de Dt 21, 4, referida a un נחל איתן, en el que no hay labranza ni siembra, supone que נחל es un valle en torno al torrente y no un río en sí mismo.

Según esta tradición, el Targum pone תקיפא (palabra tomada de la Peshita). Por su parte, el griego veneciano, en la línea de Kimchi, pone ὁδὸς δὲ ἀνταρτῶν (de ἀνταρτής de ἀνταίρειν) ἰσχυρά (camino de fuerte oposición, camino rebelde). Según eso, de la idea fundamental de permanecer de un modo igual, de continuar, se pasa a la idea de lo firme, lo duro, de tal modo que איתן viene a ser una palabra cuyo sentido se intercambia con סלע, roca, Nm 24, 21, y sirve como designación figurativa de las montañas hechas de rocas, Jer 49, 19, indicando también la estructura rocosa de la tierra, Mi 6, 2.

Esta palabra toma, según eso, el significado de dureza (πετρῶδες, Mt 13, 5) y se relaciona con el sentido de fondo de Dt 21, 4, indicando una tierra que

## Primera colección: Proverbios salomónicos (Pr 10, 1 – 22, 16)

es inculta y baldía. El camino de los בגדים, los traicioneros, es decir, de los que trafican con los hombres, es rígido, tan duro e hiriente como una piedra. Esos hombres traicioneros siguen puntos de vista egoístas, sin tener nunca simpatía con su prójimo; carecen de la ternura que está relacionada con la buena cultura; quedan desprovistos de sentimientos, de aquellos que, con una comparación conocida, ablandarían a las mismas piedras.

No hace falta ofrecer ahora un catálogo de los diferentes significados de este איתן, como *vorago o abismo* (Jerónimo), pantano permanente (Umbreit), y camino sin fin (Bertheau), etc. También en este caso, Schultens ofrece, como hace con frecuencia, una traducción mejor, y así pone: un *camino que se alarga de un modo tenaz por la vía de los pérfidos* (at via perfidorum pertinacissime tensum). De todas formas, יתן no significa estirar, sino extender. La LXX ofrece entre 15a y 15b una interpolación que dice: τὸ δὲ γνῶναι νόμον διανοίας ἐστὶν ἀγαθῆς (es bueno conocer la ley del conocimiento).

**13, 16.** *Todo hombre prudente actúa con entendimiento; mas el necio esparce locuras.* Hitzig, con el Syr. (pero no con el Targum) y Jerónimo añaden *omnia,* כל (*omnia agit*), pero ese añadido va en contra de la sintaxis hebrea. La partícula כל־ no tiene un sentido débil (como si no influyera en nada la frase), sino que significa que todo hombre prudente actúa siempre así, בדעת, en alemán *mit Bedacht* (con juicio) en oposición a בלי דעת, sin conocimiento (cf. Dt 4, 42; Dt 19, 4), mientras que por el contrario el necio exhibe locura, actúa locamente, cf. Pr 12, 23 y Pr 15, 2 (textos que sirven para explicar los dos esticos de nuestro versículo).

בְּדַעַת con *Bedechtigkeit* (juicio) significa simplemente dejarse guiar por un buen conocimiento, dirigido a un fin práctico, un pensamiento claro concentrado en su punto esencial. Como paralelos a פרש (cf. יִפְרֹשׂ אִוֶּלֶת, el necio esparce locuras), se pueden poner palabras como יקרא, grita, y יביע, balbucea, que tienen sentido semejante a יפרש. Fleischer traduce *expandit* (en oposición al árabe *ṭawy, intra animum cohibuit*, retuvo el pensamiento dentro del alma), como una tela o papel doblado o enrollado.[8]

Hay en esta palabra "esparcir" (desenrrollar) locuras, un rasgo burlón, como el mercader que desenrolla y despliega sus mercancías para elogiarlas; igual hace el tonto con sus tonterías, que tenía como envueltas, escondidas. En vez de seguirlas escondiendo, él la esparce, como un hombre hinchado, orgulloso de sí mismo.

**13, 17.** *Un mensajero impío cae en problemas (crea problemas); pero un mensajero fiel es como medicina.* El texto tradicional, ofrecido también por las traducciones

---

8. Cf. poema de Schiller: *er breitet es heiter und glänzend aus, das zusammengewickelte Leben,* él extiende brillante y espléndidamente la vida que estaba envuelta en sí misma.

(excepto Jerónimo que pone *nuntius impii*, y dejando de lado a la LXX, que convierten Pr 13, 17 en la historia de un rey temerario y un mensajero sabio), pone מלאך con el sentido de mensajero. La Masora pone la palabra con artículo, como המלאך, cf. Gn 48, 16. Todas las traducciones ponen igualmente יִפֹּל en *kal*, como puntúa el texto tradicional. Solo Lutero se aparta de esa visión general y traduce como si fuera un *hifil*, "un mensajero impío trae desgracia". Conforme al sentido de conjunto de la frase y del paralelismo, aquí solo se puede tratar de un mensajero impío, de manera que ninguna bendición reposa sobre su impiedad, y así cae en el desastre, y arrastra con él a quien dio el encargo.

La conexión entre מלאך y רשע es como la que hay entre אדם y רשע, Pr 11, 7 (téngase en cuenta que ese adjetivo, רשע, está en femenino, cf. Ez 3, 18). En lugar de ברע (cf. יִפֹּל בְּרָע) habría que poner ברעה, cf. textos paralelos: Pr 17, 20; Pr 28, 14 (cf. también Pr 11, 5) que los masoretas han podido tener en cuenta al dar preferencia al *kal*. En intercambio con מלאך, de לאך, raíz לך, hacer ir, igual a enviar, se utiliza la palabra ציר, de צור, girar, que termina teniendo el sentido de viajar (cf. el árabe ṣar, ir a). La conexión ציר אמונים (cf. el texto más simple ציר נאמן, Pr 25, 13) es como la que aparece en Pr 14, 15, עד אמונים. El plural indica fidelidad en toda la extensión de la idea. Con מרפא se indica el medio de curación, aquí el refrigerio, la medicina, véase Pr 4, 22; Pr 12, 18 donde se dice רֵישׁ וְקָלוֹן פ וֹרֵעַ מוּסָר וְשׁוֹמֵר תּוֹכַחַת יְכֻבָּד :

**13, 18.** *Pobreza y vergüenza para el que rechaza la corrección; pero el que acepta la represión es honrado.* No debemos introducir איש antes de ריש קלונו (o más correctamente, transformando así lo abstracto en sentido concreto, como רמיה, en Pr 1, 27), ni poner una ל antes de פורע, como lo hace Gesenius (*Lehrgeb.* 227a); ni se puede tomar פורע como cláusula hipotética como en Pr 18, 13; Job 41, 18, aunque ciertamente podría hacerse ese cambio sin destruir el significado de la frase (Ewald, Hitzig).

En ese contexto, la frase "pobreza y vergüenza es un hombre sin corrección", equivale a *pobreza y vergüenza es la consecuencia o suerte de aquel hombre que no admite corrección*. Tal como está vocalizado y acentuado, el texto deja que sea el mismo oyente quien debe averiguar la relación que hay entre predicado y sujeto, indicando así la consecuencia que deriva de la corrección (cf. p. ej. Pr 10, 17; Pr 13, 1; Pr 14, 35).[9]

Por lo que se refiere a "rechazar la corrección", la expresión latina correspondiente es, *qui detrectat disciplinam*. Aquel que rechaza la amonestación y la corrección de sus padres, de su pastor o de su amigo, y rechaza todo consejo del

---

9. Sobre la fuerte exigencia de atención que el estilo hebreo pide al oyente o lector, cf. mi *Geschichte der jüdischen Poesie* (1863), p. 189.

## Primera colección: Proverbios salomónicos (Pr 10, 1 – 22, 16)

deber como una pesada moralización, tal persona deberá al fin adquirir sabiduría por medio de los fracasos e injurias que le sobrevengan.

Si quiere hacerse sabio, un hombre así tendrá que hacerse más pobre a consecuencia de haber faltado a la recta regla de la vida, y además deberá estar sujeto a la desgracia a causa de su propia culpa. Al contrario, para aquel que tiene la deshonra de merecer la represión, pero la recibe de buena gana y la hace efectiva, esa misma deshonra, bien aceptada, se convertirá en honor, porque el hombre que no rechaza la represión muestra conocimiento de sí mismo, con humildad y buena voluntad. Estas son las propiedades que honran a los hombres y tienen el efecto de elevarles en su posición, tanto en un plano social como religioso.

### 13, 19-21.

Siguen dos pares de proverbios sobre los necios y los sabios, ordenados por consignas, con un tercero sobre la recompensa intrínseca del mal y del bien.

19 תַּאֲוָה נִהְיָה תֶּעֱרַב לְנָפֶשׁ וְתוֹעֲבַת כְּסִילִים סוּר מֵרָע:

20 [הלוך] (הוֹלֵךְ) אֶת־ חֲכָמִים [וחכם] (יֶחְכָּם) וְרֹעֶה כְסִילִים יֵרוֹעַ:

21 חַטָּאִים תְּרַדֵּף רָעָה וְאֶת־ צַדִּיקִים יְשַׁלֶּם־ טוֹב:

> 19 El deseo cumplido endulza al alma,
> pero el apartarse del mal es abominación para los necios.
> 20 El que anda con los sabios se hará sabio,
> pero el que se junta con los necios sufrirá daño
> 21 El mal perseguirá a los pecadores,
> pero el bien recompensará a los justos.

**13, 19.** *El deseo que vivifica es dulce para el alma, pero el evitar el mal es abominación para los necios.* Este es un dístico sintético, cuya primera línea, vista en sí misma, condensa de un modo más débil lo que dice Pr 13, 12, porque תאוה נהיה tiene esencialmente el mismo significado que תאוה באה. Aquí no se habla de un deseo que acaba de surgir y que no ha sido aún apaciguado (Umbreit, Hitzig, Zöckler), cosa que tendría que expresarse con el verbo הוה (igual a אשר היתה), sino de un deseo que ha sido ya aplacado, cumplido (Jerónimo, Lutero, con el traductor de Venecia, ἔφεσις γενομένη, siguiendo en la línea de Kimchi, como cumplimiento del deseo pasado, en contra del siríaco y del Targum que traducen la frase con נאוה, indicando el cumplimiento del deseo).

El *nifal* נִהְיָה no denota el paso a un estado de ser a otro, sino el ser llevado a la realidad histórica en plenitud, por ejemplo, Ez 21, 12; Ez 39, 8, donde está conectado con באה. Este *nifal* es siempre la expresión del hecho completo al que se mira hacia atrás, por ejemplo, Jue 20, 3; y este sentido se mantiene tan firme, que significa estar hecho, terminado (llevado a su fin) como, por ejemplo, en Da 2, 1.[10]

Esta frase (el deseo cumplido hace bien al alma) puede tomarse como un lugar común, sin importancia (Hitzig); pero, interpretado desde la perspectiva de Hebreos 11, ese deseo cumplido es lo suficientemente poderoso y significativo como para alegrar incluso a una persona moribunda. Esta frase proclama la verdad éticamente significativa de que la bienaventuranza de la visión se mide por el grado del anhelo que ha tenido la fe del creyente.

Pero debemos añadir que esa frase adquiere otros matices por su emparejamiento con 19b. Por eso, porque el cumplimiento del deseo del alma es placentero, los necios aborrecen la renuncia al mal, porque sus deseos se dirigen a lo que es moralmente inútil y censurable; esa es la razón por la que los necios se adhieren de cerca y constantemente a lo malo: para alcanzar así el cumplimiento de sus deseos perversos. El emparejamiento de las dos líneas del proverbio puede haber sido ocasionado por la semejanza en el sonido de תועבת y תאוה. Por su parte, סור es *nomen actionis* (nombre de acción), como en Pr 16, 17, cf. 16, 56. Además, debe observarse que el proverbio habla de necios y no de impíos. La locura es lo que hace que los hombres no se liberen del mal, porque el engaño de la lujuria pecaminosa les ata firmemente a él. Esa es la idea de fondo de estos versos: los necios desean el cumplimiento del mal, porque el gozo del mal les satisface.

**13, 20.** *El que anda con sabios, sabio se hace; y el que tiene trato con necios, se convierte en vil.* He desarrollado ya en otro lugar al significado de este proverbio en la historia de la religión y el culto de Israel. He traducido 20a según el *keré*. El texto según el *qetub*, "ve con sabios y vuélvete sabio" (cf. Pr 8, 33), no puede defenderse porque exige una conexión imposible de un imperativo con un imperfecto. El verbo הוֹלֵךְ

Con respecto al final, יֵרוֹעַ, cf. Pr 11, 15, que significa *malo afficietur* (se vinculará al mal). Esa palabra significa aquí *malus (peior) fiet* (se hará malo, peor). El texto Véneto (al contrario de Kimchi, que traduce *frangetur*, se romperá) pone correctamente κακωθήσεται (se hará malo). Hay aquí un juego de palabras; רעה significa cuidar (un rebaño), en un sentido general, de manera que puede entenderse en el sentido de cuidar cualquier cosa (Pr 15, 14; Pr 44, 20), especialmente de cuidar cualquier persona con acusativo de persona (Pr 28, 7; Pr 29, 3), tener relaciones con otro. Pues bien, el que busca preferentemente la compañía de los

---

10. Como he dicho ya, no hay en la Biblia un *nifal* con el significado causativo peculiar del *hifil*, que se debería traducir en pasiva. Debemos agregar aquí con נהיה, que el *nifal* de verbos intransitivos indica el cumplimiento de la condición expresada por el *kal*, de forma que, de acuerdo con nuestra forma de pensar, podría tomarse como pasivo del *hifil* (Gesenius, 51, 2). Mutenebbi defendió el sentido pasivo de esta palabra en árabe, partiendo correctamente de la séptima forma, a partir de la primera, véase Fleischer, *Beiträge*, en *Sitzungs-Bericht. d. Schs. Gesellschaft d. Wiss.* 1863.

necios, se convierte también en necio (Jerónimo, *similis efficietur*, se hará como ellos), o más bien, como expresa ירוע, "descenderá moralmente". Así se dice que un compañero malvado lleva a su socio al infierno.

**13, 21.** *El mal persigue a los pecadores, y el justo es recompensado con bienes.* Sobre תְּרַדֵּף (del castigo que sigue a los pecadores pisándoles los talones, cf. Nah 1, 8). En este sentido, el arte griego da alas a la némesis o venganza, persiguiendo a los malvados. La traducción de 21b que ofrece Löwenstein, «los piadosos, los buenos los recompensan», es insostenible, porque טוב, el bien (p. ej. Pr 11, 27), nunca aparece personificado, pues טוב es siempre lo bueno, la bondad, como en Sal 23, 6, donde según la LXX se dice: τοὺς δὲ δικαίους καταλήψεται (יְשַׂיג) ἀγαθά (a los justos les serán dados los bienes). Tampoco ha de tomarse טוב de un modo personal, como hace el Véneto: τὰ δὲ δίκαια ἀποδώσει χρηστός, que probablemente significa, *la conducta justa será buena*, a saber, *Dios recompensa a los buenos*.

טוב (raíz *dr*) es un atributo, pero nunca el nombre de Dios, de manera que el verbo שׁלם, en la línea de los verbos de educar y dirigir (גמל, עשׂה, עבד), está conectado con un acusativo doble (se les recompensa a los justos con lo bueno). Syr., el Targum y Jerónimo traducen pasivamente, y nosotros también pues, aunque Dios sea sujeto implícito, el proverbio no lo nombra expresamente (solo en Pr 12, 14, cf. Pr 10, 24). Este proverbio está construido así, sin citar expresamente a Dios, colocándolo en un segundo plano, con vaga generalidad. En esa línea, también los justos pueden tomarse como sujeto: ellos son recompensados y recompensan a otros con el bien, de modo que el tema personal se formula de un modo general, en sentido pasivo.

## 13, 22-25.

El primer proverbio (13, 22) trata del mantenimiento del hombre y de su herencia. Le siguen dos (13, 22-23) que desarrollan ese tema, culminando en 13, 25.

$^{22}$ טוֹב יַנְחִיל בְּנֵי־ בָנִים וְצָפוּן לַצַּדִּיק חֵיל חוֹטֵא:

$^{23}$ רָב־ אֹכֶל נִיר רָאשִׁים וְיֵשׁ נִסְפֶּה בְּלֹא מִשְׁפָּט:

$^{24}$ חוֹשֵׂךְ שִׁבְטוֹ שׂוֹנֵא בְנוֹ וְאֹהֲבוֹ שִׁחֲרוֹ מוּסָר:

$^{25}$ צַדִּיק אֹכֵל לְשֹׂבַע נַפְשׁוֹ וּבֶטֶן רְשָׁעִים תֶּחְסָר: פ

$^{22}$ El bueno dejará herencia a los hijos de sus hijos,
pero lo que posee el pecador está guardado para los justos.
$^{23}$ En el campo arado de los pobres hay abundancia de comida,
pero es arrasada cuando no hay derecho.
$^{24}$ El que detiene el castigo aborrece a su hijo,

pero el que lo ama se esmera en corregirlo.

²⁵ El justo come hasta saciar su alma,

pero el estómago de los impíos sufrirá necesidad.

**13, 22.** *El hombre bueno deja herencia para los hijos…* En la mayor parte de los proverbios la palabra inicial, טוב, significa *bonum prae* (es más bueno que). Pero aquí, como en Pr 12, 2 (cf. Pr 22, 9; Pr 14, 4), significa bonificación (premio). La expresión del A.T. en la que se dice que Dios es טוב (Sal 25, 8, etc.) equivale a la del N.T., donde se dice que él es ἀγάπη. En esa línea, hombre bueno será aquel que en su relación con los demás está guiado (determinado) por el amor desinteresado. Ese será el hombre טוב, el *Gütige*, es decir, el hombre que está dispuesto a comunicar todo bien, todo lo que tiene; ese es verdaderamente bueno, porque la esencia de la דקה, justicia de la vida, es el amor.

Una persona así no sufre pérdida por su generosidad, sino que de acuerdo con la ley (Pr 11, 25) el dispensador de bendiciones es al mismo tiempo también un receptor de bendiciones. Un hombre así no solo obtendrá ganancias para él, sino también para los hijos de sus hijos a quienes deja su herencia; una herencia de bondad que se extiende incluso a sus nietos (cf. הנחיל, aquí en sentido transitivo, como en Dt 32, 8: hacer heredar, ofrecer una herencia).

Por el contrario, el pecador (חוטא singular, en plural חטאים, ἁμαρτωλοί), pierde su riqueza, una riqueza que está destinada a pasar y quedar en manos del justo que es digno de ella, y se sirve (cf. Job 27, 17) de lo que posee de acuerdo con la voluntad y el designio de Dios. Esta es una revelación de la justicia, tal como se formula en aquel tiempo. En esa línea se entiende חיל, que es la riqueza, la fuerza, como en alemán "*vermögen*", cf. *opes, facultates*. Esa riqueza o poder es aquello por medio de lo cual uno está capacitado para lograr mucho (Florilegio). He tratado ya sobre la idea fundamental de esa riqueza de fondo que se puede expresar con las palabras *contorquere, compingere* (*Psycologie*, 226), también con respecto a צפן, que significa propiamente *condensare*, luego *condere*, p. 61.

**13, 23.** *La tierra fresca del pobre da alimento en abundancia, y muchos son destruidos por la iniquidad.* El Targum y Teodocion ponen רב (μέγας) pero la Masora pone רָב con Kametz corto, como en Pr 20, 6; Ec 1, 8 (cf. Kimchi, רבב). La traducción, *multitudo cibi est ager pauperum*, hace *que el producto sea propiedad del campo* (igual a *frugum fertilis,* de la tierra fértil).

La palabra ניר es el campo nuevo (*novale* o *novalis*, a saber, el *ager/agro*), palabra que viene de ניר, *hacer cultivable, fructífero*; apropiadamente levantar, a saber, arrancando y soltando piedras (סקל). Pero ¿por qué este proverbio se refiere solo al nuevo campo pregunta Hitzig? Como si no se pudiera dar una respuesta a esta pregunta, él cambia ניר por ניב (porcentaje) y encuentra en 23a la descripción

*Primera colección: Proverbios salomónicos (Pr 10, 1 – 22, 16)*

de un rentista (propietario grande), un potentado que consume los ingresos de su capital. ¡Pero la referencia al campo nuevo del pobre es mucho más clara que la referencia a los capitales (ראשים) de los ricos, con sus porcentajes (ניב)!

Un campo nuevo está indicando para nosotros una tierra que exige trabajo duro, una tierra perteneciente a un hombre pobre, un campo no muy extenso, del cual se dice aquí que, a pesar de su barbecho recién roto, es capaz de ofrecer un producto rico, en virtud de la bendición divina, pues el proverbio supone la tarea del *ora et labora*. Por su parte, ראשים es igual a רשים, véase en Pr 10, 4. La traducción de Jerónimo, *patrum* (propiamente, cabezas) depende de una falsa tradición judía.

En la antítesis, 23b, uno está tentado de interpretar יש en el sentido de Pr 8, 21 (sustancia, riqueza), como Schultens, *opulentia ipsa raditur quum non est moderamen* (la misma opulencia de aquellos que no son moderados se destruye) y, según Euchel, incluso aquello que es básicamente bueno, pero está mal administrado, se arruina. De todas formas, en todos los casos, las partículas יש y ויש, al comienzo de un proverbio, o de un estico del proverbio, significan *est qui* (hay quien, aquel que). Se trata, sin duda, de una persona rica, como muestra el contraste con נספה, que denota cualquier cosa quitada o recogida.

Este estico tiene, según eso, el mismo significado que en 1Sa 27, 1, *est qui* (el *Florilegio* traduce *quod*, pero el paralelo no lo exige) *abripiatur* (es decir, hay algunos a los que se les quita todo, *cuasi turbina auferatur et perdatur*). Esa palabra (נִסְפָּה) nos recuerda a סופה, torbellino (un tornado), pero en sí misma solo significa un tipo de movimiento fuerte.

La ב de בְּלֹא tiene aquí el mismo sentido que en Gn 19, 15. En otros lugares, בלא משפט significa con injusticia (no-correctamente), Pr 16, 8, Jer 22, 13; Ez 22, 29. Pero aquí no tenemos una ב de mediación, sino de causa inmediata. Mientras que el pobre (trabajador y temeroso de Dios) se nutre ricamente del pedazo de tierra que cultiva, muchos que tienen incomparablemente mucha más riqueza que el pobre descienden, por su injusticia a la miseria, o incluso más abajo, no solo cayendo en pobreza, sino perdiendo su honor, su libertad y la vida misma de su persona.

**13, 24.** *El que detiene su vara aborrece a su hijo, y el que lo ama lo visita temprano con la corrección.* Esta regla pedagógica de Dios, Pr 3, 12, vale también para los hombres, Pr 23, 13, Pr 29, 15. La vara representa aquí el medio de castigo, la patria potestad. Aquel padre que ahorra o evita esa vara, y que lo hace incluso por amor, no tiene verdadero amor por su hijo, pues quien le ama bien le castiga, desde pronto. La traducción de la LXX ἐπιμελῶς παιδεύει (cf. Sir 30, 1, ἐνδελεχήσει μάστιγας) expresa bien el pensamiento de fondo del proverbio, pero no es fiel a su expresión literaria.

Muchos consideran erróneamente que el sufijo de שָׁחֲרוֹ se refiere al objeto que sigue inmediatamente מוּסָר (así piensan de Dieu, Ewald, Bertheau, Zöckler). Hitzig, por el contrario, comenta correctamente que en este caso deberíamos esperar que las palabras, después de Pr 5, 22 (cf. Éx 2, 6) fueran את־המוסר. El mismo Hitzig, sin ninguna necesidad de ello, toma שחר en el sentido del árabe *skhar, compescere,* compensar. Hofmann (*Schriftbew.* ii. 2. 402) tiene razón al decir que שחר está vinculado con un acusativo doble como ocurre en otros lugares, con קדם. El significado es que uno debe anticipar la corrección mucho más que restringirla donde sea necesario.

שחר significa salir temprano para hacer cualquier cosa, según la cual una buena traducción griega sería ὀρθρίζει (Biblia veneciana: ὀρθριεῖ) αὐτῷ παιδείαν; adelantarse para realizar la corrección. En latín *maturat ei castigationem* equivale a *maduro eum castigat* (Florilegio). שחר no denota la madrugada del día (como piensa Rashi, לבבקרים), sino la mañana de la vida (como dice Euchel, בשחר ימיו). "Cuanto más temprana sea la fruta, mayor ha de ser el trabajo para cuidarla". Un padre que verdaderamente desea lo mejor para su hijo, lo mantiene desde el principio bajo estricta disciplina, para darle, mientras aún es capaz de ser influenciado, la dirección correcta, y para no permitir que ningún error arraigue en él. Pero el padre que es indulgente con su hijo cuando debería ser estricto, actúa como si realmente deseara su ruina.

**13, 25.** *El justo tiene para comer hasta saciar su alma (deseo); pero el cuerpo de los impíos debe sufrir miseria.* Jerónimo traduce תחסר libremente por *insaturabilis* (los impíos tienen deseos que nunca logran saciar), pero en ese caso habríamos esperado תחסר תמיד; también en 25a se habría usado עד־שבע, en vez de לְשֹׂבַע. Según eso, aquí, no tenemos ante nosotros ningún elogio de la templanza y la moderación en contraste con la glotonería, sino una declaración sobre la diversidad de fortuna de los justos y los impíos, otra forma de expresar la idea que aparece en Pr 10, 3. Por otra parte, שֹׂבַע es una forma segolada, por lo tanto un infinitivo semejante al שָׂבֵעַ de Pr 3, 10.

Con respecto a בטן, véase *Psichologie* p. 265ss. Es una palabra más noble que el alemán "*bauch*" (vientre), porque no denota el arco externo del cuerpo, sino como κοιλία (el cuerpo interno, de *raíz* בט, *concavus*), aquí como en Pr 18, 20, se refiere al órgano que recibe el alimento y lo cambia en *succum et sanguinem* (jugo y sangre). Que Dios nutre ricamente a los justos y, por el contrario, lleva a los impíos a la miseria es ciertamente una regla con muchas excepciones, pero entendida a la luz del N.T. tiene una profunda verdad sempiterna.

*Primera colección: Proverbios salomónicos (Pr 10, 1 – 22, 16)*

## Proverbios 14

### 14, 1-3. Tres tipos de personas

> חַכְמוֹת נָשִׁים בָּנְתָה בֵיתָהּ וְאִוֶּלֶת בְּיָדֶיהָ תֶהֶרְסֶנּוּ׃ 1
> הוֹלֵךְ בְּיָשְׁרוֹ יְרֵא יְהוָה וּנְלוֹז דְּרָכָיו בּוֹזֵהוּ׃ 2
> בְּפִי־אֱוִיל חֹטֶר גַּאֲוָה וְשִׂפְתֵי חֲכָמִים תִּשְׁמוּרֵם׃ 3

[1] La mujer sabia edifica su casa,

pero la insensata con sus propias manos la destruye.

[2] El que camina en rectitud teme a Jehovah,

pero el de caminos perversos le menosprecia.

[3] En la boca del insensato hay una vara para su espalda,

pero a los sabios los protegen sus labios.

**14, 1.** *La mujer sabia edifica su casa…* Si dijera חכמות נשים, en la línea de Jc 5, 29, cf. Is 19, 11, el significado sería: las sabias mujeres, cada cual edifica su casa. Pero ¿por qué no dice אשה חכמה, como 2Sa 14, 2, cf. Éx 35, 25, en vez de חכמות נשים? La traducción siria, el Targum y Jerónimo escriben *sapiens mulier* (la mujer sabia). Y si se debe hablar de todas las mujeres como clase ¿por qué se aplica y conjuga luego el tema de un modo individual, como indica el verbo בנתה en singular?

La LXX mantiene el plural poniendo ᾠκοδόμησαν. Por otra parte, en el segundo estico ponen אולת (locura) en 1b. ¿No podemos concluir a partir de aquí que se debe emplear también el singular en 1a? Los traductores pasan por alto ese problema, porque traducen אולת como si fuera una persona. Así hacen también el Véneto y Lutero. Por su parte, Kimchi dice que אולת es un adjetivo como עורת, *caeca,* ciega. Pero el uso lingüístico no vincula אויל y אוילי con ningún אול para afirmar que son adjetivos.

Es cierto que no existe una forma femenina de אויל, pero tampoco conocemos casos en los que אולת pudiera presentarse de esa forma. En esa línea, también חכמות debe ser un abstracto. Al comentar Pr 1, 20 hemos mostrado que חכמות, como neutro plural podría tener un sentido abstracto. Pero no conocemos la razón por la que estas palabras puedan presentarse aquí de un modo tan especial. Es muy posible que no conozcamos la forma por la que חַכְמוֹת deba puntuarse como se hace aquí, de manera que debemos tomar como punto de partida el texto de Pr 9, 1, חֲכָמוֹת (especialmente porque este pasaje deriva del nuestro, es decir, de Pr 14, 1).

Fleischer dice, "construir la casa (la familia) es figurativamente equivalente a regular bien los asuntos de una casa, y mantenerlos en buenas condiciones; por el contrario, derribar la casa se entiende lo mismo que en árabe: *'amârat âlbyt y kharab albyt"*. Así, por ejemplo, Burckhardt, *Sprächwörterbuch* núm. 217 dice que

316

*ṣabrt bythâ 'amârat* es una *buena mujer, ein braves Weib*, aquella que tiene paciencia (con su marido), y por eso construye su casa. También en la misma obra (núm. 430 pone *'amârat âlbyt wla kharâbt,* conviene construir la casa, no destruirla); cf. *Las Mil y Una Noches* donde se dice que una mujer que había obligado a su marido a separarse de ella afirma: *âna âlty ‹amalt hadhâ barwḥy wâkhrnt byty bnfsy* (en el sentido de que había venido para construir la casa, no para destruirla).

Burckhardt hace la observación de que *'amârat âlbyt* se refiere a una familia en la que se mantienen las buenas relaciones entre *padre, madre e hijo*s viviendo todos juntos felices y en paz. Cuando existe esta buena relación de la esposa con la casa se afirma que ella es el ama de casa (en el sentido de *Hausehre,* expresión utilizada por Lutero, Sal 68, 13). En esa línea, se dice en el hebreo talmúdico דביתי (igual a *uxor mea*). Aquí reside el gran valor de la esposa, y por eso se le llama עיקר הבית, raíz y fundamento de la casa; véase Buxtorf, *Lex.* col. 301.

Ciertamente, la unión de la casa depende más de la madre que del padre. Una madre sabia, si su marido ha muerto o ha sido negligente con su deber, puede mantener siempre la casa unida; pero si el ama de casa no tiene comprensión ni buena voluntad para su vocación, entonces la mejor voluntad del padre de familia no puede impedir la disolución de la casa. Solo la prudencia y la paciencia encubren y mitigan ese proceso de disolución, cuando la mujer o ama de casa no es sensata. En ese caso, la "locura" del ama de casa se vuelve cada vez mayor, de manera que ella, la mujer, viene a presentarse como una "caricatura" de sí misma, mientras la ruina cae sobre la casa.

**14, 2.** *El que anda en rectitud teme a Yahveh, y el de caminos perversos le desprecia.* Este proverbio pone al principio lo más importante, es decir, los predicados de sus dos frases. Lo que primero muestra que un hombre anda en rectitud ante Dios es el hecho de que se mantiene ante Dios con un gesto de temor y reverencia, cumpliendo ante todo con su deber y haciéndolo a conciencia. Por el contrario, el que camina por sendas corrompidas no sigue más norma de conducta que su propia lujuria, que le va llevando de un lado para otros, según las circunstancias.

La expresión הוֹלֵךְ בְּיָשְׁרוֹ, el que camina según su rectitud (cf. ישר הולך, Mi 2, 7), tiene un sentido semejante al de הולך בתמו, Pr 28, 6 (הולך בתום, el que anda de un modo perfecto, cf. Pr 10, 9) y también es semejante a הולך נכו, Is 57, 2. En contra de eso, la expresión וּנְלוֹז דְּרָכָיו, el que va por caminos perversos, se sitúa en la línea del esquema de 2Re 18, 37, y no en la de 2Sa 15, 32, cf. Ewald, 288c. Por su parte, para precisar el sentido de לוז, *flectere, inclinare* (una palabra muy utilizada en Pr 1-9), cf. Pr 2, 15. Sobre בוזהו, cf. 1Sa 2, 30. El sufijo se refiere sin duda a Dios, porque בוזהו (el que le desprecia) se empareja antitéticamente a ירא ה' (el que teme a Yahvé) :תִּשָׁמוּרֵם.

# Primera colección: Proverbios salomónicos (Pr 10, 1 – 22, 16)

**14, 3.** *En la boca del necio hay una vara de soberbia; pero los labios fieles guardan a los sabios.* El sustantivo חֹטֶר (arameo חוטרא, árabe *khiṭr*), que además de aquí aparece solo en Is 11, 1, significa propiamente *blandir* (de חטר, que equivale al árabe *khatr*, moverse arriba y abajo o de aquí para allá, de donde viene *âlkhṭtâr*, el que blande la lanza) y, de un modo más concreto, "blandir una joven ramita elástica", es decir, un brote esbelto y flexible. Lutero traduce, "los necios hablan tiránicamente", y ofrece una versión más breve de su traducción anterior, diciendo que "en la boca del necio está el cetro del orgullo". Pero, aunque el Targum usa חוטרא del cetro del rey y también del bastón del príncipe, sin embargo aquí, en este contexto de hebreo más coloquial, en vez de חֹטֶר podríamos haber esperado שׁבט, vara o cetro.

Desde la perspectiva de Is 11, 1, la idea más cercana que puede derivarse de esta expresión es que "el orgullo tiene sus raíces en el corazón del necio, creciendo desde allí hasta su boca". Pero, en esa línea, no se explica por qué la representación de este tipo de conducta, desde dentro, desemboca y termina en la palabra חטר (cf. Pr 11, 30). En griego (tanto en la LXX como en otras versiones) la βακτηρία ὕβρεως o vara de orgullo viene a presentarse como vara de corrección del propio orgullo (como decía, por ejemplo, Abulwald y como dicen entre los modernos, Bertheau y Zöckler) o como vara de castigo para los demás (texto sirio, Targum, el bastón de la injuria).

Hitzig está a favor de la primera perspectiva, y cree que hay que traducir "una vara para su espalda". Ciertamente, la vara de la corrección se puede aplicar para castigar el cuerpo y en especial la espalda. Pero, en general, debemos suponer que, si el poeta hubiera querido tomar la palabra חטר como vara de corrección, habría escrito גאותו (para su soberbia). En ese contexto dice con razón Fleischer: "La lengua se compara a menudo con un bastón, una espada, etc., en la medida en que se le atribuyen sus efectos; y así lo muestra en Ap 1, 16, que pasa de la figura a la misma la realidad plástica".

Con esto nos vamos acercando al sentido de la frase. La exaltación propia (de la raíz גא, esforzarse por estar arriba) hasta el engaño de la grandeza es característica del אויל (impío), no del simple כסיל (estúpido, tonto); Hitzig confunde por completo estas dos acepciones. A la exaltación de uno mismo, en la que la mente se encuentra moralmente (por no decir patológicamente) enferma, como Nínive y Babilonia que se consideran superiores a todos, suele unirse el azote del orgullo y la desgracia. Así se puede entender el significado de 3b: los labios de los sabios protegen a aquellos que están expuestos a ese daño (Ewald) o, mejor aún, los labios (los pensamientos, las palabras) de los sabios les protegen de tales ataques.

Así piensa la mayoría de los intérpretes: en la boca de los necios hay una "vara" que les castiga. Por el contrario, los mismos labios de los sabios les defienden. Pero esta relación entre la boca de unos y los labios de otros es mucho más remota que la que hallamos en Pr 12, 6. Por otra parte, no parece claro que se pueda decir

318

que la protección que defiende a los sabios, en contra del daño que les producen las palabras, sean sus propios labios, pues en ese caso más que de una *bewahrung* (custodia) tendríamos que hablar de una *vertheidigung* (defensa estrictamente dicha), o de una *niederduckung* (de una forma de adaptarse a las circunstancias).

Pero tampoco se puede decir que los labios preservan a los sabios de la soberbia de los necios, porque el pensamiento de que la boca de los sabios les protege de los pecados de la boca de otros (necios) carece de significado (cf. en línea contraria, Pr 13, 3). Teniendo eso en cuenta, el texto arameo interpreta el verbo como yusivo: los labios equivalen a las palabras del sabio, y son ellas las que pueden guardarle, protegerle, en casos de riesgo. En esa línea, la traducción de Venecia pone: χείλη δὲ σοφῶν φυλάξεις αὐτά, los labios de los sabios les guardarán. Siguiendo en esa línea, nos parece más probable que el sujeto de 3b sea la misma *hokma* o חכמה contenida en Pr 6, 22. La sabiduría es también el sujeto de תשמר עליך (te guardará), sin que se diga quién lo hace.

Según eso, mientras el orgullo dañino crece hasta la garganta del necio, la sabiduría retiene los labios de los sabios, para que ninguna palabra de orgullo o violencia brote de ellos para herir a los demás. De esa manera se oponen la boca del necio (que golpea y destruye a los demás) y los labios del sabio, que apaciguan, que contienen, que crean y mantienen la paz entre los hombres.

La forma תשמורם es preferible a ישפוטו, Éx 18, 26, y a תעבורי, Rut 2, 8, pues estas últimas son derivaciones oscuras de ישפוטו. Si, de acuerdo con la interpretación habitual, hacemos que שפתי sea el sujeto, la construcción de la frase sigue las normas del hebreo bíblico, cf. Gesenius 146, 2. La LXX traduce esa frase al griego, χείλη δὲ σοφῶν φυλάσσει αὐτούς, los labios de los sabios les protegen. Algunos investigadores piensan que תשמורם es un error de transcripción, en vez de תשמרוּם y entre ellos está Luzzatto, *Grammatik* 776. Hitzig aduce otros ejemplos de transposiciones semejantes de la *waw* (ו) en Jer 2, 25; Jer 26, 12. En contra de eso, no nos convence la transposición que se propone en Jos 2, 4, con ותצפנו en vez ותצפון, porque toma a los labios como sujeto de una acción que nos resulta dudosa.

## 14, 4-9.

*Sobre la verdad y la abundancia, sobre la locura.* Comienza esta pequeña colección con un proverbio sobre la diligencia y el trabajo que llena de bienes el granero, al que siguen otros dos proverbios sobre la verdad y la sabiduría, culminando otros tres (Pr 14, 7-9) que ponen de relieve la locura humana que se expresa en forma de insensatez y rechazo de Dios.

⁴ בְּאֵין אֲלָפִים אֵבוּס בָּר וְרָב־ תְּבוּאוֹת בְּכֹחַ שׁוֹר׃

⁵ עֵד אֱמוּנִים לֹא יְכַזֵּב וְיָפִיחַ כְּזָבִים עֵד שָׁקֶר׃

*Primera colección: Proverbios salomónicos (Pr 10, 1 – 22, 16)*

בַּקֶּשׁ־לֵץ חָכְמָה וָאָיִן וְדַעַת לְנָבוֹן נָקָל:  ⁶

לֵךְ מִנֶּגֶד לְאִישׁ כְּסִיל וּבַל־יָדַעְתָּ שִׂפְתֵי־דָעַת:  ⁷

חָכְמַת עָרוּם הָבִין דַּרְכּוֹ וְאִוֶּלֶת כְּסִילִים מִרְמָה:  ⁸

אֱוִלִים יָלִיץ אָשָׁם וּבֵין יְשָׁרִים רָצוֹן:  ⁹

⁴ Donde no hay bueyes el granero está vacío,
pero por la fuerza del buey hay producción.
⁵ El testigo veraz no miente,
pero el testigo falso respira mentiras.
⁶ El burlador busca la sabiduría y no la halla,
pero al entendido le es fácil su acceso.
⁷Apártate del hombre necio
porque en él no encontrarás los labios del saber.
⁸ La sabiduría del sagaz discierne su camino,
pero la insensatez de los necios es un engaño.
⁹ Los insensatos se mofan de la culpabilidad,
pero entre los rectos hay buena voluntad.

**14, 4.** *Sin bueyes está vacío el pesebre...* Este proverbio ofrece un canto a la cría de ganado, que no aparece solo como conocimiento útil, sino como exigencia de cuidado hacia los animales, poniendo de relieve la recompensa que viene a través del servicio del buey (Pr 12, 10), que Dios ha sometido al hombre para que le ayude en su trabajo, siempre que utilice los medios correctos para ello.

אֲלָפִים (de אלף, aferrarse a) son las reses que se entregan voluntariamente al servicio de los hombres (término poético equivalente a בקרים). Por su parte שׁוֹר (cf. תּוֹר, árabe *thwr*), védico *sthûras*, es el nombre ario-semita del buey del arado. El sustantivo אבוס (igual a אֵבוּס como אטוּן אמוּן) indica el *comedero de forraje*, de אבס, que sirve para alimentar, es decir, el pesebre, de manera que su significado de raíz puede estar relacionado con φάτνη (πάτνη) que se utiliza para designar el receptáculo del grano donde se conserva el forraje, pero también la alimentación del ganado (cf. מֵאֵבוּס, Jer 50, 26, con el significado más amplio de granero). Pero aquí no tenemos razón para apartarnos del sentido normal de la palabra.

Si un labrador no se preocupa por el cuidado y la manutención del ganado que le ayuda en su trabajo, el pesebre está vacío, no tiene nada que amontonar. No necesita forraje, pero tampoco logra ninguna cosecha. בַּר es limpio (sinónimo de נָקִי, cf. Pr 11, 26), y corresponde al alemán *baar* (desnudo) igual a *bloss* (sin nada). Su derivación es oscura. La oposición de 14, 4b viene marcada por la partícula בְּ, en בְּכֹחַ שׁוֹר, por la que se alude a la fuerza del buey que arrastra el arado con el que se prepara la tierra para que produzca gran riqueza de grano recogido en el granero (תְּבוּאוֹת, de בּוֹא, recoger, pudiendo referirse a cualquier cosa recogida).

La partícula רב־ (multitud) tiene un sentido inverso de בר (que es carencia, nada). Resulta sorprendente, aunque puede ser accidental, la frecuencia con la que aparecen la de א y ב en Pr 14, 4. Este fenómeno continúa en Pr 14, 5-6, donde el recopilador ha colocado dos proverbios, el primero de los cuales comienza con א y el segundo con ב.

**14, 5-6.** *El testigo fiel no mentirá, pero el testigo falso proferirá mentiras…* Sorprendente, aunque también accidental, ha sido la frecuencia con que se utilizan א y ב en Pr 14, 4. Esto continúa en Pr 14, 5, que comienza con una palabra con א (אֱמוּנִים) y en Pr 14, 6 que empieza con una palabra con ב (בְּקֵּשׁ־). La correcta vocalización y secuencia de los acentos de 14, 6 es בְּקֵּשׁ־לֵץ חָכְמָה: la ק va con *tsere* y *mahpach*; חכמה va con *munach*, porque la siguiente palabra no tiene dos sílabas antes del tono. En 5a el sujeto es עד אמונים, en 5b es עד שקר. Diferente es la relación de sujeto y predicado en la segunda línea de los proverbios paralelos (cf. Pr 14, 25; Pr 19, 5. Sobre 5a, cf. ציר אמונים, Pr 13, 17). Con respecto a יפיח (el que exhala), véase Pr 6, 19; Pr 12, 17.

En 14, 6 el argumento general se concretiza, en forma de historia. Con respecto a ואין, *necquidquam*, véase Pr 13, 4. El hombre frívolo, para quien la verdad no es un asunto de conciencia, y que no reconoce ninguna autoridad, ni siquiera la de Dios, nunca llega a la verdad a pesar de toda su búsqueda, pues ella permanece para él velada y lejana; pero para el hombre de entendimiento, que sabe que el temor y no el alejamiento de Dios conduce a la verdad, el conocimiento es un asunto fácil. El hombre de entendimiento tiene la capacidad correcta de escuchar, es decir, la buena receptividad, el ojo claro, de forma que se cumple en él el dicho: "Al que tiene, se le da".

**14, 7.** *Apártate de la presencia del necio, ciertamente tú no has conocido los labios del conocimiento.* Aquí comienzan tres proverbios sobre los necios, de quienes se habla de forma personal, como diciendo: *seguramente no has traído labios que expresan conocimiento experimental, y debes confesar, reflexionando, que de su (tu) boca no ha salido, ninguna palabra prudente.*

Si 7b quisiera destacar la imposibilidad de conocer, la expresión debía haber dicho: וּבַל־תֵּדַע o כִּי בַל־תֵּדַע (Is 44, 9) y, en esa línea, Áquila y Teodocion traducen: καὶ οὐ μὴ γνῷς (y no conoces). La palabra נגד nos mantiene en esa línea de visión o conocimiento. Por el contrario, מנגד nos sitúa lejos de la esfera de visión, pero sin abandonarla totalmente.

Así, también aquí, la frase quiere decir: *aléjate de la cercanía o visión* (visus) del necio, si tienes algo que ver con él, compórtate como si no le hubieras conocido, pues en la presencia del necio no hay conocimiento. La partícula בל (וּבַל־יָדַעְתָּ, no has conocido), con verbo en pretérito, como por ejemplo, en Is 33, 23, está

# Primera colección: Proverbios salomónicos (Pr 10, 1 – 22, 16)

indicando una negación enfática. Nolde y otros, también Fleischer, interpretan 7b como partícula de negativo, *et in quo non cognoveris labia scientiae* (pues no has conocido los labios del conocimiento).

Si la expresión usada fuera וּבַל־יָדַע, ella podría explicarse a la luz de Pr 9, 13, porque amplía la idea del hombre insensato, y del que no sabe decir absolutamente nada que sea prudente. Pero en וּבַל־יָדַעְתָּ la cláusula relativa esperada debería indicarse con el agregado בּוֹ, *y de aquel en quien…* Además, en este caso וְלֹא (véase Sal 35, 15) debería estar más cerca que וּבַל. La LXX ha modificado este proverbio y, sin embargo, no han conseguido ganar nada correcto con el cambio. En esa línea de la LXX sigue no solo el texto siríaco, sino también Hitzig, cuando traducen: "El hombre necio no entiende nada, pero los labios de un hombre que conoce son un receptáculo de sabiduría" (וּכְלֵי דַעַת).

**14, 8.** *La sabiduría del prudente consiste en observar el camino…* La idea central es la del autoengaño, según la cual la LXX, Syr. y Jerónimo traducen la palabra מִרְמָה como *error* (en alemán *irrsal*). Así se marca el contraste entre el sabio y el necio. El necio no entiende nada (no sabe lo que tiene delante). Por el contrario, el sabio y prudente sabe todo lo que tiene delante y piensa con inteligencia (הָבִין como en Pr 7, 7; cf. Sal 5, 2), es decir, regula su conducta cuidadosamente, examinando y considerando todo (Pr 13, 16) según el derecho y el deber.

Por el contrario, la locura de los necios se muestra en que tienden al engaño malévolo de su prójimo, y prueban toda clase de caminos secretos para lograr su fin, engañando a los demás y engañándose a sí mismos. El primer tipo de conducta es sabiduría, porque del bien solo procede el bien; el segundo es insensatez o locura, porque el engaño, por mucho que se deslice en la oscuridad, al fin sale a la luz y descarga sus efectos destructivos sobre aquel de quien procede.

**14, 9.** *La ofrenda (sacrificio) de los necios es burla; pero entre los hombres rectos hay buen entendimiento.* No podemos dar aquí al *hifil*, הֵלִיץ un significado que no tiene en ninguna otra parte, como *disculpar* (Kimchi), o *llegar a un acuerdo* por medio del diálogo (Schultens). Tampoco podemos hacer de אֱוִילִים el sujeto (Targum, Símaco, Jerónimo, Lutero: "los necios se divierten con el pecado"), porque אֱוִילִים es equivalente a כָּל אֶחָד מִן הָאֱוִילִים (todo aquel que está con los אֱוִילִים: Emanuel, Meri y otros). Para que אֱוִילִים fuera sujeto, el texto tendría que poner מֵלִיץ en vez de יָלִיץ (véase Pr 3, 35), y יָלִיץ no debería seguir inmediatamente a אֱוִלִים (véase Pr 28, 1).

Aquila y Teodocion interpretan correctamente la relación de las partes componentes de la oración, ἄφρονας χλευάζει πλημμέλια (los necios se ríen de los pecados). Esta traducción de אָשָׁם sería correcta si tomamos πλημμέλεια en el sentido de θυσία περὶ πλημμελείας (sacrificio por los pecados: Sir 7, 31), sentido en el que lo utiliza el judaísmo helenista (véase Schleusner, *Lex*).

La interpretación de אָשָׁם como ofrenda nos sitúa ante una expiación, ante un tipo de ofrenda penitencial, que ha de entenderse desde la perspectiva predominante de "sanción comunitaria", una *satisfactio* en un sentido eclesiástico-disciplinario. En esa línea, el perdón de los pecados está condicionado por dos cosas:

1) Que el pecador repare abundantemente su falta mediante la restitución del daño infligido a otro o que, de alguna otra manera, sufra el castigo temporal que ha merecido por su pecado.

2) Que voluntariamente presente sacrificios de carneros u ovejas, cuyo valor será determinado por el sacerdote en relación con la ofensa (mediante una escala de precios, de 2 siclos en adelante). La Torá determina con precisión las ofensas que deben ser expiadas. Aquí, con referencia a 9b, aparece particularmente la ofensa contra la propiedad (Lv 5, 20ss.) y contra el honor femenino (Lv 19, 20-22).

Los necios caen de una ofensa en otra, sin satisfacer las ofensas que ellos deben expiar mediante ofrendas expiatorias. Pues bien, este pasaje afirma que la ofrenda sacrificial (אָשָׁם, *asham*) se burla de ellos (הלי״ץ con acusativo de objeto, como en Pr 19, 28; Sal 119, 51), por el daño que han causado, y por los esfuerzos con los que deben reparar los efectos de su frivolidad (maldad) y su locura. Por el contrario, entre los hombres de carácter recto (יְשָׁרִים), prevalece la רָצוֹן, una relación de favor mutuo, que no permite que uno tenga que dar al otro una indemnización, con *asham* (אשם es la ofrenda por la culpa), según la ley ceremonial del templo. Símaco traduce correctamente, καὶ ἀνάμεσον εὐθέων εὐδοκία.

Por su parte, la LXX confunde también este proverbio, y en esa línea les sigue Hitzig, con Syr., traduciendo: *las tiendas de los necios son derribadas* y caen, *verfällen*, por castigo. Al contrario, la casa de los rectos es agradable, *wolgefallen*. ¿No es esta traducción extravagante a pesar de la rima? El hecho de poner אהלי (tiendas) en lugar de אוילים (necios) y la forma de confundir בית (casa) con de בין no son más que puras imaginaciones, sin sentido ni gusto.

## 14, 10-13. Cuatro proverbios de alegría y tristeza, en presente y futuro

לֵב יוֹדֵעַ מָרַּת נַפְשׁוֹ וּבְשִׂמְחָתוֹ לֹא־ יִתְעָרַב זָר׃ [10]

בֵּית רְשָׁעִים יִשָּׁמֵד וְאֹהֶל יְשָׁרִים יַפְרִיחַ׃ [11]

יֵשׁ דֶּרֶךְ יָשָׁר לִפְנֵי־ אִישׁ וְאַחֲרִיתָהּ דַּרְכֵי־ מָוֶת׃ [12]

גַּם־ בִּשְׂחֹוק יִכְאַב־ לֵב וְאַחֲרִיתָהּ שִׂמְחָה תוּגָה׃ [13]

[10] El corazón conoce la amargura de su alma,
y el extraño no se entremeterá en su alegría.

## Primera colección: Proverbios salomónicos (Pr 10, 1 – 22, 16)

[11] La casa de los impíos será desolada,
pero la morada de los rectos florecerá.
[12] Hay un camino que al hombre le parece derecho,
pero que al final es camino de muerte.
[13] Aun en la risa tendrá dolor el corazón,
y el final de la alegría es tristeza.

**14, 10.** *El corazón conoce la angustia de su alma…* La acentuación de לֵב יוֹדֵעַ parece indicar que יודע es un adjetivo (Löwenstein: un corazón que conoce o siente), en la línea de 1Re 3, 9, o un genitivo (la angustia de un corazón que siente). Pero el códice 1294, con el de Yemen y otros, lo mismo que las ediciones de Jablonsky y Michaelis, tienen לֵב con *rebia*, indicando así que esa palabra debe tomarse como sujeto (cf. acentuación de Pr 15, 5 en 16a). Por su parte, מָרַת tiene la ר con *dagesh* y, en consecuencia, va con un *kametz* corto (*Michlol* 63b), como שָׁרֵּךְ en Pr 3, 8, cf. כרתה, Jc 6, 28. Por el contrario כרת, Ez 16, 4, es el femenino de *mōr* con el mismo sentido de *morr*, מרר, *adstringere, amarum esse* (ser amargo, amargar). Sobre לב en contraposición a נפש, véase *Psychologie*. p. 251. "Todo lo que se vincula con νοῦς, λόγος, συνείδησις, θυμός, en la cultura griega o helenista está incluido en καρδία, y todo lo que afecta a בשר y נפש en una línea de conocimiento se expresa con la palabra en לב".

La primera mitad del proverbio es clara: el corazón, y solo el corazón (es decir, el hombre tomado desde la raíz de su individualidad), sabe lo que amarga a su alma, es decir, lo que le turba en el ámbito de su vida natural, dentro del mundo, en el círculo de vida más cercano que le rodea. En ese sentido, el corazón es el centro de unas experiencias de vida que son de una naturaleza demasiado compleja, de forma que no pueden exponerse ante los demás de un modo total, con todo detalle.

En ese sentido, solemos decir que nuestra naturaleza (nuestro corazón) es tan delicado que nos asustamos de exponer a los demás lo que sentimos. Eso significa que debemos mantenernos silenciosos ante nuestro propio corazón, porque ningún hombre está tan cerca de nosotros, ni ha ganado tan plenamente nuestra confianza, que tengamos el deseo y el valor de abrirle nuestro corazón en toda su hondura.

En esa línea se sitúa otro dicho semejante: "Cada uno sabe dónde le aprieta el zapato" (1Re 8, 38), cada uno conoce dónde le duele la vida. Pero este proverbio, 14, 10ª, muestra un conocimiento psicológico más hondo y más profundo, porque le atribuye al corazón el conocimiento de lo que aflige al alma. El corazón es lo más íntimo de la vida anímico-corporal del ser humano, de manera que en él se refleja y materializa (se encarna) la vida más honda de los hombres. El corazón es la conciencia profunda de la vida humana, y en esa conciencia se refleja y contiene la vida del hombre, sin que pueda expresarse totalmente de manera plena a nadie.

Pero no podemos interpretar la expresión לֹא־יִתְעָרַב זָר (y ningún extraño puede penetrar en el corazón) de un modo absoluto, pues, en ese caso (aunque en ese caso se esperaría la partícula negativa אל en lugar de לֹא) esas palabras irían, aunque fuera de forma involuntaria, en contra de la exhortación de Ro 12, 15, "Regocijaos con los que se regocijan". Irían también en contra del dicho: "La alegría compartida es doble alegría, la tristeza repartida es media tristeza". Por otra parte, ese mandato de dejar al hombre solo con su alegría, en lugar de rogarle que la distribuya, no responde al paralelo del primer estico (14, 10a). Eso significa, por un lado, que la hondura del corazón del hombre es impenetrable. Pero, al mismo tiempo, se debe añadir que es bueno compartir las alegrías del corazón.

Según eso, debemos interpretar el futuro en sentido potencial (potencialis): así como hay en el hombre un dolor de alma cuya experiencia solo se puede entender desde el propio corazón, así hay también una alegría del alma del otro (véase con respecto a זר, *Psichologie* 135 y, particularmente, Job 19, 27) que no se puede compartir del todo con nadie (התערב ב como en Sal 106, 35). Nadie puede compartir plenamente esa experiencia personal de dolor o de alegría. El sentimiento espiritual más hondo de bendición o amor (benevolencia) tiene una naturaleza puramente personal, y no puede ser participado por nadie (cf. sobre ἔκρυψε, de enterrar el tesoro, cf. Mt 13, 44). Se trata de un sentimiento que no puede comunicarse plenamente a nadie, pero que, de algún modo, debe ser comunicado.

Elster ha comentado bien: "Según esto, los sentimientos más íntimos de un hombre no se comunican nunca completamente a otros, nunca se comparten perfectamente con los sentimientos de otros hombres; ni pueden ser entendidos del todo por otros. De esta manera se expresa el valor y el significado de cada personalidad humana, separada de las otras. Ninguna persona es una simple repetición de la especie humana, pues cada una tiene su propia peculiaridad, que no se identifica con la de otra persona".

En esa línea, este proverbio pone de relieve la imposibilidad de una comunión perfecta entre los hombres, porque uno nunca comprende del todo al otro. Con ello se indica que ninguna comunión interhumana puede dar verdadera salvación, sino solo la comunión con Dios, cuyo amor y sabiduría son capaces de brillar a través del santuario más secreto de la personalidad humana. Así lo indica también Dächsel (que interpreta 10b en forma de reflexión general): "Cada hombre es un pequeño mundo en sí mismo, que solo Dios ve y comprende plenamente. La más dolorosa de todas las experiencias, la más íntima de todas las alegrías, la poseemos completamente solos, sin nadie que pueda compartirla plenamente con nosotros".

*Primera colección: Proverbios salomónicos (Pr 10, 1 – 22, 16)*

**14, 11.** *La casa del impío es trastornada; pero la tienda de los rectos florece.* El segundo estico del proverbio paralelo 12, 7, comienza con וּבית, de una manera paradójica: (a) la casa aparentemente bien fundada se asigna a los impíos; (b) por el contrario, la tienda, que parece destruirse más fácilmente y que no se instala o extiende para que dure por siempre (no tiene fundamentos firmes), se asigna a los justos.

Pues bien, la continuación del proverbio invierte ese punto de partida: (a) la casa sólida de los impíos se destruye y queda derribada sin dejar rastro (Is 14, 23); (b) por el contrario, la tienda de los justos, que parece muy frágil, tiene flores y brotes de vida (con הפריח como interiormente transitivo, cf. Job 14, 9; Sal 92, 14). La tienda de los justos permanece así, y no solo se conserva en el mismo estado, sino que de una forma próspera y feliz se expande hacia adelante y hacia arriba.

**14, 12.** *Hay camino que a uno le parece derecho, pero su fin se vuelve destrucción y muerte.* Esto se repite literalmente en Pr 16, 25. Este proverbio afirma que a veces la rectitud está presente solo como un fantasma, pues surge enteramente de un terrible autoengaño. En ese caso, el hombre juzga falsamente y se extravía cuando, sin tener en cuenta a Dios y su palabra, mantiene solo sus propias opiniones.

Este es el camino del alejamiento de Dios, de la seguridad carnal; este es el camino del vicio, en que el ciego piensa que puede caminar, para cumplir sus propósitos. Pero el final de este camino (אחריתה con neutro femenino, aquello en lo que desemboca) se convierte en muerte. Quien así se engaña a sí mismo por lo que se refiere al curso de la vida, llega un momento en el que descubre que no tiene más camino que aquel que conduce a la muerte. El autoengaño que lleva a la destrucción puede acabar de muchas maneras: unos pueden morir condenados por la sentencia de otros, y otros porque se suicidan; unos por una enfermedad repugnante, otros por un lento derrumbamiento, entre remordimientos de conciencia, otros por el dolor de una vida deshonrada.

**14, 13.** *Aun en medio de la risa el corazón experimenta tristeza; y el final de la alegría es la tristeza.* Todo corazón humano lleva dentro de sí el sentimiento de inquietud, de estar separado de su verdadero hogar, el sentimiento de la nada, de la transitoriedad de todo lo terrenal y, además de eso, hay muchos dolores secretos que brotan de la propia vida corporal y espiritual, y de su relación con los demás hombres. Este tipo de dolor forma parte de la suerte del corazón humano desde la infancia; este dolor se vuelve cada vez más fuerte, y se diversifica en el curso de la vida, haciéndose perceptible incluso en medio de las alegrías, de manera que no puede ser suprimido o expulsado totalmente del alma. Este dolor vuelve siempre con más intensidad cuanto más violentamente lo hayamos tenido por un tiempo reprimido y hundido en la inconsciencia.

Euchel cita en este contexto las palabras de un poeta que muestran que el mensaje de Pr 14, 13a es literalmente cierto: "No, el hombre no está hecho para la alegría: ¿por qué lloran sus ojos cuando el corazón se ríe? ", *Nein, der Mensch ist zur Freude nicht gemacht, Darum weint sein Aug' wenn er herzlich lacht* (canto popular alemán). Dado que el dolor es la condición fundamental de la humanidad, y dado que forma el trasfondo de la risa, se sigue en 14, 13b, que en general no es bueno que el hombre se entregue del todo a un tipo de alegría sensual (mundana), porque en ese plano de pura humanidad el final (el resultado) de la alegría es tristeza.

Lo mismo sucede con el fin último del hombre, pues según la bienaventuranza de Jesús μακάριοι οἱ κλαίοντες νῦν ὅτι γελάσετε (bienaventurados los que ahora lloráis, porque reiréis), la risa se vuelve al final llanto y el llanto se convierte en risa. La corrección del texto que propone Hitzig poniendo אחרית השׂמחה en lugar de וְשִׂמְחָה אַחֲרִיתָהּ va en contra del estilo de los *mishle* o proverbios y elimina una forma de expresión de la *syntaxis ornata* (adornada) de la poesía hebrea que aquí, como en Is 17, 6, se podría evitar fácilmente, pero que está justificada por una multitud de ejemplos, como el de Pr 13, 4 (también Pr 5, 22).[11]

En el antiguo hebreo esta forma de aplicar el estado constructo pertenece a las elegancias del lenguaje, apareciendo como precursor del hebreo postbíblico vulgar, que se utiliza en expresiones como אחרייה שׂל־שׂמחה. En esa línea, el hebreo puede mantener un genitivo como palabra principal en la que intervienen diversas partes de la oración, como se muestra, por ejemplo, en Is 48, 9; Is 49, 7; Is 61, 7.[12]

## 14, 14-19.

Siguen aquí una serie de proverbios que tratan de los malvados y los buenos y de la relación entre los necios y los sabios.

---

11. Véase en este contexto el trabajo de Philippi sobre el *Status Constructus*, p. 14ss., que toma la segunda palabra, que es aquí שׂמחה (cf. וְאַחֲרִיתָהּ שִׂמְחָה) en la línea del árabe, como acusativo. De todas formas, en casos como שׂנאי שׂקר (aunque no en Esd 2, 62), la segunda palabra del *estado constructo* puede tomarse como acusativo, aún en el caso en que los paralelos árabes no lo exijan. Sobre los casos en los que aparece un genitivo anterior o un pronombre de tercera persona, con acusativo, cf. Samachschar, *Mufassal*, p. 94ss., donde pone ejemplos como *raeituhu Zeidan*, he visto el Zeid; *marartu bihi Zeidin*, he pasado con él, con el Zeid; *saraftu wugûhahâ awwalihâ*, en el vuelo golpeé sus cabezas… Sobre esta anticipación de la idea definida por un indefinido, con explicaciones sobre el tema, cf. Fleischer, *Makkar, Additions et Corrections*, p. xl y Dieterici, *Mutanabbi*, p. 341, l. 13.

12. Ejemplos como estos pueden encontrarse también en árabe, por lo que se refiere a la omisión del *mudâf*, que se suple a través de la presencia de un genitivo anterior, cf. Samachschar, *Mufassal*, p. 34, l. 8- 13. Quizás la expresión לחמך, Abd 1, 7, que significa *de tu pan* tiene el mismo sentido que *los (hombres) de tu pan*, y puede tomarse como un ejemplo de este tipo de expresión lingüística.

*Primera colección: Proverbios salomónicos (Pr 10, 1 – 22, 16)*

מִדְּרָכָיו יִשְׂבַּע סוּג לֵב וּמֵעָלָיו אִישׁ טוֹב׃ ¹⁴
פֶּתִי יַאֲמִין לְכָל־דָּבָר וְעָרוּם יָבִין לַאֲשֻׁרוֹ׃ ¹⁵
חָכָם יָרֵא וְסָר מֵרָע וּכְסִיל מִתְעַבֵּר וּבוֹטֵחַ׃ ¹⁶
קְצַר־אַפַּיִם יַעֲשֶׂה אִוֶּלֶת וְאִישׁ מְזִמּוֹת יִשָּׂנֵא׃ ¹⁷
נָחֲלוּ פְתָאיִם אִוֶּלֶת וַעֲרוּמִים יַכְתִּרוּ דָעַת׃ ¹⁸
שַׁחוּ רָעִים לִפְנֵי טוֹבִים וּרְשָׁעִים עַל־שַׁעֲרֵי צַדִּיק׃ ¹⁹

¹⁴ El descarriado de corazón se hartará de sus caminos,
pero el hombre de bien estará satisfecho con el suyo.
¹⁵ El ingenuo todo lo cree,
pero el sagaz considera sus pasos.
¹⁶ El sabio teme y se aparta del mal,
pero el necio es entrometido y confiado.
¹⁷ El que es irascible hará locuras,
y el hombre malicioso será aborrecido.
¹⁸ Los ingenuos heredarán insensatez,
pero los sagaces se coronarán de conocimiento.
¹⁹ Los malos se postrarán ante los buenos,
y los impíos ante las puertas del justo.

**14, 14.** *El perverso de corazón se sacia de sus propios caminos; y un buen hombre se sacia de sí mismo.* Determinemos primero la identidad del sujeto: el סוּג לֵב (uno que se aparta de su corazón, que es perverso de corazón: τῆς καρδίας o τὴν καρδίαν), es alguien cuyo corazón está pervertido. Ese es el sentido de נסוג, uno que está apartado de Dios, Sal 44, 19. El libro de los Proverbios contiene solo otro nombre derivado de esa raíz, con el sentido de la escoria (*recedanea*, lo que se retira). El término סוּג, separado, apartado, es una forma pasiva como סוּר Is 49, 21, שׁוּב Mi 2, 8, etc. (cf. Olshausen 245a).

Por su parte, אִישׁ טוֹב, cf. Pr 12, 2; Pr 13, 22, es un hombre cuya manera de pensar y de actuar tiene como impulso y motivo el amor abnegado, un hombre que no es egoísta, que no se centra en sí mismo. Cuando se dice, en cambio, que un hombre que se aparta de Dios con el corazón está satisfecho con sus propios caminos no se está diciendo que esos caminos le traen paz o satisfacciones (Löwenstein), sino al contrario, como en Pr 1, 31; Pr 18, 20, que esta forma de actuar le ofrece una recompensa negativa, un castigo que deriva de su extravío respecto de Dios.

Por el contrario, 14, 1b y 14b alude a la recompensa que el hombre bueno recibe por sus obras. Por lo tanto (en la línea de Pr 4, 15, cf. Nm 16, 26; 2Sa 19, 10), no podemos decir simplemente que el hombre bueno se aparta del malvado, se separa de él (como suponen Jerónimo y el traductor véneto, siguiendo en la línea de Ec 5, 7), sino que recibe una recompensa diferente.

La מן de מעליו debe ser paralela a la de מדרכיו. En esa línea, la LXX traduce, ἀπὸ δὲ τῶν διανοημάτων αὐτοῦ (se sacia de sus pensamientos) y lo mismo el texto sirio: se sacia del fruto (religiosidad) de su alma. El Targum supone que se sacia de su fruto. Pero Buxtorf, en contra de Cappellus, ya ha percibido que, de esta forma, 14b no ofrece una frase o idea nueva, sino que es solo una explicación de מעליו en el sentido de *ex eo quod penes se est* (se sacia de aquello que yace en el fundamento de sí mismo).

Ciertamente, en la línea de Pr 7, 14, podríamos decir que el hombre bueno se sacia de aquello que él percibe como su obligación (como su deber); no se sacia de sus obras egoístas (de sus propios caminos), como el necio, sino de su propia bondad. El hombre bueno no se sacia de sus pensamientos ni de sus obras en sentido externo (del producto de sus acciones), sino que está satisfecho de lo que es, es decir, vive contento de sí mismo. No busca una recompensa por lo que hace, no necesita recibir una satisfacción por lo que consigue externamente, no se sitúa en un plano que pudiéramos llamar de "recompensas", ni siquiera conforme al principio fundamental que dice: ὃ ἐὰν σπείρῃ ἄνθρωπος τοῦτο καὶ θερίσει (el hombre recolecta aquello que siembra).

El hombre bueno no encuentra su satisfacción ni por lo que siembra ni por lo que siega o recoge, sino solo por sí mismo, por lo que él es, por lo que hace en el sentido profundo del término. Está contento de su propio ser. Conforme a este versículo, el hombre no se sacia por los frutos que produce, ni por los pensamientos que tiene (por su sabiduría), sino solo por lo que es.

En la línea de estas consideraciones podemos añadir que, aunque puede ser interpretada en la línea que voy indicando (o en otra semejante), al misma palabra וּמֵעָלָיו puede ser un error de transcripción, que debe corregirse. Pero la corrección no sería וּמֵעָלָיו (Elster) ni וּמֵעֲלָלָיו (Cappellus), pues עלים y עללים son palabras que no existen. La corrección no es tampoco וּמִפְעָלָיו (Bertheau) ni וּמִגְמָלָיו (Ewald), sino וּמִמַּעֲלָלָיו en el sentido de que "el hombre bueno está satisfecho de sí mismo" (de lo que es, de su forma de actuar).

A lo largo de casi todo el A.T., desde Jc 2, 19 hasta Zac 1, 18, דרכים y מעללים son palabras intercambiables, como muestran sobre todo los textos de Jer 17, 10 e Is 3, 10, cuando dicen אמרו צדיק כי־טוב כי־פרי מעלליהם יאכ. Estas palabras suenan casi como una paráfrasis profética de la segunda línea del proverbio, que además por esta enmienda gana un sonido más rítmico y una dirección de pensamiento más adecuada.

**14, 15.** *El hombre simple cree toda palabra; mas el prudente presta atención a su paso.* No traducimos "todas las cosas", porque "palabra" y cosa son correlatos, cf. Sal 106, 24. Desde ese fondo, se distinguen dos tipos de personas: (a) por un lado, el פתי es aquel que no tiene raíces propias, que no se funda en sí mismo, sino que se

*Primera colección: Proverbios salomónicos (Pr 10, 1 – 22, 16)*

deja persuadir fácilmente por las palabras de otro, de forma que cree todo lo que le dicen sin probar lo que hay al fondo de ello, si es bien intencionado, si es verdadero, si es saludable y útil, pues no tiene ningún principio firme, ningún juicio propio, sino que es llevado de aquí para allí, según la opinión de los otros; (b) el prudente, en cambio, considera y presta atención a sus pasos, para no avanzar en falso o extraviarse: prueba su camino (8a), no da ningún paso sin pensamiento y consideración (בין o הבין con ל: considera o reflexiona sobre las cosas, cf. Sal 73, 17; Sal 33, 15). El hombre prudente da pasos firmes con sus pies (Heb 12, 13), sin dejarse vacilar y mecer por todo viento de doctrina (Ef 4, 14).

**14, 16.** *El sabio teme y se aparta del mal; pero el necio pierde el juicio y es indiferente.* Nuestras ediciones tienen ירא con *munach*, como si חכם ירא fuera un sustantivo con su adjetivo; pero el Códice 1294 pone חכם con *rebia*, y así debe ser. La palabra חכם es el sujeto, y lo que sigue es su predicado. La mayoría de los intérpretes traducen 16b, *el tonto está demasiado confiado* (Zöckler), o *el tonto se apresura* (Hitzig y también Lutero), como si se precipita y actuara de manera atrevida y presuntuosa. En esa línea, התעבר (מִתְעַבָּר) denota en todas partes caer en una ira extrema, alborotarse sin medida, Pr 26, 17 (cf. Pr 20, 2; Dt 3, 26, etc.).

De esa manera, 16a y 16b forman un contraste completo. Lo que se diga de los sabios ha de entenderse en la línea de Job 1, 1 (donde se dice que Job era bueno y se apartaba del mal; cf. Sal 34, 15; Sal 37, 27). El sabio tiene temor, es decir, temor de Dios o, quizá mejor (ya que no se debe suplir demasiado rápidamente el nombre de Dios, האלהים) el sabio actúa siempre de un modo cuidadoso, reflexivo, con aquella sana desconfianza de sí mismo que fluye del temor reverencial de Dios.

El necio, por el contrario, no puede ni dominar ni refrenar sus afectos, y sin justa ocasión cae en una excitación apasionada. Por una parte, se deja arrebatar por la pasión. Pero, por otra parte, tiene confianza en sí mismo, actúa de manera independiente, con una seguridad arrogante. En contra de eso, el sabio evita el mal, es decir, se aparta cuidadosamente del camino del mal, de manera que en el N.T. se dice que "se ocupa de su propia salvación con temor y temblor". Este verso puede tomarse como un proverbio explicativo, poniendo de relieve el contraste entre sabios y necios, conforme al *usus loquendi,* al modo de hablar general y, en particular, al estilo de los *meshalim* o proverbios.

**14, 17.** *El que es rápido para la ira hace locuras, y un hombre de intrigas es odiado.* Ewald no encuentra en este proverbio un contraste adecuado. Entiende איש מזמה en un buen sentido y, en consecuencia, corrige el texto, poniendo ישׂוא en vez de ישׂנא y así traduce: *pero el hombre de consideración soporta* (es decir, mantiene bien fundada su alma). Pero en contra de eso, debemos indicar que איש מזמה no debe entenderse necesariamente de un modo positivo, ya que מזמה se usa igual que

מזמות, unas veces en buen sentido, y otras en malo. No debemos sustituir ninguna palabra, ya que el proverbio, tal como aparece en el texto masorético, está escrito en un buen hebreo, y solo necesita ser entendido correctamente para que nada de su sentido se pierda.

El contraste entre los dos esticos, tal como Ewald quiere descubrirlo aquí (y como quiere también Hitzig), aparece también en Pr 14, 29, donde el μακρόθυμος se sitúa frente al ὀξύθυμος (que se relaciona con אף o אפים refiriéndose a la respiración de un hombre airado, que lo hace por la nariz (así lo pone de relieve también Teócrito, i.18, cuando vincula la ira con la excitación nasal: καὶ οἱ ἀεὶ δριμεῖα χολὰ ποτὶ ῥινὶ κάθηται). Pues bien, aquí tenemos un contraste diferente, no entre un hombre bondadoso y uno que está airado, sino entre un hombre que se enoja rápidamente (y que de repente expresa su ira y disgusto) y un hombre de intriga callada, que trama venganza secreta contra aquellos con quienes está enojado.

Ese tipo de hombre engañoso, que trama el mal con calculada previsión y lo ejecuta a sangre fría (cf. Sal 37, 7), es odiado. Por el contrario, el hombre ruidoso que al explotar de ira suele lanzarse a realizar acciones desconsideradas y locas no es odiado básicamente por eso; pero en general, ese tipo de hombre rápido a la ira se hace daño y se deshonra a sí mismo, de manera que se convierte en objeto de compasión, siendo además ridiculizado. Finalmente, cuando se tranquiliza suele ver con terror el mal que ha hecho, convirtiéndose en objeto de compasión.[13]

**14, 18.** *Los simples heredan locura, pero los prudentes se coronan con conocimiento.* Como palabra paralela a נָחֲלוּ (heredar), יַכְתִּרוּ tiene también el sentido del árabe *âkthar*, *multiplicare*, *abundare* (del árabe *kathura*,[14] ser mucho, quizás, contener mucho, ser abarcador); pero esa palabra árabe no tiene equivalente en hebreo. Por otro lado, el significado del arameo כתר resulta inapropiado, pues significa esperar, propiamente rodear, estar a la expectativa ante cualquiera (cf. manere aliquem o aliquod), según lo cual Aquila traduce ἀναμενοῦσιν y Jerónimo, *expectabunt*. Tampoco הכתיר, abarcar en el sentido de abrazar (LXX, κρατήσουσιν) ofrece el sentido adecuado, ya que en relación con נחלו uno espera una idea que vaya más allá de heredar.

---

13. Teodocion traduce correctamente y pone ἀνὴρ δὲ διαβουλιῶν μισηθήσεται (el hombre que hace locuras será odiado) y lo mismo Jerónimo que pone: *vir versutus odiosus est.* Por el contrario, el traductor de Venecia interpreta de un modo equivocado poniendo: ἀνὴρ βδελυγμῶν (hombre abominable), porque este significado tiene solo זמה, y en singular). Por su parte, la LXX, Syr., Targum y Symmachus entienden incorrectamente איש מזמות (hombre de intrigas) en sentido positivo.

14. Según la regla normal, el hebreo שׁ se convierte en árabe en t, y en arameo en ת; pero *kthar* podría venir de *ktar*, un verbo antiguo que rara vez se utiliza, que tiene el significado de rodear (un muro) y de redondear (un manojo).

Ciertamente, podríamos tomar esa palabra en *hifil*, de manera que, en contraposición a נחל, heredar, indicaría la búsqueda y cumplimiento de un deseo que brota espontáneamente. Pero resulta mucho más preciso el sentido de la contraposición de los dos esticos del proverbio cuando tomamos יכתרו como verbo denominativo, que procede de כּרת (griego κίταρις, κίδαρις, Babilonio כדר, *cudur*, cf. כּדּור, una cosa redondeada, una *sphaera*). Así Teodocion traduce: στεφθήσονται y la edición de Venecia lo hace, en sentido activo, ἐστέψαντο (en la línea de Kimchi, ישׂימו הדעת ככתר על ראשם), como hacen el Targum, Jerónimo y Lutero (pero no el sirio, que traduce נחלו por "heredar", pero יכתרו por μεριοῦνται, palabra que la LXX emplea para traducir נחלו).

En el lenguaje bíblico encontramos también el verbo denominativo הכתיר (cf. Sal 142, 8) con el significado de colocar una corona sobre uno mismo. Por su parte, el hebreo postbíblico utiliza también מכתיר (como la Biblia מעטיר) en el sentido de distribuir coronas (cf. *Wissenschaft, Kunst, Judenthum,* 1838, p. 240), y en esa línea, resulta conocida la metáfora כתר הדעת, *corona del conocimiento.*

En el caso de aquellos que no tienen criterio propio, sino que se dejan llevar por el primer influjo externo, el resultado es que, sin quererlo, se vuelven necios habituales, heredan un tipo de locura que les posee, de forma que están como poseídos por ella. Los prudentes, por el contrario, como los designa Pr 14, 15, han de ponderar cuidadosamente su paso para ganar conocimiento como se gana una corona (cf. העשׁיר, para así alcanzar riquezas, como en 11b, para ganar o conseguir flores (con הפריח, Gesenius 53, 2). Para estos, los sabios, el conocimiento no es meramente una herencia, sino una posesión que ellos han ganado, de tal forma, que es como una corona, un ornamento real que han merecido.

**14, 19.** *Los malvados deben inclinarse ante los buenos y los impíos detenerse a las puertas de los justos.* El bien, es decir, lo verdaderamente bueno tiene el amor como principio y tiende siempre a un final de supremacía (primacía) de los buenos sobre los perversos. Los hombres buenos que manifiestan amor a los demás (amor que brota del amor a Dios) terminan poniéndose al final por delante de los malvados, que durante mucho tiempo han actuado como señores de los buenos. Pero, al final, los malvados tendrán que inclinarse ante los buenos, de buena o mala gana. Más aún, con bastante frecuencia sucede que los impíos caen tan abajo y pierden de tal modo su prosperidad antigua que tienen que descender de sus lugares de honor y colocarse como suplicantes a la entrada de la majestuosa morada de los justos (Pr 13, 22), esperando su entrada y salida (para pedirles favores), buscando una ocasión para presentarse ante ellos con sus súplicas, o esperando que se le concedan regalos (Sal 37, 25). El pobre Lázaro πρὸς τὸν πυλῶνα, situado ante la

Proverbios 14

puerta del rico (Lc 16, 20), muestra que no sucede siempre así en este mundo, de manera que hay muchos justos que tienen que pedir limosna a los malvados.[15]

## 14, 20-22. Tres proverbios sobre el odio de los hombres

20 גַּם־לְרֵעֵהוּ יִשָּׂנֵא רָשׁ וְאֹהֲבֵי עָשִׁיר רַבִּים׃

21 בָּז־לְרֵעֵהוּ חוֹטֵא וּמְחוֹנֵן [עֲנָיִים] (עֲנָוִים) אַשְׁרָיו׃

22 הֲלוֹא־יִתְעוּ חֹרְשֵׁי רָע וְחֶסֶד וֶאֱמֶת חֹרְשֵׁי טוֹב׃

20 El pobre se hace odioso a su prójimo,
pero muchos son los que aprecian al rico.
21 Peca el que desprecia a su prójimo,
pero el que tiene misericordia de los pobres
es bienaventurado.
22 ¿No yerran los que planean lo malo?
Pero hay misericordia y verdad para los que planean lo bueno.

**14, 20.** *El pobre es odiado hasta por su prójimo; pero de los que aman a los ricos hay muchos.* Esta es una historia antigua que se repite diariamente. En muchas partes se cuenta este dicho y esta queja: *donec eris felix multos numerabis amicos, tempora si fuerint nubilia solus eris* (mientras seas rico tendrás muchos amigos; en tiempos de necesidad estarás solo, Ovidio, *Trist.* i.8.). El libro de los Proverbios también habla de este lamentable fenómeno. Es una parte del lado oscuro de la naturaleza humana, y uno debe tomar nota de ello, para que cuando le vaya bien, no considere a sus muchos amigos como genuinos, de manera que cuando se vuelva pobre, no quede sorprendido por la ruptura de las amistades anteriores; quien sepa eso podrá valorar mejor las excepciones superiores a la regla.

La conexión del verbo en pasivo con la ל del sujeto (לְרֵעֵהוּ יִשָּׂנֵא, cf. Pr 13, 13), como en griego con el dativo, es puramente semítica; a veces está con מִן, pero en el sentido de ἀπό, Sab 3, 10, antes de que el influjo de las culturas de Occidente hiciera que se utilizara en el sentido de ὑπό (Gesenius 143, 2). יִשָּׂנֵא, es odiado (cf. Cód. 1294); יִשָּׂנֵא, se relaciona con el odio que se dirige contra el pobre, y no solo el odio, sino también la indiferencia que lo deja sin simpatía, pues muchos se sienten turbados por él y avergonzados.

---

15. La palabra שׁחוּ tiene, según la Masora (cf. Kimchi, *Wörterbuch*, bajo שׁחח), la última sílaba acentuada. La acentuación de la forma סִפּוּ oscila entre la última y la penúltima sílaba. Cf. Olshausen, p. 482ss.; Gesenius 68, nota 10. La cláusula sustantiva 19b se transforma fácilmente en cláusula verbal. Los antiguos ricos vienen (Syr.), aparecen y se paran (son juzgados) en las puertas de los justos.

**14, 21.** *El que menosprecia a su prójimo comete pecado; pero el que tiene compasión del que sufre ¡bendiciones para él!* Uno debe considerar a todo ser humano, especialmente a los que Dios ha puesto a su lado, como seres que tienen el mismo origen, creados a la imagen de Dios, con el mismo destino superior; y debe sentirse obligado a amarle. El que desprecia a su prójimo (לְרֵעֵ debe ir con *metheg;* sobre la construcción con dativo de objeto, cf. Pr 6, 30; Pr 11, 12; Pr 13, 13) peca, por elevarse a sí mismo de manera orgullosa e injustificada por encima de los demás. Peca el que no ofrece honor y amor a todos, conforme a la regla del deber y de la necesidad, sino que solo ofrece amor a quienes le agradan, y a los demás se lo niega, en contra de la ordenanza de Dios.

En Pr 14, 21, el *qetub* עניים y *keré* ענוים (véase Sal 9, 13) se intercambian de manera inexplicable. עני es el sometido (cf. el árabe *ma'nuww*, particularmente el prisionero, de *'ana*, futuro *ya'nw*, inclinarse). Por otra parte, ענו (árabe *'anin*, con el artículo âlˌniy, del intransitivo *'aniya*, estar inclinado hacia abajo) es el pobre que padece, aquel que en la escuela del sufrimiento ha aprendido la humildad y la mansedumbre. No se ve por qué el *keré* cambia aquí esa idea pasiva por esta otra, de tipo ético, sobre todo porque מחונן significa (ser) compasivo (en *kal* חונן, cf. Pr 14, 31; Pr 19, 17; Pr 28, 8) y, según la compasión, uno debe estar inclinado solo por la necesidad de su prójimo, y no por su condición moral, cuya carencia debe hacerlo doblemente objeto de nuestra compasión. Todos los traductores antiguos, desde la LXX hasta el texto Véneto y Lutero, adoptan por este motivo el *qetub*.

**14, 22.** ¿No se extraviarán los que traman el mal? ¿Y no son la misericordia y la verdad para los que buscan el bien? Al proverbio anterior (14, 21) con אשריו (cf. 16, 20) sigue ahora otro no menos singular, que comienza con הלא (cf. Pr 8, 1). El participio חרש significa tanto *arado* como *artesano*. En ese sentido, en nuestro caso, es aconsejable afirmar con Hitzig que la palabra 22 ,(14) חֹרְשֵׁיb) influye también en 14, 22a, refiriéndose a los *machinatores* (los que traman, los que realizan...), tal como ha de entenderse su visión metafórica, como hemos mostrado en Pr 3, 29, en su doble sentido, no solo de fabricar, sino también de trabajar el campo.

No hay razón para seguir a Hitzig, en contra de todos los antiguos traductores, y no aceptar el sentido básico de יתעו ¿no les irá mal...? para interpretarlo como futuro (cf. Is 63, 17). En esa línea (cf. por ejemplo, Sal 58, 4) se indicaría que aquellos que traman el mal van por un camino de error (cf. Pr 12, 26 con Job 12, 24). En contra de eso, la expresión הלא יתעו ha de tomarse como indicación de aquello que sobrevendrá a los *machinatores*. En esa línea, 22b ha de entenderse como un contraste adecuado a 22a.

Los que "traman el mal" se extravían a sí mismos. Por el contrario, los que traman (buscan, despliegan) bienes reciben misericordia y verdad (cf. Pr 13, 18, cf. Pr 14, 35), es decir, son objeto de misericordia y verdad, de parte de Dios y de los hombres, conforme al premio que procede del amor y se dirige a la manifestación del bien. Los que buscan el bien son recompensados, pues Dios y los hombres son misericordiosos con ellos y les mantienen en la verdad (se mantienen en la verdad para ellos). Las palabras וְחֶסֶד וֶאֱמֶת deben entenderse aquí, como en Pr 3, 3, no solo de Dios ni solo de los hombres, sino de ambos a la vez. Los impíos que traman el mal se hunden en el camino de la perdición, pero la gracia y la verdad son la suerte de los que buscan el bien, de manera que, custodiados y guiados por ese bien, llegan por un camino de bendición a un fin glorioso.

## 14, 23-31.

Siguen ahora varios proverbios (Pr 14, 23-31) que, con la excepción de 14, 24, tienen una cosa en común: una de sus dos palabras-clave comienza con *mem*, מ.

23 בְּכָל־עֶצֶב יִהְיֶה מוֹתָר וּדְבַר־שְׂפָתַיִם אַךְ־לְמַחְסוֹר:

24 עֲטֶרֶת חֲכָמִים עָשְׁרָם אִוֶּלֶת כְּסִילִים אִוֶּלֶת:

25 מַצִּיל נְפָשׁוֹת עֵד אֱמֶת וְיָפִחַ כְּזָבִים מִרְמָה:

26 בְּיִרְאַת יְהוָה מִבְטַח־עֹז וּלְבָנָיו יִהְיֶה מַחְסֶה:

27 יִרְאַת יְהוָה מְקוֹר חַיִּים לָסוּר מִמֹּקְשֵׁי מָוֶת:

28 בְּרָב־עָם הַדְרַת־מֶלֶךְ וּבְאֶפֶס לְאֹם מְחִתַּת רָזוֹן:

29 אֶרֶךְ אַפַּיִם רַב־תְּבוּנָה וּקְצַר־רוּחַ מֵרִים אִוֶּלֶת:

30 חַיֵּי בְשָׂרִים לֵב מַרְפֵּא וּרְקַב עֲצָמוֹת קִנְאָה:

31 עֹשֵׁק דָּל חֵרֵף עֹשֵׂהוּ וּמְכַבְּדוֹ חֹנֵן אֶבְיוֹן:

23 En toda labor hay ganancia,
pero la palabra que es solo de labios lleva a la pobreza.
24 La corona de los sabios es su discreción,
pero la diadema de los necios es la insensatez.
25 El testigo veraz libra vidas,
pero el engañoso respira mentiras.
26 En el temor de Jehovah está la confianza del hombre fuerte,
y para sus hijos habrá un refugio.
27 El temor de Jehovah es fuente de vida,
para apartarse de las trampas de la muerte.
28 En el pueblo numeroso está la gloria del rey,
y en la escasez de pueblo está el pánico del funcionario.
29 El que tarda en airarse tiene mucho entendimiento,
pero el de espíritu apresurado hace resaltar la insensatez.
30 El corazón apacible vivifica el cuerpo,
pero la envidia es carcoma en los huesos.

*Primera colección: Proverbios salomónicos (Pr 10, 1 – 22, 16)*

<sup>31</sup> El que oprime al necesitado afrenta a su Hacedor,
pero el que tiene misericordia del pobre lo honra.

**14, 23.** *En todo trabajo hay ganancia, pero la charla ociosa solo conduce a la pérdida.* Las palabras clave de este proverbio son מחסור y מותר (paralelos en Pr 21, 5, cf. Pr 11, 24). La idea fundante del comienzo es עצב, trabajo infatigable, como en Pr 10, 22. Si uno se afana honestamente trabajando produce siempre algo que sobresale por encima del esfuerzo, como resultado y producto de su obra, véase Job 30, 11, donde se muestra cómo יתר (cf. מוֹתֵר) significa en sentido primario algo que se extiende mucho, es decir, algo que se abre y rebosa, copiosidad y ganancia.

Por el contrario, la pura palabra de los labios, es decir, la charla sin propósito y sin finalidad (דבר שפתים, como en Is 36, 5, cf. Job 11, 2), no trae ningún bien, sino que, por el contrario, solo produce pérdida, pues no hace otra cosa que robar el tiempo para sí mismo y para los demás, desperdiciando una energía que podría haber sido utilizada para un propósito mejor, sin hablar del daño que de ese modo se produce al alma. Probablemente, una charla así destruye moralmente no solo a quien habla así, sino a los demás, o por lo menos les descompone y cansa.

**14, 24.** *La corona de los sabios es su riqueza, pero la insignia de los necios es su necedad.* Por Pr 12, 4. 31; Pr 17, 6, vemos que עטרת חכמים es el predicado. De esa forma se dice que las riquezas de los sabios son para ellos como una corona o un adorno regio. El texto diría algo distinto si, con Hitzig, en la línea de la LXX, leemos ערמם, su prudencia, en lugar de עָשְׁרָם (su riqueza). En ese caso, el significado sería que los sabios no necesitan otra corona, sino el hecho de que llevan el signo regio de su prudencia. Sin embargo, aquí resulta mucho más apropiado hablar de "riquezas": ellas son la verdadera corona de un hombre sabio cuando llega a la cumbre de su sabiduría; porque eso sucede verdaderamente cuando se tienen riquezas con sabiduría; pues ellas aumentan mucho la influencia y poder de los sabios, ofreciéndoles una variedad de medios y ocasiones para manifestarse y actuar, unos medios que no tienen los pobres.

Por medio de esta interpretación de 24a, se expresa también el sentido de 24b y sale a la luz, sin que necesitemos corregir la palabra אוּלת, o traducirla en un sentido fuera del usual. La LXX y Syr. traducen el primer אולת por διατριβή (en forma de circunloquio). El Targum interpreta esa palabra por *gloria o fama* (pero no sabemos cómo llega a ese sentido) en sus *Animadversiones,* Schultens en su comentario traduce, *crassa opulentia elumbium crassities* (las riquezas falsas esconden falsedades…), combinando la primera אולת con el árabe *awwale*, procedencia que avala Gesenius. Pero, aunque el significado de ser grueso (adecuadamente *coalescere*) pertenece a la raíz verbal אול, con el significado de estar antes (árabe *âl, âwila, wâl*), sin embargo, el hebreo אולת significa siempre y en todas partes locura,[16] sentido derivado de la idea fundamental *crassities* (grosor).

La lectura אולת de Hitzig (que indicaría que el necio se vuelve la necedad) no la podemos aceptar, porque la palabra es invención del propio Hitzig, ya que en esa línea debería haber puesto לוית, corona con la que los necios adornan su necedad. El sentido de este estico es que *la necedad de los necios es (y sigue siendo) locura* (Símaco, Jerónimo, Véneto, Lutero), aunque su sentido necesita ser precisado con la ayuda de Pr 16, 22. Según eso, mientras la sabiduría es adornada y exaltada por las riquezas (24a), la locura, por el contrario, permanece y tiene valor por sí misma, incluso cuando no está unida a las riquezas, permaneciendo siempre la misma, sin que por eso sea velada ni eliminada por ellas. Por su parte, en contra de eso, el necio, cuando es rico, exhibe sus locuras siempre con más fuerza, volviéndose así siempre más loco. C. B. Michaelis, que compara este proverbio con el de Luciano: *insignia simia est simia etiamsi aurea gestet* (los monos insignes siguen siendo monos, aunque se vistan de oro).

**14, 25.** *El testimonio de la verdad libera las almas; quien dice mentiras no es más que hombre de engaño.* Este proverbio nos sitúa en un contexto de juicio. Cuando a consecuencia de falsas sospechas y acusaciones quiere condenarse a muerte a una persona, los inocentes corren el riesgo de perder la vida. Así lo dice el testimonio posterior de la ley, en un caso de proceso penal: דיני נפשות. Pues bien, en ese caso, una persona (un testigo) que diga la verdad según conciencia, sin dejarse dominar por la cobardía, podrá salvar a esa persona amenazada.

En la línea de Pr 14, 5, una lengua falsa es una יפח כזבים (según la Masora, en lenguaje defectivo, sin las *waw*), es decir, una lengua que exhala mentiras (véase en esta línea, יפיח Pr 6, 19), una lengua que es mero engaño (la LXX pasa por alto מרמה, como hace Hitzig, y pone solo δόλιος). En Pr 12, 17, מרמה debe interpretarse como objeto, pero esa interpretación es aquí imposible, pues no lleva por delante la palabra יגיד, sino מציל (Arama, Löwenstein). Aquí se habla de uno que engaña, es decir, de un engañador, con la palabra hebrea מרמה, como traduce también posiblemente Heb 12, 16 (LXX, δόλιος), sin necesidad de introducir איש o עד, pues la oración es de tipo sustantivo, aludiendo al engaño (en mal latín, *dolositas*), porque el que pronuncia mentiras en contra de la verdad debe tener un propósito malévolo, engañoso.

**14, 26.** *El que teme a Yahvé tiene un fuerte fundamento de confianza, y para sus hijos habrá refugio.* Aquí estamos ante un ב *essentiae* (בְּיִרְאַת), como en Sal 68, 5;

---

16. La derivación de Ewald, diciendo que אויל de און es igual a אוין (nulo, vano), no es mucho mejor que la de Heidenheim, cuando dice que la palabra אולי significa "quizás", mostrando así que quien la dice es un escéptico, véase p. 59, nota.

Sal 55, 19; Is 26, 4. La frase *en el temor de Dios existe, es decir, es y se prueba a sí misma una sólida base de confianza*, no significa que el temor de Dios sea algo en lo que uno pueda confiar (Hitzig), sino que ese temor tiene y ofrece (cf. Pr 22, 19; Jer 17, 7) una herencia que es duradera, inquebrantable y que no defrauda a quien tema a Dios. Eso quiere decir que ni la fe, ni ninguna otra cosa subjetiva es la roca que nos sostiene, sino que esta Roca es el objeto al que se aferra la fe, esto es, Dios (cf. Is 28, 16).

La palabra el וּלְבָנָיו; ¿ha de aplicarse, como hacen Ewald y Zöckler, a 'ה, es decir, a los hijos de Yahvé? Eso es posible, como hemos discutido en Gn 6, 1 (hablando de los "hijos de Yahvé") pero, a la luz de paralelos como Pr 20, 7, eso no es probable. El que teme a Dios transfiere, a la manera de Abraham (Gn 18, 19), el temor de Dios sobre sus hijos, y esta preciosa herencia paterna les ofrece una מַחֲסֶה (en hebreo masorético מחסה), una fortaleza o lugar de protección, un refugio en todo momento de necesidad (cf. Sal 71, 5-7). En consecuencia, וּלְבָנָיו se refiere a la 'ה יְרֵא, es decir, a los hijos de los que temen a Yahvé, 'ה בִּירְאַת (con la LXX, Lutero y todos los intérpretes judíos). Esta expresión ha de entenderse en la línea de Sal 73, 15, cf. Dt 14, 1. Ciertamente, la idea de la filiación divina ha sido generalizada y profundizada en el N.T., pero se encuentra ya anunciada y expresada en la *hokma,* es decir, en la literatura sapiencial.

**14, 27.** *El temor de Yahvé es fuente de vida, para escapar de las trampas de la muerte.* Del temor de Yahvé brota una vida más alta, de forma que (quien tiene en sí mismo ese temor, como en Jn 4, 14, ἐν αὐτῷ) tiene vida que mana de Dios, vida penetrante y fuerte, para escapar de las trampas (la Masora escribe de forma defectuosa, es decir, abreviada: מִמֹּקְשֵׁי), con el fin de escapar de las trampas de la muerte —una repetición de Pr 13, 4 con un tema algo cambiado.

**14, 28.** *En la multitud del pueblo está el honor del rey; y la disminución de la población es la ruina de su gloria.* El honor u ornamento (véase con respecto a הדר, *tumere, ampliari*, extenderse, ampliarse; cf. la raíz de la palabra הדר y הדרה en Is 63, 1) de un rey consiste en que gobierna sobre un gran pueblo, que crece y prospera. En contra de eso, la ruina de la grandeza del príncipe se produce cuando el pueblo declina en número y en riqueza.

Con respecto a מחתה, véase en Pr 10, 14. באפס tiene sentido de preposición y significa "sin" (propiamente, no existir), p. ej., Pr 26, 20. Esa palabra, puede también entenderse como adverbio, "sin fundamento" (propiamente, "por nada"), Is 52, 4. En ese sentido ha de entenderse aquí, tras su contraste con בְּרֹב, como "inexistencia", con el significado de ruina (cf. אפס, en forma de conjunción en Gn 47, 15). La falta de población significa desgracia, decadencia, ruina del reino o del pueblo; en ese sentido traduce la LXX: ἐν δὲ ἐκλείψει λαοῦ συντριβὴ δυνάστου.

Ciertamente, רזון (de רזן, árabe *razuna*, ser poderoso) debe interpretarse en sentido personal, ya sea en la línea de בגוד con un *kametz* fijo, o según la forma יקוש con un *kametz* variable; pero también puede interpretarse en forma de resumen o conclusión, como indica la palabra שלום (equivalente al árabe *selâm*); esta es la acepción que preferimos, no la de sentido personal, como en Pr 8, 15; cf. Pr 31, 4. No tenemos aquí que pensar en el sentido de רזה, *consumo* (el texto de Venecia, en contra de Kimchi, pone πενίας).

**14, 29.** *El lento para la ira es rico en entendimiento; pero el que se excita fácilmente comete locuras.* Uno que es אֶרֶךְ אַפַּיִם (constructo de ארך) es el que pospone la ira, es decir, el estallido de la ira por mucho tiempo, cf. האריך, Pr 19, 11, el que no deja que entre, sino que le cierra el paso (μακρόθυμος es igual a βραδὺς εἰς ὀργήν, Stg 1, 19). Por el contrario, קצר־רוח, es aquel que, en su espíritu y temperamento, es decir, en cuanto a la ira (pues רוח denota también el exhalar y resoplar, Is 25, 4; Is 33, 11) es un hombre precipitado, de manera que estalla su furor de repente (cf. rápido para la ira, *praeceps en iram*, 17a). No es el ὀλιγόψυχος, el que tiene poca ira, sino aquí el ὀξύθυμος, el que es fuerte en la ira (como la LXX traduce en 17a).

El אֶרֶךְ אַפַּיִם o μακρόθυμος es el que sabe controlar sus arrebatos, apareciendo aquí como "grande en entendimiento" (cf. 2Sa 23, 20), o como "hombre de gran entendimiento" (latín *multus prudenti*, el muy prudente). Por el contrario, el ὀξύθυμος es aquel que se deja impulsar por sus impulsos, de una forma apresurada y desconsiderada, que aquí se expresa de manera muy clara como מרים אולת.

No es el hombre que está en el borde de la locura, como piensan Lutero, Umbreit, Bertheau, Elster y otros, pues para eso los proverbios tienen otras expresiones: Pr 12, 23; Pr 13, 16; Pr 15, 2, cf. Pr 14, 17. No es tampoco el que hace grandes locuras, como suponen la LXX, Syr., Targum, Fleischer y otros, pues eso se expresaría más bien con הגדיל o הרבה. Tampoco es el que aumenta la locura (Löwenstein, Hitzig), el que va dejando que la ira crezca en su interior lentamente.

Rashi tiene razón cuando indica que el texto se refiere a una persona que se excita fácilmente, cayendo así en una forma de loca exaltación, de manera que, al salir de ella, se da cuenta que su locura ha sido evocada y perniciosa, como se indica en Pr 3, 35. El que se excita fácilmente comete locuras, y solo se da cuenta de ello cuando "despierta" de su necedad, en el sentido de Lv 6, 8, de manera que cuando vuelve a calmar la sangre descubre que lo que hizo en estado de exaltación era insensatez y locura.

**14, 30.** *Un corazón sano es la vida de la carne, pero la envidia (avaricia) es podredumbre en los huesos.* Estamos ante una tricotomía: corazón, alma, huesos (o carne), como en Sal 84, 3; Sal 16, 9. El corazón es la región más interna del hombre, donde se concentran todos los rayos o impulsos de la vida corporal y del alma,

# Primera colección: Proverbios salomónicos (Pr 10, 1 – 22, 16)

y desde donde se despliegan nuevamente. El estado del corazón, es decir, de la interioridad anímica y espiritual del hombre, ejerce, por tanto, por todas partes una influencia de dirección sobre el conjunto de la vida corporal, en relación con el alma y con el cuerpo.

Con respecto a לֵב מַרְפֵּא (corazón sano), véase Pr 12, 18. Así se llama el corazón tranquilo, saludable, en armonía con el cuerpo y con el alma, como un espejo de agua serena y clara, no interrumpida por los afectos, ni traspasada o secretamente agitada por la pasión. Por la estrecha conexión en que la vida corporal del hombre se encuentra con la expresión y despliegue moral y religiosa de su vida intelectual y anímica, esta triple vida constituye la esencia de la personalidad humana, esencialmente unida. En ese sentido, la quietud de corazón (de espíritu) es la mejor forma de conservar la vida, favoreciendo así el bienestar y el sosiego de toda la persona. Por el contrario, la pasión, ya sea bruscamente o con más lentitud, es como la enfermedad en los huesos (Pr 12, 4), que avanza hasta que rompe en dos la estructura del cuerpo, y con ella la misma vida humana.

El plural de בְּשָׂרִים (carne, carnes…) solo aparece aquí. Según Böttcher, 695, se refiere a todo el cuerpo, que constaría quizá de dos partes, pero בָּשָׂר no puede interpretarse como una parte, como si fuera la "mitad" del cuerpo. Al contrario, בְּשָׂרִים indica la totalidad del cuerpo/carne, expresada en forma abstracta: es el cuerpo total, es decir, la vida corporal con la totalidad de sus funciones, y con toda la multiplicidad de sus relaciones. Ewald traduce cuerpos (en plural), pero בָּשָׂר no significa el cuerpo concreto y vivo, sino su base material, la materia animada, como el árabe *âbshâr*, la naturaleza humana corpórea, en su totalidad. Con respecto a קִנְאָה (celos, celo, envidia, ira, o incluso avaricia) Schultens tiene razón cuando traduce: *affectus inflammans aestuque indignationis fervidus* (el afecto, es decir, la envidia, un tipo de avaricia que se inflama, llena de indignación), de קָנָא, árabe *ḳanâ*, ser muy rojo (rojo de fuego).

**14, 31.** *El que oprime a la pobre afrenta a su Hacedor, pero quien es misericordioso con el pobre se honra a sí mismo*. El primer estico se repite en Pr 17, 5 con alguna variante, y el segundo se relaciona con Pr 19, 17. Según esa relación, la palabra וּמְכַבְּדוֹ es el predicado y חוֹנֵן אֶבְיוֹן el sujeto (cf. Símaco, Targum, Jerónimo, Véneto, Lutero), no al revés (Syr.). Según eso, חוֹנֵן no está por tanto en 3ª persona del presente (LXX), sino que es un participio *kal*. Los predicados חֵרֵף עֹשֵׂהוּ (véase sobre el perfecto Gesenius 126, 3) se suceden según un esquema del quiasmo. עֹשֵׂק tiene *munach* en la primera sílaba, en la que el tono retrocede, y en la segunda el signo העמדה (véase *Torath Emeth*, p. 21), como, פּוֹטֵר, Pr 17, 14 y אֹהֵב, Pr 17, 19.

La demostración de paciencia y bondad hacia los pobres que surge de una relación común con el Creador y del respeto hacia las personas que llevan la imagen de Dios, es una concepción que responde al espíritu de la *hokma*. De

*Proverbios 14*

esa manera, así como la religión de Yahvé (de Israel), se convierte en la religión universal, la ley nacional de Israel se convierte en religión de la humanidad. En esa línea avanzan, Job 31, 15, Pr 3, 9 y también la Carta de Santiago, que en muchos aspectos hunde sus raíces en el libro de Proverbios. Por su parte, Mt 25, 40 es un complemento neotestamentario de Pr 14, 31b.

## 14, 32-35.

<sup>32</sup> בְּרָעָתוֹ יִדָּחֶה רָשָׁע וְחֹסֶה בְמוֹתוֹ צַדִּיק׃

<sup>33</sup> בְּלֵב נָבוֹן תָּנוּחַ חָכְמָה וּבְקֶרֶב כְּסִילִים תִּוָּדֵעַ׃

<sup>34</sup> צְדָקָה תְרוֹמֵם־גּוֹי וְחֶסֶד לְאֻמִּים חַטָּאת׃

<sup>35</sup> רְצוֹן־מֶלֶךְ לְעֶבֶד מַשְׂכִּיל וְעֶבְרָתוֹ תִּהְיֶה מֵבִישׁ׃

<sup>32</sup> Por su maldad será derribado el impío,
pero el justo en su integridad halla refugio.
<sup>33</sup> En el corazón del hombre entendido reposa la sabiduría,
pero no es conocida en medio de los necios.
<sup>34</sup> La justicia engrandece a la nación,
pero el pecado es afrenta para los pueblos.
<sup>35</sup> El rey muestra su favor al siervo prudente,
pero su ira está sobre el que le causa vergüenza.

**14, 32.** *Cuando le sobreviene la desgracia, el impío es derribado…* Este versículo contiene también una palabra clave que comienza con מ (בְמוֹתוֹ), pero se empareja acrósticamente con el siguiente proverbio. Cuando el sujeto es בְּרָעָתוֹ (רעה) conectado con רשע (el impío), podemos pensar que este proverbio expresa un pensamiento y una acción de los malvados (cf. Ec 7, 15) o también una experiencia del mal (p. ej. Pr 13, 21). La LXX (y también el Syr., Targum y Jerónimo, con el Véneto) prefiere lo primero, pero a fin de producir un paralelismo exacto, en vez de במותו (en su muerte) ponen בתמו (en su rectitud).

Así puede dar la impresión de que aquí se está destacando la justicia propia del creyente, no la de Dios. Sea como fuere, ninguna palabra de las Escrituras elogia de manera tan paradójica la justicia propia, porque el verbo חסה (cf. וְחֹסֶה) nunca denota la confianza en sí mismo, y con la excepción de dos pasajes (Jc 9, 15; Is 30, 2), donde se conecta con בצל, ese verbo insiste en la exigencia de poner la confianza en Dios, de un modo exclusivo y excluyente (véase Sal 118, 8), incluso sin poner בה', como aquí y como en el Sal 17, 7. De esa forma, se pone de relieve el valor originario de la justicia de Dios, que es el fundamento y principio de toda justicia humana.

341

# Primera colección: Proverbios salomónicos (Pr 10, 1 – 22, 16)

El paralelismo nos lleva a traducir ברעתו, no *por su maldad*, sino con Lutero, en conformidad con במותו, *en su desgracia*, es decir, cuando así acaece. De esa forma, Jeremías (23, 12) dice de los pecadores de su pueblo, באפלה ידחו, que son conducidos a la profundidad de las tinieblas (*nifal* de דחח). Por su parte, Pr 24, 16 contiene un pensamiento exactamente paralelo: los impíos tropiezan ברעה, en calamidad.

El impío en su calamidad es derribado y en los males que le sobrevienen teme las insinuaciones de la ruina final; por el contrario, el justo en su muerte, incluso en medio del dolor, es consolado por el Dios en quien confía. Hitzig piensa que, si se entiende así, este proverbio no es adecuado para una época en la que, todavía, los hombres no tenían fe en la inmortalidad y en la resurrección. Sin embargo, aunque entonces no existía expresamente esa revelación de la vida de Dios por encima de la muerte, en el momento de la muerte los piadosos pusieron su confianza en Yahvé, el Dios de la vida y de la salvación,[17] porque la esperanza de los antiguos israelitas se centraba en Yahvé, en el principio, en el medio y en el final de su obra salvadora; de esa manera, creyendo que iban a la casa de Dios, poniendo el espíritu en sus manos, durmieron en paz (cf. Sal 31, 6), creyendo que su vida culminaba en la Vida de Dios. Ellos no tenían conocimiento explícito de esa Vida de Dios (como resurrección), pero tenían esperanza en la vida eterna, es decir, confiaban en la misericordia sabedora de Dios.

Job también sabía (Job 27, 8) que entre la muerte de los que se alejaron de Dios y la de aquellos que temían a Dios, no solo había una distinción externa, sino una diferencia profunda y esencial. Pues bien, ahora, en este pasaje, la *hokma* abre una mirada hacia la eternidad, es decir, hacia el cielo, cf. Pr 15, 24. Por su parte, Pr 12, 28 ha acuñado la palabra expresiva y precisa de אל־מות (*no-muerte*) para indicar la inmortalidad, que se abre como un rayo del sol de la mañana a través de la noche del Sheol.

**14, 33.** *La sabiduría reposa en el corazón del hombre de entendimiento; pero el corazón de los necios se da a conocer*. La mayoría de los intérpretes no saben qué hacer con la segunda línea de este proverbio. La LXX (y después el Syr.), y en un sentido también Aquila y Teodocion, insertan οὐ; el Targum mejora a la Peshita, porque inserta אלת (en esa línea, Pr 12, 23; Pr 13, 16 y Pr 15, 2 están relacionados). Por su parte, Abulwald indica que el corazón de los necios se pierde. Euchel parece perderse entre esas interpretaciones imaginarias que se basan en un malentendido de los pasajes, en los que ידע significa llegar a sentir, y הודיע dar a sentir (castigar, corregir).

---

17. Cf. mi *Biblische-prophetische Theologie* (1845), p. 268, y también *Bibl. Psychologie* (1861), p. 410, y *Psalmen* (1867), p. 52s., y en otros lugares.

Kimchi presenta correctamente el significado de las palabras, según el cual el Véneto traduce וּבְקֶרֶב כְּסִילִים תִּוָּדֵעַ: μέσον δὲ ἀφρόνων γνωσθήσεται. En esa línea, se sitúa la traducción de Jerónimo y la de C. B. Michaelis que dice: "y entre los necios se manifiesta" (cf. también Lutero). Ciertamente בקרב puede significar *entre iguales,* en medio de, en el círculo de los iguales (cf. Pr 15, 31). Pero tanto aquí como, por ejemplo, en Jer 31, 31, בקרב se intercambia (hace pareja) con בלב, y si חכמה בקרב es la sabiduría del que se habla, como en 1Re 3, 28, entonces, también en nuestro caso וּבְקֶרֶב כְּסִילִים, la palabra בקרב no significa entre (en medio de), sino *en el corazón de los necios.*

En esa línea, el Talmud, en comparación con el proverbio actual (Meza 85b), dice correctamente: אסתירא בלגינא קיש קיש קריא, como *un stater en una bandeja choca y grita kish, kish,* es decir, *hace mucho ruido.* En un corazón lleno de entendimiento descansa la sabiduría, es decir, permanece silenciosa y quieta, porque el entendimiento se siente personalmente feliz en su posesión, se esfuerza cada vez más por profundizarla y la deja obrar en su interior. Por el contrario, en el corazón de los necios la sabiduría se manifiesta y se pierde, al proclamarla y extenderla sin sentido alguno. Los necios desacreditan y malgastan su pequeña porción de sabiduría (en lugar de pensar en su aumento) con balbuceos molestos y ostentosos, queriendo en vano presentarse como sabios.

**14, 34.** *La justicia engrandece a la nación y el pecado (hesed como pecado) es una desgracia para el pueblo.* Siguen ahora dos proverbios relacionados con el Estado y sus gobernantes. El idioma hebreo es más rico en sinónimos de pueblo que el alemán. En primer lugar, aquí aparece la palabra גוי (formado por מוי, agua, y נוי, corporeidad, como גוה, indicando aquello que se extiende de dentro hacia afuera; cf. Pr 9, 3, גפי y Pr 10, 13, גו). En esta línea, conforme a ese modo de hablar, una nación o pueblo aparece, como una masa que se hincha o expande desde un origen común. Por otra parte, en Pr 10, 28 el pueblo aparece como עם (de עמם, unir), como una confederación unida por una ley común. En esa línea, לאם (de לאם, unir, juntar) es la masa (multitud) del pueblo, y se intercambia a veces con נוי, Gn 25, 23, y a veces con עם, Pr 14, 28.

En este caso, en Pr 14, 28, לאמים aparece intencionadamente en plural, pero no como גּוֹי que sigue apareciendo en singular, pues esa palabra se utiliza en Israel menos en plural (pues en plural se refiere de manera más usual a los pueblos paganos). Veamos las dos palabras, por una parte, está גּוֹי como pueblo concreto (engrandecido por la justicia, vinculada con Israel). Por otra parte, aparecen los לְאֻמִּים, diciendo que para ellos el pecado constituye una desgracia.

Ciertamente, el proverbio se refiere a todas las naciones sin distinción, incluso a Israel (cf. Is 1, 4). La historia en todas partes confirma el principio de que ni la grandeza numérica, ni el poder guerrero, ni el político, ni tampoco el

*Primera colección: Proverbios salomónicos (Pr 10, 1 – 22, 16)*

intelectual ni la llamada civilización constituyen la verdadera grandeza de una nación y determinan su progreso futuro. La verdadera grandeza de un pueblo consiste en esto: que en su vida privada, pública e internacional, prevalezca y se cumpla la צְדָקָה, es decir, la conducta dirigida por la voluntad de Dios, según la norma de la rectitud moral.

Solo la rectitud, los buenos modales y la piedad aseguran a una nación un lugar de honor, mientras que, por el contrario, allí donde prevalece y se fomenta el pecado, חטאת, se destruye la conciencia moral del pueblo, que queda así rebajado ante Dios y ante los hombres. Solo la justicia levanta y engrandece a la nación, mientras que el pecado destruye y rebaja al pueblo.

La palabra רומם, levantar (cf. ־תְּרֹומֵם), debe entenderse en la línea de Is 1, 2, cf. Pr 23, 4. Esa palabra se puntúa con *munach* en la penúltima y con el signo de העמדה en el *tsere* de la última sílaba, como hace Ben-Neftalí. Por su parte, en 34b se deben rechazar todos los intentos artificiales de los críticos (desde Nachmani hasta Schultens), que interpretan חסד como el Véneto (ἔλεος δὲ λαῶν ἁμαρτία: la misericordia es el pecado de los pueblos) en su significado hebreo predominante de "misericordia".

Tanto aquí como en Lv 20, 17 (pero no en Job 6, 14), חֶסֶד tiene el significado del Syr. *chesdho*, es decir, de reproche. Ese significado está reconocido por el Targum חסדא, o más frecuentemente חסודא, como hacen los intérpretes judíos Chanan'el y Rashbam. Esta interpretación de חסד no es ajena al estilo de los proverbios, como se ve por el hecho de que חסד se usa en Pr 25, 10 en el sentido de Syr., es decir, como *persiguió*. El sinónimo sirio *chasam*, enviar, menospreciar, muestra que estas raíces verbales se forman a partir de la raíz הס, que significa apretar, chocar.

En ese sentido, descubrimos que tanto el חסד sirio, como en *jasadh* árabe y *hasada*, pueden tomar el significado de amor violento, un amor de celos y que pueden tomar el sentido de *rencor* y, por lo tanto, de *reproche y envidia*. Sin embargo, todo esto aparece de un modo más claro si se piensa en sentido de la raíz *hesed*, que puede ser amar y envidiar, unirse y separarse. En esa línea, Ewald compara חסל y חסר, con el etíope *jasra*, en el sentido de *carpere* (aprovechar) y, por otro lado, חסה en el sentido de "unir". חסה no significa solo juntar (véase Sal 2, 12), en el sentido de *carpere*, que es unir y juntar, sino también oponerse y envidiarse (pecar unos contra otros), la LXX ha leído aquí חסר (Pr 28, 22) en el sentido de *disminución*, decadencia, en lugar de חסד (vergüenza).

Esa misma raíz de fondo se expresa, según eso, en formas y sentidos opuestos. Estamos, pues, ante un *quid pro quo* (una oposición de sentidos) que tiene un aspecto valioso, como lo ha entendido Jerónimo, que pone *miseros,* que puede significar misericordia, pero también miseria, destrucción de los otros. En ese mismo sentido, se entienden la palabra *verderben* (destrucción) que utiliza

344

Lutero en su tradición y que puede relacionarse con la de Símaco que traduce correctamente por ὄνειδος: la vergüenza del pueblo es el pecado.

**14, 35.** *El favor del rey se dirige al siervo prudente, pero su ira va al que le causa vergüenza.* Con respecto a los contrastes מַשְׂכִּיל y מֵבִישׁ, véase Pr 10, 5; cf. Pr 12, 4. La cláusula sustantiva 35a puede significar, *el favor del rey tiene (posee)... o, mejor dicho, se dirige, se cumple con su siervo inteligente.* En 35b el género del verbo está determinado por la atracción hacia el predicado, como en Gn 31, 8; Job 15, 31, cf. Ewald, 317c. Y "su ira" (וְעֶבְרָתוֹ) se expresa e identifica con el objeto al que se dirige, cf. 14, 22b; Pr 13, 18. El carácter sintáctico de la cláusula no permite que se introduzca una ל como en 35a: el favor del rey se dirige al siervo (לְעֶבֶד). Por el contrario, en 35 se dice solo מֵבִישׁ, sin lamed (cosa que quizá no ha tenido en cuenta Lutero).

# Proverbios 15

## 15, 1-6.

Tomamos estos versos en conjunto porque forman un grupo que comienza con un proverbio que trata del bien y el mal que fluyen de la lengua y termina con otro proverbio que trata de la bendición y de la falta de bendición.

1 מַעֲנֶה־רַּךְ יָשִׁיב חֵמָה וּדְבַר־עֶצֶב יַעֲלֶה־אָף׃

2 לְשׁוֹן חֲכָמִים תֵּיטִיב דָּעַת וּפִי כְסִילִים יַבִּיעַ אִוֶּלֶת׃

3 בְּכָל־מָקוֹם עֵינֵי יְהוָה צֹפוֹת רָעִים וטוֹבִים׃

4 מַרְפֵּא לָשׁוֹן עֵץ חַיִּים וְסֶלֶף בָּהּ שֶׁבֶר בְּרוּחַ׃

5 אֱוִיל יִנְאַץ מוּסַר אָבִיו וְשֹׁמֵר תּוֹכַחַת יַעְרִם׃

בֵּית צַדִּיק חֹסֶן רָב וּבִתְבוּאַת רָשָׁע נֶעְכָּרֶת׃

¹ La suave respuesta quita la ira,
pero la palabra áspera aumenta el furor.
² La lengua de los sabios embellece el conocimiento,
pero la boca de los necios expresa insensatez.
³ Los ojos de Jehovah están en todo lugar,
mirando a los malos y a los buenos.
⁴ La lengua apacible es árbol de vida,
pero la perversidad en ella es quebrantamiento de espíritu.
⁵ El insensato menosprecia la disciplina de su padre,
pero el que acepta la represión llega a ser sagaz.

*Primera colección: Proverbios salomónicos (Pr 10, 1 – 22, 16)*

⁶ En la casa del justo hay muchas provisiones,
pero en la producción del impío hay desbarajuste.

**15, 1.** *La suave respuesta aparta la ira, pero la palabra amarga despierta la ira.* En el segundo estico, la palabra común para ira (אַף, expresada por la respiración fuerte con las fosas nasales, Pr 14, 17) se coloca a propósito al final. Pero en el primer estico, se utiliza para indicar la *ira* la palabra aún más fuerte (חמה de יחם, vinculado a חמם *hamiya*, resplandecer, como שׁנה de ישׁ): una palabra suave y tierna aleja el calor de la ira, חֵמָה, la expulsa, cf. Pr 25, 15. El *dagesh* de רַךְ sigue la regla de la דחיק, es decir, de *la estrecha conexión* de una palabra que termina con el acento *eh, aah, ah*, vinculado a la siguiente palabra (Michlol 63b).

El mismo sentido tiene el proverbio latino: *frangitur ira gravis quando est responsio suavis* (con una respuesta suave se supera la ira grave). La palabra amarga (וּדְבַר־עֶצֶב) produce el efecto contrario. Esta expresión no indica simplemente una palabra de enojo (Ewald), porque עצב no debe compararse con el árabe *ghaḍab*, ira (Umbreit), sino con el árabe *ab*, cortar, herir, doler (Hitzig), de modo que דבר מעציב ha de entenderse en el sentido del Sal 78, 40, como *una palabra que causa dolor* (LXX, λυπηρός, Teodocion πονικός), que provoca ira (Gesenius), según su propio efecto, porque una palabra hiriente «provoca la cólera». De la ira se dice aquí שׁב, «que vuelve» (p. ej., Is 9, 11), y en otras ocasiones se dice עלה, levanta", Ec 10, 4. La LXX tiene otra expresión: οργὴ ἀπόλλυσι καὶ φρονίμους (la ira destruye incluso a los sensatos), texto que la traducción siríaca convierte en un nuevo dístico por la repetición de Pr 14, 32, cosa que no responde en modo alguno al original.

**15, 2.** *La lengua del sabio revela gran conocimiento, y la boca de los necios derrama necedad.* Aquí nos situamos ya en la línea de la πραΰτης σοφίας (de la sabiduría mansa de Stg 3, 13) recomendada en Pr 15, 1, que se retoma en este dístico. Así como הֵיטִיב נַגֵּן, Is 23, 16, significa tocar bien el arpa y הֵיטִיב לֶכֶת, Is 30, 29, andar alegremente, así הֵיטִיב דַּעַת significa saber algo de manera magistral. Como el tema de este proverbio es la lengua (palabra) podemos traducir este estico diciendo que la lengua de los sabios saca a la luz un gran conocimiento (cf. 15, 7a). En 2b, la LXX traduce στόμα δὲ ἀφρόνων ἀναγγέλλει κακά, la boca de los necios anuncia maldades. Partiendo de esa traducción, Hitzig concluye que la LXX leyó *cosas malas* רעות como en 28b; pero la LXX tradujo también la palabra אִוֶּלֶת por κακίαν en Pr 13, 16; Pr 14, 28; Pr 26, 11, porque interpretaron esa palabra, que ellos no entendían, a la luz de עולת (Pr 12, 23) por ἀραῖς (cosas malas), pues pensaron que su forma original era אלות (de אלה).

**15, 3.** *Los ojos de Yahvé están en todo lugar, mirando a los malos y a los buenos.* La conexión del dual עינים con el plural de adjetivos que no admiten dual, es como en

Pr 6, 17, cf. 6, 18. La primera línea es una oración en sí misma (los ojos de Yahvé mirando en todas partes) y la segunda línea le da una determinación más cercana, mostrando cómo miran los ojos de Dios a todas partes, a los buenos y a los malos (cf. 2Co 16, 9, en la línea de Zac 4, 10), en todo el mundo, contemplando con mirada penetrante el mal y el bien (צפה, sujetar, observar, cf. ἐπιβλέποντες, Sir 23, 19), examinando a los hombres, para ver si son buenos o malos, manteniéndolos cerca, ante sus ojos, para que nada se le escape. Esta inspección universal, esta omnisciencia de Dios, tiene un lado alarmante pero también reconfortante. El proverbio busca ante todo advertir y, por tanto, habla primero del mal.

**15, 4.** *La mansedumbre de la lengua es árbol de vida; pero la falsedad en ella es una herida para el espíritu.* Con respecto a מרפא, véase Pr 12, 18, y con respecto aסֶלֶף, cf. Pr 11, 3. Esta última palabra la derivamos con Fleischer de סלף, subvertir, derrocar, pero no en el sentido de "violencia, *asperitas*, comparando el lenguaje violento con un mar tormentoso", sino de perversidad, *perversitas* (trad. Véneto: λοξότης), como en contraste con la veracidad, la rectitud, la bondad.

La mansedumbre caracteriza a la lengua cuando todo lo que dice al prójimo, ya sea de instrucción o corrección, de amonestación o consuelo, lo dice sin groserías, sin violencia o entrometimiento, por lo cual encuentra una aceptación más fácil y segura, porque el mismo que habla siente y muestra una actitud de buena voluntad, la sincera simpatía, la humildad de quien es consciente de su propia imperfección. Esa mansedumbre es árbol que funda la existencia de los hombres, pues sus frutos preservan la vida, sanan a los enfermos y levantan a los oprimidos.

En consecuencia, שֶׁבֶר בְּרוּחַ debe entenderse como el efecto que surge de la perversidad o falsedad de la lengua sobre los demás. Fleischer traduce: "la dureza de lenguaje hiere con ella el alma" y comenta que la expresión es *abstr. pro concreto* (una expresión abstracta en lugar de una concreta).

El verbo שֵׁבַר, y el *nomen verbale* שֵׁבֶר derivada de ese verbo y utilizado para dar a la frase un sentido genérico, pueden regir el objeto con una preposición ,בּ בְּרוּחַ,como el árabe *kaser baḳlby*: me ha roto el corazón (opuesto al árabe *jabar baḳlaby*), cf. בפניו, Pr 21, 29 (véase *De Glossis Habichtianis*, p. 18). Sin embargo, esa construcción puede hacerse también con acusativo, como en Sal 69, 21, y con genitivo, como en שבר רוּחַ, Is 65, 14.

En todo caso, el quebrantamiento (herida profunda) no se refiere al propio espíritu, sino al del prójimo. Con razón *Lutero* decía: pero una (lengua) mentirosa entristece el corazón (en otro lugar, una lengua falsa perturba al alegre). Euchel pone *una lengua falsa hiere el alma*; y la traducción alemana del año 1844 precisa: la falsedad es una brecha en el corazón. Solo por curiosidad pueden mencionarse otras dos interpretaciones de 4a y 4b: *la salvación de la lengua es el árbol de la vida* (cf. Mishná, *Erachin* 15b); y *la perversidad puede derribarnos como un soplo de viento*, según el proverbio, שובּרתו קימעא רוח רוח גסות בו שּיש כל (un soplo de viento quebranta al hombre hinchado de sí mismo, cf. Duke, *Rabbinische Blumenlese*, p. 176, con una interpretación algo diferente). Meri presenta estas interpretaciones para que el lector pueda elegir entre ellas. Cf. también Rashi, quien identifica la רוח con la tormenta del juicio.

La LXX traduce 4b a partir de un texto diferente: ὁ δὲ συντηρῶν αὐτὴν πλησθήσεται πνεύματος (quien la guarda quedará lleno del Espíritu). Pero ישׂבּע רוח que aquí se toma como texto base no puede significar "estar lleno de espíritu", sino más bien "comer o llenarse de viento". En línea contraria traducen la Biblia Siríaca y el Targum.: el que come de su propio fruto queda satisfecho (hebreo: ואכל ישׂבּע מפּריו). Este es un intento de dar a la frase ישׂבע un pensamiento correcto en cuanto al lenguaje, pero que va en contra del texto masorético.

**15, 5.** *El necio desprecia la corrección de su padre; mas el que hace caso de la reprensión es prudente.* Podemos traducir de un modo igualmente correcto: *el que actúa con prudencia* (en la línea de 1Sa 23, 22), es decir, *el prudente, hace caso de la reprensión* (según Pr 19, 25). Preferimos, con Jerónimo, Véneto y Lutero este último sentido, en contra de la LXX, Syr. y Targum, porque, sin duda, la palabra יערם tiene ese sentido en Pr 19, 25. De esa forma el contraste entre los esticos queda mejor definido que en el caso anterior. De todas maneras, ambas traducciones son semejantes, pues indican que quien actúa con prudencia hace caso a la reprensión. Teniendo en cuenta en el primer estico a Pr 1, 7 y Pr 1, 30 y en el segundo a Pr 12, 1, Lutero traduce, *el necio calumnia...* Pero quizá más que de calumnia el texto habla aquí de desprecio. El necio de este verso no calumnia al padre, pero desprecia (rechaza, no cumple) su corrección.

**15, 6.** *La casa del justo es una gran cámara de tesoros; pero a través de la ganancia de los impíos vienen los problemas.* El contraste entre los dos esticos muestra que חֹסֶן no significa aquí fuerza o poder (LXX, texto sirio, Targum, Jerónimo y Véneto), pues esa palabra, generalmente derivada del verbo חסן, significa almacenar, plenitud de posesión, prosperidad (Lutero: *en la casa del justo hay abundantes bienes*). En ese sentido (cf. Pr 27, 24), no debemos entender esta palabra a partir del árabe *ḥasuna*, estar firme, bien trabado (arameo *ḥsn*, חסן), sino del árabe *khazan*, depositar, guardar en graneros, de donde viene nuestro *magazin/magazzino/almacén*.

De hecho, חסן lo mismo que חיל, puede tener el significado de riquezas, de manera que en la tradición judeo/aramea significa poseer, y en *afel* אחסן significa tomar posesión (κρατεῖν). Pero el uso constante del sustantivo חסן en el sentido de *almacenar*, con la idea de cercana de *atesorar*, por ejemplo, en Jer 20, 5, y del *nifal* נחסן (cf. Is 23, 18), respalda la idea de que חסן sigue teniendo el sentido primario de poseer, distinguiéndose de חסין, חסון y de otros derivados.

No podemos interpretar בֵּית, con Fleischer, Bertheau y Zöckler, como acusativo (*a la casa*, cf. בֵּית, Pr 8, 2), ni preposicionalmente como *en la casa*, sino como sujeto, en el sentido de *la casa de los justos es un gran almacén,* un lugar donde se reúnen tesoros. Por el contrario, la destrucción viene por la ganancia de los impíos, cuando los que almacenan no son justos. Eso significa que, en contra de la ganancia de los justos (cuya casa es almacén de tesoros para bien), la abundancia del impío tiene como consecuencia la destrucción, porque la codicia de la ganancia, que no retrocede ante la injusticia y el engaño, destruye su casa, cf. עכר ביתו, Pr 15, 27 (véase con respecto a עצר, Pr 11, 29). Lejos de enriquecer la casa, la ganancia de los injustos es causa de su ruina. La LXX, en su primera versión de este dístico lee, en 6a, רָשָׁע וּבִתְבוּאַת (ἐν πλεοναζούσῃ δικαιοσύνῃ), y en 6b, נֶכֶּר, mientras que ὁλόρριζοι ἐκ γῆς ἀπολοῦνται, los perversos de la tierra perecerán.

## 15, 7-12.

Comienza una serie de proverbios con uno sobre el poder de la palabra humana, para concluir con otros que tratan sobre las ventajas y desventajas de la riqueza.

⁷ שִׂפְתֵי חֲכָמִים יְזָרוּ דָעַת וְלֵב כְּסִילִים לֹא־כֵן׃

⁸ זֶבַח רְשָׁעִים תּוֹעֲבַת יְהוָה וּתְפִלַּת יְשָׁרִים רְצוֹנוֹ׃

⁹ תּוֹעֲבַת יְהוָה דֶּרֶךְ רָשָׁע וּמְרַדֵּף צְדָקָה יֶאֱהָב׃

¹⁰ מוּסָר רָע לְעֹזֵב אֹרַח שׂוֹנֵא תוֹכַחַת יָמוּת׃

¹¹ שְׁאוֹל וַאֲבַדּוֹן נֶגֶד יְהוָה אַף כִּי־לִבּוֹת בְּנֵי־אָדָם׃

¹² לֹא יֶאֱהַב־לֵץ הוֹכֵחַ לוֹ אֶל־חֲכָמִים לֹא יֵלֵךְ׃

⁷ Los labios de los sabios esparcen conocimiento;
no así el corazón de los necios.
⁸ El sacrificio de los impíos es una abominación a Jehovah,
pero la oración de los rectos le agrada.
⁹ Abominación es a Jehovah el camino del impío,
pero él ama al que sigue la justicia.
¹⁰ La disciplina le parece mal al que abandona el camino,
y el que aborrece la represión morirá.
¹¹ El Sheol y el Abadón están delante de Jehovah;
*¡cuánto más los corazones de los hombres!*
¹² El burlador no ama al que lo corrige,
ni acude a los sabios.

**15, 7.** *Los labios de los sabios esparcen conocimiento…* Es imposible que לֹא־כֵן pueda ser un segundo objeto en acusativo, dependiente de יְזָרוּ (*dispergunt*, no יִצְרוּ, Pr

# Primera colección: Proverbios salomónicos (Pr 10, 1 – 22, 16)

20; 28; φυλάσσουσι, como traduce Símaco): *pero el corazón de los necios es injusto* (error o falsedad, cf. Hitzig según Is 16; 6). Pero, en ese caso ¿por qué se mencionan para los sabios los labios y para los necios el corazón?

לא־כן tampoco significa οὐχ οὕτως (como en una antigua traducción griega anónima, y en Jerónimo, Targum, Véneto, Lutero). Sin duda, el corazón del necio es bastante diferente del corazón del sabio, que expande conocimiento (Zöckler); pero lo que aquí se enfrenta no es un corazón con otro corazón, sino el labio de los sabios y el corazón de los necios, que se colocan uno frente al otro. Es mejor la traducción de la LXX: οὐκ ἀσφαλεῖς, y aún mejor la del Síriaco: *lo kinîn* (el corazón de los necios no está bien, no está seguro).

Hemos visto, en Pr 11, 19, que כן como adj. significa estar de pie y tiene el sentido de ser, continuar, o también de mantenerse erguido, derecho, es decir, correctamente dirigido o teniendo la dirección correcta. En esa línea, כן־צדקה significa comportarse correctamente y, por lo tanto, mantener la rectitud genuina. Conforme a eso, después de 7a, lo más apropiado es decir que al corazón del necio le falta la receptividad para aceptar el conocimiento que los labios de los sabios esparcen por doquier. El corazón del necio no es recto, no tiene la dirección correcta, es torcido y perverso, no tiene mente para la sabiduría, de manera que la salvación que procede del sabio no encuentra en él ni estimación ni aceptación.

**15, 8.** *El sacrificio de los impíos es abominación a Yahveh, pero la oración de los rectos es su deleite.* Lo oración de los impíos corresponde a lo que aquí se dice de su sacrificio, y el sacrificio de los justos corresponde a lo que se dice de su oración (véase Pr 28, 9, cf. Sal 4, 6 con Sal 27, 6). Sin embargo, no es por accidente que aquí (en el primer estico, que equivale a Pr 21, 27) el sacrificio se atribuye a los impíos y en el segundo la oración se aplique a los rectos.

El sacrificio, como ejecución exigida por la ley de un modo material y legal, está mucho más relacionado con las obras muertas que la oración que se vincula libremente a la palabra, la expresión más directa de la personalidad del orante. Aunque no esté mandada por la ley, por ser natural a los hombres, la oración es el alma de todos los sacrificios y así lo ha viso la *hokma*, con los *Salmos* y los *Profetas*, en contra del servicio puramente ceremonial que se había vuelto formal y muerto, como un simple *opus operatum*.

La condena de los sacrificios está penetrada por el conocimiento de la incongruencia de la ofrenda de animales y alimentos que provienen de plantas. Por eso no existe ningún proverbio que diga "el sacrificio de los justos agrada a Dios". Y aunque una sentencia como esa apareciera en la Biblia no podría estar referida al sacrificio legal, sino que habría que entenderla más bien en la línea de Sal 51, 18 (no en la de Sal 51, 20ss.), conforme al sentido de 1Sa 15, 22 (no en la de Sal 66, 13-15).

La palabra זבח, cuando se distingue de עולה, significa (cf. Pr 7, 14) un tipo de ofrenda que solo en parte se ofrece sobre el altar y que, en la mayoría de los casos se aplica a una fiesta ceremonial. Esta es la palabra común para el sacrificio sangriento y, *per synecdochen*, en general, para los sacrificios legales, que consisten en una ofrenda externa. La palabra לרצין, Lv 1, 3, usada en la ley o Torá de los sacrificios, aparece aquí transferida a la oración como en Sal 19, 15. La idea fundamental del proverbio es que los sacrificios más hondos son las oraciones aceptables a Dios, oraciones que expresan la relación en que el corazón y la vida del hombre se encuentran con Dios.

**15, 9.** *Abominación a Yahvé es el camino de los impíos, pero Él ama al que busca la justicia.* Este es otro proverbio con la palabra clave תועבת. La forma y la regla de vida se llama el camino, דֶּרֶך. Por su parte, מרדף indica la búsqueda, como palabra derivada de רדף, Pr 21, 21, y puede utilizarse de un modo independiente, tanto en *bonam*, como en *malam partem* (búsqueda del bien, búsqueda del mal, cf. Pr 11, 19; Pr 13, 21). Con respecto a la forma יאהב, de amar, véase Fleischer, *Deutsch. Morgenl. Zeitsch.* XV. 382.

**15, 10.** *La corrección es dolorosa para el que abandona el camino, y el que aborrece la corrección, morirá.* El *camino*, tomado así en absoluto (aquí con אֹרַח), se refiere al camino correcto que agrada a Dios (Pr 2, 13), cuyo abandono es castigado con el castigo de la muerte, pues solo el buen camino lleva a la vida (Pr 10, 17). Y lo que les sobreviene a los que abandonan ese camino se llama מוסר רע, *castigatio* dura, de tal forma que se añade que quien no acoge la instrucción, quien la rechaza, debe finalmente recibirla contra su voluntad en forma de sanción definitiva (por la muerte). La severa corrección (cf. Is 28, 28; Is 28, 19) es precisamente la muerte bajo la cual cae quien no acepta instrucción (Pr 5, 23), una muerte que para los justos no es señal de ira ni de castigo (Pr 14, 32).

**15, 11.** *Sheol (abismo) y Abadón (destrucción) están delante de Yahvé, cuánto más los corazones de los hijos de los hombres.* Este es un silogismo que va *a minori ad majus*, de menor a mayor, con אף כי (LXX, τῶς οὐχὶ καὶ, Véneto μᾶλλον οὖν), como en 12, 32.[18] La palabra אבדון tiene un significado análogo a la de τάρταρος (cf. ταρταροῦν,

---

18. En el Rabinismo, esta forma de argumentación se llama קל וחמר (*ligero y pesado,* uno contra el otro) y דין (es decir, juicio, que va de la premisa a la conclusión), κατ᾽ ἐξ., es decir, en sentido estricto. En lugar de la forma bíblica, אף כי, este tipo de argumentación se llama כל־שכן (todo nos lleva a pensar que es así), על־אחת כמה וכמה (tanto más aún), אינו דין, o también קל וחמר (*de minori ad maius,* si lo menos es así, cuánto más será lo mayor). He estudiado el fondo hebreo de esta argumentación en comentario a *Römerbrief,* p. 14.

2Pe 2, 4, dirigirse a la región de τάρταρος), que denota la zona más baja del Hades (שאול תתית o שׁ' תתיה') y también en general, el *hades*.

מות y אבדון están conectados en Job 37, 22; por su parte, אבדון aparece como palabra paralela a קבר en Sal 88, 12 o también a שאול, en algunos pasajes semejante a este proverbio (cf. Job 26, 6; cf. Job 38, 17): "el Sheol está desnudo delante de Él, y Abaddón no tiene cobertura (nada que le cubra, está abierto ante Dios). En esa línea, אבדון es el nombre general del inframundo, incluida la tumba, es decir, el lugar interior de la tierra que recibe el cuerpo de los muertos, como reino más profundo de la muerte. Pero en los lugares como este y en Pr 27, 10 donde שאול y אבדון están juntos, ellos se relacionan entre sí como ᾅδης y ταρταρος o ἄβυσσος. En esa línea, en Ap 9, 11, אבדון es el infierno más bajo, el lugar de descenso más profundo, de máxima destrucción.

La conclusión que se extrae de este proverbio es que en todo el conjunto de la creación no hay nada que esté más separado de Dios (a mayor distancia de Dios), que la profundidad más profunda del reino de los muertos. Pues bien, aquí se dice que Dios tiene esta región completamente abierta ante Él en toda su extensión. Esta región del Sheol y Abbadón es, según eso, visible y completamente cognoscible para Dios (con נגד, acusativo adverbial): está a la vista de Dios, es totalmente visible, *conspicuum esse*.

Eso significa que Dios está presente en el inframundo, Salmo 139, 8. Según eso, si Dios conoce el abismo, mucho más ha de conocer los corazones de los hijos de los hombres, con sus pensamientos internos. El hombre ve a través del hombre, y también a través de sí mismo, pero nunca perfectamente. Dios, en cambio, puede probar el corazón y riñones de los hombres, cf. Jer 17, 10. Este proverbio nos permite entender lo que eso significa (lo que implica el conocimiento de Dios). Si Dios conoce la eternidad del abismo, del inframundo; mucho más conocerá los corazones de los hombres.

**15, 12.** *El necio no ama a quien le corrige, no acude a los sabios.* El infinitivo absoluto (הוֹכֵחַ) que se refiere a la acción puede cumplir la función de objeto, como en este caso (cf. Job 9, 18; Is 12, 24) o la de sujeto (Pr 24, 27; Job 6, 25). De esa manera, הוֹכֵחַ se construye con dativo de objeto. Sobre la probable conclusión que se deriva de pasajes como este (15, 12) y como 13, 29, y sobre el estudio de la Sabiduría en Israel he tratado en la introducción.

En vez de אֶל־, en 13, 20 leemos אֶת־. La expresión *acudir a los sabios* (אֶל־ חֲכָמִים יֵלֵךְ) significa tener relación con ellos, ir a ellos, como en Mal 2, 6, cf. Gn 5, 2, pero no en 1Sa 15, 22. El necio, que desprecia la religión y la virtud, invierte el camino del sabio, pues no quiere recibir su corrección, ni quiere que nadie le acuse por sus pecados. Él prefiere la conformidad y la compañía de aquellos que le ofrecen frívolamente su aprobación.

*Proverbios 15*

## 15, 13-17.

¹³ לֵב שָׂמֵחַ יֵיטִב פָּנִים וּבְעַצְּבַת־לֵב רוּחַ נְכֵאָה׃

¹⁴ לֵב נָבוֹן יְבַקֶּשׁ־דָּעַת (וּפִי) [וּפְנֵי] כְסִילִים יִרְעֶה אִוֶּלֶת׃

¹⁵ כָּל־יְמֵי עָנִי רָעִים וְטוֹב־לֵב מִשְׁתֶּה תָמִיד׃

¹⁶ טוֹב־מְעַט בְּיִרְאַת יְהוָה מֵאוֹצָר רָב וּמְהוּמָה בוֹ׃

¹⁷ טוֹב אֲרֻחַת יָרָק וְאַהֲבָה־שָׁם מִשּׁוֹר אָבוּס וְשִׂנְאָה־בוֹ׃

¹³ El corazón alegre hermosea el semblante,
pero por el dolor del corazón el espíritu se abate.
¹⁴ El corazón entendido busca el conocimiento,
pero la boca de los necios se apacienta de la insensatez.
¹⁵ Todos los días del pobre son malos,
pero el corazón contento tiene fiesta continua.
¹⁶ Es mejor lo poco con el temor de Jehovah
que un gran tesoro donde hay turbación.
¹⁷ Mejor es una comida de verduras donde hay amor
que de buey engordado donde hay odio.

**15, 13.** *El corazón alegre alegra el semblante…* La expresión del semblante, lo mismo que el estado espiritual de un hombre, está condicionado por la forma de ser del corazón. Un corazón alegre hace que el semblante sea טוב, es decir, amistoso, pero aquí esa apariencia de amistad se refleja en forma de alegría (porque טוב es la designación más general de lo que causa una impresión agradable a los sentidos o a la mente).

Por el contrario, la tristeza interior (con לב עצבת, en estado constructo, cf. Pr 10, 10, con חטאת igual a חטאת, de חטאה) está conectada con un corazón afligido, quebrantado y abatido. En esa situación, las funciones espirituales se paralizan, y se destruye la confianza de un hombre en sí mismo, sin la cual es imposible actuar con alegría. En ese contexto, la רוח se considera como *poder de autoconciencia y de autodeterminación*, mientras que לב expresa el "animus" (en alemán *gemut, animus*), y viene a presentarse como unidad de *pensamiento y voluntad*, es decir, como asiento de la determinación, que decide la expresión y la vida (intelectual y corporal del hombre), es decir, la acción humana en su profundidad.

En esa línea, el espíritu abatido, como el corazón quebrantado, equivale al corazón desesperanzado, que no confía en su poder, y que solo puede reanimarse por la gracia. El corazón con un semblante más doloroso puede encontrarse bien, porque el dolor tiene un poder curativo (Ec 7, 3). Pero en este verso, se expresa la verdad psicológica general, según la cual la vida corporal y espiritual del hombre se encuentran reguladas por el corazón, donde se despliega y manifiesta la apariencia

# Primera colección: Proverbios salomónicos (Pr 10, 1 – 22, 16)

total y la actividad del hombre. La traducción del רוח נכאה por "aliento roto" (Umbreit, Hitzig) resulta imposible, pues no se puede hablar de una respiración rota (cosa que implicaría muerte).

**15, 14.** *El corazón entendido busca conocimiento, y la boca de los necios practica la necedad.* Lutero piensa que יִרְעֶה (en el sentido de actuar, practicar) es una metáfora para indicar un tipo de gobierno, pero en este contexto יִרְעֶה se refiere más bien a todo tipo de actividad, de tal forma que puede aplicarse a la actuación irresponsable de los necios (véase Pr 13, 20), como en árabe *raʾy* y *rʾâyt*, estar preocupado por alguna cosa.

No se puede lograr una traducción buena a partir del *qetub* פני, que es la lectura preferida de Schultens, Hitzig, Ewald y Zöckler. Ciertamente, el predicado puede ir antes de פני, conforme a la regla semítica que se aplica para el femenino singular, como en 2Sa 10, 9, cf. Job 16, 16. El *qetub* nos sitúa ante las funciones del rostro, es decir de la mirada, que tienen gran importancia, pero que no se pueden aplicar a las determinaciones espirituales del hombre, como aquí, pues estas se aplican más bien a la boca, es decir, al espíritu, que actúa por ella.

Más que con la mirada, el corazón se relaciona con la boca, es decir, con la palabra del hombre. El corazón está dentro del hombre, y la boca fuera. Mientras el corazón da y toma, la boca solo da y lo hace siempre expresando lo que está en el corazón. En este sentido, Pr 18, 15 nos ofrece un pensamiento semejante al de este versículo, pero en vez de relacionar la boca con el corazón, allí se relaciona con el oído, que recibe la palabra. Según eso, el oído que recibe y la boca que da reflejan las dos funciones externas del corazón, que recibe como oído y que da como boca. En este contexto נבון no es un adjetivo, sino un nombre en genitivo, como en Pr 15, 28, donde צדיק (en oposición a ופי) se vincula con חכם, Pr 16, 23.

La φιλοσοφία del entendimiento (vinculado al corazón, que se expresa por la palabra) se opone a la μωρολογία (palabra insensata) de los necios. La LXX traduce καρδία ὀρθὴ ζητεῖ αἴσθησιν (el corazón recto busca la comprensión, cf. Pr 14, 10, καρδία ἁδρὸς αἰσθητική). El buen corazón busca un recto entendimiento práctico de la vida, en contra de una boca necia que practica aquello que es necedad.

**15, 15.** *Todos los días del afligido son malos, pero el de corazón alegre tiene un banquete perpetuo.* Sobre עני (afligidos), véase 21b. Se llaman así a aquellos a los que una desgracia, o varias de ellas, aprietan externa o internamente. Si una persona está rodeada de muchas bendiciones y, sin embargo, su vida es triste día a día, por hallarse siempre afligida, ello se debe a que cada nuevo día se renueva en su interior un sentimiento de aflicción, que hace que todos sus días sean malos. Por el contrario, para aquel cuyo corazón es alegre (cf. Pr 11, 13; Pr 12, 8), la vida es siempre una fiesta, un banquete (con מִשְׁתֶּה תָמִיד).

Hitzig (y también Zöckler) traducen 15b, *y (los días) del que tiene un corazón alegre son...* Otros introducen la partícula לֹ (para él, cf. Pr 27, 7), pero nuestra traducción no necesita esa partícula. Aquí tenemos una frase en la que a un sujeto lógico (árabe: *musnad ilêhi*), se le atribuye una forma de ser general: un hombre interiormente alegre es fiesta para siempre, es decir, su forma de ser es como una fiesta constante. La felicidad verdadera y real de un hombre se define así, no por las cosas externas, sino por el estado del corazón, en el cual, a pesar de la condición aparentemente próspera, una tristeza secreta puede carcomerle. En contra de eso, hay hombres que, a pesar de vivir en circunstancias externas de tristeza, se encuentran en condiciones internas de paz, gozosamente confiados en Dios.

**15, 16.** *Mejor es poco con temor de Yahvé, que gran riqueza con turbación.* La LXX traduce correctamente la ב en los dos casos (בְּוֹ y בְּיִרְאַת) por μετά. La palabra מהומה que, en otros lugares, significa desorden salvaje y confuso, aquí significa (cf. Sal 39, 7) preocupación inquieta, codiciosa, angustiosa, en oposición a la quietud y gozo que proviene del temor de Dios. En medio de una vida que, externamente puede hallarse llena de riquezas (מְאוֹצָר), hay hombres que se encuentran angustiados por un tipo de מְהוּמָה, esto es, por una especie de tormento salvaje, de andar de un sitio para el otro, buscando y siguiendo riquezas, como esclavos de *mamón*. Teodocion, lo mismo que Aquila y Símaco, traduce esta situación y este desasosiego con palabras que expresan la codicia, entendida como expresión de un tormento insaciable, con φαγέδαινα igual a φάγαινα o ἀχορτασία, palabras que responden al siríaco ענותא׳, una especie de codicia que nunca se apacigua.

**15, 17.** *Mejor comida de hierbas con amor, que buey cebado y odio con él.* Aquí se intercambian y completan בו (con toro cebado) y שׁם (hierbas con amor), que pueden referirse tanto a la compañía de cosas como de personas. Ambas partículas llevan el *daggesh forte* de conjunción; por el contrario, en Dt 30, 20; Mi 1, 11 y Dt 11, 22, la puntuación varía, si la primera de las dos palabras es un nombre de acción terminando en ה. La comida (plato, porción) se llama aquí ארחה, que la LXX y otras versiones griegas traducen por ξενισμός, entretenimiento, como aquello que se pone delante de un invitado, con un sentido que puede compararse con el árabe ârrakh (actualizar, determinar), con el que Gesenius y Dietrich comparan nuestra palabra, vinculándola con *warrh*, un denominativo del nombre de la luna.

Así se contraponen amor y odio, *amor que da la felicidad*, incluso en medio de la pobreza, y *odio que suscita la infelicidad*, incluso en medio de una gran riqueza. En esa línea, como dice el poeta latino: *cum dat oluscula mensa minúscula ritmo tranquilo, ne pete grandia lautaque prandia lite repleta* (cuando en la mesa te ofrezcan unas pobres aceitunas con tranquilidad, no pidas banquetes de grandes comidas repletos de enfrentamientos).

*Primera colección: Proverbios salomónicos (Pr 10, 1 – 22, 16)*

## 15, 18-19.

Dos proverbios que tratan de tipos diferentes de personas, con un segundo estico que termina, en ambos casos, con una palabra de engarce con sonido semejante (וארך, וארח).

18 אִישׁ חֵמָה יְגָרֶה מָדוֹן וְאֶרֶךְ אַפַּיִם יַשְׁקִיט רִיב:

19 דֶּרֶךְ עָצֵל כִּמְשֻׂכַת חָדֶק וְאֹרַח יְשָׁרִים סְלֻלָה:

<sup>18</sup> El hombre iracundo suscita contiendas,
pero el que tarda en airarse calma la riña.
<sup>19</sup> El camino del perezoso es como cerco de espinas,
pero la senda de los rectos es llana.

**15, 18.** *El hombre apasionado suscita contiendas...* Pr 28, 25 y Pr 29, 22 son variaciones de la primera línea de este proverbio. El *piel* גרה aparece tres veces en esta frase (cf. גרה מדון). Ese verbo, גרה, de la raíz גר, moler, golpear, irritar, tiene un sentido semejante al del verbo עורר, excitar, Pr 10, 12, y al חרחר, prender fuego, Pr 26, 21, cf. שלח, Pr 6, 14 (aunque de raíz diferente). Con respecto a חמה, véase Pr 15, 1. En esa línea, a un hombre iracundo le llamamos "cabeza caliente". De todas formas (excepto en el libro de Daniel), la Biblia no vincula la cabeza, sino el corazón, con eventos psíquico-espirituales (*Psychologie*, p. 254).

En referencia a ארך אפים (segundo estico) véase Pr 14, 29. Por su parte, la LXX (que contiene una traducción de este proverbio, y además una variación de su sentido) traduce este estico como lo hace Syr., diciendo: μακρόθυμος δὲ καὶ τὴν μέλλουσαν καταπραΰνει, el que es lento a la ira elimina la lucha en su origen, del modo que fuere. Ambas cosas son verdaderas: (a) por una parte, el que es lento a la ira, aquel que no se enoja fácilmente, apacigua la contienda en la que se encuentra ya inmerso; (b) por otra parte, el que es lento a la ira evita la contienda porque, en contra de la provocación y la conducta injuriosa, responde con una actitud de mansedumbre paciente (מרפא, Ec 10, 4).

**15, 19.** *El camino de los perezosos es como un seto de espinos; pero el camino de los rectos está pavimentado.* Hitzig pasa por alto el contraste entre אצל (perezoso) y ישרים (rectos), y en lugar de perezoso dice עריץ, tirano. Pero ¿en qué se distingue el perezoso del ישר? Ciertamente no hay un contraste de contradicción entre ellos; pero el perezoso no actúa con rectitud, no cumple con el deber del trabajo que es común para todos los hombres, ni con el deber de su propia vocación particular. El camino de una persona así, perezosa, es כמשכת חדק, está como rodeado de un cerco de espinas (de חדק, raíz חד, ser puntiagudo, *hadk*, rodear), de modo que no avanza, y ve obstáculos y dificultades en todas partes.

356

Proverbios 15

El perezoso es un hombre que se asusta y que, de esa forma, se excusa, evita su trabajo, su falta de voluntad, de manera que al fin no hace nada. Por el contrario, el camino de aquellos que acogen y responden verdadera y honestamente a la llamada que han recibido, y persiguen su objetivo, viene a presentarse como una vía hábilmente construida, para que los hombres laboriosos avancen por ella, sin obstáculos y rápidamente (sobre סְלֻלָה de la raíz סל, *aggerare*, abrir el camino, cf. Jer 18, 15 con Is 49, 11 e Is 4, 8). La palabra סלסל estaba todavía en uso en el idioma común de Palestina en el siglo II d.C., cf. *Rosch haschana*, 26b.

## 15, 20-23.

Esta colección de proverbios salomónicos comenzó en Pr 10, 1, con un proverbio que se refería al cuarto mandamiento del catecismo de Lutero. Por otra parte, la sección principal de estos proverbios comenzó igualmente en Pr 13, 1. El editor era consciente de ellos como lo muestra la homogeneidad de los proverbios 15, 19 y 12, 28, que forman la conclusión de la primera y segunda sección del conjunto. En esta nueva sección (a excepción de 15, 25) se repite la palabra ישׂמח (alegría, alegrarse) de 10, 1. Comenzamos pues esta nueva sección con 15, 20-23:

20 בֵּן חָכָם יְשַׂמַּח־אָב וּכְסִיל אָדָם בּוֹזֶה אִמּוֹ׃

21 אִוֶּלֶת שִׂמְחָה לַחֲסַר־לֵב וְאִישׁ תְּבוּנָה יְיַשֶּׁר־לָכֶת׃

22 הָפֵר מַחֲשָׁבוֹת בְּאֵין סוֹד וּבְרֹב יוֹעֲצִים תָּקוּם׃

23 שִׂמְחָה לָאִישׁ בְּמַעֲנֵה־פִיו וְדָבָר בְּעִתּוֹ מַה־טּוֹב׃

20 El hijo sabio alegra al padre,
pero el hombre necio menosprecia a su madre.

21 La insensatez le es alegría al falto de entendimiento,
pero el hombre prudente endereza su andar.

22 Donde no hay consulta los planes se frustran,
pero con multitud de consejeros, se realizan.

23 El hombre se alegra con la respuesta de su boca;
y la palabra dicha a tiempo, ¡cuán buena es!

**15, 20.** *El hijo sabio alegra al padre, y el hombre necio desprecia a su madre.* El primer estico equivale a Pr 10, 1. La conexión de genitivo כסיל אדם (aquí y en Pr 21, 20) no ha de entenderse en la línea de "*el más necio de los hombres*", sino como en פרא אדם, Gn 16, 12. En el Génesis se trata de un hombre que se parece a los onagros; en nuestro caso, el וּכְסִיל אָדָם es un hombre de la clase necia, un hombre que es ejemplo de necedad. La verdadera piedad que consiste en "escuchar" a los padres es sabiduría: lo contrario a eso es gran necedad.

357

*Primera colección: Proverbios salomónicos (Pr 10, 1 – 22, 16)*

**15, 21.** *La necedad es alegría para el falto de entendimiento; pero el hombre de entendimiento va derecho hacia adelante.* Con respecto a חסר־לב, véase Pr 6, 32 (cf. *libîb,* que en samaritano significa "amado", en sirio "valiente" y en árabe y etíope *cordatus,* hombre de corazón). Para איש תבונה, Pr 10, 23, y יֹשֶׁר, con el acusativo de dirección, cf. Pr 3, 6. Como consecuencia del contraste, el significado de 21a es diferente al de Pr 10, 23, según el cual el pecado es para el necio como el juego para un niño.

אִוֶּלֶת significa aquí insensatez y desacierto, desviarse de todo tipo de camino bueno y, especialmente, del camino del deber de cada uno. Este camino de insensatez es el que da alegría al necio, que se aparta del cumplimiento riguroso y fiel de los deberes de su estado, y así pierde tiempo y fuerza. Por el contrario, un hombre de entendimiento, que percibe y rechaza la vanidad y la indignidad de la conducta del necio, mantiene la dirección recta de su marcha, sin ser desviado o retenido, de manera que va derecho hacia adelante, es decir, fiel al deber, persiguiendo la meta de su vocación. לכת es acusativo, como en Pr 30, 29 y Mi 6, 8.

**15, 22.** *Quebrantamiento de planes donde no hay consejo; pero donde hay muchos consejeros se cumplen los planes.* Sin duda, según los proverbios es cierto que "so viel Köpfe so viel Sinne" (*quot homines, tot sententiae,* muchos hombres, muchas sentencias), y "viel Rath ist Unrath" (muchos consejos mal conejo, *ne quid nimis*), y similares. Pero no puede convertirse en regla de moral no aceptar el consejo para no desviarnos; por el contrario, es y sigue siendo una regla de moral, no seguir obstinadamente el propio corazón (la propia decisión). Por eso, la actitud del sabio no es cumplir imperiosamente la propia voluntad, sino recibir el consejo de otros. Es muy importante escuchar el consejo de amigos inteligentes y honestos, especialmente cuando se trate de asuntos de peso, que no afecten solo a la propia persona, sino al bien común. En ese caso, hay que escuchar no solo el consejo de uno, sino el de varios consejeros.

No solo un organismo como el Estado moderno, sino también el antiguo modelo mosaico de la comunidad israelita, con su organización representativa, sus cortes y consejos, descansaba sobre la justicia compartida, sobre la importancia del dicho expresado en Pr 11, 14, y aquí generalizado de aconsejarse bien.

הפר, infinito absoluto *hifil* de פרר, con acusativo, significa romper, quebrarse. Donde no hay deliberación los pensamientos y planes fracasan, *irrita fiunt consilia* (los consejos se rompen…). סוד (como יסוד, cf. נוסד Sal 2, 2) significa propiamente acercarse, para deliberar y tomar consejo (cf. Árabe *sâwada,* juntarse caminar con otros). La LXX traduce: *sus planes no se ejecutan* allí donde los hombres no honran los consejos (cf. μὴ τιμῶντες συνέδρια. Por su parte, Símaco traduce literalmente: διασκεδάζονται λογισμοὶ μὴ ὄντος συμβουλίου. El sujeto de תקום es, como en Jer 4, 14; Jer 51, 29, מחשבות.

**15, 23.** *El hombre se alegra por la buena respuesta de su boca; y una palabra a su tiempo, ¡qué hermosa es!* Si traducimos מענה solo por "respuesta", 23a suena como un elogio de la autocomplacencia; pero hay que matizar poniendo "respuesta buena" (Pr 29, 19), adecuada (Job 32, 3; Job 32, 5), apropiada (cf. 28a, Pr 16, 1). Aquí no se alude a una respuesta hiriente, ni al triunfo particular de unos contra otros; no se trata solo de una alegría humillando a otros (שׂמחה ב en la línea de שׂמח ב, p. ej., Pr 23, 24). En ese sentido, la buena respuesta no siempre tiene éxito.

Una respuesta como la que propone este proverbio, es una réplica que, según las circunstancias, cierra el camino del mal y que de esa forma pacifica y crea comunión (Pr 24, 26), es un resultado afortunado, un regalo de lo alto. El estico paralelo sinónimo (de 23b) mide lo que es apropiado, no en referencia a la respuesta concreta, sino desde un punto de vista de su valor y conveniencia. עת (igual a עדת de יעד) es aquí "lo éticamente correcto, en un determinado momento (דָּבָר בְּעִתּוֹ), ajustándose a las leyes de la sabiduría (moral)" (véase Orelli, *Synonyma der Zeit u. Ewigkeit*, p. 48), cf. על־אפניו (con las propuestas de Lutero, tan certeras en su tiempo), Pr 25, 11. Para מה־טוב, cf. Pr 16, 16, donde se vinculan dos ideas: que la palabra ha sido conveniente y que ha tenido éxito, que ha sido bienvenida, agradable y benéfica.

## 15, 24-27.

Siguen cuatro proverbios con doctrinas básicamente diferentes sobre temas concretos de la vida de los hombres.

24 אֹרַח חַיִּים לְמַעְלָה לְמַשְׂכִּיל לְמַעַן סוּר מִשְּׁאוֹל מָטָּה׃

25 בֵּית גֵּאִים יִסַּח ׀ יְהוָה וְיַצֵּב גְּבוּל אַלְמָנָה׃

26 תּוֹעֲבַת יְהוָה מַחְשְׁבוֹת רָע וּטְהֹרִים אִמְרֵי־נֹעַם׃

27 עֹכֵר בֵּיתוֹ בּוֹצֵעַ בָּצַע וְשׂוֹנֵא מַתָּנֹת יִחְיֶה׃

24 Al prudente, el camino de vida le conduce arriba,
para apartarse del Seol abajo.
25 Jehovah derribará la casa de los soberbios,
pero afirmará los linderos de la viuda.
26 Los pensamientos del malo son una abominación a Jehovah,
pero las expresiones agradables son puras.
27 El que tiene ganancias injustas perturba su casa,
pero el que aborrece el soborno vivirá.

**15, 24.** *El hombre de entendimiento sube por el camino de la vida, para apartarse del infierno inferior.* El camino de la vida es uno, Pr 5, 6; Sal 16, 11 (donde, a

359

## Primera colección: Proverbios salomónicos (Pr 10, 1 – 22, 16)

pesar de la falta del artículo, la idea está lógicamente determinada), aunque en sí misma evoca una pluralidad de ארחות, Pr 2, 19. "El camino de vida" es una forma de conducta que conduce a la Vida. El tema de un camino va hacia למעלה, hacia arriba (como en Ec 3, 21, donde se mantiene abierta la cuestión de si el espíritu de un hombre en su muerte sube al alto o baja al abismo). Ese conocimiento de la alternativa sigue abierto, como muestra el paralelo entre משאול מטה y ארח חיים como adjetivo virtual, con el sentido de una forma de vida que conduce hacia arriba.

En esa línea, la ל de למשכיל es una *lamed de posesión*, pero no como de posesión pasiva, sino de actividad personal, como en דרך לו, con el sentido de *hacer un viaje, encontrarse de viaje*, 1Re 18, 27. La expresión למען סור no se entiende simplemente, como לסור, Pr 13, 14; Pr 14, 27, como expresión de un fin y consecuencia externa, sino que ha de entenderse en sentido subjetivo, indicando una intención, la intención de separarse del infierno de abajo, realizando una actividad correspondiente a esta intención (la actividad de subir..., de salvarse...).

El A.T. va ofreciendo una revelación del cielo, es decir, del estado de la revelación de Dios en gloria, aunque no la entiende todavía como morada de los hombres ya salvados. El camino de los que mueren conduce, según el A.T., hacia lo inferior, es decir, hacia abajo al Sheol; pero las tradiciones de Henoc y Elías ofrecen unos hechos que, pudiendo entenderse como una excepción, rompen la oscura monotonía de esa representación de descenso y, así como entre los griegos los misterios animaban a mantener una esperanza más dulce (ἡδυστέρας ἐλπίδας), así en Israel ha venido a desarrollarse una *hokma* abierta hacia la altura, abriendo un camino superior de vida, y arrojando ya una luz de vida sobre la oscuridad del Sheol, de manera que puede hablarse de inmortalidad, es decir, de vida eterna, ζωὴ αἰώνιος (Pr 12, 28, cf. *Psychologie*, p. 407ss.). Este es un descubrimiento que se hace ahora por primera vez, de un modo destacado, pero solo como un presentimiento, un camino, un enigma.

La idea del Sheol está así en camino de transformarse, de manera que en vez de ser lugar de reunión de todos los que han muerto comienza a ser lugar de castigo para los impíos (Pr 7, 27; Pr 9, 18). De esa manera entran en contraste directo el camino que conduce hacia arriba, εἰς τὴν ζωὴν, y el que conduce hacia abajo, εἰς τὴν ἀπωλειαν (Mt 7, 13).

**15, 25.** *Yahvé destruye la casa del soberbio, y mantiene (establece) la heredad de la viuda.* El poder sin nombre que aparece y actúa de forma destructora, יסחו, en Pr 2, 22 (cf. Pr 14, 11), se muestra aquí con un nombre, de forma que se dice יִסַּח יְהוָה (Yahvé destruye, con palabras que deben señalarse con *mercha* y *pasek* a continuación).

El verbo יצב (y establece: וְיַצֵּב) es un futuro abreviado, que se utiliza con estilo elevado, por ejemplo, en Dt 32, 8, y también como indicativo, —una circunstancia sintáctica que hace superflua la corrección que propone Hitzig ויצב. Yahvé establece el límite (los términos, las lindes) de la posesión de la tierra de las viudas, que habían sido despojadas por los גאים (LXX, ὑβριστῶν).

La posesión de la tierra en Israel fue asegurada formulando un severo castigo contra aquellos que quitaran el "mojón" (Dt 19, 14; Dt 27, 17). En esa línea, la *hokma* (Pr 22, 28; Pr 24, 2) al igual que los profetas (como en Os 5, 10) inculca la inviolabilidad de los límites de la heredad de las familias (en este caso la de las viudas), de manera que el mismísimo Yahvé aparece como guardián de esos derechos.

**15, 26.** *Los pensamientos de los impíos son abominación a Yahvé, pero las palabras de gracia son puras para Él.* Los pensamientos (Lutero: los planes) de los malvados, entendidos en sentido general, son malos, con רע como en Pr 2, 14, אושת רע, Pr 6, 24 (cf. persa: *merdi nîku*, el hombre de bien es un hombre bueno), véase Friedr. Philippi, *Status Constructus*, p. 121.

Los pensamientos que son de tipo malo y de mala tendencia (como puede verse por el estico paralelo, los que van en contra de los demás) son una abominación contra Dios. Por el contrario, las palabras de gracia son puras ante Dios, pues sus ojos, no pueden ver la iniquidad (Hab 1, 13). Esas son אמרי-נעם, palabras de compasión y de amistad hacia los hombres, palabras que (conforme a 26a) son la expresión de unos pensamientos buenos, palabras sinceras y benévolas, cuya influencia en el alma y el cuerpo de aquel a quien se refieren se describen, por ejemplo, en Pr 16, 24.

El Syr., Targ., Símaco, Teodocion y el Véneto toman וטהורים como predicado, mientras que, por el contrario, la LXX, Jerónimo y Lutero (quien finalmente se decidió por la traducción, "pero los puros hablan cómodamente") piensan que esa palabra es sujeto. Esa segunda opinión va en contra del texto, pues en esa línea se debería utilizar la palabra אמרים o דברי. Por otra parte, el paralelismo requiere que טהורים pueda vincularse con ה'. תועבת. Según eso, וטהורים corresponde al juicio de Dios, que se determina según el motivo de la ley pura e inmaculada. Solo aquello que procede de la ley pura e inmaculada es puro ante Dios y, por lo tanto, es también puro en sí mismo.

**15, 27.** *El que sirve a la avaricia, alborota su casa; pero el que aborrece los dones (sobornos) vivirá.* Sobre בצע בצע, véase Pr 1, 19, y sobre עכר ביתו, cf. Pr 11, 29, donde esa expresión está como sujeto, mientras aquí es objeto. Por su parte, Pr 28, 16 es una variación de 15, 27b. En esa línea, מתנות son aquí dones en el sentido de Ec 7, 7, es decir, aquellos sobornos que pervierten el juicio y causan injusticia entre personas. A partir de aquí, la LXX mezcla una serie de proverbios con los del capítulo siguiente.

## 15, 28-33.

Siguen aquí, primero, dos proverbios que tratan sobre los justos y los malvados (15, 28-29); después otros dos que tratan de los ojos y el oído (15, 29-31) y, finalmente, otros dos que tienen como palabra clave מוּסר, la corrección.

לֵב צַדִּיק יֶהְגֶּה לַעֲנוֹת וּפִי רְשָׁעִים יַבִּיעַ רָעוֹת: ²⁸
רָחוֹק יְהֹוָה מֵרְשָׁעִים וּתְפִלַּת צַדִּיקִים יִשְׁמָע: ²⁹
מְאוֹר־עֵינַיִם יְשַׂמַּח־לֵב שְׁמוּעָה טוֹבָה תְּדַשֶּׁן־עָצֶם: ³⁰
אֹזֶן שֹׁמַעַת תּוֹכַחַת חַיִּים בְּקֶרֶב חֲכָמִים תָּלִין: ³¹
פּוֹרֵעַ מוּסָר מוֹאֵס נַפְשׁוֹ וְשׁוֹמֵעַ תּוֹכַחַת קוֹנֶה לֵּב: ³²
יִרְאַת יְהֹוָה מוּסַר חָכְמָה וְלִפְנֵי כָבוֹד עֲנָוָה: ³³

²⁸ El corazón del justo piensa para responder,
pero la boca de los impíos expresa maldades.

²⁹ Lejos está Jehovah de los impíos,
pero escucha la oración de los justos.

³⁰ La luz de los ojos alegra el corazón, y una buena noticia nutre los huesos.

³¹ El oído que atiende a la represión de la vida
vivirá entre los sabios.

³² El que tiene en poco la disciplina menosprecia su vida,
pero el que acepta la represión adquiere entendimiento.

³³ El temor de Jehovah es la enseñanza de la sabiduría,
y antes de la honra está la humildad.

**15, 28.** *El corazón del justo busca...* En lugar de לענות, la LXX (Syr. y Targ.) supone que el texto hebreo pone אמונות, πίστεις, es decir, cosas fieles. Jerónimo traduce falsamente *obedientiam* (de ענה, doblegarse); Meri piensa que la palabra de fondo es לענה, *ajenjo*, porque el corazón del justo descubre en sí mismo la miseria y la vanidad de esta vida presente; Hitzig corrige este verso como hace con los tres anteriores: el corazón del justo piensa en ענוות, un plural del verbo ענוה (pobrezas) que, excepto en esta corrección, no existe en hebreo. Pero el proverbio, tal como está, sin corrección ni mutilación alguna, es perfecto en sí mismo, por la finura de su expresión y la agudeza de sus contrastes.

En lugar de justos, podría hablarse de sabios, y en lugar de impíos de necios (cf. 15, 2b); pero el poeta entiende y formula este proverbio desde la perspectiva del deber hacia el prójimo. Una nota característica del justo es que no da rienda suelta a su lengua, sino que la modera. Por eso, como Lutero tradujo, el corazón del justo considera (en alemán *thichtet*, pensar cuidadosamente) lo que se debe responder, con מה־לענות, es decir, procura responder correctamente, porque la palabra ענות se usa en ese sentido como se ve en 23a. Por el contrario, los impíos

362

son imprudentes con la boca, en contra de los justos, que son de corazón reflexivo, de manera que su boca vomita (*effutit*) el mal; en ese sentido, ellos no se detienen primero a pensar con el corazón aquello que puede ser correcto y justo en cada caso.

**15, 29.** *Yahvé está lejos de los impíos; pero escucha la oración de los justos.* El primer estico es una variante de 15, 8b. Dios está lejos de los impíos, es decir, como observa Policronio, *non spatii intercapedine, sed sententiae diversitate* (no por lejanía espacial, sino por diversidad de pensamiento). En otras palabras, Dios se ha separado de los impíos (חלץ מהם) por su presencia llena de gracia, como supone Os 10, 6, de modo que, si los impíos oran, su oración no llega hasta Él. Por el contrario, Dios escucha la oración de los justos, está amablemente cercano, de forma que los justos tienen acceso a Él. Dios escucha las peticiones de los justos; y si no siempre se cumplen en sentido externo, ellas no quedan sin respuesta (Sal 145, 18).

**15, 30.** *La luz de los ojos alegra el corazón, y los huesos; mensajes buenos robustecen los huesos.* Hitzig corrige también aquí, poniendo מראה עינים, lo que se ve con los ojos, es decir, lo que se ve tras un largo deseo; ciertamente מראה עינים puede significar no solo lo que los ojos ven (Is 11, 3), sino también aquello que los ojos "quieren" ver. Pero lo que dice Hitzig, justificando su corrección, que מאור nunca significa luz, ni rayo, ni brillo, sino lámpara (φωστήρ) no es cierto.

Ciertamente, מאור עינים no puede significar una visión alegre (Lutero) en un sentido objetivo (LXX: θεωρῶν ὀφθαλμὸς καλά), como un jardín verde o un arroyo que fluye a través de un paisaje (Rashi), porque eso sería מראה מאיר יי, "brillo que los ojos ven" (Bertheau). La expresión genitiva מְאוֹר־ עֵינַיִם no significa la luz externa que se presenta a los ojos sino, como en אור עינים (Sal 38, 11) y expresiones similares, la luz del ojo mismo (ojos brillantes o alegres), la luz interior de los ojos, de la vida humana.

En esa línea, מאור no significa solo la luz como tal, sino también la iluminación, cf. Éx 35, 14 y en otros lugares: no solo lo que (ὅ, τι) da luz, sino también (con ὅτι) *la luz misma que surge y está presente*, de forma que podemos traducir, aquí como en Sal 90, 8: el brillo del ojo luminoso, aquello que da luz. No se trata, por tanto, del brillo del ojo, sino más bien del propio ojo brillante, luminoso, no solo el nuestro, sino el ojo brillante y feliz de otros que se encuentran con nosotros.

Los ojos brillantes expresan la alegría del corazón, no solo del nuestro, sino de los otros, de manera que seamos capaces de alegrarnos en, con y por ellos, como se dice en χαίρειν μετὰ χαιρόντων (Ro 12, 15: alegraos con los que se alegran). En conexión con Pr 16, 15, este proverbio nos sitúa ante un semblante radiante de amor, un semblante en el que se refleja el amor gozoso hacia nosotros, un amor que arde en nuestro propio corazón, comunicándonos un fuerte sentimiento de alegría. Los antiguos intérpretes judíos aplican esta expresión, מאור עינים, a la iluminación

*Primera colección: Proverbios salomónicos (Pr 10, 1 – 22, 16)*

del ojo de la mente, motivo que Euchel traduce hablando de la "inteligencia clara". Pero Rashi ha contestado que esa no es una simple explicación, sino un *midrash* o interpretación de las palabras.

Por su parte, Pr 25, 25 confirma que, en la segunda línea de este dístico sinónimo, la expresión שְׁמוּעָה טוֹבָה no significa *alloquium humanum* (una alocución humana, *Florilegio*), ni un buen informe que uno oye de sí mismo, sino *un buen mensaje* en cuanto tal. Ciertamente, שמועה como participio neutro, puede significar *lo que se escucha*, pero la comparación de ישועה con שבועה, muestra más bien que se trata de una formación abstracta como גדלה, גאלה y גדולה de manera que la LXX la traduce por ἀκοή (mensaje, dicho; en este pasaje por φήμη). Con respecto a דשׁן, en el sentido de satisfacer o refrescar (expresión favorita de los Proverbios), véase Pr 11, 25; Pr 13, 4.

**15, 31.** *El oído que oye la doctrina de la vida se mantiene en el ambiente de los sabios.* En Pr 6, 33, תוכחות מוסר significa instrucciones que apuntan a la disciplina, así aquí תוכחת חיים significa instrucciones que tienen como finalidad la vida, es decir, que muestran cómo uno puede alcanzar la vida verdadera. El cambio que propone Hitzig, poniendo חיים en lugar de חֲכָמִים es pura fantasía. El texto dice que el oído que voluntariamente oye y recibe la doctrina de la vida vendrá a habitar entre los sabios: esto se dice por *sinécdoque partis pro persona*, poniendo אזן, oído, que es una parte, como en Job 29, 11, en lugar de toda la persona. El que oye la doctrina de la vida tendrá su residencia entre los sabios, formando así parte de ellos, *inter eos sedem firmam habebit iisque annumerabitur* (Florilegio).

Ciertamente, esta traducción puede sorprender por la dureza de la sinécdoque y por el carácter circunstancial de la expresión (cf. Pr 13, 20, יחכם). Pero esto es precisamente lo que sucede allí donde alguien voluntariamente permite que se le diga lo que debe hacer y sufrir para ser partícipe de la vida, permaneciendo así muy gustosamente en el círculo de los sabios, donde encuentra su lugar apropiado.

La palabra "permanecer" (תָּלִין) significa estrictamente "pasar la noche" (con לין, permanecer, palabra vinculada a ליל, *noche*). Esta palabra se utiliza también con frecuencia en otros lugares para indicar la estancia prolongada en un lugar o casa, por ejemplo, en Is 1, 21.

בקרב tiene aquí un sentido diferente al que tenía en Pr 14, 23, donde significaba "en el corazón". En la LXX falta este proverbio. Las otras traducciones griegas tienen οὖς ἀκοῦον ἐλέγχους χωῆς ἐν μέσῳ σοφῶν αὐλισθήσεται (cf. los oídos de los que escuchan la corrección habitarán con los sabios). De un modo semejante traducen el texto sirio, el Targum, Jerónimo, el Véneto y Lutero, pero en forma de predicción (serán como los sabios, Midrash, זוכה לישב בישיבת חכמים) más que de descripción de su carácter (son como los sabios).

364

**15, 32.** *El que rechaza la corrección menosprecia su alma; pero el que oye la reprensión adquiere entendimiento.* Con respecto a מוסר פורע, véase Pr 13, 18; Pr 1, 25. Con respecto a מואס נפשו (menosprecia su alma/vida), cf. Pr 8, 36. La palabra נפשו tiene un sentido más amplio que עצמו, yo, pues equivale a חייו (su vida, cf. Job 9, 21).

En esa línea, נפש es el vínculo de unión entre la vida intelectual y la corporal. Menospreciar el alma significa, según eso, descuidar y poner en peligro la misma vida, en una línea que puede conducir al suicidio (15, 10b). Pr 19, 8 ofrece una variación derivada de este dístico, "El que adquiere entendimiento ama su alma", que la LXX traduce ἀγαπᾷ ψυχὴν αὐτοῦ, ama su alma. לב no se considera como un poder formal, abstracto, sino más bien operativo, como entendimiento que actúa de conformidad con su destino.

**15, 33.** *El temor de Jehová es instrucción de sabiduría; y antes del honor está la humildad.* Podemos considerar יִרְאַת יְהוָה (temor de Yahvé) también aquí como predicado. El temor de Yahvé ha de entenderse como principio educativo y fin de la educación de *la hokma*; pero también puede entenderse como sentido y contenido de la educación y, en esa línea, se sitúa la traducción de Lutero, "el temor del Señor es disciplina para la sabiduría"; el temor de Dios, continuamente ejercitado y probado, es la escuela correcta de sabiduría, y la humildad es el camino recto para honrar a Dios y alcanzar esa sabiduría. Como indica la frase מוּסַר הַשֵׂכֶל, la disciplina hace a uno sabio, vinculando a la persona con la sabiduría, como en Pr 1, 3.

El segundo estico está evocado en Pr 18, 12, "El orgullo precede a la caída". Por su parte, refiriéndose a la expresión "antes de que uno llegue a la honra, debe sufrir". Lutero traduce pensando que la palabra de fondo es עני en lugar de ענוה. Por su parte, el texto sirio invierte la idea, diciendo que *el honor del humilde va delante de él.* Así lo hace también una de las versiones griegas anónimas, προπορεύεται δὲ ταπεινοῖς δόξα (la gloria precede a los humildes). Pero, como indica el proverbio anterior, la δόξα viene después. El camino a la altura pasa por la hondura de la humildad bajo la mano de Dios, tal como lo expresa la palabra ענוה, que indica la autohumillación.


# Proverbios 16

## 16, 1-4. Cuatro proverbios sobre Dios que dispone todas las cosas

$^1$ לְאָדָם מַעַרְכֵי־לֵב וּמֵיְהוָה מַעֲנֵה לָשׁוֹן:
$^2$ כָּל־דַּרְכֵי־אִישׁ זַךְ בְּעֵינָיו וְתֹכֵן רוּחוֹת יְהוָה:
$^3$ גֹּל אֶל־יְהוָה מַעֲשֶׂיךָ וְיִכֹּנוּ מַחְשְׁבֹתֶיךָ:
$^4$ כָּל פָּעַל יְהוָה לַמַּעֲנֵהוּ וְגַם־רָשָׁע לְיוֹם רָעָה:

*Primera colección: Proverbios salomónicos (Pr 10, 1 – 22, 16)*

¹ Del hombre son los planes del corazón,
pero de Jehovah es la respuesta de la lengua.
² Todo camino del hombre es limpio en su propia opinión,
pero Jehovah es el que examina los espíritus.
³ Encomienda a Jehovah tus obras,
y tus pensamientos serán afirmados.
⁴ Todo lo ha hecho Jehovah para su propio propósito;
y aun al impío, para el día malo.

**16, 1.** *Del hombre son los consejos del corazón; pero la respuesta de la lengua viene de Yahvé.* Gesenius, Ewald y Bertheau piensan incorrectamente que 1b habla de oír, es decir, de escuchar una respuesta favorable a lo que desea la lengua. Pero 1a no habla de deseos, y el genitivo después de מענה (מַעֲנֵה לָשׁוֹן, respuesta de la lengua), como en Pr 15, 23; Mi 3, 7, en virtud del paralelismo, es un *genitivo de sujeto, gen. subjecti.*

En esa línea, el texto de Pr 15, 23 nos permite encontrar un sentido correcto a la frase. Una buena respuesta es causa de alegría para aquel que ha tenido un buen consejo en el corazón. No se trata de que uno haya tenido el buen consejo y de que él mismo haya dado la buena respuesta, pues no siempre sucede que uno encuentre y pueda responder con la expresión adecuada y eficaz para decir así lo que tiene en su mente. El hombre puede tener en su corazón un tipo de buen consejo, pero no siempre puede expresarlo bien; la buena expresión del pensamiento es un don que viene del alto y que se le da de esa manera al hombre (δοθήσεται, Mt 10, 19).

En esa línea, dado que מענה no significa responder en general (Euchel) ni está en cuestión aquí el dar un informe (Löwenstein), según el significado de la palabra, debemos afirmar que el proverbio está pensando en una misma persona, que no solo sabe pensar bien (tener en el corazón un buen consejo), sino que encuentra también la palabra recta para responder y expresar de esa forma el buen consejo.

El esquema de acción (primero proyecto, luego premeditación) que esa persona despliega y proclama en su corazón se describe aquí como מערכי־לב, de ערך, que significa arreglar, disponer, juntar, analizando y poniendo un asunto en orden, dentro del propio corazón, es decir, en el pensamiento interior. Estas reflexiones, que se dirigen unas veces en una dirección y otras en otra para solucionar así la cuestión de fondo, resolviendo interiormente el problema, aparecen de esa manera como "cosas de hombres"; pero la respuesta que proviene finalmente de la lengua y que aquí, conforme al sentido pleno de la palabra מענה (véase Pr 15, 23; Pr 15, 28), una respuesta correcta, apropiada, eficaz, solo puede provenir de Dios.

Hay un pensamiento interior que se toma, según eso, básicamente como humano. Pero ese pensamiento en sí no basta para solucionar los problemas. Es necesario no solo pensar bien, sino responder adecuadamente con la palabra justa.

Esa palabra justa que completa el buen pensamiento se considera aquí como don de Dios. Este proverbio nos sitúa así ante una cuestión de experiencia que pueden atestiguar tanto el predicador, como el orador público y todo autor y todo hombre que tiene que responder en circunstancias y temas de peso y de difícil solución.

En el proceso en que los pensamientos interiores se siguen unos a otros en la mente, mientras el autor o predicador hace intentos de organizar bien sus ideas y de encontrar las palabras justas para ello, puede darse una especie de caos mental de pensamientos. Solo cuando finalmente, uno encuentre no solo el pensamiento correcto, sino la expresión adecuada para declararlo nos parece que hemos recibido una iluminación más alta, como un regalo de Dios. Nosotros hemos tenido los pensamientos interiores del corazón, pero ha sido el poder superior de Dios el que ha influido en nuestros pensamientos e imaginaciones, concediéndonos así la respuesta justa, es decir, la forma de expresarlos. En esa línea, tenemos que pensar en las palabras de Pablo cuando dice que la ἡ ἱκανότης ἡμῶν ἐκ τοῦ Θεοῦ (2Co 3, 5), *la capacidad para hablar bien nos la ha dado el Dios vivo*. La palabra verdadera, justa y apropiada para expresar nuestros pensamientos a los demás nos la concede siempre Dios.

**16, 2.** *Todo camino del hombre es puro en su propia opinión; pero el que examina los espíritus es Yahvé*. Encontramos variaciones de este verso en Pr 21, 2, donde se utiliza la palabra יָשָׁר (recto) en vez de זַךְ (que, según su raíz, significa brillante claro, sin mancha, puro, véase Fleischer, en Levy, *Chaldeische Wörterbuch,* i. 424). La expresión כָּל־דַּרְכֵי, todo camino, está en singular (pues כֹּל significa la totalidad), de manera que el predicado tiene que seguir en singular, como en Is 64, 10; Ez 31, 15.

Por lo demás, para todo este versículo, cf. Pr 14, 12, donde, en lugar de בְּעֵינָי (ante sus ojos) se usa לִפְנֵי (ante sí mismo, en su propia opinión). Para 2b, cf. también Pr 24, 12, donde Dios se describe como תֹּכֵן לִבּוֹת. El verbo תֹּכֵן es una formación secundaria de כּוּן (véase Hupfeld sobre Sal 5, 7), como el árabe *tyaḵn* (ser rápido, seguro), por medio del reflexivo הִתְכּוֹנֵן, del árabe *aitḵn*. תֹּכֵן significa "regular", en el sentido de "regulado" (conforme a una *regula*, una regla de medir, valorar, pesar, cf. Teodocion, ἑδράζων, *stabiliens*, texto sirio y Targum). מְתֻקָּן, Véneto, Καταρτίζει. En esa línea, Lutero traduce "pero el Señor hace seguro el corazón"; Jerónimo puntualiza: *spiritum ponderator est Dominus* (el que pondera los espíritus es el Señor).

El juicio de un hombre con respecto al sentido más hondo de la vida está expuesto a un gran y sutil autoengaño; pero Dios tiene la medida y el peso, es decir, los medios de probar, de apreciar los espíritus según su verdadero valor moral. Su investigación va a la raíz (cf. κριτικός, Heb 4, 12), su juicio se basa en el conocimiento del verdadero estado de la cuestión, y excluye todo engaño, de modo que así el hombre no puede escapar del peligro de la confusión por ningún

# Primera colección: Proverbios salomónicos (Pr 10, 1 – 22, 16)

otro medio sino solo poniendo su camino, es decir, su vida exterior e interior, a la luz de la palabra de Dios, y deseando para sí mismo la prueba omnipenetrante del Escrutador de los corazones (Sal 139, 23) que es Dios. El verdadero conocimiento viene de Dios, que nos conoce por dentro.

**16, 3.** *Encomienda a Yahvé tus obras, así prosperarán tus pensamientos.* Faltan en la LXX estos proverbios (Pr 16, 1-3), en vez de los cuales aparecen otros tres versículos, que son semejantes solo exteriormente, no conforme a su sentido. En lugar de גל (puntuado de un modo distinto en texto sirio y Targ.), algunos manuscritos ponen אל ("a Dios" tus obras…). Correctamente Teodoción, κύλισον ἐπὶ κύριον, y Lutero, "encomienda al Señor tus obras".

Estas obras a las que se refiere el versículo no son las que ejecutas ahora o las que has ejecutado (cf. Éx 23, 16), sino las que se ejecutarán, como dice Sal 90, 17, donde en vez de כונן, aquí en sentido activo, se pone ויכונו, como en Pr 4, 26, en *yusivo*, con *apodosis imperativivo*: ser producido y tener continuidad o, brevemente, permanecer (cf. Pr 12, 3), superando así toda desilusión o ruina.

Debemos poner ante Dios (encomendarle) todos los asuntos que, como obligaciones, nos agobian y nos causan gran ansiedad, porque nada es demasiado pesado o demasiado difícil para Aquel que puede vencer todas las dificultades y disolver todas las perplejidades. De esa manera, nuestros pensamientos, a saber, aquellos sobre el futuro de nuestro deber y de nuestro curso de vida, serán felices, nada quedará confuso, nada será irrealizable, nada fracasado, sino que se cumplirá, y el fin y el objetivo de nuestros pensamientos podrá realizarse.

**16, 4.** *Yahvé ha hecho todo para su propósito; y también los impíos para el día del mal.* En todos los restantes casos, מענה significa *respuesta* (Véneto: πρὸς ἀπόκρισιν αὐτοῦ); pero ese sentido no es adecuado aquí, especialmente con el carácter absoluto de כל; el texto sirio y Targum traducen, *obedientibus ei* (para los que le obedecen), pero el texto original no justifica esa traducción, ni tampoco *propter* semet *ipsum* (lo ha hecho por sí mismo). Jerónimo, Teodocion, Lutero, ofrecen un paralelismo adecuado con 4b, lo que exigiría una palabra distinta como למענו o למענהו.

La puntuación לְמַעֲנֵהוּ, que es una anomalía, un caso único (cf. כגברתה, Is 24, 2, y בעַרינו, Esd 10, 14), muestra (según Ewald) que aquí no tenemos la preposición למען (a fin de), sino solo la ל con el substantivo מענה, que en derivación y significado se identifica con la forma abreviada מעז (cf. מער, מעל), similar en significado al árabe *ma'anyn*, con el sentido de objetivo, intención, meta y fin, de *'atay*, colocar frente a uno mismo un asunto, convertirlo en objeto de esfuerzo.

Hitzig prefiere למענה, pero ¿por qué no más bien למענהו? ya que el proverbio no pretende expresar que todo lo que Dios ha hecho tenga un propósito (que exigiría que aquí se tratara de un tipo de argumento como aquellos con los que se quiere probar la existencia de Dios a partir de causas finales), sino que todo está hecho por Dios para su propósito, es decir, con una finalidad premeditado por Él, pues el mundo de las cosas y de los acontecimientos está bajo un plan, que tiene en Dios su fundamento y fin y la maldad de los agentes libres está comprendida en este plan y se subordina a él.

Dios, ciertamente, no ha hecho al impío como tal, sino que le ha hecho como ser capaz de bien y de mal, de manera que ha sido el hombre el que por su maldad (propia del hombre no de Dios), tendrá que situarse ante el "día de la adversidad" (Ec 7, 14), que Dios hará venir sobre él, haciendo así manifiesta su santidad en el merecido castigo, de manera que la maldad del pecador sea el medio para que Dios manifieste su gloria.

Este es el mismo pensamiento que se expresa en Éx 9, 16 con referencia a Faraón. Aquí no se puede fundar una *praedestinatio ad malum*, y eso en el sentido *supralapsario*, porque este horrible dogma (*horribile quidem decretrum, fator*, dice el mismo Calvino) hace de Dios el autor del mal y le presenta como un gobernante que hace las cosas según Su soberano capricho, y así va en contra de todas las concepciones puras de su realidad.

Lo que Pablo quiere decir en Ro 9, con referencia a Éx 9, 16, es que no fue la conducta de Faraón la que determinó la voluntad de Dios, pues la voluntad de Dios es siempre *antecedens*, antecedente, a la obra humana. Nada le sucede a Dios como consecuencia de la obra de los hombres (sin que él lo hubiera previsto), sino que la misma obstinación y rebelión del hombre estaba ya comprendida en el plan eterno de Dios, que crea a los hombres no como pecadores, sino como "capaces de pecar", pero de tal manera que el mismo pecado pueda estar y esté al fin al servicio de la manifestación de la gloria de Dios.

El apóstol añade y muestra en Ro 9, 22 que reconocía el factor de la autodeterminación humana, pero sabiendo que esa autodeterminación estaba también comprendida en el plan de Dios. Las acciones libres de los hombres no crean ninguna situación por la cual Dios pueda ser sorprendido y obligado a hacer algo que Él mismo no hubiera querido originalmente. Eso es lo que dice el proverbio anterior, al indicar que el impío también tiene su lugar en el orden del mundo de Dios. Incluso el que frustra los designios de la gracia debe servir a Dios en esto, ἐνδείξασθαι τὴν ὀργὴν καὶ γνωρίσαι τὸ δυνατὸν αὐτοῦ, para mostrar su ira y dar a conocer su poder (Ro 9, 22).

## 16, 5-7. Proverbios sobre *expiatio* y *reconciliatio* (Versöhnung)

5 תּוֹעֲבַ֣ת יְ֭הוָה כָּל־גְּבַהּ־לֵ֑ב יָ֥ד לְ֝יָ֗ד לֹ֣א יִנָּקֶֽה׃

6 בְּחֶ֣סֶד וֶ֭אֱמֶת יְכֻפַּ֣ר עָוֹ֑ן וּבְיִרְאַ֥ת יְ֝הוָ֗ה ס֣וּר מֵרָֽע׃

7 בִּרְצ֣וֹת יְ֭הוָה דַּרְכֵי־אִ֑ישׁ גַּם־א֝וֹיְבָ֗יו יַשְׁלִ֥ם אִתּֽוֹ׃

# Primera colección: Proverbios salomónicos (Pr 10, 1 – 22, 16)

⁵ Abominación es a Jehovah todo altivo de corazón;
de ninguna manera quedará impune.
⁶ Con misericordia y verdad se expía la falta,
y con el temor de Jehovah uno se aparta del mal.
⁷ Cuando los caminos del hombre le agradan a Jehovah,
aun a sus enemigos reconciliará con él.

**16, 5.** *Abominación de Yahvé es todo altivo de corazón; la mano por ello (seguramente) no queda impune.* Este verso retoma un motivo que teníamos ya en Pr 15, 9; Pr 15, 26. La forma גבה ofrece una puntuación metaplástica de גבה, en la línea de 1Sa 16, 7; Sal 103, 11, que significa ser alto, en el sentido de altura orgullosa, que de algún modo se opone a la grandeza y excelencia de Dios. 5b repite el Pr 11, 21. Los traductores están perplejos ante la interpretación de יד ליד. Fleischer traduce *ab aetate in aetatem,* de edad en edad (es decir, *nullo unquam tempore futuro,* en ningún tiempo futuro) *impunis erit,* quedará impune.

**16, 6.** *Por la misericordia y la verdad se limpia la iniquidad, y por el temor de Jehová los hombres se apartan del mal.* Literalmente (como efecto de ello, es decir, del temor de Yahvé) viene la posibilidad de escapar del mal (סור, *nomen actionis,* nombre de acción, como en Pr 13, 19). Dicho de un modo más preciso, dado que el mal aquí se presenta en cuanto a sus consecuencias (Pr 14, 27; Pr 15, 24) podemos decir que a través del temor de Yahvé (de su misericordia y verdad) el hombre escapa (se libera) de las consecuencias del mal.

Por חסד ואמת no se entiende aquí la χάρις καὶ ἀλήθεια (gracia y verdad) de Dios (como quiere Bertheau) sino, como en Pr 20, 28, Is 39, 8, *el amor y fidelidad* de los hombres entre sí. La ב de בְּחֶסֶד está indicando la causa mediadora. Como afirma von Hofmann, *Schriftbew.* I. 595, estrictamente hablando, aquí no se dice por qué medios puede uno alcanzar la expiación de sus pecados, ni cómo puede escapar del mal, sino más bien en qué consiste la verdadera reverencia a Yahvé, y en qué consiste la justa expiación del pecado. Pero la ב de בחסד no es diferente de la de בזאת, Is 27, 9.

Ciertamente, el artículo de fe de la justificación es falsificado si las buenas obras entran como causa meritoria en el acto de la justificación, pero nosotros, que venimos de la escuela evangélica, enseñamos que la *fides quâ justificat* es inoperante, pero no *la fides quae justificat,* y no podemos esperar que el A.T. distinga en todas partes con precisión paulina lo que incluso la carta de Santiago no quiere o no puede precisar y distinguir.

En ese sentido, la palabra לכפר, Lv 10, 17, esta designando a la víctima unida con la sangre, de la manera más precisa (solo víctima y sangre), pero a veces está indicando todo el ritual del sacrificio hasta la fiesta y comida sagrada de los

Proverbios 16

sacerdotes. Lo mismo sucede aquí, en el campo de la ética: el fundamento objetivo de la reconciliación es el decreto de Dios, al que se refiere la sangre en la ofrenda típica, de manera que también el hombre es partícipe de esta reconciliación, cuando acepta, en la penitencia y en la fe, la misericordia ofrecida por Dios.

Pero esta aceptación del hombre sería un autoengaño, si quisiera decir que la aniquilación de la culpa del pecado puede obtenerse exclusivamente por la vía de la imputación sin que le siga inmediatamente el perdón por la vía de la santificación. En esa línea, las Escrituras también atribuyen a las buenas obras una participación en la expiación del pecado en un sentido más amplio, a saber, como las pruebas del amor agradecido (Lc 7, 47) y compasivo (véase Pr 10, 2). En esa línea, se sitúa este proverbio que habla del amor y de la verdad, de acuerdo con las palabras de los profetas, como Os 6, 6 y Mi 6, 6-8.

Es consciente de esto un pecador, profundamente culpable ante Dios, que no puede estar delante de Él, si es que Él (Dios) no lo ha tratado con misericordia en lugar de tratarle con pura justicia punitiva, según el propósito de su gracia. Según eso, el hombre justificado por Dios no puede confiar en la misericordia divina si no es celoso en sus relaciones con sus semejantes, para practicar el amor y la verdad. Según eso, conforme a la quinta petición del Padrenuestro y a la parábola del mayordomo despiadado bien entendida (Lc 16, 1-15), podemos decir que el amor cubre los pecados, Pr 10, 12.

De esa manera, el amor al prójimo tiene, con respecto a nuestros propios pecados, una influencia que los cubre o expía, conforme a la palabra de: "bienaventurados los misericordiosos, porque ellos alcanzarán misericordia". Que el "amor y la verdad" se refieran a virtudes practicadas por motivos religiosos, lo muestra bien 6b; y así podemos decir, según esta línea que, por el temor de Yahvé, uno escapa del mal. El temor de Yahvé consiste en aceptar la revelación de Dios y acoger en nuestra vida el plan de salvación revelado por él.

**16, 7.** *Si Yahvé se complace en los caminos de un hombre, él reconcilia incluso a sus enemigos con él.* Así sucede, según 16, 7b, porque השׁלים ha de tomarse *como verbo causativo en sentido transitivo*, como en Jos 10, 1. Dios hace así que los hombres (incluso los enemigos) se complazcan en él. Cuando se complace en los caminos de un hombre, es decir, en los designios que cumple y en los medios que emplea para ello, Dios hace que lo reconozcan incluso sus enemigos, por las grandes consecuencias que de ello se derivan. De esa manera, al estar con los hombres (cf. Gn 26, 27), Dios consigue que ellos, vencidos de corazón (p. ej., 2Sa 19, 9), abandonen su posición hostil y se conviertan en amigos. Allí donde se manifiesta el conocimiento de Dios, otorgando bendiciones a un hombre, su gesto tiene tal poder de convicción que desarma a sus más acérrimos oponentes, excepto a aquellos que se endurezcan totalmente en su egoísmo.

*Primera colección: Proverbios salomónicos (Pr 10, 1 – 22, 16)*

## 16, 8-15. Proverbios del rey

Siguen ocho proverbios centrados básicamente en la presencia y acción del rey; tres de ellos destacan en ese fondo la acción de la justicia de Dios.

8 טוֹב־ מְעַט בִּצְדָקָה מֵרֹב תְּבוּאוֹת בְּלֹא מִשְׁפָּט:

9 לֵב אָדָם יְחַשֵּׁב דַּרְכּוֹ וַיהוָה יָכִין צַעֲדוֹ:

10 קֶסֶם עַל־ שִׂפְתֵי־ מֶלֶךְ בְּמִשְׁפָּט לֹא יִמְעַל־ פִּיו:

11 פֶּלֶס וּמֹאזְנֵי מִשְׁפָּט לַיהוָה מַעֲשֵׂהוּ כָּל־ אַבְנֵי־ כִיס:

12 תּוֹעֲבַת מְלָכִים עֲשׂוֹת רֶשַׁע כִּי בִצְדָקָה יִכּוֹן כִּסֵּא:

13 רְצוֹן מְלָכִים שִׂפְתֵי־ צֶדֶק וְדֹבֵר יְשָׁרִים יֶאֱהָב:

14 חֲמַת־ מֶלֶךְ מַלְאֲכֵי־ מָוֶת וְאִישׁ חָכָם יְכַפְּרֶנָּה:

15 בְּאוֹר־ פְּנֵי־ מֶלֶךְ חַיִּים וּרְצוֹנוֹ כְּעָב מַלְקוֹשׁ:

[8] Es mejor lo poco con justicia
que gran abundancia sin equidad.
[9] El corazón del hombre traza su camino,
pero Jehovah dirige sus pasos.
[10] Hay oráculo en los labios del rey;
en el juicio no yerra su boca.
[11] La pesa y las balanzas justas son de Jehovah;
obra suya son todas las pesas de la bolsa.
[12] Es abominación a los reyes hacer impiedad,
porque con justicia se afirma el trono.
[13] Los reyes favorecen a los labios justos
y aman al que habla lo recto.
[14] La ira del rey es como mensajero de muerte,
pero el hombre sabio la apaciguará.
[15] En la alegría del rostro del rey está la vida;
su favor es como nube de lluvia tardía.

**16, 8.** *Mejor es lo poco con justicia, que abundanca sin equidad.* El proverbio emparentado con 15, 16 comienza de manera similar. De רֹב תְּבוּאוֹת, multitud o grandeza de ingresos, véase Pr 14, 4, "las riquezas injustas no aprovechan". El que las posee no es verdaderamente feliz, porque esas riquezas están vinculadas al pecado, que turba el corazón (la conciencia), y porque el goce que ellas ofrecen se ve turbado por las maldiciones de los agraviados y los gemidos de los oprimidos. Sobre todas las posibles ganancias se eleva ἡ εὐσέβεια μετ᾽ αὐταρκείας, *la honradez o piedad con sobriedad* (1Ti 6, 6).

*Proverbios 16*

**16, 9.** *El corazón del hombre traza su camino, pero Yahvé dirige sus pasos.* Hay un proverbio alemán que es semejante *Der Mensch denkt, Gott lenkt* (el hombre piensa, Dios realiza), otro en árabe *el-ʿabd* (העבד es igual a hombre) *judebbir wallah juḳaddir* (el hombre propone, Dios dispone), traducido al latín como, *homo proponit, Deus disponit*, como correctamente observa Hitzig. En esa línea, Pr 16, 9b no significa que *Dios hace firmes sus pasos* (Véneto, Lutero, Umbreit, Bertheau, Elster), sino que Él le da dirección (Jerónimo, *dirigere*).

El hombre delibera aquí y allá (חשׁב, intensivo de חשׁב, calcular, reflexionar) cómo comenzará y llevará a cabo esto o aquello; pero su ceguera deja fuera de la vista mucho de aquello que Dios ve; su cálculo no comprende muchas contingencias de las que Dios dispone y el hombre no puede prever. Los resultados son, pues, de Dios, y lo mejor es que en todas sus deliberaciones uno se entregue, sin confiar en sí mismo y sin arrogancia, en manos del Dios que le guía, que cumpla con su deber y deje lo demás, con humildad y confianza, a Dios.

**16, 10.** *Hay oráculo en los labios del rey; en el juicio, su boca no debe errar.* La primera frase es una cláusula nominal. קֶסֶם como sujeto, necesita un acento distintivo, y este es aquí, según la regla de la secuencia de acentos y la autoridad de los manuscritos (véase *Torath Emeth*, p. 49), no *mehuppach* "*legarme*", *como* ponen nuestras copias impresas, sino *dechi*, קֶסֶם . La traducción de Jerónimo, *Divinatio in labiis regis, in judicio non errabit os eju*s, y aún más la de Lutero, "su boca no falla en el juicio", parece suponer que el proverbio significa que *el rey, en sus deberes oficiales, era infalible*. Más aún, Hitzig (de acuerdo con Zöckler) piensa que aquí se expresa la infalibilidad del rey teocrático, y que como un testimonio real en uno puede apoyarse en él, en el rey. Pero, esta no es una mera ficción política como si dijera: "el rey no puede hacer nada malo".

De todas formas, aunque esa ficción política no es extraña ni siquiera en la ley israelita, según la cual el rey no podía ser llevado ante ningún juicio, esta forma de interpretar el proverbio es una pura imaginación. En esa línea, igual que el N.T. no enseña que el Papa, como vicario legítimo de Cristo, es infalible, *cum ex cathedra docet* (cuando habla ex cáthedra), tampoco el A.T. dice que el rey teocrático, que en realidad era el legítimo *vicarius Dei* fuera infalible *in judicio ferendo,* al proclamar un juicio.

De todas formas, Ewald sostiene que este proverbio enseña que la palabra del rey, cuando está en el trono de la justicia, es un oráculo infalible; pero añade que esta interpretación solo puede aplicarse al primer período brillante del reino fuerte de Israel, cuando estaba libre de pecados. No se puede olvidar, dice también Dächsel, con von Gerlach, que estos proverbios pertenecen a la época de Salomón, antes de que se hubiera dado el trono a unos descendientes de David que hacían el mal ante el Señor. Sea como fuere, de hecho, esta visión del proverbio nunca estuvo en práctica en Israel.

En el A.T. no hallamos nada del lenguaje idólatra y halagador del poder que actualmente encontramos en el entorno de los gobernantes de Oriente. Los reyes de Israel estaban sometidos a la Ley objetiva de Dios y a los derechos reconocidos al pueblo. David mostró, no solo a los que estaban a su alrededor, sino también a la gente en general, tantas debilidades humanas, que ciertamente no parecía infalible; y Salomón se distinguió, es cierto, por una rara sabiduría real, pero cuando se rodeó de gloria, como un potentado oriental, y cuando Roboam comenzó a asumir el trono como un déspota, surgió una brecha profana entre el reino teocrático y la mayor parte del pueblo.

Tal como lo traduce y expone Hitzig "este proverbio, entendido como declaración divina de la infalibilidad, diciendo que el juicio de su boca nunca engaña", es histórica y dogmáticamente imposible en Israel. La palabra קֶסֶם (de la raíz קשׁ קם, ayunar, jurar, confirmar con juramento, *incantare*, véase Is 3, 2) no significa predicción (Lutero) sino que, tomada en su verdad, esa palabra, con todo el verso 10a no expresa lo que sale de los labios del rey como tal, sino conforme al juicio del pueblo: el pueblo suele considerar las declaraciones del rey como oráculo, y así gritaron en el circo en Cesarea aclamando al rey Agripa y designando sus palabras como θεοῦ φωνὴ καὶ οὐκ ἀνθρώπων (palabra de Dios y no de hombres, Hch 12, 22). Por lo tanto, 10b proporciona un serio aviso al rey, a saber, que su boca no ofenda la justicia, ni la detenga. Por eso, לֹא יִמְעַל ha de entenderse como advertencia (Umbreit, Bertheau), pues לֹא תבא, Pr 22, 24, y ב en מעל es aquí, como siempre, indicación de objeto. El pueblo considera la palabra del rey como oráculo, por eso él no debe errar o mentir.

**16, 11.** *La balanza y las balanzas del tipo correcto son de Yahvé, los pesos de su bolsa.* Con respecto a פלס, *statera*, una balanza de nivel o astillero (de פלס, igualar), véase Pr 4, 26. Por otra parte, מאזנים (de אזן, pesar), es otra forma de balanza, provista de dos platillos. אבני son aquí las piedras que sirven de pesas, y כים, que en Pr 1, 14 significa propiamente la bolsa de dinero, donde *el mercader lleva las pesas*. El genitivo מִשְׁפָּט que, en algunas ediciones va con un disyuntivo (mehuppach legarme), pertenece también a פלס y se acentúa correctamente en el Cód. 1294 (véase *Torath Emeth*, p. 50).

Pr 16, 11a dice que la balanza bien construida, que pesa con precisión y justicia, es de Yahvé, es obra suya y objeto de su inspección. Por su parte, Pr 16, 11b añade que todas las piedras de peso de la bolsa y, generalmente, los medios para pesar y medir, han de hallarse bajo su inspección, para que la honestidad y la certeza puedan gobernar en la transacción y conducta de los hombres. Esta es la voluntad declarada de Dios, el legislador, y entre las pocas determinaciones directas de su ley con referencia al comercio destaca esta, mandando que se usen pesos y medidas justas, Lv 19, 36; Dt 25, 13-16. La expresión del poeta aquí se encuadra en esta ley; sin embargo, ‘ה (cf. לַיהוָה) no es exclusivamente el Dios de la revelación positiva, sino el que dirige y ordena todo lo referente a la conducta de los hombres, el Dios universal (cf. Is. 28, 29; Sir 7, 15). De un modo consecuente, todo lo relacionado con la invención de medios normativos de relaciones comerciales se refiere a la dirección e institución de Dios.

**16, 12.** *Abominación es a los reyes hacer lo malo, porque con justicia se establece el trono.* Según este verso, el trono real está establecido por la justicia (יכון como expresión de una regla, como הוכן, en Is 16, 5, como expresión de un hecho). Según eso, es una abominación para los reyes cometer iniquidad inmediata o mediatamente, es decir, colocarse con voluntad despótica por encima de la ley. Toda conducta inicua ha de ser aborrecida por los reyes, pues si actúan de un modo perverso ponen en peligro la estabilidad de su trono.

Este es generalmente el caso en los reyes de Oriente, pero especialmente en Israel, donde el poder real nunca fue absoluto, pues tanto el rey como el pueblo estaban colocados bajo la ley de Dios; donde la existencia de la comunidad se basaba en la igualdad ante el derecho entendida como expresión de Dios, pues tanto la palabra del pueblo, así como la palabra de los profetas, podía decirse en libertad ante los reyes, como palabra de Dios. Otra condición de la estabilidad del trono es, según Pr 25, 5, la eliminación de los impíos de la cercanía del rey. El rey Roboam perdió la mayor parte de su reino por esto, porque escuchó el consejo de jóvenes que eran odiados por el pueblo.

**16, 13.** *Los labios rectos son el deleite de los reyes; las palabras rectas son amadas (por ellos).* Sentencias como estas son conocidas en el oriente antiguo. Con razón, la LXX pone ἀγαπᾷ, un plural de individuo, más que un plural de género, referido a los מלכים. En contra de eso, Jerónimo y Lutero presentan el tema de un modo más general, como indicando que la preferencia del rey por el pueblo que dice la verdad es compartida por todos. צדק, como propiedad del שפתי (שְׂפָתֵי־צֶדֶק) concuerda con el árabe ṣidḳ, que es la verdad como propiedad de *lasân* (la lengua, el que habla). ישרים, de ישר, significa cosas rectas, como נגידים, *principalia,* cosas principales, Pr 8, 6, y ריקים, *inania,* cosas sin fundamento.

Esto que dice el libro de los Proverbios no demuestra que todos los reyes de la casa de David hayan amado a los rectos y hayan dicho la verdad, porque en la misma casa de David hubo asesinos de profetas, como fueron los reyes Manasés y Joaquim. De todas maneras, la noble franqueza, unida a la lealtad a la corona y al pueblo, ha sido más amada por los reyes que la adulación rastrera de aquellos que solo buscaban su propia ventaja. Siempre se ha sabido con los proverbios que,

*Primera colección: Proverbios salomónicos (Pr 10, 1 – 22, 16)*

aunque la adulación pueda prevalecer por un tiempo, al final triunfa la fidelidad al deber y el respeto por la verdad.

**16, 14.** *La ira del rey es mensajera de muerte, pero el sabio la apacigua.* Estrictamente hablando, la ira del rey aparece como mensajera de muerte; si el rey está enojado, es como si una tropa de mensajeros o ángeles de la muerte vinieran a visitar con su amenaza a aquel contra quien se ha encendido esa ira. Ese plural de la ira del rey representada por muchos mensajeros de muerte sirve para el fortalecimiento de esta sentencia. La ira del rey, con la frente arrugada, el ojo llameante, la voz amenazadora (Fleischer) aparece así, como mensajera de muerte para sus súbditos.

Pero si entre aquellos contra los que se enciende la ira del rey hay un hombre sabio, uno cercano al rey que sabe que la ira de un hombre no puede triunfar sobre la justicia de Dios (cf. ὀργὴ ἀνδρὸς δικαιοσύνην Θεοῦ οὐ κατεργάζεται, Stg 1, 20), ese hombre procurará cubrir (mitigar y apaciguar), la ira del rey.

La Escritura nunca usa כפר, propiciar, para referirse directamente a Dios (expiare Deum) porque, como he mostrado en *Coment.* a Hebreos, los sacrificios humanos no pueden reconciliar a Dios con los hombres. En esa línea, esta palabra יְכַפְּרֶנָּה, no se utiliza aquí para decir que el hombre sabio reconcilia a Dios con los hombres, sino que puede reconciliar a los hombres, propiciando al rey, para que no descargue su ira en contra de ellos. En ese sentido, tanto aquí como en Gn 32, 21, la palabra כפר se usa para reconciliar (propiciar) la ira de un hombre (en este caso del rey).

**16, 15.** *En la luz del rostro del rey hay vida, y su favor es como una nube de lluvias tardías.* Hitzig considera אור como infinitivo (cf. Pr 4, 18), pero uno no dice אור פני, cf. Job 29, 24, etc., como infinitivo, sino como sustantivo, y en un sentido semejante ha de entenderse, מאור עינים, Pr 15, 30, indicando que la luz es la condición y regocijo de la vida, por lo que אור החיים, Sal 56, 14; Job 33, 30, equivale a una vida luminosa y alegre. En ese sentido, esta sentencia (en la luz del rostro del rey está la vida), significa que la vida de los hombres queda fortalecida por la alegre aprobación del rey, que se manifiesta en su rostro, es decir, en la demostración de su favor.

Siguiendo en esa línea, hablar de la abundancia como una lluvia es muy común en las lenguas semíticas, como indica en árabe el nombre general de *nadnâ*, lluvia, como signo general de abundancia. מלקוש (cf. Job 29, 23) es la lluvia tardía que, cayendo alrededor del equinoccio de primavera, hace madurar la cosecha de cebada. Por el contrario, יורה מורה es la lluvia temprana, que viene en el momento de arar y sembrar, en nuestro equinoccio de otoño (que es el comienzo del año semita). La lluvia temprana es la del tiempo de siembra; la lluvia tardía está ya más cerca del tiempo de la siega.

Como una nube que descarga la lluvia que ablanda la tierra y refresca el grano que crece en primavera, así es el favor del rey. Sobre el sustantivo עב (כְּעָב מַלְקוֹשׁ) que en estado constructo conserva su *kametz*, cf. Miclol 191b. Este proverbio de 16, 15 sirve de contraste a Pr 16, 14. Por su parte, también Pr 20, 2 tiene como tema la ira del rey. En Pr 19, 12, las figuras de la oscuridad y la luz van juntas como partes de un proverbio.

Con esto llegan a su fin los proverbios relacionados con el rey (a partir de 16, 10). Pr 16, 10 contenía una advertencia directa para el rey; Pr 16, 12 una advertencia indirecta, como una conclusión que surge en 12b (cf. Pr 20, 28, donde יצרו no debe traducirse *tueantur*). Pr 16, 13 también presenta una advertencia indirecta, que se dirige no tanto al rey que a los que tienen trato con él (cf. Pr 25, 5). Por su parte, Pr 16, 14 y Pr 16, 15 muestran la grandeza de poder, de bien y de mal, de ira y bendición, que Dios concede al Rey. De ese poder que él recibe surge su mayor responsabilidad pero, al mismo tiempo, el deber que han de tener todos para reprimir el deseo de mal que puede haber en el rey, poniendo de relieve y fomentando su deseo de bien.

## 16, 16-20. Virtudes básicas

Siguen cinco proverbios centrados en la sabiduría, la rectitud, la humildad y la confianza en Dios, formando una especie de escala, paso a paso, pues la humildad es la virtud de las virtudes y la confianza en Dios es la condición de la salvación. Tres de estos proverbios tienen en común la palabra טוב.

קְנֹה־ חָכְמָה מַה־ טּוֹב מֵחָרוּץ וּקְנוֹת בִּינָה נִבְחָר מִכָּסֶף: 16

מְסִלַּת יְשָׁרִים סוּר מֵרָע שֹׁמֵר נַפְשׁוֹ נֹצֵר דַּרְכּוֹ: 17

לִפְנֵי־ שֶׁבֶר גָּאוֹן וְלִפְנֵי כִשָּׁלוֹן גֹּבַהּ רוּחַ: 18

טוֹב שְׁפַל־ רוּחַ אֶת־ [עניים] (עֲנָוִים) מֵחַלֵּק שָׁלָל אֶת־ גֵּאִים: 19

מַשְׂכִּיל עַל־ דָּבָר יִמְצָא־ טוֹב וּבוֹטֵחַ בַּיהוָה אַשְׁרָיו: 20

[16] Mejor es adquirir sabiduría que oro fino,
y adquirir inteligencia vale más que la plata.

[17] La vía de los rectos es apartarse del mal,
y el que guarda su camino guarda su vida.

[18] Antes de la quiebra *está* el orgullo;
y antes de la caída, la altivez de espíritu.

[19] Mejor es humillar el espíritu con los humildes
que repartir botín con los soberbios.

[20] El que está atento a la palabra hallará el bien,
y el que confía en Jehovah es bienaventurado.

*Primera colección: Proverbios salomónicos (Pr 10, 1 – 22, 16)*

**16, 16.** *Alcanzar sabiduría es mejor que ganar oro, y alcanzar entendimiento es preferible a lograr plata.* Este es un elogio a la búsqueda de sabiduría (entendimiento), pues con ella comienza todo bien para los hombres, un bien que no se adquiere por herencia, sino por búsqueda propia, Pr 4, 7. Hay una idea paralela y semejante en Pr 22, 1 (cf. Florilegio) con el intercambio entre נבחר y טוב y, especialmente, en Pr 21, 3, donde נבחר es predicado neutro como aquí (no adjetivo, como en Pr 8, 10 y en otros lugares) y donde aparece עשׂה, una forma de infinito constructo tan anómala como קנה en nuestro caso (cf. קְנוֹת, Gesenius 75, *Enm.* 2). En ambos casos, esos verbos podrían considerarse infinitivos absolutos (como en Pr 25, 27, cf. *Lehrgebude*, 109, nota 2).

Estrictamente hablando, el significado del verso no es que la sabiduría sea más valiosa que el oro, sino que el hecho de conseguir sabiduría tiene más importancia que ganar oro y plata. Así se expresa la *comparatio decurtata,* comparación de tipo simplificado (cf. Job 28, 18). Con respecto a חרוּץ, *oro fino,* cf. Pr 3, 14.

**16, 17.** *El camino de los rectos es apartarse del mal, el que guarda ese camino conserva su alma.* El significado de מסלה, que aparece solo aquí en Proverbios, debe deducirse por comparación con Pr 15, 19. Esa comparación indica el sentido que tiene ese camino, recto y abierto, que conduce sin obstáculo a la meta, de forma que los hombres puedan evitar el mal que les seduce a derecha e izquierda, por un lado o por otro.

Aquel que presta atención a su camino, guarda su alma (שׂמר נפשׁו, como en Pr 13, 3, a diferencia de Pr 25, 5 donde el alma aparece como sujeto), a fin de que ella no sufra daño ni caiga bajo el poder de la muerte, porque סוּר מרע (apartarse del mal) y סוּר ממוקשׁי מות (apartarse del riesgo de la muerte, Pr 14, 27) significan esencialmente lo mismo. En lugar de un dístico, la LXX tiene aquí tres; pero los pensamientos presentados en las cuatro líneas añadidas resultan superfluos, pues todos ellos están expresados en este dístico. En contra de nuestra opinión, Ewald y Hitzig piensan que esta adición de la LXX forma parte del texto original.

**16, 18.** *El orgullo precede la destrucción, y un espíritu altivo a la caída.* El contraste básico ha sido ya expuesto en לפני כבוד ענוה, Pr 15, 33, donde se dice que la "altivez precede a la caída"; por su parte Pr 18, 22 retoma el motivo central del estico antitético. La palabra שׁבר (destrucción) significa la fractura de las extremidades, el quebrantamiento o muerte de la persona. Un proverbio latino dice, *"Magna cadunt, inflata crepant, tumefacta premuntur"* (los grandes caen, los inflados explotan, las cosas tumefactas se pudren).[19] Esa palabra, שׁבר, significa aquí romperse

---

19. Una expresión de significado similar es אחרי דרגא תביר: tras *darga* (envanecerse) viene *tebîr* (romperse, destruirse); cf. Zunz, *Geiger's Zeitschrift,* vi. 315ss.

378

Proverbios 16

en pedazos, ser derribado, no estallar (Hitzig) ni naufragar (Ewald). כָּשֵׁלוֹן (como בִּטָּחוֹן זִכָּרוֹן, etc.), de כָּשֵׁל o נִכְשַׁל, significa tambalearse y, por lo tanto, arruinarse y es un ἅπαξ λεγ. Este proverbio, que se encuentra en el mismo centro o mitad del libro de los Proverbios, es seguido por otro en elogio de la humildad.

**16, 19.** *Es mejor vivir con humildad entre los que sufren, que repartir despojos entre los soberbios.* La forma שפל (cf. שְׁפַל־ רוּחַ, humilde de espíritu) aquí no es adjetivo como en Pr 29, 23 (de שׁפל, como חסר, Pr 6, 32, de חסר), sino infinitivo (como Ec 12, 14, y חסר, *defectio*, 10, 21). En este caso, no había razón adecuada para cambiar עניים (*qetub*) por עִנוים; Hitzig tiene razón al decir que עני (el que sufre) también puede tomarse en el sentido de ענו (pobre, la idea de "sufrir" es común), pues se oponen el hecho interior de ser humilde y el exterior de dividir el botín. Es mejor vivir humildemente, es decir, con una mente desprovista de orgullo terrenal (en alemán *demut*, humildad, viene de *diu*, siervo), entre hombres que tienen experiencia de la vanidad de los goces terrenales, pues están embriagados con soberbia, para gozar en medio de las riquezas y victorias mundanas, viviendo de "despojos" de los otros (cf. Is 9, 2).

**16, 20.** *Quien es sabio en la palabra encontrará bien (=cosas buenas) y el que confía en Yahvé será bienaventurado.* El término utilizado aquí es la *Palabra* κατ᾽ ἐξ., es decir, la Palabra por excelencia, דָּבָר, porque מַשְׂכִּיל עַל־דָּבָר está en contraste con בֹּז לְדָבָר (el que desprecia la Palabra), Pr 13, 13, cf. Neh 8, 13. El término טוב significa aquí prosperidad, como en Pr 17, 20, cf. Pr 13, 21; Sal 23, 6. Prestar atención a la palabra de Dios es el camino que conduce a la verdadera prosperidad. Por eso, al final todo depende de eso: que uno esté en comunión personal con Dios por medio de la fe, que aquí, como en Pr 28, 25; Pr 29, 25, se designa como *fiducia*, confianza fundamental (וּבֹטֵחַ). Esta conclusión de *mashal*, con bienaventurado él (אַשְׁרָיו:) solo aparece aquí y en Pr 14, 21; Pr 29, 18.

## 16, 21-24. Cuatro proverbios que vinculan sabiduría con elocuencia

21 לַחֲכַם־ לֵב יִקָּרֵא נָבֶוֹן וּמֶתֶק שְׂפָתַיִם יֹסִיף לֶקַח:

22 מְקוֹר חַיִּים שֵׂכֶל בְּעָלָיו וּמוּסַר אֱוִלִים אִוֶּלֶת:

23 לֵב חָכָם יַשְׂכִּיל פִּיהוּ וְעַל־ שְׂפָתָיו יֹסִיף לֶקַח:

24 צוּף־ דְּבַשׁ אִמְרֵי־ נֹעַם מָתוֹק לַנֶּפֶשׁ וּמַרְפֵּא לָעָצֶם:

21 El sabio de corazón será llamado entendido,
y la dulzura de labios aumenta el saber.

22 Fuente de vida es el entendimiento para el que lo posee,
pero el castigo de los insensatos es la misma insensatez.

379

²³ El corazón del sabio hace prudente su boca,
y con sus labios aumenta el saber.
²⁴ Panal de miel son los dichos suaves;
son dulces al alma y saludables al cuerpo.

**16, 21.** *El sabio de corazón es llamado prudente, y la gracia de los labios aumenta el saber.* En otros lugares (Pr 1, 5; Pr 9, 9), הוסיף לקח significa erudición en el sentido ético-práctico, más que aprendizaje, porque la "dulzura de los labios" *dulcedo orationis* (Cicerón), no se puede aplicar sin más al aprendizaje, sino a la realización de un buen discurso. Aquí se alude a la gracia del buen decir, de la buena exposición de las ideas, de un modo que no sea simplemente retórico, en el sentido externo, sino que brote del corazón, pues, como se dice, *pectus disertos facit*: el pecho (el corazón) hace elocuentes a los hombres, transforma su mente, les hace capaces de impartir una instrucción que sea aceptable.

Solo aquel que es sabio de corazón, es decir, de mente o espíritu (לב equivale a lo que en el N.T. se llama νοῦς o πνεῦμα), puede llamarse verdaderamente נבון, en el sentido de culto, inteligente (Fleischer compara con esto la expresión frecuente en Isaías, "será llamado, le llamarán", como en árabe: *du'ay lah,* indicando así la importancia que tiene una buena palabra).

En ese sentido, el don de los labios, es decir, la buena palabra expresa con hondura el valor del entendimiento o de la inteligencia, porque solo una buena palabra sirve para manifestar ante los demás el valor de un conocimiento. En los labios (Pr 10, 13) de los inteligentes se encuentra la sabiduría, una sabiduría que viene a ser expresada de un modo agradable, porque procede de un sentimiento profundo y tierno a favor de lo adecuado y lo beneficioso, produciendo así efectos seguros, benéficos y agradables.

**16, 22.** *Fuente de vida es el entendimiento para su poseedor; pero corregir a los necios es locura (inutilidad).* Oetinger, Bertheau y otros interpretan erróneamente מוסר como la educación que los necios otorgan a los demás. Pero מוסר no es la educación que ellos, los necios, otorgan a los demás, sino la educación que se les otorga a ellos, Pr 7, 22; Pr 1, 7; cf. Pr 5, 23; Pr 15, 5. Más aún, מוסר no significa aquí educación o disciplina en un sentido moral, sino buen entendimiento, cambio de mente (Símaco, ἔννοια; Jerónimo, *doctrina*). Pues bien, lo que los necios obtienen de la educación o de entrenamiento, es locura, porque מוסר aparece aquí en contraste con מקור חיים (fuente de vida, cf. Pr 15, 10; Jer 30, 14). No tiene sentido castigar a los necios para educarles, pues ellos no cambian ni con castigos.

Según eso, los frutos del entendimiento (Pr 12, 8, cf. שׂכל טוב, una cultura o sabiduría excelente, Pr 13, 15), representada como מקור חיים (fuente de vida, cf. Pr 10, 11) enriquecen a los mismos inteligentes, como muestra no solo el contraste de palabras, sino la misma expresión: *scaturigo vitae est intellectus praeditorum eo,* fuente de vida es el entendimiento de aquellos que lo poseen (la LXX traduce bien: τοῖς κεκτημένοις, para sus poseedores).

El hombre de entendimiento tiene en su mismo entendimiento una fuente de transformación, un manantial de consejo que asegura su vida, la profundiza y la adorna; por el contrario, la locura se castiga a sí misma con más locura (cf. el modo de expresión de Pr 14, 24), porque el necio, si no vuelve en sí y no abandona su locura (Sal 107, 17-22), destruye imprudentemente su propia prosperidad.

**16, 23.** *El corazón del sabio hace sabia su boca, y la ciencia sube a sus labios.* Sobre el sentido de הַשְׂכִּיל como causativo, hacer sabio, hacer a alguno poseedor de inteligencia, véase Gn 3, 6. La sabiduría del corazón produce un discurso inteligente, como lo expresa el miembro paralelo: la sabiduría sube a los labios del sabio, es decir, la sabiduría del sabio se expresa a través de sus labios (Pr 22, 18; cf. Sal 16, 4), para comunicarse de esa forma a los demás, pues el contenido del saber, y la capacidad de comunicarlo, se miden por la sabiduría de corazón de quien lo posee.

La palabra הוֹסִיף podría interpretarse también como expansión o crecimiento: el corazón del sabio crece, es decir, difunde el conocimiento, pero en ese caso hubiera sido más apropiada la palabra בִּשְׂפָתַי (Sal 119, 13) que la del texto, עַל־שְׂפָתָיו, que evoca la idea del aprendizaje como algo que se está expresando en los labios, no como algo que sube y se expande por ellos.

**16, 24.** *Las palabras agradables son como un panal de miel, dulces al alma y medicina para los huesos.* Panal, es decir, la miel que fluye del צוּף, celda (favus) de las abejas, tiene también otras designaciones (cf. Sal 19, 11). מָתוֹק, con מַרְפֵּא, es neutro. אִמְרֵי־נֹעַם, según Pr 15, 26, son palabras que brotan del amor y que respiran amor. Tales palabras son dulces para el alma del oyente, y dan fuerza y salud a sus huesos (Pr 15, 30); porque מַרְפֵּא no es solo lo que cura y restaura la solidez de los huesos, sino también lo que conserva y le da solidez, la hace crecer (cf. θεραπεία, Ap 22, 2).

## 16, 25-30. Seis proverbios; cuatro comienzan con שִׁיא, cinco con palabras de la boca

²⁵ יֵשׁ דֶּרֶךְ יָשָׁר לִפְנֵי־אִישׁ וְאַחֲרִיתָהּ דַּרְכֵי־מָוֶת׃

²⁶ נֶפֶשׁ עָמֵל עָמְלָה לּוֹ כִּי־אָכַף עָלָיו פִּיהוּ׃

²⁷ אִישׁ בְּלִיַּעַל כֹּרֶה רָעָה וְעַל־[שפתיו] (שְׂפָתוֹ) כְּאֵשׁ צָרָבֶת׃

²⁸ אִישׁ תַּהְפֻּכוֹת יְשַׁלַּח מָדוֹן וְנִרְגָּן מַפְרִיד אַלּוּף׃

²⁹ אִישׁ חָמָס יְפַתֶּה רֵעֵהוּ וְהוֹלִיכוֹ בְּדֶרֶךְ לֹא־טוֹב׃

³⁰ עֹצֶה עֵינָיו לַחְשֹׁב תַּהְפֻּכוֹת קֹרֵץ שְׂפָתָיו כִּלָּה רָעָה׃

Primera colección: Proverbios salomónicos (Pr 10, 1 – 22, 16)

²⁵ Hay un camino que al hombre le parece derecho,
pero que al final es fosa de muerte.
²⁶ El apetito del trabajador es lo que le obliga a trabajar,
porque su boca lo apremia.
²⁷ El hombre indigno trama el mal,
y en sus labios hay como fuego abrasador.
²⁸ El hombre perverso provoca la contienda,
y el chismoso aparta los mejores amigos.
²⁹ El hombre violento persuade a su amigo
y le hace andar por un camino perverso.
³⁰ El que entrecierra sus ojos para planear perversidades,
el que aprieta sus labios, consuma el mal.

**16, 25.** *Hay camino que al hombre le parece derecho…* Este versículo equivale a
Pr 14, 12.

**16, 26.** *El apetito obliga al trabajador a trabajar, porque su boca le apremia.* El texto
Syr. traduce: el alma de aquel a quien (el hambre) hace sufrir sufre ella misma, y
de su boca le viene destrucción; el Tárgum vincula esta traducción con el texto
original hebreo (con ביפא, humillación, en lugar de אבדנא, destrucción); Lutero
traduce también de esa manera, abreviando, sin embargo, violentamente el texto.
Por su parte, עמל (del árabe *'amila*, esforzarse, laborar) significa, como en latín
ser "*laboriosus*" trabajar y, al mismo tiempo, penar por el trabajo, pero no en el
sentido de πονῶν τινα, causar dificultad o como traduce Euchel, estar ocupado
con dificultad.

De esa forma se vinculan el trabajo y la boca, indicando que el hombre
trabaja para que la boca tenga algo de comer (cf. 2Ts 3, 10). En esa línea, la palabra
נפש recibe el significado de ψυχὴ ὀρεκτική, alma con deseo de comer, relacionando
así deseo y alimento, véase Pr 6, 30; Pr 10, 3. Con este sentido se vincula la palabra אכף, pues significa *instar*, urgir, mover a (Jerónimo, *compulit*), propiamente
*inclinarse por medio de una carga* (término relacionado con כפף, *incurvare*, כפה
כפא, constreñir, necesitar).

En arameo y árabe, esa palabra אכף significa ensillar, aparejar (Schultens,
*clitellas imposuit ei os suum*, se puso en su boca unos bozales), pero esta es una denominación secundaria (véase en Job 33, 7). El Véneto lo traduce bien, siguiendo
a Kimchi, ἐπεὶ κύπτει ἐπ᾽ αὐτὸν τὸ στόμα αὐτοῦ (cierra su boca). Así, la necesidad
de alimento por parte del trabajador le impulsa (con *dat. Commodi.* como en
Is 40, 20), es decir, le exige que trabaje, *porque* le presiona a ello (no en sentido
condicional, con ἐάν, como hacen Rashi y otros). Su boca lo apremia, para así
tener algo de comer. Dios mismo ha unido de esta manera el trabajo y la comida.

La maldición (comerás tu pan con el sudor de tu frente, *sudore vultus tui comedes panem,* oculta una bendición). El proverbio pone así de relieve la bendición en el fondo del plan de Dios.

**16, 27.** *El hombre inútil cava (trama) el mal; y en sus labios hay como fuego abrasador.* Sobre איש בליעל, véase Pr 6, 12, y con respecto a כרה, excavar o perforar, cf. Gn 49, 5; Gn 50, 5. En el fondo de estas palabras está la imagen de "cavar para otros un hoyo", Pr 26, 27; Sal 7, 16, etc. Cavar el mal es equivalente a buscar y preparar un tipo de mal para otros.

Kimchi explica correctamente la palabra צרבת como una forma semejante a קשבת que, como substantivo, significa (cf. Lv 13, 23) una marca de fuego (como de un ántrax); aquí, como adjetivo, esta palabra significa fuego, aunque no llameante (אש להבה, Is 4, 5, etc.), que calienta e incluso abrasa todo lo que se le acerca (la palabra צרב, ser chamuscado, vinculada con שרב y con שרף está indicando quizá un tipo de calor o ardor más fuerte, como *comburere* en relación con *adurere*).

El significado de la frase es claro: un hombre sin valor, es decir, un hombre cuya disposición y conducta están en contraste directo con el esfuerzo y la piedad, utiliza palabras que son como un hierro al rojo vivo, es decir, palabras que abrasan y queman; su lengua es φλογιζομένη ὑπὸ τῆς γεέννης (quema, como gehena), como dice Stg 3, 6.

**16, 28.** *El hombre mentiroso siembra discordia, y el murmurador separa a los amigos.* Con respecto a מְדָוֹן אִישׁ תַּהְפֻּכוֹת, cf. Pr 2, 12, y sobre מדון ישלח, cf. Pr 6, 14. El mismo pensamiento de 28b se encuentra en Pr 6, 19. La palabra נִרְגָּן (con ן *minusculum,* que aparece tres veces con la terminal *nun*) es una formación *nifal* de רגן, murmurar (cf. נזיד, de זיד), y tienen el sentido de susurrador, es decir, de murmurador, ψίθυρος, Sir 5, 14, ψιθυριστής, susurro; no se puede probar que la palabra árabe *nyrj* provenga de la misma raíz, es decir, de una raíz verbal נרג de la que nacería el arameo *norgo,* un hacha, y el árabe *naurag* (un trillador equivale a מורג). Aquila tiene razón al traducir esa palabra נִרְגָּן por τον θρυστής, y Teodocion por γόγγυσος, de רגן, *hiph.* נרגן, γογγύζειν.

Con respecto a אלוּף, amigo confidencial, véase p. 82. El singular, como en Pr 18, 9, se utiliza para indicar una relación mutua, y מפריד tiene el sentido de separar a uno del otro. Lutero traduce "un calumniador hace que los príncipes estén en desacuerdo"; pero esa traducción no es acertada, porque אלוּף, φύλαρχος, no es una palabra genérica para príncipe, sino que puede utilizarse para "amigos".

**16, 29.** *El hombre violento seduce a su prójimo, y lo lleva por un camino no bueno.* Cf. Gn 4, 8. El tema no es la incitación moral en sí misma, sino la incitación a llevar a una persona a algún lugar o situación en la que el violento pueda realizar

## Primera colección: Proverbios salomónicos (Pr 10, 1 – 22, 16)

su propósito malvado (de robo, extorsión o asesinato). La palabra חמס (aquí con איש como en Pr 3, 31) significa la injusticia propia de bandidos, la conducta de aquel que pone su poder superior de violencia impía en el lugar de Dios, Hab 1, 11, cf. Sir 12, 6. En oposición al buen camino, la expresión "un camino no bueno" (cf. Sal 36, 5) está indicando un camino que es totalmente malo y destructivo.

**16, 30.** *El que cierra sus ojos para maquinar falsedad, el que se muerde los labios hace que el mal suceda.* Esta es una advertencia fisiognómica. El ἁπ. λεγ, עצה está conectado con עצם, Is 33, 15 (correspondiente al árabe *ghamḍ*), *comprimere*, cerrar. Morderse los labios es una acción engañosa por sí misma y denota desprecio, malicia, picardía. Con el verbo en perfecto se está indicando que el que actúa de esa manera está mostrando que ha visto algo que es malo, o que él mismo está dispuesto a cometer un mal. Hitzig compara adecuadamente este pasaje con 1Sa 20, 7; 1Sa 20, 33. Nuestras ediciones (también Löwenstein) ponen כִּלָּה con *heth* (ה) pero la Masora (véase *Masora finalis*, p. 1) enumera esta palabra entre las que terminan en א, y siempre escribe כִּלָּא.

## 16, 31-33.

31 עֲטֶרֶת תִּפְאֶרֶת שֵׂיבָה בְּדֶרֶךְ צְדָקָה תִּמָּצֵא:

32 טוֹב אֶרֶךְ אַפַּיִם מִגִּבּוֹר וּמֹשֵׁל בְּרוּחוֹ מִלֹּכֵד עִיר:

33 בַּחֵיק יוּטַל אֶת־ הַגּוֹרָל וּמֵיְהֹוָה כָּל־ מִשְׁפָּטוֹ:

31 Corona de honra son las canas;
en el camino de la justicia se encuentran.
32 Es mejor el que tarda en airarse que el fuerte;
y el que domina su espíritu, que el que conquista una ciudad.
33 Las suertes se echan en el regazo,
pero a Jehovah pertenece toda su decisión.

**16, 31.** *Una diadema brillante es una cabeza canosa, en el camino de la justicia se encuentra.* Esta brillante diadema, esta hermosa corona (Pr 4, 8), cuyos cabellos de plata son resultado de su avanzada edad (Pr 20, 29; cf. "delante de las canas te levantarás, Lv 19, 32) está en contraste con una muerte temprana. Una buena vejez, Gn 15, 15, etc., una vida larga es, por un lado, una consecuencia del camino de la propia vida y es, por otro, la recompensa prometida de un curso de conducta regulado por la voluntad de Dios, es decir, por su ley, y por la regla del amor a Dios y al prójimo. Esta visión aparece también en el N.T., y sigue siendo valiosa hasta nuestros tiempos, ya que en todo el mundo no hay un medio mejor para prolongar la vida que evitar el mal.

Pero este proverbio, tal como se formula aquí, corresponde al A.T. Este punto de vista de que el mal se castiga a sí mismo con una muerte prematura, y que el bien es recompensado con una larga vida, tiene ciertamente muchas excepciones que conocemos por experiencia, porque vemos que, incluso, muchos impíos, con su vida de pecado, alcanzan una avanzada vejez. Teniendo en cuenta que el futuro de todos aparece velado, este proverbio solo se puede formular de un modo unilateral. Por eso se le puede oponer la palabra de Is 57, 1: "perece el inocente y nadie le hace caso". Sin embargo, este antiguo proverbio salomónico sigue siendo cierto, pues cualquiera que alcance una vejez honrada la alcanza a través de una vida justa y de una conducta honrada.

**16, 32.** *Mejor es ser lento para la ira que héroe en la guerra; mejor es controlar el propio espíritu que conquistar una ciudad.* Con respecto a אפים ארך (lento a la ira), véase Pr 14, 29, donde aparecía en contraste קצר־רוח. Esta comparación es verdadera en cuanto a las personas, con referencia a las acciones que aquí van expresadas; por otra parte, el valor guerrero y el dominio moral pueden unirse en una sola persona, definiendo así su grandeza. La Mishná, *Pirke Aboth* iv. 1, plantea la pregunta: *¿quién es el héroe?* y la respuesta, *el que vence su deseo*, se hace refiriéndose a este proverbio, porque lo que aquí se dice del dominio sobre la pasión de la ira puede y debe aplicarse al dominio sobre todos los afectos y pasiones.

Así dicen diversos poetas: "El que reina dentro de sí mismo y gobierna sus pasiones, deseos y miedos, es más que un rey; y esto puede alcanzarlo todo hombre sabio y virtuoso" (Milton, *Paraíso restaurado,* ii.-466-8). "No estrujes tanto tu mente, es más importante que domines tu voluntad" (*Zerbrich den Kopf dir nicht so sehr; Zerbreich den Willen - das ist mehr*, Matth. Claudius).

**16, 33.** *Uno echa la suerte en el regazo; pero toda su decisión viene de Yahvé.* La tradición solo conoce una prueba de este tipo (una ordalía o juicio de Dios) como medio correcto para descubrir su voluntad, Nm 5, 12-31. Este tipo de prueba no está regulada en ningún lugar de la Biblia, pero su uso está respaldado por una costumbre paralela a la ley mosaica; se usó no solo en la vida privada, sino también de múltiples maneras dentro del campo de la justicia pública, así como para determinar quién era el culpable, como en Jos 7, 14; 1Sa 14, 40-42.

En esa línea, Pr 18, 18 dice lo mismo que Hebreos 6, 16 en relación con los juramentos. Pues bien, este proverbio 16, 22 explica la suerte de una prueba, porque es Dios quien la dirige y quien ordena que se resuelva así y no de otra manera. El proverbio no sanciona este tipo de pruebas, solo dice que el hombre prepara la prueba, pero que la decisión (la suerte) está determinada por Dios.

Eso es cierto en todos los casos; pero queda abierto el tema de si la determinación de la culpabilidad de una persona puede descubrirse así por medio de

*Primera colección: Proverbios salomónicos (Pr 10, 1 – 22, 16)*

un sorteo que decida la suerte de una persona. De todas formas, la antigüedad juzgó este asunto de manera diferente, como muestra, por ejemplo, el libro de Jonás (cap. 1); esta era una práctica, animada por la fe, en el gobierno de Dios sobre el mundo, de manera que, aunque no definía bien los límites entre la fe y la superstición, se hallaba muy por encima de la incredulidad de la "Ilustración".

Igual que la palabra griega κόλπος, la palabra hebrea חיק aquí empleada (de חוק, árabe *ḥak, khak,* abarcar, extender) significa, como comúnmente se sabe, tanto *grembum* como *sinus*, pero este último significado es el más seguro; y así también aquí; no es el regazo como parte central del cuerpo, ni tampoco el regazo de la vestidura sino, como en Pr 6, 27, cf. Is 40, 11, la parte externa, hinchada, suelta, de la ropa que cubre el vientre (el seno), formando así un tipo de hueco o bolsa, donde se echan las "suertes" (a modo de dados o fichas), que se sacuden por medio de movimientos o cambios. La construcción se hace con verbo en pasivo הוטל (de טול equivale al árabe arrojar en alto) y con acusativo de objeto (cf. Gn 4, 18). משפט aquí decisión como en el caso de los Urim y Tumim (Nm 27, 21).

# Proverbios 17

## 17, 1-6.

1 טֽוֹב פַּת חֲרֵבָה וְשַׁלְוָה־ בָהּ מִבַּ֫יִת מָלֵא זִבְחֵי־ רִֽיב׃

2 עֶֽבֶד־ מַשְׂכִּיל יִמְשֹׁל בְּבֵן מֵבִישׁ וּבְתוֹךְ אַחִים יַחֲלֹק נַחֲלָֽה׃

3 מַצְרֵף לַכֶּסֶף וְכוּר לַזָּהָב וּבֹחֵן לִבּוֹת יְהוָֽה׃

4 מֵרַע מַקְשִׁיב עַל־ שְׂפַת־ אָוֶן שֶׁקֶר מֵזִין עַל־ לְשׁוֹן הַוֹּֽת׃

5 לֹעֵג לָרָשׁ חֵרֵף עֹשֵׂהוּ שָׂמֵחַ לְאֵיד לֹא יִנָּקֶֽה׃

6 עֲטֶרֶת זְקֵנִים בְּנֵי בָנִים וְתִפְאֶרֶת בָּנִים אֲבוֹתָֽם׃

[1] Mejor es un bocado de pan seco y con tranquilidad
que una casa llena de banquetes con contiendas.

[2] El siervo prudente se enseñoreará sobre el hijo que avergüenza,
y junto con los hermanos compartirá la herencia.

[3] El crisol prueba la plata,
y la hornaza el oro;
pero el que prueba los corazones es Jehovah.

[4] El malhechor está atento al labio inicuo,
y el mentiroso escucha a la lengua destructora.

[5] El que se mofa del pobre afrenta a su Hacedor,
y el que se alegra por su calamidad no quedará impune.

[6] Corona de los ancianos son los hijos de los hijos,
y la gloria de los hijos son sus padres.

*Proverbios 17*

**17, 1.** *Mejor es un bocado de pan seco...* Este es un proverbio comparativo, con טוב, emparejado con Pr 16, 32. También son semejantes a este en forma y contenido Pr 15, 16 y Pr 16, 8. פת חרבה es un pedazo de pan (פת, femenino, como Pr 23, 8) sin bebida sabrosa (Teodocion, sin nada καθ᾽ἑαυτόν, es decir, nada con él), como por ejemplo "sin aceite".

Por su parte, la palabra זבחים (זְבָחֵי־) no son regalos especiales (Hitzig) sino, como siempre, los mismos animales sacrificados, es decir, ofrendas o banquetes de bestias sacrificadas. Este es el antiguo nombre de los שלמים (cf. Éx 18, 12; Éx 24, 5; Pr 7, 14), animales sacrificados a Dios, de los cuales solo una parte se ofrecía en el altar, y otra parte se consumía en forma de banquete. Por su parte, זבח (en contraposición a טבח, Lv 9, 2; Lv 43, 16) denota, generalmente, cualquier tipo de fiesta que se celebraba en conexión con la adoración a Dios, 1Sa 20, 29; cf. Gn 31, 54.

"Festivales con odio" son comidas con inquietud y enfrentamiento. מלא es participio con objeto en acusativo. En general, מלא forma un constructivo y aparece solo una vez (Jer 6, 11) en absoluto. Ya hemos evocado en Pr 7, 14 la degeneración de las fiestas de los *shelamîm*. A partir de este proverbio, se puede concluir que el júbilo y la excitación de la fiesta desembocaban a veces en la embriaguez (cf. con Hitzig, 1Sa 1, 13 y 1Sa 1, 3), como sucede en ciertas fiestas actuales donde la celebración desemboca en peleas y conflictos. Todo esto contribuía a que muchos pobres, que comían su pan seco en tranquila paz, dejaran de mirar con envidia todo este ruido y tumulto.

**17, 2.** *Un siervo prudente se enseñoreará del hijo degenerado; y reparte (divide) la herencia entre los hermanos.* Respecto a los contrastes entre משכיל y מביש, véase Pr 10, 5; Pr 14, 35. Las ediciones impresas presentan בְּבֵן מֵבִישׁ en conexión de genitivo, como refiriéndose a un hijo de la clase escandalosa, cosa que es admisible; pero Cód. 1294 y Cód. Jaman[20] en núm. No. 2, 3, escribe בבן מביש (con *tsere* y *munach*), y quizás eso sea correcto, conforme a Pr 10, 5; Pr 17, 25.

Los futuros tienen aquí también un significado futuro: dicen lo que ha de suceder. Grotius comenta, con referencia a esto: *manumissus tutor filiis relinquetur*, el esclavo, tutor de los hijos, tras ser manumitido sigue conservando su influencia (יחלק alude al oficio de tutor). Ciertamente, un tutor recto y desinteresado, no se enriquecerá con la propiedad que pertenece a otro, de manera que no actúa como heredero del padre fallecido. Y, sin embargo, puede darse el hecho de que el hijo degenerado pierda la herencia y que el siervo inteligente ocupe su lugar.

---

20. Es un códice traído de Yemen por Sapiir, del que Baer y yo hemos presentado una visión general con la edición del texto de Isaías.

# Primera colección: Proverbios salomónicos (Pr 10, 1 – 22, 16)

¿Ha de suponerse, según eso, que el dueño de la casa hace a su criado coheredero con sus hijos, y al mismo tiempo lo nombra su albacea? Ese sería un mal anacronismo. En el momento en que se acuñó este proverbio, no se había instituido en Israel una legislación sobre la διαθήκη, es decir, sobre la ley de las herencias o testamentos. Según eso, al pensar en el hijo degenerado, repudiado por el padre, tenemos que suponer que el siervo inteligente ha sido ya recompensado durante la vida de su amo por sus servicios prestados y que, después de la muerte del amo, tiene tanto estima y confianza de parte de la familia, que es él quien reparte la herencia entre los hermanos.

Ese siervo no toma para sí una de las partes de la herencia, sino que se limita a distribuirla, como por ejemplo en Jos 18, 2, donde se traduce, "cuya herencia aún no había sido distribuida (aún no les había sido dada)". Jerónimo *traduce hereditate dividet;* y así todos los traductores, desde la LXX hasta Lutero. Según eso, este siervo fiel cumple la tarea de dividir (repartir) la herencia entre los hermanos.

**17, 3.** *El crisol para la plata, y el horno para el oro; un probador de corazones es Yahvé.* Este proverbio emblemático dice que Yahvé es para el corazón lo que el crisol (de צרף, cambiar, fundir, refinar) es para la plata, y lo que el horno de fundición (כּוּר, de כּוּר, raíz כר, pulir; Éx 22, 20) es para el oro. Según eso, Yahvé es para el corazón aquel que le examina y enriquece (de בחן, moler, probar moliendo, aquí como en Sal 7, 10); Yahvé analiza y transforma así la naturaleza y contenido del corazón de los hombres, para purificarles, como se purifica a los metales.

Este motivo aparece en otros lugares de la Biblia y del libro de los Proverbios (cf. Pr 16, 2; Pr 21, 2; Pr 24, 12). Dios se muestra, así como בֹּחֵן (aquel que prueba a los hombres, Jer 6, 7), como תֹּכֵן, pesador, o דּוֹרֵשׁ, buscador (1Cr 28, 9). Siempre que en este contexto se habla de Dios como buscador de corazones se utiliza el plural לִבּוֹת. Una vez se usa la fórmula לִבְבוֹת y לְבָבִים en estado constructo, con sufijo. En Pr 27, 21 siguen las dos figuras (crisol para la plata, horno para el oro) con las que se forma un *priamel,* como en Pr 26, 3, con otro *tertium comparationis.*

**17, 4.** *El malhechor presta atención a los labios falsos; y el mentiroso da oído a la lengua perversa.* El significado de fondo de este proverbio es que cualquiera que escuche con deleite unas palabras moralmente reprobables y dirigidas a la destrucción del prójimo se caracteriza a sí mismo como libertino. Aunque מֵרַע probablemente no sea predicado sino sujeto, este proverbio no describe el מֵרַע (al libertino como tal), sino al contrario: dice que quien actúa de esa manera lo hace como מֵרַע (libertino).

La palabra מֵרַע aparece en Is 9, 16, donde el autor veneciano traduce ἀπὸ κακοῦ. Así lo prueban no solo los códices y las ediciones correctas, sino también la Masora (cf. *Miclol* 116b). La palabra הַקְשִׁיב (cf. מַקְשִׁיב de קָשַׁב, raíz קשׁ, endurecer o también pinchar, p. ej. una oreja) va generalmente con לְ o con אֶל, como en Pr

29, 12; Jer 6, 19, o también con אָוֶן. Así, al decir עַל־ שְׂפַת־ אָוֶן, este proverbio está marcando el contraste absoluto entre el malvado y una mente piadosa y filantrópica.

La palabra הַוּת, de הֹוה (cf. לְשׁוֹן הַוֹּת) no se utiliza aquí en el sentido de afán, como en Pr 10, 3; Pr 11, 6, sino como abismo, catástrofe (véase Sal 5, 10), esto es, como destrucción total. Los dos genitivos denotan la propiedad de los labios y la lengua (*labium nequam, lingua perniciosa*, labio perverso, lengua perniciosa), mostrando aquello hacia lo que se dirigen de un modo instrumental (cf. Sal 36, 4; Sal 52, 4): practicar el mal, realizar planes destructivos.

La palabra שֶׁקֶר (mentiroso), al comienzo de la segunda línea, generalmente, se considera como sujeto, en paralelo con מרע, como piensa Lutero, siguiendo a Jerónimo: "*El hombre impío* presta atención a la boca impía, y *el hombre falso* escucha de buena gana las lenguas escandalosas". Es posible que שֶׁקֶר denote falsedad intensa, como רמיה, Pr 12, 27, pereza fuerte, cf. מרמה, Pr 14, 25 y, quizás, igualmente Pr 12, 17, aunque también puede indicar צדק, Sal 58, 2, תּוּשִׁיה, Mi 6, 9; יצר סמוך, Is 26, 13, etc., en donde se cita la propiedad que tiene una persona en vez de referirse a la persona que tiene esa propiedad (אִישׁ אַנְשֵׁי).

Al decir que la falsedad (es decir, un hombre falso) escucha a una lengua engañosa se está indicando que lo hace precisamente porque él mismo está lleno de falsedad, es falso y engañoso, según el proverbio, *simile simili gaudet* (el semejante se alegra de encontrar uno que sea semejante a él: también *similis similem quaerit,* el semejante busca a su semejante) como un mentiroso. La puntuación del texto (con מֵרַע, con *dechi* como sujeto o también como predicado) toma a שֶׁקֶר מֵזִין como objeto con מזין como su palabra rectora. El malhechor atiende a lo que dicen los labios falsos; el mentiroso escucha a la lengua perversa.

Este proverbio nos sitúa así ante la maldad de la palabra que se dice y que se escucha, de manera que el pecado se encuentra en ambos lados de la conversación, que resulta ser una conversación pervertida, tanto en el sentido activo (por parte del que habla) como en sentido receptivo o pasivo (por parte del que escucha).

**17, 5.** *El que escarnece al pobre, afrenta a su Hacedor; y el que se alegra de la calamidad, no quedará sin castigo*. El primer estico es una variación de Pr 14, 31. Dios es, según Pr 22, 2, el creador tanto de los pobres como de los ricos. El pobre, como hombre y como pobre, es obra de Dios, creador y gobernador de todas las cosas.

Según eso, quien se burla del pobre, se burla de Aquel que lo llamó a la existencia y lo colocó en su lugar. Pero en general, la compasión y la piedad, pero no la alegría (שׂמח ל), que se expresa comúnmente con ל de persona, cf. Abd 1, 12, con la fórmula usual para ἐπιχαιρε κακία), son las actitudes apropiadas del hombre ante la desgracia (איד, de אוד, estar muy cargado). En contra de eso, el hecho de gozarse de que la desgracia haya caído sobre nuestro enemigo constituye *un peccatum mortale*, Job 31, 29.

*Primera colección: Proverbios salomónicos (Pr 10, 1 – 22, 16)*

Ciertamente, puede darse un gozo "espiritual" ante la revelación real de la justicia divina. Pero ese gozo espiritual no puede ser un gozo santo si no se encuentra unido a un profundo dolor por aquellos que, sin aceptar ninguna advertencia, han despreciado la gracia, de manera que, añadiendo pecado sobre pecado, han provocado la ira de Dios.

**17, 6.** *Los hijos de los hijos son la corona de los ancianos; y la gloria de los hijos son sus padres.* Con este versículo se cierra esta serie de proverbios que empezó en 17, 1. Los hijos son una bendición de Dios (Sal 127–128). En esa línea, un grupo familiar integrado por hijos y nietos (incluidos los bisnietos) es una corona de gloria que rodea al patriarca canoso. Por otra parte, los hijos tienen su gloria y su honra en sus padres, porque tener por padre a un varón de nombre honrado, o de bendita memoria, es el elogio más eficaz para el hijo. Aunque el hijo no fuera semejante a su padre, el hecho de haber tenido un padre, tiene siempre unas consecuencias importantes y beneficiosas para el hijo.

En 6b se expresa un hecho de experiencia, del que procede el honor de la nobleza heredada, un honor reconocido entre los hombres. Un hombre puede renegar de sus derechos sociales, pero al mismo tiempo es y sigue siendo parte de un orden moral y social del mundo, que se expresa en el honor de la familia, honor que pasa de abuelos y padres a nietos.

La LXX añade después de 17, 4 un dístico que el Códice Vaticano coloca tras Pr 17, 6: "Todo el mundo de las riquezas pertenece a los fieles, pero a los infieles ni siquiera un óbolo". Lagarde supone que ὅλος ὁ κόσμος τῶν χρημάτων es una traducción de שפעת יתר, en lugar de 7, שפת יתרa. Pero esta ingeniosa conjetura no nos permite considerar este dístico como una variación de Pr 17, 7.

## 17, 7-10.

Los tres proverbios siguientes (17, 7-10) parecen unidos en forma de acróstico por la sucesión de las שׂ, שׁ y por la ת en 7-11. Por su parte, 17, 10 pone de relieve el hecho de que un reproche afecta con más fuerza a un hombre sabio.

לֹא־נָאוָה לְנָבָל שְׂפַת־יֶתֶר אַף כִּי־לְנָדִיב שְׂפַת־שָׁקֶר: ⁷

אֶבֶן־חֵן הַשֹּׁחַד בְּעֵינֵי בְעָלָיו אֶל־כָּל־אֲשֶׁר יִפְנֶה יַשְׂכִּיל: ⁸

מְכַסֶּה־פֶּשַׁע מְבַקֵּשׁ אַהֲבָה וְשֹׁנֶה בְדָבָר מַפְרִיד אַלּוּף: ⁹

תֵּחַת גְּעָרָה בְמֵבִין מֵהַכּוֹת כְּסִיל מֵאָה: ¹⁰

[7] No conviene al hombre vil la grandilocuencia.
Mucho menos le pertenece al noble un labio mentiroso.
[8] Piedra de encanto es el soborno a los ojos del que lo practica;
dondequiera se dirija, tiene éxito.

⁹ El que cubre la transgresión busca amistad,
pero el que divulga el asunto aparta al amigo.
¹⁰ *Más aprovecha una represión al hombre entendido,*
que cien azotes al necio.

**17, 7.** *No conviene al hombre vil la grandilocuencia. Cuánto menos al noble el labio mentiroso.* Como en Is 32, 5, el hombre נבל y el נדיב se colocan uno frente al otro; este último es el hombre noblemente magnánimo, el primero es el hombre que piensa neciamente y actúa con ligereza, a quien no le conviene usar palabras altivas, cosa que hace que la impresión de su vulgaridad sea tanto más repulsiva (cf. Job 2, 10).

La expresión שׂפת יתר no alude a un discurso elevado (Ewald) ni difuso (cf. J. Ernst Jungius en Oetinger: *lingua dicax ac sermonem ultra quam decorum verbis extendere solita*, lengua pretenciosa y palabra que van más allá del decoro). Lo que este proverbio está condenando no es un discurso imperativo (Bertheau) sino, más bien, unas palabras presuntuosas (Hitzig) y superficiales, que quizá parecen tímidas, pero que son altivas e hirientes (cf. el sentido transitivo del árabe *watr* con ὑβρίζειν, de ὑπέρ, en ario *upar*, cf. *Coment. Job*, p. 363). Con razón, Meri pone: שׂפת נאוה ושׂררה.

Produce una impresión desagradable que un hombre de mente vulgar y conducta grosera, en lugar de mantenerse en el anonimato, se haga importante y pesado hablando de manera desvergonzada e insolente (cf. Sal 12, 9, donde se utiliza זֻלּוּת, *vilitas*, en un sentido moral). Pero aún es más repulsivo el gesto de un hombre de quien podemos esperar nobleza de mente, por su posición de vida y vocación, que se degrada a sí mismo pronunciando palabras groseras o engañosas.

De la figura retórica אף כי, que quiere probar algo *a minori ad majus*, ya hemos hablado en Pr 11, 31; Pr 15, 11. R. Ismael, *Bereschith Rabba*, 44, 8, ha destacado en las Escrituras diez de tales conclusiones *a minori ad maju*s, pero hay otras tantas en la línea de *quanto magis* (si esto es así, cuánto más…). La acentuación correcta (p. ej., en Cód. 1294) es אַף כִּי־ לְנָדִיב, según *Accentuationssystem*, xviii. 2.

**17, 8.** El soborno parece una joya para quien lo recibe, y por medio de sobornos se abren muchas puertas. El verbo הַשְׂכִּיל, usado solo de personas, evoca una conducta exitosa, afortunada. De esa forma alude al que tiene bienes para dar (Lutero), pero que ha de comportarse siempre de un modo prudente. Pues bien, este proverbio condena certeramente el soborno, que abre puertas y corazones, y así aparece como llave de oro para quien lo utiliza de una forma injusta.

El soborno no es un don que proviene de una buena liberalidad (Zöckler), sino que tiene como fin la ganancia propia; es don por el cual uno quiere "comprar" algo para sí mismo (Pr 17, 23), ganando el favor de un hombre poderoso o querido cambiar a favor propio la sentencia de un juez. Entendido así, este proverbio expresa un hecho, la experiencia. El soborno, al que se refiere, como un medio bien conocido y realizado por muchos, es un regalo con fines egoístas. Sin duda, puede dar alegría, *gaudium*, al poderoso o juez que lo recibe, pero no se da por gracia, sino por interés.

El soborno consigue a veces cosas que en principio parecían imposibles. Entendido así, el soborno puede conseguirlo casi todo —*pecuniae obediunt omnia* (todas las cosas obedecen al dinero, Ec 10, 19, Vulgata). Pero entendido así, constituye una expresión de injusticia.

**17, 9.** *Cubre las transgresiones el que busca el amor y el que siempre vuelve al tema separa a los amigos.* El predicado está al comienzo de la oración con el orden de las palabras sin invertir. Que מכסה פשע debe interpretarse también aquí como predicado (cf. 19a) aparece ya en Pr 10, 12, donde se dice que *el amor cubre todas las transgresiones.* Escribimos מְכַסֶּה־פֶּשַׁע con *daggesh forte conjunctivum* aplicado a la פ (como a la ב en Ez 18, 6), y con *gaja y sheva*, según el *Meth.-Setzung*, 37. El sentido de la expresión "buscar el amor" debe interpretarse, según Hitzig, desde Sof 2, 3. Cf. 1Co 14, 1.

Este proverbio no trata de ganar el amor de otro, sino de conservar el amor de los hombres entre sí, y no ha de entenderse a partir de 9b, sino de Pr 10, 12. Se trata de proclamar el amor, sin denunciar a gritos el pecado de aquellos que atentan contra ese amor, sin ensanchar la brecha entre los hombres que están cerca unos de otros, sino esforzándose por la reconciliación entre todos, una reconciliación que calme y rectifique, que mitigue el mal, en lugar de empeorarlo.

En contra del amor así entendido están aquellos que repiten siempre las mismas acusaciones, con los mismos temas (שנה con ב de objeto, para insistir en algo, como Pr 26, 11), es decir, volviendo siempre a motivos que son desagradables para otros (Teodocion, δευτερῶν ἐν λόγῳ; Símaco, δευτερῶν λόγον, como Sir 7, 14; 19, 7). Esa insistencia divide a los amigos (véase Pr 16, 28), porque deliberadamente fomenta la contienda, la falta de armonía, la mala voluntad y el alejamiento que produjo la ofensa. Por el contrario, el hombre noble, que tiene como motivo y fin el amor, con un silencio prudente contribuye a traer al olvido la ofensa y la división que ha ocasionado.

**17, 10.** *Una sola represión impresiona más al sabio, que cien castigos al necio.* Este es uno de los pocos proverbios que comienzan con futuro, véase Pr 12, 26 y se centra en el influjo que una represión tiene en un hombre sabio (מבין, Pr 8, 9). La palabra גערה indica un reproche, tal como lo expresa la tradición postbíblica con נזיפה, que es el grado más bajo de castigo disciplinar, la *admonitio*, que se describe como una advertencia.

La forma verbal תֵחַת está en el fondo de la lectura de la LXX y del Syr. (συντρίβει ἀπειλὴ καρδίαν φρονίμου, una amenaza impresiona al corazón del sabio) y así leen תחת גערה לב מבין. Esa palabra puede derivar de חתת, cf. *hifil* התּ. En esa línea traduce Lutero: la reprensión alarma más a los inteligentes, pero חחת con ב del obj. no responde al idioma hebreo. Por el contrario, lectura de la LXX responde al uso de la lengua hebrea y, además, es adecuada.

De todas formas, esta palabra תֵחַת, como יחת en Job 21, 18; Jer 21, 13, pueden ser futuro *kal* de נחת como יֵנחת, Sal 38, 3 (Teodocion, Targum, Kimchi). Con esta derivación se explica bien la forma תחת. La referencia de Gesenius, en el *Handwörterbuch* a *Lehrgebude*, 51, 1, Anm. 1, resulta inadecuada, pues defiende la retrogresión del tono (נסוג אחור); por su parte, la explicación de Böttcher, cuando afirma que esa retrogresión del tono en תֵחַת es el resultado de un intento de acentuar la expresividad de la frase no responde a las leyes gramaticales.

La acentuación de תֵחַת en la primera sílaba se explica a partir de נחת, como resultado de una contracción, lo que lleva a poner el tono *milel* con *milra*, especialmente aquí, donde esa palabra se encuentra al principio de la oración. De esa manera, conectada con ב, esa raíz נחת significa, descender, penetrar en un tema, impresionar, como en este caso (una reprensión impresiona y hace cambiar el sabio, más que cien azotes al necio, pues a eso aluden los cien del segundo estico, referidos a los azotes de castigo al necio).

Hitzig compara apropiadamente este motivo con *altius in pectus descendit* (más profundamente desciende en el pecho…) de Salustio, *Jug.* 11. Por su parte, Jerónimo traduce, según el sentido, *plus proficit* (más aprovecha…) y el Véneto pone ἀνεῖ (léase ὀνεῖ) ἀπειλὴ τῷ συνίοντι (más aprovecha una amenaza al entendido…). En 10b, מכה (cf. Dt 25, 3; 2Co 11, 24) debe suplirse por מאה, no por פאמים (cien veces, que puede deducirse correctamente de מאה, Ec 8, 12). Como dice un proverbio talmúdico, una simple señal vale para el sabio más que para el necio un palo. Zehner, en su *Adagia sacra* (1601), cita a Curtius (vii. 4): *nobilis equus umbra quoque virgae regitur, ignavus ne calcari quidem concitari pote*t (un caballo de raza noble puede ser guiado incluso por la sombra de una vara; por el contrario, uno de baja estirpe no puede ser aguijoneado ni siquiera por la espuela).

## 17, 11-15. Sobre hombre peligroso, para mantenerse en guardia

<sup>11</sup> אַךְ־ מְרִי יְבַקֶּשׁ־ רָע וּמַלְאָךְ אַכְזָרִי יְשֻׁלַּח־ בּֽוֹ׃

<sup>12</sup> פָּגוֹשׁ דֹּב שַׁכּוּל בְּאִישׁ וְאַל־ כְּסִיל בְּאִוַּלְתּֽוֹ׃

<sup>13</sup> מֵשִׁיב רָעָה תַּחַת טוֹבָה לֹא־ [תמיש] (תָמוּשׁ) רָעָה מִבֵּיתֽוֹ׃

<sup>14</sup> פּוֹטֵר מַיִם רֵאשִׁית מָדוֹן וְלִפְנֵי הִתְגַּלַּע הָרִיב נְטֽוֹשׁ׃

<sup>15</sup> מַצְדִּיק רָשָׁע וּמַרְשִׁיעַ צַדִּיק תּוֹעֲבַת יְהֹוָה גַּם־ שְׁנֵיהֶֽם׃

393

*Primera colección: Proverbios salomónicos (Pr 10, 1 – 22, 16)*

<sup>11</sup> El malo solo busca la rebelión;
un mensajero cruel será enviado contra él.
<sup>12</sup> Mejor es encontrarse con una osa despojada de sus crías
que con un necio empeñado en su insensatez.
<sup>13</sup> Al que da mal por bien,
el mal no se apartará de su casa.
<sup>14</sup> El que comienza la contienda es quien suelta las aguas;
desiste, pues, antes que estalle el pleito.
<sup>15</sup> El que justifica al impío y el que condena al justo,
ambos son abominables a Jehovah.

**17, 11.** *El rebelde no busca sino el mal...* El problema está en saber quién es el sujeto y qué es el objeto en 11a. Lo más fácil es tomar a מרי como sujeto, pues esta palabra (de מרה, cuerda, hacerse exigente contra cualquiera, *oponerse*, ἀντιτείνειν) resulta apropiada para ello. Esa palabra aparece también en Ez 2, 7 como nombre abstracto, con sentido concreto, apareciendo así, como sujeto. De aquí se desprende que בקש רע, buscar el mal (cf. Pr 29, 10; 1Re 20, 7, etc.), resulta una expresión mucho más natural que בקש מרי, *buscar la rebelión*.

En esa línea, אך aparecerá más lógicamente conectada con רע, pues אך־מרי (correspondiente al árabe âinnama) pertenece a aquellas partículas que se colocan antes de una frase, sin referirse a la parte inmediatamente posterior de la oración, porque se considera que afectan mucho más a la oración completa que solo a lo que sigue (véase Pr 13, 10: el rebelde no persigue otra cosa que el mal). Así se traduce רע como objeto neutro en texto sirio, Targum, Véneto y Lutero. Pero, en contra de eso, los antiguos traductores griegos y Jerónimo consideran a רע como sujeto personal.

Por otra parte, al referirnos a la rebelión, en מלאך אכזרי, no debemos pensar con Hitzig en el demonio de las pasiones salvajes, sin traba alguna, propias de rebeldes, porque ese es un estilo de pensamiento moderno, no bíblico. Pero debe mantenerse la antigua observación, no simplemente poética sino real de lo que está en el fondo de la frase, aludiendo al hecho de que el ministro del rey o el magistrado principal anuncia e inflige castigo al rebelde.

La palabra מלאך no alude simplemente al servicio de mensajero que alguien realiza, sino que se refiere a la condición y naturaleza del mensajero. Tanto un hombre que actúa como mensajero, como un ángel o un ser espiritual que actúa de esa forma son llamados מלאך (ángeles). Por lo tanto, no se puede aplicar מלאך אכזרי, con la LXX, Jerónimo y Lutero, directa y exclusivamente a un ángel directo de Dios, cuyo oficio sería solo el de castigar.

Si se piensa en Yahvé como la Persona contra la cual se hace la rebelión, entonces la idea de un mensajero celestial es la más apropiada, según Sal 35, 5; Sal

78, 49. Pero el proverbio puede aplicarse también a un rey de la tierra que envía un mensajero en contra de la multitud rebelde, con una comisión general, o en contra de un individuo peligroso para el Estado, con instrucciones estrictas para arrestarlo e impedir que realice cualquier maldad.

La palabra אכזרי aparecía ya en Pr 12, 10; la raíz קש חש significa estar seco, duro, sin sentimientos. El futuro no indica lo que se podría hacer (Bertheau, Zöckler), pues ese significado es contrario al paralelismo, al orden de las palabras y al estilo del proverbio, sino lo que se hace de hecho. El orden de las palabras no puede interpretarse como hace Ewald, "apenas la sedición busca el mal cuando se envía un mensajero inexorable". Aunque él afirme que esta explicación es "inmejorable", resulta incorrecta porque, en ese sentido, אך exigiría un verbo en perfecto, reforzado por el infinitivo intensivo como, por ejemplo, en Gn 27, 3.

Por otra parte, la relación entre los esticos no es como Böttcher ha pensado, aludiendo a —un hombre malvado que solo intenta burlarse aunque se envíe en contra de él un mensajero inflexible—, para castigarle, pues, en esa línea, en vez de יְשֻׁלַּח־בּוֹ, tendría que haberse utilizado שלח שלח o מִשְׁלֹחַ. Aquí, en 11a y 11b, tenemos dos cláusulas como en Pr 26, 24; Pr 28, 1s. A pesar de todo, el sentido del proverbio es claro: en contra del rebelde no hay más remedio que enviar a un mensajero cruel.

**17, 12.** *Mejor sería encontrarse con una osa despojada de sus crías que con un necio empeñado en su insensatez.* El nombre *oso*, igual que *vaca*, Job 21, 10; Sal 144, 14, conserva su forma masculina, incluso cuando se usa en referencia a la relación sexual de esos animales (Ewald, 174b). La osa privada de sus cachorros es proverbialmente una bestia furiosa. La expresión abstracta de la acción גוֹש (encontrarse), aquí como, por ejemplo, en Sal 17, 5, con el sujeto siguiente, tiene este sentido: *esto es lo que sucede siempre que un hombre pueda encontrarse…*). Pero aquí no se habla del encuentro con la osa (cf. ואל en relación con ואל יפגשׁ), sino del encuentro con el necio. La palabra פָּגוֹשׁ tiene *mehuppach* y *zinnorith* en la sílaba abierta anterior (según la regla, *Accentssystem*, vi. 5d).[21] שׁכּוּל significa en estado de su manía, es decir, cuando está en el paroxismo de su ira, correspondiendo con el sustantivo-adjetivo condicional שׁכּוּל, porque la manía o demencia aumentada morbosamente es locura (cf. Os 11, 7; *Psychol.* p. 291s.)

**17, 13.** *Del que paga mal por bien, el mal no se apartará de su casa.* La ingratitud pertenece a las manifestaciones pecaminosas del innoble egoísmo. Lógicamente, será mucho más pecaminosa aquella ingratitud, que paga mal por bien (מֵשִׁיב,

---

21. En la *Torath Emeth*, p. 18, la palabra aparece irregularmente como *milel*, pues una sílaba cerrada con *cholem* no puede sufrir retroceso del tono.

# Primera colección: Proverbios salomónicos (Pr 10, 1 – 22, 16)

como en 1Sa 25, 21, sinónimo de גמל, pagar, Pr 3, 30; Pr 31, 12; שׁלּם, reembolsar, Pr 20, 22). En lugar de תמיש, el *keré* dice תמושׁ; pero el Sal 55, 12 muestra que este verbo, con una vocal media, puede llevar ע en el sentido de י, lo mismo que en el sentido de ו.

**17, 14.** *El que suelta las aguas da comienzo a la contienda; desiste, pues, antes que estalle el pleito.* El significado de este verbo פטר significa brotar y, transitivamente, como el árabe *faṭr*, sacar de una hendidura, hacer brotar, soltar (Teodocion, ἀπολύων; Jerónimo, *dimittit*; Véneto ἀφιείς). La LXX, que traduce ἐξουσίαν δίδωσι, piensa en la significación jurídica que ofrece Crónicas: hacer o declarar libre a una persona; pero aquí (con respecto al *metheg*, cf. Pr 14, 31). Como traduce Lutero, la expresión פוטר מים se refiere al que arranca o suelta la presa de las aguas.

Por su parte, ראשׁית מדון no es un acusativo dependiente de פוטר (Hitzig: el que desata el agua iniciando así *la contienda*). Al contrario, el participio se usa como en Pr 10, 17. El que desata el agua es el comienzo de la contienda... Esta frase es un añadido al participio, como en el lenguaje de la Mishná, donde en lugar del infinitivo que uno espera, se dice, por ejemplo, בזורע (igual a בזרע): si uno siembra, במזיד. Por lo tanto, es innecesario, con Ewald, interpretar פוטר como neutro. Al contrario, פוטר tiene un sentido personal; פוטר es el que rompe un dique de agua, el que retira la compuerta de contención del agua, el que abre una esclusa...

En esa línea, de forma simbólica, el segundo estico del proverbio sigue hablando del que comienza una contienda, comparándolo con ese que abre la esclusa para que pase toda el agua. Desde ese fondo, el proverbio pide al hombre que abandone el conflicto antes de haberlo comenzado, que no deje que se desate el agua. Este es el tema central: abandonar el conflicto (הריב, con artículo, para marcar el énfasis).

Así se dice con לפני התגלע, un verbo que aparece solo aquí y en Pr 18, 1; Pr 20, 3, siempre en *hitpael*. El Targum (mal entendido por Gesenius, siguiendo a Buxtorf, en contra de Levy, en צדי II) traduce esa palabra como en Pr 18, 1; Pr 20, 3, igual que en el texto Syr., por "burlarse". Lo mismo hace Aquila, que pone en Pr 20, 3, ἐξυβρισθήσεται, y la LXX en Pr 18, 1, ἐπονείδιστος ἔσται, y Jerónimo, que traduce de igual manera los tres pasajes, como *hitpael,* en pasivo.

En nuestro caso, el Targum, tal como aparece en Hitzig, traduce לִפְנֵי הִתְגַּלַּע por "antes de que se caliente..." en el sentido de "abandona el litigio antes que estalle...". Pero ese es un error ocasionado por Buxtorf; véase, por el contrario, Levy, bajo la palabra קריא (κύριος). Esta traducción aparece, sin embargo, en Haja Gaon, que apela a גלע, brillar, en *Nidda* viii. 2 (cf. Simon Nascher, *Der Gaon Haja und seine geistige. Thätigkeit*, p. 15.)

Por otra parte, la LXX, en Pr 20, 3, pone συμπλέκεται (mientras Jerónimo amalgama o funde los dos significados, *miscentur contumeliis*); Kimchi y otros

396

glosan el argumento poniendo התערב y, según esto, el Véneto traduce, πρὸ τοῦ συγχυθῆναι (τὴν ἔριν); Lutero, "antes de que te mezcles en él". Pero todas estas explicaciones de la palabra, *insultare, excandescere* y *commisceri* (calentarse, mezclarse), son etimológicamente inadmisibles. El "rodar hacia adelante" de Bertheau y Zöckler está conectado al menos con un significado que pertenece correctamente a la raíz גל. Pero el árabe muestra que no se debe adoptar el significado de *volvere*, sino el de *retegere*, descubrir (cf. *Aruch* 109, nota). También *Nidda* viii. 2 apela al árabe, donde una herida se designa como יכולה להגלע ולהוציא דם, es decir, *como si se rompiera su costra casi curada* (Maimuni glosa la palabra por להתקלף, estaban sin costra).

El significado *retegere* (… antes de que se descubra) requiere aquí, sin embargo, otra distinción, pues la mencionada por Aruch, *antes de que la lucha se haga pública*, es decir, se acerque a ti, no es suficiente. La raíz verbal גלע significa poner al descubierto; pero no en el sentido de quitar una costra. El árabe *jal'* significa pelear con otro, propiamente mostrarle los dientes o, en el sentido de *jali'a*, tener la boca abierta, de modo que uno enseñe los dientes.

El sirio *glaṣ*, con sus derivados, tiene ese mismo significado de *ringi*, abrir la boca para mostrar (dejar al descubierto) los dientes amenazadores. Schultens ha establecido esta explicación de las palabras, y Gesenius la ha introducido, además, en el Thesaurus y, en esa línea, Fischer afirma que "גלע se refiere a mostrar la dentadura, a través de la boca abierta, como sucede en amargos de peleas".

Pero el sentido de la palabra הריב no va en esa línea. La traducción de Hitzig, "antes de que la contienda muestre sus dientes", es una aplicación moderna, ajena al texto, como en Pr 17, 11, donde se alude a una "pasión diabólica sin trabas", o como el *prius vero quam exacerbetur rixa* (antes de que se exacerbe la contienda), que Fleischer traduce del *hitpael*, en un sentido innecesariamente generalizado como en Pr 18, 1 y Pr 20, 3.

La acentuación, que separa להתגלע de הריב con *rebia mugrash*, es correcta. Uno puede traducir, como Schultens, *antequam dentes stringantur* (antes de amenazar con los dientes), una expresión que en *hitpael* tiene, a veces, un significado recíproco, por ejemplo, en Gn 42, 1; Sal 41, 8, antes de que se muestren recíprocamente los dientes. Sea como fuere, el tema es claro: una vez que se abre la compuerta el agua se desparrama y es imposible hacer que se vuelva atrás. De igual manera, una vez que estalla la tormenta de violencia entre los hombres es imposible pararla.

**17, 15.** *El que absuelve al culpable y el que condena al justo, abominación a Yahvé son ambos.* Este proverbio va en contra de un juez parcial que actúa por soborno, como en Pr 24, 24, cf. Is 5, 23, donde con referencia a estos mismos casos, se anuncia enfáticamente el castigo. Las palabras רשע y צדיק, en un sentido forense,

# Primera colección: Proverbios salomónicos (Pr 10, 1 – 22, 16)

son equivalentes a culpable (reus) e inocente. גַּם (cf. árabe *jmy'na* y, en particular, al persa *ham* y al turco *dkhy*). Tanto aquí como en Gn 27, 45, esa palabra equivale a יַחְדִּיו (igualmente, de la misma manera), cf. Jer 46, 12. Da la impresión de que uno que pronuncia sentencia de justificación sobre el culpable tendría que ser juzgado más levemente que uno que condena al inocente; pero tanto uno como el otro son igualmente abominación para Dios.

## 17, 16-20.

Este grupo comienza con un proverbio sobre alguien que carece de corazón y acaba con uno que tiene un corazón perverso. Entre ese principio y ese fin hay proverbios que tienen notables puntos de contacto entre sí.

16 לָמָּה־זֶּה מְחִיר בְּיַד־כְּסִיל לִקְנוֹת חָכְמָה וְלֶב־אָיִן׃

17 בְּכָל־עֵת אֹהֵב הָרֵעַ וְאָח לְצָרָה יִוָּלֵד׃

18 אָדָם חֲסַר־לֵב תּוֹקֵעַ כָּף עֹרֵב עֲרֻבָּה לִפְנֵי רֵעֵהוּ׃

19 אֹהֵב פֶּשַׁע אֹהֵב מַצָּה מַגְבִּיהַּ פִּתְחוֹ מְבַקֶּשׁ־שָׁבֶר׃

20 עִקֶּשׁ־לֵב לֹא יִמְצָא־טוֹב וְנֶהְפָּךְ בִּלְשׁוֹנוֹ יִפּוֹל בְּרָעָה

16¿*De qué sirve el dinero en la mano del necio*
que quiere adquirir sabiduría, si no tiene entendimiento?

17 En todo tiempo ama el amigo,
y el hermano nace para el tiempo de angustia.

18 El hombre falto de entendimiento estrecha la mano,
dando fianza en presencia de su amigo.

19 El que ama la transgresión ama las contiendas,
y el que se enaltece busca la ruina.

20 El perverso de corazón nunca hallará el bien,
y el de doble lengua caerá en el mal.

**17, 16.** ¿De qué sirve el dinero…? La pregunta se concretiza a través de la partícula זה: ¿por qué el dinero listo, pronto, cuando…? Toda la frase forma en el fondo una única pregunta, que desemboca en לבו אין (y no tiene corazón, es decir, entendimiento, con *mugrash*).[22] El necio puede incluso esforzarse si va a la escuela de los sabios, para seguir sus amonestaciones, קנה חכמה (Pr 4, 5, etc.), e incluso insistir

---

22. Si escribimos ולב־ con *makkeph* tendríamos que acentuar לקנות חכמה con *tarcha munach*, porque en este verso la palabra con *silluk* no tiene dos sílabas antes del tono. Esta secuencia de acentos se encuentra en el Cód. Veneciano 1521, en el 1615 y en el de Basilea 1619. Pero hay MSS en los que ולב está sin *makkeph*, y eso es correcto de acuerdo con las reglas de *makkeph* del sistema métrico de acentuaciones; véase *Torath Emeth*, p. 40.

398

(Pr 4, 7), pero todo termina siendo vano, porque no tiene corazón. De esa manera, todo el conocimiento por el que paga un dinero puede quedar en su cabeza (en sentido externo), pero no llega a su corazón (es decir, a su entendimiento profundo), de manera que queda sin dar fruto. En esa línea, el corazón se identifica con el entendimiento, en el sentido en que aparece como la condición previa para alcanzar sabiduría (Pr 18, 15). Lo primero que se debe cambiar es el corazón (cf. Pr 15, 32), es decir, el entendimiento como *habitus* intelectual y práctico, adecuado para la recepción, adquisición y realización de la sabiduría.

Lo más importante es, según eso, el corazón, como capacidad de comprender correctamente el conjunto del conocimiento que se va a comunicar, y de poder elaborarlo de un modo conveniente, lo que los griegos llamaban νοῦς, como en aquel "proverbio de oro" de Demócrito: πολλοὶ πολυμαθέες νοῦν οὐκ ἔχουσι (muchos que mucho aprenden carecen de entendimiento) o como en Lc 24, 25, donde se dice que el Señor abrió τὸν νοῦν, la mente o corazón de sus discípulos, para entender las Escrituras. En la LXX hay un dístico que sigue a Pr 17, 16, numerado como 19b y 20b, que contiene una traducción algo distinta de estos dos proverbios.

**17, 17.** *El amigo ama todo tiempo, y renace como hermano en el momento de la angustia.* El hermano es más que un amigo, está más cerca que el mismo amigo, Sal 35, 14; pero la relación de un amigo puede profundizarse y convertirse en una hermandad espiritual y moral, Pr 18, 24. En esa línea, no hay nombre de amigo que suene más querido que el "mi hermano" en Pr 18, 24 (אחי; cf. 2Sa 1, 26). En esta línea, 17a y 17b están relacionados entre sí de manera armónica, pero ascendente. El amigo al que se hace referencia en 17a es un verdadero amigo. De ningún otro se dice que ama בכל־עת, es decir, que *manifiesta su amor en todo tiempo*. Por otra parte, el artículo que precede a esta palabra, הרע, no solo concede más intensidad a la palabra, sino que la caracteriza como palabra-ideal. הָרֵעַ es el amigo que corresponde a la idea básica de amigo.[23]

El infinitivo del *hitpael*, en el sentido de "asociar" (Ewald), no puede ser por lo tanto הרע, porque רע no deriva de רעע, sino de רעה. Eso significa que no existe contraposición entre 17a y 17b, de modo que el amor de un amigo no se piensa, en contraposición al de un hermano, como si no tuviera permanencia (Florilegio). Al contrario, el verdadero amigo se muestra en el momento de la necesidad y, de esa manera, la amistad se hace más estrecha, asemejándose a la de los hermanos, de forma que, de hecho, en un momento de necesidad, el amigo "renace" (es reengendrado) como hermano.

---

23. Los gramáticos árabes dicen que, en este caso, el artículo aparece como *l'astfârgh khsânas âljnas*, para manifestar todas las propiedades esenciales de la palabra, es decir, para expresar la plena realización ideal de la idea de aquello que se nombra.

Estas declaraciones no se refieren a dos tipos de amigos (para así distinguirlos y separarlos entre sí, a uno del otro), como se ve por el hecho de que אח no tiene artículo, como lo tiene הרע. Por eso, וְאָח no es sujeto, sino predicado, como אדם, en Job 11, 12: Antes puede nacer un asno salvaje como hombre que un hombre necio como inteligente, de manera que el texto está diciendo que en un momento de necesidad el amigo renace como hermano.

El significado de הולד, tanto en Job 11, 12 como en Sal 87, 5 no puede entenderse en el sentido de *regenerari* (ser regenerado de un modo total). Pero en nuestro caso, el texto está implicando la idea de un cambio radical, pues al decir que el amigo nace en tiempo de necesidad como hermano, se quiere decir que entonces por primera vez se muestra totalmente como amigo (recibe el estatuto de amigo), siendo hermano, renacido a través de una relación fraternal y personal, como amigo gravemente probado.

La traducción *comprovatur* (Jerónimo) y *erfunden* (se descubre) (Lutero) borra la expresión peculiar y, por lo tanto, intencional de este pasaje, porque נולד no es en absoluto una metáfora sin más, sino una realidad auténtica. Los dos pasajes de Pr y de Job no tienen un significado paralelo tan profundo. לצרה no es equivalente a בצרה (cf. Sal 9, 10; Sal 10, 1), pues, en ese caso, el intercambio de la preposición entre 17a y 17b no tendría razón aparente. En nuestro caso se quiere decir que en un momento de necesidad el auténtico amigo se vuelve hermano.

Por su parte, la traducción de Hitzig (como el hermano nace de la adversidad), es imposible, porque ל después de נולד y ילד designa siempre aquello para lo cual el nacimiento es una ventaja. En caso de necesidad (para superar la necesidad) el amigo nace (es reengendrado) como hermano. En esa línea, la ל de לְצָרָה יִוָּלֵד será una *lamed* de propósito, para superar la necesidad, no ciertamente para sufrir (Job 5, 7) a causa de ella, sino para ayudar a soportarla. Con razón dice Fleischer, *frater autem ad aerumnam (sc. levandam et removendam) nascitur* (nace como hermano para superar y expulsar la necesidad). La LXX da ese sentido a la ל, ἀδελφοὶ δὲ ἐν ἀνάγκαις χρήσιμοι ἔστωσαν, τοῦτο γὰρ χάριν γεννῶνται (en el sentido de: en el caso de necesidad, los amigos se vuelven hermanos).

**17, 18.** *Un hombre falto de entendimiento choca las manos, y se hace fiador en presencia (a favor) de su amigo.* Cf. Pr 6, 1-5, donde se expone ampliamente esta advertencia contra el hecho de salir como fiador, y se aducen las razones para ello. Es incorrecto traducir (como Gesenius, Hitzig y otros) לפני רעהו, con la LXX, Jerónimo, Syr., Targum y Lutero, "para su prójimo". Hacerse fiador de alguien es ערב ל, Pr 6, 1; en contra de eso, לפני nunca significa pro (ὑπέρ), pues en 1Sa 1, 16 significa "a la persona", y en 2Sa 3, 31, "ante el cadáver (féretro) de Abner". Según eso, "no se hace fiador para el amigo", sino ante el acreedor, pero a favor del deudor.

**17, 19.** *Ama el pecado quien ama la contienda; el que enaltece sus puertas (=el que solo quiere engrandecerse) busca destrucción.* Este es un dístico sintético. Böttcher encuentra la razón del emparejamiento de estas dos líneas en la relación entre boca y puerta (cf. Mi 7, 6, פִּיךָ). Hitzig va más allá y supone que 19b expresa de manera figurativa lo que la jactancia trae sobre sí misma. Contra Geier, Schultens y otros, que entienden פתחו directamente de la boca, Hitzig comenta correctamente que no se puede hablar de מַגְבִּיהַ פִּתְחוֹ (enaltecer su puerta), sino que en su lugar se debería haber dicho הגדיל פה (elevar, ensalzar su boca). Pero los dos esticos del verso se armonizan sin esta referencia intercambiable de *os* y *ostium* (boca y hueso).

El alemán *zanksucht* (deseo de pendencia) y *prunksucht* (búsqueda de ostentación) son síntomas de egoísmo. Pero ambos llevan en sí su sentencia: se destruyen a sí mismo. El que se complace en pelear, se complace en el mal, porque se entrega en manos del pecado y atrae a otros con él, condenándolos a la muerte. Y aquel que nunca se satisface elevando siempre más las puertas de su casa, se prepara por ello, contra su voluntad, para la destrucción de su misma casa.

Un antiguo proverbio hebreo dice, כל העוסק בבנין יתמסכן, aquel que está demasiado empeñado en engrandecerse se condena a sí mismo a la mendicidad. Las dos partes o esticos de este versículo se refieren al mismo individuo, ya que el *insanum aedificandi studium* (el insano empeño en engrandecerse) con demasiada frecuencia se vincula con litigios injustos y despiadados.

**17, 20.** *El hombre de falso corazón no encuentra el bien; y el que se extravía con su lengua, cae en el mal.* Con respecto a עִקֶּשׁ־לֵב, el de falso corazón, cf. Pr 11, 20. En el miembro paralelo וְנֶהְפָּךְ בִּלְשׁוֹנוֹ, el que tuerce, se extravía o enrolla (véase en Pr 2, 12) con su lengua, ocultando y falsificando la verdad, se hunde en el mal. La palabra ונהפך ha sido señalada por la Masora con לית como *unicum*, por lo que en algunos códices se encuentran variantes con el mismo significado. El contraste de רעה es aquí טוב (como el mal frente al bien) también en neutro como en Pr 13, 21, cf. Pr 16, 20. Cf. también רע, Pr 13, 17.

## 17, 21-28.

A las tres primeras partes del antiguo libro Salomónico de Proverbios (10, 1–12, 28; 13, 1–15, 19; 15, 20–17, 20) sigue a partir de aquí una cuarta. De manera sorprendente, el primer versículo de esta parte (17, 21) retoma el tono y argumento de principio de la primera parte, en 10, 1.

Estrictamente hablando, la primera unidad de esta cuarta parte contiene solo cuatro proverbios (17, 21-24), que tratan de diversos elementos de la sabiduría. Con 17, 25 comienza una nueva unidad (17, 25–18, 2), que podríamos exponer por separado. Pero preferimos mantener la unidad y separación de los capítulos,

*Primera colección: Proverbios salomónicos (Pr 10, 1 – 22, 16)*

de manera que incluimos aquí los cuatro primeros versículos de esta unidad (17, 25-28) para exponer los dos siguientes al comienzo del nuevo capítulo.

יֹלֵד כְּסִיל לְתוּגָה לוֹ וְלֹא־יִשְׂמַח אֲבִי נָבָל׃ 21

לֵב שָׂמֵחַ יֵיטִב גֵּהָה וְרוּחַ נְכֵאָה תְּיַבֶּשׁ־גָּרֶם׃ 22

שֹׁחַד מֵחֵיק רָשָׁע יִקָּח לְהַטּוֹת אָרְחוֹת מִשְׁפָּט׃ 23

אֶת־פְּנֵי מֵבִין חָכְמָה וְעֵינֵי כְסִיל בִּקְצֵה־אָרֶץ׃ 24

כַּעַס לְאָבִיו בֵּן כְּסִיל וּמֶמֶר לְיוֹלַדְתּוֹ׃ 25

גַּם עֲנוֹשׁ לַצַּדִּיק לֹא־טוֹב לְהַכּוֹת נְדִיבִים עַל־יֹשֶׁר׃ 26

חוֹשֵׂךְ אֲמָרָיו יוֹדֵעַ דָּעַת [וקר־] (וְיָקָר־) רוּחַ אִישׁ תְּבוּנָה׃ 27

גַּם אֱוִיל מַחֲרִישׁ חָכָם יֵחָשֵׁב אֹטֵם שְׂפָתָיו נָבוֹן׃ 28

21 Quien engendra al necio lo hace para su tristeza,
y el padre del insensato no se alegrará.

22 El corazón alegre trae sanidad,
pero un espíritu abatido seca los huesos.

23 El impío toma soborno de su seno
para pervertir las sendas del derecho.

24 La sabiduría se refleja en la cara del hombre entendido,
pero los ojos del necio vagan hasta el extremo de la tierra.

25 El hijo necio causa enojo a su padre
y amargura a la que le dio a luz.

26 Ciertamente, no es bueno imponer una multa al justo
ni golpear a los nobles a causa de su integridad.

27 El que tiene conocimiento refrena sus palabras,
y el de espíritu sereno es hombre prudente.

28 Cuando calla, hasta el insensato es tenido por sabio;
y el que cierra sus labios, es tenido por inteligente.

**17, 21.** *El que engendra un necio, para su tristeza lo engendra, y el padre del necio no tiene alegría.* No se puede poner יֹלְדוּ, como palabra que habría surgido a partir de יֹלַד, antes de לְתוּגָה לוֹ (véase con respecto a esta formación pasiva, Pr 10, 1, cf. Pr 14, 13), como en Is 66, 3, מַעֲלֶה (Florilegio: *in maerorem sibi genuit et ideo videtur genuisse ut sibi maerorem crearet,* en dolor lo engendró para sí, y así parece que lo hizo para darse dolor a sí mismo); pero también es inadmisible interpretar לְתוּגָה לוֹ (para su tristeza), como una cláusula nominal correspondiente a וְלֹא־יִשְׂמַח (así se escribe con *makkeph*), y no tiene alegría. Según se entienda como una expectativa, o como una consecuencia, lo mismo que en Pr 23, 24, יֹלֵד se traduce como *qui gignit* o *qui genuit,* el que engendra o el que engendró.

402

La palabra נבל (en el sentido de necio) aparece raras veces en proverbios (solo aquí y en Pr 17, 7); por el contrario, la palabra כסיל, con la que aquí se intercambia aparece con cierta frecuencia. Schultens define correctamente esta última palabra, según su etimología: (a) כסיל: *marcidus hoc est, qui ad virtutem, pietatem, vigorem omnem vitae spiritualis medullitus emarcuit* (hombre tambaleante que carece de virtud, de piedad y todo el vigor de la vida espiritual); (b) כסיל: *elumbis et mollitie segnitieve fractus*, un hombre intelectualmente pesado y perezoso, dado a la molicie (cf. árabe *kasal*, pereza; *kaslân*, el perezoso).[24]

**17, 22.** *Un corazón alegre trae buena recuperación; y un espíritu quebrantado seca los huesos.* El corazón es el centro de la vida individual, y la condición y el tono del corazón se comunican a toda la vida, incluso a las capas más externas. Por su parte, el espíritu es el poder de la autoconciencia que, según sea elevado o deprimido, también eleva o deprime la condición del cuerpo (*Psychologie* p. 199); véase las formas complementarias semejantes: רוּחַ נכאה y לב שׂמח, Pr 15, 13.

El ἅπ. λεγ. גֵּהָה (escrito incorrectamente en algunos códices, como גיהה) no tiene nada que ver con el árabe *jihat*, que no significa vista, sino dirección, y se forma de *wjah* (de ahí *wajah*, vista), como עדה, congregación, que viene de ועד יעד. El Syr., Targum (quizás también Símaco, ἀγαθύνει ἡλικίαν; Jerónimo, *aetatem floridam facit*; Lutero, hace la vida *lustig*, alegre) traducen esa palabra por cuerpo; pero en ese sentido se utiliza la palabra גוה גויה, que proviene de una raíz completamente diferente, de גהה. El verbo al que remite esta palabra aparece en Os 5, 13, ולא־יגהה מכם מזור, *y no te curó su herida ulcerosa*.

מזור es la compresa, es decir, el vendaje que cierra la úlcera, luego también la herida de la úlcera misma. Por su parte, גהה es lo contrario de עלה, p. ej. Jer 8, 22, con el sentido de quitar el vendaje y curar la herida. Esto lo confirma el Syr. *gho* que, de la misma manera, se construye con *min*, y significa ser liberado de algo (véase Bernstein, *Lexikon Syr.*, en Kirsch, *Chrestomathie*. En etíope la cuadrilítera *gâhgëh*, obstaculizar, hacer cesar, corresponde al causativo siríaco *agahish*).

En consecuencia, גהה significa estar en la condición de reducción, mitigación, curación; y גהה (como sinónimo de כהה, Neh 3, 19, como indica Parchon), significa *levamen*, *levatio*, en el sentido de curación corporal (LXX, εὐεκτεῖν ποιεῖ; Véneto, siguiendo a Kimchi, ἀγαθυνεῖ θεραπείαν). Finalmente, היטיב גהה (cf. Pr 15, 2) denota, traer una buena mejora, hacer avanzar poderosamente la recuperación.

---

24. La afirmación de Nöldeke (en Schenkel, *Bibel-Lexicon Orion*, según la cual el árabe *kasal* corresponde al hebreo כשל) procede de la doble suposición de que en la base del significado *ser perezoso* subyace la idea de tambalearse (véase también Dietrich en Gesenius, *Hebreische Wörterbuch*) y de que el hebreo ס debe corresponder con el árabe š. La primera suposición es insostenible, la segunda es muy improbable (cf. por ejemplo, כסא y *kursî*, ספר y *sifr*, מסכן y *miskín*. El verbo כשל, arameo תקל, es desconocido en árabe).

*Primera colección: Proverbios salomónicos (Pr 10, 1 – 22, 16)*

Schultens compara el árabe *jahy, nitescere, disserenari*, abrillantar, con נגה, como Menahem ha hecho pero esta palabra es una de las pocas que se explican exclusivamente del siríaco (y etiópico) גרם (aquí y en Pr 25, 15), una palabra que se intercambia con עצם, Pr 15, 30; Pr 16, 24.

**17, 23.** *El impío saca del seno una dádiva para pervertir los caminos del juicio.* Respecto a שׁחד, véase Pr 17, 8. La idea de esta palabra y el conjunto del verbo exigen que el רשׁע ocupe un alto puesto judicial o administrativo. El seno, חק חיק es, como en Pr 16, 23, el de la ropa. Del seno, מחק, donde se mantuvo oculto, se saca el regalo, y se pone (cf. בחק, Pr 21, 14) delante de aquel cuyo favor se ha de obtener —un evento que tiene lugar bajo cuatro ojos, sustrayéndose deliberadamente a la observación de un tercero. Ya que se hace en secreto, no bajo la inspección de la justicia, el dador del soborno no puede apelar a los jueces y, según las circunstancias, la decisión favorable que logra por soborno puede convertirse en condena injusta para personas que no tienen culpa y que resultan así condenadas, cf. Pr 18, 5.

**17, 24.** *La sabiduría se refleja en la cara del hombre entendido, pero los ojos del necio vagan hasta el extremo de la tierra.* Muchos intérpretes explican, como Euchel: "El entendimiento encuentra sabiduría en todas partes; los ojos del necio la buscan en el fin del mundo y no la encuentran". Ewald vincula esta sentencia con Dt 30, 11-14 como si formara un desarrollo del mismo pensamiento. Ciertamente, se puede decir que el necio (a pesar de Pr 15, 14) busca la sabiduría, solo que no lo hace en el lugar correcto (como en Pr 14, 6 se dice que el escarnecedor…). Según eso, el necio busca la sabiduría en vano, allí donde no se encuentra, en este caso, tanto el orden de las palabras como la expresión, nos llevan a otro pensamiento.

Este verso nos habla de los ojos y de la mirada del hombre entendido, pues esos ojos muestran sabiduría. El entendimiento se expresa en el rostro del sabio, cf. את־פני, como en Gn 33, 18; 1Sa 2, 11. Cf. también la frase 'את־פני ה, p. ej. en 1Sa 1, 22. La sabiduría es propia del hombre de entendimiento que se esfuerza por alcanzarla. Por el contrario, los ojos del necio, sin tener a la vista esa única cosa necesaria (que es la sabiduría), vagan *in alia omnia*, y vagan por todas partes, sin tener ningún objeto fijo. El necio está en todas partes con sus pensamientos, excepto donde debería estar. Dejando fuera de la vista lo que es importante y perdiéndose entre cosas sin sentido. El hombre de entendimiento tiene siempre presente el tema de la sabiduría, que llama su atención y en ella se concentra; pero el necio revolotea fantásticamente de una cosa a otra, y lo que es precisamente de menor importancia le interesa más.

**17, 25.** *Dolor para su padre es un hijo necio y amarga aflicción para la que le dio a luz.* Aquí comienza la nueva serie (Pr 17, 25–18, 2), y lo hace de la misma manera que la anterior, con Pr 17, 26, que ocupa un lugar aparte, por sí mismo, sin conexión aparente con el contexto.

Este versículo retoma los motivos de Pr 17, 21. El ἅπ. λεγ. מֶמֶּר se forma a partir de מרר (ser amargo, duro), como מכס que proviene de כסס. El Syr. y el Targum cambian los sustantivos en participios; algunos códices tienen ממר (en la línea de las formas מחל, מסב, מפר, מרע), pero como era de esperar, el versículo 25a utiliza מבעיס. Es posible que esa palabra sea un dativo de objeto en lugar de acusativo. El versículo que sigue inmediatamente proporciona un ejemplo suficiente de ello.

**17, 26.** *Tampoco es bueno castigar a los justos, ni herir a los príncipes por equidad.* La partícula גם ¿se refiere a una conexión o interpretación que el proverbio no acepta? ¿O supone tácitamente que hay muchas clases de hombres sin valor en el mundo, y que aquí se alude a una de ellas? ¿O se quiere decir que tampoco es bueno imponer a los justos un castigo pecuniario? Ninguna de estas preguntas es válida.

El proverbio debe tener un significado completo en sí mismo y, si el castigo pecuniario y el castigo corporal se consideraran como opuestos entre sí, Pr 17, 26b, debería haber comenzado de otra manera, con אף כי (*quanto magis percutere ingenuos*, con este sentido: si no es justo castigar a los justos ¡cuánto más injusto será herir a los hombres libres!

גם tiene aquí el mismo sentido que en Pr 20, 11 (lo mismo que אף). Por otra parte, עֲנוֹשׁ (con el infinitivo ענושׁ, como en Pr 21, 11) no significa aquí infligir una multa pecuniaria sino, generalmente, castigar, como *mulctare*, cuyo significado toma un sentido general con la acusación, cf. Dt 22, 19. Aquí significa hacer que alguien sufra castigo. El gobernante es el siervo de Dios, que tiene que guardar la rectitud, εἰς ὀργὴν τῷ τὸ κακὸν πράσσοντι (Ro 13, 14). No es bueno que haga sentir su poder de castigar sin más, ni al inocente ni al culpable.

En 26b, en lugar de empezar con הכות, el proverbio continúa con לֹא־טוֹב con לְהַכּוֹת que aparece como infinitivo a solas cuando precede a טוֹב ־לֹא y como infinitivo con ל cuando le sigue, cf. Pr 18, 5; Pr 28, 21; Pr 21, 9 (cf. Pr 21, 19). הכות es la palabra que se utiliza normalmente para el castigo por *flagelación*, Dt 25, 1-3, cf. 2Co 11, 24, μαστιγοῦν, δίρειν. Según los rabinos, הכות son los golpes y מלקות, de לקה, es *vapulare*, recibir los golpes, נדיבים son aquí los nobles.

La idea de fondo de נדיב fluctúa entre ser generoso en un sentido exterior y ser moralmente bueno en sentido interior, por lo que se añade על־ישׁר, o más bien עלי־ישׁר; en las ediciones antiguas. Los manuscritos correctos y, por ejemplo, también Soncino, 1488, añaden עלי (véase Norzi). Hitzig explica esto incorrectamente, "contra lo que se debe" (ישׁר, como en Pr 11, 24); también Sal 94, 20. Por su parte, עלי־חק no significa κατὰ προστάγματος (Símaco), sino ἐπὶ προστάγματι (LXX y Teodocion) que, según en derecho, tiene el mismo sentido que *a praetextu juris* (por mandato legal, según *Vatable*). Según eso, עלי־ישׁר no significa aquí

# Primera colección: Proverbios salomónicos (Pr 10, 1 – 22, 16)

ni contra ni más allá de lo debido, sino *sobre la base de una conducta honorable*, haciendo de esto (por supuesto erróneamente) un título legítimo para el castigo; Aquila pone ἐπὶ εὐθύτητι, cf. Mt 5, 10, ἕνεκεν δικαιοσύνης.

Además, para עַל después de הֻכֵּה, el significado causal (a causa de) se encuentra más cerca de Nm 22, 32, cf. Is 1, 5 (עַל־מֶה, a causa de cualquier cosa). Si se abusa del poder del castigo para castigar a los justos, sí, incluso, se utiliza ese poder para castigar corporalmente a los nobles y para los de conducta recta, esa forma de actuar se convierte en un crimen contra ellos. Eso no es bueno, es una perversión de la idea de justicia, y una iniquidad que va en contra de la rectitud penal del Altísimo (Ec 5, 7).

**17, 27.** *El que guarda para sí sus palabras tiene conocimiento, y el de temperamento sereno es un hombre de entendimiento.* El primer estico es aquí una variación de Pr 10, 19. La frase יֹדֵעַ דַּעַת (aquí y en Da 1, 4) significa poseer conocimiento, *novisse*; más frecuente es la expresión בִּינָה יֹדֵעַ, por ejemplo, en Pr 4, 1, donde יֹדֵעַ tiene el sentido incoativo de *noscere*. En 27b, el *keré* es יְקַר־רוּחַ. Jerónimo lo traduce *pretiosi spiritus* y el Véneto τίμιος τὸ πνεῦμα.

Rashi glosa יָקָר aquí como en 1Sa 3, 1, en vez de מָנוּעַ (que debe leerse según algunos códices como *retentus spiritu*); la mayoría de los intérpretes comentan que el espíritu aparece en este caso como si se expresara por medio de palabras. No es seguro afirmar que יְקַר דְּבָרִים es un hombre parco en sus palabras, pero según la concepción del verbo יָקַר, un יְקַר־רוּחַ es un *gravis spiritu* (Schultens), un hombre de espíritu digno y sereno. Es un hombre que mantiene una tranquila seriedad que procede de una alta conciencia y que mantiene su equilibrio, con dominio propio.

Por su parte, el *qetub* וְקַר־רוּחַ presenta casi la misma descripción de carácter. קַר de קָרַר (de la misma raíz que יָקַר) significa ser firme, inamovible, καρτερὸν εἶναι, de manera que puede significar también estar congelado, frío (cf. *frigus* vinculado a *rigere*, rigor, especialmente el rigor mortis). En sentido figurado, se aplica a ser de sangre fría, sin pasión, tranquilo (Florilegio); cf. el postbíblico קָרַת רוּחַ (árabe *ḳurrat'ain*), refrescante, ἀνάψυξις (Hch 3, 20).[25]

Tanto si leemos יָקָר como si leemos קַר, no debemos traducir *rarus spiritu*, lo que, sin tener en cuenta la imposibilidad de la expresión, hace que 27b sea casi una repetición tautológica del pensamiento de 27a. La primera línea recomienda refrenar la lengua, en contraste con la charla desconsiderada e inoportuna; la segunda línea recomienda frialdad, es decir, ecuanimidad de espíritu, en contraste con el calor apasionado.

---

25. "Él ha hecho brillar mis ojos" (*askhn*, cf. שָׁחִין) es en árabe equivalente a "él me ha perturbado profundamente"; desde una perspectiva psicológica, se dice que las lágrimas de tristeza son calientes, pero las de alegría frías.

**17, 28.** *Incluso un necio, cuando guarda silencio, es tenido por sabio; cuando cierra la boca (es tenido por), discreto.* Aquí continúa el mismo tema, el valor del silencio. El sujeto, así como el predicado de la primera línea, vale para la segunda. אטם, *obturare, occludere*, generalmente se aplica al cierre del oído, aquí se transfiere a la boca. El *hifil* החריש significa *mutum agere* (cf. árabe *khrs*, *mutum ese*, ser mudo), de חרש que, como κωφός, pasa del significado *surdus* al de *mutus* (Florilegio). Las palabras de Job 13, 5, y también las de Alejandro, si *tacuisses sapiens mansisses*, son aplicables a los necios. Un proverbio árabe dice, "el silencio es la cubierta de los estúpidos". En el hexámetro epigramático, πᾶς τις ἀπαίδευτος φρονιμώτατός ἐστι σιωπῶν (incluso el más rústico, si calla, aparece como el más sabio), la palabra σιωπῶν (el que calla) tiene la misma posición sintáctica que estos dos participios (cf. C. Schultze, *Die bibl. Sprichwörter*, 1860, p. 60s.).

## Proverbios 18

### 18, 1-2. Forman parte del último grupo del capítulo anterior (17, 21-28)

1 לְתַאֲוָה יְבַקֵּשׁ נִפְרָד בְּכָל־ תּוּשִׁיָּה יִתְגַּלָּע׃

2 לֹא־ יַחְפֹּץ כְּסִיל בִּתְבוּנָה כִּי אִם־ בְּהִתְגַּלּוֹת לִבּוֹ׃

> ¹ El que se aparta busca su propio deseo,
> y estalla en disputa contra toda iniciativa.
> ² El necio no toma placer en el entendimiento,
> sino solo en exponer lo que tiene en su corazón.

**18, 1.** *El que se aparta...* El reflexivo נפרד tiene aquí el mismo significado que פרש מן־הצבור, separarse de la congregación como en hebreo rabínico, cf. Aboth ii. 5. La palabra נִפְרָד está refiriéndose a לְתַאֲוָה, un hombre que se separa, porque sigue su propio consejo, en árabe *mnfrd (mtfrrd) brâyh, o jhys almḥḥl* (*seorsum ab aliis secedens*, el que se aparta a sí mismo de otros).

En lugar de לתאוה, siguiendo a Jerónimo, Hitzig adopta la enmienda לתאנה, "después de una ocasión" (aprovechándose de un pretexto) y sigue pensando que נפרד es uno que se echa a un lado, que se pone en manos de los contrarios, buscando vengarse. Pero su traducción de 1b, "rechina los dientes contra todo lo que es afortunado", muestra que su forma de entender 18, 1a no es correcta. נפרד indica a alguien que voluntariamente (Jc 4, 11) y, de hecho, se retira obstinadamente de su grupo o congregación.

De esa forma se explica la construcción de יבקש con ל (también en Job 10, 6), poniendo de relieve el hecho de que el poeta, dando prominencia al objeto,

*Primera colección: Proverbios salomónicos (Pr 10, 1 – 22, 16)*

insiste en el placer del que se separa (תאוה, como el árabe *hawan*, búsqueda inestable y sin causa de un placer, de un capricho, cf. Florilegio). La decisión y el esfuerzo del que se separa va tras un placer particular; el que se aparta busca el goce y realización de sí mismo, en lugar de ajustarse a la ley y al ordenamiento de la comunidad. El que se aparta solo quiere el triunfo y goce de su visión, para obtener lo que desea su egoísmo, llevando a cabo algún plan propio, egoísta: *libidinem sectatur sui cerebri homo* (es un hombre que solo busca la lujuria o placer de su cerebro).

Con esto concuerda 1b. La palabra תּוּשִׁיָּה (véase Pr 2, 7), significa concretamente lo que favorece y aprovecha a una persona en particular. Con respecto a התגלע, véase Pr 17, 14. Poniendo así su subjetividad (su placer egoísta) en lugar del bien común, enseña los dientes, se pone en oposición fanática contra todo lo que es útil y provechoso, tanto en los principios como en los fines de la vida, rechazando el provecho de la comunidad de la que se aparta. Esta imagen responde a la naturaleza (a la forma de comportamiento de muchos). La lucha del cismático y del sectario contra el estado de cosas existente, es en su mayor parte contraria a la mesura de la vida social, hostil a la comunidad.

**18, 2.** *El necio no se deleita en el entendimiento, solo quiere que su corazón se manifieste* (solo quiere que triunfe el deseo egoísta de su corazón). יַחְפֹּץ es el futuro del verbo חפץ y tiene el significado básico de inclinarse, agacharse, y en intransitivo, inclinarse hacia algo, tender hacia o buscar algo, árabe *'tf* (Florilegio). תבונה significa aquí la inteligencia que consiste en la comprensión de la propia deficiencia y de lo que es necesario para aceptarla y superarla.

La inclinación del necio no está en aceptar y seguir el camino de la inteligencia, sino (כי-אם), que él solo quiere que se manifieste y triunfe lo que lleva en su corazón egoísta; solo desea que se revele y exalte externamente el entendimiento que él cree que ya posee (es decir, que triunfe su pensamiento, no aquello que responde a la verdadera inteligencia). De esa manera, el necio piensa que puede mostrarse en su verdadera grandeza y prestar un importante servicio al mundo. Esta locuacidad del necio, que procede de la autosatisfacción, sin conocimiento de sí mismo, ha sido ya rechazada en Pr 12, 23, y en otros pasajes.

## 18, 3-7. Cinco proverbios relacionados con los dos anteriores

3 בְּבוֹא־רָשָׁע בָּא גַם־בּוּז וְעִם־קָלוֹן חֶרְפָּה׃

4 מַיִם עֲמֻקִּים דִּבְרֵי פִי־אִישׁ נַחַל נֹבֵעַ מְקוֹר חָכְמָה׃

5 שְׂאֵת פְּנֵי־רָשָׁע לֹא־טוֹב לְהַטּוֹת צַדִּיק בַּמִּשְׁפָּט׃

6 שִׂפְתֵי כְסִיל יָבֹאוּ בְרִיב וּפִיו לְמַהֲלֻמוֹת יִקְרָא׃

7 פִּי־כְסִיל מְחִתָּה־לוֹ וּשְׂפָתָיו מוֹקֵשׁ נַפְשׁוֹ׃

³ Cuando viene la impiedad,
viene también el menosprecio;
y con la deshonra viene la vergüenza.
⁴ Aguas profundas son las palabras de la boca del hombre,
y arroyo que rebosa es la fuente de la sabiduría.
⁵ No es bueno mostrar preferencia por el impío,
desviando al justo en el juicio.
⁶ Los labios del necio entran en contienda,
y su boca clama por los golpes.
⁷ La boca del necio es su propia ruina;
sus labios son la trampa de su vida.

**18, 3.** *Si viene un impío, viene también el desprecio...* J. D. Michaelis y la mayoría de los críticos modernos leen רשע como si el desprecio (y todo lo que viene con él) fuera la consecuencia que sigue a la impiedad, como si קלון significa vergüenza (Hitzig). Pero eso no está probado; קלון no significa vergüenza, sino desgracia. Por otra parte, la serie de "males" que vienen con el impío (רָשָׁע), está evocando una serie de poderes malignos, en la línea de los demonios, que aparecen en la compañía del impío dondequiera que vaya, a saber: (a) primero בוז, el *desprecio* (Sal 31, 19), que se coloca altivamente por encima de toda debida subordinación y reverencia; (b) después luego viene קָלוֹן, la *desgracia* (*turpitudo*), que se une al desprecio; (c) finalmente, viene la vergüenza, הרפה (Sal 39, 9) de aquel que siempre había esperado algo mejor para él.

Fleischer entiende las tres palabras (desprecio, desgracia y vergüenza) como vinculadas con un tipo de relación entre el hombre y la mujer. Pero, entendida así, la expresión sería tautológica, tomando בוז y חרפה (el desprecio y la vergüenza) como males vinculados a lo que el impío hace a los demás con sus palabras y קלון como el mal que surge de ello.

**18, 4.** *Aguas profundas son las palabras de la boca del hombre, arroyo chispeante, fuente de sabiduría.* Este versículo expone las propiedades que tiene la palabra de un hombre; muchos han añadido "de la boca de un hombre sabio" (añadiendo a *hominis* el suplemento de *sapientis*). Pero este añadido parece innecesario. Quizá se podría decir que איש se entiende en un sentido ideal, es decir, como גבר, hombre valiente. Pero aquí es preferible entender esa palabra como referida al hombre en sí mismo, tal como debe ser, al hombre de honor. De todas formas, se puede hablar de un hombre de honor, sin que se diga de él lo que expresamente dice este proverbio.

Ewald se acerca al sentido del proverbio traduciendo: "Las aguas profundas son *las palabras del corazón* de muchos". Pero la expresión "palabras del corazón"

# Primera colección: Proverbios salomónicos (Pr 10, 1 – 22, 16)

es poco bíblica. La LXX traduce λόγος ἐν καρδίᾳ, pero el texto hebreo no dice דברי לב, sino דבר בלב (como Pr 20, 5, עצה בלב־), en el sentido de palabras de la boca del hombre (דְּבְרֵי פִי־ אֱישׁ). Por eso, la expresión "palabra de muchos" no es una traducción correcta, aunque אישׁ (como en Pr 12, 14) pueda referirse a un hombre tal como aparece en la vida real.

Aquí se dicen tres cosas diferentes de las palabras que salen de la boca de un hombre: (1) esas palabras son *aguas profundas*, porque su significado no está en la superficie, sino que puede percibirse solo penetrando en los motivos y propósitos secretos de quien habla; (2) son *un arroyo burbujeante* de aguas que brotan fresca y poderosamente, porque en el arroyo nunca falta un chorro siempre nuevo de agua viva; (3) la boca de un hombre como este del que habla este proverbio *es una fuente o pozo* del que brota y del que puede extraerse la sabiduría.

Hitzig supone que el dístico es antitético; las מים עמקים, o más bien מי מעמקים, serían "aguas de lo profundo", es decir, aguas de una cisterna; por el contrario, נַחֲל נֹבֵעַ son aguas vivas, de la corriente o arroyo que brota es una fuente de sabiduría". Pero עמק significa profundo, no profundizado, y aguas profundas está en oposición con aguas poco profundas; una cisterna también puede ser profunda (cf. Pr 22, 14); en ese sentido, puede haber aguas de una cisterna o pozo y aguas profundas del mismo océano.

Por eso, las מים עמקים no tienen por qué ser las aguas de una cisterna en contraposición a las aguas de un arroyo que corren. Por eso, las aguas de este proverbio no pueden entenderse a modo de contraposición, como una antítesis entre aguas de cisterna y aguas de arroyo. Aquí no hay un contraste entre unas y otras aguas, sino una complementariedad. Por tanto, aquí no tenemos una antítesis entre aguas de diversos tipos, ni tampoco un *dístico sinonímico*, como si unas aguas y otras fueran simplemente iguales (como supone la LXX añadiendo ἀναπηδῶν, con Jerónimo, texto Véneto y Lutero), sino *un dístico integral*, en el que los dos esticos se complementan (aguas profundas, aguas de arroyo…) ante nosotros. De esta manera, se pone de relieve la riqueza de contenido, el poder de avance espiritual y moral, que puede expresarse en las palabras de un hombre.

**18, 5.** *No es bueno aceptar la persona del impío, para trastornar al justo en el juicio.* Así como Pr 18, 4 insiste en el sujeto, Pr 18, 5 insiste en el predicado (aquí no aparece la persona del sujeto). La forma de este proverbio es la misma que la de Pr 17, 26. La expresión שְׂאֵת פְּנֵי־ (cf. Pr 24, 23) se refiere a la προσωπολημψία, *acceptio personae*, es decir, la acepción de personas, al hecho de que (especialmente en un juicio) uno tenga en cuenta el פני, es decir, la apariencia o cualidad de una persona (πρόσωπον λαμβάνει), por encima de la verdad del juicio. Ciertamente, no es malo fijarse en el valor de una persona que es respetable, agradable, cosa que en sí misma no está mal. Pero el hecho de que un juez se fije en eso para determinar y decidir la sentencia viene a convertirse en parcialidad pecaminosa (sobre todo en el caso de que se incurra en un tipo de soborno).

La palabra לְהַטּוֹת se utiliza aquí en una línea forense, en sentido negativo, con acusativo de persona que puede entenderse de dos maneras: (a) *en forma de juicio*, cf. מָדוֹן, en Is 10, 2, en el sentido de abandono del camino recto; (b) *como signo de dominación*, para oprimir al justo, o para הַטֵּה מִשְׁפָּט (pervertir la justicia, cf. Pr 17, 23). Estos son los dos rasgos negativos de la sentencia: la acepción de personas, para favorecer a unos y oprimir a otros, y la perversión de la ley. Estas dos formas de entender la acepción de personas subyacen en otros muchos lugares del A.T., por ejemplo, en Mal 3, 5. En Pr 17, 15 hay una explicación más completa de לֹא־טוֹב.

**18, 6.** *Los labios del necio entran en contienda, y su boca clama por azotes.* Podemos traducir, los labios del necio causan contienda, porque בּוֹא בּ, venir con… (cf. Sal 66, 13), es equivalente a suscitar contiendas, a involucrarse en ellas; como se dice en בּוֹא בְדָמִים, estar involucrado en derramamiento de sangre, 1Sa 25, 26. Con Schultens y Fleischer pensamos que esas palabras (יָבֹאוּ בְרִיב) han de tomarse en sentido intransitivo (*ingerunt se,* entran en). יבאו se utiliza aquí en lugar de תָּבֹאנָה, con *synallage generis*, un cambio de género, al que puede haber contribuido la aparente terminación masculina de los duales aquí empleados.

Los azotes que pide el necio (con קָרָא לְ, como en Pr 2, 3) son los que el mismo necio lleva y recibe, en el sentido de *verbis ad verbera* (por las palabras al látigo). La LXX traduce: su boca atrevida llama a la muerte, el texto hebreo dice פִּיו הֲהֵמָה מָוֶת יִקְרָא. La palabra לְמַהֲלֻמוֹת tiene, en códices y ediciones antiguas un *mem raphatum*, como el que aparece en Pr 19, 29. El singular es así מַהֲלוּם, como מָנוּל de מַנְעָלָיו, porque en el מַהֲלֻם flexionado, por el paso de ō a ŭ se espera un *mem dagessatum*.

**18, 7.** *La boca del necio es destrucción para él, y sus labios son una trampa para su alma.* Pr 18, 6 corresponde a Pr 17, 27 del grupo anterior. De igual manera, Pr 18, 7 corresponde a Pr 17, 28. Con respecto a מְחִתָּה־לּוֹ, véase Pr 13, 3. En lugar de פִּי כְסִיל, debe escribirse פִּי־כְסִיל, según *Torath Emeth*, p. 40, cód. 1294, y otras ediciones antiguas.

## 18, 8-11. Sobre el adulador, el perezoso y el justo

דִּבְרֵי נִרְגָּן כְּמִתְלַהֲמִים וְהֵם יָרְדוּ חַדְרֵי־בָטֶן: [8]

גַּם מִתְרַפֶּה בִמְלַאכְתּוֹ אָח הוּא לְבַעַל מַשְׁחִית: [9]

מִגְדַּל־עֹז שֵׁם יְהוָה בּוֹ־יָרוּץ צַדִּיק וְנִשְׂגָּב: [10]

הוֹן עָשִׁיר קִרְיַת עֻזּוֹ וּכְחוֹמָה נִשְׂגָּבָה בְּמַשְׂכִּיתוֹ: [11]

$^8$ Las palabras del adulador parecen suaves
y penetran hasta lo recóndito del ser.
$^9$ El que es negligente en su trabajo
es hermano del destructor.
$^{10}$ Torre fortificada es el nombre de Jehovah;
el justo correrá a ella y estará a salvo.
$^{11}$ Las riquezas del rico son su ciudad fortificada;
son como un alto muro en su imaginación.

**18, 8.** *Las palabras del adulador…* El segundo miembro actúa como explicación epexegética del primero (Florilegio), cosa que se repite en Pr 26, 22. Ewald, Bertheau, Hitzig y otros se ven obligados a interpretar המו (כְּמִתְלַהֲמִים) como un contraste y, en este sentido, tienen que darle a מתלהמים todo tipo de significados injustificables. Ewald traduce *como un ardor*, un tipo de calentamiento (להם, de la raíz de להב), y ofrece además la posibilidad de que pueda traducirse "como un susurro" (להם, de la misma raíz de נהם, רעם). Por su parte, B. Michaelis, Bertheau y otros piensan que el término הֵם ne esrednetne ed ahsentido de movimiento, como si se tratara de una carrera (להם, vinculado a להה); Hitzig traduce *como aires suaves* (להם, con el sentido del árabe *hillam, flaccus, laxus*, estrecho, laxo).

Todas estas interpretaciones carecen de apoyo. La palabra להם no tiene ninguno de estos significados, sino el del árabe *lahima, deglutire*, tragar. Por su parte, la explicación de Bütcher, *como tragado*, ha de tomarse con reserva, porque procede, como en los casos anteriores, de la suposición sintácticamente interesante, pero falsa, de que el sentido de 8b es un *"dennoch"* (un *tamen*) antitético, en oposición a 8a.

En ese caso, el poeta tendría que haber escrito והם ירדים (cf. והוא, como comienzo de una cláusula condicional, cf. Pr 3, 29; Pr 23, 3). Pero והוא o והם, con una continuación finita, no sirve para introducir una cláusula condicional ni aquí ni en Dt 33, 3; Jc 20, 34; Sal 95, 10 o Gn 43, 23. En contra de eso, 8b es una continuación de la cláusula 8a de manera que su pensamiento sigue en la misma línea del anterior. Según eso, no necesitamos inventar para כמתלהמים ningún significado especial, formando un contraste con "penetrar en las partes más internas", pues ambos esticos del versículo tienen un sentido semejante.

Lutero ha formulado correctamente la relación de las partes del proverbio, traduciendo: *las palabras del calumniador son azotes y atraviesan el corazón*. En esa línea se interpreta להם como una transposición de הלם (Rashi y otros); pero los azotes no se pueden llamar מתלהמים —en 6b tenemos מהלמות. De todas formas, esta interpretación de Lutero tiene más apoyo que la de Símaco, ὡς ἀκέραιοι; Jerónimo, *cuasi simplicia*; Aquila, xxvi. 22, γοητικοί. Esta última traducción, como la de Capellus, Clericus y Schultens, *quasi numine quodam afflata* (como palabra pronunciada por un tipo de numen) parece apoyarse en el árabe âhm iv, inspirar. Pero, en contra de eso, en realidad âhm no significa *afflare*, pronunciar, sino *deglutir* (la comida), y nada más.

Los lexicógrafos judíos no ofrecen aquí nada digno de consideración; la interpretación de חלקים de Kimchi, seguida por el Véneto, que pone μαλθακιζόμενοι, es pura fantasía. Según el Talmud הלם es golpear en el sentido de suavizar, pero este sentido no armoniza bien con el segundo estico. Immanuel compara âhm con בלע; y Schultens, seguido por Gesenius y otros, ha explicado correctamente el tema poniendo: *tanquam quae avidissime inglutiantur* (como las comidas que se ingieren con avidez).

En esa línea, Fleischer explica que se trata de cosas que pueden ser ingeridas con avidez, o que se dejan tragar así. Pero, de esa manera, parece que no se respeta el *hiipael* de מִתְלַהֲמִים. El árabe âlthm (con la forma más fuerte, âltkm, que van Dyk traduce *mthl ukam ḥlwt*, como bocados dulces) significa tragarse uno mismo; pero ese sentido no es apropiado. El *hitpael* debería tener aquí una significación pasiva, refiriéndose a cosas que se tragan con avidez. Con respecto a נרגן de רגן, véase Pr 16, 28. El término המו se refiere a las palabras del adulador, y tiene un sentido enfático, equivalente a *aeque illa*, *etiam illa* o *illa ipsa*.

ירד está conectado aquí con el acusativo de objeto (cf. Pr 1, 12) en lugar de אל, Pr 7, 27. El término חדרי, *penetralia*, partes más íntimas, aparecía ya en Pr 7, 27; la raíz de la palabra es (en árabe) khdr, aislar, ocultar, que se distingue de ḥdr, bajar, y de ḥkhr (de la raíz חזר), *terminar*, *circumire*. בטן es la parte interna del hombre con referencia a los órganos que se encuentran en ella y que influyen no solo en la vida del cuerpo, sino también en la de la mente, en general, como partes profundas de la personalidad. La LXX no traduce este proverbio, sino que pone en su lugar Pr 19, 15, pero en una versión algo diferente de la que aparece allí. En esa línea, Syr. y Targum se han apartado igualmente del texto hebreo.

**18, 9.** *También el negligente en sus negocios, es hermano del que destruye (del señor de la destrucción).* El *hitpael* התרפה significa aquí, como en Pr 24, 10, mostrarse flojo, perezoso, negligente. מלאכה es propiamente una comisión, un trabajo realizado para otro, como el mensajero, embajador o comisionado del rey, que debe ejecutar sus labores. Aquí se trata de cualquier negocio, ya sea una empresa en comisión de otro, o un asunto en el que uno se empeña por sí mismo.

Aquel que se muestra negligente en esto produce a su manera, por su negligencia, una destrucción que es tan verdadera como la que realiza el בעל משחית, el que destruye directamente algo. De esta manera, se llama "señor de la destrucción" a aquel que se deleita en destruir, en trastornar algo. Jerónimo ha limitado incorrectamente el alcance de la palabra, poniendo *sua opera dissipantis*, el que disipa o destruye su propia obra. Hitzig compara bien esta palabra con la de Mt 12, 30.

*Primera colección: Proverbios salomónicos (Pr 10, 1 – 22, 16)*

En la variante de Pr 28, 24, el destructor se llama אִישׁ מַשְׁחִית, tomando la palabra מַשְׁחִית como adjetivo. En contra de eso, la expresión בַּעַל מַשְׁחִית es de genitivo (cf. Pr 22, 24; Pr 23, 2, etc.), porque מַשְׁחִית significa frecuentemente lo que destruye, en el sentido de desgracia. Von Hofmann (*Schriftbew.* ii. 2, 403) piensa que el 'מ אִישׁ es un ladrón callejero, mientras que 'מ בַּעַל es un capitán de ladrones; pero la designación para esto último debía ser 'מ שַׂר, aunque en 1Re 11, 24 se le llama שַׂר גְּדוּד. La forma de la palabra en el proverbio es aquí más original que en 1Re 38, 24. Allí se usa חבר (compañero), aquí אָח (hermano), un nombre semítico general que se aplica a alguien que está relacionado de alguna manera con otro, cf. Job 30, 29. Fleischer compara este proverbio con el proverbio árabe *âlshbht âkht alkhṭyât*, el escepticismo es hermano del pecado.

**18, 10.** *Torre fuerte es el nombre de Yahvé; a ella corre el justo, y allí es acogido.* El nombre de Yahvé es la Revelación de Dios, siendo el mismo Dios de la Revelación, la manifestación creadora e histórica de Dios, y que siempre se está revelando sin cesar nunca de hacerlo. Su nombre es Su naturaleza representándose a sí misma y, por lo tanto, capaz de ser descrita y nombrada, tal como aparece en el Tetragrama, que es el Anagrama del ser histórico de Dios, que todo lo domina y está presente en todo, como "cifra" de Su gobierno libre y todopoderoso en gracia y verdad, como autodenominación de Dios Salvador.

Este nombre, que luego se entrelaza con el de Jesús, es מִגְדַּל־עֹז (Sal 61, 4), una *torre fuerte y alta* que ofrece defensa frente a todo ataque hostil. A ella corre el justo, para esconderse tras sus muros, y así es elevado (perfecto de consecuencia) por encima de todo peligro (cf. יִשְׂגָּב, Pr 29, 25). רוּץ אֶל significa, cf. Job 15, 26, correr hacia cualquier cosa, רוּץ con acusativo, bloquear cualquier cosa, רוּץ בּ, apresurarse hacia… La suposición de Hitzig que pone יָרוּם (se eleva a la altura), se eleva alto, en lugar de יָרוּץ, no tiene consistencia. רוּץ בּ tiene el mismo sentido que בּוֹא בּ. La idea es la misma que la del Sal 27, 5; Sal 31, 21. Dios acoge, recibe, a los justos que corren hacia él.

**18, 11.** *La riqueza del rico es su ciudad fuerte, y como un alto muro en su imaginación.* La primera línea equivale a Pr 10, 15. מַשְׂכִּית viene de שָׂכָה, caldeo סְכָה (de donde proviene, según Meguilá 14a, יִסְכָּה, *la que mira*), de la raíz שַׂךְ, vinculada a זַךְ, perforar, fijar, grabar la imagen como en una medalla, y así también intelectualmente, imagen (concepción y, particularmente, imaginación) del corazón (Sal 73, 7), aquí en el sentido de fantasía. Fleischer compara la palabra con el árabe *tṣwwr*, imaginar algo para uno mismo, en francés *se figurer*.

Los traductores desde la LXX a Lutero piensan incorrectamente en שָׂכַךְ סָכַךְ, entretener. Solo el texto Véneto ofrece una traducción correcta: ἐν φαντασίᾳ αὐτοῦ, mejor que Kimchi, quien, siguiendo a Esd 8, 12, piensa que esa palabra

*Proverbios 18*

está evocando cámara donde se atesoran las riquezas en las que el rico se deleita, y donde se imagina a sí mismo en medio de sus tesoros como si estuviera rodeado por un muro inaccesible.

## 18, 12-19. Versículos que retoman el concepto de Dios como una fortaleza segura

לִפְנֵי־שֶׁבֶר יִגְבַּהּ לֵב־אִישׁ וְלִפְנֵי כָבוֹד עֲנָוָה׃ ¹²
מֵשִׁיב דָּבָר בְּטֶרֶם יִשְׁמָע אִוֶּלֶת הִיא־לוֹ וּכְלִמָּה׃ ¹³
רוּחַ־אִישׁ יְכַלְכֵּל מַחֲלֵהוּ וְרוּחַ נְכֵאָה מִי יִשָּׂאֶנָּה׃ ¹⁴
לֵב נָבוֹן יִקְנֶה־דָּעַת וְאֹזֶן חֲכָמִים תְּבַקֶּשׁ־דָּעַת׃ ¹⁵
מַתָּן אָדָם יַרְחִיב לוֹ וְלִפְנֵי גְדֹלִים יַנְחֶנּוּ׃ ¹⁶
צַדִּיק הָרִאשׁוֹן בְּרִיבוֹ [יבא־] (וּבָא־) רֵעֵהוּ וַחֲקָרוֹ׃ ¹⁷
מִדְיָנִים יַשְׁבִּית הַגּוֹרָל וּבֵין עֲצוּמִים יַפְרִיד׃ ¹⁸
אָח נִפְשָׁע מִקִּרְיַת־עֹז [ומדונים] (וּמִדְיָנִים) כִּבְרִיחַ אַרְמוֹן ¹⁹

¹² Antes del quebrantamiento se enaltece el corazón del hombre, y antes de la honra está la humildad.

¹³ Al que responde antes de oír, le es insensatez y deshonra.

¹⁴ El ánimo del hombre soportará su enfermedad; pero ¿quién soportará al espíritu abatido?

¹⁵ El corazón del entendido adquiere conocimiento, y el oído de los sabios busca conocimiento.

¹⁶ El dar regalos le abre camino a un hombre, y le conduce a la presencia de los grandes.

¹⁷ El primero que aboga por su causa parece ser justo, pero viene su prójimo y lo pone a prueba.

¹⁸ El echar suertes pone fin a los pleitos y decide entre los poderosos.

¹⁹ El hermano ofendido resiste más que una ciudad fortificada; y las contiendas, más que los cerrojos de un castillo.

**18, 12.** *Antes de la destrucción…* Este proverbio está relacionado con el anterior que trataba del rico que confía en sus riquezas. La primera línea es una variación de Pr 16, 18, y la segunda línea es similar a Pr 15, 33.

**18, 13.** *El que responde a un asunto antes de oírlo, es necedad y vergüenza para él.* El participio es aquí diferente del que aparece en Pr 13, 18, donde es sujeto y del que aparece en Pr 17, 14, donde es predicado de una oración simple; también en

415

este verso aparece precediendo a lo que depende de él, conforme a un uso general semita (13b): *el que responde antes de es como…* Pero de acuerdo con nuestro idioma (alemán, español…) podría traducirse en forma de antecedente hipotético: *si alguien respondiera antes de…*

Para "responder" también se usa הֵשִׁיב sin añadido alguno; pero la expresión original completa es הֵשִׁיב דָּבָר, *reddere verbum, referre dictum* (responder a un asunto, a un dicho…, cf. עָנָה דָבָר, Jer 44, 20. Esta idea aparece expuesta de un modo absoluto en el paralelo de Pr 15, 28). El término דָּבָר (asunto, palabra) no se refiere a la palabra a la que se responde, sino a la palabra con la que se responde (de un modo impropio, antes de haber oído el tema…). הִיא־לוֹ está indicando el sentido que tiene la conducta del que responde sin haber escuchado: esto le lleva a *ducitur ei* o esto es para él *est ei*.

Agricola interpreta este proverbio así en sus *Fünfhundert Sprechen* (Quinientos proverbios): *Wer antwortet ehe er höret, der zaiget an sein torhait und wirdt ze schanden* (quien responde antes de oír muestra su locura, y es para él una vergüenza). Pero esta traducción requeriría que la palabra fuera יֵבוֹשׁ, *pudefiet*, se avergüenza, no מֵשִׁיב. La palabra כְּלִמָּה (הִיא־לוֹ) significa *se convierte para él en motivo de deshonra merecida*. Por su parte, כְּלִמָּה significa herir apropiadamente, es decir, avergonzar (como en francés *atteinte son honneur*, atenta contra su honor), de כָּלַם (cogn. הָלַם), golpear, herir (Florilegio). Ec 11, 8 va en contra de hablar precipitadamente y también en contra de interrumpir con rudeza a otros.

**18, 14.** *El espíritu del hombre lleva (soporta) su enfermedad; pero un espíritu quebrantado ¿quién podrá soportarlo?* El aliento del Creador que imparte vida al hombre se dice *spiritus spirans*, רוּחַ חַיִּים y *animus spiratus* (נֶפֶשׁ חַיָּה). El espíritu (aliento) es el principio primario de la vida, y el alma (anima) es el secundario; el doble género de רוּחַ se explica así, cuando se piensa en el espíritu como poder principal y, por lo tanto, en cierto grado (véase *Psychol.* p. 103ss.), como principio varonil, es decir, masculino del ser humano (Gn 6, 3; Sal 51, 12, etc.).

Aquí el cambio de género que se da en las dos veces que aparece רוּחַ־ es muy característico en el más alto grado, y también la palabra אִישׁ se utiliza de un modo intencionado (cf. 1Sa 26, 15) en lugar de אָדָם (cf. 16a), que está refiriéndose al espíritu valeroso de un hombre que se mantiene o perdura en medio de la enfermedad, de un hombre אִישׁ varonil, en sentido masculino. La palabra כִּלְכֵּל (cf. יְכַלְכֵּל; de raíz כּל) significa *comprehendere, prehendere*; Lutero traduce: "quien sabe contenerse a sí mismo en sus sufrimientos…" (cf. Sal 51, 12: "que el Espíritu libre me sostenga").

Esta expresión del primer estico se está refiriendo al autocontrol propio del espíritu humano, entendido como expresión del género masculino. Esto es lo propio del רוּחַ־אִישׁ, del *ruah* en sentido varonil, *generis masculini*. Por el contrario, el רוח נכאה (como en Pr 15, 13; Pr 17, 22), se refiere al espíritu carente de masculinidad y superioridad, del espíritu de un ser humano pasivo y descorazonado, de género femenino (cf. Sal 51, 12 con Pr 18, 19). Fleischer compara ese motivo con el proverbio árabe, *thbât âlnfs bâlghdhâ thbât alrwh balghnâ*, el alma tiene firmeza por el alimento, el espíritu por la música.[26]

La pregunta מי ישאנה es como la de Mc 9, 50: si la sal se vuelve insípida ¿con qué se sazonará? Si una especia se ha vuelto insípida no sirve ya para condimentar la comida. Y si el espíritu de un ser humano, destinado a elevar y sostener la vida y fortuna de una persona está abatido por los sufrimientos, no habrá nada que pueda elevarle y sostenerle. Pero ¿no es Dios el Altísimo, no es Dios el que levanta y mantiene a un espíritu humano que ha sido aplastado y quebrantado?

Este versículo responde diciendo que el espíritu varonil, 14a, viene a presentarse como fuerte en Dios (tiene la fortaleza de Dios). Por el contrario, el espíritu desanimado 14b, no saca de Dios la fuerza y el apoyo que debe tener para actuar. Ciertamente, textos como el de Is 66, 2 no nos permiten pensar que un רוח נכאה está alienado y separado de Dios. Pero el espíritu es נשא, es el portador de la vida personal y natural con sus funciones, actividades y experiencias; por eso, si el espíritu queda reducido a una pasividad impotente e indefensa, dentro de la esfera de la personalidad humana, no podrá hablarse de un poder sustentador (de un espíritu divino fuerte) que pueda ocupar su lugar.

**18, 15.** *El corazón del hombre entendido adquiere conocimiento, y el oído de los sabios busca conocimiento.* La palabra נבון también puede interpretarse como un adjetivo, pero aquí la interpretamos como en Pr 14, 33, conforme al paralelismo (cf. לב צדיק, Pr 15, 28, y לב חכם, Pr 16, 23) donde esa palabra no puede interpretarse como adjetivo. Según Pr 17, 16, la adquisición de la sabiduría se refiere al corazón. Es necesario un corazón vigoroso que reciba y abrace la sabiduría.

En esa línea, un hombre que tiene corazón נבון es el que sabe valorar el sentido y utilidad de la sabiduría. Por eso, no hemos traducido "el corazón entendido", sino "el corazón de un hombre sabio", que entiende, porque está en posesión de ese conocimiento y, al mismo tiempo, se esfuerza constantemente por aumentarlo, porque su oído busca el conocimiento, preguntando ansiosamente dónde se encuentra, y escuchando atentamente cuando se presenta la oportunidad de מצא, de obtenerlo.

---

26. En la lengua árabe, influenciada por la filosofía, *rwh* es el *anima vitalis* (alma vital) y *nfs*, el *anima racionalis* (alma racional), de manera que los dos sentidos están invertidos; véase Baudissin, *Translationis antiquae Arab. libri Jobi quae supersunt* (1870), p. 34.

# Primera colección: Proverbios salomónicos (Pr 10, 1 – 22, 16)

**18, 16.** *El regalo del hombre le abre lugar (le ensancha un espacio), y le conduce ante los grandes.* Hitzig supone que מַתָּן puede significar dotes intelectuales, pero no tiene ninguna prueba para sostenerlo. La capacidad intelectual como medio de progreso se designa de otro modo, cf. Pr 22, 29. Pero él tiene razón cuando dice que confundimos el significado del proverbio si interpretamos מתן en el sentido de שֹׁחַד (véase en Pr 17, 8). En sí misma, la palabra *mtn* (מַתָּן) tiene un sentido abierto, y tal como se utiliza en este proverbio significa que un hombre crea un espacio libre para sí, abre un camino, a través de un don, es decir, cuando se muestra agradable, complaciente, a favor de los demás, no siendo tacaño, sino liberal.

Como dice un proverbio alemán: *mit dem Hut in der Hand, kommt man durchs ganze Land* (con el sombrero en la mano, el hombre puede caminar por todas partes…, con el sombrero en la mano se recorre toda la tierra). Así se dice aquí que, actuando con liberalidad (siendo generoso), uno puede acercarse a los grandes, tiene el camino abierto para tratar con ellos, es decir, con las personas que ocupan una posición elevada (cf. לפני, Pr 22, 29; עם, Sal 113, 8).

Este es un elemento importante de la sabiduría práctica: por medio de una liberalidad correcta, es decir, por el gesto de dar liberalmente donde el deber lo exige y la prudencia lo recomienda, un hombre no pierde sino que gana, no desciende sino que asciende. La liberalidad ayuda al hombre a superar las dificultades, las limitaciones y estrecheces, de forma que el hombre liberal gana afecto para él y puede subir paso a paso en la escala social.

**18, 17.** *El que es primero en su pleito tiene razón; pero llega otro y lo escudriña minuciosamente.* Esta es una exhortación a ser cautos en un pleito, y a no justificar sin más al que primero expone su causa y la apoya con razones, porque si viene otro que escudriña después las razones del primero, puede encontrar que ellas son insostenibles.

Las palabras הראשׁוֹן בריבו deben tomarse unidas y son equivalentes a אשׁר יבא בריבו בראשׁונה, *qui anterior cum causa sua venit* (el que vino primero ante el juez con su causa), es decir, el que lo lleva al juez *eam ad judicem defert* (Florilegio). Sin embargo, la palabra הראשׁוֹן puede significar también por sí sola *qui prior venit*, el que viene primero, de forma que בריבו se vincule con צדיק, *justus qui prior venit in causa sua, esse videtur* (parece que quien viene primero a defender su causa es el justo).

Los acentos dejan indeciso el sentido general de la expresión. En lugar de יבא־el *keré* pone וּבָא, tomando de esa forma un sentido futuro con la partícula ו (p. ej. Pr 20, 4; Jer 6, 21); así sucede en otros casos con el perf. con ו en sentido de fut. (por ejemplo, en Sal 10, 10; Is 5, 29). La palabra רעהו es un sinónimo de בעל דין חברו (Mishná, *Sanhedrin* 7b), donde la אזהרה לבית־דין (advertencia para el tribunal de justicia) ha sido tomada de Dt 1, 16, con el sentido de "escuchar al acusado al mismo tiempo que al acusador", para que nada de lo que diga el acusador se tome de antemano como valioso.

El sentido de este proverbio es precisamente *audiatur et altera pars* (que se escuche también a la otra parte). La solución del tema discutido solo se alcanza cuando se escucha a la *altera pars*. Después que haya hablado una parte tiene que venir la otra, y examinarlo todo bien (también lo que ha dicho la primera parte). En otros lugares, la palabra חקר, aparece con acusativo de objeto. Por su parte, la palabra ריב significa investigar a fondo una contienda. El texto paralelo de Job 29, 16 está, lo mismo que el de Job 28, 11, conectado con la acusación anterior. Para resolver el tema hay que examinar o poner al descubierto los temas de fondo, a fin de que salgan a la luz las posibles tergiversaciones del estado de la cuestión y las razones aducidas por el denunciante.

**18, 18.** *La suerte calma las contiendas, y separa a los poderosos.* Es decir, la suerte eleva un muro divisorio entre los que contienden (הפריד בין, como en 2Re 2, 11, cf. el árabe *frk byn*). Los עצומים no son oponentes que mantienen su causa con argumentos de peso (עצמות, Is 41, 21), *qui argumentis pollent* (véase Rashi), porque en ese caso la verdad debería descubrirse a partir de los argumentos, con las razones en pro y en contra.

En otros casos, los adversarios poderosos a quienes la suerte no proporcionaba un medio oportuno de reconciliación deberían resolver sus demandas a golpes de espada (Florilegio). Pues bien, en contra de eso, aquí es la suerte (echar a suerte) la que traza una solución, como en el juicio de Dios, que produce la paz, sin necesidad de acudir como *ultima ratio* de la fuerza física. El proverbio se refiere a la suerte (echar a suertes), en la línea de Heb 6, 16, donde se afirma que la razón última (la solución del tema) se logra apelando a un juramento, véase en Pr 16, 33.

**18, 19.** *Un hermano ofendido es más difícil de ganar que una ciudad fuerte, y sus contiendas son como las barras de un castillo.* Lutero consideró correctamente que la palabra נִפְשָׁע (traducida por la LXX, Vulg. y Syr. en la línea de *frater qui adjuvatur a fratre*, hermano ayudado por hermano) es una lectura incorrecta. Para eso tendría que haber puesto אח מושיע, "un hermano que está a la espera", como había traducido anteriormente Lutero. Por otra parte, נושע no significa propiamente *adjuvari*, ser ayudado, sino *salvari,* ser salvado. La traducción de Lutero: *ein verletzt Bruder helt herter denn eine feste Stad, und Zanck helt herter, denn rigel am Palast* (un hermano herido resiste más que una ciudad fuerte, y su lucha resiste más que los cerrojos en el palacio), es una de sus interpretaciones más felices de este proverbio.

Pero מקרית־עז en sí solo significa "más que una ciudad fuerte", ὑπὲρ πόλιν ὀχυράν (trad. Véneto). El sustantivo-adjetivo (cf. Is 10, 10) que debería suplirse en este caso, tendría que decir algo así como עז הוא, עז o קשה הוא (Kimchi). El

419

*nifal* נִפְשַׁע aparece solo aquí. Por su parte, נִפְשַׁע se refiere a alguien que es tratado falsamente, como נִפְשַׁע בּוֹ en la expresión frecuente קָמַי, el que se levanta contra mí, en el sentido de קָמִים עָלַי, aquellos que se levantan contra mí.

Pero varios códices (también el *Códice jaman,* o yemení de Baer) y las ediciones antiguas ponen נִפְשַׁע que, como hemos traducido, tiene un sentido atributivo impersonal y puede traducirse de dos formas: a) *frater perfidiose tractatus* (un hermano tratado de manera pérfida, *mala fide offensus,* ofendido con malicia) (Florilegio); (b) *perfide actum est, scil.* בּוֹ *in eum, quem perfide actum* (un hermano a quien se ha tratado pérfidamente).

Según Pr 17, 17, אָח es un amigo en el más alto sentido de la palabra; פֶּשַׁע significa romper, liberarse; con בּ o עַל significa aquel a quien se dirige la acción. Es obvio que el פֹּשֵׁעַ (el que ha tratado mal) es hermano del ofendido. De todas formas, la traducción, "hermanos que rompen unos con otros" (Gesenius), es incorrecta, pues אָח no se entiende en sentido colectivo y נִפְשַׁע no es un verbo de acción recíproca. La relación de אָח con el que le ofende es la misma de אַלּוּף, Pr 16, 28.

El Targum (mejorando la Peschita) traduce אֲחָא דְּמַת עַוִּי מִן אֲחוּי, que no quiere decir, *un hermano que renuncia* (Hitzig), sino *un hermano que es tratado mal por parte de su hermano.* Esa es la traducción correcta. Por el contrario, la traducción de Ewald (un hermano resiste más que...) resulta incorrecta, pues atribuye a פֶּשַׁע un significado que no tiene. Por su parte, Bertheau y Schultens ofrecen una traducción insostenible, pues dan al *nifal* נִפְשַׁע un significado reflexivo que no tiene.[27] Como verbo denominativo, esa palabra podría significar "cubierto de crimen", Véneto πλημμεληθείς, uno que es más débil, en contra de un hermano más débil. Por su parte, Hitzig corrige אָחַז פֶּשַׁע, para acallar el pecado, para mantenerlo encadenado; pero esa traducción no es correcta en hebreo, pues el texto debería haber sido כָּבַשׁ, עָצַר o רְדוֹת.

En 19a la fuerza de la cláusula sustantiva radica en el מִן de וּמִדְיָנִים(más difícil de obtener que, con la כּ de כִּבְרִיחַ,cf. Mi 7, 4, donde ambas partículas se intercambian). El paralelismo es sinónimo, las luchas y pleitos entre hermanos que habían sido amigos constituyen un obstáculo insalvable para su reconciliación, son tan difíciles de levantar, como las grandes rejas de la puerta de un castillo (Florilegio). El punto de comparación no es solo el peso del travesaño (de ברח, transversal, travesaño), sino también el cierre del acceso. Este enfrentamiento forma una pared divisoria entre los que estuvieron muy cerca uno del otro, una pared o muro tanto más grueso cuanto más cerca estuvieron una vez.

---

27. Entre los sinónimos hebreos de pecar ninguno lleva un *nifal* reflexivo. Tampoco el árabe *fs.* tiene significado ético. En esa línea, solo encontramos el reflexivo de נִסְכַּל, en el sentido de ser tonto.

## 18, 20-24.[28]

²⁰ מִפְּרִי פִי־ אִישׁ תִּשְׂבַּע בִּטְנוֹ תְּבוּאַת שְׂפָתָיו יִשְׂבָּע׃
²¹ מָוֶת וְחַיִּים בְּיַד־ לָשׁוֹן וְאֹהֲבֶיהָ יֹאכַל פִּרְיָהּ׃
²² מָצָא אִשָּׁה מָצָא טוֹב וַיָּפֶק רָצוֹן מֵיְהוָה׃
²³ תַּחֲנוּנִים יְדַבֶּר־ רָשׁ וְעָשִׁיר יַעֲנֶה עַזּוֹת׃
²⁴ אִישׁ רֵעִים לְהִתְרֹעֵעַ וְיֵשׁ אֹהֵב דָּבֵק מֵאָח׃

²⁰ Del fruto de la boca del hombre se saciará su estómago;
*él se satisfará con el producto de sus labios.*
²¹ La muerte y la vida están en el poder de la lengua,
y los que gustan usarla comerán de su fruto.
²² El que encuentra esposa encuentra el bien
y alcanza el favor de Jehovah.
²³ La pobre habla con ruegos,
pero el rico responde con dureza.
²⁴ Hay amigos que uno tiene para su propio mal,
pero hay un amigo que es más fiel que un hermano.

**18, 20.** *Del fruto de la boca del hombre se sacia su corazón; del fruto de sus labios se llena.* El hombre probará en gran medida las consecuencias no solo del bien que ha hecho (Pr 12, 14, cf. Pr 13, 2), sino de todo lo que ha dicho. Este es un oxímoron como el de Mt 15, 11: no es lo que entra en la boca, sino lo que sale de ella, lo que contamina al hombre. Como en Jn 4, 34 la conducta de un hombre, aquí sus palabras, constituyen su βρῶμα, su comida. No solo la conducta (Pr 1, 31; Is 3, 10), sino también las palabras dan fruto. Y no son solo los demás los que gustan del fruto de las palabras y de las acciones de un hombre, sean buenas o malas, sino que el mismo hombre que habla recibe las consecuencias de lo que dice y hace, tanto en esta vida como en la venidera.

**18, 21.** *La muerte y la vida están en poder de la lengua; y el que la ama comerá de su fruto.* La mano, יד, es una metáfora muy común para referirse al poder, y así como aquí se atribuye una mano a la lengua, otros textos como Is 47, 14 le atribuye una mano a la llama de fuego, y Sal 49, 16 al Hades. La muerte y la vida son la

---

28. Con Pr 18, 19 se ha cerrado la serie de proverbios que comenzó con el adulador. El lema אח, que había aparecido al comienzo, en 9b, se repite al final y sirve también como un hito, una referencia inicial para el grupo que sigue (Pr 18, 20-24). Al proverbio de la ruptura de la amistad y de las contiendas le sigue uno que indica la reacción ante el mal uso de la palabra.

*Primera colección: Proverbios salomónicos (Pr 10, 1 – 22, 16)*

gran alternativa que pone Dt 30, 15, ante el hombre. Según eso, tal como usa su lengua, el hombre cae bajo el poder de la muerte o alcanza la vida.

Todos los intérpretes atribuyen 21b, ואהביה (el que la ama) a la lengua, *qui eam (linguam) amant vescentur* (con יאכל, distributivo singular, como en Pr 3, 18; Pr 3, 35, etc.) *fructu ejus* (los que la aman comerán su fruto). Pero "amar la lengua" es una expresión extraña y oscura, y encaja difícilmente en este contexto. ¿Qué es amar la lengua? Hitzig se atreve a decir que el que "ama la lengua" es aquel a quien le encanta la lengua, le encanta balbucear, hablar mucho. Por el contrario, Euchel traduce: ama la lengua el que la guarda, el que la cuida, es decir, el que se aplica al recto discurso. Combinando ambos sentidos, Zöckler afirma que la lengua se puede utilizar εὐλογῶν ο κακολογῶν (bendiciendo o maldiciendo); eso significaría que amar la lengua consiste en utilizarla para bendecir.

La LXX traduce οἱ κρατοῦντες αὐτῆς (no los que "aman" la lengua, *sino los que dominan la lengua*), suponiendo que el texto hebreo pone אחזיה; pero אחז significa *prehendere* y *tenere*, no *cohibere*, y la lengua reprimida ciertamente no da malos frutos, no da frutos en absoluto. Teniendo eso en cuenta preguntamos: ¿no será mejor afirmar que el sufijo de ואהביה (el que "la" ama) no se refiere a la lengua, sino más bien "a la sabiduría", en la línea de Pr 8, 17, *qetub*, la cual, ciertamente, no se nombra, pero se encuentra en todas partes ante la mente del poeta?

La traducción de este dístico (18, 21) sería: *el que ama la sabiduría comerá su fruto.* Al comentar Pr 14, 3 propusimos que חכמה fuera el tema de 3b. En esa línea podemos añadir aquí que Pr 18, 21b es un resumen de todo el argumento de Pr 18, 17-21. También podría pensar que ואהביה es una unión (mutilada) de ואהב יהוה, *y el que ama* a Yahvé (Sal 97, 10) disfruta de su fruto (de la lengua).

**18, 22.** *Quien encuentra a una esposa (una mujer) encuentra un bien, y ha obtenido el favor de Yahvé.* Pr 18, 21 nos recordaba Pr 8, 17. Pues bien, este versículo nos recuerda, no solo en 22b, sino también en 22a, que retoma los motivos de Pr 8, 35 (cf. Pr 12, 2). Aquí se trata de una esposa que es tal como debe ser, según Pr 18, 14. Por su parte, un איש es un hombre tal como debe ser.

La LXX, Syr., Targum y la Vulgata añaden "*bonam*" (una esposa buena), pero "la brevedad y la fuerza gnómica de los proverbios, desdeñan ese tipo de adjetivos y limitaciones cautelosas de la idea de fondo" (cf. Florilegio). Además, אשה טובה en el antiguo hebreo significaría una esposa bien favorecida (hermosa) más que una esposa de buena disposición para el trabajo, cuya idea posterior se expresa de otra manera, cf. Pr 19, 14; Pr 31, 10. El Véneto pone correctamente γυναῖκα y Lutero *eine Ehefrau*, porque se trata de una *mujer casada*.

La primera vez que se utiliza, la palabra מצא aparece como *perfectum hipotheticum*, Gesenius 126, An. 1. Por otro lado, Ec 7, 26 dice: "Yo encontré, מוצא אני, a la mujer más amarga que a la muerte", etc. En esa línea, cuando en

422

Palestina uno se casaba con una esposa, se solía hacer la pregunta, מצא מוצא או :¿se ha casado felizmente (según מצא del libro de Proverbios) o infelizmente (según מוצא de Eclesiastés)? (*Jebamot* 63b) (Cf. Gendlau, *Sprichwörter und Redensarten deutsch-jüdischer Vorzeit*, 1860, p. 235).

La LXX agrega un dístico a Pr 18, 22: "El que repudia a la buena esposa, desecha la felicidad; y el que retiene a la adúltera, es necio e impío". El que construyó este proverbio (añadido por la LXX) ha estado influido por el cambio de מצא a מוציא (Esd 10, 3). En otros lugares, ἐκβάλλειν (γυναῖκα), Gá 4, 30; Sir 28, 15, es la traducción de גרש. La traducción siríaca ha adoptado la mitad de ese dístico, y Jerónimo la totalidad. Por otro lado, Pr 18, 23; Pr 18, 24 y Pr 19, 1-2, faltan en la LXX. La traducción que se encuentra en algunos códices es la de Teodoción (véase Lagarde).

**18, 23.** La pobre habla *con ruegos y el rico responde a las groserías*. La poesía proverbial de oriente conoce muchos proverbios paralelos a este. Se deleita en la descripción del contraste entre un pobre suplicante y el rico orgulloso y avaro; véase, por ejemplo, Samachschari, *Goldene Halsbänder*, No. 58. Conforme a su significado, תחנונים está en *hitpael*, de התחנן, *misericordiam alicujus pro se imploravit* (pedir misericordia a favor de sí mismo), como en el antiguo alemán *barmen*, es decir, mover a otros a mostrar *Erbarmen* (compasión), es decir רחמים. Por su parte, עזות son palabras duras, de עז (sinónimo de קשה), duro, rígido de cuerpo y, en sentido figurado, de una disposición inflexible, fuerte, altiva y, por lo tanto, de palabras de esa naturaleza, como groserías (Florilegio).

Ambos sustantivos son acusativos de objeto, como Job 40, 27, con תחנונים paralelo de רכות. Este proverbio expresa un hecho de experiencia, presentándolo como un consuelo para el pobre (que no se preocupe, si un rico le insulta) y como una advertencia para el rico (que no pierda su humanidad por amor al dinero). Es como se dice: "en tierra dura cuña dura". Pero como dice la Escritura, cualquiera que hiere al pobre con una conducta dura y terca de corazón, insultándole en su rostro (Is 3, 15) está suscitando un juicio despiadado contra sí mismo, pues solo los misericordiosos alcanzarán misericordia, αὐτοὶ ἐλεηθήσονται (Mt 5, 7).

**18, 24.** *El hombre de muchos amigos sale perdiendo; pero hay un amigo más fiel que un hermano*. Jerónimo traduce la palabra inicial por *vir*, pero Syr. y Targum traducen por אית, palabra aceptada por Hitzig, Böttcher y otros. Pero ¿usaría un poeta alemán en una línea "*itzt*" (lo mismo que *jetzt*, ahora), y en la siguiente "*jetzt*"? Por su parte ¿podría el poeta hebreo poner aquí יש (en su forma más rara y, especialmente, en su forma equívoca אִיש? (cf. en una línea contraria, Ec 7, 15).

Hemos puesto אִיש, porque la Masora incluye este pasaje, con 2Sa 14, 19; Mi 6, 10, como uno de los ג' יש סבירין, es decir, de los tres casos en los se debería

# Primera colección: Proverbios salomónicos (Pr 10, 1 – 22, 16)

esperar שי, de manera que los lectores están expuestos al peligro de caer en error en la escritura y lectura del texto. Pero esa nota de la Masora es un error, pues אש se encuentra solo en estos tres lugares en la Masora magna de la Biblia veneciana de 1526; en otra parte, la Masora tiene la *defectiva scriptio* con significado similar solo en los otros dos pasajes.[29] Sea como fuere, ya estemos ante איש o ante יש o ante אש, no hay mucha diferencia en el significado de 24a, tanto si decimos que hay amigos que sirven para que uno se pierda o un hombre de muchos amigos sale perdiendo.

El infinitivo con ל se utiliza en cláusulas sustantivas para expresar diversos tipos de relaciones, Gesenius 132, An. 1 (cf. en Hab 1, 17), denotando un tipo de finalidad como, por ejemplo, en Sal 92, 8. Es cierto que איש (como בעל) casi siempre está conectado solo con genitivos de cosas; pero como se dice איש אלהים, un *hombre de Dios*, también se puede decir איש רעים, un *hombre de muchos amigos*. La regla o dicho de que se conoce a un hombre por sus amigos no es aplicable en este caso, al tratarse de alguien que es amigo de todo el mundo, sin tener amigos especiales.

Teodocion traduce ἀνὴρ ἑταιριῶν τοῦ ἑταιρεύσασθαι; y así también Syr., Targ. y Jerónimo traducen (y entre los modernos, Hitzig) התרעע como reflexivo, insistiendo en la multiplicidad de las relaciones sociales. En nuestro caso, לְהִתְרֹעֵעַ es reflexivo (cf. התרעה, Pr 22, 24). Ese הִתְרֹעֵעַ puede ser *hitpael* de רוע, regocijarse, Sal 60, 10; Sal 65, 14, según lo cual el Véneto traduce (al contrario de Kimchi) ὥστε ἀλαλάζειν: ese tal puede regocijarse pero, tomadas las cosas así, ya no es cierto, que un amigo verdadero tiene más valor que muchos que no son verdaderos (pues no hay diferencia entre amigos verdaderos y no verdaderos). Pero también puede ser *hitpael* de רעע, ser malvado, pecador (Florilegio: *sibi perniciem paraturus est*, hacerse pernicioso para sí mismo). Finalmente, puede ser también (lo que es más probable, partiendo de Is 24, 19) un *hitpael* de רעע, volverse quebradizo (Böttcher y otros) —lo que no solo da un buen sentido a la frase, sino que aparece como aliteración, semejante רעים, como en Pr 3, 29; Pr 13, 20.

En contraposición a רע, que es una idea general y, según el uso del lenguaje (p. ej. Pr 17b), el verdadero amigo recibe en el miembro paralelo antitético el sentido de familiar, אהב (Pr 27, 6). Por otra parte, en la línea de Pr 17, 17 un amigo es דבק מאח, el que permanece fiel en la desgracia. Tener un amigo así es mejor que tener muchos de los llamados amigos en general (todo el mundo son amigos).

---

29. Uno descubre en este cambio de posturas que la י se pronunciaba, de hecho, con mucha suavidad, de manera que se corría el riesgo de pasarla por alto, cf. Wellhausen, *Samuel* (1871) y prefacio a Proverbios. Kimchi añade que decimos אקטל por אקטל, porque de lo contrario lo confundiríamos con יקטל.

Immanuel ha dado la explicación correcta al proverbio: "Un hombre que se propone ganar muchos amigos finalmente llega a ser un perdedor (סופו להשבר), porque despilfarra sus medios y se empobrece a favor de los demás". Y Schultens: *at est amicus agglutinatus prae fratre. Rarum et carum esse genus insinuatur, ac proinde intimam illam amicitiam, quae conglutinet compingatque corda, non per multos spargendam, sed circumspecte et ferme cum uno tantum ineundam* (pero un amigo está más unido a uno que su mismo hermano. Este pasaje insinúa que se trata de una especie rara y querida de amistad, una íntima amistad que vincula y une, no para dispersarse entre muchos, sino para unirse con cautela y casi con una sola persona).

De esa forma, este grupo de proverbios culmina con la alabanza de la amistad profundizada en la fraternidad espiritual, como en el caso anterior, Pr 18, 19, con una advertencia contra la destrucción de tal relación por un abuso de confianza que termina siendo irreparable.

## Proverbios 19

### 19, 1-4.

El primer proverbio de este grupo conecta con el primero del grupo anterior (18, 20-24) a través de la palabra (20, 18) שפתיו) y culmina con un juego de palabras: רעים רבים.

1 טֽוֹב־רָ֭שׁ הוֹלֵ֣ךְ בְּתֻמּ֑וֹ מֵעִקֵּ֥שׁ שְׂ֝פָתָ֗יו וְה֣וּא כְסִֽיל׃

2 גַּ֤ם בְּלֹא־דַ֣עַת נֶ֣פֶשׁ לֹא־ט֑וֹב וְאָ֖ץ בְּרַגְלַ֣יִם חוֹטֵֽא׃

3 אִוֶּ֣לֶת אָ֭דָם תְּסַלֵּ֣ף דַּרְכּ֑וֹ וְעַל־יְ֝הֹוָ֗ה יִזְעַ֥ף לִבּֽוֹ׃

4 ה֗וֹן יֹ֭סִיף רֵעִ֣ים רַבִּ֑ים וְ֝דָ֗ל מֵרֵעֵ֥הוּ יִפָּרֵֽד׃

1 Mejor es el pobre que camina en su integridad
que el de labios perversos y necio.

2 Tampoco es bueno hacer algo sin conocimiento,
y peca el que se apresura con sus pies.

3 La insensatez del hombre pervierte su camino
y enfurece su corazón contra Jehovah.

4 Las riquezas atraen muchos amigos,
pero el pobre es abandonado por su prójimo.

**19, 1.** *Mejor es el pobre que camina en integridad.* El contraste de Pr 28, 6, es mucho más claro. Pero no tiene sentido corregir este proverbio a partir de 28, 6, como hace Hitzig y el texto siríaco. El caldeo recrea su traducción a partir del texto hebreo que Teodocion, y después la Hexapla Siria vierten por ὑπὲρ στρεβλόχειλον ἄφρονα (el necio de labios perversos).

El problema está en la forma de entender el contraste entre 1a y 1b. Fleischer comenta, "Por el contraste, parece que el personaje designado en 1b debe ser considerado como עָשִׁיר" (rico). Y Ewald añade: "Así, desde el principio, las ideas de un hombre rico y de un tonto y un despreciador de Dios, están conectadas entre sí".

Saadia entiende כְּסִיל (un tonto), en la línea de Job 31, 24, como alguien que pone su כֶּסֶל (confianza) en las riquezas. Euchel, en consecuencia, traduce, *el hombre falso, aunque quiera edificarse sobre sus riquezas...* Pero כְּסִיל designa al intelectualmente perezoso, en quien la carne pesa más que la mente. Y la representación de los ricos que, para 1b ciertamente surge de 1a, no se vincula con כְּסִיל, sino con עִקֵּשׁ שְׂפָתָיו.

El texto arameo va en la línea correcta, porque traduce: *el rico tuerce su boca, y le da al pobre suplicante una negativa grosera.* Pero es mejor la traducción de Zöckler: un hombre orgulloso de labios perversos y porte altivo... Si alguien con labios altivos y desdeñosos se opone a los pobres, entonces queda manifiesto que no es sabio porque piensa que está elevado por encima de los pobres, y los mira con altivez desde arriba. Y si se dice que, a pesar de este porte orgulloso, es un tonto, se está suponiendo que es un orgulloso, por fundarse en su riqueza y porque, a pesar de su vacío y maldad, imagina que posee una grandeza de conocimiento, cultura y valor correspondientes a la cantidad de sus riquezas.

Mucho mejor que ese rico necio es un hombre pobre, uno que camina en su inocencia y sencillez, con mente pura, totalmente dedicada a Dios y al bien. Este es un hombre a quien su pobreza le mantiene en la humildad, un hombre que no es capaz de conducta maliciosa. Pues bien, esta vida piadosa e intachable del pobre vale más que el orgullo del tonto rico que se cree sabio. Hay ciertamente una עִקְּשׁוּת, una simplicidad, ἁπλότης, de alto valor moral; pero hay también una sencillez que no tiene valor. Este es el pensamiento central del siguiente verso.

**19, 2.** *Tampoco es bueno el no conocer (lo que es) el alma, y el que se apresura con las piernas (tras ellas) se descarría.* Fleischer traduce נֶפֶשׁ como el sujeto y לֹא־טוֹב como predicado neutro: el deseo sensual (del alma) en sí mismo no es bueno, pero es peor aún si es un deseo sin previsión y reflexión. De todas maneras, con esta explicación, las palabras deberían acentuarse de otra manera.

Hitzig, siguiendo la acentuación que tenemos, traduce: si el deseo carece de reflexión, carece también de éxito. Pero siempre que נֶפֶשׁ indica deseo eso debe aparecer claro por el contexto como, por ejemplo, en Pr 23, 2. En nuestro caso, refiriéndose al alma como saber (cf. Sal 139, 14), דַּעַת excluye este significado. Por otra parte, נֶפֶשׁ es genitivo de sujeto (gen. *subiecti*). La tradición "autoconocimiento" que propone Luzzatto es insostenible, porque esto requeriría נפשו דעת; Meri correctamente glosa נפש דעת por שׂכל.

En esa línea, Zöckler corrige la traducción de Hitzig de la siguiente manera: *donde no hay consideración del alma, no hay prosperidad.* Pero eso también es incorrecto, porque en vez de בְּלֹא־ requeriría אֵין־טוֹב. Tal como aparece, el proverbio establece que בלֹא־דעת נפש no es bueno, y eso es equivalente a היות בלֹא־דעת נפש (porque el sujeto de לֹא־טוב ha de ser, como sucede con frecuencia, un infinitivo, en la línea de Pr 17, 26; Pr 18, 5). Por otra parte, בלֹא־דעת נפש es un sustantivo virtual en el sentido de "desconocimiento del alma".

La expresión concreta de la frase es compleja y tiene elementos difíciles de precisar, entre ellos el de comenzar con גַם, una partícula que probablemente se utiliza para destacar el hipérbaton de conjunto de la frase, que es semejante al que encontramos en otros lugares, como Pr 17, 26; Pr 20, 11; cf. אַךְ, Pr 17, 11; רַק, Pr 13, 10. En esa línea, la frase quiere indicar que, si el alma está sin conocimiento, entonces, ella *eo ipso,* también, está desprovista de todo bien. El conocimiento del alma (de su propio deseo) es fundamental para el hombre. Eso significa que la ignorancia del alma no es buena;[30] desde ese fondo se puede trazar la conexión original entre Pr 19, 1 y Pr 19, 2: así como por un lado la soberbia de la sabiduría es mala; así, por otra parte, la ignorancia de la sabiduría (del alma) es también mala.

En este caso, el גַם del comienzo pertenece más al sujeto que al predicado, pero en realidad ha de aplicarse a la oración completa. Desde aquí se entiende igualmente el sentido de 19, 2b: tampoco es bueno apresurarse con las piernas (אָץ, como en Pr 28, 20), poner las piernas (esto es, todo el cuerpo) en violenta agitación, sin dirección ni guía procedente del conocimiento que posee el alma, sin meta definida. Quien así se apresura y corre sin tener claro el objetivo, ni el sentido intelectual ni moral de su marcha, va caminando en falso y se extravía y fracasa (véase Pr 8, 36, donde חֹטְאִי está en contraste con מֹצְאִי).

**19, 3.** *La necedad del hombre trastorna su camino, y su corazón está enojado contra Yahvé.* Con respecto a סלף (cf. תְּסַלֶּף), véase Pr 11, 3. También en árabe la palabra "ir antes" procede de la raíz *per-vertere,* en el sentido de preceder (por ejemplo, en el sentido de *salaf,* pagar por anticipado, dar dinero adelantado), invirtiendo el orden natural de las cosas, como dice este versículo: primero viene la necedad, y luego es ella la que trastorna el camino.

---

30. Los antiguos intérpretes y también los mejores intérpretes judíos estropean la comprensión e interpretación del texto, distinguiendo, por un lado, entre un significado más cercano y otro más profundo de la Escritura (דרך נסתר y דרך נגלה), y queriendo descubrir por otro la conexión interna de todos los proverbios, gastando un ingenio inútil al hacerlo.

El camino es aquí el despliegue de la vida; y así se dice que la necedad del hombre (אִוֶּלֶת אָדָם), es decir, su locura trastorna, esto es, destruye, el curso de su vida. Pues bien, aunque el mismo hombre sea, por su necedad, el fabricante de su propia ruina, el mal humor (זַעַף, *aestuare*, véase Sal 11, 6) de su corazón se vuelve contra Dios a quien le culpa y le pide cuentas (LXX dice, de forma esencialmente correcta, αἰτιᾶται), en vez de pedírselas a sí mismo. El hombre el que, alzándose contra Dios, y convirtiendo su gracia en deseo injusto (lascivo) se opone a la voluntad salvadora de Dios, y frustra el camino de bien que el mismo Dios estaba trazando para él. Una hermosa paráfrasis de esta parábola se encuentra en Sir 15, 11-20; cf. Lm 3, 39.

**19, 4.** *La riqueza hace muchos amigos; pero el pobre está separado de su prójimo.* El mismo contraste, aunque expresado de otro modo, aparece en Pr 14, 20. הוֹן es el rico, el poderoso. Por el contrario, דָל es el tambaleante, el que ha caído en una condición penosa, el que no tiene recursos, no posee medios. La acentuación con *mugrash* sirve para destacar la palabra (según el Targum), pues דָּל se on el sujeto activo de יִפָּרֵד, sino que aparece como el hombre disminuido, el que está separado (en pasivo *nifal*) por sus desgracias, o quizá el que debe separarse él mismo (pues el verbo puede estar también en *nifal* reflexivo), refiriéndose a su amigo (מֵרֵעֵהוּ, como en Ec 4, 4, *prae socio suo*).

Pobre es así, básicamente, el separado. Su naturaleza es de tal forma negativa que su mismo amigo se separa, se libera de él, por lo cual no hace falta ni poner מִמֶּנּוּ (de él), pues su sentido es obvio. נִפְרָד significa el que se separa, Pr 18, 1. Si hacemos que דָל sea el sujeto de *separatur* (es separado) no expresaríamos bien la iniciativa de la separación, que viene del amigo. Según eso, la riqueza atrae amigos. El pobre, en cambio, es aquel de quien los mismos amigos se separan.

## 19, 5-8.

Pr 19, 5 y 19, 9 son los versículos introductorios de dos grupos de proverbios, cuyo comienzo y final están claramente indicados. El primer grupo lo forman 19, 5-8 y el segundo 19, 9-16.

> ⁵ עֵד שְׁקָרִים לֹא יִנָּקֶה וְיָפִיחַ כְּזָבִים לֹא יִמָּלֵט:
>
> ⁶ רַבִּים יְחַלּוּ פְנֵי־נָדִיב וְכָל־הָרֵעַ לְאִישׁ מַתָּן:
>
> ⁷ כָּל אֲחֵי־רָשׁ ׀ שְׂנֵאֻהוּ אַף כִּי מְרֵעֵהוּ רָחֲקוּ מִמֶּנּוּ מְרַדֵּף אֲמָרִים [לֹא־] (לוֹ־) הֵמָּה:
>
> ⁸ קֹנֶה־לֵּב אֹהֵב נַפְשׁוֹ שֹׁמֵר תְּבוּנָה לִמְצֹא־

⁵ Un testigo mentiroso no queda sin castigo.

El testigo falso no quedará impune,

y el que respira mentiras no escapará.

⁶ Muchos imploran el favor del generoso;
todos son amigos del hombre que da regalos.

⁷ Todos los hermanos del pobre le odian;
cuánto más se alejarán de él sus amigos.
Busca a quienes le hablen, pero no los halla.

⁸ El que adquiere entendimiento ama su vida,
y el que guarda la prudencia hallará el bien.

**19, 5.** *Un testigo mentiroso no queda sin castigo…* Este verso trata del falso testimonio, como en Pr 6, 19; Pr 14, 5, Pr 14, 25. La expresión לֹא יִנָּקֶה, no quedará impune, aparece cuatro veces antes, la última de las cuales es la de 17, 5. La LXX traduce en los otros casos יפיח כזבים por ἐκκαίειν ψευδῆ, encender o propagar mentiras; pero aquí ponen δὲ ἐκαλῶν ἀδίκως (el que habla injustamente), y Pr 19, 9 pone ὃς δ᾽ ἂν ἐκκαύσῃ κακίαν (el que encienda el mal), cambiando en ambos casos el orden porque ψευδής va delante, y en su lugar tendría que haberse buscado una palabra diferente.

**19, 6.** *Muchos suplicarán el favor del príncipe, y todos son amigos del que da regalos.* La frase חלות פני פל´ significa acariciar la cara de alguien, conforme al significado fundamental del verbo חלה, frotar, acariciar, árabe *khala*, palabra con la que se vincula en hebreo estar enfermo, débil (viribus attritum esse) y en árabe ser dulce (propiamente *laevem et politum, glabrum esse, o palatum demulcere, leniter stringere*, en oposición a *asperum esse ad gustum,* ser leve, suave y pulido, calmar el paladar, apretar suavemente) (cf. Florilegio).

Aquel a quien se dirige esta insinuante y humilde petición de favor es el נדיב (de נדב, instigar), el noble, aquel que es fácilmente incitado a acciones insignes, particularmente a la nobleza de mente en otorgar regalos y en hacer el bien; el que se siente naturalmente impelido a ello, y espontáneamente practica esas virtudes. Cf. el árabe *krym, nobilis y liberalis* (Florilegio), cf. Job 21, 28. Esa palabra tiene un sentido paralelo al de איש מתן, un hombre que da de buena gana. Por el contrario, איש חמה, Pr 15, 18, es alguien que se enciende fácilmente en ira.

Muchos (רבים, como en Job 11, 19) acarician el rostro del hombre liberal o dadivoso (en latín: caput *mulcent o demulcent*). Lógicamente, el que da de buena gana y en abundancia tiene una multitud o masa כל־הרע, una totalidad, de buenos amigos, cf. Pr 15, 17. Por eso, הָרֵעַ está con artículo, según la forma de expresión del árabe.

Los gramáticos afirman que aquí se introduce el artículo para indicar los rasgos característicos del amigo, con las propiedades que corresponden a la naturaleza, al género o identidad del amigo. Esta visión está cerca de la de Ewald y Hitzig

# Primera colección: Proverbios salomónicos (Pr 10, 1 – 22, 16)

que leen וכלה רע (y todos son amigos..., como כלה con el sentido de כלו, como en Jer 8, 10, etc.). Pero, si el sentido de la palabra es ese ¿por qué no se ha utilizado כל־הרע como se emplea la expresión כל־האדם? ¿Quizá se hace para mantener el fondo de sarcasmo que puede esconderse en el texto?

La LXX también se han fijado en el texto original וְכָל־ הָרֵעַ, pero lo traducen incorrectamente como πᾶς δὲ ὁ κακός (todo el que es malo) por lo que Syr. y el Targum han sido inducidos al error; pero מתן no tiene el mismo sentido que שֹׁחַד, véase Pr 18, 6. Eso significa que el texto de Pr 19, 7 es un texto mutilado. En la base de este proverbio debe haber existido un triestico (tema del que hemos hablado en la introducción de este libro), como muestra la dificultad para entender su sentido; así lo confirma el hecho de que el texto de la LXX muestra en su fondo un resto de triestico, que ya no puede recuperarse.

**19, 7.** *Todos los hermanos del pobre lo aborrecen ¿cuánto más se alejarán de él sus amigos? Le persigue con palabras, le faltan al respeto.* Con respecto a אַף כִּי, *quanto magis* (cuanto más), véase Pr 11, 31; Pr 15, 11; Pr 17, 7. En una conexión similar, Pr 14, 20 habla del odio, es decir, el enfriamiento del amor y de la manifestación de esta frialdad de los hermanos ante el hermano pobre. Los hermanos que así se muestran aquí, a diferencia del amigo que se ha convertido en hermano, según Pr 17, 17, son hermanos en sentido amplio, incluidos los consanguíneos.

כֹּל (cf. כָּל־ אֲחֵי־) tiene *mercha* y, por lo tanto, no tiene *makkeph*, como en Sal 35, 10 (véase Masora en Baer, *Liber Psalmorum*, 1861, p. 133). Por su parte, Kimchi (Michlol 205a), Norzi y otros piensan que כָּל (con קמץ רחב) debe leerse como en Is 40, 12, donde כלו es un verbo. Pero esa suposición es incorrecta. El caso es el mismo que el de את, Pr 3, 12; Sal 47, 5; Sal 60, 2. Pero es un caso excepcional el hecho de que el כל acentuado no se escriba simplemente como es habitual כֹּל, sino como כָּל con *makkeph*. El fundamento de la excepción radica, como ocurre en otros casos, en el carácter especial de la acentuación métrica en los libros poéticos.

Por otra parte, el plural רָחָקוּ (מֵרֵעֵהוּ רָחָקוּ) no hace que מרעהו se escriba en plural, pues el sufijo ēhu (עֵהוּ) siempre es singular, aun teniendo, como tiene הרע un sentido colectivo, cf. 1Sa 30, 26; Job 42, 10. Pero la forma masorética es מרעהו con *sheva*. La traducción véneta parece que no lo ha advertido, poniendo ἀπὸ τοῦ φίλου αὐτοῦ, sin tener en cuenta las consecuencias que ello implica. Sea como fuere, esta palabra מרע es una formación difícil de entender e interpretar, de manera que, con Olshausen, 210; Böttcher, 794 y Lagarde, casi se podría tomar la מ en sentido partitivo, como si fuera מן, con una función parecida a la que tiene en francés "*des*", en expresiones como *des amis*. Por otra parte, el odio de los hermanos (de todo) hacia los pobres aparece en otros lugares de la cultura antigua, como muestra Eurípides, *Medea* 560, cuando habla de los amigos que huyen del pobre (πένητα φεύγει πᾶς τις ἐκποδὼν φίλος).

Un tercer estico en 19, 7: *Les persiguen con palabras, le faltan…* Este es el motivo más complejo de este versículo, que empieza teniendo al principio dos esticos, el a y el b: כָּל אֲחֵי־ רָשׁ ׀ שְׂנֵאֻהוּ אַף כִּי מְרֵעֵהוּ רָחֲקוּ מִמֶּנּוּ, que hemos presentado ya. Pero a ellos se añade este tercer estico, conservado quizá solo de un modo parcial, y que dice: מְרַדֵּף אֲמָרִים [לֹא־] (לוֹ־) הֵמָּה (les persigue con palabras…, pero le faltan). Da la impresión de que el "pobre" persigue (llama a los hermanos ricos), pero ellos le evitan, no le hacen caso.

Si esa tercera línea pertenece a este proverbio, la palabra מרדף (le persiguen) debe atribuirse al pobre (a los pobres) a los que importuna(n) los hermanos ricos, mientras que לֹא־המה debe pertenecer a אמרים. El significado del *keré* sería: él (el pobre) busca y proclama palabras dirigidas a los ricos, pero esas palabras son ineficaces; no obtiene con ellas resultado alguno, pues los hermanos ricos le abandonan a su suerte. Así, las palabras del pobre se caracterizarían por ser palabras vanas, palabras que "no son", que no consiguen resultado alguno, pues el pobre no llega a establecer un tipo de comunicación positiva con los hermanos ricos. Son palabras a las que no corresponde ninguna realidad, *verba nihili,* de manera que permanecen de esa forma vacías, sin recibir respuesta de los hermanos y amigos ricos.

Está en el fondo el valor o, mejor dicho, la falta de valor de las palabras del pobre, como si él no tuviera palabra alguna (ῥήσεις οὐκ αὐτῷ, como traduce Teodocion, partiendo del *keré*). Serían "palabras sin realidad", אמרים לֹא־המה. De esa forma, sus hermanos despiden al pobre con palabras detrás de las cuales no hay nada. Parece estar detrás el terrible descubrimiento de que los hermanos ricos odian al hermano pobre, no responden a su palabra. En este contexto, la LXX no añade solo esta línea (esta que comentamos: 19, 7c), sino que añaden cuatro líneas o esticos más, introduciendo por tanto dos proverbios que siguen a 7b.

(a) Los dos primeros esticos añadidos por la LXX dicen: Ἔννοια ἀγαθὴ τοῖς εἰδόσιν αὐτὴν ἐγγιεῖ, ἀνὴρ δὲ φρόνιμος εὑς ἥυ. Este estico tiene elementos traducidos del hebreo, pero con un significado completo en sí mismo que es independiente y que, no tiene nada que ver con el fragmento hebreo de 7c.

(b) El segundo dístico es, Ὁ πολλὰ κακοποιῶν τελεσιουργεῖ κακίαν, ὃ δὲ ἐρεθίζει λόγους οὐ σω. Las palabras ὃς δὲ ἐρεθίζει λόγους son, sin duda, una traducción de מרדף אמרים (7c); por su parte, λόγους es probablemente una corrupción de λόγοις (así en el texto de la políglota Complutense), con el sentido de "no el que persigue las palabras, sino el que incita con las palabras", como Homero (Ilíada. iv. 5f.). Las palabras finales, οὐ σωθήσεται, son una repetición del original hebreo לֹא ימלט (cf. LXX 19, 5 con 28, 26); quizás no son más que una enmienda conjetural del ininteligible לא המה.

431

# Primera colección: Proverbios salomónicos (Pr 10, 1 – 22, 16)

(c) Según eso, en ὁ πολλὰ κακοποιῶν, κ.τ.λ., tendríamos ante nosotros la línea perdida del texto original hebreo; pero es difícil restaurarla. Yo mismo lo he intentado, suponiendo que la LXX tendría delante un texto que decía… לֹא הֵמָה. En ese caso, el proverbio debería traducirse así: "El que tiene muchos amigos es recompensado con el mal (siempre), a la caza de palabras que no son nada. Es decir, el que tiene muchos amigos debe cultivar la amistad con todos, buscando y ofreciendo siempre palabras (y promesas) nuevas, pero sin tener nunca tiempo para cumplirlas. De esa manera, al final esos amigos se convierten en nada y el pobre queda sin amigos, pues incluso sus hermanos le abandonan".

**19, 8.** El que adquiere sabiduría ama su propia alma; el que guarda entendimiento adquirirá el bien. Este es en el fondo la traducción de יִמְצָא טוֹב, Pr 16, 20; Pr 17, 20. De esta forma se despliegan las cosas: al que ama la sabiduría le sucede esto: que adquiere bienes (igual a הָיָה לִמְצֹא). La información de lo que sucede se expresa con לְ, לִמְצָא טוֹב, como en Pr 18, 24, y se formula con un fut. periphrasticum, con una perífrasis de futuro, como en latín: consecturus est (conseguirá). Con respecto a קָנֹה־לֵב, véase Pr 15, 32, y שֹׁמֵר תְּבוּנָה ( קֹנֶה־ לֵב es adquirir la sabiduría, en el sentido más profundo del corazón). La preocupación más honda de los hombres ha de centrarse en su alma (es decir, en su vida profunda); de lo contrario será una preocupación y un pensamiento vano, como va diciendo constantemente el libro de los Proverbios.

## 19, 9-16.

Estos proverbios empiezan y terminan de la misma forma que el grupo anterior.

‎⁹ עֵד שְׁקָרִים לֹא יִנָּקֶה וְיָפִיחַ כְּזָבִים יֹאבֵד: פ
‎¹⁰ לֹא־ נָאוֶה לִכְסִיל תַּעֲנוּג אַף כִּי־ לְעֶבֶד ׀ מְשֹׁל בְּשָׂרִים:
‎¹¹ שֵׂכֶל אָדָם הֶאֱרִיךְ אַפּוֹ וְתִפְאַרְתּוֹ עֲבֹר עַל־ פָּשַׁע:
‎¹² נַהַם כַּכְּפִיר זַעַף מֶלֶךְ וּכְטַל עַל־ עֵשֶׂב רְצוֹנוֹ:
‎¹³ הַוֺּת לְאָבִיו בֵּן כְּסִיל וְדֶלֶף טֹרֵד מִדְיְנֵי אִשָּׁה:
‎¹⁴ בַּיִת וָהוֹן נַחֲלַת אָבוֹת וּמֵיְהֹוָה אִשָּׁה מַשְׂכָּלֶת:
‎¹⁵ עַצְלָה תַּפִּיל תַּרְדֵּמָה וְנֶפֶשׁ רְמִיָּה תִרְעָב:
‎¹⁶ שֹׁמֵר מִצְוָה שֹׁמֵר נַפְשׁוֹ בּוֹזֵה דְרָכָיו [יוֹמַת] (יָמוּת:)

⁹ El testigo falso no quedará impune,
y el que respira mentiras perecerá.

¹⁰ No conviene al necio la comodidad;

cuánto menos al esclavo dominar a los gobernantes.
[11] El discernimiento del hombre detiene su furor,
y su honra es pasar por alto la ofensa.
[12] Como rugido de león es la ira del rey,
y su favor es como el rocío sobre la hierba.
[13] El hijo necio es la ruina de su padre;
y gotera continua son las contiendas de la mujer.
[14] Una casa y riquezas son herencia de los padres,
pero una mujer prudente lo es de Jehovah.
[15] La pereza hace caer en sueño profundo,
y la persona negligente padecerá hambre.
[16] El que guarda el mandamiento guarda su alma,
pero el que menosprecia sus caminos morirá.

**19, 9.** *Un testigo mentiroso no queda sin castigo…* También se puede decir que "se arruina", porque אבד (cf. יֹאבֵד, raíz בד, dividir, separar) significa perderse en el lugar de "los separados", es decir, de los muertos (árabe: en lo infinito). En Pr 19, 5, la LXX, en lugar de ἀπολεῖται (perecerá) que responde a la expresión hebrea לֹא יִנָּקֶה, se pone en negativo οὐ σωθήσεται (no será salvado). En griego puede ponerse también con mayor precisión, οὐ διαφεύξεται (no escapará).

**19, 10.** *El lujo no es decoroso para un necio; mucho menos que un siervo gobierne sobre príncipes.* De esa manera comienza también Pr 17, 7, con la tercera persona del *pilel,* לֹא־נָאוֶה (non *decet*, no conviene, cf. Pr 26, 1). אַף כִּי ha de entenderse aquí, como en Pr 19, 7, como argumento *a minori ad majus*, de menor a mayor: *cuánto más impropio es…* (=cuánto menos decoroso). El contraste en el último caso es, sin embargo, más tosco y la expresión más dura: "Un tonto no puede soportar el lujo, se vuelve aún más tonto con lujo". El que antes era un esclavo humilde, pero que ha alcanzado por buena fortuna un lugar de prominencia y poder, no mejora con eso, sino que se convierte en peor de lo que era, en un insolente, un malvado" (Florilegio).

Un proverbio de Agur (Pr 30, 22) describe así al *homo novus* (nuevo rico) como una calamidad insoportable. Por su parte, el Eclesiastés (Qoh), escrito en la época de la dominación persa, cf. 10, 7, habla mal de los nuevos ricos. La LXX traduce: καὶ ἐὰν ἱκέτης ἄρξηται μεθ᾽ ὕβρεως δυναστεύειν (diciendo que ese tipo de ricos se portan con soberbia).

**19, 11.** *La discreción del hombre lo hace paciente, y es una gloria para él ser indulgente con la transgresión.* Syr., Targum, Aquila y Teodocion traducen הֶאֱרִיךְ אַפּוֹ por μακροθυμία, pero Rashi, Kimchi y otros suponen que es preciso cambiar la

# Primera colección: Proverbios salomónicos (Pr 10, 1 – 22, 16)

vocalización de las palabra hebreas, lo cual es imposible. El Véneto traduce también: Νοῦς ἀνθρώπου μηκυνεῖ τὸν θυμὸν ἑαυτοῦ (la mente/discreción del hombre modera su ira), pero la traducción correcta va con αὐτοῦ (no con ἑαυτοῦ): la discreción (el *intellectus* o inteligencia: véase el sentido de שׂכל, en Pr 3, 4) de un hombre extiende o, mejor dicho, va apaciguando, su ira antes de que estalle (véase Pr 14, 29).

No es preciso mantener el perfecto en Pr 19, 7; Pr 18, 8; Pr 16, 26 y similares; en el estilo de los proverbios resulta más común el futuro o el participio. En el miembro paralelo sinónimo se indica que para el hombre es un honor (תפארתו) el hecho de pasar por alto una transgresión (particularmente una que le afecta); eso supone que es bueno abstenerse de tomar venganza o de castigar a los culpables (cf. árabe *tjâwz 'aly*). En esa línea, Ro 3, 25 pone de relieve la πάρεσις de Dios, su paciencia; cf. Mi 7, 18; Am 7, 8; Am 8, 2. En esa línea, עבד significa absolver, refiriéndose al perdón o remisión divina, pasando por alto, no vengando los pecados.

**19, 12.** *Murmullo como de león es la ira del rey y como rocío sobre las plantas es su favor.* El primer estico es una variante de Pr 20, 2 y de Pr 16, 15. זעף no es estar irritado contra otro sino que, generalmente, evoca el mal humor, la irritabilidad, el murmullo o gruñido con el que se expresa este estado de ánimo, un tipo de murmullo como el de un león que se prepara gruñendo y se dispone a caer sobre su presa (véase Is 5, 29; cf. Am 3, 4). En oposición a la זעף se destaca aquí el efecto benéfico de la רצון, es decir, del placer, el deleite, la satisfacción como signo de alegría (LXX, τὸ ἱλαρὸν αὐτοῦ). En el primer caso todos tienen miedo; en el último, todo vive, como cuando el rocío refrescante cae sobre la hierba del campo. El proverbio presenta un hecho que aparece reflejado de la conducta del rey.

**19, 13.** *El hijo necio es la calamidad de su padre, y las contiendas de una mujer son una continua gotera.* Sobre הות, véase Pr 17, 4; cf. Pr 10, 3. La línea 2a se expande en Pr 27, 15, formando un dístico entero. טרד significa "caída", algo que golpea (cf. árabe *tirad*, de *tarad* III, un tipo de choque hostil); de un modo particular evoca el golpe de algo que se vierte y choca de un modo constante, como una gota que cae de un modo ininterrumpido.

En esa línea (cf. J. *Berachoth*, p. 114, ed. de Shitomir), los relámpagos se llaman טורדין, en oposición a מפסיקין, cuando no se siguen a intervalos, sino que parpadean constantemente; por su parte en B. *Bechorot* 44a se distinguen los דומעות, ojos llorosos, los דולפות, ojos caídos, y los טורדות, ojos que siempre fluyen. Un antiguo intérprete (véase R. Ascher, *Pesachim* II No. 21) dice que דלף טרד es algo "que cae, y cae, y siempre cae". Un proverbio árabe que una vez me contó Wetzstein, dice que hay tres cosas que hacen que nuestra casa sea intolerable: *âltakk* (igual a *âldhalf*), el goteo de la lluvia; *âlnakk*, la disputa de la esposa; y *âlbakk*, los bichos que hay en ella.

**19, 14.** *Casa y riquezas son herencia paterna, pero de Yahvé viene una esposa prudente.*
La casa y las riquezas, *opulentia*, que en sí mismas no hacen felices a los hombres,
se pueden recibir por herencia; pero la mujer prudente es un regalo de Dios, cf. Pr
18, 22. No hay palabra más adecuada que מַשְׂכָּלֶת (fem. de מַשְׂכִּיל) para presentar
a una esposa como un don divino que hace feliz a su esposo. שֵׂכֶל (cf. מַשְׂכָּלֶת) es la
propiedad que dice: "Soy la modestia, que lleva la corona de todas las virtudes".[31]

**19, 15.** *La pereza hace caer en un sueño profundo; y el alma ociosa padecerá hambre.*
Con respecto a תַּרְדֵּמָה y a su palabra raíz רדם, véase Pr 10, 5. הִפִּיל, caer, hacer que
llegue algo, debe entenderse según Gn 3, 21. El objeto de עַצְלָה, es decir, עַל־הָאָדָם,
debe ser naturalmente suministrado. En 15b el futuro denota lo que ciertamente
sucederá, lo inevitable.

En sus dos miembros el proverbio es perfectamente claro; Hitzig, sin
embargo, corrige 15a y extrae el significado de "la pereza da a comer hierbas
insípidas". La LXX tiene dos traducciones de este proverbio, aquí y en Pr 18, 8.
Como comenta Lagarde, exponiendo las "obras de un hebreo llamado Sotades", se
dice que era necesario que se tradujera la palabra רמיה por ἀνδρόγυνος (andrógina).
Pero la literatura hebrea nunca se detuvo a comentar tales cosas, revolcándose en el
fango de la sensualidad. Por otra parte, ἀνδρόγυνος no es en absoluto una palabra
tan enigmática; esa palabra griega se aplicaba también a un hombre afeminado,
un hombre desprovisto de hombría, un debilucho, y era, como muestra la LXX,
más corriente en el griego alejandrino que en otras partes.

**19, 16.** *El que guarda el mandamiento guarda su alma; el que no presta atención
a sus caminos, muere.* Como en Pr 6, 23 (cf. Ec 8, 5), la palabra מצוה es aquí el
mandamiento de Dios, que ha de cumplirse de un modo obligatorio, que impulsa
al hombre en cada caso a hacer lo correcto, y le avisa para no hacer lo incorrecto.
Por su parte, בּוֹזֵה דְרָכָיו (según la Masora con *tsere*, como en códices y ediciones
antiguas) es la antítesis de נצר דרכו, Pr 16, 17. Despreciar el propio camino equivale
a considerarlo como algo que no merece consideración, como una cuestión de
elección particular, sobre si uno debe emprender este o aquel camino.

La lectura de Hitzig, פוזר en vez de בּוֹזֵה, "el que dispersa sus caminos se
deja arrastrar por los múltiples atractivos de la sensualidad" a veces en una dirección y a veces en otra, podría estar respaldada por Jer 3, 13 (poniendo מפזר).
Pero esa construcción no responde al estilo del libro de los Proverbios y además
es superflua. La traducción de la LXX (aficionados de innecesarios), que supone

---

31. La LXX traduce: παρὰ δὲ ἁρμόζεται γυνὴ ἀνδοί (en el sentido de que la mujer es la
belleza y gloria del marido, cf. mi *Jesurun*). El *usus loquendi* árabe se hace sentir en el idioma de la
LXX, porque *shâkl* significa ἁρμόζειν.

*Primera colección: Proverbios salomónicos (Pr 10, 1 – 22, 16)*

Pr 13b, se había referido a una cortesana que ofrece un sacrificio prometido como paga por un pecado. Esa traducción pone, en este caso: ὁ καταφρονῶν τῶν ἑαυτοῦ ὁδῶν (el que desprecia sus propios pecados).

Optan por el *keré* el Targum y la Hexapla Siria, con Lutero. Por el contrario, Syr., Jerónimo y el texto Véneto optan por el *qetub* (יָמוּת), suponiendo así que esa muerte no será por causas naturales (pues esa fórmula está indicando una muerte por condena judicial). El *keré* responde mejor al espíritu y estilo del libro de los Proverbios (Pr 15, 10; Pr 23, 13; Pr 10, 21).

## 19, 17-21.

Tomamos juntos estos versos, aunque no tenemos una razón concluyente para hacer la pausa tras 19, 21. De todas formas, el comienzo en 19, 22 es análogo al de 19, 17, y por eso preferimos comenzar la nueva serie en 19, 22.

מַלְוֵה יְהֹוָה חוֹנֵן דָּל וּגְמֻלוֹ יְשַׁלֶּם־ לוֹ: <sup>17</sup>

יַסֵּר בִּנְךָ כִּי־ יֵשׁ תִּקְוָה וְאֶל־ הֲמִיתוֹ אַל־ תִּשָּׂא נַפְשֶׁךָ: <sup>18</sup>

[גרל־] (גְּדָל־) חֵמָה נֹשֵׂא עֹנֶשׁ כִּי אִם־ תַּצִּיל וְעוֹד תּוֹסִף: <sup>19</sup>

שְׁמַע עֵצָה וְקַבֵּל מוּסָר לְמַעַן תֶּחְכַּם בְּאַחֲרִיתֶךָ: <sup>20</sup>

רַבּוֹת מַחֲשָׁבוֹת בְּלֶב־ אִישׁ וַעֲצַת יְהֹוָה הִיא תָקוּם: <sup>21</sup>

[17] El que presta al pobre presta a Jehovah,
y él le dará su recompensa.
[18] Corrige a tu hijo mientras haya esperanza,
pero no se exceda tu alma para destruirlo.
[19] El de gran ira llevará el castigo; si lo libras,
tendrás que hacerlo de nuevo.
[20] Escucha el consejo y acepta la corrección,
para que seas sabio en tu porvenir.
[21] Muchos planes hay en el corazón del hombre,
pero solo el propósito de Jehovah se cumplirá.

**19, 17.** *El que presta al pobre presta a Yahvé…* Como en Pr 14, 31, חוֹנֵן es participio *kal*. Esta es la forma masoréticamente exacta (como ואוזל, Pr 20, 14) con *mercha* en la primera sílaba, en la que el tono retrocede, y העמדה en la segunda. La frase legal romana, *mutui datione contrahitur obligatio* (por recibir un préstamo se contrae una obligación), sirve para explicar la concepción fundamental de לוה, *mutuo accipere*, y הלוה, *mutuum dare* (recibir un préstamo, dar un préstamo, Pr 22, 7).

La construcción, de Éx 22, 24, "atar a alguien como deudor, *ob-ligare, obligar*", pone de relieve el fundamento de la conexión de genitivo מַלְוֵה יְהֹוָה

(no מלוה). Sobre el sentido de 17b, cf. Pr 12, 14, donde el tema de ישיב en *keré* permanece en segundo plano. "El amor", dijo una vez Hedinger, "es un capital imperecedero, que siempre genera intereses". Y el arzobispo Walther dice: *nam Deo dat qui dat inopibus, ipse Deus est in pauperibus* (dado que se da a Dios lo que se da a los pobres, pues el mismo Dios tiene que estar en ellos, en los pobres). Como relata Dächsel, una vez, el Dr. Jonás dio una limosna a un hombre pobre y dijo: «¡Quién sabe cuándo lo restaurará Dios!». Y entonces intervino Lutero: «¡Como si Dios no lo hubiera dado ya hace mucho tiempo!». Lutero respondió de esta manera al abuso que muchos codiciosos hacen de este hermoso proverbio.

**19, 18.** *Corrige a tu hijo mientras haya esperanza, pero no se exceda tu alma para destruirlo.* Este proverbio pone una vez más de relieve el carácter pedagógico de este libro de los Proverbios. La partícula כי ha de interpretarse en forma de relativo, como en Pr 11, 15. Así se ve también por Job 11, 18; Job 14, 7; Jer 31, 16. כִּי־יֵשׁ תִּקְוָה es la expresión usual con el sentido de *etenim spes est*, mientras haya esperanza.

Aunque un hijo se muestre obstinado y manifieste mala disposición, aún hay esperanza de poder quebrantar su voluntad egoísta y hacer que supere su mala disposición. Por eso, su educación debe llevarse adelante con rigurosa fidelidad, pero de tal manera que la sabiduría y el amor regulen la medida y los límites de la corrección, *ad eum interficiendum animam ne tollas, animum* (pero no le quites el ánimo de tal forma que le mates).

נַפְשֶׁךָ no es sujeto, sino objeto. Si fuera sujeto tendría que haber sido נפשך con תִּשָּׂא (cf. 2Re 14, 10). Elevar el alma hacia algo (excederse en algo) equivale a dirigir su deseo a ello, deleitarse en ello. En esa línea, el proverbio le dice al padre que no se exceda, que no centre su deseo en el castigo como tal. El maestro no debe buscar la corrección como objeto, sino solo como medio. El que tiene deseo de corregir por corregir, incluso de matar al niño en caso de que sea culpable, convierte la corrección en venganza, se deja llevar por la pasión, de manera que supera el fin propio de la corrección, llevándola más allá de sus límites. La LXX traduce libremente εἰς δὲ ὕβρις, hasta llegar a la *hybris*, que es un abuso desenfrenado, מוסר אכזרי, como glosa Immanuel. Por otra parte, todos los autores antiguos, incluso el Véneto, traducen המיתו como infinitivo (de יהמת).[32]

**19, 19.** *Un hombre de ira excesiva debe sufrir castigo, porque si lo libras, volverá a hacerlo de nuevo.* Este es otro proverbio con נשׂא. La LXX, Syr. y el Targum traducen

---

32. Ciertamente, Oetinger traduce no *levantes tu alma (=no tengas compasión) por su grito*, igual que Euchel: *no dejes que sus quejas muevan tu compasión*. Pero ellos siguen la derivación de המה sugerida por Kimchi, Meri y Emmanuel, y preferida por Ralbag. El otro proverbio semejante (23, 13) ratifica el valor de nuestra interpretación.

*Primera colección: Proverbios salomónicos (Pr 10, 1 – 22, 16)*

como si las palabras fueran גבר חמה (como בעל חמה, Pr 29, 22). Teodocion, el Véneto y Lutero prefieren el *keré* גדל־, que Jerónimo traduce como «el impaciente» (no el hombre de gran ira); pero esa traducción resulta incolora. El *qetub* (גְּדָל־) no da un significado apropiado. El árabe *jaril* significa *lapidosus* (que debe significar "alguien que echa a suertes", y así se entiende la palabra גורל, suerte, cf. en arameo פסא que es igual a ψῆφος).

De un modo extraño, Schultens traduce *aspere scruposus iracundiae* (con ásperos arrebatos de ira); pero esa es una traducción pesada, que no responde al original, a la manera del propio estilo pesado de Schultens. Por su parte, Ewald traduce גרל como derivado del árabe *jazyl, largus, grandis* (largo, grande). Pero la posibilidad de pasar de ר a ז, como sostienen Ewald y Hitzig, o al revés, es fonéticamente indemostrable y no se puede confirmar con ningún ejemplo digno de mención.

Ciertamente, podría ser posible que en hebreo hubiera un adjetivo como גרל o גרל en el sentido de pedregoso, duro como la grava, pero no es fácil vincular este sentido de la palabra con חֵמָה (una ira grande, pedregosa, excesiva…). Por eso, muchos tienden a pensar que גרל es un error de transcripción, de manera que es preferible aceptar el *keré*, que pone sencillamente גדל־חמה, que significa una "ira grande".

Según eso, este proverbio nos pondría ante un hombre que corre el riesgo de caer bajo el poder de un movimiento apasionado de ira, una ira grande (חמה גדולה), como dice Da 11, 44. Pues bien, un hombre así, que se deja llevar por la ira, tiene que recibir un castigo, ענש, es decir, un tipo de multa, para compensar el daño que causa con su ira, en forma de indemnización, incluso, monetaria (como en el caso de alguien que en una contienda empuja a una mujer embarazada a la que sobreviene un daño, Éx 21, 22).

Podemos comparar este proverbio con 2Sa 14, 6. De todo eso, este proverbio concluye que es contraproducente perdonar el castigo a una persona como esta. Es mejor castigarla y que sufra, para que pueda vencer de esa forma su ira. Es en vano tratar de evitar a una persona tan violenta el castigo al que obstinadamente corre; mucho más conveniente es dejarle sufrir hasta que cese su ira. Sin duda, el castigo tendrá que ser apropiado, en sentido pedagógico. Pero con el simple perdón no se resuelve nada en un caso de ira como este.

**19, 20.** *Oye el consejo y recibe instrucción, para que seas sabio en tu último fin.* La regla moral de Pr 12, 15, recibe aquí un tono parenético propio de la *introducción* del libro (Pr 1–9). Löwenstein traduce *para que finalmente te vuelvas sabio*. Pero באחריתך corresponde más bien al alemán "*hinfort*" (*posthac*, después de esto) que a "*endlich*" (finalmente). Aquel a quien se dirige la advertencia debe romper con la forma obstinada e indisciplinada del ראשית o principio de su vida, de manera que pueda volverse sabio en el futuro, para el tiempo restante de su vida en la carne (τὸν ἐπίλοιπον ἐν σαρκὶ χρόνον, 1Pe 4, 2). El contraste relativo entre los dos períodos de la vida es el mismo que en Job 8, 7.

**19, 21.** *Muchos son los pensamientos en el corazón del hombre; pero el consejo de Yahvé, eso se mantiene.* La palabra הִיא תָקוּם significa que "eso", el consejo de Dios (su plan del mundo y de la salvación) se cumple y se convierte en un hecho real, y que continúa para siempre. Ese consejo es la verdadera realidad elevada por encima de la multiplicidad accidentada de los propósitos, objetivos y subjetividades humanas, es la voluntad y presencia de Dios, que penetra y se desarrolla en la historia. Los pensamientos de un hombre adquieren así unidad, sustancia, duración, solo en la medida en que se someten a este consejo, de manera que sus pensamientos y acciones sean conformes y subordinados a este consejo divino.

## 19, 22-25.

Esta serie comienza como la anterior (19, 17) con un proverbio que se refiere a los pobres:

$$^{22}$$ תַּאֲוַת אָדָם חַסְדּוֹ וְטוֹב־רָשׁ מֵאִישׁ כָּזָב:
$$^{23}$$ יִרְאַת יְהוָה לְחַיִּים וְשָׂבֵעַ יָלִין בַּל־יִפָּקֶד רָע:
$$^{24}$$ טָמַן עָצֵל יָדוֹ בַּצַּלָּחַת גַּם־אֶל־פִּיהוּ לֹא יְשִׁיבֶנָּה:
$$^{25}$$ לֵץ תַּכֶּה וּפֶתִי יַעְרִם וְהוֹכִיחַ לְנָבוֹן יָבִין דָּעַת:

> $$^{22}$$ La ambición del hombre es su desgracia,
> y es mejor ser indigente que engañador.
> $$^{23}$$ El temor de Jehovah es para tener vida;
> el hombre vivirá satisfecho con ese temor
> y no será visitado por el mal.
> $$^{24}$$ El perezoso hunde su mano en el plato,
> pero ni aun a su boca la llevará.
> $$^{25}$$ Golpea al burlador, y el ingenuo se hará sagaz;
> amonesta al entendido, y ganará conocimiento.

**19, 22.** *La ambición del hombre es su desgracia…* La interpretación correcta será aquella que entiende bien la palabra תאות sin darle un significado extraño, y que coloque las dos partes del versículo en relación mutua, interna y éticamente correcta. En todo caso, es más coherente interpretar la palabra תאות en relación al hombre, de un modo más activo que pasivo, insistiendo en aquello que hace al hombre digno de deseo bueno (Rashi), que lo adorna y le distingue (Kimchi,

Aben-Ezra); insistiendo en que aquello que el hombre desea de verdad y que ha de buscar sobre todas las cosas (Luzzatto). Por otra parte, el significado de la palabra חסד (חַסְדּוֹ) en hebreo debe relacionarse con su significado en arameo (véase Pr 14, 34), allí donde se dice *que el placer de un hombre es su desgracia* (Ralbag).

En esa línea, la traducción de Bertheau, el deseo de un hombre es su *charitas*, debe significar que lo que trae a un hombre la verdadera alegría es su forma de actuar amablemente, *con amor*. Pero ¿es esto cierto, expresado así, en general? Si este fuera el pensamiento del texto, se podría haber expresado de manera mucho más correcta y clara, diciendo שִׂמְחָה לָאָדָם עֲשׂוֹת חסד (cumplir la *hesed* o misericordia es la alegría para el hombre, cf. Pr 21, 15). En este contexto, Hitzig recordó acertadamente al fariseo del evangelio de Lucas, que agradece a Dios porque no es como los demás hombres (Lc 18, 9-14).

La palabra aquí utilizada por el fariseo para ser bueno debería haber sido חסד (tener misericordia, dar generosamente, sin autosatisfacción). Por lo tanto, Hitzig propone una corrección del texto hebreo, a partir de la LXX y de la Vulgata, empezando el versículo con מתבואת y traduciendo: "lo que al hombre le vale, su verdadera ganancia, es la misericordia (el deseo de regalar lo que tiene)". En una línea semejante, Ewald propone empezar por la palabra תבואת, "la ganancia de un hombre es su amor piadoso". Esta última traducción parece más juiciosa, pues חסד (misericordia, amor) constituye en realidad una ganancia (según Pr 19, 17).

Y con esto pasamos a la segunda parte del estico: *es mejor un pobre (con deseo de dar) que un hombre rico y mentiroso* (que dice que da, pero no da). Es mejor un pobre que daría de buena gana, pero no tiene nada para dar, que ese hombre rico (רשׁ, un hombre de medios y posición elevada) que no da y, por lo tanto, miente, diciendo que no tiene nada. Desde ese fondo, hay que decir que, según 19, 22a, la buena voluntad de un hombre (cf. תאות, Pr 11, 23) implica el deseo de hacer el bien (véase con respecto a חסד, Pr 3, 3), de manera que esa buena voluntad es su alma y esencia misma. En esa línea traduce Euchel: la filantropía de un hombre consiste propiamente en su buena voluntad, de manera que este proverbio puede compararse con razón con otro proverbio rabínico que dice אחד המרבה ואחד הממעיט ובלבד שיתבוון: *uno puede dar más o menos, todo depende de la intención, de la disposición*.

**19, 23.** *El temor de Jehová es para vida, y pasará satisfecho la noche; no será visitado por el mal.* La primera línea es una variación de Pr 14, 27, mostrando que el temor de Dios penetra en la vida, de manera que ayuda, permite vivir de una forma duradera, libre de preocupaciones y feliz. La segunda línea, 23b, añade que en aquellos que temen a Yahvé se cumplen las promesas, cf. Dt 11, 15 y Lv 26, 6. El hombre que teme a Yahvé no se acuesta con hambre, y no tiene miedo de despertar aterrorizado por el mal, por manos sueños (Pr 3, 24)

En ese sentido, la ו explicativa, se entiende a partir de la siguiente frase: וְשָׂבֵעַ יָלִין, y pasará la noche satisfecho. No pasará la noche (la larga noche) con hambre, ni la pasará desnudo y con frío, לִין ערום, Job 24, 7. No será visitado en la noche por el mal (נפקד). יִפָּקֶד רָע significa "ser visitado con el castigo", como vemos también en Is 29, 6. Todo está en armonía y es claro, conforme al lenguaje hebreo, en este proverbio.

Pues bien, a pesar de ello, el "ingenio" de Hitzig introduce, en lugar de שבעו, una palabra inaudita, וישרע, "y se estira", una palabra que en este contexto carece de sentido. Hay una traducción griega que es muy buena: καὶ ἐμπλησθεὶς αὐλισθήσεται ἄνευ ἐπισκοπῆς πονηρᾶς (dormirá como poseído por una música apropiada, sin que le visite ningún mal). La LXX, que en lugar de רע, que es el mal, pone γνῶσις (como traducción de דע) va también en contra del texto hebreo y se desacreditan a sí mismos. Por su parte, según dice Lagarde en su traducción, el *midrash* cambia totalmente el color, el sentido del texto, como un ópalo ante la luz. En otras palabras, el *midrash* maneja el texto como si fuera de cera y lo forma según su propio gusto.

**19, 24.** *El perezoso metió su mano en el plato; no lo trae de nuevo a su boca.* Esta sentencia se repite de una forma algo distinta en Pr 26, 15. Entendida al pie de la letra, esta imagen parece una hipérbole, por lo que la LXX entiende por צלחת el seno o regazo, κόλπον; Aquila y Símaco entienden por ella la axila, μασχάλην o μάλην; y los intérpretes judíos lo glosan por חיק (Kimchi) o por קרע החלוק, que es la raja o hendidura de la camisa. Pero la figura doméstica de 2Re 21,1 3, nos pone ante un plato de comida que, cuando está vacío, se limpia y se coloca quizá boca abajo.

El texto hebreo no dice que el perezoso mete la mano en su seno, sino en el plato (צַלַּחַת). Esa palabra puede estar emparentada con el árabe *zuluh* (platos grandes), pero no hay relación directa entre ambas palabras. Quizá el plato pueda relacionarse mejor con צלח, palabra vinculada con la idea de penetrar, de hendidura, de hueco. Pues bien, en esa línea, el proverbio nos dice que el perezoso no tiene fuerza ni siquiera para llevar a su boca la mano que ha metido en el plato para tomar de allí algo de comida, de manera que da la impresión de que se duerme en el mismo momento en que está comiendo.

**19, 25.** *Hiere al escarnecedor, y el simple se enterará; y reprende al inteligente, y comprenderá la ciencia.* Hitzig traduce de una manera sintácticamente inexacta: *golpea al escarnecedor, para que el simple se vuelva prudente,* pero eso habría requerido que la palabra יַעְרִם estuviera en futuro, conectada a lo anterior con una *waw,* ויערם. El significado de este proverbio ha sido retomado y comentado en Pr 21, 11, donde las dos partes expresan de un modo perfecto el mismo pensamiento. Por lo que

*Primera colección: Proverbios salomónicos (Pr 10, 1 – 22, 16)*

se refiere al לץ o escarnecedor se dice aquí que ni la denuncia, ni la amenaza dan fruto (cf. Pr 13, 1; Pr 15, 12), de manera que producen incluso el efecto contrario al pretendido (Pr 9, 7). Por eso no queda otro remedio que el castigo para que pueda cambiar de conducta.

El escarnecedor no cambia con denuncias y amenazas. El hombre simple, en cambio, puede cambiar, es decir, puede afectarle las amenazas que escucha, y aunque no mejore de inmediato puede volverse prudente, llegando al conocimiento de que las burlas contra la religión son perversas.

En 25b, והוכח no es infinitivo (Umbreit), pues en la línea de Pr 21, 11 tendría que haber sido ובהוכח, ni tampoco es imperfecto (como suponen el Targum y Ewald), pues según la regla tendría que haber sido הוכח, sino que es un perfecto hipotético (como aparece en la traducción siríaca) en un sentido general: si uno imparte instrucción (con dativo de objeto, como en Pr 9, 7; Pr 15, 2) al hombre de entendimiento (véase Pr 16, 21) ese adquiere conocimiento, es decir, obtiene una idea de la naturaleza y el valor de aquello que debe conocer (הבין דעת, como en Pr 29, 7; cf. Pr 8, 5). Lo que la lección disuasoria del castigo alcanza solo con dificultades, en el caso de un necio, se logra con facilidad en el caso de un hombre inteligente a través de una palabra de instrucción.

## Conclusión. De la 3ª a la 4ª colección de los Proverbios salomónicos

Con esto hemos llegado al final de la tercera sección principal del antiguo libro de los Proverbios (a partir del cap. 10). Sus tres secciones han comenzado con בן חכם, Pr 10, 1; Pr 13, 1; Pr 15, 1. La introducción, cap. 1–9, había dedicado esta colección de proverbios salomónicos a la juventud. Por eso, de un modo consecuente, estas tres secciones que acabamos de señalar se relacionan con los deberes relativos de un hijo hacia su padre y su madre. Y con esto no estamos lejos del final, porque Pr 22, 17 retomará el tono y motivos de la introducción.

Pues bien, la tercera parte, que comenzaba en 15, 1, habría sido en proporción demasiado grande si se extendiera desde Pr 15, 1 hasta Pr 22, 15. Pero a partir de aquí ya no hay ningún proverbio que comience con las palabras "hijo del hombre". Por lo tanto, podemos suponer, sin miedo a equivocarnos, que Pr 19, 26 será el comienzo de una cuarta parte principal.

La Masora divide todos los proverbios en ocho *sedarim*, pero lo hace sin tener en cuenta las verdaderas divisiones de las *parashas* (secciones), de manera que ni Pr 10, 1 ni Pr 22, 17 encuentran su lugar correcto.[33] Por otra parte, sin

---

33. Los 915 versos de los proverbios se dividen, según la Masora, en ocho *sedarim*, comenzando de la siguiente manera: Pr 1, 1; Pr 5, 18; Pr 9, 12; Pr 14, 4; Pr 18, 10; Pr 22, 22; Pr 25, 13; Pr 28, 16.

embargo, muchos manuscritos contienen evidencias de que también este libro se dividía, en la antigüedad, en *parashas*, que se indicaban en parte por espacios entre líneas (sethumoth) y en parte por interrupciones en las líneas (phethukoth).

En el códice de Baer (llamado *jamanensis*), conforme hemos mostrado Baer y yo mismo (cf. prefacio a la edición crítica, Leipzig, 1872), después de Pr 6, 19, hay una letra פ escrita al margen, marcando una división o ruptura. Con Pr 6, 20 comienza de hecho una nueva parte de discursos introductorios de tipo *Mashal* o proverbio. Por otra parte hay espacios mayores dentro de las líneas después de Pr 1, 7, Pr 1, 9, Pr 1, 33, Pr 2, 22, Pr 3, 18, Pr 3, 35, Pr 5, 17, Pr 5, 23; Pr 6, 4, Pr 6, 11, Pr 6, 15, Pr 6, 19 (aquí una פ), Pr 6, 35, Pr 8, 21, Pr 8, 31, Pr 8, 35, Pr 9, 18; Pr 17, 25; Pr 18, 9; Pr 22, 19, Pr 22, 27; Pr 23, 14; Pr 24, 22, Pr 24, 33; Pr 26, 21; Pr 28, 10, Pr 28, 16; Pr 29, 17, Pr 29, 27, Pr 30, 6, Pr 30, 9, Pr 30, 14, Pr 30, 17, Pr 30, 20, Pr 30, 24, Pr 30, 28, Pr 30, 33; Pr 31, 9. Estos son espacios que coinciden con las divisiones y el agrupamiento que hemos venido indicando en nuestro comentario.

En esa línea, el Manuscrito de la edición del *Graecus Venetus*, Pr 19, 11, Pr 19, 16 y Pr 19, 19 tiene sus letras iniciales coloreadas en rojo; pero sin indicación de por qué eso aparece solo en estos versos. Una comparación de la serie de proverbios distinguidos por tales iniciales con el Codex Jamanensis y el Codex II de la Biblioteca de la Ciudad de Leipzig, nos lleva a pensar que esas iniciales están indicando una división tradicional de los proverbios, que tal vez pueda aún descubrirse mediante una comparación de muchos MSS.

## 19, 26-29.

Con Pr 19, 26 comienza, según eso, la cuarta parte principal de la colección de los proverbios salomónicos que ha sido introducida por Pr 1–9.

מְשַׁדֶּד־ אָב יַבְרִיחַ אֵם בֵּן מֵבִישׁ וּמַחְפִּיר׃ [26]
חֲדַל־ בְּנִי לִשְׁמֹעַ מוּסָר לִשְׁגוֹת מֵאִמְרֵי־ דָעַת׃ [27]
עֵד בְּלִיַּעַל יָלִיץ מִשְׁפָּט וּפִי רְשָׁעִים יְבַלַּע־ אָוֶן׃ [28]
נָכוֹנוּ לַלֵּצִים שְׁפָטִים וּמַהֲלֻמוֹת לְגֵו כְּסִילִים׃ [29]

[26] El que roba a su padre
y ahuyenta a su madre es hijo
que avergüenza y deshonra.
[27] Hijo mío, deja de atender la enseñanza
que te hace divagar de las palabras del conocimiento.
[28] El testigo perverso se burla del juicio,
y la boca de los impíos expresa iniquidad.

*Primera colección: Proverbios salomónicos (Pr 10, 1 – 22, 16)*

²⁹ Actos justicieros están preparados para los burladores;
y azotes, para las espaldas de los necios.

**19, 26.** *El que maltrata a su padre y persigue a su madre, es un hijo que trae vergüenza y deshonra.* En la segunda línea se da al nombre completo del que actúa de esa forma. שָׁדַד (אָב־מְשַׁדֵּד) significa propiamente bloquear, *obstruere,* y luego también, en general, hacer violencia. Aquí es arruinar tanto la vida como la propiedad del padre. La segunda parte del estico tiene la fuerza de una cláusula atributiva y continúa en finito, *qui matrem fugat* (אֵם יַבְרִיחַ, el que persigue o hace huir a la madre); esta es la regla del estilo hebreo, que no es *filometochos,* Gesenius. 134, An. 2 (que no es amigo de repetir sentencias de la misma forma).

Con respecto a מֵבִישׁ, véase en Pr 10, 5; en cuanto a la colocación de las dos descripciones del hijo perverso מֵבִישׁ וּמַחְפִּיר, véase Pr 13, 5, donde para הֵבִישׁ, avergonzar, escandalizar, se usa la palabra הִבְאִישׁ, que es radicalmente diferente y significa traer mal olor.

La palabra para avergonzar (cf. *cognato* árabe *bâth*) se piensa como una perturbación, *disturbatio* (cf. σύγχυσις, cf. Sal 6, 11), de חפר, *khfr,* como simulación (cf. Cicerón, *Pro Cluentio* 20, *infamia et dedecore opertus,* cubierto de infamia y deshonor), no, como antes yo mismo pensaba, con Fürst, como enrojecimiento, rubor (véase Sal 34, 6). Avergonzar sería en este sentido un significado demasiado débil para מחפיר. El sello pedagógico que Pr 19, 26 imprime en esta cuarta parte principal se aclara aún más en el versículo que sigue.

**19, 27.** *Deja, hijo mío, de oír la instrucción, apártate de las palabras de conocimiento.* Oetinger traduce correctamente: *deja de escuchar la instrucción si no vas a hacer otro uso de ell*a, es decir, "apártate", *deja de aprender sabiduría y luego de usarla mal.* Como dice Ewald, este es un proverbio de "ironía condenatoria", un aviso para superar la hipocresía, una advertencia en contra el autoengaño del que habla Stg 1, 22-24, contra el gesto de propia condenación, propio de aquel siervo que conoce la voluntad de su señor y no la cumple, Lc 12, 47.

La palabra חדל, en el sentido de dejar de hacer algo, se interpreta más frecuentemente con una ל a la que sigue un infinitivo con מן (cf. p. ej. Gn 11, 8 con 1Re 15, 21); pero, si nos referimos a la omisión de algo que aún no se ha comenzado se utiliza solo la ל, Nm 9, 13.

En lugar de לִשְׁגּוֹת, también podría haberse usado מִלִּשְׁגּוֹת (omitir, en lugar de...), y en esa línea la expresión לְמַעַן שְׁגוֹת tendría un sentido algo distinto; pero como se expresa en este proverbio לִשְׁגּוֹת no debe confundirse con el infinitivo subordinado de finalidad. La LXX, Syr., Targum y Jerónimo violentan el sentido del proverbio. Lutero, siguiendo el ejemplo de los antiguos intérpretes, supone que el proverbio emplea la palabra *musar* en el sentido de instrucción, pero esa palabra significa siempre disciplina; en esa línea, alejarse de la disciplina es alejarse de la educación que conduce al bien.

**19, 28.** *El testigo inútil se mofa de la justicia; y la boca de los impíos traga el mal.* La ley mosaica no alude al juramento de los testigos; pero al conjurar a los testigos para que digan la verdad, Lv 4, 1, interpreta una declaración falsa como si fuera casi un perjurio. El משפט, que vincula legal y moralmente a los testigos, implica el deber que ellos tienen de exponer el asunto de acuerdo con la verdad, y sin reservas engañosas y maliciosas; pero un testigo sin valor, un testigo inútil (véase con respecto a בליעל, Pr 6, 12) desprecia lo que es justo, es decir, desprecia con desdén este deber (יליץ con acusativo de objeto, como en Pr 14, 9). Bajo 28b Hitzig comenta que בלע significa devorar solo en *kal*, pero en *piel* significa absorber, que es igual a aniquilar, siguiendo en esa línea la traducción de la LXX y el Syr.

La palabra דין significa justicia en lugar de און que es el mal. La boca del malvado asesina o destruye lo que es correcto, es decir, pasa por alto o traga su sentimiento de justicia. Pero בלע se intercambia con בלע en el sentido de tragar, de pasar por alto, sin la idea conectada de aniquilación; cf. כבלע para la continuación (duración), que se identifica con "un momento", Nm 4, 20 con Job 7, 29.

De esa forma, se puede entender 28b sin ninguna alteración del texto, en la línea de Job 15, 16; cf. Pr 20, 12-15. Por el contrario, si se altera el texto en la línea de Is 3, 12, se cambia su sentido. Lo que el texto dice no es que el mal se traga la boca de los impíos, sino que *la boca de los impíos "tragan" el mal.* Cuando se unen "boca" y "tragar" es naturalmente la boca la que traga el mal, y no al contrario (cf. Ec 10, 12, la boca del necio traga, es decir, no tiene en cuenta, el mal). En ese sentido, 28b quiere decir también que la maldad es un bocado delicioso para la boca del impío, un bocado que él devora con avidez. Para el impío, practicar el mal es como decimos en alemán "*ein wahrer Genuss*" (un verdadero disfrute, un auténtico placer).

**19, 29.** *Para los escarnecedores están preparados juicios; y rayas (azotes) para las espaldas de los necios.* La palabra שפמים nunca significa castigo que inflige un tribunal de justicia, sino que se usa para los juicios de Dios, aunque sean infligidos por instrumentos humanos (véase 2Cr 24, 24). El nombre singular aparece siempre en forma de שפט como שפוט en 2Cr 20, 9, plural שפוטים.

La observación de Hitzig, según la cual, en la línea de Pr 19, 25, "los juicios (שְׁפָטִים) para los escarnecedores pueden consistir en azotes", resulta engañosa. Ciertamente, pueden darse, הכות o azotes, como cuando se da un golpe en la oreja a quien desprecia lo que es santo, algo que, según las circunstancias, puede ser saludable; pero ese tipo de golpe o azote en la oreja no cae bajo la categoría de *shephuthim* (juicios), ni bajo la de מהלמות (que son golpes o azotes en la espalda).

445

*Primera colección: Proverbios salomónicos (Pr 10, 1 – 22, 16)*

Los שְׁפָטִים de los que se habla aquí son castigos providenciales con los que la historia misma, o Dios en la historia, visita al despreciador de la religión. Por su parte, los מַהֲלֻמֹות son golpes que se aplican en la espalda de los necios por aquel que les instruye, a fin de que (si es posible) piensen y atiendan bien. נכון, aquí declinado como *nifal*, se utiliza como en Job 15, 23, con el significado de estar listos, de manera que los castigos serán seguramente inminentes. Con respecto a *mahalǔmoth*, véase Pr 18, 6.

## Proverbios 20

### 20, 1-7.

לֵץ הַיַּיִן הֹמֶה שֵׁכָר וְכָל־ שֹׁגֶה בֹּו לֹא יֶחְכָּם: ¹

נַהַם כַּכְּפִיר אֵימַת מֶלֶךְ מִתְעַבְּרֹו חֹוטֵא נַפְשֹׁו: ²

כָּבֹוד לָאִישׁ שֶׁבֶת מֵרִיב וְכָל־ אֱוִיל יִתְגַּלָּע: ³

מֵחֹרֶף עָצֵל לֹא־ יַחֲרֹשׁ [יַחֲרֹשׁ] (וְשָׁאַל) [וְשָׁאַל] בַּקָּצִיר וָאָיִן: ⁴

מַיִם עֲמֻקִּים עֵצָה בְלֶב־ אִישׁ וְאִישׁ תְּבוּנָה יִדְלֶנָּה: ⁵

רָב־ אָדָם יִקְרָא אִישׁ חַסְדֹּו וְאִישׁ אֱמוּנִים מִי יִמְצָא: ⁶

מִתְהַלֵּךְ בְּתֻמֹּו צַדִּיק אַשְׁרֵי בָנָיו אַחֲרָיו: ⁷

¹ El vino hace burla; el licor alborota.
Y cualquiera que se descarría no es sabio.
² Como rugido de león es la indignación del rey;
el que lo enfurece peca contra sí mismo.
³ Al hombre le es honroso apartarse de la contienda,
pero todo insensato se envolverá en ella.
⁴ El perezoso no ara al comienzo de la estación;
buscará en el tiempo de la siega y no hallará.
⁵ Como aguas profundas es el propósito en el corazón del hombre,
pero el hombre de entendimiento logrará extraerlo.
⁶ Muchos hombres proclaman su propia bondad;
pero un hombre fiel, ¿quién lo hallará?
⁷ El justo camina en su integridad;
bienaventurados serán sus hijos después de él.

**20, 1.** *El vino hace burla, el licor alborota...* Este proverbio va contra el libertinaje con el que está íntimamente asociado el libre pensamiento. יַיִן puede ir con artículo הַיַּיִן y Ewald sostiene que, en toda la sección de 10, 1-22, 6, el artículo aparece solo aquí y en Pr 21, 31, y que aquí no es original, como muestra la comparación con la LXX. Ambas afirmaciones son incorrectas. El artículo se encuentra también, por ejemplo, en Pr 19, 6; Pr 18, 18, Pr 18, 17, y aquí la personificación del "vino" requiere que haya artículo. Pero el hecho de que falte en שכר muestra que la poesía tiene poca tendencia a los artículos, por lo que solo lo utiliza una vez en los paralelos del dístico.

Los efectos del vino y de la sidra (שֵׁכָר, detener, obstruir, volverse estúpido) se atribuyen a estos licores como propiedad. El vino es escarnecedor, porque quien se embriaga con él se burla fácilmente de lo que es santo; la sidra es bulliciosa (cf. הומיה, Pr 7, 11), porque el ebrio, dominado por una locura disoluta, rompe los límites de la moralidad y el decoro. Es imprudente aquel que, a causa del vino, estando así vencido por él (cf. 2Sa 13, 28), se tambalea, hasta el punto de no ser ya dueño de sí mismo.

Pr 5, 19 habla de ב שָׁגָה, esto es, de la embriaguez del amor; aquí, como en Isaías 28, 7, se habla de la embriaguez del vino, es decir, del deseo apasionado y servil del vino o por el vino. La embriaguez se apodera del que bebe, le posee, como si estuviera indisolublemente unida a la bebida. Fleischer compara esta idea con la expresión francesa: ètre fou de quelque chose (estar loco por algo, Is 28, 7), sin embargo, la expresión hebrea, וְכָל־ שֹׁגֶה בֹּו, indica que podemos pensar también en el tambaleo real de una persona que ha sido alcanzada por el vino.

**20, 2.** *Rugido de león es el enfado del rey; y el que lo provoca pierde su vida.* El primer estico es una variación de Pr 19, 12. El terror que un rey suscita (מלך, con *gen. subjecti*, genitivo de sujeto como, por ejemplo, en Job 9, 34 y en general) es como el gruñido de un león que amenaza peligro. El pensamiento aquí sugerido es que resulta peligroso despertar a un león (y enfurecer a un rey). Según eso, מתעברו no significa el que está enojado con el rey (Véneto: χολούμενος αὐτῷ), sino el que provoca el enfado del rey (LXX, Syr., Targum, Jerónimo, Lutero). התעבר significa, como en Pr 14, 16, estar en un estado de gran desagrado, lleno de ira. Aquí el significado debe ser, el que pone al rey en estado de ira, es decir, el que le provoca (LXX, ὁ παροξύνων αὐτόν, en otras versiones con la adición de καὶ ἐπιμιγνύμενος, quien se comporta sin respeto con el rey, con el mismo sentido que מתערבו).

¿Pero *mitharvo* (מִתְעַבְּרֹו) puede tener este significado? Ciertamente, el *hitpael* con sentido transitivo, por ejemplo, en התחגן (1Re 8, 59) y השתמר (Mi 6, 16), se construye con acusativo e indica lo que uno realiza por sí mismo (cf. Ewald, *Gramm. Arab.* 180). Pero el *hitpael* intransitivo de עבר, que significa caer en una pasión ¿puede expresar la pasión o enfado de uno que ha sido excitado por otro? (Ewald, 282a). No hay evidencia de ello. Por eso, puede ser valiosa la conjetura de Hitzig, según la cual תעבור es igual a עברה. De todas maneras, uno podría suponer que la palabra התעבר, como resultado de un *piel* o *hifil*, que había significado ser puesto en un estado de ira, puede tomar aquí el significado de provocar la ira de

# Primera colección: Proverbios salomónicos (Pr 10, 1 – 22, 16)

otro, como en árabe, en la octava forma *hitpael* de *ḥaḍr*. Sea como fuere, el sentido del texto es comprensible: el rey es como un león al que no se le puede provocar, de forma que quien lo hace corre el riesgo de perder la vida.

**20, 3.** *Honra es para el hombre alejarse de la contienda; pero todo necio enseña los dientes.* Mejor que decir "todo necio" sería decir "cualquiera que sea necio puede…". El énfasis no está en que todos los necios son amigos de contiendas, sino en que pueden serlo, pues el que es necio puede encontrar siempre un placer en meterse en contiendas. Con respecto a התגלע, véase Pr 17, 14; Pr 18, 1.

Por el contrario, para un hombre es un honor el ser pacífico o, como se expresa aquí, mantenerse alejado de las contiendas y luchas. La frase puede traducirse como desistir de la contienda; pero en este caso la palabra más apropiada sería שבת en el sentido de cesar (descansar de las contiendas, como pone de relieve Hitzig). En esa línea, שבת significa (cf. 2Sa 23, 7) aniquilación (la terminación de un tipo de conducta). Por otra parte, en Éx 21, 19, שבתו no significa estar guardando un día santo (el sábado); sino estar simplemente sentado, es decir, en casa, en un estado de incapacidad para trabajar. Con razón evoca Fleischer la frase, ישׁב מן, como en árabe *ḳ'ad ṣan*, permanecer sentado en silencio, es decir, mantenerse alejado de cualquier tipo de actividad. El que es prudente y cuida su honor, no solo abandona la contienda cuando tiende a volverse apasionada, sino que no entra en ella, se mantiene alejado de ella.

**20, 4.** *Al principio de la estación, el perezoso no ara; y así, cuando llega el tiempo de la siega, no hay nada.* Muchos traductores (Símaco, Jerónimo, Lutero) e intérpretes (por ejemplo, Rashi, Zöckler) explican, *propter frigus* (por el frío); pero חרף, según su significado verbal, no es un sinónimo de קר y צנה, sino que en principio significa reunión, tiempo de reunión (sinónimo de אסיף), como *carpere*, reunir (véase Fleischer en *Levy, Chald. Wörterbuch*, i.426), como cosecha, el tiempo de καρπίζειν, de recolectar el fruto. Pero en el antiguo año agrícola oriental el fin de la cosecha era el comienzo de la siembra, porque en Palestina y Siria a la cosecha de frutos de octubre a diciembre seguía el tiempo de arar y sembrar con lluvias tempranas (חריף equivale a יורה, Neh 7, 24; Esd 2, 18).

Según eso, el מן de מֵחֹרֶף no es de causa, sino de indicación de tiempo. Así traducido, puede significar el comienzo de un evento y lo que sigue (p. ej. 1Sa 30, 25), así como su terminación y lo que viene después (Lv 27, 17). Aquí se refiere a la cosecha, a la recolección y a la comida posterior. En 20, 4b, varían el *qetub* y el *keré* como en Pr 18, 17. El futuro ישׁאל (del *keré*) indicaría lo que el perezoso tiene ante sí; en esa línea se puede interpretar como *perf. hypotheticum*, de manera que se entiende mejor el hecho de que no haya un objeto para שׁאל. El *qetub* ושׁאל, no debe leerse en la línea de Sal 109, 10, con el sentido de "mendigará en vano en la cosecha" (Jerónimo, Lutero), a lo que Hitzig responde bien ¿por qué en vano? En medio de la alegría de la cosecha, la gente regala sus dones de un modo más generoso; y el momento adecuado para mendigar viene después.

Hitzig ofrece como conjetura la siguiente traducción: "alforja no da el perezoso; busca tomar prestado en la cosecha, y nada obtiene". Pero, dejando a un lado el tema de la alforja, el significado de "para obtener algo como un préstamo", que podría darse a שאל desde el contexto, es aquí completamente imaginario. Pensemos en un propietario indolente de la tierra, que no se preocupa de arar y sembrar sus campos en el momento oportuno y con diligencia, sino que deja ese trabajo a la gente de pueblo. Sigamos imaginando que ese indolente viene en el tiempo de la siega pidiendo su cosecha... De un modo lógico, le dirán que su tierra ha quedado sin arar, porque él no había mandado que se arara. Cuando pide, no hallará nada, pedirá en vano (ואין, como en Pr 14, 6; Pr 13, 4). Meri explica correctamente מחרף por מתחלת זמן החרישה, y 4b por "entonces, cuando pregunte en el tiempo de la cosecha, no hallará nada". Por otro lado, la LXX y el texto Arameo piensan que חרף significa de algún modo burlarse, cosa que aquí no tiene sentido. Lo mismo hacen otros códices donde aquí y allá se encuentra un מחרף que no tiene sentido.

**20, 5.** *El propósito en el corazón del hombre es como aguas profundas; pero el hombre de entendimiento lo encuentra.* Hay un proverbio que dice: "Las aguas tranquilas son profundas". Como aguas tan profundas (Pr 18, 4) es lo que el hombre tiene en secreto (como dice Is 29, 15), planeando en su corazón; lo mantiene en secreto, lo oculta cuidadosamente, engaña astutamente a los que buscan sacarlo a la luz... Pero el hombre de תבונה, es decir, aquel que posee el criterio correcto para distinguir entre el bien y el mal, lo verdadero y lo falso y, al mismo tiempo, tiene la capacidad de mirar a través de los hombres y las cosas..., ese hombre busca y encuentra (descubre lo que tiene que hacer, el texto Véneto dice: ἀνέλξει, el secreto עצה) porque él penetra hasta el fondo de las aguas profundas.

Ese hombre de entendimiento tal no se engaña con los hombres, sabe estimar su conducta según su motivo y su fin más profundo; y si el propósito es pernicioso para él, sabe descubrirlo antes de que se realice el mal. Lo que aquí se dice es aplicable no solo a un estadista sutil o a un general bien adiestrado, sino también a un historiador pragmático y a un expositor como, por ejemplo, al autor del libro de Job, cuya idea (que él debe desarrollar en su obra) yace como una perla en el fondo de aguas profundas.

**20, 6.** *Casi todo el mundo encuentra a un hombre que se apiada de él (en sentido externo); pero a un hombre que pase la prueba (que sea fiel de verdad) ¿quién lo encontrará?* Así como en Pr 13, 17, ציר אמונים significa un mensajero fiel, en quien

# Primera colección: Proverbios salomónicos (Pr 10, 1 – 22, 16)

puede confiarse, y en Pr 14, 5, עד אמונים es un testigo que es completamente veraz, así aquí איש אמונים es un hombre que permanece fiel a sí mismo y mantiene la fidelidad hacia otros.

Un hombre como ese no es fácil de encontrar; pero bienhechores que hacen promesas y despiertan expectativas, para finalmente dejar en la estacada a quien depende de ellos... de esos hay muchos. Este es el contraste que se deduciría de 6a, si tomáramos קרא en el sentido de llamar, gritar con ostentación, *multi homines sunt quorum suam quisque humanitatem proclamant,* hay muchos hombres que hacen ostentación de su humanidad (Schelling, Fleischer, Ewald, Zöckler, y también, por ejemplo, Meri). Ciertamente, איש חסדו debe interpretarse en la línea de Pr 11, 17; Is 57, 1. Reconociendo esto, Hitzig traduce, *muchos hombres nombran a su querido amigo...* pero esta traducción es lo más inadecuado posible en cuanto al estilo del texto.

¿Debe entonces יקרא significar *vocat,* llama? Una palabra paralela más apropiada que קרא es מצא y, en esa línea, autores como Oetinger, Heidenheim, Euchel y Löwenstein, explican el texto así: *la mayor parte de las personas encuentran a alguien que se les muestre como* איש חסד, *un hombre afectuoso y benévolo*; pero es raro encontrar a alguien que en su afecto y sus frutos venga a mostrarse como verdadero, y que realmente realice aquello que se esperaba de él.

Lutero traduce, con el Syr. y Targum, en la línea de Jerónimo: *viel Menschen werden fromm gerähmt* (muchos hombres tienen fama de piadosos); pero en ese caso, el texto hebreo tendría que haber sido איש חסד en lugar de איש חסדו. La LXX dice רב אדם יקר איש חסד...: *el hombre compasivo es algo precioso; pero cuesta trabajo encontrar un hombre verdadero.* El pensamiento fundamental sigue siendo casi el mismo en todas estas interpretaciones y lecturas: el amor (un tipo de amor superficial) es abundante; pero la fidelidad es rara. Eso significa que no basta ser חסד, en sentido externo, sino que a un tipo de amor hay que unir la fidelidad, אמת.

**20, 7.** *El que en su inocencia camina como justo ¡bienaventurados sus hijos tras él!* No podemos tomar la primera línea como una cláusula separada con צדיק, como sujeto (Van Dyk, Elster) o como predicado (Targum) porque, traducido así, ese estico no haría un buen paralelo con la segunda línea, porque no contiene nada de promesa, de manera que la segunda línea aparecería como inconexa (cf. por el contrario, Pr 10, 9; Pr 14, 25). Por eso, debemos pensar que toda la primera línea es una cláusula compleja de sustantivo.

Sea como fuere, Jerónimo, el Véneto y Lutero interpretan erróneamente este estico diciendo: *andando en su inocencia el hombre justo...* Esta forma de colocar primero el adjetivo va en contra de la sintaxis hebrea. Si todo este estico debe interpretarse como nombre (como sujeto único), debemos tomar צדיק como término permutativo, traduciendo: *uno que camina en su inocencia, uno justo.*

450

Pero, sin duda, tenemos que entender *tsedek* como acusativo: *uno que camino en su inocencia a la manera de un justo*, o en aposición, *como un justo*; cf. Job 31, 26 con Mi 2, 7.

En esa línea, Hitzig traduce correctamente estos dos pasajes, y también lo hace Ewald, refiriéndose a Pr 22, 11; Pr 24, 15: *andar en su inocencia como hombre justo*, equivale a *hacer siempre lo que es recto*, sin pretender ninguna distinción ni jactarse por ello; porque solo uno que sigue así el impulso y la dirección de su corazón puede mostrar y muestra que su devoción a Dios y al bien es sin reservas. Los hijos tras él no son los hijos que quedan en el mundo después de su muerte (Gn 24, 67), sino, según Dt 4, 40, cf. Job 21, 21, los que siguen su ejemplo y, por lo tanto, los que vienen después de él, en este mundo. Porque ya en vida de un hombre así la bendición comienza a tener su cumplimiento en esos hijos.

## 20, 8-13.

El siguiente grupo comienza con un proverbio regio que expresa lo que un rey hace con sus ojos. Siguen dos proverbios sobre el ojo que ve, y termina el grupo con un proverbio sobre la necesidad de abrir los ojos.

‏מֶלֶךְ יוֹשֵׁב עַל־ כִּסֵּא־ דִין מְזָרֶה בְעֵינָיו כָּל־ רָע׃ 8

‏מִי־ יֹאמַר זִכִּיתִי לִבִּי טָהַרְתִּי מֵחַטָּאתִי׃ 9

‏אֶבֶן וָאֶבֶן אֵיפָה וְאֵיפָה תּוֹעֲבַת יְהֹוָה גַּם־ שְׁנֵיהֶם׃ 10

‏גַּם בְּמַעֲלָלָיו יִתְנַכֶּר־ נָעַר אִם־ זַךְ וְאִם־ יָשָׁר פָּעֳלוֹ׃ 11

‏אֹזֶן שֹׁמַעַת וְעַיִן רֹאָה יְהֹוָה עָשָׂה גַם־ שְׁנֵיהֶם׃ 12

‏אַל־ תֶּאֱהַב שֵׁנָה פֶּן־ תִּוָּרֵשׁ פְּקַח עֵינֶיךָ שְׂבַע־ לָחֶם׃ 13

[8] El rey se sienta en el trono del juicio;
con su mirada disipa todo mal.

[9] ¿Quién podrá decir: "Yo he limpiado mi corazón;
limpio estoy de mi pecado"?

[10] Pesas falsas y medidas falsas:
Ambas cosas son una abominación ante Jehovah.

[11] Incluso el muchacho es conocido por sus hechos,
si su conducta es pura y recta.

[12] El oído que oye y el ojo que ve,
ambas cosas han hecho Jehovah.

[13] No ames el sueño, para que no te empobrezcas;
abre tus ojos, y te saciarás de pan.

**20, 8.** Un rey sentado en el trono de justicia, esparce todo mal con sus ojos. Traduce bien el Véneto, ἐπὶ θρόνου δίκης, porque ‏כִּסֵּא־דִין es el nombre del asiento

## Primera colección: Proverbios salomónicos (Pr 10, 1 – 22, 16)

de la rectitud (el tribunal), mientras que el "trono de la gracia", Heb 4, 17, es el nombre del *kapporeth,* como asiento de misericordia. El asiento del juez simplemente se llama כסא; por otro lado, כסא־דין está en contraste con כסא הוות, Sal 94, 20, el asiento de donde sale la decisión que está en conformidad con lo que es recto (cf. p. ej., Jer 5, 28). Ni aquí ni en Pr 20, 26 hay necesidad de un adjetivo que caracterice a *melek.* Pero la LXX precisa bien su sentido, a partir de דין, ὅταν βασιλεὺς δίκαιος καθίσῃ ἐπὶ θρόνου (cuando el rey justo se siente sobre el trono).

*Por los "ojos"* (בְּעֵינָיו) *debemos entender según eso los de la mente;* pues por ellos tamiza, *dignoscit,* el rey todo lo que es malo, es decir, lo distingue subjetivamente de aquello que no es malo. Así lo muestra Hitzig a través de una comparación con Sal 11, 4; Sal 139, 3 (donde Jerónimo pone e*ventilasti* y la Vulgata i*nvestigasti*: precisaste, investigaste). De todas formas, esta interpretación puramente mental de los ojos del rey no es del todo correcta, pues hay que pensar también en los ojos físicos de su rostro (véase Pr 16, 15). En ese caso, aventar (tamizar) significa separar lo bueno y lo malo, empezando por excluir lo peor de un modo interno y después de un modo también externo, pues Pr 20, 26 nos lleva a la conclusión de que מזרה (aventar, esparcir) no debe entenderse solo como algo subjetivo, sino como una dispersión, separación o exclusión real de las cosas contrarias al rey.

Según eso, los ojos penetrantes e inspiradores de miedo del rey se refieren (como explica Immanuel) a בראיית עיניו מבריחם מפניו ומפזר אותם בכל פיאה, es decir, a la mirada de unos ojos del rey que separan, disciernen y juzgan todos los males. Pero en esta explicación la traducción personal de כל־רע es incorrecta; porque *mezareh,* que significa separar a las personas, requiere como objeto un plural (cf. 26a).

כל־רע, *kol-ra,* se entiende como neutro, cf. Pr 5, 14. Ante la mirada de un rey a quien corresponde hacer justicia (Is 16, 5), nada malo permanece sin castigo; actos criminales y engaños pecaminosos son vistos a través, y así también juzgados por estos ojos profundos del rey. Este es el mandato de "quitar el mal" (Dt 13, 6 [5]), acción que el rey lleva a cabo por la poderosa influencia de su mirada. Con *kol-ra* está conectado el pensamiento de que en presencia del Rey celestial nadie está completamente libre de pecado.

**20, 9.** ¿Quién puede decir, he limpiado mi corazón, estoy limpio de mi pecado? Este es el mismo pensamiento que Salomón expresa en su oración en la consagración del templo, 1 Re 8, 46: no hay hombre que no peque. Limpiar su corazón (como Sal 73, 13), equivale a vaciarlo, mediante el autoexamen y el ferviente esfuerzo por la santidad, superando así todos los motivos e inclinaciones impuras. Con respecto a זכה, ser penetrante, brillar intensamente, ser puro sin nubes, cf. Fleischer en *Levy, Chald. Wörterbuch,* i. 424.

La consecuencia de זכות es volverse puro; y la consecuencia de זכות לב, es decir, de la purificación del corazón, es quedar libre de toda conducta pecaminosa:

me he vuelto puro de mis pecados, es decir, de aquello en lo que podría caer por no resistir las tentaciones. El sufijo de מֵחַטָּאתִי no se entiende como activo, sino como potencial (de los pecados que puedo tener), como el Sal 18, 24. Nadie puede jactarse de esto (de conocerlo todo), porque el conocimiento que el hombre tiene de sí mismo y de sus pecados permanece siempre limitado (Jer 17, 9; Sal 19, 13); y el pecado está tan profundamente arraigado en su naturaleza (Job 14, 4; Job 15, 14-16), que los restos de una tendencia pecaminosa se ocultan siempre en los pliegues del corazón humano. De esa manera, los pensamientos pecaminosos siguen activos en el alma del hombre incluso purificado; en esa línea, las inclinaciones pecaminosas vencen a veces por su fuerza natural la resistencia que se les opone. Este proverbio dicta sentencia de condenación contra los pecados graves en la acción y vida de los hombres.

**20, 10.** *Diversas piedras, diversas medidas… Abominación para Yahvé son ambas cosas.* Las piedras son, como en Pr 11, 1; Pr 16, 11, las que se usan como pesas de balanza. Piedra y piedra, *efa* y *efa*, significa que son de diversos géneros, uno grande y otro pequeño (cf. la LXX, donde la secuencia de Pr 20, 10 es diferente, con μέγα καὶ μικρόν, grandes y pequeñas), para que uno pueda sustituir engañosamente una por la otra.

איפה (de אפה, hornear, cocer el pan) puede haberse usado originalmente para designar una cantidad de comida como la que se suministra a una familia con necesidades moderadas; corresponde al *bat*, bato (Ez 45, 11) como medida para fluidos, y aquí aparece a modo de sinécdoque en lugar de todas las medidas, incluyendo, por ejemplo, el *cor*, del cual el *efa* era una décima parte, y la *seah* una tercera parte de ella. Por otra parte, Pr 20, 10b equivale a Pr 17, 5, y es un eco de Lv 19, 36; Dt 25, 13-16. El Dios santo demanda una medida justa y equitativa, pues para él una medida injusta es aborrecible.

**20, 11.** *Hasta un niño es conocido por las cosas que hace, si su obra es pura y si es recta.* Si מעלל puede entenderse aquí a partir del uso de עולל, jugar, pasar el tiempo con cualquier cosa, entonces גם se refiere a eso: *incluso por su juego un niño es conocido…* (Ewald). Pero aun concediendo que מעולל (hijos) fuera sinónimo de נער, y que por eso se hubiera escogido la palabra מעלל (véase Fleischer sobre Is 3, 4), debemos afirmar que ella nunca significa otra cosa que trabajo, una acción que se realiza para lograr o conseguir algo.

En esa línea, Böttcher propone מעוליו, porque מעולל puede haber significado juego, en contraposición a מעלל. Esto es posible, pero no es más que una simple conjetura. Por lo tanto, *gam* no se debe vincular con *b'amalalav* (cf. גַּם בְּמַעֲלָלָיו). Que el niño también se dé a conocer por sus acciones, parece un pensamiento innecesario; porque si hay algo en lo que el niño debe mostrar quién es eso han de

# Primera colección: Proverbios salomónicos (Pr 10, 1 – 22, 16)

mostrarlo sus acciones. Lógicamente, *gam* ha de entenderse desde la perspectiva sintáctica de la que se habla en Pr 17, 26; 19, 2, para referirse a נער (incluso el niño).

Por el pensamiento fundamental de su raíz, el verbo נכר significa percibir, observar, desde una perspectiva de oposiciones, en el sentido de ἐναντιόσημον: conocer como algo extraño, sorprendente, incluso rechazar (véase en Is 3, 9). En *hitpael* este verbo empieza significando lo mismo que en árabe *tankkar*, aunque aquí tiene más bien el sentido de hacerse uno a sí mismo cognoscible. Así traduce Símaco, ἐπιγνωρισθήσεται, Véneto γνωσθήσεται. A veces se ha podido pensar que incluso el niño disimula sus acciones (Oetinger). Pero eso no es cierto, porque esa sería una declaración que, tomada así, de un modo general, no está justificada por la experiencia. Según eso, debemos interpretar 11b como un tipo de pregunta, formulada de manera indirecta, para ver si un niño se da a conocer por sus obras, mostrando si su disposición es pura y recta.

Es obvio que se puede conocer a una persona a través de sus acciones, también es claro que a un niño se le puede conocer por ellas. Por eso es normal que Hitzig haya querido aplicar este proverbio a Dios Creador, que conoce a las creaturas conforme a la manera que tengan de actuar. En esa línea explicamos יצרנו, cf. Sal 103, 14, como referente a Dios que es יצר, el que mira, el que conoce, el que observa. Dios aparece así como el que descubre y conoce las obras de los hombres.

En una línea parecida a esta se entiende la palabra ἔργον en pasajes como Gá 6, 4. Es menos probable que 11b se entienda en referencia al futuro (Lutero y otros); porque en ese caso el poeta debería haber formulado la frase de manera más inteligible, אם זך וישר יהיה פעלו (Yahvé observa su conducta, para ver si es pura y recta). Es como nuestro proverbio alemán: *Was ein Haken werden will kommt sick bald* (se ve muy pronto si un anzuelo va a doblarse. Hay una comparación similar en *Bereschith Rabba* (véase Duke, *Rabbin. Blumenlese*, p. 126). También se dice en alemán: *Was ein Dörnchen werden will spitzt sich bei Zeiten* (pronto se descubre lo que vendrá a ser una espina). De un modo semejante se dice en arameo: בוצין בוצין מקטפיה ידיע (en el capullo se muestra aquello que será la calabaza: *Berajot* 48a).

**20, 12.** *El oído que oye y el ojo que ve, ambos los hizo Yahvé.* Löwenstein, como la LXX, traduce: el oído oye y el ojo ve. Resulta suficiente citar, en otra perspectiva, Pr 20, 10 y Pr 17, 15. En sí mismo este proverbio afirma un hecho, y ese es su *sensus simplex* (su sentido básico). Pero, en otro sentido, este hecho puede verse desde diversas perspectivas, con consecuencias distintas, ninguna de las cuales debe rechazarse en principio.

(1) Se puede sacar una conclusión de este proverbio por vía de eminencia, como la que propone Sal 94, 9: si Dios hizo el ojo y el oído, de forma que él ve todo y oye todo. De este principio se puede deducir

una consecuencia de consuelo: si Dios ve y oye todo, todo está bajo su protección y gobierno, de manera que nada puede perderse (cf. Pr 15, 3). Pero también se puede deducir una advertencia, como en *Aboth* ii.,1: "Conoce lo que está por encima de ti, un ojo que ve y un oído que oye, sabiendo que toda tu conducta está registrada en su libro".

(2) También se puede sacar una conclusión que venga combinada con Sal 40, 7: *el hombre debe usar el oído y el ojo conforme al diseño para el que Dios los ha destinado, de acuerdo con el propósito del Creador* (Hitzig compara este sentido con el de Pr 16, 4). Según eso, este proverbio no se aplica primero a la vida natural, sino a la vida moral: el hombre no ha de hacerse sordo y ciego ante aquello que debe oír y ver; pero tampoco debe oír y ver con placer aquello de lo que debe apartarse (Is 33, 15). En todo lo que oye y lo que ve, el hombre es responsable de su oído y de su ojo ante el Creador.

(3) En esa línea, finalmente, uno puede interpretar "oír" y "ver" como propiedades encomiables, como sugiere Fleischer, comparando este proverbio con Pr 16, 11. Un oído que verdaderamente oye (la palabra de Dios y las lecciones de su sabiduría) y un ojo que verdaderamente ve (las obras de Dios) son un regalo del Creador. Según eso, ojo y oído son, como dice el árabe, *lillhi*, realidades elevadas y preciosas ante Dios. De esa manera, este proverbio, como una gema pulida, puede girarse unas veces en una dirección y otras en otra, como si fuera polifacético.

**20, 13.** *No ames el sueño, para que no te empobrezcas; abre tus ojos, y te saciarás de pan.* Lo que aquí aparece en el primer estico se presenta en detalle en Pr 6, 9-11. El futuro *nifal* de רוּשׁ, empobrecerse (cf. Pr 10, 4), se forma por *metaplastia* a partir de ירשׁ, Pr 23, 21; 30, 9, como en 1Sa 2, 7. Hitzig compara (en árabe) el sentido de פֶּן־ תִּוָּרֵשׁ (para que no te empobrezcas) con *ryth*, que significa holgazanear o retrasar. La palabra רשׁ significa estar flojo, sin apoyo (cf. דל), o desear (cf. אבון, árabe *fkyr*, propiamente *hiscens* (uno que está como pasmado). פָּקַח de la raíz פק, significa abrirse ampliamente. El segundo imperfecto de 20, 13b (שְׂבַע־ לֶחֶם, véase Pr 3, 4), ha de entenderse como una consecuencia: *Que tus ojos estén abiertos, para que tengas suficiente pan* (Lutero). Con estos dos proverbios de los ojos se completa el grupo que comienza con Pr 20, 8.

## 20, 14-19.

El próximo grupo tiene su límite natural donde empieza el nuevo punto de partida, en Pr 20, 20, y está internamente conectado con lo que sigue de diversas formas.

*Primera colección: Proverbios salomónicos (Pr 10, 1 – 22, 16)*

רַע רַע יֹאמַר הַקּוֹנֶה וְאֹזֵל לֹו אָז יִתְהַלָּל: ¹⁴
יֵשׁ זָהָב וְרָב־ פְּנִינִים וּכְלִי יְקָר שִׂפְתֵי־ דָעַת: ¹⁵
לְקַח־ בִּגְדוֹ כִּי־ עָרַב זָר וּבְעַד [נכרים] (נָכְרִיָּה) חַבְלֵהוּ: ¹⁶
עָרֵב לָאִישׁ לֶחֶם שָׁקֶר וְאַחַר יִמָּלֵא־ פִּיהוּ חָצָץ: ¹⁷
מַחֲשָׁבוֹת בְּעֵצָה תִכּוֹן וּבְתַחְבֻּלוֹת עֲשֵׂה מִלְחָמָה: ¹⁸
גּוֹלֶה־ סּוֹד הוֹלֵךְ רָכִיל וּלְפֹתֶה שְׂפָתָיו לֹא תִתְעָרָב: ¹⁹

¹⁴ El que compra dice: "Malo es, malo es";
pero apartándose, se jacta de lo comprado.
¹⁵ Existen el oro y una gran cantidad de perlas,
pero los labios que saben son algo más precioso.
¹⁶ Quítale su ropa al que salió fiador del extraño,
y tómale prenda al que se fía de la mujer ajena.
¹⁷ Sabroso es al hombre el pan mal adquirido;
pero cuando haya llenado su boca, se convertirá en cascajo.
¹⁸ Confirma los planes mediante el consejo
y haz la guerra con estrategia.
¹⁹ El que anda con chismes revela el secreto;
no andes con el suelto de lengua.

**20, 14.** *"¡Mal, mal!" dice el comprador, pero cuando se va, entonces se jacta de ello.* Esta interpretación tiene muchos seguidores. Geier cita las palabras del poeta latino,"Omne bonum praesens minus est, sperata videntur magna" (los bienes presentes se tienen por menores, los que se esperan parecen grande). Schultens cita otros proverbios como τὸ παρὸν βαρύ (lo que se tiene es pesado...) *y praesentia laudato* (en referencia a la alabanza posterior, cuando el comprador o el que tiene algo lo alaba al estar a solas). De esa forma traduce Schultens: *dilapsum sibi, tum demum pro espléndido celebrat* (cuando está consigo mismo celebra lo que tiene como si fuera algo espléndido).

La palabra *hakkoneh* (הַקּוֹנֶה) ciertamente puede significar también poseedor, pero *poseedor por adquisición* (LXX y Véneto: ὁ κτώμενος). En la mayor parte de los casos significa poseedor por compra, comprador (Jerónimo, *emptor*), como correlato de מכר, Is 24, 2; Ez 4, 12. Es costumbre que el comprador subestime lo que pretende adquirir, para obtenerlo lo más barato posible; pero después se jacta de haber comprado algo que es bueno y, sin embargo, muy barato. Esa es una experiencia de todos los días; pero el proverbio advierte indirectamente contra esa mentira convencional y muestra que uno no debe sorprenderse ni engañarse por ello.

El sujeto de ואזל לו es el comprador. Por su parte, אזל con לו significa, de un modo incluso, más preciso, que הלך לו, *marcharse de* allí: *s'en aller* (Jerónimo:

*et cum recesserit)*. En alemán no podemos precisar el sentido de la frase con "*als-dann*" (entonces) como hace אז aquí, y también, por ejemplo, en 1 Sa 20, 12; pero Teodocion, en buen griego, ha podido hacerlo: καὶ πορευθεὶς τότε καυχήσεται. En la LXX faltan Pr 20, 14-19.

**20, 15.** *Hay oro y multitud de rubíes, pero los labios sabios son joya preciosa.* Para encontrar una conexión entre este proverbio y el que le precede, basta con recordar la parábola del mercader de perlas finas, Mt 13, 45. El proverbio se eleva a un clímax, hay oro, y hay perlas en abundancia, una de las cuales tiene siempre un valor más alto que la otra; pero los labios inteligentes están por encima de todas esas joyas, son un tesoro precioso, que ni el oro ni todas las perlas pueden igualar.

De manera similar, el N.T. coloca la única perla por encima de las muchas perlas hermosas, pero de menos valor. Así podría decirse que דעת (con *hokma*, la sabiduría) es la perla sobre todas las perlas (Pr 3, 15; Pr 8, 11). En esa línea, los labios como órgano del conocimiento se comparan apropiadamente con un tesoro aún más precioso, un tipo de copa de sustancia más preciosa que el oro y las perlas. Esa copa preciosa es la sabiduría.

**20, 16.** *Quitadle la vestidura, porque por otro se ha hecho fiador; y para los extraños, tómala en prenda.* Este mismo proverbio se repite en 27, 13, donde קח, con la aféresis habitual, se intercambia con la forma más completa לקח, que también se encuentra en Ez 37, 16. El imperativo חבלהו es paralelo de ־לְקַח, tiene el sentido *de* tómalo como prenda (Teodocion, Jerónimo, Véneto y Lutero). La primera línea del dístico es clara, toma su manto (su vestidura), porque se ha hecho bueno para otro (cf. Pr 11, 15); ha salido fiador por otro, que no ha cumplido su palabra; por eso merece que se le quite el manto (lo que tiene), pues no ha sabido actuar con sabiduría.

Ciertamente, este proverbio no es evangélico, pues el evangelio pide que se preste sin fianza, de forma que confíen todos, unos en los otros. Pero es un proverbio propio de una sociedad de prestamistas "inteligentes" que saben a quién prestan, que estudian mucho el tema antes de salir fiadores de otros.

Este tipo de proverbios son frecuentes y nos indican que estamos ante una sociedad de estructura económica muy frágil, en la que unos viven a costa de los otros. Este fiador irresponsable tiene que aprender por experiencia a saber de quién se fía y de quién puede salir fiador, pues de otra manera queda en riesgo de perderlo todo, incluso su manto, la posesión personal más necesaria.

La segunda línea también es inteligible si leemos, según el *qetub* נכרים (Jerónimo, Véneto), no נכרים, como señala incorrectamente Schultens, y si interpretamos este plural como בנים, Gn 21, 7, con Hitzig siguiendo a Lutero, como plural de categoría. Al juez o al prestamista se le dice que tome en prenda la vestidura

# Primera colección: Proverbios salomónicos (Pr 10, 1 – 22, 16)

del fiador ingenuo, para no sufrir daño a causa de las personas extrañas a favor de las cuales se había puesto como fiador. La razón de fondo de este proverbio es clara: no es bueno (no es humanamente prudente) salir como fiador de extraños, pues puedes perder lo que tienes (lo que has puesto como fianza), incluso tu mismo manto. El cambio entre el *qetub* y el *keré* muestra que este proverbio ha sido discutido y ha recibido diversas interpretaciones en la tradición.

(a) Conforme al *qetub* (que es el texto al parecer más antiguo), el fiador ha salido en defensa de extraños (נכרים), τῶν ἀλλοτρίων, sin más connotaciones esto es, de personas ajenas, que no son de la familia, ni de los amigos íntimos, que quizá pertenecen a pueblos extranjeros. Nos hallamos, según eso, ante una ética de grupo cerrado, que se defiende a sí mismo.

(b) Conforme al *keré* (es decir, conforme a la lectura que recomienda la Masora), el fiador ha salido en defensa de una extraña (נָכְרִיָּה), es decir, de una mujer que no forma parte del grupo; como es normal, esa mujer se toma como τὰ ἀλλότρια, una extranjera, que es evidentemente una prostituta, una *maitresse* de quien el imprudente se ha hecho fiador.

(c) Consideramos que el texto original decía נכרים (no una prostituta, sino un hombre "extraño". Sea como fuere, este proverbio no va en la línea del evangelio de Jesús, que sale fiador de los extraños y los pecadores, muriendo incluso a favor de ellos.

**20, 17.** *Dulce es al hombre el pan del engaño; pero al fin su boca está llena de cascajo.* El "pan del engaño" (לֶחֶם שָׁקֶר) no es el engaño en sí mismo, como aquello por lo que el deseo de un hombre se cumple, y por lo que consigue su gusto (así, por ejemplo, Immanuel y Hitzig); sino lo que no se gana con trabajo, aquello que no se merece. La posesión (véase Pr 4, 17) o el disfrute (Pr 9, 17) de algo, conseguido por engaño, recibe ya un nombre semejante de pan falso, לחם כזבים, en Pr 23, 3. Para aquel que lo disfruta, ese pan está relacionado con el engaño.

Ese pan de mentira es dulce para un hombre, porque lo ha conseguido sin esfuerzo, pero al final, quien así lo consigue, no tendrá nada para comer, pues su lengua, sus dientes y su boca quedarán lastimados por piedras pequeñas; es decir, al final no tendrá nada, y solo le quedará el mal (Fleischer). Ese pan se transforma así (como en Job 20, 14) en grava o cascajo, en puras piedras que dañan y no alimentan, de manera que "al fin ese pan yace en su vientre como plomo", puro peso, sin alimento. La palabra חצץ es en árabe *ḥaṭny*, grava (Hitzig, *grien* igual a gres o greda, arena gruesa, gravilla), raíz חץ, *scindere*, romper. De un modo semejante, en árabe se dice *ḥajar*, una piedra. Esa imagen se utiliza para referirse a unas

458

expectativas defraudadas, como en el caso de un adúltero que al fin encuentra una piedra, es decir, experimenta una decepción.

**20, 18.** *Confirma los planes mediante consejo y haz la guerra con estrategia* (prudencia). Este proverbio pone de relieve el camino que se ha de seguir desde la concepción de un pensamiento hasta su realización. Ese es un largo camino que solo puede recorrerse bien a través de un buen consejo (de una deliberación compartida), tanto en el plano de la vida normal como en problemas de guerra, teniendo en cuenta los aspectos teóricos y prácticos del tema, considerando todos los medios y eventualidades. El *nifal* de כּוּן significa, en sentido pasivo, ser realizado o realizarse (Sal 141, 2).

La afirmación del primer estico en 18a vale igualmente para tiempos de guerra como para tiempos de paz. La guerra es un desastre, a menos que sea dirigida con habilidad estratégica (sobre תַּחְבֻּלוֹת, cf. Pr 1, 5). Grotius compara este proverbio con el dicho griego: Γνῶμαι πλέον δρατοῦσιν ἢ σθένος χειρῶν: es mejor el buen conocimiento de las circunstancias que el esfuerzo de las manos. Pr 24, 6 pone también de relieve la necesidad de un buen consejo en lo referente a la guerra.

Ewald quiere convertir el imperativo עֲשֵׂה en infinitivo, para no tener que decir "haz la guerra", sino "con buena gestión se hace la guerra", porque le parece que no es propio de la poesía de los proverbios el "mandato" de hacer la guerra. Pero el autor no quiere decir directamente que se haga la guerra, sino que plantea el tema de una forma condicional: *en el caso de que tengas que hacer la guerra, hazla con la habilidad de un buen estratega.* Entendido así, ese imperativo sigue en la línea de Pr 24, 6. Por otra parte, el cambio que propone Ewald va en contra del estilo del proverbio.

**20, 19.** *El que anda con chismes revela secretos; no andes con labios sueltos (charlatanes).* Lutero traduce de otra manera (igual que hará Hitzig): *no te compliques con el que revela secretos, con los calumniadores y los de boca falsa* (locuaz), aplicando así la ל de לְפֹתֶה y su advertencia (no andes con...) a todo el proverbio; también Kimchi, Emanuel y otros apoyan esta interpretación.

Pero, comparando este proverbio con Pr 11, 13, vemos que ya el primer estico está indicando un *judicium*, un juicio de fondo, con la advertencia de *no confiar a un charlatán nada* que deba mantenerse en secreto, por lo que ambos esticos han de tomarse como independiente y paralelos. Las primeras palabras, גּוֹלֶה־סוֹד, se escriben como en los códices y ediciones antiguas, con *munach* en la penúltima, de modo que se retrocede el tono, y con *dagesh* en la ס, según la regla de דחיק (Gesenius 20, 2a), como en קֹונה לב, Pr 15, 32.

La edición Véneta traduce 19b conforme al primer significado que Kimchi ha dado a la palabra: τῷ ἀπαταιῶνι τοῖς χείλεσι, *al que calumnia y engaña con los*

## Primera colección: Proverbios salomónicos (Pr 10, 1 – 22, 16)

*labios* y de esa manera mejora la traducción de Teodocion: τῷ ἀπατῶαντι... Pero פתה (וּלְפֹתֶה) no significa en Job 5, 2 (cf. Os 7, 11) el que engaña a otro, sino el que es engañado o calumniado por otro (Aben Ezra: שיפתוהו אחרים), sentido que va en contra de la palabra que sigue, שְׂפָתָיו.

En este contexto, el que se deja engañar fácilmente es llamado פֹתֶה (פֹתֶה), por estar abierto, *patens*, a la presencia de otros (siendo susceptible a su influjo). Desde ese contexto ha de entenderse la expresión וּלְפֹתֶה שְׂפָתָיו, *y no te juntes con el de labios abiertos,* es decir, con aquel que habla fácilmente en contra de los demás, no te juntes con el *patefaciens* o *dilatans,* el que todo lo abre y lo publica, hiriendo a los otros (cf. הפתה, Gn 9, 27. El Targum le llama אפתי igual a הרחיב: el que no cierra la boca, el que no puede contener la boca, el que siempre balbucea ociosamente y es, por tanto, un compañero peligroso. La políglota Complutense traduce correctamente, μετὰ πλατύνοντος τὰ ἑαυτοῦ μὴ μίχθητι χείλη (no os mezcléis con aquellos que ensanchan sus labios).

## 20, 20-26.

Este grupo comienza una vez más insistiendo en el tema básico de la parte más antigua del libro de los Proverbios, centrada en el cuarto mandamiento, que es el de honrar a padre y madre.

מְקַלֵּל אָבִיו וְאִמּוֹ יִדְעַךְ נֵרוֹ [באישון] (בֶּאֱשׁוּן) חֹשֶׁךְ׃ ²⁰
נַחֲלָה [מבחלת] (מְבֹהֶלֶת) בָּרִאשֹׁנָה וְאַחֲרִיתָהּ לֹא תְבֹרָךְ׃ ²¹
אַל־תֹּאמַר אֲשַׁלְּמָה־רָע קַוֵּה לַיהֹוָה וְיֹשַׁע לָךְ׃ ²²
תּוֹעֲבַת יְהֹוָה אֶבֶן וָאָבֶן וּמֹאזְנֵי מִרְמָה לֹא־טוֹב׃ ²³
מֵיהֹוָה מִצְעֲדֵי־גָבֶר וְאָדָם מַה־יָּבִין דַּרְכּוֹ׃ ²⁴
מוֹקֵשׁ אָדָם יָלַע קֹדֶשׁ וְאַחַר נְדָרִים לְבַקֵּר׃ ²⁵
מְזָרֶה רְשָׁעִים מֶלֶךְ חָכָם וַיָּשֶׁב עֲלֵיהֶם אוֹפָן׃ ²⁶

²⁰ Al que maldice a su padre o a su madre,
su lámpara se le apagará en medio de las tinieblas.

²¹ Los bienes adquiridos apresuradamente al comienzo,
al final de todo no serán bendecidos.

²² No digas, "Devolveré el mal".
Espera a Jehovah, y él te salvará.

²³ Las pesas falsas son una abominación a Jehovah;
y la balanza de engaño no es algo bueno.

²⁴ De Jehovah son los pasos del hombre;
*¿cómo podrá el hombre, por sí solo, entender su camino?*

²⁵ Es una trampa para el hombre declarar a la ligera algo como consagrado,

y reflexionar solo después de haber hecho los votos.
²⁶ El rey sabio dispersa a los impíos,
y sobre ellos hace rodar la rueda.

**20, 20.** *Al que maldice a su padre y a su madre…* La ley divina, Éx 21, 17; Lv 20, 9, condena a ese hombre a muerte. Pero el proverbio no se refiere a esta sentencia humana contra el criminal, que rara vez puede llevarse a cabo, sino al terrible final donde termina la vida de un hijo tan degenerado (Pr 30, 17), debido a la justicia de Dios que gobierna en la historia.

De los impíos ya se ha dicho que su luz se apaga, Pr 13, 9, de repente se acaba todo lo que les alegraba, es decir, lo que daba gozo y embellecía su vida; pero el que actúa con maldad (קְלָל, raíz קַל, *levem esse*, sinónimo הַקְלָה, Dt 27, 16), llegando a maldecir a su padre y a su madre, se verá rodeado por la oscuridad de la medianoche (Símaco, σκοτομήνῃ, noche sin luna), se verá en la mayor necesidad, abandonado por la protección divina (Fleischer), pues como dice Jansen con razón, *Lux et lucerna in scripturis et vitae claritatem et posteritatem et prosperitatem significat* (en las Escrituras, la luz y la lámpara significan claridad, posteridad y prosperidad).

Como indica Pr 7, 9, la niña de los ojos de la noche (בְּאִישׁוֹן (בָּאֱשׁוּן) חֹשֶׁךְ), significa el centro de oscuridad de las tinieblas. El texto siríaco traduce correctamente por *bobtho*, pupila del ojo, pero el Targum mantiene el אשׁון del *keré* y lo traduce en arameo por אתון, que Rashi toma como infinitivo y Parchon como participio, según la forma עֲרוּךְ; pero también puede ser un infinitivo sustantivado, según la forma עֲזוּז y, ciertamente, se refiere al אישׁון (el hombrecito de la niña de los ojos, en forma abreviada y vocalmente oscurecida).

La palabra del Talmud, אשׁן, ser duro, no proporciona en este contexto una idea adecuada; y lo mismo se aplica a אשׁוּני, en el sentido de *tiempos*, Lv 15, 25 que utiliza el Targúm de Jerusalén. En sí esta palabra es la abreviatura, con el paso de o a u, a modo de inflexión de אישׁון (como עֵת). Tampoco hay evidencia de que existe un verbo אשׁן, en el sentido de ser negro, oscurecer. Por su parte, el autor de *Aruj* interpreta אשׁונא, *Bereschith Rabba*, c. 33, refiriéndose a nuestro pasaje, con el significado de un cuarto de baño oscuro (aunque solo lo hace como posibilidad). Como he dicho, אישׁון significa el hombrecito (la niña del ojo), y no la negrura (como piensan Buxtorf y otros), ni el punto de fuerza o foco central (Levy) del ojo (véase Fleischer, Levy, *Chald. Wörterbuch*, i. 419).

**20, 21.** *La herencia que al principio se adquiere con prisa, no será bendito al final.* La palabra מבחל, según Zac 11, 8 (cf. Syr. *bhlaa*) puede significar "detestado", pero aquí no tiene ese sentido. Más bien podría interpretarse según el árabe *bajila*, ser avaro (actuar por avaricia y mezquindad), pero en contra de eso va el hecho de que ni נחלה, herencia, ni בראשׁונה, al principio, pueden interpretarse en la línea de una

# Primera colección: Proverbios salomónicos (Pr 10, 1 – 22, 16)

enfermedad o vicio crónico. Por el contrario, el *keré* מבהלת (herencia "apresurada") da un sentido perfecto, tanto lingüísticamente (véase Pr 28, 22; cf. Pr 13, 11) como, de hecho, según lo que suele suceder.

Como comenta Hitzig, las palabras que siguen en Pr 20, 20 responden plenamente a la idea de una herencia que uno ha tomado en posesión antes de que se le deba por derecho. Un hijo así piensa que los padres pueden vivir demasiado, y por eso los despojan violentamente de la posesión de sus bienes (cf. Pr 19, 26). Pues bien, una herencia así poseída no es garantía de ninguna bendición. Dado que el *piel* del verbo puede significar apresurarse (cf. Est 2, 9), entonces מבהל puede tener el sentido de apresurado, rápido (una herencia apresurada, rápida). Todos los intérpretes antiguos adoptan el *keré*. Así traducen Jerónimo y Lutero: *haereditas ad quam festinatur* (una herencia que uno se apresura a recibir).

**20, 22.** *No digas "Yo vengaré el mal"; espera en Yahvé, así Él te ayudará.* Los hombres deben actuar siempre con su prójimo según la ley del amor, y no según el *jus talionis,* Pr 24, 29. Por eso, al devolver bien por mal (Pr 16, 13; Sal 7, 5, Sal 35, 12), ellos no deben limitarse a cumplir esta ley de retribución, sino superarla, no devolviendo tampoco mal por mal (con respecto a שלם y sinónimos, cf. Pr 17, 13). Esto es lo que quiere decir el proverbio, porque 22b supone que se ha sufrido una injusticia, lo que podría despertar en el injuriado un espíritu de venganza.

Sin embargo, este proverbio no dice que los hombres deban encomendar la venganza a Dios, en el sentido de Ro 12, 17-19; 1Pe 3, 9 sino que, renunciando a toda reparación, ellos deben encomendar su liberación y su justificación en manos de Dios, porque la promesa no es que Él los vengará, sino que Él los ayudará.

El *yusivo* וישע (וְיֹשַׁע לָךְ) va según *Metheg-setzung,* 42, con *gaja* como העמדה, con ע para asegurar una pronunciación distinta a la gutural final) estableciendo a modo de consecuencia como, p. ej. en 2Re 5, 10, lo que en ese caso sucederá (Jerónimo, Lutero, Hitzig) si uno deja que Dios gobierne (Gesenius 128, 2c). Igualmente posible, sintácticamente, es la traducción él pueda ayudarte (LXX, Ewald). Pero, de acuerdo con el espíritu del proverbio, esas palabras tienen mejor sentido como promesa.

**20, 23.** *Abominación a Yahvé son dos clases de pesas; y los saldos engañosos no son buenos.* Esta es una variante de Pr 20, 10; Pr 11, 1. El predicado לא־טוב (Pr 17, 26; Pr 18, 5; Pr 19, 3) se concibe como neutro: esas pesas dobles no son buenas, sino malas y perniciosas, porque el engañador solo tiene éxito en apariencia; en realidad falla.

**20, 24.** *De Yahvé son los pasos del hombre; ¿cómo puede entonces un hombre entender su camino?* La primera línea corresponde a Sal 37, 23, pero allí tenemos el predicado verbal כּוֹנָנוּ, con el significado de que la asistencia misericordiosa de Dios nos permite caminar de alguna forma; por el contrario, aquí tenemos ante nosotros una variante del proverbio que dice *der Mensch denkt, Gott lenkt*, que es igual en español *el hombre propone, Dios dispone*, Pr 16, 9, Jer 10, 23.

Para el מִן de מִצְעֲדֵי־, cf. 2Sa 3, 37. Sal 118, 23 presenta a Dios en general como el que actúa, es decir, como la causa última. El hombre es, en efecto, libre de volverse de un lado a otro, de decidir sobre este curso de conducta o sobre aquel y, por lo tanto, es responsable de ello; pero las relaciones que cooperan en todos sus pasos, como las condiciones que definen su marcha, provienen y se despliegan conforme a la voluntad y guía de Dios.

Por otra parte, las consecuencias y condicionantes de las acciones de los hombres, que están conectadas con sus pasos y se derivan de ellos, se encuentran más allá del poder de cada uno, pues los pasos de cada uno están vinculados con los pasos de otros, en forma de cadena, de la que no puede verse ni el principio ni el final. Solo el conocimiento de Dios abarca y comprende todo, el principio, el medio y el fin. En ese sentido, la sabiduría de Dios que gobierna en la esfera de la historia, hace que toda actividad humana (la acción libre de cada uno), esté subordinada al plan universal de Dios.

La pregunta ¿cómo puede entonces un hombre entender su camino? ha de entenderse de forma negativa: el hombre no puede entender todo su camino. La partícula מה (וְאָדָם מַה־ יָבִין דַּרְכּוֹ) tiene aquí el mismo sentido que en Éx 10, 26; Job 9, 2; Job 19, 28, y puede entenderse en forma de acusativo (como en Job 11, 8) o de adverbio en sentido negativo, como en árabe. El camino es todo el curso de su vida, y el hombre solo lo comprende en esta vida presente de un modo relativo; su verdadero desentrañamiento pertenece al futuro.

**20, 25-26.** *Es una trampa para el hombre comer lo santo, y después de los votos hacer la indagación.* Se han propuesto dos interpretaciones para la primera línea: (1) *el lazo del hombre devora, es decir, destruye lo santo*; pero en ese caso מוקש אדם debe ser la expresión de una acción, en lugar de una expresión de resistencia, lo cual es imposible; (2) lo mismo ocurre con la otra explicación: *la trampa de un hombre devora, es decir, consume, lo santo*, esto es, aquello que está sustraído al uso común de la vida. Jerónimo con su *devotare sanctos*, y Lutero con su *das Heilige lestern* (para calumniar lo santo), dan a לוע igual a בלע un significado arbitrario. Tampoco se puede aceptar el significado καταπίεται (Aquila, Véneto).

En contra de eso, ילע ha de tomarse como futuro abreviado de לוּע (de ילוּע), o como ילע de לעע, como en Job 6, 3 que equivale (en árabe) a *laghâ temere loqui* (hablar temerariamente, *proloqui*). Y por su parte, קדש (que según Hitzig significa consagración, en contra del uso del lenguaje) ha de tomarse como κορβᾶν, Mc 7, 11, es decir, como exclamación que uno emite de un modo expreso, para indicar

463

# Primera colección: Proverbios salomónicos (Pr 10, 1 – 22, 16)

que esto o aquello entre sus posesiones ya no le pertenece, sino que lo consagra a Dios, de forma que así debe ser entregado al templo.

Pues bien, un voto tan repentino y la forma de apelar al juramento pronunciado constituye una trampa para un hombre que lo ha pronunciado, porque descubre al final que se ha perjudicado a sí mismo por la enajenación de su propiedad, con una promesa que va más allá de lo que le correspondía, o con el cumplimiento de un voto cuya realización está llena de dificultades, con las que quizás están también implicados otros hombres. Un voto de ese tipo, con respecto a cosas de las cuales no le estaba permitido disponer, tiene malas consecuencias para un hombre, que puede arrepentirse después, viéndose obligado a quebrantar su juramento.

La LXX expresa el verdadero significado del proverbio de un modo afortunado: Παγὶς ἀνδρὶ ταχύ τι τῶν ἰδίων ἁγιάσαι, μετὰ δὲ τὸ εὔξασθαι μετανοεῖν γίνεται (es para el hombre un lazo consagrar rápidamente algunas de sus cosas como santas, teniendo que arrepentirse después por lo que ha hecho). נדרים es plural genérico (cf. 16b *qetub*), y בקר tiene el mismo sentido que en 2Re 16, 15, árabe *baḳr*, *examinare*, *inquirere*, con el sentido de someter a investigación, a saber, si debe y puede cumplir un voto como este, o si no podrá y debería renunciar a él (Fleischer).

Desde un punto de vista sintáctico, el sentido de 25a es muy difícil de precisar, de manera que Bertheau y Hitzig, puntúan y traducen ילע de un modo distinto. Pero esta palabra ha de formarse a partir de un verbo ילע (cf. Hab 3, 13), con el significado árabe *wala'*, "anhelar ansiosamente", cosa que aquí no puede aceptarse.

La puntuación muestra que יָלַע es un futuro, con *gaja* en ע, para dar más fuerza a la gutural final en la pronunciación. El poeta parece aludir primero a lo que es "una trampa para un hombre", como un *rubrum* (una indicación de "peligro", en rojo) para presentar luego el grito de "santo". Solo después de hecho el voto, sabiendo que ha caído en una trampa, este hombre empieza a deliberar sobre su sentido (si podrá cumplirlo o no). Fleischer indica el tema correctamente diciendo *post vota inquisiturus est in ea* (después de haber hecho el voto se pone a pensar en ello), como en יהיה לבקר, Hab 1, 17, cuyo pasaje es también semejante a nuestro proverbio, como Hitzig indica adecuadamente.

Esta es una variante de Pr 20, 8, pero aquí sigue la figura del aventador.[34] No debemos pensar en el castigo de la rueda de trillar pasando por encima de los enemigos, que se cita solo como una terrible costumbre de guerra (por ejemplo, en Am 1, 3). Solo se quiere decir que un rey sabio, con un procedimiento agudo y

---

34. Para una descripción del tema, con la pala de aventar, cf. רחת, en Wetzstein, *Excurso* a mi *Comentario de Isaías* p. 707ss.

464

vigoroso, separa a los impíos y los visita inmediatamente con el merecido castigo, como quien trabaja con la pala para aventar, separar, el trigo de la paja. La mayoría de los intérpretes antiguos piensan en אוֹפַן (de אפן, *vertere*) en su significado metafórico, τρόπος (así también Löwenstein, los trata según el mérito), o la rueda de la fortuna, con referencia a las constelaciones; por lo tanto, desgracia (Emmanuel, Meri). Sin embargo, Arama, Oetinger y otros están en el camino correcto.

Lo que los intérpretes dicen aquí sobre el doble acento de la palabra que es fruto de ignorancia, la puntuación correcta es יֶלַע con *gaja* en ע, para dar más fuerza a la gutural final en la pronunciación. El poeta parece colocar en primer plano, "una trampa para un hombre", como un *rubrum*; y luego, continuando con la descripción, grita de repente "¡santo!" y después del voto, procede a deliberar sobre él. Fleischer correctamente, *post vota inquisiturus est (en ea)* es igual a יהיה לבקר; véase Hab 1, 17, cuyo pasaje Hitzig también compara como sintácticamente muy relacionado.

## 20, 27-30.

El grupo anterior comenzaba en 20, 20 con el proverbio sobre una luz que se extingue. Ahora tomamos el nuevo proverbio sobre la luz (20, 27) como comienzo del nuevo grupo.

נֵר יְהוָה נִשְׁמַת אָדָם חֹפֵשׂ כָּל־ חַדְרֵי־ בָטֶן: <sup>27</sup>

חֶסֶד וֶאֱמֶת יִצְּרוּ־ מֶלֶךְ וְסָעַד בַּחֶסֶד כִּסְאוֹ: <sup>28</sup>

תִּפְאֶרֶת בַּחוּרִים כֹּחָם וַהֲדַר זְקֵנִים שֵׂיבָה: <sup>29</sup>

חַבֻּרוֹת פֶּצַע (תמריק) (תַּמְרוּק) בְּרָע וּמַכּוֹת חַדְרֵי־ בָטֶן: <sup>30</sup>

<sup>27</sup> *Lámpara de Jehovah es el espíritu del hombre,*
la cual escudriña lo más recóndito del ser.
<sup>28</sup> La misericordia y la verdad guardan al rey,
y con justicia sustenta su trono.
<sup>29</sup> La gloria de los jóvenes es su fuerza;
y las canas son el esplendor de los ancianos.
<sup>30</sup> Las marcas de los azotes purifican del mal,
y los golpes purifican al corazón.

**20, 27.** *Lámpara de Yahvé es el alma-espíritu…* El lenguaje del A.T. tiene una palabra separada para denotar el espíritu humano personal, consciente de sí mismo en contraposición al espíritu de una bestia. Esa palabra, según el uso del lenguaje, como señala Reuchlin, en un apéndice de Aben Ezra, es נשמה. Se llama así al principio de vida insuflado inmediatamente por Dios en el cuerpo (véase

# Primera colección: Proverbios salomónicos (Pr 10, 1 – 22, 16)

Gn 2, 7; Gn 7, 22). De hecho, lo que aquí se dice del espíritu humano no se diría del espíritu de una bestia, pues lo que aquí se representa figurativamente es "el misterio de la autoconciencia" (Elster).

Este proverbio no usa intencionalmente la palabra נפש, porque esta no indica el poder de autoconciencia del hombre, sino el principio de la vida corporal. Esta palabra relacionada secundariamente con Ruah, רוח, que se vincula con נשמת חיים y con נפש חיים. Hitzig, tiene un sentido equívoco cuando entiende por נשמה el alma en contraposición al espíritu, y en apoyo de esto apela a una expresión de la cosmografía de Kazwni, "el alma (árabe *âl-nefs*) es como la lámpara que se mueve en los aposentos de la casa". También en este caso, *en-nefs* es el espíritu autoconsciente, tanto para el árabe como para la terminología postbíblica hebrea, influenciada por la filosofía, que invierte el uso bíblico y llama al alma racional נפש y, por el contrario, al alma animal נשמה (Psychologie, p. 154).

חפש es el participio de חפש, Sof 1, 12, sin distinguir el *kal* y *piel*. Con respecto a חדרי-בטן, LXX ταμιεῖα κοιλίας, véase Pr 18, 8. La palabra בטן indica la parte interna del cuerpo (raíz בט, profundizar) y, generalmente, la personalidad; cf. Árabe *bâtn âlrwh*, el interior del espíritu, y Pr 22, 18, según el cual Fleischer explica el comienzo de este versículo así: "Una lámpara de Yahvé, es decir, un medio otorgado al hombre por Dios mismo para buscar los secretos profundamente escondidos en el espíritu". Pero mientras la lámpara que Dios ha encendido en el hombre tiene la esfera de iluminación más cercana, que brota de ella, la condición del hombre mismo, el espíritu comprende todo lo que pertenece a la naturaleza del hombre en la unidad de la autoconciencia, pero más aún, todo lo que convierte al hombre en objeto de reflexión; todo lo que le penetra y le escudriña para así regirlo con su poder.

Este proverbio debe entenderse, por tanto, de un modo ético: *el espíritu es lo que penetra lo que está dentro, incluso en los muchos rincones y pliegues secretos del hombre,* con su luz de prueba y conocimiento de sí mismo; el espíritu es, según Mt 6, 22, la luz interior, el ojo interior. El hombre llega a conocerse a sí mismo según su condición tanto moral como natural a la luz del espíritu, porque ¿quién de los hombres sabe las cosas del hombre, sino el espíritu del hombre que está en él? (1Co 2, 11).

Como referencia a este proverbio salomónico, el candelabro de siete brazos es un antiguo símbolo del alma, por ejemplo, en los monumentos sepulcrales judíos de la *via Portuensis* de Roma. Nuestros textos presentan la frase נר יהוה; pero el Talmud, Peschita 7b, 8a, y la *Pesikta* de Rabbi Akiba (Midrash *Othijoth,* 8), alude, más bien, a *la lámpara de Elohim* (cf. Peschita, נר אלהים ,נ). Conforme a esta frase se traduce este Proverbio en el Targum, mientras que el Syr. y las otras versiones antiguas introducen la palabra "Señor" (Véneto: ὀντωτής) y, por lo tanto, tenían יהוה en el texto original.

**20, 28.** *El amor y la verdad guardan al rey; y sostienen su trono.* No tenemos en el idioma alemán (ni en español) un par de palabras que cubran completamente el sentido חסד ואמת (misericordia y verdad). Cuando las aplicamos a Dios, las traducimos por *gracia y verdad* (en alemán *gnade und Wahrheit*), Sal 40, 12 (יצרוני); cuando las aplicamos a los hombres ponemos *amor y verdad* (alemán *liebe und Treue*), Pr 16 ,6; y cuando las aplicamos a las fuerzas divinas solemos poner *bondad y verdad*, Pr 3, 3.

El amor y la verdad son los dos buenos espíritus que custodian al rey. En otros lugares se dice que el trono del rey está sostenido "con juicio y con justicia", Is 9, 6 (7); aquí, por el otro lado, vemos que el ejercicio del gobierno debe tener como centro el amor, pues no tiene que actuar solo en una línea de derecho (según la ley), pues, como dice el proverbio que sigue, la conducta del hombre ha de estar determinada por el motivo central del amor. En esa línea, le damos al rey no solo el título de *Grossmächtigster* (el más alto y poderoso), sino también el de "*Allergnädigster*" el más clemente, porque el rey puede y debe ejercer la gracia ante los demás hombres; la virtud de la condescendencia establece su trono más que el poder de la grandeza.

**20, 29.** *El adorno de los jóvenes es su fuerza; y el honor de los ancianos son sus canas.* La juventud recibe el nombre בחור (diferente de בחר, elegir), que viene de madurez (raíz בחר, de la familia de בגר, בכר) de forma que en el hebreo misnáico se dice בגרות, virilidad (en contraposición a נערות, *juventus*) en la que entra el hombre después de haber pasado la flor de la niñez. Por su parte, al anciano se le llama זקן (árabe *dhikn*, como dice Schultens, de *mento pendulo*, de mentón colgante, זקן (árabe) *dhakan*, mentón, barba en el mentón.

La plenitud de la fuerza fresca no desperdiciada es para la juventud, como tal, un adorno (תפארת, cf. פארור, color floreciente del semblante). Por el contrario, al anciano que ha gastado sus fuerzas en los deberes de su oficio, o como se dice en Pr 16, 31, "en el camino de la justicia", le definen las canas (שׂיבה, de שׂב, árabe *shâb, canescere*), pues ellas le conceden una apariencia honorable (הדר, de הדר, *turgidum, amplum esse*, véase en Is 63, 1).

**20, 30.** *Las marcas de los azotes purifican del mal, y los golpes purifican al corazón.* Las dos palabras para indicar las heridas en el primer estico están en estado constructo; חבורה (de חבר, estar atado con rayas, estar rayado) es propiamente la raya, la huella… Pero esa palabra está aquí realzada por פצע (de פצע, hendir, partir, desgarrar), que evoca una especie de llaga-herida, desgarrando la carne, como en cortes.

Este predicado está tomado del *keré* תמרוק; pero este sustantivo, que se encuentra en el libro de Ester, donde significa la purificación de las mujeres para el harén (según el cual, por ejemplo, Ahron B. Joseph explica כמו תמרוק לנשים

*Primera colección: Proverbios salomónicos (Pr 10, 1 – 22, 16)*

שהוא יפה להם), este lenguaje resulta sintácticamente duro y escasamente original, porque deberíamos haber esperado con Kimchi una frase que dijera: las heridas de incisión profunda encuentran su limpieza (su curación) a través de una medicina dolorosa, es decir, por medios que traen sufrimiento. Pero resulta difícil determinar el sentido de esas curaciones, aplicadas a llagas dolorosas producidas por algún castigo en el cuerpo, como ha intentado precisar Fleischer (*Vibices plagarum sunt lustratio quae adhibetur malo*), hablando de la curación dolorosa de las llagas, utilizando la expresión ברע (del mal) y no simplemente רע.

Pero si seguimos el texto del *qetub*, תמריק, entonces todo es sintácticamente correcto, porque la palabra ימריקו o תמרקנה, utilizada en analogía con התעה ב, Jer 42, 2, השריש ב ב, Job 31, 12 y similares tiene un fundamento especial en el carácter metafórico de la limpieza. En esa línea se sitúa, por ejemplo, el texto siríaco para hablar de una limpieza moral. El verbo מרק significa en el Talmud también, "quitar" (metáfora de *abstergere*; cf. árabe *marak*, limpiar) (cf. carta de Dozy a M. Fleischer, 1871, p. 198). Por su parte, Schabbath 33a, utiliza esta misma palabra para referirse a las interpretaciones de este proverbio: llagas y heridas se curan con un preparado que se utiliza como remedio para el mal, pero que produce un intenso dolor en las partes más internas del cuerpo.

De todas formas, aun concediendo que la מרק bíblica pueda tener este significado, la ב de בְּרָע sigue siendo inexplicable. Por lo tanto, tenemos que atenernos al significado principal de este proverbio y compararlo con otro de *Berachoth*, 5a que dice: "las providencias aflictivas lavan todas las transgresiones del hombre". En esa línea, se sitúa la interpretación de nuestro texto, aunque debemos tener en cuenta que Pr 20, 30 no se refiere, al menos en principio, a las heridas que inflige Dios, sino a las que inflige un tipo de educación punitiva de los hombres, que se realiza con azotes o latigazos y que produce heridas profundas en el cuerpo.

Esas heridas de los latigazos han de ser curadas frotando, limpiando, lavando las partes golpeadas del cuerpo. Por eso se puede hablar de las *verbera penetralium corporis* que se producen en las partes interiores del cuerpo, unas heridas cuya fuerza penetra en los lugares más profundos del cuerpo y del alma, *quorum vis ad intimos corporis et animi recessus penetrat*.

Este proverbio nos sitúa ante el carácter sanador del castigo, incluidas las heridas del cuerpo, que sirven para curar las heridas más profundas del alma. En esa línea, resulta significativa la explicación de Lutero cuando dice: *hay que refrenar el mal con un castigo severo, y con golpes duros que uno sienta*. En ese contexto, han podido interpretarse los sufrimientos y dolores personales de Cristo, que no han servido para purificarle a él, sino para purificar a los hombres pecadores.

# Proverbios 21

## 21, 1.

פַּלְגֵי־ מַיִם לֶב־ מֶלֶךְ בְּיַד־ יְהוָה עַל־ כָּל־ אֲשֶׁר יַחְפֹּץ יַטֶּנּוּ׃ ¹

¹ Como una corriente de agua
es el corazón del rey en la mano de Jehovah,
quien lo conduce a todo lo que quiere.

**21, 1.** El grupo que había comenzado en 20, 27, se cierra ahora como el anterior (20, 20-26, con este proverbio sobre el rey. Arroyo y canal (la traducción griega Quinta de la Hexapla pone: ὑδραγωγοί) se llaman פלג, Job 20, 17, en árabe *falaj* (de פלג, dividir, según el cual Aquila, Símaco y Teodocion ponen διαρέσεις; Véneto διανομαί; Jerónimo *divisiones*); Jâkût ofrece la mejor explicación de la palabra: "*Falaj* es el nombre que se le da al agua que fluye, particularmente al arroyo de un manantial, y a todo canal que sale de un manantial sobre terreno llano". Tales arroyos de agua son el corazón de un rey, es decir, se comparan con él, en la mano de Yahvé.

La segunda línea contiene el punto de comparación: Dios inclina el corazón de un rey, le da la dirección (הטה, causativo de נטה, Nm 21, 15) hacia lo que Él quiere (חפץ denota voluntad, como una flexión e inclinación, a saber, de la voluntad; véase Pr 18, 2). Con razón, Hitzig encuentra que no es accidental que se elija la expresión "arroyos de agua" como la figura de docilidad y sujeción al gobierno. Is 32, 2, compara a los príncipes de Judá con "ríos de agua en lugar seco", refiriéndose al agotamiento de la tierra durante la opresión de la invasión asiria. Este proverbio tiene especialmente en cuenta las evidencias de la bondad que proceden del corazón, como en Pr 16, 15, donde el favor del rey se compara con nubes de lluvia tardía que se convierten en lluvias benéficas, y en Pr 19, 12 con el rocío que refresca las plantas.

Pero lo especial de la comparación es que el corazón del rey, por muy exaltado que esté por encima de sus súbditos, y por muy apartado que esté de su conocimiento tiene, sin embargo, a Uno (Dios) por encima de él, de manera que por él le mueven influencias ocultas, por ejemplo, la oración de los oprimidos. El hombre es verdaderamente libre, pero actúa bajo la influencia de circunstancias y operaciones divinamente dirigidas; y aunque rechace la guía de Dios, sin embargo, no puede hacer nada que el Omnisciente no conozca; Dios no se sorprende por nada, pues nada hay que no está subordinado a su voluntad en el plan mundial de redención. Con razón dice el Midrash: Dios le da al mundo reyes buenos o malos, según busquen bendición o ser visitados con castigo; todas las decisiones

*Primera colección: Proverbios salomónicos (Pr 10, 1 – 22, 16)*

que salen de la boca del rey vienen לכתחלה, del Santo en su primer comienzo y su última razón.

## 21, 2-8.

El siguiente grupo va del 21, 2 al 21, 8, donde concluye como había comenzado.

כָּל־ דֶּרֶךְ־ אִישׁ יָשָׁר בְּעֵינָיו וְתֹכֵן לִבּוֹת יְהוָה׃ ² <br>
עֲשֹׂה צְדָקָה וּמִשְׁפָּט נִבְחָר לַיהוָה מִזָּבַח׃ ³ <br>
רוּם־ עֵינַיִם וּרְחַב־ לֵב נִר רְשָׁעִים חַטָּאת׃ ⁴ <br>
מַחְשְׁבוֹת חָרוּץ אַךְ־ לְמוֹתָר וְכָל־ אָץ אַךְ־ לְמַחְסוֹר׃ ⁵ <br>
פֹּעַל אוֹצָרוֹת בִּלְשׁוֹן שָׁקֶר הֶבֶל נִדָּף מְבַקְשֵׁי־ מָוֶת׃ ⁶ <br>
שֹׁד־ רְשָׁעִים יְגוֹרֵם כִּי מֵאֲנוּ לַעֲשׂוֹת מִשְׁפָּט׃ ⁷ <br>
הֲפַכְפַּךְ דֶּרֶךְ אִישׁ וָזָר וְזַךְ יָשָׁר פָּעֳלוֹ׃ ⁸

² Todo camino del hombre es recto ante sus ojos,
pero Jehovah es el que examina los corazones.
³ Practicar la justicia y el derecho es más aceptable
a Jehovah que el sacrificio.
⁴ Pecado son la altivez de ojos y el orgullo del corazón,
la lámpara de los impíos.
⁵ Los proyectos del diligente resultarán en abundancia,
pero todo apresurado va a parar en la escasez.
⁶ Acumular tesoros mediante la lengua de engaño
es vanidad fugaz de los que buscan la muerte.
⁷ La rapiña de los impíos los arrastrará,
por cuanto rehúsan hacer justicia.
⁸ El camino del hombre es torcido y extraño,
pero la conducta del limpio es recta.

**21, 2.** *Todo camino del hombre es recto en su propia opinión; pero discernidor de corazones es Yahvé.* Este proverbio es similar a Pr 16, 2, con pequeñas diferencias. También en Pr 17, 3, Dios aparece como probador (discernidor), בחן, de corazones, como aquí donde se le llama pesador, תכן. El proverbio nos advierte indirectamente del deber de un constante autoexamen, para que respondamos a la norma objetiva de la voluntad revelada de Dios, poniéndonos en guardia contra la autocomplacencia del necio, de quien dice Pr 12, 15 (como Trimberg, *Renner*), que "todos los necios viven en el agradable sentimiento de que su vida es la mejor"; también nos pone en guardia contra el autoengaño que camina por el camino de la muerte, mientras piensa que va avanzando por el camino de la vida, Pr 14, 12 (Pr 16, 25).

**21, 3.** *Hacer justicia y juicio es más agradable a Yahvé que sacrificio.* Venimos mostrando la gran diferencia que existe entre las obras del culto ceremonial, en comparación con los deberes de la obediencia moral, según el espíritu de *la hokma*; cf. Pr 15, 8. La profecía también ofrece su testimonio en este campo, por ejemplo, Os 6, 7 donde, como aquí (cf. Pr 20, 8 con Is 9, 8), la práctica de צדקה ומשפט (de la justicia y el juicio, tema que aparece en Gn 18, 19; Sal 33, 5 y en otros lugares) no significa sometimiento legal, sino más bien la práctica de aquello que es *justum et aequum*, justo y equitativo, o más bien, *aequum et bonum*, equitativo y bueno, por lo cual, en su fundamento, esa práctica procede del principio del amor. El infinitivo עשׂה (como קנה, Pr 16, 16) aparece tres veces (aquí, en Gn 50, 20 y en Sal 101, 3) expresando el sentido de la acción de Dios en el hombre.

**21, 4.** *Altivez de ojos e hinchazón de corazón; la lámpara (=el campo) de los impíos es pecado.* Si la palabra נר, en el sentido de lámpara o luz, diera un significado satisfactorio, entonces uno podría apelar a 1Re 11, 36 (cf. 2Sa 21, 17), donde ניר parece significar lámpara, con cuyo significado aparece otra vez (2Sa 22, 29) escrita ניר (como חיק). Ciertamente, no se puede establecer con certeza que ניר sea igual a נר (forma básica, *nawir*, relámpago); eso no está establecido con certeza ni en hebreo, ni en asirio. Pero sobre la lámpara de los impíos leemos en Pr 13, 9 y en otros lugares, que ella se apaga.

Aquí debemos entender por נר la brillante prosperidad (Bertheau y otros) de los malvados, o su "espíritu orgulloso que arde y arde como luz brillante" (Zockler), pero eso es contrario al uso de la metáfora tal como aparece en otros lugares, donde se afirma que los impíos no prosperan. Y por eso, debemos buscar otro significado para נר; pero no el de yugo, porque ese significado no es hebreo, sino arameo-árabe, y la interpretación que de eso deduce Lagarde (altivez y orgullo; pero todos los impíos llevan su yugo), intenta evitar por todos los medios la oposición o ruptura entre los dos esticos del verso, pero sin conseguirlo. Tenemos que buscar por tanto otro sentido para נר, como seguiremos viendo, sacando la conclusión de que significa "campo", deduciendo que el campo de los impíos con todo lo que allí se cultiva es pecado o consecuencia del pecado.

En hebreo נר significa lo que alumbra (quema) y recibe el sentido de lámpara, נוּר, lo que brilla (lo que arde) lo mismo que fuego. Pero, al mismo tiempo, ניר, Pr 13, 23, de ניר, arar (Targum 1Sa 8, 12, como למנר en relación a לחרשׁ) es la tierra fresca, es decir, la roturación de la tierra en barbecho. En ese contexto, el Véneto, en la línea de Kimchi pone: νέωμα ἀσεβῶν ἁμαρτία, el conocimiento de los impíos es pecado, como explican Ewald y Elster: "Donde prevalece una disposición de perversa altivez y de orgullo desenfrenado, allí se cultivará como primicia de todo el pecado. En esa línea נר, entendido en latín como *novale*, es el campo levantado o roturado por primera vez, en el sentido de "primicias del pecado".

*Primera colección: Proverbios salomónicos (Pr 10, 1 – 22, 16)*

Pero ¿por qué solo aplicar la palabra a las primicias y no al fruto en general? Es mejor atenernos al campo mismo, que aquí se llama נר, no שׂדה (o como una vez en Jer 39, 10, יגב), porque con esta palabra, más que con שׂדה, se vincula la idea de trabajo agrícola, de tierra cultivable, ganada de nuevo para el cultivo por la excavación o rotura de un barbecho de uno o más años (cf. *Pea* ii. 1, ניר, en árabe *siḳâḳ*, opuesto a בור, árabe *bûr*, cf. *Menachoth* 85a). En ese sentido, שׂדות מנירות se refiere a un campo recién preparado para el cultivo, cf. *Erachin* 29b, נר, opuesto a הביר, dejar en barbecho.

Según eso, נר רשעים está indicando los campos y, en general, la agricultura, es decir, toda la conducta y vida de los impíos, roturando el duro campo. Según eso, נר tiene aquí un sentido éticamente metafórico, no como en Os 10, 12; Jer 4, 3, donde significa un nuevo comienzo moral de vida. La lámpara del impío parece alumbrar, pero es signo de pecado y destrucción. Lo mismo su campo; por mucho que parezca producir solo produce en realidad frutos de muerte, antes de ser roturado.

**21, 5.** *Los proyectos de los diligentes tienden solo a la abundancia; pero todos los que se apresuran sin discernimiento llevan a la pérdida.* Con otras palabras, de acuerdo con la construcción hebrea, este proverbio dice: los pensamientos de los laboriosos son (sirven) solo para ganar, pero cualquiera que se apresure (que vaya con prisa) va solo hacia la pérdida (véase Pr 17, 21). En Pr 10, 4, Lutero traducía "la mano del diligente", aquí "los planes de un experto, *endelichen*", es decir, de alguien que se esfuerza activamente (Pr 22, 29, *endelich* equivale a מהיר) hasta el final.

Por el contrario, el אץ, el que se apresura y corre demasiado (el que es precipitado, como dice Lutero) hace lo contrario del verdadero diligente. En los demás lugares de Proverbios, אץ tiene un sentido de "juntar", por lo que Hitzig lee אצר, que debe significar, *el que junta*; pero אץ unido a con חרוץ tiene un sentido perfectamente distinto. El pensamiento es el mismo que nuestro *"eile mit Weile"* (igual a *festina lente,* apresúrate haciéndolo lentamente), y el de Goethe en su poema: *wie das Gestirn / ohne Hast, / Aber ohne Rast, / Drehe sich jeder / Um die eigne Last* (como las estrellas, sin prisa pero sin descanso, lleve cada uno su "propia carga", es decir, la carga de su propia vocación o tarea).

El significado fundamental de אוץ es aglomerar, apremiar (Éx 5, 13), aquí tiene el sentido de temeridad impaciente y desconsiderada. Mientras que del lado de los diligentes no hay nada más que ganancia, tal prisa solo trae pérdida; el sobreesfuerzo hace daño, y el trabajo requerirá cuidado, circunspección y minuciosidad. En el libro de los Proverbios los contrastes entre "ganancia" y "pérdida" aparecen con frecuencia, Pr 11, 24; Pr 14, 23; Pr 22, 16. La ganancia (el aumento de capital por interés) se opone a la pérdida (de capital, o de parte del mismo), como términos comerciales.

**21, 6.** *La ganancia de tesoros por una lengua mentirosa es un aliento fugaz de los que buscan la muerte.* Conforme al estilo libre de las semejanzas y comparaciones gnómicas, uno puede considerar el "aliento fugaz" y "los que buscan la muerte" como dos predicados separados: ese tipo de ganancia es el aliento fugaz, así que aquellos que ganan de esa forma buscan la muerte (Caspari, véase Coment. a Isaías, p. 53). Pero también es sintácticamente admisible interpretar la frase *buscadores de muerte* como genitivo, vinculado al estado constructo, como he puesto en la traducción (esas ganancias son un aliento fugaz de buscadores de muerte). La palabra נדף (fugaz) aparece con frecuencia, por ejemplo, en Is 28, 1; Is 32, 13; 1Cr 9, 13; también en árabe se ven formas verbales como esta.

De todas formas, el texto es poco seguro. Símaco, Syr., Targum, Véneto y Lutero traducen מבקשי como buscadores; pero la LXX y Jerónimo dicen מוקשי (lazos, cf. 1Ti 6, 9). Rashi encontró también en algunos lugares esta palabra (véase Norzi), y Kennicott la encontró en varios códices. Bertheau la prefiere, pues traduce: es aliento fugaz, lazos de muerte. Ewald y Hitzig van más allá, pues, siguiendo a la LXX, afirman que las obras por las que se acumulan tesoros con engaño son מות פעל, obras de muerte.

Acumular tesoros mediante la lengua de engaño es vanidad fugaz de los que buscan la muerte. El sentido de la frase es que, en manos de los mentirosos, los mismos tesoros no son más que un aliento de muerte, una ganancia fugaz (נדף, como en Is 42, 2), un aliento sin consistencia (como el humo, Sal 68, 3). Esos mismos tesoros son lazos de muerte para los mentirosos, igual que las herencias injustas (cf. Pr 13, 14; Pr 14, 27). Ciertamente, פעל es ganancia (aquí equivalente a עשׂות, *acquisitio*, Gn 31, 1; Dt 8, 17), pero hay adquisiciones injustas y mentirosas que son para la muerte.

**21, 7.** *La violencia de los impíos los desgarra, porque se han negado a hacer lo que es correcto.* La destrucción que preparan para otros les destruye a ellos mismos o los arrastra a la ruina, porque una mala conducta se castiga a sí misma; su propia conducta es el verdugo de los impíos (cf. Pr 1, 19). Por negarse a practicar lo que es correcto, los impíos han pronunciado un juicio y condena contra sí mismos, y han caído bajo la destrucción. Correctamente Jerónimo dice: *detrahent*, con Aquila, κατασπάσει es igual a *j'gurrem* (como Hab 1, 15), de גרר, en el sentido de *se destruyen a sí mismos.*

El texto sirio y el Targum traducen libremente: *el robo* (targum רבונא, quizás en el sentido de usura) *se apoderará de ellos,* es decir: aquello mismo que han robado les castigará, como en árabe *jarr, jariyratn,* que significa directamente cometer un delito. No es como explica Schultens, *admittere crimen paenam trahens* (realizan un crimen que trae consigo la pena), sino que el mismo crimen lleva consigo la pena (se identifica con ella), a modo de condena, pues el mal se castiga a sí mismo.

**21, 8.** *Sinuoso es el camino del hombre cargado de culpa; pero el puro, su conducta es correcta.* Con razón, la acentuación pone juntos "el camino de un hombre" (אִישׁ דֶּרֶךְ) como sujeto y "puro" (זָךְ) como predicado, si el poeta hubiera querido decir (Schultens, Bertheau) "uno puro en su camino" (*quoad viam*), se habría contentado con la frase נִחַפֶּךְ דֶּרֶךְ. Pero además la acentuación es escasamente correcta (el segundo *munach* es un *mugrash* transformado), pues interpreta וָזָר como un segundo predicado, siendo como es adjetivo, אִישׁ.

Por otro lado, הֲפַכְפַּךְ (sinónimo de עֲקַלְקַל, פְּתַלְתֹּל) es un *hapax legomenon*, así también lo es וָזָר, es equivalente al árabe *mawzur, crimine onustus* (cargado de crimen), de *wazria, crimen committere*, con el sentido de acusarse de un delito. Los antiguos intérpretes, de hecho, no tienen conciencia de este significado. La LXX obtiene del proverbio un pensamiento que nos recuerda el de Sal 18, 27, donde *vazar* no aparece en absoluto.

Syr. y Targ. traducen como si la *waw* de *vazar* introdujese la conclusión. Lutero se equivoca y Jerónimo también deja de lado la sintaxis, *perversa via viri aliena est* (el camino perverso de varón es ajeno). En cambio, puede ser sintácticamente admisible la traducción del Véneto y de Kimchi, que es como la de los judíos en general, διαστροφωτάτη ὁδὸς ἀνδρὸς καὶ ἀλλόκοτος (sinuoso y cargado de culpa el camino del varón…).

Fleischer renuncia aquí incluso a la ayuda del árabe, pues traduce, *tortuosa est via viri criminibus onusti; qui autem sancte vivit, is recte facit* (tortuoso es el camino del hombre cargado de crímenes; por el contrario, el que vive santamente hace rectamente las cosas…), pero agrega a esto la observación de que "*vazar*, explicado así, con Cappellus, Schultens y Gesenius, correspondería al árabe *wazar*, con un significado abstracto de sustantivo verbal de *wazira*".[35] La explicación antigua es quizá, según eso, la mejor: *tortuosa est via viri et deflectens* (tortuosa es la vía del varón, y *desviada* de la vía recta). Según eso, la palabra "*viri*" (אִישׁ) debe tomarse en el sentido general de "muchos, este y aquel". La definición más cercana de esa palabra se refleja en la זָךְ de la segunda cláusula.[36]

El hombre cargado de culpa (culpable) hace que todos los caminos sean caminos torcidos; pero el puro no necesita caminos sigilosos, no está bajo la presión de la esclavitud del pecado, bajo la prohibición de la culpa del pecado, sino que su

---

35. Los nombres de acción formados a partir de wazara son *wazr, wizr, wizat*. Estas tres formas corresponderían al hebreo *vĕzĕr, vēzĕr* y *zĕrĕth* (para *z'rāh*, cf. *rĕdĕth, r'dah*, Gn 46, 3).

36. Pero quedan algunos problemas: (1) זָר como adjetivo significa peregrino; por lo tanto, uno debería más bien esperar סָר, degenerado, corrupto, aunque eso tampoco concuerda correctamente con el sentido de conjunto del texto; (2) זָךְ es un sustantivo verbal, pero aquí toma el sentido de adjetivo, sin distinción de número y género (3) וָזָר, conforme a su significado de adjetivo, está relacionado con (árabe) *wazyr*, como חָכָם lo está con *ḥakym*, רוּב con *rahyb*. En 8b, זָךְ está correctamente acentuado como sujeto, con el significado de puro de corazón y de buena conciencia.

conducta es sencilla, dirigida por la voluntad de Dios, y no por un tipo de política astuta. Así traduce Schultens: *integer vitae scelerisque purus non habet cur vacillet, cur titubet, cur sese contorqueat* (el que es de vida íntegra y está libre de crímenes no tiene motivo para vacilar, ni para titubear, ni para doblarse de un lado para otro). La elección de la designación וזך (y los puros) puede ser ocasionada por וזר (Hitzig); la expresión 8b nos recuerda a Pr 20, 11.

## 21, 9-18.

Esta unidad grupo se extiende hasta Pr 21, 18, donde empieza un nuevo grupo, con una variación de su verso inicial.

9 טֹוב לָשֶׁבֶת עַל־ פִּנַּת־ גָּג מֵאֵשֶׁת מִדְיָנִים וּבֵית חָבֶר:

10 נֶפֶשׁ רָשָׁע אִוְּתָה־ רָע לֹא־ יֻחַן בְּעֵינָיו רֵעֵהוּ:

11 בַּעֲנָשׁ־ לֵץ יֶחְכַּם־ פֶּתִי וּבְהַשְׂכִּיל לְחָכָם יִקַּח־ דָּעַת:

12 מַשְׂכִּיל צַדִּיק לְבֵית רָשָׁע מְסַלֵּף רְשָׁעִים לָרָע:

13 אֹטֵם אָזְנֹו מִזַּעֲקַת־ דָּל גַּם־ הוּא יִקְרָא וְלֹא יֵעָנֶה:

14 מַתָּן בַּסֵּתֶר יִכְפֶּה־ אָף וְשֹׁחַד בַּחֵק חֵמָה עַזָּה:

15 שִׂמְחָה לַצַּדִּיק עֲשֹׂות מִשְׁפָּט וּמְחִתָּה לְפֹעֲלֵי אָוֶן:

16 אָדָם תֹּועֶה מִדֶּרֶךְ הַשְׂכֵּל בִּקְהַל רְפָאִים יָנוּחַ:

17 אִישׁ מַחְסֹור אֹהֵב שִׂמְחָה אֹהֵב יַיִן־ וָשֶׁמֶן לֹא יַעֲשִׁיר:

18 כֹּפֶר לַצַּדִּיק רָשָׁע וְתַחַת יְשָׁרִים בֹּוגֵד:

⁹ Mejor es vivir en un rincón de la azotea
que compartir una casa con mujer rencillosa.

¹⁰ El alma del impío desea el mal;
su prójimo no halla gracia ante sus ojos.

¹¹ Cuando el burlador es castigado,
el ingenuo se hace sabio;
y cuando el sabio es instruido, adquiere conocimiento.

¹² El justo observa la casa del impío;
cómo los impíos son arruinados por el mal.

¹³ El que cierra su oído al clamor del pobre también clamará,
y no se le responderá.

¹⁴ El regalo en secreto calma la ira;
y el obsequio a escondidas, el fuerte furor.

¹⁵ Le es alegría al justo practicar el derecho,
pero a los que practican la iniquidad les es un terror.

¹⁶ El hombre que se desvía del camino del entendimiento
irá a parar en la compañía de los muertos.

*Primera colección: Proverbios salomónicos (Pr 10, 1 – 22, 16)*

[17] El que ama los placeres se empobrecerá;
el que ama el vino y los perfumes no se enriquecerá.
[18] El impío es el rescate por el justo;
y el traicionero, por los rectos.

**21, 9.** *Mejor es sentarse en la punta del techo de una casa, que una mujer contenciosa y una casa en común.* No tenemos que complementar la segunda línea, con una mujer contenciosa, etc... (Símaco, Teodocion, Jerónimo, Lutero), ni explicitar el tema diciendo "uno tiene una contenciosa... ". El significado es claro: para un hombre es mejor vivir sentado en la azotea de la casa que tener una esposa pendenciera y una casa común (correctamente Targum y Véneto), es decir, *en una casa común*; porque la unión de esposa y casa con una *waw* es una endíadis semítica, una yuxtaposición de dos ideas, que en nuestros idiomas se expresaría a través de una relación de subordinación (Fleischer). Esta endíadis sería, de hecho, difícilmente posible si la idea de la esposa casada estuviera unida a אושת, porque es evidente que la mujer llamada así tiene con su marido una "casa de compañía, es decir, una casa común".

Pero ¿por qué se dice simplemente מֵאֵשֶׁת, que una mujer sin más? ¿No podría referirse esa palabra "mujer" a la suegra imperiosa y dominante de un viudo, a una tía malhumorada, a una vecina enfermiza que disputa con todo el mundo, con otras posibles relaciones? Un hombre debe vivir con su esposa mientras no se divorcie de ella; entonces puede y debe separarse de ella; pero un hombre también puede verse obligado por las circunstancias a vivir en una casa con una suegra pendenciera, y tal persona puede, incluso durante la vida de su esposa, y a pesar de su afecto, hacer su vida tan amarga que preferiría, para poder descansar, sentarse en el pináculo o cumbrera del techo de su casa. פנה es la almena (Sof 1, 16) o el borde del techo, o su cumbre. Quien se sienta allí lo hace con peligro, y está expuesto al temporal, pero eso es mejor que habitar con una mujer pendenciera. Un hombre así se siente solo.[37]

**21, 10.** *El alma del impío solo desea su mal; su prójimo no halla misericordia en sus ojos.* Aquí hay un intercambio intencionado de perfecto y futuro. Löwenstein interpreta el primero como *perf. hipotético*, si el alma del impío desea algo malo...; pero el רשע desea el mal no solo de vez en cuando, sino que esa es, en general, su naturaleza y tendencia. La traducción expresa lo que realmente es el caso: el alma del malvado tiene su deseo dirigido (אֻוְּתָה con *munach*, según los códices y ediciones

---

37. En algunos códices se incluye un *qetub* מדינים, con el *keré* מדינים (véase Pr 6, 14). Sobre los diversos elementos de una caída o dolor permanente, por los enfados de una esposa así, amargando la vida de su esposo, cf. Pr 19, 13.

476

antiguas, no con *makkeph*) hacia el mal, y el futuro expresa lo que procede de esto: el que está cerca del malvado no se salva (no encuentra misericordia en sus ojos).

(לֹא־יֻחַן) es, como en Is 26, 10, un *hofal* de חנן, inclinarse hacia alguien, ser compasivo con alguien, o inclinarse hacia él. En ese contexto ¿en qué sentido se agrega בעיניו? No significa "según su juicio", como aparece en muchos casos, por ejemplo, Pr 21, 2, Pr 20, 8; Pr 6, 13, sino que debe entenderse "ante sus ojos", conforme a la מצא חן בעיני, encontrar misericordia. Eso significa que el alma del impío no tiene misericordia, es decir, que «sus ojos no perdonarán a sus amigos» (véase Is 13, 18).

**21, 11.** *Cuando el escarnecedor es castigado, el simple se vuelve sabio; y cuando el sabio es instruido, adquiere conocimiento.* El pensamiento de este proverbio es el mismo que el de Pr 19, 25. El que se burla de la religión y de la virtud es incorregible, el castigo no le sirve de nada, pero su conducta no es totalmente inútil, sino que tiene un sentido, porque sirve de ejemplo y advertencia para los simples, pues de otro modo (sin verle) podrían caer más fácilmente en su misma vanidad e inutilidad. Por otro lado, el hombre sabio no necesita castigo, sino solo fortalecimiento y apoyo. Por eso, si se le imparte "instrucción", la abraza, la hace suya, fortalece su propia דעת, adquiriendo así una mejor comprensión, más y más conocimiento.

En esa línea, De Dieu, Bertheau y Zöckler piensan que los simples siguen siendo el tema central de 11b: *si un hombre sabio prospera, los simples adquieren conocimiento*. Pero la expresión השכיל ל (וּבְהַשְׂכִּיל לְחָכָם) entendida así, de un modo impersonal, no tiene sentido. Por eso, Hitzig borra la ל antes de חכם y traduce "si un hombre sabio tiene prosperidad". Pero השכיל no significa propiamente tener prosperidad, sino solo *actuar con perspicacia*, aunque de ahí se puede derivar el éxito.

Ciertamente, el pensamiento de que el simple queda, por un lado, iluminado por el merecido castigo del escarnecedor, mientras que, por otro, queda también reforzado por la inteligente conducta de los sabios, puede ser entretenido, pero la forma tradicional del proverbio no necesita corrección alguna. השכיל puede usarse no solo de manera transitiva, para obtener información (Gn 3, 6; Sal 2, 10, y en otros lugares), sino también causativamente, hacer a uno inteligente, con el acusativo que sigue, como en Pr 16, 23; Sal 32, 8, o como aquí con el dativo de objeto siguiente (cf. Pr 17, 26).

En lugar de בענש־, con un *kametz* falso, los buenos códices y ediciones, suelen tener בַּעֲנָשׁ־ que es la forma de escritura correcta. Hitzig, haciendo que "el sabio" sea el sujeto de בהשכיל (y, en consecuencia, "el escarnecedor" el sujeto en 11a), lee בענש como si fuera בהענש, es decir, con artículo. Conforme a nuestro juicio, ambas correcciones son innecesarias. Como dice Fleischer, "ambas construcciones son de infinitivo, *infinitivi*, de manera que deben tomarse pasivamente; porque el infinitivo semítico, incluso de forma transitiva, tiene indicación de

*Primera colección: Proverbios salomónicos (Pr 10, 1 – 22, 16)*

género, tiempo y persona, de forma que es un *modus indeterminado*, incluso con respecto a los géneros del verbo, y a la forma activa y pasiva".[38]

**21, 12.** *El justo observa la casa del impío; cómo los impíos son arruinados por el mal.* Con el proverbio anterior que contenía la palabra *u-behaskil* se conecta con el que sigue, comenzando con *maskil*. Si entendemos por צדיק a un hombre justo, debemos entender la introducción de 12a como una advertencia superior, de manera que el sujeto implícito de 12b debe ser Dios (Umbreit). Pero en este caso, no debería faltar la palabra יהוה. Si en 12a el sujeto es el justo, el mismo justo debe ser el sujeto de la segunda parte que va en paralelo. Pero el pensamiento de que el justo, observando lo que sucede en la casa de los impíos, descubre cómo los impíos son arrojados a la destrucción (Löwenstein), exigiría que en la conclusión apareciera רשע en singular, y no en plural (רְשָׁעִים).

Pero aquí debemos recordar que en nuestro caso צדיק significa Dios, de manera que מסלף tiene como sujeto a Dios, como en Pr 22, 12; Job 12, 19. Según eso, ese Justo (un justo) que está observando la ruina de la casa del impío es el mismo Dios, Todo-justo, a quien Job 34, 17 llama de esa forma, lo mismo que hace Rashi, comentando este pasaje que tenemos ante nosotros: צדיקו של־עולם (un justo, es decir, el Eterno).

De todas formas, no se puede traducir como hacen Bertheau y Zöckler, *el Justo* (totalmente justo), porque eso requeriría que se hubiera puesto הצדיק, con artículo, y porque הצדיק (escrito así) nunca se utiliza como designación atributiva de Dios. Con razón, Fleischer y Ewald traducen "un Justo", es decir, Dios. Al presentar así a Dios, de un modo indeterminado, se está poniendo de relieve la idea de su grandeza temible: ¡un Justo, y tal Justo! (los árabes llaman a esta indeterminación *âlnkrt laltʾzym wallthwyl* (véase Sal 2, 12).[39]

**21, 13.** *Si uno tapa su oído al clamor del pobre, también él (el que tapa el oído) llamará y no será escuchado.* Solo los misericordiosos alcanzan misericordia, Mt 5, 7; el rico despiadado, que no tiene oídos para el clamor del דל, es decir, de aquel que no tiene sustento ni medios de subsistencia, también quedará sin ser escuchado cuando

---

38. Los gramáticos suelen ver el asunto de otra manera. Cuando se dice, por ejemplo, *ḳatlu zydn*, la ejecución de Zeid, la frase se utiliza en el sentido de que *Zeid muere*, de manera que, según su opinión, el *fâ'l* (*gen. subjeti* o genitivo de sujeto) se omite; la expresión completa sería *ḳatlu ʾamrn zaydnâ*. Puesto que en nuestro caso se omite la expresión correspondiente a *ʾamrn, zaydn*, decimos que la frase está construida con un genitivo de objeto.

39. Sobre השכיל con על, cf. Pr 16, 20, o con אל, cf. Sal 41, 2; Neh 8, 13. Aquí va con ל, con el sentido de prestar atención a algo, mirarlo atentamente. Los dos participios están en la misma línea, *animum advertit... evertit* (prestar o no prestar atención). Hitzig cambia לבית רשע por לביתו, y convierte a רשע en el sujeto de 12b. Pero, en contra de eso, tal como está ante nosotros el proverbio es mucho más inteligible.

478

él mismo, en el momento de la necesidad, pida ayuda a Dios. Cf. la parábola del siervo despiadado y del rey misericordioso, Mt 18, 23.

El מן de מזעקת es como el de Is 23, 15; Gn 4, 13; Gn 27, 1. Nuestros idiomas (alemán y español) no tienen una preposición con la riqueza de significado de esta preposición hebrea, como indica en este caso Fleischer. Aquí viene después de un verbo como אטם, con el sentido de cerrar el oído, callar (cf. Pr 17, 28). El correspondiente árabe sería 'n, por ejemplo, â›my ‹n âltryḵ, para que el ciego no vea el camino.

**21, 14.** *El regalo en secreto apacigua el enojo, y la recompensa en el seno (=el soborno) la ira fuerte.* Hitzig con Símaco, el Targum y Jerónimo leen יכבה (en vez de יִכְפֶּה) y traducen, "extingue la ira". Según el Talmud, la palabra hebrea כפה significa cubrir dando la vuelta (por ejemplo, una vasija), *Sanedrín* 77a; cuando se utiliza para una vela o un fuego, puede significar su extinción. Pero en hebreo postbíblico, כפה, también significa doblar y, por lo tanto, expulsar (en arameo כפא כפי). Según eso, Kimchi tiene duda, y no sabe si explicar el texto en el sentido de volcar (*sofocar* o de doblar, de extinguir la ira).[40]

En consecuencia, traducimos, *donum clam acceptum avertit iram* (el regalo en secreto apacigua el enojo), una traducción que aparece también en el texto sirio, partiendo del significado de *mephadka* (מפרק). Naturalmente, este verbo debe suplir al que aparece en 14b, tal como ha sido interpretado por la LXX, que ha añadido: *pero el que ahorra (no ofrece) regalos, excita la ira violenta.*

Con respecto a שֹׁחד, véase Pr 17, 8; y con respecto a בחק, véase Pr 17, 23. También aquí חק (igual a חיק), como el árabe *jayb*, *'ubb*, חב, indica la forma en que se realiza el regalo, escondido en una prenda del vestido, para que los demás no lo vean. Por el contrario (en árabe) *hijr*, *ḥiḍn*, חצן, se aplica más al cuerpo, como si el regalo fuera de tal modo unido al cuerpo que no pudiera verse. Se entiende un regalo que uno trae consigo escondido en su seno; quizás 13b recordó al juez que tomó los regalos, Éx 23, 8 (Hitzig).

**21, 15.** *Es un gozo para el justo hacer justicia, pero es terror para los que obran iniquidad.* Para los que actúan con iniquidad, actuar con rectitud es principio de muerte (es signo y principio de castigo para ellos). La injusticia se ha convertido

---

40. El Véneto sigue el último significado "para extinguir la ira", poniendo, κάμψει (porque el καλύψει de Villoison se basa en una lectura falsa del MS). Pero todavía es posible otra derivación del significado primario, que es *curvare, flectere, vertere*, según la cual la LXX traduce ἀνατρέπει, aunque sería mejor ἀποτρέπει, כפה, doblar, apagar, ἀρκεῖν, *arcere*, alejar, como el árabe *kfâ* y *kfy*, ἀρκεῖν, para prevenir, de donde, por ejemplo, se dice, *ikfini hada*, mantén eso lejos de mí o, ahórrame eso (Fleischer). Con las palabras *hafika sharran* (Lat. *defendaris semper a malo*, que siempre estés defendido del mal) se saludaba antiguamente a los príncipes. *Kfy* significa "suficiente", porque hay suficiente allí donde se evita la necesidad.

# Primera colección: Proverbios salomónicos (Pr 10, 1 – 22, 16)

para ellos en una segunda naturaleza, de modo que su corazón lucha contra la rectitud de conducta. A ellos les parece que el actuar con rectitud va en contra de su plan de vida, y de su economía, pues piensan que al actuar de esa manera podrán arruinarse. Lo mismo que hacen Hitzig, Elster, Zökler y Lutero, creemos que la explicación de 21, 15 ha de ir en la línea de nuestra interpretación de Pr 10, 29.

Fleischer y otros completan 15b poniendo: ופעל און מחתה לפעלי אין (añadiendo al principio: ופעל און). Otros traducen todo 15b como una oración independiente: *la ruina cae sobre aquellos que actúan con maldad*. Pero esa construcción es difícilmente posible; pues, en general, מחתה, en contraste con el correlato de שמחה, no puede tener el sentido objetivo puro de ruina o destrucción.

Todo este proverbio implica un tipo de revolución en el corazón. Para los justos el hacer el bien constituye un placer (cf. Pr 10, 23). Para aquellos que tienen און, y están desprovistos de dignidad moral, de manera que son simplemente inmorales en su forma de pensar y en su conducta, el hacer el bien es algo que les alarma, que les mete miedo. Según eso, cuando actúan de conformidad con lo que es correcto, ellos lo hacen solo por un impulso externo, por violencia, en contra de su voluntad, como si eso fuera muerte para ellos.

**21, 16.** *El hombre que se desvía del camino del entendimiento, habitará en la asamblea de los muertos.* Sobre השכל, véase Pr 1, 3; y con respecto a רפאים, cf. Pr 2, 18. El verbo נוח significa reposar, descansar, Job 3, 13, y habitar en cualquier lugar, Pr 14, 33; pero originalmente como (en árabe) *nâkh* y *hadd*, significa acostarse en cualquier lugar y descansar allí. Y esa es la idea que aquí está conectada con ינוח, con un sentido cercano al de יאבד o ימות (morir o perecer): el que se separa del camino del conocimiento "descansará" (=dormirá) con los *rephaim*, es decir, con las sombras de los muertos.

Según eso, aquel que, abandonando el camino del entendimiento, anda en el camino del error, se hundirá al final en la asamblea de los muertos; porque todo movimiento tiene un fin, y todo viaje una meta, la meta que uno se proponga, la meta para la que ha sido designado. Aquí se da a entender que aquellos que aman la sabiduría y la siguen van en otra dirección, no van hacia la tierra de la muerte que es el hades. El hades y la muerte aparecen aquí como castigos, de manera que los que toman el camino del entendimiento pueden escaparse de ellos (escaparse del hades y la muerte).

**21, 17.** *El que ama los placeres se empobrecerá; el que ama el vino y el aceite no se enriquecerá.* La palabra שמחה está evocando los placeres. El árabe *samh* está indicando la acción gozosa propia del que da con alegría, como en 2Co 9, 7; en hebreo indica el cariño gozoso. Aquí tiene el sentido del árabe *farah*, placer, deleite, festival de alegría. Jerónimo: *qui diligit épulas* (el que ama los banquetes), en las fiestas en las que se bebía vino y se derramaba aceites y otras esencias aromáticas (cf. Pr 27, 9; Am 6, 6) sobre la cabeza y la ropa. El que ama tales festivales, y se encuentra comúnmente allí, se convierte en un hombre de necesidad, o sufre necesidad, es decir, se empobrece (cf. Jc 12, 2, אִישׁ רִיב, un hombre de contienda). Una persona así no se vuelve rica (הֶעָשִׁיר, como en Pr 10, 4 es igual a עֹשֶׂה עֹשֶׁר, Jer 17, 11). Una persona así no avanza y, por lo tanto, retrocede.

**21, 18.** *El impío servirá de rescate por el justo, y el transgresor para el recto.* El pensamiento de fondo de este proverbio es el mismo que el de Pr 11, 8. Como ejemplo de ello se puede citar la gran conmoción mundial que atrajo a las naciones hacia Babilonia para su destrucción, pero ella misma sirvió para que terminara el exilio de Israel, pues Ciro, instrumento en manos de Dios para infligir castigo a muchas naciones paganas, fue el libertador de Israel, Is 43, 3. Otro ejemplo de esto fue el intercambio de lugares de Amán y Mardoqueo, al que se refiere Rashi.

כפר es equivalente a λύτρον, *rescate*; pero propiamente significa precio de expiación y, generalmente, medio de reconciliación, que cubre o expía la culpa de alguien. En ese contexto se suelen citar las ofrendas y oblaciones de Éx 30, 15; Nm 31, 50, que se ofrecen a Dios para borrar las culpas. Si la justicia de Dios queda satisfecha con esas ofrendas, Dios demandará por su pecado a los impíos, y dejará en libertad a los justos. En esa línea, como expresa la cláusula sustantiva 18b, el incrédulo se coloca en el lugar de los rectos, de manera que son castigados los impíos y quedan liberados los rectos. Con respecto a בּוֹגֵד, véase Pr 2, 22, בּוֹגֵד tiene un sentido contrario al de יָשָׁר, es aquel que no guarda la fe ni con Dios ni con el hombre, de manera que se mueve por caminos engañosos; es el incrédulo, el malicioso, el asesino.

# 21, 19-29.

Con 21, 19, que es un doblete de 21, 9 (cf. 25, 24) el redactor del libro introduce una nueva adición, una nueva serie de proverbios, hasta llegar a 21, 29 donde se introduce un proverbio que retoma el motivo final del grupo anterior, donde se ponían en contraste רֶשַׁע y יָשָׁר.

‎¹⁹ טוֹב שֶׁבֶת בְּאֶרֶץ־מִדְבָּר מֵאֵשֶׁת [מדונים] (מִדְיָנִים) וָכָעַס:

‎²⁰ אוֹצָר ׀ נֶחְמָד וָשֶׁמֶן בִּנְוֵה חָכָם וּכְסִיל אָדָם יְבַלְּעֶנּוּ:

‎²¹ רֹדֵף צְדָקָה וָחָסֶד יִמְצָא חַיִּים צְדָקָה וְכָבוֹד:

‎²² עִיר גִּבֹּרִים עָלָה חָכָם וַיֹּרֶד עֹז מִבְטֶחָה:

‎²³ שֹׁמֵר פִּיו וּלְשׁוֹנוֹ שֹׁמֵר מִצָּרוֹת נַפְשׁוֹ:

‎²⁴ זֵד יָהִיר לֵץ שְׁמוֹ עוֹשֶׂה בְּעֶבְרַת זָדוֹן:

‎²⁵ תַּאֲוַת עָצֵל תְּמִיתֶנּוּ כִּי־מֵאֲנוּ יָדָיו לַעֲשׂוֹת:

*Primera colección: Proverbios salomónicos (Pr 10, 1 – 22, 16)*

²⁶ כָּל־ הַיּוֹם הִתְאַוָּה תַאֲוָה וְצַדִּיק יִתֵּן וְלֹא יַחְשֹׂךְ׃

²⁷ זֶבַח רְשָׁעִים תּוֹעֵבָה אַף כִּי־ בְזִמָּה יְבִיאֶנּוּ׃

²⁸ עֵד־ כְּזָבִים יֹאבֵד וְאִישׁ שׁוֹמֵעַ לָנֶצַח יְדַבֵּר׃

²⁹ הֵעֵז אִישׁ רָשָׁע בְּפָנָיו וְיָשָׁר הוּא ׀ [יָכִין] (יכין) [דַּרְכּוֹ] (דרכיו)׃

¹⁹ Mejor es vivir en una tierra desierta
que con una mujer rencillosa e iracunda.

²⁰ Tesoro precioso y aceite hay en la morada del sabio,
pero el hombre necio lo disipará.

²¹ El que sigue la justicia
y la bondad hallará vida, justicia y honra.

²² El sabio conquista la ciudad de los poderosos
y derriba la fuerza en que ella ha confiado.

²³ El que guarda su boca
y su lengua guarda su alma de angustias.

²⁴ Escarnecedor es el nombre del arrogante y altivo,
del que actúa con saña arrogante.

²⁵ El deseo del perezoso lo mata,
porque sus manos rehúsan trabajar.

²⁶ Hay quien todo el día codicia y codicia,
pero el justo da y no escatima.

²⁷ El sacrificio que ofrecen los impíos es una abominación,
especialmente más cuando lo ofrece con perversa intención.

²⁸ El testigo mentiroso perecerá,
pero el hombre que sabe escuchar siempre podrá hablar.

²⁹ El hombre impío se muestra descarado,
pero el recto pone en orden sus caminos.

**21, 19.** *Mejor es habitar en tierra baldía, que una mujer contenciosa y en aflicción (opresión).* Se retoma el motivo de la esquina del techo (donde se refugiaba el hombre de 21, 9) y Hitzig comenta que este nuevo hombre, oprimido por una mujer, debe buscar un lugar solitario más allá. Pero este comentario es tan picante como desprovisto de pensamiento; porque no se sabe si ambos proverbios son del mismo autor y, en caso de que fuera así, no se sabe si fueron acuñados al mismo tiempo. Tampoco aquí es necesario pensar que מאשת es una abreviatura de משבת עם אשה (de una mujer con marido).

Por otra parte, Hitzig introduce la palabra שכן que regiría a אשת como acusativo de objeto; pero no hay necesidad de suplir ninguna palabra, porque el proverbio coloca como opuestos, uno frente a otro, a un hombre que habita en una tierra baldía (véase שבת בארץ־מדבר, según los códices y ediciones correctas) y una esposa contenciosa (*qetub* מדונים, *keré* מדינים), diciendo que es mejor vivir en el desierto que con una esposa como esa. En esa línea, וכעס (y aflicción) no es, como lo traducen los antiguos, y muchos modernos, un segundo genitivo gobernado de אשת, sino que depende de מן, con una mujer contenciosa con aflicción (con vejación).

**21, 20.** *Tesoro precioso y aceite hay en la morada del sabio; y un necio todo lo despilfarra.* El sabio ahorra, el necio derrocha; y si el necio recibe la herencia que el sabio ha recogido con trabajo y cuidado, pronto la devora (la despilfarra). אוצר נחמד está indicando un capital deseable y espléndido en oro y cosas de valor (Is 23, 18; Sal 19, 11); y por שמן, mencionado a modo de ejemplo, debe pensarse que el hombre rico tenía las provisiones en la parte superior y en la inferior de la casa, que le servían para vivir lujosamente y ofrecer a otros una hospitalidad noble; pues bien, un hombre necio (כסיל דם, como en Pr 15, 20) que encuentra esto, lo devora, es decir, lo consume rápidamente, haciendo una *tabula rasa* de ello; cf. בלע, Is 28, 4, con בלע, 2 Sa 20, 20 y Pr 19, 28.

El sufijo de יבלענו se refiere a אוצר como idea principal, o también, al mismo tiempo, al tesoro y al aceite. La LXX pone (θησαυρὸς ἐπιθυμητὸς) ἀναπαύσεται ἐπὶ στόματος σοφοῦ, es decir, ישכן בפם, según lo cual Hitzig corrige: *pero el necio, que se traga "el precioso tesoro con una boca sabia", es un ser que apenas podemos concebir.* Esta traducción es imposible. ¿Por qué se llama tonto a este hombre que lo traga todo? ¿Es quizás porque ingiere más de lo que puede cada vez que come? La lectura de la LXX hay que corregirla desde 21, 20b.

**21, 21.** *El que sigue la justicia y la bondad obtendrá vida, justicia y honra.* El sentido de צדקה וחסד puede verse por Pr 21, 3 y Os 6, 7. צְדָקָה, *tsedakah* es una conducta guiada por principios de abnegación y amor compasivo, que son la esencia de la ley, Mi 6, 8. Por su parte, חֶסֶד *hesed* es la conducta que procede de la simpatía, la cual, colocándose en el lugar de otro, percibe lo que le beneficiará y se pone a hacerlo (cf. ej., Job 6, 14: al que está interiormente derrumbado y descorazonado se le debe חסד).

La recompensa que obtiene el que se esfuerza por actuar de esa manera recibe en 21b los nombres de חיים y כבוד, honor y vida. El honor y la vida van juntos, cf. Pr 22, 4, donde precede עשר. Entre ambas palabras se interpone aquí צדקה, indicando con Pr 8, 18; Sal 24, 5 que esos dones (honor y vida) han de tomarse como regalos del cielo, vinculados a la justicia. Así los interpreta Is 45, 8, lo mismo que Is 58, 8. En esa línea sigue Pablo, cuando dice: "A los que justificó, a estos también glorificó".

La LXX ha omitido la *tsedaká*, porque fácilmente podía aparecer como una repetición errónea de 21a. Pero en realidad hay tres cosas buenas que se prometen a

*Primera colección: Proverbios salomónicos (Pr 10, 1 – 22, 16)*

los que son celosos en las obras del amor, una vida próspera, una justicia duradera y un verdadero honor. *La vida* que procede de Dios, el Viviente, *la justicia* que aprovecha a los justos y a los que hacen justicia ante Dios, y el *honor* y la *gloria* (Sal 29, 3) como dones del Dios de la gloria (Sal 84, 12). Cf. para צדקה חיים, Pr 10, 2, y para צדקה, especialmente, Stg 2, 13: κατακαυχᾶται ἔλεος κρίσεως.

**21, 22.** *El sabio escalará (conquista) la ciudad de los valientes y derribará la fortaleza en que confiaban.* Ec 9, 1 ofrece un complemento de esto, cuando (desde una perspectiva inversa) dice que un solo hombre sabio, aunque pobre, puede convertirse en libertador de una ciudad sitiada por un gran ejército, una ciudad que no tiene medios de defensa. La palabra עלה, con acusativo, significa subir, cf. Jl 2, 7; aquí se refiere a escalar (y tomar) una ciudad fortificada, a saber, una fortaleza.

עז es la fuerza, aquello que hace que una ciudad sea עיר עז, una fortaleza, cf. Is 26, 1. Puede significar también una armadura, los medios de protección en los que confiaba una ciudad, que así aparece designada como עֹז מִבְטָחָה con el genitivo מבטחה, como objeto y fundamento de su confianza. La vocalización מִבְטָחָה, por *mibtechah* (cf. Jer 48, 13 con Job 18, 14), sigue la regla indicada por Gesenius 27, nota 2b. Aunque una ciudad se encuentre defendida por muchos hombres valientes, el sabio conoce el punto donde puede ser vencida y sabe cómo organizar el asalto y destruir la orgullosa fortaleza. Sobre ויֹרד, lleva a la ruina, cf. עד רדתה, Dt 20, 20.

**21, 23.** *El que guarda su boca y su lengua, guarda su alma de problemas.* Este proverbio se parece a 12, 3. Guarda su boca el que no habla cuando es preferible estar en silencio; y guarda su lengua el que no dice más que lo que es justo y conveniente. Los problemas de los que se guarda quien sabe mantenerse en silencio comprenden males tanto externos como internos y otros tipos de incidentes dañinos (צרות נפש) לבב, Sal 25, 17; Sal 31, 8, es decir, angustias de conciencia, autoacusaciones, dolor a causa del mal irreparable que uno ocasiona.

**21, 24.** *Escarnecedor es el nombre del arrogante y altivo, del que actúa con saña arrogante.* Traducido así, este el proverbio define casi de manera formal una idea corriente desde la época de Salomón. לץ (propiamente, *distorsionador*, véase Pr 1, 7) es una palabra antigua. Esto es lo que sucede entre nosotros en occidente, desde el siglo pasado: los nombres de los librepensadores y "espíritus fuertes" (cf. Is 46, 12) se han vuelto corrientes para aquellos que someten la fe de la Iglesia a críticas destructivas, propias de gentes como aquellos que fueron llamados לצים, quienes burlonamente, como hombres superiores, se pusieron por encima de la religión revelada y de la profecía (Is 28, 9). El proverbio anterior (21, 23) ofrece el significado de este nombre, porque le describe en su carácter moral.

*Proverbios 21*

En esa línea, a un hombre altivo le llamamos זֵד y también זֵד יָהִיר a uno que se destruye a sí mismo, alguien que es irreflexivamente altivo, alguien que actúa בְּעֶבְרַת זָדוֹן, con superfluidad o arrogancia (véase Pr 11, 23), lleno de altanería. Le llamamos así porque no solo se eleva interiormente por encima de todo lo que es digno de ser reconocido como verdadero y respetado como santo, sino que, actuando y juzgando con frivolidad, no muestra reverencia por nada, sentenciando con desdén contra todo.

Abulwald (véase Gesenius, *Thesaurus*) toma יָהִיר en el sentido de obstinado; porque compara esa palabra con el árabe *jahr* (jahar), que equivale a *lijâj*, constancia, terquedad. Sobre el tema en el Targum y el Talmud, en especial sobre Hab 2, 5, cf. Levy, *Chaldeische Wörterbuch,* en יָהִיר). Allí se verá que יהר en todas sus ramificaciones y derivaciones tiene el sentido de *orgullo*.

En esa línea, debemos comparar esta palabra con el árabe *istaihara*, estar loco (igual a *dhahb 'aḳlh, mens ejus alienata est,* su mente esta alienada), quizás también a *hajjir, mutahawwir,* ser derrocado, de modo que יָהִיר denota a alguien que por su ὑπερφρονεῖν (pensamiento soberbio) es llevado más allá de todo σωφρονεῖν, pensamiento sabio (Ro 2, 1), uno que está completamente loco de orgullo. El sirio *madocho* (Targum מְרִיחָא), por el que se traduce יָהִיר (Targum יָהִיר) aparece en Hab 2, 5 como sinónimo de יָהִיר. Esta palabra contiene también la idea de un hombre temerario, uno que actúa de manera presuntuosa, loca, es decir, uno que es arrogante.

*Schultens* está en el camino correcto; pero cuando traduce esta palabra por *tumidus mole cava ruens* (en la línea de una mole hinchada llena de huecos) pone, como es su costumbre, demasiados sentidos en las palabras que estudia. La traducción del Véneto: ἀκρατὴς θρασὺς βωμολόχος τοὔνομά, es decir, una persona imprudente intratable a la que llamamos tonto (homo *ineptus*, inepto), no es mala.

**21, 25.** *El deseo del perezoso lo mata; porque sus manos se niegan a trabajar.* Hitzig afirma que el deseo del עָצֵל, es decir, del perezoso se manifiesta primero en la comida y la bebida; y cuando empieza a manifestarse en esa línea le mata, lo mismo que mata el hambre. Pero en este caso no es el deseo lo que mata, sino la imposibilidad de satisfacerlo. El significado es simple, el deseo desordenado de descanso y placer mata al perezoso; porque esta búsqueda constante de disfrute y ociosidad le lleva finalmente a la ruina.

תַּאֲוָה significa aquí lo mismo que en *Kibroth ha-tava,* Nm 11, 34: anhelo desordenado de placeres. El proverbio ha sido entendido por casi todos los intérpretes (incluidos Ewald, Bertheau, Hitzig, Elster y Zöckler) como un tetrástico, uniendo 21, 25 y 21, 26: Él (el perezoso) siempre anhela, pero el justo da y no escatima. Pero: (1) aunque la palabra צַדִּיק designa a alguien que es fiel al deber y podría usarse particularmente para los laboriosos (cf. Pr 15, 19), en 26a falta

# Primera colección: Proverbios salomónicos (Pr 10, 1 – 22, 16)

וְאִין, partícula necesaria para la formación del contraste (cf. Pr 13, 4; Pr 20, 4); (2) por otra parte, esta sección del antiguo libro de Proverbios consta únicamente de dísticos puros; el único trístico, Pr 19, 7, que hallamos proviene de una mutilación de la LXX. Ese pretendido tetrástico que tendríamos aquí (21, 25-26) ante nosotros es solo aparente.

**21, 26.** *Hay quien todo el día desea con avidez (codicia y codicia); mas el justo da y no retiene.* Fleischer traduce de otra forma: *per totum diem avet avidus, id est, avarus* (por todo el día codicia el ávido, es decir, el avaro). Pero en הִתְאַנֶּה תַאֲוָה el verbo está conectado con su objeto interior, como en Nm 11, 4. Este es el modo de la expresión que en la sintaxis griega se llama *schema etymologicum,* esquema etimológico, que puede construirse sin objeto externo, ὕβριν θ᾽ ὑβρίζεις (Eurípides, Hércules furioso, 706, deseo fuerte desearás), en árabe *mârâhu miryatn.* Euchel traduce de un modo imposible: *las necesidades se apaciguarán continuamente,* esa traducción habría requerido מתאוה o תתאוה.

La explicación tampoco puede ser, *cada día presenta su demanda especial,* porque כל־היום no significa cada día, sino todo el día, es decir, continuamente. Así traducimos התאוה con el sujeto más general (en la línea de lo que los gramáticos llaman המתאוה): *continuamente uno anhela el anhelo,* es decir, *uno tiene siempre demandas, solicitudes, deseos, peticiones importunas*; pero aun así el justo no se avergüenza de su generosidad, de manera que da incesantemente (cf. Is 14, 6; Is 58, 1), siempre que le piden.

**21, 27.** *El sacrificio del impío es abominación, ¿cuánto más si lo ofrece con mala intención?* El primer estico equivale a Pr 15, 8. Con respecto al argumento casi silogístico אַף כִּי (cuánto más…), véase 12, 31; 15, 11. Con respecto a זִמָּה, crimen, particularmente el pecado de lascivia (de זמם, juntar, juntar los pensamientos sobre algo, tramar, desear con voluptuosidad), cf. Pr 10, 23.

La LXX traduce בְזִמָּה demasiado vagamente por παρονόμως. Jerónimo traduce de un modo equivocado: *ex scelere* (cf. ἐξ ἀδίκου, Job 31, 18, con Mal 1, 13). La ב no se refiere, como en Ez 22, 11, al camino y manera; porque la condición de vida del רשע es por principio impura. Como Hitzig comenta correctamente esa *beth* es una *beth* de precio, refiriéndose a una transgresión o pecado por el que se debe pagar una multa, para expiarla. Esta expresión nos recuerda a un hombre que, habiendo tenido relaciones sexuales con una esclava prometida, debía presentar un *ascham* (ofrenda, pago) por la culpa, Lv 19, 20-22.

Pero con bastante frecuencia ocurría que los ricos ávidos de placer traían ofrendas por la culpa y otras ofrendas variadas, para pagar así por sus transgresiones y comprar para sí mismos el agrado de Dios a pesar de su vida disoluta. Tales ofrendas de los impíos, dice el proverbio, son para Dios una abominación doble y triple; porque en este caso el impío no solo peca porque no tiene arrepentimiento ni tiene deseo de enmienda, que son las condiciones de todos los sacrificios aceptables a Dios, sino que hace a Dios directamente un ministro del pecado.

**21, 28.** *El testigo falso perecerá; pero el que oye (el que guarda lo que oye) hablará (vivirá) constantemente.* La LXX traduce 28b por ἀνὴρ δὲ φυλασσόμενος λαλήσει (el hombre que custodia hablará). Cappellus supone que la LXX ha leído לנצר por לנצה, pero esas palabras no significan custodiar, "cuidarse". Por otra parte, Hitzig supone que el texto hebreo decía שמח (alegrarse) en vez de שמע, oír, y traduce "el hombre que se regocija hablará libremente".

Pero נצר no significa "entregar", sino guardar, preservar y para tener el significado de "entregar" debería regir una cláusula con מן, como מרע (librar del mal). Este versículo pone de relieve el contraste entre el que dice mentiras (עד כזבים) y el que oye y dice la verdad (וְאִישׁ שׁוֹמֵעַ con escritura "plena", y *dagesh* ortofónico). El que dice mentiras es aquel que malévolamente falsifica el hecho. El sabio es el que escucha antes de hablar, para no decir nada que no haya oído con certeza. Por otra parte, así como שמע לב en 1Re 3, 9, significa un corazón obediente, aquí אִישׁ שׁוֹמֵעַ significa un hombre que escucha atentamente, que prueba cuidadosamente lo que ha oído y dice la verdad.

Ese hombre que escucha vivirá לנצח, es decir, vivirá constantemente. No se dice que vencerá (Aquila, Símaco, Teodocion, εἰς νῖκος), pues ni en hebreo, ni árabe, ni arameo esa palabra tiene el significado de vencer, sino que tendrá una existencia duradera (véase Orelli, *Synonyma der Zeit und Ewigkeit*, pp. 96-97). Es decir, ese hombre que escucha y dice la verdad, podrá hablar constantemente, sin necesidad de callar nunca. Por el contrario, el que testifica meras ficciones, afirmando que son verdad, es destruido (21, 28a es igual a Pr 19, 9, cf. 5), de manera que él mismo queda en nada, ya que sus testimonios se refieren a cosas que no tienen fundamento, sino que son falsas. Así lo dice la frase: שקר אין לו רגלים, la mentira no tiene pies sobre los que sostenerse, tarde o temprano se convierte en nada.

**21, 29.** *Un hombre impío muestra audacia en su semblante; pero el que es recto prueba su camino.* Este es otro proverbio con אישׁ, el *qetub* tiene יכין (mantiene su camino). Pero el hecho de que el recto dirija su camino, es decir, avance por dirección correcta (cf. 2Cr 27, 6), no es un buen contraste frente a la audacia de los impíos; es preferible mantener el *keré* הבין דרכו (el que es recto). Aquila, Símaco, Syr., Targum y Véneto defienden el *qetub*, que sería adecuado si pudiera traducirse, como Jerónimo, por *corrigi*, corrige.

Lutero lee también el verbo con כ, pero como si fuera יכּון (el piadoso, su camino permanecerá). Solo la LXX traduce el *keré* (συνιεῖ). Por lo demás, los antiguos oscilan entre una y otra opción, la del *keré* y la del *qetub*. La primera

*Primera colección: Proverbios salomónicos (Pr 10, 1 – 22, 16)*

se refiere a la forma de vida en general; la segunda (como en Pr 3, 31 y en otros lugares) a la conducta en casos separados; por lo tanto, uno es tan apropiado como el otro. De hecho, ambas opciones resultan posibles.

La designación circunstancial איש רשע (hombre impío: cf. Pr 11, 7) lleva el sello de la distinción de diferentes clases de hombres peculiares del libro de Proverbios, que distingue entre hombres justos y malvados, rectos e impíos. La designación העז (hacer firme, desafiante) tenía en Pr 7, 13 como acusativo a פנים; aquí aparece determinando a בְּפָנָיו, con la ב que suele utilizarse en expresiones metafóricas en lugar del acusativo de objeto, como hemos dicho en Pr 15, 4; Pr 20, 30.

Pero aquí no va como acusativo de objeto, sino como expresión del "medio", pues el rostro no aparece como objeto de la acción sino, según Gesenius 138, 1, como aquello que es el medio necesario para su realización: el impío hace (muestra) firmeza con su rostro, como si desafiara todas las amonestaciones a través de su semblante; pero el recto considera, es decir, prueba (Pr 14, 8) y mantiene su camino, con בין הבין que indica (significa) una recta percepción del objeto, una comprensión de sus elementos y de sus marcas esenciales. El justo "prueba" (justifica) su camino, como השכיל, con un conocimiento sintético de conjunto y de sus partes (cf. el árabe *shakl*). Esta es la percepción de la verdadera sabiduría, que aprehende el objeto no solo de un modo general, sino examinando de cerca sus circunstancias.

## 21, 30-22, 2.

Si queremos seguir analizando las diferencias (fronteras y límites) entre los hombres, tendremos que continuar estudiando algunos nuevos proverbios, especialmente 22, 2; 22, 7 y 22, 16 (fijándonos de un modo especial en este último caso, para ver si no hay contradicción interna entre sus elementos). En esa línea, comenzamos fijándonos primero en Pr 21, 30-31, texto que va unido a 22, 1-2:

> אֵין חָכְמָה וְאֵין תְּבוּנָה וְאֵין עֵצָה לְנֶגֶד יְהוָה: פ ³⁰
> סוּס מוּכָן לְיוֹם מִלְחָמָה וְלַיהוָה הַתְּשׁוּעָה: ³¹
> נִבְחָר שֵׁם מֵעֹשֶׁר רָב מִכֶּסֶף וּמִזָּהָב חֵן טוֹב: ¹
> עָשִׁיר וָרָשׁ נִפְגָּשׁוּ עֹשֵׂה כֻלָּם יְהוָה: ²

[30] No hay sabiduría ni entendimiento,
ni consejo contra Jehovah.
[31] El caballo es alistado para el día de la batalla,
pero de Jehovah proviene la victoria.
[22, 1] *Más vale el buen nombre que las muchas riquezas;*
y el ser apreciado, más que la plata y el oro.

22, 2 El rico y el pobre tienen esto en común:
A todos ellos los hizo Jehovah.

**21, 30.** *No hay sabiduría ni entendimiento…* La expresión final también podría ser 'לפני ה; pero en ese caso el sentido predominante sería que ninguna sabiduría se le aparece a Dios como tal, que Él no la valora por sí misma. Pero con לנגד el proverbio es más objetivo, no hay sabiduría que, comparada con la Suya, pueda ser considerada como tal (cf. 1Co 3, 19), ninguna que pueda jactarse contra Él, o que pueda en absoluto valer contra Él (לנגד, como en Da 10, 12; Neh 3, 37); de donde se sigue (como Job 28, 28) que la sabiduría del hombre consiste en el temor de Dios, el Solo-sabio, o lo que es lo mismo, el Omnisabio.

Immanuel piensa que חכמה se refiere a teología, תבונה a las ciencias mundanas y עצה a la política; pero חכמה se usa del conocimiento de la verdad, es decir, de lo que verdaderamente es y continúa siendo; תבונה es más bien el conocimiento crítico, y עצה significa sistema y método (véase Pr 1, 2; Pr 8, 14). En ese último pasaje, la LXX ha leído גבורה (poder) en lugar de תבונה. En lugar de 'לנגד ה, la LXX ha traducido πρὸς τὸν ἀσεβῆ, es decir, aquello que va 'נגד ה contra Yahvé.

**21, 31.** *El caballo está enjaezado para el día de la batalla; pero en Yahvé está la victoria.* Eso significa que solo Yahvé concede la victoria (decide la batalla), porque el caballo es un medio vano de victoria, Is 33, 17. La batalla es del Señor, 1Sa 17, 47, es decir, depende de Él cómo se desarrollará la batalla, de manera que el rey y el pueblo que han tomado las armas en defensa de sus derechos no deben confiar en la multitud de sus caballos de guerra (סוס, caballos, incluidos sus jinetes), y en general en sus preparativos para la batalla, sino en el Señor (cf. Sal 20, 8; cf. en otra línea, Is 31, 1).

La LXX traduce התשועה por ἡ βοήθεια. La palabra תשועה (de ישע, árabe *ws'*, ser ancho, tener espacio libre para moverse) significa propiamente prosperidad y victoria, en contra de angustia, opresión, esclavitud (cf. p. ej. Sal 144, 10, con ישועה, 1Sa 14, 45). El hebreo postbíblico נצח נצחון (para victoria); pero el A.T. hebreo no tiene una palabra que exprese más completamente esta idea que ישועה[41]

---

41. En el antiguo alemán, la palabra para guerra *es urlag* (urlac), destino, porque el resultado viene dado por la determinación divina. La palabra hebrea מלחמה (guerra) corresponde más a la palabra "guerra" (en francés, español o italiano) que no es de origen románico/latino, sino alemán: *Werre*, es decir, *Gewirre* (complicación, confusión). En ese sentido, נלחם significa apretarse unos contra otros, estar involucrados en un conflicto cerrado; cf. el homérico κλόνος, aplicado a la agitación de la batalla.

*Primera colección: Proverbios salomónicos (Pr 10, 1 – 22, 16)*

## Proverbios 22

**22, 1.** *Más vale el buen nombre que las grandes riquezas, y el favor amoroso que la plata y el oro.* Este proverbio está construido de un modo quiástico: empieza con נִבְחָר y termina טוֹב que son predicados paralelos. Ninguno de los antiguos traductores y comentaristas han interpretado חֵן טוֹב a partir de su analogía con Pr 3, 14-15. Por su parte, la palabra שֵׁם no necesita ser determinada por *tov* para significar un buen nombre. El hebreo moderno suele emplear טוֹב שֵׁם, pero el antiguo emplea solo en el sentido de *onoma kalon*, nombre bueno. En la antigüedad (especialmente en el A.T.), tener un "nombre" significaba tener "buen nombre", fama positiva, en contra de aquellos que no tienen nombre que, en el fondo, en sentido social, están muertos (Job 30, 8). Tener un nombre significa en el fondo "labrarse" un monumento, dejar un recuerdo o presencia de su vida.

En ese sentido, Dios mismo es "el nombre", vinculado al cielo, pues שֵׁם viene de la misma raíz que *shamayim*, que son los cielos. Por su parte, Lutero traduce das *gerücht*, en el sentido de "buen rumor", de fama. En ese sentido pregnante se utilizan todavía hoy expresiones como *renombre, reputación,* etc. Por su parte, el paralelo חֵן se utiliza en el sentido de "gracia" (favor, ser favorecido); tener "gracia" (ser agraciado) tiene el mismo sentido que "ser favorecido".

**22, 2.** *Los ricos y los pobres se juntan, el Señor es el Hacedor de todos ellos.* Dios ha creado a todos, ricos y pobres, en su totalidad. De eso se sigue que su voluntad y ordenación consiste en que todos se relacionen, de manera que su intercambio mutuo sea una escuela de virtud para todos, de forma que el pobre no envidiará al rico (Pr 3, 31), ni el rico despreciará al pobre pues todos tienen el mismo Dios y Padre (Pr 14, 31; Pr 17, 5; Pr 31, 15). Este proverbio quiere que todos sean conscientes de ello, de forma que la mezcla de los diversos estamentos o clases de personas tiene este fin, que los humildes sirvan a los exaltados, y los exaltados sirvan a los humildes. Pr 29, 13 ofrece una variante de este proverbio, dirigido a los dos tipos de personas, pero con la particularidad de que allí se ofrece una advertencia y amenaza solemne para los ricos.

### 22, 3-7.

Aquí comienza un nuevo grupo de Proverbios que termina en 22, 7, con un proverbio semejante al anterior (22, 2), relacionado con los ricos y los pobres.

עָרוּם ׀ רָאָה רָעָה [וִיסתר] (וְנִסְתָּר) וּפְתָיִים עָבְרוּ וְנֶעֱנָשׁוּ׃ ³

עֵקֶב עֲנָוָה יִרְאַת יְהוָה עֹשֶׁר וְכָבוֹד וְחַיִּים׃ ⁴

צִנִּים פַּחִים בְּדֶרֶךְ עִקֵּשׁ שׁוֹמֵר נַפְשׁוֹ יִרְחַק מֵהֶם׃ ⁵

Proverbios 22

חֲנֹ֣ךְ לַ֭נַּעַר עַל־פִּ֣י דַרְכּ֑וֹ גַּ֥ם כִּֽי־יַ֝זְקִ֗ין לֹֽא־יָס֥וּר מִמֶּֽנָּה׃ 6

עָשִׁ֣יר בְּרָשִׁ֣ים יִמְשׁ֑וֹל וְעֶ֥בֶד לֹ֝וֶ֗ה לְאִ֣ישׁ מַלְוֶֽה׃ 7

³ El prudente ve el mal y se esconde,
pero los ingenuos pasan y reciben el daño.

⁴ Riquezas, honra y vida son la remuneración de la humildad
y del temor de Jehovah.

⁵ Espinas y trampas hay en el camino del perverso;
el que guarda su vida se alejará de ellos.

⁶ Instruye al niño en su camino;
y aun cuando sea viejo, no se apartará de él.

⁷ El rico domina a los pobres,
y el que toma prestado es esclavo del que presta.

**22, 3.** *El prudente ve el mal, y se esconde; pero los simples avanzan y sufren daño.* Este proverbio repite con pequeñas variantes a Pr 27, 12. El *keré* ונסתר lo hace ajustándose más a las palabras allí usadas. El *qetub* no debe leerse ויסתר, porque este *kal* no existe, sino ויסתר, o más bien ויסתר, pues lo que se quiere poner de relieve son las consecuencias inmediatas que deduce un hombre prudente al percibir un mal que se encuentra frente a él. Así, por ejemplo, el prudente advierte el posible derrumbamiento de una casa en ruinas, o el hecho de que a la tormenta repentina le sigue una terrible inundación de agua, de forma que tiene tiempo para guarecerse en un lugar seguro. Por el contrario, los simples avanzan ciegamente hacia el peligro amenazador y deben soportar el castigo que proviene de su descuido.

El futuro consecuente de 3a (וְנִסְתָּר) indica la forma de actuar de un hombre prudente, que es buen observador de lo que amenaza. Por el contrario, las dos actuaciones de los simples (עָבְר֥וּ וְֽנֶעֱנָֽשׁוּ) en 3b, con o sin ו, denota el avance y el encuentro con el castigo como algo que acontece al mismo tiempo (cf. Sal 48, 6, especialmente Hab 3, 10). "El intercambio de singular y plural nos da a entender que para un hombre prudente hay varios o muchos simples" (Hitzig). El *Niph.* de ענש significa propiamente ser castigado con una multa pecuniaria (Éx 21, 22) (cf. la palabra postbíblica קנס כנס, que significa amenazar con castigo, que parece haber tenido en principio el sentido de imponer impuestos); aquí tiene el significado general de ser castigado, es decir, del autocastigo que brota de la falta de previsión.

**22, 4.** *La recompensa de la humildad es el temor de Yahvé, es riqueza, y honor, y vida.* Sal 45, 5 vincula ענוה־צדק como dos virtudes básicas: mansedumbre y justicia. De un modo semejante, los tres teólogos de Gotinga (Ewald, Bertheau y Elster), y con ellos Dunasch, toman estas otras dos virtudes עֲנָוָ֥ה יִרְאַ֣ת יְהֹוָ֑ה como asíndeton; según eso, el poeta habría omitido la *waw*, porque en lugar de la conexión

491

copulativa prefirió la conexión *aposicional* (Schultens: *praemium mansuetudinis quae est reverentia Jehovae*, el premio de la mansedumbre que consiste en la reverencia debida a Dios) o la *permutativa* (la recompensa de la humildad, que se expresa con mayor precisión en el temor de Dios).

A favor de esta interpretación va el hecho de que el siguiente versículo (Pr 22, 5) contiene también un asíndeton. Lutero traduce de otro modo: *donde se permanece en el temor del Señor*; y Oetinger: *la recompensa de la humildad, la resistencia, la calma en el temor del Señor, es...* Por su parte, también Fleischer interpreta יראת ה' (cf. Pr 21, 4: חטאת, *lucerna impioum vitiosa*, lámpara viciosa de los impíos), como acusativo que precisa el sentido de la palabra anterior.

Pero hay una construcción que parece más precisa: la recompensa de la humildad es el temor de Dios; en esa línea interpretan todos los autores antiguos el sentido de 4a (por ejemplo, Símaco, ὕστερον πραΰτητος φόβος κυρίου, de la mansedumbre deriva el temor del Señor). ¿Cómo entender esta variedad de interpretaciones? Por un lado, podemos decir que el temor de Dios incluye en sí la humildad pero, por otro lado, que el temor de Dios es una consecuencia de la humildad; porque realmente para subordinarse a Dios, y darle honor solo a Él, uno debe haber quebrantado su propia voluntad, y llegar al conocimiento de sí mismo como ser dependiente, como nada y pecado.

Por otra parte, puede también pensarse que el temor de Dios brota de la humildad, porque ese temor o reverencia de Dios es la raíz de toda sabiduría o como aquí se dice (cf. Pr 3, 16; Pr 8, 18), las riquezas y el honor y la vida van unidas con el temor de Dios. De esto se puede deducir que 4a es una oración completa, que tiene pleno sentido en sí misma, aunque después, en 4b, se completa el predicado y se continúa de tal manera que en 4a se debe continuar el predicado, diciendo que el temor de Yahvé es resultado de la humildad, se expresa, al mismo tiempo, como riqueza, honor y vida. Hitzig conjetura que el temor de Yahvé se identifica con ראות ה', es decir, con la contemplación de Yahvé; pero la *visio Dei* (visión beatifica) no aparece aquí, ni en todo el AT, como una afirmación dogmática. La palabra עקב con la que empieza este proverbio tiene el sentido de "recompensa", indicando aquello que sigue a una cosa, de עקב, pisar los talones (Fleischer); porque עקב (árabe *'akib*) son los talones, la curvatura posterior del pie.

**22, 5.** *Espinos (y) trampas hay en el camino de los perversos; el que guarda su alma se alejará de ellos.* Con razón traduce el Véneto: ἄκανθαι παγίδες ἐν ὁδῷ στρεβλοῦ (espinos, lazos en el camino de los perversos). El significado de צנים (plur. de צן, o צנה, lo mismo que צנינים) y de פחים (de פח, árabe *fah*) es seguro, aunque no esté verificado etimológicamente. La unión de estas dos palabras (צנים y פחים; la LXX, suprimiendo el asíndeton dice τρίβολος καὶ παγίδες) sigue el esquema de שמש y ירח, Hab 3, 11. El עקש־לב (el perverso o torcido de corazón, Pr 17, 20; Pr 11,

20) sigue un camino torcido y sinuoso, conforme a su hábito mental, que es el contraste y la perversión de lo que es justo, un camino en el cual hay espinas que enredan y hieren a quienes lo recorren, lazos que les derriban inesperadamente y les mantienen prisioneros.

El seto de espinos era en Pr 15, 19 una figura de los obstáculos del camino que deben recorrer los impíos. El aguijón y las trampas del camino son aquí una figura de los obstáculos y peligros que se encuentran escondidos en el camino que trazan los "guardianes" de los demás, es decir, aquellos que debían cuidar la vida de los otros, tanto en un sentido externo (social) como en un sentido moral (cf. Pr 16, 17; Pr 13, 3). Por eso, los hombres precavidos tienen que guardar su alma (su vida) de las trampas (espinos, lazos) de esos hombres engañosos y perversos de corazón que tratan de seducirles.

**22, 6.** *Instruye al niño conforme a su camino, de manera que cuando sea mayor no se aparte de ese camino.* La primera instrucción que se comunica al niño debe ser עַל־פִּי, conforme a su medida (cf. Gn 43, 7, como en el hebreo postbíblico: לפי y כפי), es decir, conforme a su camino. Ese camino del niño no es todavía su "vocación" en sentido estricto, cosa que se irá explicitando poco a poco (Bertheau, Zöckler); ese camino, דרכו, en sí mismo, no es todavía la forma de vida que el niño ha de seguir cuando sea adulto (Kidduschin 30a); ese camino no es todavía, tampoco, su naturaleza individual (Elster), sino conforme a la naturaleza propia de un niño; en ese sentido la expresión "camino del niño", דרך נער, puede compararse, por ejemplo, con *derek kol-haarets,* Gn 19, 31, *la costumbre general de la tierra;* o con *derek Mitsrâyim,* Is 10, 24, *el camino (la manera de actuar) de los egipcios.*

La instrucción de la juventud, es decir, la educación de la juventud, debe ser conforme a la naturaleza de la juventud. Según eso, la materia de la instrucción, la manera del aprendizaje, debe regularse de acuerdo con la etapa propia de la vida del joven, con sus peculiaridades. Por su parte, el método de enseñanza debe ordenarse según el grado de desarrollo a que haya llegado la vida mental y corporal del joven.

El verbo חנך es un denominativo como עקב, Pr 22, 4, y tiene el sentido de afectar el gusto, como חך (igual a חנך), en árabe poner jarabe de dátiles en la boca del lactante. Esta frase puede compararse con el dicho de Horacio, *Epístola* I. 2, 69, *Quo semel est imbuta recens servabit odorem* (en el sentido de una comida de la que, una vez probada, se sigue conservando el sabor). En el hebreo postbíblico חנוך indica lo que en el lenguaje de la Iglesia se llama *catequizatio.* En esa línea, el título habitual de los catecismos es חנוך לנער ספר (libro para instrucción de los jóvenes).

Este es el requisito fundamental y primero de toda instrucción educativa tal como lo formula este proverbio, ofreciendo así un lema adecuado para los libros de texto de pedagogos y catequistas. ממנה (de él) se refiere a ese entrenamiento de la

# Primera colección: Proverbios salomónicos (Pr 10, 1 – 22, 16)

juventud, de conformidad con su naturaleza, un entrenamiento que se convierte en segunda naturaleza que se imprime en la mente de los mismos niños. Pr 22, 6 falta en la LXX, algunos MSS de la LXX que contienen este proverbio lo han tomado de Teodocion. La edición Complutense de la LXX traduce este verso de un modo independiente a partir del texto hebreo.

**22, 7.** *El rico se enseñoreará de los pobres, y el que toma prestado es siervo del que le presta.* "Este es el orden de vida del mundo. La forma de utilizar el singular y el plural en 7a muestra que hay muchos pobres por un solo rico; el mando en Oriente reside en general en manos de uno solo" (Hitzig). El futuro (יִמְשׁוֹל, enseñoreará) está indicando lo que debe suceder y cómo suceder. Por otra parte, la cláusula sustantiva de 7b, que en sí misma indica lo que ha de suceder a continuación (árabe *thabât*, es decir, lo que queda y continúa), indica que un contrato de deuda trae naturalmente consigo una relación servil de dependencia (hace al deudor siervo del prestamista).

לוה indica propiamente que quien contrae una deuda queda en manos del prestamista, *se ei obligat*, como en Pr 19, 17: *qui alterum (mutui datione) obligat*, de לוה, árabe *lwy*, enrollar, dar vuelta, torcer (palabra vinculada a la raíz *laff*). De esa misma raíz se deriva, según Fleischer, el arameo לות, "en conexión con" (subordinado a). איש מלוה es alguien que se dedica de alguna forma a los préstamos, aunque no lo haga directamente como profesional. Lutero traduce de un modo correcto: *y el que toma prestado es el sirviente del prestamista.* En ese fondo se entiende el juego de palabras con los nombres propios, "*Borghart* (igual al prestatario) es el sirviente de *Lehnhart* (igual al prestamista)".

## 22, 8-16.

El grupo que ahora sigue se extiende hasta el final de esta primera colección de Proverbios de Salomón. Concluye también con un proverbio sobre el pobre y el rico.

זוֹרֵעַ עַוְלָה [יקצור־] (יִקְצָר־) אָוֶן וְשֵׁבֶט עֶבְרָתוֹ יִכְלֶה: ⁸

טוֹב־עַיִן הוּא יְבֹרָךְ כִּי־ נָתַן מִלַּחְמוֹ לַדָּל: ⁹

גָּרֵשׁ לֵץ וְיֵצֵא מָדוֹן וְיִשְׁבֹּת דִּין וְקָלוֹן: ¹⁰

אֹהֵב [טהור־] (טְהָר־) לֵב חֵן שְׂפָתָיו רֵעֵהוּ מֶלֶךְ: ¹¹

עֵינֵי יְהוָה נָצְרוּ דָעַת וַיְסַלֵּף דִּבְרֵי בֹגֵד: ¹²

אָמַר עָצֵל אֲרִי בַחוּץ בְּתוֹךְ רְחֹבוֹת אֵרָצֵחַ: ¹³

שׁוּחָה עֲמֻקָּה פִּי זָרוֹת זְעוּם יְהוָה [יפול־] (יִפָּל־) שָׁם: ¹⁴

אִוֶּלֶת קְשׁוּרָה בְלֶב־נָעַר שֵׁבֶט מוּסָר יַרְחִיקֶנָּה מִמֶּנּוּ: ¹⁵

עֹשֵׁק דָּל לְהַרְבּוֹת לוֹ נֹתֵן לְעָשִׁיר אַךְ־ לְמַחְסוֹר: ¹⁶

Proverbios 22

⁸ El que siembra iniquidad segará maldad,
y la vara de su ira será destruida.
⁹ El de ojos bondadosos será bendito,
porque de su pan da al necesitado.
¹⁰ Echa fuera al burlador, y se evitará la contienda;
también cesarán el pleito y la afrenta.
¹¹ El rey ama al de corazón puro,
y el que tiene gracia de labios será su amigo.
¹² Los ojos de Jehovah custodian el conocimiento,
pero él arruina las cosas de los traicioneros.
¹³ Dice el perezoso: "¡Afuera hay un león!
*¡En medio de la calle seré descuartizado!".*
¹⁴ Fosa profunda es la boca de la mujer extraña;
aquel contra quien Jehovah está airado caerá en ella.
¹⁵ La insensatez está ligada al corazón del joven,
pero la vara de la disciplina la hará alejarse de él.
¹⁶ El que para enriquecerse explota al pobre o da al rico,
ciertamente vendrá a pobreza.

**22, 8.** *El que siembra iniquidad, calamidad segará; y la vara de su furor se desvanecerá.*
"Aquello que el hombre sembrare, eso también segará" (Gá 6, 7); el que siembra
bien, bien cosecha. Pr 11, 18; el que siembra mal cosecha mal, Job 4, 8; cf. Os 10,
12 donde aparece עולה en oposición directa צדקה o ישר (p. ej., Sal 125, 3; Sal 107,
42), conforme a la idea de que el bien es recto, mientras el mal es lo que se opone
a la línea recta, y es torcido. Sobre און, que significa tanto perversidad de mente y
conducta, como destino, calamidad, véase Pr 12, 21. Lo que el poeta quiere decir
particularmente con עולה se muestra en 8b, a saber, tiranía sin simpatía, mala
conducta crueldad hacia un prójimo.

שבט עברתו es la vara del inicuo que expresa por ella su ira, descargándola
en otros. La afirmación de esta vara de su furor se acabará, está de acuerdo con lo
que Is 14, 5 dice del cetro del déspota (cf. Sal 125, 3). Con razón dice Fleischer,
*baculus insolentiae ejus consumetur et facultas qua pollet alios insolenter tractandi*
*evanescet* (el cetro de su insolencia será consumido y desaparecerá y también el
poder de aquellos que tratan a los demás de un modo insolente). A la objeción de
Hitzig, según el cual una vara no se va pudriendo, sino que se rompe, se responde
de esta forma: puede tratarse de una vara blanda, refiriéndose (cf. כלה) a todo lo
que tiene un final, por ejemplo, en Is 16, 4. Otros intérpretes aplican la "vara de
su furor" a la vara de la ira de Dios, que herirá al עול y que le destruirá, יכלה, como
en Ez 5, 13; cf. Da 12, 7, "y la vara de Su castigo ciertamente vendrá" (Ewald, y
de manera similar Schultens, Euchel, Umbreit). Esto se puede deducir también de

495

## Primera colección: Proverbios salomónicos (Pr 10, 1 – 22, 16)

la LXX: πληγὴν δὲ ἔργων αὐτοῦ (עבדתו) συντελέσει (יכלה) (la plaga de sus acciones se desvanecerá, será aniquilada.

La LXX tiene, después de Pr 22, 8, un dístico que dice: ἄνδρα ἱλαρὸν καὶ δότην εὐλογεῖ ὁ θεὸς ματαιότητα δὲ ἔργων αὐτοῦ συντελέσει ("al hombre generoso y dadivoso le bendice Dios y destruirá la vanidad de sus obras"). La primera línea (cf. 2Co 9, 7) es una traducción aproximada de 9a (cf. Pr 21, 17), la segunda (ושוא עבדתו) es una traducción semejante de 8b.

**22, 9.** *El que tiene un ojo generoso será bendecido; porque Dios da su pan a los pobres.* El pensamiento es el mismo que en Pr 11, 25. טֽוֹב־עָיִן (escrito así sin *makkeph*, con *munach* en la primera palabra, conforme a los códices correctos, cf. Código 1294 y el de Jaman, Yemen). En contra de רע עין, Pr 23, 6; 22, 22, del envidioso, de ojos malos o despiadado (en hebreo postbíblico צר עין), *el hombre que mira amable-mente, es de buen corazón, y como* ἱλαρὸς δότης*, da gratuitamente, con generosidad.*

Ese tipo de gentileza y amabilidad se llama en la Mishná עין טובה (Aboth ii. 13), o עין יפה (ojo bueno, ojo hermoso). Quien tiene, en esa línea, un ojo generoso es un amigo bendito, porque él mismo ha derramado bendiciones (cf. גם־הוא, Pr 11, 25; Pr 21, 13), es decir, ha dado de su pan a los pobres (tanto Lutero, como la LXX utilizan en este caso un genitivo partitivo, *seines brots*, de su pan). Isaías 8 ha desarrollado también ese motivo, hablando del despliegue de esta bendición del amor abnegado.

La LXX añade aquí otro dístico: Νίκην καὶ τιμὴν περιποιεῖται ὁ δῶρα δούς, Τὴν μέντοι ψυχὴν ἀφαιρεῖται τῶν κεκτημένων. La primera línea es una variante de traducción de Pr 19, 6, y la segunda de Pr 1, 19. En ambos casos, el tema que se expresa y que es objeto de pensamiento para el lector es el contraste entre el egoísmo y la liberalidad. Ewald traduce así la segunda línea: *y él (que distribuye regalos) conquista el alma de los destinatarios.* Pero κεκτημένος es igual a בעל בעלים y significa el poseedor (el señor), de manera que lo que él hace decir al texto no va en la línea del original hebreo.

**22, 10.** *Echa fuera al escarnecedor, y se acabará la contienda; sí, la contienda y el oprovio cesarán.* Si en un grupo de personas, en un círculo de amigos, en una sociedad (LXX ἔκβαλε ἐκ συνεδρίου), se encuentra un malvado (véase sobre ליץ, Pr 21, 24) que trata las cuestiones religiosas sin respeto, las cuestiones morales con frivolidad, las cosas serias, en broma, y con espíritu desdeñoso, dominado por el deseo de contar chistes y anécdotas, se pone por encima del deber de mostrar reverencia, veneración y respeto, surgirán incesantes contiendas y conflictos. A un hombre así hay que ahuyentarlo. Solo entonces, inmediatamente, se alejará con él la desesperación (מדון), entonces acabará la contienda y la desgracia, es decir, la lucha que tal persona provoca, y la desgracia que trae sobre la sociedad con su conducta.

קלון se suele entender comúnmente como injuria, el abuso, que otros tienen que sufrir por parte del burlador, o también (así Fleischer y Hitzig) a causa de oprobios de los contenciosos unos contra otros. Pero ese no es el sentido básico de קלון que significa siempre desgracia, como algo que sucede, un hecho de experiencia, véase en Pr 18, 3. La alabanza de alguien que está en contraste directo con לץ se celebra en el siguiente verso.

**22, 11.** *El que ama con pureza de corazón, el que tiene gracia de labios, el rey es su amigo.* Siguiendo a Hitzig podemos interpretar טהור־לב sintácticamente en el sentido de *puritate cordis o purus corde* (Ralbag, Ewald, después de Pr 20, 7), con pureza de corazón, teniendo un corazón puro. No se trata de amar la pureza de corazón, como han dicho bastantes autores: *qui amat puritatem cordis, gratiosa erunt labia ejus* (de Dieu, Geier, Schultens, C. B. Michaelis, Fleischer), pues entre la pureza de corazón y la gracia de la palabra (de los labios) existe una relación moral, pero no necesariamente una conexión de secuencia. Tampoco se traduce: *el que ama la pureza de corazón y la gracia en los labios* (Aben Ezra, Schelling, Bertheau), porque "amar la gracia de los propios labios" es una expresión torpe, que suena más a autocomplacencia reprochable que a un esfuerzo digno de alabanza después de un discurso lleno de gracia.

El sentido del verso no es por tanto "amar la pureza", sino amar con pureza, como ha puesto de relieve la traducción de Lutero: *"El que tiene un corazón sincero y un habla amable, el rey es su amigo".*

טהור־לב no es adjetivo, sino sustantivo; טהר־ no está en estado constructo, como en Job 17, 10, sino que es un *segolato* de טהר, o (como en la forma básica de 1Sa 16, 7, con גבה) del neutro טהור, como קדש, Sal 46, 5; Sal 65, 5. Por eso hay que traducir "el que es puro", el que ama con pureza de corazón (Schultens). הן שפתיו (la gracia de sus labios) es el segundo sujeto de la frase, que actúa como cláusula relativa, aunque no exactamente eso, sino que se coordina con un corazón sincero... Tenemos así un sujeto complejo, con este sentido: un corazón amoroso..., pureza, gracia en sus labios, Él rey es su amigo.

Este es, por tanto, un hombre que ama con pureza de corazón, un hombre que habla con labios llenos de gracia... Un consejero y asociado así, de recto corazón y labios graciosos se vincula de un modo privilegiado con el rey, de forma que el mismo rey se asocia con él, haciéndose así amigo de esa persona (רֵעֵהוּ): y ese hombre a su vez, el que ama y habla de esa forma con intención pura y palabras de gracia, se hace amigo del rey, cf. 1Re 4, 5.

Este es un proverbio salomónico que recoge la idea de Pr 16, 13. La LXX, Syr. y Targ. introducen después de אהב el nombre de Dios; pero 11b no admite sintácticamente esta adición. En este contexto, merece la pena aceptar una interpretación propuesta por los comentaristas judíos que dice: *el amigo de tal persona es un rey, es decir, puede regocijarse realmente en él y jactarse de él.* Este último pensamiento es hermoso pero, como muestra la comparación de otros proverbios que hablan del rey, no responde a lo que quiere decir este proverbio.

**22, 12.** *Los ojos de Yahvé conservan el conocimiento; así frustra las palabras (=las obras) de los falsos.* La frase "conservar el conocimiento" (cf. נָצְרוּ דָעַת) se encuentra en Pr 5, 2; allí, en el sentido de guardar, retener; aquí en el sentido de proteger, custodiar. El texto no dice que los ojos de Dios se guíen por la regla del conocimiento, y así lo preserven, pues esa función no es propia de los ojos. El texto dice más bien que los ojos de Yahvé "preservan" el conocimiento, es decir, velan por la verdad del conocimiento, como supone Is 26, 3.

Los ojos de Yahvé conservan el conocimiento (נָצְרוּ דָעַת). En ese sentido debemos recordar que, según los antiguos, דעת, conocimiento, significa metonímicamente el hombre, אִישׁ (Meri), o los hombres, אַנְשֵׁי (Aben Ezra), es decir, los que conocen el conocimiento, יוֹדְעֵי דעת (en arameo). Schultens interpreta correctamente, *cognitio veritatis ac virtutis practica fertur ad homines eam colentes ac praestantes*, con el sentido de: donde existe el conocimiento de la verdad y del bien, allí se encuentra bajo la protección de Dios.

12b indica la forma concreta en que se aplica el conocimiento de Dios, de un modo consecutivo: donde hay conocimiento de Dios, es decir, donde Dios conoce de esa forma al hombre, el hombre está protegido contra los ataques de los enemigos que se oponen al conocimiento que odian, y buscan triunfar sobre él y suprimirlo con su política maligna de engaño. Dios está del lado del conocimiento y lo protege y, en consecuencia, hace vanas las palabras (las resoluciones, las obras) de los engañosos.

Hitzig lee רעות (maldad) en vez de דעת, traduciendo: *Dios observa el mal que se hace a sus ojos*, y obstaculiza así el éxito de los malvados; pero "observar la maldad" es una expresión ambigua e insostenible; el único pasaje que se podría citar a favor de "observar" es Job 7, 20. Pero esa lectura de Hitzig no puede sostenerse. El texto no dice que Dios "observa", sino que "conoce", indicando que su conocimiento es salvador.

**22, 13.** *Dice el perezoso: fuera está el león, me matarán en medio de las calles.* Este mismo proverbio aparece expresado de otra forma en Pr 26, 13. Allí, como aquí, el perfecto אמר tiene el significado de un presente genérico, abstracto, cf. Gesenius 126. 3. La actividad de un tipo de trabajador puede realizarse cerca del hogar; pero aquí se supone que hay una obra que ha de hacerse (Sal 104, 3) en el campo (Pr 24, 27). Así aparece en primer lugar חוּץ (בַּחוּץ), una palabra de amplio significado, que aquí se refiere al campo abierto fuera de la ciudad, donde el perezoso teme encontrarse con un león. Pero después aparecen las calles o plazas (רְחֹבוֹת), es decir, las hileras de casas que las forman, y el perezoso tiene miedo de ser víctima de un asesinato (con אֶרְצַח de רצח, cf. מרצח) por motivos de robo o de venganza.

Esta palabra se utiliza propiamente para destruir, aplastar, árabe *raḍkh*, y aquí está escogida de un modo intencionado, para exponer la ridícula forma de presentar la pereza de este hombre (Fleischer): un león en el campo, ladrones en la calle... Lutero comenta: "Podría ser asesinado en las calles". Pero de manera intencionada, el texto no pone אולי (quizás) ni פן (no sea que). Meri cita aquí un pasaje de los moralistas judíos que dicen, ממופתי העצל הנבואה (profetizar pertenece a las evidencias del perezoso). Euchel cita otro proverbio que puede titularse העצלים מתנבאים (la profecía de los perezosos), indicando que los perezosos pueden actuar como profetas, para paliar su pereza.

**22, 14.** *Zanja profunda es la boca de la mujer extraña; el que es maldecido por Dios cae en ella*. La primera línea aparece de un modo distinto, como si fuera parte de un dístico sinonímico, Pr 23, 27. La LXX traduce στόμα παρανόμου (la boca de un hombre impío) sin indicar con certeza qué palabra hebrea han leído y quieren traducir así: puede ser רע (Pr 4, 14), o רשע (Pr 29, 12), o נלוז (Pr 3, 32). En apoyo de זרות suele aducirse a Pr 23, 27 (véase Pr 2, 16); otros suponen que la palabra de fondo es זנות (rameras), pero no es necesario leer así, como hace Ewald.

Sea como fuere, la boca de esta mujer extranjera (o israelita depravada) es una zanja profunda (שׁוּחָה עמקה o una עמקה como dice Pr 23, 27, donde también aparece עמוקה) (cf. Comentario de Immanuel, Nápoles 1487, que pone en ambos casos עמוקה), es decir, una trampa en forma de pozo donde los hombres son atraídos por sus palabras lascivas. Pues bien, el hombre que está en comunión con Dios está armado contra esta voz de sirena de las mujeres lascivas.

Pero el hombre que es זעום ה', es decir, el que es objeto de la maldición o זעם (el Véneto pone: κεχολωμένος τῷ ὀντωτῇ, el maldecido por la realidad divina) de un Dios indignado, que castiga el mal con el mal, cae en el pozo, cediendo a la seducción y a la ruina. Schultens explica זעום ה' diciendo que Dios *despumat indignabundus,* echa espumas de ira. Pero el significado *despumat* no está fundamentado; זעם, cf. árabe *zaghm*, es probablemente una palabra que por su sonido denota ira como un rugido hueco y como un trueno. La LXX tiene, después de Pr 22, 14, tres tediosas líneas moralizantes.

**22, 15.** *La necedad está ligada al corazón del niño; la vara de la corrección la expulsa.* La locura, es decir, el placer en los engaños estúpidos, los juegos tontos y el comportamiento insensato son lo propio de los niños como tales; su corazón es todavía pueril, y la necedad está ligada a él. Solo la educación expulsa esta naturaleza infantil y tonta (porque, como dice Menandro, Ὁ μὴ δαρεὶς ἄνθρωπος οὐ παιδεύεται, en el sentido de "el hombre que no ha sido castigado no ha sido educado"). Quien

*Primera colección: Proverbios salomónicos (Pr 10, 1 – 22, 16)*

educa severamente al niño con la vara de la corrección (cf. שֵׁבֶט מוּסָר, con Pr 23, 13) arranca la necedad o אוּלת de su corazón, porque le imparte inteligencia y le hace sabio (Pr 29, 15). La LXX tiene razón al traducir 16a, ἄνοια ἐξῆπται (de ἐξάπτειν) καρδίας νέου (expulsan la "anoia" o locura del niño); pero la traducción siria ha destrozado el sentido de la LXX, leyendo su traducción con prisa y poniendo ἀνοίᾳ ἐξίπταται, "la locura hace volar el entendimiento del niño" (Lagarde).

**22, 16.** *El que oprime al pobre para aumentar sus riquezas (y) el que da al rico ciertamente vendrá a la miseria.* Resulta claro que להרבות y למחסור, como למותר y למחסור en Pr 21, 5, son palabras en contraste y forman las conclusiones de los participios que han sido utilizados antes como antecedentes hipotéticos (si uno oprime al pobre… si uno da al rico…). Jerónimo lo reconoce, *qui calumniatur pauperem, ut augeat divitias suas, dabit ipse ditiori et egebit* (quien calumnia a los pobres, para aumentar sus riquezas se pondrá en manos de los ricos y empobrecerá).

Por su parte, Rashi piensa que los ricos, עשיר, son los potentados paganos. Relativamente es preferible la opinión de Euchel cuando afirma que עשק y נתן, no se refieren a personas concretas, sino a dos clases de hombres: el que oprime al pobre para enriquecerse y el que es liberal con el rico, cae en la miseria. Pero de esa manera desaparece la antítesis intencionada del dístico que se convierte así en un dístico integral o sintético. Esta crítica puede aplicarse también contra Bertheau, quien explica demasiado ingeniosamente este proverbio: quien oprime a los pobres para enriquecerse, pero luego da a los ricos, pensando que así se enriquece con ellos, termina perdiendo de nuevo lo que injustamente había ganado, pues los ricos no se lo agradecen.

Ralbag está en el camino correcto, porque vislumbra la explicación: quien oprime al pobre, lo hace en beneficio del pobre, porque lo impulsa a un ejercicio más enérgico de su fuerza; el que da al rico, lo hace en perjuicio propio, porque el rico no se lo agradece, y aun así continúa menospreciándolo. El que hace regalos a los ricos solo promueve su indolencia soñolienta y les hace más inactivos de lo que eran (Elster); pues los ricos lo gastan todo de una forma extravagante (Zöckler).

Así lo explica también Hitzig, quien comenta, bajo 17a, "La opresión produce reacción, despierta energía, y así Dios en general dirige desde arriba y transforma el despliegue de los acontecimientos, los eventos" (Éx 1, 12). De un modo semejante, Ewald piensa también en un rico injusto opresor de los pobres. Hay un momento en el que Dios, finalmente, levanta al pobre oprimido, mientras que el rico opresor, siendo por un lado cada vez más rico, termina, por otro lado, siendo al fin castigado por sus maldades.

Pero con todas estas explicaciones quedan muchas cosas sin explicar. El que extorsiona a los pobres se enriquece con ello; pero el que da a los ricos queda sin nada, y con menos que nada, no tiene nada, de manera que, descendiendo cada vez más abajo, a causa de los muchos regalos que debe hacer para mantener su posición, a sí mismo, no tiene gracias, solo se lleva a sí mismo cada vez más abajo con muchos regalos. En el primer caso, 17a, al robar a los pobres puede conseguir algo para sí mismo; pero en el segundo caso, al dar a los ricos, 17b, no logra obtener nada más, de manera que al fin solo le queda una amarga desilusión.

## Apéndice 1. Palabras de los sabios
### (Pr 22, 17 – 24, 22)

El último grupo de dísticos, que comenzaban en 10, 1, ha terminado en 22, 16, con un proverbio sobre el pobre y el rico, que retomaba el motivo de 22, 7. A partir de aquí, desde 22, 17 se interrumpe el orden y temática de los dísticos anteriores y se retoma el tono de los primeros proverbios del libro. De esa forma se introduce, con los proverbios que ahora siguen, un apéndice al libro más antiguo de los Proverbios. Sobre el estilo y la forma de estos proverbios he tratado en la introducción de este libro.

**22, 17-21.**

$^{17}$ הַט אָזְנְךָ וּשְׁמַע דִּבְרֵי חֲכָמִים וְלִבְּךָ תָּשִׁית לְדַעְתִּי:

$^{18}$ כִּי־ נָעִים כִּי־ תִשְׁמְרֵם בְּבִטְנֶךָ יִכֹּנוּ יַחְדָּו עַל־ שְׂפָתֶיךָ:

$^{19}$ לִהְיוֹת בַּיהוָה מִבְטַחֶךָ הוֹדַעְתִּיךָ הַיּוֹם אַף־ אָתָּה:

$^{20}$ הֲלֹא כָתַבְתִּי לְךָ [שלשום] (שָׁלִישִׁים) בְּמֹעֵצֹת וָדָעַת:

$^{21}$ לְהוֹדִיעֲךָ קֹשְׁטְ אִמְרֵי אֱמֶת לְהָשִׁיב אֲמָרִים אֱמֶת לְשֹׁלְחֶיךָ:

$^{17}$ Inclina tu oído y escucha las palabras de los sabios;
dispón tu corazón a mi conocimiento.
$^{18}$ Porque es cosa placentera
que guardes esas palabras en tu corazón,
y que a la vez se afirmen en tus labios.
$^{19}$ Para que tu confianza esté en Jehovah
te las hago saber hoy también a ti.
$^{20}$ ¿Acaso no he escrito para ti treinta dichos
de consejos y conocimiento?
$^{21}$ Son para darte a conocer la certidumbre de las palabras de verdad,
a fin de que puedas responder palabras de verdad a los que te envían.

De Pr 10, 1 a Pr 22, 16 aparecían los "Proverbios de Salomón", y no "Las Palabras de los Sabios" (22,17 דִּבְרֵי חֲכָמִים, ). Según eso, la παραίνεσις de este pasaje no es

# Apéndice 1: Palabras de los sabios (Pr 22, 17 – 24, 22)

un epílogo, sino un prólogo de los proverbios siguientes. Los perfectos הודעתיך y כתבתי se refieren, no a los discursos proverbiales salomónicos, sino al apéndice que sigue. Este prefacio elogia el valor e intención de ese apéndice, y utiliza tiempos en perfecto porque fue escrito después de que se formara la colección que sigue.

**22, 17-21.** Como he dicho en la introducción del presente comentario, el autor de este prefacio es el mismo que el de Pr 1–9. El הט de 22, 17 (cf. הַט אָזְנְךָ con *mehuppach*, cf. *Thorath Emeth*, p. 27) nos recuerda a Pr 4, 20; Pr 5, 1. La frase שִׁית לב, *animum advertere*, vuelve a aparecer en el segundo apéndice, Pr 24, 32. Por su parte, נעים se repite en Pr 23, 8; Pr 24, 4 pero, lo mismo que נעם, aparece con frecuencia en el prefacio, cap. 1–9.

Por su parte, כִּי־נעים indica, como en Sal 135, 3; Sal 147, 1, el tema del que se trata. כִּי־תִּשְׁמְרֵם no es aquí sujeto (esto que tú preservas), pues ello habría requerido más bien un infinitivo como שמרם (Sal 133, 1) o לְשָׁמְרם, sino que indica aquello que es amable y digno de alabanza, si lo conservas en tu corazón, es decir, si haces que estos preceptos se conviertan cuidadosamente en tu posesión mental.

El sufijo ēm (cf. תִּשְׁמְרֵם en 22, 18) se refiere a las Palabras del Sabio, e mediatamente también a לדעתי (22, 17; תָּשִׁית לְדַעְתִּי) porque el autor está indicando la sabiduría práctica דעתי, que se establece en los siguientes proverbios que, aunque no fueron compuestos por este redactor, están penetrados por su idea básica. Con respecto a בטן, que no significa ya las partes internas del cuerpo, sino las partes internas de la mente, véase Pr 20, 27.

La cláusula 18b, no depende de כי, sino que comienza con ויכנו. La ausencia de la cópula y el carácter antecedente del verbo nos indican que estamos ante un texto en optativo, a diferencia de la redacción sintáctica de Pr 5, 2, donde al verbo en infinitivo le sigue un verbo de finalidad. El futuro *nifal* יכנו que, en Pr 4, 27, significaba estar correctamente colocado, correctamente dirigido, aquí significa estar erguido, establecido, tener continuidad, *stabilem esse*. En Pr 22, 19, el hecho de la instrucción precede a la declaración de su objetivo, que consiste en que el discípulo ponga su confianza en Yahvé, porque hace lo que responde a su voluntad y está sujeto a su dominio. La palabra מִבְטַחֶךָ (22, 18), en códices y ediciones correctas va con *pathach* (véase *Michlol* 184b); el ח va virtualmente reduplicada, véase bajo Pr 21, 22.

En 22, 19b la acentuación normal de הוֹדַעְתִּיךָ הַיּוֹם es contraria a la sintaxis. Varios códices y ediciones antiguas tienen correctamente הודעתיך היום, porque la expresión siguiente, con el sentido de también tú, אַף־אַתָּה ha de tomarse, como dice Gesenius 121. 3, como una repetición enfática de "tú". אף tiene el mismo sentido de גם, Pr 23, 15; 1Re 21, 19.

Hitzig piensa que en este pasaje no se da ningún contraste que justifique el énfasis del texto. Pero el énfasis no viene dado siempre en forma de contraste (cf. Zac 7, 5, en verdad me habéis ayudado, es decir, me habéis servido de ese modo). Aquí estamos ante un contraste de individualización; el *te etiam* (אַף־ אַתָּה) equivale a *a ti como a los demás, y a ti en particular*. Tampoco es correcto, como hace Hitzig, afirmar que no hay ninguna razón para enfatizar "hoy". Esa palabra היום tiene el mismo significado que en el Sal 95, 7. El lector de los siguientes proverbios recordará más adelante, no solo en general, que leyó o escuchó estos proverbios una vez, sino que los escuchó hoy, en este día determinado, recibiendo las lecciones de sabiduría contenidas en ellos, de manera que luego, más adelante, será responsable de ellos por su obediencia o su desobediencia.

En 20a, el *qetub* שלשום no está fijando una fecha determinada. Por otra parte, esta palabra aparece siempre junto a תמול. De todas formas, Umbreit, Ewald, Bertheau piensan que con esta expresión (anteriormente, últimamente) el autor se está refiriendo a un "Libro para jóvenes", compuesto en un período anterior, sin que se vea el significado de esta referencia para sus contemporáneos.

La LXX interpreta כתבת de un modo especial, en contra de la sintaxis y del *usus loquedi* (de la forma de hablar normal) y piensan que aquel que recibe esta exhortación debe escribir estas buenas doctrinas tres veces (τρισσῶς) en la tabla o libro de su corazón. El traductor sirio y Targum suponen que el autor afirma que escribió tres veces estas palabras de sabiduría; San Jerónimo afirma que las escribió por triplicado, sin precisar el sentido de la palabra, ya que triplicado no puede ser equivalente a *manchfeltiglich* (Lutero), es decir, sino a varias veces, de varias maneras.

También el *keré* שלישים que es, sin duda, la palabra auténtica, se interpreta de varias maneras inaceptables. Rashi y Elia Wilna, siguiendo una explicación del Midrash, piensan que se trata de una referencia a las tres partes de las Escrituras (Ley, Profetas y Hagiógrafos). La traducción aramea supone que se refiere a tres clases de jóvenes. Por su parte, Malbim (pensando que aquí habla el autor de todo el libro de Proverbios, de cap. I a cap. XXI) afirma que este pasaje está aludiendo a las tres partes principales de los *Mishle*, es decir, del libro de los Proverbio.

En una línea semejante, Dächsel piensa que está palabra se está refiriendo a cap. 1–9, como obra del mismo autor de este apéndice. Schultens compara esta palabra con Ec 4, 12 y traduce *triplici filo nexa*, tejida con un hilo triple. Kimchi, Meri y otros tienen razón cuando glosan שלישים a partir de las "palabras poderosas" de דברים נכבדים, y comparan este pasaje con נגידים, Pr 8, 6. Por su parte, avanzando en esa línea, el Véneto, con un feliz *quid pro quo*, traduce esa palabra con un τρισμέγιστα o *tres veces santo*, aplicada a Dios.

La LXX traduce שלשים en sentido militar, interpretando שליש por τριστάτης; pero esta palabra griega es en sí misma oscura, y ha sido explicada por Hesiquio (y por Suidas en su *Etymologicum*) por *Regii satellites qui ternas hastas manu tenebant*, es decir, los soldados de la guardia real que tenían tres lanzas

# Apéndice 1: Palabras de los sabios (Pr 22, 17 – 24, 22)

en sus manos, lo que es sin duda falso. Otro autor griego, citado por Angellius, comentando el texto de Éx 15, 4, afirma que τριστάτης era el nombre dado a los guerreros que luchaban con los carros de guerra, cada tres de los cuales tenía un carro de guerra entre ellos; y esto aparece, según Éx 14, 7; Éx 15, 4 como significado principal de la palabra.

En el período de David encontramos la palabra שׁלִישִׁים como nombre de los héroes (los Gibbôrîm) que estaban más cerca del rey. Los hombres *shalish* forman las tropas ligeras que ocupaban el rango más alto, a cuya cabeza se encontraban dos tríadas de héroes: Jashobeam dirigiendo la primera *trias* de los שׁלֹשִׁים en general y Abisai a la cabeza de la segunda *trias*, que ocupaba un lugar honroso entre esos guerreros, cf. 2Sa 23, 8 (equivale a 1Cr 11, 11).

El nombre הַשְׁלִישִׁים (cf. 2Sa 23, 8, הַשְׁלִשִׁי, con 2Sa 23, 13; 1Cr 27, 6) aparece aquí en referencia a la división del ejército principal en tres partes. Esa división estaba en uso en la época del Faraón, así como en la época de los Reyes de Israel. En esa línea, se puede conceder que *shalish* denota a los *Tres hombres* (triunviros del ejército), y luego generalmente a un alto oficial militar. En ese fondo, שׁלֹשִׁים tiene aquí el mismo sentido que נגידים, Pr 8, 6, como en tiempos posteriores *ducalia* con *principalia,* los duces/duques o dirigentes con los *principalia* o primeros/principales.

El nombre de los hombres principales (miembros de la tropa principal) se transfiere así a los proverbios o normas/leyes principales, como en Stg 2, 8, donde esa ley más alta, a la cabeza de todas las demás se llama "ley real" o, como Platón que a los principales poderes del alma les llama μέρη ἡγεμόνες (partes principales). Al igual que en el caso de la palabra platónica, tanto *shalishim,* como *negidim,* aparecen en forma neutra (cf. Pr 8, 6; ריקים, Pr 12, 11; ישׁרים, Pr 16, 13). La ב de במעצות (que también aparece en Pr 1, 31) la explica Fleischer correctamente como *beth* de unión o acompañamiento, referida a los proverbios principales que contienen buenos consejos y conocimiento sólido.

En la declaración del objeto de Pr 22, 21, interpretamos la לְהוֹדִיעֲךָ (לְהוֹד) יַעַף קֹשְׁטְ אִמְרֵי אֱמֶת) que sigue en el sentido de *ut te docerem recta, verba vera,* para enseñarte palabras rectas, verdaderas (Fleischer). En esa línea, קֹשְׁט (cf. Sal 60, 6) es el portador de la idea triple, es decir, de la rectitud, de la *regulam verborum veritatis,* de la regla de verdad de las palabras. El verbo (árabe) *kasiṭa* (como קֹשְׁטְ) significa ser recto, rígido, inflexible (sinónimo de צדק, ser duro, apretado, proporcionalmente directo); y el nombre *ḳisṭ* indica no solo la conducta correcta, la medida correcta, *quantitas justa,* sino también el equilibrio y, por lo tanto, la regla o la norma.

En 21b, אמרים אמת, palabras de verdad o verdaderas (p. ej., Zac 1, 13; véase Philippi, *Status Constr.* p. 86s.) es equivalente a אמרי אמת; el autor ha elegido esta segunda vez intencionalmente una relación de aposición de conexión, *palabras que son verdad.* La idea de verdad se presenta en esta forma de expresión

504

*Proverbios 22*

de manera más prominente. La traducción, *ut respondeas verba vera iis qui ad te mittunt* (para que respondas palabras verdaderas a los que te envían: Schultens, Fleischer) resulta imposible, porque es contraria al *usus loquendi*, porque שלח con acusativo posterior, nunca significa "enviar a nadie".

Sin duda, הֵשִׁיב y שלח están en correlación entre sí: los que se dejan instruir deben estar en condiciones de llevar a las casas de aquellos a quienes les envían doctrinas que son la verdad, probando de esa forma que son enviados auténticos. Aquí no se trata de la respuesta que los enviados han de presentar de nuevos a los que les han encargado de esa comisión. Los שֹׁלְחִים (los que envían, no los enviados) son aquí los padres o tutores que envían a los que han de ser instruidos en la escuela del maestro de la sabiduría (Hitzig).

De todas formas, parece extraño que el aprendiz (el que ha de aprender) no sea tratado aquí como "mi hijo", pues ello iría en apoyo de la expresión "enviar a la escuela" (pero esa expresión no aparece en ningún texto del hebreo antiguo). Los שֹׁלְחֶי o enviados de otro son aquellos que cumplen lo que les dice aquel que les envía, Pr 10, 26; Pr 25, 13; 2Sa 24, 13. En ese sentido ha de entenderse la palabra לְשֹׁעֲלֶיךָ, que es la preferida por Ewald, que la LXX traduce, τοῖς προβαλλομένοις σοι, que la Hexapla siria traduce להנון דאחדין לך אוחדתא, es decir, *a los que te plantean problemas* (véase Lagarde). El maestro de sabiduría busca capacitar a los que leen los siguientes proverbios, para que se dejen influenciar por ellos, para dar la respuesta correcta a quienes les cuestionan y acuden a ellos en busca de consejo, y así convertirse ellos mismos en maestros de sabiduría.

## 22, 22-29.

Después de estas diez líneas de exhortación preliminar (Pr 22, 17-21) comienza la colección de las "palabras del sabio". Empieza con un tetrástico que conecta con el último proverbio de la colección salomónica (22, 16):

²² אַל־ תִּגְזָל־ דָּל כִּי דַל־ הֽוּא וְאַל־ תְּדַכֵּא עָנִי בַשָּֽׁעַר׃

²³ כִּי־ יְהוָה יָרִיב רִיבָם וְקָבַע אֶת־ קֹבְעֵיהֶם נָֽפֶשׁ׃

²⁴ אַל־ תִּתְרַע אֶת־ בַּעַל אָף וְאֶת־ אִישׁ חֵמוֹת לֹא תָבֽוֹא׃

²⁵ פֶּן־ תֶּאֱלַף [ארחתו] (אֹרְחֹתָיו) וְלָקַחְתָּ מוֹקֵשׁ לְנַפְשֶֽׁךָ׃

²⁶ אַל־ תְּהִי בְתֹקְעֵי־ כָף בַּעֹרְבִים מַשָּׁאֽוֹת׃

²⁷ אִם־ אֵין־ לְךָ לְשַׁלֵּם לָמָּה יִקַּח מִשְׁכָּבְךָ מִתַּחְתֶּֽיךָ׃

²⁸ אַל־ תַּסֵּג גְּבוּל עוֹלָם אֲשֶׁר עָשׂוּ אֲבוֹתֶֽיךָ׃

²⁹ חָזִיתָ אִישׁ ׀ מָהִיר בִּמְלַאכְתּוֹ לִפְנֵי־ מְלָכִים יִתְיַצָּב בַּל־ יִתְיַצֵּב לִפְנֵי חֲשֻׁכִּֽים׃ פ

²² No robes al pobre, porque es pobre;
ni oprimas al afligido en las puertas de la ciudad.

505

# Apéndice 1: Palabras de los sabios (Pr 22, 17 – 24, 22)

[23] Porque Jehovah defenderá la causa de ellos
y despojará al alma de quienes los despojan.
[24] No hagas amistad con el iracundo,
ni tengas tratos con el violento,
[25] no sea que aprendas sus maneras
y pongas una trampa para tu propia vida.
[26] No estés entre los que se dan la mano,
entre los que dan fianza por deudas.
[27] Si no tienes con que pagar,
*¿por qué han de quitar tu cama de debajo de ti?*
[28] No cambies de lugar el lindero antiguo
que establecieron tus padres.
[29] ¿Has visto un hombre diligente en su trabajo?
En la presencia de los reyes estará.
No estará en presencia de los de baja condición.

**22, 22-23.** *No robes al humilde porque es humilde…* Aunque el oprimir a los pobres pueda producir ganancias, como dice 22, 26, los que oprimen a los pobres y humildes se arruinan. El poeta condena a los que roban a los humildes porque son humildes y porque no tienen poder para defenderse ni vengarse. El poeta condena también a los que tratan injustamente a los עני, los oprimidos, porque no pueden defenderse en la puerta, es decir, en el tribunal de justicia.

Estos pobres no tienen grandes patrocinadores humanos, sino solo Uno, que está en el cielo, para defender su causa. Será Yahvé quien tome a cargo la causa (יריב ריבם, como en Pr 23, 10), es decir, quien asuma la tarea de vengarles, de ser su vengador. תְדַכָּא (דכה), aram. y árabe *dakk* (cf. דקק, árabe *dakk*), significa aplastar algo para que se vuelva ancho y plano, en sentido figurado oprimir, sinónimo de עשׁק (Fleischer).

El verbo קבע tiene, en caldeo y sirio el significado de pegar, fijar (según el cual Aquila traduce aquí καθηλοῦν, *clavar*; Jerónimo *configurare*). Por su parte, por su raíz, la palabra קבעת significa estar arqueado, como (en árabe) *ḳab'*, estar jorobado; pero esos significados son aquí inadecuados. El contexto requiere que el significado sea robar; también en Mal 3, 8, se debe adoptar este mismo significado: robar, quitarle algo a alguno por la fuerza (Parchon, Kimchi), no, engañar (Köhler, Keil), aunque podría tener el sentido de robar absteniéndose de cumplir un deber, así en un sacrilegio cometido por omisión o engaño.

El Talmud no conoce el verbo קבע con este significado, sino que lo vincula con la palabra correspondiente גזל.[42] La explicación etimológica de Schultens, *capitium injicere* (según el árabe *ḳab'*, para echar hacia atrás y ocultar la cabeza), no es satisfactoria. La construcción, con el doble acusativo, sigue la analogía de הכהו נפש y similares, Gesenius 139. 2

**22, 24-25.** *No tengas relaciones con un hombre enojado, y con un hombre furioso no vayas; para que no adoptes sus caminos y traiga destrucción sobre tu alma.* El *piel* רעה, Jc 14, 20, significa tomar a alguien como amigo o compañero (רע); el *hitpael* התרעה (cf. Pr 18, 24): tomar para uno mismo a alguien como amigo, o conversar con él; אַל־תִּתְרַע suena como אל־תשתע, Is 41, 10, con el *pathach* de la sílaba cerrada del apócope.

El hombre airado recibe el nombre de "señor de la ira" (בַּעַל אָף), como el avaro בעל נפש, Pr 23, 2, y el malvado de בעל מזמות, Pr 24, 8. Sobre בעל, cf. *Coment.* a Pr 1, 19 y Pr 18, 9. איש חמות está relacionado en superlativo a איש חמה, Pr 15, 18 (cf. Pr 29, 22), y significa un exaltado del más alto grado. לא תבוא es una advertencia (cf. Pr 16, 10). בוא את o בוא עם, Sal 26, 4, venir con uno, es equivalente a entrar en relación o compañía con uno, lo cual se expresa en הלך את, Pr 13, 20, lo mismo que בוא ב significa (cf. Jos 23, 7 y Jos 23, 12) entrar en comunión con uno, *venire in consuetudinem.*

Este tono arameo בוא את no es prueba de que estamos en un período más reciente del idioma. Tampoco תאלף, *discas, aprendas*, es prueba de ello, pues la poesía hebrea se ha servido en todo momento de los arameísmos como signo de elegancia. אלף, árabe אלף y ילף, árabe *âlifa*, significa confiar en él, aprender (*piel* אלף, enseñar, Job 15, 15), tener confianza con uno (de ahí אלּוּף, compañero, confidente, Pr 2, 17). Esta palabra אלף no se emplea en hebreo en prosa; la biblia אלּוּף solo la usa en un período posterior en el sentido de maestro. ארחות son los caminos, la conducta (Pr 2, 20, etc.), la forma de vida (Pr 1, 19), es decir, las costumbres, la condición de vida de un hombre furioso.

---

42. Así se dice en *Rosch ha-schana* 26b. Levi llegó una vez a un lugar, donde un hombre vino a su encuentro y gritó קבען פלניא. Levi no sabía lo que decía, y entró en la casa de la enseñanza (Madrasha) para preguntar. Uno le respondió: es un ladrón (גזל) y dijo eso, porque está dicho en las Escrituras (Mal 3, 8), "¿Robará el hombre a Dios?", etc. (véase *Wissenschaft Kunst Judenthum*, p. 243). En el *Midrash*, שוחר טוב, a Sal 57, 1-11, R. Levi dice que אתה קיבע לי se usa en el sentido de אתה גוזל לי (es decir, de robar). Y en el *Midrash Tanchuma* (תרומה), R. Levi responde a la pregunta: "¿Cuál es el significado de קבע, Mal 3, 8?", diciendo: es una expresión árabe. Un árabe, cuando quiere decir a otro מה אתה גוזלני, dice en su lugar, מה אתה קובעני. Quizás קבע es una palabra vinculada con קבע de la raíz קב que coincide en varios grupos de lenguas (también en turco *ḳb*) con el latín *capere*, tomar, robar.

## Apéndice 1: Palabras de los sabios (Pr 22, 17 – 24, 22)

En la frase "traer destrucción", לקח se usa como en la frase alemana *schaden nehmen* (sufrir daño); el lenguaje antiguo también representaba la entrada forzada de alguien a un lugar, al ser agarrado, por ejemplo, Job 18, 20, cf. Is 13, 8; aquí מוקש es equivalente a destrucción. Traer una trampa para uno mismo es equivalente a sufrir por ser atrapado. Cualquiera que entra en una relación cercana con un hombre apasionado, furioso, se acomoda fácilmente a sus modales, acostumbrándose por él y como él a los estallidos de ira, terminando por hacer lo que no es correcto ante Dios, cayendo así en peligros de destrucción.

**22, 26-27.** *No seas de los que chocan las manos, entre los que se hacen fiadores de préstamos. Si no tienes con qué pagar ¿por qué quitará él tu lecho de debajo de ti?* Chocar las manos significa hacerse responsable de otro, saliendo fiador a él, Pr 6, 1; Pr 11, 15; Pr 17, 18. En una palabra, ערב con acusativo significa salir fiador por otro, "empeñarse" por él (Gn 43, 9), garantizando el préstamo que se le ha dado, משאה, Dt 24, 10 (de השה, con ב, prestar algo a uno con interés). El proverbio eleva su advertencia en contra de los que salen fiadores por otros (con בערבים en Cód. 1294 y en ediciones impresas antiguas como la de Venecia, 1521). ¿Por qué corres el riesgo de que te quiten incluso la cama si no pagan (si no pagas) la fianza debida al acreedor, porque, como dice Pr 20, 16, las fianzas imprudentes suelen ser castigadas.

Estos dos proverbios recogen y formulan un ideal de justicia social propio del Antiguo Testamento, que defiende la verdadera "autarquía" (autonomía) económica de un hombre, que debe ser generoso con los pobres, dentro de un ideal básico de igualdad entre las familias, pero que ha de tener cuidado y no perderlo todo, saliendo como fiador de un tipo de personas que son "inseguras", que piden préstamos sin tener la garantía (la seguridad) de poder pagarlos. La visión de estos dos proverbios responde a una ética de justicia y solidaridad, pero sin caer en riesgos de perderlo todo haciéndose fiadores de personas y familias insolventes. Este es uno de los puntos en que Jesús retoma y supera la ética de justicia conmutativa, pidiendo a sus seguidores que perdonen las deudas y que presten dinero sin exigir compensación (Mt 5, 42; Lc 6, 34-38).

**22, 28.** *No quites el hito perpetuo que tus antepasados han establecido*. Este proverbio es un dístico, que comienza con la advertencia אל (no) y que equivale a Pr 23, 10, ratificando la inviolabilidad de los límites establecidos por la ley (véase Pr 15, 25). גְּבוּל עוֹלָם significa "el mojón o hito divisorio establecido desde la antigüedad, cuya remoción fue una gran transgresión, porque el hijo se vuelve sagrado por su antigüedad" (Orelli, p. 76). נסג es igual a סוג y tiene el sentido de quitar, en *hifil*, de empujar hacia atrás, de cambiar, de alejar. אשר tiene el significado de (ὅριον) ὅ, τι, *quippe quod* aquello que establecieron los antepasados.

508

En lugar de עוֹלָם (perpetuo, muy antiguo, eterno) como dice la *Mishná*, Pea v. 6, en la *Guemará* de Jerusalén se pone עוֹלִים y un rabino dice que "un mojón עוֹלִים, es un mojón establecido desde la salida de Egipto", y otro afirma que ese mojón está al servicio de la defensa de los pobres. Los mojones ofrecen la garantía de la perpetuidad de una economía que debía estar al servicio de los pobres.

**22, 29.** *¿Has visto a un hombre que es experto en su trabajo? En presencia de los reyes estará, no se parará ante hombres de baja condición.* Después de los cuatro proverbios anteriores que comienzan con אַל, viene una nueva serie con este verso que consta de tres esticos. Este proverbio dice que un hombre que realiza bien su trabajo estará al servicio de reyes y no de hombres mezquinos, que no tienen derecho a reclamar un puesto oficial más alto.

La expresión חָזִית ¿has visto? aparece en Pr 26, 12 con el mismo sentido que Pr 29, 20, en paralelo con רָאִית. Es un *perfectum. hypotheticum* (cf. Pr 24, 10; Pr 25, 16), un perfecto hipotético: *si videris, si vieres*. La conclusión que podría comenzar con כִּי דַע expresa aún con más fuerza lo que se puede ver según este proverbio. Con razón dice Lutero, *sihes du einen Man endelich in seinem geschefft* (véase en Pr 21, 5): igual que si tú ves a un hombre experto en su negocio…, etc.

מָהִיר indica en las tres lenguas principales (árabe, arameo, hebreo) a un hombre que es hábil, no solo con una habilidad artística externa, sino también porque tiene un buen dominio intelectual del tema. הִתְיַצֵּב לִפְנֵי es entrar o ponerse como sirviente ante un hombre cualquiera (cf. Job 1, 6; Job 2, 1. Cf. también עָמַד לִפְנֵי 1 Sa 16, 21; 1Re 10, 8). La palabra יִתְיַצָּב aparece la primera vez en forma *pausal* afirmativa (estará ante lo reyes, מְלָכִים…), mientras que la segunda vez aparece en forma de negación implícita, בַּל־יִתְיַצָּב ante los חֲשֻׁכִּים que son los hombres corrientes, oscuros, plebeyos, *obscuri* igual a *ignobiles*. El targum traduce el hebreo אֶבְיוֹן y דַּל por חָשׁוּךְ y חָשִׁיךְ. Kimchi compara este pasaje con Jer 39, 10, donde הָעָם הַדַּלִּים se traduce por חֲשִׁיכַיָּא (cf. 2Re 24, 14; 2Re 25, 12). El poeta parece transferir aquí el *arameo usus loqendi* en hebreo.

# Proverbios 23

## 23, 1-5.

Tras Pr 22, 29, que trataba de un hombre de alta posición, cercano al rey, viene un hexaestico con tres proverbios (23, 1-3) que tratan del carácter resbaladizo y problemático de la corte de un rey. Viene después un pentaestico (23, 4-5), formado por un proverbio de dos esticos y por otro de tres, en el que continúan los temas anteriores.

# Apéndice 1: Palabras de los sabios (Pr 22, 17 – 24, 22)

כִּי־ תֵשֵׁב לִלְחוֹם אֶת־ מוֹשֵׁל בִּין תָּבִין אֶת־ אֲשֶׁר לְפָנֶיךָ: [1]

וְשַׂמְתָּ שַׂכִּין בְּלֹעֶךָ אִם־ בַּעַל נֶפֶשׁ אָתָּה: [2]

אַל־ תִּתְאָו לְמַטְעַמּוֹתָיו וְהוּא לֶחֶם כְּזָבִים: [3]

אַל־ תִּיגַע לְהַעֲשִׁיר מִבִּינָתְךָ חֲדָל: [4]

[הֲתָעִיף] (הֲתָעוּף) עֵינֶיךָ בּוֹ וְאֵינֶנּוּ כִּי עָשׂה יַעֲשֶׂה־ לּוֹ כְנָפַיִם כְּנֶשֶׁר [וְעִיף] (יָעוּף) הַשָּׁמָיִם: [5]

[1] Cuando te sientes a comer con un gobernante,
considera bien lo que está delante de ti.

[2] Pon cuchillo a tu garganta,
si tienes gran apetito.

[3] No codicies sus manjares delicados,
porque es pan de engaño.

[4] No te afanes por hacerte rico;
sé prudente y desiste.

[5] ¿Has de hacer volar tus ojos tras las riquezas,
siendo estas nada?
Porque ciertamente se harán alas
como de águilas y volarán al cielo.

**23, 1-3.** *Cuando te sientes a comer…* La ל de ללחום (1, 23) es de finalidad, *ad cibum capiendum*, para comer. En prosa, la expresión sería לחם לאכל, para comer pan. La palabra *para comer pan* forma parte del lenguaje poético, cf. Pr 4, 17; Pr 9, 5. El futuro תבין presenta la amonestación en forma de deseo o consejo. El infinitivo intensivo בין tiene carácter de urgencia: considera bien a quien tienes delante de ti, es decir, mira que no es tu igual, sino un superior, que puede destruirte, así como también serte útil.

Con ושמת continúa la construcción yusiva iniciada por תבין. Zöckler y Dächsel, en la línea de Ewald y Hitzig, traducen incorrectamente, *du puttest...*, ten en cuenta (considera bien), con el perfecto consecutivo, después de un imperfecto o, lo que es lo mismo, con un futuro con significado de optativo (por ejemplo, Lv 19, 18 con אל, aunque Lv 19, 34 va sin לא) con lo que continúa la exhortación. Pero, a fin de que el proverbio tuviera ese sentido, el autor debería haber usado la expresión שכין שמת y no ושמת שכין.

Correctamente traduce Lutero (**23, 2**) "y pon un cuchillo en tu garganta", pero la continuación (si quieres preservar tu vida) no es buena. No se trata de "salvar la vida", sino de "ser dueño de sí mismo", es decir, de portarse de un modo conveniente, sin caer en el mismo error de Jerónimo, Syr. y el Targum que separan נפש de שכין סכין (árabe *sikkîn*, plural *sekâkîn*) que significa cuchillo (raíz שך סך, clavar, cf. Is 9, 10). לוע, de לוע, devorar, es la garganta; la palabra en arameo significa solo la mejilla, pero en hebreo es la garganta, vinculada al deseo.

510

El verbo לוּעַ (cf. árabe *l'al'*, jadear) cuando toma un sentido de *sustantivo* recibe el mismo significado primario que *glutus* de *glutire*, deglutir, tomando al fin el sentido del órgano interno de la deglución, el *esófago* (Kimchi, בֵּית הבליעה; Parchon הוּשט) y luego el externo, la *garganta*.

"*Pon un cuchillo en tu garganta*", es una expresión proverbial, que tiene el sentido de "no dejarse llevar por un deseo fuerte". El poeta quiere decir: refrena tu deseo demasiado ansioso de comer, por miedo al peligro que te amenaza si muestras tu voracidad ante un hombre importante, que puede castigarte, incluso condenarte a muerte (Fleischer).

נֶפֶשׁ significa de alguna forma el "alma", pero el alma que se muestra en el deseo de comer. Por eso בַּעַל נֶפֶשׁ significa, como en Pr 13, 2, deseo, y ese deseo de comer, como en Pr 6, 30. Correctamente Rashi, *si eres codicioso con hambre... si eres un glotón*; cf. Sir 34, 12 (31, 12), "Si te sientas a una gran mesa, entonces no abras mucho tu garganta o faringe (φάρυγγα), y no digas, ¡Ciertamente hay mucho en ella, en esta mesa!". El cuchillo, por lo tanto, denota la restricción y moderación de un apetito que en sí es bueno, pero que puede convertirse en peligroso.

La puntuación de **23, 3a**, אַל־תִּתְאָו, fluctúa entre los Códice como el 1294, el 2 y 3 de Erfurt y el de Jaman del Yemen. El tema se puede resolver comparando otros textos como Pr 23, 6 y Pr 24, 1; 1Cr 11, 17 y Sal 45, 12, con las ediciones antiguas (como la Complutense de 1517 y la de Venecia de 1515, 1521). Por su parte, מַטְעַמּוֹת, de טָעַם, significa platos sabrosos, delicias, como (en árabe) *dhwâkt*, de *dhâk* (gustar, saborear); cf. *sapores*, de *sapere*. En otros proverbios árabes se dice que las golosinas del rey queman los labios (véase Fleischer, *Ali's Hundred Proverbs*, etc., pp. 71, 104).

Con והוּא comienza, como en Pr 3, 29, una cláusula condicionante referida al pan del engaño, לֶחֶם כְּזָבִים (una construcción como la de עַד־כַּחֲבִים, Pr 21, 28). Se le llama "pan de engaño" porque engaña al que lo come: piensan algunos que esc pan (comido en la mesa de los príncipes) les asegura el favor duradero de esos príncipes; pero comer con los grandes puede tener consecuencias negativas. Cf. proverbio de Burckhardt y Meidani: *quien come de la sopa del sultán se quema los labios*, aunque sea después de mucho tiempo (Fleischer). Calovius, interpretando este proverbio, dice: *uno debe acercarse a un rey como a un fuego: no demasiado cerca, para no quemarse; ni demasiado lejos, para poder calentarse.*

**23, 4-5.** *No te preocupes por hacerte rico, sé prudente...* En estado medio, según Pr 30, 8, el texto supone que aquel que se preocupa (cf. Pr 28, 20) y se apresura por enriquecerse, se propone un objetivo falso y engañoso. יגע (אַל־תִּיגַע) tiene el mismo sentido que el árabe *waji'a*, experimentar dolor, *dolere*, y también πονεῖν y κάμνειν, volverse o cansarse, molestarse a sí mismo, esforzarse y afligirse (Fleischer). Estos son unos versos muy difíciles de traducir, centrados en el deseo de riquezas,

# Apéndice 1: Palabras de los sabios (Pr 22, 17 – 24, 22)

que puede expresarse en el interés por estar con un patrono rico, que asegura la riqueza para aquellos que la desean.

El poeta insiste en el hecho de que no se deben ansiar las riquezas de un modo inmoderado, porque ellas se alcanzan con dificultad, pero pueden luego "volar", como las águilas, dejando a los hombres abandonados. En el fondo del texto, al final, se insinúa que la única riqueza para el hombre es la de Dios, en quien debe refugiarse, como el águila en el cielo.

La palabra בינה o bina (cf. Pr 3, 5) significa simplemente sabiduría, prudencia dirigida a enriquecerse; porque el esfuerzo por sí solo no lo logra, a menos que esté conectado con la sabiduría, que ha de encontrar medios morales para obtener la verdadera riqueza. Con razón Aquila, el texto Véneto, Jerónimo y Lutero traducen: *no os afanéis por enriqueceros*. Por el contrario, la LXX traduce אל תיגע להעשיר de esta manera: *no te extiendas (si eres pobre) tras un hombre rico.* Syr. y el Targum traducen esas mismas palabras (אל תגע להעשיר): *no te acerques al rico.* Pero, sin tener en cuenta la incertidumbre de la expresión y la construcción, hay que tener en cuenta que la poesía y, en especial, la de los proverbios, utiliza poco el artículo, a no ser por razón del énfasis.

El tema de fondo es, por tanto, el peligro que va unido a la búsqueda de riquezas, con la necesidad de utilizar una especial sabiduría para no quedar destruido en ese esfuerzo, porque ellas, las riquezas, cerradas en sí mismas, no son nada, וְאֵינֶנּוּ. Los hombres quieren atraparlas, pero ellas se "van" como pájaros (vuelan) y abandonan a quienes las buscan. Esta es la expresión central: les saldrán alas como de águila, y volarán, se perderán en un tipo de altura, de cielo, que los ricos no pueden ya alcanzar: יַעֲשֶׂה־לֹּו כְנָפַיִם כְּנֶשֶׁר. Las riquezas son, según eso, una posesión engañosa; porque lo que se ha ganado con muchos años de trabajo y búsqueda, a menudo pasa repentinamente, se pierde en un momento.

El poeta insiste así en la vanidad de las riquezas. Los hombres ponen sus ojos en ellas, las buscan como si les dieran seguridad, pero ellas se van. Así dice el poeta: ¿te expondrás al destino de ver que lo que has ganado con trabajo y astucia te sea arrebatado repentinamente? En una línea distinta, Lutero traduce, siguiendo a Jerónimo: *no vuelen tus ojos tras lo que echas a perder.* En esa línea, el tema central es la dirección de la mirada del hombre: ¿dónde tendrá que centrar sus ojos, en las riquezas que vuelan, en el sentido de *ad opes quas non potes habere,* hacia riquezas/obras que no puedes mantener? Pero esa traducción exigiría que pusiera באשר איננו, "hacia aquello que ya no existe".

Emanuel, siguiendo a Rashi, precisa el tema diciendo: ¿cerrarás tus ojos (es decir) los párpados sobre unas riquezas que se desvanecerán y dejarán de existir en la noche, de manera que, al despertarte, ya no las encontrarás? Pasan, según eso, las riquezas en una noche, mientras estás dormido, y no las encuentras ya por la mañana.

En esa línea, se puede aceptar la explicación de Chajg que, siguiendo a Is 8, 22 dice: si velas (si oscureces) tus ojos, es decir, si te entregas al descuido, verás que se van (que vuelan) las riquezas. Hitzig, quizá de una forma demasiado artificial (alterando la expresión de להעשיר) traduce: si te desmayas, si estás cansado con los ojos verás que la riqueza se ha ido, experimentarás la pérdida instantánea de lo que se gana con trabajo y se adquiere con esfuerzo. Sobre בו, cf. Job 7, 8: ʻעיניך וגו, "diriges tus ojos a mí, ya no soy".

El sujeto de 5b (כִּי עָשֹׂה יַעֲשֶׂה־ לֹּו כְנָפַיִם כְּנֶשֶׁר, porque les saldrán ciertamente alas como de águila) son las riquezas. Las mismas riquezas toman alas y huyen, vuelan y se pierden en el cielo, en la altura. Los que vuelan no son los trabajadores ricos ni tampoco los pobres, como se podría deducir de Nah 3, 16, donde se dice que la gran multitud de artesanos huye de Nínive como un enjambre de langostas cuando llega la invasión de los enemigos. El verbo עשה tiene frecuentemente el sentido de adquirir, Gn 12, 5, con לו, *sibi adquirire*, 1Sa 15, 1; 1Re 1, 15. Hitzig compara el tema con una imagen de Silius Italicus, xvi. 351, *sed tunc sibi fecerant alas* ("entonces les nacieron alas", con sentido intensivo).

En 5c se debe evitar toda discusión innecesaria sobre el *qetub* ועיף, porque ese *qetub* no existe; en este caso, la Masora solo *conoce keré y qetub* simples (ועיף) (יָעוּף). El *keré* יעוף es una de las diez palabras registradas en la Masora, al comienzo de la cual se debe leer una י en lugar de la ו escrita. La mayoría de los antiguos traducen el texto juntando el significado del *keré y qetub*: *y él (el hombre rico, o mejor, las riquezas) huyen hacia el cielo* (Syr., Aquila, Símaco, Teodocion, Jerónimo y Lutero). Siguiendo el *keré*, el Véneto traduce, ὡς ἀετὸς πτήσεται τοῖς οὐρανοῖς (a saber, ὁ πλοῦτος): el rico (con las riquezas) volará al cielo.

Con razón el Targum pone *como un águila que vuela al cielo*, solo que no debe traducirse "*am Himmel*" (al cielo), sino "*Gn Himmel*" (hacia el cielo). השמים es un acusativo de dirección —el águila vuela hacia el cielo. Bochart, en el *Hierozoón*, ha recogido muchos paralelos de esta comparación, entre los que se encuentra la figura de Luciano cuando dice que Plutón, el dios de la riqueza, viene hasta uno cojeando y con dificultad (para hacerle rico), pero que después, alejándose, supera en velocidad el vuelo de todas las aves.

La LXX traduce ὥσπερ ἀετοῦ καὶ ὑποστρέφει εἰς τὸν οἶκον τοῦ προεστηκότος αὐτοῦ (en el sentido de como el águila que vuela hasta el lugar que está preparado para ella). Hitzig de un modo consecuente dice שבו לבית משגבו, *y él (el patrón rico, la riqueza) se retira de ti a su propia residencia escarpada*. ¿Pero no sería mejor pensar que οἶκος τοῦ προεστηκότος αὐτοῦ (la casa preparada para ella) es el cielo, como la residencia de Aquel que administra las riquezas, es decir, del Dios que las da y luego las quita según Su libre albedrío?

# Apéndice 1: Palabras de los sabios (Pr 22, 17 – 24, 22)

## 23, 6-11.

6 אַל־ תִּלְחַם אֶת־ לֶחֶם רַע עָיִן וְאַל־ [תתאו] (תִּתְאָו) לְמַטְעַמֹּתָיו:

7 כִּי ׀ כְּמוֹ־ שָׁעַר בְּנַפְשׁוֹ כֶּן־ הוּא אֱכֹל וּשְׁתֵה יֹאמַר לָךְ וְלִבּוֹ בַּל־ עִמָּךְ:

8 פִּתְּךָ־ אָכַלְתָּ תְקִיאֶנָּה וְשִׁחַתָּ דְּבָרֶיךָ הַנְּעִימִים:

9 בְּאָזְנֵי כְסִיל אַל־ תְּדַבֵּר כִּי־ יָבוּז לְשֵׂכֶל מִלֶּיךָ:

10 אַל־ תַּסֵּג גְּבוּל עוֹלָם וּבִשְׂדֵי יְתוֹמִים אַל־ תָּבֹא:

11 כִּי־ גֹאֲלָם חָזָק הוּא־ יָרִיב אֶת־ רִיבָם אִתָּךְ:

⁶ No comas pan con el de malas intenciones,

ni codicies sus manjares delicados;

⁷ porque como es el pensamiento de su mente,

así es él: "Come y bebe", te dirá;

pero su corazón no está contigo.

⁸ Vomitarás tu parte que comiste

y echarás a perder tus suaves palabras.

⁹ No hables a oídos del necio,

porque despreciará la prudencia de tus palabras.

¹⁰ No cambies de lugar el lindero antiguo,

ni entres en los campos de los huérfanos.

¹¹ Porque su Redentor es fuerte;

*él defenderá contra ti la causa de ellos.*

**23, 6-8.** Aquí sigue un proverbio con líneas desigualmente medidas, tal vez un heptástico (un poema de siete esticos). Como טוב עין, Pr 22, 9, *benignus oculo,* denota el placer y la alegría de una amistad (cf. Dt 15, 9; Mt 15, 15). Por el contrario, רע עין, *malignus oculo,* está indicando la envidia y el egoísmo del que busca tener y retener todo para sí mismo. La LXX pone ἀνδρὶ βασκάνῳ, para indicar una mirada de mal ojo. En esa línea, עין רע y עינא בישא (en italiano: *cattivo occhio,* ojo malo), se refiere a un tipo de encantamiento; cf. en griego moderno βασκαίνειν, *fascinare,* hechizar, encantar, en árabe *'an,* de donde se dice *ma'jûn, ma'în,* golpeado por la mirada penetrante del ojo envidioso, *invidiae,* envidias, como dice Apuleyo, *letali plaga percussus,* herido por una llaga de muerte (Fleischer).

Con respecto a תתאו con *pathach,* véase la línea paralela de 3a. En 23, 7, la LXX y Syr. leen שער (cabello). El Targum traduce תרעא רמא y, por lo tanto, lee שָׁעַר (tonto), y así identifican el alma de la persona envidiosa con alguien que parece elevado y que promete mucho, pero solo tiene engaño oculto (Ralbag). Joseph ha-Nakdan (en un apéndice de *Ochla We-Ochla,* en la Biblioteca de la Universidad de Halle) dice שער, pero con un añadido פליגא (dudoso), con *shin.* Por su parte Rashi traduce esa palabra como "higos", y compara la frase con el tema de los "higos amargos" (agraces) de Jer 29, 17.

*Proverbios 23*

En una línea algo distinta, Lutero traduce estas palabras (כְּמוֹ־שָׁעַר בְּנַפְשׁ‎ וֹ) הוּא‎) así: él es interiormente como un fantasma, un monstruo de desamor, interpretando la palabra שַׁעַר‎ como un tipo de espectro, שָׂעִיר‎, con forma de cabra, que se cernía ante él. Schultens traduce mejor, más en conformidad con el texto, diciendo: *quemadmodum suam ipsius animam abhorret* (es decir, como odia su propia alma) *sic ille* (*erga alios multo magis*, así odiará mucho más a los otros). El pensamiento es válido, pero la traducción es muy forzada.

Hitzig sigue aquí por una vez a Ewald; sin embargo, no traduce, "como si su alma estuviera dividida, así es él"; sino, "*como quien está dividido en su alma, así es él*"; pero el verbo שַׁעַר‎, vinculado a *puerta*, podría indicar un tipo de división mental, pero es un pensamiento extraño tanto para el hebreo extrabíblico como para el hebreo de la Biblia.

El verbo שַׁעַר‎ significa pesar o considerar, valorar, estimar. Estos significados los une Hitzig diciendo, *in similitudinem arioli et conjectoris aestimat quod ignorat* (en forma de adivino o intérprete supone y dice lo que ignora), quizás queriendo decir con ello que él supone conjeturalmente que como es con él, así es con los demás; él disimula, y piensa que los demás disimulan también. Así también lo explica Jansen, pero este pensamiento resulta exagerado y no responde a lo que dice el texto.

La traducción del Véneto ὡς γὰρ ἐμέτρησεν ἐν ψυχῇ οἱ οὕτως ἐστίν (quizá mide a los demás de una forma tan penosa como se mide a sí mismo), no aclara el texto, sino que lo oscurece aún más. La mayoría de los modernos (Bertheau, Zöckler, Dächsel, etc.) traducen: *como piensa en su alma, así es él* (no como busca aparecer por un momento ante ti). En esa línea traduce también Fleischer, *quemadmodum reputat apud se, ita est, sc. non ut loquitur* (él es tal como se piensa a sí mismo, no tal como dice); en esa línea, él toma שַׁעַר‎ en el sentido de medida, valor de mercado, árabe *si'r*, en el sentido de medir, pesar, para determinar el precio, a contar (como חָשַׁב‎, en general, pensar, y así traduce también Meri).

Pero ¿por qué este circunloquio en la expresión? El poeta en ese caso debería haber escrito simplemente כי לֹא למו דבר בשפתיו כן הוא (porque no es en su alma como lo dice con palabras de su boca). Si se lee שַׁעַר‎ con el sentido de "imagen, representación" (Símaco, εἰκάζων) el pensamiento de la frase se adapta mejor a la imagen de fondo del texto: porque *como quien calcula por sí mismo, así es él*. Es decir: Él es como piensa (como estima) en sí mismo, no según dicen las palabras de su boca, de manera que esta frase puede compararse a la de Is 26, 18: *porque así como lo cuenta en su alma, así es él*.[43]

---

43. Así podemos escribir כֶּן־ הוּא‎ con el signo de *mehuppach* (jethb) de *olewejored* entre las dos palabras, en lugar de *makkeph*; véase *Thorath Emeth*, p. 20.

# Apéndice 1: Palabras de los sabios (Pr 22, 17 – 24, 22)

Ciertamente, ese hombre celoso (de malas intenciones, que te invita a comer) te dice, *come y bebe* (Sab 5, 1), te invita con palabras corteses; pero su corazón no está contigo (בל, como Pr 24, 23); solo aparenta alegría si comes en abundancia, pero se esconde detrás de la máscara de la hospitalidad liberal. Es un calculador mezquino, que envenena cada bocado tuyo, cada trago, por su mirada calculadora y por su forma de actuar, a regañadientes. Un banquete de ese tipo no puede hacer ningún bien al invitado. Por eso (23, 8), lo que has comido lo vomitarás, con repugnancia, de manera que lo que hayas comido no te hará ningún bien.

La palabra פִּתֵּךְ (פִּתְּךָ־ אָכַלְתָּ)[44] deriva de פתה, y puede traducirse "te ha engañado" (con sus halagos corteses). תקיאנה es *hitpael* de קוא, en sentido transitivo: lo harás vomitar (lo vomitarás), a pesar de las palabras justas (agradables), que tú, el invitado, con perfecto consecutivo, has prodigado; son las palabras de elogio y agradecimiento por las que el invitado ha reconocido la generosidad del anfitrión que le ha parecido primero tan hospitalario. Al final, el invitado, reconociendo la doblez del anfitrión terminará vomitando todo lo que ha comido.

**23, 9.** *No hables a los oídos de un necio, porque despreciará la sabiduría de tus palabras.* Este caso condena un tipo de palabras. Hablar al oído de otra persona, no significa susurrarle en voz baja, sino decirle algo importante, comunicarle palabras de sabiduría. Como hemos indicado varias veces, כסיל es el necio, alguien *intelectualmente pesado y aburrido*, como *pinguis y tardus*, árabe *balyd*, torpe, intelectualmente inamovible (cf. *bld*, lugar firme donde uno se asegura a sí mismo, como buscando su centro de gravedad, aferrándose a su poder, sin hacer caso de nadie).

El corazón de una persona de ese tipo está cubierto (Sal 119, 70), como con grasa, de tal forma que no es capaz de atender a nada, ni de aprovechar aquello que quieren impartirle las palabras que le dirigen. Este necio es un hombre que no tiene ninguna capacidad de escucha, sino que solo es capaz de sentir desprecio por los demás; no tiene ninguna susceptibilidad, ninguna idea positiva, sino solo desprecio. La construcción בוז ל (יָבוּז לְשֵׂכֶל) ha aparecido ya en Pr 6, 30.

**23, 10-11.** *No elimines los linderos antiguos; y en los campos de los huérfanos no entres; porque su Salvador es poderoso; él defenderá su causa contra ti.* Este proverbio ha sido construido como un todo a partir de componentes que se encuentran en Pr 22, 28 y 22, 22. La expresión בוא ב (cf. תָּבֹא אֶל־ וּבִשְׂדֵי יְתוֹמִים) tiene el sentido de *injuste invadere et occupare* (invadir y ocupar…); en francés, *empiter sur son voisin*, no avances en el terreno que pertenece a tu vecino, aquí a un huérfano (Fleischer).

---

44. Immanuel insiste en haber reconocido el sentido de פתך como verbo (y te ha persuadido), en la parte final de su Diván (*Machberoth*), que es una imitación de la Divina Comedia de Dante, situada en el contexto de las fiestas del rey Salomón.

Huérfanos son aquellos que no tienen tampoco un *goel* (salvador, defensor) entre sus parientes (Aquila, Símaco, Teodocion, ἀγχιστεύς) para que les defienda o redima (Lv 25, 25), comprando su herencia que ha pasado a ser posesión de otro. Pero ellos tienen otro Salvador, Redentor o Goel más poderoso, que les devolverá lo que han perdido —a saber, Dios. Cf. Jer 50, 34: Dios asumirá como propia su causa contra cualquiera que les haya quitado injustamente su tierra o posesiones.

## 23, 12-18.

Los proverbios que siguen merecen que hagamos aquí una pausa y que los tomemos por separado, pues son como un compendio de 22, 17-21, desarrollando una nueva serie de temas de sabiduría:

12 הָבִיאָה לַמּוּסָר לִבֶּ֑ךָ וְ֝אָזְנְךָ לְאִמְרֵי־דָֽעַת׃

13 אַל־תִּמְנַע מִנַּעַר מוּסָר כִּי־תַכֶּ֥נּוּ בַשֵּׁבֶט לֹא יָמֽוּת׃

14 אַתָּה בַּשֵּׁבֶט תַּכֶּ֑נּוּ וְ֝נַפְשׁוֹ מִשְּׁאוֹל תַּצִּֽיל׃

15 בְּנִי אִם־חָכַם לִבֶּ֑ךָ יִשְׂמַח לִבִּי גַם־אָֽנִי׃

16 וְתַעְלֹזְנָה כִלְיוֹתָ֑י בְּדַבֵּר שְׂ֝פָתֶ֗יךָ מֵישָׁרִֽים׃

17 אַל־יְקַנֵּא לִבְּךָ בַּֽחַטָּאִ֑ים כִּי אִם־בְּיִרְאַת־יְ֝הֹוָה כָּל־הַיּֽוֹם׃

18 כִּי אִם־יֵשׁ אַחֲרִ֑ית וְ֝תִקְוָתְךָ לֹא תִכָּרֵֽת׃

12 Aplica tu corazón a la enseñanza
y tus oídos a las palabras del conocimiento.

13 No rehúses corregir al muchacho;
si le castigas con vara, no morirá.

14 *Tú lo castigarás con vara*
y librarás su alma del Sheol.

15 Hijo mío, si tu corazón es sabio,
también a mí se me alegrará el corazón.

16 Mis entrañas se regocijarán,
cuando tus labios hablen cosas rectas.

17 No tenga tu corazón envidia de los pecadores.
Más bien, en todo tiempo permanece tú
en el temor de Jehovah.

18 Porque ciertamente hay un porvenir,
y tu esperanza no será frustrada.

**23, 12.** *Aplica tu corazón a la instrucción…* Según acentuemos en למוסר el origen divino o el medio humano de la enseñanza, podemos traducir *disciplinae* en sentido divino (acoger las instrucciones de Dios, Schultens) o humano: *adhibe*

## Apéndice 1: Palabras de los sabios (Pr 22, 17 – 24, 22)

*ad disciplinam cor tuum* (aplicarse al estudio y a la disciplina humana, Fleischer). Esta amonestación general se dirige a los mayores y a los jóvenes, tanto a los que han de ser educados como a los que les educan, empezando por los educadores.

**23, 13-14.** *No niegues la corrección al niño...* El principio del proverbio, 13a, presupone que la educación de palabra y obra es un deber del padre y del maestro o educador con respecto al niño. En 13b, la partícula כי actúa como conjunción relativa. Esa conclusión no quiere decir, *así no caerá bajo la muerte* (destrucción), como suponía el mismo Lutero, siguiendo a Dt 19, 21, porque este pensamiento se expondrá en Pr 23, 14, *para que el golpe no sea tan fuerte que pueda morir el niño* (cf. Pr 19, 18), porque en ese caso el autor debería haber escrito אל־תמיתנו. El texto dice que *no morirá por eso*, pues solo será golpeado si lo ha merecido, y lo será para que se corrija, no para matarle.

Según eso, el padre o maestro no debe temer la medicina amarga de los azotes que será beneficiosa para el niño, no llevará peligro de muerte. La partícula אתה que va delante de la cláusula doble de Pr 23, 14, significa que el que administra el castigo corporal al niño, lo salva espiritualmente; porque la palabra שאול no se refiere a la muerte en general, sino a la muerte que cae sobre un hombre antes de tiempo, a causa de sus pecados (véase Pr 15, 24, cf. Pr 8, 26).

**23, 15-16.** *Hijo mío, si tu corazón se vuelve sabio...* Este proverbio pasa del educador al discípulo. La sabiduría no es innata en nadie. Un proverbio árabe dice, "El sabio sabe cómo se siente el necio, porque él también fue una vez un necio".[45] Según Pr 22, 15, la necedad está ligada en el corazón del niño, y debe ser expulsada de allí con severa disciplina. Igual que otros proverbios (cf. Pr 22, 19), el segundo estico de 23, 15 muestra que estas "palabras de los sabios" responden a la experiencia de su autor. El autor quiere decir, *si tu corazón se vuelve sabio, también el mío se volverá más sabio*, alegrándose de ello (cf. גם, Gn 20, 6). La referencia al corazón en Pr 23, 15, vinculada con la expresión de la boda, se repite en Pr 23, 16. Para entender מישרים (cosas rectas), véase Pr 1, 5. Con respecto a los riñones, כליות (quizás de כלה, languidecer, Job 19, 21), con los que se relacionan los afectos tiernos e íntimos del hombre, cf. *Psychologie*, p. 268s.

**23, 17-18.** *... se preocupe tu corazón por los pecadores...* El poeta empieza mostrando ahora cómo se alcanza la sabiduría, pues el principio de la sabiduría es el temor de Dios. La LXX, Jerónimo, el Véneto, Lutero y los intérpretes árabes, traducen

---

45. La segunda parte del dicho debería ser: "Pero un tonto no sabe cómo se siente un hombre sabio, porque nunca ha sido un sabio". Escuché esto hace muchos años, de boca de Schaufler, un misionero estadounidense en Constantinopla.

17b como una cláusula independiente: "Ocúpate cada día del temor del Señor". Pero esta no es una cláusula sustantiva (cf. Pr 22, 7), ni puede ser exclamativa (de interjección), sino que ha de ser elíptica.

Según Fleischer, tras el prohibitivo inicial אל־תקנא, no temas, debería seguir un segundo miembro paralelo con un verbo sustantivado. Pero ¿por qué omitió el autor la expresión verbal היה? Se podían haber utilizado expresiones como actuar (עשׂה) y andar (הלך) ante Dios, y sobre todo la de "estar" (mantenerse, היה) en el temor de Dios. Tanto ביראת como בחטאים dependen de אל־תקנא; y así lo entiende Jerónimo, que traduce: *non aemuletur cor tuum peccatores, sed in timore Domini esto tota die* (no imite tu corazón a los pecadores, manténgase todo el día en el temor del Señor); pero él debía haber continuado de otra manera; *sed timorem Domini tota die*: no imite a los pecadores, sino "imite/sigue el temor del Señor todo el día".

En latín se puede decir *aemulari virtutes*, así como *aemulari aliquem* (imitar las virtudes, imitar a alguien). Y en hebreo se puede decir קנא ב, imitar, por ejemplo, la fortuna de aquellas personas que nos hace estar insatisfechos porque no tenemos lo mismo que ellos tienen, cf. Pr 3, 31; Pr 24, 1; Pr 24, 19. También se puede decir, en sentido negativo *no envidies a los pecadores, envidia más bien el temor de Dios,* es decir, *déjate mover con anhelo por él,* cuando se te manifiesta su presencia.

No hay paralelos de esto en el A.T., pero los hay en la traducción siria de la Biblia y en griego. En esa línea, ζηλοτυποῦν se utiliza en el doble sentido de imitar el bien y el mal. Así lo pone de relieve Hitzig entre los modernos, lo mismo que Malbim y Aben Ezra. Hay que completar la expresión ביראת con באיש יראת (el hombre o los hombres que temen a Dios). Entendido así, este proverbio declara que el temor de Dios es aquello que más ha de ser codiciado entre todas las cosas.

Pasando ya a 23, 18, Umbreit, Elster, Zöckler y otros interpretan כי como asignando una razón, y אם (כִּי אִם־ יֵשׁ) como condicionante: *porque cuando llegue el fin* (la hora del juicio justo). Bertheau precisa aún más el sentido ישׁ con אחרית, *cuando llegue un fin* (un fin que ajuste las contradicciones del tiempo presente), como sin duda llegará, entonces *tu esperanza no será destruida.* De todas formas, la sucesión de las palabras en la conclusión (cf. Pr 3, 34) se opone de algún modo a esa traducción. Por otra parte, no se ve por qué el autor no dice directamente כי ישׁ אחרית (porque hay un final, un futuro), sino que se expresa así condicionalmente.[46]

Si אם ha de entenderse hipotéticamente, entonces, debemos traducir con la LXX ἐὰν γὰρ τηρήσῃς αὐτὰ ἔκγονα, pero en ese caso tendría que haber en el original un תשׁמרנה, suponiendo así con Ewald que el texto decía: ¡Y ciertamente hay un futuro! (Dächsel traduce, más bien, *sé feliz porque ese futuro existe*). Pero estas traducciones son imposibles; porque la cláusula precedente es positiva, no negativa.

---

46. La forma כִּי אִם־ no va en contra de la conexión de las dos partículas. Este uso de *makkeph* es general, excepto en estos tres casos, Gn 15, 4; Nm 35, 33; Neh 2, 2.

# Apéndice 1: Palabras de los sabios (Pr 22, 17 – 24, 22)

Las partículas כי אם, conectadas entre sí, significan, *porque si* (p. ej. Lm 3, 32); o también, en formulación condicional, *pues si* hay un futuro (cf. por ejemplo, Jer 26, 15). Si la cláusula anterior fuera negativa esas palabras significarían "a menos que…" (con puntos suspensivos), como por ejemplo en Is 55, 10: (la lluvia) *no vuelve a menos que haya regado la tierra* (no vuelve a no ser que esto se haya hecho).

Este "a menos que" puede usarse como en latín *nisi*, sin la siguiente cláusula condicional, por ejemplo, en Gn 28, 17: *hic locus non est nisi domus Dei*. Según eso, la expresión כי אם, después de la negación anterior, adquiere el significado de "*pero*", de forma que este proverbio puede traducirse: *no sea tu corazón codicioso de los pecadores, pero siempre puedes ser celoso por el temor de Dios*, es decir: sé más bien celoso de esto (del temor de Dios) o, con sentido de finalidad *pero* sé celoso de esto.

Según eso, la partícula אם es un pleonasmo, y suele utilizarse allí donde כי no se usa de forma confirmativa, sino afirmativamente: *porque (pero) ciertamente*… Esta construcción aparece en la transición de 1Re 20, 6 (véase Keil, *Comentario a Reyes*). Por eso, las dos palabras unidas, כי אם, tienen un significado afirmativo, como si fueran una sola palabra: *ciertamente,* no en el sentido de "verdaderamente no" (que también podrían tenerlo, como en 1Sa 25, 34, sino "verdaderamente sí".

De esa forma se utiliza כי אם en Jc 15, 7; 2Sa 15, 21 (donde el *keré* omite 2 (אם); Re 5, 20; Jer 51, 14. En ese sentido se utilizan esas palabras aquí, en 18a: *ciertamente hay futuro*, a pesar de que כי אם, en su significado más habitual, además de *solamente*, signifique *ciertamente,* lo mismo que en 1Sa 21, 6, cf. 5. La objeción de Hitzig, de que Pr 23, 18 y Pr 23, 17 están en desacuerdo con esta explicación (*ciertamente hay un futuro*), pierde su valor, si uno piensa que en este modismo hebreo el significado afirmativo de כי está apoyado y sustentado por el sentido confirmativo de esta partícula.

La palabra אחרית se utiliza aquí de manera pregnante (preñada), lo mismo que en Pr 24, 14: es el glorioso resultado final, el fin en el que desemboca la vida humana (cf. Sal 37, 37). Este es el final que corona el curso precedente de la historia. Jer 29, 11 conecta en ese sentido con אחרית ותקוה (*el fin y la esperanza*). תקיה es aquí la esperanza, en contra de algunos intérpretes judíos que dicen que es *el hilo de la vida*. Este proverbio ratifica la esperanza del que se esfuerza celosamente por vivir según el temor de Dios. En un sentido inverso y complementario, Sal 37, 38 dice que los impíos no tienen continuación. Solo los que temen a Dios tienen la certeza del cumplimiento de su esperanza.

## 23, 19-25.

שְׁמַע־ אַתָּה בְנִי וַחֲכָם וְאַשֵּׁר בַּדֶּרֶךְ לִבֶּךָ: <sup>19</sup>
אַל־ תְּהִי בְסֹבְאֵי־ יָיִן בְּזֹלֲלֵי בָשָׂר לָמוֹ: <sup>20</sup>
כִּי־ סֹבֵא וְזוֹלֵל יִוָּרֵשׁ וּקְרָעִים תַּלְבִּישׁ נוּמָה: <sup>21</sup>

*Proverbios 23*

שְׁמַע לְאָבִיךָ זֶה יְלָדֶךָ וְאַל־תָּבוּז כִּי־זָקְנָה אִמֶּךָ: 22
אֱמֶת קְנֵה וְאַל־תִּמְכֹּר חָכְמָה וּמוּסָר וּבִינָה: 23
[גּוֹל] (גִּיל) [יָגוֹל] (יָגִיל) אֲבִי צַדִּיק [יוֹלֵד] (יוֹלֵד) חָכָם [וְיִשְׂמַח] (יִשְׂמַח־) בּוֹ: 24
יִשְׂמַח־אָבִיךָ וְאִמֶּךָ וְתָגֵל יוֹלַדְתֶּךָ: 25

<sup>19</sup> Escucha tú, hijo mío, y sé sabio;
endereza tu corazón en el camino.
<sup>20</sup> No estés con los bebedores de vino,
ni con los comilones de carne.
<sup>21</sup> Porque el bebedor y el comilón empobrecerán,
y el dormitar hará vestir harapos.
<sup>22</sup> Escucha a tu padre, que te engendró;
y cuando tu madre envejezca, no la menosprecies.
<sup>23</sup> Adquiere la verdad y no la vendas;
adquiere sabiduría, disciplina e inteligencia.
<sup>24</sup> Mucho se alegrará el padre del justo;
el que engendró un hijo sabio se gozará con él.
<sup>25</sup> Alégrense tu padre y tu madre,
y gócese la que te dio a luz.

**23, 19.** *Oye, hijo mío, y hazte…* Entre las virtudes que brotan del temor de Dios, al que aludían los dos proverbios anteriores, se destaca la templanza, con una advertencia contra los excesos, introducida con la exhortación general a la sabiduría. En 23, 19, pronombre אתה, tú, conectado con שמע, implica que el maestro tiene que hablar con el oyente completamente a solas (yo contigo), de manera que este puede aparecer como una excepción entre los muchos que no escuchan (cf. Job 33, 33; Jer 2, 31). Con respecto a וְאַשֵּׁר, para hacer que avance recto por el camino, cf. Pr 4, 14. Tanto en *kal*, Pr 9, 6 como en *piel*, Pr 4, 14, significa seguir recto y de un modo general ir, avanzar. Este es el camino correcto en contraste con los muchos desvíos. Fleischer pone de relieve que se trata del Camino en sentido superior, como los místicos orientales llamaron al camino a la perfección como tal (en árabe) *âlaṭryḳ*; y el que caminó por él, *âlsâlak*, y el que iba por ese camino se llamaba caminante o vagabundo".[47]

**23, 20.** La expresión אל־תְּהִי ב (no seas de los que…) aparece en Pr 22, 26, entre las "Palabras de los Sabios", que deben compararse entre sí, por el estilo. El hijo

---

47. Rashi pone בדרך לבך (andar por el camino de tu corazón, que se ha vuelto sabio), y así lo encontró Heidenheim en un manuscrito antiguo. En ese sentido, andar בדרך es equivalente a בדרך בינה, andar por el camino del conocimiento, Pr 9, 6.

# Apéndice 1: Palabras de los sabios (Pr 22, 17 – 24, 22)

degenerado y perverso se describe claramente en Dt 21, 20, como זולל וסבא. Estas dos características las distribuye nuestro poeta entre 20a y 20b. סבא significa beber, de donde esa palabra termina significando vino: Is 1, 22, u otras bebidas embriagantes, cf. el árabe *sabâ, vinum potandi causa emere* (comprar vino para beber).

Con el vino o יין se vincula aquí בשׂר (carne) en el estico paralelo, que aquí no significa el cuerpo "carnal" de los glotones mismos, sino la carne preparada (asada, cocida) que ellos consumen en sus lujosos banquetes. La LXX, de un modo literalmente incorrecto pero lleno de sentido, traducen: "no seas bebedor de vino, y no te acostumbres a los banquetes (συμβολαῖς), comprando carne (κρεῶν τε ἀγορασμοῖς)". Por su parte, זלל significa en sentido intransitivo, *ser poco valorado* (de ahí זולל, opp. a יקר, Jer 15, 19) y en sentido transitivo *valorar poco*, y como tal despilfarrar, prodigar. Cf. *qui prodigi sunt carnis sibi*, que se prodigan comiendo carne; למו es *dativus commodi*, dativo indicando una finalidad buena. En contra de eso, Gesenius, Fleischer, Umbreit y Ewald traducen *qui prodigi sunt carnis suae, que destruyen su propio cuerpo.* pero el paralelismo muestra que el proverbio se refiere a la carne con la que se alimentan, no a la propia carne de los que comen (בשׂר למו como חמת־למו, Sal 58, 5), en el sentido de "los que desperdician su salud".

La palabra זולל (בְּזֹלֲלֵי בָשָׂר) aparece en Dt 21, 20 (con Hitzig podemos referirnos a la fórmula evangélica φάγος καὶ οἰνοπότης, Mt 11, 19). Esa referencia no indica sin más una persona disoluta, en un sentido sensual/sexual, πορνοκόπος (LXX), sino συμβολοκόπος (Aquila, Símaco, Teodocion), el κρεωβόρος (Véneto), el זלל בסר (Onkelos), es decir, el "carnívoro", deseoso de comer carnes, el voraz, glotón, en cuyo sentido se traduce han traducido Syr. y Targum (cf. סוט אסיט, ἄσωτος).

**23, 21.** En cuanto al futuro metaplásico, *nifal* יוּרשׁ (LXX πτωχεύσει, empobrecerá), véase Pr 20, 13; Pr 11, 25. Por su parte, נומה (según el modelo de בוּשׁה, דוּגה, צוּרה) es la somnolencia, letargo, sueño prolongado, que necesariamente sigue a una vida de alboroto, banquetes y jolgorio. Ese perezoso termina empobreciendo, de manera que solo puede comer un poco de pan (Pr 21, 17); en esa línea, la falta de estímulo y la incapacidad para el trabajo, que derivan de su vida disoluta, hacen que al final deba vestirse con miserables harapos, que llevan el nombre de קרע y ῥάκος, del árabe desgarrar, *ruk'at*, remendar.

**23, 22-25.** *Oye a tu padre, al que te engendró…* Aquí comienza de nuevo la parénesis, aunque la división del texto resulta cuestionable. Pr 23, 22-24 pueden por sí mismos ser dísticos independientes; pero este no es el caso de Pr 23, 25 que, tanto por el argumento como por la forma de expresarlo se apoya en Pr 23, 22. El autor de este apéndice puede haber inspirado en Pr 23, 23 y Pr 23, 24 (aunque también en estos versos se nota su estilo, en la línea de Pr 1, 9, cf. 23b con Pr 1, 2), pero Pr 23, 22 y Pr 23, 25 parecen ser obra suya.

En esa línea, 23, 22-25 forman un todo. Este octaestico comienza con una llamado a la obediencia infantil (de un niño), porque שְׁמַע לְאָבִיךָ (שמע ל, escucha a tu padre) escuchar a alguien, significa obedecerle, p. ej. Sal 81, 9; Salmo 81, 14 (cf. "escuchar su voz", Sal 95, 7). זה ילדך es una cláusula relativa (cf. Dt 32, 18, sin זה ni אשר), según la cual se acentúa correctamente (cf. por el contrario, Sal 78, 54). 22b, tomado estrictamente, no debe traducirse *neve contemne cum senuerit matrem tuam* (no desprecies a tu madre cuando envejezca, Fleischer), sino *cum senuerit mater tua* (cuando envejezca tu madre, no...), porque el objeto lógico אל־תבוז queda atraído, como si fuera sujeto del verbo זקנה (Hitzig).

Sigue después (23, 23) la exhortación general donde se condensa todo el argumento, en la línea de Pr 4, 7. Lo que importa es "comprar sabiduría"; no evitar gastos para ello, no obviar ningún esfuerzo, ninguna privación, para alcanzar la posesión de la sabiduría. Se trata de "comprar" la sabiduría, de no venderla por nada, es decir, de no compararla con ninguna posesión terrena, con ninguna ganancia mundana, con ningún disfrute sensual. No permitir que la sabiduría sea arrebatada por ninguna intimidación, ni rechazada con falsos argumentos, ni vencida por ningún tipo de tentaciones, por ninguna atracción de vicios, etc. (Éx 23, 2); porque solo la verdad, אמת, es aquello que perdura y se mantiene firme en todas las esferas de la vida, tanto en la moral como la intelectual.

En 23b, igual que en Pr 1, 3; Pr 22, 4, el verbo קנה lleva, en vez de אמת, tres propiedades que son peculiares de la verdad, tres poderes que se vinculan con ellas: (a) חכמה o conocimiento sólido, que responde a la esencia de las cosas; (b) מוסר o cultura moral, aprendizaje de la vida; (c) בינה o la facultad central de probar, de discernir, de descubrir lo que es valioso (véase Pr 1, 3-5). Desde ese fondo, Pr 23, 24 expone las consecuencias que tiene para los padres el hecho de que el hijo, según la exhortación de Pr 23, 23, tome la verdad como centro y fin, al que se subordinan todos los restantes valores de la vida; en esa verdad, en el אמת, están interconectadas las ideas de verdad práctica y teórica; en ese sentido, צדיק y חכם también son aquí paralelos entre sí.

El *qetub* de 24a, גול יגול, que resulta aceptable para Schultens, comparado con el árabe *jal*, futuro *jajùlu* (dar la vuelta; hebreo darse la vuelta de alegría). Pero, en otros lugares, el lenguaje hebreo solo conoce la expresión גיל יגיל, como corrige el *keré*. La LXX, engañados por el *qetub*, traducen καλῶς ἐκτρέφει (incorrecto ἐκτρυφήσει), es decir, גדל יגדל: se alegra mucho. En 24b, וישמח (se regocija) tiene la función de predicado conclusivo (cf. Gn 22, 24; Sal 115, 7), como si la frase fuera: *si algún padre engendró a un sabio, entonces se alegra de él* (cf. Pr 17, 21); pero el *keré* borra esta apódosis con *waw* (וישמח־) y vincula esa palabra con יולד (וְיוֹלֵד) como *waw* copulativo.

Este conjunto de proverbios se completa ahora en Pr 23, 25 con una referencia a Pr 23, 22 —el optativo corresponde al imperativo, deseando que "tu

## Apéndice 1: Palabras de los sabios (Pr 22, 17 – 24, 22)

padre y tu madre" se regocijen (LXX εὐφρανέσθω), y que la que te dio a luz se alegre también (aquí con forma optativa, en sentido intensivo, וְתָגֵל).

### 23, 26-28.

Este hexaestico eleva su voz en contra de la falta de continencia. Aquí se repiten, como en miniatura, en resumen, los discursos extensos y las amonestaciones para los jóvenes. El que habla aquí es el maestro de la sabiduría, y a través de él la misma Sabiduría.

$^{26}$ תְּנָה־ בְנִי לִבְּךָ לִי וְעֵינֶיךָ דְּרָכַי [תרצנה] (תִּצֹּרְנָה:)

$^{27}$ כִּי־ שׁוּחָה עֲמֻקָּה זוֹנָה וּבְאֵר צָרָה נָכְרִיָּה:

$^{28}$ אַף־ הִיא כְּחֶתֶף תֶּאֱרֹב וּבוֹגְדִים בְּאָדָם תּוֹסִף:

> $^{26}$ Dame, hijo mío, tu corazón,
> y observen tus ojos mis caminos.
> $^{27}$ Porque fosa profunda es la prostituta;
> pozo angosto es la mujer extraña.
> $^{28}$ También ella acecha como asaltante,
> y multiplica entre los hombres a los traicioneros.

**23, 26-28.** En ese contexto retomamos la hermosa interpretación de Lutero a Pr 23, 26,[48] que nos hace tomar este proverbio como palabra de advertencia de la sabiduría celestial y del amor divino. Lutero acepta, como Símaco y el Véneto, el *qetub* תרצנה (en vez de תרצינה, como en Éx 2, 16; Job 5, 12), cuya adecuación estilística proviene de Pr 16, 7, mientras que, por otro lado, el *keré* תצרנה (cf. 1Sa 14, 27) está apoyada en Pr 22, 12, cf. Pr 5, 2. Pero la corrección es innecesaria, y el *qetub* suena más cariñoso, de ahí que sea defendido con todo derecho por Hitzig. Los caminos de la sabiduría son caminos de corrección, y en particular de continencia, que han de oponerse por tanto a "los caminos de la prostituta", Pr 7, 24. En ese sentido, la exhortación de 23, 26 se justifica a sí misma.

La advertencia de Pr 23, 27 se apoya en la de Pr 22, 14, donde se escribió עמקה, aquí como en Job 12, 22, con la vocal larga וּבְאֵר צָרָה. En esa línea, עמוקה רה se intercambia con שׁוּחָה עֲמֻקָּה y no significa fuente del dolor (Löwenstein), sino pozo angosto. La palabra באר es de género femenino, cf. Pr 26, 21 y צר (צָרָה נָכְרִיָּה) significa estrecho, como *troit* (francés antiguo, *estreit*), de *strictus*. Esa imagen, según Pr 22, 14, está evocando la boca de la ramera. Quien ha sido seducido por

---

48. La puntuación correcta de 26a תְּנָה־ בְנִי לִבְּךָ (dame hijo mío, tu corazón), tal como aparece en las ediciones de Venecia 1615; Basilea 1619; y en las de Norzi y Michaelis.

su voz de sirena cae en una zanja profunda, en un pozo de boca estrecha, en el que es más fácil entrar que escapar.

Pr 23, 28 dice que el artificio de la ramera atrae y hunde al hombre a una gran fosa de maldad y culpa. Con אף que, como en Jc 5, 29, no pertenece a היא, sino a toda la oración, se completa la imagen del terror que está al fondo de la escena. El verbo חתף (como el árabe *ḥataf*, muerte, muerte natural) significa arrebatar. Si tomamos חתף en sentido abstracto, como arrebatar, entonces aquí se estaría hablando elípticamente de un hombre, un איש, que es חתף בעל señor de la muerte, lo que es no solo improbable (véase Pr 7, 22, עכס) sino también innecesario, pues la palara חֶתֶף (lo mismo que מלך עבד הלך, etc.) puede tomar un sentido concreto refiriéndose así a una persona que arrebata, es decir, que roba, un tipo de ladrón callejero, *latro* (cf. חטף, árabe *khaṭaf*, cf. Sal 10, 9, correctamente explicado por Kimchi como palabra emparentada con חטף). En 28b,[49] תוסיף no puede significar *abripit* (como suponen la LXX, Teodocion y Jerónimo), para lo cual habría que haber usado la palabra תאסף.

La impureza (la falta de continencia) conduce a infidelidades de múltiples clases, haciendo que no solo el marido sea infiel a su mujer, sino también el hijo a sus padres, el erudito a su maestro y pastor, el siervo (cf. el caso de la mujer de Potifar) a su amo. La adúltera, en cuanto atrae a uno y a otro a su red, aumenta el número de los que son infieles para con los hombres. Pero ¿no son, no somos ahora todos, infieles a Dios? La adúltera aumenta la infidelidad entre los hombres, hace que la infidelidad de múltiples tipos sea común en la sociedad humana. La adúltera aparece así como principio y causa de la infidelidad de los hombres.

## 23, 29-35.

El autor pasa del pecado de incontinencia sexual al de embriaguez, que están muy relacionados, porque la embriaguez excita la lujuria carnal; y para revolcarse con deleite en el lodo de la sensualidad, un hombre, creado a la imagen de Dios, primero debe embrutecerse a sí mismo mediante la borrachera. Por el número de sus esticos, este proverbio va más allá de los límites del dístico y se convierte en una oda *mashal* (un tipo de oda proverbio).

29 לְמִי אוֹי לְמִי אֲבוֹי לְמִי [מדונים] (מִדְיָנִים) לְמִי שִׂיחַ לְמִי פְּצָעִים חִנָּם לְמִי חַכְלִלוּת עֵינָיִם׃

30 לַמְאַחֲרִים עַל־הַיָּיִן לַבָּאִים לַחְקֹר מִמְסָךְ׃

31 אַל־תֵּרֶא יַיִן כִּי יִתְאַדָּם כִּי־יִתֵּן [בכיס] (בַּכּוֹס) עֵינוֹ יִתְהַלֵּךְ בְּמֵישָׁרִים׃

32 אַחֲרִיתוֹ כְּנָחָשׁ יִשָּׁךְ וּכְצִפְעֹנִי יַפְרִשׁ׃

33 עֵינֶיךָ יִרְאוּ זָרוֹת וְלִבְּךָ יְדַבֵּר תַּהְפֻּכוֹת׃

---

49. El Targum traduce 28b (aquí libre de la influencia de la Peshita) en el idioma siriopalestino por ותצאד אבניא שברי, es decir, ella se apodera de hijos irreflexivos.

## Apéndice 1: Palabras de los sabios (Pr 22, 17 – 24, 22)

[34] וֶהָיִיתָ כְּשֹׁכֵב בְּלֶב־ יָם וּכְשֹׁכֵב בְּרֹאשׁ חִבֵּל:
[35] הִכּוּנִי בַל־ חָלִיתִי הֲלָמוּנִי בַל־ יָדָעְתִּי מָתַי אָקִיץ אוֹסִיף אֲבַקְשֶׁנּוּ עוֹד:

[29] ¿Para quién será el ay?

¿Para quién será el dolor?

¿Para quién serán las rencillas?

¿Para quién los quejidos?

¿Para quién las heridas gratuitas?

¿Para quién lo enrojecido de los ojos?

[30] Para los que se detienen mucho sobre el vino;

para los que se lo pasan probando el vino mezclado.

[31] No mires el vino cuando rojea,

cuando resplandece su color en la copa,

cuando entra suavemente.

[32] Al fin muerde como serpiente,

y envenena como víbora.

[33] Tus ojos mirarán cosas extrañas,

y tu corazón hablará cosas irreales.

[34] Serás como el que yace en medio del mar,

o como el que yace en la punta de un mástil.

[35] Dirás, "Me golpearon, pero no me dolió;

me azotaron, pero no lo sentí.

Cuando me despierte, lo volveré a buscar".

**23, 29-30.** ¿De quién es el ay? ¿De quién es el dolor?... El לְמִי repetido (23, 29)[50] pregunta *quién es el que tiene que experimentar todo eso*; la respuesta sigue en 23, 30. Con אוֹי, que ocurre solo aquí, concuerda אֲבוֹי que no es un sustantivo de אבה (de ahí אבון) según la forma de צחק, en el sentido de *egestas,* contiendas, sino que, como la palabra anterior (אוי), es una interjección de tristeza (Véneto: τίνι αἴ, τίνι φεῦ). Con respecto a מדינים, véase Pr 6, 14. Por su parte, שׂיח significa (véase Pr 6, 22) meditación y habla, aquí tiene el sentido de pensamiento doloroso y de quejas dolorosas (1Sa 1, 16; Sal 55, 18; cf. הגה, הגיג).

En el contexto de פצעים חנם (cf. Sal 35,1 9) el acusativo adverbial חנם (gratuitamente) evoca, en lugar de un adjetivo, los golpes que uno recibe sin necesidad, sin estar obligado a esperarlos, golpes por nada, a cambio de nada (Fleischer), heridas por un largo tiempo (Oetinger). חכלילות עינים es el oscurecimiento (ocultamiento) de ojos, de חצל, estar oscuro, cerrado, sin sensación de luz, sin ver (véase

50. Nosotros puntuamos לְמִי אוֹי porque esa es la puntuación de Ben Asher, a diferencia de la de su oponente Ben Nephtali, véase *Thorath Emeth*, p. 33.

Gn 49, 12; Sal 10, 8). Esta palabra no se refiere a la nariz colorada del borracho, al enrojecimiento del hombre que ha bebido, sino al oscurecimiento de los ojos y del poder de la visión del que está ebrio.

La respuesta, Pr **23, 30**, comienza, conforme a la forma de la pregunta, con ל (escribir לְמָאַחֲרִים, con *gaja* en la ל, según *Metheg-Setzung*, 20; *Miclol* 46b), dolor, aflicción y contienda, que es para aquellos que se demoran en el vino (cf. Is 5, 11), para los que "entran" (en la casa del vino, Ec 2, 4: la casa de la orgía) "para buscar" bebida mezclada (véase en Pr 9, 2; Is 5, 22). Hitzig: para los que "prueban la mezcla, en cuanto a la relación del vino con el agua, si es correcta". En ese contexto, לחקור es como גברים, en Is 5, 22, en el sentido de burla: para los que son héroes en la bebida; para los buscadores, es decir, para los que quieren examinar el vino mezclado o también probarlo a fondo y con cuidado (Fleischer).

Las malas consecuencias de la embriaguez ya están registradas. Para no caer en este pecado común, el poeta en Pr 23, 31, eleva su advertencia contra la atracción que el vino presenta a la vista y al sentido del gusto, a fin de que el lector (el discípulo) no se deje atrapar como prisionero por esta tentación, sino que mantenga su libertad contra ella. התאדם, hacerse de color rojo, es decir, mostrarse rojo, casi equivalente a האדים (el rojizo, el que es de color tierra). El vino aparece así vinculado al hombre como cooperador suyo por su juego de colores rojos (Fleischer).

**23, 31.** *No mires el vino cuando rojea…* Con respecto a la *antiptosis* (antífonesis), No mires (אַל־תֵּרֶא) al vino que es…, cf. Gn 1, 3; sin embargo aquí, donde ראה no significa simplemente "ver", sino "mirar", el caso es algo diferente. En 31b, en su mayor parte, los comentaristas asumen que עינו significa el ojo del vino, es decir, las "perlas" que juegan (se forman) en la superficie del vino (Fleischer). En esa línea, la traducción de Hitzig, siguiendo a Nm 11, 7, más que en la copa y en el vino como tal, se fija en su apariencia externa, en su color brillante. Más aún, no se fija en su apariencia en general, sino en su apariencia brillante; no se fija ni siquiera en sus "perlas", para las que debería utilizarse la palabra עין (ojos), sino en su color brillante, que parece surgida de una profunda oscuridad, pues la mayor parte del vino siro-palestino es de color tinto (azulado), muy rico en azúcar, de manera que parece espeso, como almíbar.

Jerónimo traduce bien עינו: *cum splenduerit in vitro color ejus* (cuando resplandece en el vaso de cristal su color…). Pero uno no necesita pensar en un vaso; Böttcher ha dicho con razón que uno podría percibir la apariencia brillante también en un recipiente de metal o de barro si uno lo mirara. El *qetub* (בכיס) es un error de transcripción; el Midrash hace la observación sobre esto, que בּכּיס se ajusta al comerciante de vino, y בכּוס al bebedor de vino. Del placer de la vista, *31c* pasa a los placeres del gusto, diciendo que el vino desciende suavemente (Lutero);

# Apéndice 1: Palabras de los sabios (Pr 22, 17 – 24, 22)

la expresión es la misma de Ec 7, 10. En lugar de הלך (como en árabe *jâry*, de fluidez) aquí está התהלך, comúnmente usado para referirse a un viaje placentero; y en vez de למישרים con ל, se utiliza במישרים con ב del modo. El vino pasa así con facilidad (árabe *jusr*); va como en un camino recto, incluso sin obstáculos y fácilmente por la garganta.[51]

Con respecto a la antiptosis (*antífónesis*), no mires el vino que es... (véase en Gn 1, 3); sin embargo aquí, donde ראה no significa simplemente "ver", sino "mirar", el caso es algo diferente. En 31b, en su mayor parte se asume que עינו significa el ojo del vino, es decir, las perlas que juegan en la superficie del vino (Fleischer). Y, de hecho, la traducción de Hitzig, después de Nm 11, 7, cuando presenta su apariencia en la copa, no se elogia a sí misma, porque expresa demasiado poco.

Por otro lado, es una exageración decir como Böttcher que עין nunca denota la mera apariencia, sino siempre el aspecto brillante del objeto. Pero usado del vino, עין parece denotar no solo el aspecto como tal, sino su brillo, mirada; no sus perlas, para las cuales עיני sería la palabra utilizada, sino la mirada brillante, por la que se piensa, particularmente, en la mirada brillante, como surgida de una profunda oscuridad, del vino sirio-palestino, que en su mayor parte se prepara con uvas tintas (azules), y debido a que es muy rico en azúcar, es espeso casi como almíbar. Jerónimo traduce bien עינו (*cum splenduerit in vitro*) color *ejus*. Pero uno no necesita pensar en un vaso; Böttcher ha dicho con razón que uno podría percibir la apariencia brillante también en un recipiente de metal o de barro si uno lo mirara.

El *qetub* בכיס es un error de transcripción; el Midrash hace la observación sobre esto, que בכיס se ajusta al comerciante de vino, y בכוס al bebedor de vino. Del placer de la vista, 31c pasa a los placeres del gusto (eso o como), desciende suavemente (Lutero); la expresión es como Ec 7, 10. En lugar de הלך (como *jâry*, de fluidez) aquí está התהלך, comúnmente usado para referirse a un viaje placentero; y en vez de למישרים con ל, según la norma במישרים con ב del modo; la franqueza es aquí facilidad de relación (árabe *jusr*); va como en un camino recto, incluso sin obstáculos y fácilmente por la garganta.

Se bebe fácilmente y con placer, pero el vino muerde como serpiente, pica como basilisco para matar el bebedor (23, 32). Ciertamente, el hebreo postbíblico no conoce el sentido de הפריש (cf. וְכָצִפְעֹנִי יַפְרִשׁ con el significado de pinchar, picar como serpiente o basilisco). Por su parte, el Midrash explica el pasaje por יפריש בין לחיים (es decir, *corta la vida*); y el nestoriano Knanishu de Superghan, a quien le pregunté acerca de *aphrish*, solo conocía los significados de "separar" y "señalar", pero no el de "picar". De todas formas, lo cierto es que este proverbio presenta aquí los efectos mortales del vino, que termina matando a quienes lo beben.

51. La versión en inglés es "cuando se mueve correctamente", lo que se ha percibido en el fenómeno de las lágrimas del vino o del movimiento en la copa (véase *Ausland*, 1869, p. 72).

El verso siguiente (23, 33) explica la alteración mental, la locura, del hombre embriagado. Primero describe la actividad de su imaginación como excitada a la locura. Es insostenible interpretar זרות aquí con Rashi, Aben Ezra y otros, y traducir con Lutero, "así tus ojos mirarán a mujeres impúdicas", *circumspicient mulieres impúdicas*. Fleischer insiste más bien en el significado de percibir, buscar algo con los ojos, refiriéndose a Gn 41, 33, indicando que el embriagado "ve" (=cree ver) cosas extrañas.

Ciertamente, la palabra זרות puede tener el significado de *mulieres impudicae*, aunque solo en el caso de que lo exija así el contexto; pero aquí el paralelo pone תהפכות (cosas perversas) aunque en el sentido neutro de *aliena* (cf. Pr 15, 28, רעות), no meramente en el sentido de cosas irreales (Ralbag, Meri), sino de cosas distintas, es decir, anormales, por lo tanto, locas, terribles. Un antiguo relato hebreo de tipo parabólico va presentando las figuras cambiantes, extrañas, que produce el vino, con visiones en forma de cordero, león, cerdo, mono, etc. Este pasaje evoca, según eso, fantasmas y fantasías que se producen en la imaginación de un hombre embriagado, imaginaciones que se van sucediendo y cazando unas a otras, sin ningún sentido, como los santos y cabriolas de un mono.

El proverbio describe así, en 23, 34, el estado de mente de un borracho, que vive separado de la realidad de una vida sobria, moderada, real. En esa línea, el borracho aparece como un hombre que se pierde y se mece en el corazón del mar, en una línea que puede compararse con la del relato del libro de Jonás 1, 5, donde el profeta aparece primero en la cubierta del barco, pero encontrándose luego en lo profundo del mar. Así lo describe con razón Hitzig: como en lo profundo del mar está el embriagado, el hombre vencido por el vino (cf. Is 28, 7).

El borracho es como alguien que se ha hundido en medio del mar; y así ahogado, o en peligro de ahogarse, está en un estado de confusión intelectual que, finalmente, culmina en un tipo de inconsciencia perfecta, separado de la vida verdadera. De esa forma, se encuentra como un muerto, y en este estado ha hecho una cama para sí mismo, para dormir sin fin, como si estuviera muerto, sin vinculación con la vida, como denota שכב en el sentido de "yacer", estar enterrado.

Pero, al mismo tiempo, en fuerte contraste con lo anterior, el borracho (cf. בלב בראש), es como alguien que yace en lo alto del mástil del barco, en lo alto de la vela mayor (בְּרֹאשׁ חִבָּל), balanceándose por el viento y por las olas, atado con cuerdas, חבלים, como supone (Is 33, 23). Ciertamente, nadie puede estar acostado al mismo tiempo en el fondo del mar y sobre el mástil de la nave, atado con cuerdas. Pero esta es la impresión del borracho, que pasa de un estado al otro, sin estar en ninguno de ellos, fuera de sí, perdida la conciencia de su realidad, perdida su dignidad.

El poeta presenta así, a modo de comparación, la crítica situación del borracho, al que compara con el que yace en la más alta verga del barco, y está

*Apéndice 1: Palabras de los sabios (Pr 22, 17 – 24, 22)*

expuesto al peligro de ser arrojado al mar en todo momento; porque el balanceo del barco es mayor en proporción a la altura del "palo" de la nave. El borracho se encuentra, de hecho, expuesto a menudo al peligro de perder la vida; porque cualquier accidente, más o menos grande, como un derrame cerebral, puede poner fin repentinamente a su existencia.

Finalmente, en 23, 35, el poeta presenta al borracho como un hombre que está hablándose a sí mismo. Ha sido golpeado pero, como si fuera insensible, no lo ha sentido (הִכּוּנִי בַל־ חָלִיתִי הֲלָמוּנִי בַּל־ יָדָעְתִּי) y quiere seguir durmiendo, hasta despertar de verdad. Lejos de dolerse por los golpes que le dan y por las heridas que ha recibido, se alegra ante la perspectiva de que, al despertarse de su sueño, podrá reiniciar la vida de borrachera y jolgorio que se ha convertido para él en una agradable costumbre, en una forma de vida.

חלה (cf. חָלִיתִי) no significa solo estar enfermo sino, generalmente, estar o volverse, dolorosamente afectado; cf. Jer 5, 3, donde חלוּ no es 3ª persona plural de חיל, sino de חלה. Las palabras מתי אקיץ son un grito de anhelo diferente al de Job 7, 4. El hombre dormido no puede dejar de ceder a la coacción de la naturaleza, ya no es dueño de sí mismo, se marea, todo gira alrededor de él… pero es capaz de pensar ¡oh, si volviera a estar despierto! Piensa que, tan pronto como se apacigües su embriaguez con los sufrimientos que le ha producido, comenzará su vida donde la dejó ayer, cuando ya no podía beber más. Nolde, Fleischer y Hitzig piensan que מתי viene aquí después del relativo *quando* (quum); pero el uso del lenguaje bíblico no nos permite entender la frase de esa manera. Aquí tiene el sentido de "tan pronto" como me despierte… Tan pronto como se despierte del vino (אבקשנו) y se levante buscará lo que se ha vuelto tan querido y tan necesario para él.

## Proverbios 24

### 24, 1-6.

Después de las diversas formas de los proverbios anteriores (23, 29-35), el libro vuelve al modelo usual de los tetrásticos.

אַל־ תְּקַנֵּא בְּאַנְשֵׁי רָעָה וְאַל־ [תִּתְאָו] (תתאו) לִהְיוֹת אִתָּם: ¹

כִּי־ שֹׁד יֶהְגֶּה לִבָּם וְעָמָל שִׂפְתֵיהֶם תְּדַבֵּרְנָה: ²

בְּחָכְמָה יִבָּנֶה בָּיִת וּבִתְבוּנָה יִתְכּוֹנָן: ³

וּבְדַעַת חֲדָרִים יִמָּלְאוּ כָּל־ הוֹן יָקָר וְנָעִים: ⁴

גֶּבֶר־ חָכָם בַּעוֹז וְאִישׁ־ דַּעַת מְאַמֶּץ־ כֹּחַ: ⁵

כִּי בְתַחְבֻּלוֹת תַּעֲשֶׂה־ לְּךָ מִלְחָמָה וּתְשׁוּעָה בְּרֹב יוֹעֵץ: ⁶

*Proverbios 24*

¹ No tengas envidia de los hombres malos,
ni desees estar con ellos;
² porque su corazón trama violencia,
y sus labios hablan iniquidad.
³ Con sabiduría se edifica la casa
y con prudencia se afirma.
⁴ Con conocimiento se llenan los cuartos de todo
bien preciado y agradable.
⁵ *Más vale el sabio que el fuerte;*
y el hombre de conocimiento,
que el de vigor.
⁶ Porque con estrategia harás la guerra,
y en los muchos consejeros está la victoria.

**24, 1-2.** *No envidies a los hombres malos…* La advertencia de no envidiar a los impíos también se encuentra en Pr 3, 31; Pr 23, 17; Pr 24, 19, pero se expresa de manera diferente en cada caso. Con respecto a תתאו con *pathach*, véase Pr 23, 3. אנשי רעה (cf. רע, Pr 28, 5) son *los impíos,* es decir, los que se apegan al mal, y a quienes el mal se aferra. La advertencia se basa en esto: cualquiera que tenga relaciones con tales hombres, se hace cómplice de mayores pecados y maldades, porque su corazón anhela (כִּי־שֹׁד con *munach, dej*) violencia, es decir, robo, saqueo, destrucción, asesinato. Con שֹׁד (que en Proverbios solo aparece aquí y en Pr 21, 7, cf. שֹׁדֵד, Pr 19, 26) se conecta en otro lugar חמס (cf. Hab 1, 3). עמל significa trabajo, y se refiere a aquellos que se relacionan con otros por medio de palabras calumniosas, astutas y poco caritativas.

**24, 3-4.** *Con sabiduría se edifica la casa, y por el entendimiento se establece… y agradables.* A la advertencia anterior en contra de mantener la comunión con los impíos sigue aquí la alabanza de la sabiduría, que tiene sus raíces en el temor de Dios. Pr 14, 1 explicaba lo que es "edificar la casa": la casa se construye con la sabiduría que se origina en Dios, que está enraizada en la comunión con Él. Solo por la sabiduría se edifica cada hogar, sea grande o pequeño, con ella prospera y alcanza un estado floreciente. La palabra כּוּנן (cf. יִתְכּוֹנָן) que es paralela a בנה (Pr 3, 19; Pr 2, 12), se relaciona con esta como *statuere* con *extruere*, una relación que es fundamental para edificar. El *hitpael* (como en Nm 21, 17) significa mantenerse en un estado de continuidad, ganar una posibilidad de futuro, establecerse.

La palabra יִמָּלְאוּ con *atnach* lleva el tipo de acentos que se utilizan en los libros poéticos. El sentido de la frase se completa solo con 4b. Una casa (en este caso, una casa rica) solo se establece y alcanza su sentido pleno cuando sus habitaciones están llenas de alimentos y muebles necesarios para una vida cómoda.

531

## Apéndice 1: Palabras de los sabios (Pr 22, 17 – 24, 22)

La forma de expresión de Pr 24, 4 es como la de Pr 1, 13 y la de Pr 3, 10, aunque חדרי tiene el sentido de almacenes (LXX en Is 26, 20, ταμιεῖα). Por su parte, y el de נעים (cosas agradables) tiene el mismo sentido que en Pr 22, 18; Pr 23, 8, propio de esta colección de proverbios.

**24, 5-6.** *Es más poderoso el sabio que el que tiene mucha fuerza física…* De esa forma sigue la alabanza de la sabiduría, que trae bendiciones en tiempo de paz, y da la victoria en la guerra. La ב de בָּעוֹז (así, con *pathach* en ediciones antiguas, cf. Cód. 1294, Cód. Jaman del Yemen, y otros manuscritos con la nota masorética לית ומלא) indica, como בכה, Salmo 24, 4, la propiedad o valor por la que destaca una persona. El artículo (cf. העזבים, Pr 2, 13, Gesenius 35, 2A) sirve para indicar el género. El paralelo מאמץ כח ha sido traducido al griego por ὑπὲρ κραταιὸν ἰσχύϊ que tiene un sentido semejante, lo mismo que מְאַמֶּץ־כֹּחַ (cf. Job 9, 4; Is 40, 26), poniendo así de relieve la fuerza del conocimiento como el poder principal del hombre. En esa línea, el poeta quiere destacar el poder que reside en la sabiduría misma (Ec 7, 19), con la superioridad que ella tiene sobre la fuerza física (Pr 21, 22). Tanto la LXX, como Syr. y Targum suponen en el texto hebreo de 5a ponía al principio מעז (*prepotente,* más potente que) en vez de בָּעוֹז (en relación a).

אמץ כח significa intensificar la fuerza (mostrar gran poder) y eso equivale (cf. Nah 2, 2) a reunir la fuerza (cobrar valor), tanto aquí como en Am 2, 14: mostrar una fuerza grande (superior). Ese mismo tema aparece en Pr 20, 18 y Pr 11, 14. Hitzig piensa que la partícula לך aquí agregada ha de unirse a תעשה, porque con prudente consejo, la guerra será llevada a cabo *por ti.*

La construcción del pasivo con ל, que aparece especialmente en arameo (véase Nöldeke, *Neusyrische Gram.* p. 219, nota, como aquí תַּעֲשֶׂה־לְךָ) significa en un sentido pleno, completar, llevar a cabo, poner fin. En conjunto, la frase עשה מלחמה significa siempre hacer la guerra, sin más. לך es, según eso, un *dat. commodi,* como en נלחם ל, hacer la guerra, *contendere,* p. ej. Éx 14, 14. En lugar de ברב, la LXX pone בלב. Por su parte, la traducción de la LXX, γεωργίου μεγάλου para מאמץ כח es, sin duda, una lectura corrupta (véase Lagarde).

## 24, 7-10.

Hasta ahora, en este apéndice, hemos encontrado solo dos dísticos (véase la introducción). Ahora siguen varios de ellos. Del argumento de los proverbios anteriores se sigue, que la sabiduría es un poder que logra grandes cosas, que ella tiene gran valor, aunque al necio le parezca demasiado costosa.

7  רָאמֹות לֶאֱוִיל חָכְמֹות בַּשַּׁעַר לֹא יִפְתַּח־פִּיהוּ׃

8  מְחַשֵּׁב לְהָרֵעַ לֹו בַּעַל־מְזִמֹּות יִקְרָאוּ׃

Proverbios 24

זְמַּת אִוֶּלֶת חַטָּאת וְתוֹעֲבַת לְאָדָם לֵץ: ⁹
הִתְרַפִּיתָ בְּיוֹם צָרָה צַר כֹּחֶכָה: ¹⁰

⁷ Muy alta está la sabiduría para el insensato;
en la puerta de la ciudad no abrirá su boca.
⁸ Al que planea hacer el mal
le llamarán hombre de malas intenciones.
⁹ La intención del insensato es pecado,
y el burlador es abominación para los hombres.
¹⁰ Si desmayas en el día de la dificultad,
también tu fuerza se reducirá.

**24, 7.** *La sabiduría le parece al necio muy alta...* La mayoría de los intérpretes toman ראמות por רמות (escrito como en 1Cr 6, 58; cf. Zac 14, 10; ראֹשׁ, Pr 10, 4; קאם, Os 10, 14), y traducen, como Jerónimo y Lutero: "La sabiduría está para el necio demasiado alta", el camino a la sabiduría es para él demasiado largo y empinado, el precio demasiado costoso y no se lo puede permitir.

Ciertamente, este pensamiento no está lejos de lo que quiso decir el poeta. Pero ¿por qué dice חָכְמוֹת y no חכמה? Esta forma de la palabra, חכמות, no es un plural numérico, como traduce el Véneto: μετέωροι τῷ ἄφρονι αἱ ἐπιστῆμαι. Ciertamente, es un plural, como muestra Sal 49, 4; pero, como es evidente a partir de la personificación y la construcción de Pr 1, 20, es un plural que se multiplica y realza interiormente, relacionado con חכמה como las ciencias o los contenidos del conocimiento se relacionan con el conocimiento que, en sí mismo, como tal, puede y debe entenderse en singular como un saber único.

Aquí, en plural, esta palabra חָכְמוֹת se refiere a los diversos saberes que integran el auténtico conocimiento, como aparece claro en Pr 1–9, y como he puesto de relieve en la introducción de este comentario. Eso se explica aquí por el hecho de que la sabiduría debía ser designada en correspondencia a רָאמוֹת cuya forma plural, terminada en *th* ha de mantenerse firme. En esa línea, ראמות puede ser el nombre de un tipo de productos extranjeros caros, que se mencionan en el libro de Job, en un contexto en el que se celebra el valor insondable e inestimable de la sabiduría; véase Job 27, 18, donde he presentado lo que en aquel momento tuve que decir respecto a esta palabra. Pero ¿qué significa aquel dicho de Job, conforme al cual la sabiduría es para el necio una perla o coral precioso?

Jol Bril explica el tema diciendo: "El necio usa las ciencias como una piedra preciosa, solo como adorno, pero no sabe pronunciar una palabra en público", no sabe cómo expresar el sentido de ese pensamiento. La fuerza de la comparación radica en la rareza, en el carácter costoso e inalcanzable de la sabiduría, no solo como conocimiento, sino como expresión del conocimiento. El necio desprecia

# Apéndice 1: Palabras de los sabios (Pr 22, 17 – 24, 22)

la sabiduría, porque el gasto de fuerza y los sacrificios que son necesarios para alcanzarla le disuaden de ello (Rashi).

Este es también el sentido de la expresión cuando el autor del proverbio pone ראמות igual a רמות; y probablemente por el bien de este doble significado. Por alusión a ese significado (con su sentido de altura física y de excelencia) eligió esta palabra, y no גביש, פנינים, o cualquier otro nombre que significa artículos de adorno (Hitzig). La traducción siria ha interpretado incorrectamente este juego de palabras, poniendo *sapientia abjecta stulto*. Por su parte, el targumista pone: *el necio se queja (מתרעם) contra la sabiduría* (esta explicación es más correcta que la de Levy: se ensalza, se jacta, de la sabiduría).

El necio "se queja" de la sabiduría, como si dijera que *las uvas están agrias porque cuelgan demasiado altas para él, y no puede alcanzarlas* (cf. fábula antigua del zorro y las uvas). Aquí solo se dice que la sabiduría queda a distancia del necio, porque no puede elevarse hasta su adquisición; por eso mismo no abre la boca en la puerta, donde tienen su asiento el consejo directivo de la ciudad y los representantes del pueblo. El necio no tiene el conocimiento necesario para estar asociado en el consejo, y por eso debe callar; y esto es ciertamente lo más prudente que puede hacer.

**24, 8.** *Si uno medita hacer el mal, a tal persona la llamamos intrigante* (señor del mal). De la sabiduría, que es un bien moral, pasa este proverbio a una especie de σοφία δαιμονιώδης o demoníaca. Esta es una explicación y definición verbal del perverso, como en Pr 21, 24, formada como Pr 16, 21 de נבון. En lugar de בעל־מזמות (señor del mal) en Pr 12, 2 se dice מ' איש (hombre del mal, cf. Pr 22, 24). Con respecto a מזמות en su sentido usual, véase Pr 5, 2. Por supuesto, estas definiciones no tienen un objetivo lexicográfico (de precisar el diccionario), sino solo moral.

Lo que se dice aquí está diseñado para poner a uno en guardia frente a ese ambiguo título de hombre *refinado* (astuto, *versus*). De esa forma se llama a un hombre cuyos planes y esfuerzos están dirigidos a hacer el mal. Así se puede traducir el sentido de 8b: "El que proyecta planes engañosos contra el bienestar de los demás, encuentra su castigo en esto, en que cae bajo la condena pública como un intrigante sin valor" (Elster). Pero מזמות (בַּעַל־ מְזִמּׂות) es un ῥῆμα μέσον, véase Pr 5, 2, como título equívoco, con el sentido de מחשב להרע (alguien que medita para hacer el mal a los demás).

**24, 9.** *El pensamiento de necedad es pecado, y el escarnecedor es abominación para los hombres.* Este proverbio está conectado a través de זמת con Pr 24, 8, y por medio de אויל con Pr 24, 7: coloca al necio y al escarnecedor uno contra el otro. En 9b el sujeto es "el escarnecedor"; de manera correspondiente, el "pecado" debe ser considerado como el sujeto de 9a. La palabra זמָּת tiene el significado especial de

534

*flagitium*, azote, como en Pr 21, 27. Pero aquí no puede tener ese sentido, sino otro que derive de la idea-raíz "idear, imaginar".

En esa línea, la sabiduría del mal significa ante todo la recopilación y el avance de los pensamientos hacia un fin definido (Job 17, 11), particularmente hacia la preparación refinada de razones pecaminosas. De un modo consiguiente, hablamos del comienzo de una empresa pecaminosa. El pecado, tomado en sí mismo o en sus consecuencias, es siempre un engaño o deseo de locura, un pensamiento falso que lleva sobre sí mismo (*gen. qualitatis*, genitivo de cualidad) el carácter de locura; porque perturba y destruye la relación del hombre con Dios y con otros hombres y, como dice Sócrates según Platón, porque es un cálculo equivocado, que brota de la ignorancia. En ese sentido el burlador (el que se mofa de la religión y de la virtud) es תועבת לאדם (abominación para los hombres).

La expresión de 9b es diferente de la de 9a porque introduce una ל para referirse al hombre, como en Job 18, 2; Job 24, 5, y en otros casos. Pero el poeta podría haber suprimido esa *lamed*, diciendo directamente que el escarnecedor (לֵץ) es abominación para el hombre, תּוֹעֲבַת לְאָדָם. Quizá introduce la *lamed* para indicar el posible sentido doble de la frase: el escarnecedor no es solo una abominación para los hombres en general, es decir, para los mejores dispuestos, sino que puede hacer errar a otros en cuanto a su fe, atrayéndolos con sus pensamientos frívolos, para que se vuelvan también una causa de abominación, siendo así abominación ante Dios (Pr 15, 9; Pr 15, 26).

El sentido de 10a es hipotético (véase Pr 22, 29). Si un hombre se muestra negligente (Pr 18, 9), es decir, cambiante, timorato, incapaz de resistir en tiempos de dificultad, entonces se cumplirá en él la conclusión que se expresa en 10b. Con razón dice Lutero, con una generalización intencionada, "no es fuerte quien no es firme en la necesidad". En esa línea, este proverbio constituye una amonestación seria, que habla al que se muestra débil ante el juicio que tiene que pronunciar sobre sí mismo.

Y la paronomasia צרה y צר puede traducirse, donde sea posible, "si tu fuerza se vuelve, por así decirlo, presionada y doblegada por la dificultad justo precisamente cuando debería manifestar su firmeza (es decir, להרחיב לך), entonces esa fuerza es limitada y quien quiere fundarse en ella es un hombre muy débil". Así lo formula Lutero, traduciendo, *si segnis fueris die angustiae, angustae sunt vires tuae* (si te demoras en el día de la angustia, tu fuerza es pequeña). Hitzig, por el contrario, corrige siguiendo a 7, 11, רוּחֲךָ "*klemm/klamm ist dein* mut" (igual a estrecho es tu coraje).

Tanto si uno lo considera en sí mismo como en sus consecuencias, el pecado es siempre un artificio o deseo de locura (*gen. subjecti*), de manera que lleva sobre sí (*gen. qualitatis*) unos rasgos de demencia; porque perturba y destruye la relación de uno consigo mismo o con los otros, de manera que descansa en un

*Apéndice 1: Palabras de los sabios (Pr 22, 17 – 24, 22)*

cálculo falso, como dice Sócrates en Platón. En esa línea, el burlador de la religión y la virtud es תּוֹעֲבַת לְאָדָם. ¿Por qué el poeta no dice directamente תּוֹעֲבַת אָדָם? Quizá para indicar que el escarnecedor no es solo una abominación para otros hombres, sino que hace que otros hombres sean abominación ante Dios (Pr 15, 9, Pr 15, 26).

**24, 10.** *Si desfalleces en el día de la adversidad, tu fuerza es pequeña.* Este es el último de los cuatro dísticos de esta sección y aparece sin conexión visible con los anteriores. Si un hombre se muestra negligente (Pr 18, 9), es decir, cambiante, timorato, incapaz de resistir en tiempos de dificultad... entonces hay que sacar la conclusión expresada en 10b: ese es un hombre de fuerza pequeña. Con razón dice Lutero, con una frase de tipo general: "No es fuerte quien no es firme en tiempo de necesidad".

Pero este proverbio ha de entenderse como amonestación fuerte y concreta, dirigida en contra de los que se muestran débiles en su forma de actuar. Desde ese fondo ha de interpretarse la paronomasia de צָרָה צַר, que podría traducirse diciendo "si en el día de la adversidad eres adverso", "si tu fuerza se destruye por la presión o fuerza de la adversidad", precisamente cuando debería mostrarse más fuerte (es decir, לְהַרְחִיב לְךָ), eso significa que tienes una fuerza limitada, que eres endeble, débil. De esa forma traduce Fleischer con precisión: "si desfalleces en *el día de la estrechez... estás mostrando que tus fuerzas son estrechas*" (cf. Job 7, 11).

Este proverbio está aludiendo, según eso, a la escasa fuerza de un hombre que desfallece en la adversidad. La fuerza en sí es un concepto general, pero el sentido y fuerza de esa adversidad puede variar, como el agua de un arroyo. En ese sentido se entiende la palabra, "adversidad". Así se dice que en el día de la adversidad (בְּיוֹם צָרָה) las fuerzas de un hombre pueden limitarse. Pues bien, el hombre que "desfallece" (que pierde fuerzas el día de la adversidad) corre el riesgo de perderse.

**24, 11-16.**

11 הַצֵּל לְקֻחִים לַמָּוֶת וּמָטִים לַהֶרֶג אִם־תַּחְשׂוֹךְ׃

12 כִּי־תֹאמַר הֵן לֹא־יָדַעְנוּ זֶה הֲלֹא־תֹכֵן לִבּוֹת

13 הוּא־יָבִין וְנֹצֵר נַפְשְׁךָ הוּא יֵדָע וְהֵשִׁיב לְאָדָם כְּפָעֳלוֹ׃

14 אֱכָל־בְּנִי דְבַשׁ כִּי־טוֹב וְנֹפֶת מָתוֹק עַל־חִכֶּךָ׃

15 כֵּן דְּעֵה חָכְמָה לְנַפְשֶׁךָ אִם־מָצָאתָ וְיֵשׁ אַחֲרִית וְתִקְוָתְךָ לֹא תִכָּרֵת׃ פ

16 כִּי שֶׁבַע יִפּוֹל צַדִּיק וָקָם וּרְשָׁעִים יִכָּשְׁלוּ בְרָעָה׃

11 Libra a los que son llevados a la muerte;
no dejes de librar a los que van tambaleando a la matanza.
12 Si dices: "En verdad, no lo supimos"
*¿no lo entenderá el que examina los corazones?*

El que vigila tu alma, él lo sabrá
y recompensará al hombre según sus obras.

¹³ Come, hijo mío, de la miel, porque es buena;
y del panal, que es dulce a tu paladar.

¹⁴ Así, aprópiate de la sabiduría para tu alma.
Si la hallas, habrá un porvenir,
y tu esperanza no será frustrada.

¹⁵ Oh impío, no aceches la morada del justo,
ni destruyas su lugar de reposo;

¹⁶ porque siete veces cae el justo y se vuelve a levantar,
pero los impíos tropezarán en el mal.

**24, 11.** *Libra a los que son llevados a la muerte…* Aquí, de nuevo, nos encontramos con refranes de dimensiones variadas. El primero es un hexaestico. Si אם se interpreta como una partícula de exhortación, entonces אם־תחשוך es equivalente a, *te conjuro, no te detengas* (cf. Neh 13, 25 con Is 58, 1), es decir, lo que tienes que hacer, hazlo (LXX, Syr., Jerónimo). Pero el paralelismo requiere que tomemos juntos como objeto מטים להרג (los que con pasos vacilantes son llevados a la destrucción) con אם־תחשוך, así como לקחים למות (los de su condición que son llevados a la muerte, cf. Éx 14, 11), donde todos los intérpretes antiguos han reconocido el imperativo, pero ninguno el infinitivo (*eripere… ne cesses, no ceses de salvar a*, lo cual es contrario a la forma de expresión hebrea, tanto en la posición de las palabras como en la construcción).

אם tampoco debe interpretarse como interrogativo porque en ese caso la expresión final, *retinetis* debería tener más bien el significado de ¡tú no lo harás! (cf. por ejemplo, Is 29, 16). אם no puede ser tampoco condicional, *si prohibere poteris* (Michaelis y otros), porque el futuro después de אם nunca tiene un sentido potencial. Por lo tanto, אם, como לו, ha de tomarse en el sentido de *utinam*, como aparece no solo en textos posteriores (Hitzig), sino desde la antigüedad (cf. por ejemplo, Éx 32, 32 con Gn 23, 13).

**24, 12.** La expresión כִּי־ תֹאמַר (cf. mi *Römerbrief,* p. 14s.) introduce una objeción, una excusa, una evasión, que es respondida por הלא (הֲלֹא־ תֹכֵן), ratificada por "*así digo yo por el contrario*", véase Dt 7, 17. No tenemos que interpretar la partícula זה de un modo personal (LXX τοῦτον); porque desde Pr 24, 11 se habla de varias personas, por lo que es más probable tomar esa partícula en sentido neutro, como hacen diversas traducciones (Syr., Targum, Véneto, Lutero), conforme al uso del lenguaje, cf. Sal 56, 10.

Entendida en sentido neutro, זה no se refiere a la obligación moral expresada en Pr 24, 11, pues salvar una vida humana cuando es posible hacerlo, es una

# Apéndice 1: Palabras de los sabios (Pr 22, 17 – 24, 22)

ley básica que todos conocen. A esa excusa, con pretendida ignorancia, se opone la respuesta del Dios omnisciente, que sugiere a quienes planteen esa excusa que tengan en cuenta al Señor, pues él escudriña los corazones (véase Pr 16, 2): *Dios ve lo que sucede en tu corazón, y Él tiene tu alma bajo su conocimiento* (נצר, como Job 7, 20; LXX καὶ ὁ πλάσας, con el significado de יצר, como supone Hitzig, porque piensa que נצר debe interpretarse en el sentido de guardar, preservar; Lutero correctamente).

*Dios sabe cómo es tu mente*, mira, conoce a través de ella (cf. para ambos, Sal 139, 1-4), *y responde al hombre conforme a su conducta* (Dios juzga según el estado del corazón, del cual brota la conducta). Debe observarse que Pr 24, 11-12 habla de un condenado a muerte en general, y no expresamente de un condenado inocente; más aún, este pasaje no distingue entre un condenado en guerra y en paz, lo cual muestra que el libro de los Proverbios y el conjunto de la literatura sapiencial no ve con agrado que unos hombres maten a otros, ni siquiera a través de un juicio legal, por condena de un crimen.

Ciertamente, por un lado, el castigo del homicida con la muerte es una ley que procede de la naturaleza de la santidad divina, de la inviolabilidad de su ordenamiento legal y de la defensa del valor del hombre como formado a imagen de Dios, de manera que el magistrado que desconoce esta ley ignora el fundamento divino de su función. Pero, por otra parte, es igualmente cierto que miles y miles de personas inocentes, o al menos de personas que no merecen la muerte, han caído en sacrificio bajo el abuso o la falsa aplicación de esta ley y que, junto al principio de justicia penal, hay un principio de gracia que gobierna en el reino de Dios, y está representado en el A.T. por la profecía y la literatura sapiencial.

Por otra parte, es un hecho notable, que Dios no castigó con pena de muerte a Caín, el primer asesino, homicida del inocente Abel, su hermano, sino que prevaleció el principio de la gracia en vez del de la ley, de forma que el mismo Dios protegió la vida de Caín en contra de cualquier vengador de sangre. Pero después que la ruina moral de la raza humana había alcanzado tanta magnitud que trajo el Diluvio sobre la tierra, se promulgó a los postdiluvianos la palabra de la ley, Gn 9, 6, sancionando este derecho inviolable de dar muerte a los asesinos por la mano de la justicia.

La conducta de Dios se regula según el aspecto de los tiempos. En la ley mosaica la grandeza de la culpa no se estimaba externamente (cf. Nm 35, 31), sino internamente, con una aplicación muy flexible en sus orientaciones prácticas. Y bajo ciertas circunstancias la gracia podía tener más peso que la justicia, como lo muestra la parábola que tiene en vista el perdón de Absalón (2Sa 14).

Pero una palabra de Dios, como Ezequiel 18, 23, convierte la gracia en un principio, y la palabra con la que Jesús (Jn 8, 11) despide a la adúltera es toda una expresión de este propósito de la gracia que va más allá de la pura justicia.

En la comunidad judía posterior, la justicia penal estaba subordinada al principio de la compasión predominante, de manera que se insistió en la consideración del valor de la vida humana durante el juicio, e incluso después de que se pronunció la sentencia, y durante mucho tiempo el Sanedrín no dictó sentencia de muerte.

Pero Jesús, que fue él mismo la víctima inocente de un fanático asesinato legal, ratificó, es cierto, la justicia a la espada; pero predicó y practicó el amor como gracia por encima de la pura justicia. Jesús mismo era el Amor encarnado, ofreciéndose por los pecadores, la Misericordia que proclama Yahvé en Ezequiel 18, 23. El llamado Estado cristiano ("*Civitas Dei*") admite el principio de la pena de muerte. Pero el mismo Agustín se declara favorable al principio de la gracia cristiana, que debe impregnar todas las facetas de la vida humana, para suprimir así la pena de muerte, especialmente porque los magistrados paganos habían abusado del derecho de la condena a muerte que, según el derecho divino, ellos tenían para matar a los cristianos. Y Ambrosio fue tan lejos como para condenar a un juez cristiano que había dictado sentencia de muerte, excluyéndole de la Santa Cena.

El control de los magistrados sobre la vida y la muerte había llegado en algunos momentos a tal extremo que la violencia sangrienta de las condenas a muerte terminó perdiendo su legalidad. Por lo tanto, Jansen cambia el proverbio (Pr 24, 11: libra a los condenados a muerte) con las palabras de Ambrosio en la admonición, *Quando indulgentia non nocet publico, eripe intercessione, eripe gratia tu sacerdos, aut tu imperator eripe subscriptione* (cuando la indulgencia no perjudique al público, salva por intercesión, salva por gracia, tú sacerdote, o tú emperador, salva por decreto).

Cuando el proyecto de ley de Samuel Romilly para abolir la pena de muerte por un robo equivalente a la suma de cinco chelines fue aprobado por la Cámara de los Comunes inglesa, fue rechazado por una mayoría en la Cámara de los Lores. Entre los que votaron en contra del proyecto de ley se encontraban un arzobispo y cinco obispos. Nuestro poeta aquí en el libro de los Proverbios tiene una mente diferente. El código Mosaico es incomparablemente más suave que la ley Carolina (ley imperial alemana del año 1532). En expresiones, sin embargo, como las anteriores, un verdadero espíritu cristiano gobierna el espíritu que condena toda sed de sangre de la justicia, y llama a una cruzada no solo contra la inquisición, sino también contra ejecuciones tan crueles y despiadadas como las que prevalecieron en Prusia en nombre de la ley en el reinado de Federico Guillermo I, el Inexorable.

**24, 13-14.** *Hijo mío, come miel, porque es buena...* Los proverbios que siguen no tienen relación clara con el anterior, pero en el fondo de ellos yace la misma visión de la sabiduría de Dios como principio de la vida humana. La palabra טוב, árabe *ṭejjib*, significa lo que huele y sabe bien, aludiendo a la miel (דבש, de דבש, ser espeso, consistente) tiene, además, según la creencia antigua (por ejemplo, la

# Apéndice 1: Palabras de los sabios (Pr 22, 17 – 24, 22)

del Corán), una virtud curativa, ya que en general la amargura se considera una propiedad de lo venenoso, y la dulzura de lo saludable.

נפתו es el segundo acusativo dependiente de אכל־, porque entonces se hablaba de la miel y del panal como de cosas diferentes. נפת (de verter, fluir) es la miel más pura (miel virgen), que fluye por sí misma del panal. Con derecho la acentuación toma el estico 13b como independiente, indicando que es una oración sustantiva que contiene la razón de lo anterior: "porque es bueno," el panal es dulce a tu gusto, cf. Neh 2, 5; Sal 16, 6 (Hitzig).

La partícula כן de 14a está indicando que este verso está vinculado con el anterior. Aprender sabiduría equivale a recibirla en la mente, Pr 1, 2; Ec 1, 17 (cf. דעת בינה, Pr 4, 1), y frecuentemente. Según eso, Böttcher traduce aquí: aprende a comprender la sabiduría. De esa forma sigue 14b: Así como la miel tiene efectos beneficiosos para el cuerpo, así la sabiduría los tiene para el alma, efectos que son saludables; las palabras דעה חכמה no son independientes, sino que se entienden en relación a estos efectos. Con razón traduce Fleischer, *talem reputa* y Ewald ratifica: *sic (talem) scito sapientiam (esse) animae tuae*, conoce, reconoce la sabiduría como algo ventajoso para tu alma, como digno de encomio. Hitzig explica incorrectamente אם־מצאת, "si se presenta la oportunidad". Las palabras más apropiadas hubieran sido כי תמצא, porque *encontrar sabiduría* equivale siempre a obtenerla, hacerla propia: cf. Pr 3, 13; Pr 8, 35; cf. Pr 2, 5; Pr 8, 9. La palabra דֵּעָה va escrita con *illuj* después del *legarmeh* anterior, como en 12b, *Thorath Emeth*, p. 28.

Con יֵשׁ comienza la apódosis (LXX, Jerónimo, Targum, Lutero, Rashi, Ewald y otros). En sí misma, la partícula וְיֵשׁ (cf. Gn 47, 6) podría continuar también con una cláusula condicional; pero la explicación, *si inveneris (eam) et ad postremum ventum erit* (si la encontraras y hay un futuro…: Fleischer, Bertheau, Zöckler), no significa *el fin viene*, sino *hay un fin* (cf. Pr 23, 18; Pr 19, 18), con el sentido de *hay un final para ti, a saber, un resultado que es una recompensa bendita*. La promesa es la misma que en Pr 23, 18. En nuestro idioma podemos hablar de la esperanza de ser cortado, de ser entregado en manos de *desesperación*, Pr 24, 14. Aquí, en cambio, el conocimiento de la sabiduría, cuando la hayas hallado, recompensa a tu alma y tu esperanza no será interrumpida.

**24, 15-16.** *No aceches, oh impío, a la morada del justo…* Las palabras ארב (acechar) y שׁדד (practicar la violencia) no están dirigidos, como en Pr 1, 11; Pr 19, 26, inmediatamente contra personas, sino contra la morada y lugar de descanso (רבץ, p. ej. Jer 50, 6) del justo que, por su parte, no comete injusticia ni mal contra nadie. La advertencia es aquí: "Que no se codicie la casa del justo" (Éx 20, 17), que no se le expulse de ella con astucia y violencia.

En lugar de רָשָׁע *rasha'*, Símaco y Jerónimo han leído incorrectamente *resha'*, y por ese malentendido han introducido un falso sentido en Pr 24, 15. Muchos

Proverbios 24

intérpretes (Löwenstein, Ewald, Elster y Zöckler) traducen רָשָׁע con Lutero, como aposición al malvado, es decir, a "alguien de malas intenciones": uno que acecha furtivamente la oportunidad de tomar posesión de la vivienda de otro, como si esto pudiera hacerse con una buena intención.

רָשָׁע está en vocativo (Syr., Targ., Véneto: ἀσεβές), y de esa manera se refiere al malhechor con su nombre correcto. La razón de 16a (porque siete veces cae el justo…) suena como un eco de Job 5, 19. שבע significa, como en Sal 119, 164, siete veces; cf. מאה, Pr 17, 10. וקם es un perfecto consecutivo, como וחי, por ejemplo, en Gn 3, 22, y él se levanta después, pero los transgresores se arruinan; ברעה, si les sucede una desgracia (cf. Pr 14, 32) tropiezan y caen, y no se levantan más.

## 24, 17-22.

בִּנְפֹל (אויביד) (אֹויִבְךָ) אַל־ תִּשְׂמָח וּבִכָּשְׁלֹו אַל־ יָגֵל לִבֶּךָ׃ [17]
פֶּן־ יִרְאֶה יְהוָה וְרַע בְּעֵינָיו וְהֵשִׁיב מֵעָלָיו אַפֹּו׃ [18]
אַל־ תִּתְחַר בַּמְּרֵעִים אַל־ תְּקַנֵּא בָּרְשָׁעִים׃ [19]
כִּי ׀ לֹא־ תִהְיֶה אַחֲרִית לָרָע נֵר רְשָׁעִים יִדְעָךְ׃ [20]
יְרָא־ אֶת־ יְהוָה בְּנִי וָמֶלֶךְ עִם־ שֹׁונִים אַל־ תִּתְעָרָב׃ [21]
כִּי־ פִתְאֹם יָקוּם אֵידָם וּפִיד שְׁנֵיהֶם מִי יֹודֵעַ׃ ס [22]

[17] No te alegres cuando caiga tu enemigo;
y cuando tropiece, no se regocije tu corazón,
[18] no sea que lo vea Jehovah, y le desagrade,
y aparte de él su enojo.
[19] No te enfurezcas a causa de los malhechores,
ni tengas envidia de los impíos;
[20] porque no habrá un buen porvenir para el malo,
y la lámpara de los impíos será apagada.
[21] Hijo mío, teme a Jehovah y al rey,
y no te asocies con los inestables.
[22] Porque su calamidad surgirá de repente,
y el castigo que procede de ambos
*¡quién lo puede saber!*

**24, 17-18.** *No te alegres de la caída de tu enemigo…* Esta es una advertencia contra una disposición vengativa y contra la alegría por su satisfacción. El *qetub* de 17b que en sí mismo, como plural de categoría, אויביד, podría ser tolerable, ha sido rechazado por todos los intérpretes, que prefieren el *keré* אֹויִבְךָ con i de ē en la sílaba cerrada doble, como el de 1Sa 24, 5. וּבְכַשְׁלֹו, por וּבְהִכָּשְׁלֹו, es la forma sincopada habitual del infinitivo tanto *nifal* como *hifil*, que en *nifal* aparece solo una

# Apéndice 1: Palabras de los sabios (Pr 22, 17 – 24, 22)

vez con la gutural inicial (como בעטף) o con una medio gutural como רעו. Por su parte, לראות no es aquí adjetivo como en 1Sa 25, 3, sino perfecto, con la fuerza de un futuro (Símaco traduce: καὶ μὴ ἀρέσῃ ἐνώπιον αὐτοῦ, y no te alegrarás de él).

Este proverbio extiende el deber del amor incluso a un enemigo; porque pide que les hagamos bien en vez de mal, y nos advierte diciendo que no nos regocijemos cuando le sucede algo malo. De todas formas, Hitzig supone que la noble moralidad que se expresa en Pr 24, 17 está limitada en cierta medida por un motivo menos noble, como el asignado en 18b (no sea que Dios aparte de él su ira).

Ciertamente, el poeta quiere decir que Dios podría fácilmente dar un giro benévolo a favor de los malvados, dejando de castigarles. Pero el significado no es que uno se alegre por la desgracia ajena de manera que no quiera que Dios deje de castigar a los malvados, sino todo lo contrario: debemos acompañar de tal manera a los malvados que no nos alegremos de su castigo sino que, al contrario, nos regocijemos al descubrir la gracia que Dios les concede al perdonarles, al desistir de manifestar su ira en contra de ellos.[52]

**24, 19-20.** *te enojes a causa de los malhechores…* Esta es una advertencia en contra de envidiar a los impíos por su prosperidad externa. La versión de 24, 19 es una variación del Sal 37, 1. Cf. también Pr 3, 21 (donde בכל־דרכיו siguiendo el tradicional תבחר es más apropiado que תתחר, que Hupfeld quiere insertar aquí). Por su parte, תתחר es futuro apocopado de התחרה, *estar acalorado* (estar indignado), a diferencia del *tiphel* תחרה, estar celoso.

El fundamento y ocasión de ese enojo son, por un lado, los celos o envidias, y por otro la prosperidad de los impíos, Sal 73, 3; cf. Jer 12, 1. Esta ira por la división aparentemente injusta de la fortuna, con la envidia por el éxito de los impíos descansan en la ceguera de aquellos que solo se fijan en el presente y que no miran hacia el final de la vida y de la historia. אחרית tiene el mismo sentido que en 24, 14. La fórmula יש אחרית (cf. Sal 37, 37) denota siempre el resultado feliz y glorioso que indemniza (resarce) por los sufrimientos pasados. El impío no tiene ese tipo de descendencia; su luz arde intensamente en este lado de la vida, pero un día se extingue. En 20b se repite Pr 13, 9; cf. Pr 20, 2.

**24, 21-22.** *Hijo mío, honra a Yahvé y al rey…* El verbo שנה, procedente de la idea primaria de plegar, *complicare, duplicare*, significa transitivamente hacer dos veces,

---

52. Según *Aboth* iv. 24, este proverbio era el lema de Rabbi Samuel el pequeño, הקטן, que formuló la ברכת המינים (es decir, la *bendición* interpolada en la oración *Schemone-Esre,* dirigida en contra de los cismáticos, distinguiendo así entre enemigos personales, privados y enemigos públicos, contrarios a la verdad de Dios). De esa manera elevaba su advertencia en contra de los pensamientos rebeldes contra Dios y el rey.

*repetir*, Pr 17, 9; Pr 26, 11. En esa línea, Kimchi piensa aquí inapropiadamente en recaer, en sentido intransitivo, de cambiar, ser diferente, Est 1, 7; Est 3, 8. El texto sirio y el Targum traducen la palabra שׁוֹנִים por שטיי, necios. El *kal* שׁנה aparece, ciertamente, en siriaco, pero no en hebreo, con el significado de *alienata est (mens ejus)* y, además, este significado, *alieni*, los ajenos, no es aquí apropiado. Hay, sin embargo, dualistas (maniqueos) que interpretan esta palabra al pie de la letra, como Saadia (cf. *Deutsch-Morgenlndische Zeitschr.* xxi. 616). Ellos la entienden en un sentido dogmático, pero en ese caso שׁונים debería ser denominativo de שׁנים (los que piensan de otra manera, de una manera doble), tomando un sentido de la palabra raíz de fondo (dos, doble).

La palabra raíz, שׁונים, significa aquellos que cambian, *novantes*, es decir, *novarum rerum studiosi*, los que buscan cosas nuevas. Pero, en contra de ese sentido, hay una objeción muy fuerte: en hebreo no aparece nunca la palabra שׁנה con el sentido transitivo (de ser dos). Según el *usus loquendi*, esa palabra significa hacerse diversos, *diversum sentientes* (C. B. Michaelis y otros), y eso con referencia a 21a, los que piensan de manera diferente: הממרים דבריהם ומצותם (Meri, Immanuel), o משׁנים מנהג החכמה.

Se les llama así porque, conforme a su nombre común, son una clase particular o distinta de hombres: son disidentes, opositores (revolucionarios), los que no reconocen ni la monarquía de Yahvé, Rey de reyes, ni la del rey terrenal. Son aquellos a los que alude quizá Jerónimo, llamándoles *detractatores*. El traductor Véneto pone incorrectamente, σὺν τοῖς μισοῦσι, es decir, שׁונאים con ב (cf. en Pr 14, 10, התערב), con los que se mezclan con algo, con עם, mezclarse (con alguien), es decir, hacer causa común con él.

La razón asignada en Pr 24, 22 es que, aunque las personas que rechazan con el pensamiento y la acción la ley humana y divina pueden escapar por cierto tiempo del castigo, de repente cae sobre ellos la ruina que merecen. איד es, de acuerdo con su significado primario, una desgracia pesada y opresora, véase Pr 1, 27. Con יקום se piensa en un poder hostil (Os 10, 14); o en la elevación de Dios como Juez (p. ej., Is 33, 10), con todos los medios para ejecutar el juicio.

פיד (igual a פוד de פוד o פיד o פו, árabe *fâd, fut. jafûdu o jafîdu*, es un poder más fuerte que *bâd*, cognado de אבד), con el sentido de destrucción (árabe *fied, fîd*, muerte). Esta palabra aparece, además de aquí, solo tres veces en el libro de Job. Pero ¿a qué se refiere שׁניהם, aludiendo a dos? Ciertamente no a Yahvé y al rey (LXX, Schultens, Umbreit y Bertheau), porque en sí mismo es dudoso interpretar el genitivo, después de פיד como designación del sujeto. Ese es, además, un nombre impropio para referirse a Dios y al hombre bajo una misma expresión.

Puede referirse a dos tipos de personas: unos que niegan a Dios, los otros que niegan al rey, el honor que se les debe (Jerónimo, Lutero y, por último, Zöckler). Pero en este caso no se distinguirían los dos (Dios y el rey) y además aquí

# Apéndice 1: Palabras de los sabios (Pr 22, 17 – 24, 22)

se vinculan la falta de reverencia a Dios y la falta de referencia a los magistrados designados por Él, porque los magistrados aparecen como representantes del rey y de Dios, al mismo tiempo.

Algunos afirman que estas palabras pueden tener algún error de transcripción o de imprenta. Ewald sugiere que, en vez de שׁוֹנִים, la palabra original sería שְׁנֵיהֶם, es decir, aquellos que se muestran como שׁונים, *altercatores*, discutidores, con respecto a Dios y al rey. En vista de la formación de la palabra קָמֵיהֶם, Éx 32, 25, la reducción de letras (de שְׁנֵיהֶם a שׁוֹנִים) podría considerarse posible. Pero si fuera este el significado de la palabra, entonces ella debería haber estado en el primer miembro del verso (אֵיד שְׁנֵיהֶם), y no en el segundo. No parece posible ninguna otra conjetura. Así, שְׁנֵיהֶם quizás se deba referir a los שׁונים, es decir, a los que se relacionan con ellos, *no te unas a los opositores* (a los que se oponen a Dios y al Rey, con sus partidarios); *porque de repente vendrá sobre ellos la desgracia, y la destrucción de ambos.*

Pero tampoco esta solución parece satisfactoria, porque después de la palabra שְׁנֵיכֶם se podía esperar el segundo estico, 22b. Según eso, no queda más solución que entender שְׁנֵיהֶם con Syr. y el Targum, como los malhechores y los impíos, lo mismo que en Job 36, 11, destacando así la vinculación entre las dos palabras, palabras como פִּתְאֹם y שׁונים, פִּיד y שְׁנֵיהֶם. Por otra parte, "el final de su año" (וּפִיד שְׁנֵיהֶם) no equivale a la hora de su muerte sin más (Hitzig), porque para esto era necesario פִּידָם (cf. árabe *feid y fîd*, muerte); sino al expirar, al acabar el transcurso del año durante el cual han logrado mantenerse vivos y desempeñar un papel.

Lo cierto es que comenzará un tiempo que nadie conoce de antemano, un tiempo en que todo haya terminado para ellos (para los malhechores y los impíos). En este sentido, "el que sabe" equivale al que "surge de repente". En la LXX, después de Pr 24, 22, sigue un dístico que trata de las relaciones del hombre con la palabra de Dios como expresión de su destino, un dístico en el que se pone de relieve la fidelidad como un deber hacia el rey (y hacia Dios), poniendo también de relieve el deber de fidelidad del rey, con un penta o hexaestico.

El texto hebreo no sabe nada de los tres proverbios añadidos aquí por la traducción de la LXX. En ese contexto, Ewald (*Jahrb.* xi. 18s.) ha intentado retraducir esos tres proverbios al hebreo, y opina que son dignos de ser considerados como componentes originales del conjunto de Proverbios (Pr 1–29), y que ciertamente deberían haber sido introducidos en el texto hebreo después de Pr 24, 22. Dudamos de esa opinión, pero agradecemos su traducción del texto de la LXX al Hebreo.

Luego sigue en la LXX una serie de Proverbios (Pr 30, 1-14, que en el Hebreo llevan el título de "Palabras de Agur"). La segunda mitad de las "Palabras de Agur", junto con las "Palabras de Lemuel", se encuentran en el texto hebreo después de Pr 24, 34. El problema está en que en la copia de la que la LXX tradujo el apéndice de Pr 30, 1–31, 9, una mitad estaba después de las "Palabras del Sabio" (que se extienden de Pr 22, 17 a Pr 24, 22) y la otra mitad después del suplemento titulado "estos también son de los sabios" (Pr 24, 23-34), de modo que solo queda como apéndice la oda en alabanza de la mujer hacendosa (Pr 31, 10 ss.), como un apéndice a la colección de Ezequías en este mismo libro de Proverbios, cap. 25–29.

## Apéndice 2. Suplemento a palabras de los sabios (Pr 24, 23-34)

Sigue ahora un breve apéndice al antiguo libro de los Proverbios, con una superinscripción (24, 23a) que dice: *también estos proverbios son de sabios*, es decir: *los proverbios que siguen provienen de los hombres sabios*. Los traductores antiguos (con la excepción de Lutero) no han entendido bien esta superinscripción, pues no entienden el *lamed auctoris* y lo interpretan como *lamed* de dirección, diciendo: *estos proverbios los he escrito para hombres sabios* (sapientibus) (cf. LXX, Syr., Targum, Jerónimo, Véneto).

La formación de la superinscripción es como la de la colección de Ezequías (25, 1), y por este y otros datos hemos concluido que este segundo suplemento proviene de la misma fuente, como una expansión del antiguo libro de los Proverbios, añadiéndole las partes más recientes y los apéndices. Debemos indicar desde aquí la complejidad lingüística de esos proverbios y su semejanza con los del primer apéndice (compárese 29b con 12d y 25a con 22, 18 y 23, 8; 24, 4. Por otra parte, 23b se refiere a 28, 21 de la colección de Ezequías y 33s. se repite en el verso 6ss.

De esa forma, este apéndice muestra su carácter secundario. En un sentido preciso se sitúa en la misma relación con los Proverbios salomónicos que la que tiene el autor de la introducción (Pr 1–9). Como hemos dicho ya, en sí mismo, 25b no es un proverbio distinto, sino la primera línea de un hexaestico.

**24, 23-29.**

²³ גַּם־ אֵלֶּה לַחֲכָמִים הַכֵּר־ פָּנִים בְּמִשְׁפָּט בַּל־ טֽוֹב׃

²⁴ אֹמֵר ׀ לְרָשָׁע צַדִּיק אָתָּה יִקְּבֻהוּ עַמִּים יִזְעָמוּהוּ לְאֻמִּֽים׃

²⁵ וְלַמּוֹכִיחִים יִנְעָם וַעֲלֵיהֶם תָּבוֹא בִרְכַּת־ טֽוֹב׃

²⁶ שְׂפָתַיִם יִשָּׁק מֵשִׁיב דְּבָרִים נְכֹחִֽים׃

²⁷ הָכֵן בַּחוּץ ׀ מְלַאכְתֶּךָ וְעַתְּדָהּ בַּשָּׂדֶה לָךְ אַחַר וּבָנִיתָ בֵיתֶֽךָ׃ פ

²⁸ אַל־ תְּהִי עֵד־ חִנָּם בְּרֵעֶךָ וַהֲפִתִּיתָ בִּשְׂפָתֶֽיךָ׃

²⁹ אַל־ תֹּאמַר כַּאֲשֶׁר עָֽשָׂה־ לִי כֵּן אֶֽעֱשֶׂה־ לּוֹ אָשִׁיב לָאִישׁ כְּפָעֳלֽוֹ׃

# Apéndice 2: Suplemento a las palabras de los sabios (Pr 24, 23-24)

[23] También los siguientes dichos pertenecen a los sabios:
No es bueno hacer distinción de personas en el juicio.
[24] Al que dice al impío: "Eres justo",
los pueblos lo maldecirán;
las naciones lo detestarán.
[25] Pero los que lo reprenden serán apreciados,
y sobre ellos vendrá la bendición del bien.
[26] Besados serán los labios del
que responde palabras correctas.
[27] Ordena tus labores afuera;
ocúpate en ellas en el campo.
Y después edifícate una casa.
[28] No testifiques sin causa contra tu prójimo,
ni le engañes con tus labios.
[29] No digas: "Como me hizo, así le haré a él;
recompensaré al hombre según su acción".

Hemos comentado ya el sentido de **24, 23a**. Seguimos con **24, 23b-25**. Estos proverbios proclaman la maldición de la parcialidad (=injusticia, acepción de personas) en los juicios y la bendición de la imparcialidad. La parcialidad (**24, 23b**) se llama שְׂאֵת פָּנִים, Pr 18, 5, acepción de personas, porque el que realiza un juicio con parcialidad mira con placer el פְּנֵי, el semblante, la apariencia, la personalidad de uno, teniendo así preferencia por él.

En esa línea, הַכֵּר־פָּנִים, aquí y en Pr 28, 21, es colocar a una persona delante de otra o, como suele decirse, tener consideración especial por ella. La última expresión se encuentra en Dt 1, 17; Dt 16, 19. Por su parte הַכֵּר־ פָּנִים (הִכִּיר, véase Pr 20, 11) significa mirar con atención, ya sea por interés en el objeto o porque es un objeto extraño. Heidenheim piensa que la partícula בַּל tiene un sentido más débil que לֹא; pero lo cierto es lo contrario, como se ve por la derivación de este negativo (igual a *balj*, de בָּלָה, derretir, decaer). Por otra parte, solo aparece aquí con un predicado de adjetivo. Los dos complementos del libro de los Proverbios tienen preferencia por בַּל, Dt 22, 29; Dt 23, 7, 35.

La tesis de 23b (la acepción de personas no es buena) se confirma en **24, 24-25**, con las consecuencias que derivan de esa parcialidad y de su opuesto. *El que dice al culpable, tú tienes razón,*[53] es decir, el que libera al culpable (porque רָשָׁע y צַדִּיק tienen aquí el sentido forense de las palabras postbíblicas חִיב y זִכִּי) *es maldecido por todos,* etc.; cf. Pr 17, 15, porque un juez parcial e injusto es

---

53. La palabra אֹמֵר lleva *mehuppach legarmeh* en la última sílaba, como indican correctamente Athias, Nissel y Michaelis (véase *Thorath Emeth*, p. 32)

546

una abominación para Dios. Con respecto a קבב aquí (cf. יִקֳּבֶהוּ) y en Pr 11, 26, Schultens, en comentario a Job 3, 8, tiene razón: la palabra significa *figere* y, por lo tanto, *distinguir y hacer prominente* tanto en el bien como en el mal; cf. *defigere*, maldecir, apropiadamente, traspasar.

עמים y לאמים (de עמם y לאם, que significan unir y combinar) son plurales de categoría social; al juez injusto no solo le maldicen los individuos y las familias, sino todo el pueblo, incluyendo todas las condiciones y rangos de la sociedad; porque aunque un juez tan injusto pueda a veces triunfar en determinadas ocasiones, sin embargo, casi ningún pueblo tiene tan embotada la conciencia que absuelve el crimen y ennoblece el error de la justicia, sin que se eleve contra ello la *vox populi* (la voz del pueblo).

En contra de eso (24, 25), a los que juzgan rectamente les va bien (ינעם, como Pr 2, 10; Pr 9, 17, aquí con sujeto neutro indefinido, como ייטב, Gn 12, 13, y frecuentemente). מוכיח es el que busca el bien, Job 9, 33 y, particularmente, el que prueba, censura y castiga el mal, Pr 9, 7, refiriéndose al juez como aquí, cf. Am 5, 10; Is 29, 21. La conexión de genitivo ברכת־טוב (cf. תָּבוֹא בִרְכַּת־ טָוֹב) no tiene el mismo significado que יין הטוב, vino de buena calidad, Cnt 7, 10. Sobre אושת רע, mujer de mala clase, cf. Pr 6, 24. El genitivo טוב así, como en el Sal 21, 4, indica el contenido de la bendición; cf. Ef 1, 3, "con toda bendición espiritual" (lo que supone que hay una multiplicidad de bendiciones).

**24, 26.** *Besa los labios quien pronuncia al final una respuesta correcta.* La LXX, Syr. y Targum traducen *uno besa los labios que, o los labios de aquellos que...* Pero esa traducción fuerza el sentido de las palabras... Igualmente, imposible es la traducción de χείλεσι καταφιληθήσεται de Teodocion, porque ישק no puede ser futuro *nifal*. Tampoco es buena traducción la que dice: *los labios besan a quien...* (Rashi); porque, para ser así, la palabra debería haber sido למשיב.

Hitzig traduce ingeniosamente, "las palabras llegan desde los labios del hablante hasta los oídos del oyente, y así besan oído con los labios". Pero el gesto de besar la oreja de alguien no ha sido una costumbre utilizada, ni siquiera entre los florentinos. En esa línea, si una respuesta bienvenida se comparara con un beso, debería compararse con un beso en los labios. El mismo Hitzig traduce, *se alaba con los labios que...*; pero נשק no significa encogerse, en sentido intransitivo, sino más bien unirse, Gn 41, 40, ya que besar equivale a unir los labios.

En esa línea ha de aceptarse la explicación *el que une los labios*, pues נשק se vincula con la imagen de los labios, שפתים, porque la idea de besar se expresa diciendo *labra labris jungere*, unir labios con labios, en sentido cercano. Esta es una traducción mejor que la de *armatus est (erit) labia*, como si fuera "tener los labios armados". En esa línea, Schultens continúa diciendo que נשק significa en principio conectar (poner juntos los labios, véase Sal 78, 9), pero eso significa,

547

*Apéndice 2: Suplemento a las palabras de los sabios (Pr 24, 23-24)*

también, armarse y luchar con los labios, una traducción que tomada de un modo radical carece de sentido.

Fleischer tiene esencialmente razón cuando dice *labra osculatur* (es decir, *quasi osculum oblatum reddit*) *qui congrua respondet,* besa los labios (del oyente, de otra persona) quien responde de un modo adecuado en forma de encuentro mutuo. El Midrash comenta incorrectamente este tema bajo el título de דברים נצחים, "palabras de denuncia merecida...". En esa línea, el texto Syr. supone que los labios del que pregunta reciben un beso de los labios del que responde.

**24, 27.** *Pon en orden tu trabajo fuera (de casa), y prepáralo para ti de antemano en los campos. Después de eso podrás edificar tu casa.* Este proverbio indica el peligro de edificar una casa sin disponer de medios de vida suficientes para la familia, sin campos o medios de ganancia. El intercambio de בשׂדה y בחוץ muestra que מלאכת השׂדה (מְלַאכְתֶּךָ וְעַתְּדָהּ בַּשָּׂדֶה) se refiere al trabajo del campo, cf. 1Cr 27, 26. הכין, usado para establecer o fundamentar algo; unido a מלאכה, significa poner en orden los asuntos importantes, a saber, el cultivo del campo.

En el miembro paralelo, עתדה, que lleva también su objeto, tiene el sentido de preparar, hacer preparativos (LXX, Syr). El Targum y el Véneto, con Jerónimo y Lutero traducen עתדה, como si las palabras fueran ועתדה השׂדה. Pero ese cambio no se puede aceptar, sino que se debe tomar el texto y puntuación como está: וְעַתְּדָהּ בַּשָּׂדֶה (y prepáralo para ti de antemano), es decir: realiza de un modo completo y con todo cuidado lo que tu vocación como labrador requiere de ti, entonces puedes ocuparte de la preparación y edificación de tu casa (véase Pr 24, 3; Pr 14, 1), a la que no solo pertenece la construcción y disposición de una vivienda conveniente, sino también el buscar un ama de casa y preparar toda la instalación correspondiente para el funcionamiento de la casa.

La prosperidad en el hogar está condicionada al hecho de que uno cumpla con su deber en el campo de manera activa y fiel, de manera que tenga suficientes medios de consumo para organizar y llevar adelante las necesidades de una casa (de una familia). Uno comienza por el lado equivocado cuando se ocupa primero de la construcción de su casa, cuando esa es la meta final o la consecuencia. Según eso, lo primero tiene que ser el cultivo de los campos, la solución de los problemas económicos, de manera que solo después se puede pensar en el orden de la casa, es decir, de la familia. El perfecto, con ו después de la indicación de una fecha como עוד מעט, אחר, y similares, cuando se alude a cosas que se harán o se deberían hacer, tiene un significado de futuro, como el perfecto consecutivo, cf. Gn 3, 5; Éx 16, 6; Pr 17, 4; Ewald, 344b.

**24, 28.** *Nunca seas un testigo sin causa contra tu prójimo. No utilices nunca el engaño con tus labios.* Advertencia contra la testificación innecesaria en perjuicio de otro. La frase עד־חנם no significa un testigo que comparece contra su prójimo sin conocimiento de los hechos, sino uno que no tiene una razón sustancial para dar testimonio en contra de él; חנם significa sin fundamento, con referencia a la ocasión y motivo, cf. Pr 3, 30; Pr 23, 29; Pr 26, 2. Con razón, Jerónimo, el Véneto y Lutero, traducen el genitivo de conexión עד־חנם, como si fuera un adjetivo.

En 28b, Chajg piensa que וַהֲפִתִּיתָ (de פתת) significa carecer de firmeza, desmoronarse pero, cambiando la puntuación y poniendo והפתות, esa palabra puede interpretarse como "susurrarás", musitando o diciendo en voz baja algunas palabras que pueden influir en el juicio. Se trataría, según eso, de un juicio en el que un testigo pronuncia una serie de términos, de sentido más bien oculto, para influir en el juez, cosa que sería contraria a la justicia.

De todas formas, esa traducción resulta poco apropiada, aunque algunos han intentado darle un significado más correcto como, arrojar migajas, es decir, migajas de palabras (Böttcher), o hablar con una voz quebrada y apagada (Hitzig), un significado que puede deducirse de una palabra árabe muy rara *fatâfit*, que según los lexicógrafos puede referirse a un sonido secreto o, mejor dicho, a un gemido.

Vistas y sopesadas todas las interpretaciones resulta mucho más probable interpretar el verbo פתה en el sentido de abrir (cf. 20, 19; Sal 73, 36), con el significado especial de "engañar". Desde ese fondo, hay que interpretar la ה inicial en forma interrogativa, en vinculación con la וַהֲפִתִּיתָ) ו). En esa línea, Ewald propone leer והפתית (¿y se abrirá de par en par? LXX μηδὲ πλατύνου): ¿será posible que uses la traición con tus labios, que abras tus labios para traicionar, es decir, para engañar?

Y así llegamos a la explicación: ¿vas a engañar entonces con tus labios, es decir, ¿vas a destruir la justicia con engaño, con un testimonio desconsiderado y falso, en contra de los demás? Esta es la explicación correcta, que Ewald cuestiona solo por el hecho de que la partícula interrogativa ה viene entre la ו consecutiva y el verbo en perfecto, cosa que le parece inaudita. Pero esta dificultad se supera observando que el perfecto después de un interrogativo recibe a menudo el sentido y coloración modal de un subjuntivo o de un optativo después de un pronombre, como en Gn 21, 7, *quis dixerit*, ¿quién diría? Lo mismo sucede después de una partícula interrogativa, como aquí y en 2Re 20, 9 (ver en Is 38, 8). Así se traduce en este caso: *num persuaseris (deceperis) labiis tuis* (¿serás capaz de persuadir engañando con tus labios, porque deshonras sin necesidad a tu prójimo con tu temeridad injustificada?*). Esta es una pregunta, *âlʹnakar* (cf. Pr 23, 5), para la cual el árabe usual utiliza el interrogativo *'a* (no *hal*). Evidentemente, el autor del proverbio supone que a quien escucha esta pregunta debe responder diciendo: "No, no lo haré" (Fleischer).

**24, 29.** *No digáis, "Como él me ha hecho, así le hago yo. Yo pago al hombre de acuerdo a su conducta".* El siguiente proverbio está relacionado en cuanto a su tema con el

# Apéndice 2: Suplemento a las palabras de los sabios (Pr 24, 23-24)

anterior, *uno no debe hacer mal a su prójimo sin necesidad*; incluso el mal que se ha hecho a uno no debe ser devuelto con otro mal. Sobre la base de la justicia pública, el talión es ciertamente la forma de castigo más usual, Lv 24, 19; pero incluso aquí la ley sinaítica no se limita a la devolución del daño según su forma externa (en cierto modo solo es practicable con respecto al daño hecho a la persona y a la propiedad), sino que coloca en su lugar una expiación medida y limitada según un punto de vista superior.

Con fundamentos morales como los que propone este pasaje, el *jus talionis* (como tú me has hecho, así te haré yo) ciertamente no tiene validez, sino que queda de algún modo superado. Conforme a este proverbio, aquel a quien se hace injusticia debe encomendar su caso a Dios, Pr 20, 22, oponiéndose al mal, pero no haciendo un nuevo mal al agresor, sino haciendo el bien. No debe erigirse en juez, ni actuar como quien está en pie de guerra con su prójimo (Jue 15, 11); sino tomar como ejemplo a Dios que, con tal que el pecador le busque, no trata al pecador según la pura justicia, sino según la gracia (Éx 34, 6). La expresión 29b recuerda a Pr 24, 12. En lugar de לאדם, aquí donde el hablante se refiere a una persona definida, se utiliza la expresión לאיש.

## 24, 30-34.

Es una oda tipo *mashal* en contra de los perezosos, y recoge para ello un conjunto de experiencias. Con ella concluye este segundo suplemento al libro de Proverbios.

$^{30}$ עַל־שְׂדֵה אִישׁ־עָצֵל עָבַרְתִּי וְעַל־כֶּרֶם אָדָם חֲסַר־לֵב:

$^{31}$ וְהִנֵּה עָלָה כֻלּוֹ ׀ קִמְּשֹׂנִים כָּסּוּ פָנָיו חֲרֻלִּים וְגֶדֶר אֲבָנָיו נֶהֱרָסָה:

$^{32}$ וָאֶחֱזֶה אָנֹכִי אָשִׁית לִבִּי רָאִיתִי לָקַחְתִּי מוּסָר:

$^{33}$ מְעַט שֵׁנוֹת מְעַט תְּנוּמוֹת מְעַט ׀ חִבֻּק יָדַיִם לִשְׁכָּב:

$^{34}$ וּבָא־מִתְהַלֵּךְ רֵישֶׁךָ וּמַחְסֹרֶיךָ כְּאִישׁ מָגֵן: פ

$^{30}$ Pasé junto al campo de un hombre perezoso
y junto a la viña de un hombre falto de entendimiento.
$^{31}$ *Y he aquí que por todos lados habían crecido ortigas;*
los cardos habían cubierto todo el espacio,
y su cerco de piedra estaba destruido.
$^{32}$ Yo observé esto y lo medité en mi corazón;
lo vi y saqué esta enseñanza:
$^{33}$ Un poco de dormir, un poco de dormitar
y un poco de cruzar las manos para reposar.
$^{34}$ Así vendrá tu pobreza como un vagabundo,
y tu escasez como un hombre armado.

*Proverbios 24*

**24, 30.** Al proverbio 29b con לְאִישׁ sigue otro (24, 30) que contiene también la palabra אִישׁ. La forma de la narración en la que se reviste esta advertencia contra la pereza soñolienta es como la del Sal 37, 35. El hecho de distinguir a diferentes clases de hombres repitiendo אִישׁ o אדם (cf. Pr 24, 20) es común en la poesía de los proverbios.

**24, 31.** La palabra עָבַרְתִּי, al final del primer miembro paralelo, retiene su *pathach* sin cambios. La descripción que empieza con *¡he aquí!* (24, 31: וְהִנֵּה con *pazer*, según *Thorath Emeth*)... se refiere a la viña, es decir, al cerco de piedras de la viña, porque וְגֶדֶר אֲבָנָיו (su muro de piedra) significa como en Is 2, 20 (cf. Nm 22, 24; Is 5, 5), el cercado de la viña. La expresión עלה כלו, *totus excreverat in carduos* (todo estaba lleno de cardos) se sigue refiriendo a la viña; cf. Ausonio, *apex vitibus assurgit* (como si los cardos cubrieran a las vides. La construcción hebrea es como la de Is 5, 6; Is 34, 13; Gesenius 133, 1, nota 2.

El singular קמשׁון de קִמְשֹׂנִים no aparece atestiguado en la Biblia. Esa palabra significa propiamente la mala hierba que uno arranca para desecharla, pues (en árabe) *kumâsh* es materia extraída de la tierra.[54] Los antiguos lo interpretan por *urticae* (ortigas). Por su parte, la palabra חרול, plural חרלים (construido a partir de חרל), raíz חר, quemar, parece, de hecho, ser el nombre de la ortiga (quizá de cardos); el nombre botánico (árabe) *khullar* (alubias, guisantes, o un tipo de planta leguminosa) parece que tiene un origen remoto, no árabe (relacionado, quizá, con ὄλυρα, véase Lagarde, *Gesammelte Abhandlungen* p. 59). El *pual* כסו aparece en 80, 11 (cf. כלו, Sal 72, 20); la posición de las palabras es la misma que la de ese salmo. Por su parte, Syr., Targum, Jerónimo y Véneto traduce la construcción activamente, como si la palabra fuera כסו.

**24, 32.** Aquí Hitzig propone leer ואחזה, *y me detuve* (quedé quieto); pero אחז es transitivo, no solo en Ec 7, 9, sino también en Ec 2, 15, retener cualquier cosa; no, quedarse quieto. Las palabras de este verso se refieren a contemplar y mirar una cosa, gesto que incluye *volverse y estar cerca*, quedar quieto para mirar. ראיתי, después de ואחזה, es lo mismo que después de הביט (p. ej., Job 35, 5, cf. Is 42, 18), la expresión de una mirada prolongada a un objeto que ha atraído la atención del que mira. En las ediciones modernas de la Biblia, la expresión וָאֶחֱזֶה אָנֹכִי se acentúa incorrectamente; las ediciones antiguas tienen correctamente ואחזה con *reba*; porque las palabras conectadas no son אנכי וא', sino אנכי אשׁית. En Pr 8, 17,

---

54. Este es el nombre que se utiliza para las cosas que se ponen en el suelo alrededor de las tiendas de los beduinos, y que uno toma de allí (de *ḳamesh*, cognitivo de קמץ קמץ, *ramasser*, juntar, cf. *Revista* המגיד, *ha-Magid*, p. 1871, p. 287b). En árabe moderno se aplica para referirse al lino y telas de todo tipo; véase *Bocthor,* entradas *linge* y étoffe.

*Apéndice 2: Suplemento a las palabras de los sabios (Pr 24, 23-24)*

esta prominencia del pronombre personal sirve como expresión de reciprocidad; en otros lugares como, por ejemplo, en Gn 21, 24; 2Re 6, 3 y, especialmente, en Oseas, este uso del pronombre no tiene la finalidad de destacar el sujeto, sino la acción. Aquí tiene un sentido parecido, indicando que la persona a la que se dirige el proverbio ha tenido tiempo para observar y hacer su comentario (Hitzig). Por su parte, שִׁית לֵב (אָנֹכִי אָשִׁית לִבִּי) indica como en Pr 22, 17, el giro de la atención y la reflexión. Por otra parte, como en otros lugares, לקח מוּסר significa recibir o añadir una moraleja (Pr 8, 10; Jer 7, 28); aquí es equivalente a abstraer, deducir de un hecho, tomar para uno mismo una lección de él.

**24, 33-34.** Estos dos versículos ofrecen una repetición de Pr 6, 9-10. En Pr 24, 33, es el mismo perezoso, dueño del terreno descuidado, el que habla, como respondiendo al autor del proverbio. Por su Pr 24, 34 presenta el resultado de su forma de actuar, como si el mismo autor del proverbio respondiera al dueño del campo. En lugar de la palabra כמהלך del pasaje original (Pr 6, 9-10), aquí se pone מתהלך, refiriéndose a la llegada de la pobreza como si fuera una némesis vengadora. Por otra parte, en lugar de וּמחסרך, aquí aparece la palabra וּמחסריך (el códice Jaman, del Yemen, la pone sin la י), que podría ser la forma *pausal* con escritura plena del singular (véase Pr 6, 3; cf. Pr 6, 11). Pero es más probable que sea plural con el sentido de tu escasez, tus carencias: *porque a ti te faltarán todas las cosas en un tiempo*. Con respecto a las variantes ראשׁ y רישׁך (con א en el pasaje original, aquí en el nuevo pasaje con י), véase Pr 10, 4. La expresión כאישׁ מגן (que se puede traducir por hombre guerrero) se traduce en la LXX por ὥσπερ ἀγαθὸς δρομεύς (como un buen corredor, véase Pr 6, 11); el Syr. y el Targum le presentan como un גברא טבלרא, *tabellarius, un fuerte cartero*, que viene con la velocidad de un correo.

# 4. SEGUNDA COLECCIÓN.
## PROVERBIOS RECOPILADOS POR
## "VARONES DE EZEQUÍAS"
### (Pr 25–29)

## Proverbios 25

### 25, 1-5.

גַּם־ אֵלֶּה מִשְׁלֵי שְׁלֹמֹה אֲשֶׁר הֶעְתִּיקוּ אַנְשֵׁי ׀ חִזְקִיָּה מֶלֶךְ־ יְהוּדָה: ¹

כְּבֹד אֱלֹהִים הַסְתֵּר דָּבָר וּכְבֹד מְלָכִים חֲקֹר דָּבָר: ²

שָׁמַיִם לָרוּם וָאָרֶץ לָעֹמֶק וְלֵב מְלָכִים אֵין חֵקֶר: ³

הָגוֹ סִיגִים מִכָּסֶף וַיֵּצֵא לַצֹּרֵף כֶּלִי: ⁴

הָגוֹ רָשָׁע לִפְנֵי־ מֶלֶךְ וְיִכּוֹן בַּצֶּדֶק כִּסְאוֹ: ⁵

¹ También estos son proverbios de Salomón,
los cuales copiaron los hombres de Ezequías, rey de Judá:
² Es gloria de Dios ocultar una cosa,
y es gloria del rey escudriñarla.
³ La altura de los cielos, la profundidad de la tierra
y el corazón de los reyes son inescrutables.
⁴ Quita las escorias de la plata,
y saldrá un objeto para el fundidor.
⁵ Quita al impío de la presencia del rey,
y su trono se afirmará con justicia.

**25, 1.** *Estos son también Proverbios de Salomón, que han recogido los hombres de Ezequías rey de Judá.* El rey Ezequías se preocupó por preservar la literatura nacional, actuando así como el Pisístrato judío. Por su parte, los "hombres de Ezequías" fueron como los recolectores de los poemas de Homero, a quienes Pisístrato empleó para ese propósito.

# Segunda colección: Proverbios recopilados por "varones de Ezequías" (Pr 25–29)

גַּם־אֵלֶּה es el sujeto, que en algunos Códices como 1294 y en las ediciones de Bomberg 1515, Hartmann 1595, Nissel, Jablonsky y Michaelis, tiene *dech*. Este título es como el del segundo suplemento del libro, que aparece en Pr 24, 23. La forma del nombre del rey חִזְקִיָּה (abreviado de חִזְקִיָּהוּ) indica que el título es de los mismos coleccionistas. La LXX traduce, αὗται αἱ παιδεῖαι σαλωμῶντος αἱ ἀδιάκριτοι (enseñanzas de Salomón, sin discriminaciones, cf. Stg 3, 17), que escribieron οἱ φίλοι Ἐζεκίου los amigos de Ezequiel. Por su parte, Aquila pone: ἃς μετῆραν ἄνδρες ἐζεκίου (que tomaron los hombres de Ezequías), Jerónimo, *Transtulerunt* (en el sentido de transcribieron).

הֶעְתִּיקוּ significa, como (en árabe) *nsaḥ*, נסח, arrebatar, llevar, trasladar de otro lugar; en hebreo posterior, transcribir de un libro a otro, traducir de un idioma a otro, tomar de otro lugar y ponerlos juntos; ¿de dónde los toman? Permanece indeterminado. Según la traducción anacrónica del *Midrash* los tomaron de los מגניזתם, es decir, de los libros apócrifos; según Hitzig, de boca del pueblo; más correctamente Euchel y otros afirman que los tomaron de diversos lugares, donde los encontraron, en parte de escritos anteriores y en parte de la tradición oral, de tipo disperso.

Véase en concreto Zunz, העתיק, en *Deutsch-Morgenländische Zeitsch.* xxiv. 147ss. Sobre el título entero y sobre la relación de las diversas partes de Proverbios he tratado en introducción a este libro. La primera Colección de Proverbios es un libro para la Juventud, y esta segunda un libro para el Pueblo.

**25, 2.** *Es gloria de Dios ocultar una cosa; y la gloria del rey consiste en investigar un asunto.* Este versículo indica bien el sentido del conjunto del libro, que sigue comenzando con un proverbio sobre el rey. Este versículo compara y pone de relieve el sentido de la gloria de Dios y la gloria del rey como tal, mostrando la forma en que ambas glorias de manifiestan.

La gloria de Dios consiste en esto, en ocultar un asunto, es decir, en poner delante de los hombres los misterios de la vida, unos sobre otros; de esa forma, los hombres se hacen conscientes de la limitación e insuficiencia de su conocimiento, de modo que se ven obligados a reconocer (cf. Dt 29, 28) que "las cosas secretas pertenecen al Señor nuestro Dios". Hay muchas cosas que están escondidas y que solo Dios sabe, de manera que debemos contentarnos con aquello que él quiere darnos a conocer (cf. von Lasaulx, *Philosophie der Geschichte*, p. 128s.: "Dios y la Naturaleza aman ocultar el comienzo de las cosas").

Por el contrario, el honor de los reyes, que han de dirigir como pilotos la nave del Estado (Pr 11, 14), y que como jueces supremos han de administrar justicia (1Re 3, 9), consiste en investigar los temas, es decir, en poner a la luz las cosas que son problemáticas y sujetas a controversia, siguiendo su alta posición, con inteligencia superior y, conforme a su responsabilidad, con celo concienzudo. De

554

todas formas, en este proverbio no se insiste en el hecho de que la gloria de Dios consiste en velarse en secreto (Is 55, 1-13, 15; cf. 1Re 8, 12), mientras que la del rey no se rodea de un halo impenetrable, ni se retirase a una lejanía inaccesible, sino que puede y debe investigarse.

El argumento del proverbio no se centra en la oposición inmediata entre Dios y el rey como tales, como personas, sino en la oposición temática entre cosas y temas que son misteriosos (impenetrables) y asuntos que pueden investigarse. Este proverbio tampoco dice que Dios, por el ocultamiento de ciertas cosas, busca excitar la actividad de los hombres en general (para que investiguen algunos temas), porque en 25, 2b no habla del honor de los sabios como tales, sino del honor del rey.

Este proverbio vincula no solo el honor de Dios con el bienestar de los hombres, sino también el honor del rey con el bienestar de su pueblo. En esa línea, sigue diciendo que Dios y el rey promueven el bienestar humano en muy diferentes caminos: (a) Dios lo hace ocultando lo que pone límites al conocimiento del hombre, para que no se eleve o enorgullezca; (b) el rey lo hace por medio de la investigación, que saca a la luz el verdadero estado de la cuestión y, por lo tanto, protege la condición política y social contra peligros amenazadores, injurias secretas y con el castigo de ofensas que no han sido expiadas. A este proverbio, sobre la diferencia entre lo que constituye el honor de Dios y el del rey, le sigue otro proverbio que se refiere a aquello en que el honor de ambos es semejante.

**25, 3.** *Los cielos en lo alto, la tierra en lo profundo y el corazón de los reyes son inescrutables*. Este es un proverbio en forma de *priamel* (forma literaria de la que traté en la introducción de este comentario). El *praeambulum* consta de tres sujetos a los que es común el predicado אין חקר (no buscar, pues son inescrutable). "Así como es imposible escudriñar los cielos en lo alto y la tierra en lo profundo, también es imposible escudriñar los corazones de los hombres *comunes* (como la tierra), y los corazones de los reyes (como los cielos)", Fleischer. El significado, sin embargo, es simple. Tres cosas inescrutables se colocan juntas, *los cielos*, con referencia a su altura, extendiéndose en la distancia impenetrable; *la tierra*, en cuanto a su profundidad, descendiendo hasta el abismo inconmensurable; y *el corazón de los reyes*, que es la tercera realidad a la que apunta particularmente el proverbio.

El proverbio es una advertencia contra el engaño de sentirse halagado por el favor del rey, un favor que puede ser retirado o cambiado muy pronto, incluso, por lo contrario. Este es también un consejo para que el hombre preste atención a lo que dice y a lo que hace, estando seguro de que está influenciado por motivos elevados, y no por el cálculo falaz de unas impresiones externas sobre la buena o mala disposición del rey. La ל que se aplica en los tres casos (la altura, la profundidad, el corazón de los reyes) tiene siempre un sentido de reverencia

# Segunda colección: Proverbios recopilados por "varones de Ezequías" (Pr 25-29)

como, por ejemplo, en 2Cr 9, 22. וארץ (sin artículo) no es igual a והארץ, sino que tiene el mismo sentido que en Is 26, 19; Is 65, 17 y suele aparecer, generalmente, en estado constructo.

**25, 4-5.** *Quita la escoria de la plata, y habrá una vasija lista para el orfebre; aparta al impío del lado rey, y su trono estará establecido en justicia.* Este es un tetraestico emblemático (cf. introducción a este libro). Schultens considera que la forma הגו (cf. en infinitivo *poal*, Is 59, 13) sigue el modelo básico de הגו; pero añade que también se encuentra en otras formas como, por ejemplo, עשׂו, cuya grafía fundamental es עשׂי. Este verbo הגה, raíz הג (de donde proviene el árabe *hajr, discedere*), cf. יגה (de donde viene הגה, *semovit*, 2Sa 20, 13, es igual al sirio âwagy, cf. árabe âwjay, retener, abstenerse de), separar, retirar. Aquí se alude a la separación de סיגים, la basura, es decir, la escoria (véase con respecto a la plena *scriptio*, el trabajo de Baer, *Kritische Ausgabe des Jesaia*). La palabra צרף se refiere al orfebre, entendido como el hombre que "cambia", es decir, el que cambia el metal que todavía está lleno de escoria, convirtiéndolo en metal puro por medio de la fundición o por purificación.

En 5a aparece la misma palabra הגה, como en Is 27, 8, pero no referida al metal, sino a los hombres que deben ser apartados de la compañía del rey, a través de un proceso de purificación moral. Is 1, 22-23 muestra qué clase de personas deben ser removidas de la vecindad del rey. Aquí también (como en el texto citado de Isaías) a la figura del metal de Pr 25, 4 le sigue en Pr 25, 5 la figura de una purificación moral.

La puntuación de estos dos versos es muy fina y consecuente. En Pr 25, 4, se pone וְיֵצֵא en un *modus consecutivus* (forma consecutiva), refiriéndose a un conocido proceso metalúrgico, que se emplea para separar la escoria de la plata (con un infinitivo absoluto, como en Pr 12, 7; Pr 15, 22), de manera que se produce plata pura y fina, con la que el orfebre puede hacer una buena vasija. La ל se usa aquí como un modo de precisar el sujeto (el orfebre) de una frase en pasivo, Pr 13, 13; Pr 14, 20.

Por el contrario, en Pr 25, 5, la puntuación indica que estamos ante una formulación en indicativo, וְיִכּוֹן. Esta segunda parte del proverbio expresa una exigencia moral (con infinitivo en sentido de imperativo, Gesenius 131, 4b como en Pr 17, 12 o con una conjunción optativa o concesiva): que los impíos sean quitados, separados, לִפְנֵי מֶלֶךְ, no de la vecindad del rey sin más, para lo que habría que haber puesto מלפני מלך, ni de su entorno más cercano (Ewald, Bertheau), sino en absoluto, con הגה: que sean apartados del lugar que está ante el rey mismo, es decir, de la administración de justicia del reino (Hitzig). Que ellos, los malvados, no sean los jueces que imparten justicia en el reino, como pone de relieve Sal 101, que suele titularse "espejo de los príncipes". Eso significa que los impíos no puedan acercarse a la presencia del rey, como el texto indica con cuidado, cf. בַּצֶּדֶק כִּסְאוֹ

556

*(cf. Pr 16, 12). Los malvados no pueden formar parte de la administración de la justicia del rey.*

## 25, 6-11.

6 אַל־ תִּתְהַדַּ֥ר לִפְנֵי־ מֶ֑לֶךְ וּבִמְק֥וֹם גְּ֝דֹלִ֗ים אַל־ תַּעֲמֹֽד׃

7 כִּ֤י ט֥וֹב אֲמָר־ לְךָ֗ עֲֽלֵ֫ה הֵ֥נָּה מֵֽהַשְׁפִּ֣ילְךָ לִפְנֵ֣י נָדִ֑יב אֲשֶׁ֖ר רָא֣וּ עֵינֶֽיךָ׃

8 אַל־ תֵּצֵ֥א לָרִ֗ב מַ֫הֵ֥ר פֶּ֣ן מַה־ תַּ֭עֲשֶׂה בְּאַחֲרִיתָ֑הּ בְּהַכְלִ֖ים אֹתְךָ֣ רֵעֶֽךָ׃

9 רִֽיבְךָ֗ רִ֥יב אֶת־ רֵעֶ֑ךָ וְס֖וֹד אַחֵ֣ר אַל־ תְּגָֽל׃

10 פֶּֽן־ יְחַסֶּדְךָ֥ שֹׁמֵ֑עַ וְ֝דִבָּתְךָ֗ לֹ֣א תָשֽׁוּב׃

11 תַּפּוּחֵ֣י זָ֭הָב בְּמַשְׂכִּיּ֥וֹת כָּ֑סֶף דָּ֝בָ֗ר דָּבֻ֥ר עַל־ אָפְנָֽיו׃

⁶ No te vanaglories ante el rey,

ni te entremetas en el lugar de los grandes;

⁷ porque mejor es que te digan:

"Sube acá", antes que seas humillado delante del noble.

Cuando tus ojos hayan visto algo,

⁸ no entres apresuradamente en pleito.

Porque, ¿qué más harás al final,

cuando tu prójimo te haya avergonzado?

⁹ Discute tu causa con tu prójimo

y no des a conocer el secreto de otro.

¹⁰ No sea que te deshonre el que te oye,

y tu infamia no pueda ser reparada.

¹¹ Manzana de oro con adornos de plata es la palabra

dicha oportunamente.

**25, 6-7.** *No te muestres ante el rey…* Sigue ahora un segundo proverbio con מלך, como el que acabamos de explicar, que se refería a los מלכים, como advertencia para no mostrarse arrogante ante reyes y nobles. Los גדלים o grandes, a los que no debes acercarte, son aquellos (cf. Pr 18, 16), que en virtud de su descendencia y su oficio ocupan un alto lugar de honor en la corte y en la administración del estado. Por su parte, נדיב (véase Pr 8, 16) es el noble en disposición y el noble por nacimiento, una designación general que comprende al rey y a los príncipes.

El *hitpael* התהדר retoma el motivo de Pr 12, 9; Pr 13, 7, porque significa comportarse como הדור o נהדר (véase Pr 20, 29), desempeñar el papel de alguien muy distinguido. En 25, 6b, עמד, no significa estar quieto como נצב, sino acercarse como, por ejemplo, en Jer 7, 2. La razón dada en Pr 25, 7 armoniza con la regla de la sabiduría, un tema que ha sido retomado por Lc 14, 10. Mejor es que uno te diga (Ewald, 304b) *sube aquí,* עֲלֵה הֵנָּה (así con *olewejored*), προσανάβηθι

# Segunda colección: Proverbios recopilados por "varones de Ezequías" (Pr 25–29)

ἀνώτερον (sube más arriba, como en Lc 14, 10) y no que seas humillado לִפְנֵי נָדִיב, por un príncipe (Hitzig), porque לִפְנֵי en ninguna parte significa *pro* (Pr 17, 18) o *propter*, sino *ante* (aquí ante *un príncipe*, así que debes ceder ante él, cf. Pr 14, 19), es decir, ante aquel a quien tus ojos habían visto, de manera que no tienes excusa si tomas el lugar que le corresponde.

La mayoría de los intérpretes no saben cómo explicar esta construcción de relativo (לִפְנֵי נָדִיב אֲשֶׁר רָאוּ עֵינֶיךָ). Lutero pone "que tus ojos deben ver"; Schultens, *ut videant oculi tui* (para que tus ojos vean). Michaelis traduce de un modo sintácticamente admisible, *quem videre gestiverunt oculi tui* (a quien tus ojos debían haber visto). Bertheau supone que se trata de acercarse ante el rey con la petición de recibir algún alto cargo. De un modo distinto, Fleischer afirma que se trata de acercarse demasiado ante el rey, de manera que tú y los tuyos estéis ante su vista, en el momento en que llega alguien de mayor importancia, de manera que debas descender del lugar, con una gran humillación ante el mismo rey.

De todas formas, נדיב no significa especialmente el rey, sino cualquier personaje distinguido cuyo puesto ha ocupado el que ha colocado uno que ha venido, y del cual ahora debe retirarse cuando el poseedor legítimo venga y lo reclame. אשר nunca se usa en poesía sin énfasis. En otros lugares es equivalente a נתנש, *quippe quem*, aquí equivalente a רפנש, *quem quidem* (aquel que ciertamente).

Tus ojos le habían visto entre la gente y podías haber pensado: *este lugar le pertenece a él, según su rango, y no a mí*. Por eso, la humillación que recibas cuando él venga y tú tengas que descender de ese lugar será mayor. Esa humillación será justa, porque los ojos que tenías para ver a las personas y calcular tu lugar estaban ciegos. La LXX, Syr., Símaco (que lee 8a como לרב, εἰς πλῆθος, entre la muchedumbre) y Jerónimo atribuyen esas palabras (a quien tus ojos habían visto) al siguiente proverbio (a 25, 8). Pero la palabra אשר no se ha de colocar al principio de un proverbio.

**25, 8.** *No entres apresuradamente en contienda, no sea que te digan: ¿qué harás al final de esto si tu prójimo trae ya deshonra sobre ti?* No es fácil decidir si las palabras אל־תֵּצֵא (entres) se refieren al lugar del tribunal de justicia o si más bien al lugar donde está la persona ante la que tienes que rendir cuentas o apartarte de ella cuando llegue. Sea como fuere, el sentido de la frase no se puede entender de una forma puramente metafórica. Este proverbio nos sitúa ante un tema de orden social, de manera que se mantengan las normas de moderación. Este no es, pues, un tema puramente metafórico sino de comportamiento honorable, en una sociedad donde el orden estamental se encuentra muy marcado. En ese contexto, no debes transgredir los límites de la moderación, no te eleves por encima de ti mismo, de aquello que tú eres, *ne te laisse pas emporter*. En ese sentido, יצא לרב (entrar en contienda) puede compararse con la expresión semejante de בוא לרוב, Jue 21, 22.

El uso de פֶּן en 8b (פֶּן מַה־ תַּעֲשֶׂה) no tiene precedentes en la Biblia hebrea. Euchel y Löwenstein piensan que se trata de un imperfecto, en el sentido de "reflexiona sobre ello" (pruébalo), no en un sentido real (sobre aquello que está pasando), sino en sentido irreal: piensa en lo que pasaría si actúas de esa manera y si lo haces de una forma irreflexiva, sin tener en cuenta la forma en que puede responder y tratarte en ese caso aquel que es más honrado o noble que tú. Se trata, por tanto, de una reflexión sobre aquello que podría pasar en el caso de que el hombre al que se refiere el proverbio quisiera mantener su actitud desafiante ante aquel que tiene más nobleza que él.

**25, 9-10.** *Debate tu causa con tu prójimo mismo.* Este es un doble proverbio muy difícil de traducir, pero extraordinariamente importante para conocer el modo de relaciones personales y de honores de la sociedad israelita. Frente a un mundo moderno donde importa más el dinero de cada persona y grupo, aquí es más importante el sistema de honores (sin negar evidentemente la importancia del dinero).

Estos versos nos sitúan ante una disputa de honores escenificada, conforme a los versos anteriores en un banquete, en el que cada uno debe ocupar su lugar dentro de una jerarquía de dignidades muy bien establecidas, más cerca o más lejos del rey y de los primeros puestos. Cada uno ha de ocupar su lugar, bien establecido por tradición y honor de familia, no sea que llegando una que es "más honrada" te hagan descender de su puesto. La mesa del banquete es, según eso, la imagen más perfecta de la "gradación social del conjunto" (como ha puesto de relieve Pr 25, 6-8).

Pues bien, en este momento, tras haberse colocado a cada uno en su lugar en la mesa, surge el tema de la posible discusión entre los comensales, una discusión que decide y ratifica el lugar que debe de cada uno. En este contexto resulta fundamental la conversación de unos con otros, más que la comida estrictamente dicha. Por eso, estos proverbios no hablan solo de comer más o menos, ni de la abundancia externa de los alimentos, sino de la conversación de los que comen, de lo que tendrá que decir cada uno para mantener su lugar. Estos proverbios nos sitúan ante una conversación "imaginaria", con lo que el "protagonista" al que se refieren estos proverbios tendría que decir en cada caso.

No se trata, por tanto, de lo que tienen que hacer, sino de lo que tendrían que hacer en una circunstancia de conflicto. La pregunta clave es por tanto ¿qué harías o que podrías hacer en caso de conflicto? (con Umbreit, Stier, Elster, Hitzig y Zöckler). Esta reflexión sitúa a nuestro protagonista ante una situación de conflicto: ¿qué te ocurriría si tu prójimo (con quien discutes con tanta vehemencia e injusticia por un lugar en la mesa de comida, por un lugar en el conjunto social) te avergonzara, de modo que quedaras confundido (כלם, propiamente herido, en francés *blessé*)?

*Segunda colección: Proverbios recopilados por "varones de Ezequías" (Pr 25–29)*

El problema no es por tanto la comida en sí, sino lo que se puede y debe decir en la comida. El problema no es lo que se come sin más, sino lo que se habla en la comida. De esa forma, estos proverbios nos sitúan ante un tipo de "lucha o pelea" posible, en el caso de que la persona a la que se dirige el poeta se dejara llevar por el ardor de la lucha y se enfrentara realmente con aquel que tiene dignidad mayor que la suya, por temas vinculados por el lugar que uno y el otro pueden o deben ocupar en un banquete real (es decir, en el conjunto de la vida social). Estos dos proverbios no están contando, según eso, no tanto una pelea o lucha real, sino una lucha o pelea que esta persona está imaginando en su mente, para que no le sorprenda de imprevisto en el caso de que se produzca.

Estos proverbios nos sitúan, según eso, ante un tema de "construcción del grupo social", poniendo de relieve la enorme importancia que el honor y el rango de las personas tiene en aquella sociedad estamental en la que se están fijando con cierta precisión los lugares que cada uno ocupa en el conjunto social. Ciertamente, en el fondo de esta disputa puede haber elementos vinculados a la riqueza y al poder militar, pero la disputa de la que aquí se trata está centrada sobre todo en el honor social de las personas. En ese contexto resulta básico el hecho de que cada uno se mantenga en su lugar y no quiera ocupar lugares que no le corresponden.

Esa es, al mismo tiempo, una sociedad de honores y secretos. Por eso es absolutamente fundamental que se expongan y ventilen en público los secretos de cada uno, de manera que en la lucha por honor entre dos personas no se mezclen temas de honor de otras personas. Por eso, nadie debe presentar en una disputa, como material de prueba y medio de resolver los problemas y los secretos que otros le hayan confiado.

Entendidas así, estas palabras nos llevan al centro de una lucha básica por el honor de las familias y de las personas, en un plano que no es básicamente religioso, ni económico, sino de reconocimiento mutuo. Se trata, ante todo, del "arte de convivir", en un equilibrio de personas que se relacionan entre sí con mucho cuidado para no herirse unas a otras, ni levantar susceptibilidades, ni crear enemistades o enfrentamientos mutuos. La vida se define básicamente por la "apariencia", por la figura social y personal de todos, por el honor público, procurando que cada uno pueda confiar en los otros, sin revelar secretos, sin romper la intimidad de cada uno.

Sin duda el trabajo es importante, lo mismo que los medios de vida de cada persona y de cada familia, pero lo más importante son las relaciones personales, de manera que se va creando una sociedad de clanes y/o grupos familiares con cierta independencia, dentro de una estructura social en la que van quedando a un lado los pobres-pobres, como si no existieran. Se extiende de esa forma una sociedad que da gran importancia a los secretos de cada uno, de cada familia, de manera que no se pierda la estima de cada uno ante los otros. Esta es una sociedad donde

560

se da cada vez más importancia "al honor" dentro de un conjunto que actúa como "juez" de la vida de cada familia y de cada individuo. Un conjunto donde todos parece que se observan y vigilan unos a otros, guardando externamente los secretos de cada uno, en contra de las habladurías y los chismes que pueden propagarse.

Por eso, 25, 10 insiste en el "secreto básico", como dice Fleischer: *ne infamia tua non recedat i.e., nunquam desinat per ora hominum propagari* (no sea que vuestra infamia corra, se extienda, se propague). A veces da la impresión de que más que el mal en sí importa la "propagación" (el conocimiento del mal), los rumores que se extienden sobre personas y familias, pues un mal rumor, puesto una vez en circulación no vuelve atrás, no se para, pues como dice Virgilio, una vez puesto en marcha, el rumor toma vigencia por su movimiento, y de esa forma cuanto más se extiende más fuerza toma, *mobilitate viget viresque acquirit eundo*.

Todos los demás pecados o defectos pueden perdonarse mejor. El pecado que peor se perdona es el de la "charlatanería", el de aquellos que no guardan secretos, que se entrometen en todo, que juzgan sin cesar a los demás. Ante esas personas hay que tener mucho cuidado, pues la vida y la estabilidad social se adquieren y mantienen cultivando el propio honor y respetando el honor de los demás. De esto tratan básicamente los siguientes versos (25, 9-11), pues, como traduce la LXX, ampliando el contenido del texto hebreo de Pr 25, 10: "Ellos, los charlatanes, pelean entre sí y sus hostilidades no cesarán, sino que serán para ti como la muerte". Por eso, los hombres de bien, deben separarse de los chismosos, para no ser también ellos merecedores de vituperios.

**25, 11.** *Una palabra bien dicha en su tiempo oportuno (según sus circunstancias) es como manzanas de oro en marcos de plata.* Más que del bien hacer (en sentido externo) aquí se trata del "bien hablar" como pone de relieve este proverbio. El verdadero orden social es, según eso, un orden de palabras. Los hombres y familias son "aquello que se dicen" entre sí. En ese contexto, el texto sirio y Jerónimo vocalizan de un modo las palabras דבר דבר (25, 11) y el Targum lo hace de otra forma, pero todos ponen de relieve la importancia de este "control y construcción" verbal de la sociedad.

La expresión maravillosamente penetrante del texto es דָּבָר דָּבֻר, que podría traducirse como palabra "apalabrada", palabra bien dicha, que es traducida por el *nikkud* tradicional. Esa expresión, concuerda aquí con el דבר que aparece a menudo (igual a מדבר), también en su forma pasiva דִּבּוּר. En ese sentido, las palabras bien dichas son la "belleza máxima", como "manzanas de oro" (תַּפּוּחֵי זָהָב), una expresión que parece extraña, pero que es bien conocida en el entorno oriental: la fruta más estimada es la manzana.

Las manzanas de oro son el mayor de todos los tesoros de belleza y de valor social en el oriente, y con ellas se comparan las palabras "pronunciadas

# Segunda colección: Proverbios recopilados por "varones de Ezequías" (Pr 25–29)

en su tiempo" (עַל־אָפְנָיו). Esta expresión parece semejante a la de בְּעִתּוֹ que encontramos en Pr 15, 23, que algunos intérpretes antiguos (Símaco, Jerónimo y Lutero) traducen "en su tiempo". Abulwald comparó esa expresión a la del árabe âiffan (âibban, también *'iffan,* de donde *'aly 'iffanihi, justo tempore*) que, como ha demostrado Orelli en *Synon. der Zeitbegriffe,* p. 21ss., proviene de la raíz *af ab,* impulsar (desde dentro hacia afuera). El tiempo aparece así como compuesto de momentos individuales, uno de los cuales impulsa al otro, y todos aparecen como un curso de sucesión.

Pero, al mismo tiempo que el proceso temporal (decir cada cosa en su tiempo), esa expresión, עַל־אָפְנָיו, puede y debe referirse a las circunstancias, evocada por el mismo sentido de la palabra על, en, porque tanto אפנים, como עתות, indican las circunstancias, las relaciones de los diversos momento del tiempo, de manera que על tendría, como en על־פי y על־דברתי, el mismo significado que el de κατά, en su momento, conforme a las circunstancias. Pero la forma אפניו, semejante a חפניו, Lv 16, 12, parece oponerse a esto.

Hitzig supone que אפנים puede designar el tiempo como un círculo, con referencia a los dos arcos o, mejor dicho, a las dos direcciones de la circunferencia, que se proyectan y dirigen en direcciones opuestas, para encontrarse y unirse en el mismo punto. Eso significa que el círculo que describe el tiempo, con esas dos direcciones opuestas culmina y termina, se acaba, en un punto. Pero los nombres cognados en árabe, que se utilizan en referencia al tiempo âfaf, âifaf y similares, que se intercambian con âiffan, parecen mostrar que esta expresión, עַל־אָפְנָיו, no se encuentra vinculada a la idea de movimiento circular.

Ewald y otros piensan que אפניו tiene el significado de ruedas (el Véneto traduce así, siguiendo a Kimchi, ἐπὶ τῶν τροχῶν αὐτῆς), por lo que la forma de esa palabra debe interpretarse como dual de אפן, igual a אופן, "una palabra impulsada sobre sus ruedas". En ese contexto, Ewald explica la imagen acudiendo al trabajo del alfarero que va haciendo girar de manera rápida y precisa la vasija que está trazando, construyendo, sobre sus ruedas. De esa manera, una palabra adecuada y dicha en su momento queda trazada, enmarcada y construida, con toda precisión.

Pero, en esa línea, se puede añadir que דבר significa arrear ganado (que ovejas o bueyes vayan en fila) y hablar de igual manera, en orden, para hacer que las palabras se sucedan unas a otras (cf. árabe *syâk,* presionando sobre el mismo flujo de palabras), en ese sentido artesanal. Por su parte, Böttcher afirma que la expresión דָּבָר דָּבֻר significa "una palabra bien dicha, un par de ruedas perfectas en su movimiento", a las que compara a la gente común "hablando a su modo", y aduce todo tipo de cosas heterogéneas en parte ya rechazadas por Orelli (por ejemplo, el homérico ἐπιτροχάδην, que ciertamente no es un elogio). Pero "bromear" no es apropiado aquí; pues lo que el hombre concibe del habla humana

562

como un carruaje, solo a veces se compara el de un charlatán con su carro, o se dice del que empuja el carro en el lodo.[1]

Esto nos lleva a preguntar si אפניו es dual, pues también puede ser como אשריו, un plural, especialmente en la expresión adverbial que tenemos ante nosotros, que aparece así como una abreviatura (véase Gesenius, *Lehrgeb*. 134, nota 17). Partiendo de esta base, Orelli interpreta אפן como girar, en el sentido de dar vueltas a las circunstancias de los hechos, recordando que en el hebreo postbíblico esta palabra se usa indefinidamente como τρόπος, por ejemplo, en באופן מה, *quodammodo* (véase Reland, *Analecta Rabbinica,* 1723, p. 126). Este uso talmúdico no puede ayudarnos mucho para entender el sentido de la palabra bíblica, pero nos permite suponer (afirmar) que אפנים, puede significar *circunstancias* y que puede aparecer como sinónimo de אודות.

Aquila y Teodocion parecen haberlo entendido así, porque traducen ἐπὶ ἁρμόζουσιν αὐτῷ, en vez de la palabra mucho más incolora de οὕτως de la LXX. En esa línea, Orelli presenta correctamente el tema: "los אפנים denotan el âḥwâl, las circunstancias y condiciones en las que deben decirse las palabras, tal como se forman y cambian en cada cambio de tiempo. Por eso, este proverbio recomienda que se diga una palabra ajustada para cada vez que llegue el momento preciso, una palabra que se pronuncie (que se enmarque, como en el tiempo y lugar adecuado, van Dyk: *fay mahllah*), y cuya gracia por lo tanto aumente, al enmarcarse en un cuadro de plata".

La explicación de Aben Ezra, על פנים הראויים, *en la forma aprobada*, sigue la opinión de Abulwald y Parchon, para quienes אפניו es equivalente a פניו (cf. *aly wajhihi, sua ratione*), a su manera, lo cual es cierto hasta cierto punto, pues ambas palabras derivan de la raíz. פן, girar. Para precisar la imagen, debemos preguntar si תַּפּוּחֵי זָהָב significa manzanas de oro o manzanas de color dorado (Lutero pone *granadas* y manzanas); también podemos preguntar si quiere decir naranjas, como en Zac 4, 12, pues הזהב es también el aceite dorado. Por otra parte, dado que כסף, que se suele traducir como plata, una sustancia metálica, parece preferible pensar en manzanas de oro (cf. también granadas de bronce) encuadradas en un marco de plata.

Pero hay varias objeciones en contra de esa traducción: (1) las manzanas de oro, si son de tamaño y masa natural, son obviamente demasiado grandes para tomarse como producciones artísticas de orfebrería; (2) el material del emblema o imagen no suele ser de menor valor que aquello a lo que alude (Fleischer); (3) la

---

1. Es algo distinto el caso de la lanzadera del tejedor, *minwâl* en árabe, que es una metáfora corriente empleada para hablar del lenguaje o palabra que se "teje", formando un tipo de discurso, como en árabe '*aly minwâl wâḥad*. En esa línea, se ha empleado también la imagen árabe *kalib*, que se utiliza en griego en καλόπους (καλοπόδιον), la horma de un zapatero.

# Segunda colección: Proverbios recopilados por "varones de Ezequías" (Pr 25-29)

Escritura suele comparar palabras con flores y frutos, Pr 10, 31; Pr 12, 14; Pr 13, 2; Pr 18, 20. En esa línea, las imágenes que suelen emplearse en contextos como este se adaptan mejor a los frutos naturales que con los artificiales.

Por esas razones, interpretamos "manzanas doradas" como nombre poético de las naranjas, *aurea mala*, cuyo nombre hindú, que hace referencia al oro se cambió por el nombre francés naranja, dado que nuestra palabra *pomeranze* (naranja) equivale a *pomum aurantium* (poma de oro). משכיות es el plural de משכית, ya explicado en Pr 18, 11. Esa palabra no está conectada con שכך, torcer, envolver (como piensa Ewald, con la mayoría de los intérpretes judíos), sino que significa, de algún modo, una "medalla" o un vaso en el que se incrustan o graban algún tipo de imágenes.[2]

Por otra parte, algunos intérpretes judíos (p. ej. Elia Wilna) supone que bajo la palabra אפניו se están evocando los cuatro tipos de interpretación de la Escritura: דרוש, רמז, פשט y סוד (*peshat, ramash, derash, shod*) que aparecen evocados bajo la palabra conmemorativa פרדס. Aquí nos hallamos ante una interpretación que se entiende en la línea de שכה, que es perforar, *infigere* (cf. Redslob, Sal 73, 7). En esa línea, שכה significa medalla u ornamento, de contemplar (cf. שכיה, θέα igual a θέαμα, lo que se ve, Is 2, 6), o un vaso ornamentado que es una delicia para los ojos.

El texto Véneto traduce correctamente, ἐν μορφώμασιν ἀργύρου, con formas de plata. Por su parte, Símaco y Teodoción, más de acuerdo con la idea fundamental, traducen ἐν περιβλέπτοις ἀργύρου, con imágenes de plata. El texto sirio y Targum traducen: en vasijas adornadas en relieve (נגודי, de נגד, dibujar, extender). Por su parte, la LXX pone ἐν ὁρμίσκῳ σαρδίου, sobre una cadena o medalla de piedra de cornalina, evocando quizá una frase original en la que se decía: ἐν φορμίσκῳ (Jäger) ἀργυρίου, en una pequeña cesta de plata.

Por su parte, Aquila traduce, según *Bereschith rabba* c. 93: μῆλα χρύσου ἐν δίσκοις ἀργυφίου (manzana de oro en medallas de plata). Jerónimo pone *en lectis argenteis,* aunque parece haberse equivocado leyendo משב por משכב, *lectus*. Debe preferirse la traducción de Lutero: "Manzanas de oro en canastas de plata" (esta era una expresión favorita de Goethe. Cf. también Büchman, *Geflügelte* Worte1688). No se trata de una pieza escultórica que represente la fruta mediante pequeños discos dorados o puntas dentro de grupos de hojas, porque el proverbio no habla de manzanas con hojas bonitas, sino de naranjas doradas.

Se trata, según eso, de una palabra apropiada que, según las circunstancias que la ocasionan, es como naranjas doradas que se reparten en bandejas o fuentes de plata. Según eso, adoptando una figura que está al fondo de estas representaciones, una palabra apropiada es como una pintura bien ejecutada, enmarcada en un

---

2. En este contexto sigue siendo valiosa la bella interpretación de Maimuni en el prefacio de *More Nebuchim: Maskiyyth sont des ciselures reticulaires…* (como cincelados en forma de red, según la traducción del árabe de Munk, véase Kohut, *Persische Pentateuch-Uebersetzung* (1871), p. 356).

cuadro o fondo igualmente apropiado. De todas formas, la comparación con la fruta es más significativa, pues interpreta una palabra justa como un regalo delicioso, de una manera que realza no solo su belleza externa, sino su gusto como comida.

## 25, 12-14.

נֶ֤זֶם זָהָ֥ב וַחֲלִי־כָ֑תֶם מוֹכִ֥יחַ חָ֝כָ֗ם עַל־אֹ֥זֶן שֹׁמָֽעַת׃ ¹²

כְּצִנַּת־שֶׁ֨לֶג ׀ בְּי֬וֹם קָצִ֗יר צִ֣יר נֶ֭אֱמָן לְשֹׁלְחָ֑יו וְנֶ֖פֶשׁ אֲדֹנָ֣יו יָשִֽׁיב׃ פ ¹³

נְשִׂיאִ֣ים וְ֭רוּחַ וְגֶ֣שֶׁם אָ֑יִן אִ֥ישׁ מִ֝תְהַלֵּ֗ל בְּמַתַּת־שָֽׁקֶר׃ ¹⁴

¹² Como zarcillo de oro y joya de oro fino
es el que reprende al sabio que tiene oído dócil.
¹³ Como el frescor de la nieve en tiempo de siega
es el mensajero fiel a los que lo envían,
pues da refrigerio al alma de su señor.
¹⁴ Como nubes y vientos sin lluvia,
así es el hombre que se jacta de un regalo que al fin no da.

Estos tres proverbios siguen en la línea de los anteriores, insistiendo en el sentido y valor de la palabra, dicha en su tiempo oportuno.

**25, 12.** *Un zarcillo de oro y un adorno de oro fino, un predicador sabio para un oído que oye.* Este proverbio sigue ofreciendo un elogio a la palabra eficaz; porque representa de un modo ejemplar la relación intercambiable de hablante y oyente. Así como el zarcillo y el adorno sirven para resaltar la hermosura de un conjunto, tanto el que habla como el que escucha forman un "todo armonioso".

El sentido de עֲל se explica en Dt 32, 2 y el de נזם en Pr 11, 12; esa última palabra, unida a באף, se aplicaba a un aro para la nariz. Pero aquí, como en otros lugares, significa más bien un pendiente para las orejas (LXX, Jerónimo, Véneto), que el Syr. y el Targum han presentado como קדשא, porque sirve como talismán protector.[3] Aquí no se puede entender, por tanto, como adorno para la nariz, sino que ha de entenderse como adorno y signo de un oído atento, que recibe

---

3. Gieger, *Zeitschrift*, 1872, pp. 45-48, ha querido mostrar que el sentido de נזם como aro para las orejas había sido rechazado de la literatura bíblica posterior, porque se había convertido en "un objeto usado en la adoración de los ídolos", de manera que la palabra se usó solo para un anillo de la nariz que seguía tomándose como adorno permitido, mientras que עגיל se usó para el arete. Pero esa limitación de lenguaje no se aplica a la era salomónica. Por eso, la opinión de que נזם significa un anillo para la nariz no es más que una suposición de Geiger, porque concuerda con su construcción de la historia.

565

*Segunda colección: Proverbios recopilados por "varones de Ezequías" (Pr 25–29)*

voluntariamente la palabra que se le dirige, como un "adorno" propio de personas (de oídos) que escuchan la instrucción (Stier).

En esa línea, el don y signo del predicador sabio, que utiliza correctamente la palabra de verdad (cf. 2Ti 2, 15), es como un adorno de oro fino para el cuello o el pecho (חֲלִי־כֶתֶם). La palabra חלי equivale al árabe *khaly* (femenino חליה de *ḥilyt*), de oro fino (כתם, joya, luego oro particularmente precioso, de כתם, árabe *katam, recondere*).[4]

El Véneto traduce κόσμος ἀπυροχρύσου (un tipo de adorno de oro fino); por el contrario (quizás a falta de otro nombre para el oro), la LXX y Syr. traducen כתם por un tipo de pez de colores dorados; el Targum traduce por esmeralda y Jerónimo por *margaritm* (piedra preciosa). Otro autor griego traduce πίνωσις χρυσῆ. Diversos autores (Bochart, Letronne, Field), han intentado traducir esa palabra, pero sin éxito. Sea como fuere, la relación entre aretes de oro y collar de oro es muy significativa para indicar la relación entre un orador sabio y un oyente que escucha con sabiduría sus advertencias.

**25, 13.** *Como el frío de la nieve en el tiempo de la siega, así es el mensajero fiel a los que lo envían, porque refresca el alma de sus señores.* Este triestico se refiere al servicio fiel prestado por las palabras, que es como frescor de nieve… Ese frescor (צנה de צנן, ser fresco) no es el de la nieve-nieve real, que en el tiempo de la cosecha sería una catástrofe, sino la de una bebida refrescada con nieve, que era traída del Líbano o de otro lugar, de las hendiduras de las peñas.

Los campesinos del entorno de Damasco almacenan la nieve del invierno en una hendidura de las montañas y la transportan en los meses cálidos a Damasco y las ciudades costeras. Tal refrigerio es como un mensajero fiel (véase ציר, Pr 13, 17) de aquellos que lo envían (con respecto al plural, cf. Pr 10, 26; Pr 22, 21). El buen mensajero refresca a los que esperan noticia (con ו *explicativum*, como en Ez 18, 19), porque su palabra es como un trago de agua enfriada por la nieve en un caluroso día de cosecha.

**25, 14.** *Nubes y viento, y sin embargo no…* Este proverbio se relaciona con la palabra que promete mucho, pero no se cumple. Incorrectamente, la LXX y el Targum refieren el predicado contenido en la palabra final de la primera línea a los tres sujetos; es incorrecta igualmente la traducción de Hitzig con Heidenheim,

---

4. Hitzig compara esta palabra (כתם) con el *árabe kumêt*, pero ella significa *bayard*, caballos rojos, como comenta Lagarde, en griego κόμαιθος. Por su parte כתם alude a colores dorados como el zorro (como el oro), y no tiene nada que ver con *bayards* (color rojo, caballos marrones); cf. Beohmer, *De colorum nominibus equinorum*, sobre los nombres de los colores de los caballos, en *Romanische Studien*. Heft 2, 1872, p. 285.

que interpreta שקר מתת como referido a un regalo del que uno se jacta, aunque en realidad no tiene valor, porque por una promesa mentirosa no se obtiene en absoluto un regalo.

Así como לחם כזבים (Pr 23, 3), es el pan que, por así decirlo, engaña al que lo come, así שקר מתת es un regalo que equivale a una mentira, es decir, un regalo falso o engañoso. Con razón Jerónimo: *vir gloriosus et promissa non complens* (varón que se gloria, pero no cumple las promesas). La palabra árabe *ṣaliḍ*, que Fleischer compara con el tema de este proverbio, vincula las figuras de fondo de 14a y de 14b porque la palabra de un jactancioso como una nube, también jactanciosa, que truena mucho, pero llueve escasamente o nada.

Similar es el sentido de la palabra árabe *khullab*, nubes que envían relámpagos y truenos, pero no dan lluvia. Así decimos a uno, *magno promissor hiatu* (en árabe *kabaraḳn khullabin*), como traduce Lane, *"Tú eres solo como un relámpago con el que no hay lluvia"*. En este contexto ha citado Schultens otro proverbio árabe muy conocido: *fulmen nubis infecundae* (relámpago de nubes infecundas). Ser liberal se dice en árabe *nadnay*, como agua que riega, cf. Pr 11, 25. Hay otro proverbio de campesinos alemanes que pertenece a este círculo de figuras: *"Wenn es sich wolket so es regnen"* (cuando se nuble, entonces lloverá); pero según otro dicho, *"nicht alle Wolken regnen"* (no todas las nubes llueven, producen lluvia), "Hay nubes y viento sin lluvia".

## 25, 15-20. Estos proverbios exhortan a la moderación

15 בְּאֹרֶךְ אַפַּיִם יְפֻתֶּה קָצִין וְלָשׁוֹן רַכָּה תִּשְׁבָּר־ גָּרֶם:

16 דְּבַשׁ מָצָאתָ אֱכֹל דַּיֶּךָ פֶּן־ תִּשְׂבָּעֶנּוּ וַהֲקֵאתוֹ:

17 הֹקַר רַגְלְךָ מִבֵּית רֵעֶךָ פֶּן־ יִשְׂבָּעֲךָ וּשְׂנֵאֶךָ:

18 מֵפִיץ וְחֶרֶב וְחֵץ שָׁנוּן אִישׁ עֹנֶה בְרֵעֵהוּ עֵד שָׁקֶר:

19 שֵׁן רֹעָה וְרֶגֶל מוּעָדֶת מִבְטָח בּוֹגֵד בְּיוֹם צָרָה:

20 מַעֲדֶה בֶּגֶד ׀ בְּיוֹם קָרָה חֹמֶץ עַל־ נָתֶר וְשָׁר בַּשִּׁרִים עַל לֶב־ רָע: פ

15 Con larga paciencia se persuade al jefe,
y la lengua blanda quebranta los huesos.

16 ¿Hallaste miel?
Come solo lo suficiente,
no sea que te hartes de ella y la vomites.

17 Detén tu pie de la casa de tu vecino,
no sea que se harte de ti y te aborrezca.

18 Mazo, espada y flecha dentada es el hombre
que da falso testimonio contra su prójimo.

19 Diente quebrado y pie que resbala

## Segunda colección: Proverbios recopilados por "varones de Ezequías" (Pr 25-29)

es la confianza en el traicionero,
en el día de angustia.
[20] El que canta canciones al corazón afligido
es como el que quita la ropa en tiempo de frío
o el que echa vinagre sobre el jabón.

**25, 15.** *Con paciencia se gana al juez, y la lengua mansa quebranta el hueso.* La palabra קָצִין (véase Pr 6, 7) no está indicando la forma de ser de algunos, sino el cargo de un juez o persona que ocupa un alto puesto oficial. Y פֻּתָּה no significa aquí hablar o engañar; sino, como en Jer 20, 7, persuadir, ganar, hacer favorable a otra persona, porque אֶרֶךְ אַפַּיִם (véase Pr 14, 29) se refiere a un estado de calma, sin irritaciones, la forma de conducta de un hombre que no estalla en ira, el carácter de aquellos que no centran su vida en sospechas, ni deshonran a los demás, aunque tengan todo el derecho de su lado. Una pasión rápida, indecente, hace que fracase incluso una causa justa. Por el contrario, un comportamiento tranquilo, sereno, reflexivo, que no se irrita ante los demás, que no impone por la fuerza sobre ellos, consigue al fin la victoria.

Conforme a un antiguo proverbio, "la paciencia lleva a la victoria". La lengua suave y tierna (cf. רַךְ, Pr 15, 1) es lo opuesto a una lengua apasionada, afilada, áspera, que suscita un rechazo aún mayor, de forma que con ella es incluso más difícil vencer. Así dice un proverbio alemán "la lengua suave rompe el hierro"; otro dice "la paciencia es más fuerte que un diamante". En esa línea, aquí se dice que una lengua suave quebranta el hueso (גֶּרֶם es igual a עֶצֶם, como en Pr 17, 22), es decir, ablanda y rompe en pedazos lo que es más duro. La ira repentina empeora aún más el mal; la longanimidad, por el contrario, opera de un modo convincente. El lenguaje cortante, desmesurado, amarga y ahuyenta; por el contrario, las palabras amables persuaden, aunque no lo hagan inmediatamente, de manera que luego permanecen como si fueran inmutables.

**25, 16.** *¿Has encontrado miel? Come lo suficiente, para que no te hartes de ella y la vomites.* Este proverbio insiste también en la moderación, en el dominio propio. La miel es agradable, saludable y, por lo tanto, debe comerse con moderación, Pr 24, 13; *ne quid nimis*, nunca demasiado, porque demasiado es malsano, porque, como dice 25, 27a, αὐτοῦ καὶ μέλιτος τὸ πλέον ἐστὶ χολή, es decir, incluso *la miel que se disfruta sin moderación es tan amarga como la hiel* o, como dice Freidank, *des honges seze erdruizet so mans ze viel geniuzet* (la dulzura de la miel ofende cuando se toma demasiada).

Come miel, si la has encontrado en el bosque o en las montañas, pero דַּיֶּךָ, lo suficiente para ti (LXX τὸ ἱκανόν; el Véneto: τὸ ἀρκοῦν σοι, lo suficiente para ti), es decir, aquella cantidad que sacie tu apetito, para que no te satures y lo vomites (וַהֲקֵאתוֹ, con *tsere* y א quiescente, como en 2Sa 14, 10; véase Miclol 116a y Parchon bajo קוא). Fleischer, Ewald, Hitzig y otros colocan Pr 25, 16 y Pr 25, 17 juntos, para formar un tetraestico representativo. Pero 25, 16 habla de alguien que disfruta lo que él quiera, con moderación; pero en Pr 25, 17 alude a una persona a quien se le pide que no se exceda en el cumplimiento de un deseo.

Este verso (26, 16) no debe entenderse en un sentido puramente dietético (aunque tampoco en ese plano resulta despreciable). Este verso trata del exceso en la comida, pero no solo en la comida, sino también en otros planos. La mucha comida puede producir daños. Pero también en otras esferas de la ciencia, la instrucción, la edificación, puede haber una sobrecarga dañina para la mente. Debemos medir lo que recibimos para nuestra necesidad espiritual, distribuyendo de un modo correcto el trabajo y el descanso, conforme a la capacidad que tengamos para convertirlos en *succum et sanguinem*, es decir, en jugo y sangre, pues de lo contrario el exceso despierta en nosotros disgusto y se convierte en un mal para nuestra vida.

**25, 17.** *Haz raro tu pie en la casa de tu prójimo, no sea que se sacie de ti y te odie.* Este dicho es de carácter afín al anterior, pues, como dice un proverbio árabe, citado por Hitzig: "Si tu camarada come miel no la lamas toda". Pero este nuevo proverbio no trata de comer miel, sino de visitar la casa de tu prójimo.

Hacer raro tu pie en la casa de un vecino (הֹקַר רַגְלְךָ מִבֵּית רֵעֶךָ) equivale a no ir por ella muchas veces o con demasiada frecuencia. הוקר incluye en sí la idea de mantenerse a distancia (Targ. כלה רגלך; Símaco, ὑπόστειλον; y otro, φίμωσον πόδα σου). Por su parte, מִן (מִבֵּית) tiene el sentido del árabe *'an*, y no es comparativo, como en Is 13, 12, de manera que no se puede decir: considera tu visita más cara que la casa de un vecino (Heidenheim).

Este proverbio es también significativo por la forma de entender la relación entre amigos, pues el amor recíproco puede convertirse en odio por mostrar demasiada relación y demasiado cariño. En esa línea, רע se refiere a un amigo en general, a cualquiera con quien mantenemos un tipo de relación. Así dice un proverbio alemán: "Quien quiera ser estimado, venga raramente". Esto puede decirse con referencia a personas que se atraen por su amistad, pero también a personas que pueden ayudarse unas a otras, guiándolas por el camino correcto. Pues bien, según este proverbio, esa amistad o servicio mutuo no debe desembocar en un servilismo oneroso, ni en una forma de aprovecharse del otro o de alcanzar inmediatamente un tipo de relación que tiene que madurar gradualmente.

**25, 18.** *Martillo, espada y flecha afilada es el hombre que da falso testimonio contra su prójimo.* El grupo de Proverbios que siguen tiene la palabra רע en cada uno de ellos, conectándolos entre sí. Este primero está centrado en una lengua falsa. Es un

# Segunda colección: Proverbios recopilados por "varones de Ezequías" (Pr 25–29)

proverbio emblemático o, como también podríamos decir, iconológico; porque en 18a nos sitúa ante tres tipos de instrumentos que sirven para matar y en el siguiente estico (18b) presenta lo que se consigue a través del falso testimonio, entendido como una forma de matar humanamente al prójimo. Un hombre que da un falso testimonio sobre el prójimo arruina su patrimonio personal, le quita su honor, e incluso le asesina, le hace morir, unas veces de forma más grosera, otras con más refinamiento. Unas veces le mata lentamente, en otro momento más rápidamente.

מפיץ (martillo), de פּוּץ, es equivalente a מפץ y a de נפץ. El Syr. y el Targum tienen, en cambio, פדיעא de פדע igual a פצע. La palabra פריעא, sobre la que Hitzig construye una conjetura es un error de transcripción (véase Lagarde y Levy). La expresión de 18b (el que da falso testimonio) proviene del decálogo, Éx 20, 16; Dt 5, 17. La mayor parte de los traductores ponen lo mismo aquí que allí, aludiendo al que habla contra su prójimo como si fuera un falso testigo. Pero la LXX, Jerónimo, el Véneto y Lutero, hablan rectamente del falso testimonio.

Como sabemos, אל significa al mismo tiempo aquello que es poderoso como Aquel que es poderoso, es decir, Dios. De igual manera, עד significa tanto el que da testimonio (el testigo) como el testimonio que da. En ese sentido decimos ענה עד, para dar testimonio respondiendo al juez que pide, pero también para ofrecer algún tipo de testimonio (incluso no solicitado), como en ענה לעד, Dt 31, 21 (que Jerónimo traduce: *pro testimonio*). En este caso, la preposición ב con ענה tiene siempre el significado de *contra* (dar testimonio en contra de, cf. 1Sa 12, 3). De todas formas, el texto de Gn 30, 33 sigue siendo discutido.

**25, 19.** *Diente inútil y pie inestable es la confianza en un hombre que no es de fiar en el día de la necesidad.* La forma רֹעָה (con *mercha* en la antepenúltima), cf. Is 29, 19, toma el lugar de un infinitivo absoluto; pero aquí רעה (aunque no es clara su sílaba tonal) ciertamente no es un sustantivo, con el sentido de *diente de romper* (Gesenius), pues esta no parece como una designación apropiada para un diente sin valor. Ciertamente, שֵׁן es masculino en 1Sa 14, 5, pero también puede usarse como femenino, como רגל que, siendo casi siempre femenino aparece también como masculino, cf. Böttcher 650.

El mismo Böttcher, en el nuevo *Aehrenlese*, y en su *Lehrbuch* piensa que רעה es el femenino de un adjetivo, רע, derivado como חל; pero חל no es un adjetivo ni tiene forma femenina, y no significa simplemente blasfemia, sino aquello que es profano, lo mismo que el arameo חול (cf. חולתא, Targum Est 2, 9), un nombre femenino que Buxtorf ha confundido.

Sea como fuere, interpretamos la palabra רעה de un modo tradicional, con Fleischer, como derivado de רועעה, de רועע, romperse en pedazos (desmoronarse), en un sentido intransitivo. La forma מועדת también es difícil de precisar. Böttcher, siguiendo el ejemplo de Aben Ezra y de Gecatilla, piensa que מוּעֶדֶת es participio *kal*, con un cambio de vocalización. Pero este cambio de vocalización, con las razones que aduce Böttcher es puramente imaginario. De hecho, מועדת es un participio *pual*, con la מ performativa tachada, como dice Ewald 169d; las objeciones que se han elevado en contra de esa forma de entender esa palabra como participio, con el sentido de "pie que resbala" (וְרֶגֶל מוּעֶדֶת) no son en modo alguno concluyentes.

El sentido de la frase es el siguiente: el que en tiempo de necesidad pone su confianza en un hombre no fiable (que no da confianza) es como uno que busca morder con un diente roto (que no aprieta), como un hombre que se apoya en una pierna que tiembla, y así tropieza y cae. En ese fondo se entiende la conexión de genitivo מִבְטָח בּוֹגֵד (poner la confianza en un hombre traicionero, en quien no se puede uno fiar).[5]

**25, 20.** *Como el que se quita la ropa cuando hace frío, y como el vinagre sobre el salitre, así es el que canta canciones al corazón apesadumbrado.* Al proverbio anterior, que se conecta con Pr 25, 18, no solo por el sonido רע, sino también por שן, asonante con שנון, le sigue este nuevo proverbio que incluye igualmente la palabra רע.

Este es un verso que parece muy ingenioso. Ciertamente, las tres cosas a las que alude son malas (quitarse la ropa en tiempo de frío, tomar vinagre con salitre, cantar canciones al triste). Tan mala es la primera como la segunda, y la segunda como la tercera, pues se debe llorar con los que lloran, Ro 12, 15, y el que ríe con los que lloran es tonto, por no decir maléfico.

Esto es lo malo a lo que se refiere 20a, según Böttcher, *Aehrenlese*, 1849: ponerse ropa fina en tiempo de frío intenso, como si no hubiera ropas buenas que abrigan para tiempos de frío. El mismo Böttcher, en su nueva edición de *Aehrenlese*, rechaza la lectura מֶעֶדֶה (quitarse la ropa), pero es preferible mantener la palabra original del texto, conforme a la cual es una locura quitarse la ropa de abrigo en tiempo de intenso frío. En esa línea, ha de entenderse este primer gesto de "locura" conforme a este proverbio, manteniendo la palabra מַעֲדֶה (de העדה) en el sentido del arameo אעדי. Por eso, con toda razón Aquila y Símaco traducen περιαιρῶν, el que se quita, y el Véneto encuentra una palabra aún mejor: el que se despoja, ἀφαιρούμενος.

Por su parte, בגד es un abrigo o manto, llamado así por cubrir, como לבוש (raíz, לב, sujetar); es la prenda colocada sobre el cuerpo, véase Sal 22, 19. Desde aquí se entiende lo que sigue: así, como es una locura quitarse la ropa superior en

---

5. Siguiendo a la Masora, debemos leer aquí, como en Sal 65, 6, מבטח, que Michlol 184a también confirma (cf. edición Venecia 1525, Basilea 1619 y en Norzi). Esa palabra מִבְטָח está aquí en estado constructo, como dice Kimchi, a pesar del *kametz*, lo mismo que מִשְׁקַל, en Esd 8, 30 (según Abulwald, Kimchi y Norzi). En este pasaje, מבטח בוגד puede significar una base engañosa de confianza (cf. Hab 2, 5).

*Segunda colección: Proverbios recopilados por "varones de Ezequías" (Pr 25–29)*

un día helado, también es una locura echar vinagre sobre el salitre, pues el salitre (de ácido carbónico), ya sea mineral o vegetal, se disuelve en agua y sirve para diversos propósitos (cf. Is 1, 25); pero si se le echa vinagre, se destruye.

Por su parte לב־רע (cf. עַל לֵב־ רָע, וְשָׁר בַּשִּׁרִים, el que canta canciones a un corazón triste) es un hombre moralmente malo, un hombre de corazón inclinado al mal. Esta es la equivocación según el proverbio: pensar que se puede alegrar con cantos gozosos a un corazón verdaderamente afligido. El que así responde a la tristeza de corazón de un hombre afligido no sabe cómo se puede y debe acompañar al triste (llorando con los que lloran, etc.). Esa es la inconsecuencia: en pensar que se puede alegrar un corazón afligido con un canto gozoso. En este caso, el resultado es totalmente contrario: al triste se le entristece más cantándole canciones alegres.

La *beth* de בשרים (וְשָׁר בַּשִּׁרִים) no es ni de tipo partitivo, como en Pr 9, 5, ni de transitivo, como en Pr 20, 30, sino que tiene un sentido instrumental, como en Éx 7, 20: uno canta con canciones conocidas de alegría, que no son las apropiadas para un momento de tristeza o luto. La LXX, texto al que siguen más o menos Syr., Targum y Jerónimo, ha formado a partir de este proverbio uno muy diferente, "Como el vinagre es dañino para una herida, así una herida en el cuerpo entristece el corazón; como la polilla es dañina para la ropa y el gusano para la madera, así el dolor del hombre hiere su corazón". La sabiduría de este par de proverbios añadidos al texto hebreo no es de mucho valor, y es poco lo que puede deducirse de ellos después de haberlos estudiado con mucha atención.

El Targum conserva al menos la figura 20b, como el que vierte vinagre (Syr. *chalo*) sobre el salitre… Por su parte, la *Peshita* pone *jathro* (cuerda de flecha) en lugar de salitres (nitro). Hitzig adopta este y cambia el triestico en un dístico, que dice así: *el que sale al encuentro de los arqueros con flecha en la cuerda, es como el que canta canciones con el corazón triste*. Pero el hebreo de este proverbio reconstruido por Hitzig (מרים קרה על־יתר) no es auténtico hebreo y su contenido o significado moral es también nulo.

## 25, 21-28.

Recojo en este grupo ocho proverbios. Los dos primeros (25, 21-22) forman un cuatriestico muy significativo sobre el perdón. Los siguientes se extienden desde 25, 23 hasta 25, 28, con una mezcla de proverbios de diverso tipo.

²¹ אִם־ רָעֵב שֹׂנַאֲךָ הַאֲכִלֵהוּ לָחֶם וְאִם־ צָמֵא הַשְׁקֵהוּ מָיִם׃

²² כִּי גֶחָלִים אַתָּה חֹתֶה עַל־ רֹאשׁוֹ וַיהֹוָה יְשַׁלֶּם־ לָךְ׃

²³ רוּחַ צָפוֹן תְּחוֹלֵל גָּשֶׁם וּפָנִים נִזְעָמִים לְשׁוֹן סָתֶר׃

²⁴ טוֹב שֶׁבֶת עַל־ פִּנַּת־ גָּג מֵאֵשֶׁת [מדונים] (מִדְיָנִים) וּבֵית חָבֶר׃

²⁵ מַיִם קָרִים עַל־ נֶפֶשׁ עֲיֵפָה וּשְׁמוּעָה טוֹבָה מֵאֶרֶץ מֶרְחָק׃

*Proverbios 25*

מַעְיָן נִרְפָּשׂ וּמָקוֹר מָשְׁחָת צַדִּיק מָט לִפְנֵי־רָשָׁע: ²⁶
אָכֹל דְּבַשׁ הַרְבּוֹת לֹא־טוֹב וְחֵקֶר כְּבֹדָם כָּבוֹד: ²⁷
עִיר פְּרוּצָה אֵין חוֹמָה אִישׁ אֲשֶׁר אֵין מַעְצָר לְרוּחוֹ: ²⁸

²¹ Si tu enemigo tiene hambre, dale de comer pan;
y si tiene sed, dale de beber agua;
²² pues así carbones encendidos tú amontonas
sobre su cabeza, y Jehovah te recompensará.
²³ El viento del norte trae la lluvia;
y la lengua detractora, el rostro airado.
²⁴ Mejor es vivir en un rincón de la azotea
que compartir una casa con una mujer rencillosa.
²⁵ Como el agua fría al alma sedienta,
así son las buenas nuevas de lejanas tierras.
²⁶ Como manantial turbio y fuente corrompida
es el justo que vacila ante el impío.
²⁷ Comer mucha miel no es bueno,
ni es gloria buscar la propia gloria.
²⁸ Como una ciudad cuya muralla ha sido derribada,
es el hombre cuyo espíritu no tiene freno.

**25, 21-22.** *Si tu enemigo tuviere hambre…* La traducción de este proverbio por la LXX es buena. Pablo la cita en Ro 12, 20. La LXX traduce la construcción participial de 22a, pensando que ella es correcta: porque, haciendo esto, amontonarás carbones sobre su cabeza. La expresión, "amontonaréis" (σωρεύσεις), también es apropiada; porque חתה en principio significa traer o poner fuego (véase Pr 6, 27); pero aquí, en virtud de la *constructio praegnans* con על, toma el sentido de ir a buscar y, por lo tanto, amontonar.

Como se observa comúnmente, el dolor ardiente producido por los carbones encendidos sobre la cabeza es figura de la vergüenza ardiente que sufren los perdonados, a causa de la bondad inmerecida que muestran sus enemigos al perdonarles (Fleischer). Pero ese dolor que sufren los perdonados, por los carbones encendidos amontonados no se puede expresar directamente como ardor en las mejillas (que es donde se expresa la vergüenza ardiente). Por eso, en vez de referirse a la vergüenza, Hitzig y Rosenmller piensan que este pasaje (esta imagen) ha de centrarse en el mismo dolor de los perdonados, más que en su vergüenza. Ellos sentirán dolor de fuego sobre sus cabezas, de forma que Dios se aplacará y no tomará venganza de ellos, y al mismo tiempo te recompensará a ti por tu generosidad.

En ese sentido decimos, en efecto, que quien recompensa el mal con el bien se venga (cumple su venganza) con la mayor nobleza posible… Pero, pero si esta

*Segunda colección: Proverbios recopilados por "varones de Ezequías" (Pr 25–29)*

obra buena de Dios (perdonar a los culpables) procede de un fin, y está destinada ante todo a humillar a los adversarios, ella pierde toda su grandeza moral, y se transforma en expresión de maldad egoísta y maliciosa. ¿Debe entonces entenderse este proverbio en un sentido poco noble?

La Escritura dice en otros lugares que la culpa y el castigo recaen sobre la cabeza de alguien cuando Dios hace que ellos los experimenten y soporten la culpa y el castigo. Crisóstomo y otros explican este tema partiendo de Sal 140, 10 y otros pasajes similares. Pero, en esa línea, este proverbio quedaría moralmente falsificado, pues tanto Pr 25, 22 como Pr 25, 21 aconsejan que uno no tome venganza, sino que responde al mal con bien, mientras que así parece que Dios mismo asume y realiza la venganza por sí mismo (cosa que él prohíbe a los hombres en Mt 5, 38-48).

La quema de carbones sobre la cabeza debe ser una consecuencia dolorosa pero saludable; debe ser una figura del arrepentimiento autoacusador (Agustín, Zöckler), suscitada por el perdón que los ofendidos han de mostrar hacia aquellos que les ofenden; no se trata por tanto de un castigo-venganza de Dios, sino de un camino de transformación saludable de los pecadores. No es un castigo, sino una recompensa de Dios, en la línea de las promesas que él ha declarado en Is 58, 8-12.

Este perdón de Dios ha de estar vinculado al gesto de perdón de los ofendidos, y esto se muestra de dos formas: (a) a través del perdón de los ofendidos, los ofensores pueden descubrir la injusticia de sus acciones; (b) por otra parte, Dios tiene que complacerse en el gesto de los fieles que perdonan a sus enemigos, debiendo recompensarles por ellos. De esa forma se consigue una doble felicidad: la de aquellos que al saberse perdonados pueden convertirse; y la de aquellos que al perdonar a sus enemigos expresan el gozo del amor y perdón de Dios.

**25, 23.** *El viento del norte produce lluvia…* El norte se llama צָפוֹן, de צָפַן, ocultar, refiriéndose al firmamento que se oscurece. En esa línea, el viento del norte precede a las nubes negras. De todas formas, propiamente los "padres de la lluvia" son, en Siria, el oeste y el suroeste, de manera que *safón* no puede significar aquí el puro viento del norte. Por eso Jerónimo, que conocía por experiencia propia los cambios de tiempo en Palestina, se sirve de Símaco (que pone διαλύει βροχήν) para resolver el tema con *un quid pro quo* (diciendo una cosa por otra y traduciendo: *ventus aquilo dissipat las pluvias,* el viento aquilón hace cesar las lluvias). Por su parte, los intérpretes judíos (Aben Ezra, Joseph Kimchi y Meri) también explican las cosas así, porque conectan תְּחוֹלֵל, en el sentido de תִּמְנַע, con el ininteligible חֲלִילָה (¡lejos de ello!).

Pero צָפוֹן, lo mismo que ζόφος (*Deutsche Morgenländische. Zeitsch.* xxi. 600s.), puede significar el noroeste (más que el norte), y eso fue lo que el proverbio quiso poner de relieve, recogiendo con esa palabra diversos sentidos atmosféricos,

centrados en la dirección de la venida de la lluvia (procedente del noroeste), asociada con el clima crudo y helado, vinculados con los vientos que llegan del norte
propiamente dicho (Pr 27, 16 LXX; Sir 43, 20).

Los nombres de los vientos son en general femeninos como, por ejemplo, en
Is 43, 6. La palabra תְּחוֹלֵל significa traer, producir (Aquila pone ὠδίνει; cf. Pr 8, 24,
ὠδινήθην); esa palabra tiene en varios códices, por ejemplo, en el de Jaman/Yemen,
el tono en la penúltima, con *tsere metheg* (*Thorath Emeth*, p. 21). Así también en
árabe *nataj* se usa para el viento, que ayuda al nacimiento de las nubes de lluvia.

Por otra parte, los וּפָנִים נִזְעָמִים son *semblantes airados* que manifiestan un
desagrado o turbación extrema (véase *kal* זעם, Pr 24, 24), se comparan con la
lluvia (vienen con ella). Con justicia, Hitzig traduce פנים en plural, como hace,
por ejemplo, Jn 2, 6, porque por el influjo que tiene la lengua que calumnia en
secreto sobre los calumniados (Sal 101, 5), ella aparece vinculada con los "rostros
tristes". Los semblantes airados o tristes se vinculan, según eso, con la murmuración de las lenguas, por el influjo que ellas ejercen en las relaciones recíprocas de
los hombres. Este proverbio nos sitúa ante el charlatán que difunde secretos, con
un tipo de comunicación confidencial arrojando sospechas sobre unos y otros,
ahora sobre este y ahora sobre aquel, a sus espaldas, excitando a los hombres a
enfrentarse unos contra otros, de modo que uno muestra al otro un semblante en
el que se expresan profundo disgusto y sospecha.

**25, 24-25.** Pr 25, 24 es una repetición de 21, 9. Sobre el buen influjo de las
buenas noticias (25, 25), hay también otros proverbios, como p. ej. 15, 30 y 25,
13. El agua fresca y fría se llama en Jer 18, 14 מים קרים (cf. también 18, 27). עיף
(cf. נֶפֶשׁ עֲיֵפָה) es un cognado de יעף y עוּף, y significa básicamente oscurecerse y,
en esa línea, tiene figurativamente el mismo sentido que en árabe *gushiya 'alyh*,
volverse débil, hasta la oscuridad de la muerte que se esparce desde (o por medio
de) los ojos (Fleischer).

**25, 26.** *Una fuente turbulenta y un manantial arruinado…* Al proverbio anterior,
con el signo del "agua dulce" (de lluvia), le sigue ahora este otro proverbio con la
figura de una "fuente". En la mayoría de los casos, ante la palabra מט (צַדִּיק מָט) uno
piensa en ceder como consecuencia de ser forzado. Así, por ejemplo, Fleischer:
como un manantial en ruinas es una desgracia para la gente que bebe de él, así es
una desgracia para el entorno de justos el hecho de que un justo sea expulsado de
su vivienda o de su posesión por un hombre injusto.

Ciertamente, el justo puede compararse a un pozo de agua (que se dice
מעין, manantial, de עין, pozo, como un ojo de la tierra, o también מקור, fuente, de
קוּר, raíz כר קר, de redondear, cavar), pues un justo es fuente de la bendición que
brota de él y se extiende a su alrededor (cf. Pr 10, 11 y Jn 7, 38). Pero las palabras

*Segunda colección: Proverbios recopilados por "varones de Ezequías" (Pr 25–29)*

"ceder a" (en contraste con "estar delante", 2Re 10, 4 o Jos 7, 12), en el contexto de "ceder a los impíos" (לִפְנֵי־רָשָׁע), puede entenderse tanto de forma espontánea (cuando uno no puede mantenerse...) como forzada (cuando se imponen sobre él con violencia).

En esa línea, puede entenderse la expresión de Salmo בַּל־אֶמּוֹט (*non movebor*, Sal 10, 6), manteniendo la certeza de que uno no será movido o sacudido ni interior ni exteriormente. Los justos se mantendrán firmes y fuertes en Dios sin temer a los impíos (Is 51, 12), inamovibles y firmes como un muro de bronce (Jer 1, 17). Sin embargo, si están cansados de resistir (sea por temor a otros o por deseo de agradarles o por un falso amor a la paz) y se rinden antes y así ceden, se vuelven como fuente turbulenta (cf. רפש, cognado de רמס, Ez 34, 18; Is 41, 25, que Jerónimo traduce *turbatus pede*, hombre de pie turbado), manantial arruinado. De esa manera, el carácter de esos hombres, que hasta ese momento era puro, se vuelve corrompido por su propia culpa, de forma que, lejos de ser una bendición para otros, su vacilación les hace causa de dolor para los justos y de ofensa para los débiles, de manera que no son ya útiles, sino perjudiciales.

Con razón dice Lagarde: "Este versículo, que es uno de los más profundos de todo el libro, no habla de un hombre caído en desgracia, sino de la caída del justo, cuyo pecado compromete la santa causa a la que sirve, como en 2Sa 12, 14". Así también dice Löwenstein en referencia al proverbio de *Sanhedrin 92b*, en tiempo igualmente de peligro: "Que nadie reniegue de su honor". En otra línea, Bachja, en su Ética, refiriéndose a esta figura de 25, 26a, piensa en la posibilidad de restauración del justo que vacila momentáneamente, pero al final acierta (מתמוטט ועולה). Pero esta interpretación de la figura destruye el sentido del proverbio.

**25, 27.** *Comer mucha miel no es bueno, ni es gloria buscar la propia gloria.* Este versículo, tal como está actualmente, apenas es inteligible. El Véneto traduce 27b literalmente, ἔρευνά τε δόξας αὐτῶν δόξα (quien busca la gloria de ellos es gloria). Pero ¿a quién se refiere כבדם? Euchel y otros lo refieren a los hombres, pues traducen: "poner un límite a la gloria del hombre es la verdadera gloria". Pero la "gloria del hombre" tendría que decirse כבד אדם, no como aquí con כבדם (la gloria de ellos) y, además, חקר no significa medida y límite (a la gloria).

Oetinger explica así el texto: "Comer demasiada miel no es bueno; por el contrario, la búsqueda de su gloria, es decir, de cosas agradables y dignas de elogio, que se asemejan a la miel, es siempre bueno; nadie se puede exceder en este campo; siempre es bueno buscar mucha gloria y honor". Pero ¿cómo puede tener כבדם el mismo significado que כבד הדברים אשר o que הנמשלים כדבש? El texto actual del salmo en hebreo no puede ser una abreviatura de esas expresiones.

Schultens, siguiendo a Rashi pone *vestigatio gravitatis eorum est gravitas*, que puede traducirse así: *la búsqueda de su dificultad es un problema*. Pero, dado que כבוד no aparece en ninguna parte con ese sentido de *gravitas molesta ac pondere oppressura* (una gravedad que molesta, que es opresora por su peso), Vitringa traduce mejor este pasaje: *investigatio praestantiae eorum est gloriosa* (la investigación de su excelencia es gloriosa). Pero, si quiere establecer una relación entre los dos esticos (27a y 27b), Vitringa necesita introducir una palabra como *etiamsi* de manera que la referencia de כבדם (a su gloria como Dios) resulta imaginaria, ya que la Escritura usa la palabra כבוד para referirse a Dios y a Su reino o su Nombre, pero nunca a Su ley o a Su revelación. Este es también un argumento en contra de Bertheau, quien traduce, *la búsqueda de su gloria (es decir, de la ley divina y la revelación) es una carga, una ocupación extenuante de la mente*, ya que חקר en sí mismo no significa buscar. Por otra parte, Bertheau se expresa de manera equívoca, incluso ininteligible, ya que כבוד denota, es cierto, aquí y allá, una gran multitud, pero nunca *una carga* (como כבד).

El pensamiento que Jerónimo encuentra en 27b, *qui scrutator est majestatis opprimetur a gloria* (quien escruta la Majestad queda oprimido por su gloria) es juicioso y se vincula bien, como sinónimo de 27a; pero es injustificado, porque no tiene en cuenta el sufijo de כבדם, gloria "de ellos", y traduce כבוד en el sentido de dificultad (opresión). ¿O debería vocalizarse esa palabra כבדם de otra manera (como hacen Syr. Targum y Teodocion), poniendo נכבדות, que significa δεδοξασμένα, cosas gloriosas)?

Así vocalizada, Umbreit traduce esa palabra en el sentido de *honores*; Elster y Zöckler en el de *dificultades* (*difficilia*) pero, que yo sepa, ese plural no ha sido aceptado en ese sentido ni por el hebreo bíblico, ni por el postbíblico. Sin embargo, el sentido del proverbio es el que han puesto de relieve Elster y Zöckler. En consecuencia, traducimos: *no es bueno hartarse de comer miel: pero es honor* (כבדם) *investigar, ocuparse de cosas difíciles*. Según eso, כבדם se refiere al honor de los investigadores. Esta interpretación es mucho más recomendable que la de Gesenius que traduce: *nimium studium honoris est sine honore* (la excesiva preocupación por el honor no tiene honor). Esa traducción es imposible, porque חקר no significa *nimium studium*, en el sentido de esforzarse activamente por algo, sino que solo tiene la connotación de indagar: uno se esfuerza por conseguir honor, pero no por estudiarlo.

Por su parte, Hitzig y Ewald, siguiendo el ejemplo de J. D. Michaelis, Arnoldi y Ziegler, han estudiado el tema partiendo del árabe. Ewald no lo explica, porque deja el texto sin cambios, *"Despreciar su honor (es decir, el honor falso de los hombres) es honor (verdadero, real honor)"*. Hitzig cambia el texto como Gesenius, "Despreciar el honor es más que el honor", con una ingeniosa observación: es como obtener una condecoración (en el sentido de título de nobleza), pero no ostentar la insignia. Por otra parte, no hay ningún ejemplo, ni en hebreo ni en arameo, en el que el verbo חקר se utilice en el sentido de despreciar (ser despreciado), por

*Segunda colección: Proverbios recopilados por "varones de Ezequías" (Pr 25–29)*

lo que no podemos emplear esa palabra para descubrir el sentido del proverbio.[6] Tampoco tenemos ninguna necesidad de ello. Basta con entender bien el sentido de כבדם. El proverbio es un dístico antitético; 27a nos pone en guardia frente al anhelo excesivo de placeres (representados por la miel); 27b es un elogio dirigido al buen trabajo: es un honor investigar con ardor cosas o temas que son difíciles.

No se trata, por tanto, de comer mucha miel, pues en ese caso, en lugar de decir דבש הרבות, habría que haber puesto דבש הרבה (cf. Ec 5, 11; 1Re 10, 10), o al menos הרבות דבש (Am 4, 9). La palabra הרבות no se refiere por tanto a la cantidad de miel, porque es un *nomen actionis* y אכל דבש su objeto invertido (cf. Jer 9, 4), como ha puesto de relieve Böttcher. Por eso, אָכֹל דְּבַשׁ הַרְבּוֹת ha de entenderse en el sentido de *dar mucha importancia al comer miel*, insistir mucho en ello. Eso no es bueno: preocuparse mucho de comer cosas buenas (cf. Pr 25, 16). Lo que es bueno, en cambio, es preocuparse de estudiar y resolver cuestiones difíciles.

En ese sentido, en 27b, Lutero ofrece la traducción correcta, al menos en parte: "y el que investiga cosas difíciles, hace algo que es difícil", aunque habría que interpretar mejor la expresión: *el que quiere hacer cosas difíciles hace algo que es honroso para él*. En ese sentido, דברים significa *cosas difíciles*, en oposición a ריקים, Pr 12, 11, que son cosas vanas. De todas formas, en hebreo כבד nunca significa difícil de entender o comprender (aunque los léxicos más modernos dicen esto),[7] sino oneroso y pesado, *gravis*, no *difficilis*. Por eso, כבדם son las cosas muy importantes, a las cuales merece la pena dedicar muchos esfuerzos, con חקר.

Frente al placer de las cosas dulces como la miel y de cosas fáciles para disfrutar, está la tarea superior que consiste en buscar las cosas importantes, es decir, la investigación fundamental de los sabios, que analizan, en medio de dificultades, el sentido más hondo de la sabiduría (cf. Pr 18, 17; Pr 25, 2). Según la primera impresión ese esfuerzo puede ser costoso, pero produce una gran recompensa. En ese sentido, se dice que comer miel no es bueno; por el contrario, la búsqueda y comprensión de temas difíciles es mucho más importante, aunque sea costosa.

En eso consiste el honor verdadero de los estudiosos, no en comer miel dulce en cantidad (cosas que además empalaga y hace daño), sino en investigar cuestiones importantes de la vida, que puede resultar una labor difícil, pero que nunca empalaga ni hace daño. Pero hay que tener en cuenta la paronomasia de fondo. Fleischer traduce, *explorare gravia grave est* (explorar las cosas importantes es importante). Nosotros traducimos también *grave est,* pero no en el sentido de

---

6. El significado hebreo *investigare*, y el equivalente árabe *ḥakr, contemnere* (*contemtum ese*, ser despreciado), son derivaciones del significado principal de la raíz חק, bajar (o hacer bajar) desde arriba con firmeza, y así presionar (aplastar), hacer que descienda.

7. Cf. Sir 3, 20s. con el texto hebreo de Ben-Sira en mi *Geschichte der jüdischen Poesie*, p. 204 (vv. 30-32); en ninguna parte aparece el adjetivo כבד en ese sentido.

*molestiam creat* (implica o crea molestias), sino en el de *gravitatem parit* (implica y crea respeto, honor).

**25, 28.** *El que no tiene dominio sobre su propio espíritu es como una ciudad derribada y sin muros.* Este versículo, que aconseja moderación en cuanto al espíritu, está conectado con el anterior, que aconseja dominio propio en cuanto al disfrute fácil (de la miel). Una "ciudad derribada" es aquella cuyo muro está "roto", 2Cr 32, 5, ya sea porque se hayan formado en él brechas (פרצים), o porque esté completamente destruido.

Una ciudad cuyo muro es incapaz de ser defendido es como si no tuviera muralla. Esa ciudad es como un hombre "que no tiene control sobre su propio espíritu" (אִישׁ אֲשֶׁר אֵין מַעְצָר לְרוּחוֹ, para la acentuación de las palabras véase *Thorath Emeth,* p. 10), *cujus spiritui nulla cohibitio* (Schultens), es decir*, qui animum suum cohibere non potest* (alguien que no es capaz de moderar su espíritu, cf. Fleischer, עצר, raíz צר, presionar juntos, oprimir y, por lo tanto, contener).

Así como una ciudad sin muralla puede ser saqueada y arrasada sin problemas, un hombre que no sabe controlar sus deseos y afectos está en constante peligro de seguir ciegamente el impulso de su sensualidad desenfrenada y precipitarse hacia los estallidos de pasión, trayendo infelicidad sobre sí mismo. Hay pasiones sensuales (p. ej., embriaguez), pero también intelectuales (p. ej., ambición), y mixtas (p. ej., venganza). Pero en todas ellas se impone y gobierna un *ego* (un yo) falso, que se eleva y envanece, tomando una supremacía ilimitada, en vez de ser retenido por el ego verdadero y mejor (cf. M. A. Drbal, *Empirische Psychologie,* 137).

Por eso, la expresión aquí utilizada no es לנפשׁו, sino לרוחו. El deseo tiene su sede legítima en el alma, *nephes*; pero cuando se adueña del espíritu, *ruah*, se convierte en pasión, que en todas sus diversidades, se expresa y domina la vida de los hombres como egoísmo (cf. mi *Psychologie,* p. 199). El dominio propio es, en consecuencia, el gobierno del espíritu, es decir, la *restricción* (represión), el señorío sobre la falsa vida del ego esclavizado, y la apertura al verdadero espíritu libre y poderoso de Dios.

# Proverbios 26

## 26, 1-5. Semejanzas e instrucciones

Viene ahora un grupo de once proverbios (26, 1-11) que tratan de los necios. Solo al primero del grupo sigue uno de contenido distinto, aunque de forma semejante. Aquí presento los cinco primeros; dejo los seis restantes para la parte siguiente de este grupo.

# Segunda colección: Proverbios recopilados por "varones de Ezequías" (Pr 25–29)

כַּשֶּׁלֶג ׀ בַּקַּיִץ וְכַמָּטָר בַּקָּצִיר כֵּן לֹא־ נָאוֶה לִכְסִיל כָּבוֹד: ¹

כַּצִּפּוֹר לָנוּד כַּדְּרוֹר לָעוּף כֵּן קִלְלַת חִנָּם [לֹא] (לוֹ) תָבֹא: ²

שׁוֹט לַסּוּס מֶתֶג לַחֲמוֹר וְשֵׁבֶט לְגֵו כְּסִילִים: ³

אַל־ תַּעַן כְּסִיל כְּאִוַּלְתּוֹ פֶּן־ תִּשְׁוֶה־ לּוֹ גַם־ אָתָּה: ⁴

עֲנֵה כְסִיל כְּאִוַּלְתּוֹ פֶּן־ יִהְיֶה חָכָם בְּעֵינָיו: ⁵

¹ Como nieve en el verano y lluvia en la siega,
así no caen bien los honores al necio.
² Como escapa el ave y vuela la golondrina,
así la maldición sin causa no se realizará.
³ El látigo es para el caballo,
y el freno para el asno,
y la vara para la espalda de los necios.
⁴ Nunca respondas al necio según su insensatez,
para que no seas tú también como él.
⁵ Responde al necio según su insensatez,
para que no se estime sabio en su propia opinión.

**26, 1.** *Como nieve en el verano...* La nieve en pleno verano (קיץ, tiempo muy caliente) va en contra de la naturaleza; lo mismo sucede con la lluvia en el tiempo de la cosecha (en el contexto meteorológico de Palestina); ella va en contra de lo que suele suceder en cada estación, y además es un obstáculo para la recolección de los frutos del campo. De la misma forma, un tonto o un necio al que se le ofrece honor, es algo que va en contra del orden de la vida de las personas. El honor concedido al necio no solo le dañará a él (como se dice Pr 19, 10), sino que dañará a los demás, pues el necio hará un uso injusto de ese honor que sacará conclusiones para su conducta: lo fortalecerá en su locura y hará que la aumente.

La palabra נאוה (igual a נאוי) es un adjetivo tomado del *pilel* נאוה, cf. Sal 93, 5. Por su parte, los plurales נאוו, Pr 19, 10 y נאוה, Pr 17, 7, son también masculino y femenino adjetivados de la misma raíz. Según eso, lo que dice Pr 19, 10 debe ser corregido. Símaco y Teodocion han traducido οὐκ ἔπρεψεν y, por lo tanto, han leído נאוה. La raíz de la palabra נאה (como שחה para שחוה) es נוה (intentar algo, véase Hupfeld en Sal 23, 2).

**26, 2.** *Como gorrión en su aleteo, como golondrina en su vuelo, así no vendrá la maldición sin causa.* Este pasaje es uno de esos quince (véase en Sal 100, 3) en los que el *keré* cambia la לא del texto por לו. Talmud, el Midrash y la cábala (Zohar) aplican este לו en parte a aquel mismo que pronuncia la maldición, que vendrá también sobre él, si es un juez. Esa maldición desconsiderada se convierte en una acusación de Dios. De esa manera, los oyentes o lectores del proverbio saben que la maldición de una persona privada (הדיוט, ἰδιώτης) no cae tampoco en vano a la tierra, de manera que ellos deben estar también en guardia para no dar ninguna ocasión para el mal (véase Norzi).

Pero Aben Ezra supone que el cambio de לֹא en לוֹ se produce para decir que la maldición inmerecida cae sobre el que maldice (לוֹ) y no (לֹא) sobre el que es maldecido. Las figuras de 2a (gorrión, golondrina) responden mejor a לֹא. En esa línea, la LXX, el texto sirio, el *Targum*, el Véneto y Lutero (en contra Jerónimo) suponen que el gorrión y la golondrina cuando vuelan perseguidas (Pr 27, 8) no pueden volver de nuevo a su nido (Ralbag). De esa manera se enfatiza el revoloteo y el vuelo sin dirección ni sentido, de manera que una maldición sin causa ni fundamento es un פרח באוויר, como un ave sin rumbo, perdida en el aire, que no encuentra su meta.

La mayoría de los intérpretes explican que los dos *lamed*, לָנוּד לָעוּף, se refieren al destino de los pájaros, *ut passer natus est ad vagandum*, como el gorrión perdido que por necesidad de la naturaleza tiene que andar de un sitio para otro... (Fleischer). Pero, por el contexto de Pr 25, 3 es evidente que el *lamed* declara en ambos casos la referencia o el punto de comparación, como el gorrión con respecto a su revoloteo, etc. Los nombres de los dos pájaros son, según Aben Ezra, como evocaciones sin sentido. Pero los comentaristas de tradición latina describen los pájaros de un modo más concreto, de manera que צפור es el gorrión, y דרור es la golondrina, pues צפור (árabe *'usfuwr*), gorjeador, suele aplicarse preferentemente al gorrión, y דרור a la golondrina en su vuelo saliendo disparada, como si *irradiara* (véase en Sal 84, 4).

El nombre de la golondrina, que sería *dêrôr*, דְּרוֹר (llamada así porque habita preferentemente en los patios), que Wetstein ha estudiado en honor a Saadia es etimológicamente diferente.[8] Por lo que se refiere a חנם, véase Pr 24, 28 (cf. כֵּן קְלָלַת חִנָּם), la acentuación separa correctamente las palabras traducidas: "así que la maldición es inmerecida" (cf. קללת, según Kimchi, *Michlol* 79b, לֹא תבא). קללת es la explicación de כ, por lo tanto, errar en el aire es una maldición sin fundamento, no se realiza (בוא) conforme a una norma como, por ejemplo, en Jos 21, 43. Tras este proverbio, formulado en la línea de Pr 26, 1, la serie vuelve ahora al "necio".

**26, 3.** *Un látigo para el caballo, una brida para el asno y vara para la espalda del necio.* J. D. Michaelis supone que el orden debe ser inverso, una brida para el caballo, un látigo para el asno; pero Arnoldi ha descubierto aquí una forma de hablar con *merismus* (se presentan las palabras en el orden con que después se han de comparar, cf. Pr 10, 1); y Hitzig descubre en este orden unos elementos de

---

8. La *Guemará* a *Negam*, Pr 14, 1, aplica a unos pájaros domésticos" el nombre *mishnaíco* צפרים דרור, porque דרור deriva de דור, habitar.

## Segunda colección: Proverbios recopilados por "varones de Ezequías" (Pr 25-29)

combinación rítmica (cf. שם חם ויפת por שם יפת וחם), el látigo y la brida pertenecen a los dos grupos, porque uno azota a un caballo (Neh 3, 2) y también le pone la brida; uno pone freno a un asno (Sal 32, 9) y también lo azota (Nm 22, 28). Así como el látigo y la brida son útiles y necesarios, así también es útil y necesaria la vara, לגו כסילים, Pr 10, 13; Pr 19, 29.

**26, 4.** *No respondas al necio según su necedad, para que no seas como él también tú.* Según su locura, equivale aquí a reconocer el fundamento, el objeto necio de su pregunta, y luego considerarla, como si, por ejemplo, preguntara la razón por la que el hombre ignorante puede ser más feliz que un hombre de mucho conocimiento, o cómo se puede aprender el arte de hacer oro... porque, según un proverbio, "un necio puede preguntar más de lo que diez sabios pueden responder". Aquel que reconoce tales cuestiones como justificables, y así las sanciona, se pone a sí mismo en igualdad con el necio, y fácilmente se vuelve necio él también. El proverbio que sigue afirma al parecer lo contrario.

**26, 5.** *Responde al necio según su necedad, para que no se tome por sabio a sus ojos.* עֲנֵה כְסִיל (con *makkeph, gaja y chatef*)[9] se opone a אַל־תַּעַן כסיל. En esa línea, el Evangelio de Juan (cf. Jn 5, 31 y Pr 8, 31), es rico en dichos aparentemente contradictorios, como he puesto de relieve analizando tres pasajes poco observados en su evangelio (cf. *Evangelische. luth. Kirchenzeitung*, 1869, pp. 37, 38).

Este *sic et non* que tenemos ante nosotros se explica fácilmente conforme sea la locura del necio, de manera que en unos casos debemos rechazarla decidida y firmemente (con una respuesta cortante) y en otros debemos responder de manera adecuada, si es posible, para avergonzarlo. Se trata, por un lado, de ayudarle en su autoconocimiento, pero también de rechazar su autosuficiencia.

El Talmud, *Schabbath* 30b, resuelve la oposición entre los dos proverbios aplicando 26, 4 a cosas mundanas, y Pr 26, 5 a cosas religiosas. En esa línea, en unos casos, como en este último, es necesario responder al necio y guiarlo hacia el conocimiento de la verdad. En una línea contraria, el Midrash tiende a decir que no se debe responder al necio cuando se le conoce como tal. En el caso de que le responda, sabiendo quien es, el sabio se deshonraría a sí mismo.

## 26, 6-10.

מְקַצֶּה רַגְלַיִם חָמָס שֹׁתֶה שֹׁלֵחַ דְּבָרִים בְּיַד־כְּסִיל: [6]

דַּלְיוּ שֹׁקַיִם מִפִּסֵּחַ וּמָשָׁל בְּפִי כְסִילִים: [7]

---

9. Así acentúa Ben Asher; mientras Ben Nephtali escribe ענה כסיל *con munach*, véase *Thorath Emeth*, p. 41.

כְּצְרוֹר אֶבֶן בְּמַרְגֵּמָה כֵּן־ נוֹתֵן לִכְסִיל כָּבוֹד: <sup>8</sup>
חוֹחַ עָלָה בְיַד־ שִׁכּוֹר וּמָשָׁל בְּפִי כְסִילִים: <sup>9</sup>
רַב מְחוֹלֵל־ כֹּל וְשֹׂכֵר כְּסִיל וְשֹׂכֵר עֹבְרִים: <sup>10</sup>

<sup>6</sup> Se corta los pies y bebe violencia
el que envía recado por medio de un necio.
<sup>7</sup> Como las piernas del cojo, que cuelgan inútiles,
es el proverbio en la boca de los necios.
<sup>8</sup> Como atar una piedra a la honda,
así es dar honor al necio.
<sup>9</sup> Como espina que penetra en la mano del borracho,
es el proverbio en la boca de los necios.
<sup>10</sup> Como el arquero que hiere a todos,
es el que contrata a necios y vagabundos.

**26, 6.** *Corta los pies, bebe violencia…* Es como si dijéramos, se rompe el cuello, *il se casse le cou*; Lat. *frangere brachium, crus, coxam; frangere navem* (romperse el brazo, etc., Fleischer). Pensando en el contexto, estas deberían ser las piernas del mensajero que no cumple su función: pero en realidad son las piernas de aquel que le ha enviado, porque no solo no ha cumplido la misión, sino que lo ha hecho mal, de manera que el emitente, en vez de gozarse (Pr 13, 17; Pr 25, 13) por la pronta y fiel ejecución de la tarea, tiene que sufrir más daño por ella.

El hombre que así "bebe escarnio o locura" (cf. Job 34, 7), no lo hace por culpa propia, sino por culpa de otro, es decir, de aquel a quien ha enviado. Beber injuria, חמס, significa sufrir un daño. Cf. las figuras semejantes de Pr 10, 26. En este contexto, שֹׁלֵחַ דְּבָרִים בְּיַד־ significa hacer (malos) negocios a través de la mano de otro, por mediación de otro. En esa línea, שלח ביד es lograr cualquier cosa a través de otro, cf. Éx 4, 13; con 2Sa 15, 36 (con דברים).

En la línea de la LXX (cuyo texto original era ἐκ τῶν ποδῶν ἑαυτοῦ), el texto hebreo pone מקצה, refiriéndose a "cortar las piernas", pero aquí no se habla de las piernas, sino de los pies del mensajero, que no ha cumplido bien su oficio. El extremo de las piernas son los pies, y los pies son los del mensajero necio. El Véneto traduce שתה por ἄνους, indicando que se trata de un mensajero sin mente, es decir, sin sabiduría. Por su parte, Böttcher traduce también diciendo מקצה, "por culpa del mensajero necio bebe amargura aquel que le envió". El sentido de fondo de este proverbio es el siguiente: quien se vale de un mal mensajero para realizar sus obras es semejante a uno que se corta sus propios pies (pues los pies del mensajero son aquellos que deben realizar las obras de aquel que le envía, dándole autoridad).

*Segunda colección: Proverbios recopilados por "varones de Ezequías" (Pr 25–29)*

**26, 7.** *Como piernas colgando de un cojo que cuelgan sin fuerza para sostener, así es la parábola en boca de los necios.* Con referencia al oscuro דַּלְיוּ, se han mantenido diversos puntos de vista. Tal como aparece vocalizado, el texto parece directamente un imperativo. Así, traduce la LXX: ἀφελοῦ πορείαν κυλλῶν (conj. de Lagarde) καὶ παροιμίαν ἐκ στόματος ἀφρόνων, que el Syr. (con su imitador, el Targum) ha traducido positivamente: "Si puedes dar el poder de andar al cojo, entonces también recibirás palabras (prudentes) de la boca de un necio". Desde Kimchi, muchos han considerado דַּלְיוּ como un suavizamiento del imperativo דַּדּוּ, conforme a lo cual el Véneto traduce, ἐπάρατε κνήμας χωλοῦ (arregladle las piernas al cojo…); y Bertheau y Zöckler explican *quítenle las piernas al cojo, ya que en realidad son inútiles para él,* lo mismo que un proverbio en la boca del tonto es inútil, algo que nunca debería estar allí.

¿Por qué el poeta no escribió הֲרִימוּ, o הֲסִירוּ, o קְחוּ (quitad…) u otras palabras por el estilo? La palabra דְּלִי, quitar, prescindir, es siríaca (*Targum Jerusalén* I, en Dt 32, 50), pero no es hebreo. ¡Por otra parte, esta expresión es un sin sentido! Un cojo resistiría a que un cirujano (como lo haría con un asesino) le amputara las piernas; porque es mejor tener piernas cojas que no tenerlas, porque hay una gran distinción entre un hombre cojo (פִּדֵּחַ, de פסח, *luxare;* cf. árabe *fasaḥ, laxare,* Véase Schultens) que va lento o camina con muletas (2Sa 3, 29) que uno que es totalmente carente de piernas (paralítico), que necesita ser llevado por otros de una parte a otra.

A partir de aquí, conforme a esta traducción de 7a uno debe (conforme a la visión de la LXX), considerar וּמָשָׁל (y un proverbio) como acusativo de objeto, en paralelo a שֹׁקַיִם (piernas). Por otra parte, "hacer que una boca proclame un proverbio" (cf. Pr 20, 5), implica saber cómo hacerlo…, no sea que se le pueda aplicar el dicho de un proverbio que dice: "quitadle las piernas a un cojo para que camine y no habréis logrado nada". En esa línea, si alguien logra que un necio "produzca un proverbio", no habrá logrado nada, pues el proverbio de un necio no es verdadero proverbio, ya que el necio carece de inteligencia para producirlo e interpretarlo).[10]

---

10. La מן de מפסח va en contra de ese sentido del texto, y además 7b no puede vincularse así con 7a. Por eso este proverbio no se puede explicar así: "Quítale las piernas al cojo que no las tiene, al menos para usarlas, es como lograr que un necio diga un Proverbio sin tener inteligencia". No es posible deducir nada de un texto como este. *Symmachus* traduce ἐξέλιπον κνῆμαι ἀπὸ χωλοῦ (quita las piernas a un cojo) y Chajg explica דַּלְיוּ como 3ª persona de un pretérito *kal,* a lo que Kimchi agrega un comentario diciendo que parece haber encontrado una variante suavizada con דָּלוּ, que de hecho ha sido señalada por Norzi y J. H. Michaelis como una variante real, que nos permitiría entender el texto. Pero la lectura del texto masorético es דַּלְיוּ, y resulta una lástima que no encontremos en este caso ningún ejemplo de cambio de palabras que nos permita decir que *alius* es igual a ἄλλος, *folium* igual a φύλλον, *faillir* igual a *fallere* (caer, fallar). No conocemos por ahora ningún solo ejemplo hebreo o semítico de un cambio como ese.

Por todo eso, Ewald piensa que, "considerando todas las posibilidades", lo mejor es leer דְּלָיוּ, "las piernas están demasiado flojas para que el cojo las use". Teniendo en cuenta la dificultad del texto, algunos han intentado interpretar דְּלָיוּ como abstracto, como hace Euchel: "Que un cojo te enseñe a bailar es como un tonto que quiere enseñar proverbios". En este contexto, דְּלָיוּ שֹׁקַיִם debería significar levantar las piernas, que es lo mismo que saltar y bailar. En esa línea, Lutero traduce: "Es tontería intentar que baile un cojo; es igualmente tontería querer que un necio diga palabras de sabiduría".

Este pensamiento es agradable y responde a los hechos, pero las palabras de este proverbio no significan danzar, sino más bien, como muestra el árabe (véase Schultens en Pr 20, 5, y en este pasaje) andar cojeando, curvándose de un lado al otro o ladeándose como un hombre que lleva un cubo de agua colgando de un lado a otro. Por otra parte, la palabra ya citada, דָּדָה, según la forma מַלְכוּ, sería un arameo inusitado. Las palabras de este salmo no se pueden comparar con שָׂחוּ, natación, y שָׁלוּ, seguridad, cf. Sal 30, 7, en las que se apoyan C. B. Michaelis y otros.

**26, 8.** *Como quien ata una piedra en una honda, así es el que da honor al necio.* Esta traducción está garantizada por la tradición y está de acuerdo con los hechos reales. La honda se llama en otros lugares קֶלַע; pero la palabra מַרְגֵּמָה que se utiliza en este pasaje significa también honda. Viene de רָגַם, en el sentido de *piedra* y también *arrojar piedras*, y la *honda* con la que se arrojan (cf. Targum Est 5, 14, con la palabra רֶגֶם, de las piedras arrojadas por David contra Goliat). Esta traducción está apoyada por la LXX, Syr. y Targ. por un lado, y por los glosistas judíos por el otro (así Rashi pone, *fronde*, en francés, en italiano *frombola*).

De un modo correcto, la LXX traduce כִּצְרוֹר a modo de verbo (como el que ata: ὡς ἀποδεσμεύει). Por el contrario, Syr. y el Targum consideran esa palabra como un sustantivo, en el sentido de un trozo de piedra. Pero צְרוֹר como sustantivo no significa un guijarro, como el que se puede poner en una honda para utilizarlo como proyectil, sino un grano y, por lo tanto, un pedacito muy pequeño de piedra, cf. 2Sa 17, 13; cf. Am 9, 9. Erróneamente interpreta Ewald: "Si uno ata a la honda la piedra que no sirve como proyectil, entonces toda esa preparación y lanzamiento son en vano; lo mismo sucede cuando a un necio se le da un honor que él no es capaz de acoger o utilizar".

Si uno quiere arrojar una piedra con una honda, debe colocarla allí como *lapis misilis* (piedra-misil) de manera que permanezca firme, y solo salga a causa de la fuerza expansiva que esa piedra recibe en la honda. Esa forma de encajar la piedra en la honda, para que no se caiga, se expresa con צָרַר בְּ (cf. Pr 30, 4; Job 26, 8).

En esa línea, la entrega de la sabiduría al necio se compararía con la atadura de la piedra, comparando así las piedras con el honor y la honda con el necio. Según eso, conforme a este proverbio, el necio se relacionaría con el honor que se

*Segunda colección: Proverbios recopilados por "varones de Ezequías" (Pr 25–29)*

le confiere, como la piedra con la honda en la que se la pone. Según eso, al necio se le daría un honor comparable al honor de la honda.

De un modo distinto (siguiendo a Kimchi), el Véneto pone: ὡς συνδεσμὸς λίθου ἐν λιθάδι (como la atadura de la piedra en la honda…). En esa línea traduce Fleischer: *ut qui crumenam gemmarum plenam in acervum lapidum conjicit* (como el que va colocando el montón de las piedras en la honda…). Así también Ralbag, Ahron b. Josef, y por último Zöckler.

La figura tiene según eso un sentido de finalidad, como la palabra hebrea מרגמה (de רגם, *accumulare, congerere*, acumular, acoger, véase Sal 67, 1-7, 28). Ciertamente las palabras del proverbio podrían significar ese amontonamiento de piedras. Pero אבן no se usa en el sentido de אבן יקרה (piedra preciosa); tampoco se ve por qué no se utiliza la piedra preciosa como figura de honor, y se nombra un montón de piedras. Además, en tercer lugar, כן נותן debe tener un significado requerido para conjugar y unirse con כצרור. Por eso Jerónimo traduce, *sicut qui mittit lapidem in acervum Mercurii* (como el que introduce la piedra en la bolsa de guerra (de Mercurio…). Esta presentación del tema debe provenir de su maestro judío, pues así el Midrash ha interpretado este proverbio y su sentido, diciendo literalmente: *todo el que da honor a un necio es como quien arroja una piedra sobre un montón de piedras consagradas a Mercurio.*

Alrededor de los monumentos dedicados a Hermes o Mercurio (ἑρμαὶ), que eran columnas con la cabeza de Mercurio en los cruces de caminos "*statuae mercuriales o viales*", había montones de piedras (ἕρμακες), a las que viajeros solían arrojar una más. Ese gesto era una prueba de honor religioso dedicado a Mercurio, y al mismo tiempo servía para limpiar de piedras los caminos, cuyo patrono era también Hermes o Mercurio (מרקולים). Pero es evidente que esta costumbre greco-romana a la que se refiere el Talmud no podía haber existido en tiempos de Salomón.

Lutero traduce de un modo independiente y lo hace adaptando al alemán la expresión *in acervum Mercurii*, es como si uno tuviera que arrojar una piedra preciosa sobre un *Rubinstein*, es decir, sobre un montón de piedras amontonadas al pie de la horca empleada para las ejecuciones. Un montón de piedras como ese es más natural y adecuado a los tiempos de Salomón que el montón de piedras dedicado a Mercurio, si como hace Gussetius, ese montón de piedras se entiende en el sentido de מרגמה, piedras amontonadas *supra corpus lapidatum* (sobre un cuerpo lapidado, más que ahorcado, aunque a los lapidados los solían colgar después de un madero). Pero en contra de esta y otras interpretaciones similares, es suficiente indicar que כצרור no puede significar *sicut qui mittit* (como aquel que pone, aquel que introduce). Si el autor de estos proverbios hubiera pretendido decir eso, la palabra habría sido כמשליך o כהשליך.

586

Es aún diferente la interpretación de Joseph Kimchi, de Aben Ezra y, finalmente, de Löwenstein: *como cuando uno envuelve una piedra en un trozo de tela púrpura...* Pero ארגמן, púrpura, no tiene nada que ver con el verbo מרגמה, de forma que debemos abandonar esa pista. Por su parte, la combinación que traza Hitzig entre מרגמה con el árabe *munjam*, mango y la barra de una balanza no es más que la expresión de un ingenio refinado y extraño, ya que no tenemos necesidad de acudir a esa palabra para una aclaración satisfactoria de מרגמה.

Por eso volvemos al significado más sencillo y profundo de ese término y de todo el proverbio, en la línea de Böttcher que traduce *una honda que se esparce*. Posiblemente, מרגמה es una honda capaz de arrojar varias piedras a la vez. En esa línea, quien confiere un título de honor y una grandeza especial a un necio, es como quien pone una piedra más en una honda llena de piedras, de tal forma que puede herir a cualquiera con sus palabras y sus obras. Entendido así, este proverbio contiene un pensamiento inteligible y lleno de sentido. Un necio así, con una honda llena de piedras en la mano (o con un poder que le conceden otros) es un hombre en quien se malgastan los dones de la vida siendo, al mismo tiempo, un hombre que puede hacer daño a los otros.

**26, 9.** *Como aguijón clavado en la mano del borracho, así es el proverbio en boca del necio.* Es decir, si un proverbio cae en la boca de un necio, es como si una espina entrara en la mano de un borracho, pues una cosa es tan peligrosa como la otra, porque los necios abusan de tal proverbio que, usado correctamente, instruye y mejora, y lo utilizan solo para herir y entristecer a otros, como un borracho que tiene una espina clavada en la mano y con ella (con la espina) se dedica a herir a otros. La LXX, Syr., Targum y Jerónimo interpretan עלה en el sentido de brotar, es decir, de una herida que crece en torno al aguijón clavado en la mano del necio. Por el contrario, Böttcher también, en la línea de Pr 24, 31 y de otros pasajes, insiste en que la espina que ha producido la herida en la mano del borracho no ha crecido quizá mucho, de manera que no es peligrosa.

Pero las espinas no crecen sin más en la mano de nadie; y uno tampoco comprende por qué el poeta debería hablar de esa espina creciendo en la mano de un hombre borracho, sabiendo que, de un modo normal, una espina clavada en la mano de alguien suele empeorar con el tiempo. Algunos leen el texto en primera persona, como si hablara de una espina, עלה בידי, es decir, *que ha venido a mi mano*, una expresión que se utiliza comúnmente en la *Mishná*, cuando alguna cosa, de acuerdo con su propia condición, cae en manos de alguno, como si hubiera venido accidentalmente, sin buscarlo. Así, por ejemplo, se dice en *Nazir* 23a, מי שנתכוון לעלות בידו בשר חזיר ועלה בידו בשר טלה, tratando de alguien que se propone obtener carne de cerdo y (accidentalmente) obtiene carne de cordero.

*Segunda colección: Proverbios recopilados por "varones de Ezequías" (Pr 25–29)*

En esa línea, con razón, Heidenheim, Löwenstein y el Véneto traducen: ἄκανθα ἀνέβη εἰς χεῖρα μεθύοντος (una espina cayó, se clavó, en manos de un borracho). חוח significa un arbusto espinoso, 2Re 14, 9[11] pero, a diferencia de Cnt 2, 2, no se refiere a las espinas que acompañan a las rosas, y a ninguna rosa en absoluto. Lutero piensa en la rosa con la espina cuando explica, "Cuando un borracho lleva y blande en su mano una zarza, se rasca con ella más de lo que debe hacerse, como si estuviera oliendo rosas; de manera semejante, un necio, cuando lee las Escrituras, o repite un dicho correcto, a menudo recibe y hace más daño que bien".

En su paráfrasis Lutero interpreta עלה ביד más correctamente que en su traducción, donde se limita a evocar la espina de una rama que atraviesa la mano de un borracho, sin necesidad de citar las espinas de los rosales, de las que el texto no dice nada. Esto se aplica también a la explicación de Wesley: "El *mashal* o proverbio es como una rosa, aunque pueda tener algunas espinas; pero cuando lo dice un necio es como una espina sin rosa, como cuando un borracho quiere quitar rosas y solo consigue ser atravesado por espinas". Pero la referencia a las rosas debe rechazarse, porque en la época en que se formó este proverbio no había en Palestina rosas.

El proverbio ciertamente dice que un *mashal* correcto, es decir, una máxima excelente e ingeniosa, es mucho mejor que un חוח (un pinchazo de espina, que puede ser la *Zizyphus vulgaris*, que se suele llamar también *espina de Cristo, spina Christi*). Pero, puesta en la boca de un necio una máxima o sentencia se convierte solo en una cosa inútil y dañina, porque el necio hace un uso tan maligno de ella, que solo consigue avergonzar a los demás y hacerles imprudentemente daño.

La LXX traduce משל o proverbio por δουλεία y el texto arameo por שטיותא, es decir, por locura. No es clara la forma en que se pasó de *mashal* a "locura"; pero ha podido influir una nueva vocalización de משל y la transformación de שכור en שכור, de forma que, en esa línea, Hitzig ha traducido: "Las espinas crecen en la mano del asalariado, y la tiranía crece por la boca de los necios". De esa forma él convierte al necio en un tipo de trabajador asalariado, que es poco inteligente, pero no está desprovisto de cierta conciencia y conocimiento. Eso quiere decir que ese necio-trabajador de 9a ha de trabajar, en la medida de lo posible, con su propia mano, sin dejarse pinchar simplemente por las espinas.

El sentido de 9a es, según eso, aprovechable: un necio que trabaja en el campo debe cuidarse y no dejar que le pinchen las espinas. El sentido de 9b está aquí más exagerado, pero en el fondo es también excelente: un necio ha de tener

---

11. El plural de 1, חוחים, Sa 13,6, no significa arbustos espinosos, sino ruptura o división en paredes o piedras. De esa forma, en Damasco, *chôcha* significa una pequeña puerta dentro de una puerta grande; véase Wetstein, *Nordarabien*, p. 23.

cuidado y no utilizar proverbios que exigen sabiduría. En la boca de los necios la sabiduría de los proverbios puede volverse destructora. Por eso, como dice Pr 24, 7 los necios no pueden dar consejo en la puerta (no pueden dirigir la vida social), y por eso ellos deben mantener cerrada su boca.

**26, 10.** *Todo produce de sí mismo mucho, pero la recompensa y el arrendatario pasan (no se ocupan) del necio.* Esa es, a mi juicio, la buena traducción (la de F. Delitzsch). Pero Reina-Valera, con otros muchos, traduce este proverbio de otra forma: *como el arquero que hiere a todos, es el que contrata a necios y vagabundos.* Hay además otras posibles traducciones, tanto de algunos judíos como de cristianos. Sea como fuere, este proverbio gana a todos en oscuridad debido a la semejanza entre ושכר y שכור o por la repetición de וְשֹׂכֵר (וְשֹׂכֵר כְּסִיל וְשֹׂכֵר עֹבְרִים). Aquí lo vocalizaremos y traducimos de un modo propio cambiando solo una palabra. Pero antes tenemos que estudiar con cierto cuidado algunas traducciones e interpretaciones más significativas del texto.

La LXX traduce πολλὰ χειμάζεται πᾶσα σὰρξ ἀφρόνων (toda la carne de los tontos sufre mucho), con συντριβήσεται γὰρ ἦ ἔκστασις αὐτῶν, cuyo texto hebreo de base se podría traducir: "pues choca o se enfrenta lo que produce cada uno". Según esta traducción, el texto hebreo sería רב מחולל כל בשר כסיל ישבר עברתם. Pero a partir de estas palabras no se puede conseguir ningún significado aceptable.

El primer estico de esa traducción ha sido adoptada por Syr. y Targum, omitiendo solo כל, con lo que pierde sentido todo intento de descifrar el proverbio (pues כל בשר significa en otro lugar, la humanidad entera, toda carne, no el cuerpo entero de cada individuo). Por otra parte, conforme a esta traducción las palabras originales tendrían que haber sido: ישכר עבר ים (el borracho navega sobre el mar), una traducción que se consigue separando las letras de עברים como si fueran עבר ים, como si בבקרים (cf. Am 6, 12), pudiera separase en dos palabras: בבקר ים.

¿Pero qué significa eso? ¿Significa que al borracho (en el sentido de שִׁכּוֹר, el borracho constante, y no סבא, al borracho ocasional) no le queda más remedio que vagar por la orilla del mar, o dejar que vague su imaginación sobre el mar, mientras descuida las obligaciones que debería cumplir? Símaco y Teodocion, con el Midrash (Rashi) y Saadia (Kimchi), toman שכר en 10b con el mismo sentido de סגר (como Is 19, 10, con el significado de terraplén), tierra por la que uno resbala (cf. סכרין, *Kelim*, Pr 23, 5). En el primer caso se traduce por καὶ φράσσων ἄφρονα ἐμφράσσει τὰς ὀργὰς ὑῦτοῦ (el que impide actuar al necio impide que haga locuras). En el segundo caso se traduce καὶ φιμῶν ἄφρονα φιμοῖ χόλους (quien hace callar al necio le impide hacer locuras).

Por su parte, Jerónimo vocaliza רב como Pr 25, 8, e interpreta, como Símaco y Teodocion, la palabra שכר en el sentido de סגר, traduciendo, *Judicium determinat causas, et qui imponit stulto silentium iras mitigat* (el juicio tiene que

# Segunda colección: Proverbios recopilados por "varones de Ezequías" (Pr 25–29)

determinar las causas del delito y el que impone silencio al necio mitiga las iras). Pero רב no significa *judicium*, ni מחולל *determinat*, ni כל *causas*.

Por su parte, Gussetius, como hace también Ralbag (en la primera de sus tres explicaciones), con Meri y Elia Wilna interpreta el proverbio como una declaración sobre las personas pendencieras: *causa aflicción a todos, y contrata a los necios, contrata a los transgresores como sus compañeros.* Pero en ese caso tendríamos que cambiar el sentido de רב y la palabra מחולל debería tener el significado de *trayendo aflicción,* como *poel* de חלל, perforar, o *pilel* de חול, חיל, poner en peligro (en medio de dolores). Pero entender עברים como transgresores, igual a pecadores, es contrario al *usus loquendi* del A.T., cf. Pr 22, 3 (Pr 27, 12). Por otra parte, רב no se puede entender así, sino que debería ponerse al menos איש רב; finalmente, sigue siendo inexplicable por qué se repite dos veces שכרו.

Otros toman מחולל־כל como nombre de Dios, *el creador de todos los hombres y cosas.* Ciertamente, esa es la impresión que producen con más frecuencia estas dos palabras, porque חולל es la designación habitual para la producción divina, por ejemplo, en Sal 90, 2. En consecuencia Kimchi explica: *el Señor es el creador de todo, y Él da a los necios y a los transgresores su sustento.* Pero el sentido de עברים, transgresores es misnáico y no bíblico. Por su parte, שכר significa contratar, pero no suministrar alimentos. Este proverbio no puede tener, según eso, un pensamiento como el de Mt 5, 45 (Él hace salir su sol sobre malos y buenos).

Otros traducen: *el Señor es el creador de todo, y toma a los necios y a los ociosos, a Su servicio.* Así expresado, este proverbio es ofensivo para Dios; por lo que Rashi, Moisés Kimchi, Arama y otros consideran que este *mashal* o proverbio solo se puede entender en boca de necios, de manera que toman Pr 26, 9 y Pr 26, 10 juntos como un tetraestico. Ciertamente, esta segunda colección de proverbios contiene también tetraesticos. Pero Pr 26, 9 y Pr 26, 10 no se pueden tomar juntos formando un tetraestico, porque רב (argumento que también es válido contra Kimchi) no puede significar Dios como Señor. El sentido de רב como Señor-Dios es inaudito en el hebreo bíblico. Para aludir a Dios había que haber puesto al menos la palabra con artículo, como הרב (el grande).

En este contexto, el Véneto no sigue a Kimchi, sino que traduce, ἄρχων πλάττει πάντα, καὶ μισθοῦται μωρὸν καὶ μισθοῦται παραβάτης (el poderoso produce a todos, de forma que mezcla a los necios y mezcla a los transgresores, de forma que debería haberse escrito como παραβάτας). Pero ¿quién podría ser este hombre astuto que mezcla a todos? Quizás la traducción del Véneto debe entenderse en la línea de Gecatilia (según Rashi: un hombre grande (rico) realiza todo tipo de cosas; pero si contrata a un necio, es como si contratara al primero que pasa por el camino).

Pero la palabra חולל no puede utilizarse en el sentido general de ejecutar, realizar, pues no hay ejemplos para ello. Tampoco se puede aceptar la explicación

590

de que un gobernante trae aflicción, es decir, opresión, sobre todos (Abulwald, Immanuel, Aben Ezra, quien, en su gramática menor, interpreta רב en el sentido que tiene en Is 49, 9; cf. Michaelis, *dolore afficit omnes,* a todos aflige con dolor).

Esa explicación no se puede aceptar porque חולל, ya venga de חלל, Is 51, 9 (perforar), o de חיל, Sal 29, 9 (traer los dolores del parto), es una palabra demasiado fuerte para indicar lo que aquí sucede. Por otra parte, la traducción de Euchel "las personas prominentes destruyen todo; pagan a los tontos y favorecen a los vagabundos", suena como si hubiera sido tomada de una asamblea moderna de demócratas.

A diferencia de eso, tal como ha sido traducido por Lutero (un buen maestro hace las cosas bien; por el contrario, el que contrata a un necio se echa a perder por él), este verso es digno del libro de los Proverbios. Ciertamente, su segundo estico ha sido traducido aquí libremente, pero su mensaje es también apropiado, si nos atenemos al sentido general del texto.

Fleischer traduce: *Magister* (es decir, el *artifex peritus*, el artífice entendido) *effingit omnia* (realiza todo, es decir, *bene perficit quaecunque ei committuntur*, hace bien todas las cosas que se le encomiendan); *qui autem stultum conducit, conducit transeuntes* (por el contrario, el que contrata a los necios es como si contratara a cualquiera que pasa por el camino: es decir, *idem facit ac si homines ignotos et forte transeuntes ad opus gravius et difficilius conduceret,* hace lo mismo que si contratara a cualquiera que pasa para realizar las obras más difíciles). En ese sentido traducen también Gesenius, Böttcher y otros, quienes, como *Gecatilia* arriba, explican עברים, τοὺς τυχόντας, a los que pasan sin más.

A pesar de todo, y con pesadumbre, nos vemos obligados a ir en contra de este pensamiento, porque רב no significa maestro en ninguna parte del hebreo bíblico; por otra parte, la ו del segundo ושכר no puede traducirse nunca, *ac si, como si.* Además, la palabra חולל no puede utilizarse para indicar una producción humana. Muchos intérpretes cristianos (Cocceius, Schultens, Schelling, Ewald, Bertheau, Stier, Zöckler) dan a רב un significado que no se encuentra en ningún intérprete judío, a saber, el de "sagitario", el jinete que dispara flechas, de רבב, cf. Gn 49, 23 y tal vez Sal 18, 15. Por otra parte, רב puede definirse de manera más precisa uniéndose a מחולל. Pero ¿cómo se explica entonces el proverbio? "Son iguales un arquero que hiere a todos (sin diferencias) y el que contrata a un tonto y contrata a los transeúntes" (Ewald: a los corredores callejeros).

Pero si el arquero que dispara contra todo es un *Hércules furens* (furioso) de tipo casi cómico, entonces, para descubrir la semejanza entre los tres (arquero poderoso que dispara, el que contrata a necios y el que da trabajo a gente de la calle, sin preparación) hace falta un gran ingenio, como el que solo tienen los sabios expertos. Pero, además, en contra de esa traducción está también el hecho de que la palabra עברים no se refiriera simplemente a pícaros y vagabundos.

*Segunda colección: Proverbios recopilados por "varones de Ezequías" (Pr 25–29)*

Varios autores han supuesto que רב y כל (grandes y todos) deben estar en cierta relación, como intercambiables. Así, por ejemplo, Ahron b. Josef: "Mucho asombran todos, pero *especialmente* aquellos que contratan a necios...". Pues bien, ese especialmente (ante todo) es una expresión que no responde al contexto. Según eso, traducimos la primera línea de acuerdo con Umbreit y Hitzig; pero, al pasar a la segunda, seguimos nuestro propio método y traducimos: *donde hay mucho se saca (provecho) de todo ello.* Es decir, donde hay mucho, si se comienza bien, puede emprenderse todo (salir adelante con todo).

רב unido a כל debe tener sentido neutro, para designar no solo a muchos hombres, Éx 19, 21, sino también a muchas habilidades en sentido pecuniario y facultativo (cf. el substantivo רב, Is 63, 7; Sal 145, 7). En ese sentido, donde hay mucha "habilidad" se puede producir *mucho, donde hay mucho se puede producir todo*, desde sí mismo, por sí mismo. Desde ese fondo se entiende la antítesis de 10b: *pero la recompensa* (léase ושכר) *y el amo (que contrata por salario) al necio pasan, es decir, perecen,* son perecederos, con עברים, en el sentido de עבר, que se aplica a la paja que pasa (la lleva el viento: Is 29, 5), al rastrojo, Jer 13, 24; a la sombra, Sal 144, 4.

Lo que gana el necio se pierde, porque lo despilfarra; y el que toma a un necio a su servicio a cambio de un salario sabio se arruina con él, porque su trabajo es solo pernicioso, no útil. Ciertamente, el que mucho posee y tiene gran habilidad, puede hacer todo por sí mismo (sacando provecho de todo); pero no puede sacar provecho de la ayuda de hombres insensatos, que no solo no hacen nada, sino que, al contrario, lo destruyen todo, y de esa forma son ruinosos para aquel que, con buena intención, los asocia consigo en su obra. Que la palabra aquí empleada debe ser más exactamente ושכר, en lugar de ושכרוו, uno no puede negarlo, ni poner objeciones a ello.

## 26, 11-16.

Continúa aquí la serie de proverbios sobre los perezosos y los necios. En esa línea, el libro de los Proverbios va presentando al pueblo de Israel como un pueblo centrado en la sabiduría, entendida como entendimiento, honradez y laboriosidad.

11 כְּכֶ֗לֶב שָׁ֥ב עַל־קֵא֑וֹ כְּ֝סִ֗יל שׁוֹנֶ֥ה בְאִוַּלְתּֽוֹ׃

12 רָאִ֣יתָ אִ֭ישׁ חָכָ֣ם בְּעֵינָ֑יו תִּקְוָ֖ה לִכְסִ֣יל מִמֶּֽנּוּ׃

13 אָמַ֣ר עָ֭צֵל שַׁ֣חַל בַּדָּ֑רֶךְ אֲ֝רִ֗י בֵּ֣ין הָרְחֹבֽוֹת׃

14 הַ֭דֶּלֶת תִּסּ֣וֹב עַל־צִירָ֑הּ וְ֝עָצֵ֗ל עַל־מִטָּתֽוֹ׃

15 טָ֘מַ֤ן עָצֵ֣ל יָ֭דוֹ בַּצַּלָּ֑חַת נִ֝לְאָ֗ה לַהֲשִׁיבָ֥הּ אֶל־פִּֽיו׃

16 חָכָ֣ם עָצֵ֣ל בְּעֵינָ֑יו מִ֝שִּׁבְעָ֗ה מְשִׁ֣יבֵי טָֽעַם׃

*Proverbios 26*

¹¹ Como perro que vuelve a su vómito,
así es el necio que repite su insensatez.
¹² ¿Has visto a un hombre sabio vanidoso,
que se cree sabio por sí mismo?
*¡Más esperanza hay del necio que de él!*
¹³ Dice el perezoso, "¡Hay un león en el camino!
*¡Hay un león en medio de las calles!".*
¹⁴ Como las puertas giran sobre sus bisagras,
así también el perezoso en su cama.
¹⁵ El perezoso hunde su mano en el plato,
y se cansa de volverla a su boca.
¹⁶ El perezoso es más sabio en su opinión
que siete que responden con discreción.

**26, 11.** *Como perro que vuelve a su vómito…* La palabra שֻׁב (volver) es como שׁוּנה, un participio. Solo si la puntuación de כְּכֶלֶב fuera כככלב, la frase "que vuelve a su vómito" podría tomarse como una cláusula relativa (véase Sal 38, 14). Con respecto a על (עַל־קֵאוֹ) como designando el *terminus quo,* es decir, la finalidad, con verbos de movimiento, véase Köhler bajo Mal 3, 24. La palabra קא es igual a קיא, cf. Pr 23, 8. Lutero traduce correctamente *como un perro que devora de nuevo su vómito.* La LXX traduce ὥσπερ κύων ὅταν ἐπέλθῃ ἐπὶ τὸν ἑαυτοῦ ἔμετον (como el perro que vuelve a su vómito). Por eso, la referencia en 2Pe 2, 22, κύων ἐπιστρέψας ἐπὶ τὸ ἴδιον ἐξέραμα, no está tomada de la LXX; el Véneto no está conectado con esa cita del N.T., sino con la traducción de la LXX, a no ser que su conformidad con ella fuera meramente accidental.

Devorar de nuevo su vómito es común en el perro (véase Schulze, *Die biblische Sprichwörter, der deutschen Sprach*e p. 71s.). Es igualmente costumbre de los necios volver a sus palabras y obras pasadas de locura (véase שׁנה con ב de objeto. Pr 17, 9 ofrece una construcción común en arameo). Como dice el dicho popular: el necio siempre vuelve a caer en su necedad (cf. Wahl, *Das Sprichwort der heb.-aram. Literatur,* p. 147; Duke, *Rabbinische Blumenlese,* p. 9); así *debe* hacerlo, pues la locura se ha convertido para él en una segunda naturaleza. Pero este "debe" cesa y se supera una vez que la luz divina brilla sobre él. La LXX introduce después de Pr 26, 11 un dístico que es literalmente el mismo de Sir 4, 21.

**26, 12.** *¿Has visto a un hombre que se tiene como sabio a sí mismo? Hay más esperanza para el necio que para él.* Sobre la construcción de רָאִיתָ en forma hipotética, cf. Pr 22, 29. La segunda línea se repite en Pr 29, 20, sin cambios. ממנו, *prae eo,* es equivalente al misnáico יותר ממנו, *plus quam ei.* Así como la conversión de un pecador, que no se considera justo, es más probable que la de un hombre que se

*Segunda colección: Proverbios recopilados por "varones de Ezequías" (Pr 25–29)*

cree justo (Mt 9, 12), así la corrección de un necio, que es consciente de ello (cf. Pr 24, 7), es más probable que la de uno que se considera sabio; porque el mayor obstáculo para la conversión es creer que uno no lo necesita.[12]

**26, 13.** *El perezoso dice, hay un león en el camino; un león está por las calles.* Ha terminado un grupo de proverbios sobre los necios, y sigue un grupo sobre los perezosos. El texto original de este proverbio aparece en Pr 22, 13. El término שׁוּעָל, por no hablar de שַׁחַל, no significa chacal, aunque algunos lo traduzcan así, sino que es el nombre bíblico para el león. בֵּין es la expresión más general de בְּקֶרֶב, Is 5, 25. Al decir "por las calles" el autor está pensando en las hileras de casas que forman las calles.

**26, 14.** *La puerta gira sobre sus goznes, y el perezoso (gira) en su cama.* La comparación es clara. La puerta gira sobre sus goznes, en los que está sujeta, hacia adentro y hacia afuera, sin pasar más allá del estrecho espacio de su movimiento; así es el tonto en su cama, donde se da la vuelta de un lado al otro. Se le llama עָצֵל, porque está firmemente pegado al lugar donde se encuentra (árabe *'azila*), y no puede ser libre (en contraste con el árabe *ḥafyf*, moviéndose ágilmente, *agilis*).

La puerta se utiliza como una comparación, porque el diligente sale por ella para comenzar su trabajo afuera (Pr 24, 27; Sal 104, 23), mientras que el perezoso se revuelca en su cama, sin salir de ella (el gancho o bisagra, sobre la cual se mueve la puerta, llamada צִיר, de צוּר, girar, tiene el nombre de הַסּוֹב).[13]

**26, 15.** *El perezoso ha metido su mano en el plato, le cuesta volver a llevárselo a la boca.* Esta es una variación de Pr 19, 24; el futuro יְשִׁיבֶנָּה, allí empleado, se explica aquí mejor por נִלְאָה לַהֲשִׁיבָהּ.

**26, 16.** *El perezoso se cree sabio según su opinión, más que siete hombres que saben dar una excelente respuesta.* Entre la pereza y la presunción no tiene por qué existir una relación recíproca de dependencia. Pero este proverbio pone de relieve que un perezoso como tal puede tener el atrevimiento de considerarse más sabio que siete hombres que responden bien a lo que se les pida, y que realizan bien su trabajo. El perezoso piensa para sí que el trabajo daña la salud, embota la vida de los hombres, les impide vivir con alegrías, pues exige un esfuerzo especial, que ellos no están dispuestos a realizar. En ese sentido, el que se cree más prudente (y se niega a realizar trabajos) es, por regla general, un estúpido.

---

12. El Targum interpreta 12b en la línea de algunos códices que ponen: פְּקַח סִכְלָא טַב מִגֵּיהּ (igual a Syr *pekach, expedit, convenit, melius est*). Véase *Eiger's Zeitschr.* vi. (1868), p. 154.

13. El verbo árabe significa radicalmente girar, como los verbos persas *kashatn* y *kardydan*, y como el alemán "*werden*" crecer, girar, relacionado con *vertere* (Fleischer).

A diferencia de los que saben responder rectamente, Böttcher presenta al perezoso como *maulfaule* (hombre lento para hablar), apelando al siríaco עטל לשנא (pero en siríaco esa palabra no significa un hombre lento para hablar, sino uno de lengua vacilante, como un tartamudo.[14]

El número *siete* (referido a los siete buenos trabajadores) es el número de la multiplicidad, es decir, de un desarrollo completo (Pr 9, 1). Meri piensa, siguiendo a Esd 7, 14, en el consejo de siete que solían acompañar a los gobernantes asiáticos. Siete es un número especialmente indicado para referirse a una pluralidad, Pr 26, 25; Pr 24, 16; Pr 6, 31. Con respecto a טעם, véase Pr 11, 22.

## 26, 17-22.

A partir de aquí empieza una serie de refranes que recomiendan el amor a la paz, presentando caricaturas de lo contrario.

מַחֲזִיק בְּאָזְנֵי־ כֶלֶב עֹבֵר מִתְעַבֵּר עַל־ רִיב לְּא־ לְוֹ: ¹⁷
כְּמִתְלַהְלֵהַּ הַיֹּרֶה זִקִּים חִצִּים וָמָוֶת: ¹⁸
כֵּן־ אִישׁ רִמָּה אֶת־ רֵעֵהוּ וְאָמַר הֲלֹא־ מְשַׂחֵק אָנִי: ¹⁹
בְּאֶפֶס עֵצִים תִּכְבֶּה־ אֵשׁ וּבְאֵין נִרְגָּן יִשְׁתֹּק מָדוֹן: ²⁰
פֶּחָם לְגֶחָלִים וְעֵצִים לְאֵשׁ וְאִישׁ [מדונים] (מִדְיָנִים) לְחַרְחַר־ רִיב: פ ²¹
דִּבְרֵי נִרְגָּן כְּמִתְלַהֲמִים וְהֵם יָרְדוּ חַדְרֵי־ בָטֶן: ²²

¹⁷ El que se entremete en pleito ajeno
es como el que agarra de las orejas a un perro que pasa.
¹⁸ Como el que enloquece
y arroja dardos y flechas de muerte,
¹⁹ así es el hombre que defrauda a su amigo y dice:
"¿Acaso no estaba yo bromeando?"
²⁰ Sin leña se apaga el fuego;
y donde no hay chismoso, cesa la contienda.
²¹ El carbón es para las brasas, la leña para el fuego,
y el hombre rencilloso para provocar peleas.
²² Las palabras del chismoso parecen suaves,
pero penetran hasta lo recóndito del ser.

**26, 17.** *Como el que agarra por las orejas a un perro que pasa…* Según la acentuación, el proverbio debe traducirse con Fleischer, *qualis est qui prehendit aures*

14. El arameo עטל corresponde al hebreo עצל, así como עטא corresponde a עצה; pero en árabe no corresponde a *'atal*, sino a *'azal*.

*Segunda colección: Proverbios recopilados por "varones de Ezequías" (Pr 25–29)*

*canis, talis est qui forte transiens ira abripitur propter rixam alienam (eique temere se inmiscet),* como el que agarra las orejas de un perro es aquel que pasando se llena de ira por una disputa ajena, en la que se inmiscuye temerosamente. Dado que la advertencia va en contra de uno que se inmiscuye de manera injustificada en una disputa ajena, se podría haber usado la expresión מתערב בדין (Pr 14, 10), conforme a la traducción del Siríaco. Pero la forma על־ריב corrobora la originalidad de מתעבר (véase Pr 14, 16; Pr 20, 2).

La forma de colocar sin ninguna conexión a los dos participios (עֹבֵר מִתְעַבֵּר) resulta desconcertante. ¿Por qué no se pone עבר ומתעבר? Ciertamente porque no se quiere decir que airándose pasa de largo, sino que al apasionarse se detiene. En esa línea, el targumista traduce עבר en el sentido de estar enojado, pero eso va en contra del *usus loquendi* hebreo. Por lo tanto, tenemos que aceptar la conjetura de Euchel y Abramsohn, diciendo que עבר pertenece a כלב, en el sentido de un perro que pasa por allí.

Agarrar al propio perro por la oreja no es peligroso, pero no es recomendable hacerlo con un perro extraño, no conocido, que pasa por allí. Por lo tanto, עבר pertenece como un atributo necesario al perro. Agarrar a un perro que pasa accidentalmente es como inmiscuirse en una disputa con la que uno no tiene relación, una lucha que es accidental, extraña para uno, que no le concierne עַל־רֵיב לֹא־ לֹו (sobre el *makkeph*, cf. Baer, *Genesis*, p. 85, nota 9). Quien se excita con pasión por una contienda que no le pertenece, es como quien agarra por las orejas (la LXX arbitrariamente, *por la cola*) a un perro que pasa; tanto en un caso como en el otro, el que obra de esa forma trae el mal sobre sí mismo por ello.

**26, 18-19.** *Como quien arroja tizones, y flechas, y muerte…* Estos dos versos forman un tetraestico. Las traducciones antiguas de מתלהלה son muy diversas. Aquila traduce esa palabra por un hombre κακοηθιζόμενος; Símaco, πειρώμενοι; Syr., vanaglorioso; Jerónimo, *noxius* (perjudicial); por su parte, Lutero pone *secreto*. Por lo tanto, no hay una traducción dominante y constante. Kimchi explica la palabra por השתגע (el Véneto ἐξεστώς); Aben Ezra pone השתטה (de שטה), comportarse irreflexivamente, tontamente; pero ambos confunden esa palabra con otra derivada de ותלה, Gn 47, 13, que se forma de להה y no de להה, y se relaciona con לאה, según la cual מתלהלה designaría *el que se esfuerza* (Rashi, המתיגע), o el que se evade (Saadia: un hombre que no sabe qué hacer y que, estando cansado, pasa su tiempo haciendo cosas inútiles, como esas, arrojar tizones, etc.).

La raíz לה, להה de la que proviene la forma התלהלה (como התמהמה, de מהה, מה) nos sitúa ante otra idea primaria. La raíz לה está presente en la palabra árabe âliha (véase Fleischer, *Comm. zur Genesis*, p. 57) y también en las palabras, *waliha y taliha,* formadas a partir del octavo sentido de este verbo (*aittalah*), con el significado fundamental de *tener un malestar interior y exterior.* Estos verbos se

Proverbios 26

usan para indicar el efecto del miedo (retroceder, perder el autocontrol). El siríaco pone *otlahlah*, estar aterrorizado, *obstupescere*, confirmando así esta concepción primaria, que se conecta con la raíz לה. En consecuencia, el que dispara todas las posibles flechas que traen la muerte es considerado como alguien que está fuera de sí, alguien de mente confusa. Así se usan las formas pasivas árabes de *âlah* y *talah*.

La referencia de Schultens a *lâh micare*, brillar (en árabe) según la cual כמתלהלה debe significar *sicut ludicram micationem exercens* (Böttcher, uno que se esfuerza en un juego malsano). La traducción de Malbim, uno que se burla (de התל), debe ser rechazada, porque מתלהלה debe estar en oposición directa a משׂחק. Por otra parte, la comparación de Ewald con *wâh* y *akhkh* de (árabe), estar enredado, distorsionado y con *lâh*, estar velado, confunde palabras que son heterogéneas. Con respecto a זקים (de זנק), flechas ardientes, véase Is 50, 11.

La muerte se evoca aquí en tercer lugar (וָמֶת) no como parte integral de los dos males anteriores (tizones y flechas), sino como un clímax de esos males, en el sentido de *incluso la muerte misma*. La partícula כֵּן־ de la oración principal (26, 19), correlativa a la כ de la cláusula contigua, tiene el *makkeph* en nuestras ediciones; pero las leyes del *makkeph* métrico exigen que se ponga כן אישׁ (con *munach*), como ocurre, por ejemplo, en Cód. 1294. Un hombre que da rienda suelta a su malicia contra el prójimo, y luego dice *solo estoy bromeando, solo tengo una broma contigo, ¿no ves que...* (הלא, como el árabe *âlâ*), viene a presentarse a sí mismo como un loco, como un hombre que en una rabia ciega esparce a su alrededor flechas mortales.

**26, 20.** *Donde no hay leña, allí se apaga el fuego; y donde no hay chismoso, cesa la contienda.* Siguen ahora unos proverbios relacionados con *nirgân* (נִרְגָּן), el calumniador. A la madera, como material para construir casas, etc. o para quemar, se le llama עצים. Dado que אפס indica el fin de una cosa y, por lo tanto, expresa que ya no existe resulta normal que se aplique a la madera que se quema (cf. Fleischer, *consumtis lignis*: בְּאֶפֶס עֵצִים); esa expresión se usa para el chismoso, de quien en 26, 20b se dice lo mismo que en Pr 22, 10, refiriéndose al escarnecedor.

**26, 21-22.** *Carbones negros para brasa, y leña para fuego, así es el hombre rencilloso para suscitar contiendas.* El Véneto traduce פחם por καρβών y גחלת por ἄνθραξ; la primera palabra (de פחם, árabe *faḥuma*, ser negro profundo) es el carbón en sí mismo; la última (לְגֶחָלִים de גחל, *jaham*, prender fuego en intransitivo en el sentido de quemar) es el carbón en estado incandescente (ἄνθραξ; cf. Pr 25, 22; Ez 1, 13). El carbón negro es adecuado para encender el fuego y nutrirlo al principio; la leña es después necesaria para sustentarlo. De un modo semejante, un hombre contencioso es adecuado y sirve para este propósito, para encender la contienda. חרר significa estar caliente, y el *piel* חרחר, calentar, es decir, hacer caliente o más

597

*Segunda colección: Proverbios recopilados por "varones de Ezequías" (Pr 25–29)*

caliente. Los tres, el carbón, la madera y el hombre contencioso, son similares en cuanto a que son un medio para un fin.

## 26, 23-28.

Los proverbios que siguen tratan de temas vinculados con la hipocresía, es decir, con el arte de fingir, de forma que una apariencia exterior de brillantez esconde un interior de odio y destrucción. Sobre las formas alemanas *gleisen* (ofrecer una apariencia exterior engañosa) *gleissen* (ofrecer una apariencia brillante, cf. Schmitthenner-Weigand, *Deutsches Wörterbuch*).

23 כֶּסֶף סִיגִים מְצֻפֶּה עַל־חָרֶשׂ שְׂפָתַיִם דֹּלְקִים וְלֶב־רָע:

24 [בשפתו] (בִּשְׂפָתָיו) יִנָּכֵר שׂוֹנֵא וּבְקִרְבּוֹ יָשִׁית מִרְמָה:

25 כִּי־יְחַנֵּן קוֹלוֹ אַל־תַּאֲמֶן־בּוֹ כִּי שֶׁבַע תּוֹעֵבוֹת בְּלִבּוֹ:

26 תִּכַּסֶּה שִׂנְאָה בְּמַשָּׁאוֹן תִּגָּלֶה רָעָתוֹ בְקָהָל:

27 כֹּרֶה־שַּׁחַת בָּהּ יִפֹּל וְגֹלֵל אֶבֶן אֵלָיו תָּשׁוּב:

28 לְשׁוֹן־שֶׁקֶר יִשְׂנָא דַכָּיו וּפֶה חָלָק יַעֲשֶׂה מִדְחֶה:

²³ Como escorias de plata arrojadas sobre un tiesto,
son los labios enardecidos y el corazón vil.
²⁴ El que aborrece disimula con sus labios,
pero en su interior trama el fraude.
²⁵ Cuando hable amigablemente, no le creas;
porque siete abominaciones hay en su corazón.
²⁶ Aunque con engaño encubra su odio,
su maldad será descubierta en la congregación.
²⁷ El que cava fosa caerá en ella;
y al que hace rodar una piedra,
esta le vendrá encima.
²⁸ La lengua mentirosa atormenta a su víctima,
y la boca lisonjera causa la ruina.

**26, 23.** *Escorias de plata esparcidas...* La escoria de plata, *glätte* (en francés, *litargirio*), es una combinación de plomo y oxígeno (Lutero, *silberschaum*; latín *spuma argenti*, con apariencia de espuma) que, en el antiguo proceso de producción de la plata, se separaba del metal. Todavía hoy se usa para glasear la cerámica (griego, κέραμος), que aquí se llama brevemente חרשׂ por כלי חרשׂ; porque la vasija es mejor en apariencia que el mero tiesto.

Ese vidriado de la loza se llama צפה על־חרש, y se puede aplicar a cualquier tipo de cubierta (צפה, raíz צף, extender) de un material menos costoso con otro que es más precioso. 23a contiene la figura y 23b su aplicación, שְׂפָתַיִם דֹּלְקִים וְלֵב רַע (labios resplandecientes y corazón malo: שְׂפָתַיִם דֹּלְקִים וְלֵב־רָע). Así, con la eliminación del *makkeph* según algunos códices, se estaría diciendo: labios ardientes y corazón helado. De esa forma se indicaría que las seguridades de la amistad, selladas con besos ardientes, solo sirven para enmascarar un corazón muy distinto, sin amor.

La LXX traduce דלקים (ardiente) por λεῖα, y así han leído חלקים (suave), que Hitzig prefiere, sin razón. Según eso, tenemos unos labios ardientes (Jerónimo, incorrectamente, *tumentia*; Lutero, según Dt 32, 33, חמת, *Gifftiger mund* que puede traducirse como una boca venenosa). Se trata, según eso, de labios halagadores y al mismo tiempo hipócritas.[15]

He analizado ya en otro lugar de este mismo comentario el significado de שפתים como masculino. Por su parte, לב רע significa, en Pr 25, 20, *animus maestus;* ánimo mezclado, aquí *inimicus,* enemigo. La figura es excelente, uno puede considerar una vasija con el brillo plateado como plata y, sin embargo, por dentro es de barro; y además lo que le da aspecto de plata no es plata propiamente dicha, sino solo el desecho (espuma) de plata. Ambos motivos son aptos para nuestra comparación: esta es la gran falsedad, cuando solo brillan como fuego los labios de una persona, pero su corazón está lleno de maldad (Heidenheim).

**26, 24.** *El que odia disimula con sus labios, pero su corazón piensa en engaño.* Todos los traductores antiguos (también el Véneto y Lutero) dan a יגכר el significado de conocer; pero el *nifal* así como el *hitpael* (véase Pr 20, 11; Gn 47, 17) tienen, además de ese significado (conocer) el de *darse a conocer* y el de hacerse desconocido, irreconocible, lo mismo que en árabe, *tanakkr,* cambiando, por ejemplo, la ropa o la expresión del semblante.[16]

El contraste exige aquí que esa palabra tenga sentido negativo: *labiis suis alium se simulat esse, intus in pectore autem reconditum habet dolum* (por sus labios simula ser distinto, pero en lo profundo del pecho lleva escondido el engaño,

---

15. Schultens explica esos labios mentirosos como *volubiliter prompta et diserta*. Pero podemos traducir según el árabe *dhaluḳa*, que se trata de unos labios ligeros y fáciles de mover, pero mentirosos (cf. Fleischer, *BeiträGn zur arabischen Sprachkunde* donde estudia el sentido de la humedad de la punta de la lengua a partir de la palabra *dhalḳiytt*, Pr 1, 26-27; cf. de Sacy, *Grammatik*), y *dalḳ*, sacar (la espada de su vaina), enjuagar (con agua), que tiene el significado del hebreo דלק, quemar, de la raíz דל, que evoca el movimiento parpadeante de la llama como si fuera una lengua de fuego.

16. Cf. de Goeje, *Fragmenta Historia Arabiae* ii. (1871), p. 94. El verbo נכר, se utiliza principalmente para fijar la atención de uno, para contemplar cualquier cosa, de donde se derivan los significados de saber y no saber. El relato del origen de estos significados contrastados, en Gesenius-Dietrich, *Léxico*, es esencialmente correcto, pero el árabe *nakar* se refiere allí a los medios, no a la agudeza de la mente, de manera que *nakar*, igual a הכיר, puede tener también un significado negativo, y en esa línea uno que es *nakar* es digno de ser repudiado, porque actúa con astucia, aunque a veces la astucia se interpreta *in bonam partem*, en forma de sagacidad.

*Segunda colección: Proverbios recopilados por "varones de Ezequías" (Pr 25–29)*

Fleischer). Esta interpretación de יְשִׁית מִרְמָה es más correcta que la de Hitzig ("en su pecho prepara la traición"), porque שִׁית מִרְמָה debe traducirse en la línea de Sal 13, שִׁית עֵצוֹת, pero no en la de Jer 9, 7; porque uno dice שִׁית מוֹקְשִׁים, *poner trampas*, שִׁית אֹרֵב, *poner emboscadas*, y otras cosas parecidas, pero no *poner engaños*.

Si un mentiroso habla con una voz agradable (*piel* de חָנַן), no confíes en él (הֶאֱמִין, con בְּ, confiar firmemente en cualquier cosa, véase Gen, p. 312), porque siete abominaciones, es decir, toda una multitud de pensamientos y designios abominables, anidan en su corazón. Este es un hombre que, según la expresión de Mt 12, 45, está poseído interiormente por siete demonios.[17] La LXX desarrolla el pensamiento de 24a, evocando a un enemigo que, bajo presión o tortura, hace todas las concesiones posibles, pero que en su corazón está lleno de engaños, τεκταίνεται δόλους. Esa interpretación de la LXX es muy cierta, pero no responde al texto hebreo.

**26, 25-26.** *Aunque hable bien, no le creeréis, porque hay siete abominaciones en su corazón. Su odio se cubre con engaño, su maldad será mostrada ante toda la asamblea.* Hay pocos proverbios que comiencen con el futuro; sin embargo, como hemos visto en Pr 12, 26, pueden encontrarse algunos en el conjunto del libro. Este es uno de los pocos de ese tipo; porque el hecho de que la LXX y otros traduzcan רָעָתוֹ por ὁ κρύπτων, no requiere que estemos de acuerdo con Hitzig al leer הכסה en presente en vez de תְּכַסֶּה (cf. Pr 12, 16; Pr 12, 23). Las dos cláusulas de 26, 25, tienen una fuerte relación sintáctica, como también, las de Job 20, 24. Así se relacionan las dos frases: (a) cuando hable no le creas (26, 25); (b) aunque se cubra con engaño, su maldad será descubierta (mostrada).

El hecho de que בְּמַשָּׁאוֹן (con engaño) se traduzca en la LXX por συνίστησι δόλον, no puede llevarnos a leer el texto hebreo en la línea de Hitzig (como si dijera חֹרֶשׁ אָוֶן) porque es muy aventurado andar buscando el posible texto de fondo hebreo cuando lo hemos querido traducir de un modo distinto y después nos empeñamos en encontrar el sustrato hebreo del texto que hemos traducido así, sin respetar lo que dice el texto actual de la Biblia.

Ciertamente, esa palabra, בְּמַשָּׁאוֹן podría desdoblarse como hace Hitzig (como si fuera חֹרֶשׁ אָוֶן). Pero ella podría referirse también a מַשּׁוּאוֹת (véase comentario a Sal 23, 1-6, 18), a partir de שׁוֹא que tiene el mismo significado que שָׁאָה, y que puede traducirse en el sentido de *confundirse, desperdiciarse*, como hacen

---

17. Conforme a la palabra הֶאֱמִין, la idea fundamental de firmeza, está siempre en el sujeto, no en el objeto. Los intérpretes árabes comentan que âman con בְּ expresa reconocimiento, y con לְ sumisión (véase Lane, Léxico con âman; pero en hebreo הֶאֱמִין con בְּ significa *fiducia fidei*, la confianza de la fe, y con לְ *assensus fidei*, el asentimiento de la fe). Según eso, el sentido de la frase en árabe y en hebreo no es totalmente el mismo.

Parchon, Kimchi (el Véneto pone ἐν ἐρημί), Ralbag y otros. De todas formas, la palabra משאון, con el sentido de ocultación más profunda, está en contraste con קהל (una asamblea donde se aclara el sentido de las cosas). Todo nos lleva a pensar que el autor de este proverbio ha elegido esa rara palabra para poner de relieve el carácter superlativo (intenso) del engaño, que es su forma de actuar con relación a su prójimo.

Esa es también la impresión que esa palabra ha causado en Jerónimo, quien acusa al simulador de actuar *fraudulenter* (de un modo fraudulento). Por su parte, el Targum afirma que este hombre actúa de un modo destructivo (במורסתא) y Lutero concluye diciendo que todo su empeño consiste en hacer daño. Así lo han explicado, también, por ejemplo, C. B. Michaelis y Oetinger (naturaleza engañosa y disimulada).

La puntuación de תכסה (תִּכַּסֶּה שִׂנְאָה) aparece en los códices y en las ediciones presentes en tres formas distintas. Buxtorf en su *Concordancia Primera* y la Biblia Rabbinica de Basilea ponen תכסה, pero esa puntuación es un error, pues debe leerse תכסה (en *nifal*) o תכסה (en *hitpael*), con asimilación del performativo ת que encontramos en הכבס, Lv 13, 55 o en נכפר, Dt 21, 8. Kimchi, en su *Wörterbuch*, pone תכסה, lectura que ciertamente está mejor respaldada.

Nuestra traducción pone de relieve el contraste entre במשאון (con engaño) y בקהל (en la asamblea), aunque no traducimos como Ewald, "el odio busca ocultarse mediante la hipocresía", sino *en el trabajo engañoso*. No relacionamos רעתו con במשאון, sino con שנאה, porque el odio se pone especialmente en relación con las personas. Por 26b descubrimos que el odio se refiere no solo al que trama el mal, sino también a quien lo ejecuta. Tal odio puede ocultarse en un engaño astutamente ideado, pero al final la maldad de los que odian se manifiesta claramente, sin máscara, ante la luz de la asamblea.

**26, 27.** *El que cava un hoyo cae en él; y la piedra que uno hace rodar termina golpeando a quien la rueda.* El pensamiento de que la destrucción preparada para otros recae sobre su autor, ha encontrado su expresión en muchas partes y se ha plasmado en diversas formas de dichos proverbiales. La forma que aparece aquí, en 26, 27a tiene su original más antiguo en el Sal 7, 16 (de donde se toma este proverbio) y en Ec 10, 8, con Ben Sira 27, 26.

Con respecto a כרה, véase Pr 16, 27. בה aquí tiene el sentido de *in eam ipsam* (en ese mismo pozo cae el que lo ha cavado). En francés, este proverbio dice: *celui qui creuse la fosse, y tombera;* en italiano, *chi cava la fossa, cade in essa* (en ambos casos con el mismo sentido: *quien cava una fosa cae en ella*). La segunda línea de este proverbio concuerda con el Sal 7, 17 (véase Hupfeld y Riehm sobre ese pasaje). También se puede pensar en alguien que arroja la piedra, pero de forma que al caer le aplasta; cf. Sir 27, 25, ὁ βάλλων λίθον εἰς ὕψος ἐπὶ κεφαλὴν αὐτοῦ

*Segunda colección: Proverbios recopilados por "varones de Ezequías" (Pr 25–29)*

βάλλει, es decir, la piedra que arroja hacia arriba cae sobre su propia cabeza. וגלל אבן tiene sintácticamente el mismo sentido de Pr 18, 13.

**26, 28.** *La lengua mentirosa odia a los que la afligen; y la boca lisonjera causa ruina.* La LXX, Jerónimo, el Targum y Syr. traducen ישֹׁנא דכיו en el sentido de *non amat veritatem* (no ama la verdad), y así parece que han interpretado דכיו partiendo del arameo דכיא, lo que es puro; y de esa forma obtienen un pensamiento que sin duda es claro (los mentirosos odian la verdad). Muchos intérpretes judíos glosan esa palabra y ponen מוכיחיו, tomándola también como si fuera aramea.

דכיו es igual a מדכיו; pero el arameo דכי no significa puro en el sentido *de tener razón,* sino que, como dice Elia Wilna, esa palabra se refiere a uno que desea justificarse. En esa línea, esta violenta derivación de la palabra a partir del arameo no logra probar lo que pretende. Lutero traduce "una lengua falsa odia a los que la castigan", y razona esa traducción lo mismo que hará Gesenius identificando a los *conterentes* (los que disputan) con los *castigantes ipsam* (los que castigan o afligen la lengua). El término דך, según el uso del lenguaje, significa "magullado" en sentido pasivo (véase Sal 9, 10), no "el que se magulla" (en sentido activo). En esa línea, el pensamiento de que el mentiroso odia a quien le escucha conduce al absurdo; en cambio, es lógico que se diga que "el mentiroso no ama a quien le golpea o magulla", es decir, a quien le castiga por mentir.

Kimchi afirma que דכיו es otra forma de כאד. Por su parte, Meri y Jona Gerundi en su obra ética (שערי תשובה, *Las puertas del arrepentimiento*) y otros, de un modo consecuente, traducen דכיו en el sentido de ענו (עניו), de manera que el texto puede traducirse así: *la lengua mentirosa odia —como traduce Löwenstein— al humilde (*piadoso*).* Ciertamente, por lo que se refiere a דכיו, omitiendo la ו, se podría leer דכי igual a זכי; pero esto no armoniza con la segunda mitad del proverbio, según la cual לשׁון שׁקר debe ser el sujeto y ישֹׁנא דכיו debe expresar algún tipo de mal que procede de la lengua.

Ewald traduce "la lengua mentirosa odia a su amo (אדניו)", pero eso no está de acuerdo con el estilo hebreo, pues la palabra en ese caso debería haber sido בעליו. Hitzig apoya este אדניו, con el comentario de que la lengua está aquí personificada; pero en ese caso tendría que haberse dicho "el que tiene la lengua…" (Sal 120, 3). La conjetura de Böttcher ישֹׁנא דכיו, "confunde su conversación", no es más que una pura curiosidad.

Teniendo eso en cuenta, para obtener el sentido del proverbio ¿tendremos que descubrir primero el significado de 28a? Rashi, Arama y otros refieren דכיו a דכים igual a נדכאים o מדכים. Así hace quizás también el Véneto que traduce τοὺς ἐπιτριμμοὺς (no, ἐπιτετριμμένους) αὐτῆς (a los que le afligen).

C. B. Michaelis traduce: *lingua falsitatis odio habet contritos suos, id est. eos quos falsitate ac mendacio laedit contritosque facit* (la lengua falsa odia a los que le afligen, es decir, a los que le daña con su falsedad y mentira). Hitzig objeta que es más correcto decir, *conterit perosos* sibi (aplasta a los que le odian). En este sentido se podría hablar de una transposición poética de las ideas (*Hypallag*): *homo qui lingua ad calumnias abutitur conterit eos quos odit* (el hombre que abusa calumniando a los demás, hiere a aquellos a los que odia. Ciertamente, el poeta pone en el centro de este proverbio el odio, pero no dice el mentiroso hiere a quienes odia. Si quisiera decirlo tendría que haberlo dicho más claro.

Ciertamente hay hombres que encuentran placer en repetir los males del prójimo, de un modo escandaloso, sin ser conscientes de que lo hacen por odio hacia ellos. Pero este proverbio supone que esas acusaciones falsas proceden de una transgresión del mandamiento que dice "no odiarás a tu hermano", Lv 19, 17; según eso, esas acusaciones no provienen simplemente de una falta de amor, sino de un estado mental que es directamente opuesto al amor (véase Pr 10, 18).

Ewald encuentra incongruente que 28a trate de aquello que tienen que sufrir otros, a causa de una lengua mentirosa. Pero más que el sufrimiento de los otros, este proverbio pone de relieve el hecho de que el calumniador, calumniando a otros, se destruye a sí mismo.

De la destrucción que la mala lengua causa en los demás hablan también muchos proverbios, por ejemplo, Pr 12, 13, cf. Pr 17, 4, הַוֺּת לְשׁוֹן. Pues bien, 28b no dice que la lengua suave/calumniadora (escrito וּפֶה חָלָק con *makkeph*) se daña a sí misma (una idea que debería expresarse de otra manera; cf. Pr 14, 32), sino que trae daño y ruina a aquellos que sienten placer en sus halagos (חלקות, Sal 12, 3; Is 30, 10), y son engañados por ellos: *os blandiloquum (blanditiis dolum tegens) ad casum impellit, sc. alios* (la boca de los calumniadores, es decir, de los que tejen engaños con calumnias, impulsan a hacer mal a otros, es decir, a que otros hagan también el mal, *Fleischer*).

## Proverbios 27

### 27, 1-6.

En este grupo, cada dos proverbios forman un par. El primero está dirigido en contra de la jactancia indecorosa.

1 אַל־ תִּתְהַלֵּל בְּיוֹם מָחָר כִּי לֹא־ תֵדַע מַה־ יֵּלֶד יוֹם׃

2 יְהַלֶּלְךָ זָר וְלֹא־ פִיךָ נָכְרִי וְאַל־ שְׂפָתֶיךָ׃

3 כֹּבֶד־ אֶבֶן וְנֵטֶל הַחוֹל וְכַעַס אֱוִיל כָּבֵד מִשְּׁנֵיהֶם׃

4 אַכְזְרִיּוּת חֵמָה וְשֶׁטֶף אָף וּמִי יַעֲמֹד לִפְנֵי קִנְאָה׃

5 טוֹבָה תּוֹכַחַת מְגֻלָּה מֵאַהֲבָה מְסֻתָּרֶת׃

6 נֶאֱמָנִים פִּצְעֵי אוֹהֵב וְנַעְתָּרוֹת נְשִׁיקוֹת שׂוֹנֵא׃

*Segunda colección: Proverbios recopilados por "varones de Ezequías" (Pr 25–29)*

¹ No te jactes del día de mañana,
porque no sabes qué dará de sí ese día.
² Que te alabe el extraño, y no tu propia boca;
los ajenos y no tus propios labios.
³ Pesada es la piedra; también la arena pesa.
Pero el enojo del insensato es más pesado que ambas.
⁴ Cruel es la ira e impetuoso el furor;
pero ¿quién podrá mantenerse en pie delante de los celos?
⁵ Mejor es la reprensión manifiesta que el amor oculto.
⁶ Fieles son las heridas que causa el que ama,
pero engañosos son los besos del que aborrece.

**27, 1.** *No te jactes del mañana...* La ב de בְּיוֹם expone el motivo de jactancia como, por ejemplo, la de Pr 25, 14. Uno se jacta del mañana al jactarse de lo que entonces hará y experimentará. Esta jactancia es necia y presuntuosa (Lc 12, 20), porque el futuro es de Dios. Ningún momento del futuro está en nuestro poder, no sabemos lo que dará de sí (lo que dará a luz) este día de hoy o el de mañana (Stg 4, 13), no sabemos lo que revelará (cf. Sof 2, 2),y, por lo tanto, no podemos ordenar ni resolver nada de antemano a ese respecto.

En lugar de לֹא־ חֵדַע (con *kametz* y *mugrash*), debe escribirse אַל־תֵדַע (como escribe, por ejemplo, el Códice Jaman del Yemen). La *Masora* no sabe nada de esa forma de pausa que marca el texto actual. Y, por su parte, las מַה־ יֵּלֶד יוֹם las escribimos con *zinnorith*. יֵלֶד antes de יום tiene el tono retrocedido en la penúltima y, en consecuencia, tiene la última sílaba abreviada; la Masora cuenta esta palabra entre las veinticinco que se escriben solo con *tsere*.

**27, 2.** *Que te alabe otro hombre, y no tu propia boca; un extraño, y no tus propios labios.* El לֹא negativo está con פִיךָ, como en (árabe) *ghyra fyk*, que no te alabe tu propia boca (Fleischer), tus propios labios. זר es propiamente el extranjero, el que no forma parte del propio pueblo, como si fuera un hombre venido de lejos, esto es, de una tierra que no es la propia, pero que resulta conocida. Por su parte, נכרי es el que viene de un país desconocido, de manera que él mismo es desconocido (véase Pr 26, 24); la idea de ambas palabras, sin embargo, pasa de *advena* (el que viene de fuera) y alienígena de *alius* (el otro, sin más).

Ciertamente en algunos casos la alabanza hacia uno mismo está autorizada porque es exigida (2Co 11, 18); una alabanza que no brota de un deseo de vanagloria propia, sino que ha de ofrecerse incluso en contra de la propia voluntad, porque así lo exige la verdad (Pr 10, 13). Pero en general es impropio que uno se aplauda a sí mismo, porque es vano mirarse en el propio espejo y alabarse a sí mismo. Ese tipo de alabanza propia es indecente, porque relega a los demás a la

Proverbios 27

sombra y solo se fija en uno mismo. Es imprudente, porque no sirve para nuestro bien, sino que solo nos daña. Así se dice en latín: *propria laus sordet* (la alabanza propia mancha). Y Stobus añade: οὐδὲν οὕτως ἄκουσμα φορτικὸν ὡς καθ᾽ αὑτοῦ ἔταινος (con el sentido de "ninguna alabanza es más inconveniente que la que uno se da a sí mismo"). Cf. proverbio alemán, "el elogio propio apesta, el elogio de un amigo huele mal, el elogio de un extraño es valioso").

**27, 3.** *Pesada es la piedra, y pesada la arena; pero la ira del necio es más pesada que ambas.* No traducimos, *Gravis est petra et onerosa arena* (pesada es la piedra, onerosa o cansadora la arena…), pues los sustantivos representan los objetos (piedra y arena), pero no la acción humana, como los adjetivos correspondientes (cf. Fleischer, con la LXX, Jerónimo, Syr. y Targum). Los dos pares de palabras están, como en 4a, en relación de genitivo (cf. por el contrario, Pr 31, 30), y es como si el poeta dijera: represéntate a ti mismo, piensa en el peso de una gran piedra y el de la arena, y descubrirás que la ira de un necio es aún más pesada para el que tiene que soportarla. No es pesada para el mismo necio (Hitzig, Zöckler, Dächsel), sino para aquellos contra quienes se desata esa ira.

Un proverbio judío (véase *Tendlau*, No. 901) dice que uno conoce a un hombre por su copa de vino (כוס), su bolsa de dinero (כיס) y su ira (כעס), es decir, por su forma de comportarse en un conflicto. Otro dice que uno descubre a un hombre ביום כעסו, cuando está de mal humor. Así también כעס debe entenderse este proverbio: el necio en un estado de excitación airada e iracunda es tan poco dueño de sí mismo que se debe temer lo peor de su conducta: se exacerba y muestra odio, y se enfurece sin ser apaciguado; nadie puede calcular lo que puede intentar, su comportamiento es insoportable. En esa línea, la arena חול resulta innumerable por su masa, insoportable por su peso, Job 6, 3. Conforme a su etimología, el Véneto traduce וְגֵטֶל por ἅρμα (carro de guerra).[18]

**27, 4.** *Cruel es la ira e impetuoso (violento) el furor, pero ¿quién podrá mantenerse ante la envidia?* Aquí también los dos pares de palabras de 4a están conectados. La palabra אַכְזְרִיּוּת (que el Cód. Jaman de Yemen escribe incorrectamente אכזריות), según la forma de su conexión con otra palabra (con חֵמָה), véase אכזרי, Pr 5, 9. Imaginemos la rabia ciega e implacable, con una excitación e irritación extremas, un desbordamiento de ira como una inundación que arrastra todo con ella. Estos paroxismos de ira no suelen durar mucho y es posible apaciguarlos; pero los celos (קִנְאָה) son una pasión que no solo se enciende siempre más, sino que no conoce

---

18. La arena recibe el nombre de חול חיל (girar) por su giros o cambios, formando montículos y círculos, de donde viene la palabra árabe *al-Habil*, región de la arena en movimiento; véase Wetzstein, *Nord-arabien*, p. 56.

605

*Segunda colección: Proverbios recopilados por "varones de Ezequías" (Pr 25-29)*

calma; fermenta incesantemente a través de la mente, y cuando irrumpe destruye sin remedio a su objeto.

Fleischer generaliza esta idea, "la enemistad que proviene del odio, la envidia o los celos, es difícil o del todo imposible de resistir, ya que pone en funcionamiento todos los medios, tanto secretos como abiertos, para dañar al enemigo". Pues bien, en la línea de Pr 6, 34, cf. Sol 8, 8, este "celo" se refiere particularmente a la pasión del amor despreciado, mortificado, engañado y, en esa línea, se produce sobre todo en las relaciones entre marido y mujer.

**27, 5.** *Mejor es acusación abierta que amor secreto.* El tercer par de proverbios, deja a un lado el amor entre esposos, y se ocupa en especial del amor entre amigos. Este es un dístico integral. La palabra אהבה (מֵאַהֲבָה) tiene *munach*, y en lugar del segundo *metheg* tiene *tarcha*, conforme a los principios de *Thorath Emeth*, p. 11.

Zöckler, con Hitzig, traduce incorrectamente: *mejor que una acusación abierta que un amor que, por falsa indulgencia, oculta las faltas del prójimo, cuando debería decírselas…* Pero esa traducción requeriría que מְסֻתָּרֶת se hubiera escrito de un modo distinto. Para acomodar el texto a ese significado, Dächsel traduce: *la censura encubierta es amor descubierto.* Peor que la censura es el amor descuidado, indiferente (que no es capaz de manifestar al otro sus errores). El amor sin disciplina mutua (sin corrección) es débil, pusilánime. Si el amigo no es capaz de decir al amigo aquello que es digno de reproche su amor se convierte en pura indiferencia, es decir, en amor sin conciencia.

Conforme a este proverbio es mejor ser corregido por cualquiera, enemigo o amigo, de manera valiente e incluso severa, a causa de alguna falta cometida, que ser objeto de un amor que puede existir de hecho en el corazón, pero que no logra manifestarse en actos externos. Hay hombres que continuamente nos dicen que su amor es real y profundo, pero que, cuando es necesario mostrarlo, ayudándonos a ser mejores no lo hacen; esos son como un torrente que está seco cuando uno espera beber de él, cuando necesita su agua, su corrección (cf. Job 6, 15).

Ese amor "secreto" o, mejor dicho, confinado en el corazón, no es נסתרת, sino מְסֻתָּרֶת, como un fuego que, cuando arde en secreto, ni alumbra ni calienta. Mucho mejor que ese falso amigo es cualquiera que franca y libremente diga la verdad porque, aunque nos duela, nos hace bien. Por el contrario, el amor escondido que no corrige nos engaña y nos deja sin salida, en la estacada, cuando es necesario amarnos, no solo de palabra y con la lengua, sino de hecho y en verdad (1Jn 3, 18). Con razón dice Fleischer, *praestat correptio aperta amicitiae tectae*, es decir (nos ayuda más la corrección abierta que la amistad escondida. Una amistad que no se prueba, que no se expresa, cuando es necesario, no es verdadera.

**27, 6.** *Fieles son las heridas del amigo, y sobrecargados (abundantes) los besos de un enemigo.* El contraste se formula entre נֶאֱמָנִים, *verdadero*, es decir, honorable y bueno y וְנַעְתָּרוֹת, *fraudulento* (Jerónimo), es decir, falso (Ralbag); Ewald deduce esta idea de עתר, tropezar, dar un paso en falso;[19] Hitzig piensa que עתר equivale (en árabe) a *dadhr*, de donde *dâdhir*, *perfidus*. Pero: (1) esa comparación no parece posible ya que por lo general el árabe *t* corresponde al hebreo שׁ, y el árabe *d* al hebreo ז; (2) por otra parte, el hebreo עתר tiene ya tres significados, y no es aconsejable cargarlo con otro significado asumido para este pasaje, y que no se encuentra en ningún otro lugar. Los tres significados de עתר son los siguientes:

(a) *Humo*, arameo עטר, de donde viene עתר, vapor, Ez 8, 11, según lo cual el Véneto, con Kimchi y Parchon (cf. Lexikon), traducen *los besos de un enemigo*, συνωμίχλωνται, es decir, son niebla.

(b) *Sacrificar*, adorar, árabe *atar*; según el cual Aquila pone ἱκετικά (una palabra que, como dice Grabe, probablemente ha de entenderse como ἑκούσια, agradable, en el sentido de la LXX); en esa línea, partiendo del *nifal*, aunque quizá de un modo demasiado artificial, Arama traduce "un amor obtenido por súplicas insistentes".

(c) *Amontonar*, de donde se obtiene el *hifil* העתיר, Ez 35, 13, cf. Jer 33, 6, según el cual Rashi, Meri, Gesenius, Fleischer, Bertheau y la mayoría de los autores piensan que ese עתר es cognado de עשׁר que, en arameo, en la forma עשׁר, significa un montón de bienes o tesoros (cf. sobre esta, Schlottmann en *Deutsch. Morgenl. Zeitschrift*, xxiv. 665, 668).

Esta tercera acepción supone que los besos de un enemigo son demasiado abundantes, pero incapaces de velar el odio, como los besos con los que Judas traicionó a su Señor, unos besos que son criticados por el evangelio, pues no son besos de amor, con φιλεῖν, sino de envidia, con καταφιλεῖν, Mt 26, 49. Así queda claro el contraste entre los golpes que provienen de aquellos que realmente nos aman, aunque a veces desgarran nuestra carne (פצע, de פצע, partir, abrir), pero que, sin embargo, son fieles (cf. Sal 141, 5). Por el contrario, el enemigo cubre de besos a quien desea todo mal. En esa línea, נעתרות forma un contraste indirecto con נאמנים.

## 27, 7-10.

Pr 27, 7-10 sigue mostrando la mezcla entre lo externo y lo interno. Vienen primero dos proverbios en los que se repite una palabra que termina con nun, נ.

---

19. Así también Schultens en *Animadversiones*, aunque más tarde pensó que se derivaba de עתר, *nidor*, virulencia, con el significado de *nidorosa* y, por lo tanto, virulenta.

*Segunda colección: Proverbios recopilados por "varones de Ezequías" (Pr 25–29)*

נֶפֶשׁ שְׂבֵעָה תָּבוּס נֹפֶת וְנֶפֶשׁ רְעֵבָה כָּל־ מַר מָתוֹק: ⁷

כְּצִפּוֹר נוֹדֶדֶת מִן־ קִנָּהּ כֵּן־ אִישׁ נוֹדֵד מִמְּקוֹמוֹ: ⁸

שֶׁמֶן וּקְטֹרֶת יְשַׂמַּח־ לֵב וּמֶתֶק רֵעֵהוּ מֵעֲצַת־ נָפֶשׁ: ⁹

רֵעֲךָ [ורעה] (וְרֵעַ) אָבִיךָ אַל־ תַּעֲזֹב וּבֵית אָחִיךָ אַל־ תָּבוֹא בְּיוֹם אֵידֶךָ טוֹב שָׁכֵן קָרוֹב מֵ ¹⁰
אָח רָחוֹק:

⁷ La persona saciada desprecia la miel,
para la hambrienta todo lo amargo es dulce.
⁸ Como el ave que vaga lejos de su nido,
así es el hombre que vaga lejos de su lugar.
⁹ El aceite y el perfume alegran el corazón;
y la dulzura de un amigo,
más que el consejo del alma.
¹⁰ No abandones a tu amigo ni al amigo de tu padre,
y no vayas a la casa de tu hermano en el día de tu infortunio;
pues es mejor el vecino cerca que el hermano lejos.

**27, 7.** *El alma saciada desprecia el panal de miel...* No es necesario leer תבוז (Hitzig) en lugar de תָּבוּס. La palabra תבוס es más fuerte y tiene el sentido de "pisar con los pies" indicando el desdén o desprecio más grande. La saciedad y el hambre se aplican aquí al alma, véase Pr 10, 3.

El sentido de fondo es: "el hambre es la mejor cocinera", como se dice en alemán. Su tema está formulado de forma que el hambre física se transfiere a la esfera del alma. Por eso debemos pedir que el hombre a quien Dios ha satisfecho abundantemente con cosas buenas se guarde de la ingratitud hacia el Dador y que no subestime los dones recibidos; y si esos dones son bendiciones espirituales, que se guarde de la autosatisfacción egoísta, que es la peor de todas las pobrezas, Ap 3, 17.

La vida sin Dios es hambre y sed constante. Hay en las cosas mundanas, incluso en las más agradables, una insatisfacción profunda, que despierta repugnancia. De la misma forma, en la vida espiritual puede haber una saciedad que se supone llena de vida, pero que, en realidad, no es otra cosa que decadencia de vida, transformación de la vida en muerte.

**27, 8.** *Como ave que está fuera de su nido, así es el hombre que se aleja de su casa (lugar).* Aquí no se trata de un vuelo y alejamiento del que el ave o el hombre pueden regresar en cualquier momento, sino de una separación impuesta de la que no puede darse regreso (LXX 8b, ὅταν ἀποξενωθῇ, cuando uno se hace extraño; Véneto, πλανούμενον... πλανούμενος, errante, errando). Para עוף נודד, cf. Is 16, 2; Jer 4, 25: pájaros que se han espantado. La palabra נדד, cf. Pr 21, 15 está señalando a un fugitivo; cf. נע ונד, Gn 4, 14 y más arriba. Cf. también Pr 26, 2, donde נוד se refiere a un vagabundo que va sin rumbo fijo.

En un sentido algo distinto, Fleischer piensa que este proverbio es una advertencia contra el deambular innecesario, en viajes y vagabundeos lejos de casa; pues bien, así como un pájaro lejos de su nido es fácilmente herido, atrapado o muerto, así, en tales salidas y caminos sin rumbo, un hombre fácilmente se lesiona y sufre necesidades.

El lector puede imaginar que está realizando un viaje por Oriente. En referencia a esos viajes por territorios inhóspitos, los árabes dicen, en uno de sus proverbios: *âlsafar ḳaṭat man âlklyym* (viajar es como una de las penas del infierno). Pero נדד no debe entenderse aquí en el sentido de un *libere vagari*, vagar libremente, sin rumbo. Con razón dice C. B. Michaelis: *qui vagatur extorris et exul a loco suo sc. natali vel habitationis ordinariae* (quien vaga por sitios extraños, lejos de su propio lugar, esto es, lejos del lugar de su nacimiento y de su vida ordinaria).

Este proverbio recomienda por tanto el amor a la patria, es decir, "el amor a la tierra donde ha tenido su hogar nuestro padre, la tierra donde se encuentra nuestra casa paterna; la tierra donde hemos pasado los años de nuestra niñez, que son una parte tan importante de toda nuestra vida, la tierra de la que hemos recibido nuestro alimento corporal e intelectual, la tierra en que reconocemos a nuestra mujer, hueso de nuestros huesos y carne de nuestra carne" (cf. Gn 2, 23; cf. Gustave Baur, *Vaterlandsliebe*, en Schmid, *Pädagogischer Encyklopädie*).

Por eso, el proverbio sigue diciendo que habitar en tierra extraña debe ser una infelicidad, porque un hombre nunca se siente mejor que en casa, como el pájaro en su nido. Así decimos, *Heimat* (hogar) —esta hermosa palabra central del idioma alemán, que también ha acuñado la idea expresiva de *Heimweh* (anhelo de hogar). El hebreo utiliza para expresar la idea de hogar, la palabra מקומי (mi lugar) y para patria, la palabra ארצי o אדמתי (mi tierra, mi *adhamah*). La palabra hebrea שבות, en el sentido de destierro, corresponde al alemán *elend*, pero en el sentido de *ellend, elilenti*, término referido a un hombre que es o que vive en una tierra, extraña. Así dice el poeta: *das er vns behte, an vnserm ende, wenn wir heim farn aus diesem elende* (que Él nos guarde hasta nuestro fin cuando volvamos a casa de este mundo, de este destierro: Rud. Von Raumer).

**27, 9.** *El aceite y el incienso alegran el corazón; y el dulce discurso de un amigo que ofrece un consejo para el alma.* Este proverbio y el siguiente tiene en común una palabra clave (רע), y se centra en el valor de la amistad, simbolizada por un perfume y por un buen consejo (una palabra amistosa). Sobre la costumbre (el rito) de perfumar con aromas secos, y rociar con aromas líquidos, como una señal de honor hacia los invitados, y como un medio de promover la comunión gozosa entre personas, véase Pr 7, 16; Pr 21, 17. El predicado ישׂמח (alegran) se refiere al incienso o el aceite como los dos aspectos de una misma cosa; la LXX introduce aquí el tema del vino, tomado de Sal 104, 15.

# Segunda colección: Proverbios recopilados por "varones de Ezequías" (Pr 25-29)

Significativamente, la LXX traduce רעה ומתק como si fuera una sola palabra, ומתקרעת, καταρρήγνυται δὲ ὑπὸ συμπτωμάτων ψυχή (y el alma queda desgarrada...), palabra que Hitzig considera original, traduciendo a su vez la palabra מעצת a partir de Sal 13, 3: "El alma desgarrada por preocupaciones". Pero no hay necesidad de leer מתקרעה, que es un *hitpael* nunca utilizado en la Biblia, en vez de וּמֶתֶק רֵעֵ֗הוּ, palabra conectada con מן en el sentido de ὑπό. ¿Y qué se gana con esta interpretación *alejandrina* (propia de los helenistas de la LXX más que de los escritores hebreos), que va en contra del sentido de 9a, y que además es del todo incongruente?

La interpretación de Döderlein concuerda mucho mejor con 9a, "מֵעֲצַת־וּמֶתֶק רֵעֵ֗הוּ: la dulzura de un amigo supera a la madera (aroma) fragante". Pero, aunque esta traducción de עצה por "madera fragante" se encuentre en Gesenius, *Lex* (en todas sus ediciones), ella debe ser rechazada; porque significa madera sin más, mientras que la madera aromática se dice עֵצִים. Y a no ser que el poeta hubiera querido ser ambivalente (planteando un problema con sus palabras) debería haber escrito עצי בשׂם, ya que, a excepción de Is 3, 20, donde está fuera de duda ese sentido, נפשׁ no significa en ninguna parte fragancia.

Si leemos juntas las palabras עצת y נפשׁ debemos suponer que la última significa alma, como en el Sal 13, 3 y la primera significa, consejo (del verbo יעץ). Pero ¿a qué o a quién se refiere el sufijo de רעהו? Casi se puede conjeturar que las palabras originalmente eran ומתק נפשׁ מעצת רעהו, *y la dulzura del alma* (es decir, un dulce gusto para ella, cf. Pr 27, 7 y Pr 16, 24) *consiste en el consejo de un amigo*, de manera que, según eso, Jerónimo traduce: *et bonis amici conciliis anima dulcoratur* (con los buenos consejos del amigo queda endulzada el alma).

Según eso, רעהו se refiere a נפשׁ; porque *ish nephesh,* que denota una persona o un ser vivo, puede interpretarse *ad sensum* como masculino, por ejemplo, en Nm 31, 28. En esa línea, las palabras pueden permanecer en el orden en que nos han sido transmitidas por el texto hebreo. Es posible que רעהו (Böttcher alude en este contexto a Job 12, 4) tenga el mismo significado que הרע (el amigo de uno, mi amigo, es simplemente el amigo), como כלו que denota directamente *el todo*; חציו, *la mitad*; עתו, *el momento adecuado.*

Reconociendo eso, Cocceius, Umbreit, Stier y Zöckler explican, *la dulzura, es decir, el dulce aliento* (מתק, en el sentido de "dulzura, gracia de los labios", Pr 16, 21) *de un amigo, es mejor que la dulzura de uno mismo.* El consejo de los amigos es mejor que la prudencia de uno que solo quiere hacer las cosas por sí mismo, confiando solo en los propios recursos. Así también dice Rashi: el consejo de los amigos es mejor que lo que a uno le ofrece solo su propia alma. Pero: (1) נפשׁ no puede significar la propia persona (uno mismo) en contraste con otra persona y; (2) esta traducción no proporciona una antítesis correcta de 9a. Por otra parte, el מן de מֵעֲצַת־ no expresa preferencia, sino origen.

610

En consecuencia, Ewald, por ejemplo, explica, *la dulzura de un amigo procede del consejo del alma*, es decir, del consejo que se extrae de su palabra, que es manifestación de un alma profunda y plena. Pero no tenemos ninguna razón para pensar que עצת־נפש pueda tener ese significado, pues, siguiendo la analogía de דעת נפש, Pr 19, 2, las palabras que se refieren a una *habilidad para dar consejo, tienden a entender esa habilidad como una cualidad del alma* (Pr 8, 14; Pr 12, 13), es decir, su habilidad para aconsejar. En consecuencia, con Bertheau, explicamos ישמח־לב como el predicado común para 9a y 9b, *el ungüento y el perfume alegran el corazón*, y (Syr., Targ.: y así, de esa manera) se dice: *la dulce exhortación de un amigo del alma es capaz de prestar consejo*. En otras palabras, la dulce exhortación de un amigo alegra el corazón, más que la fragancia de un ungüento y de un perfume.

Este proverbio está construido de la misma manera que Pr 26, 9; Pr 26, 14. Conforme a esta explicación, רעהו se vincula bien con לב (el dulce consejo de un amigo alegra el corazón…). Esta construcción es como cuando decimos, en lengua alemana, *nichts thut einem herzen woler als wenn sein freund es mitfhlend tröstet* (nada hace más bien a un corazón que cuando un amigo le consuela con simpatía) o; *zage nicht, tief betrübtes Herz! dein Freund lebt und wird dir bald sich zeigen* (¡no desmayes, corazón profundamente turbado! tu amigo vive, y pronto se te mostrará). En tales casos, la palabra "*herz*" (corazón) no designa una parte distinta de la persona, sino que, por sinécdoque, denota a la persona entera.

**27, 10.** *No abandones a tu propio amigo y al amigo de tu padre, y no entres en casa de tu hermano en el día de tu desgracia. Mejor es un vecino cercano que un hermano lejano.* Este proverbio, que consta de tres líneas, es también un elogio de la amistad. En nuestras ediciones, רֵעֲךָ suele ir puntuado incorrectamente con *pasek* de modo que el acento es *asla legarmeh*. Pues bien, siguiendo el ejemplo de ediciones anteriores, el *pasek* debe cancelarse, de modo que solo quede el acento conjuntivo *asla*. Por su parte, la expresión *tu amigo y amigo de tu padre* indica que se trata de un amigo de la familia, como una riqueza familiar, que desciende de padre a hijo.

Un amigo, así antiguo y probado, ciertamente no se debe perder. El *keré* (וְרֵעַ) ([ורעה]) cambia el segundo ורעה por ורע, pero el ורעה del *qetub* (que según la Masora está en estado constructo), retiene su *segol*, Ewald, 211e) también es admisible en una forma de comparación (Hitzig). Un amigo tan probado ciertamente no debe darse por perdido, y en el momento de la prueba se mantiene firme (véase a איד, Pr 1, 26). En esas circunstancias, uno debe ir a casa del amigo, y no a la casa de un hermano. De esa manera se indica que, como dice Pr 18, 24, hay un grado de amistad (cf. Pr 17, 17) que en cuanto a su intensidad está por encima de la mera relación fraternal. El parentesco de sangre, visto en sí mismo, viene a presentarse como una relación de afecto sobre bases naturales y se sitúa por debajo de la amistad, que es una relación de afecto y vida sobre bases morales.

*Segunda colección: Proverbios recopilados por "varones de Ezequías" (Pr 25–29)*

Pero ¿la relación de sangre excluye la amistad del alma? ¿Mi hermano no puede ser al mismo tiempo mi amigo del corazón? ¿Y no es tanto más firme la amistad cuando tiene al mismo tiempo sus raíces en el amor del espíritu y en los afectos naturales? El poeta parece haber dicho esto, pues en el 10c, en cuyo fondo hay probablemente un dicho popular (cf. *"besser nachbar an der wand als bruder ber land"*: más vale vecino al lado que hermano en el extranjero), da a su consejo un fundamento, y al mismo tiempo una limitación que modifica su robustez.

En contra de eso, Dächsel (como también Schultens) concede a קרוב y רחוק significados que las palabras no contienen, porque las interpreta como expresiones de cercanía y lejanía internas. Por su parte, Zöckler lee (introduce) su visión entre líneas, pues comenta que un "prójimo cercano" es aquel que está cerca de los oprimidos para aconsejarlos y ayudarlos, y un "hermano lejano" es aquel que con una disposición poco amable permanece lejos de los oprimidos.

El tema es más simple. Si uno tiene un amigo probado en la cercanía (como prójimo) en el momento de la angustia, cuando necesita consuelo y ayuda, debe ir a ese amigo, y no primero a la casa de un hermano que vive lejos, porque el amigo cercano hará ciertamente por nosotros lo que el hermano lejano probablemente no puede e incluso no quiere hacer.

## 27, 11-16.

11 חֲכַם בְּנִי וְשַׂמַּח לִבִּי וְאָשִׁיבָה חֹרְפִי דָבָר׃

12 עָרוּם רָאָה רָעָה נִסְתָּר פְּתָאיִם עָבְרוּ נֶעֱנָשׁוּ׃

13 קַח־בִּגְדוֹ כִּי־עָרַב זָר וּבְעַד נָכְרִיָּה חַבְלֵהוּ׃

14 מְבָרֵךְ רֵעֵהוּ ׀ בְּקוֹל גָּדוֹל בַּבֹּקֶר הַשְׁכֵּים קְלָלָה תֵּחָשֶׁב לוֹ׃

15 דֶּלֶף טוֹרֵד בְּיוֹם סַגְרִיר וְאֵשֶׁת [מדונים] (מִדְיָנִים) נִשְׁתָּוָה׃

16 צֹפְנֶיהָ צָפַן־רוּחַ וְשֶׁמֶן יְמִינוֹ יִקְרָא׃

11 *Sé sabio, hijo mío, y alegra mi corazón;*
así tendré qué responder al que me ultraja.

12 El prudente ve el mal y se esconde,
pero los ingenuos pasan y reciben el daño.

13 Quítale su ropa al que salió fiador del extraño,
y tómale prenda al que se fía de la mujer ajena.

14 Al que bendice a su prójimo en alta voz,
madrugando de mañana, se le contará por maldición.

15 Gotera continua en un día de lluvia
y mujer rencillosa son semejantes;

16 sujetarla es sujetar al viento,
o al aceite en la mano derecha.

**27, 11.** *Hazte sabio, hijo mío…* Este proverbio tiene en común con el trístico anterior la forma de discurso. Mejor que "sé sabio" (Lutero), traducimos "hazte sabio" (LXX σοφὸς γίνου); porque aquel a quien se dirige puede ser ciertamente sabio, aunque no lo sea en este momento, de modo que un padre ha podido escuchar pocas veces palabras tan profundamente hirientes como estas, "Maldito sea el que engendró y educó a este hombre" (Malbim). La cláusula alentadora 11b (cf. Sal 119, 42) tiene la fuerza de una cláusula con un propósito (Ges. 128, 1), para que yo tenga algo que contestar a los que me acusan. Este proverbio no aparece en ninguna parte de la colección de proverbios de los amigos de Ezequías excepto aquí.

**27, 12.** *El prudente ve el mal y se esconde; pero los simples pasan y son castigados.* El ערום se parece al חכם. Este proverbio es igual a Pr 22, 3, aunque haya algunos cambios de palabras. Es significativo la forma de construcción con asíndeton (siete palabras seguidas, verbos y sustantivos, sin partículas de conexión o frases de genitivo). Ewald 349a se atreve a decir que tiene que ser un epigrama o inscripción de pared o roca (piedra) donde se omiten las conjunciones. La construcción con pares de palabras (y palabras aisladas sin conexión lingüística) hacen que el texto pueda evocar una coincidencia total en el tiempo.[20]

**27, 13.** *Quítale la ropa en fianza al que salió fiador del extraño, y tómale prenda al que se fía de la mujer ajena.* Este proverbio se identifica con 20, 3 (20, 16), donde aparece su interpretación. ערום es una aliteración (repetición de sonidos) con ערב. Aquí se pide que se quite el manto a quien se ha hecho injustamente fiador por otro. Interpretamos נכריה como neutro (LXX τὰ ἀλλότρια; Jerónimo, *para extraños*), aunque ciertamente se da el caso de que uno se vuelve fiador para mujeres extranjeras (como traducen Aquila y Teodocion). Estamos ante el caso de un hombre que sale fiador para extraños a quienes ayuda, para abandonarlos después, cuando experimenta lo costoso que resulta salir fiador de otras personas, especialmente de extranjeros.

**27, 14.** *Al que bendice a su amigo en alta voz, madrugando de mañana, por maldición le será contado.* Este proverbio, pasando por alto los tres anteriores, se conecta con Pr 27, 9 y Pr 27, 10. Está dirigido en contra los elogios ruidosos a favor de otras personas. La primera línea se expresa de manera intencionadamente pesada, con el

---

20. El segundo *munach* aparece en Pr 22, 3, lo mismo que aquí, conforme a la regla del sistema del *Accentuationsystem*. El *dechi* conserva su valor de mediación; el *legarmeh* de ערום realiza una función disyuntiva de menor fuerza que el *dechi*, de modo que la secuencia de los acentos denota que estas tres palabras ערום ראה רעה forman una cláusula relacionada con ונסתר como antecedente hipotético: en caso de que vea la calamidad, el prudente se esconde de ella.

*Segunda colección: Proverbios recopilados por "varones de Ezequías" (Pr 25–29)*

fin de retratar la forma de comportarse con un tipo de "hacedor de cumplidos", es decir, de un hombre que grita en voz alta, en forma de oración, sus buenos deseos a favor de otro, para dar la impresión de que le profesa una honda veneración, un sentimiento de agradecimiento profundo, pero de una forma hipócrita, no para orar a favor suyo ante Dios, sino para obtener nuevos beneficios.

Este "orante interesado" se levanta temprano (הַשְׁכִּים, forma adverbial del infinitivo absoluto, cf. Jer 44, 4; 25, 4) por la mañana, y sale al encuentro de la persona por la que quiere orar en voz alta, a fin de ganar su favor y lograr nuevos beneficios. Su oración es una especie de *captatio benevolenciae*. Este hombre parece que ora, pero no lo hace gratuitamente, sino de un modo egoísta, calculador y servil. Esta no es por tanto una oración de alabanza ante Dios y a favor de los hombres, en la línea de una קְלָלָה, sino un gesto falso de ostentación interesada.

De todas formas, algunos intérpretes entienden este proverbio en la línea de *Berachoth* 14a, donde se dice que uno no debe saludar a nadie hasta que haya dicho su oración de la mañana, porque el honor se debe ante todo a Dios (cf. libro de la *Sabiduría*, 16, 28). Otros, en la línea de *Erachin* 16a, piensan que este proverbio se refiere a un hombre que fue invitado como huésped a la casa de un señor generoso, donde fue muy agasajado, de manera que después le bendice ostentosamente en las plazas públicas, alabando su bondad y su nobleza de mente.

Sea como fuere, este proverbio supone que una bendición (oración) de ese tipo constituye más bien una maldición para aquel a quien se dirige (el patrón generoso), porque hace que venga sobre él una multitud molesta e inoportuna, pidiéndole más beneficios. Con mejor o peor intención, esta es la oración que un hombre interesado proclama en voz alta (בְּקוֹל גָּדוֹל), ante los oídos de todos, a primera hora del día. No es una oración de gozo y gratuidad, sino más bien de "servidumbre" y de sometimiento. Ella se parece al gesto de los "clientes matutinos" de Roma y de otras ciudades y naciones de oriente, donde los clientes (servidores agradecidos, *servi matutini*) asediaban las puertas de las casas de los patronos, siendo los primeros en ofrecer la *salutatio* a su distinguido patrón, para recibir su ayuda y sustento.

**27, 15.** *Gotera continua en día lluvioso y mujer contenciosa se parecen (son iguales)...* Así pasamos, del hombre adulador por la mañana a la figura opuesta, que puede ser una mujer astuta. Hemos presentado y comentado su sentido general en la introducción de este libro, donde, al tratar de las múltiples formas de proverbios parabólicos, hemos comenzado con este indicando, al mismo tiempo, que Pr 27, 15 y Pr 27, 16 están conectados, formando un tetraestico.

Hemos expuesto ya la primera versión de este proverbio en 19, 13b, que aquí se expande para formar un dístico completo. Con respecto a דֶּלֶף ורד (aquí דֶּלֶף טוֹרֵד), véase la explicación que hemos dado en 19, 13. El Syr. traduce el sustantivo רִיר por *magyaa'*, pero el targumista lo retiene, porque es de uso común en el hebreo postbíblico (Bereschith rabba, c. 1) y en el arameo posterior de los judíos, donde recibe el significado posterior de lluvia violenta o fuerte. En ese momento de lluvia molesta, los hombres quedaban encerrados en las casas por la continuidad e intensidad del agua (cf. el árabe *insajara*, aludiendo a las gotas que caen unas tras otras, sin interrupción alguna).

Con respecto a מדונים, *keré* מִדְיָנִים, véase Pr 6, 14, genitivo de conexión 'אֹשֶׁת מ' lo hemos visto en Pr 21, 9. La forma נשתוה es dudosa. Si se acentúa, con Löwenstein y otros, como *milra*, tendríamos ante nosotros un *nithkatal*, como en Nm 1, 47, o un *hothkatal*, una forma pasiva de *kal*, cuya existencia, sin embargo, no está completamente establecida.

De todas maneras, esta palabra debe ser considerada נשתוה (*nithpael*, como en Dt 21, 8; Ez 23, 48) sin el *dagesh*, en forma alargada. Así aparece la palabra נשתוה en el Cód. Jaman. Pero la forma נשתוה está mejor establecida, por ejemplo, por el Cód. 1294, como *milel*. Por su parte, Kimchi, *Miclol* 131a (cf. Ewald, 132c), toma esa palabra como *nifal* o *hitpael*, pero sin el *dagesh*, que aparece sin que se explique la penúltima entonación. Bertheau lo toma como tiempo voluntario (cf. נשתעה, Is 41, 23), pero como él mismo dice, la forma reflexiva no va en esa línea. Hitzig ha adoptado la explicación correcta (cf. Olshausen, 275 y Böttcher, 1072, quien, sin embargo, manifiesta, como de pasada, que el lenguaje de este proverbio es propio de los territorios de la tribu de Efraím). נשתוה es un *nifal*, con una transposición de consonantes en el caso de נשותה, que se vocaliza como נִשְׁתָּוֶה con *Milra* que indica el género masculino de la palabra.

**27, 16.** *El que la esconde (=la quiere esconder, a la mujer) es como el que quiere esconder el viento, y el aceite que ella tiene en su mano derecha y así se derrama.* Este versículo está en estrecha relación con el anterior, porque sigue hablando de la mujer contenciosa, presentada como gotera constante (que no puede taparse) como un día de lluvia intensa en la casa. La formulación del plural, que empieza con צֹפְנֶיהָ, el que la esconde, igual a *quicunque eam cohibet*, resulta clara (véase Pr 3, 18 y Pr 28, 16, *qetub*). Pero ¿puede צפן tener el significado de preservar, atesorar, y también los significados de guardar, confinar y encerrar? Para ellos resultarían preferibles las palabras כלא y עצר (cf. צרר, Pr 30, 4). En 16b, la palabra יְמִינוֹ (su mano derecha) parece objeto de la frase (el aceite se encuentra en su mano derecha, su mano derecha se encuentra con el aceite), porque el género de ימין (referido a יד, mano (p. ej., Ez 15, 6; cf. 6a, donde נאדרי es indiferente al género) es femenino, mientras que, por el contrario, שמן es generalmente masculino (cf. Sol 1, 3).

No hay razón para considerar a ימינו como un acusativo adverbial (encuentra el aceite con su mano derecha), ni para pensar con Hitzig que se trata de un segundo sujeto (se encuentra con el aceite, que es su mano derecha). Suponemos

# Segunda colección: Proverbios recopilados por "varones de Ezequías" (Pr 25–29)

que יקרא tiene aquí el mismo sentido que en Gn 49, 1 (se derrama, cf. Ewald, 116c), pues la explicación *oleum dexterae ejus praeconem agit* (el aceite de su derecha anuncia el pregón: Cocceius, Schultens) no explica, sino que oscurece el sentido del texto y, por su parte, *oleum dexterâ suâ legit*, es decir, *colligit* (recoge el aceite con su derecha: Fleischer), se basa en un uso insostenible de la palabra.

Como uno puede decir hablando de personas que una se encuentra con la otra, קרך, *ocurrit tibi*, Nm 25, 18, así también se puede afirmar que una cosa encuentra (se encuentra con una persona o con uno de sus miembros). En esa línea, la frase puede traducirse de esta forma: la mujer rencillosa (que aparecía como gotera constante) viene a compararse ahora con un raudal de aceite que uno no puede mantener en la mano, pues siempre se escurre y escapa por los dedos. Como gotera que no cesa de gotear, como el viento que nadie puede detener, así es también la mujer: como aceite que se desliza y discurre siempre de la mano.

Así ha entendido Lutero el pasaje: "Y busca sostener aceite con su mano", como si el texto dijera יקמץ. Los intérpretes judíos han aceptado también ese significado de קרא (cf. Syr., Targ., Aquila, Símaco, Jerónimo y Véneto), vinculando שמן con ימינו, de forma que Rashi, pide aceite para su mano derecha, a saber, como medio de purificación de la lepra, Lv 8, 14 (Lv 14, 16). Por su parte, Aben Ezra pide también aceite para su mano derecha, un aceite que podría ser de unción.

A modo de conclusión podemos decir que Pr 27, 16 fue originalmente quizá un proverbio independiente que tendría una forma como esta: צפני הון צפן רו - ושמן ימינו יקרא. *El que riquezas atesora es como el que quiere contener el viento (no puede hacerlo); las riquezas son como el aceite de su mano derecha (que tampoco puede guardarse, almacenarse).* La riqueza que quieren almacenar los hombres es como viento, algo que no tiene permanencia, algo que no puede guardarse como posesión propia.

## 27, 17-22.

¹⁸ בַּרְזֶל בְּבַרְזֶל יָחַד וְאִישׁ יַחַד פְּנֵי־ רֵעֵהוּ׃

¹⁸ נֹצֵר תְּאֵנָה יֹאכַל פִּרְיָהּ וְשֹׁמֵר אֲדֹנָיו יְכֻבָּד׃

¹⁹ כַּמַּיִם הַפָּנִים לַפָּנִים כֵּן לֵב־ הָאָדָם לָאָדָם׃

²⁰ שְׁאוֹל [וַאֲבַדֹּה] (וַאֲבַדּוֹ) לֹא תִשְׂבַּעְנָה וְעֵינֵי הָאָדָם לֹא תִשְׂבַּעְנָה׃

²¹ מַצְרֵף לַכֶּסֶף וְכוּר לַזָּהָב וְאִישׁ לְפִי מַהֲלָלוֹ׃

²² אִם תִּכְתּוֹשׁ־ אֶת־ הָאֱוִיל ׀ בַּמַּכְתֵּשׁ בְּתוֹךְ הָרִיפוֹת בַּעֱלִי לֹא־ תָסוּר מֵעָלָיו אִוַּלְתּוֹ׃ פ

¹⁷ El hierro con hierro se afila,
y el hombre afina el semblante de su amigo.

¹⁸ El que cuida de su higuera comerá de su fruto,
y el que atiende a su señor logrará honra.

$^{19}$ Como el agua refleja la cara,
así el corazón del hombre refleja al hombre.
$^{20}$ El Seol y el Abadón nunca se sacian;
así nunca se sacian los ojos del hombre.
$^{21}$ El crisol prueba la plata, el horno oro;
y al hombre, la boca del que lo alaba.
$^{22}$ Aunque machaques al insensato
con el pisón de un mortero en medio del grano,
no se apartará de su insensatez.

**27, 17.** *El hierro con hierro se afila, y un hombre afina el semblante de otro.* Este proverbio expresa la importancia que tiene la relación de un hombre con otro. Cuando la Masora lee יחד, comenta Ewald, interpreta la palabra en el sentido "al mismo tiempo" (a una), y el significado adicional del proverbio debe ir en esa línea. En consecuencia, traduce, "¡hierro junto a hierro y uno (un hombre) junto con la cara de otro!".

Hitzig ha precisado ya esa traducción, pero sin tener en cuenta la puntuación tradicional del texto y sin poner de relieve que esa violencia en el uso del lenguaje y ese oscurecimiento de la idea de fondo del proverbio, no es de ningún modo aceptable. Él sugiere cuatro formas de interpretar יחד: (1) en el sentido de *unido*, como adverbio, יחד se utiliza apropiadamente con acusativo; (2) con el sentido de *unión*, aparece en Sal 86, 11, como *piel* יחד; (3) en Job 3, 6 aparece a modo de yusivo del *kal* חדה, *que se regocije*; (4) *afilar*, afinar, como indica Kimchi, en Miclol 126a, yusivo del *kal* חדה para afilar, según la forma תחז, Mi 4, 11. Cf. ויחץ, Gn 32, 8, etc. En Job 23, 9, ויחל; cf. 2Re 1, 2 (igual a 2Cr 16,12, ויחלא).

Si unimos a יחד con ברזל, entonces es de suponer a priori que יחד tiene de fondo el sentido de afilar, como en árabe, donde el hierro se llama simplemente *hadyda* igual a חדוד, lo que está afilado, agudo. En ese sentido, un proverbio árabe actual dice, *alhadyd balhadyd yuflah,* hierro que se afila con hierro (véase Freytag bajo la palabra *falah*).

Pero ¿ha de mantenerse así correctamente la puntuación tradicional del texto? Sin duda, ella puede cambiarse fácilmente de acuerdo con el significado que se dé al proverbio, pero no como hace Böttcher, tomando la palabra como futuro *kal* de חדד, "hierro se afila sobre hierro, y el hombre se afila contra su prójimo", porque para ser entendida activamente, cuando viene después de un verbo, la palabra פְּנֵי־ debe ser considerada como objeto, cosa que aquí no puede hacerse.

Sin duda, este proverbio expresa la influencia que surge de la relación de hombre con otro hombre: el hierro se afila con hierro y el hombre con otro hombre... Por eso, cuando la Masora lee פְּנֵי־ y, en consecuencia, traduce hierro junto con hierro y uno (un hombre) junto a la cara de otro (hombre) está avanzando en

*Segunda colección: Proverbios recopilados por "varones de Ezequías" (Pr 25–29)*

el buen camino. La traducción pasiva de la idea en 17a y la activa en 17b aparecen así de un modo más claro: el hierro "es afilado" (en pasivo) con hierro, y el hombre afila (en activo) el rostro de otro hombre, de su amigo (Jerónimo, Targum, Véneto).

De todas formas, esa traducción no es necesaria. ויעל puede ser futuro *hifil* (subió) y יחד puede considerarse como futuro *kal* y como futuro *hifil*. Así explicamos mejor el proverbio: el hierro se afila (*gewetzt*, Lutero usa esta palabra apropiada) con hierro (ב de medio, no del objeto), y un hombre afila פני, la apariencia, la actividad, la naturaleza y forma y conducta de otro hombre. El proverbio requiere que la relación de hombre con hombre opere en el sentido de agudizar los modales y formar los hábitos y el carácter; que uno ayude a otro a educarse y pulir sus modales, limando su aspereza, redondeando sus esquinas, como uno tiene que hacer con el hierro cuando lo afila y busca hacerlo brillante. La forma yusiva es la forma oratoria de la expresión de lo que se hace, pero también de lo que se debe hacer.

**27, 18.** *Quien mira (cuida) a la higuera comerá su fruto; y el que mira a su amo alcanzará honra.* Como en Pr 27, 17, el primer estico es solo un medio para entender el segundo: como el fiel cuidado del árbol obtiene el fruto por recompensa, así el fiel respeto por el amo tiene como resultado el honor. נֹצֵר se usa como en Is 27, 3, שמר como en Os 4, 10, etc. —el proverbio es válido para cualquier tipo de amo, incluso para Dios, Señor de los señores.

La higuera aparece aquí, como observa Heidenheim, como una figura apropiada; porque en el transcurso de varios años de cuidado produce su fruto, que el lenguaje de la *Mishná* distingue como יין, fruto inmaduro, בוחל, fruto medio maduro y מל, completamente maduro. Al fruto que da la higuera del primer estico corresponde el honor humano del segundo estico, que el siervo fiel y atento alcanza primero de parte de su amo, y luego también de la sociedad en general.

**27, 19.** *Como el agua refleja la cara del hombre, así también el corazón del hombre corresponde al hombre.* Así debe ser traducido el texto tradicional; porque en la suposición de que כמים debe entenderse en la línea de כבמים, no se podría *traducir como en las aguas, aunque una cara corresponde a otra cara* (como el agua refleja la cara del hombre).

La expresión כמים, "como el agua" podría ser el compendio de una oración más extensa, en forma de pregunta *"así como sucede con el agua ¿podrá un rostro ser reflejo de otro rostro…?"*. En esa línea, se podría entender la traducción de la LXX (Syr., Targum, árabe): ὥσπερ οὐχ ὅμοια πρόσωπα προσώποις, κ.τ.λ. (así como no son semejantes unos rostros a otros…). Esta es la ingeniosa conjetura de Böttcher, quien ha supuesto que el texto hebreo debía haber sido כאשר במים, del cual la LXX tradujo כאין דמים, *como no son iguales…*

El pensamiento de fondo es hermoso: *como en el espejo del agua cada uno contempla su propio rostro* (Lutero traduce con *Scheme* como sombra), *así desde el corazón de otro cada uno ve su propio corazón, es decir, encuentra en otro las disposiciones y sentimientos de su propio corazón* (Fleischer). Es decir: el rostro de un hombre encuentra en el agua su reflejo, y el corazón de un hombre encuentra en otro hombre su eco.

Según eso, los hombres son ὁμοιοπαθεῖς, y es una suerte que los corazones de los hombres sean capaces de descubrir los mismos sentimientos de simpatía, unos y otros, de modo que uno puede verter en el corazón de otro lo que llena y conmueve su propio corazón, y puede allí encontrar concordancias con otros corazones, de forma que unos aparecen como eco de los otros. כֵּן לֵב־ הָאָדָם, la expresión con ל (en לַפָּנִים y en לָאָדָם) es extensiva: uno corresponde a otro, uno pertenece a otro, uno se adapta al otro, de modo que el pensamiento puede traducirse de múltiples maneras, de modo que la relación mutua divinamente ordenada es siempre el fundamento de los pensamientos comunes (comunicados).

Esta experiencia queda completamente borrada por la conjetura de Hitzig: *lo que significa un lunar para una cara, eso es el corazón del hombre para el hombre.* Según eso, el corazón sería como una mancha oscura en el hombre, su *partie honteuse* (parte vergonzosa). Pero la Escritura en ninguna parte habla del corazón humano de esta manera, al menos en Proverbios, donde לב significa frecuentemente, de un modo directo, el entendimiento.

Mucho más inteligible y consistente es la conjetura de Mendel Stern, sobre la cual Abrahamsohn me llamó la atención: כמים הפנים לפנים, *como el agua que fluye o dirige su curso siempre hacia adelante, el corazón del hombre va (se vuelve) hacia otro hombre.* Esta conjetura quita la aspereza sintáctica del primer miembro sin cambiar las letras, e ilustra con una bella y excelente figura el impulso natural que mueve a un hombre hacia otro hombre. Sin embargo, en vista de la LXX, nos parece, más probable que כמים abrevie del original que habría sido: כאשר במים (así como el agua, cf. Pr 24, 29).

**27, 20.** *El infierno y la destrucción nunca están llenos; así los ojos del hombre nunca están satisfechos.* Este proverbio tiene en común con el anterior el lema האדם, y la repetición enfática de la misma expresión (לֹא תִשְׂבַּעְנָה, nunca se sacian). Löwenstein, Stuart y otros han introducido aquí un *keré* ואבדון que es erróneo. El *keré* de ואבדה es distinto (וַאֲבַדּוֹ) y se ha introducido para asegurar la pronunciación correcta del final, una variación que ha sido recogida por Gesenius, *Lex*, pero que no aparece en muchos MSS (por ejemplo, en el Cód. Jaman).

La eliminación de la terminación ון es común en los nombres de personas y lugares (p. ej., שלמה, LXX Σολομών y שלה), de manera que puede escribirse de forma indistinta una terminación con *waw* o con *het* (cf. Olshausen 215g:

*Segunda colección: Proverbios recopilados por "varones de Ezequías" (Pr 25–29)*

אבדה אבדו) o con la forma completa con *nun*, אבדון en Pr 15, 11, al lado de שאול. Como allí mostré, los dos sinónimos no son del todo iguales, pues en un caso se alude al inframundo y en el otro al reino de la muerte, aunque las dos ideas están relacionadas entre sí casi de la misma manera que Hades y Gehenna.

La palabra אבדון aparece en el Targum de Jonathan como בית אבדנא (véase Frankel, *Zu dem Targum der Propheten* 1872, p. 25), es decir, como *lugar de destrucción*, lugar de la segunda muerte (מותא תנינא). El proverbio habla por un lado del Hades y el Sheol o Infierno y por otro de los ojos del hombre del otro, comparando a los dos por su insaciabilidad. A eso añade Fleischer la observación de que, según un dicho árabe: nada llena los ojos del hombre excepto por fin el polvo de la tumba, *al'ayn l'a taml'aha all'a alter*, —¡una expresión asombrosamente hermosa!

*Si el polvo de la tumba llena los ojos abiertos es que ellos al fin están llenos* —¡horrible ironía! El ojo es el instrumento de la vista y, por consiguiente, en la medida en que mira siempre más y más allá, es el instrumento y la representación de la codicia humana. Cuando se dice que *el ojo se llena, se* satisface se está diciendo que se apacigua la codicia humana (y eso solo tras la muerte).

En esa línea entiende 1Jn 2, 16, "el deseo del ojo" en un sentido propio. Los ojos de los hombres nunca se contentan con mirar y contemplar lo que es atractivo y nuevo, de forma que ningún mandamiento es más difícil de cumplir que el de Is 33, 15: cierra tus ojos para no ver el mal. No hay según eso ninguna "*speculatio*", búsqueda o especulación más inagotable que la del deseo de los ojos.

**27, 21.** *Como el crisol para la plata, y el horno para el oro; así es un hombre para su alabanza.* Siguen aquí dos proverbios que tienen en común las figuras del crisol y del mortero, es decir, la plata y el oro que allí se purifican según el resultado del crisol y del horno de fundición, y también de un hombre a quien se le valora según la medida de la opinión pública, en la línea de lo que dice Pr 12, 8: "Conforme a la medida de su sabiduría es alabado el hombre".

La palabra מהלל no es un ῥῆμα μέσον, una palabra de un solo sentido, que sirve para medir el "renombre" de una persona (como en alemán *leumund*), sino una palabra que puede tener varios sentidos en gradación y que puede significar incluso el mal, *lob* (mala fama), que es solo *lob* (alabanza) por antífrasis. Ewald de otra manera, "según la medida de su gloria"; o Hitzig mejor, "según la medida con que se alaba a sí mismo", pero teniendo en cuenta que מהלל no es el acto de glorificación, sino el objeto de la gloria (cf. מדון, מבטח), es decir, el objeto en que uno pone su gloria.

Böttcher precisa más el tema: "A ese hombre se le reconoce por lo que generalmente él mismo suele elogiar al hablar de sí mismo y de las demás personas y cosas". En esa línea podría entenderse el proverbio. Pero en conexión con Pr 12, 8 nos parece más probable que se piense que la alabanza a la que aquí se alude, הַמְלֵל, sale de otros, y no de sí mismo. El primer estico repite aquí la idea de Pr 17, 3, donde la segunda línea es conforme a la primera, y según ella aquí debe traducirse así: la alabanza de un hombre es para él lo que el crisol y el horno son para el metal.

La LXX, Syr., Targum, Jerónimo y Véneto han debido leer en el texto original לִי מהללו (para él, según él), que así obtiene más pulcritud. Lutero en consecuencia traduce: "El hombre es probado por la boca de su alabanza, como plata en el crisol y oro en el horno". Incluso hay otros que interpretan al hombre como el sujeto que examina, y vocalizan en esa línea las palabras. Así, por ejemplo, Fleischer: "Como es el crisol para la plata y un horno para el oro, así es el hombre para la boca de su alabanza, es decir, para la boca que lo alaba".

De todas formas, dado que aquí se está hablando del valor relativo (de la plata, del oro, del hombre) puede aceptarse también la expresión con לְפִי, en la línea de Pr 12, 8. En ese contexto se puede formular el tema de manera muy precisa: que la boca del que alaba sea un crisol de fundición para el alabado, o que el alabado sea un crisol para la boca del que alaba. La LXX tiene aquí también un dístico adicional que no tiene cabida en el texto hebreo.

**27, 22.** *Aunque se machacara al necio en la arena de la tierra con el mazo, sin embargo, su locura no se apartaría de él.* Según las acentuaciones mejor acreditadas, אִם־תִּכְתּוֹשׁ tiene *illuj* y בַּמַּכְתֵּשׁ tiene *pazer*, no *rebia*, lo que separaría más que un *dechi* y perturbaría la secuencia de los pensamientos. La primera línea es larga; la disyuntiva principal en la esfera de *atnach* es *dechi* en הָרִיפוֹת, con lo que se separa más que con el *pazer* de בַּמַּכְתֵּשׁ, y esto nuevamente más que con el *legarmeh* del אֶת־הָאֱוִיל.

La ה de הרפות no pertenece a la raíz de la palabra (Hitzig), sino que es el artículo. La palabra viene de רות (de רוּף, sacudir, romper; según Schultens, de רפת, desmenuzar, cortar en pedazos, conforme a la forma קִיטוֹר, improbable). Según eso, los רפת son granos machacados de cereal (grano pelado, avena) y aquí reciben este nombre en el acto de ser triturados. Correctamente traducen Aquila y Teodocion, ἐν μέσῳ ἐμπτισσομένων (granos de cereales en el acto de ser machacados). Por su parte, el Véneto pone μέσον τῶν πτισανῶν (la LXX traduce ἐν μέσῳ συνεδρίου, y de esa forma ha confundido a los autores de la traducción siríaca y a través de ellos al Targum).

En בַּעֲלִי (según se escribirá después en Miclol 43b, como seguirá haciendo Heidenheim sin ninguna autoridad) se contiene también el artículo. La palabra מכתש es la vasija, y la ב de בעלי es *beth* de instrumento; עלי (de levantar con el propósito de triturar) es el palo, la mano de mortero (Lutero, *stempffel* que equivale a martillo). En la *Mishná*, *Beza* i. 5, esta palabra se aplica a un mazo para cortar la carne. El proverbio se interpreta a sí mismo, en este sentido: la locura se

*Segunda colección: Proverbios recopilados por "varones de Ezequías" (Pr 25–29)*

ha convertido para el necio en una segunda naturaleza, de manera que no puede librarse de ella ni siquiera utilizando la disciplina más severa, los medios más fuertes que puedan utilizarse. La locura no es ciertamente una sustancia (Hitzig), pero es un accidente inseparable de la sustancia.

**27, 23-27.**

²³ יָדֹעַ תֵּדַע פְּנֵי צֹאנֶךָ שִׁית לִבְּךָ לַעֲדָרִים׃

²⁴ כִּי לֹא לְעוֹלָם חֹסֶן וְאִם־נֵזֶר לְדוֹר [דוֹר] (וָדוֹר)׃

²⁵ גָּלָה חָצִיר וְנִרְאָה־דֶשֶׁא וְנֶאֶסְפוּ עִשְּׂבוֹת הָרִים׃

²⁶ כְּבָשִׂים לִלְבוּשֶׁךָ וּמְחִיר שָׂדֶה עַתּוּדִים׃

²⁷ וְדֵי ׀ חֲלֵב עִזִּים לְלַחְמְךָ לְלֶחֶם בֵּיתֶךָ וְחַיִּים לְנַעֲרוֹתֶיךָ׃

²³ Considera atentamente el estado de tu ganado;
presta atención a tus rebaños.
²⁴ Porque las riquezas no duran para siempre,
ni se transmite una corona de generación en generación.
²⁵ Saldrá la grama, aparecerá la hierba,
y serán recogidas las plantas de las colinas.
²⁶ Los corderos proveerán para tu vestido,
y los machos cabríos para el precio del campo.
²⁷ La abundancia de la leche de las cabras será para tu sustento
y para el sustento de tu casa y de tus criadas.

Estos proverbios ofrecen instrucciones para el trabajo agrícola y, particularmente, para la crianza cuidadosa del ganado. Ellos forman la conclusión de la serie de proverbios anteriores, en los que no siempre podemos discernir una agrupación bien fundada. He hablado de ellos en la introducción del libro. El conjunto consta de 11 esticos, organizados así: 4 + 7 líneas.

**27, 23-27.** El principio de 27, 23 centra la atención en el futuro, como no es común en estos proverbios, véase Pr 26, 26. Con ידע, tomar conocimiento, el infinitivo intensivo, se intercambia con שׁית לב, que en Pr 24, 32 significa considerar bien, pero aquí, tener cuidado con algo, actuar atentamente. צאן es el ganado menor o pequeño, por lo tanto, ovejas y cabras. Es cuestionable si לעדרים (aquí y en Is 17, 2) contiene el artículo (Gesenius 35, 2a) y, dado que los rebaños se llaman העדרים, no es probable. Este versículo dice, según eso: dirige tu atención a los rebaños, es decir, a eso que tienes de rebaño. La palabra פְּנֵי indica el lado externo en general; aquí, la apariencia que presentan las ovejas y cabras, es decir, su condición como se ve externamente.

En otro momento, pensé que נזר podía ser sinónimo de גז, y que se refería al producto de la lana o, como dice Hitzig a lo que proviene de la hierba de los prados y, por lo tanto, el producto del prado (incluida la lana de las ovejas). Pero esa interpretación de la palabra es insostenible, pues Pr 27, 25 no es una simple continuación de Pr 27, 24.

Ciertamente, חסן significa almacén, riqueza de posesiones, propiedad y abundancia, como he mostrado en Pr 15, 6; pero נזר es siempre un signo de "realeza", esto es, de poder superior, de manera que puede traducirse por "corona". En ese sentido, por metonimia (por equivalencia entre el signo y *la res signata*) נזר o corona está refiriéndose aquí al mismo rey o dueño de los campos. En relación a eso indica con toda razón Fleischer que "el dinero, los bienes muebles y otras dignidades y honores, son mucho más fáciles de arrebatar y son mucho más fluctuantes que la riqueza y la tranquilidad que ofrece la agricultura, mirada especialmente en relación con la crianza de ganado".

En ese sentido, la posesión de tesoros y la misma "corona regia" (símbolo de poder y honor…) tienen mucha menor estabilidad que la que ofrece una economía rural, y especialmente la cría de ganado, que ofrece de un modo constante, con seguridad, alimento y vestido a los hombres. Por eso, el autor de Pr 27, 23-24 insiste en el cuidado de los campos y de la ganadería (es decir, en el cuidado de la tierra), por encima de las riquezas y poderes sociales (coronas) que pasan y pierden su valor. Estos versos constituyen, según eso, un canto a la economía agrícola, vinculada con la posesión de tierras y ganadería. Mientras riquezas y reinos terminan y pasan, ganadería y campos permanecen de generación en generación, como ha puesto de relieve la alternancia del *keré-qetub* en 27, 24: (וָדֹור) (דֹור) לְדֹור. El *qetub* לדור דור se encuentra, por ejemplo, en Éx 3, 15; el *keré* לדור ודור sustituye a la forma más habitual.

Por eso, para entender bien el contenido de estos dos versos (27, 23-24) hay que verlos unidos. Así lo confirma Pr 27, 24-25, sin ambigüedades. Esta es la conexión entre los versos: Pr 27, 23 elogia la cría de ganado, Pr 27, 24 lo confirma y 25ss. muestra las ventajas reales de la posesión de tierra y ganadería, que se mantienen por generación, a diferencia de los cambios y accidentes vinculados al dinero como tal y a los "accidentes y cambios" de la vida pública (del dinero).

Acepto la interpretación de Fleischer cuando afirma que los perfectos de Pr 27, 25 forman un antecedente hipotético complejo de Pr 27, 26, vinculando así todos los aspectos de la auténtica economía: en la base están los campos que producen yerba y productos de comida para las ovejas y cabras (de las que proviene por venta o cambio el dinero); y con ese dinero se consigue todo lo que se necesita para vivir. En la base están por tanto los campos, de los campos provienen los alimentos necesarios para comer y la hierba para las ovejas y cabras, con las que puede conseguirse una cantidad de dinero, para cubrir todas las necesidades de la vida.

# Segunda colección: Proverbios recopilados por "varones de Ezequías" (Pr 25–29)

Estos versos ponen de relieve la conexión entre los diversos valores y riquezas de la agricultura que están vinculados entre sí, partiendo siempre del campo que produce hierba y alimento para el ganado y para los hombres, en un contexto en que el dinero se vincula esencialmente con la ganadería (de manera que en el contexto bíblico el dinero o riqueza se mide por la cantidad de rebaños). De esa manera, 27, 25-27 ofrecen una visión de conjunto de la economía rural, partiendo de la abundante recolección de heno, que se puede cosechar dos veces al año, empezando por la primera siega del mes de mayo, antes de que comience la estación cálida del verano.

El poeta quiere decir así, en general, que cuando el heno está segado y la hierba está crecida y también el forraje de las montañas (Sal 106, 20) ha sido recogido, cuando los graneros están llenos con abundancia, el labrador tiene garantizado su futuro, con la riqueza que está simbolizada por el ganado, que produce leche suficiente para la familia y para los criados y criadas de la casa.

En los versos anteriores, el poeta ha comparado la seguridad que producen los campos y el trabajo agrícola, por encima del dinero que puede perderse pronto y por encima de las mismas coronas (es decir, de los poderes reales). Es evidente que estos proverbios están poniendo de relieve la riqueza y seguridad de unos propietarios agrícolas, con campos y ganadería suficiente para mantenerse sin miedo al futuro, en un contexto de "agricultura de subsistencia", pero no en un plano de miseria, sino de riqueza suficiente.

Estos proverbios nos sitúan en un contexto de agricultura abundante, de cierta riqueza, como la que aparece en el libro de Job, donde se habla también de riqueza en rebaños, de criados y criadas. Este no es un mundo de pobres, en los límites de la miseria, sino de cierta riqueza y seguridad agrícola.

# Proverbios 28

## 28, 1-6. Impíos y ricos

נָ֣סוּ וְאֵין־רֹדֵ֣ף רָשָׁ֑ע וְ֝צַדִּיקִ֗ים כִּכְפִ֥יר יִבְטָֽח׃ ¹

בְּפֶ֣שַֽׁע אֶ֭רֶץ רַבִּ֣ים שָׂרֶ֑יהָ וּבְאָדָ֥ם מֵבִ֥ין יֹ֝דֵ֗עַ כֵּ֣ן יַאֲרִֽיךְ׃ ²

גֶּ֣בֶר רָ֭שׁ וְעֹשֵׁ֣ק דַּלִּ֑ים מָטָ֥ר סֹ֝חֵ֗ף וְאֵ֣ין לָֽחֶם׃ ³

עֹזְבֵ֣י תֹ֭ורָה יְהַֽלְל֣וּ רָשָׁ֑ע וְשֹׁמְרֵ֥י תֹ֝ורָ֗ה יִתְגָּ֥רוּ בָֽם׃ פ ⁴

אַנְשֵׁי־רָ֭ע לֹא־יָבִ֣ינוּ מִשְׁפָּ֑ט וּמְבַקְשֵׁ֥י יְ֝הוָ֗ה יָבִ֥ינוּ כֹֽל׃ ⁵

טֹֽוב־רָ֭שׁ הֹולֵ֣ךְ בְּתֻמֹּ֑ו מֵעִקֵּ֥שׁ דְּ֝רָכַ֗יִם וְה֣וּא עָשִֽׁיר׃ ⁶

---

[1] Huye el impío sin que nadie lo persiga,
pero los justos están confiados como un león.

624

Proverbios 28

² Por la rebelión del país se multiplican sus gobernantes,
pero por el hombre de entendimiento
y de inteligencia permanecerá.
³ El hombre pobre que oprime a los más débiles
es como lluvia torrencial que deja sin pan.
⁴ Los que abandonan la ley alaban a los impíos,
pero los que guardan la ley contenderán con ellos.
⁵ Los hombres malos no entienden el derecho,
pero los que buscan a Jehovah lo entienden todo.
⁶ Mejor es el pobre que camina en su integridad
que el de caminos torcidos, aunque sea rico.

**28, 1.** *Huye el impío sin que nadie lo persiga…* Tomaríamos mal la secuencia de los acentos si supusiéramos que ellos entienden a רָשָׁע como objeto. No podemos tomar וְאֵין־רֹדֵף como paréntesis. רשע pertenece así a נסו como canto colectivo (cf. por ejemplo, Is 16, 4);²¹ en 1b, יבטח sigue al plural como verbo comprensivo o distributivo (individualizador) en singular. Uno no puede tomar a יבטח como una cláusula atributiva porque la palabra se vocaliza כְּכְפִיר y no ככפיר (Ewald, como Jerónimo: *cuasi leo confidens*); pero el artículo, que indica el género no siempre sigue a כ.

Decimos, indistintamente, כלביא o כארי, כלביא o כארי, y siempre כאריה. En sí mismo, de hecho, יבטח se puede usar de manera absoluta, *confía, no desmaya*, tanto en el caso del león como en el leviatán, Job 40, 23. Pero es adecuado que vaya así sin ninguna adición para los justos, y נסו y יבטח se corresponden entre sí como predicados, de acuerdo con el paralelismo; la acentuación también es aquí correcta.

El verbo נסו (huyen) indica algo que se pone en marcha sin causa y, sin embargo, los malvados siguen, los impíos huyen, perseguidos por las terribles imágenes que surgen en sus propias conciencias malvadas, incluso cuando no los amenaza ningún peligro externo. El fut. יבטח denota lo que sucede continuamente: el justo permanece firme, incluso allí donde el peligro externo realmente amenaza, se mantiene audaz y valiente, a la manera de un león joven y vigoroso, porque se siente fuerte en Dios y seguro de su seguridad a través de Él.

**28, 2.** *Por la maldad de una tierra se multiplican los gobernantes; y a través de un hombre de sabiduría, de conocimiento, permanecerá.* Ahora sigue un proverbio real, cuya nota clave es la misma que hallamos en Pr 25, 2, que establece cómo un país donde gobiernan muchos cae en lo que no es bueno, οὐκ ἀγαθόν. Si el texto

---

21. En *Bereschith rabba* c. 84, el Targum de Pr 28, 1 es ערק רשיעא ולא רריפין לה, y está formado a partir de la *Peshita*.

625

## Segunda colección: Proverbios recopilados por "varones de Ezequías" (Pr 25–29)

dijera בפשע en el sentido en que corrige Hitzig, entonces uno podría pensar en una revuelta política, según el uso de la palabra, 1Re 12, 19, etc.; pero esa palabra ha de escribirse con *gaja* aquí y en Pr 29, 6, conforme a la regla de *Metheg-setzung*.

La palabra פֶּשַׁע, maldad, significa *dirumpere*, es la ruptura de los límites establecidos por Dios, la apostasía, la irreligión, p. ej., Mi 1, 5. Sobre el hecho de que, a causa de eso, surjan en la tierra muchos gobernantes malos, véase el libro de Oseas, por ejemplo, Os 7, 16, "*Se vuelven, pero no al Altísimo (sursum); se vuelven como un arco engañoso sus príncipes caerán entonces a espada*" y Os 8, 4, "*ellos establecieron reyes, pero no por mí; han hecho príncipes, y yo no lo sabía*".

La historia del reino de Israel muestra que una tierra que apostata de la religión revelada se convierte al mismo tiempo en víctima del espíritu partidista y en tema de discordia para muchos aspirantes a gobernar, ya sea que el destino del rey que ha sido rechazado sea merecido o no. Desde ese fondo, debemos estudiar el contraste que presenta 2b, cuando dice que "la tierra permanece firme, se mantiene en paz y prospera por un hombre de entendimiento".

La traducción de Bertheau y también la de Zöckler es imposible, "Pero a través de hombres inteligentes y prudentes, él (el príncipe) perdura mucho tiempo". Porque 2a no está hablando de un cambio frecuente de dinastía, cosa que en sí misma puede no ser un castigo por los pecados del pueblo, sino la aparición al mismo tiempo de muchos pretendientes al trono, como sucedió en el reino de Israel durante el interregno posterior a la muerte de Jeroboam II, o en Grecia en la época de los treinta tiranos. יאריך debe referirse a uno de estos "muchos" que usurpan por un tiempo el trono. La expresión באדם puede también significar, como en Pr 23, 28, *inter homines*; pero אדם, con un adjetivo siguiente (cf. Pr 11, 7; Pr 12, 23; Pr 17, 18; Pr 21, 16), siempre denota uno y en esa línea hay que cambiar también el sentido de כן, "entonces", introduciendo así una cláusula final que carece de sentido y es por completo intraducible.

Resulta igualmente imposible la traducción de Böttcher "entre gente inteligente, prudente, uno continúa (en el gobierno)", porque entonces cambia totalmente el sentido del sujeto. Sin duda כן es aquí sustantivo como se ha mostrado en Pr 11, 19. Allí denota integridad (propiamente lo que es correcto o genuino) y, en esa línea, ha de entenderse aquí, aludiendo a la continuación del derecho, es decir, al mantenimiento de la justicia (propiamente de aquello que es recto y justo). Eso significa que, a través de un hombre justo, el derecho continúa y se mantiene en la tierra.

De manera similar piensa Heidenheim, porque él glosa כן por מכון הארץ. Lo mismo hace Umbreit, quien, sin embargo, sin tener en cuenta el sentido del acento, subordina este כן (en el sentido de "derecho") a ידע como objeto. Zöckler, con Bertheau, encuentra una dificultad en el asíndeton מבין ידע. Pero estas palabras aparecen también en Neh 10, 29, donde se mantienen juntas a modo de fórmula fija, conforme al espíritu y estilo del libro de los Proverbios, tal como aparece en pasajes como Pr 19, 25; Pr 29, 7.[22]

De esa forma se alude a un hombre práctico y al mismo tiempo dotado de un conocimiento completo, esto es, de un hombre con prudencia y conocimiento, con gran valor moral y religioso. Lo que un solo hombre, dotado de esos valores, puede hacer bajo ciertas circunstancias se muestra en Pr 21, 22; Ec 9, 15. Aquí se ha de pensar en un hombre de entendimiento y espíritu, tal vez como consejero más cercano del rey, al frente de la dirección del Estado. De esta manera se confirma el sentido de este proverbio, por un lado, el Estado se desmorona por la mala conducta de los habitantes de la tierra pero, en contra de eso, un solo hombre que une en sí mismo un entendimiento sano y un conocimiento superior, mantiene unido al Estado durante mucho tiempo.

**28, 3.** *Un hombre pobre que oprime a los pobres es como una lluvia torrencial que no deja (que no trae) pan.* La traducción ha de hacerse de acuerdo con los acentos. Fleischer traduce de un modo algo distinto, pero también conforme a los acentos: *quales sunt vir pauper et oppressor miserorum, tales sunt pluvia omnia secum abripiens et qui panem non habent* (la relación entre un pobre y un opresor de necesitados es la misma que entre una lluvia que se lo lleva todo y un pueblo despojado de su sustento). En otras palabras, un príncipe o un potentado que despoja a los pobres de sus bienes es como una lluvia torrencial que inunda los campos fértiles. En esa línea, los diversos miembros de la oración se corresponderían entre sí según el esquema del quiasmo. Pero la comparación resulta defectuosa, porque גבר רש y אין לחם caen juntas, y de esa manera la explicación sería *idem per ídem* (lo mismo por lo mismo).

Una "lluvia arrolladora" es aquella que tiene solo las propiedades malas, y no las que son buenas, porque no hace más que destruir en lugar de promover el crecimiento de los cereales. Este dicho se puede comparar con un proverbio árabe, citado por Hitzig en el que se dice que un sultán injusto es un arroyo sin agua. De esa misma manera, nuestro proverbio dice que un desvalido malo, opresor de otros desvalidos (un pobre que oprime a otros pobres) se compara apropiadamente con una lluvia mala que inunda la tierra y no trae pan. Pero en ese caso las palabras, "un hombre pobre y opresor de los humildes" deberían acentuarse de un modo distinto (no como en el texto, גֶּבֶר רָשׁ וְעֹשֵׁק דַּלִּים).

Este proverbio no quiere decir simplemente que el opresor de los desvalidos se comporta con los pobres como una lluvia torrencial que no trae pan, pues en

---

22. Las tres palabras conectadas ובאדם מבין ידע tienen, en Löwenstein, los acentos *mercha, mercha, mugrash*, para colocar dos *merchas* a la manera de Ben-Neftalí, pero la edición Véneto, 1515, 20, con Athias y Hahn, tienen correctamente *tarcha, mercha, mugrash*.

# Segunda colección: Proverbios recopilados por "varones de Ezequías" (Pr 25–29)

ese caso su sentido sería demasiado obvio, pues el pobre no tiene nada que esperar de un extorsionador como ese. Por el contrario, la comparación sería apropiada si 3a se refiriera a un amo o señor opresor, porque quien está bajo la protección de amo bueno (el que está de alguna forma subordinado a él), debe ante todo esperar que le ofrezca lo que es bueno, como recompensa por sus servicios y como prueba de su simpatía condescendiente como amo que ha de cuidar de sus servidores.

Por eso resulta muy dudoso que el texto quiera aludir a un hombre pobre que sea opresor de los humildes o pobres, pues eso es lo normal. Lo extraño es que un hombre bueno (como la lluvia que es buena para el campo) pueda convertirse en opresor de sus súbditos. Los funcionarios pobres y advenedizos (Zöckler) suelen ser más bien opresores, como los procónsules y procuradores romanos, que se enriquecían empobreciendo sus provincias (cf. LXX Pr 28, 15); lo mismo se puede aplicar a un propietario hereditario (a un noble), que se ha empobrecido y que busca recuperar lo que ha perdido extorsionando a sus parientes y trabajadores.

Pero רָשׁ (pobre) no es suficiente para dar este carácter definido a la figura del dueño o señor. Lo que dice la comparación 3b es apropiado para cualquier gobernante opresor, y no hace falta pensar en un opresor de los pobres que sea pobre en sí mismo. Ciertamente, el opresor puede encontrarse en una situación de apuro, pero en cuanto tales, la figura del opresor y el oprimido pobre se oponen entre sí (cf. Pr 29, 13). Por lo tanto, sostenemos, con Hitzig, que el גֶּבֶר רָשׁ del texto (hombre pobre) debe leerse como, רֹאשׁ גֶּבֶר (rosh) en el sentido de hombre importante (cabeza). No interpretamos con Hitzig, גבר ראשׁ en el sentido de ἄνθρωπος δυνάστης, como "señor poderoso" o dueño, sino más bien como un hombre fuerte, poderoso (גביר) que es como cabeza de la sociedad (cf. por ejemplo, Jc 11, 8), y oprime a los indefensos.

Esta traducción es probable, porque גבר רשׁ, un poderoso pobre, es una combinación de palabras sin paralelo en la Biblia. Por otra parte, el libro de los Proverbios no usa ni una sola vez la expresión אישׁ רשׁ, sino siempre רשׁ (cf. Pr 28, 6; Pr 29, 13). Además, la palabra גבר (fuerte) es compatible con חכם y similares, pero no con רשׁ en el sentido de pobres. En ese sentido, conforme al uso de toda la Biblia, la palabra ראשׁ en el sentido de "cabeza" va unida siempre al hombre poderoso, y nunca a los pobres. El גבר en el sentido de ראשׁ o cabeza es siempre alguien que está colocado en una posición alta, alguien que cuenta, entre sus subordinados, con gente pobre a la que tiene que mantener (como el agua mantiene la fecundidad de los campos).

La LXX traduce ἀνδρεῖος ἐν ἀσεβείαις, un hombre (varón fuerte) pero impío, como si el texto base fuera גבור רשׁ (cf. intercambio de גבר y גבור, en ambos textos de Sal 18, 26). Pero el texto leído por la LXX debe haber sido גבור להרשׁיע (Is 5, 22), aludiendo así a la condición deplorable y ruinosa de un hombre que siendo (hombre de posición, גביר, un gran señor), en vez de ser protector es opresor de

Proverbios 28

los pobres, es un gobernante malvado, Pr 28, 15. Ese poderoso malvado (opresor de los pobres) es como la lluvia destructora que en vez de producir cosecha destruye la cosecha de los campos, en contra de la conducta del buen gobernante o poderoso bueno, como el que se presenta en Sal 72, 1-8.

**28, 4.** *Los que abandonan la ley alaban a los impíos, pero los que guardan la ley se enojan con ellos.* En este caso, la palabra רשע (impíos) debe pensarse colectivamente, como en Pr 28, 1. Los que alaban a los impíos se apartan de la palabra revelada de Dios (Sal 73, 11-15). Por el contrario, aquellos que se oponen a los impíos, son fieles a la palabra de Dios (Pr 28, 18) y luchan contra ellos (véase גרה, Pr 15, 18); están profundamente conmovidos por su conducta, no pueden permanecer en silencio ni dejar que su maldad quede impune; התגרה es celo (emoción) siempre expresándose a través de acciones correspondientes (como indica el sinónimo התעורר, Job 17, 8).

**28, 5.** *Los hombres malvados no entienden lo que es correcto; pero los que buscan a Yahvé lo entienden todo.* Este es un dístico antitético similar al anterior. Sobre la expresión de genitivo, אנשי־רע, véase Pr 2, 14. El que vive en la maldad pierde su conciencia moral (confunde lo bueno y lo malo). Por el contrario, aquel cuyo fin es el único Dios viviente, logra descubrir, en cada situación de la vida, incluso en medio de las mayores dificultades, el conocimiento de lo que es moralmente correcto.

En esa línea dice el apóstol Juan (1Jn 2, 20): "tenéis la unción del Santo, y conocéis todas las cosas" (οἴδατε πάντα); eso significa que debéis buscar el conocimiento de aquello que necesitáis y que anheláis, pero no fuera de vosotros mismos, sino en el nuevo fundamento divino de vuestra vida personal; de allí vendrá a vuestras conciencias todo lo que necesitéis para el crecimiento de vuestra vida espiritual y para alejar de vosotros las influencias hostiles. Así se alude a un conocimiento potencial (que el hombre puede alcanzar), un conocimiento abierto a todo, sin dejar de ser conocimiento (referido a la condición humana), no un conocimiento omnicomprensivo e infinito como el de Dios.

**28, 6.** *Mejor es el pobre que anda en su rectitud, que el de perversos caminos, aunque sea rico.* Este proverbio es una conclusión del anterior, con el cual también está conectado externamente, pues רש (igual a רע רשע, ראש), y ahora רש, se suceden. Es una variante de Pr 19, 1. La rectitud, *integritas vitae*, la integridad de la vida que deriva de la entrega sin reservas a Dios, concede al hombre pobre un valor y una nobleza superiores a las riquezas conectadas con la falsedad que "vacila entre dos opiniones" (1Re 18, 21), que parece ir por un camino, mientras que en realidad va de otro.

*Segunda colección: Proverbios recopilados por "varones de Ezequías" (Pr 25–29)*

Los dos caminos o דדכים (cf. Sir 2, 12, οὐαί ἁμαρτωλῷ ... ἐπιβαίνοντι ἐπὶ δύο τρίβους, ¡ay del pecador que camina por dos sendas!) como en Pr 28, 18, se desvían de la vía correcta del bien. Son caminos fingidos, pues el camino malo debe ocultar su maldad con fingimiento, como ha puesto de relieve Fleischer; los dos caminos de maldad se enfrentan entre sí, y uno de ellos enmascara al otro.

## 28, 7-11. Pobres y ricos

נוֹצֵר תּוֹרָה בֵּן מֵבִין וְרֹעֶה זוֹלְלִים יַכְלִים אָבִיו: ⁷
מַרְבֶּה הוֹנוֹ בְּנֶשֶׁךְ [ובתרבית] (וְתַרְבִּית) לְחוֹנֵן דַּלִּים יִקְבְּצֶנּוּ: ⁸
מֵסִיר אָזְנוֹ מִשְּׁמֹעַ תּוֹרָה גַּם־ תְּפִלָּתוֹ תּוֹעֵבָה: ⁹
מַשְׁגֶּה יְשָׁרִים ׀ בְּדֶרֶךְ רָע בִּשְׁחוּתוֹ הוּא־ יִפּוֹל וּתְמִימִים יִנְחֲלוּ־ טוֹב: ¹⁰
חָכָם בְּעֵינָיו אִישׁ עָשִׁיר וְדַל מֵבִין יַחְקְרֶנּוּ: ¹¹

⁷ El que guarda la ley es hijo inteligente,
pero el que se junta con glotones avergüenza a su padre.
⁸ El que aumenta sus riquezas con usura e intereses
acumula para el que se compadece de los pobres.
⁹ El que aparta su oído para no oír la ley,
aun su oración es abominable.
¹⁰ El que hace errar a los rectos por el mal camino,
*él caerá en su propia fosa;*
pero los íntegros heredarán el bien.
¹¹ El hombre rico es sabio en su propia opinión,
pero el pobre que es inteligente lo escudriña.

**28, 7.** *El que guarda la ley es hijo sabio…* En Pr 28, 4 hemos traducido תורה por "ley"; aquí incluye la instrucción del padre en cuanto a la forma correcta de vida que el hijo debe guardar נוצר תורה (נוֹצֵר תּוֹרָה בֵּן מֵבִין). , de acuerdo con la sintaxis fundamental, debe tomarse como predicado. Por su parte, זוֹלְלִים son los que despilfarran sus recursos y destruyen su salud en contra de la ley de Dios.

**28, 8.** *Los bienes del que con usura y ganancia injusta los aumenta, serán recogidos para el que se compadece de los pobres.* Este dicho, en la línea de Pr 28, 7 está al comienzo de una serie de proverbios que comienzan con un participio. La riqueza que se ha conseguido despojando de un modo codicioso a los demás no permanece en las manos de aquel que la ha conseguido de manera injusta, oprimiendo a otros y sin tener en cuenta lo que es bueno para él. De un modo consecuente, esa riqueza tiene que pasar a manos de aquellos que son misericordiosos con los pobres, de una forma que sea agradable a Dios (cf. Pr 13, 22; Job 22, 16).

El *keré*, que prescinde de la segunda (וְתַרְבִּית) (ב ובתרבית), parece querer mitigar la dureza de la distinción que se introduce en el siguiente estico. Pero Lv 25, 35-37, en donde se prohíbe que un israelita sea usurero cobrando intereses a su hermano distingue bien los dos casos (la usura y la ganancia injusta). En esa línea, Fleischer comenta correctamente que נֶשֶׁךְ significa usura o interés tomado en dinero, y תרבית, usura o interés tomado en especie (el que ha prestado bienes en especie, como grano, o aceite, etc., exige que le devuelvan más de lo que ha dado).

En otras palabras, נשך es el nombre del interés por el capital que se presta, y מרבית o, como aquí se llama תרבית, es el aumento (adición) de la mercancía a través del comercio o por otros medios (Lutero, *ubersatz*). Este significado de ganancia por medio de *préstamos con interés* está en el fondo de la palabra נשך pero, según *usus loq.* o uso posterior del lenguaje, esa palabra significa נשך, ganancia por medio del comercio, por lo tanto, ingreso comercial (no usura propiamente dicha), véase *Baba Meza*, v. 1.[23] En lugar de יקבצנו, los textos más recientes tienen el *kal* יקבצנו.

Por su parte לחונן también está en *kal*, como en Pr 14, 31; Pr 19, 17, no infinitivo *poel*, *ad largiendum pauperibus* (para darlo a los pobres, cf. Mercier, Ewald, Bertheau). Ese que da a los pobres los bienes ganados injustamente queda indefinido, porque allí la persona de quien presenta el regalo no ha sido bien precisada. Pero el texto supone que ese que da los bienes de los injustos a los pobres lo hace según la justicia de Dios.

**28, 9.** *El que aparta su oído para no oír la ley... incluso su oración es una abominación* (cf. Pr 15, 8 y el argumento de 1Sa 15, 22). No solo el mal que tal hombre hace, sino también el bien aparente que pueda realizar, es una abominación contra Dios, y *eo ipso* también en contra del que comete el mal, que así aparece como moralmente hueco y corrupto y no actúa con verdad y sinceridad. Esta oración es una abominación porque no proviene del corazón del suplicante, que no busca con toda su vida aquello que presenta y expresa en su oración, sino que actúa de un modo falso.

**28, 10.** *El que hace errar al justo por el mal camino, él mismo caerá en su propia fosa; pero los rectos heredarán (tendrán bienes) en posesión*. Este es un trístico que comienza con un participio. En el primer caso se cumple Pr 26, 27, el engañador que engaña cae en la destrucción que preparó para otros, ya sea que los induzca al pecado

---

23. Si, como supone Hitzig, siguiendo a J. H, Michaelis, la palabra sería יקבצנו (la que pone Ben-Asher) y, según eso, Clodius y los modernos la habrían puntuado correctamente. Por su parte, Kimchi, en *Wörterbuch*, bajo קבץ, presenta esta palabra como propia de Ben-Asher. Pero la Masora va en contra de eso, y pone יקבצנו, cf. Jer 31, 10, con לית como *unicum*, y supone, por tanto, que en nuestro pasaje ha de leerse también יְקָבְּצֶנּ.

Segunda colección: Proverbios recopilados por *"varones de Ezequías"* (Pr 25–29)

y les prepare mediatamente para la destrucción, ya sea que lo haga de un modo directo e inmediato incitándoles a que vayan por este determinado mal camino.

La expresión בדרך רע puede entenderse en el sentido de *camino de conducta perversa*, camino de engaño, de trampa en contra de los demás. Eso aumenta la gravedad de la culpa de aquellos que les hacen errar a los otros, es decir, que les engañan. Las primeras páginas de la Escritura enseñan ya que el engañador no escapa de ninguna manera al castigo. Por otra parte, el que engaña al recto no logra su objetivo, porque su diabólico gozo por la destrucción es vano, porque Dios ayuda nuevamente al justo, dirigiéndole por el camino recto, pero castiga con más fuerza al engañador. Como la idea de דרך רע puede tener un doble sentido, las conexiones de las palabras pueden ser de genitivo (*via mali,* camino del malvado) o de adjetivo (*via mala,* camino que es en sí mismo malo).

בשחותו no está incorrectamente escrito en vez de בשוחתו, porque שחית se emplea (solo aquí) con שחות en el sentido de שחה, doblar, hundir; cf. לזות bajo Pr 4, 24. En la tercera línea, frente al que "extravía", están "los inocentes" (los piadosos), quienes, lejos de tratar de seducir a otros en el mal camino y llevarlos a la ruina, están dedicados sin reservas y honestamente a Dios y a lo que es bueno (siendo, sin embargo, extraviados y dominados por los malvados). Estos son los que heredarán bienes (cf. Pr 3, 35). Ciertamente, la conciencia de no haber hecho infeliz a ningún hombre los hace felices; pero incluso en sus relaciones reciben muchos bienes, una recompensa divinamente ordenada para los que actúan con rectitud.

**28, 11.** *Hay ricos que solo son sabios en su propia opinión (siendo en sí mismos necios); pero hay pobres con entendimiento que buscan el bien.* En la línea de Pr 18, 17, el rico aparece a sus propios ojos como un hombre sabio (por ser rico sin más); estos son los ricos que se piensan sabios por serlo, pero se engañan a sí mismos al pensar de esa manera. Pero si entran en relación con un pobre que tiene inteligencia, entonces ese pobre le conoce, tal como son, sin dejarse engañar por ellos. Este proverbio muestra así claramente que la sabiduría es un don que no depende de ninguna posesión terrena, que no se identifica, por tanto, con el poder ni con la riqueza.

## 28, 12-20. Siguen los temas de la pobreza y de la justicia

Tomamos juntos los proverbios, Pr 28, 12-20. Un proverbio acerca de las riquezas cierra este grupo, como cerraba también el grupo anterior. Por su parte, el primer proverbio de este grupo está relacionado por su forma y contenido con Pr 28, 2.

בַּעֲלֹץ צַדִּיקִים רַבָּה תִפְאָרֶת וּבְקוּם רְשָׁעִים יְחֻפַּשׂ אָדָם: 12

מְכַסֶּה פְשָׁעָיו לֹא יַצְלִיחַ וּמוֹדֶה וְעֹזֵב יְרֻחָם: 13

אַשְׁרֵי אָדָם מְפַחֵד תָּמִיד וּמַקְשֶׁה לִבּוֹ יִפּוֹל בְּרָעָה: 14

אֲרִי־נֹהֵם וְדֹב שׁוֹקֵק מֹשֵׁל רָשָׁע עַל עַם־דָּל: ¹⁵
נָגִיד חֲסַר תְּבוּנוֹת וְרַב מַעֲשַׁקּוֹת [שנאי] (שֹׂנֵא) בֶּצַע יַאֲרִיךְ יָמִים: פ ¹⁶
אָדָם עָשֻׁק בְּדַם־נָפֶשׁ עַד־בּוֹר יָנוּס אַל־יִתְמְכוּ־בוֹ: ¹⁷
הוֹלֵךְ תָּמִים יִוָּשֵׁעַ וְנֶעְקַשׁ דְּרָכַיִם יִפּוֹל בְּאֶחָת: ¹⁸
עֹבֵד אַדְמָתוֹ יִשְׂבַּע־לָחֶם וּמְרַדֵּף רֵקִים יִשְׂבַּע־רִישׁ: ¹⁹
אִישׁ אֱמוּנוֹת רַב־בְּרָכוֹת וְאָץ לְהַעֲשִׁיר לֹא יִנָּקֶה: ²⁰

¹² Cuando triunfan los justos, grande es la gloria;
pero cuando se levantan los impíos,
se esconden los hombres.
¹³ El que encubre sus pecados no prosperará,
pero el que los confiesa y deja de cumplirlos
alcanzará misericordia.
¹⁴ Bienaventurado el hombre que siempre teme,
pero el que endurece su corazón caerá en el mal.
¹⁵ León rugiente y oso que embiste
es el gobernante impío sobre el pueblo empobrecido.
¹⁶ El gobernante falto de entendimiento aumenta la extorsión,
pero el que aborrece las ganancias deshonestas alargará sus días.
¹⁷ El hombre que carga con un delito de sangre
terminará en la fosa, y nadie lo detendrá.
¹⁸ El que camina en integridad será salvo,
pero el de caminos torcidos caerá en una fosa.
¹⁹ El que cultiva su tierra se saciará de pan,
pero el que persigue cosas vanas se saciará de pobreza.
²⁰ El hombre fiel tendrá muchas bendiciones,
pero el que se apresura a enriquecerse no quedará impune.

**28, 12.** *Cuando triunfan los justos hay gran gloria…* La primera línea de este dístico es paralela a Pr 29, 2 (cf. Pr 11, 10; Pr 11, 11): *cuando los justos resultan vencedores* (cf. p. ej. Sal 60, 8)*, entonces aumenta la gloria* (תִּפְאֶרֶת la prosperidad) de los hombres. En esa línea, en comparación con el árabe *yawm alazynt* (día de adorno, día de fiesta), Fleischer afirma que *en ese día hay mucho adorno de fiesta*, es decir, uno se pone ropa de fiesta, *signum pro re signata*. Entonces, todo parece festivo y gozoso, porque la prosperidad y la felicidad se manifiestan. רבה es adjetivo y predicado de la cláusula sustantiva; Hitzig supone que gloria es un atributo (cf. "entonces hay una gran gloria"). Esta suposición es posible (véase Pr 7, 26 y Sal 89, 51), pero aquí resulta arbitraria.

28, 12a es paralelo a 12b, "si los impíos se levantan, alcanzan poder y prominencia, de manera que los justos son espiados, para ser así saqueados (en

*Segunda colección: Proverbios recopilados por "varones de Ezequías" (Pr 25-29)*

ese sentido, Heidenheim considera חפש como una transposición de חשׂף) o, como sucede con la policía (política) secreta de los déspotas, inclinados al espionaje.

Pero estas palabras pueden entenderse también como una glosa de 28a, יסתר אדם, la gente se hace buscar, se esconde en el interior de sus casas, no se aventura a caminar por las calles y lugares públicos, por desconfianza y sospecha que oprime a todos (Fleischer). En una situación como esa, los hombres piensan que su persona y propiedad solo se encuentra segura entre las cuatro paredes de sus casas; entonces desaparece la vida animada, ruidosa y el gozo que suele reinar en el exterior de las casas en tiempos en los que reina la justicia y la paz.

**28, 13.** *El que niega su culpa no prosperará; mas el que la reconoce y la supera alcanzará misericordia.* Así ha sido traducido este proverbio por Lutero y así lo ha sentido el pueblo cristiano. El que solo repudia su pecado falsamente, o con excusas de autoengaño, el que niega sus pecados, perceptibles como פשעים, no prosperará, no tendrá éxito; como dice Sal 32, 1-11, el que obra de esa manera, seguirá cargado con su culpa, no podrá superarla. Pero el que reconoce su culpa (la LXX tiene ἐξηγούμενος en lugar de ἐξομολογούμενος, como debía ser) y la abandona o supera (porque no hay remisión sin confesión y nueva obediencia) alcanzará misericordia (ירחם, cf. Os 14, 4). En estrecha relación con este proverbio está el pensamiento de que el hombre tiene que trabajar en su salvación "con temor y temblor" (Fil 2, 12).

**28, 14.** *Bienaventurado el hombre que vive siempre en temor (de Dios); mas el que endurece su corazón, caerá en el mal.* El *piel* פחד solo aparece en Is 51, 13, donde se usa para referirse al temor y pavor de los hombres; aquí denota la preocupación ansiosa con la que uno tiene que protegerse contra el peligro del mal que viene sobre su alma.

Aben Ezra interpreta a Dios como objeto, pero debemos considerar como objeto el pecado. El verdaderamente piadoso es aquel que "teme a Dios", temiendo al mismo tiempo al mal. La antítesis pone de relieve la oposición entre la seguridad carnal y el temor de Dios. *La seguridad carnal* es propia de aquellos que endurecen su corazón (מקשה לבו), no solo en contra de la palabra de Dios, sino en contra de los hijos de Dios y en contra de la preocupación afectuosa que los demás muestran por su alma, precipitándose, ocupándose solo de hacer el mal, caminando así hacia su propia destrucción (יפול ברעה, como en Pr 17, 20). A este proverbio ético de tipo general sigue ahora otro relativo al rey.

**28, 15.** *Un león rugiente y un oso rapaz es un gobernante necio sobre un pueblo pobre.* Un pueblo pobre es un pueblo sin riquezas ni posesiones, sin fuentes duraderas de ayuda, un pueblo abatido por los terrores de la guerra y las calamidades. Para un pueblo así, un tirano es causa de un doble terror, como un monstruo voraz. La

LXX traduce la expresión מוֹשֵׁל רָשָׁע por ὃς τυραννεῖν πτωχὸς ὤν, como si מוֹשֵׁל רָשָׁע hubiera sido trasladado a este lugar de Pr 28, 3. Pero la traducción de רָשָׁע, Pr 29, 7, oscila entre ἀσεβής y πτωχός, y en vez del oso cita un tipo de זְאֵב, un lobo, en dialecto un דִּיב. El adjetivo שׁוֹקֵק designa a un oso amenazador, que corre de un lado a otro, impulsado por un hambre extrema (Véneto, ἐπιοῦσα), con שָׁקַק, igual a שׁוּק, un oso rápido que está como movido por impulsos apremiantes de hambre (cf. Gn 3, 16).

**28, 16.** *El príncipe falto de entendimiento es también un gran opresor; mas el que aborrece la avaricia, alargará sus días.* Los antiguos intérpretes de la LXX toman וְרַב מַעֲשַׁקּוֹת como predicado (así también Fleischer, *princeps qui intelligentiae habet parum idem oppressionis exercet multum,* príncipe de poca inteligencia que oprime mucho). Pero ¿por qué el autor no usó la palabra הוּא o וְהוּא en lugar de este partícula inconveniente y ambigua como la *waw*, וְ?[24]

Intentando precisar el tema, Heidenheim ha reconocido que aquí estamos ante un proverbio que no se formula a modo de mera declaración, sino de advertencia, y así lo entienden también Ewald, Bertheau, Elster y Zöckler. En esa línea parece moverse la misma acentuación. Este es el único pasaje del libro de los Proverbios donde aparece נָגִיד, *nagid,* como gobernante supremo del pueblo, y también el plural תְּבוּנוֹת; por eso no tiene nada de extraño que el proverbio ofrezca también formas algo distintas en su formulación. Con bastante frecuencia, hay proverbios que se dirigen a un hijo y, en general, a un lector. ¿Por qué no habrá también algún proverbio dirigido al rey?

Este es un proverbio como otros en el que puedo dirigirme a un compañero diciendo, ¡Oh, tú temerario, alegre compañero!: *el que ríe mucho a veces llora mucho.* Aquí, este proverbio se dirige a un gobernante que está desprovisto de toda sabiduría e inteligencia necesarias para un príncipe. Por eso, un súbdito puede dirigirse al rey de un modo intenso, advirtiéndole que ha de esforzarse por no defraudar al pueblo. Así puede decirle que un príncipe que saquea a su pueblo acorta su vida como hombre y destruye su estado como gobernante (cf. שְׁנֵיהֶם, Pr 24, 22).

El *keré* (שֹׂנֵא) tiene el tono retrocedido en la penúltima sílaba, como también lo tendría el *qetub* שֹׂנְאֵי, cf. לְמֹצְאֵי, Pr 8, 9. La relación de un sujeto plural con un predicado singular es como en Pr 27, 16. Con respecto a בֶּצַע, véase Pr 1, 19. Una

---

24. Hitzig considera el primer término como un nominativo absoluto, que no asume un sufijo en la segunda línea. Pero ejemplos, como el de 27a, que a veces se citan en este contexto, son de un tipo completamente diferente. La cláusula que sigue al nominativo está relacionada con él como con su predicado natural, pero aquí la cláusula 15b es de tipo independiente y se encuentra fuera de cualquier relación sintáctica con 15a.

# Segunda colección: Proverbios recopilados por "varones de Ezequías" (Pr 25–29)

confirmación de este proverbio dirigido a los príncipes se encuentra en Jer 22, 13-19, con la lamentación dirigida al rey Joaquim. Desde la perspectiva del ¡ay! de Hab 2, 12 se entiende fácilmente el lenguaje de Pr 28, 17.

**28, 17.** *Un hombre cargado con culpa de sangre en su alma cae en la fosa; que nadie lo detenga.* Lutero traduce, "Un hombre que hace violencia a la sangre de alguien", como si hubiera leído עשק de otra manera. Löwenstein quiere mostrar que עשק significa un "oprimido", y para probarlo acude a לבוש, como un término que parece relacionado con otros que aparecen en la Mishná como נשוי, רבוב, en latín *coenatus, juratus*, pero ninguno de esos casos es de la misma naturaleza, porque la conducta designada se interpreta siempre como una consecuencia de la acción.

Se ha discutido y se sigue discutiendo mucho sobre el sentido de la palabra עָשַׁק y más en concreto el sentido de la expresión אָדָם עָשֻׁק בְּדַם־נָפֶשׁ, referida a un hombre cargado de sangre en su alma, en el sentido de asesino… Pero el proverbio no precisa el significado más concreto de esa expresión, no dice si es un hombre homicida en sentido físico, acusado ante un tribunal, ni siquiera indica la forma en que ha podido realizar lo que ha realizado, solo que es un hombre "cargado de sangre" en el alma (con נֶפֶשׁ), palabra que puede significar en este caso un "deseo" intenso. No se sabe, por tanto, si se trata de un homicidio de hecho o más bien de deseo.

Pero todo nos permite pensar que no se trata de una "carga de sangre de homicidio", una carga que no se expía con ninguna sentencia de muerte externa, para cumplir así la ley (desde Gn 9, 6 y Lv 24, 17), sino de una carga u opresión interna. No se trata de "vengar" una sangre derramada externamente, sino de superar una opresión interna, como la que aparece en Is 38, 14 donde la palabra עשקה también significa la angustia de una conciencia culpable.

De todas formas, podríamos suponer también que se trata de un asesinato externo, de un hombre que está interiormente oprimido por la sangre de alguien al que ha asesinado, iniciando una huida incesante para escapar del vengador de la sangre, del castigo de su culpa y de su propio tormento interior; un hombre asesino que huye y no encuentra descanso, hasta que finalmente la tumba (בור, según el modo de escritura oriental, babilónico בר) lo recibe, y la muerte realiza la única propiciación posible de su pecado.

La exhortación final (אַל־יִתְמְכוּ־בוֹ, "que nadie lo detenga"), no significa que no se debe apresar al fugitivo, sino que nadie le brinde ningún apoyo, ningún refugio, ninguna cobertura o seguridad contra la venganza que lo persigue; que no se le rescate del brazo de la justicia, que no se invada y perturbe la administración pública de justicia hasta que cumpla su deber con los asesinos.

Ciertamente, el libro de los Proverbios (cf. Pr 24, 11) ha pedido que se salve una vida humana siempre que sea posible hacerlo. Pero en nuestro caso, este proverbio tiene que significar lo siguiente: *que nadie ofrezca ayuda alguna al asesino, que nadie lo salve clandestinamente, haciéndose así partícipe de su pecado.* La gracia no puede ocupar el lugar de la justicia hasta que la justicia haya sido plenamente reconocida.

La simpatía, la tolerancia humana, bajo el falso título de gracia, no se oponen a esta justicia. Sin embargo, no debemos traducir estas palabras (אל־יתמכו־בו) solo como una advertencia contra lo que es inmoral en sentido externo. Estas palabras pueden mostrar también que hay algo interiormente imposible: nadie puede librar al asesino de la inquietud que lo lleva de un lugar a otro, nadie puede detener el proceso de su culpabilidad interna, pues no se puede descargar la "carga de sangre" de un hombre que vive angustiado por ellas. Solo la muerte (la tumba) puede liberar a un hombre de la carga de sangre que le angustia.

**28, 18.** *El que anda en integridad es ayudado, y el que es perverso perece de repente.* La LXX traduce תמים por δικαίως (como acusativo de modo), Aquila y Teodocion por τέλειος; pero también puede traducirse por τέλειον o τελειότητα, como acusativo de objeto, cf. Pr 2, 7. En lugar de מְעֻקֵּשׁ דְּרָכַיִם, Pr 28, 6, aquí encontramos a נֶעְקַשׁ דְּרָכַיִם, un hombre que no camina en sentido recto, en integridad, sino oblicuamente en una dirección doble, inclinándose una vez hacia un lado y otra vez hacia otro. Pues bien, en contra de ese hombre "oblicuo", que camina hacia el mal, por un lado y por otro, encontramos aquí a un hombre que anda en integridad, que recibe ayuda y que así se salva.

En contra del hombre recto, el que anda por un camino doble muere o termina (cf. בפעם אחת) del todo, sin posible salvación, sin esperanza de vida posterior, sin ser recogido en las manos de Dios. No *aliquando*, alguna vez, en sentido indeterminado sino, como explica Nolde, con Flacius, *todo a la vez.* En esa línea explica Geier, *penitus, sic ut pluribus casibus porro non sit opus* (en el sentido de para *siempre, del todo, sin remedio*). Schultens compara, "*Procubuit moriens et humum semel ore momordit*" (se acostó muriendo, y de una vez mordió con su boca el polvo, *Eneida*, xi. 418). Con razón comenta Fleischer: "todo con un de repente, para siempre".

**28, 19.** *El que labra su tierra se saciará de pan, pero el que persigue cosas vanas se saciará de pobreza.* Sobre el sentido de רִישׁ (aquí y en Pr 31, 7), en lugar del más frecuente רָאשׁ, cf. Pr 10, 4. Este proverbio del cultivo de la tierra como fuente segura de sustento, está relacionado con el siguiente, cuyo contenido se le parece, es del mismo tipo.

**28, 20.** *El hombre fiel es enriquecido con bendiciones; pero el que se apresura a enriquecerse no queda impune.* Cf. איש אמונים, Pr 20, 6. En nuestro caso, אִישׁ אֱמוּנוֹת

*Segunda colección: Proverbios recopilados por "varones de Ezequías" (Pr 25–29)*

denota un hombre *bonae fidei*, de fidelidad. En otros casos, con esa palabra se pone de relieve la constancia y valor de las relaciones de amistad; en nuestro caso se insiste en la rectitud o integridad de vida y de conducta. El plural se refiere a la omnipresencia y constancia de una actividad realizada con justicia. Como en Pr 10, 6, ברכות incluye bendiciones del lado de Dios y del hombre, así *benedictio rei y benedictio voti,* en el sentido de bendición real y bendición de búsqueda y promesa.

En contra del hombre fiel, el que sin preocuparse por los medios empleados se apresura a enriquecerse, no solo queda sin bienaventuranza, sino que tampoco está libre de culpa y, por lo tanto, de castigo. La expresión לא ינקה (p. ej. Pr 6, 29), que hallamos con frecuencia en los proverbios, incluye, como ברכות, la unión de dos ideas fundamentales, en un caso de culpa *y castigo,* en otro de *felicidad y premio.*

## 28, 21-28. No es bueno hacer acepción de personas

Este nuevo grupo comienza con un proverbio, en la primera mitad del cual se repite el comienzo del segundo, en el apéndice del libro de los Proverbios (Pr 24, 23).

²¹ הַכֵּר־ פָּנִים לֹא־ טֹוב וְעַל־ פַּת־ לֶחֶם יִפְשַׁע־ גָּבֶר׃

²² נִבֳהָל לַהֹון אִישׁ רַע עָיִן וְלֹא־ יֵדַע כִּי־ חֶסֶר יְבֹאֶנּוּ׃

²³ מֹוכִיחַ אָדָם אַחֲרַי חֵן יִמְצָא מִמַּחֲלִיק לָשֹׁון׃

²⁴ גֹּוזֵל ו אָבִיו וְאִמֹּו וְאֹמֵר אֵין־ פָּשַׁע חָבֵר הוּא לְאִישׁ מַשְׁחִית׃

²⁵ רְחַב־ נֶפֶשׁ יְגָרֶה מָדֹון וּבֹוטֵחַ עַל־ יְהוָה יְדֻשָּׁן׃

²⁶ בֹּוטֵחַ בְּלִבֹּו הוּא כְסִיל וְהֹולֵךְ בְּחָכְמָה הוּא יִמָּלֵט׃

²⁷ נֹותֵן לָרָשׁ אֵין מַחְסֹור וּמַעְלִים עֵינָיו רַב־ מְאֵרֹות׃

²⁸ בְּקוּם רְשָׁעִים יִסָּתֵר אָדָם וּבְאָבְדָם יִרְבּוּ צַדִּיקִים׃

²¹ No es bueno hacer acepción de personas,
pues un hombre puede delinquir
hasta por un bocado de pan.
²² El hombre de malas intenciones
se apresura a enriquecerse,
y no sabe que le ha de venir la escasez.
²³ El que reprende al hombre hallará después mayor gracia
que el que le lisonjea con la lengua.
²⁴ El que roba a su padre y a su madre,
y dice que eso no es maldad,
es igual que un destructor de los demás.
²⁵ El de ánimo altivo suscita contiendas,
pero el que confía en Jehovah prosperará.
²⁶ El que confía en su propio corazón es un necio,

pero el que camina en sabiduría estará a salvo.

²⁷ Al que da al pobre no le faltará,
pero el que cierra ante el pobre sus ojos
tendrá muchas maldiciones.

²⁸ Cuando los impíos se levantan, se ocultan los hombres,
pero cuando los impíos perecen, los justos se engrandecen.

**28, 21.** *La acepción de personas no es buena, y por un bocado de pan un hombre puede convertirse en transgresor.* La primera línea se refiere a la vida personal, y la segunda a la vida social en general. El "bocado de pan", como ejemplo de soborno mediante el cual se compra el favor del juez, es una forma de actuación muy maligna.

Hitzig traduce bien: "Incluso una cosa muy simple, un bocado de pan (1Sa 2, 36) puede despertar en nosotros el favor o la aversión hacia los otros, suscitando así una inclinación que tiende a apartarnos de la rectitud. Geier compara este pensamiento con el de Aulus Gellius, *Noches áticas,* I. 15, donde Catón dice del Tribuno Celio, *frusto panis conduci potest vel ut taceat vel ut loquatur* (un bocado de pan puede hacer que calles o que hables).

**28, 22.** *El que se apresura a enriquecerse tiene ojo malo, y no piensa que le ha de sobrevenir la pobreza.* Hitzig traduce אִישׁ רַע עָיִן como hombre de mal ojo, en aposición de sujeto, pero en ese caso la frase habría sido אִישׁ רַע עַיִן נִבְהָל לַהוֹן (cf. p. ej., Pr 29, 1). En esa línea, con רַע עַיִן (Pr 23, 6), el hombre aparece como celoso, envidioso, rencoroso y al mismo tiempo codicioso.

Ciertamente es posible que un hombre envidioso se consuma en mal humor interior, sin tranquilidad, como dice Hitzig pero, por regla general, la envidia de un hombre se expresa como esfuerzo apasionado por elevarse a la misma altura de prosperidad que aquel que es objeto de la envidia. Este celo impuro, hace que los hombres se cieguen por el hecho de que no avanzan, sino que se degradan, porque ninguna bendición puede reposar sobre aquellos que son envidiosos. Los hombres descontentos pierden no solo aquello que podrían tener, sino lo que Dios les ha asignado y merecidamente tienen.

La palabra נבהל (cf. נִבְהָל לַהוֹן) expresa una acción característica habitual, indicando la actitud de aquel que se inclina principalmente hacia una cosa, *qui praeceps fertur*, el que principalmente se dirige de un modo apasionado hacia una cosa que desea, de un modo incluso desenfrenado. Esa palabra ha sido acentuada de diversas formas por Kimchi, Norzi y por diversas ediciones antiguas, pero su sentido básico es seguro. Con esta palabra se alude al hombre que se esfuerza de forma inmoderada por adquirir riquezas. חֶסֶר significa necesidad, como han reconocido Símaco, Syr. y Jerónimo. Hay una ingeniosa interpretación de este proverbio en *Bereschith Rabba,* c. 58, sobre Gn 23, 14. La LXX dice, en la traducción de

# Segunda colección: Proverbios recopilados por "varones de Ezequías" (Pr 25–29)

22b, que un חָסִיד, es decir, un hombre compasivo, un ἐλεήμων o misericordioso se apoderará finalmente de las riquezas que han ansiado poseer los ricos envidiosos.

**28, 23.** *El que reprende a un hombre que se vuelve hacia atrás (que obra mal) encuentra más gracia que el adulador.* Es imposible que *aj,* אח (en el sentido de "hacia") pueda ser el sufijo de אַחֲרֵי. El Talmud, *Tamid* 28a, refiere ese sufijo a Dios (cf. Aben Ezra, Ahron b. Josef, *Véneto,* J. H. Michaelis), pero es imposible que tenga ese sentido, pues esa manera de hablar no aparece en la literatura sapiencial. Otros traducen, con Jerónimo: *qui corripit hominem gratiam postea inveniet apud eum magis, quam ille qui per linguae blandimenta decipit* (el que corrige a un hombre encontrará después más gracia que aquel que le engaña con palabras dulces), pensando que hay que leer אחרי־כן en vez de אַחֲרַי חֵן, en parte con el fin de dar a 'אח el significado de *postea.*

Este proverbio sigue teniendo algunos elementos difíciles de traducir, pero su sentido general es claro: *es mucho mejor reprender a los poderosos, si es que actúan mal, que halagarles*; es mejor reprender a los que se vuelven atrás que alabarles. El que se vuelve hacia atrás no es un hombre renegado —como מוכיח, en oposición a מחליק לשון—; no tiene ese sentido tan fuerte (renegado), sino el sentido de *retrógrado* una persona que en alemán se llamaría *rückläufige* uno que corre hacia atrás o *rückwendige,* en el mismo sentido, uno que tiende a ir hacia atrás, que se aleja del bien, del derecho y la verdad, y siempre se aleja de ellos (Emanuel: uno que está, retrocediendo en su naturaleza o en sus relaciones morales).

Esta dirección centrífuga, que conduce al alejamiento y olvido del temor de Yahvé, o lo que es lo mismo, de la religión de la revelación, conduciría a la ruina total si no fuera denunciada y no se tratara de frenarla. En contra de eso, el que habla de verdad, abierta y sinceramente, fortalece la conciencia de quien está en peligro de descender, ganando el agradecimiento de aquel a quien se ha dirigido correctamente, y de todos los que están bien dispuestos (recibiendo también una recompensa, de parte de Dios, cf. Stg 5, 19).

Este gesto del que reprende así a los que se vuelven atrás es mucho más digno de agradecimiento que el de aquellos que suavizan su lengua para decir al rico, o al de alta posición, solo aquello que es agradable para él. *Laudat adulator, sed non est verus amator* (el adulador alaba, pero no ama de verdad). La segunda mitad del verso consta, como a menudo sucede (Sal 73, 8; Job 33, 1, cf. *Thorath Emeth,* p. 51), de solo dos palabras, con *mercha silluk* (מִמַּחֲלִיק לָשׁוֹן:).

**28, 24.** *El que despoja a su padre y a su madre, y dice, no está mal, es compañero del destructor.* La segunda línea está relacionada con Pr 18, 9. En lugar de *dominus perditionis,* aquí se encuentra אִישׁ מַשְׁחִית, *vir perdens, perditor,* el hombre destructor. Esta palabra se dirige a un hombre que destruye, no por venganza, sino por lujuria, y por seguir el modo de ser de los hombres, aquello que es valioso en un sentido profundamente humano es el destructor, el demoledor de todo, etc. En lugar de אח, aquí tenemos חָבֵר, en el mismo sentido.

El que roba a sus padres, es decir, el que toma para sí lo que les pertenece, y no considera que ello es pecado (acentuar וְאֹמֵר אֵין־ פָּשַׁע, sin *makkeph*, como en Cód. 1294 y ediciones anteriores), porque al fin llegará a heredar todo (cf. Pr 20, 21 con Pr 19, 26), es semejante a un hombre que se permite cometer todas las ofensas contra la vida y la propiedad de su prójimo, violando así las más tiernas y santas exigencias del deber.

**28, 25.** *El avaro suscita contiendas, pero el que confía en Yahvé es ricamente consolado.* La primera línea es una variante de Pr 15, 18. La expresión רחב־נפש no tiene el mismo sentido que רחב־לב, Pr 21, 4. El רְחַב־נֶפֶשׁ es el de corazón ancho, que se envanece con altivez de tener un alma grande (cf. Schultens הרחיב נפשו, referido a la apertura de garganta o venganza, Is 5, 14; Hab 2, 5), insaciablemente codicioso.

Con razón la LXX, según su texto original, pone ἄπληστος ἀνὴρ κινεῖ (Hitzig pone κρινεῖ) νείκη, con el sentido de (el hombre insaciable suscita contiendas...). La segunda línea es una variación de Pr 16, 20; Pr 29, 25. *Frente al insaciable está el que confía en Dios* (וּב טח, con *gaja* en la vocal última, porque sigue una palabra acentuada en la primera sílaba, y comenzando con una gutural, cf. יא, Pr 29, 2; יף, Pr 29, 18), con el sentido de: Él le otorgará lo que es necesario y bueno para él.

Alguien así satisfecho en Dios se satisface fácilmente (compárese con Pr 11, 25; Pr 13, 4; Pr 10, 3; Pr 13, 24). Frente al insaciable que roba a sus mismos padres está el que confía en Dios, de manera que se apacigua tanto externa como internamente, mientras que el otro no está nunca contento, no tiene paz y crea desesperación a su alrededor. El siguiente proverbio asume la בטח de lo anterior.[25]

**28, 26.** *El que confía en su propio corazón es necio, pero el que anda en sabiduría se librará.* El que confía en su propio corazón es aquel que se guía únicamente "por su propio impulso desconsiderado y desafiante de actuar" (Zöckler). El proverbio se dirige contra una falsa subjetividad. El corazón es ese fabricante de pensamientos, de los cuales, como del hombre por propia naturaleza, nada bueno se puede decir, Gn 6, 5, Gn 8, 21.

Pero la sabiduría es un don de lo alto, y consiste en el conocimiento de lo que es objetivamente verdadero, divino: הלך. Avanzando así en el camino de la sabiduría, ese hombre escapa de los peligros a los que está expuesto el que camina

---

25. Aprovechamos la oportunidad para señalar que la tendencia a poner juntos varios proverbios, después de un tipo de introducción general se encuentra también en los libros de proverbios alemanes, véase Paul, *Ueber die ursprüngliche Anordnung von Friedanks Bescheidenheit* (1870), p. 12.

*Segunda colección: Proverbios recopilados por "varones de Ezequías" (Pr 25–29)*

con necia confianza en su propio corazón y en sus cambiantes sentimientos, pensamientos, imaginaciones y engaños. Esencialmente similares a este proverbio son las palabras de Jer 9, 22, porque la sabiduría a la que se refiere 26b se define así en Jer 9, 23.

**28, 27.** *El que da al pobre, nada sufre, pero el que cubre sus ojos, encuentra muchas maldiciones.* En la primera línea debe agregarse el pronombre לוֹ, que se refiere al sujeto, como en Pr 27, 7, לֹה. El que da al pobre no tiene necesidad (מַחְסוֹר), porque la bendición de Dios le reembolsa con abundancia lo que da. Sin embargo, aquel que vela o entorna (מַעְלִים, en *hitpael*, cf. Is 58, 7) sus ojos para no ver la miseria del entorno, o que hace como si no la viera se vuelve rico en maldiciones, es decir, queda cargado con las maldiciones de aquellos cuyas necesidades él no ha remediado, maldiciones merecidas, que caen sobre él, en virtud de una retribución divina (véase Sir 4, 5s.; Tob 4, 7). מְאֵרָה se construye según la forma מְגֵרָה מִקְרֵה a partir de אֵרַר.

**28, 28.** *Cuando se levantan los impíos, los hombres se esconden, pero cuando los impíos perecen, aumentan los justos.* Este proverbio se asemeja al comienzo de Pr 28, 2; Pr 28, 12. Los Pr 28, 28 y Pr 29, 1-3, todos ellos forman un hermoso cuadrado, en el que el 1 y el 3, con el 2 y el 4, se corresponden entre sí. En este primer proverbio de este octoestico, la primera línea es una variación de 12b. Ya que aquellos que se esconden son simplemente llamados hombres (אָדָם o seres humanos), el significado de יִרְבּוּ probablemente no es solo que los justos entonces salen al primer plano (Hitzig), sino que prosperan, se multiplican y crecen como las plantas, cuando se matan los gusanos, las orugas y similares que antes les destruían (Fleischer). Esa multiplicación y aumento debe entenderse como el crecimiento próspero (quizá como promete Gn 21, 10), hablando del engrandecimiento de la congregación de los justos, que a consecuencia del derrocamiento de los impíos consigue multiplicarse (cf. Pr 29, 2 y especialmente Pr 29, 16).

# Proverbios 29

## 29, 1-9. El que ama la sabiduría. El justo se preocupa de los necesitados

Este grupo consta de dos series. La primera (29, 1-3) contiene tres proverbios de tipo general. La segunda (29, 4-9) contiene seis proverbios que comienzan con uno dedicado al valor y riesgo del rey.

1 אִישׁ תּוֹכָחוֹת מַקְשֶׁה־עֹרֶף פֶּתַע יִשָּׁבֵר וְאֵין מַרְפֵּא׃

2 בִּרְבוֹת צַדִּיקִים יִשְׂמַח הָעָם וּבִמְשֹׁל רָשָׁע יֵאָנַח עָם׃

*Proverbios 29*

אִישׁ־ אֹהֵב חָכְמָה יְשַׂמַּח אָבִיו וְרֹעֶה זוֹנוֹת יְאַבֶּד־ הוֹן: ³

מֶלֶךְ בְּמִשְׁפָּט יַעֲמִיד אָרֶץ וְאִישׁ תְּרוּמוֹת יֶהֶרְסֶנָּה: ⁴

גֶּבֶר מַחֲלִיק עַל־ רֵעֵהוּ רֶשֶׁת פּוֹרֵשׂ עַל־ פְּעָמָיו: ⁵

בְּפֶשַׁע אִישׁ רָע מוֹקֵשׁ וְצַדִּיק יָרוּן וְשָׂמֵחַ: ⁶

יֹדֵעַ צַדִּיק דִּין דַּלִּים רָשָׁע לֹא־ יָבִין דָּעַת: ⁷

אַנְשֵׁי לָצוֹן יָפִיחוּ קִרְיָה וַחֲכָמִים יָשִׁיבוּ אָף: ⁸

אִישׁ־ חָכָם נִשְׁפָּט אֶת־ אִישׁ אֱוִיל וְרָגַז וְשָׂחַק וְאֵין נָחַת: ⁹

¹ El hombre que al ser reprendido endurece la cerviz,

de repente será quebrantado,

y para él no habrá remedio.

² Cuando los justos aumentan, el pueblo se alegra;

pero cuando gobierna el impío, el pueblo gime.

³ El hombre que ama la sabiduría alegra a su padre,

pero el que se junta con prostitutas malgasta sus bienes.

⁴ El rey con la justicia da estabilidad al país,

pero el que lo abruma con impuestos lo destruye.

⁵ El hombre que lisonjea a su prójimo

tiende una red ante sus pasos.

⁶ El hombre malo cae en la trampa

de su propia transgresión,

pero el justo cantará y se alegrará.

⁷ El justo se preocupa por la causa de los más necesitados,

pero el impío no entiende tal preocupación.

⁸ Los burladores agitan la ciudad,

pero los sabios aplacan la ira.

⁹ Si el sabio pleitea con el necio,

aunque se enoje o se ría, no tendrá reposo.

**29, 1.** *El hombre que, siendo corregido muchas veces endurece su cerviz...* Este es un proverbio ético de tipo general. El segundo estico recoge el tema de Pr 6, 15. Puede parecer que la expresión אִישׁ תּוֹכָחוֹת se refiere a un hombre que reprende a los demás, pero no se deja reprender por nadie, con un genitivo que tiene el sentido de "hombre de reprensiones" (cf. Pr 16, 29; Pr 26, 21; Pr 29, 10; Pr 13, 20). En esa línea, la palabra תּוֹכָחוֹת, que aparece en Sal 37, 15; Job 23, 4, parece referirse a un hombre razonador que no deja que se le diga nada, ni se le muestre nada, sino que contradice siempre en todo y a todos.

Así traduce, por ejemplo, Fleischer, *vir qui correptus contradicit et cervicem obdurat* (un hombre que siendo corregido se opone siempre y endurece su cerviz).

*Segunda colección: Proverbios recopilados por "varones de Ezequías" (Pr 25–29)*

Pero esa designación de *"correptus"* (corregido, al ser corregido) ha de vincularse a la expresión siguiente (מקשה ערף) que se refiere al endurecimiento de la cerviz, esto es, de la frente, en el sentido de obstinación de la voluntad que puede compararse con el endurecimiento del corazón (הקשה לב), aludiendo así a una osadía llena de obstinación, que ha sido destacada por varias traducciones (Syr., Targ., Jerónimo, Lutero).

Este es un tema muy repetido por el libro de los Proverbios, que insiste en la docilidad del corazón y de la mente, es decir, del hombre, que se encuentra dispuesto a recibir la educación, la corrección, no solo de Dios sino también de los hombres. La corrección forma una parte necesaria de la educación religiosa y social de los hombres, como ha puesto de relieve Zunz, en un trabajo dedicado a la idea y uso de la *tokhecha* (es decir, de corregir, educar) de la cultura, de la que habla Steinschneider (*Bibliographia hebraica,* 1871, entrada המחכיר, p. 70s.). Más que en el posible castigo externo, debemos pensar en las palabras de corrección y reprobación, dirigida a un hombre que merece ser reprendido y reprochado, de una forma cada vez más severa. Se trata de una corrección que le ofrecen aquellos que se preocupan por su bienestar.

Hitzig piensa que el primer estico ha de entenderse de forma condicional: "Si el hombre de dura cerviz es corregido muchas veces y…". Pero esa interpretación del texto resulta sintácticamente imposible. Solo מקשה ערף podría tener tal fuerza: *un hombre de castigo, si él...* Para ello, hubiera sido necesario que el autor hubiera dicho: והוא מקשה ערף. La expresión מקשה ערף ha de entenderse más bien como una descripción coordinada del hombre, no como una frase condicional (cf. Éx 17, 21).

El texto así entendido está indicando que el hombre amonestado debe corregirse, pues la posibilidad de la penitencia y del cambio que se le ofrece no permanece siempre. Según eso, si el amonestado no se corrige queda privado del perdón y de la reconciliación. El que se mantiene y continúa en su obstinación, insistiendo en su pecado y en su engaño culpable se opone a toda posibilidad de salvar su alma, su vida, de forma que un día, de repente, puede caer en la condena total, sin posibilidad ni futuro de salvación, es decir, de restauración, como israelita (cf. Jer 19, 11). En ese contexto se entiende bien el adagio: *audi doctrinam si vis vitare ruinam* (escucha y acoge la doctrina, si quieres evitar la ruina de tu vida).

**29, 2.** *Cuando los justos aumentan, el pueblo se alegra; pero cuando dominan los impíos, el pueblo se lamenta.* Al proverbio anterior, de tipo más ético, le sigue este proverbio de tipo más político. Por lo que se refiere a בִּרְבוֹת צַדִּיקִים (que Aquila traduce correctamente, ἐν τῷ πληθῦναι δικαίους), cf. comentario a Pr 28, 28. Cuando la mayoría de los hombres son justos, de forma que ellos marcan el sentido y la orientación de la vida de gran parte de la población, es decir, cuando ellos

Proverbios 29

constituyen el grupo predominante del pueblo (Fleischer traduce: *cum incrementa capiunt justi,* cuando los justos son los que aumentan), la condición del conjunto de los hombres es más feliz, y la vida de todos resulta más gozosa (Pr 11, 10).

Por el contrario, cuando el gobierno está en manos de un impío (o de los impíos en conjunto), el pueblo padece (cf. Pr 28, 1), suspira y se lamenta (según la regla, יֵאָנַח עָם va con *gaja*). De manera significativa, como comenta Hitzig, el primer עם (יִשְׂמַח הָעָם) va con artículo, pero el segundo (יֵאָנַח עָם) tiene que ir sin artículo. En el primer caso se refiere al pueblo como aquellos entre los cuales hay tal aumento de justos. En el segundo caso, falta el artículo, porque generalmente no se usa en poesía y, además, su ausencia hace que el segundo verso sea de nueve sílabas, como el primero.

**29, 3.** *El hombre que ama la sabiduría deleita a su padre; y el que anda en compañía de rameras gasta su hacienda.* Al proverbio político anterior le sigue ahora uno de ética general. La primera línea retoma el motivo de Pr 10, 1. La expresión del comienzo, אִישׁ־אֹהֵב, según la regla general, va con *metheg*, cf. 29, 9a. En este caso, la palabra אִישׁ significa un hombre, sin precisar la edad, desde la niñez (Gn 4, 1) hasta la vejez (Is 66, 13). El amor y la relación obediente del hombre hacia el padre y la madre nunca cesan. La segunda línea recuerda Pr 28, 7 (cf. Pr 13, 20).

**29, 4.** *Un rey con justicia trae estabilidad a la tierra. Pero un hombre de impuestos la derriba.* El *hifil* העמיד significa hacer que una persona o un asunto se mantenga erguido y firme (p. ej., 1Re 15, 4); הרס, derribar, es lo contrario de edificar, de expandir, de fortalecer (Sal 28, 5). La misma oposición entre נהרס y רום en sentido general, en referencia a la administración política, aparece en Pr 11, 11. La palabra וְאִישׁ תְּרוּמוֹת se refiere al mismo rey al que se ha aludido antes o a un hombre de este tipo. El texto no deja claro si se refiere a un "hombre de regalos" (es decir, a un hombre que se deja ganar por regalos o incluso los exige (Grotius, Fleischer, Ewald, Bertheau, Zöckler) o si alude expresamente a un hombre de impuestos, es decir, si es *un hombre que exige muchas imposiciones* económicas como condición para gobernar, imponiéndose a la fuerza sobre la población (Midrash, Aben Ezra, Ralbag, Rosenmüller, Hitzig). Ambas interpretaciones son posibles, ya que 'תר significa *impuesto* (levantar, elevar es igual a dedicar), tanto ofrendas voluntarias, así como obsequios que son obligatorios y requeridos por las leyes políticas.

De todas formas, esta palabra solo aparece en otro lugar de la Biblia, en Ez 45, 13-16, y se aplica a la relación del pueblo con el príncipe, y denota un impuesto o gravamen legalmente exigido. En esa línea, en este pasaje, esa palabra parece que debe referirse a los impuestos de tipo político, exigidos por el rey, no a los de tipo religioso, exigidos por el templo, como en Ezequiel. Puede referirse a

# Segunda colección: Proverbios recopilados por "varones de Ezequías" (Pr 25–29)

diversos tipos de impuestos, aplicados a los productos de la tierra, a las ganancias comerciales, a las herencias, etc.

En esa línea, se entiende la expresión ἀνὴρ ἀφαιρεμάτων de Aquila y Teodocion, lo mismo que la traducción del Véneto: ἐράνων. Un rey o gobernante codicioso, amigo de impuestos, arruina la tierra exigiendo contribuciones. Por el contrario, un rey justo ayuda a la prosperidad de la tierra, haciendo posible que la población goce de una buena estabilidad económica, mediante el ejercicio del derecho, con impuestos o contribuciones bien proporcionados y adecuados.

**29, 5.** *El hombre que halaga a su prójimo tiende una red ante sus pasos.* Tanto Fleischer como Bertheau traducen: *vir qui alterum blanditiis circumvenit* (un hombre que rodea, que "amenaza" a otro con halagos…). Pero la partícula עַל no implica sin más ningún tipo de tendencia hostil, no lleva en sí una intención de hacer daño, sino que tiene en sí un sentido neutral, de manera que puede intercambiarse con אֶל, Sal 36, 3.

En esa misma línea se puede entender la segunda línea de este proverbio. No es necesario que el adulador (el que halaga a su prójimo) tenga directamente una mala intención. Pero, de hecho, al adular, al halagar al prójimo va poniendo ante él una especie de "telaraña" (de atracción dulce) que le termina enredando, atrapando y, al final, destruyendo (Hitzig). La palabra הַחֲלִיק (גֶּבֶר מַחֲלִיק) no tiene necesidad de ningún objeto externo, cf. Pr 28, 23; Pr 2, 16. Tiene un sentido internamente transitivo: pronunciar y decir lo que es suave, es decir, lisonjero. La expresión פְּעָמָיו, que aparece también en Sal 57, 7, es igual a רַגְלָיו (ante sus pies); es la palabra fenicia habitual.

**29, 6.** *El pecado del hombre malo es un lazo (en el que cae); mas el justo canta y se regocija.* La primera línea (בְּפֶשַׁע אִישׁ רָע מוֹקֵשׁ) debe traducirse de acuerdo con la secuencia de los acentos, *mahpach, munach, munach, athnach,* porque la segunda *munach* es la transformación de *dechi.* La expresión אִישׁ רָע tiene el mismo sentido que אַנְשֵׁי־רָע en Pr 28, 5, porque la conexión de las dos palabras no es de genitivo, sino de sustantivo con sus adjetivos. De todas formas, se podría poner una secuencia distinta de acentos, *munach, dechi, munach, atnach,* que serviría para separar רָע y אִישׁ.

Según esto, Ewald traduce, "en la transgresión de uno yace una trampa maligna"; pero en ese caso la palabra debería haber sido מוֹקֵשׁ רָע, como en Pr 12, 13; porque aunque el numeral רַבִּים a veces precede a su sustantivo, ningún otro adjetivo lo hace nunca; pasajes como Is 28, 21 e Is 10, 30 no muestran la posibilidad de esta posición de las palabras. Conforme a esta secuencia de acentos la explicación o traducción del texto debe ir en esta línea: la maldad de un hombre es un mal de lazo; es decir, *la misma transgresión o pecado del hombre malo es un lazo en el que cae y se pierde* ese hombre (Böttcher). El justo también puede caer, pero resucita por medio del arrepentimiento y el perdón; pero en la maldad del hombre malo yace un lazo del cual, una vez caído, no puede volver a librarse, Pr 24, 16.

En la segunda línea (צַדִּיק יָרֻן וְשָׂמֵחַ), la forma ירון, en vez de ירן, puede y debe compararse a יָשׂוּד, Sal 91, 6; ירוץ, Is 42, 4. Desde ese mismo fondo se entiende el orden de las palabras, que no es ישׂמח ורנן, sino el contrario (LXX ἐν χαρᾷ καὶ ἐν εὐθροσύνῃ; Lutero, *frewet sich und hat wonne* (se regocija y tiene placer), orden que está respaldado por la misma secuencia de ideas, Zac 2, 1-13, 14, cf. Jer 31, 7. A la pregunta de por qué el justo se regocija, *jubelt*, y se alegra, *greuet*, la respuesta no es, *por su feliz liberación del peligro* (Zökler), sino *por la prosperidad que le procura su virtud* (Fleischer). Pero con esta traducción el contraste entre la primera y la segunda línea no resulta tan claro ni fuerte, pues pierde la expresión del objeto o motivo de alegría.

Cocceius introduce en el segundo verso un *si lapsus fuerit*. Schultens traduce, *justus vel succumbens*, del árabe *ran*, que, sin embargo, no significa *sucumbere*, sino *subigere* (véase Sal 78, 65). Hitzig compara el árabe *raym* con *discedere, relinquere*, y traduce, "pero el justo pasa y se regocija". Böttcher se inclina a leer יראה ושׂמח, *lo ve (¿qué?) y se regocija*. Todas estas propuestas, sin embargo, quedan en un segundo plano frente a la de Pinsker (*Babylon.-Heb. Punktationssystem*, p. 156), quien traduce: *en las huellas del impío yacen trampas, pero el justo corre y se alegra*, es decir, corre gozoso (como el sol, Sal 19, 6) por el camino divinamente señalado (Sal 119, 132), en el que se sabe que no está amenazado por ningún peligro.

**29, 7.** *El justo considera la causa de los pobres, pero el impío no se preocupa por conocerla.* El justo conoce y reconoce las justas demandas de las personas de baja condición, es decir, lo que se les debe como seres humanos; pero el impío no quiere obtener ningún conocimiento de ese tipo (cf. en cuanto a la expresión, Pr 19, 25). El texto comienza como Pr 12, 10, que pone de relieve la compasión que el justo muestra por el bienestar de su ganadería. Este proverbio muestra la simpatía que el justo muestra por aquellos que a menudo son tratados como ganado, e incluso peor que el ganado. La LXX traduce 7b dos veces, pero la segunda en la que se lee רֹשׁ (cabeza=en lugar de impío), no tiene sentido.

**29, 8.** *Los escarnecedores alborotan la ciudad, pero los sabios calman la ira.* Is 28 muestra lo que debemos entender por אנשׁי לצון, *hombres para quienes nada es santo*, personas que desprecian toda autoridad. El *hifil* יפיחו no significa *irretiunt*, de פחח (Véneto παγιδιοῦσι, según Kimchi, Aben Ezra y otros), sino *sufflant*, de פוח (Rashi, יליהיבו), agitan o excitan a la ciudad, es decir, a sus habitantes, para que comiencen a arder como con llamas. Estos escarnecedores son los que empiezan a destruir los lazos de respeto mutuo y de piedad, por el desencadenamiento de la

*Segunda colección: Proverbios recopilados por "varones de Ezequías" (Pr 25–29)*

pasión, los que perturban la paz y excitan a las diversas personas de la comunidad, a todos sus individuos unos contra otros; pero los sabios logran que los brotes de ira que han estallado, o que están en acto de estallar, sean apaciguados. La ira no es la de Dios, como la traducen Jerónimo y Lutero, y como podría significar יפיחו traducido libremente, sino la de unos hombres, en contra de otros. El término arameo *errar*, que está en el fondo de יפיחו, aparece en otros pasajes como Pr 6, 19.

**29, 9.** *Si el sabio tiene que enfrentarse con el necio, el necio se enfurece y se ríe, y no tiene descanso.* Entre los antiguos traductores, Jerónimo y Lutero toman al "sabio" como sujeto incluso del segundo verso con tres miembros, *vir sapiens si cum stulto contenderit, sive irascatur sive rideat, non inveniet réquiem* (en caso de que el sabio se enfrente con el necio, aunque se irrite o ría no encontrará descanso). Así traducen Schultens, C. B. Michaelis, Umbreit, Ewald, Elster y también Fleischer, "La *waw* reduplicada es correlativa, como en Éx 21, 16; Lv 5, 3, y expresa la igualdad perfecta con respecto al efecto: si el sabio, cuando disputa con un necio, se enfada o bromea, no descansará, es decir, nunca conseguirá que el necio deje de replicar; le cede el derecho, y así le permite poner fin a la lucha".

Pero la pasión colérica, y los estallidos de risa que alternan con ella, no son apropiados para el hombre sabio cuando ratifica y cumple lógicamente su derecho; y puesto que, según el Ec 9, 17, las palabras de los sabios se escuchan בנחת, cf. וְאֵין נָחַת (y no hay descanso), esto nos lleva a pensar que el necio es el sujeto del segundo estico.

De un modo básicamente correcto, pero con algunos rasgos menos apropiados, la LXX traduce aquí ἀνὴρ σοφὸς κρινεῖ ἔθνη (como si fuera con עם, en lugar de con את). Por el contrario, ἀνὴρ Δὲ φαῦλος (que no es traducción exacta de איש אויל) ὀργιζζόμενος καταγελᾶται καὶ ὐὸ καταπτήσσει (como si las palabras fueran ולא יחת). Sea como fuere el sentido exacto de los términos y la distribución de los sujetos es oscura, aunque el sentido básico es claro: el hombre sabio no debe discutir con el necio.

La relación sintáctica sería más simple si נשפט en 9a se vocalizara como un perfecto hipotético. Pero en vez de eso, el verbo está en pasado (אִישׁ־ חָכָם נִשְׁפַּט). Ewald piensa que 9a es una cláusula condicional y Hitzig añade que la verdadera traducción tiene que ir en la línea del texto latino: *viro sapiente disceptante cum stulto* (el hombre sabio discutiendo con el necio). En ese sentido se compara este pasaje con 1Sa 2, 13 y con Job 1, 16: si un hombre sabio en su derecho se relaciona con un tonto, se sobresalta, y se ríe, y no se queda callado. Esta referencia responde a lo que sucede en general en la experiencia de la vida. Si un hombre sabio mantiene alguna controversia con un necio, que debe decidirse con argumentos razonables y morales, entonces se vuelve bullicioso y se ríe, y se muestra incapaz de escuchar

*Proverbios 29*

tranquilamente a su oponente y de apreciar sus argumentos. Por eso es mejor no litigar con necios.

## 29, 10-14.

Ahora tomamos como unidad cinco proverbios: 29, 10-14 son similares por el tiempo verbal que utilizan; Pr 29, 12-14 tienen en común el hecho de que emplean un pronombre que marca el sentido del primer estico.

10 אַנְשֵׁי דָמִים יִשְׂנְאוּ־תָם וִישָׁרִים יְבַקְשׁוּ נַפְשׁוֹ׃

11 כָּל־רוּחוֹ יוֹצִיא כְסִיל וְחָכָם בְּאָחוֹר יְשַׁבְּחֶנָּה׃

12 מֹשֵׁל מַקְשִׁיב עַל־דְּבַר־שָׁקֶר כָּל־מְשָׁרְתָיו רְשָׁעִים׃

13 רָשׁ וְאִישׁ תְּכָכִים נִפְגָּשׁוּ מֵאִיר־עֵינֵי שְׁנֵיהֶם יְהוָה׃

14 מֶלֶךְ שׁוֹפֵט בֶּאֱמֶת דַּלִּים כִּסְאוֹ לָעַד יִכּוֹן׃

10 Los hombres sanguinarios aborrecen al íntegro,
pero los rectos buscan su bien.
11 El necio da rienda suelta a toda su ira,
pero el sabio conteniéndose la apacigua.
12 Si el gobernante atiende a palabras mentirosas,
todos sus servidores serán unos impíos.
13 El pobre y el opresor tienen esto en común:
A ambos Jehovah les alumbra los ojos.
14 El rey que juzga a los pobres según la verdad
afirma su trono para siempre.

**29, 10.** *Los hombres sanguinarios odian al inocente, pero los rectos buscan su vida.* Esta es la traducción más cercana del segundo estico: וִישָׁרִים יְבַקְשׁוּ נַפְשׁוֹ: los rectos buscan su alma (la de los inocentes). Pero esa traducción tiene sus dificultades, pues hay que precisar el sentido de ישׂנאו que puede entenderse de un modo positivo o negativo, conforme al sentido que se conceda a נפשׁ en לנפשׁו. Por su parte, el Targum traduce como inocencia y el Véneto traduce יִשְׂנְאוּ־תָם por μισοῦσι γνῶσιν, odian el conocimiento, en la línea de Pr 1, 22. Símaco traduce ἐπιζητήσουσι y Jerónimo *quaerunt*, buscan, por su parte, Lutero traduce también así la oración; y Rashi afirma que la frase ha de vocalizarse como לְשׁוֹן חבה, *porque él descansa*; pero no estando seguro de su opinión apela a 1Sa 21, 1-15. Por su parte, B. Josef glosa la frase diciendo: *para entablar amistad con él.*

Sea como fuere, la mayoría de los comentaristas modernos ponen de relieve el contraste entre los dos esticos, interpretando el segundo estico en sentido positivo. En esa línea traduce también Fleischer: *provi autem vitam ejus conservare*

649

# Segunda colección: Proverbios recopilados por "varones de Ezequías" (Pr 25–29)

*student* (por el contrario, los hombres sensatos procuran conservar su vida). Como muestra Pr 12, 6, el pensamiento es correcto; pero el uso del lenguaje va en contra de esa traducción, que solo puede basarse en el Sal 142, 5 donde, sin embargo, el poeta dice אין דורש נפשי. En esa línea, también el uso del lenguaje requiere, לנפשי. Solo hay tres explicaciones posibles para entender el sentido de la frase. Y Aben Ezra las presenta así:

(1) *Los hombres rectos buscan su alma, es decir, la del hombre sanguinario*; y por eso los rectos atentaron contra su vida (la de los hombres sanguinarios), para vengarse de ellos, según el significado de las expresiones que generalmente se usan en otros lugares, por ejemplo, en Sal 63, 10.

(2) *Ellos, los hombres rectos, vengan su vida, es decir, la del hombre sin culpa* (LXX: ἐκζητήσουσιν), que ha caído como víctima, conforme al significado de la expresión en otros lugares como דרש נפש y בקש דם, Gn 9, 5. Pero esta segunda interpretación no responde al uso de las palabras, como tampoco responde la anterior, pues, conforme al sentido del libro de los Proverbios, no se puede tomar a los justos, es decir, a los rectos o ישרים como ejecutores de una sentencia de justicia penal en nombre de Dios. En esa línea, no se puede apelar a la traducción griega de Jer 45, 5: εὐθεῖς δὲ συνάξουσιν τὴν ψυχὴν αὐτῶν (los rectos ¿traerán, reunirán? sus almas).

(3) *Los rectos (en contra de los hombres sanguinarios) buscan el alma (la vida) del inocente, tomado así en sentido individual*. Esta última explicación responde al espíritu del proverbio y se recomienda a sí misma por la forma en que vincula al תם (inocente) y a los ישרים (los rectos). Los hombres sanguinarios van en contra de los inocentes. En cambio, los hombres rectos "les buscan": buscan y protegen su vida. Esas dos palabras תם וישר (perfecto y recto) van unidas y se completan en diversos lugares, por ejemplo, en Job 1, 1; Job 2, 3.

Parece, pues claro, que los inocentes y los rectos son los mismos. Por una parte, el proverbio afirma que los sanguinarios odian a los inocentes pero, en contra de eso, los rectos les buscan, es decir, les protegen y ayudan, buscan su bien. La mente de los hombres sanguinarios va dirigida en contra de los inocentes; por el contrario, los hombres rectos les protegen.

**29, 11.** *Toda su ira la derrama el necio; pero el hombre sabio la oculta en el fondo.* La palabra רוחו no se refiere aquí a su *espíritu* en sentido de interioridad, de la profundidad del alma (como supone Lutero); tampoco puede referirse a *quaecunque in mente habet* (todo lo que el hombre tiene en su mente, como supone, por ejemplo,

*Fleischer*), porque en ese sentido no podría entenderse la palabra final יְשַׁבְּחֶנָּה y en lugar de ella habría que haber utilizado יַחְשְׁכֶנָּה (LXX ταμιεύεται).

En un sentido más simple, רוּחַ se utiliza aquí en el sentido de "ira", una emoción apasionada, un despliegue violento de la rabia interior, como en Pr 16, 31; Is 25, 4; Is 33, 11. Por su parte, שׁבַח no es aquí equivalente al árabe *sabbah*, αἰνεῖν (cantar, exteriorizar, como suponen Immauel, el Véneto y Heidenheim), sino todo lo contrario: esa palabra significa calmar, árabe *sabbakh*, aquietar (Ahron b. Josef: קטפיאון igual a καταπαύειν, empequeñecer, hacer cesar). No es por tanto ampliar, cantar… sino hacer cesar, acallar. En contra del necio que expande, proclama, despliega con fuerza toda su ira, el sabio la aquieta, la calma.

En contra del necio que hace que estalle con violencia su ira, el sabio toma distancia respecto de ella, como en Sal 89, 10: la deja en un segundo plano, como indica su sinónimo הֵשִׁיב (Fleischer). En esa línea puede empezar a entenderse la palabra בְּאָחוֹר (dejarla a un lado, solo aquí con בְּ). Uno podría explicar esta expresión con Rashi: *pero el hombre sabio finalmente, o después* (Símaco, ἐπ᾽ ἐσχάτων; Véneto κατόπιν es igual a κατόπισθε), *aplaca la ira,* en contra del necio que la suelta. En otras palabras: *el necio da rienda suelta a su ira, mientras el sabio la aplaca, la somete, la mitiga* (cf. לְאָחוֹר, בָּאַחֲרֹנָה, Is 42, 23). Se trata, por tanto, de la ira interior del mismo sabio.

El sabio siente en su interior la ira, pero no deja que se exprese, no permite que estalle hacia fuera, no le da un curso desenfrenado, sino que la silencia en el fondo, a saber, en su corazón. De esa manera traducen el Syr. y el Targúm, leyendo בְּרַעְיָנָא con יַחְשְׁבִנַּה, *reputat eam*, lo mismo que Aben Ezra: el sabio amansa su ira y deja que repose en su corazón, sin permitir que estalle hacia fuera en forma de palabras airadas.

Otros explican ese gesto de "aplacar la ira" insistiendo en la palabra בְּאָחוֹר: el sabio mantiene su ira en la parte de atrás, *retrorsum*, haciendo que se aplaque, que quede como sedada. Hitzig pone la objeción de que en este caso la expresión más adecuada sería בְּקִרְבּוֹ, en su interior. Pero se puede responder que la expresión בְּאָחוֹר está conectada con la idea de retroceder (de אָחוֹר). El orden de las palabras también está a favor del significado *en recessu (cordis),* dejar que la ira se aquiete en el interior del corazón, en el sentido de *irae dilatio mentis pacatio* (dilatar, aquietar la ira: esa es la forma de aplacar el corazón, según un antiguo proverbio).

**29, 12.** *Si un gobernante escucha palabras mentirosas, todos sus siervos serán malvados.* Todos los siervos serán malvados porque querrán engañar al gobernante, porque en lugar de decirle la verdad que él (el gobernante) no quiere oír, querrán ganar su favor mediante halagos engañosos, tergiversaciones, exageraciones, falsedades. Hay un proverbio justo que dice: *audiat rex quae praecipit lex* (el rey ha de oír lo que manda la ley). En contra de eso, hay otro dicho que afirma: *sicut rex ita grex* (como

*Segunda colección: Proverbios recopilados por "varones de Ezequías" (Pr 25–29)*

es el rey así es su grey: Sir 10, 2). Este es el sentido de este proverbio de Salomón; si al rey le gustan las palabras mentirosas, sus súbditos se harán mentirosos.

**29, 13.** *El pobre y el usurero se juntan, Yahvé alumbra los ojos de ambos.* Este proverbio es una variación de Pr 22, 2 y, en esa línea, han de entenderse sus dos partes. La expresión תככים איש marca el contraste de רש, como muestra correctamente *Temura* 16b. Pero tanto Rashi, que se refiere aquí a un hombre de aprendizaje moderado, como Saadia, que alude a un hombre templado (cf. Targum גברא מצעיא, como interpreta Buxtorf, *homo mediocris fortunae,* hombre de pequeña fortuna) se equivocan al conectar la palabra con תוך.

La LXX pone δανειστοῦ καὶ χρεωφειλέτου (ἀλλήλοις συνελθόντων), aludiendo a un prestamista, aunque quizá debería matizarse el sentido de las palabras, pues איש תככים es el hombre que cobra impuestos altos, que pone intereses excesivos. La raíz verbal תכך, árabe *tak,* ha de entenderse en la línea de *wak,* que tiene los significados de apretar juntos y apretar firmemente.

El proverbio vincula de esa forma al pobre con el usurero, pues se oponen y se implican. El pobre necesita al usurero y, por su parte, el usurero oprime al pobre... תך, con el plural תככים, están indicando el interés monetario, la usura, en el sentido de τόκος. Un תככים, איש es un hombre que se inclina a la usura, un hombre que oprime y aflige a los pobres (Syr., *afflictor*), un "rentista", un hombre que vive de las rentas que impone a los más pobres (Hitzig). Lutero habla en este contexto de los *Reiche* (los hombres ricos), con una nota marginal: *hombre de impuestos es aquel que puede practicar la usura, en el sentido en que generalmente lo hacen todos.*

Desde ese fondo interpreta Löwenstein el segundo estico, en la línea de 1Sa 2, 7: *Dios ilumina sus ojos levantando a los humildes y humillando a los orgullosos.* Pero este segundo estico, conforme a Pr 22, 2, solo significa que *tanto los pobres como los ricos deben la luz de la vida* (Sal 13, 4) *a Dios, el creador y gobernante de todas las cosas,* un hecho que también tiene su lado moral: ambos, el pobre y el prestamista, están bajo el gobierno de Dios, a quien tienen que rendirle cuentas; o traducido de otro modo: *Dios hace que su sol salga sobre lo bajo y lo alto, sobre los malos y los buenos* (cf. Mt 5, 45). En ese sentido, este proverbio está mostrando que Dios alumbra sobre todos, ofreciendo un amor que abarca todo, pues es para bien de todos.[26]

---

26. Según Löwenstein מֵאִיר- tiene *mehuppach legarmeh,* pero incorrectamente, ya que después de *legarmeh* no pueden venir dos conjuntivos. Tampoco se puede hacer como hace Norzi que pone *mehuppach mercha,* algo que es irregular, ya que Ben-Asher reconoce solo dos ejemplos de esta doble acentuación a los que no pertenece este מאיר (véase *Thorath Emeth,* p. 12. Jablonski puntúa correctamente con *mehuppach* en la última y *zinnorith* en la sílaba abierta anterior).

Proverbios 29

**29, 14.** *Un rey que juzga a los pobres con verdad, su trono permanecerá para siempre.*
באמת, como verdad, como en Is 16, 5 (sinónimo de באמונה, במישרים, במישור), es
equivalente a la fidelidad al deber, o el cumplimiento total y completo de su deber
como gobernante con referencia a la impartición de justicia; en otras palabras,
*según la norma del derecho real, y de la ley.*

En algunos códices, como el de Jaman de Yemen y el Veneciano de 1517
y de 1521, la palabra מֶלֶךְ tiene correctamente *rebia*. En lo que sigue, las palabras
שׁוֹפֵט בֶּאֱמֶת están más estrechamente relacionadas que בֶּאֱמֶת דַּלִּים porque cuando
hay dos frases conjuntivas que van juntas, la primera pareja vincula siempre a las
palabras más que la segunda. La frase מֶלֶךְ שׁוֹפֵט בֶּאֱמֶת דַּלִּים ofrece una relación gramatical perfectamente lógica. Para 14b, cf. proverbio del rey, en Pr 16, 12; Pr 25, 5.

## 29, 15-21. Sobre la disciplina y el orden

Al proverbio anterior (29, 14, con un tema de juicio y justicia, שׁוֹפֵט) sigue un
grupo de proverbios que empieza en 29, 15 con el tema de la vara que castiga y
corrige, שׁבט. Estos nuevos proverbios tratan básicamente de la disciplina y del
orden, tanto en la vida familiar como en la vida social del conjunto del pueblo.

שֵׁבֶט וְתוֹכַחַת יִתֵּן חָכְמָה וְנַעַר מְשֻׁלָּח מֵבִישׁ אִמּוֹ: 15

בִּרְבוֹת רְשָׁעִים יִרְבֶּה־פָּשַׁע וְצַדִּיקִים בְּמַפַּלְתָּם יִרְאוּ: 16

יַסֵּר בִּנְךָ וִינִיחֶךָ וְיִתֵּן מַעֲדַנִּים לְנַפְשֶׁךָ: פ 17

בְּאֵין חָזוֹן יִפָּרַע עָם וְשֹׁמֵר תּוֹרָה אַשְׁרֵהוּ: 18

בִּדְבָרִים לֹא־יִוָּסֶר עָבֶד כִּי־יָבִין וְאֵין מַעֲנֶה: 19

חָזִיתָ אִישׁ אָץ בִּדְבָרָיו תִּקְוָה לִכְסִיל מִמֶּנּוּ: 20

מְפַנֵּק מִנֹּעַר עַבְדּוֹ וְאַחֲרִיתוֹ יִהְיֶה מָנוֹן: 21

[15] La vara y la corrección dan sabiduría,
pero el muchacho dejado por su cuenta
avergüenza a su madre.
[16] Cuando abundan los impíos,
abunda la transgresión;
pero los justos verán la ruina de ellos.
[17] Corrige a tu hijo, y te dará reposo;
*él dará satisfacciones a tu alma.*
[18] Donde no hay visión, el pueblo se desenfrena;
pero el que guarda la ley es bienaventurado.
[19] El siervo no se corrige solo con palabras;
porque entiende, pero no hace caso.
[20] ¿Has visto a un hombre apresurado en sus palabras?

Más esperanza hay del necio que de él.

²¹ El que mima a su siervo desde la niñez, a la postre,
este será su heredero.

**29, 15.** *La vara y la corrección dan sabiduría…* Con la palabra שֵׁבֶט (vara), que Pr
22, 15 recomendaba también como saludable, תּוֹכַחַת se refiere a la disciplina por
medio de palabras, a las que debe acompañar la disciplina corporal, una disciplina
o corrección que es también necesaria incluso sin palabras. La construcción del
primer estico sigue en número y género el esquema de Pr 27, 9 y el de Zac 7, 7;
cf. Ewald, 339c. En el segundo estico se nombra a la madre, cuyo amor tierno se
convierte a menudo en un tipo una indulgencia condescendiente. Pues bien, un hijo
amado de esa forma, pero sin corrección, se convierte en desgracia para su madre.

Hitzig traduce en alemán la palabra מְשֻׁלָּח como "*ausgelassen*", es decir, como
un tipo de condescendencia y dejadez cariñosa, pero sin ningún control. Quizá
esa palabra resulta en nuestro texto demasiado débil. La raíz de esa palabra (שָׁלַח)
se usa para animales que pastan en libertad, vagando por el campo sin ningún
control (Job 39, 5; Is 16, 2); según eso, נַעַר מְשֻׁלָּח es un niño que no está sujeto a
restricciones ni castigos, sino abandonado a sí mismo y, por lo tanto, indisciplinado
(Lutero, Gesenius, Fleischer y otros).

**29, 16.** *Cuando se multiplican los impíos, crece la maldad; pero los justos verán su
caída (la de los impíos).* La traducción de la LXX no es mala, πολλῶν ὄντων ἀσεβῶν
πολλαὶ γίνονται ἁμαρτίαι (siendo muchos los impíos, son muchos los pecados).
Respecto a רָבָה, cf. Pr 29, 2; Pr 28, 28. Pero, entendido así, de un modo general,
este proverbio se limita a formular eso que en el alemán de Suabia se llama una
*binsenwahrheit*, una trivialidad.

El proverbio quiere decir simplemente que, cuando en un pueblo aumenta
el grupo y poder de los impíos, al mismo tiempo aumenta la maldad, es decir, la
caída en pecados de pensamiento y conducta, con la destrucción que ello implica,
tanto en un sentido moral como religioso. Pero, al mismo tiempo, este proverbio
supone que la conducta del impío lleva en sí misma el juicio, de manera que los
impíos terminan destruyéndose y fracasando. Por eso (como sigue diciendo este
proverbio) los justos descubrirán con gozo la justa retribución de Dios, alegrándose
de ella. En ese sentido, la destrucción de los impíos constituye un motivo de gozo
para los justos. Este es el tema de fondo de Sal 12, 1-8.

**29, 17.** *Corrige a tu hijo, y te dará reposo; él dará satisfacciones a tu alma.* La LXX
traduce bien וִינִיחֶךָ por καὶ ἀναπαύσει σε (y será descanso para ti, te hará reposar).
De todas formas, la traducción que la LXX ofrece de Pr 29, 17-18 se encuentra
también estropeada, pues al final añaden: καὶ ἀγαπήσει σε, en el sentido de "corrige

a tu hijo y te amará". La palabra הניח (cf. וִינִיחֶךָ) indica descanso propiamente dicho, como si dijera "te dará un respiro", ἀνάψυξις, como el árabe *araḥ*, que ha sido aducido por Fleischer: "Corrige a tu hijo y te proporcionará placer o deleite".

El hebreo postbíblico utiliza en este sentido las palabras נחת רוּח, hará que repose tu "*ruaj*"; y en esa línea se dice que el piadoso concede reposo, *ruaj*, נחת רוח, a su mismo Creador, *Berajot* 17a. También se dice que Dios concede reposo a los que le temen, Berajot 29b. En esa misma línea se añade que, en la oración de la mañana, los espíritus celestiales conceden reposo a su Creador בנחת רוח (con deleite interior).

Muchos códices antiguos (también el Jaman de Yemen) con ediciones anteriores ponen ויניחך, no ויניחך, porque, excepto en los verbos ה'ל, el sufijo de esta forma *hifil* no suele ir con *dagesh* (cf. p. ej. אמיתך en 1Re 2, 26 y también 1Re 22, 16 y Sal 50, 8). La LXX entiende la palabra מעדנים en la línea de 2Sa 1, 24 (עם־עדנים, μετὰ κόσμου, con ornamento, con belleza). Pero esa palabra significa básicamente, y también aquí, un tipo de satisfacción profunda, tanto de tipo espiritual como material, por ejemplo, en la comida. El que corrige y educa de esa forma a su hijo recibirá grandes satisfacciones.

**29, 18.** *Donde no hay visión perece el pueblo; pero el que guarda la ley, bienaventurado él.* El proverbio anterior (29, 17) trataba de la educación y corrección de los hijos. Este proverbio trata de la educación de la sociedad en general. En la introducción del libro he puesto de relieve la importancia de este proverbio para precisar la relación entre la profecía (centrada en la visión) y la *hokma* o sabiduría.

Conforme a su sentido, חזון (visión) es de algún modo equivalente a נבואה (revelación profética), tanto por su contenido como por la forma de proclamarlo. Sin proclamación espiritual, procedente de la experiencia profunda (de la visión profética) un pueblo pierde su base y perece, en medio de un gran desenfreno (cf. יפרע). En cuanto a su puntuación, cf. Pr 28, 25 y, en cuanto a su significado fundamental, cf. Pr 1, 25. La raíz פרע evoca algo que carece de orden y sentido, cf. Éx 32, 25, algo que es *wild und wüst*, salvaje y desierto, como traduce Lutero. El segundo estico aplica esta misma doctrina a los individuos (no ya solo al pueblo en general).

Este proverbio debió acuñarse en una época en que la predicación de los profetas estaba en boga. En este contexto, se apela a la תורה (Torá) que es la Ley, pero no como opuesta a la profecía, sino como complementaria a ella; una profecía vinculada a la ley, no en contraposición a ella. La Torá es la enseñanza divina, la palabra de Dios, que se expresa no solo en la Ley del Monte Sinaí, revelada por medio de Moisés, sino también en la ley profética (2Cr 15, 3, cf. p. ej., Is 1, 10).

Según eso, un pueblo que no escucha la palabra de Dios, un pueblo que no acoge la voz del predicador, revelada por la ley y los profetas, se pierde y

*Segunda colección: Proverbios recopilados por "varones de Ezequías" (Pr 25–29)*

destruye a sí mismo, tal como indican muchos pasajes de la Escritura, entre ellos Sal 74, 9 (cf. Am 8, 12). Por el contrario, ese mismo pueblo debe ser alabado y proclamado feliz si es que escucha con reverencia y fidelidad la palabra de Dios, tanto escrita como predicada. El hecho de que la palabra de Dios sea predicada en un pueblo es principio y garantía de su vida. Los hombres y los pueblos solo son verdaderamente felices cuando se subordinan ferviente y voluntariamente a la palabra de Dios que ellos tienen la oportunidad de escuchar. Aquí se funda y expresa la verdadera felicidad del pueblo, con la palabra אשרהו (forma defectiva de אשריהו, cf. אשריו, Pr 14, 21; Pr 16, 20).

**29, 19.** *Con palabras no se mejora el siervo; porque él las entiende, pero no se deja transformar por ellas (no las cumple).* Este proverbio nos sitúa nuevamente ante la necesidad de disciplina y orden en el hogar, donde el siervo ha de cumplir la palabra y mandamiento del dueño. El *nifal* de נוסר (cf. יָנֵסָר) puede llamarse "tolerativo" o, quizá mejor, "realizativo", poniendo de relieve la capacidad de alcanzar un objetivo, de cumplir una tarea. En este caso el proverbio insiste en el hecho de que la educación de un siervo no se consigue solo con palabras o consejos, sino que exige un tipo de corrección, de disciplina. Esa corrección (educación del siervo) no se logra con meras palabras; el siervo que no razona y aprende con palabras, debe ser educado y corregido con otros medios, en una línea de corrección y castigo.

No basta con que el hombre entienda, conozca lo que tiene que hacer, pues no lo hará, a no ser que se le eduque con un medio que sea más eficaz, en línea de disciplina. Puede haber un siervo inteligente, un hombre que entiende el sentido de la enseñanza que se le ofrece; este es un siervo que conoce el sentido de las palabras que se le dirigen, pero no las cumple. Este es un siervo que entiende lo que se le pide o manda, pero que no quiere responder. Este es un siervo que entiende, pero calla, refugiándose en el silencio (cf. *in praefractum se silentium configit,* como traduce Schultens).

Este es el siervo que conoce, que sabe lo que se le pide, pero no responde, no actúa, quizá porque sabe que no van a castigarle, haga lo que haga. En esa línea, la LXX traduce: ἐὰν γὰρ καὶ νοήσῃ, ἀλλ᾽ οὐχ ὑπακούσεται (pues aunque sepa lo que se pide no responde, no obedece); Lutero sigue en esa línea, diciendo: "entiende lo que se le dice, pero piensa que eso no le atañe". Este es el siervo que escucha, que deja hablar (deja que le hablen), pero no lo toma como algo que va dirigido a su persona; escucha, pero no responde, conoce, pero no cumple, no se deja transformar por la palabra que le dicen.

**29, 20.** *¿Has visto a un hombre apresurado en sus palabras? Más esperanza que él tiene el necio.* Cf. Pr 26, 12; allí se dice que una persona así, apresurada en sus palabras, se ha cerrado al camino de la sabiduría, que está abierta para el necio, es decir, para el ingenuo. El apresurado en sus palabras no tiene remedio. Del necio se puede sacar todavía algo bueno. En este pasaje el contraste es aún más preciso, porque se considera que el necio es un tonto, conforme al significado correcto de כסיל, véase Pr 17, 24. Pues bien, hay más esperanza para el necio que para el apresurado, que trastorna las palabras.

Ese "apresurado" (προπετὴς ἐν λόγῳ αὐτοῦ, Sir 9, 18) que ya ha superado el pensamiento (=que no piensa), no tiene remedio. Por el contrario, el כסיל o necio todavía tiene algo delante de él y puede, quizá, llegar finalmente a una meta buena (Hitzig); porque el asno, según la fábula, llega al fin más lejos que el galgo.

Así puede cumplirse, tanto en palabras como en hechos, el proverbio que dice: "*eile mit weile*" (*festina lente*, es decir, apresúrate caminando lentamente). Cada palabra, lo mismo que cada acto, solo puede madurar siendo pensada y repensada. De este proverbio, que encuentra su aplicación en los asuntos públicos lo mismo que en los privados de una casa, el libro de los Proverbios nos lleva nuevamente al tema de la instrucción o educación, que está en el fondo de esta parte del libro.

**29, 21.** *Quien mima desde la juventud a su siervo, hará que llegue finalmente a ocupar el lugar de su hijo* (hará finalmente que el siervo sea su heredero). La LXX no conocía ya el significado de מנון (que podría traducirse como siervo o heredero). En contra de eso, la palabra פנק tiene un sentido bien conocido, significa acariciar, *delicatius enutrire*, tratar a alguien de un modo delicado, como puede deducirse tanto del uso de esta palabra en árabe como en arameo.

Se han dado muchos intentos de precisar el sentido de מָנוֹן. El Talmud, *Succot* 52b, recurre al significado de las letras del alefato, בח"אט, pero sin resultados concluyentes. El Targum interpreta esa palabra a partir de מנסח (desarraigado), pero su interpretación no es clara. La traducción de Jerónimo, *postea sentiet eum contumacem* (al fin lo convertirá en un contumaz) parece estar influida por la de Símaco, ἔσται γογγυσμός (será un murmurador), que combina נון con לון, *nifal*, en el sentido de γογγύζειν (murmurar).

La LXX traduce ὀδυνηθήσεται (se dolerá), como hace la traducción siríaca, que von Hofmann ha tratado de justificar (*Schriftbeweiss.* ii. 2. 404), porque deriva מנון de נהה (como si fuera מנהון). En ese caso, deberíamos puntuar מנּוּן; pero quizás la LXX derivó la palabra de אנן igual a מאנון, ya sea que la pronunciaran como מנון (cf. מסרת igual a מאסרת) o como מנון. Sea como fuere, no es prudente seguir esa línea, porque es muy problemático que el autor del proverbio quisiera dar ese sentido a esta palabra.

Diversos autores han dado a מָנוֹן unos significados que son imposibles, como Jerónimo que la identifica con *dominus,* señor (el criado mimado será señor del amor), como ממנה (Ahron b. Josef, Meri y otros) o, el oprimido es igual a מונה, de ינה (Johnson) o, el que está enfermo es igual a מונה (Euchel) o el siervo mimado

## Segunda colección: Proverbios recopilados por "varones de Ezequías" (Pr 25–29)

será "*undankbar*" (desagradecido), como indica Ewald, conforme a una derivación del árabe que es una mera fantasía, ya que (en árabe) *manuwan* no significa el que es desagradecido sino, por el contrario, el que reprende las buenas obras mostradas. En *Jahrb*. xi. p. 10s. Ewald compara, de manera expresa, el etíope *mannána* (en *piel*) con desprecio; *menûn* sería un *réprovo*; y *mannânî*, uno que es despreciado. Conforme a esa interpretación, el siervo mimado, convertido en מנון, podría designar "un *hombre* que desprecia con desdén a sus propios benefactores, o un hombre ingrato". Pero esta raíz verbal es particular del idioma etíope y, ciertamente, no se encuentra ni una sola vez en árabe. Porque *minnat* significa beneficio, el beneficio que se deba a uno que ha sido protector. Por otra parte, el verbo (árabe) *minn* (igual a מנן) significa dividir, contar, enumerar y, por lo tanto, tener la obligación de proclamar la bondad del protector.

Después de indicar todos estos intentos de explicar la palabra, resulta preferible retomar las indicaciones de los comentaristas antiguos, quienes explican מנון a partir del verbo נון, cf. Sal 72, 17, en el sentido de נין igual a בן; el Véneto, siguiendo a Kimchi, interpreta esa palabra como un nombre, y la traduce γόνωσις, palabra de sentido poco claro, aunque alude a la génesis, surgimiento de la persona. La traducción de Lutero es positiva: "Si un siervo es tratado con ternura desde su juventud, en consecuencia, se convertirá en un *junker* (escudero)", es decir, en un protector de su amor (tomándose como superior al mismo amo).

Las ideas representadas en las traducciones judías modernas, la de un tipo de "siervo" convertido en hijo-heredero (por ejemplo, Salomón) y la de un criado que se vuelve maestro de su mismo amo o señor (Zunz), están aquí vinculadas. Pero no se ve claro cómo el siervo se puede convertir en hijo (del verbo נון) o también en maestro. Quizá se puede aludir a la idea de fondo de la palabra española, por la que se vincula el sentido del hijo/siervo que es por un lado "infante" (débil, impotente) y que es por otro hidalgo (en el sentido de poderoso).

Este proverbio podría interpretarse según eso de manera irónica: un siervo débil a quien el amo trata con mimo viene a ocupar al fin el lugar del propio hijo. El verbo נון que está en el fondo de esa palabra (מָנֹון) tiene el significado de crecer de un modo exuberante, de aumentar, de ocupar un lugar central en la propia casa. Según eso, un siervo mimado crece, toma gran poder y se convierte de algún modo en hijo y heredero del amo (cf. comentario a Sal 72, 17).

En esa línea, la palabra נין se aplica a un tipo de parentesco: el criado débil y mimado se vuelve מנון, alguien que crece de un modo exuberante, alguien que se multiplica y agranda, que toma de esa forma el poder. Según eso, acariciar o mimar al siervo es darle poder, es hacerle importante, de manera que el siervo así, acariciado, tiende a volverse señor de la casa, ocupando el lugar de los hijos del amo. Este proverbio ofrece, según eso, la imagen de los siervos mimados y bribones que se vuelven de algún modo "amos" del propio amo. Dar poder a los siervos significa convertirse al fin en criados de ellos.

## 29, 22-27. De iracundos y ladrones

Este grupo comienza con un proverbio que incluye una palabra (מָדוֹן) que rima con la palabra final y más significativa del proverbio anterior (מָנוֹן). Este grupo se extiende hasta el final de la colección de proverbios de los sabios del rey Ezequías.

אִישׁ־אַף יְגָרֶה מָדוֹן וּבַעַל חֵמָה רַב־פָּשַׁע: <sup>22</sup>

גַּאֲוַת אָדָם תַּשְׁפִּילֶנּוּ וּשְׁפַל־רוּחַ יִתְמֹךְ כָּבוֹד: <sup>23</sup>

חוֹלֵק עִם־גַּנָּב שׂוֹנֵא נַפְשׁוֹ אָלָה יִשְׁמַע וְלֹא יַגִּיד: <sup>24</sup>

חֶרְדַּת אָדָם יִתֵּן מוֹקֵשׁ וּבוֹטֵחַ בַּיהוָה יְשֻׂגָּב: <sup>25</sup>

רַבִּים מְבַקְשִׁים פְּנֵי־מוֹשֵׁל וּמֵיְהוָה מִשְׁפַּט־אִישׁ: <sup>26</sup>

תּוֹעֲבַת צַדִּיקִים אִישׁ עָוֶל וְתוֹעֲבַת רָשָׁע יְשַׁר־דָּרֶךְ: פ <sup>27</sup>

<sup>22</sup> El hombre iracundo suscita contiendas,
y el furioso comete muchas transgresiones.
<sup>23</sup> La soberbia del hombre lo abate,
pero al humilde de espíritu le sustenta la honra.
<sup>24</sup> El cómplice del ladrón aborrece su vida;
aunque oiga las maldiciones, no lo denunciará.
<sup>25</sup> El temor al hombre pone trampas,
pero el que confía en Jehovah estará a salvo.
<sup>26</sup> Muchos buscan el favor del gobernante,
pero de Jehovah proviene el derecho de cada uno.
<sup>27</sup> Abominación es a los justos el hombre inicuo,
y el de caminos rectos es abominación al impío.

**29, 22.** *El hombre airado suscita contienda…* La primera línea es una variante de Pr 15, 18 y Pr 28, 25. אִישׁ y בעל aparecen lo mismo que aquí, pero en orden inverso en Pr 22, 24. Según Löwenstein, siguiendo a Norzi, la combinación אִישׁ־אַף debe escribirse אישׁ אף como indican Baer (*Thorath Emeth,* p. 19) y el Códice Jamán. La palabra אף significa aquí ira, no la nariz, es decir, las fosas nasales dilatadas, como signo de ira (Schultens). En la expresión רב־פשׁע la palabra פשׁע es un genitivo, lo mismo que en Pr 14, 29; Pr 28, 16; Pr 20, 27. Hitzig lo interpreta en el sentido de פשׁע רב, Sal 19, 2, con יגרה, pero uno no dice גרה פשׁע. Por su parte, la palabra רבים, que tiene un sentido numérico, puede preceder a su sustantivo (véase en Sal 7, 26; Sal 89, 51).

*Segunda colección: Proverbios recopilados por "varones de Ezequías" (Pr 25–29)*

La palabra רב en el sentido de mucho (grande) está indicando a alguien que acumula muchas malas acciones, llevando sobre sí la mayor culpa (cf. פשע, Pr 29, 16). El hombre iracundo suscita (véase Pr 15, 18) contiendas y crea conflictos, porque rompe las relaciones mutuas de los hombres, que se basan en la estima y el amor mutuo. El hombre iracundo y apasionado convierte en enemigos a todos aquellos con los que se enfrenta y lucha, pensando que tiene motivos para estar enojado con ellos. En sí mismo, el enojo podría resolverse sin producir tanta hostilidad, pero la pasión le impulsa a mezclarlo todo. De esa forma, el iracundo amarga los corazones y los desgarra todos. Por su parte, la LXX, en lugar de רב, ponen ἐξώρυξεν, en el sentido de soñar, como con כרה (Pr 16, 27).

**29, 23.** *El orgullo del hombre lo humillará; pero los humildes de espíritu alcanzan honra.* Este proverbio pasa de la ira anterior a la altivez. Así traducimos תתמך כבוד (latín: *honorem obtinet*) de acuerdo con Pr 11, 16 y שפל־רוח en el sentido de Pr 16, 19 donde, sin embargo, שפל (humilde, de condición baja) no es adjetivo como aquí, sino infinitivo. El hombre altivo oscurece el honor con su altivez, porque se jacta siempre de sí mismo, más allá de toda medida, aspirando siempre a más. Por el contrario, el hombre humilde obtiene siempre más honor, sin ni siquiera buscarlo, honor ante Dios y ante los hombres (pues el honor de los hombres no valdría de nada si no estuviera unido al honor de Dios).

La LXX traduce τοὺς δὲ ταπεινόφρονας ἐπείδει δόξῃ κύριους (a los humildes les concede Dios el mismo honor de los señores). Esa palabra, señores, κύριους, va en contra del estilo del proverbio, pero responde a su sentido. No está clara la razón por la que el proverbio siguiente, el 24, viene después 23, pues su contenido y expresión son diferentes. De todas formas, los proverbios de este grupo, 29, 22-27, se suceden conforme a la sucesión de las letras del alefato, empezando de izquierda a derecha א ג ת, ר, ח.

**29, 24.** *El que se junta con el ladrón, a sí mismo se aborrece; oye el juramento y no confiesa.* Hitzig piensa que el primer estico actúa como predicado del segundo: "El que no saca a la luz (no confiesa) los pecados que requieren expiación (Lv 5, 1), sino que comparte el secreto de ellos con el pecador, no es mejor que el que es socio de un ladrón, que se odia a sí mismo". A su juicio, ningún intérprete ha entendido la construcción de este proverbio. Sin embargo, las cosas no son como él piensa, pues para ello el autor debería haber expresado el tema de otra forma: שמע אלה ולא יגיד (oye estas cosas y no las proclama). Pero el orden de las palabras del original del proverbio es bueno, es el orden exigido por las formas verbales y por el argumento de conjunto. El juramento al que se refiere este proverbio es el mismo al que alude Lv 5, 1: es el juramento que el juez exige, en nombre de Dios, al compañero del ladrón, conminándole a decir la verdad. Pero el compañero del

*Proverbios 29*

ladrón oculta esa verdad y de esa forma carga en su alma con un crimen digno de muerte, porque no solo es un encubridor, sino que se convierte además en perjuro.

**29, 25.** *El temor del hombre trae consigo un lazo; pero el que en Yahvé confía, será salvo.* Hitzig afirma que es muy extraño que el autor de este libro tenga que insistir en contra del miedo o temor a los hombres. Para responder a eso es suficiente señalar el texto de Is 51, 12. Una de las dos traducciones que ofrecen de este proverbio, la LXX (cf. Jerónimo y Lutero) ha pensado que esa expresión (temer a los hombres) resulta no solo importante, sino que debe expresarse a través de un aoristo gnómico (propio de los refranes más significativos).

Por otra parte, la expresión חֶרְדַּת אָדָם podría referirse al *temor del hombre* (cobardía) y no al temor frente a otro hombre. En esa línea, אדם no sería *genitivo objecti* (temor a otro hombre), sino que חרדת אדם significaría aquello que asusta a los hombres, como en 1Sa 14, 15, חרדת אלהים, el temblor de Dios, que atemoriza a los hombres; cf. Sal 64, 2. En esa línea, פחד איב (terror del o al enemigo) puede significar el terror que uno causa a los enemigos o el terror que los enemigos causan en uno (como genitivo de objeto o de sujeto).

**29, 26.** *Muchos buscan el rostro del gobernante; sin embargo, el juicio de los hombres viene de Yahvé.* En la línea de lo indicado en el versículo anterior, tenemos que indicar la conexión que existe entre el sentido חרדת אדם (temor de/al hombre) y el de משׁפט־אישׁ (juicio de/a los hombres). El primer estico es una variante de Pr 19, 6, cf. 1Re 10, 24. La palabra אישׁ se puede utilizar como *gen. objecti* (genitivo de objeto: el juicio sobre cualquiera, es decir, la estimación sobre cualquier hombre, la decisión que tomamos sobre él). Pero también se puede interpretar como *gen. subiecti* (genitivo de sujeto, en la línea de Sal 17, 2, refiriéndose al juicio que otros tienen sobre mí, cf. Lm 3, 59).

Pero el uso del lenguaje va más en la línea del genitivo de sujeto: *de Yahvé proviene el juicio que otros hombres tienen sobre mí,* como en Pr 16, 33, refiriéndose a la decisión que la suerte trae sobre mí, Job 36, 6. Según eso, משׁפט־אישׁ está indicando el derecho al buen juicio de un hombre ante otros hombres, un juicio que proviene de Dios y que se refiere a la forma que otros tienen de juzgar justamente a un hombre (LXX: τὸ δίκαιον ἀνδρί). De todas maneras, el significado de fondo del proverbio es el mismo: no es el gobernante el que finalmente decide el destino y determina el valor de un hombre, como parecen pensar aquellos que le adulan y buscan su favor. Lo que decide el valor de una persona es el juicio que otras personas puedan tener sobre él, y eso depende de Yahvé.

**29, 27.** *El hombre inicuo es abominación para el justo, y el recto en el camino es abominación para el impío.* En todos los demás proverbios que comienzan con תועבת,

# Apéndice 1: Palabras de Agur, hijo de Maqueh (Pr 30)

cf. Pr 11, 20, sigue la palabra יהוה como genitivo (abominación de o ante Yahvé). Pero aquí sigue צַדִּיקִים: la abominación ante los justos es igual que la abominación ante Dios. אִישׁ עָוֶל es un hombre inicuo, de carácter maligno, directamente opuesto al hombre recto, יָשָׁר. El hombre justo y recto sabe que el infame, esto es, aquel que obre en contra de la moral y del honor, es un adversario de su Dios, y por eso se separa de él. Por el contrario, el impío sabe que el hombre que camina en integridad (יְשַׁר־דָּרֶךְ, Sal 37, 14) es un adversario suyo, un hombre que le condena.

Con esta ת duplicada (=se repite la palabra תּוֹעֵבַת o abominación) llega a su fin el libro de los Proverbios, tal como había sido preparado por los hombres del rey Ezequías. Así termina, conforme a su intención anunciada al principio, con un proverbio sobre el rey (29, 26) y otro sobre los grandes contrastes morales que se encuentran en todos los círculos de la sociedad hasta en el mismo trono (29, 27).

## Apéndice 1. Palabras de Agur, hijo de Maqueh (Pr 30)

## Proverbios 30

### 30, 1. Título. Nombre y origen de los autores de Pr 30. Nombre de Dios

דִּבְרֵי ׀ אָגוּר בִּן־ יָקֶה הַמַּשָּׂא נְאֻם הַגֶּבֶר לְאִיתִיאֵל לְאִיתִיאֵל וְאֻכָל: ¹

> ¹ Palabras de Agur, hijo de Yaque de Masá:
> El hombre dice: "No hay Dios; no hay Dios".
> *¿Y acaso podré yo saber?*

**30, 1a.** *Las palabras de Agur hijo de Jaqué, de Masá* (דִּבְרֵי ׀ אָגוּר בִּן־ יָקֶה הַמַּשָּׂא). Este es el título del primer apéndice (Palabras de Agur, hijo de Jaque), y está marcado por un acento *olewejored*. Por su parte, הַמַּשָּׂא está separado del nombre del autor por *rebia*. Este título se entiende como una segunda inscripción, en vinculación con דברי, como particularizando del sentido del primer título de la sección.

La antigua tradición de la sinagoga que, partiendo del título general de Pr 1, 1, consideraba todo el libro de Proverbios como obra de Salomón, interpretaba las palabras "Agur, hijo de Jaque", como una designación alegórica de Salomón, quien se había apropiado de las palabras que la Torá dirigía al rey, Dt 17, 17, para rechazarlas después, porque dijo, Dios está conmigo, y no cumpliré esa palabra (es decir, tomaré muchas esposas, sin sufrir daño por ello), cf. *Schemth rabbá*, c. 6.

La traducción de Jerónimo (*verba congregantis filii vomentis*: palabra del que congrega, hijo del que declara…), es el eco de esta interpretación judía. Uno supondría que si "Agur" fuera el nombre de Salomón, "Jaqueh" debería ser el de nombre David; pero otra interpretación que aparece en el *Midrash Mishle* traduce בן ("hijo") como la designación del portador de una cualidad, de manera que "Agur" sería alguien que ciñó (אגר igual a חגר) sus lomos para la sabiduría, siendo "hijo de Jaqueh" uno que está libre de pecado (חטא ועון נקי מכל).

En la Edad Media empezó a prevalecer esta interpretación de tipo historicista, que es lingüísticamente absurda. En esa línea, varios intérpretes (como Aben Ezra y Meri, un comentarista español) expresaron la opinión de que Agur ben Jaque era un hombre sabio de la época de Salomón. Partiendo de que era de la época de Salomón, concluyeron (en oposición a Pr 25, 1) que Salomón mismo reunió estos proverbios que eran propios de un sabio desconocido.

Sea cual fuere el sentido de esas interpretaciones, la edad en que vivió este Agur debe quedar indeterminada, aunque suponiendo siempre que es posterior a la época del rey Ezequías, época a partir de la cual (conforme al orden del libro) debe buscarse su origen.

El nombre "Agur" significa los reunidos (Pr 6, 8; Pr 10, 5) o, según el significado predominante del árabe âjar, el *mercede conductum* (alguien que ha sido enriquecido por un tipo de regalo). También se le puede llamar el *recaudador* (cf. יקוש, cazador). Pero la palabra podría significar, tal vez, el (un) *hombre industrioso en la recolección de proverbios* (cf. *'alwaḳ, adjunto a*, con otros ejemplos que aparecen en Mühlau, p. 36). Respecto a בן que es igual a *binj* (usual en בֶּן־נוּן), y su relación con el árabe *ibn*, véase Coment. a Génesis, p. 555.

El nombre Jaqueh resulta más claro. El sustantivo יקהה, Pr 30, 17; Gn 49, 10, significa *el obediente*, del verbo יקה; pero, si hubiera sido creada a partir de esta raíz verbal, la forma de la palabra sería יקה (no יקה). La forma יקה es participio adjetivado de יקה, como יפה de יפה. En esa línea corresponde al árabe *waḳay*, correspondiente a este יקה, viii, en el sentido de *Iittaḳay*, estar en guardia, *acoger, el que acoge,* particularmente la palabra de Dios. En ese sentido se puede vincular con εὐλάβεια, piedad. Por su parte, Mühlau (p. 37) ve correctamente que los nombres propios Eltekeh (Jos 19, 44) y *Eltekon* (Jos 15, 59) han sido construidos a partir de la raíz verbal secundaria תקה, como por ejemplo, תוה, תאב עתד. Todos estos significados están estrechamente relacionados. En estas tres formas יקה, יקה תקה, el verbo es sinónimo de שמר, escuchar, guardar la palabra de Dios. Según eso, יקה se refiere a los piadosos (εὐλαβής), es decir, a los que guardan, observan, aquello que Dios ordena.[27]

---

27. Según el *Lexikon*, la palabra *wakihon* es, en lengua mesopotámica, "el capataz de la casa en la que está la cruz de los cristianos" y; en consecuencia, en la carta de Muhammed a los cristianos de Negran, después de que se convirtieron en súbditos suyos, se dice: "un monje no será removido de su monasterio, ni un presbítero de su presbiterio *(waḳâhtah) wala watah wakahyttah*" (esta será la frase correcta), "ni un supervisor de su oficina". La raíz verbal *waḳ-ah* (יקה) pertenece al semítico del norte y la ignora Neshwan, el lexicógrafo del sur de Arabia (Wetzstein en Mühlau).

*Apéndice 1: Palabras de Agur, hijo de Maqueh (Pr 30)*

Como consecuencia de la acentuación, המשא tendría que ser segunda designación de esta serie de proverbios, y esa palabra es paralela a דברי. Pero esa acepción es imposible, pues משא (de נשא, elevar la voz, es decir, comenzar a expresar el pensamiento) denota la pronunciación, y de acuerdo con el uso de las palabras en este contexto significa *la pronunciación divina*, el mensaje de Dios revelado al profeta y anunciado por él, un mensaje que, en su mayor parte, si no siempre (véase Is 13, 1), recoge la palabra de Dios como vengador. En consecuencia, los intérpretes judíos (por ejemplo, Meri y Arama) afirman que la palabra משא se refiere a todo lo que sigue, como דבר נבואיי, es decir, como palabra profética, como una declaración del espíritu profético.

Pero, por otro lado, lo que sigue comienza con la confesión de la debilidad y la miopía humana y, además, en este libro encontramos proverbios que no son de origen y sentido divino, sino totalmente humano y a veces, incluso, de espíritu poco elevado. Por otra parte, si comparamos estos proverbios que siguen con los de tipo salomónico descubrimos que el "yo" humano del poeta, que en los proverbios anteriores quedaba en la penumbra, aquí aparece y se muestra en un primer plano.

Según eso, la משא o espíritu de las verdaderas declaraciones proféticas israelitas no armoniza en absoluto con la serie de proverbios que ahora siguen. Estos proverbios que siguen no provienen de un espíritu divino y solemne, sino de un espíritu muy humano. Por otra parte ¿qué autor, ya sea poeta o profeta, le daría a su obra el título de משא, que en sí mismo significa todo, cualquier cosa y que, por lo tanto, no se refiere a nada en concreto? Y, además, ¿qué puede significar el hecho de que aquí la palabra se utiliza con el artículo, הַמַשָּׂא? Ninguno de los intérpretes ha respondido a esta pregunta, de manera que el mismo Ewald se ha visto obligado a concretar desde fuera el sentido de esas expresiones, leyendo unidas las dos palabras, *ha-masha* y la que sigue (המשא נאם), y traduciendo las dos como "el sublime dicho que habló".

¿Qué significa en este contexto la palabra נְאֻם? El texto de Jer 23, 31 no prueba nada para el sentido que aquí tiene נאם. En otra línea, la expresión הגבר נאם está respaldada por 2Sa 23, 1 (cf. Pr 30, 5 con 2Sa 22, 31). Por otra parte, la omisión del אשר y además del pronombre relativo como sufijo (נאמו), debería entenderse como una inexactitud poco apropiada en este contexto (véase Hitzig). Si prescindimos completamente de la palabra discutida y poco esperada (הַמַשָּׂא), el nombre נאם podría referirse al nombre del autor de los proverbios que siguen.

El *Midrash* tiene una sospecha correcta cuando toma juntas las dos palabras, la de Hamassa y la Agur ben Jaqueh, y sigue diciendo que Agur, hijo de Jakeh, tomó sobre sí el yugo de los más benditos. La traducción griega del Véneto se acerca aún más a la respuesta correcta, pues traduce, λόγοι Ἀγούρου υἱος Ἰακέως τοῦ Μασάου (palabras de Agar, hijo de Jaqueh, el de Masa). En esa línea, si conectamos este pasaje con Pr 31, 1, descubrimos que למואל מלך, "Lemuel (el) rey", es una imposibilidad lingüística, de manera que el texto original ha tenido que decir מלך משא (rey de Masa). Según eso, משא no puede ser otra cosa que el nombre de un país y un pueblo.

Fue Hitzig el primero que descubrió el sentido de esta frase, de forma que "el huevo de Colón" (lo que parecía imposible) vino a mostrar su sentido. De esa forma descubrió el significado originario de למואל מלך משא (Lemuel, el rey de Massa), mostrando así el contenido que esa palabra (Massa) tiene también en Pr 30, 1, como lo mostró en su disertación, *Das Königreich Massa* (el reino de Massa), en *Theologie der Zeller Jahrbb.* 1844, y en su *Comentario* a Proverbios. Esta misma es la Massa nombrada en Gn 25, 14 (igual que en 1Cr 1, 30) junto con Dumah y Tema.

Pero, dicho todo eso, debemos terminar afirmando que las hipótesis más minuciosas e ingeniosas que hemos ido poniendo de relieve carecen de todo fundamento válido. Ciertamente, ese Dumah puede ser el Dumat el-jendel (cf. Is 21, 11) que se encuentra en el norte de Nejed, cerca de las fronteras del sur de Siria, cuyo nombre y fundación los árabes refieren a Dû, el hijo de Ismael. En esa línea, de un modo consecuente, Massa puede hallarse en el norte de Arabia. Pero, sobre la base de 1Cr 4, 42, no se puede seguir afirmando que allí había existido un reino propio de la tribu de Simeón, que pertenecía originalmente a las diez tribus de Israel, y así viniendo del norte se asentó en el sur de Judá, para huir después, en los días de Ezequías, empujada por asirios, desde el sureste de Palestina hacia el norte de Arabia. Esa hipótesis carece de todo fundamento histórico.

En contra de eso, como ha demostrado Graf (en su monografía histórica sobre *La tribu de Simeón, una contribución a la historia de Israel,* 1866), esa tribu nunca se asentó en el norte de Tierra Santa, de manera que, según las evidencias existentes extendió su asentamiento desde Negeb del sur hasta las tierras altas de Idumea, pero no hasta las tierras altas del norte de Arabia. Ciertamente, Hitzig cree que se han encontrado rastros de los Massa de Agur y Lemuel en el pueblo judío de los טילמאס, citados por Benjamín de Tudela,[28] un pueblo que está a tres días de camino de Quebar, y también en el nombre propio (árabe) *Malsā* (liso), que se atribuye a una peña entre Tema y Wady el-Kora (véase Kosegarten, *Chrestom.* p. 143). Pero no hace falta mucha inteligencia para descubrir que esas propuestas no son más que puras imaginaciones.

Mediante combinaciones más cautelosas, Mühlau ha situado la residencia de Agur y Lemuel en la cordillera de Hauran, cerca de la cual hay un poblado llamado *Dumah* y también otro llamado *Têmâ*. Por otra parte, el nombre de la ciudad llamada *Mismîje*, situada en la región de la Lejâ puede identificarse con

---

28. Cf. Blau, *Arabien im sechsten Jahrhundert,* en *Deutsch. Morgl. Zeits.* xxxiii. 590, y también p. 573, donde B. de Tudelo habla de una familia de prosélitos entre los judíos de Taima.

# Apéndice 1: Palabras de Agur, hijo de Maqueh (Pr 30)

la ciudad que la Mishná sitúa junto con Massa en Gn 25, 14. A partir de esto y de las historias que se relatan en 1Cr 5, 9 y 1Cr 5, 18-22, sobre expediciones bélicas de las tribus israelitas que se hallaban al este del Jordán en contra de los agarenos y sus aliados Jetur, Nefis y Nodab,[29] podemos concluir con certeza que las tribus israelitas, cuyo territorio había sido poseído y conservado por las tribus transjordanas hasta el primer cautiverio, citado en 1Cr 5, 22, es decir, hasta la deportación asiria, se hallaba en el Hauran y en el desierto que se extiende hacia el Éufrates, en el oriente.

Estas referencias temporales van en contra de la teoría de Mühlau que suponen la existencia de un reino llamado Massa en el Hauran, una zona habitada por tribus israelitas del otro lado del Jordán, vinculadas a los "montes del Seir" (1Cr 4, 42) y también en contra de la teoría de que existía una zona llamada Massa al norte de Arabia y habitada según Hitzig por simeonitas. Debemos dejar sin decidir si Dumah y Têmâ, que en los Toledot o genealogías de Ismael aparecían en la vecindad de Massa, eran los distritos del este de Hauran que existen ahora, o si, como dicen Blau (*Deutsche Morgl.* Zeit. xxv. 539) y Hitzig, esos distritos formaban parte del norte de Arabia (cf. *Coment.* Génesis, p. 377, 4ª ed.). Por su parte, Dozy (*Israeliten in Mecca*, p. 89s.) conecta esta Massa con Mansh, un pretendido nombre antiguo de La Meca.

Sea como fuere, el contenido e identidad de este nombre de Masa, constituye una pieza histórica y geográfica difícil de situar en el tiempo y el espacio. De todas formas, ese nombre nos sitúa casi necesariamente en el entorno de una región limítrofe a los yermos siro-arábigos. La opinión de Ziegler (*Neue Uebersetzung der Denksprüche Salomo's*, 1791, p. 29), según la cual Lemuel fue probablemente el emir de una tribu árabe en el este del Jordán, y que un sabio hebreo tradujera los proverbios árabes de este emir al hebreo, resulta en sí misma insostenible, pero no es tan equivocada como a veces se supone (Mühlau).[30]

En el caso de que la puntuación del texto que tenemos ante nosotros se base en la falsa suposición de que Massa (cf. Pr 30, 1y Pr 31, 1) es un nombre genérico, y no un nombre propio, entonces surge la pregunta de si, en lugar de מַשָּׂא, no debemos referirnos a מַשָּׁא (con *shin*, no con *shim*,) como lo sugiera la Enciclopedia de Herzog, "*Sprüche*", xiv. 694. En ese caso, la región de מַשָּׁא, Gn 10, 30, podría vincularse con Μεσήνη, en la frontera norte del Golfo Pérsico, en la que se encuentra Apamea.

---

29. Mühlau combina Nodab con Nudbe al sureste de Bosra; cf. Blau (*Deutsche Morg. Zeit.* xxv. 566), es decir, con los Ναβδαῖοι de Eupolemos nombrados junto con los Ναβατοῖοι. El turco Kamûs supone que Nodab es el nombre de una tribu.

30. Estas citas y referencias a Mühlau están tomadas de las adiciones a un libro suyo que él mismo puso generosamente a mi disposición.

En esa línea, tanto las historia (la carta) de Mahoma como el libro de viajes de Benjamín de Tudela podrían llevarnos a defender una antigua ocupación judía del norte de Arabia, aunque sin concretar mucho más la zona. En ese caso, el Talmud (cf. Neubauer, *La Geographie du Talmud*, pp. 325, 329, 382) ofrece el testimonio de una ocupación judía de Mesene y particularmente de Apamea, de manera que, al referirnos a la madre de Lemuel, rey de Masa (cf. Derenbourg, *Essai sur l'Histoire et la Geographie de la Palestine*. p. 224) se podría pensar en Helena, evocada en los escritos judíos como reina de Adiabene, madre de Monabaz e Izates.

De todas formas, la identidad de Massa con Μεσήνη es incierta, aunque la población judía de ese lugar data al menos desde el exilio babilónico hasta la época de los sasánidas. Ciertamente, sostenemos el sentido y origen ismaelita de Massa, ya sea en el norte de Arabia o en el Hauran, pero sin suscribir la afirmación de Mühlau, según la cual *Agurum et Lemulem proseytos e paganis, non israelitas fuisse* (Agur y Lemuel eran prosélitos paganos, no israelitas).

Las tribus descendientes de Abraham, en la medida en que se mantenían fieles a su patriarca y no había degenerado, no debía considerarse idólatras. Ellas mantenían la religión que existe hasta el día de hoy entre las grandes tribus ismaelitas del desierto de Siria como la verdadera tradición de sus padres bajo el nombre de *Dîn Ibrâhîm* (religión de Abraham) que, a partir de Wetzstein, hemos analizado y puesto de relieve en el *Comentario sobre Job* (p. 387 y en otros lugares). Esa religión monoteísta continúa existiendo junto con el mosaísmo entre las tribus nómadas del desierto.

Poco antes de la aparición del cristianismo en el país al otro lado del Jordán, la religión mosaica produjo doctrinas que entraron en contacto con las enseñanzas del evangelio. En ese mismo tiempo, según las evidencias históricas (por ejemplo, las crónicas de la Ka'be de Mêjâsn), el mosaísmo era dominante incluso en las ciudades de Hijâz.

En el siglo II d.C., durante las repetidas migraciones de los árabes del sur, esa religión mosaica fue nuevamente oprimida por la idolatría griega y confinada al desierto. Esa religión mosaica fue la que dio el impulso más poderoso al surgimiento del islam, proporcionándole sus mejores elementos. Por otra parte, hacia finales del siglo pasado (del siglo XVIII), ese componente mosaico fue el que hizo posible en el mismo país del Neyed (en el centro de la península arábiga), una reforma del islam, que tuvo como resultado la doctrina wahabita.

Con la excepción de Pr 30, 5, los proverbios de Agur y Lemuel no contienen nada que no pueda concebirse (aceptarse) desde el punto de vista no israelita en el que se colocó el autor del libro de Job. Incluso Job 30, 5 tiene allí algunos paralelos (cf. Job 6, 10; Job 23, 12). Si uno compara Dt 4, 2; Dt 13, 1 y 2Sa 22, 31 con Sal 18, 31 (de donde se deriva Pr 30, 5, proverbio propio de Agur, con el cambio de יהוה a אלוֹה), puede advertirse que Agur aparece íntimamente

# Apéndice 1: Palabras de Agur, hijo de Maqueh (Pr 30)

familiarizado con la religión revelada de Israel, y con su literatura. Pero ¿implica eso que los dos "autores masitas" de estos proverbios (Agur y Lemuel) tenían que ser israelitas de nacimiento como suponen Hitzig, Mühlau y Zöckler? Dado que la historia bíblica no conoce ningún rey israelita fuera de Tierra Santa, pensamos que es más probable que el rey Lemuel y su compatriota Agur fueran ismaelitas que se habían elevado por encima de la pura religión tradicional de Abraham, de manera que reconocieran la religión de Israel como su consumación.

Si volvemos ahora a las palabras de Pr 30, 1 LXX, vemos que Hitzig supone que Agur es hermano de Lemuel, porque vocaliza אָגוּר בֶּן־יָקֹהָה מַשָּׂא, de forma que el texto puede traducirse: *Agur el hijo de aquella a quien Massa obedece.* Algunos comentaristas, como Ripa y Björck de Suecia, y Stuart de América, han adoptado este punto de vista. Pero una traducción de ese tipo no aparece en ningún otro lugar del Antiguo Testamento, y además no es aconsejable. Hay, además, otras posibilidades de entender la palabra הַמַּשָּׂא, sin cambiar ninguna de sus letras o solo una de ellas.

Refiriéndose a Pr 31, 1, Wetzstein afirma que la traducción de Mühlau, que presenta a Agur como rey de Masa es muy problemática, añadiendo: "Yo diría, con más cautela *Rey de los Massaneos*, ya que no se puede hablar de una tierra o de una ciudad de Massa, *terra Massa, urbs Massa*". Es claro que, según Pr 30 y 31, los habitantes de Massa no podían ser nómadas puros, sino que, siguiendo el ejemplo de las otras tribus de Israel, eran solo seminómadas, y no poseían en exclusiva grandes propiedades de tierras cuyo jefe, y quizá sus poblaciones más importantes no eran propiedad exclusiva de ellos, ni llevaban su nombre.

Algo de eso acontece todavía en la actualidad. Ni los Sammar, los Harb, los Muntefik, ni otros seminómadas que conozco en las partes del sur del desierto de Siria, poseen en exclusiva algún lugar que lleve su nombre. Esta parece haber sido también la situación del pueblo de Uz (עוּץ), que tuvimos que considerar como "raza" o tribu dominante, firmemente asentada en la tierra, con un agricultor y pastor tan importante como Job, pero sin contar con una ciudad propia que se llamara Uz, קִרְיַת עוּץ.

Solo en ciertos casos, cuando una tribu residió durante muchos siglos en un lugar y en sus alrededores, el nombre de esta tribu parece haber permanecido unido a él. Así, partiendo de la גוּף דּוּמָה (tierra baja de los Dumahs) o de קִרְיַת דּוּמָה, "la ciudad de los Dumahz", a semejanza de la קִרְיַת תֵּימָא, "la ciudad de los Temanitas", surgió gradualmente (quizá ya cerca de la decadencia y caída de esta tribu) una ciudad de Dumah y un puerto de Madián, y similares, de modo que el significado principal del nombre se perdió.

Está claro que, a partir de la existencia de una tribu ismaelita llamada מַשָּׂא, no se sigue necesariamente que ese nombre haya sido atribuido también a una región o una ciudad. El texto de 30, 1 no utiliza la conjunción *min*, מִמַּשָּׂא, sino el

668

artículo, המשא (véase Herzog, *Encycl.* xiv. 702), cosa que puede hacerse en buen hebreo, aunque implique ciertos problemas, vinculados al patronímico, "el masita" (cf. p. ej. 2Sa 23, 20; 2Sa 23, 29; 1Re 17, 1). Más clara hubiera sido la expresión, המשאי, el masita, sin más, como quieren Bunsen y Böttcher. Pero quizás המשא también puede tener el mismo significado. Mucho menos fundada es la opinión de Malbim, conforme a la expresión de 1Cr 15, 27, en la que se habla de השׂר המשא, señor de Masa, que la LXX traduce como ἄρχων τῶν ᾠδῶν, señor de los caminos. Deberíamos comparar esta expresión con otras, como la de 2Sa 23, 24, donde se dice, דודו בית לחם, una conexión o referencia parecida a la que aparece en diversos nombres árabes como *Kays u'aylana*, Kais de la tribu de 'Aylan (Ibn Coteiba, 13 y 83), o Ma'nu Ṭayyin, *Ma'n de la tribu de Tay*, es decir, un hombre llamado Ma'n perteneciente a esta tribu, a diferencia de otros habitante y familias de este nombre, pero que forman parte de otras tribus (*Scholia Hamasae* 144. 3).

En ese contexto, la expresión בית לחם puede tomarse como genitivo, aunque también podría ser un apositivo, en sentido de anexión o en estado constructo, como ha puesto de relieve Philipi (*Status Constructus*, 192-195). Esa expresión, בית לחם (en lugar de בית הלחמי con la que alterna fácilmente), puede explicarse como hacen Thenius y Wellhausen, en la línea de 1Cr 11, 26, diciendo מבית לחם. Sea como fuere, el nombre de המשא, que podría haberse concretizado y precisado en las formas indicadas (el masita o el de Masa) tiene un sentido bien concreto; Agur aparece así, expresamente, como "el hombre de Masa" (del clan o tribu, o incluso de la zona de Masa). La expresión concreta del primer estico de Pr 30, 1a se traduce según eso: palabras de Agur el hijo de Jakeh, de la tribu (país) de Massa.[31]

**30, 1b.** נְאֻם הַגֶּבֶר לְאִיתִיאֵל לְאִיתִיאֵל וְאֻכָל׃ (*Palabra del hombre a Ithel, y a Uchal*). Tal como está vocalizado, este estico debe traducirse así, terminando con a Uchal, no con Ukkal, aunque desde Athias y van der Hooght, la forma incorrecta ואכל se ha vuelto corriente. También J. H. Michaelis mantiene la forma de la palabra ואכל. Así, con כ *raphatum*, debe leerse según la Masora, porque agrega a esta palabra la observación לית וחסר, tomándola entre las cuarenta y ocho palabras que a veces se escriben defectuosamente sin ו (véase esta lista en el *Masora finalis*, 27b, Col); y dado que solo señala la ausencia de la letra que alarga la palabra donde no hay *dagesh* después de la vocal, se supone que la כ no tiene *dagesh*, como se encuentra en los códices (también en el de Jaman, de Yemen) escrito con *rafe*.

La palabra לְאִיתִיאֵל se acentúa dos veces. El *tarcha* va en lugar del *metheg*, según la regla *Thorath Emeth*, p. 11. La ל que viene después de נאם es indicación

---

31. Así decimos, en árabe, sin ninguna dificultad, por ejemplo, *Alîju-bnu-Muḥammadin Tajjin*: Alí hijo de Muhammed, de la tribu de Tay. Expresiones semejantes en Jos 3, 11; Is 28, 1; Is 63, 11 y Dt 3, 13.

*Apéndice 1: Palabras de Agur, hijo de Maqueh (Pr 30)*

de dativo, como en לָאדֹנִי, Sal 110, 1. Por su parte, el que pide כִּי תדע en el 30, 4 tiene un derecho aparente a que le respondan. Ithel y Uchal deben ser, según una antigua opinión, hijos, discípulos o contemporáneos de Agur. Así, por ejemplo, Gesenius, en su *Lex*, bajo אִיתִיאל, donde aún falta una referencia a Neh 11, 7. Jafet y otros caraítas traducen la palabra לְאִיתִיאֵל לְאִיתִיאֵליתִיאל "hay un Dios" igual a אִיתִי אל.

Pero esa palabra podría ser equivalente a אִתִּי אל, "Dios está conmigo". En lugar de la forma אִתִּי también se encuentra la forma אֵיתִי que no aparece en ningún otro lugar como nombre propio. Pero, por lo que se refiere a la forma de los nombres propios, todo o casi todo, es posible (cf. Wetzstein, *Inschriften aus den Trachonen und dem Hauraingebirge,* 1864, p. 336s).

Ewald piensa que 30, 1b-14 es un diálogo: (a) en Pr 30, 2-4 habla cuando es preciso, un הגבר, es decir, *un hombre burlón, rico y altivo, que ha desaprovechado su vida*; (b) por su parte, en Pr 30, 5-14 habla "*Mit-mir-gott*" (que equivale a Dios conmigo) o, quizá mejor, de un modo más preciso "*Mit-mir-gott-so-bin-ich-stark*" (Dios está conmigo, de manera que entonces soy fuerte), presentándose así como un hombre piadoso y humilde que responde al fuerte orgulloso.

No se puede interpretar este posible diálogo de Pr 30, 2-14 como expresión de un Dios que lo observa todo desde fuera, ni como el fuerte. El הַגֶּבֶר que aquí habla es Dios el poderoso, como expresión de Totalidad. Esta es, sin duda, una expresión poética, de tinte burlón. Según eso:

(1) El nombre גבר del que aquí se habla (el fuerte) es una palabra inofensiva, de tipo genérico, aunque el נאם הגבר de Nm 24, 3; Nm 24, 15 y 2Sa 23, 1 tenga un tono serio, solemne.

(2) Los nombres propios que siguen (אִיתִיאֵל וְאֻכָל) aparecen en dos cláusulas conectadas por *waw*, sin importar si son nombres reales o simbólicos. Ewald, p. 274b, piensa que estamos ante dos nombres, como los de גדלתי וגו en 1Cr 25, 4, los dos nombres de los hijos de Heman, no solo uno.

(3) El autor de nuestro verso (Pr 30, 1b) no ha querido presentar los dos nombres en dos esticos, sino solo en uno, y por eso, para dar unidad al conjunto, repite dos veces el primer nombre.

(4) En esa línea, los dos nombres, אכל y איתיאל, se refieren a dos personas diferentes, a quienes se dirige el hombre fuerte, a través de una anadiplosis, en forma de paralelismo no poético.

Como señala Fleischer, la repetición del nombre Ithel, que ha de vincularse con Uchal, como el hijo o discípulo de Agur, no tiene más razón que el hecho de que ese nombre ha sido colocado al principio y debe volver a ponerse al final para completar el estico. No se debe tachar, por tanto, ninguno de esos dos nombres en

לאיתיאל, aunque ellos deban vocalizarse de un modo algo distinto en una cláusula declaratoria (לְאִיתִיאֵל לְאִיתִיאֵל). Así lo muestra el hecho de que el verso siguiente, 30, 2, comience con un כי (כִּי בַעַר), apareciendo así como confirmación de lo anterior, en sentido afirmativo, por medio de una aposiopesis, concluyendo lo anterior y empezando así un nuevo discurso (p. ej., Is 32, 13).

En ese contexto, debemos comenzar por la primera frase, נְאֻם הַגֶּבֶר, que está atestiguada por todos los intérpretes griegos con su traducción, τάδε λέγει ὁ ἀνήρ (Véneto: φησὶν ἀνήρ). Este comienzo es claro, a pesar de que muchos traductores quieren oponerse a la interpretación de ואכל como un segundo nombre de persona. La Peshita lo omite; el Targum lo traduce, siguiendo al Midrash como ואוכל (puedo/pudo hacerlo), como hace también Teodocion, καὶ δυνήσομαι, que probablemente significa καὶ συνήσομαι (de συνεῖναι, estar familiarizado con) de los traductores venecianos. La LXX traduce καὶ παύομαι; y Aquila, καὶ τέλεσον (pensando ambos en el verbo כלה).

Como una objeción a esta forma de entender נאם הגבר se suele apelar al ejemplo de Nm 24, 3; 24, 15; 2Sa 23, 1, diciendo que después de נאם הגבר no puede ponerse una descripción atributiva del hombre al que dirige su palabra. Lutero estaba decidido al traducir: *Discurso del hombre Leithiel...* ¿Y por qué לאיתיאל no podría tomarse como una interpretación de aquel a quien el "fuerte" dirige su discurso, como si fuera un לְאִיתִיאֵל, un hombre turbado por Dios? En ese sentido, la expresión לְאִיתִיאֵל podría identificarse con שלתיאל, un hombre "turbado" por Dios. Ese nombre podría compararse con el de φιλόσοφος, y en nuestro caso "un hombre turbado por la presencia misteriosa de Dios en el mundo". Pero, en contra de eso puede responderse:

(1) No hay ninguno ejemplo de לאה con acusativo de objeto, expresado por una *lamed*, de manera que uno podría inclinarse más bien a pensar en un nombre como כליתיאל, conforme al ejemplo de Sal 84, 3.

(2) Además, לאיתיאל no puede aparecer en un momento como un nombre personal, y en otro momento como parte de una oración declarativa. En los dos casos, uno debería interpretar ese nombre como לאיתי אל; pero, en ese caso, אל tiene que ser tomado como vocativo, no como acusación, como lo hacen J. D. Michaelis, Hitzig, Bunsen, Zöckler y otros, traduciendo así, ¡Me he cansado, oh Dios…!

(3) El nombre הגבר sigue quedando así sin determinar por su discurso dirigido al primer Leithiel. Como he indicado ya, Mühlau quiere transformar המשא ממשא, "el hombre de Massa", interpretando así הגבר genéricamente (aunque puede identificarse como el hombre de Masa).

(4) De todas formas, el nombre הגבר no está refiriéndose al hombre ideal, como debería ser, sino al hombre fáctico, al hombre concreto, como

*Apéndice 1: Palabras de Agur, hijo de Maqueh (Pr 30)*

suele ser (el artículo, como dicen los gramáticos árabes, expresa la cualidad propia (*mhje*) del género).

(5) Por otra parte, el artículo de הגבר podría ser retrospectivo, refiriéndose al hombre recién nombrado, cuyas "palabras" se anuncian, a saber, a Agur. Pero ¿por qué no se usó entonces la expresión נאם אגור? Quizá porque no es poético decir, "el (antes nombrado) hombre".

(6) En esa línea, al decir הגבר, el autor puede estarse refiriendo a cualquier hombre concreto. Ciertamente hay hombres que no buscan a Dios (Sal 14, 2). Pero tampoco faltan los que sienten con tristeza la distancia que los separa de Dios. De esa forma, Agur (el hombre) viene a presentarse como alguien que generaliza su propia experiencia, como un hombre concreto que, en el fondo, está buscando a Dios. Según eso, después de נאם, no hay necesidad de poner un nombre propio (como en el caso de *palabra de Isaías*, o *palabra de Am*, etc.). El que habla aquí es un hombre en general, pero un hombre fervientemente dedicado a Dios; porque con נאם están conectadas las ideas de lo que viene del corazón y de aquello que es totalmente importante.

(7) Si Agur generaliza hasta ahora su propia experiencia, la anadiplosis apasionada no perturba esto. Después de una larga expiación sobre su identidad, finalmente debe confesar, ¡Me he turbado, oh Dios! ¡Me he turbado, oh Dios!... Que la angustia estaba dirigida hacia Dios tal vez se denota por la aliteración de לאיתי con אל.

(8) En esa línea hay que entender el nombre siguiente, ואכל. Geiger (*Urschrift*, p. 61) piensa que ואכל ha de entenderse de un modo interrogativo: "Me cansé en vano por Dios, ¿por qué debería ser capaz de hacerlo?". Pero esa interpretación es imposible, porque la cláusula no puede entenderse en forma de interrogación. Si uno pudiera transponer las letras, entonces podríamos obtener ולא אכל, y en esa línea traduce la LXX: οὐ δυνήσομαι.

Estas y otras interpretaciones son posibles. La traducción de Reina-Valera va en otra línea, y pone: *el hombre dice: "No hay Dios; no hay Dios", ¿Y acaso podré yo saber?* En esa línea interpreta לְאִיתִיאֵל de un modo negativo, lo-'iti-el, *no hay para mí Dios, no hay Dios...*, y וְאֻכָל de un modo interrogativo, en general: ¿qué podré yo saber...? Pero esta interpretación es muy problemática, en una línea de desesperación: "No seré capaz de hacer nada (lo reduciré a nada)". En ese caso sería mejor poner ואכלה en vez de ואכל y traducir "no puedo y me retiraré" —me desmayaré (cf. Pr 22, 8 con Job 33, 21).

En esa línea, Hitzig lee ואכל, y me he vuelto aburrido, pero esa traducción va en contra del uso del lenguaje, tanto en árabe como en hebreo. Según eso, sería mejor leer el texto como hacen Dahler, Mühlau y Zöckler, con ואכל, *y me he retirado*. Sea como fuere, el הגבר o fuerte que aquí habla, identificado con Agur, aparece como un hombre que ha dedicado todas sus fuerzas a la indagación de los misterios de Dios y de la vida, aplicando en ello todas sus capacidades interiores y exteriores, sin conseguir ningún resultado satisfactorio, de manera que, llegado al fin, puede afirmar que se ha se cansado en vano, y así se lo dice, en forma de enseñanza suprema, a sus dos hijos, que tienen, como hemos ido viendo, unos nombres que son reales (históricos) y tienen, al mismo tiempo, un contenido simbólico.

Sin cambiar los nombres externos (aplicándolos en un plano a personas concretas), Agur, rey sabio y fuerte, ha podido decir לאיתי אל ואכל נאם הגבר לאיתי אל. Desde esa perspectiva, como hombre que es, al mismo tiempo, el más ignorante y al más sabio, él puede dirigir su enseñanza no solo a sus dos hijos, sino a todos los que lean y acojan sus proverbios, que han sido aceptados como texto sagrado en la Biblia hebrea.

## 30, 2-4.

כִּי בַעַר אָנֹכִי מֵאִישׁ וְלֹא־ בִינַת אָדָם לִי: ²

וְלֹא־ לָמַדְתִּי חָכְמָה וְדַעַת קְדֹשִׁים אֵדָע: ³

מִי עָלָה־ שָׁמַיִם ׀ וַיֵּרַד מִי אָסַף־ רוּחַ ׀ בְּחָפְנָיו מִי צָרַר־ מַיִם ׀ ⁴
בַּשִּׂמְלָה מִי הֵקִים כָּל־ אַפְסֵי־ אָרֶץ מַה־ שְּׁמוֹ וּמַה־ שֶּׁם־ בְּנוֹ כִּי תֵדָע:

² Ciertamente yo soy el más ignorante de los hombres
y no tengo conocimiento humano.
³ No he aprendido sabiduría para conocer al Santo.
⁴ *¿Quién ha subido al cielo y ha descendido?*
*¿Quién reunió los vientos en sus puños?*
*¿Quién contuvo las aguas en un manto?*
*¿Quién levantó todos los extremos de la tierra?*
*¿Cuál es su nombre, y el nombre de su hijo, si lo sabes?*

**30, 2-3.** *Ciertamente, soy el más ignorante…* El כי con el que comienzan estos versos confirma la infructuosidad de la larga y celosa búsqueda anterior (cf. 30, 1). El autor del proverbio aparece como un hombre que no puede llegar a ningún estado fijo de iluminación, de manera que se aleja cada vez más de la meta a la que se dirige. Por eso siente sobre sí una culpa muy grande, como si todos los demás hombres estuvieran por encima de él, y él profundamente debajo de todos ellos.

Esta es, según Agur, la razón por la que no ha logrado alcanzar una inteligencia satisfactoria en las cosas divinas. Ello no se debe solo al hecho de la ignorancia y la incapacidad común a todos los hombres, sino al hecho de que él no aparece

# Apéndice 1: Palabras de Agur, hijo de Maqueh (Pr 30)

como hombre, sino como una bestia irracional, de manera que no llega a tener el entendimiento propio de otros hombres más inteligentes. La מִן de מֵאִישׁ no es de partitivo, como en Is 44, 11, ni de comparativo normal (cf. Böttcher), que debería expresarse como מִכָּל־אִישׁ, sino que es de negativo, como en Is 52, 14. Así traduce Fleischer: *rudior ego sum quam ut homo appeller o, brutus ego, hominis non similis* (soy tan rudo que no puedo llamarme hombre; soy más semejante a los animales brutos que a los hombres). Con respecto a בַעַר, véase Pr 12, 1.[32]

Pr 30, 3 añade que no ha frecuentado ninguna escuela de sabiduría, y que por eso en su lucha por el conocimiento no pudo alcanzar nada, porque le faltaban las condiciones necesarias para ello. Pero entonces surge la pregunta, ¿por qué se defiende de esta manera? Ciertamente, es bueno ir a la escuela para obtener con esfuerzo algún conocimiento, según el refrán que dice: "Al que tiene se le da".

Y en esa línea, לָמַדְתִּי se refiere al aprendizaje que se alcanza a través de un esfuerzo; pero לָמַד, entendido en sentido espiritual, significa adquirir un *kennen* (conocimiento), pero también un *können* (es decir, un poder, una habilidad). Pues bien, este hombre, autor de los proverbios que siguen no ha logrado obtener un conocimiento profundo, esto es, una sabiduría que le permita penetrar en el misterio del Dios Santísimo (porque ese misterio es el núcleo y estrella, finalidad y camino de la verdadera sabiduría).[33]

**30, 4.** ¿Quién subió a los cielos y descendió? ¿Quién ha agarrado el viento en sus puños? ¿Quién ató las aguas en un manto? ¿Quién ha enderezado todos los términos de la tierra? ¿Cuál es su nombre, y cuál es el nombre de su hijo, si lo sabes? La primera pregunta (מִי עָלָה־) está limitada por *oazer*. Por su parte, עלה־שָׁמַיִם tiene *metheg* en la tercera sílaba antes del tono.

La segunda pregunta (מִי אָסַף־ רוּחַ) viene también cerrada por un *pazer* pero, contrariamente a la regla, *ese* pazer no se repite en el verso. El códice de Érfurt 2, y varias ediciones anteriores, tienen para בחפניו más correctamente בְּחָפְנָיו un *rebia*. Los חפנים (cf. בְּחָפְנָיו) no son propiamente los dos puños, porque el puño, es decir, la mano cerrada en forma de puño, *pugnus*, se llama אגרף; mientras que, por el

---

32. Según el árabe, בעיר no es una bestia que pasta, sino que produce excrementos, *stercus* (*ba'r*: excremento de camello o de oveja). Para la raíz בר, Mühlau da correctamente el significado de separar, de donde se derivan otros significados, tanto de pastoreo como de arreglo de cosas o de limpieza (cf. Persa: *thak karadn*, limpiar, organizar la casa, como una *tabula rasa*).

33. Podemos leer 3b לֹא אֵדָע en sentido sincrónico, como *nesciebam*, en paralelo a לָמַדְתִּי, no aprendí, no sabía. Pero אדע ha de entenderse a modo de consecuencia, como וְלֹא־לָמַדְתִּי, como el árabe *fâa' lama,* en el sentido de *(ita) ut scirem scientiam Sanctissimi* (de forma que no pude alcanzar el conocimiento de la sabiduría del Santísimo, como en Lm 1, 19. La palabra קְדֹשִׁים, cf. וְדַעַת קְדֹשִׁים, tiene aquí el mismo sentido que en Pr 9, 10, y se refiere al nombre de Dios en sentido superlativo, como el árabe *el-kuddûs* (el santo, el Santísimo).

674

contrario, חֹפֶן (tanto en árabe como en arameo y hebreo) denota la palma de la mano abierta (véase Lv 16, 12). De todas formas, aquí las manos están representadas después de haber agarrado las cosas como si estuvieran cerradas, es decir, como puños. El dual de בְּחָפְנָיו evoca la dualidad de las corrientes de aire producidas por la perturbación del equilibrio; el que gobierna ese movimiento del aire se relaciona, por así decirlo, en primer lugar con el viento del norte o del este y después con el del sur o del oeste, para sacarlos según su voluntad de esta prisión (Is 24, 22).

La tercera pregunta se explica en Job 26, 8; בַּשִּׂמְלָה (de שׂמל, *comprehendere*) es una figura de las nubes que contienen las aguas superiores, como en Job 38, 37, las botellas del cielo. "Todos los confines de la tierra" son como en otros cinco lugares, por ejemplo, el Sal 22, 28, las partes más distantes, más remotas de la tierra; el establecimiento de todos estos límites (márgenes) más remotos de la tierra es equivalente a fijar y formar los límites hasta los cuales se extiende la tierra (Sal 74, 17); se trata, según eso, de la determinación de los límites de la tierra y la forma de sus signos.

La pregunta כי תדע está en sintonía con Job 38, 5, cf. Job 38, 18. La pregunta se formula aquí como allí, cuando Yahvé trae a la conciencia de Job la debilidad e ignorancia humanas. Pero estas cuatro preguntas del texto pueden responderse de dos formas: (a) ningún hombre puede responder a estas preguntas. Solo puede hacerlo un ser muy exaltado sobre todas las creaturas, de modo que la pregunta מה־שׁמו (¿cuál es su nombre?) se refiere al nombre de ese Ser, que no es otro que Dios; (b) esta pregunta supone que hay hombres que tienen capacidad de responder. Pero, en ese caso ¿quién es el hombre que puede hacerlo? ¿Quién puede nombrarlo?

En ambos casos, מי עלה no significa, como en Pr 24, 28, en sentido modal, *quis ascenderit* ¿quién podrá ascender? pues tiene que relacionarse con la pregunta siguiente, וירד (y bajar). Por eso hay que entender esa pregunta en sentido indicativo de presente: *quis ascendit* ¿quién sube al cielo y desciende? De todas formas, la diferencia entre esas dos interpretaciones es pequeña y difícil de precisar.

La primera pregunta es de tipo histórico: ¿quién ha ido al cielo y (como consecuencia, y después) ha vuelto a bajar de él? Lo más sencillo es interpretar el tema conforme a la *consecutio temporum,* al desarrollo sucesivo de los tiempos. El autor del proverbio no parece estar pensando en Dios (que no sube ni baja), sino en sí mismo, ante quien lo divino es trascendente o en algún otro hombre. Así pregunta: ¿existe en absoluto un hombre que pueda comprender y penetrar por su poder y su conocimiento en los cielos y en la tierra, en el aire y en el agua, es decir, en la naturaleza y la condición interna del mundo visible e invisible, la cantidad y extensión de los elementos, y en otras cosas de este tipo?

Así pide el autor de los proverbios: dime donde está ese hombre, si conoces alguno, y preséntamelo, exactamente, según su familia. En ese caso, yo me volvería

# Apéndice 1: Palabras de Agur, hijo de Maqueh (Pr 30)

a él para aprender de él lo que hasta ahora me he esforzado en vano por encontrar. Pero no existe tal hombre. El autor sigue pensando: yo me he sentido limitado y no he tenido ese conocimiento; yo no puedo, pero tampoco hay ningún hombre que pueda reclamar una capacidad y conocimiento ilimitados, un *können* y *kennen*, un poder y conocer ilimitados. Así explican este pasaje Aben Ezra, y también Rashi, Arama, y otros, pero sin aferrarse totalmente a lo que dice el texto; porque en la interpretación de la pregunta, ¿quién ha ascendido? se introduce la referencia a Moisés, según el Midrash y el Zohar (*Parasha*, ויקהל, Éx 35, 1).

Entre los modernos, esta explicación, según la cual todo nos conduce a una respuesta negativa (no hay hombre capaz de hacer y/o conocer lo que aquí se pide), no tiene un representante significativo que valga la pena nombrar. Esto se aplica, en primer lugar, al *quis ascendit in coelos ac rursus descendit* (¿quién ha subido al cielo para descender después?); y se aplica también a la pregunta *quis constituit omnes terminos terrae* (¿quién ha establecido todos los límites de la tierra?). No parece que el autor del proverbio esté pensando en un hombre concreto, pues él sabe que no hay un hombre así. Por eso, él está pensando en un tipo de ser superior, sin igual en la tierra, por el que está preguntando.

En esa línea, las palabras relacionadas con subir y bajar, עלה y וירד han de entenderse como en Gn 28, 12. En alemán, abajo y arriba se utilizan en el sentido de *nieder und auf*, como expresión de una presencia libre, expandida, sin restricciones en las dos grandes regiones del mundo, la de abajo y la de arriba, conforme a la visión de la Biblia, según la cual la tierra fue constituida antes del surgimiento del cielo más alto el día 4º de la creación (cf. Sal 18, 10). El autor del proverbio tiene en mente el origen tradicional de la creación, según el cual la tierra surgió antes que los cielos estrellados arriba.

Entendidas así, las cuatro preguntas se refieren (como, por ejemplo, en Is 40, 12) a Aquel que ha hecho y que hace todo eso. Estas preguntas se refieren al Dios a quien nadie puede comprender, al Dios que está por encima de todas sus obras, exaltado por encima de ellos, lleno de misterio. Si el habitante de la tierra eleva su mirada hacia los cielos azules traspasados por la dorada luz del sol, o sembrados de estrellas en la noche; si considera el cambio de las estaciones, y siente el repentino levantamiento del viento; si ve las aguas superiores vestidas de nubes de lana, que contienen y retienen dentro de ellas el agua; si deja que su mirada recorra el horizonte a su alrededor hasta los confines del orbe, un mundo edificado sobre el vacío inferior (cf. Job 26, 7), ese hombre llegará a la conclusión de que tiene que encontrarse ante la obra de un Ser presente en todas partes, de un ser Omnipotente que todo lo sabe, que puede hacer todo lo que quiere.

Ese Ser, de quien ha estado hablando, es אל, el Poder absoluto, es el קדשים, *el exaltado y santo* sobre todos los seres creados, llenos de problemas y limitaciones. De todas formas, este conocimiento de Dios, adquirido *vi causalitatis, vi eminentiae y vi negationis*, es decir, por la vía y fuerza de la causalidad, de la eminencia y de la negación, no le satisface, no llena su espíritu, pues el Ser o Dios que busca tiene que ser alguien que responda a su necesidad personal.

Por eso, aunque pudiera responder de alguna forma a las cuatro preguntas iniciadas por el מי, *quién es*, tendrá que seguir preguntando todavía מה־שׁמו, *cuál es su nombre*, es decir, el nombre que resuelve y aclara todos los secretos de este Ser y revela el misterio de su maravilla sobre todas las maravillas. Ciertamente, la cuádruple pregunta, מי, indica que se trata de una persona. Pero eso no basta. El que pregunta quiere conocer su Nombre propio, no un tipo de nombre externo que le han dado los hombres, sino aquel que responde a su ser más profundo, como expresión personal inmediata de su identidad.

La pregunta adicional, "¿Y cuál es el nombre de su hijo?" denota, según Hitzig, que el investigador se esfuerza por obtener un conocimiento adecuado, como el que se puede obtener de un ser humano. Pero no se hubiera aventurado a preguntar de esa manera si no supiera que Dios no era una mónada sin multiplicidad en sí mismo. La LXX traduce, ἢ τί ὄνομα τοῖς τέκνοις αὐτοῦ (בנו), y cuál es el nombre de sus hijos, refiriendo quizá el influjo de la antigua sinagoga atestiguada por el Midrash y el Zohar, donde a Israel se le llama בנו, primogénito de Dios. Pero esta interpretación se opone al espíritu de este חידה (discurso intrincado, enigma de proverbios). En general, este proverbio tampoco quiere saber cuál es la posición del hombre en esta relación de hijo con el Creador de todas las cosas, pues esa sería una cuestión ética que no concuerda con la de aquí, que es de tipo metafísico.

Geier ha combinado esta pregunta, ומה־שׁם־בנו, con las preguntas de Pr 8, contestando a los que dicen que, en el caso de referirse a la Sabiduría o חכמה como Hijo de Dios, el autor debería haber utilizado la ומה־שׁם־בתו (el nombre de su Hija); ese hijo masculino de Dios no va en contra del espíritu del libro de los Proverbios, pues en 8, 30 presenta a la Sabiduría como אמון, en masculino, tanto si esa palabra se está refiriendo al hijo adoptivo de Dios o al *artifex*, artífice o maestro de su obra.

Ewald piensa que el autor de este proverbio se está refiriendo a la idea del Logos, como el Hijo primogénito de Dios, revelándose a sí mismo, tema sobre el que se desarrolló más tarde *la doctrina palestina de la Memra*, מימרא דיהוה, en Alejandría (véase *Apologetik*, 1869, p. 432ss). El mismo D. Michaelis se ha sentido obligado a reconocer aquí la doctrina neotestamentaria del Hijo de Dios, anunciándose desde antiguo.

¿Por qué piensa algunos que esta referencia al Hijo no es posible? El Rig-Veda contiene dos preguntas similares, en X. 81, 4, "¿Cuál era el bosque primitivo, o cuál era el árbol del que se formaron los cielos y la tierra? ¡Ciertamente, vosotros, sabios, debéis preguntaros en vuestras almas dónde se paró y cuando se alzó de nuevo el viento!". Y en 164, 4 se dice; "¿Quién ha visto al primogénito? ¿Dónde

# Apéndice 1: Palabras de Agur, hijo de Maqueh (Pr 30)

estaba la vida, la sangre, el alma del mundo? ¿Quién vino allí a preguntar esto a cualquiera que lo supiera?".[34]

Los intérpretes judíos también aplican בנו a la causa media de la creación del mundo. Arama, en su obra עקדת יצחק, sec. xvi., sugiere que por בנו debemos entender el elemento primordial, como la filosofía Sankhya entiende al primogénito en el Rig-veda, en forma de *Prakṛiti*, es decir, de material primitivo. R. Levi b. Gerson (Ralbag) se acerca más a la verdad cuando explica que בנו significa *la causa causada*, por la causa suprema, en otras palabras, el *principium principiatum* de la creación del mundo.

Según eso, el que pregunta se refiere al poder demiúrgico que salió de Dios, y que esperó al Hijo de Dios como siervo en la creación del mundo. Este es el mismo poder que en Pr 8 se llama Sabiduría, y que se describe como el Hijo amado de Dios. Pues bien, llegando hasta el final, a partir de esa pregunta, ese nombre por el cual se hace aquí la pregunta ha de entenderse en la línea de Aquel a quien Dios ha concedido un nombre más excelente que el de los ángeles, Heb 1, 4.[35]

Es evidente que este Nombre no es el de בן, Hijo, ya que la consulta se hace sobre el sentido de ese nombre. Este nombre tampoco es חכמה, es decir, la Sabiduría, ya que ese nombre no responde, según su género gramatical con la forma de la pregunta, respondiendo al nombre de מימר, דבר, sino que pertenece al unigénito Hijo de Dios, no meramente según analogías creativas, sino según su verdadero ser. Conforme a eso, el que hace estas preguntas debe conocer a Dios, creador del mundo, ya Su Hijo, mediador en la creación del mundo, según sus naturalezas. Por eso dice, volviéndose al hombre, le dice: si sabes cuáles son los nombres esenciales de ambos (de Dios y de su hijo) ¡dímelos! ¡Pero quién puede nombrarlos! La naturaleza de la Deidad está oculta, tanto para el que pregunta, como para todos los demás. De este lado de la eternidad está más allá del alcance del conocimiento humano.

La confesión solemne introducida por נאם se cierra y concluye así, de esta manera. Ewald ve aquí el discurso de un escéptico que se burla de la religión; y Elster, el discurso de un escéptico que medita. A partir de Pr 30, 5 y siguientes, debe darse la respuesta que se le da a uno que habla así, desde el punto de vista de

---

34. Estos pasajes han sido citados por Lyra, *Beweis des Glaubens,* 1869, p. 230. El segundo de estos pasajes ha sido traducido así por Wilson (*Rig-Veda-Sanhitá*, Londres, 1854, vol. ii. p. 127): ¿quién ha visto el primitivo (ser) en el momento de su nacimiento? ¿Qué es aquella realidad dotada de sustancia que sustenta aquello que no tiene sustancia? De la tierra son el aliento y la sangre, pero ¿dónde está el alma? ¿Quién puede acudir al sabio para preguntarle esto?

35. Cf. *Coment.* a Hebreos, donde se dice: este es el Nombre completo, celestial, de aquel que es Muy exaltado, el שם המפורש, el *nomen explicitum*, nombre que nadie conoce en esta tierra, nombre que no puede ser pronunciado por ninguna lengua humana, el ὄνομα ὃ οὐδεὶς οἶδεν εἰ μὴ ὁ αὐτός, el nombre de aquel a quien nadie conoce, sino él mismo, Ap 19, 12.

la fe en la revelación de Dios, con la exigencia de subordinar el propio pensamiento especulativo humano a la autoridad de Dios que es su Palabra.

Pero esa respuesta depende de la interpretación simbólica de los supuestos nombres personales איתיאל y אכל, pero el diálogo posterior no ayuda en eso. La confesión de Pr 30, 1b-4, no es la de un hombre que no se encuentra en condiciones de responder a estas preguntas, sino la de alguien que tiene sed de Dios, sabiendo, sin embargo, que el pensamiento del hombre es incapaz de penetrar en la esencia de Dios (Job 11, 7-9), pues los mismos caminos de Dios permanecen inescrutables. Sin embargo, la Deidad puede revelarse al hombre (Sir 18, 3; Ro 11, 33).

Para nuestro pensamiento, la deidad permanece en una altura y profundidad inconmensurable, aunque es posible que alcancemos un conocimiento relativo de Dios. En esa línea sigue firme la tesis dogmática, *deum quidem cognoscimus, sed non comprehendimus*, es decir, *non perfecte cognoscimus quia est infinitus* (cf. Luthardt, *Kompendium der Dogmatik* 27), incluso en el campo de la revelación positiva: conocemos a Dios, pero no le "comprendemos"; no le conocemos plenamente, porque es infinito. Eso significa que debemos tomar Pr 30, 1-4 como un todo completo; por eso, lo que sigue no pertenece a esa sección.

## 30, 5-10.

5 כָּל־ אִמְרַת אֱלֹוהַּ צְרוּפָה מָגֵן הוּא לַחֹסִים בּוֹ׃

6 אַל־ תּוֹסְףְּ עַל־ דְּבָרָיו פֶּן־ יוֹכִיחַ בְּךָ וְנִכְזָבְתָּ׃ פ

7 שְׁתַּיִם שָׁאַלְתִּי מֵאִתָּךְ אַל־ תִּמְנַע מִמֶּנִּי בְּטֶרֶם אָמוּת׃

8 שָׁוְא וּדְבַר־ כָּזָב הַרְחֵק מִמֶּנִּי רֵאשׁ וָעֹשֶׁר אַל־ תִּתֶּן־ לִי הַטְרִיפֵנִי לֶחֶם חֻקִּי׃

9 פֶּן אֶשְׂבַּע וְכִחַשְׁתִּי וְאָמַרְתִּי מִי יְהוָה וּפֶן־ אִוָּרֵשׁ וְגָנַבְתִּי וְתָפַשְׂתִּי שֵׁם אֱלֹהָי׃ פ

10 אַל־ תַּלְשֵׁן עֶבֶד אֶל־ [אדנו] (אֲדֹנָיו) פֶּן־ יְקַלֶּלְךָ וְאָשָׁמְתָּ׃

5 Probada es toda palabra de Dios;
*él es escudo a los que en él se refugian.*

6 No añadas a sus palabras, no sea que te reprenda,
y seas hallado mentiroso.

7 Dos cosas te he pedido;
no me las niegues antes que muera:

8 Vanidad y palabra mentirosa aparta de mí,
y no me des pobreza ni riqueza.
Solo dame mi pan cotidiano;

9 no sea que me sacie y te niegue, o diga:
"¿Quién es Jehovah?"
No sea que me empobrezca y robe,
y profane el nombre de mi Dios.

# Apéndice 1: Palabras de Agur, hijo de Maqueh (Pr 30)

¹⁰ No difames al siervo ante su señor;
no sea que te maldiga, y seas hallado culpable.

**30, 5-6.** *Toda palabra de Eloah es pura...* Este tetrástico es un proverbio independiente, pero está conectado con los anteriores, a través de la palabra נְאֻם, *Neûm* (palabra, expresión, Pr 30, 1). Cuanto más limitado es un hombre en su conocimiento de Dios, en lo que se le presenta a la luz de la naturaleza, tanto más agradecido debe estar a Dios porque se le haya revelado en la historia, y tanto más firmemente debe aferrarse a la palabra pura de la revelación divina. Dada la dependencia de Pr 30, 5 respecto a Sal 18, 31 (2Sa 22, 31), y de Pr 30, 6 respecto a Dt 4, 2, no podemos dudar de que este tetrástico recoge el testimonio que Dios ha dado a Israel por sí mismo, un testimonio registrado en el libro de la Torá.

La expresión כָּל־אִמְרַת (toda palabra) debe interpretarse a la luz de πᾶσα γραφή, 2Ti 3, 16; no se refiere por tanto a cualquier declaración de Dios, dondequiera que se promulgue, sino que retoma el motivo de la revelación concreta, tal como aparece en la Escritura y ha sido proclamada para nosotros. El pasaje principal de Sal 18, 31 no incluye la palabra כל que aquí aparece pero, en lugar de eso, pone לכל החסים, y en lugar de אמרת אלוה pone אמרת יהוה. Eso significa que los proverbios que siguen no son una parte del *Neûm* Yahvé, de la palabra que dice Yahvé, sino que son palabra con que los hombres responden a la Palabra de Yahvé.

Este proverbio contiene rastros del libro de Job, con el cual en muchos aspectos armoniza esta *Neûm* o palabra del sabio Agur, que responde a la revelación de Dios. En el libro de Job, el nombre más utilizado para hablar de Dios es אלוה (con שדי); mientras que en este libro de los Proverbios ese nombre aparece solo en el pasaje que tenemos ante nosotros. Mühlau, p. 41, lo presenta como un arabismo.

Por su parte, צרף (árabe *ṣaraf*, girar, cambiar) es la palabra habitual para el proceso cambiante de fundición; צָרוּף significa sólido, puro, es decir, purificado por separación. La palabra de Dios es, sin excepción, como *oro macizo, puro*. En cuanto a חסה, *esconderse*, véase Sal 2, 12; Dios es escudo para los que hacen de Él su refugio, como indica la palabra. Según la Masora, el participio חסה aparece tres veces escrito defectuosamente (Pr 14, 32; 2Sa 22, 31; Neh 1, 7). En este pasaje que tenemos ante nosotros debe escribirse לַחוֹסִים; los proverbios de Agur y Lemuel tienen frecuentemente la *plena scriptio* de este participio. Tanto el *kal* como el futuro, son comunes en el libro de Job (véase Mühlau, p. 65).[36]

---

36. Según Aben Ezra, *Moznajim* 2b, 11b, de la edición de Heidenheim y *Zachoth* 53a (cf. ed. de Lipmann), con otros testigos (véase Norzi), la palabra תּוֹסַף (la ף con *dagesh*) debe escribirse en forma plana, aunque el Códice de Jamán y otros que son defectuosos suprimen la *waw*, ו. Por otra parte, los dos *shevas* de תּוֹסַף son quiescentes, véase Kimchi, *Miclol* 155 a. Por su parte, *B. Chagg* (cf. הנוה) piensa que esa palabra debe leerse *tôspe'al*, con ס (con respecto a las letras quiescentes, cf. Dukes-Ewald, p. 6).

Las palabras de Dios son los anuncios de su santa voluntad, medida por su sabiduría y, según eso, deben ser aceptadas tal como son, y así reconocidas y obedecidas. Quien cambie o añada algo a esas palabras, ya sea supresión o por reinterpretación forzada no escapará del justo juicio de Dios, Dios lo condenará por falsear su palabra (cf. הוכיח, Sal 50, 21; solo aquí con ב del objeto), acusándole así de ser un mentiroso, falseando su doctrina y haciendo que ella aparezca como dañina y destructora no solo para las almas o personas en particular, sino para la misma sociedad.

Un ejemplo claro de esto lo encontramos en el reino de Israel, en cuya destrucción tuvo no poca importancia el hecho de que las instituciones humanas de la religión estatal fueron negadas y desfiguradas por el rey Jeroboam. Por su parte, un tipo de ley tradicional judía, aunque fuera en sí necesaria para la aplicación de la ley escrita, tuvo que ser condenada y rechazada por Jesús, porque impedía y amenazaba la verdadera piedad y obediencia a la ley (conforme a la política de colar un mosquito y abandonar el juicio de Dios).

En esa línea, podemos citar varios ejemplos adiciones de la ley, de tipo más dogmático que legal, unas adiciones que contribuyeron a desfigurar las promesas de Abraham, que encontramos en Gn 17. Así, por ejemplo, cuando se dice que ninguno de los circuncidados se condenará o cuando se afirma, de un modo material, sin distinciones, que todos los israelitas tendrán parte en el mundo futuro.

**30, 7-9.** *Dos cosas te ruego, no me las niegues.* Estos versículos se mantienen en la línea de Pr 30, 1. Sigue una oración *para ser custodiado en la verdad, y para ser preservado en el estado medio, entre la pobreza y la riqueza.* Esta es una oda de tipo *mashal*, como he puesto de relieve en la introducción de este libro. La primera petición (la vanidad y la mentira alejan de mí) está conectada con la advertencia de Pr 30, 6.

Comenzaré precisando un aspecto de la puntuación tradicional. Una palabra monosilábica como שָׁוְא (30, 8), suele recibir *legarmeh* y siempre *mehuppach*. Por el contrario, el polisílabo אֶשְׂבָּ֫ע suele tener *asla legarmeh*. La puntuación de אַל־תִּתֶּן־לִי con *makkeph* doble y con *gaja* en la tercera sílaba antes del tono (conforme al *Metheg-Setzung*, 28) es propia de Ben-Asher; por el contrario, la escuela de Ben-Neftalí prefiere otro tipo de puntuación (véase Baer, *Genesis*, p. 79, nota 3). Por su parte, פֶּן אֶשְׂבָּ֫ע lleva (cf. פֶּן־יִשְׁתֶּה, Pr 31, 5) *makkeph*, y en la antepenúltima *gaja* (véase *Thorath Emeth*, p. 32).

En cuanto a su forma artística, esta oda se presenta como el primero de los proverbios numéricos, bajo las *"Palabras"* de Agur, que se deleitaba en esta forma de proverbio. Este tipo de proverbio numérico es un discurso breve, que tiene un fin didáctico completo en sí mismo, utilizando una serie de numerales para insistir en el ritmo del texto. Hay dos tipos de proverbios numéricos. El tipo más simple

*Apéndice 1: Palabras de Agur, hijo de Maqueh (Pr 30)*

coloca en primer lugar solo un número, que es la suma de los que han de venir después por separado. A esta clase pertenecen Pr 30, 24-28, con 4 números; Sir 25, 1 y 2, con 3. Semejantes a la oda de la oración anterior son Job 13, 20, Is 51, 19, aunque estos no son ya numéricos.

El tipo más artístico de proverbio numérico tiene dos cifras y puede llamarse *proverbio afilado* (en punta). De tales proverbios numéricos con dos cifras, las "palabras" de Agur contienen cuatro, y todo el libro de Proverbios, contando Pr 6, 16-19, contiene solo cinco. A este proverbio numérico ascendente pertenece el dicho popular de 2Re 9, 32; Job 33, 29; Is 16, 6. En esa línea se puede citar Sal 62, 12; Job 33, 14; Job 40, 5; Job 5, 19 y, particularmente, Am 1, 3-2,6.

Conforme a ese esquema, la introducción de la oración de Agur debería expresarse en la forma אחת שאלתי מאת בטרם אמות. Esta oración expresa dos peticiones, pero se detiene exclusivamente en la segunda. Una doble petición presenta el autor de estos proverbios a Dios, de dos cosas quiere estar seguro de este lado de la muerte:

(a) *Lo primero que Agur pide a Dios es que aleje de él la vanidad y las palabras mentirosas.* שוא (igual a שאה, un desperdicio), en la línea de מות, que es la muerte, lo que es confuso, sin valor, falso, lo que nos viene de afuera (por ejemplo, en Job 31, 5), lo que nos disuelve en la muerte, en el vacío, en lo que es falso (p. ej. Sal 26, 4). No se debe decidir si el suplicante está influenciado por su experiencia interior o por los influjos que recibe desde fuera, ya que דבר־כזב (una palabra de falsedad) puede ser dicha tanto por él mismo como por otros que le hablan de fuera y se entrometen en su vida. Es casi más probable que por שוא él pensara en el poder engañoso del pensamiento y la acción idólatras y ajenos a Dios; y por דבר־כזב, de palabras mentirosas, con las que podría simpatizar, y por las cuales podría arruinarse a sí mismo y a otros.

(b) Lo segundo que Agur *pide a Dios es que Dios no le dé ni pobreza* (ראש, véase Pr 10, 4) *ni riquezas,* sino que le conceda para su sustento de pan porción destinada a él. El *hifil* הטריף (de טרף, moler, es decir, el pan con los dientes) indica que recibamos, que se nos da, que Dios nos dé (el Véneto traduce, según Villoison, θέρψον με, envíame, dame) la porción necesaria para el sustento. חק, Gn 47, 22, la parte que necesito para alimentarme; cf. Job 23, 14, חקי, el decreto determinado respecto a mí. En consecuencia, חקי לחם no significa el pan medido apropiadamente para mí (como ἄρτος ἐπιούσιος, lo que se requiere para οὐσία, subsistencia), sino el pan apropiado para mí, determinado para mí según el plan divino. Fleischer compara (en árabe) *ratab* y *marsaum,* que de manera similar designan una porción de sustentación fija.

Estas son las cosas que Agur pide: (a) no ser vanidoso ni mentir; (b) no ser rico ni pobre, tener lo necesario para comer. ¿Y por qué no quiere ser ni pobre ni rico? Porque en ambos extremos yacen peligros morales: *en la riqueza se esconde la tentación de negar a Dios* (que 'כחש בה significa, en el hebreo posterior כפר בעקר, negar la verdad fundamental, cf. árabe *kafar*, incrédulo); *en la pobreza, se esconde la tentación de robar y blasfemar el nombre de Dios*, a saber, murmurando y discutiendo, o incluso con palabras de maldición, porque el que está desesperado dirige los brotes de su ira contra Dios (Is 8, 21), y lo maldice como la causa de su desgracia (Ap 16, 11; Ap 16, 21). Cuando el autor habla de blasfemar del nombre de Dios, está pensando especialmente en lo que la Torá llama "maldecir (קלל) a Dios" y, particularmente, blasfemar contra el Nombre del Señor (cf. Lv 24, 15-16).

**30, 10.** *No calumnies al siervo con su señor, para que no te maldiga, y tú debas expiar por ello.* Incorrectamente traduce Ewald: *no induzcas a un sirviente a calumniar a su amo*; y Hitzig: *no hagas que un sirviente se burle de su amo.* El *poel* de לושׁ (atravesar con la lengua, *lingua petere*) aparece dos veces en el sentido de calumniar. Es muy significativo el proverbio posterior sobre los cismáticos, llamado *birkat ha minim* (ברכת המינים) que ha entrado en las *Schemone-Esre* (la oración de las dieciocho bendiciones), que comenzaba con ולמלשינים, y a los calumniadores (*delatoribus*)…

También en árabe âlsana significa *pertulit verba alicuius ad alterum*, delatar a otros, ser un acusador (Fleischer). Ese es el sentido que tiene en nuestro caso esa sentencia, que comienza con אל en forma causativa (negativa). Con razón traduce Símaco μὴ διαβάλῃς (no acuses, no mientas…), y Teodoción μὴ καταλαλήσῃς, no hables con falsedad… De esa forma traduce también Jerónimo: *Ne accuses…* El Véneto pone μὴ καταμηνύσῃς (no hagas daño). Por el contrario, Lutero pone *verrate nicht* (no traiciones). Ese sentido (no traiciones) está en el fondo de la traducción de la LXX, del texto Syr., del arameo אשׁלם y del árabe *âslam, tradere, prodere*.

Uno no debe acusar en secreto (Sal 101, 5) a un sirviente ante su amo, y en eso radica el carácter de calumnia (לשׁון הרע, lengua mala), cuando uno sospecha de otro, cuando exagera los hechos reales, enfrentando a unos contra otros, de manera que todos se vuelvan infelices. De todas formas, no todas las formas de acusación y maldición en contra de los otros son iguales. Por eso, cuando uno ha maldecido o traicionado a otros puede suceder que reciba en este mismo mundo el castigo correspondiente, y debe aceptarlo, purificándose quizá de esa manera por los pecados cometidos.

## 30, 11-14.

Sigue ahora un *priamel*, nombre que viene del latín *praeambulum* (preámbulo), que suele darse a una forma peculiar de poesía gnómica popular, que se extendió

# Apéndice 1: Palabras de Agur, hijo de Maqueh (Pr 30)

en Alemania del siglo XII al XVI, siendo especialmente cultivada durante los siglos XIV y XV. Su peculiaridad consistía en que, después de una serie de antecedentes o sujetos, se introducía una conclusión o predicado breve, como un epigrama aplicable a todos los casos anteriores, cf. Erschenburg, *Denkmälern altdeutscher Dichtkunst,* Bremen 1799. Su primera línea conecta a través de יְקַלֵּל, conectada con la יְקַלֵּל del dístico anterior.

$^{11}$ דּוֹר אָבִיו יְקַלֵּל וְאֶת־אִמּוֹ לֹא יְבָרֵךְ׃

$^{12}$ דּוֹר טָהוֹר בְּעֵינָיו וּמִצֹּאָתוֹ לֹא רֻחָץ׃

$^{13}$ דּוֹר מָה־רָמוּ עֵינָיו וְעַפְעַפָּיו יִנָּשֵׂאוּ׃

$^{14}$ דּוֹר ׀ חֲרָבוֹת שִׁנָּיו וּמַאֲכָלוֹת מְתַלְּעֹתָיו לֶאֱכֹל עֲנִיִּים מֵאֶרֶץ וְאֶבְיוֹנִים מֵאָדָם׃ פ

$^{11}$ Hay generación que maldice a su padre
y no bendice a su madre.
$^{12}$ Hay generación limpia en su propia opinión,
a pesar de que no ha sido lavada de su inmundicia.
$^{13}$ Hay generación cuyos ojos son altivos
y cuya vista es altanera.
$^{14}$ Hay generación cuyos dientes son espadas
y cuyas mandíbulas son cuchillos,
para devorar a los pobres de la tierra
y a los necesitados de entre los hombres.

**30, 11-12.** *Una generación que maldice a su padre…* Este es el fin y sentido de conjunto del *priamel*: una generación que devora a los pobres de la tierra y a los necesitados de entre los hombres. Ewald traduce ¡Oh generación! pero eso habría requerido que en 13a apareciera la palabra הַדּוֹר (Jer 2, 31), con otras amonestaciones directas de condena. En esa línea, el *priamel* debería estar introducido por un הוֹי, es decir, por un *ay* de lamentación. Y si empezamos con Lutero *Hay una generación…* el *priamel* debería hallarse introducido por un יֵשׁ, que en ese caso no puede omitirse.

La LXX inserta después de ἔκγονον o generación la palabra κακόν, y luego traducen lo que sigue como predicado, utilizando así un recurso simple, que puede clarificar las cosas, pero que carece de valor. El Véneto no necesita este expediente, porque traduce γενεὰ τὸν πατέρα αὐτοῦ βλασφημέσει (maldecirá a la generación de su padre…), pero en ese caso el orden de las palabras en 11a tendría que haber sido דור יקלל אביו (no a la inversa).

Por otra parte, en 12a se advierte claramente que estamos ante una cláusula de sustantivo, דור טהור בעיניו הוא, de manera que, a ejemplo de ella, las frases de Pr 30, 13 y Pr 30, 14, con lo que viene después de דור ha de entenderse como un grupo de cláusulas atributivas y no de predicado. En un sentido aproximado podríamos tomar Pr 30, 14, con Löwenstein, como predicado de los tres sujetos anteriores; *es una generación cuyos dientes son espadas.* Pero eso hubiera requerido al menos que se dijera דור הוא; pero Pr 30, 14 no puede tomarse en absoluto como un juicio válido para los tres temas.

El Targum y Jerónimo traducen correctamente, como nosotros arriba; en contra de eso, el Syr. comienza 11a como si hubiera al principio un הוי, ay, mutilando de esa forma el sentido unitario del texto. Quizá el autor quiso decir: así es la generación que nos engloba; o esta es una abominación para Yahvé… En esa línea, דור implica una totalidad (en alemán *Gesamtheit*), un conjunto de hombres y mujeres que están unidos por formar parte de una existencia contemporánea, o de una homogeneidad, en un sentido de totalidad. Según eso, estos proverbios de 30, 1-14 podrían describirse como *quatuor detestabilia genera hominum,* cuatro tipos de hombres detestables (C. B. Michaelis).

Esta generación está definida y perturbada por cuatro vicios: la más negra ingratitud, la repugnante santurronería, la presunción arrogante y la codicia despiadada. Parecida es la descripción dada en la Mishná, *Sota* ix. 14, cuando describe el carácter de la época en que ha de aparecer el Mesías: "La apariencia de ese siglo será como la apariencia de un perro, un hijo no se avergüenza delante de su padre ¿a quién acudiremos pues en ayuda? ¡A nuestro Padre que está en los cielos!" (cf. también la oscura descripción de Ali b. Abi Täleb, que comienza con *hadha alzman,* esta edad. Cf. *Zur allgemeine. Charakter der arabischen Poesie*, 1870, p. 54s.)

En primer lugar, se destaca la desobediencia de los hijos. Maldecir a los padres es, según Éx 21, 17, cf. Pr 20, 10, un crimen digno de muerte; "no bendecir" tiene aquí, por *litotes*, la misma fuerza que קלל, maldecir. La segunda característica, Pr 30, 12, es la ceguera perversa en lo que se refiera al juicio sobre uno mismo. La LXX traduce toscamente, aunque no del todo mal, τὴν δ᾽ ἔξοδον αὐτοῦ οὐκ ἀπένιψεν (en el sentido de "no ha tenido en cuenta su fin"). De tal oscuridad se dice, *sordes suas putat olere cinnama* (piensa que sus excrementos huelen a cinamomo). רחץ no es la parte abreviada (Stuart) como, por ejemplo, en Éx 3, 2, sino lo finito como, por ejemplo, en Os 1, 6.

**30, 13a-14.** Aquí la cláusula atributiva se dirige, de un modo admirado, hacia sí misma, para expresar su asombro ante la arrogancia de esta generación, exclamando: ¡Una generación, cuán altivos son sus ojos! (cf. p. ej., Pr 6, 17, עינים רמות) a lo que, como de costumbre, se añade simplemente, y sus párpados, *palpebrae*, se levantan, en un gesto de altivez. El levantamiento de cejas es en latín una expresión de altivez, que se describe con *elatum (superbum) supercilium.*

La cuarta característica es la codicia insaciable, que no perdona ni siquiera a los pobres, y se aprovecha de ellos, de los desvalidos, para devorarles como se

# Apéndice 1: Palabras de Agur, hijo de Maqueh (Pr 30)

devora el pan, Sal 14, 4. Los dientes, como instrumentos para comer, se comparan con espadas y cuchillos (en Sal 57, 4 se comparan con lanzas y flechas). Con שִׁנָּיו (dientes) se intercambian, como en Job 29, 17; Jon 1, 6, las mandíbulas o מתלעתיו que sirven para perforar, morder. La designación de lugar, מארץ, "de la tierra" y la referencia a la humanidad, מאדם, de en medio de los hombres, forma parte de la acción de conjunto de esta generación. Algunos han pensado que los cuatro versos de este *triamel* pueden entenderse como una condena de los amalecitas. Pero en conjunto, estos versos, aparecen como un retrato aplicable a todos los tiempos, como el de Sal 14, 1-7, sin ninguna referencia exclusivamente nacional o judía.

## 30, 15-16. El proverbio de la sanguijuela

El *priamel* de 30, 11-14 culminaba poniendo de relieve la insaciabilidad de esta generación. Sigue ahora un apotegma de dos versos centrado en las cuatro insaciabilidades que pueden compararse con las de una sanguijuela.

לַעֲלוּקָה ׀ שְׁתֵּי בָנוֹת הַב ׀ הַב שָׁלוֹשׁ הֵנָּה לֹא תִשְׂבַּעְנָה אַרְבַּע לֹא־אָמְרוּ הוֹן׃ ¹⁵

שְׁאוֹל וְעֹצֶר רָחַם אֶרֶץ לֹא־שָׂבְעָה מַּיִם וְאֵשׁ לֹא־אָמְרָה הוֹן׃ ¹⁶

¹⁵ La ʿAlûka tiene dos hijas:
¡Dad! ¡Dad! Tres de estos nunca se satisfacen;
cuatro dicen que no basta:
¹⁶ El inframundo y el cierre de la matriz;
la tierra no se sacia de agua;
y el fuego no dice, ¡Basta!

**30, 15-16.** Comenzamos con detalles externos, de tipo masorético. El primero es que la ב de הב es *beth* minúscula; es posible que tuviera accidentalmente esta forma diminuta en un MSS original de lo que el Midrash (cf. *Sepher Taghin* ed. Bargès, 1866, p. 47) ha agregado consecuencias absurdas. El primer הב (cf. הַב ׀ הַב) tiene in *pasek* posterior, que en este caso depende del *olewejored* anterior, según la regla de *Thorath Emeth*, p. 24, aquí, como en el Sal 85, 9. El segundo הב tiene un *hutter*, como en el Cód. De Erfurt 2 y en el 2 de la Biblioteca Pública de Leipzig.

En conjunto, el resto de los detalles de la puntuación no añade casi nada al estudio de las palabras, pero ofrece un pequeño servicio para dejar de lado una visión de Rabbenu Tam (véase *Tosaphoth* de *Aboda zara* 17a, y *Erubin* 19a), que últimamente ha sido defendida por Löwenstein. Ese punto de vista es que ʿAlûka es el nombre de un hombre sabio, no el de Salomón, porque la Peskita no lo cuenta entre los nombres de Salomón, ni tampoco lo toma como un nombre del infierno, empezando por Gehinnom.

686

*Proverbios 30*

Según eso, לַעֲלוּקָה sería un título, como לדוד y לשלמה, Sal 26, 1; Sal 72, 1, provisto con *asla legarmeh*. Pero esto no es posible, porque el *asla legarmeh*, en Sal 26, 1 y en Sal 72, 1, es la transformación de *olewejored*, cosa que es inadmisible en la primera palabra de un versículo, como en nuestro caso (*Accentuationssystem*, xix. 1). Por otra parte, עלוקה no es el nombre de una persona, no es un nombre propio, sino genérico y tiene cierto significado tradicional. Así dice la Guemará, *Aboda zara* 12b: "No se debe beber agua de un río o estanque, ni (inmediatamente) con la boca, ni por medio de la mano; a quien, sin embargo, lo hace, su sangre caerá sobre su propia cabeza, por el peligro".

¿A qué peligro se alude? A סכנת עלוקה, es decir, al peligro de tragarse una sanguijuela que chupa la sangre de quien la traga. También en arameo, la sanguijuela se dice עלוקא (cf. p. ej. Targum Sal 12, 9, donde se afirma que los impíos caminan como la sanguijuela, que chupa la sangre de los hombres). En árabe se dice *'alaḳ* (una sanguijuela es *'alaḳat*); los comentaristas arameos o árabes traducen así la palabra hebrea.

De un modo consecuente, los griegos la traducen por βδέλλη y Jerónimo por *sanguisuga* (Rashi: *sangsue*). Por su parte, la palabra *eigel* de la traducción de Lutero no es el *igel erinaceus* (erizo), sino el *egel*, es decir, lo que ahora en alemán llamados *blutegel* (sanguijuela, erizo de sangre), o (menos correctamente) *blutigel*. עלוקה es la forma femenina del adjetivo עלוק, adjunto a, que significa, junto con toda la raíz verbal, aquello que chupa y extrae.[37]

Pero si, ahora, *'Alûka* es la sanguijuela ¿cuáles son entonces sus dos hijas, a las que aquí se da el nombre de הב הב, porque tienen siempre en la boca este grito de deseo? Grotius y otros piensan que esas dos *hijas de la sanguijuela* son las dos partes de su lengua; más correctamente, el labio superior de dos miembros de su ventosa. C. B. Michaelis piensa que ese grito codicioso (den-den, dad-dad) debe personificarse: *voces istae concipiuntur ut hirudinis filiae, quas ex se gignat et velut mater sobolem impense diligat* (estas voces han de concebirse con las voces o gritos de las hijas de la golondrina…).

Pero este sentido simbólico de las voces de la *'Aluka* no ha resultado suficiente. Por eso, el Talmud, *Aboda zara* 17a, piensa que ese grito (dad-dad) es un nombre del infierno. En este sentido, se utiliza esa palabra de petición en la

---

37. Cf. Mühlau, *Mittheilung des Art. ,aluka aus dem Kamus* de p. 42. Por su parte, Nöldeke, en referencia a la monografía de Mühlau ha señalado que *'aluḳa* tiene también el sentido de tenaz, *tenax*, y que se utiliza también en sirio (*Geopon*. xiii. 9, xli. 26) y que, generalmente, la raíz עלק, adherirse es muy común en arameo. De todas formas, aunque esa raíz sea común en árabe no lo es tanto en sirio. En esa línea, podemos añadir que esta palabra *'Alûka,* propia de los aforismos de Agur tiene un trasfondo decididamente árabe. En otra línea, la sanguijuela se llama en sánscrito *galaukas* (masculino) o *galaukâ* (femenino), es decir, *el habitante del agua* (de *gala*, agua y ôkas, morada). Ewald considera que esta forma sánscrita es una transformación del nombre semítico.

## Apéndice 1: Palabras de Agur, hijo de Maqueh (Pr 30)

lengua de los *Pijut* (poemas propios de la sinagoga). Así dice, por ejemplo, Salomo ha-Babli, en un *Zulath* de los primeros *Sabbats* de la *Janucá* (Fiesta de las Luces o Consagración del Templo), que comienza con אין צור חלף, יקדו כהבהבי עלק: arden como las llamas del infierno.

Si *'Alûka* es el infierno, entonces la fantasía tiene el espacio más amplio para encontrar una respuesta a la pregunta ¿cuáles son las dos hijas? El Talmud supone que se refieren a רשות (la dominación mundana) y מינות (herejía). Los padres de la Iglesia también, entendiendo por *'Alûka* el poder del diablo, se explayaron en tales interpretaciones. En el mismo sentido va la interpretación de Calmet, para quien *sanguisuga* es una figura de la mala *cupiditas*, y sus hijas gemelas son *avaritia* y *ambitio*.

La verdad que subyace en todo esto es que esas dos hijas deben tener algún sentido simbólico. Pero si el poeta quiso decir, por las dos hijas de *'Alûka* son dos seres o cosas que él no nombra, entonces se guardó lo mejor de su símbolo para sí mismo. ¿Y podría usar este nombre común de *'Alûka*, que es la sanguijuela, sin más indicaciones, en algún tipo de sentido simbólico?

La mayoría de los intérpretes modernos no hacen nada para promover la comprensión de la palabra, pues suponen que *'Alûka*, desde su significado más cercano, denota un espíritu demoníaco con rasgos de vampiro, como el *Dakin* de los indios, que se alimenta de carne de seres humanos o como a los demonios de los árabes y persas, que habitan en los cementerios, y matan y se comen a los hombres, en particular a los vagabundos en el desierto. En relación con eso debe señalarse que (en árabe) *'awlak* es ciertamente el nombre de un demonio, y que *al'aluwak*, según el Kamus, se usa en el sentido de *alghwal*, refiriéndose a algo demoníaco.

En esa línea se mantienen Dathe, Döderlein, Ziegler y Umbreit, lo mismo que Hitzig, Ewald y otros. Por su parte, Mühlau, estando de acuerdo con esos presupuestos, plantea luego abiertamente la pregunta: ¿cuáles son entonces, las dos hijas del demonio *'Alûka*? Pues bien, no encontrando la respuesta en el proverbio mismo, y aceptando la opinión de Ewald, Mühlau piensa que los dos versículos de Pr 39, 15b-16, tomados por sí mismos, forman un todo completo, para añadir que la primera línea, לַעֲלוּקָה שְׁתֵּי בָנוֹת es el comienzo de un proverbio numérico cuyo final se ha perdido... Eso significa que el sentido de las dos hijas de *'Alûka* (que son *Dad, Dad*) ha quedado sin desarrollar en la forma actual del proverbio. Así piensa también Stuart, añadiendo que este proverbio ha sido extraído de un contexto anterior donde su sentido resultaba comprensible. En contra de eso, pienso que las palabras que siguen, שלוש וגו (tres cosas hay...) forman una parte original de este proverbio. Este es un proverbio que, como ha dicho Mühlau, forma un todo bien redondeado.

Tenemos aquí un proverbio ascendente que pasa de las dos hijas de la sanguijuela a las tres cosas que no se sacian y a la cuarta que nunca dice "basta".

Tenemos, pues tres cosas que no se sacian, siendo sucedidas por una cuarta, que comienza con un *waw* de conexión, cf. Pr 30, 18, וארבע; Pr 30, 21, וארבע ארבע; Pr 30, 29, וארבעה. En esa línea, concluimos que ארבע לא וגו׳ es el comienzo original del proverbio antiguo, que era independiente. Ese proverbio original decía: *cuatro cosas dicen que no basta: el inframundo y el cierre de matriz (la matriz infructuosa), la tierra que no se sacia de agua y el fuego que no dice basta.*

Este es un tetrástico mejor compuesto y más aceptable que el proverbio árabe: "tres cosas no se sacian: el útero, la leña por el fuego y la tierra por la lluvia" (Freytag, *Proverbien.* iii. p. 61, No. 347). Es notable el hecho de que el tema de este proverbio aparezca también en la India,[38] tanto en el Hitopadesa (ed. Lassen, p. 67) como en el Pantchatantra (ed. Kosegarten i. 153): *nâgnis ṭṛpjati kâshṭhânân nâpagânân mahôdadhih nântakah sarvabhûtânân na punsân vâmalocanâh* (el fuego no se sacia de leña, ni el océano de corrientes, ni la muerte se sacia con todos los vivientes, ni los ojos todos con los hombres).

Como en el proverbio de Agur los cuatro elementos se dividen en 2 + 2, así también en este *sloka* hindú. En ambos casos se vinculan el fuego y el reino de la muerte (ântaka es la muerte como el "hacedor de finales" personificado); y en ambos casos se vinculan también allí el útero y la tierra, que en la India aparece como *feminarium cupiditas* (deseo femenino) y el océano. El paralelismo de ארץ y רחם (útero y tierra) aparece además en pasajes como Sal 139, 15; Job 1, 21 (cf. también Pr 5, 16; Nm 24, 7; Is 48, 1). El paralelismo entre el sheol y el fuego, שאול y אש, está igualmente al fondo de pasajes como Dt 32, 22 e Is 56, 24 (en contra de eso, nuestro poeta no ha trazado el paralelismo entre רחם y שאול, que aparece en *Berajot* 15b).

El hecho de que לא אמרו הון del final de 30, 15 se repite al final de 30, 16 y sirve para redondear el proverbio original, que comenzaba con שָׁלוֹשׁ הֵנָּה y no con לַעֲלוּקָה, como he mostrado ya. Con respecto a הון, véase Pr 1, 13. En principio הון significaba *ser luz*; ahora ha tomado el sentido de *vivir a la ligera*, de facilidad, de sobreabundancia y al final de inutilidad. Usada en acusativo y como exclamación, esa palabra significa ¡mucho! ¡Basto! En ese mismo sentido en el árabe del norte de África, igual que *ḥajah*, suficiente. En esa línea, en hebreo, esa palabra se puede entender lo mismo que en árabe, con el sentido de *hawn haddah*, es decir, este es el final (Mühlau).

Pero, dicho eso, tenemos que preguntar: ¿qué hacemos ahora con las dos líneas restantes del proverbio de la ʿAlûka? Las dos primeras línea del proverbio (לַעֲלוּקָה שְׁתֵּי בָנוֹת הַב ׀ הַב) han de entenderse también como fragmento de un texto

---

38. Es un hecho bien probado que hubo desde antiguo un comercio de mercancías, de ideas y de obras literarias entre los semitas y los habitantes de la India, tanto por mar como por tierra. Pero de aquí no se puede determinar la situación geográfica de Massa.

# Apéndice 1: Palabras de Agur, hijo de Maqueh (Pr 30)

o proverbio más largo. Ewald completa esas líneas, añadiendo otras dos, de modo que el texto diría: *el chupasangre (aluka) tiene dos hijas que dicen "¡Aquí! ¡Aquí!". Tiene tres que dicen: "Aquí, aquí, aquí la sangre, la sangre del niño malvado".* Pero un proverbio de ese tipo no cabe en el A.T., sino que suena como cita de uno de los cuentos (Mährchen) de Grimm o como una pieza secundaria de los *Schlummerliede* (canciones de cuna) de Zappert, en alemán antiguo. ¿No se puede entender el sentido original de ese proverbio de la sanguijuela de un modo menos violento sin ningún añadido propio?

Este es el caso de Pr 30, 15 y Pr 30, 16, que ahora forman un solo proverbio. Si el proverbio actual de Pr 30, 15-16 está formado por la fusión de dos proverbios anteriores, el primero, el de la ʿAlûka, debía tener originalmente esta forma:

> La *ʿAlûka* tiene dos hijas: ¡Dale! ¡dale! El inframundo y el cierre del útero.
> Y hay tres cosas que nunca están satisfechas: la aluka, el sheol y el útero.

Así completado, este triestico sería como una pieza lateral originaria del tetraestico posterior que comienza con ארבע, cuatro. Uno podría suponer que, si שאול y עצר רחם tienen que ser consideradas como las hijas de ʿAlûka, como Hitzig y también Zöckler han pensado, entonces no existe razón para dividir el proverbio en dos. Pues bien, a pesar de eso, los dos proverbios han de tomarse como separados porque en el cuarto estico del segundo proverbio (que trata del fuego) no se alude ya en sentido estricto a la *aluka*.

Los dos primeros elementos del segundo proverbio pueden tomarse como "hijos" de la *aluka* y son el *sheol* (שאול es en su mayor parte femenino), y la matriz (רחם igual a רחם, que es femenina, Jer 20, 17) a las cuales se les niega la concepción. Sheol y matriz que no concibe pueden llamarse hijas del ʿAlûka, lo mismo que a la altura de una montaña se le llama en Is 5, 1, un cuerno del hijo del aceite (que ya no concibe, no tiene vegetación). En árabe, que es inagotablemente rico en tales nombres figurativos, a un hombre se le llama hijo de la arcilla (limi); a un ladrón se le llama hijo de la noche; a una ortiga, hija del fuego, etc.

El inframundo y un útero cerrado tienen la naturaleza de ʿAlûka; son insaciables, como la sanguijuela. No es necesario pensar, como finalmente hace Zöckler, que ʿAlûka es el nombre de un demonio femenino, y que las dos לילית, "hijas", son sus compañeras. Se puede aducir a favor de este punto de vista que לַעֲלוּקָה no tiene el artículo, a la manera de un nombre propio. ¿Pero realmente está sin artículo? Un caso como este aparecía en Pr 27, 23. Hasta el momento solo Böttcher, 394, ha planteado este tema.

Comparemos esa palabra con Gn 29, 27, בְּעֲבֹדָה; con 1Re 12, 32, 1; לעגלים Cr 13, 7, בעגלה; y también con Sal 146, 7, לַעֲשׁוּקִים. Partiendo de esa comparación podemos pensar que la sanguijuela no aparece aquí como un animal concreto, estudiado por la historia natural, sino como codicia encarnada, de manera que ha venido a convertirse en una persona, un ser individual. También el símbolo de las dos hijas se opone a la personificación mitológica de *'Alûka.*

El imperativo הב, de יהב, aparece solo aquí y en Da 7, 17 (en el sentido de תן), y con un final en *ah* intencional, en formas de flexión, para describir la insaciabilidad del *sheol* (Pr 27, 20); Is 5, 14. En esa línea, la palabra de Raquel, Gn 30, 1, diciendo "dame hijos", es un ejemplo de la codicia de la "matriz cerrada" (Gn 20, 18). Esa matriz cerrada es el vientre de una mujer sin hijos, de manera que, por no tenerlos nunca está satisfecha de su matrimonio.

Esta puede ser también la palabra de una mujer que tiene miedo de no quedar embarazada, de forma que invita a muchos hombres, ardiendo siempre de nuevo en lujuria. "En árabe, la palabra *'aluwaḵ* se atribuye no solo a una mujer siempre atada firmemente a su esposo, sino también (según Wetzstein, en toda Siria y Palestina), a una prostituta siempre ansiosa de hombres. En esa línea, las κίναιδοι o prostitutas se llaman *'ulak* (plural *'alwak*), porque se entrometen y se aferran a su víctima" (Mühlau).

En el tercer verso se reúnen las tres imágenes, la sanguijuela, el infierno y la matriz cerrada, *tria sunt quae non satiantur* (tres cosas que nunca se sacian). Así debe interpretarse, con Fleischer, no con Mühlau y otros, el sentido de *tria haec non satiantur.* Esos tres que no se sacian se expresa en hebreo por שלש־אלה, Éx 21, 11, o אלה שלשת (2Sa 21,22). La partícula הנה (que no significa *haec,* sino *illa*) se toma aquí correctamente como predicado, en el sentido general del verbo *ser* (Is 51, 19), véase Pr 6, 16.

Zöckler piensa que el tema central del proverbio es la codicia de la matriz infructuosa, pero que el poeta ocultó deliberadamente ese motivo, poniendo a su lado las otras imágenes. Pero las palabras iniciales del tetraestico, אברע וגו׳, muestran que el *infierno,* que se compara con el fuego, y *la matriz estéril,* que se compara con la tierra reseca y sedienta, fueron colocados por el poeta en una misma línea como temas básicos de este proverbio. A diferencia de eso, en Pr 30, 17-20, ese motivo queda más oculto, dando la impresión de que desaparece.

## 30, 17. El ojo que se burla de su padre

El proverbio de la Aluka o sanguijuela era el primero de los que tomaban como base un símbolo animal. A ese sigue otro de tipo semejante.

עַיִן ׀ תִּלְעַג לְאָב וְתָבֻז לִיקֲּהַת־אֵם יִקְּרוּהָ עֹרְבֵי־נַחַל וְיֹאכְלוּהָ בְנֵי־נָשֶׁר׃ פ ¹⁷

[17] El ojo que se burla de su padre
y menosprecia la obediencia a (la vejez de) su madre,

# Apéndice 1: Palabras de Agur, hijo de Maqueh (Pr 30)

lo arrancarán los cuervos del arroyo
y (a él) lo comerán las crías del águila.

**30, 17.** Aquí se habla de "un ojo" y no de "ojos", poniendo así de relieve la unidad de la visión, no la dualidad de los órganos de visión, como he puesto de relieve en *Psychologie*. p. 234. Así como la altivez se revela en la acción de los ojos (Pr 30, 13), así también el ojo viene a presentarse como espejo de la humilde subordinación a los padres, pero también del desprecio malicioso de aquellos que rechazan la reverencia y la sujeción al padre y a la madre.

Como en alemán los verbos *verspotten, spotten, höhnen, hohnsprechen* que significan burlarse o despreciarse pueden usarse con acusativo, genitivo o dativo, así también, en hebreo, לעג (burlarse) y בוז (despreciar) pueden estar conectados con un objeto en acusativo o con un dativo de objeto. La palabra תִּלְעַג ha sido vocaliza y puntuada de formas diversas por Ben-Chajim, Athias, van der Hooght, Jablonski, Michaelis, Löwenstein, Mühlau y Norzi. Esta es la escritura de Ben-Asher, תִּלְעַג con *munach*, como תבחר, Sal 65, 5. La puntuación de לִיקֲהַת es más fluctuante. Resulta problemático el sentido de la *yod*, si se trata o no de una yod quiescente.[39]

Pasando ya al sentido de la palabra, al referirse al "rechazo" o desprecio de la madre (לִיקֲהַת־אֵם), Rashi piensa que la palabra se refiere a קהה, juntar, y la explica partiendo de Gn 49, 10 (colección, cosas juntas), pero añadiendo que en nuestro pasaje se refiere al hijo que desprecia las arrugas en el rostro de la anciana madre. Nachmani (Ramban) sigue en esa línea, dando a esa palabra, tanto en Gn 49, 10, como en todos los demás lugares, el significado de debilidad y fragilidad.

Por su parte, Aben Ezra y Gersónides (Ralbag) van en esa línea, pensando que el proverbio se refiere al desprecio del rostro de la vejez, de la madre. Por su parte, la LXX con el texto arameo (siríaco) traducen la palabra por *senectus*, vejez, pensando que קהה está refiriéndose al hecho de que la madre se ha vuelto torpe, enfermiza (en etiópico *leheka* significa volverse viejo, débil a través de la vejez). Según todos ellos, el proverbio se refiere al hijo malo que rechaza la obediencia al padre y que desprecia a la madre cuando se vuelve anciana o enferma.

---

39. En relación con esa forma de escritura, con *yod* quiescente, preferida por Ben-Nephtali, cf. mi *Psalmen-Commentar,* al tratar el Sal 45, 10. Cf. también Luzzatto. *Grammatik* 193; Baer, *Genesis*, p. 84, nota 2; y Heidenheim, *Pentateuch*, con el texto-crítico del comentario de *Jekuthil ha-Nakdans*, en Gn 47, 17 y Gn 49, 10. Kimchi no es en este tema una autoridad, porque se contradice a sí mismo en relación con tales formas de palabras. Con respecto a ויללת, Jer 25, 36, cf. Miclol 87b, y bajo ילל. La forma de escribir oscila también en palabras como כיתרון y כיתרון, Ec 2, 13.

Pero Kimchi, a quien siguen el Véneto y Lutero,[40] pudo ofrecer una interpretación mejor del texto a partir de la traducción de Abulwald, experto en árabe. Él descubrió que el sentido mejor de יקהה (o יקהה, cf. נצרה, Sal 141, 3) es el que aparece en el árabe *wakhat*, que significa obediencia (véase arriba יקה en 30, 1a). Este es el sentido de 30, 17a: el que se burla de su padre, el que rechaza la obediencia que debe a su madre.

El segundo estico (30, 17b) muestra las consecuencias de una conducta como esa. Los cuervos del arroyo arrancarán los ojos de un hombre como ese (indicando así que está ya muerto, cf. 1Re 17, 4), de manera que los hijos del águila, los בני־נשר, podrán comer su cuerpo. Este es el destino de un hombre como ese, un hombre de ojo malo: el que desprecia y rechaza a su padre y a su madre morirá de muerte violenta y se convertirá en presa de las aves del cielo (cf. Jer 16, 3, y Passow, *Lex.* bajo la entrada κόραξ). Aunque esa amenaza no se cumpla siempre de un modo literal, este pasaje no se puede traducir solo en futuro optativo como hace Hitzig (y Reina-Valera). Esta amenaza no se puede interpretar de una forma demasiado literal, sino que ha de entenderse conforme a su espíritu: a una persona así que desprecia y rechaza a sus padres le llegará un final terrible y deshonroso.

## 30, 18-20. El rastro del águila en el aire…

Al proverbio numérico anterior sigue otro proverbio numérico, que comienza con la imagen del águila, con la que terminaba el anterior.

שְׁלֹשָׁה הֵמָּה נִפְלְאוּ מִמֶּנִּי (וְאַרְבָּעָה) [וארבע] לֹא יְדַעְתִּים: ¹⁸

דֶּרֶךְ הַנֶּשֶׁר ׀ בַּשָּׁמַיִם֒ דֶּרֶךְ נָחָשׁ עֲלֵי צוּר דֶּרֶךְ־אֳנִיָּה בְלֶב־יָם וְדֶרֶךְ גֶּבֶר בְּעַלְמָה: ¹⁹

כֵּן ׀ דֶּרֶךְ אִשָּׁה מְנָאָפֶת אָכְלָה וּמָחֲתָה פִּיהָ וְאָמְרָה לֹא־פָעַלְתִּי אָוֶן: פ ²⁰

¹⁸ Tres cosas me son misteriosas,
y tampoco comprendo la cuarta:
¹⁹ el rastro del águila en el aire,
el rastro de la serpiente sobre la peña,
el rastro del barco en el corazón del mar
y el rastro del hombre en la joven.
²⁰ La mujer adúltera procede así:
Come, limpia su boca y dice,
"No he hecho ninguna iniquidad".

40. Jerónimo traduce *et qui despicit partum matris suae*, el que desprecia el parto de su madre, entendiendo por parto la "esperanza" que la madre deposita en el hijo, interpretando falsamente esta palabra a partir de קוה, esperar.

# Apéndice 1: Palabras de Agur, hijo de Maqueh (Pr 30)

**30, 18-20.** La expresión נִפְלְאוּ מִמֶּנִּי es una cláusula relativa, como en 15b (donde Aquila, Símaco y Teodocion traducen correctamente, τρία δέ ἐστιν ἃ οὐ πλησθήσεται), y va unida a שְׁלֹשָׁה. Por otro lado, וְאַרְבָּעָה (τέσσαρα), con el *keré*, debe interpretarse como objeto en acusativo. La introducción de cuatro cosas que no se conocen aparece en diversos lugares y expresiones como Job 42, 3; cf. Sal 139, 6. El punto de inflexión se encuentra en la cuarta cosa, hacia la que gravitan las otras tres expresiones, que no tienen objeto en sí mismas, sino que son solo como expresiones introductorias para la cuarta.

Los artículos que no aparecen ya después de הַנֶּשֶׁר (el águila), no serían más que marcas del género y, por lo tanto, son innecesarios; cf. bajo Pr 29, 2. Y mientras בַּשָּׁמַיִם, en los cielos, y בְלֶב־יָם, en el corazón del mar, son las expresiones bien conocidas, en el caso de la roca se utiliza עֲלֵי צוּר, para indicar que se trata de caminar "sobre roca" y no dentro de ella, como el águila en el aire y la nave las olas. En ese contexto, la expresión, "el camino del hombre en la doncella", בְעַלְמָה, no debe entenderse como expresión de un tipo de amor simplemente físico, o de un "paso" puramente repentino de un hombre por (en) una mujer, sino de un tipo de amor preparado y buscado, en la línea de un proverbio que dice "los matrimonio se fundan en el cielo".

Como se precisa en Kidduschin 2b, con referencia a este pasaje, aquí se está evocando una cópula carnal, como indica la ב de בְּעַלְמָה, *coitus via appellatur*. Pero ¿en qué sentido comienza diciendo el autor de este proverbio que no comprende el "paso del hombre por la mujer", que su entendimiento no llega a comprenderlo? Así lo pone de relieve Hitzig, diciendo que se trata de algo "maravilloso". Hitzig es, a mi juicio, quien mejor ha interpretado este pasaje, como he puesto de relieve en otro lugar (cf. *Psychologie* p. 115). Así dice que "se le apareció el vuelo del águila en el cielo, poniendo de relieve el hecho de que un pájaro grande y pesado podía elevarse tan alto en el aire (Job 39, 27). En segundo lugar, le pareció misteriosa la forma en que la serpiente se afirma y avanza sobre una roca lisa, que no ofrece asidero, sin resbalar ni caerse. Finalmente, le pareció también misteriosa la forma en que la nave va avanzando entre las olas, sin dejar ningún rastro que le guíe y le permita avanzar hacia la meta.

Estas tres cosas (águila en el cielo, serpiente en la roca, nave en el mar) tienen al mismo tiempo algo en común, pues no dejan rastro de su camino detrás de ellas. Pero eso no se puede decir del cuarto camino, pues el paso o camino, דֶּרֶך, del hombre por la mujer se manifiesta por el embarazo, que se expresa incluso externamente en el hecho de que la mujer, siendo עלמה, se vuelva בתולה (y madre). Los pasos anteriores (águila en el cielo, la serpiente en la roca, nave en el mar) no dejan huella. El paso del hombre por la mujer deja, en cambio, una huella muy grande. Según eso, lo maravilloso no puede ser la huella posterior, sino el mismo paso, el coito como tal, su sentido misterioso y sus consecuencias incomprensibles.

Así piensa Hitzig, a quien me he referido. Pero esta forma de entender el tema ¿no lleva en sí misma su propia refutación? A los tres caminos maravillosos que no dejan rastros, no puede compararse un cuarto, cuyas consecuencias no son insensibles, sino que, por el contrario, se manifiestan como resultado incomprensible del paso del hombre por la mujer El punto de comparación es la maravilla del evento (y la forma de entender o no entender sus consecuencias). Pues bien, según la *hokma*, "el simple camino del hombre por la בתולה" es del todo inapropiado para designar el evento maravilloso del origen de un ser humano. El texto de Job 10, 8-12 muestra de forma completamente diferente en qué forma se expresa la *hokma* sobre este asunto; cf. también Ec 11, 5 (cf. *Psychol.* p. 210).

Ese "paso de un hombre por una doncella", tomado en un sentido externo, indica simplemente el acto del coito que, en su sentido fisiológico, no difiere en nada del "paso" (coito) de otros animales. En sí mismo, en el sentido externo de su realización, ese "paso" no se puede tomar como algo trascendente. ¿Y por qué utiliza el poeta la palabra בעלמה, y no בנקבה (con una mujer) o באשה (también "con una mujer")? Precisamente por eso que estoy indicando: porque él entendía el coito humano, no como un acontecimiento fisiológico, sino como un acontecimiento histórico, ya que tiene lugar particularmente en la juventud como expresión del amor, no siempre alcanzado en la forma divinamente señalada.

El punto de comparación no es, por tanto, el secreto de la concepción, sino la ausencia de huellas de la relación carnal. En un sentido semejante, resulta claro que el paso de la serpiente podía observarse en la hierba o en la arena, pero resulta invisible עלי צור, es decir, en una piedra dura, sobre la cual se ha deslizado. Eso mismo resulta claro por qué se dice del barco בלב-ים (en el corazón del mar); mientras el barco se encuentra todavía a la vista desde la tierra, uno puede ver el rastro o huella que deja; pero ¿quién puede decir en el corazón del mar (en alta mar), que por aquí por allí ha cruzado un barco, surcando las aguas, después que, pasado un tiempo, han desaparecido en el agua todas las posibles huellas de su paso?

Mirando al cielo, no se puede decir que por allí ha pasado un águila. Observando la peña no puede decirse tampoco que una serpiente se ha abierto camino sobre ella. En alta mar no se pueden encontrar huellas de un barco que ha pasado por allí. Tampoco se puede decir, mirando sin más a una doncella, que un hombre ha tenido relaciones carnales con ella. Ciertamente, en algunos casos, a través de una investigación más minuciosa podría decir que un hombre ha "pasado" carnalmente por una doncella; eso no se puede demostrar siempre a través de una investigación, pues en ella solo se pueden tener en cuenta algunas apariencias o sospechas externas, que además pueden borrarse por medio de un ocultamiento intencionado de los hechos sucedidos (Rashi).

Los pecados contra el sexto (o en otra numeración contra el séptimo) mandamiento permanecen ocultos al conocimiento humano, y se distinguen de

# Apéndice 1: Palabras de Agur, hijo de Maqueh (Pr 30)

los demás por esto, que evitan el conocimiento humano (como dice el proverbio, אין אפיטרופוס לעריות, no hay pecados manifiestos de la carne ἐπίτροπος). La falta de castidad puede enmascararse, las marcas de castidad son engañosas. En este caso, solo Dios, el Ojo que todo lo ve (עין ראה כל, Aboth ii. 1) percibe lo que hay, lo que se hace.

Ciertamente, este pasaje "del camino de un hombre por una doncella" no se refiere exclusivamente a las relaciones sexuales; pero en conjunto, este proverbio gana significado ético desde esa perspectiva. Con respecto a עלמה, debemos afirmar que esa palabra proviene de עלם, *pubes ese,* ser púber, pero pudiendo ya sentir la llamada del deseo, es decir, de "cupido". Esa palabra, עלמה, no proviene de עלם, ocultar, ni tampoco, como dice Schultens, de עלם, *signare,* sellar. Sobre su diferencia con בתולה, véase Is 7, 14.

עלמה es una mujer joven, pero con rasgos distintos de los de la בתולה (cf. Gn 24, 43 y 16), pues se caracteriza por la pubertad y la juventud. En ese sentido, la esposa o אשה en cuanto tal (es decir en cuanto אושת איש) no puede llamarse עלמה. La glosa de Ralbag, diciendo עלמה שהיא בעולה es incorrecta. Por otra parte, si, conforme a la explicación de Arama (Akeda, *Abschn.* 9), el autor de proverbios hubiera querido determinar el momento en que se realiza la acción (transformación) del "alma" hubiera dicho ודרך איש באשתו.

En ese sentido, el autor de Pr 30, 20 ha querido explicar lo que significa "el camino de un hombre con una sierva" (con una mujer sometida) mediante un fuerte ejemplo, el de una "mujer adúltera entrada en años", con una mujer mayor, que puede tener relaciones sexuales con un hombre sin que ello tenga ninguna consecuencia en su vida. Esa relación sexual de una mujer mayor ya no tiene ninguna consecuencia para ella. Este verso, 30, 20 no parece haber sido una parte original del proverbio numérico anterior (30, 18-19), sino que es solo un apéndice del mismo (Hitzig). Si asumimos que כן apunta hacia adelante, tendría el sentido de: "Así es como sigue con el..." (Fleischer), entonces deberíamos considerar este versículo como un proverbio cognado respecto al anterior, aunque independiente. Pero ¿dónde hallamos un proverbio de ese tipo (a no ser 11, 19) que comience con כן, de esa manera?

Esa partícula, כן, que puede significar *eodem modo* (porque uno no dice כן גם) *eo modo.* Aquí parece que debe interpretarse "de un modo semejante", aunque se refiera a un tipo de relación muy distinta, sin misterio alguno (en contra del caso anterior). En ese sentido ha de explicarse la frase ומחתה פיה, limpiándose la boca, como dice la LXX, ἀπονιψαμένη, como explica Immanuel, מקנחה עצמה, *abstergens semet ipsam,* limpiándose a sí misma. Esta ha sido una relación puramente externa, cuyas consecuencias se resuelven simplemente "limpiándose la boca", entendida en sentido externo. En este caso no encontramos ningún misterio, ningún sentido

696

Proverbios 30

profundo, como el que podríamos descubrir en el paso del águila por el cielo, de la serpiente por la roca, de la nave por el mar, del varón por una doncella.

## 30, 21-23.

No es necesario pensar mucho para conocer las razones por las que este proverbio ha venido a colocarse después del anterior (véase Hitzig). Hemos visto ya dos proverbios numéricos que comenzaban con שְׁתַּיִם, Pr 30, 7 y con שְׁתֵּי, Pr 30, 15. Después ha venido un proverbio, insistiendo en los números 3 y 4 (Pr 30, 19). Ahora sigue otro semejante, de tipo personal y social.

²¹ תַּחַת שָׁלוֹשׁ רָגְזָה אֶרֶץ וְתַחַת אַרְבַּע לֹא־תוּכַל שְׂאֵת:
²² תַּחַת־עֶבֶד כִּי יִמְלוֹךְ וְנָבָל כִּי יִשְׂבַּע־לָחֶם:
²³ תַּחַת שְׂנוּאָה כִּי תִבָּעֵל וְשִׁפְחָה כִּי־תִירַשׁ גְּבִרְתָּהּ: פ

²¹ Por tres cosas tiembla la tierra,
y la cuarta no puede soportar,
²² por el esclavo, cuando llega a ser rey;
por el vil, cuando se sacia de pan;
²³ por la mujer aborrecida, cuando se casa;
y por una criada que hereda a su señora.

**30, 21-23.** No podemos decir aquí que el proverbio consta de cuatro elementos que se organizan como en 3 + 1, pues los cuatro van en paralelo, uno al lado del otro. אֶרֶץ aparece aquí sin cambio de pausa, aunque el *athnach* divide el verso en dos, tanto aquí como en Pr 30, 24.

La "tierra" está aquí, como frecuentemente, en lugar de los habitantes de la tierra; ella tiembla cuando una de las cuatro personas arriba nombradas viene y adquiere espacio libre para actuar, sintiéndose oprimida como por una carga insufrible (expresión similar a la de Am 7, 10); el orden de la sociedad cae en añicos, llega un tipo de opresión y se asienta sobre todas las mentes.

*El primer caso* aparecía ya en Pr 19, 10: es impropio que un esclavo venga a reinar, *quum rex fit*. Supongamos que tal persona ha llegado al lugar del gobierno, no por asesinato del rey anterior o por el robo de la corona sino, como es posible en una monarquía electiva, por medio del partido dominante del pueblo. Por regla general, ese rey así elegido querrá indemnizarse a sí mismo en su actual situación por su anterior bajeza, y respondiendo a su propia condición se mostrará incapaz de elevarse por encima de sus hábitos serviles, saliendo del círculo limitado de su estado anterior.

*Apéndice 1: Palabras de Agur, hijo de Maqueh (Pr 30)*

*El segundo caso* es el de un נָבָל, un hombre de mente pervertida, cuya conducta es libertina, es decir, un hombre bajo (véase Pr 17, 17), que se vuelve יִשְׂבַּע־לָחֶם (cf. Metheg-Setzung, 28), es decir, un hombre rico, con bienes suficientes para mantenerse (cf. a la expresión Pr 28, 19; Jer 44, 17); un hombre así, en una condición de vida inmerecida, que puede comportarse sin cuidados y sin miseria, se volverá arrogante, problemático y peligroso.

*En el tercer caso*, la mujer שְׂנוּאָה podría ser una esposa inferior, en un contexto de poligamia, como en Gn 29, 31; Dt 21, 15-17, una mujer caída en descrédito, pero que vuelve a ser favorecida y honrada (Dathe, Rosenmüller). Pero no se comprende cómo ese tipo de persona podría romper el orden social. Con razón Hitzig y, siguiendo su ejemplo, Zöckler, piensa que esta mujer es una dama soltera, una solterona vieja, a quien nadie deseaba porque no tenía ningún atractivo, sino que era siempre repudiada (cf. Grimm, en *coment* Sir 7, 26b).

Sin embargo, si tal persona encuentra al fin un esposo, כי תבעל y entra finalmente en relación matrimonial, entonces ella eleva su cabeza por encima de todos los demás y da rienda suelta al mal humor, después de una larga opresión, imponiéndose con fuerza contra sus subordinados. De esa manera se venga en contra de sus compañeras anteriores, que habían estado felizmente casadas, porque ella creía que le habían despreciado y le habían hecho sufrir, al no poder encontrar a nadie que la amara.

*En el último caso*, el proverbio trata de una criada que se vuelve heredera (כי־תירש). Esa palabra significa recibir la propiedad como herencia (Aquila, Símaco, Teodocion, Targum, Jerónimo, Véneto y Lutero) o suplantar al amor (Euchel, Gesenius, Hitzig), se trata según eso, de tomar la herencia de un muerto o de ocupar el puesto y riqueza de una señora aún viva. Partiendo del sentido de ירש, con acusativo de persona, Gn 15, 3-4, significa ser heredero de la fortuna y del puesto (del cargo) de otra persona; solo con acusativo de pueblos y tierras (heredar propiedades de otros) podría entenderse el proverbio en el segundo sentido: "tomar en posesión (apoderarse) por suplantación de las tierras de otros". Parece preferible el primer sentido: que una criada tome en herencia y asuma el puesto de su señora anterior, sin ser por sí misma nada más que una criada, va en contra del orden social.

En este caso, como en los anteriores, se trata de una inversión de las antiguas condiciones del mundo, que así viene a ponerse al revés. Tomar como propia la herencia de su antigua señora hace que la criada se convierta en el reverso de lo que antes era, y trae consigo el peligro de que la heredera, a pesar de su falta de cultura y dignidad, se rebaje también como persona. Aunque la antigua ley israelita solo conocía la sucesión intestada de una herencia, allí también podría darse el caso de que donde no había herederos naturales o legales, el legado de una esposa de rango pasaba a sus sirvientes y nodrizas.

698

# 30, 24-28. De las cosas más pequeñas

Otro proverbio numeral, con 4 elementos, que trata de pequeños animales que son, sin embargo, sabios y poderosos.

24 אַרְבָּעָה הֵם קְטַנֵּי־אָרֶץ וְהֵמָּה חֲכָמִים מְחֻכָּמִים:

25 הַנְּמָלִים עַם לֹא־עָז וַיָּכִינוּ בַקַּיִץ לַחְמָם:

26 שְׁפַנִּים עַם לֹא־עָצוּם וַיָּשִׂימוּ בַסֶּלַע בֵּיתָם:

27 מֶלֶךְ אֵין לָאַרְבֶּה וַיֵּצֵא חֹצֵץ כֻּלּוֹ:

28 שְׂמָמִית בְּיָדַיִם תְּתַפֵּשׂ וְהִיא בְּהֵיכְלֵי מֶלֶךְ: פ

²⁴ Cuatro cosas son de las más pequeñas de la tierra,

y las mismas son más sabias que los sabios:

²⁵ las hormigas, pueblo no fuerte,

pero en el verano preparan su comida;

²⁶ los conejos, pueblo no poderoso,

pero tienen su casa en la roca;

²⁷ las langostas, que no tienen rey,

pero salen por cuadrillas;

²⁸ y la lagartija, que atrapan con las manos,

pero está en los palacios del rey.

**30, 24-27.** Por su acento disyuntivo, a pesar que la siguiente palabra marca el tono, la palabra inicial, אַרְבָּעָה, conserva su tono en la última sílaba. La expresión קְטַנֵּי־ארץ no es de superlativo (porque es imposible que el autor pueda contar a los שְׁפנים, o conejos entre las bestias más pequeñas de la tierra) pero, lo mismo que en la expresión נכבדי־ארץ, los honrados de la tierra, Is 23, 8, el texto de Pr 30, 24b toma la מ como signo de comparativo (cf. LXX, σοφώτερα τῶν σοφῶν, חֲכָמִים מְחֻכָּמִים, cf. también Syr., Jerónimo y Lutero), pero en este contexto esa מ no es comparativa (más sabio que los sabios), sino partitiva (puede ser contado como sabio entre los sabios).

El participio *pual* מְחֻכָּמִים (cf. Teodocion y el Véneto que ponen σεσοφισμένα) estaba en uso a partir del Sal 88, 6, y significaba, como en בְּשֵׁל מבשל, Éx 12, 9, una cosa bien cocinada, bien preparada. En esa línea, חכמים מחכמים significa una mente bien cultivada, alguien que es sabio, astuto, prudente (cf. Sal 64, 7: se dice que un plan está bien planeado cuando está ingeniosamente elaborado, cf. Is 28, 16, y comentario de Vitringa, con Ewald, 313c). El argumento se mueve entre los contrastes de la pequeñez al poder y de la grandeza a la prudencia.

El despliegue de los ארבעה (cuatro) seres comienza con הַנְּמָלִים (las hormigas) y con שְׁפַנִּים (*shefanim*, un tipo de conejos), que actúan como sujetos con aposición. En 26a, a causa de la indeterminación del sujeto, no tenemos una

# Apéndice 1: Palabras de Agur, hijo de Maqueh (Pr 30)

conexión causal, sino de contraste, véase Ewald, 342, 1a. Las hormigas se llaman עַם, y merecen este nombre, porque verdaderamente forman comunidades con economía bien ordenada; por otra parte, los antiguos tendían a presentar a las diversas clases de animales como pueblos y estados (cf. Walter von der Vogelweide, edición de Lachmann, p. 8s.). Lo que se dice en 30, 25b, igual que en Pr 6, 8, no debe entenderse de provisiones almacenadas para el invierno, porque las hormigas están aletargadas la mayor parte del tiempo de invierno. Pero el verano es su tiempo de trabajo, cuando los "obreros" recogen comida y alimentan de manera maternal a los desamparados.

Los שְׁפַנִּים, que el Véneto ha traducido arbitrariamente por ἐχῖνοι, erizos, la LXX por χοιρογρύλλιοι (un tipo de marmotas) y Syr. y el Targum con Jerónimo por חגס y *lepusculus* (cf. λαγίδιον), son un tipo de liebres o conejos.[41] Lutero piensa que estos *shefanim o safanes* son como el *cuniculus* (κόνικλος); pero no son *kaninchen* (conejos), ni marmotas (χοιρογρύλλιος, como piensan Michaelis, Ziegler y otros).

Este tipo de "*safan*", שָׁפָן, se llama en árabe *wabr* o *thufun, thafan*, y es como las marmotas, que viven en grupos y habitan en las hendiduras de las montañas, por ejemplo, en el Cedrón, el Mar Muerto y en el Sinaí (véase Knobel, *Coment.* Lv 11, 5; cf. Brehm, *Thierleben* ii. p. 721ss.). Estas marmotas son animales pequeños y débiles y, sin embargo, a su debilidad unen la sabiduría que se establece viviendo entre las rocas. Las hormigas muestran su sabiduría en la organización del trabajo, las marmotas en su forma de construir viviendas en lugares inaccesibles, rocas.

*Las langostas* (30, 27) no tienen rey, pero están bien organizadas en grupos. Ellas pertenecen a la clase de los pequeños sabios, que no tienen rey, pero que, a pesar de eso, no carecen de guía. Con el poder y la previsión que tendría un rey marchan como un cuerpo, חֹצֵץ, dividiéndose ellos mismos (Schultens), en compañías, *ordine dispositae,* dispuestas conforme a un orden, de חצץ (cognado de חצה, p. ej. Gn 32, 7), divididas en dos o más partes. Mühlau (p. 59-64), ha investigado a fondo la gama de raíces de estas palabras.

Lo que indica esta palabra חֹצֵץ se describe en Jl 2, 7:"Como valientes cazan; como hombres de guerra trepan por los muros; marchan cada una por su dirección señalada, y no cambian sus caminos". Jerónimo describe a las langostas partiendo de su propia observación: "Vuelan en tal orden, según la disposición del mando (la LXX pone en este contexto, ἀφ᾽ ἑνὸς κελεύσματος εὐτάκτως: como si obedecieran con orden a una voz de mando), que son como teselas o piedrecitas organizadas en forma de pavimento, de manera que castigan al que se separa del propio lugar de forma que no se apartan de su posición ni con una uña".

---

41. Pueden ser conejos o un tipo de tejones de montaña (cf. Lv 11, 5; Dt 14, 7). Ninguno de ellos tiene la pezuña hendida, ni son rumiantes, aunque los antiguos pensaban que eran rumiantes como las liebres. Todavía hoy el tejón se considera impuro en Siria y Egipto.

Aben Ezra y otros interpretan esa palabra, חצץ, en el sentido de reunirse en un cuerpo, como tropas bien organizadas, como muestran las traducciones del Syr., Targum, Jerónimo y Lutero. Kimchi y Meri glosan e interpretan la palabra חצץ a partir de חותך y כורת, y la aplican a la forma en que las langostas roen y consumen las hojas y tallos de las plantas y los árboles, que el Véneto ha traducido con la palabra ἐκτέμνουσα.

**30, 28.** *La lagartija (araña) se agarra con las manos, y está en los palacios de los reyes.* El primer problema está en la transcripción y traducción de la palabra שְׂמָמִית (con *shin o shim* שׂממית y שׁממית). La edición de Opitz Jablonski y Van der Hooght pone ‹שׂם, pero la mayoría, desde el Véneto de 1521 hasta Nissel, ponen ‹שׁם (véase Mühlau, p. 69). Los códices difieren también en la lectura de la palabra; así el Cód. Erfurt 2 y 3 ponen ‹שׂם, pero el Cód. 1294 tiene ‹שׁם. Isaak Tschelebi y Moses Algazi, en sus escritos sobre palabras con שׂ y שׁ (Constantinopla 1723 y 1799), prefieren ‹שׁם, y también Mordecai Nathan en su *Concordancia* (1563-4), David de Pomis (1587), y Norzi. Pero la pregunta de fondo es a qué tipo de bestia se refiere aquí esa palabra.

La *golondrina* debe ser inmediatamente descartada, aunque la utilice el Véneto (χελιδών) siguiendo a Kimchi, conforme a una visión que estudia Abulwald, aunque sin aceptarla. En árabe, la golondrina se llama *khuttaf* (por su rapidez de movimiento), pero la palabra hebrea más común para golondrina es más bien סנונית, que aparece también en árabe (Freytag, ii. p. 368) y en siríaco moderno. Además, en el hebreo antiguo tenemos también los nombres de סוס o סיס (árabe *shash*, volar confusamente de un lado a otro). También debemos dejar a un lado la palabra *mono* (Aben Ezra, Meri, Immanuel), porque el mono se dice en hebreo קוף (indio *kapi, kap, kamp*, moverse inconstante y rápidamente hacia arriba y hacia abajo; cf. A Weber, *Indische Studien*, i. pp. 217, 343).

Quedan como sentidos posibles el de *lagarto/lagartija* (LXX, Jerónimo) y el de *araña* (Lutero). El Talmud, *Schabbath* 77b, cuenta cinco casos en los que el miedo al más débil persigue al más fuerte, uno de estos casos es אימת סנוניתעל הנשר, otro אימת סממית על העקרב. Según explica Rashi, la golondrina se desliza bajo las alas del águila y le impide desplegarlas en su vuelo; por su parte, la araña, *araigne*, se mete en la oreja del escorpión; por otra parte, una araña magullada sirve para curar la picadura del escorpión. La palabra aparece por segunda vez, Sanedrín 103b, donde se dice del rey Amón que quemó la Torá, y que sobre el altar salió una שממית que Rashi entiende como araña (una telaraña).

Pero Aruch sigue diciendo que en estos dos lugares del Talmud las interpretaciones se dividen entre *ragnatelo* (araña) y *lucerta* (en italiano *lagarto*). Para esto último, se refiere a Lv 11, 30, donde לטאה (también explicado por Rashi

## Apéndice 1: Palabras de Agur, hijo de Maqueh (Pr 30)

por lzard) en el Targum de Jerusalén se representa [42]por שממיתא (la escritura aquí también varía entre שׂ y שׁ o ס). En consecuencia, siguiendo a la LXX y a Jerónimo, puede considerarse como una tradición confirmada que שממית no significa la araña, para la cual se acuñó el nombre עכביש, sino el *lagarto* y, particularmente, el *stellion* (lagarto manchado). Por lo tanto, el idioma posterior lo usó como una palabra que sigue aún viva (plural סממיות, *Sifre* de Dt 33, 19). El árabe también confirma este nombre como aplicable a la lagartija. Un eco de esa palabra puede encontrarse en el griego moderno, σαμιάμινθος (σαμιάμιδος, σαμιαμίδιον), como pone de relieve Grocio.[43]

Schultens, Gesenius, Ewald, Hitzig, Geier y otros aplican las palabras בְּיָדַיִם תְּתַפֵּשׂ a las dos patas delanteras del lagarto, patas con las que él agarraría a sus víctimas, como si fuera dos manos. Pero estas dos patas delanteras de los lagartos o lagartijas (LXX καλαβώτης, igual a ἀσκαλαβώτης), no sirven solo para atrapar a la presa. Las manos a las que alude el texto son las manos de los hombres que pueden agarrar y mantener en la mano a los pequeños lagartos o lagartijas. Según esa explicación, el mismo lagarto que puedes agarrar con la mano, entra sin embargo y habita en las rendijas de los palacios de los reyes. Esta pequeña bestia que uno puede agarrar con la mano es capaz de entrar en los palacios de los reyes, escalando por su pared hasta lo más alto (Aristophanes, *Nubes* 170).

## 30, 29-31. El León, la cabra y rey de paso gallardo

Nuevo proverbio numérico, centrado en animales, con el esquema de 4 es igual a 3+1.

> [29] שְׁלֹשָׁה הֵמָּה מֵיטִיבֵי צָעַד וְאַרְבָּעָה מֵיטִבֵי לָכֶת׃
> [30] לַיִשׁ גִּבּוֹר בַּבְּהֵמָה וְלֹא־ יָשׁוּב מִפְּנֵי־ כֹל׃
> [31] זַרְזִיר מָתְנַיִם אוֹ־ תָיִשׁ וּמֶלֶךְ אַלְקוּם עִמּוֹ׃

[29] Hay tres cosas de paso gallardo;
y la cuarta camina muy bien:

42. El texto samaritano de Lv 11, 30 pone שממית en vez de אנקה, y el sirio traduce la última palabra por אמקתא, que se usa en el pasaje que tenemos ante nosotros (cf. Geiger, *Urschrift*, p. 68s.). En ese sentido, שממית (Targum *akmetha*) parece significar no una araña, sino un lagarto.

43. "Hasta el día de hoy en Siria y en el desierto se le llama *samawiyyat*, probablemente no porque tenga veneno, sino porque *samawah* equivale a שממ, el desierto, porque la bestia se encuentra solo en los montones de piedra del desierto" (Mühlau, siguiendo a Wetzstein). Si esta derivación es correcta, entonces שממית debe considerarse como una expresión hebrea original. Pero el nombre de *samm* supone que el lagarto se concibe como venenoso (cf. סם, *samam, samm*, vapor, aliento, veneno), favorece la opinión de Schultens, שממית equivale (en árabe) a *samamyyat*, *afflatu interficiens*, animal que mata con su aliento, como los dragones.

702

Proverbios 30

³⁰ el león, fuerte entre todos los animales,
que no vuelve atrás por nada;
³¹ el gallo (o perro) erguido, el macho cabrío;
y el rey, a quien nadie resiste.

**30, 29-31.** La palabra היטיב de 30, 29, con infinitivo siguiente tiene la misma
fuerza que un infinitivo, cf. bajo Pr 15, 2. La relación de los miembros de la oración en 30a es como la de 25a y 26a, con un sujeto y una aposición, que tanto allí
como aquí, se continúa en una cláusula verbal que nos parece de relativo. Merece
señalar aquí que ליש, como nombre de *león,* aparece solo aquí y en Job 4, 11, y
en la descripción del desierto de Sinaí, Is 30, 6. En árabe es *layth,* en arameo לית,
y forma parte de la variante arameo-árabe de las lenguas semíticas. La LXX y Syr.
traducen león joven; el Véneto traduce muy bien con λῖς. Por su parte, בבהמה tiene
el artículo solo para denotar el género de los animales, especialmente de los de 4
patas. Lo dicho en 30b (cf. con la expresión Job 39, 22) está descrito en Is 30, 4.

Las otras dos bestias que se distinguen por su aspecto majestuoso se nombran en 31a brevemente, y resulta difícil precisar su significado, pues no estamos
en el contexto de los lectores de este libro de los Proverbios, que solo necesitaban
escuchar la designación רזיר מתנים para saber a qué bestia se refería (gallo).

Ciertamente, la palabra רזיר, como nombre de animal, no es del todo
desconocida en hebreo postbíblico: "En los días del rabino Chija (el gran maestro
que vino de Babilonia a la Academia de Séforis), como se narra *en Bereschith rabba,*
sec. 65, un *zarzir* voló a la tierra de Israel, y se lo presentaron. Él entonces dijo:
¡Vete y colócate en el techo! Entonces vino un cuervo egipcio y se posó junto a él.
De esta circunstancia surgió el proverbio: *El cuervo va al zarzir porque pertenece
a su propia tribu".*[44]

También en *Rosch ha-Shana* (Talmud Jerusalén), *Halajá* 3 se dice: "Conforme a la ley de este mundo es lógico que uno quiera ayudar a su zarzir, y otro
al suyo, para obtener la victoria". En *Midrash Eja* v.1, se dice que, según la costumbre del mundo, el que tiene un zarzir grande y uno pequeño en su casa, trata
al pequeño con moderación, para que, en caso de que muera el grande, pueda no
ser necesario comprar otro.

Según esto, el *zarzir* es un animal belicoso, pues como añade un proverbio
de *Bereschith rabba,* c. 75, dos *zarzir* no duermen en una misma tabla o palo; y cada
uno utiliza el suyo, incluso en concursos como los de peleas de gallos. Según esto,
el רזיר es un ave, y es de la especie del cuervo. Según Rashi se puede identificar con

---

44. Este proverbio "lo similar atrae lo similar" de manera que "no en vano va el cuervo
al *zarzir,* que pertenece solo a su propia tribu", llegó a emplearse con frecuencia, como aparece en
*Chullin* 65a, *Baba Kamma* 92b. Tendlau lo cita y comenta con extensión en *Sprichwrter,* u.s.w. n. 577.

703

# Apéndice 1: Palabras de Agur, hijo de Maqueh (Pr 30)

*tourneau*, el estornino, como lo confirma el árabe *zurzur* (árabe vulgar *zarzur*), el nombre común de los estorninos (cf. Syr. *zarzizo, zorzal*, cf. Castelli, *zrz*).

Pero en este proverbio que estamos comentando no podemos considerar esto como importante, pues ¿por qué el estornino se llama מתנים רזיר? A esta pregunta, Kimchi había ya comentado que no sabe la respuesta. Quizá solo la urraca noble, *corvus pica*, pavoneándose con la cola levantada, podría llamarse un animal de lomos apretado, si esa palabra מתנים pudiera aplicarse a un pájaro. En principio, posiblemente esa forma de presentarse majestuosamente podría aplicarse a un gallo, que el hebreo posterior define directamente como גבר, debido a su comportamiento varonil, y así interpretan nuestro proverbio la mayoría de los comentaristas antiguos. La LXX traduce, omitiendo los lomos, ἀλέκτωρ ἐμπεριπατῶν θηλείαις εὔψυχος (el gallo que camina con prestancia varonil).

En esa línea traducen el Syr. y el Targum: como el gallo que se pavonea orgullosamente entre las gallinas (sobre el texto del Targum, véase Levy en אבכא y זרכל). La expresión דמזדרז (que está ceñido y se muestra como tal), no es inadecuada. Aquila y Teodoción ponen: ἀλέκτωρ (ἀλεκτρυὼν) νώτου; El Quinto, ἀλέκτωρ ὀσφύος; Jerónimo traduce *arṣar* (no *ṣirṣir*, como vocaliza Hitzig), un nombre para un gallo, de *arṣara*, cuervo, una palabra onomatopéyica.

Pero el nombre hebreo רזיר no significa gallo sino, un ave del orden de los córvidos, ya sea un estornino, un cuervo o una urraca como prueba el Talmud. Y si este nombre de un cuervo se forma a partir de la onomatopeya רזר, respondiendo al (árabe) *ṣarṣar*, no es muy lógico hablar de sus מתנים, pues para ello sería necesario que esa ave tuviera unos lomos que pudieran ser ceñidos.

Sobre la identidad de dicho animal, sería muy significativo que entre los tres animales, en el centro, entre el ליש y תיש, león y macho cabrío, que son dos cuadrúpedos, se pusiera un ave. Si, como es de esperar, el *"lenden-umgürtete"* (el ceñido de lomos equivale a רזיר מתנים) este ha de ser un animal de cuatro patas, un animal que, según C. B. Michaelis y Ziegler, siguiendo a J. Ludolf, podría ser un tipo de cebra (cf. J. Dietr. Winckler, *Theol. u. Philol. Abhand.* i, 1755, p. 33ss.). En esa línea podría pensarse en la cebra, el asno salvaje sudafricano.

Pero este animal estaba fuera del campo de observación del autor, y quizás también de su conocimiento, y tampoco podían conocerlo los lectores israelitas de este libro de Proverbios. Por otra parte, las rayas cruzadas de color marrón oscuro sobre un fondo blanco, por las que se distingue la cebra, se extienden no solo a sus extremidades, sino a todo el cuerpo y, particularmente, a la parte delantera. Sería más apropiado pensar en el leopardo, con sus manchas negras y redondas, o en el tigre, con rayas oscuras; pero el nombre רזיר מתנים no se refiere al color de la piel del animal, sino que ha de entenderse en la línea del arameo, וישנס מתניו (1Re 18, 46), o en la de אחר חלציו, Job 38, 3, de manera que no se refiere a su pelo, sino a su actividad, es decir, a su fuerza y rapidez, dependiendo de la condición de los lomos.

704

Aquellos que, con Kimchi, piensan que el זַרְזִיר es el נמר (*leopardo*), basando su opinión, no en el hecho de que tenga anillos de color o rayas alrededor de sus piernas, sino en que es דק מתנים y וחזק במתניו (fuerte de lomos) como sería el leopardo. Pero en contra de eso debemos pensar que רזיר מתנים, así como לישׁ y תישׁ, es el nombre propio de un animal, no un atributo descriptivo. Por lo tanto, la opinión de Rosse, que Bochart ha introducido en el *Hierozoicon*, no puede aceptarse, ya que solo sugiere que se trata de un animal al que se le puede llamar "el ceñido sobre los lomos", en el sentido propio de rodeado, con correas y broches alrededor y en los lomos (así, por ejemplo, Gesenius, Fleischer, Hitzig), o también por su fuerza, en la línea del árabe *habuwk*: un animal firmemente estructurado, que es igual a compacto, o *amm alṣlab*, de lomo ceñido (como piensa, por ejemplo, Muntinghe).

Schultens une esas referencias y piensa que el sobrenombre se ajusta al *caballo*, particularmente al caballo de guerra, cosa que es innegable. En esa línea, habría que evocar su esbelta estructura con los delgados flancos, que se cuentan entre los requisitos de un hermoso caballo, como pone de relieve Kimchi.[45]

Lutero piensa que se trata de un perro galgo, *ein Windhund*, de buenas extremidades. En esa misma línea, cf. Melanchton, Lavater, Mercier, Geier y otros; entre los modernos, cf. también Ewald y Böttcher (también Bertheau y Stuart), quienes suponen que antes de זרזיר מתנים estaba originalmente כבל, que luego desapareció.

Pero, ¿por qué el galgo no debería llamarse directamente רזיר מתנים? A la variedad más pequeña de este perro la llamamos *windspiel* (galgo); y por este nombre pensamos en un sabueso, sin necesidad de decir *windspielhund*. El nombre רזיר מתנים (Símaco traduce περιεσφιγμένος, no περιεσφραγισμένος, τὴν ὀσφύν, es decir, fuertemente ajustado en las extremidades), sugiriendo que se trata de un animal inquieto, esbelto, con sus altas extremidades. La raíz verbal רר (árabe), *zarr*, significa apretar, unir y su reduplicada tiene el sentido de, unir firmemente, de donde רזיר, firmemente unido, se refiere a las extremidades como designando una propiedad natural (Ewald, 158a), piernas rectas y fáciles de mover.

Un perro de este tipo, bien preparado para la caza solía llamarse *salki*, es decir, procedente de Seleucia, y era celebrado por los poetas árabes igual que el caballo de caza (cf. Ahlwardt, *Chalef elahmar's Qassiside*, p. 205s.). En esa línea, el autor ha debido evitar el nombre directo de perro, כלב, aunque no es superfluo, porque no cae bien en la colocación hebrea de las palabras.

Sigue ahora תישׁ, que es el macho cabrío, no el carnero (Jerónimo, Lutero), que se llama איל, sino el macho cabrío, que lleva este nombre, como ya ha

---

45. Véase Ahlwardt, *Chalef elahmar's Qasside* (1859), y la descripción del caballo en p. 210ss. Schleusner, *Opusc. Crit.* p. 318, se refiere también al caballo.

## Apéndice 1: Palabras de Agur, hijo de Maqueh (Pr 30)

reconocido Schultens, por su empuje, aunque también se le llama עַתּוּד, preparado para la lucha. Esos dos nombres (תַּיִשׁ, עַתּוּד) parecen tener un sentido muy parecido. Por el contrario, שָׂעִיר es el macho cabrío viejo y peludo. También podría citarse el nombre de יָר que tiene un sentido parecido, como supone Schultens, con cabello torcido, es decir, rizado, *tortipilus*. En árabe, *tays* denota el macho cabrío, así como el corzo y la gacela.

La lectura de la LXX (el Syr. y el Targum, que debe ser enmendado en esa línea) ciertamente es correcta, porque presenta al macho cabrío como animal dirigente, καὶ τράγος ἡγούμενος αἰπολίου. El texto, sin embargo, no tiene וְתַיִשׁ, sino אוֹ תַיִשׁ, ἢ τράγος (Aquila, Teodocion, Quinta y Véneto). Butcher está asombrado de que Hitzig no se haya dado cuenta de ese אוֹ, y conjetura que תְּאוֹ־תַיִשׁ debería significar una "gacela-cabra" (Mühlau, *dorcas mas*). Pero resulta poco probable introducir aquí el nombre תּוֹא, que solo se menciona dos veces en el A.T., lo mismo que el nombre תְּאוֹ־תַיִשׁ porque va en contra del estilo hebreo.

Al final, retomando el sentido del león, rey del mundo animal, viene el rey de los hombres. El texto dice que el rey va אַלְקוּם, dirigiendo al pueblo o al ejército. En vez de אַלְקוּם, Hitzig piensa que el texto primitivo decía de אֱלֹהִים (escrito y pronunciado como אַלְקוּם por los judíos, para ocultar el verdadero sonido del nombre de Dios). Pero esa sustitución del nombre resulta insostenible, porque este es un proverbio de carácter secular de forma que al fin no puede citar al rey como Dios.

Geiger (*Urschrift*, p. 62ss.) traduce, "y el rey Alkimos con su pueblo…". De esa forma convierte este proverbio inofensivo (con la cabra lujuriosa y atrevida) en un texto de crítica maliciosa del tiempo de la guerra siro-macabea (en contra de Alkimos). La LXX, con el Syr. y Targum que le siguen y traducen καὶ βασιλεὺς δημηγορῶν ἐν ἔθνει; parece que ellos han cambiado אלקום עמו por קם אל עמו (estar de pie con su pueblo y arengarlo), como la Quinta, καὶ βας. ἀναστὰς (ὃς ἀνέστη) ἐν τῷ λαῷ αὐτοῦ. Ziegler y Büttcher también, leyendo עמו y אל sin ninguna transposición, obtienen וּמֶלֶךְ אַל־קוּם עמו, texto que el primero traduce, "un rey con la presencia de su pueblo" y el segundo: "un rey con el establecimiento de su pueblo". Pero el texto no se puede entender de esa manera, sino que se está refiriendo a un rey orgullosamente vencedor, que siempre triunfa en la batalla, de manera que no encuentra resistencia cuando lucha.

En esa línea traducen Jerónimo y Lutero: un rey *contra quien nadie se atreve a oponerse*; así Rashi, Aben Ezra, Ralbag (שֶׁאֵין תְּקוּמָה עמו), Ahron b. Josef (קוּם es igual a ἀντίστασις), Rama y otros; así también Schultens, Fleischer (contra quien nadie se atreve a oponerse), con Ewald, Bertheau, Elster, Stuart y otros.

Pero esta conexión de אל con el infinitivo no es propia del hebreo. Ciertamente, en Pr 12, 28, la *Hokma* ha acuñado la expresión אַל־מוּת para la idea de "inmortalidad", y en esa línea el autor de nuestro proverbio podría haber creado aquí la fórmula קם אל; pero la situación y sentido de esas dos palabras es muy

706

*Proverbios 30*

diferente. Por su parte, Castellus en su *Lex. Heptaglottôn* ha reconocido en אלקום el árabe *alkawm*. Schultens piensa que la LXX había pensado ya lo mismo, pues su traducción es una paráfrasis del texto hebreo, partiendo del griego, en la línea de ὁ δῆμος μετ᾽ αὐτοῦ.

Por su parte, Wetzstein (*Ausgewählte Inschriften*, p. 355) afirma que "la palabra *ḳawm* significa gente, no en el sentido de pueblo, sino en el sentido del hebreo קים" (Job 24, 7). Según eso, el texto וּמֶלֶךְ אַלְקוּם עִמּוֹ podría traducirse "y el rey al frente de la gente de su pueblo". La partícula אַל como indicación de "articulo", en idioma árabe, ha podido vincularse aquí internamente a קוּם como sucede con muchas palabras que han pasado del árabe al español. Así lo ha debido entender el lector u oyente hebreo, mucho mejor que nosotros, que decimos *Alkoran* (el Corán), alcohol (el cohol), Alcantara (el puente), etc. En esa línea, el *Alt-Arab Sprachstudien*, Deutsch. Morgenländishe. Zeitschr. xxv. 539s., piensa que esta palabra está tomada de אלקום, que se utiliza en el idioma de los árabes, entre quienes vivió, y lo escuchó hablar constantemente. Por esta explicación podemos trazar una a una la correspondencia entre lo que se anuncia en las líneas primera y segunda y esta línea del rey. Un rey como tal ciertamente no es "hermoso al andar sin más", pues él puede sentarse en su trono y, especialmente, como δημηγορῶν tendrá que estar sentado, y no de pie (cf. Hch 12, 21). Pero la majestuosidad de su paso se muestra cuando marcha a la cabeza de los que se han alzado y siguen su llamada a la guerra. En ese momento, él es para el ejército lo que el macho cabrío, תישׁ, es para el rebaño.

## 30, 32-33.

Al proverbio anterior, dedicado a la majestuosidad de los animales de buen porte y del rey, sigue uno que trata de la moderación en la conducta de los hombres. Este es el último de los proverbios de Agur.

אִם־ נָבַלְתָּ בְהִתְנַשֵּׂא וְאִם־ זַמּוֹתָ יָד לְפֶה: [32]
כִּי מִיץ חָלָב יוֹצִיא חֶמְאָה וּמִיץ־ אַף יוֹצִיא דָם וּמִיץ אַפַּיִם יוֹצִיא רִיב: פ [33]

[32] Si neciamente te has enaltecido
y has pensado el mal,
pon tu mano sobre tu boca:
[33] Ciertamente el que bate la leche sacará mantequilla;
el que con fuerza se suena la nariz produce sangre,
y el que provoca la ira causará contienda.

*Apéndice 1: Palabras de Agur, hijo de Maqueh (Pr 30)*

**30, 32-33.** Löwenstein traduce Pr 30, 32: *si eres despreciable, es por jactancia; si eres prudente, ponte la mano en la boca.* Pero si זמם denota reflexión y deliberación, נבל (cf. אִם־נָבַלְתָּ) como su opuesto, denota una conducta necia e irreflexiva. Entonces בהתנשׂא *al jactarse* no debe ser considerado como consecuencia de lo anterior (así sucede al ensalzarte a ti mismo). Conforme a esta construcción, אִם־נָבַלְתָּ debe acentuarse con *dechi*, no con *tarcha*. De un modo distinto traduce Euchel, *¿te has vuelto ofensivo por el orgullo, o así te parece? ¡pon tu mano en tu boca!*.[46] El pensamiento es apropiado, pero נבלת tomado absolutamente en una conexión ética se relaciona con נבל, como כסל, cf. Jer 10, 8, o con כסיל. Fleischer traduce de un modo común a otros autores: *si stulta arrogancia elatus fueris et si quid durius (in alios) mente conceperis, manum ori impone*; es decir, si con arrogancia y con palabras ofensivas peleas con otros, entonces retírate y no digas lo que tienes en mente.

Pero mientras מזמה y מזמות están evocando intrigas, cf. Pr 14, 17, en el sentido de planes y consideraciones, זמם nunca tiene por sí solo el sentido de *meditari mala*, esto es, de tener en la mente maquinaciones malvadas. En esa línea, ואם ... אם (árabe. *ân ... wân*) indica una relación correlativa como, por ejemplo, en 1Re 20, 18; Ec 11, 3, por lo que זמות obviamente se considera como una palabra que está en contraste con נבלת. En ese sentido, זמות no puede tener solo el significado de *mala moliri* (tramar males, como supone, por ejemplo, Mühlau), sino también el del árabe *zamm*, *superbire* (ensoberbecerse, Schultens). Hitzig ha expresado bien la relación entre los miembros de la expresión gramatical y las ideas de fondo: si eres irracional y dejas que hiervan dentro ti tus pensamientos y deseos ¡pon tu mano a tu boca!

Pero התנשׂא no tiene ni aquí ni en otras partes el significado de התעבר (estar fuera de sí con ira), sino que significa siempre elevarse o exaltarse a uno mismo, es decir, con razón o sin ella, engrandecerse uno mismo. Hay casos en los que un hombre que se eleva por encima de los demás parece un tonto y, de hecho, actúa tontamente; pero también hay otros casos, cuando el despreciado tiene una razón y un objeto para reivindicar su superioridad, su reputación, su justa pretensión, cuando, como decimos, se coloca en su justo lugar, y se presenta con dignidad.

El poeta recomienda aquí, tanto al uno como al otro, que se mantengan en silencio. La regla de que *el silencio es oro* tiene sus excepciones, pero aquí también se considera válida en principio. Lutero y otros interpretan esa actitud de mantenerse en silencio como una consecuencia de la propia conducta: "Te has vuelto un necio y has ascendido demasiado alto y pretendías hacer el mal, entonces pon tu mano sobre tu boca".

---

46. El Talmud, *Nidda* 27a, deriva otra regla moral de este proverbio, porque interpreta זמם en el sentido de חסם, atar, embridar, callar, אם נבלת tiene el sentido de "si te has hecho despreciable", como ha puesto de relieve Löwenstein.

708

*Proverbios 31*

En ese sentido, este proverbio quiere poner en guardia a los hombres en contra de la incitación al odio por la reivindicación de las pretensiones personales. Según eso, los verbos, נָבַלְתָּ בְהִתְנַשֵּׂא, deben interpretarse en la línea de Dt 32, 29; Job 9, 15, como expresión de un presente genérico; o mejor, como en Job 9, 16, como la expresión de futuro de precisión: si hubieras actuado tontamente, ya que caminas con orgullo, o si (antes) lo hubieras pensado (Aquila, Teodocion, καὶ ἐὰν ἐννοηθῇς) —pon la mano en tu boca, es decir, déjalo en paz, guarda silencio (como Pr 11, 24; Jc 18, 19; Job 40, 4). El Véneto traduce mejor, εἴπερ ἐμώρανας ἐν τῷ ἐπαίρεσθαι καὶ εἴπερ ἐλογίσω, χεὶρ τῷ στόματι.

30, 33 evoca un tipo de ira doble, de dos personas, esto es, la de aquel que provoca la ira y la de aquel que la sufre, una ira que se expresa en la respiración fuerte de las narices, אפים, en sentido figurado, como bufido de ira. La presión contra la nariz se dice וּמִיץ־ אַף, ἐκύζιησις (ἐκπίεσις) μυκτῆρος (se escribe con *metheg*, con el tono largo, según la regla de la *Metheg-Setzung*, 11, 9, 12), וּמִיץ אַפַּיִם, ἐκμύζησις θυμοῦ (Teodocion), con referencia al significado correcto de אפים, como presión de la mano en la nariz, para enojarse, es decir, para despertar y fortalecer la ira. La nariz del que se enaltece aparece a la vista, en la medida en que con ella se expresa el desdén burlón, resoplando (μυκτηρίζειν).

## Apéndice 2. Palabras del rey Lemuel (Pr 31, 1-9)

## Proverbios 31

### 31, 1-2. Sobrescrito

¹ דִּבְרֵי לְמוּאֵל מֶלֶךְ מַשָּׂא אֲשֶׁר־ יִסְּרַתּוּ אִמּוֹ׃

² מַה־ בְּרִי וּמַה־ בַּר־ בִּטְנִי וּמֶה בַּר־ נְדָרָי׃

¹ Palabras de Lemuel, rey de Masá,
que le había enseñado su madre:
² ¡Oh, hijo mío!
*¡Oh, hijo de mi vientre!*
*¡Oh, hijo de mis votos!*

**31, 1-2.** Este sería el encabezamiento si la puntuación del texto tal como está ante nosotros fuera correcta. Pero no es posible que lo sea. Porque, a pesar de los argumentos de Ewald, 277b, pues למואל מלך, tal como aquí se utiliza es imposible. Ciertamente, en algunas circunstancias, una aposición indeterminada puede seguir

## Apéndice 2: Palabras del rey Lemuel (Pr 31, 1-9)

a un nombre propio. Que en las monedas leamos נרון קיסר o מתתיה כהן גדול no es nada extraño; en este caso también usamos las palabras "Nerón, emperador"; si se omite por completo el artículo se indica que el caso es singular. Por su parte, la aposición oscila entre la fuerza de un nombre genérico y la de un nombre propio.

Un caso similar es la mención del nombre propio con la especificación general de la clase a la que pertenece este o aquel que lleva el nombre en listas de personas, de ciudades, etc. como, por ejemplo, 1Re 4, 2-6, o en expresiones tales como, por ejemplo, "Damasco, una ciudad", o "Tel Hum, un castillo", y similares; en este último caso tenemos el artículo indefinido, porque la aposición es una simple declaración de la clase de realidades a la que pertenece Damasco.[47]

Pero, ¿sería adecuada la expresión "poema de Oscar, un rey" como título de un libro? Ciertamente, es menos extraña que "Oscar, rey"; pero también esa forma de aposición indeterminada es contraria al *usus loquendi*, especialmente en referencia a uno para quien la posición de rey no puede tomarse como nombre genérico, sino como título de honor.

Podemos suponer que "Lemuel" es un nombre simbólico, como "Jareb" en "Rey Jareb", Os 5, 13; Os 10, 6. Pues bien, en ese caso esperaríamos que la frase fuera ה למואל מלך en lugar de למואל מלך. La frase "Lemuel, rey", que aparece aquí como título de esta sección del libro, suena como un nombre doble, a la manera de עבר מלך en el libro de Jeremías. En la versión griega también la frase Λεμουέλου βασιλέως (del Véneto) no se usa como sintácticamente correcta sin haber unido a βασιλέως un genitivo dependiente como τῶν Ἀράβων, mientras que ninguno de los traductores antiguos, excepto Jerónimo, toma las palabras למוא למלל juntas, en el sentido de *Lamuelis regis*. Por lo tanto, מלך משׂא debe tomarse como unidad, como hacen Hitzig, Bertheau, Zöckler, Mühlau y Dächsel, contra Ewald y Kamphausen. Por su parte, משׂא, ya sea nombre de una tribu o de un país, o de ambos a la vez, es la región gobernada por Lemuel, y como este nombre propio en la determinación de מלך, la frase ha de ser traducido, "Palabras de Lemuel el rey de Massa" (véase bajo Pr 30, 1).

Aquila traduce este nombre propio por Λεμμοῦν, Símaco por Ἰαμουήλ, Teodocion por Ρεβουήλ. Esa misma arbitrariedad prevalece con referencia al sonido inicial y terminal de la palabra, como en el caso de las palabras Ἀμβακούμ, Βεελζεβούλ, Βελιαρ. El nombre למואל suena como el nombre del primogénito de Simeón, ימואל, Gn 46, 10, escrito en Nm 26, 12 y 1Cr 4, 24 como נמואל. Por su

---

47. Así ocurre también con los ejemplos de gentilicios indeterminados, que Riehm aplica también en este caso para למואל מלך (pues él traduce למואל simbólicamente, lo cual, sin embargo, sintácticamente no implica ninguna diferencia). "Como análogo a 'Lemuel, un rey', uno puede aducir 'Jeroboam, hijo de Nabat, un efrateo', 1Re 11, 26, en lugar de la forma usual 'el efrateo'" y בן-ימיני, Sal 7, 1 en vez de בן הימיני; por el contrario, כהן, 1Re 4, 5, no pertenece al sujeto, sino que es el predicado.

parte, יואל aparece también en 1Cr 4, 35, como nombre de un simeonita, que Hitzig aduce a favor de su opinión de que משׂא era una zona árabe del norte, colonia simeonita. El intercambio de los nombres ימואל y נמואל es inteligible si se supone que ימואל (de ימה, igual a ימא) se utiliza para jurar en nombre de Dios y, por su parte, נמואל (en hebreo mishnáico נם es igual a נאם),[48] indica algo que ha sido expresado (dirigido) por Dios. En este caso la relación de ימו y נמו a raíces verbales es al menos posible, pero un verbo como למה se encuentra solo en árabe, y con significados desconocidos. Pero se pueden encontrar dos raíces u orígenes de esa palabra למה:

(1) El verbo (árabe) *waâla*, que significa apresurar (con el infinitivo de verbos onomatopéyicos como *waniyal* y *raḥyal*, caminar, porque el movimiento, especialmente el que es tumultuoso, va acompañado de ruido, de donde proviene *mawnil*, que es el lugar al que uno huye, se retira. Por lo tanto, למואל o למואל, que en este caso debe asumirse como forma fundamental, podría formarse a partir de אל מואל, *Dios es un refugio*, con el rechazo de la א, *alef*. Esta es la opinión de Fleischer, que Mühlau (p. 38-41) ha establecido y adopta, mostrando que la א inicial no solo se rechaza a menudo cuando no tiene el apoyo de una voz completa, por ejemplo, נחנו, igual a אנחנו, *lalah*, igual a *ilalah* (Deus), sino que esta aféresis ocurre también con frecuencia cuando la inicial tiene una voz vocal completa.[49]

(2) El mismo Fleischer sugiere otra derivación: "El significado del nombre es *Deo consecratus*, consagrado o dedicado a Dios, con למו, que es la forma poética para indicarlo. Esa palabra, lo mismo que en Pr 31, 4 debe ser vocalizada לְמוּאֵל como en la Masora". La forma למואל ciertamente no es menos favorable a esa primera derivación que a esta segunda; pero la ü es en ambos casos un oscurecimiento del original. De todas formas, "Lemuel" puede explicarse de esta segunda manera, como lo muestra "Lael", Nm 3, 24 (Olshausen, 277d).[50]

---

48. En el *Midrash Koheleth* de Pr 1, 1, se explica el nombre Lemuel (como nombre de Salomón) en el sentido de: el que ha hablado con Dios en su corazón.

49. Así, p. ej., לעזר equivale a אלעזר, *laḥmaru* equivale a *âllahmaru* (ruber, roble), *laḥsâ* equivale a *âl-laḥsâ* (el nombre de un pueblo); cf. también Blau en alemán, cf. *Morgen-ländische Zeitschr*, xxiv, 580. Este punto de vista es aceptable y defendible; una derivación que nos ahorra con igual certeza la suposición de una abreviatura de ese tipo establecida solo para el idioma posterior palestino, en ejemplos como לעזר, Λάζαρος.

50. Simonis ha comparado también nombres propios etiópicos, como Zakrestos, Zaiasus, Zamikal, Zamariam.

## Apéndice 2: Palabras del rey Lemuel (Pr 31, 1-9)

Es un signo hermoso para el rey Lemuel el hecho de que él mismo haya querido transmitirnos los consejos que le ofreció su madre cuando recibió la capacidad de gobernar de un modo independiente. אשר, se conecta con דברי, dado que משא se vincula a מלך, como acusativo de modo, relacionado con יסרתו, que es igual a יסרתהו; cf. הטתו, Pr 7, 21, con גמלתהו, Pr 31, 12, indicando la forma en que ella, su propia madre, le amonestó con seriedad y precisión. El Syr. traduce *palabras de Muel*, como si la ל fuera *lamed de autor*. Otros traducen de un modo más inconsistente: "palabras dirigidas a Lemuel; palabras que él mismo debería llevar en su boca tal como las recibió de su madre" (Fleischer).

La palabra "Massa", si aquí tuviera el significado *effatum* (lo dicho), sería más apropiada para estas "Palabras de Lemuel" que para las de Agur, porque los consejos maternos forman un todo compacto conectado internamente. Ellas comienzan con una pregunta que el amor materno se hace a sí mismo con respecto al hijo amado a quien debería aconsejar, diciendo ¿qué hay, hijo mío? ¿Qué hay hijo de mi vientre? ¿Y qué hay oh hijo de mis votos?

La palabra מה repetida tres veces se completa con תעשה (cf. Köhler en *Coment* Mal 2, 15), y eso para que la pregunta se haga con el propósito de llamar la atención, *considera bien, hijo mío, lo que harás como gobernante, y escucha con atención mi consejo* (Fleischer). Pero la repetición apasionada de מה sería solo de tipo afectado si se interpretara como expresión de un deseo de dominio externo de la madre sobre el hijo. Aquí estamos más bien ante un pensamiento subjetivo de la madre: ¿qué diré? אדבר (véase Is 38, 15) ¿qué te aconsejaré que hagas? La pregunta aparece así como un profundo suspiro del corazón de la madre, preocupada por el bienestar de su hijo: ¿cómo le dirá lo que es beneficioso para él, con palabras que le impacten y permanezcan fijas en su vida?

Él es en verdad su hijo amado, el hijo que ella lleva en su corazón, el hijo por el cual con votos de acción de gracias oró a Dios; y como Dios se le dio a ella, ella lo encomienda a su cuidado. El nombre "Lemuel" es, como nosotros lo interpretamos, una expresión del deseo de la madre, que quiere que se cumplan los votos que ella ha expresado cuando ha dedicado su hijo a Dios. ברי lleva una coloración aramea, propia del arameo-árabe de esta provincia de Massa. La expresión בריה es común en arameo y, especialmente, en arameo talmúdico.

## 31, 3-9. Consejos de madre, para el buen gobierno

³ אַל־תִּתֵּן לַנָּשִׁים חֵילֶךָ וּדְרָכֶיךָ לַמְחוֹת מְלָכִין׃
⁴ אַל לַמְלָכִים ׀ לְמוֹאֵל אַל לַמְלָכִים שְׁתוֹ־יָיִן וּלְרוֹזְנִים [או] (אֵי) שֵׁכָר׃
⁵ פֶּן־יִשְׁתֶּה וְיִשְׁכַּח מְחֻקָּק וִישַׁנֶּה דִּין כָּל־בְּנֵי־עֹנִי׃
⁶ תְּנוּ־שֵׁכָר לְאוֹבֵד וְיַיִן לְמָרֵי נָפֶשׁ׃
⁷ יִשְׁתֶּה וְיִשְׁכַּח רִישׁוֹ וַעֲמָלוֹ לֹא יִזְכָּר־עוֹד׃

_Proverbios 31_

8 פְּתַח־פִּיךָ לְאִלֵּם אֶל־דִּין כָּל־בְּנֵי חֲלוֹף:

9 פְּתַח־פִּיךָ שְׁפָט־צֶדֶק וְדִין עָנִי וְאֶבְיוֹן: פ

³ No des a las mujeres tu fuerza,

ni tus caminos a las que destruyen a los reyes.

⁴ No es cosa de reyes, oh Lemuel,

no es cosa de reyes el beber vino;

ni de los magistrados, el licor.

⁵ No sea que bebiendo olviden lo que se ha decretado

y perviertan el derecho de todos los afligidos.

⁶ Dad licor al que va a perecer,

y vino a los de ánimo amargado.

⁷ Beban y olvídense de su necesidad,

y no se acuerden más de su miseria.

⁸ Abre tu boca por el mudo

en el juicio de todos los desafortunados.

⁹ Abre tu boca, juzga con justicia

y defiende al pobre y al necesitado.

**31, 3.** _No des tu fuerza a las mujeres…_ La primera advertencia va en contra de la sensualidad afeminada. La puntuación de לְמְחוֹת muestra que se trata de un infinitivo sincopado, _hifil,_ igual a להמחות (véase Pr 24, 17, de forma que debemos traducir, "no vayas por caminos que destruyen a los reyes", un frase que puede entenderse en dos sentidos: (a) no intentes destruir a los reyes vecinos, por guerras de invasión, para borrarles de la mesa de la vida, como se dice en árabe; (b) no hagas aquello por lo que los reyes suelen ser destruidos, aquello por lo que tú mismo, mi hijo Lemuel, puedas ser llevado a la ruina (como he puesto de relieve).

Pero esta advertencia, que va dirigida contra la propensión a la guerra vengativa, rapaz y codiciosa (como la entiende Jerónimo, de forma que el Véneto traduce en la línea de Kimchi, ἀπομάττειν βασιλέας, C. B. Michaelis y anteriormente Gesenius), siendo en sí buena, no puede vincularse de un modo conveniente con la anterior, por la que se le decía al rey que no perdiera su fuerza física y mental dedicándose de un modo excesivo al trato y placer con las mujeres.

Según eso, lo que más destruye a los reyes no son las guerras externas, sino el trato excesivo con mujeres. Eso significa que la expresión que se refiere a las luchas de los reyes (לְמְחוֹת מְלָכִין) ha de verse en paralelo con לנּשׁים. De esa manera se está indicando que los que hacen guerras a los reyes, los que les destruyen de un modo más intenso no son solo las guerras, sino los excesivos placeres con mujeres, que aparecen así, en la línea de Ez 26, 9, como aquellas que asedian el corazón de los hombres, definiéndose como _expugnatricibus regum,_ opositoras de los reyes.

*Apéndice 2: Palabras del rey Lemuel (Pr 31, 1-9)*

En esa línea, comentan tanto Fleischer como Gesenius: *et ne comite consilia factaque tua iis quae reges perdunt, regum pestibus* (no pongas los hechos y pensamientos de tu vida en las manos de aquellas que pierden a los reyes, que son como peste contra ellos). Así ha traducido adecuadamente Nöldeke: no entregues tu fuerza, tu vida למחות, *deletricibus (perditricibus)*, en manos de aquellas que destruyen, que pierden a los hombres. Ese riesgo de las mujeres que destruyen a los hombres poderosos aparece suficientemente establecido en pasajes como Gn 6, 7 (la caída de los vigilantes) y en Jue 21, 17.

En ese contexto alude Hitzig a las *blinzlerinnen,* mujeres que destruyen a los hombres con sus miradas, como cortesanas seductoras, y a las *streichlerinnen,* que son las acariciadoras de reyes. En contra de esa acusación general a las mujeres, la traducción siríaca se sitúa en un plano más elevado, refiriéndose a los banquetes de los reyes, *epulis regum*, sin evocar expresamente la seducción de las mujeres, de manera que el riesgo de los reyes estaría más en la afición a la comida (a los banquetes), más que en las mujeres del harén.

De todas formas, el riesgo principal del rey no está en los banquetes, que pueden ser necesarios en asuntos de gobierno. Ciertamente, la expresión למחות puede referirse a todos los riesgos del rey, pero en este contexto la advertencia de la madre no se dirige a las comidas, sino al hecho de que el rey no debe regular su conducta dependiendo del amor y el gobierno de mujeres. En ese contexto de lujuria explotan las grandes pasiones de los reyes, vinculadas también a la bebida, con el peligro de dar rienda suelta a la bestia que los reyes pueden llevar dentro de sí.

**31, 4-5.** *No es cosa de reyes, oh Lemuel, no es cosa de reyes beber vino…* La traducción habitual de 4a es, *non decet reges*, no conviene a los reyes. Así traduce, por ejemplo, Mühlau. En general, la palabra אל (en el sentido del griego οὐ) puede parecer una simple parénesis, un consejo de tipo disuasorio. Pero aquí, en la línea de לא למלכים לשתות (cf. 2Cr 26, 18; Mi 3, 1), esta frase no puede tomarse como un simple consejo (no les conviene a los reyes beber vino…), sino que este proverbio está indicando que es mucho más que una simple conveniencia. No se trata, por tanto, de una simple virtud de continencia, de no beber mucho vino, sino que esta norma refleja una ley esencial del gobierno, que debe regirse por la justicia, y no por un tipo de deseos y violencias que brotan de la embriaguez. Así traduce Böttcher: *absit a regibus, Lemuel, absit a regibus potare vinum* (lejos de los reyes, Lemuel, lejos de los reyes ha de estar la bebida de vino). Según eso, un rey consagrado a Dios, perteneciente a Dios, no puede descender y caer en el peligro de la baja lujuria sensual y de la embriaguez.

En esa línea, es significativa la traducción de Jerónimo, *quia nullum secretum est ubi regnat ebrietas* (donde reina la ebriedad no pueden guardarse secretos, como si las palabras del texto fueran לית רזא אי שכר). Lo que el texto quiere decir y dice es que el príncipe debe abstenerse de la bebida para no olvidar las leyes, para no alterar la justa causa de los miserables, que claman contra sus opresores. El príncipe ha de estar siempre al servicio de la justicia, que se olvida y se destruye cuando los gobernantes y jueces caen bajo el vicio de la lujuria y la bebida. Como dicen los siguientes versos, el vino es más adecuado para aquellos que están en condiciones de ser ayudados oportunamente, lo cual es un refrigerio para ellos.

**31, 6-7.** *Dad bebida fuerte al que se está perdiendo…* Conforme al sentido de estas palabras, se estableció en Jerusalén la preparación de una poción o bebida con mezcla de drogas para los malhechores que fueron condenados a muerte, a fin de que no murieran en medio de grandes sufrimientos. Este servicio corría a cargo de mujeres nobles de Jerusalén (cf. נָשִׁים יְקָרוֹת שֶׁבִּירוּשָׁלַיִם, Sanedrín 43a). Jesús rechazó ese servicio, porque no deseaba quedar insensible ante el dolor, sino dejar esta vida terrena con libertad y plena conciencia, Mc 15, 23.

Ciertamente, el vino alegra el corazón del hombre, Sal 104, 15, y al mismo tiempo lo eleva momentáneamente por encima de la opresión y la necesidad, y de la angustiosa tristeza, sobre todo en casos de gran sufrimiento o de condena a muerte. En ese sentido, un tipo de bebida puede ser favorable para personas que viven sometidas a grandes dolores. Los hombres arruinados olvidan a veces con el vino su pobreza y los que sufren grandes dolores pueden soportarlos mejor. Por el contrario, el caso del rey es totalmente distinto: por medio de la bebida el corre el peligro de olvidar lo que la ley exige en relación con aquellos que necesitan ayuda, a quienes se refiere especialmente su deber como gobernante.

**31, 8-9.** *Abre tu boca a favor de los mudos…* Se llama mudo al que es incapaz de hablar (o no puede defenderse), mientras que עִוֵּר y פִּסֵּחַ, Job 29, 15, es el que sufre la enfermedad de la ceguera o cojera, pero no en sentido simplemente figurado, sino integral, físico y simbólico. Se llama también mudo al que, por su juventud, o por su ignorancia, o por miedo, no puede hablar ante el tribunal por sí mismo (Fleischer). Con לְ el *dat. commodi* (en la LXX, según Lagarde, es el μογιλάλῳ; Aquila, Símaco, Teodocion, ἀλάλῳ; el Véneto, según Gebhardt, pone βωβῷ), como en este caso, con לְאִלֵּם, cf. por ejemplo, 1Re 19, 3; 2Re 7, 7, אֶל־נַפְשָׁם, para la preservación de su vida, o por el bien de su vida.

Los בְּנֵי חֲלוֹף son como los בְּנֵי־עֹנִי (los hijos de la pobreza). Estrictamente hablando son los que vienen detrás, los que vienen después, los que están en desventaja. En un sentido son los carentes en el sentido de ὑστερεῖν (ὑστερεῖσθαι). Pero esa palabra, con ese sentido concreto de carencia, no se utiliza en árabe ni en hebreo. Por eso es preferible mantener el sentido estricto de quedar atrás, los "hijos del que se queda atrás", es decir, los que no vienen adelante, sino que quedan marginados en el camino.

*Apéndice 3: La mujer hacendosa, oda acróstica (Pr 31, 10-31)*

Mühlau precisa mejor ese sentido, con Schultens y Vaihinger, aludiendo a los que están desprovistos de defensa, conforme a la palabra correspondiente árabe, *khalafahu*. No se trata, pues, de los que han perdido sin más la posible herencia que habrían recibido, sino de aquellos que no reciben ayuda de nadie, como en la frase árabe: *khallfany'an 'awnih*, me ha puesto detrás de su ayuda, no me la ha dado, me la ha negado, como si me expulsara del lugar de la vida y me hiciera desaparecer.

De un modo consecuente, Fleischer aplica esta palabra חלוף a la muerte, a los que carecen de padres, a los huérfanos: *eorum qui parentibus orbati sunt,* a los enfermos y oprimidos. En esa misma línea, Rashi sigue diciendo que esa palabra se aplica a los huérfanos privados de alguien que les ayude. Con mucha razón Ewald, Bertheau y Kamphausen, comparan este pasaje con Is 2, 18 (y Sal 90, 5), y piensan que hijos de la desaparición aquellos cuya suerte heredada y cuyo destino propio, es desaparecer, morir, perecer (Símaco, πάντων υἱῶν ἀποιχομένων; Jerónimo: *omnium filiorum qui pertranseunt,* los hijos de aquellos que se van).

No son los hombres en general como *hijos de la fragilidad* a los que se refieren autores como Kimchi, Meri, Immanuel, Euchel y otros, y en esa misma línea el Véneto que dice τῶν υἱῶν τοῦ μεταβάλλειν (todos los que deben cambiar esta vida por otra), sino los que están al borde del abismo, los que mueren sin remedio. צדק en שָׁפָט־צֶדֶק no es equivalente a בצדק, sino que es acusativo de objeto, como en Zac 8, 16. En esa línea se dice: cumple la justicia, es decir, haz que la justicia sea el resultado de tu acto judicial; cf. Knobel sobre Dt 1, 16. ודין es imperativo: hacer el bien al miserable y al pobre; cf. Sal 54, 3 con Jer 22, 16 y 5, 28. Así ha de ser el rey justo, que dirige su alta función como juez, para ser abogado (procurador) de los desvalidos de su pueblo.

## Apéndice 3. La mujer hacendosa, oda acróstica (Pr 31, 10-31)

A los consejos que la madre fiel dirige al hijo rey siguen estas palabras de alabanza dirigidas a una mujer virtuosa. El poeta la alaba con los 22 versos (predicamentos o loores) vinculados con las 22 letras del alefato, en forma de acróstico. Hitzig afirma que la elaboración artificial de este poema está mostrando que se trata de una obra relativamente tardía.

Pero el mismo Hitzig afirma que hay salmos acrósticos (cf. 8 y 10) que pertenecen al tiempo de Salomón. Por otra parte, el hecho de que haya acrósticos en los que el orden de las letras no se siga de una forma tan precisa como en este poema no es razón suficiente para afirmar que se trata de una obra tardía. A nuestro juicio, este poema no puede datarse después del tiempo del rey Ezequías.

Por otra parte, la objeción de Hitzig, quien afirma que este canto es posterior al tiempo de Alejandro Magno por el hecho de que utiliza la *Scriptio Plena*, sin acentos distintivos en 31, 17 y 25 no es ninguna prueba de que sea tardío. En esa línea debemos recordar que el mismo Hitzig afirma que la *Scriptio Plena* se utiliza también en los "textos de Massa", que él mismo atribuye a tiempos anteriores al rey Ezequías.

También la LXX sitúa este poema en la sección conclusiva del libro de los Proverbios, pero introducen un cambio: colocan la letra פ (en griego *stoma*) antes de la letra ע, *iscun*. Esta misma secuencia de letras aparece en el texto hebreo de Sal 34 y en Lm 2-4.

Stier ha interpretado de un modo simbólico a la mujer aquí cantada, *identificándola con el Espíritu Santo*, en su acción regeneradora y santificadora, como hace el Midrash al referirse a la Torá, con Ambrosio, Agustín y otros Padres de la Iglesia. Inmanuel piensa que esta mujer es el alma, que vive en alianza con Dios, sedienta de verdad. ¡Como si este canto no fuera una parte muy significativa de la enseñanza moral de la Biblia una mujer concreta!

No hay en la literatura un espejo de mujer más perfecto que este. Aquí aparece la mujer hacendosa tal como ella debe ser. El poeta muestra la forma en que ella gobierna y acrecienta la riqueza de la casa, haciendo así que aumente también el puesto y dignidad de su marido ante los ojos de todos. El poeta atribuye todas las virtudes de esta mujer y su forma de obrar con prudencia al hecho de que esté guiada por el temor de Dios (cf. Von Hofmman, *Schriftbeweis* II, 2, 404ss.). Una de las exposiciones más bellas de esta sección de Proverbios ha sido escrita por Fray Luis de León, *La perfecta Casada,* Salamanca 1582, actualizada de manera muy atractiva por Wilkens, *Fray Luis de Leon,* en *History of the Spanish Inquisition and Church of the 16th Century,* 1866, 322-327.

## 31, 10-31.

10 אֵשֶׁת־חַיִל מִי יִמְצָא וְרָחֹק מִפְּנִינִים מִכְרָהּ: א

11 בָּטַח בָּהּ לֵב בַּעְלָהּ וְשָׁלָל לֹא יֶחְסָר: ב

12 גְּמָלַתְהוּ טוֹב וְלֹא־רָע כֹּל יְמֵי חַיֶּיהָ: ג

13 דָּרְשָׁה צֶמֶר וּפִשְׁתִּים וַתַּעַשׂ בְּחֵפֶץ כַּפֶּיהָ: ד

14 הָיְתָה כָּאֳנִיּוֹת סוֹחֵר מִמֶּרְחָק תָּבִיא לַחְמָהּ: ה

15 וַתָּקָם ׀ בְּעוֹד לַיְלָה וַתִּתֵּן טֶרֶף לְבֵיתָהּ וְחֹק לְנַעֲרֹתֶיהָ: ו

16 זָמְמָה שָׂדֶה וַתִּקָּחֵהוּ מִפְּרִי כַפֶּיהָ [נטע] (נָטְעָה) כָּרֶם: ז

17 חָגְרָה בְעוֹז מָתְנֶיהָ וַתְּאַמֵּץ זְרוֹעֹתֶיהָ: ח

18 טָעֲמָה כִּי־טוֹב סַחְרָהּ לֹא־יִכְבֶּה [בליל] (בַלַּיְלָה) נֵרָהּ: ט

19 יָדֶיהָ שִׁלְּחָה בַכִּישׁוֹר וְכַפֶּיהָ תָּמְכוּ פָלֶךְ: י

20 כַּפָּהּ פָּרְשָׂה לֶעָנִי וְיָדֶיהָ שִׁלְּחָה לָאֶבְיוֹן: כ

# Apéndice 3: La mujer hacendosa, oda acróstica (Pr 31, 10-31)

לֹא־ תִירָא לְבֵיתָהּ מִשָּׁלֶג כִּי כָל־ בֵּיתָהּ לָבֻשׁ שָׁנִים: ל [21]

מַרְבַדִּים עָשְׂתָה־ לָּהּ שֵׁשׁ וְאַרְגָּמָן לְבוּשָׁהּ: מ [22]

נוֹדָע בַּשְּׁעָרִים בַּעְלָהּ בְּשִׁבְתּוֹ עִם־ זִקְנֵי־ אָרֶץ: נ [23]

סָדִין עָשְׂתָה וַתִּמְכֹּר וַחֲגוֹר נָתְנָה לַכְּנַעֲנִי: ס [24]

עֹז־ וְהָדָר לְבוּשָׁהּ וַתִּשְׂחַק לְיוֹם אַחֲרוֹן: ע [25]

פִּיהָ פָּתְחָה בְחָכְמָה וְתוֹרַת־ חֶסֶד עַל־ לְשׁוֹנָהּ: פ [26]

צוֹפִיָּה הֲלִיכוֹת בֵּיתָהּ וְלֶחֶם עַצְלוּת לֹא תֹאכֵל: צ [27]

קָמוּ בָנֶיהָ וַיְאַשְּׁרוּהָ בַּעְלָהּ וַיְהַלְלָהּ: ק [28]

רַבּוֹת בָּנוֹת עָשׂוּ חָיִל וְאַתְּ עָלִית עַל־ כֻּלָּנָה: ר [29]

שֶׁקֶר הַחֵן וְהֶבֶל הַיֹּפִי אִשָּׁה יִרְאַת־ יְהֹוָה הִיא תִתְהַלָּל: ש [30]

תְּנוּ־ לָהּ מִפְּרִי יָדֶיהָ וִיהַלְלוּהָ בַשְּׁעָרִים מַעֲשֶׂיהָ: ת [31]

[10] Mujer hacendosa, ¿quién la hallará?
Porque su valor sobrepasa a las perlas.
[11] Confía en ella el corazón de su marido,
y no carecerá de ganancias.
[12] Le recompensará con bien y no con mal,
todos los días de su vida.
[13] Busca lana y lino
y con gusto teje con sus manos.
[14] Es como un barco mercante
que trae su pan de lejos.
[15] Se levanta siendo aún de noche,
y prepara la comida para su familia
y la ración diaria para sus criadas.
[16] Evalúa un campo y lo compra,
y con sus propias manos planta una viña.
[17] Ciñe su cintura con firmeza
y esfuerza sus brazos.
[18] Comprueba que le va bien en el negocio,
y no se apaga su lámpara en la noche.
[19] Aplica su mano a la rueca,
y sus dedos toman el huso.
[20] Extiende sus manos al pobre
y tiende sus manos al necesitado.
[21] No teme por su familia a causa de la nieve,
porque toda su familia está vestida de ropa doble.
[22] Tapices hace para sí,
y se viste de lino fino y púrpura.

Proverbios 31

²³ Es conocido su marido en las puertas de la ciudad,
cuando se sienta con los ancianos del país.
²⁴ Teje telas y las vende;
entrega adornos al mercader para que los venda.
²⁵ Fuerza y honor son su vestidura,
y se ríe del porvenir.
²⁶ Su boca abre con sabiduría,
y la ley de la misericordia está en su lengua.
²⁷ Considera la marcha de su casa
y no come pan de ociosidad.
²⁸ Se levantan sus hijos y le llaman:
"Bienaventurada".
Y su marido también la alaba:
²⁹ "Muchas mujeres han hecho el bien,
pero tú sobrepasas a todas".
³⁰ Engañosa es la gracia y vana es la hermosura;
la mujer que teme a Jehovah, ella será alabada.
³¹ ¡Dadle del fruto de sus manos,
y en las puertas de la ciudad alábenla sus hechos!

**31, 10.** *Mujer virtuosa ¿quién la hallará? Ella está muy por encima de las perlas en valor.* En la conexión אֵשֶׁת־חַיִל y similares, la idea de vigor corporal se espiritualiza y generaliza en forma de capacidad, habilidad y virtud. De la *virtus* masculina se pasa a la "*bravheit*" femenina, es decir, a su habilidad en la dirección de la casa.

Hemos traducido como en Pr 12, 4 y también como Lutero, "una mujer virtuosa". Esa traducción es adecuada, ya que *Tugend* (virtud) tiene la misma raíz que *t*ächtigkeit (habilidad) y de acuerdo con nuestro uso lingüístico (alemán) expresa la bondad moral y el decoro, mientras que en tiempos anterior la *Tugend* (tugent) de una mujer incluía ante todo la idea de buenos modales (cf. חן, Pr 11, 16) y cultura (cf. שכל טוב, Pr 13, 15).

La pregunta מי ימצא, *quis inveniat*, quién la encontrará, que Ec 7, 24 supone que es imposible de hallarla (no encontramos en la tierra una mujer así), indica en este caso que es difícil encontrarla, pero no imposible. En la antigua Jerusalén, cuando uno estaba casado, solían preguntar: מצא אומוצא? ¿has encontrado? evocando el texto de Pr 18, 22 o el de Ec 7, 26.

Una mujer virtuosa, *braves Weib*, no la encuentran todos. Comparativamente son pocos los que la encuentran. En Pr 10b se le da a este pensamiento una expresión sinónima. Ewald, Elster y Zöckler traducen incorrectamente la ו de וְרָחֹק como "aunque" o "y sin embargo". Fleischer traduce correctamente, indicando que, a pesar de todo, es posible encontrarla. מכר designa el precio por el que se

719

Apéndice 3: La mujer hacendosa, oda acróstica (Pr 31, 10-31)

vendería una mujer así y, por lo tanto, el precio por el que se podría comprar, evocando el hecho de que en Oriente las mujeres se obtenían (compraban) a través de una especie de dote, de מהר.

Esa palabra, con sus sinónimos מכר y מחיר, está indicando la forma de obtener una esposa de la clase correcta. Lograr una mujer así era רחוק, algo muy lejano, algo que es más difícil de obtener que las perlas (véase con respecto a "perlas" Pr 3, 15: cosas preciosas). El poeta, por lo tanto, quiere decir que tal esposa es una posesión más preciosa que todas las cosas de este mundo, de forma que quien la encuentra ha de hablar de su rara fortuna.

**31, 11.** *El corazón de su marido está confiado en ella, y no le faltará el grano* (la riqueza). וְשָׁלָל indica propiamente el botín (es decir, la ganancia, la abundancia) que לֹא יֶחְסָר, *nec lucro carebit*, que no le faltará al marido, como traduce Fleischer, con la observación de que שָׁלָל denota propiamente el botín que uno toma de un enemigo, pero también, como el árabe *ḍanymat*, puede significar *beneficio y ganancia* de todo tipo (cf. Rüdiger en Gesenius, *Thesaurus*), sin necesidad de referirse a una guerra, como en alemán "*kriegen*" que significa entrar en posesión, sin alusión a guerra (*krieg*) aunque esa palabra (hacer la guerra) está en el fondo de la expresión (las cosas se adquieren por *krieg*, es decir, con lucha, por guerra).

Hitzig entiende por שָׁלָל, la continua prosperidad del hombre a causa de su afortunada posesión de tal esposa. Pero en ese caso el poeta debería haber dicho שִׂמְחַת שָׁלָל; porque שָׁלָל es ganancia, no la forma con que se ha conseguido una cosa. Esa ganancia es beneficio que se obtiene a través de un ama de casa como esta mujer, como esta buena esposa (cf. Sal 78, 13).

El corazón de su esposo (בַּעְלָהּ) puede estar tranquilo, puede descansar en aquella a quien ama. El marido tiene su propia tarea, que puede ser quizá vocación pesada y honorable, pero que aporta poco o nada a los bienes y al mantenimiento de la casa. Ese marido no gana bienes materiales para vivir, pero confía en la tarea de la mujer que mantiene escrupulosamente asegurados los bienes de la familia, y los aumenta con su administración laboriosa y prudente, de modo que no faltan ganancias, unas ganancias que no han sido conseguidas propiamente por el marido, sino por la mujer laboriosa, que no solo es esposa del marido sino ama de casa, muy trabajadora. Sea como fuere, el marido pone su confianza en la mujer, una confianza que está justificada, porque es solamente ella la que aporta bienes para toda la familia. Ella es para él marido un manantial perpetuo de bienes, nunca de males.

**31, 12.** *Ella hace lo bueno, no lo malo, todos los días de su vida.* Así traduce Lutero:"*Sie thut jm liebs und kein leids*" (ella le hace bienes, nunca males). Ella está lejos de hacerle mal jamás a nadie, solo le hace bien durante toda su vida. Su amor no

720

depende de mentiras engañosas, sino que se basa en profundas bases morales y de ahí deriva su poder y pureza, que permanecen siempre iguales. גמל significa lograr, realizar. Sobre la forma no asimilada de גְּמָלַתְהוּ, cf. 31, 1b: יסרתו.

**31, 13.** *Ella tiene cuidado por la lana y por el lino, y los trabaja con el placer de sus manos.* El poeta describe ahora la forma en que la mujer dispone y elabora con trabajo los bienes básicos de la casa. El verbo דרשׁ tiene el sentido amplio de tener, como en árabe, donde al que investiga y "teje" pensamientos se le llama *daras*, *deras*, como el que teje/ensambla y escribe libros. Desde ese fondo de "tejer" (hilar) ha de entenderse la referencia al trabajo de la lana y al lino, *tractat lanam et linum* (LXX: Schultens, Dathe, Rosemüller, Fleischer).

De todas formas, en hebreo, la palabra דרשׁ no significa básicamente el trabajo externo en la fabricación de una cosa, sino que se refiere, incluso cuando hace falta un trabajo externo, a la intención de la mente que se ocupa deliberadamente de resolver los problemas vinculados a la producción de bienes. En esa línea, la lana y el lino aparecen como el material de trabajo que realiza la mujer, como expresión de los caudales que ella se preocupa de traer a casa.

Por su parte, ותעשׂ significa el trabajo mismo, es decir, la elaboración material de los tejidos de lana y de hilo. Hitzig traduce así el segundo estico (con el paso de דָּרְשָׁה a וַתַּעַשׂ): ella trabaja en el negocio de sus manos. Ciertamente, ב después de עשׂה (cf. כַּפָּיךָ בְּחֵפָץ) puede referirse a la actividad manual, Éx 31, 4; 1Re 5, 30, etc. Pero חפץ puede significar negocio, πρᾶγμα, en un sentido extenso, de manera que esta mujer laboriosa, ama de casa, no aparezca como simple trabajadora u obrera manual (al servicio de otros), sino como la mujer que organiza y dirige el "trabajo de las manos" (el trabajo que hacen otras, las criadas, con sus manos).

De todas formas, el texto evoca también la satisfacción por el trabajo, de manera que ella, la mujer hacendosa, realiza su actividad con el placer de sus manos. חפץ es, como bien explica Schultens, *inclinatio flexa et propensa in aliquid, y pulchre manibus diligentissimis attribuitur lubentia cum oblectatione et per oblectationem sese animans.* Según eso, esa palabra חפץ, está poniendo de relieve una inclinación dirigida a la acción que se atribuye de un modo gozoso a las manos, como expresión de la entrega al servicio de una acción productora. La mujer hacendosa aparece así como una persona activa, como lo muestra el verbo עשׂה (cf. וַתַּעַשׂ sin acusativo de objeto), en el sentido de "cumplir", de actuar, como cuando se habla de una "mujer cumplidora".

En ese sentido, con esa misma palabra se alude en varios pasajes de la Biblia al "cumplimiento religioso", al servicio del culto de Dios, que se concreta especialmente en los sacrificios del templo, como en Sal 22, 32; Pr 13, 16 y particularmente en Éx 10, 25. Ese sentido está presente aquí, como Rut 2, 19; Hab 2, 4; Is 19, 15. De esa forma se alude a la eficacia del servicio de la mujer en el

# Apéndice 3: La mujer hacendosa, oda acróstica (Pr 31, 10-31)

trabajo de la casa, un trabajo eficaz (como si la casa fuera un templo y una fábrica). ותעש es equivalente a ותעש במלאכה o ותעש מלאכתה (cf. Pr 10, 4). Ese placer y ese amor por el trabajo, חפץ, se puede atribuir a las manos con el mismo derecho que en el Sal 78, 72.

Esa disposición que anima y enriquece a un ser humano en su relación interna con el trabajo que le incumbe, se comunica a sus manos, las cuales, según tenga alegría o aversión con respecto a su trabajo, serán ágiles o torpes. El texto siríaco traduce, "y sus manos están activas según el placer de su corazón" (Böttcher).

**31, 14.** *Ella es como las naves de los mercaderes: trae su comida de lejos.* Ella es (LXX ἐγένετο) *como los barcos mercantes* (כָּאֳנִיּוֹת en sentido general y, por lo tanto, debe leerse *kŏŏnijoth*), es decir, ella tiene el arte de tales barcos que navegan y acarrean mercancías desde la distancia, pues están equipados, dirigidos y administrados por un espíritu emprendedor. Así es la mirada prudente y calculadora de la valiente esposa, dirigida al cuidado y adelanto de su casa, que va mucho más allá del círculo de su vecindad. Ella descubre oportunidades lejanas de compra ventajosa y de intercambio lucrativo, y trae de lejos lo que es necesario para el abastecimiento de su casa (מִמֶּרְחָק, cf. Is 10, 6). Ella conoce lo que se produce en lugares lejanos, de forma que encuentra en ellos la fuente de su ganancia, como los barcos de comercio de los mercaderes.

**31, 15.** *Ella se levanta cuando aún es de noche, y da de comer a su casa, y reparte la porción fijada para sus doncellas.* Como mujer diligente en la función de sus deberes, ella no queda dormida, sino que se levanta a la salida sol. En esa línea, el futuro de consecuencia (וַתִּתֵּן) expresa de algún modo una secuencia lógica, poniendo de relieve la conexión entre su vida y su trabajo (se levanta temprano, organiza la casa, dirige y potencia el trabajo de criados y criadas). Temprano, antes de que amanezca, una mujer así se levanta, porque pone el cuidado de su casa por encima de su propia comodidad; o más bien, porque este cuidado es para ella una satisfacción y un gozo.

Sin duda, el poeta quiere decir que ella está levantada antes que los otros habitantes de la casa, especialmente antes de los niños, aunque no antes que las criadas. De todas formas, con la palabra ותתן, no estamos obligados a pensar que todos los habitantes de la casa se reúnan ante ella, en la primera vigilia de la mañana, de forma que la rodeen y que cada uno reciba de ella una porción de labor para el día que empieza. Es mejor pensar que ella misma, temprano, mientras aún la mayoría duerme, reparte o prepara las porciones de comida necesarias para el día (cf. ויתן, Is 53, 9).

Con respecto a טרף, comida (en el sentido de aquello que se desgarra con los dientes), y con respecto a חק, que es una porción determinada, véase Pr 30,

Proverbios 31

8. Es cierto que חֹק significa también el trabajo señalado, *pensum* y, por lo tanto, la función de cada día (דְּבַר יוֹם); pero según el paralelismo debemos explicar esa palabra en la línea de Pr 30, 8, como hacen Gesenius y Hitzig (cf. Éx 5, 14). Esa capacidad comercial, esa dirección unificada del trabajo de la casa, esa puntualidad en la gestión de los asuntos domésticos, asegura el éxito de esta mujer en la ampliación de la riqueza de su hogar, al servicio de toda la familia y en especial de su marido.

**31, 16.** *Busca un campo, y lo toma, comprándolo para su esposo; del fruto de sus manos planta una viña.* El campo en el que ella piensa, el campo hacia el que se dirigen su deseo y su esfuerzo, no es quizá uno cualquiera, sino uno especial, que ha sido ya previamente deseado por su familia, sino uno que hasta ahora le ha faltado a su familia. Conforme a lo que se dice en Pr 31, 23, el poeta está pensando en un hombre (a una familia, a un marido...) que no había sido propietario de tierra, sino que tenía un tipo de negocio en la ciudad. Pues bien, ahora que se ha casado con una mujer industriosa puede volverse propietario y comprar una viña, con las ganancias del trabajo que ella (la mujer) está realizando. Ella dirige los trabajos, ella organiza los negocios, pero de tal manera que la propiedad de la viña queda así para el marido.

El hecho principal de este verso es la compra del campo (ella se apodera de él, lo toma וַתִּקָּחֵהוּ), para convertirlo en la viña que es propiedad de la casa. Plantar una viña, כֶּרֶם, tiene en Israel un sentido simbólico, como expresión de las promesas mesiánicas de vida. Así dice el texto: del fruto de sus manos, ella planta (hace plantar) una viña (con נָטְעָה), apareciendo así como portadora de una experiencia mesiánica de plenitud. Este pasaje utiliza el perfecto, como forma verbal originario, como expresión de un presente lleno es esperanza y de vida: ella planta una viña, porque compra vides con el beneficio de su industriosidad (Is 7, 23, cf. Pr 5, 2), poniéndolos al servicio de su marido, de su familia. Es evidente que en el fondo de esa afirmación hay una referencia a la historia de la viña de Israel, fruto del trabajo de los hombres (y de la providencia de Dios).

**31, 17.** *Ceñirá sus lomos de fuerza, y moverá vigorosamente sus brazos.* El poeta tiene así en cuenta la riqueza familiar aumentada por el trabajo de la esposa, cuya fuerza (בְעוֹז) es como el cinturón que envuelve y protege su cuerpo, asegurando toda su actividad (Sal 93, 1). Así se escribe חָגְרָה בְעוֹז, las dos palabras con *munach* y con la ב de בעוז aspirada. Así ceñida de fuerza, con esta plenitud de fuerza que pone en marcha con su trabajo, ella fortalece o endurece sus brazos (cf. Sal 89, 22). El producto del campo y la viña se extiende mucho más allá de la necesidad de su casa; de esa forma pone en venta una gran parte de su ganancia, y la pone al servicio de la abundancia de la casa y la familia.

# Apéndice 3: La mujer hacendosa, oda acróstica (Pr 31, 10-31)

**31, 18.** *Ella percibe que su ganancia es buena; y su lámpara no se apaga de noche.* El perfecto y el futuro están relacionados entre sí como antecedente y consecuente, de modo que 18a también puede traducirse como un antecedente hipotético: ella descubrirá de esa manera (encontrará, gustará) cuán rentable es su capacidad laboral y su trabajo, por la experiencia resultante de la venta de los productos obtenidos. El grano (trigo), las uvas y el vino son buenos y, por lo tanto, su ganancia (cf. Pr 3, 14) es mayor, de manera que ella pone en marcha nuevas fuentes de producción al servicio del marido y de la familia.

Esto estimula su laboriosidad activa para redoblar esfuerzos y, a veces, cuando no está ocupada en la supervisión de sus campos y viñedos, tiene otra ocupación, un segundo trabajo, de manera que su luz no se apaga hasta bien entrada la noche, tejiendo la lana y el lino. El *keré* (בַלָּיְלָה), igual que en Lm 2, 19, es un *keré* innecesario, pues la forma poética de בליל (Is 16, 3), resulta bien clara.

**31, 19.** *Y puso su mano en la rueca (spinnrocken) y sus dedos se aferraron al huso.* Estas palabras pueden referirse al trabajo en la noche, evocado en el verso anterior (diciendo que la lámpara seguía encendida). Ella se dedica al trabajo de hilar y lo hace con destreza. La frase יָדֶיהָ שִׁלְחָה בַכִּישׁוֹר (שׁלח יד ב, cf. Job 28, 9) significa tomar un objeto de trabajo. Por su parte, תמך, con acusativo de objeto (תָּמְכוּ פָלֶךְ, cf. Am 1, 5) está indicando el manejo del instrumento de trabajo, que en este caso es el huso. De un modo correspondiente, כפים (cf. וְכַפֶּיהָ) se refiere a las manos cuando se emplean para un trabajo hábil y exitoso, de forma que se dice יגיע כפים, no יגיע ידים; cf. Pr 31, 13; Pr 31, 16 y Sal 78, 72.

El significado de la palabra פלך aparece en el árabe *falakat* que, a diferencia de *mighzal*, que es el huso ordinario (lat. *fusus*), se aplica al *bout arrondi et conique au bas du fuseau*, es decir, a un tipo de pomo redondeado y cónico, que se pone debajo del huso, para darle el peso necesario y regular su movimiento, en latín *verticellus*, en hebreo postbíblico פיקה (que Bartenora traduce en italiano *fusajuolo*) o también צנורה, p. ej. *Kelim* IX. 6, כוש שבלע את הצנורה, un final de huso que regula el movimiento en espiral de todo el "torcedor" (véase *Aruch* bajo כש, iii).

Lógicamente, *per synecdochen partis pro toto*, sinécdoque de la parte por el todo, palabra significa *todo el huso*, con la madera cilíndrica sobre la que se enrolla la lana o lino de hilar (cf. 2Sa 3, 29, donde tiene el sentido de bastón sobre el que se apoya el enfermo). Homero presenta a Helena y a las diosas con husos de oro (χρυσηλάκατοι). Los intérpretes antiguos no han reconocido que בַכִּישׁוֹר se refiera a un elemento perteneciente al utensilio giratorio para hilar. La LXX, Aquila, Símaco, Teodocion, Syr. y Jerónimo piensan que esa palabra ha de entenderse de un modo ético (con כשר, en el sentido de ser capaz, de actuar con rectitud).

Por el contrario, Lutero, sin dejarse engañar por ello, traduce con precisión inusual: *ella extiende su mano a la rueca, y sus dedos agarran el huso*. Su traducción no tiene predecesores, excepto los targumistas, que al referirse a כונשרא (véase Levy) parece que están indicando *la rueda que gira*. El siríaco y talmúdico כּוּשׁ, que en este contexto han evocado a Gesenius y Dietrich se está refiriendo a otra palabra, que no se refiere solo a la rueca, sino también al huso, es decir, a todos los instrumentos necesarios para hilar.

Por su parte, Emmanuel identifica פלך con מעזל, es decir, con el huso (lo mismo que Parchon), identificando en el fondo el *huso* (la devanadera) con la *rueca* y tomando כישׁור como rueca. Esa identificación puede hacerse, pues la rueca (palabra vinculada a wocken = enrollarse) se aplica al material al que se fija el montón de lino, cáñamo o lana preparado ya para de ser hilado. Ciertamente, hay un tipo de rueca moderna, que es un invento alemán del siglo XVI, pero la rueca tradicional, apoyada en el suelo, o sostenida también en las manos, con el huso y el verticilo, son más antiguos.[51]

Lo que impulsa al ama de casa a este trabajo no es el egoísmo, ni una estrecha limitación de su cuidado al círculo de lo que es suyo, sino el amor, que se extiende mucho más allá de ese círculo puramente familiar, dirigiendo un trabajo económico al servicio de toda la casa, entendida como hacienda y taller.

**31, 20.** *Extiende su mano al desdichado, y realiza su trabajo al servicio de los necesitados.* Con 19 כפיה*b*, se conecta la idea de habilidad artística. En este verso, con כפה, se vincula un consejo de tipo moral (véase Is 2, 6): la simpatía y disponibilidad para ayudar a los que están oprimidos por las desgracias de la vida, como si les dijera: confiad en mí, haré todo lo que pueda ¡ahí tienes mi mano!

---

51. En Egipto aparecen figuras de *rueca* en la Dinastía XII (según Lepsius, 2380-2167 a.C.) en la cámara funeraria de Beni Hassan (a 270 kilómetros al sur de Bulak, en la margen derecha del Nilo) que ofrecen una buena visión del antiguo arte del hilado. M. J. Henry, en su obra *L'Egypte Pharaonique* (París 1846), Bd. 2, p. 431, dice que allí se encuentran figuras que representan "*toutes les operations de la fabrication des tissus depuis le filage jusqu au tissage*" (todas las operaciones de la fabricación de tejidos, desde la hilatura hasta el teñido). Luego continúa, *Les fuseaux dont se servent les fileuses sont exactement semblables aux nôtres, et on voit même ces fileuses imprimer le mouvement de rotation ces fuseaux, en en froisStg le bout inferieur entre leur main et leur cuisse* (las ruecas de las que se servían las hilanderas eran exactamente como las nuestras, de manera que se podía ver incluso la forma en que las hilanderas imprimían el movimiento a los husos con sus manos...).

El huso se hacer girar entre los dedos, de un modo equilibrado y suave, como dice Catulo del Destino, *libratum tereti versabat pollice fusum.* El mismo Cátulo, en el *Matrimonio de Peleo y Tetis,* describe el trabajo de las Parcas, "Sus manos están incesantemente activas en su trabajo sin fin; mientras que la izquierda sostiene la rueca, rodeada con un suave vellón, la derecha tira asiduamente del hilo y lo va formando con los dedos levantados; luego gira rápidamente el huso, con el pulgar estirado hacia abajo, y lo balancea en círculos giratorios". Después sigue el estribillo de la canción de las Parcas, *Currite ducentes subtegmina, currite, fusi* (corred husos, corred, formando el tejido…, según la traducción de Hertzberg).

*Apéndice 3: La mujer hacendosa, oda acróstica (Pr 31, 10-31)*

Hitzig piensa erróneamente "en la mano abierta con un regalo en ella", pero eso debería decirse expresamente, ya que כף en sí misma no es más que la mano entreabierta. Tampoco en 20b debemos pensar en limosnas. Así lo muestra Hitzig correctamente diciendo: ella tiende ambas manos, para que puedan agarrarlas, las dos, cualquiera que pueda. Ella no lanza simplemente un regalo desde la distancia, sino que sobre todo extiende su mano, para ofrecer su cálida simpatía, su ayuda a los que acuden a ella (cf. Ez 16, 49).

Aquí, como en 19a, שִׁלְּחָה está puntuado (con *dagesh*) como *piel*. La puntuación supone que el autor en ambas ocasiones utiliza voluntariamente una forma intensiva. Este versículo (20) es completo en sí mismo como una descripción del carácter de esta mujer, de manera que el autor ha hecho bien en elegir expresiones tan fuertes, porque sin esta simpatía por la miseria y la pobreza, ella, tan buena y fiel y laboriosa, podría agradar a su marido, pero no a Dios. Alguien casi podría haberse deseado que diera más relieve a esta imagen de ayuda a los necesitados, pero el poeta vuelve a describir su fructífera actividad en la esfera más cercana a su vocación y de su casa.

**31, 21.** *No teme a la nieve por los suyos; porque toda su casa (=la gente de su casa) está vestida de escarlata.* Un temporal de nieve en la estación lluviosa del invierno no es raro en Palestina, en Hauran en los países vecinos, y algunas veces va acompañada de gran frío (cf. *Saat auf Hoffnung Jahrg.* 3, Heft 3; y en mi descripción de Hauran, en *Comment.* Job 38, 22). Ve acercarse la época fría del año sin ningún temor porque su casa, todos los miembros de su familia, tienen vestidos לבֻשׁ שָׁנִים aunque venga un frío intenso.

Esta es una expresión de acusativo (el Véneto traduce: ἐνδεδυμένος ἐρυθρά), están "vestidos de escarlata" (cf. 2Sa 15, 32; Ez 9, 2-3). En principio שָׁנִי, de שָׁנָה, brillar, se refiere al color, más que a la materia de los vestidos. Con o sin תּוֹלַעַת, שָׁנִים alude en principio al color del gusano *kermes*, carmesí o escarlata, quizás para distinguirlo de אַרְגָּמָן, el color rojo púrpura de la concha, y del תְּכֵלֶת, el azul. En esa línea, los שָׁנִים son ropas o tejidos coloreados con ese שָׁנִי (rojo brillante, véase Is 1, 18). La explicación de la palabra por *dibapha* (dos veces teñida) resulta inadmisible, porque la doble coloración, dondequiera que se mencione, se refiere siempre a la púrpura como tal, particularmente a la de Tiro, *dibapha Tyria*, no a la escarlata (cf. Blümner, *Die gewerbliche Thätigkeit der Völder des klassischen Alterthums,* 1869, p. 21s.).

Pues bien ¿por qué nombra el poeta la ropa de color escarlata? Hitzig ha dicho que se trata de un contraste con el blanco de la nieve. Pero este contraste sería un fenómeno sin valor. Podría suponerse que se atribuye al material rojo el poder de retener el calor, como se atribuye al blanco el de mantener alejado el calor; pero falta evidencia de ello. Por eso, tanto Rosenmüller como Vaihinger y

Böttcher piensan que esa palabra debe traducirse por *duplicibus*, vestiduras dobles (como hace Jerónimo, Lutero), a partir de la LXX, que ha entendido en ese sentido שְׁנִים. La LXX lee שׁנים מרבדים, δισσὰς χλαίνας (vestidos dobles, clámides dobles). De todas formas, en contra de esa traducción, con todo derecho, Syr. y Targum conservan el significado original de escarlata, זהוריתא. La ropa escarlata es de lana y como tal conserva el calor (protege del frío); y al mismo tiempo, como es de colores vivos parece al mismo tiempo digna (2Sa 1, 24).

**31, 22.** *Ella se hace alfombras (¿almohadas); su ropa es de seda (lino) y púrpura.* Después de haber descrito la vestimenta protectora y al mismo tiempo ornamental de la familia, el poeta procede a hablar de los lechos y del atavío del ama de casa. En ese contexto utiliza la palabra מַרְבַדִּים (con ב *raphatum*), véase Pr 7, 16, que pueden ser almohadas o colchones (Aquila, Teodocion, περιστρώματα; Jerónimo, *stragulatam vestem*; Luther, *Decke* equivale a cobertores) para ablandar la cama y adornarla (Kimchi, ליפות על המטות. En esa línea, el Véneto pone: κόσμια). Por su parte, Símaco traduce ἀμφιτάπους, es decir, τάπητες (*tapetae, tapetia*, alfombras), que son peludas por ambos lados.[52]

Solo la LXX pone δισσὰς χλαίνας, abrigos forrados, con la palabra שְׁנִים, indicando que ella misma (la mujer laboriosa) trae telas y paños dobles, para las necesidades de su casa. El texto dice, al mismo tiempo, que ella se viste con atuendos costosos, con la palabra שֵׁשׁ (de origen egipcio, no hebreo, derivada de שׁוּשׁ, cognado de יָשַׁשׁ, ser blanco) que es el antiguo nombre del lino, palabra que el arameo traduce por בּוּץ, el griego por βύσσος (véase *Comment.* a *Génesis*, pp. 470, 557). Conforme a la visión predominante, ese tipo de lino, *byssus*, no era una fina tela de algodón, sino de lino.

Lutero, aquí y en otros lugares, traduce שֵׁשׁ por *weisse seide* (seda blanca) (σηρικόν, es decir, de la tierra de los Σῆρες, Ap 18, 12); pero la seda, es mencionada por primera vez por Ezequiel con el nombre de מֶשִׁי; y los antiguos llamaban uniformemente Asiria al país donde se tejía la seda, *bombycina*. Según Benfey, ארגמן (en arameo ארגון), deriva (cosa que es poco probable) de improbabilidad, de la rara palabra sánscrita *râgavant*, de color rojo. Esa palabra proviene más bien de רגם que es igual a רקם, materia de color abigarrado, y tiene el sentido de rojo púrpura; las vestiduras de púrpura más valiosas fueron traídas de Tiro y Sidón.

**31, 23.** *Su marido es conocido en las puertas, cuando se sienta entre los ancianos de la tierra.* Solo ahora, la descripción vuelve al marido. Según Pr 12, 4, una esposa

---

52. Cf. Lumbroso, *Recherches sur l'Economie politique de l'Egypte sous les Lagides* (Turín, 1870), p. 111, donde habla de tapices de lana de primera calidad, de púrpura lanosa, por ambos lados, ἀμφίταποι.

# Apéndice 3: La mujer hacendosa, oda acróstica (Pr 31, 10-31)

como ella עטרת בעלה, aumenta la estimación y el respeto que se tiene por su esposo o baal, señor, que se sienta en las puertas donde se deliberan los asuntos de la ciudad, y donde él tiene un nombre bien conocido y respetable. Según eso, el marido forma parte de los senadores, los ancianos de la tierra, escogidos para formar el consejo, en el lugar más importante de la ciudad, y tiene una voz de peso entre los consejeros. Es un hombre conocido, נוֹדָע (LXX περίβλεπτος γίνεται; Véneto ἔλνωσται).

**31, 24.** *Ella hace lino fino, y lo vende; y entrega cinturones (=vestidos ceñidos) al cananeo (al fenicio o comerciante).* Siguiendo el orden de las letras del acróstico, el poema se centra ahora en la acción lucrativa del ama de casa. No es claro si סָדִין significa σινδών, tela de Sindhu, la tierra de la India (véase Is 3, 23). El árabe *sadn* (sadl), hacer que cuelgue, que descienda (con el propósito de cubrir o velar), ofrece una raíz verbal más apropiada. En el Talmud, סדין es la ropa de dormir, la cortina, la tela bordada, pero particularmente una bata ligera, como traje de verano, que se usaba sobre el cuerpo desnudo (cf. Mr 14, 51). Kimchi explica la palabra por camisón; el *Edictum Diocletiani*, xviii. 16, habla de σινδόνες κοιταρίαι, como el Papyrus de Louvre, ὀθόνια ἐγκοιμήτρια; y la conexión en el Edicto muestra que se refiere a una vestimenta de lino (ἐκ λίνου), aunque —como con שׁשׁ, así también con סדין— entre los antiguos y los modernos, a veces se habla de lino y a veces de algodón sin ninguna distinción.

Aethicus habla de fajas o cinturones costosos, *Cosmogr.* 84, tal como se fabricaban en Jerusalén (baltea regalia... ex Hierosolyma allata). Jerusalén y Scythopolis fueron en épocas posteriores los principales lugares de Palestina donde se cultivaba el arte de tejer. También en Galilea, donde crecía excelente lino, se practicaba el arte de tejer; y los ὀθόναι que, según Clemens Alex., *Paedag.* ii. 10, p. 239, fueron exportados ἐκ γῆς Ἑβραίων, son al menos por su material, sinónimos de σινδόνες. Por su parte נתן, sinónimo de מכר, en oposición a לקח, sinónimo de נשׁא, es igual a קנה, véase en 16a.

No hay razón para interpretar aquí כנעני en el sentido general de cananeo de raza, ni tampoco, en el sentido también general de סחר, comerciante, mercader. La púrpura, 22b, es más bien una manufactura fenicia, y así se puede afirmar que la mujer hacendosa comercia con objetos de púrpura vinculados a la tradición de los cananeos.

**31, 25.** *Fortaleza y honra son su vestidura; y ella se ríe del día futuro.* La descripción ahora es más interna. Ella está revestida de עז, fuerza, es decir, de poder, por encima de los cambios de las circunstancias temporales, que fácilmente destrozan y arruinan una casa que descansa sobre cimientos menos sólidos. Ella está revestida de הדר, gloria, es decir, ella se eleva por encima del nivel de las cosas bajas, pequeñas,

Proverbios 31

comunes, en el que permanecen los que no se proponen un fin elevado por el que se esfuerzan con todas sus fuerzas. En otras palabras, la vestidura de esta mujer está llena de verdadera dignidad, por lo que ella mira confiadamente hacia el futuro, pues está asegurada frente a todo dolor y preocupación.

La conexión de ideas en las palabras עֹז־וְהָדָר (fortaleza y honra, escritas así, defectuosamente, en contra de Sal 84, 6), en lugar de la expresión más corriente, הוד והדר, gloria y honra, aparece solo aquí. El texto del segundo estico, 25b, como ha puesto de relieve Hitzig, es el mismo de Job 24, 14. Por otra parte, יום אחרון, que se distingue de אחרית, interpretado incorrectamente (Rashi) como día de la muerte es, como en Is 30, 8, el tiempo futuro, tiempo hacia el que ella puede caminar con plena confianza, sin miedo a ser derribada por la pobreza.

**31, 26.** *Abre su boca con sabiduría, y su amable instrucción está en su lengua.* La ב de בְחָכְמָה es, como en Sal 49, 5; Sal 78, 2, una *beth* de mediación: cuando ella habla, abriendo la boca, lo hace con *hokma*, expresándola desde su corazón hacia afuera, rompiendo así el silencio de su boca. Esa expresión se intercambia con la del segundo estico donde se dice que tiene la instrucción, la torah, en su lengua (עַל־לְשׁוֹנָהּ), una expresión que puede compararse con aquella donde se dice que la "instrucción" ha de estar תַּהַת, debajo de la lengua, Sal 10, 7, lista para ser pronunciada (cf. Sal 15, 3). Pues bien, en este caso se dice que la ley o la instrucción de esta mujer fuerte es וְתוֹרַת־חֶסֶד (*torah* amable, de misericordia), en conexión de genitivo, como en la expresión אמת וְתוֹרַת de Mal 2, 6.

Este genitivo no es como el de Lv 6, 2, וְתוֹרַת העלה, un genitivo de objeto (así, por ejemplo, la *institutio ad humanitatem* de Fleischer), sino un genitivo de propiedad; pero en este caso חסד no indica gracia (Símaco, νόμος ἐπίχαρις; Teodocion, νόμος χάριτος), porque para este significado no tenemos más ejemplo que el de Is 40, 6. Por otra parte, חסד en el A.T., lo mismo que en el N.T., el amor, es el cumplimiento de la ley, Os 6, 6, cf. 1Re 20, 31.[53]

Por otra parte, el poeta habla de una תורת חסד, de una instrucción amorosa (no de la תורת חן, de la Torá que es "gracia"). De esa forma está indicando que todas las acciones de esta mujer fuerte y laboriosa son acciones que brotan de su חסד, es decir, de su amabilidad, pues sin ella todas esas acciones, con el amor por su marido, su laboriosidad, su elevado sentimiento, no serían virtudes. Todo lo que hace esta mujer lo hace de forma desinteresada, con amor compasivo y tierno.

Ella ofrece, según eso, una *enseñanza* que lleva en sí el sello de esa amabilidad; una instrucción que es graciosa y que, por tanto, brotando del amor, despierta amor en los demás, de forma que esas instrucciones (como dice Lutero)

---

53. Immanuel afirma que Torah חסד se refiere probablemente a la *Torá* como la Ley del A.T., añadiendo que ella es totalmente amor.

# Apéndice 3: La mujer hacendosa, oda acróstica (Pr 31, 10-31)

son *Holselige Lehre*, instrucciones agradables que ella, como ama de casa (Pr 1, 8), lleva siempre en su boca. En consecuencia, como traduce la LXX, esas instrucciones son θεσμοὶ ἐλεημοσύνης, vínculos de misericordia. Jerónimo dice que son *lex clementiae*, ley de clemencia.

La palabra חסד está relacionada con אהבה, en el sentido de "gracia para amar", indicando así el amor que se expresa en forma de bondad y gracia, particularmente el amor condescendiente, que procede de una simpatía compasiva con los sufrimientos y necesidades de los hombres. Ella comunica siempre una instrucción graciosa de ese tipo, ahora a uno, después a otro miembro de su casa, porque nada de lo que sucede en ella escapa a su observación.

**31, 27.** *Mira bien los caminos de su casa, y no come el pan de la ociosidad.* Aunque exista relación interna entre 31, 27a y Pr 31, 26, no se puede pensar (como hace Hitzig) que 27a sea una aposición al sufijo de לשונה en 26b. Los participios, con o sin determinación más precisas, aparecen con frecuencia como predicados del sujeto del discurso como, por ejemplo, en Is 40, 22; Sal 104, 13. De esa manera, la primera palabra de este versículo, צוֹפִיָּה, está indicando lo que ella ha de hacer y hace: ella, la mujer hacendosa, mira con cuidado todos los caminos (es decir, todas las necesidades de la casa); se mantiene atenta a todas ellas.

En ese sentido, se entiende la palabra caminos (הֲלִיכוֹת), que no son aspectos externos de la vida, sino las cosas necesarias para recorrer bien los caminos, las idas y venidas, las necesidades de todos los miembros de la casa, sus *modi procedendi* (LXX διατριβαι). Nada escapa a su mirada atenta, nada queda fuera de su cuidado. הילכות es posiblemente también el plural de הלכה, y así aparece en el hebreo postbíblico, como en el caso de צדקות, que son las justicias.

Lutero traduce con precisión el sentido de la frase: *sie schawet wie es in jrem hause zugeht* (ella observa cómo van las cosas en su casa). Sus ojos están dirigidos hacia todas partes; ella está unas veces aquí, otras veces allá, para mirar todo con sus propios ojos; de esa forma, no permite que el trabajo del día, de acuerdo con las instrucciones dadas, se deje sin hacer, mientras ella permanece sin hacer nada, con sus manos cruzadas sobre su pecho. En contra de toda ociosidad, ella trabaja, manteniendo una supervisión por todos lados, y no come el pan de la ociosidad (צצלוּת es igual a צצלה, Pr 19, 15), sino un pan bien merecido que, εἴ τις θέλει ἐργάζεσθαι, μηδὲ ἐσθιέτω, 2Ts 3, 10.

**31, 28.** *Sus hijos se levantan y la llaman bienaventurada. Así lo hace también su marido, y la alaba.* Así comienza el final de esta canción en alabanza a la mujer virtuosa. El *piel* de אשׁר (וַיְאַשְּׁרוּהָ) es de tipo denominativo, en el sentido de las bienaventuranzas, con אשׁרי. Sus hijos se levantan (קוּם como, por ejemplo, en Jer 26, 17, pero aquí, quizás, con la idea asociada de honor reverencial) y le bendicen,

730

porque ella ha llevado a la casa y les ha llevado a ellos a un estado grande de prosperidad, a una posición de respeto, a un estado donde reina el amor (חסד), de forma que también el marido se levanta y le canta alabanzas.

**31, 29.** *Muchas son las hijas que han actuado valientemente, pero tú las has superado a todas.* Hemos comentado varias veces, la última vez en Pr 29, 6, que רב, no en singular, sino en su plural, como רבים o רבות, puede preceder al sustantivo, como numeral o como atributo. Pero esta licencia sintáctica, no se utilizaba en Pr 28, 12, ni tampoco necesita ser asumida en Pr 8, 26, aunque no haya razón que pueda aducirse en su contra.

עשה חיל no significa aquí la obtención de riquezas (como en la LXX, Syr., Targum, Jerónimo, Lutero, Gesenius, Böttcher, y otros), que aquí, en el lugar donde el elogio llega a su culmen, tendría un matiz demasiado crematístico, que además debería ir vinculado a un ל de persona, como *sibi opes adquirere*, ganar riquezas para sí, Dt 6, 17; Ez 28, 4. Esa expresión עשה חיל (que recoge el título del encomio: 31, 19), ¿mujer de valor quién encontrara? אֵשֶׁת־חַיִל מִי יִמְצָא. En ese sentido, אֵשֶׁת־חַיִל significa mujer de valentía, de energía y, como exige la referencia a אשת חיל, de acción moral, de capacidad de actividad, de acuerdo con la vocación de cada uno. Ese es el sentido de ποιεῖν ἀρετήν, como traduce el Véneto.

El nombre בנות, como en otros pasajes importantes, Gn 30, 13; Cnt 6, 9, es un nombre de mujer más delicado, más fino que נשים: muchas hijas ha habido siempre, mujeres que han desarrollado habilidad, pero tú, mi esposa, te has elevado sobre todas ellas, es decir, tú eres excelente e incomparable. Lo que sigue ahora no es una continuación de las palabras de elogio del marido (Ewald, Elster, Lwenstein), sino un *epiphonema auctoris,* una voz final del autor del libro (Schultens). El poeta confirma el elogio del marido refiriéndolo al fundamento general de su argumento.

**31, 30.** *La gracia es engaño; y la belleza es vanidad, pero la mujer que teme a Yahvé, esa será alabada.* La gracia en el sentido de hermosura externa es engaño, porque el que estima las obras de una mujer meramente por la hermosura de su apariencia externa, es engañado por ella; y la belleza es vanidad, *vanitas*, porque no es nada que permanezca, nada que sea real, sino que está sujeto a la ley de todas las cosas materiales, la transitoriedad. El verdadero valor de una esposa se mide solo por lo que es perdurable, según el trasfondo moral de su apariencia externa; según la piedad que se manifiesta cuando la belleza de la forma corporal se ha desvanecido, convirtiéndose y apareciendo como una belleza que es mucho más atractiva.[54]

54. Véase la aplicación de Pr 31, 30 en Taanith 26b: "¡Joven", dicen las doncellas, "levanta tus ojos y mira lo que tú eliges para ti! No dirijas tus ojos a la belleza (נוי), dirige tus ojos a la familia (משפחה); el agrado es un engaño, etc.".

# Apéndice 3: La mujer hacendosa, oda acróstica (Pr 31, 10-31)

יְרֵאת־ va seguida de *makkeph* (según la escritura ־יראת de Ben Asher) y es aquí la forma conectiva de יראה (femenino de ירא). El *hitpael* תִּתְהַלָּל (será alabada, cf. Pr 27, 2) no es reflexivo, sino que aparece en representación de un pasivo (cf. Pr 12, 8, con el frecuente מהלל, *laudatus,* igual a *laudandus*). En sí mismo puede ser también un pasivo de futuro, en el sentido de *será alabada, digna de alabanza,* pero la traducción yusiva (Lutero: *que sea alabada*) es la preferente, conforme al versículo que sigue.

**31, 31.** *Dadle del fruto de sus manos ¡y que sus obras la alaben en las puertas!* El fruto de sus manos (cf. מִפְּרִי יָדֶיהָ) es el bien que ella ha hecho madurar con su conducta, la bendición que ha asegurado para los demás, pero que, según la promesa (Is 3, 10), también ha asegurado para su propio disfrute. La primera línea expresa en el fondo la idea de que, a causa de esta bendición, ella misma se regocijará.

תְּנוּ־לָהּ (con Gaja, cf. *Metheg-Setzung*, 37) no es equivalente a *dar en su honor...*, porque en ese caso, en lugar de la ambigua מן, se habría usado otra preposición como, por ejemplo, עַל; y así תְּנוּ, en sí mismo, no puede ser equivalente a תַּנּוּ (cantar la alabanza de), como diría Ziegler, después de Jue 11, 40. Para ello debería ir acompañada de כבוד, o en lugar de מפרי tendría que haber un acusativo de objeto, como en Sal 68, 35; Dt 32, 3, que trae consigo la necesidad de dar, de realizar mucho al servicio de los demás, recibiendo así la recompensa correspondiente.

Immanuel tiene razón al explicar תנו־לה por תגמלו לה חסד o חסד עתה חסד עשו al servicio de los demás, recibiendo así la recompensa וכבוד, cf. Sal 28, 4. El מן, como no es de esperar de otra manera, después de תנו es partitivo, dale algo del fruto de sus manos, es decir, recompénsala, dale gracias, no en forma de reconocimiento honorífico, aunque también haya en esto un elemento de honor. Su mejor elogio son sus propias obras. En las puertas, es decir, en el lugar donde se reúnen los representantes de la ciudad, y donde está reunido el pueblo, sus obras la alaban; y el poeta desea que esto se haga bien dignamente, sabiendo que ella lo merece, de manera que queden honrados los que pretenden alabar las obras de tal mujer, que llevan en sí mismas su encomio.